JN441684

國際私法과 國際訴訟

제 4 권

石 光 現 著

博 英 社

Private International Law and International Litigation

Volume Ⅳ

Suk Kwang Hyun

Pakyoungsa Publishing Co.
SEOUL, KOREA
2007

먼저 떠난
누이동생 英淑에게
이 책을 바친다.

머 리 말

2001년 처음으로 「國際私法과 國際訴訟」 제1권과 제2권을, 2004년 제3권을 간행한 데 이어 이번에 제4권을 간행하게 되었다. 제4권을 간행하는 목적과, 이전에 발표한 글들을 그대로 수록하는 대신 update하기 위해 조금씩이나마 손을 보았다는 점은 이전의 책들과 마찬가지다. 다행스럽게도 제1권과 제2권에 이어 제3권도 학술원이 선정하는 2005년도 기초학문육성 우수학술도서에 포함되었다. 우수학술도서의 선정에 관여하신 분들께 감사드리며 앞으로도 정진할 것을 다짐한다.

저자는 제3권의 머리말에서 "지금보다 더 국제화된 시대를 살아가야 하는 보다 젊고 우수한 인재들이 國際去來法, 國際私法과 國際民事節次法에 큰 관심을 가져줄 것을 촉구한다"고 적은 바 있는데, 이러한 생각은 지금도 다를 바 없고 최근 우리 나라의 연간 수출실적이 3천억달러를 돌파하였다는 소식과, 지난 11월 밀 외국 로펌의 국내 분사무소 실립을 허용하고 외국 법률전문가가 그 자격을 취득한 국가의 법에 관한 자문사(foreign legal consultant)로서 국내에서 영업을 할 수 있는 자격을 부여하는 등 국내 법률서비스를 개방하는 취지의 외국법자문사법안의 공청회가 개최되었다는 소식을 접하고 오히려 더욱 강해지고 있고 초조함으로 변해가고 있다. 우리 경제와 기업의 성장에 과연 법률가들이 얼마나 기여했는지 스스로 되돌아볼 필요가 있다. 우리 나라는 최근 2006년 10월 25일 헤이그 국제사법회의의 "외국공문서의 인증요건 폐지에 관한 협약"(이른바 Hague Apostille Convention)에 가입하고자 가입서를 기탁한 결과 동 협약은 우리 나라에서 2007년 7월 14일 발효할 예정이다. 이처럼 國際私法과 國際民事節次法의 분야에서 변화가 있기는 하지만, 적어도 교육과 연구에 관한 한 그간 크게 향상된 게 없는 것 같아 안타깝다. 1980년 국제연합에서 채택된 "국제물품매매계약에 관한 협약"(United Nations Convention on Contracts for the International Sale of Goods. CISG)은 2005년 3월 1일부터 우리 나라에서도 발효되었다. 그 결과 매매협약은 우리 법질서의 일부가 되었는데, 이는 우리 私法의 국제화에 있어서 커다란 획을 긋는 一大事件이다. 2006년 6월 22일 한국법학원은 창립

50주년을 기념하여 "韓國法의 世界化"라는 주제로 학술대회를 개최하여 15개 분야에 걸쳐 주제발표와 토론을 하였고, 그 당시 발표된 논문들을 저스티스 통권 제92호(2006. 7.)에 공간한 바 있다. 그러나 韓國法의 世界化에서 중요한 의미가 있는 국제거래법은 하나의 분야로 지정되지도 않았고, 매매협약에의 가입은 민법과 상법의 어느 분야에서도 다루어지지 않았다. 우리 법률가들이 인식하는 韓國法의 世界化가 과연 무엇을 말하는지 의문이다. 韓國法의 世界化 또는 국제화에는, 흔히 생각하듯이 韓國法을 외국으로 수출하거나 홍보하는 것뿐만이 아니라, 반대의 측면 즉 국제적으로 통용되는 규범을 韓國法으로 수용하는 것도 포함되는데, 매매협약에의 가입은 후자의 측면에서 一大事件이라는 것이다. 그러한 매매협약의 적용 여부를 판단하는 데 있어 國際私法이 중요한 의미를 가진다는 점은 긴 설명을 요하지 않는다.

저자도 책임의 일부를 통감하지만, 유감스럽게도 우리 나라에는 國際私法과 國際民事節次法(國際商事仲裁法을 포함하는)의 전공자는 보이지 않는다. 그나마 위안이 되는 것은, 교토대학에서 박사학위를 받은 甲南大學의 김문숙 교수가 있고, 金彦叔 씨가 도쿄대학의 박사과정에 있으며, 저자가 아는 한 그 밖에도 오사카대학, 고베대학과 와세다대학에 각 1인의 석사과정생이 있다는 사실인데, 고베대학의 김해영 씨와 와세다대학의 소란화 씨는 중국동포이다. 이는 우리 나라와 일본의 법과대학간에, 그리고 법과대학을 이끌어나가는 교수들간에 국제화시대의 법률문제에 대한 인식의 수준에 현저한 차이가 있음을 단적으로 보여 준다. 세칭 일류라는 우리 법과대학들이 國際私法과 國際民事節次法에 대한 교육을 거의 放棄하고 있음을 달리 어떻게 설명할 수 있으랴. 김문숙 교수와 金彦叔 씨의 성장을 보면서 일본의 대학과 교수들에게 한편으로는 고마운 마음을 가지면서도 다른 한편으로는 매우 부끄럽다. 후학을 양성하지 못하는 법과대학과 법학교수가 무슨 의미가 있는지 참담한 심정이다. 아무쪼록 그들이 훌륭한 학자로 성장하기를 기원하고, 장차 우리 나라의 유수한 법과대학에서도 國際私法과 國際民事節次法의 전임교수의 자리가 마련되어 그들이 원한다면 한국에서 후진을 양성할 수 있는 기회가 오기를 간절히 희망한다.

최근에 사법시험의 1차시험과목이 조정되어 국제거래법의 범위가 상당히 제한되었다. 그 결과 國際私法을 포함한 국제거래법을 선택하는 수험생들이 다소 늘지 않을까 짐작되기도 하지만, 그로 인해 우리 나라 법과대학과 사법연수원의 國際私法과 國際民事節次法의 교육이 정상화될 것으로는 기대하지 않는다. 그리고 이러한 학생들과 사법연수원생들의 자세는 가사 로스쿨이 도입되더라도 별로 달라질 것도 아니다. 로스쿨의 졸업생이 대부분 새로운 사법시험에 합격할 수 있도록 사실상 보장되어 자신이 원하는 과목을 마음 놓고 공부할 수 있도록 제도가 변경되지 않는 한 로스쿨이 도입되었다고 해서 달라질 것은 아니기 때문이다. 로스쿨이 도입되면 지금의 법과대학과 사법연수원의 기간을 합친 것보다 짧은 3년의 기간 내에 종래보다 더 전문화되고 국제화된 실무지향적인 법학교육을 할 수 있을 것으로 기대하는 근거는 무엇인지 모를 일이다.

가장 바람직한 모습은, 로스쿨이 도입되든 아니든 간에 민법, 상법, 민사소송법, 중재법과 도산법 등을 가르치는 교수들이 당해 분야에서 國際私法과 國際民事節次法상의 쟁점이 제기될 수 있음을 학생들에게 조금이나마 소개하고, 상세는 國際私法과 國際民事節次法에서 배우라고 지도하는 것이지만, 國際私法과 國際民事節次法에 대한 우리 교수들의 무관심으로 인하여 학생들은 國際私法과 國際民事節次法에 대한 기본적인 지식조차 가지지 못한 채 법과대학을 졸업하는 것이 우리의 현실이다. 사법연수원생들의 경우도 다를 바가 없고 오히려 상황이 더 나쁜 것으로 보인다.

마지막으로 저자의 사사로운 사연을 적게 되어 독자들께는 죄송하지만, 뜻하지 않은 사고로 2004년 10월 15일 幽明을 달리한 하나뿐인 누이동생 英淑에게 이 책을 바친다. 오늘도 많은 추억을 가슴속에서 되새기는 작은 오빠가 쓴 글들을 모아 엮은 이 책을 너에게 바친다. 그것이 네게 무슨 의미가 있으랴마는 그렇게라도 함으로써 이승에서 좀더 잘 챙겨 주지 못한 恨을 조금이나마 덜 수 있을까 해서이다. 끔찍이 아끼던 필구와 정민이도 잘 크고 있으니 염려하지 말고, 너무 외로워하시도 말아라. 그토록 그리워했던 아버님과 함께 지낼 수 있지 않니. 그리고 선한 매형과 너의 시아버님께서도 계시니까.

「國際私法과 國際訴訟」 제4권이 간행될 수 있도록 변함 없이 지원해 주시는 博英社의 安鍾萬 회장님께 다시 한번 감사드리고, 또한 편집과정에서 여전히 많은 수고를 해 주신 편집부 노 현 부장님께도 감사의 말씀을 드린다.

2007년 1월
교수가 되어 처음 맞이하는 연구년을 보내며
행당동 연구실에서

석 광 현

차례 개요

차 례

제 1 장 國際契約法

[2] 國際的 債權讓渡의 準據法

제 2 장 國際民事訴訟法

[3] 國際裁判管轄의 기초이론—도메인이름에 관한 대법원 2005. 1. 27. 선고 2002다59788 판결의 의의

[4] 國際訴訟의 外國人當事者에 관한 몇 가지 문제점

[6] 한중일간의 民事司法共助條約의 체결을 제안하며

제 3 장 헤이그국제사법회의 협약

[8] 國際的인 證券擔保去來의 準據法 — 헤이그국제사법회의의 유가증권협약을 중심으로 —

제 4 장 國際倒産法

[9] 미국 파산법원의 재판의 효력과 破産法의 屬地主義— 대법원 2003. 4. 25. 선고 2000다64359 판결에 대한 평석

제 5 장 國際商事仲裁法

[10] 뉴욕협약상 仲裁合意에 관한 몇 가지 문제점 — 대법원 2004. 12. 10. 선고 2004다20180 판결이 제기한 쟁점들을 중심으로—

제 6 장 國際海商法

[11] 용선계약상 중재조항의 선하증권에의 편입 —대법원 2003. 1. 10. 선고 2000다70064 판결에 대한 평석—

제 7 장 國際金融去來法

[12] 國際金融去來와 國際私法

[13] 國際金融에서의 信託과 國際私法

제 8 장 國際知的財産權法

[14] 한국에 있어서 知的財産權紛爭의 國際裁判管轄

제 9 장 대법원판례 정리

[15] 2004년 國際私法 분야 대법원판례: 정리 및 해설

부 록

참고자료

제 1 장 國際契約法

[1] 국제거래에서의 代理商의 보호—商法 제92조의2의 적용범위와 관련하여
[2] 國際的 債權讓渡의 準據法

[1] 국제거래에서의 代理商의 보호
— 商法 제92조의2의 적용범위와 관련하여

前 記
이 글은 법조 통권 592호(2006. 1.), 19면 이하에 게재된 글을 다소 수정·보완한 것이다.

Ⅰ. 머 리 말

1. 대리상의 개념

대리상(commercial agent, Handelsvertreter, *l'agent commercial*)은 일정한 상인을 위하여 상업사용인이 아니면서 상시 그 영업부류에 속하는 거래의 대리 또는 중개를 영업으로 하는 자를 말한다(상법 제87조). 전자가 체약대리상, 후자가 중개대리상이다. 대리상은 상업사용인이 아니라 독립한 상인이지만, 특정한 상인, 즉 본인(principal, Unternehmer, *commettant*. 이하 "본인" 또는 "사업자"라 한다)과 계속적 관계를 맺고 영업활동을 보조하는 자라는 점에서,[1] 특정 상인과 밀접한 관련 없이 모든 상인 또는 비상인을 위하여 독립적으로 보조하는 중개인 및 주선인과 구별된다.[2] 따라서 불특정 다수의 상인을 위해 대리 또는 중개를 하는 자는 대리상이 아니다. 그런데 대리상은 국내 기업과 대리상계약을 체결하기도 하지만(이하 "국내대리상계약"이라 한다), 외국 기업과 대리상계약을 체결하기도 한다(이하 "국제대리상계

---

1) 이러한 이유로 대리상을 '특정된 상인을 위한 독립된 인적 보조자'라고 설명하는데, 대리상은 중개인 또는 주선인과 비교하여 업무에 관하여 종속성이 상대적으로 강하다. 김정호, "代理商의 補償請求權," 商去來法의 理論과 實際: 석영안동섭교수 화갑기념(1995), 276면.

2) 김성태, 상법총칙·상행위법강론(1998), 499면. '주선대리상'이란 일정한 상인을 위하여 상시 자기명의로 그러나 위탁자의 계산으로 물건 또는 유가증권의 매매를 영업으로 하는 자인데, 이는 대리상과 위탁매매상을 결합한 형태라고 한다. 김정호(註 1), 287면.

약"이라 한다). 이 글에서는 주로 국제대리상계약을 논의하는데 국제거래에서는 통상 중개대리상이 이용된다.[3)]

한편 대리상과 구별할 것으로서 판매점 또는 특약점이라고 불리는 이른바 'distributor'(또는 Vertragshändler)(이하 "판매점"이라고 한다)가 있다. 대리상과 판매점은 모두 물품제조자(또는 공급자)의 상품의 유통을 촉진하는 기능을 하는 점에서 공통되나, 대리상은 계약의 대리 또는 중개를 할 뿐이므로 계약(주로 매매계약)은 외국의 본인과 상대방간에 체결되는 데 반하여, 판매점의 경우 일단 외국의 공급자(supplier)와 국내의 판매점간에 국제물품매매계약이 체결되고, 판매점은 다시 국내의 고객에게 이를 전매하는 구조를 취하는 점에 차이가 있다. 또한 대리점의 수입원은 수수료인 데 반하여 판매점의 수입원은 전매차익이다.[4)] 즉 양자는 계약의 구조, 당사자와 물품(또는 상품. 이하 호환적으로 사용한다)의 소유권이전의 경로와 수입원 등에서 차이가 있다. 판매점은 자신의 이름으로 자신의 계산하에 영업을 하는 독립된 상인이다.[5)] 양자의 구별은 계약서의 구체적인 내용에 따라 결정되는 것이지 계약서의 명칭에 의하여 결정되는 것이 아님은 물론이다.

판매점과 대리상의 구분과 관련하여, 대리상에게 인정되는 보상청구권을 판매점에게도 유추적용할 수 있는지가 문제되는데 이 점은 아래에서 논의한다.[6)]

---

3) ICC, The ICC Model Commercial Agency Contract, Second edition (2002)(ICC Publication No. 644), p. 16, 주 20. 이는 국제상업회의소가 간행한 국제대리상계약의 표준양식이다. 국제판매점계약의 표준양식(The ICC Model Distributorship Contract, ICC Publication No. 518)은 별도로 작성되어 있다. 후자는 오원석, "국제판매점계약의 주요조항," 무역상무연구 제26권(2005. 5.), 35면 이하에 소개되어 있다.

4) 대리점과 판매점의 차이는 이태희, 국제계약법(2001), 588면 이하; Ralph H. Folsom/Michael Wallace Gordon/John A. Spanogle, Jr., Internatioanl Business Transactions, Fourth Edition (1999), p. 223 *et seq.* 참조.

5) 김정호(註 1), 286면.

6) 또한 공정거래위원회는 1997. 4. 21. 독점규제 및 공정거래에 관한 법률 제32조 제2항의 규정에 의하여 국제계약상의 불공정거래행위 등의 유형 및 기준을 고시(제1997-23호)로써 제정하였다. 고시에 따르면 일정한 수입대리점계약은 불공정거래행위로서 규제대상이 되는데, 수입대리점계약의 범위를 어떻게 보는가에 따라 고시가 전부 또는 일부 대리상에도 적용되는지, 아니면 대리상계약에 유추적용되는지가 문제된다.

2. 대리상의 보호와 보상청구권

상법 제92조의2 제1항은 대리상계약 종료 후의 대리상의 보호를 위하여 대리상의 활동으로 본인이 새로운 고객을 획득하거나 영업상의 거래가 현저하게 증가하고 이로 인하여 계약의 종료 후에도 본인이 이익을 얻고 있는 경우 대리상에게 본인에 대한 상당한 보상청구권(Ausgleichsanspruch)을 인정하고 있다. 그런데 대리상과 본인간의 내부관계는, 국내대리상계약의 경우 우리 상법에 의하여 규율되지만, 국제대리상계약의 경우에는 다른 국제계약과 마찬가지로 대리상계약의 準據法에 의한다. 이와 관련하여 다음과 같은 여러 가지 문제가 제기된다.

우선 국내대리상계약에서 당사자들이 합의하여 상법 제92조의2의 적용을 배제할 수 있는지가 문제된다. 이는 상법 제92조의2가 강행규정(또는 강행법규. 이하 양자를 호환적으로 사용한다)인지의 문제이다. 다음으로 국제대리상계약에서 상법 제92조의2와 같이 대리상의 보호를 목적으로 하는 법을 가지고 있지 않은 국가(또는 미국의 주)의 법이 당사자자치 또는 개관적 연결에 의하여 準據法이 되는 경우,[7] 상법 제92조의2가 적용되는지가 문제된다. 이는 상법 제92조의2가 이른바 '國際的 强行法規'인지의 문제이다. 이러한 문제들을 해결하기 위하여 여기에서는 다음과 같은 논점을 차례대로 검토한다.

첫째, 대리상의 보상청구권을 규정한 상법 제92조의2의 취지와 내용(Ⅱ.).

둘째, 2001년 7월 1일 개정된 국제사법상 국제계약의 準據法에 관한 기초이론과 강행법규와 國際的 强行法規의 취급(Ⅲ.).

셋째, 과연 상법 제92조의2가 강행규정인지 나아가 국제적 강행규정인지(Ⅳ.). 이는 동 조의 적용범위 또는 국제거래에서 대리상을 어떻게 보호할 것인가의 문제이다.[8]

---

7) 이와 달리 한국법이 당사자자치에 의하여 또는 가장 밀접한 관련이 있는 법으로서 準據法이 되는 경우에는 당해 국제대리상계약에는 상법이 적용되므로 그들이 합의에 의하여 상법 제92조의2의 적용을 배제할 수 있는지가 문제되며 이는 위 첫째에서 본 것과 동일한 논점이다.

8) 독점규제 및 공정거래에 관한 법률 제8장은 사업자가 불공정거래행위에 해당하는 사항을 내용으로 하는 국제계약의 체결을 원칙적으로 금지한다. 따라서 불공정한 국제대리상계약이 위 법률에 위반되는지와 관련하여 다양한 쟁점이 제기되는데 그에 대한 논의는 다른 기회로 미룬다.

넷째, 관련문제로서 國際的 强行法規의 적용을 배제하기 위한 국제재판관할합의 또는 국제상사중재합의의 효력과, 國際的 强行法規에 반하는 외국재판 또는 외국중재판정의 승인 및 집행을 간단히 언급한다.

Ⅱ. 대리상의 보호를 위한 商法 제92조의2

1. 배경과 취지

상법 제92조의2는 "대리상의 활동으로 본인이 새로운 고객을 획득하거나 영업상의 거래가 현저하게 증가하고 이로 인하여 계약의 종료 후에도 본인이 이익을 얻고 있는 경우에는 대리상은 본인에 대하여 상당한 보상을 청구할 수 있다. 다만, 계약의 종료가 대리상의 책임 있는 사유로 인한 경우에는 그러하지 아니하다"고 규정한다. 이는 대리상을 보호하기 위하여 당시 독일 상법(제89b조[9])과 유럽공동체의 이른바 '대리상지침'[10]을 고려하여 1995

---

9) 현행 독일 상법 제89b조의 문언은 다음과 같다.
"① 대리상은 다음 각호의 요건이 모두 충족되는 경우 본인과의 계약관계의 종료 후 상당한 보상을 청구할 수 있다.
1. 본인이 대리상이 획득한 새로운 고객과의 거래관계로 인하여 대리상 계약 종료 후에도 현저한 이익을 얻고,
2. 대리상이, 만일 그 거래관계가 존속한다면 이미 성립하였거나 장래 성립할 고객과의 거래로부터 그가 취득하게 될 보수청구권을 본인과의 계약관계의 종료로 인하여 상실하며,
3. 모든 사정을 참작할 때 보상의 지급이 형평성의 요구에 부합하는 경우.
대리상이 경제적으로 새로운 고객을 획득한 것에 상응할 정도로 고객과의 거래관계를 확대시켰다면, 이는 새로운 고객을 획득한 것으로 본다.
② 보상금액은 대리상이 활동한 최종 5년간의 평균에 따라 산정한 연보수액 또는 기타 연보상금액을 초과할 수 없고, 계약관계의 지속이 5년 미만인 경우에는 대리상이 활동한 기간 동안의 평균이 준거가 된다.
③ 보상청구권은 다음의 경우에는 발생하지 않는다.
1. 대리상이 계약관계를 해지한 경우. 다만 본인의 행위가 해지의 근거가 되는 계기(Anlaß)를 제공하였거나, 대리상의 연령 또는 질병으로 인하여 그의 활동의 지속을 기대할 수 없는 경우에는 그러하지 아니하다.
2. 계약관계의 해지에 대하여 대리상의 책임 있는 행위로 인한 중요한 사유가 존재하기 때문에 본인이 계약관계를 해지한 경우, 또는
3. 본인과 대리상간의 계약에 근거하여 제3자가 대리상에 대신하여 계약관계에 개입하는 경우. 다만 그러한 합의는 계약관계의 종료 전에는 할 수 없다.
④ 청구권은 사전에 배제될 수 없다. 청구권은 계약관계의 종료 후 1년 내에 행사되어야 한다.

년 상법 개정시 신설된 조문이다. 독일 상법(제89b조 제4항)은 대리상의 보상청구권은 미리 포기할 수 없음을 명시하나, 우리 상법은 이를 명시하지 않는다. 독일에서는 위 조항이 실무와 판례상 대리상법상 가장 중요한 규범이라고 한다.[11] 대리상지침(제17조)은 각 회원국에게 제2항에 따른 보상(indemnity. 독일방식)과 제3항에 따른 손해배상(compensation. 프랑스방식) 중 선택할 수 있도록 하는데, 전자가 더 널리 채택되고 있다고 한다.[12]

2. 외국의 입법례

대리상을 보호하기 위하여 강행적 규정을 두는 국가들과 그렇지 않은 국가들이 있다. 예컨대 위에서 본 바와 같이 독일을 비롯한 유럽연합의 국가들은 대리상지침을 국내법화한 규정을 두고 있으나, 일본 상법은 제1편 제7장(제46조부터 제51조)에서 개정 전 우리 상법과 유사한 규정을 두고 있을 뿐이고 대리상의 보상청구권에 관한 규정을 두고 있지 않다. 일본 상법에는 우리 상법 제92조의3(대리상의 영업비밀준수의무)에 상응하는 조문도 없다. 이 역시 1995년 12월 개정시 신설된 것이다. 미국의 경우 일부 주는 상사대리인을 보호하기 위한 입법을 하였으나 대부분의 주는 대리상의 보상청구권을 알지 못한다.[13]

3. 보상청구권의 법적 성질

보상청구권(Ausgleichsanspruch)의 법적 성질에 관하여 독일에서는 부당한 해지로 인한 손해배상청구권 또는 부당이득반환청구권이라거나, 생계보

---

⑤ (보험대리상에 관한 조문) 번역 생략."
위 조문은 대규모 제조업체와 거래하면서 경제적인 힘이 열등하여 적정한 보상을 받지 못하는 영세대리상들의 호소를 받아들여 1953년에 신설한 조항이다. 이철송, 상법총칙·상행위 제4전정판(2004), 360면. 그 후의 개정 경과는 김정호(註 1), 278면 참조.

10) 정식명칭은 "자영대리상에 관한 회원국법률의 조정에 관한 1986년 12월 18일 이사회지침 86/653/EEC" (Council Directive 86/653/EEC of 18 December 1986 on the coordination of the laws of the Member States relating to self-employed commercial agents)이다. '자영대리상'은 영문의 번역이나, 독어와 불어는 '독립한 대리상'이다.

11) Adolf Baumbach/Klaus J. Hopt, Handelsgesetzbuch 30. Auflage (2000), § 89b Rn. 1.

12) ICC(註 3), p. 11.

13) 대리상의 보호를 위한 강행적 규정을 둔 국가와 법률의 명칭은 ICC(註 3), Appendix 3, p. 63 이하 참조.

장을 위한 청구권(Versorgungsanspruch)이라고 보는 견해도 있으나, '계약상의 보상청구권'(vertraglicher Vergütungsanspruch)이라는 견해가 설득력이 있다.[14] 즉 계약기간 동안의 보수에 의하여 아직 보상되지 않은 대리상의 급부, 바꾸어 말하면 대리상이 계약기간 동안 개척하였고 계약 종료 후에는 본인만이 이용할 수 있는 고객망(Kundenstamm)에 대한 반대급부이기 때문이다.[15] 다만 아래에서 보듯이 우리 상법의 해석상으로도 보상청구권은 보상의 지급이 형평성에 부합할 때에만 발생하고 또한 그 범위 내에서만 인정되기 때문에 순수한 계약상의 보상청구권은 아니다.[16] 이와 같이 보상청구권을 계약상의 반대급부로 본다면 이를 사회적 약자의 보호를 위한 제도라고 하기는 어렵지만,[17] 보상청구권을 강행규정으로 취급하는 것은 대리상을 사회적 약자라고 보아 강행적으로 보호하기 위한 것이라고 설명할 여지도 있을 것이다.

4. 보상청구권의 발생요건

상법 제92조의2에 따라 보상청구권이 발생하려면 다음 네 가지 요건이 구비되어야 한다.

가. 대리상계약이 종료하였을 것

당사자간에 유효하게 존속하던 대리상계약관계가 종료하였어야 한다. 대리상계약의 기간이 정해져 있는 경우 그 기간이 경과하거나, 기간의 정함이 없는 경우 각 당사자는 2월 전에 예고하고 계약을 해지할 수 있으므로(상법 제92조 제1항) 예고기간이 경과한 때에 대리상계약이 종료한다. 보수청구권

14) 최기원, 상법총칙 · 상행위 제3신정판(1997), 405면; 이철송(註 9), 361면. 대리상지침은 이를 대리상이 형성하고 계약 종료 후 본인에게 발생할 goodwill(영업권 또는 무형의 재산적 가치)에 대한 대가라고 보거나, 아니면 계약이 좀더 장기간 존속하였더라면 대리상이 받았을 보수를 계약의 종료의 결과 상실함으로써 입은 손해에 대한 배상(또는 손실에 대한 보상)이라고도 볼 수 있다고 한다. ICC(註 3), p. 10 참조. 대리상지침이 두 가지 방식을 규정함은 위에서 언급하였다.

15) Baumbach/Hopt(註 11), § 89b Rn. 2. 이철송(註 9), 360면, 366면은 대리상이 본인으로부터 받는 보수는 대리상계약의 종료 후 시장개척의 이연효과에까지 미치지는 않으므로 본인과 대리상간의 이익분배의 형평을 기하기 위하여 시장개척의 이연효과에 대한 보상청구권을 인정한 것이라고 한다.

16) Baumbach/Hopt(註 11), § 89b Rn. 3. 최기원(註 14), 406면; 김정호(註 1), 278면.

17) 예컨대 최기원(註 14), 405면은 보상청구권에 관한 규정의 입법취지는 대리상이 사회적으로 보호의 필요성이 있기 때문이라기보다 배분적 정의의 실현을 도모함에 있다고 한다.

은 대리상계약의 종료시에 발생하고 변제기가 도래한다.

나. 본인의 이익

대리상의 활동으로 본인이 새로운 고객을 획득하거나, 기존의 고객과의 영업상의 거래가 현저하게 증가하고, 그로 인하여 대리상계약의 종료 후에도 본인이 이익을 얻었어야 한다.[18] 대리상이 고객의 획득에 있어서 객관적으로 기여한 것으로 충분하다. 여기의 이익은 회계학적 의미에서의 영업이익을 말하는 것이 아니므로, 대리상계약이 종료한 후에도 대리상이 확보한 고객이 존속한다는 사실 자체로 이익이 현존한다고 한다는 견해도 있으나,[19] 엄밀하게는 대리상계약의 종료 후에도 본인이 대리상이 연결시켜 준 고객과의 거래관계로 인하여 이익을 얻었어야 한다. 새로운 고객은 일시적인 고객이 아니라 상당기간 계속하여 거래하는 고객이어야 한다.[20] 대리상계약의 종료로 인하여 본인의 총판매가 감소한 경우에는 이 요건이 구비되지 않을 것이나, 새로운 고객과의 판매액의 감소가 본인에 의하여 의도적으로 초래된 경우에는 그러하지 않다.[21]

다. 대리상의 손해—보수의 상실

대리상은 대리상관계가 지속되었더라면 얻을 수 있었던 보수청구권을 대리상계약의 종료로 인하여 상실함으로써 손해를 입었어야 한다.

라. 보상금의 형평성에 부합

보상금의 지급은 계약기간, 업무의 성실성과 실적, 본인에 대한 기여도, 본인의 현존하는 이익과 대리상이 상실한 보수 등 보상금 지급에 있어 의미가 있는 모든 사정을 고려할 때에 형평성에 부합해야 한다. 우리 상법은 독일 상법(제89b조 제1항 제3호)과 달리 이를 명시하지 않지만 이는 제92조의 2의 입법취지로부터[22] 또는 신의칙으로부터[23] 도출할 수 있다고 한다. 보상

---

18) 최기원(註 14), 409면은 본인이 현저한 이익을 얻어야 함을 명시한다.
19) 이철송(註 9), 363-364면.
20) 손주찬, 상법(상) 제15보정판(2002), 319면; 이철송(註 9), 363면.
21) 최기원(註 14), 411면.
22) 최기원(註 14), 412면.
23) 정동윤, "代理商의 補償請求權," 상사법논총; 제남강위두박사 화갑기념(상)(1996), 66면.

금액을 결정함에 있어 실무상으로는 형평성의 요건이 매우 중요한데, 계약당사자의 경제적 사정만이 아니라 대리상의 연령, 건강상태, 당사자들의 영업능력 등 기타 사회적 사정도 고려하여야 하나, 대리상계약의 종료 후 대리상이 경업적 활동을 하는 때에 그 보상금액이 감소되어야 하는지에 관하여는 논란이 있고, 계약기간의 장단은 원칙적으로 보상금액에 영향을 미치지 않는다고 한다.[24)]

보상청구권을 인정하기 위한 위 요건의 구비는 대리상이 입증해야 한다.[25)] 특히 대리상은 새로운 고객을 획득하였다는 점과, 판매의 증가가 그의 활동에 기인한 것이라는 점에 대한 입증책임을 진다.[26)]

5. 보상청구권의 내용

위의 요건이 구비되면 대리상은 본인에 대하여 상당한 보상을 청구할 수 있다. '상당한 보상'이란 독일 상법의 'angemessener Augleich'를 번역한 것인데, 이는 위에서 본 바와 같이 형평성에 부합하는 보상을 의미한다. 그러나 보상금액은 대리상계약의 종료 전 대리상이 본인으로부터 받은 총보수액을 기준으로 산출한 5년간의 평균연보수액의 1개년치의 금액을 초과할 수 없다.[27)] 대리상계약의 존속기간이 5년 미만인 경우 그 기간의 평균연보수액을 기준으로 한다. 그러나 실제 지급할 보상금액을 정함에 있어서는 총보수액으로부터 절약된 영업비를 공제할 수 있고, 보상금액은 장래에 벌어들일 보수를 미리 보상하는 것이므로 중간이자를 공제하여야 한다.[28)]

보상청구권은 대리상계약이 종료한 날로부터 6월 내에 행사하여야 한다(상법 제92조의2 제3항). 이는 가능한 한 신속하게 법률관계를 종결하기 위한 것인데 그 기간은 제척기간으로 이해되고 있다.[29)]

본인이 계약을 위반한 경우 그로 인한 손해배상은 보상청구권과는 별개이다.

24) 최기원(註 14), 412-413면.
25) 이철송(註 9), 364면.
26) 최기원(註 14), 410면.
27) 이철송(註 9), 364-365면; Baumbach/Hopt(註 11), §89b Rn.51; 최기원(註 14), 416면.
28) 정동윤(註 23), 67면; 최기원(註 14), 416면.
29) 최기원(註 14), 421면; 이철송(註 9), 365면.

6. 보상청구권의 배제

위의 요건이 모두 구비되더라도 대리상계약이 대리상의 책임 있는 사유로 종료한 때에는 보상청구권은 인정되지 않는다(상법 제92조의2 제1항 단서).[30] 즉 대리상이 대리상계약을 해지한 경우 원칙적으로 보상청구권이 인정되지 않는다. 다만 계약해지사유가 본인의 태도에 원인이 있는 경우, 또는 대리상의 연령 또는 건강 등의 이유로 불가피하게 대리상의 업무의 계속이 불가능한 경우에는 예외적으로 보상청구권이 인정된다고 한다. 우리 상법은 독일 상법(제89b조 제3항 제1호)과 달리 이 점을 명시하지 않으나 상법의 해석론으로도 유사한 결론을 인정하는 견해가 유력하다.[31]

그 밖에도 독일 상법은, 본인이 대리상계약을 해지한 경우 그 해지의 중요한 이유가 대리상의 책임 있는 사유로 인한 경우에는 보상청구권을 인정하지 않고(제89b조 제3항 제2호), 또한 대리상관계가 종료한 후 대리상과 본인의 합의에 따라 제3자가 대리상 대신에 대리상관계에 들어선 경우에는 보상청구권을 인정하지 않는다(제89b조 제3항 제3호). 이 점에 관하여도 우리 상법은 독일 상법과 달리 명시하지 않으나 상법의 해석론으로도 유사한 결론을 인정하는 견해가 유력하다.[32]

7. 합의에 의한 보상청구권의 사전 배제와 포기—강행규정인가

독일 상법 제89b조 제4항은 대리상의 보상청구권은 미리 포기할 수 없다고 명시함으로써 제89b조가 강행규정임을 밝히고 있다. 유럽연합의 대리상지침(제19조)도 당사자들은 대리상계약이 종료하기 전에 제17조와 제18조를 대리상에게 불리하게 변경할 수 없음을 명시한다. 그러나 우리 상법은 이 점을 명시하지 않으므로 대리상계약의 체결시에 또는 대리상계약의 기간중에 대리상의 보상청구권을 당사자간의 합의로 배제할 수 있는지가 문제된다.[33]

30) 우리 상법은 누가 대리상계약을 해지하는가에 따라 구분하여 규정하지는 않으나 독일 상법은 대리상지침(제18조)을 따라 양자를 구분한다.

31) 손주찬(註 20), 300면; 최기원(註 14), 417면; 이철송(註 9), 362면.

32) 손주찬(註 20), 300면; 최기원(註 14), 417면; 이철송(註 9), 362면.

33) 우리 법상으로도 대리상계약의 종료 후에 대리상이 이미 발생한 보상청구권을 포기할 수

이 문제는 결국 대리상의 보상청구권을 정한 상법 제92조의2가 당사자간의 합의에 의해 그 적용을 배제할 수 없는 법규, 즉 강행법규인가의 문제이다. 이런 의미의 강행법규를 아래에서 논의하는 國際的 强行法規와 구별하여 '단순한(또는 통상의) 강행법규' 또는 '國內的 强行法規'라고 부른다.[34]

상법 제92조의2가 강행규정인지에 관하여는 상법 학자들간에는 견해가 나뉜다. 긍정설[35]은 대리상의 고객 확대 기여분에 관하여 일상적인 보수로 지급되지 아니한 부분을 형평의 관점에서 보상하기 위해 인정되는 권리이므로 당사자간의 특약으로 배제할 수 없다고 본다. 반면에 부정설[36]은 독일 상법과 달리 우리 상법은 강행규정임을 명시하지 않으므로 당사자가 합의로써 배제할 수 있다고 본다. 사견으로는 긍정설이 더 설득력이 있다고 본다.

8. 특약점에의 유추적용

위에서 상법상의 대리상은 이른바 판매점(또는 특약점)과 구별됨을 지적하였다. 문제는 대리상의 보상청구권에 관한 상법 제92조의2가 특약점에도 유추적용되는지인데, 독일에서는 다양한 견해가 주장되고 있으나 일정한 요건하에 유추적용된다고 보는 견해가 통설이고 판례이다.[37]

우리 나라에서도 유추적용을 긍정하는 견해가 유력한데 구체적인 내용에는 다소 차이가 있다. 예컨대 특약점과 물품공급자간의 계약내용을 충분히 검토하여 해결해야 하며, 특약점이 상품공급자가 정한 가격과 판매지역의 제한을 받는 등 상품공급자가 강한 통제력을 행사하는 경우 유추적용할 것이라는 견해[38]와, 이는 일률적으로 결정할 것이 아니라 특약점이 상품공급자가 정한 가격에 구속되고 일정한 판매구역을 보장받는 때에는 특약점은 대리상에 가까운 지위를 가지므로, 특약점이 상품공급자의 판매시스템에 편입되고 그 顧客圈을 이전할 의무를 계약상 부담하는 경우에 한하여 유추적용할 수 있다는 견해도 있다.[39]

있음은 의문이 없다. 이철송(註 9), 366면.

34) Jan Kropholler, Internationales Privatrecht 5. Auflage (2004), § 3 Ⅱ 1.

35) 예컨대 이철송(註 9), 366면; 김성태(註 2), 507면.

36) 예컨대 손주찬(註 20), 301면; 최기원(註 14), 421면.

37) MünchKommHGB/von Hoyningen-Huene, Band 1 (1996), § 89b Rn. 17f.

38) 김성태(註 2), 507면 주 16.

39) 정동윤(註 23), 69면. 그러나 김정호(註 1), 286면은 좀더 완화된 요건하에 유추적용을

사견으로는 대리상에 관하여는 상법이 명문의 규정을 두는 데 반하여 판매점에 관하여는 규정이 없고, 대리상과 판매점은 기능상 차이가 있기 때문에 판매점이 상품공급자와 단순히 매수인-매도인의 관계에 있는 경우에는 유추적용을 부정하는 것이 옳지만, 일정한 요건이 구비되는 경우에는 유추적용할 수 있다고 생각된다.[40] 예컨대 특약점이 기능적으로 상품공급자의 판매조직에 편입되고,[41] 그 고객망을 상품공급자에게 이전할 계약상 의무를 부담하는 경우[42]를 생각할 수 있으나, 그 구체적인 요건은 좀더 검토할 필요가 있다. 그러나 그 경우에도 지급할 보상금액의 산정은 대리상의 경우와 차이가 있음이 지적되고 있다.[43]

Ⅲ. 國際契約의 準據法

1. 國際契約의 準據法의 결정[44]

국제계약, 즉 외국적 요소(foreign element)[45]가 있는 채권계약의 準據法은 당사자의 합의가 있으면 그에 따르고, 당사자의 합의가 없으면 객관적으로 결정된다. 국제계약의 準據法에 관한 한 우리 국제사법은 "契約債務의 準據法에 관한 1980년 유럽공동체협약"(Convention on the Law Appli-

---

긍정하는 것으로 보인다. 그 근거는, 특약점계약의 종료시에도 특약점이 계약기간 동안 확보된 고객망이 계약종료 후에도 공급자에게 현저한 영업이익을 줄 수 있음은 대리상계약의 종료시와 마찬가지이기 때문이라고 한다.

40) 최기원(註 14), 407면.

41) 판매점의 보호의 필요성과 경제적인 종속성은 불필요하다고 본다. Baumbach/Hopt(註 11), § 84 Rn. 16 참조.

42) 고객망을 이전할 의무를 부담해야 하는 대신 공급자가 고객망을 이용할 수 있는 사실상의 가능성만으로 족하는 견해도 있다. Baumbach/Hopt(註 11), § 84 Rn. 14.

43) Baumbach/Hopt(註 11), § 84 Rn. 12 참조.

44) 상세는 석광현, 국제사법 해설 제2판(2003), 200면 이하; 석광현, "國際契約의 準據法에 관한 몇 가지 논점—涉外私法의 解釋論을 중심으로: 改正된 國際私法의 소개를 포함하여—," 국제사법과 국제소송 제1권(2001), 3면 이하; 최흥섭, "國際私法에서 當事者自治," 국제사법연구 제9호(2003), 481면 이하 참조.

45) 섭외적 요소라고 하기도 하고, 나아가 '외국관련'(Auslandsberührung, Auslandsbezug 또는 Auslandsbeziehung)이라고도 부른다. 우리 국제사법 제1조는 외국적 요소라는 표현을 사용한다. 국제계약의 개념은 석광현, "國際契約의 準據法에 관한 몇 가지 논점—涉外私法의 解釋論을 중심으로: 改正된 國際私法의 소개를 포함하여—," 국제사법과 국제소송 제1권(2001), 4면 이하 참조.

cable to Contractual Obligations)(이하 "로마협약"이라 한다)[46]을 대폭 수용하였고 스위스 국제사법[47]의 영향을 크게 받았다. 여기에서 논의하는 국제대리상계약, 즉 대리상과 본인간의 계약도 국제계약의 일종으로서 국제계약의 準據法 결정에 관한 법리에 따르는데,[48] 상세는 다음과 같다.

가. 當事者自治

우리 국제사법(제25조 제1항 본문)은 "계약은 당사자가 명시적 또는 묵시적으로 선택한 법에 의한다"고 규정함으로써 이른바 '當事者自治'(party autonomy, *l'autonomie de la volonté*, Parteiautonomie)의 원칙을 선언한다. 당사자가 선택할 수 있는 準據法은 당해 계약과 실질적인 관련이 있는 법에 한정되지 않으며 중립적인 법의 선택도 가능하다(제8조 제2항 참조). 다만 묵시적 선택을 인정하기 위하여는 계약내용 그 밖에 모든 사정으로부터 이를 합리적으로 인정할 수 있어야 한다(국제사법 제25조 제1항 단서). 이는 법원이 자의적인 판단을 하는 것을 억제하기 위한 것이다. 나아가 제25조는 準據法의 분열(*dépeçage*. 또는 분할)과 準據法의 사후적 변경을 명시적으로 허용한다(제2항·제3항). 또한 제25조는 모든 요소가 오로지 한 국가와 관련이

46) 로마협약에 관하여는 석광현, "契約上 債權關係의 準據法에 관한 유럽共同體協約," 국제사법과 국제소송 제1권(2001), 53면 이하 참조. 현재 로마협약의 법적 형식을 이사회규정(Council Regulation. 이하 "로마규정 Ⅰ"이라 한다)으로 전환함과 동시에 개정하기 위한 작업이 진행중이다. 이에 관하여는 우선 European Commission, Green Paper on the Conversion of the Rome Convention of 1980 on the law applicable to Contractual Obligations into a Community Instrument and its Modernization(이하 "Green Paper"라고 한다); Max Planck Institute for Foreign Private and Private International Law(이하 "MPI"라 한다), "Comments on the European Commission's Green Paper on the Conversion of the Rome Convention of 1980 on the law applicable to Contractual Obligations into a Community Instrument and its Modernization," Rabels Zeitschrift für ausländisches und internationales Privatrecht, Band 68 (2004), S. 1f.; Ulrich Magnus/Peter Mankowski, "The Green Paper on a Future Rome Ⅰ Regulation—on the Road to a Renewed European Private International Law of Contracts," ZVglRWiss 103 (2004), S. 131f.를 참조. 로마규정 Ⅰ의 최근 초안은 COM (2005) 650 final, 2005/0261 (COD) of 15 December 2005 참조. 이는 http://europa.eu.int/eur-lex/lex/LexUriServ/site/en/com/2005/com2005_0650 en01.pdf에서 볼 수 있다.

47) 이는 1989년 1월 1일부터 시행된 스위스의 "국제사법에 관한 연방법률"(Bundesgesetz über das Internationale Privatrecht (IPRG), *Loi fédérale sur le droit international privé* (LDIP))을 말한다.

48) 체약대리상의 경우 이는 본인과 대리상간의 내부관계의 문제이다. 반면에 체약대리상의 행위의 효과가 본인에게 귀속하는가, 즉 대리의 외부관계는 국제사법(제18조 제2항)이 정한 별도의 연결원칙에 따른다. 석광현, 국제사법 해설 제2판(2003), 154면 이하 참조.

있음에도 불구하고 당사자가 그 외의 다른 국가의 법을 선택하는 것을 허용하되, 당해 국가의 강행규정의 적용은 배제되지 않는다고 규정한다(제4항). 여기에서 '강행규정'이라 함은 당사자의 합의에 의해 적용을 배제할 수 없는 강행규정, 즉 단순한 또는 통상의 강행법규(또는 國內的 强行法規)를 말한다. 나아가 제25조는 準據法 합의의 성립과 유효성에 대한 準據法에 대하여도 명시적인 규정을 두어 논란을 해소하였다(제5항).

주의할 것은, 제25조에 따른 準據法의 선택은 抵觸法的 指定(kollisionsrechtliche Verweisung)을 말하는 것이고, 이는 實質法的 指定(materiellrechtliche Verweisung)과는 구별해야 한다는 점이다.[49] 즉 우리가 準據法의 지정이라고 하는 것은 抵觸法的 指定을 말한다. 그러나 實質法的 指定은 準據法의 지정이 아니다. 實質法的 指定은 당사자들이 계약의 내용을 구체적으로 규정하는 대신, 특정 외국법을 지정(또는 언급)함으로써 계약의 내용으로 편입하는 것을 말하며, 이는 마치 약관을 언급함으로써 계약의 내용에 편입하는 것과 유사하므로 영어로는 이를 '언급(또는 참조)에 의한 편입'(incorporation by reference)이라고 부르기도 한다.[50] 따라서 實質法的 指定의 경우, 당사자가 準據法을 선택하지 않은 때에는 제26조에 따라 결정되는 客觀的 準據法의 적용을 받으면서 그 準據法이 허용하는 범위 내에서 당사자들이 계약에 편입한 외국법이 당해 계약의 내용이 된다. 즉 抵觸法的 指定의 경우 당사자가 準據法을 선택하지 않았더라면 準據法이 되었을 客觀的 準據法의 통상의 강행법규의 적용이 배제되는 데 반하여,[51] 實質法的 指定의 경우 客觀的 準據法의 통상의 강행법규의 적용이 배제되지 않는다는 차이가 있다.[52] 이것이 양자의 본질적인 차이이다. 그러나 국제사법 제7조가 명시하는 바와 같이 抵觸法的 指定의 경우에도 법정지의 國際的 强行法規의 적용은 배제되지 않는다. 이 점에서 國際的 强行法規와 통상의 강행법규는 다르다.

---

49) 상세는 석광현, "國際契約의 準據法에 관한 몇 가지 논점—涉外私法의 解釋論을 중심으로: 改正된 國際私法의 소개를 포함하여—," 國際私法과 國際訴訟 제1권(2001), 9면 참조.

50) 상세는 석광현(註 46), 65면 주 69 참조.

51) 예컨대 당사자들이 만일 準據法을 지정하지 않았더라면 한국법이 準據法이 되었을 사안에서, 실제로 당사자들이 영국법을 準據法으로 지정하였다면 한국의 통상의 강행법규는 적용되지 않는다.

52) 예컨대 만일 당사자들이 準據法을 지정하지 않았더라면 한국법이 準據法이 되었을 사안에서, 실제로 당사자들이 영국법을 계약의 내용으로 편입하였다면 한국법이 客觀的 準據法이 될 것이고 따라서 한국의 통상의 강행법규의 적용은 배제되지 않는다.

그 밖에도 抵觸法的 指定의 경우 準據法으로 지정된 외국법은 원칙적으로 계약체결시의 외국법으로 고정되지 않으므로 準據法 지정 후 외국법이 개정된 때에는 개정된 외국법이 적용되나, 實質法的 指定에 의하여 외국법이 계약의 내용이 되는 경우에는, 계약체결 후에 당해 외국법이 개정되거나 폐지되더라도 일단 계약의 내용으로 편입된 외국법의 내용은 영향을 받지 않는다. 또한 抵觸法的 指定의 경우, 準據法으로 지정된 외국법도 법으로 취급되므로 법원은 직권으로 외국법을 조사하여야 하나, 實質法的 指定의 경우 외국법은 계약의 내용이 될 뿐이므로 당사자가 외국법의 내용을 입증해야 한다고 볼 여지가 있다.

위에서 언급한 바와 같이 당사자는 국제계약의 準據法을 자유롭게 지정할 수 있고, 지정된 법과 당해 계약간에 합리적인 또는 실질적인 관련성이 있어야 하는 것도 아니다. 그러나 당사자자치에는 다음과 같은 제한이 있다. 첫째 國際的 强行法規에 의한 제한(제7조) —國際的 强行法規에 관한 아래의 논의는 바로 이것을 말한다—, 둘째 공서에 의한 제한(제10조), 셋째 일정한 소비자계약의 경우 客觀的 準據法의 보호적 강행법규에 의한 제한(제27조), 넷째 개별근로계약의 경우 客觀的 準據法의 보호적 강행법규에 의한 제한(제28조), 다섯째 순수한 국내사건에 대해 외국법을 準據法으로 선택하는 경우 국내의 통상의 강행법규에 의한 제한(제25조 제4항), 여섯째 準據法分割의 경우 논리적 일관성에 의한 제한(제25조 제2항 참조). 그 밖에 영미에서는 전통적으로 準據法의 선택은 선의로써(*bona fide*) 한 것이어야 한다는 주관적 요소에 의한 제한을 인정하나, 국제사법의 해석론으로는 이는 적절하지 않다고 본다.[53] 하지만 일방당사자에게 현저하게 불합리하고 불공정한 準據法合意는 공서양속에 반하는 법률행위로서 무효라고 볼 수 있을 것이다.[54]

---

53) 석광현, "國際契約의 準據法에 관한 몇 가지 논점—涉外私法의 解釋論을 중심으로: 改正된 國際私法의 소개를 포함하여—," 국제사법과 국제소송 제1권(2001), 14면. 그러나 최흥섭(註 44), 493면은 이를 긍정한다.

54) 대법원 1997. 9. 9. 선고 96다20093 판결은 한국 법원의 관할을 배제하고 외국법원을 관할법원으로 하는 전속적인 국제재판관할의 합의는 현저하게 불합리하고 불공정한 경우에는 공서양속에 반하는 법률행위에 해당하는 점에서도 무효라고 판시하였는데, 이러한 법리는 準據法합의에도 적용할 수 있을 것이기 때문이다. 위에서 말한 공서에 의한 제한은 準據法합의 자체는 유효하고 다만 準據法인 외국법을 적용한 결과가 우리의 선량한 풍속 그 밖의 사회질서에 명백히 위반되는 경우 그 범위 내에서 외국법의 적용을 배제하는 데 반하여, 여기의 제한은 準據法합의 자체가 무효가 되는 점에 차이가 있다.

나. 客觀的 準據法

과거 섭외사법(제9조)은 당사자가 準據法을 지정하지 않은 경우의 이른바 '客觀的 準據法'의 결정에 관하여 행위지법원칙을 채택하였다. 따라서 격지자간의 계약의 경우 행위지를 결정하기 위한 원칙이 필요한데 섭외사법(제11조)은 청약에 주위적 지위를 인정하여 청약을 발송한 곳을 계약에 관한 행위지로 보았다. 그러나 행위지법원칙, 즉 계약의 경우 계약체결지법원칙은 다양한 유형의 계약의 특성을 전혀 고려하지 않은 지나치게 기계적이고 도식적인 원칙으로서, 공간적 이동이 용이한 현대사회에서 행위지는 당사자의 편의 등 우연한 사정에 의해 결정되는 경우가 많으므로 부적절하며, 심지어 시대착오적이라는 비판을 받았다.

그러므로 국제사법에서는 행위지법원칙을 버리고 '계약과 가장 밀접한 관련이 있는 국가의 법'을 準據法으로 지정하고(제26조 제1항), 법원과 당사자들의 부담을 덜기 위해 추정규정을 두었다(제26조 제2항 · 제3항). 국제사법은 로마협약(제4조)이나 스위스 국제사법(제117조)처럼 '特徵的 履行'(characteristic performance)[55]이라는 용어를 사용하지는 않으나, 제26조 제2항에서 특징적 이행을 예시적으로 열거하면서 이러한 이행을 해야 하는 당사자의 계약체결 당시 상거소가 있는 국가(당사자가 법인 또는 단체인 경우에는 주된 사무소가 있는 국가)의 법이 가장 밀접한 관련이 있는 것으로 추정한다. 다만 계약이 당사자의 직업 또는 영업활동으로 체결된 경우에는 당사자의 영업소가 있는 국가의 법이 가장 밀접한 관련이 있는 것으로 추정한다.

물론 사안에 따라서는 가장 밀접한 관련이 있는 국가의 법을 판단하는 것이 용이하지 않을 수 있으나, 이는 판례의 집적과 학설에 의해 거래의 유형에 즉응하여 적절히 해결해야 한다.[56] 또한 우리 국제사법은 명시하지 않지만, 특징적인 이행을 정할 수 없는 때에는 제2항의 추정은 적용되지 않고, 나아가 전체적인 사정으로 보아 계약이 다른 국가와 보다 밀접한 관련을 가

55) 이를 '特徵的 給付'(charakteristische Leistung)라고 부르기도 한다. 일본의 法例는 개정되면서 명칭이 "法의 適用에 관한 通則法"으로 변경되었다. 동 법은 2006. 6. 21. 공포되었고 2007년 1월 시행될 예정인데, 동 법 제8조 제2항은 特徵的 給付에 기한 추정을 명시한다.

56) 다양한 국제계약의 유형별로 準據法의 결정을 포함한 국제계약법의 제론점을 다룬 자료로는 Christoph Reithmann/Dieter Martiny, Internationales Vertragsrecht, 6. Auflage (2004), Rz. 715f.가 매우 충실하다.

지는 때에는 제2항 또는 제3항의 추정은 깨어지고 제1항이 적용된다. 즉 제2항은 추정규정이므로, 궁극적으로는 제1항이 정한 밀접한 관련이라는 기준에 의하여 準據法을 결정해야 한다. 추정규정에 추정 이상의 의미를 부여할 수는 없기 때문이다.

2. 국제사법상 강행법규의 취급

우리 국제사법은 로마협약을 따라 강행법규를, 첫째 통상의 강행법규(또는 國內的 强行法規),[57] 둘째 사회·경제적 약자인 소비자와 근로자를 보호하기 위한 강행법규와, 셋째 國際的 强行法規의 세 가지로 구분한다. 저자는 전에는 강행성의 정도에 따라 첫째와 둘째를 통상의 강행법규로 보아 셋째와 대비시키고, 다만 둘째의 강행법규를 '특별히 취급되는 통상의 강행법규'라고 하였다. 둘째의 강행법규도 강행성의 정도에서 보면 첫째, 즉 통상의 강행법규이므로 그러한 설명은 타당하나 여기에서는 강행성의 정도가 아니라 국제사법의 취급에 착안하여 세 가지로 구분하여 논의한다.[58]

가. 通常의 强行法規(또는 國內的 强行法規)

통상의 강행법규는 당사자의 합의에 의해 그 적용을 배제할 수 없는 강행법규를 말하는데, 민법과 상법 등 實質法에서 말하는 강행법규는 통상 이에 해당한다. 當事者自治에 관한 國際私法 제25조 제4항의 강행규정, 소비자계약에 관한 제27조 제1항의 강행규정과 근로계약에 관한 제28조 제1항의 강행규정이 이에 해당한다. 다만 소비자계약과 근로계약에 관한 강행규정은 아래 나.의 보호적 강행법규로서 국제사법상 특별하게 취급된다.

나. 保護的 强行法規

이는 소비자계약에 관한 제27조 제1항의 강행규정과 근로계약에 관한 제28조 제1항의 강행법규이다. 이도 당사자의 합의에 의해 배제할 수 없는 것이라는 점에서는 성질상 통상의 강행법규에 해당하지만[59] 국제사법상 특별

57) 위에서 본 바와 같이 이를 '단순한 강행법규'라고도 한다.

58) Magnus/Mankowski(註 46), S.173도 이와 같이 분류한다.

59) Magnus/Mankowski(註 46), S.176-177은 이 점을 명확히 지적한다. 보호적 강행법규와 國際的 强行法規의 관계에 관하여는 견해가 나뉘고 있으나, 사견으로는 소비자와 근로

하게 취급되는 것이다. 예컨대 약관의 규제에 관한 법률(이하 "약관규제법"이라 한다)과 같이 소비자보호를 목적으로 하는 실질법은 당사자들간의 대립하는 이익의 조정에 봉사하는 규범으로서 제27조의 적용대상이고, 제7조의 적용대상인 國際的 强行法規와는 구별된다. 즉 소비자보호를 목적으로 하는 실질법은 당연히 國際的 强行法規인 것은 아니고, 그렇다고 하여 국제계약에 관한 일반원칙(제25조와 제26조)의 적용대상도 아니며 국제사법 제27조가 정한 특칙의 적용대상이라는 것이다. 그러나 경우에 따라서는 예외적으로 國際的 强行法規의 성질을 가질 수 있다.[60] 근로자의 보호를 위한 법규에 대하여도 소비자보호에 관한 논의가 마찬가지로 타당하다.

다. 國際的 强行法規(international zwingende Bestimmungen, internationally mandatory rules)[61]

이는 통상의 강행법규가 아니라 예컨대 외국환거래법, 대외무역법, 독점규제 및 공정거래에 관한 법률(이하 "공정거래법"이라 한다)과 문화재보호법[62] 등과 같이 당사자의 합의에 의해 적용을 배제할 수 없을 뿐만 아니라, 그에 추가하여 準據法이 외국법이라도 그의 적용이 배제되지 않는 강행법규를 말한다.[63] 國際的 强行法規를 '절대적 강행법규'라고 부르기도 한다. 국제

자의 보호를 위한 법규는 통상 ②에 해당한다고 보나, 보호적 강행법규 중에도 예외적으로 ③의 國際的 强行法規에 해당하는 것이 있을 수 있다고 본다. Magnus/Mankowski(註 46), S. 178-179; MPI(註 46), S. 57-58 참조.

60) 이 점은 석광현, "국제거래와 약관의규제에관한법률의 적용," 국제사법과 국제소송 제3권(2004), 169면에서 지적한 바 있다.

61) 國際的 强行法規에 관한 국내자료로는 김용담, "國際契約의 準據法과 强行法規," 涉外事件의 諸問題(上)(1986), 21-24면; 김용진, "강행법규의 대외적 효력," 국제사법연구 제3호(1998), 703-721면; 신창선, "국제적 채권계약의 準據法과 강행법규," 김형배교수 화갑기념논문집, 채권법에 있어서 자유와 책임(1994), 805-824면; 안춘수, "국제계약에 있어 강행법규의 적용문제," 현대가족법과 가족정책, 야송김주수교수 화갑기념논문집(1988), 711-731면; 최흥섭(註 44), 488-491면 참조. 외국환관리법에 관련된 실제 사례에 관한 논의는 석광현, "외환허가를 받지 아니한 국제보증과 관련한 국제사법상의 문제점—서울고등법원 1994. 3. 4. 선고 92나61623 판결에 대한 평석을 겸하여—," 국제사법과 국제소송 제1권(2001), 31-42면; 國際的 强行法規에 관한 로마협약의 규정방식은 석광현(註 46), 78-85면 참조. 위 글들은 대부분 소개하는 정도에 머무르고 있다.

62) 문화재보호법(제21조)은 국보·보물·천연기념물 또는 중요민속자료의 수출 또는 반출을 금지한다. 우리 나라에서는 이에 관한 논의가 활발하지 않으나 우선 송호영, "海外로 不法搬出된 文化財의 民事法上 返還請求法理에 관한 硏究," 비교사법 제11권 제4호(상)(통권 27호)(2004), 249면 이하 참조.

63) 저자는 우리 법상 國際的 强行法規인지가 문제되는 사례로 대외무역법, 외국환거래법, 공정거래법, 근로관계 법규 외에 상법 제92조의2, 해상운송인의 의무 또는 책임을 감면하는

사법 제7조는 국제사법에 의하여 외국법이 準據法으로 지정되더라도 입법목적에 비추어 準據法에 관계없이 적용되어야 하는 우리 나라의 강행법규는 여전히 적용됨을 명시한다. 이는 과거 섭외사법하에서도 이론상 당연한 것으로 인정되어 온 것인데 국제사법에서는 로마협약(제7조 제2항)을 따라 그 취지를 분명히 하고, 그것이 국제사법적 판단의 결과임을 명확히 하였다. 다만 제7조의 이론적 근거에 관하여는 다양한 견해가 주장될 수 있는데,[64] 제7조에 의해 國際的 强行法規의 개념이 국제사법에 정면으로 도입되었고, 국제사법의 방법론상의 다원화[65]가 이루어졌다고 평가할 수 있다.

3. 國際的 强行法規에 관한 몇 가지 논점

가. 國際的 强行法規와 간섭규범 및 특별사법

위에서 언급한 바와 같이 국제사법도 國際的 强行法規에 관한 명시적인 규정을 두고 있지만 그 논리적인 체계는 충분히 정립된 것은 아니다. 독일에서도 현재 다양한 이론이 주장되고 있으나 저자는 대체로 다음과 같이 이해한다.

國際的 强行法規와 통상의 강행법규의 구별에 관하여, 종래 독일에서는 당해 규범이 초개인적인 공적인(국가적·경제정책적인) 이익에 봉사하는 것이라면 國際的 强行法規인 데 반하여, 주로 계약관계에 관여하는 당사자들간의 대립하는 이익의 조정에 봉사하는 것이라면 통상의 강행법규라고 구별하는 견해가 유력하였다.[66] 독일에서는 이런 의미의 國際的 强行法規를 'Eingriffsnorm'[67]이라고도 하는데 이를 '간섭규범'(또는 '개입규범')이라고

당사자의 특약을 무효로 하는 상법 제790조 제1항과 약관규제법을 든 바 있다. 석광현(註 48), 93-94면.

64) 석광현(註 48), 98면 참조.

65) 석광현(註 46), 84면; 석광현(註 48), 97-98면 참조.

66) MünchKommBGB/Martiny, Band 10 Internationales Privatrecht 3. Auflage (1998), Art.34 Rn.12ff. 석광현(註 46), 93면. 예컨대 Christian von Bar/Peter Mankowski, Internationales Privatrecht Band I Allgemeine Lehren 2. Auflage (2003), §4 Rn.91도 약자의 보호를 목적으로 하는 규범은 법률관계에 관여하는 사인의 개인적인 이익의 조정에 봉사하는 데 반하여, 간섭규범은 특히 국가정책, 경제정책 또는 사회정책적 성질의 초개인적인 국가적 이익의 실현에 봉사하는 규범이라는 점에서 구별된다고 설명한다.

67) 이는 Paul Heinrich Neuhaus, Die Grundbegriffe des Internationalen Privatrechts (1962), S.58-60에서 처음 사용되었다고 한다. Johannes Fetsch, Eingriffsnormen und EG-Vertrag (2002), S.1. 이는 프랑스의 '*lois de police*', 영국의 'overriding statutes'에

번역할 수 있다.68) 그러나 이러한 개념은 아래에서 보듯이 유럽연합법원의 2000. 11. 9. '*Ingmar* 사건 판결'에 의하여 동요하고 있다.

독일에는 國際的 强行法規를 위와 같은 의미의 간섭규범과 동일한 개념으로 사용하는 견해도 있으나,69) 國際的 强行法規를 상위개념으로 파악하면서, 그에는 초개인적인 국가적·경제정책적인 공적인 이익에 봉사하는 또는 공법적인 정치적 및 경제정책적인 규정인 간섭규범(Eingriffsnorm)과, 계약당사자들간의 유형적인 불균형상태의 조정, 즉 약자의 보호를 목적으로 하는 특별사법(Sonderprivatrecht)이 포함된다는 견해도 있다.70) 후자를 '國際的 强行法規인 특별사법' 또는 '私法的인 干涉規範'이라고도 한다. 주의할 것은, 국제사법은 보호적 강행법규를 별도로 규정하고 있으므로 이는 위에서 본 바와 같이 통상의 강행법규로서 단지 보호적 강행규범으로 취급되고,71) 예외적인 경우에만 국제적 강행규범이 될 수 있다는 점이다.72) 즉 國際的 强行法規

상응한다.

68) 로마협약을 대체할 로마규정 I에 제7조가 말하는 國際的 强行法規의 정의를 규정하자는 제안이 있고, 구체적으로 유럽법원이 1999. 11. 23. 선고한 형사사건인 Arblade 사건 판결(Cases C-369/96 and C-376/96, Criminal proceedings against Jean-Claude Arblade, Arblade & Fils SARL and Bernard Leloup, [1999] ECR I-8453 at I-8512)에서 판시한 정의를 따르자는 제안이 있다. 그에 따르면 國際的 强行法規라 함은 "관련 회원국의 정치적, 사회적 또는 경제적 질서의 보호를 위하여 그의 준수가 매우 중요한 것으로 간주되기 때문에 당해 회원국의 영토 내에 소재하는 모든 사람들과 그 국가 내의 모든 법률관계가 준수할 것을 요구하는 국내법규정"을 말한다. Green Paper, para. 3.2.8.3., p. 34도 이를 시사하고 있고, Magnus/ Mankowski(註 46), S. 178; MPI(註 46), S. 74f.은 대체로 이를 따른다. 이러한 정의는 위에서 본 간섭규범의 정의와 유사하다. 로마규정 I 의 제8조 제1항은 다음과 같이 정의한다. "Mandatory rules are rules the respect for which is regarded as crucial by a country for safeguarding its political, social or economic organisation to such an extent that they are applicable to any situation falling within their scope, irrespective of the law otherwise applicable to the contract under this Regulation." 로마규정 I 의 초안은 COM (2005) 650 final, 2005/0261 (COD) of 15 December 2005. 이는 http://europa.eu.int/eur-lex/lex/Lex UriServ/site/en/com/2005/com2005__0650en01.pdf에서 볼 수 있다.

69) 예컨대 Kropholler(註 34), §3 Ⅱ 1.

70) Bernd von Hoffmann, Internationales Privatrecht 6. Auflage (2000) §10 Rz. 92f.; Bernd von Hoffmann, "Inländische Sachnormen mit zwingendem intetnationalem Anwendungsbereich," IPRax 1989, S. 261f.; 석광현(註 60), 169면, 주 42. 학설은 Fetsch(註 67), S. 1-2 참조.

71) 즉 저자는 'Sonderprivatrecht'(특별사법)의 개념을 인정하지만, 소비자 또는 근로자보호를 위한 법규를 전부 이에 해당하는 것으로 보아 國際的 强行法規에 준하여 특별연결하는 데는 동의하지 않는다. MünchKommBGB/Martiny(註 66), Art. 34 Rn. 13 참조.

72) 참고로 독일에서는 근로계약법 분야의 경우 법률이 國際的 强行法規性을 명시하는 예로는 건설업계 등의 단체협약 중 최저임금과 최저휴가 등에 관하여 규율하는 1996년의 "국

인 특별사법에는 국제사법 제7조가 적용되지만 보호적 강행법규에는 동조가 항상 적용되는 것은 아니라는 것이다. 이 점은 소비자와 근로자 이외의 사회·경제적 약자를 보호하기 위한 강행법규의 경우도 마찬가지이나, 다만 이는 통상의 강행법규로 처리될 수 있을 뿐이고 보호적 강행법규로서 특별히 취급되기는 어렵다.

특별사법의 國際的 强行法規性은 법의 문언으로부터 또는 법의 목적으로부터 도출된다. 과거 독일의 약관의 규제에 관한 법률(AGBG)(제12조)은 외국법이 準據法으로 지정되더라도 당해 계약이 독일과 밀접한 관련을 가지는 경우[73] 동 법은 '고려되어야 한다'고 규정하였으나, 동 조는 1996. 7. 25.자로 '적용된다'는 것으로 개정되었고 그 후 이 조항은 결국 삭제되어 2000. 6. 30.자로 민법시행법(EGBGB)(제29a조)에 의해 대체되었다. 이 조항의 결과 당시 독일 약관규제법은 국제적 강행성을 가지는 특별사법으로 이해되었다.[74] 일정한 요건이 구비되는 경우 準據法이 외국법이더라도 적용을 관철하는 영국의 1977년 불공정계약조건법(Unfair Contract Terms Act 1977. UCTA)(제27조 제2항)[75]도 그러한 예이다.[76]

경을 넘는 노무급부의 강행적 근로조건에 관한 법률"(약칭 Arbeitnehmer-Entsendegesetz)(제1조)을 들고, 해석상 國際的 强行法規性을 인정하는 예로는 사용자에 대한 출산수당지급청구권 및 노동불능시의 임금계속지급청구권과 重症障碍者法律에 따른 해고시 주된 복지사무소의 동의요건 등을 든다. Kropholler(註 34), §52 Ⅸ. 우리 법상으로는 노동부장관의 허가 없이는 근로자공급사업을 하지 못한다는 취지의 직업안정법(제33조 제1항)은 法廷地의 國際的 强行法規임을 전제로 한 대법원 2004. 6. 25. 선고 2002다56130, 56147 판결이 있다. 평석은 석광현, "2004년 국제사법 분야 대법원판례: 정리 및 해설," 국제사법연구 제10호(2004), 433면 이하; 이 책 제9장 [15] 참조.

73) 정확히는 "계약이 외국법 또는 동독법의 적용을 받는 경우라 하더라도 i) 계약이 공연한 청약, 공연한 광고 또는 본법 적용영역 내에 있어서의 약관제안자의 이와 유사한 영업활동에 기하여 성립하고, ii) 계약 상대방이 계약체결에 관한 의사표시를 할 당시 그 주소 또는 거소를 본법 적용영역 내에 가지고 있고, 그 의사표시를 본법 적용영역 내에서 행하는 때"이다.

74) Bernd von Hoffmann, Internationales Privatrecht 6. Auflage (2000), §10 Rz. 96은 이 점을 명확히 지적한다. 만일 우리 약관규제법이 과거 독일 약관규제법 제12조와 같은 규정을 두고 있다면 약관규제법은 특별사법으로서 國際的 强行法規라고 볼 수 있으나, 우리는 그렇게 볼 근거가 없다. 따라서 우리 약관규제법은 國際的 强行法規가 아니다. 상세는 석광현(註 60), 168면 이하.

75) 이에 따르면 동법은, 법원 또는 중재인이 판단하기에, 외국법을 적용하거나 적용할 것을 목적으로 하는 조항을 부과하는 당사자가 전적으로 또는 주로 동법의 적용을 회피할 목적으로 부과하고, 또는/및 계약체결에 있어 일방당사자가 소비자로 거래하였고 영국에 상거소를 가졌으며, 계약의 체결을 위하여 필요한 본질적인 조치를 그가 직접 또는 타인이 그를 위하여 영국에서 행한 경우에는, 그러한 조항에도 불구하고 적용된다.

76) Peter Nygh, Autonomy in International Contracts (1999), p. 202.

이와 같이 私法이 국제적 강행성을 획득할 수 있음을 긍정한다면 國際的 强行法規를 간섭규범과 특별사법의 상위개념으로 보는 견해가 보다 실용적이라고 생각된다.

나. 소속국에 따른 國際的 强行法規의 분류

國際的 强行法規는 소속국 또는 원천에 따라 '準據法 소속국의 國際的 强行法規', '법정지의 國際的 强行法規'와 그 밖의 경우, 즉 '제3국의 國際的 强行法規'로 구분되는데, 우리 국제사법은 다음과 같이 앞의 두 가지에 대하여만 규정한다. 즉 국제사법 제7조는 위에서 본 바와 같이 법정지인 우리 나라의 國際的 强行法規는 準據法에 관계없이 적용됨을 명시한다. 한편 국제사법 제6조는 準據法 소속국의 國際的 强行法規에 관하여는 간접적인 규정만을 두고 있다. 즉 제6조는 準據法 소속국인 외국의 공법을 반드시 적용해야 한다고 규정하는 대신 단지 공법이라는 이유만으로 적용이 배제되는 것은 아니라는 소극적인 규정방법을 취하므로, 외국공법이 準據法 소속국의 법이라고 하여 당연히 적용되는 것은 아니고, 그의 적용 여부는 국제사법적 고려에 기해 판단해야 한다.[77] 반면에 우리 국제사법은 제3국의 國際的 强行法規에 관하여는 규정하지 않는다. 왜냐하면 제3국의 國際的 强行法規의 처리에 관하여는 정설이 없기 때문이다. 참고로 로마협약(제7조 제1항)은 제3국의 國際的 强行法規에 대해 효력을 부여할 수 있다고 규정하지만, 그의 타당성에 관하여는 논란이 있었기 때문에 유보할 수 있도록 하였고 그 결과 영국과 독일 등은 실제로 그의 적용을 유보하였다.[78]

다. 國際的 强行法規와 공서조항의 관계

국제사법에 따라 외국법이 準據法으로 지정된 경우에 그 규정의 적용이 우리의 선량한 풍속 그 밖의 사회질서에 명백히 위반되는 때에는 이를 적용하지 아니한다(국제사법 제10조). 공서의 원칙은 국제사법에 의하여 지정된 準據法인 외국법을 적용한 결과 우리의 기본적인 사회질서가 파괴되는 것을 막기 위한 것인데, 이와 같이 공서는 외국법의 적용을 배제하는 '소극적 기

77) 상세는 석광현(註 48), 89-91면 참조.

78) 제3국의 國際的 强行法規에 관하여는 우선 von Bar/Mankowski(註 66), §4 Rn.104 내지 Rn.129 참조.

능'(negative Funktion)을 한다. 공서위반의 정도는 사안의 내국관련성과의 관계에서 상대적으로 이해하여야 한다. 즉 내국관련성이 크면 외국법 적용의 결과가 선량한 풍속 및 사회질서 위반의 정도가 약하더라도 공서위반이 될 수 있으나, 반대로 내국관련성이 작으면 외국법 적용의 결과가 선량한 풍속 및 사회질서 위반의 정도가 큰 경우에만 공서위반이 될 수 있다는 것이다.

공서조항은, 우선 국제사법에 의하여 일단 외국법이 準據法으로 결정되고 그를 적용한 결과가 내국의 공서에 반하는 때에 비로소 적용되므로 외국법의 내용이 문제되는 데 반하여, 법정지의 國際的 强行法規는 외국법이 準據法이 되는 과정을 거치지 않고, 외국법의 내용에 관계없이 곧바로 적용된다는 점에서 공서조항과 구별된다. 즉 공서조항은 거절의 과정인 데 반하여 國際的 强行法規는 선택의 과정이다. 따라서 國際的 强行法規를 '직접적용법'(*lois d'application immédiate*)[79]이라 하는 것을 이해할 수 있다.

공서의 소극적 기능과 대비하여 과거 독일에서는 準據法이 외국법임에도 불구하고 사회·경제정책적인 목적을 추구하는 법정지의 강행법규가 적용되는 것을 '공서의 적극적 기능'(positive Funktion)이라고 설명하기도 하였다.[80] 그러나 우리 국제사법은 법정지의 國際的 强行法規에 관하여 공서조항과는 별도로 제7조를 두고 있으므로 법정지의 國際的 强行法規의 적용근거를 적극적 공서 또는 공서의 적극적 기능으로 설명하는 것은 이제는 설득력이 없다.

Ⅳ. 商法 제92조의2의 적용범위—국제대리상계약에서의 대리상의 보호

1. 문제의 소재

대리상을 보호하기 위하여 대리상의 상당한 보상청구권을 정한 상법 제92조의2가 과연 國際的 强行法規인지가 문제된다. 만일 상법 제92조의2가 통

79) 프랑스에서는 이를 '*lois de police*'라고도 한다.
80) Kropholler(註 34), § 36 Ⅰ.

상의 강행규정이라면 대리상계약의 準據法이 한국법일 경우 대리상은 상법 제92조의2에 따라 보상청구권을 가지지만, 당사자들이 보상청구권을 알지 못하는 외국법을 대리상계약의 準據法으로 지정하였다면, 가사 대리상이 한국에서 영업을 하더라도 상법은 적용되지 않고 그 準據法에 따르므로 보상청구권이 인정되지 않는다. 반면에 제92조의2가 國際的 强行法規라면 準據法이 외국법이더라도 동 조가 적용되므로 대리상은 그에 다른 보상을 받을 수 있게 된다는 점에서 이는 실무상 중요한 의미를 가진다.

이는 국제대리상계약의 準據法이 외국법인 경우에도 상법 제92조의2가 적용되는지의 문제이므로 당해 사안의 관점에서 보자면 準據法을 결정하는 것이지만, 상법 제92조의2의 관점에서 보자면 동 조의 적용범위의 문제라고 할 수 있다.

위에서 본 바와 같이 상법 제92조의2는 대리상지침에 의하여 영향을 받은 것인데 유럽연합법원은 2000. 11. 9. 비록 대리상계약의 準據法이 캘리포니아주법이더라도 대리상이 영국에서 영업을 하는 경우라면 대리상지침을 국내법화한 영국법이 여전히 적용된다고 판시한 바 있으므로 먼저 이를 소개하고, 2005년 선고된 우리의 하급심판결을 소개한 뒤 마지막으로 사견을 피력하고자 한다.

2. 유럽법원의 *Ingmar* 사건 판결

대리상의 보상청구권과 관련하여 주목할 것은 유럽법원(이를 '유럽사법재판소'라고 부르기도 한다)의 2000. 11. 9. *Ingmar GB Ltd. v. Eaton Leonard Technologies* 사건 판결[81]이다. *Ingmar* 사건의 사안과 쟁점은 다음과 같다.

1989년 영국의 Ingmar GB Ltd.(이하 "Ingmar"이라 한다)는 캘리포니아 회사인 Eaton Leonard Technoglogies Inc.(이하 "Eaton"이라 한다)와 Eaton이 Ingmar를 영국 내의 독점적 대리상으로 임명하는 대리상계약을 체

81) 영국에서는 Case C-381/98라고 표시하나, 독일에서는 EuGH 9. 11. 2000—381/98, Ingmar GB/Eaton Leonard Technologies, Slg. 2000 I 9305라는 식으로 특정한다. 독일어 번역문은 NJW 2001, S. 2007f. = IPRax 2001, S. 225f. = RIW 2001, S. 133f.에도 수록되어 있다.

결하였고, 대리상계약은 캘리포니아주법을 準據法으로 지정하였다. 대리상계약은 1996년 종료되었고 Ingmar는 Eaton을 상대로 보수와 대리상지침(제17조)에 따른 종료의 결과 입은 손해의 보상을 요구하는 소를 영국의 1심법원인 High Court에 제기하였다. High Court는 계약의 準據法이 캘리포니아주법이므로 대리상지침을 국내법화한 영국의 Commercial Agents (Council Directive) Regulations 1993[82]은 적용되지 않는다고 판단하였다. 이에 대해 Ingmar가 항소하였고 항소법원은 소송을 중지하고, 당해 사안에서 유럽연합의 회원국에서 국내법화된 대리상지침, 특히 대리상계약 종료시 대리상에게 보상을 지급할 것을 요구하는 규정들이 準據法에도 불구하고 적용되는지에 관하여 유럽법원의 선결적 판단(preliminary ruling)을 요구하였다.

이 사건의 쟁점은, 대리상이 어느 회원국의 영토 내에서 활동하는 경우, 대리상계약의 종료 후에 대리상에게 일정한 권리를 보장하고 있는 대리상지침의 제17조와 제18조를 국내법화한 영국법이, 비록 본인은 비회원국에서 설립되고 대리상계약이 그 비회원국의 법을 準據法으로 지정한 경우에도 적용되는가였는데 유럽법원은 이를 긍정하였다.

유럽법원은 첫째 대리상계약의 종료 후에 대리상의 보호를 목적으로 하는 대리상지침의 제17조와 제18조는 성질상 강행적이고 이는 대리상지침 제19조에 의해 확인되는 바이며, 둘째 대리상지침은 대리상업무의 수행에 대한 제한을 제거하고, 공동체 내에서 경쟁의 조건을 통일하며, 상거래의 안정성을 증가하기 위한 것임을 고려할 때, 대리상지침의 제17조부터 제19조의 목적은 모든 대리상들을 위하여 역내시장에서의 설립의 자유와 왜곡되지 않은 경쟁을 보호하기 위한 것이므로, 유럽공동체조약의 목적을 달성하려면 전 역내에서 준수되어야 하며, 역외의 본인은 단순히 準據法條項에 의하여 이를 회피할 수는 없다는 이유로, 상황이 유럽공동체와 밀접하게 관련된 경우, 특히 대리상이 역내에서 영업을 하는 경우 대리상지침이 적용된다고 판시하였다.[83] 즉 유럽법원은 대리상지침(특히 제17조와 제18조)을 국내법화한 회원국의 법은 대리상이 공동체 내에서 영업을 영위하는 한, 대리상계약의 準據法이 캘리포니아주법임에도 불구하고 당해 대리상계약에 적용된다고 판시한 것이다.

---

82) 이는 1994. 1. 1. 발효하였다.

83) *Ingmar* 사건 판결, paras. 20-26 참조.

영국 정부와 독일 정부는 유럽법원에 의견을 제출하였는데, 영국 정부는 Ingmar와 마찬가지로 대리상지침의 영토적 적용범위는 공동체법의 문제이고, 대리상지침의 목적에 비추어 대리상지침은 본인의 국적 또는 설립지에 관계없이 대리상이 회원국에서 설립된 때에는 적용되어야 한다고 주장하였으나, 독일 정부는 지침에 영토적 적용범위에 관한 명시적인 규정이 없는 이상, 국제사법 목적상 회원국의 법이 강행적인지 여부는 소가 계속한 회원국의 법원이 결정할 사항이라는 견해를 피력하였다.[84)]

그러나 프랑스 파기원의 2000년 판결[85)]은 *Ingmar* 사건 판결과 달리 대리상계약의 準據法이 뉴욕주법인 사안에서 대리상지침을 국내법화한 프랑스 법[86)]의 적용을 부정한 바 있다.

우리에게 직접 도움이 되는 것은 아니지만, 그 밖에도 *Ingmar* 사건 판결이 국제사법규칙을 포함하지 않는 모든 유럽연합의 지침에 적용될 수 있는지 아니면 대리상지침에만 적용되는지[87)]와, 유럽연합법상 國際的 强行法規性이 국내입법의 기초가 되는 유럽연합의 지침으로부터 도출될 수 있는지[88)] 등의 문제를 제기한다.

3. 독일에서의 논의

위에서 본 바와 같이 독일 상법 제89b조는 대리상의 보상청구권을 규정하고 있는데, 독일에서는 이 조항은 통상의 강행법규일 뿐이고 國際的 强行法規가 아니므로 準據法이 독일법인 경우에만 적용된다는 것이 종래의 통설

84) *Ingmar* 사건 판결, paras. 18, 19.1.

85) Cass., 28. 11. 2000, Dalloz—Jurisprudence 2001, 305, Anm. Eric Chevrier (Erik Jayme, "Zum internationalen Geltungswillen der europäischen Regeln über den Handelsvertreterausgleich," IPRax (2001), S. 190에서 재인용). 그러나 1999. 6. 30. 이탈리아 파기원 판결은 프랑스 파기원 판결과 달리 *Ingmar* 사건 판결과 결과적으로 동일한 견해를 취하였다고 한다(위 Jayme, S. 190에서 재인용).

86) 이는 "대리상과 그의 위임인간의 관계에 관한 1991. 6. 25. 법률 91-593호"(*LOI no 91-593 du 25 juin 1991 relative aux rapports entre les agents commerciaux et leurs mandants*)이다.

87) MPI(註 46), S. 67은 대리상지침에만 적용되는 것으로 본다.

88) Kropholler(註 34), § 52 Ⅸ. 그러나 이에 대하여는 대리상지침은 독립적인 국제사법적 요소를 포함하지 않는 순전히 실질법이므로 國際的 强行法規性의 근거가 될 수 없다는 비판이 있다. von Bar/Mankowski(註 66), § 4 Rn. 102; Klaus Schurig, "Ingmar und die international zwingende Hanlsvertreter-Richtlinie," FS Jayme Band 1 (2004), S. 843.

이었고,[89] 동일한 취지의 연방대법원의 판결[90]도 있었다. 반면에 네덜란드, 벨기에와 프랑스에서는 대리상지침을 국내법화한 입법의 보상청구권에 관한 규정은 國際的 强行法規라는 견해가 일부 주장되었다고 한다.[91]

그러나 *Ingmar* 사건 판결은 대리상지침을 국내법화한 영국법의 보상청구권에 관한 규정이 準據法에도 불구하고 國際的 强行法規로서 적용됨을 선언하였는데, 독일에서는 유럽법원이 이를 간섭규범으로서 특별연결한 것으로 이해한다. 그의 연장선에서, 동 판결에 대한 비판이 없지는 않지만 이를 지지하는 견해가 압도적이고,[92] 동 판결의 결과 독일에서도 사적 이익의 보호를 목적으로 하는 법은 간섭규범이 아니라고 하는, 즉 國際的 强行法規를 좁게 파악하는 독일의 전통적인 개념은 재검토되어야 한다는 지적이 유력하다.[93][94]

4. 우리 나라의 하급심 판결

한편 서울고등법원 2005. 1. 14. 선고 2004나14040 판결은 상법 제92조의2는 國際的 强行法規가 아니라는 판결을 선고하였는데, 대체적인 사안과 판결이유는 다음과 같다.

한국 회사인 원고(대진반도체 주식회사)는 1996년 캐나다회사인 피고(제네시스 마이크로칩 캐나다 코)와, 피고가 생산하는 마이크로칩에 대한 한

---

89) Baumbach/Hopt(註 11), § 92c Rn. 4; MünchKommHGB/von Hoyningen-Huene(註 37), § 84 Rn. 106; Reithmann/Martiny(註 54), Rz. 2037. 학설의 소개는 Fetsch(註 67), S. 311.

90) BGH, NJW 1961, 1061. Heymann/Sonnenschein, HGB, § 89b Rn. 97에서 재인용.

91) Fetsch(註 67), S. 311.

92) 비판설과 지시설의 분포는 우선 von Bar/Mankowski(註 66), § 4 Rn. 102 Fn. 536, 537 참조. von Bar/Mankowski(註 66), § 4 Rn. 102f.도 *Ingmar* 사건 판결은 간섭규범이 아니라 계약당사자간의 이익의 조정을 목적으로 하는 규범에 관한 사건이므로, 이는 간섭규범의 특별연결이 아니라 비간섭규범의 일방적 연결의 문제임을 지적하고, *Ingmar* 사건 판결의 결과 간섭규범과 비간섭규범을 구별하기 위한 종래 사용하던 성질결정의 척도를 포기할 필요가 없다는 견해를 취한다.

93) Gunther Kühne, "Die Parteiautonomie zwischen kollisionsrechtlicher und materiellrechtlicher Gerechtigkeit," Liber Amicorum Gerhard Kegel (2002), S. 76; Jayme(註 85), S. 191; Fetsch(註 67), S. 311. 그러나 von Bar/Mankowski(註 66), § 4 Rn. 103은 그에 반대한다.

94) 나아가 *Ingmar* 사건 판결의 결론을 로마규정 I에 통합하기 위하여 로마협약 제3조를 개정하는 방안, 제7조를 개정하는 방안과 제6조를 개정하는 방안 등이 제시되었다. MPI(註 46), S. 68은 제6조를 개정하자는 견해를 취하는데, 이는 대리상이라는 약자를 근로자에 준하여 보호하려는 것이다.

국 내 독점판매대리상계약을 체결하고 피고의 대리상으로서 위 제품을 국내에 판매하고 피고로부터 매출액에 대해 일정비율로 계산한 수수료를 받아 왔다. 위 계약은 여러 차례 갱신되었다. 계약의 準據法은 캐나다 온타리오주의 법이었다. 대리상계약에 따르면 당사자들은 언제든지 계약을 해지할 수 있는데 해지의 의사표시는 계약 종료 60일 이전에 서면으로 통지해야 한다. 피고는 이에 따라 대리상계약을 해지하고, 공동피고(제네시스 마이크로칩 델라웨어 인코퍼레이티드)[95]가 2001. 10. 한국 내 영업소를 개설하고 그 무렵부터 피고를 대신하여 한국 내의 기존 고객을 상대로 원고를 통하지 않고 직접 피고의 제품을 홍보하고 판매하는 등의 업무를 수행하기 시작하였다.

원고는 피고에 대해 상법 제92조의2에 따라 상당한 보상을 지급할 것을 청구하였다. 온타리오주법에는 상법 제92조의2에 상응하는 조항은 없고, 판례법상 이른바 'follow up compensation'의 형태로 대리상이 자신이 수행한 업무에 대해 보상을 청구할 수 있으나 이는 당사자 사이에 계약이 있는 경우에 한하여 인정되는 권리이다. 원고는 상법 제92조의2가 적용됨을 주장하면서 보상을 요구하였다.

이에 대하여 위 판결은 "원고는 準據法에 관하여, 대리상의 보상청구권을 규정한 상법 제92조의2가 대기업 등으로부터 소규모 대리상들을 구제하기 위한 강행규정으로서 準據法이 대한민국의 법이 아닌 경우에도 적용되어야 한다고 주장하나, 상법 제92조의2가 규정하고 있는 대리상의 보상청구권은 대리상계약에 의한 당초의 보수에 부수하여 발생하는 계약상의 권리를 법에서 정하고 있는 것이어서 비록 그 입법취지에 일부 강행법규의 성격이 포함되어 있다 하더라도 공정거래, 소비자 보호 등과 같이 입법 목적에 비추어 準據法에 관계없이 해당 법률관계에 적용되어야 할 강행규정이라고 볼 수 없다"는 취지로 판시하고 제92조의2의 국제적 강행규정성을 부정하였다. 위 판결은 2005. 2. 4. 확정되었다. 이 판결은 그 근거를 충분히 설시하지는 않았지만, 아마도 보상청구권의 성질이 계약상의 권리라는 점과, 강행성이 없는 것은 아니지만 그것이 국제적 강행규정성을 긍정할 정도는 아니라고 본 것으로 짐작된다. 다만 이 판결이 소비자 보호를 함께 언급한 이유는 분명하지 않다.

---

95) 이는 피고의 자회사로서 미합중국 델라웨어 주법에 설립된 미국 법인이다.

5. 상법 제92조의2는 國際的 强行法規인가

가. 國際的 强行法規의 판단기준

상법 제92조의2가 國際的 强行法規인가는 결국 우리 국제사법상 國際的 强行法規를 어떻게 파악할 것인가, 나아가 간섭규범과 그 밖의 國際的 强行法規 또는 특별사법을 개념적으로 어떻게 구별할 것인가의 문제이다. 지금으로서는 우리 국제사법상 國際的 强行法規에는 간섭규범과, 계약당사자들간의 전형적인 불균형상태의 조정, 즉 약자의 보호를 목적으로 하는 특별사법이 포함될 수 있으며, 전자가 주를 이루고 후자는 예외적으로만 인정할 것임은 위에서 지적한 바와 같다.

어떤 법규가 명시적으로 인적 또는 장소적 적용범위를 명시하는 조문을 두고 있는 경우 그로부터 國際的 强行法規性을 쉽게 도출할 수 있다.[96] 그러나 명시적인 규정이 없으면, 법원이 당해 법규의 의미와 목적을 조사하여 그것이 적용의지(Anwendungswille 또는 Geltungswille)를 가지는가를 검토하여 판단해야 한다. 어떤 법규가 國際的 强行法規 또는 간섭규범인가의 여부는 법규의 성질결정의 문제인데, 이를 위하여는 법규의 목적과 그의 언명(Normaussage)을 우선 특정하고 분석하여야 하며, 이 경우 문제된 규범의 언명을 개별적으로 검토해야 하는 것이지 하나의 법을 일률적으로 판단할 것이 아니다.[97] 당해 법규가 행정법적인 절차 내에서 전적으로 관할을 가지는 관청을 통한 정규적인 집행을 규정하는 경우 이는 상대적으로 확실한 간섭규범의 징표가 된다.[98] 의문이 있는 경우에는 일반원칙으로 돌아가 국제사법의 연결원칙에 따라야 할 것이므로 國際的 强行法規가 아니라고 추정하는 것이 타당할 것이다.[99]

---

96) 예컨대 우리 대외무역법과 외국환거래법은 적용범위를 명시한다. 이와 같은 실질법을 '자기제한적인 실질규범'(selbstbegrenzte Sachnorm) 또는 '독자적인(일방적인) 저촉규범을 가진 실질규범'(Sachnorm mit eigener (einseitiger) Kollisionsnorm)이라고 부르기도 한다. von Hoffmann(註 74), §10 Rz. 94.

97) von Bar/Mankowski(註 66), §4 Rn. 95.

98) von Bar/Mankowski(註 66), §4 Rn. 95.

99) von Hoffmann(註 74), §10 Rz. 94; Nygh(註 76), p. 211. 물론 Nygh는 현대 입법자들은 필요하면 그 적용범위를 명시하기 때문에 그렇게 해석한다. 따라서 저자와는 근거는 다르다.

나. 상법 제92조의2의 검토

상법 제92조의2가 일부 상법학자들이 설명하듯이 처음부터 강행법규, 즉 통상의 강행법규 내지는 國內的 强行法規가 아니라면 國際的 强行法規가 될 수 없음은 명백하다. 따라서 아래의 논의는 國內的 强行法規性을 긍정하는 경우에 비로소 제기되는 문제이다.

위에서 본 바와 같이 만일 종래 독일에서 유력한 견해를 따라 간섭규범을 초개인적인 공적인(국가적·경제정책적인) 이익에 봉사하는 규범이라고 이해한다면, 상법 제92조의2는 이에 해당하지 않는다. 이는 '私法的인 干涉規範'을 인정하지 않는다는 것이다. 물론 *Ingmar* 사건 판결의 결과 간섭규범을 좀더 넓게 정의할 필요성이 지적되고 있는데, 그렇게 된다면 장래에는 결론이 달라질 것이므로 앞으로 이에 관한 유럽연합의 동향을 예의주시할 필요가 있다.

이렇게 본다면 문제는 상법 제92조의2가 國際的 强行法規인 특별사법에 해당하는가인데 이를 판단하기 위하여는 다음 사항을 고려할 필요가 있다.

첫째, 사인간의 이익의 조정을 목적으로 하는 조항을 國際的 强行法規로 봄으로써 국제계약에서 타당한 당사자자치의 원칙이 공동화되고, 그 결과 법적 안정성이 침해될 우려가 있다.[100]

둘째, 대리상을 사회·경제적 약자라고 본다면 국제사법 제7조가 아니라 소비자와 근로자에 상응하는 처리를 하는 것이 체계상 바람직하다. 즉 상법 제92조의2를 國際的 强行法規로 보아 대리상을 국제사법 제7조를 통하여 보호한다면, 국제사법 제27조와 제28조에 의하여 독립된 조문에 의해 보호되는 영역과, 제7조에 의하여 보호되는 영역간에 불균형이 발생한다.[101] 다만 이에 대하여는 로마협약에 대한 보고서인 Giuliano/Lagarde Report가 國際的 强行法規의 예로 소비자보호를 목적으로 하는 규범을 언급한 것을 지적함으로

---

100) Kühne(註 93), S. 77도 지적한다.

101) MPI(註 46), S. 67은 동 판결은 國內的 强行法規와 國際的 强行法規간의 전통적 구별을 애매하게 한다고 비판한다. 또한 Kühne(註 93), S. 77은 이 경우 간섭규범의 형태로 독립된 공서의 사법적 영역과, 여전히 공서의 영역에 남아 있는 私法上의 본질적인 원칙간에 평가의 모순이 있게 됨을 지적하고, 약자의 보호는 國際的 强行法規에 관한 조항(독일 민법시행법 제34조, 우리 국제사법 제7조에 상응)이 아니라 유연한 일반적인 공서의 원칙을 최대한 활용하여 해결할 것을 주장한다. 요컨대 私法的 規範領域에서 간섭규범의 생성은 심각한 문제라고 본다. Kühne(註 93), S. 82.

써 반론을 제기할 여지도 있을 수 있다.[102)]

셋째, 이를 國際的 强行法規로 본다면 해석론상 어떤 요건하에 동조의 國際的 强行法規性을 인정할 것인가가 문제되는데, 이는 아마도 당해 대리상계약이 내국관련성을 가질 것이라는 요건이 될 것이다. 구체적으로 대리상이 우리 나라에서 영업을 하는 것으로 족한지, 아니면 그에 추가하여 우리 나라에 주된 영업소(또는 기타 영업소)를 가지고 있어야 하는지 등이 문제될 것이나 해석론으로서는 요건이 명확하지 않다.

넷째, 이를 國際的 强行法規로 본다면 그것이 대리상영업에 미칠 파급효과도 고려해야 할 것이다. 외국의 사업자로서는, 만일 현실적으로 가능하다면 예컨대 상법 제92조의2와 같은 조항을 두고 있지 않은 일본법을 準據法으로 하면서 일본기업(또는 홍콩기업)의 한국 내 지사로 하여금 대리상영업을 하게 할 가능성도 생각할 수 있는데, 그렇게 된다면 우리 기업이 대리상영업을 할 기회를 박탈당하는 결과가 될 수도 있다.

요컨대 대리상을 두텁게 보호할 필요성을 고려한다면 상법 제92조의2를 국제적 강행규정으로 보아야 할 이유가 없는 것은 아니지만, 위에서 본 여러가지 이유와, 그 밖에도 동조의 국내적 강행규정성에 대해서조차 논란이 있고, 종래 우리의 입법이 국제거래에 대한 합리적 고려 없이 이루어졌음을 생각한다면, 해석론으로서는 상법 제92조의2를 國際的 强行法規인 특별사법이라고 보기는 어렵다.[103)]

---

102) 즉 Giualiano/Lagarde Report는 國際的 强行法規의 예로 카르텔에 관한 규정, 경쟁제한에 관한 규정, 소비자보호에 관한 규정과 운송에 관한 규정을 들고 있다. 이는 위에서 언급한 바와 같이 소비자와 근로자의 보호는 단지 우리 국제사법 제27조와 제28조의 적용대상인가, 아니면 동조의 적용대상이면서 동시에 우리 국제사법 제7조의 적용대상인가, 만일 후자를 따른다면 제27조와 제28조가 우선하는지 아니면 제7조가 우선하는지라는 문제와도 관련된다. 독일의 학설은 Wulf-Henning Roth, "Zum Verhältnis von Art. 7 Abs. 2 und Art. 5 der Römer Schuldvertragskonvention," Internationales Verbraucherschutzrecht herausgegeben von Anton K. Schnyder/Helmut Heiss/Bernhard Rudisch (1995), S. 37f. 참조.

103) 저자는 석광현(註 48), 94면에서 상법 제92조의2를 國際的 强行法規로 보는 것은 주저된다는 견해를 피력한 바 있다.

6. 입 법 론

가. 입법의 필요성

위에서 언급한 바와 같이 위의 논의는 상법의 해석론이다. 그러나 입법론적으로는 상법 제92조의2가 국제적 강행규정이라는 취지를 명확히 하는 방안을 고려할 필요가 있다.

입법의 필요성과 관련하여 추가적으로 주목할 것은, 독일에는 우리 상법이 알지 못하는 제92c조가 있다는 점이다. 이에 의하면 대리상이 유럽연합 내에서 영업을 영위하지 않는 경우에는 대리상에 관한 독일 상법의 규정에도 불구하고 당사자들이 합의하는 바에 따른다. 그 결과 예컨대 한국의 대리상이 독일의 본인과 대리상계약을 체결하는 경우 독일법을 準據法으로 지정하더라도 계약에 의하여 대리인의 보상청구권을 배제할 수 있다. 이 경우 독일 상법의 대리상의 보호를 위한 규정은 강행법규가 아니라 임의법규가 된다.[104] 따라서 독일의 본인과 한국의 대리상이 대리상계약을 체결하면서 독일법을 準據法으로 지정하는 경우에는 한국 상법 제92조의2는 강행적으로 적용되지 않는 데 반하여, *Ingmar* 사건 판결을 따른다면 한국의 본인과 독일의 대리상이 대리상계약을 체결하면서 한국법을 準據法으로 한 경우에는 독일 상법 제89b조가 강행적으로 적용된다. 이러한 차이는 우리 상법 제92조의2가 國際的 强行法規가 아니라고 해석하는 데 따른 논리적 결과이나, 균형이 맞지 않는 것은 사실이다.[105] 이 점을 고려한다면 입법론으로서 상법 제92조의2를 국제적 강행규정으로 명시할 필요성이 더 크다고 할 수 있을 것이다.

나. 입법관할권의 문제

다음으로 만일 우리가 상법을 개정하여 제92조의2를 國際的 强行法規로 규정하는 경우 그러한 규정을 두는 것이 국가관할권, 그 중에서도 입법관할권(또는 규율관할권)의 한계를 넘는지가 문제된다. 우선 유럽연합의 예에서 보듯이 다른 나라의 입법이 이미 존재하는 사실로부터도 별 문제가 없음을 짐작할 수 있다. 법리상으로도 각국은 국제법의 한계 내에서 자유로이 입법

---

104) MünchKommHGB/von Hoyningen-Huene(註 37), § 92c Rn. 15f.

105) 다른 유럽연합국가들과의 관계에서도 결과가 동일한지는 국가별로 검토할 필요가 있다.

을 할 수 있고, 특정한 규범을 國際的 强行法規로 선언할 수 있다.[106] 즉 국가관할권(state jurisdiction)의 분류는 논자에 따라 다양한데, 비록 법은 아니지만 상당한 설득력을 가지는 미국 법률협회의 Restatement of the Law (Third): The Foreign Relations Law of the United States (1987)는 국가관할권을 규율관할권(jurisdiction to prescribe), 재판관할권(jurisdiction to adjudicate)과 집행관할권(jurisdiction to enforce)의 세 가지로 분류한다.[107] 그에 따르면, 어느 국가가 규율관할권을 가지기 위하여는 그의 행사가 합리적이어야 하는데, 위 Restatement는 그의 행사가 합리적인지를 판단함에 있어 고려할 요소들을 열거한다.[108] 따라서 대리상의 영업활동이 한국을 중심으로 이루어지는 등 내국관련이 있는 경우 대리상의 보호를 위하여 상당한 보상청구권을 부여하는 조항을 國際的 强行法規로 선언하는 것은 합리적이라고 할 수 있으므로 규율관할권의 범위 내에 속한다. 따라서 문제될 것은 없다고 본다.

다. 내국관련의 명시

우리가 만일 상법 제92조의2를 國際的 强行法規로 규정하는 경우 내국관련의 요건을 어떻게 정할 것인가가 문제된다. 적어도 대리상이 우리 나라에 주된 영업소(또는 기타 영업소)를 두고, 실제로 우리 나라에서 대리상으로서 영업활동을 하는 것을 요건으로 삼아야 할 것이다.

라. 입법론의 정리

요컨대 내국관련을 적절히 규정한다면 입법론으로 상법 제92조의2를 國際的 强行法規로 규정하는 것은 가능하다. 물론 그 경우 동 조가 국내적 강행규정임을 명확히 하는 것을 전제로 한다. 다만 위에서 본 바와 같이 대리상과 본인이라는 사인간의 이익의 조정을 목적으로 하는 조항을 國際的 强行法規로 규정하는 것이 과연 입법정책적으로 바람직한가,[109] 만일 그렇게

106) Kropholler(註 34), § 52 Ⅸ.
107) § 401 Categories of Jurisdiction.
108) § 421, Comment a. 즉, § 403 제2항.
109) 위에서 언급한 바와 같이 특히 상법 제92조의2의 취지가 대리상이 사회적으로 보호의 필요성이 있기 때문이라기보다 배분적 정의의 실현을 도모하는 데 있다는 견해를 따르면 의문이 있다.

한다면 동 조의 적용범위를 어디까지 확장할 것인지(예컨대 판매점계약과 그 밖의 국제계약을 어떻게 취급할 것인지)를 신중하게 검토할 필요가 있다. 나아가 상법 제92조의2를 國際的 强行法規로 규정한다면, 반대의 경우 즉 외국의 대리상이 우리 나라의 본인을 위해 외국에서 대리상활동을 하는 경우에도 동일한 보호를 부여하는 雙方的 抵觸規範으로 규정할 필요가 있는지를 검토할 필요가 있다.110) 이는 한편으로는 國際的 强行法規의 개념을 둘러싼 국제사법의 체계와 관련되고, 다른 한편으로는 (여기에서는 논의하지 않았지만) 불공정거래행위에 해당하는 국제계약의 체결을 원칙적으로 금지하는 공정거래법과도 관련하여 검토할 필요가 있는 논점이라고 하겠다.

Ⅴ. 관련문제

1. 國際的 强行法規의 적용을 배제하기 위한 국제재판관할합의 또는 국제상사중재합의

만일 사견과 달리 상법 제92조의2가 國際的 强行法規라고 본다면, 당사자들이 우리 나라의 國際的 强行法規의 적용을 배제하고자 외국법원의 관할합의를 한 경우 관할합의가 유효한지가 문제된다. 그러나 논란의 여지가 없는 것은 아니지만, 관할합의의 결과 외국법원이 상법 제92조의2를 적용하지 않았더라도 관할합의가 무효가 되는 것은 아니라고 본다. 입법자는 國際的 强行法規의 적용을 관철하기 위한 우리 나라의 전속적 국제재판관할을 규정하지 않았고, 準據法과 법정지는 구별해야 하므로 準據法을 고려하여 국제재판관할에 관한 법리에 간섭하는 것은 원칙적으로 부적절하기 때문이다.111)

또한 외국을 중재지로 하는 중재합의를 한 결과 중재인이 상법 제92조의2를 적용하지 않았더라도 그 결과 중재합의가 무효가 되는 것은 아니라고 본다.

다만 대법원 1997. 9. 9. 선고 96다20093 판결112)에 따르면 한국 법원의

110) MPI(註 46), S.68은 로마규정 I의 입법론으로서 이를 지지한다.

111) 석광현, "船荷證券에 의한 國際裁判管轄合意의 문제점—대법원 1997. 9. 9. 선고 96다20093 판결," 국제사법과 국제소송 제3권(2004), 240면 이하 참조.

112) 위 판결에 대하여는 석광현, "船荷證券에 의한 國際裁判管轄合意의 문제점—대법원 1997. 9. 9. 선고 96다20093 판결," 국제사법과 국제소송 제3권(2004), 212면 참조.

관할을 배제하고 외국법원을 관할법원으로 하는 전속적인 국제재판관할의 합의가 현저하게 불합리하고 불공정하여 공서양속에 반하는 법률행위가 되는 때에는 무효가 될 가능성이 있다. 중재합의에 관하여도 이를 유추적용할 수 있을 것으로 생각된다.

2. 國際的 强行法規에 반하는 외국재판 또는 외국중재판정의 승인 및 집행

외국법원의 재판은 민사소송법(제217조)이 정한 일정한 요건이 구비되면 우리 나라에서 효력을 가진다. 만일 사견과 달리 상법 제92조의2가 國際的 强行法規라고 본다면, 만일 우리 나라에서 재판하였더라면 우리 법원이 위 조항을 적용하였을 사안에서 외국법원이 準據法에 따라 대리상의 보상청구권을 부정하는 재판을 선고한 경우, 그 재판의 승인 및 집행이 우리 나라의 공서에 반하는지가 문제된다. 외국재판이 우리의 國際的 强行法規에 위반된다는 이유만으로 일률적으로 공서위반이 되는 것은 아니고, 이는 당해 國際的 强行法規의 성질 및 취지, 위반의 정도와 효력 등을 종합적으로 고려해서 판단할 사항이지만, 國際的 强行法規에 위반한 외국재판도 그의 승인 및 집행이 우리의 근본적인 정의관념과 기초적인 국가적 이익에 반하지 않는 한 이를 受忍해야 한다.[113] 이렇게 이해한다면, 논란의 여지가 없는 것은 아니지만, 대리상의 보상청구권을 부정한 외국재판의 승인 및 집행이 우리 나라의 공서에 반한다고 보기는 어렵다.

대리상의 보상청구권을 부정한 외국중재판정의 승인 및 집행의 경우도 마찬가지이다.

Ⅵ. 맺 음 말

이 글에서 다룬 대리상계약뿐만 아니라, 21세기를 살아가는 우리 기업들이 영위하는 상거래의 현실은 우리 법률가들과 상법학자들이 생각하는 것보

113) 석광현, "民事 및 商事事件에서의 外國裁判의 承認 및 執行," 국제사법과 국제소송 제1권(2001), 313면 참조.

다 훨씬 국제화되어 있다. 그것이 우리 경제가 오늘과 같은 정도로 성장할 수 있었던 원동력이기도 하다. 그럼에도 불구하고 우리 법률가들과 상법학자들은 주로 국내거래에만 관심을 보여 왔고, 국제거래에 관한 논의와 연구는 상대적으로 법학적 기초가 취약한 무역학자들(상학자들)이 주도하여 왔음을 부정할 수 없다. 우리 기업들의 국제상거래가 보편화된 오늘날 국제상거래를 외면해서는 올바른 상법학이 될 수 없고, 기껏해야 '촌뜨기 법률가'들만을 양성할 수 있을 뿐이다. 그렇게 된다면 법률시장이 개방될 경우 국제거래분야는 외국법률가들에게 헌납하게 될 것이다. 이 점에서 국제거래법 또는 국제상법의 교육을 강화하지 않으면 아니 된다. 국제상거래를 제대로 이해하기 위하여는 國際私法을 이해하는 것이 필수적인데, 우리 국제사법 중 국제계약에 관한 부분은 로마협약을 계수한 것이므로 로마협약의 해석론과 입법론에 관심을 가질 필요가 있다. 저자가 *Ingmar* 사건 판결과 그에 따른 유럽연합의 논의에 관심을 가지는 이유는 여기에 있다. 국제거래가 증가함에 따라 우리 법을 해석함에 있어서도 외국적 요소가 있는 사안을 고려해야 하며, 그렇게 함으로써만 올바른 입법론도 전개할 수 있다. 위의 논의를 통하여 이 점이 명확히 되었을 것으로 생각한다.

정희철 교수님께서는 일찍이 1972년 Incoterms를 다룬 글을 쓰시면서 "모든 面에서 發展一路를 거듭하고 있는 우리 나라의 現實情에서 유독 法律分野에 있어서는 解放後 그리 큰 발전을 보지 못하고 있는 것은 매우 유감스러운 일이며, 法學의 分野를 固定的 國內法規에 한정하지 않고 經濟發展에 따른 社會情勢의 변동과 이 변동에 따른 法運營의 변화를 가져와야 할 것이다. 法은 現實社會에 맞고 이에 순응할 때에 비로소 法의 支配를 받는 國民들의 支持를 받을 수 있는 것이며, 變遷하는 社會와 동떨어진 法이나 法學이란 매우 現實과 거리가 먼 죽은 法이나 法學이 되고 만다"고 지적하신 바 있다.[114] 정 교수님의 글은 법사회학적인 고찰의 필요성을 지적하는 것인데 이는 특히 국제거래에서 타당하다. 그로부터 30여 년이 흐른 지금 과연 우리가 정 교수님의 지적으로부터 얼마나 자유로운지 자문하면서 이 글을 맺는다.

114) 정희철, "Incoterms의 법률적 의의와 타당근거," 서울대학교 법학 제13권 제2호(통권 28호)(1972), 50면.

[2] 國際的 債權讓渡의 準據法

前 記
이 글은 저자가 2005. 10. 27. 국민대학교에서 UNCITRAL과 국제거래법학회의 주관으로 개최된 심포지엄에서 발표한 내용을 다소 수정하여 국제거래법연구 제15집 제1호(2006)에 게재한 것을 다시 조금 수정·보완한 것이다.

Ⅰ. 머 리 말

1. 국제채권양도협약

기업이 영업활동을 통하여 채권을 취득한 경우 당해 채권을 매도하거나 담보목적으로 양도함으로써 금융을 조달할 수 있다. 국제연합 국제무역법위원회(UNCITRAL)[1]는 국제적인 채권양도 또는 채권의 국제적 양도(이하 "국제채권양도"라고 한다)의 방법을 통하여 저리에 의한 자금조달을 원활하게 하고자 1995년 11월부터 5년여의 작업을 통하여 "국제거래에서의 채권양도에 관한 국제연합협약"(United Nations Convention on the Assignment of Receivables in International Trade)(이하 "국제채권양도협약" 또는 "협약"이라 한다)의 초안을 성안하여 국세연합 총회에 제출하였고, 총회는 2001. 12. 12. 국제채권양도협약을 채택하였다.[2] 여기에서는 국제채권양도협약[3]에 따른 국제채권양도의 연결원칙을 중심으로 국제채권양도의 準據法을

---

1) 우리 나라에서는 UNCITRAL을 '국제상거래법위원회', '국제거래법위원회' 또는 '국제무역법위원회'라고 한다. 대체로 법무부는 '국제상거래법위원회'를, 외교통상부는 '국제무역법위원회'를 사용한다. 외교통상부가 국제조약에서 국제무역법위원회라는 용어를 사용하므로 여기에서는 이를 사용한다.

2) A/RES/56/81, pp. 1-2. Explanatory Note by the UNCITRAL secretariat on the United Nations Convention on the Assignment of Receivables in International Trade (이하 "Explanatory Note"라 한다)(2004), para. 1.

3) 협약에 관하여는 석광현, 국제채권양도협약연구(법무부, 2002)를 참조. 이는 협약의 성안과정에서 사무국이 작성한 보고서(Report)를 기초로 작성한 것이다. 특히 협약 제15조까지는 U.N. Doc. A/CN.9/489를, 그 이하의 조문은 A/CN.9/489/Add.1를 기초로 하였고 그 후 작성된 A/56/17도 반영하였다.

논의한다. 구체적인 논의 순서는 아래와 같다.

첫째, 협약의 國際私法規則(또는 抵觸法規則. 이하 양자를 호환적으로 사용한다)(Ⅱ.).

둘째, 2001. 7. 1. 개정된 우리 나라의 國際私法의 連結原則(Ⅲ.).

셋째, 우리 법에 많은 영향을 미친 "계약채무의 準據法에 관한 유럽공동체협약"(로마협약)[4]에 따른 국제채권양도의 準據法과, 로마협약의 개정을 둘러싼 유럽연합에서의 논의 및 주요 외국의 입법례(Ⅳ.).

넷째, 국제채권양도협약의 國際私法規則과 우리의 입장(Ⅴ.).

다섯째, 국제채권양도의 準據法이 국제거래의 실무에 미치는 영향(Ⅵ.). 채권양도를 규율하는 우리의 實質法은 민법인데, 1998년 제정된 자산유동화에 관한 법률(이하 "자산유동화법"이라 한다)과 주택저당채권유동화회사법은 민법에 대한 특칙을 도입하였다. 자산유동화는 1997년 이후의 금융위기를 극복하는 과정에서 채권양도에 의한 금융수단으로서 큰 기능을 하였다. 따라서 채권양도의 準據法이 자산유동화에 미치는 영향도 살펴볼 필요가 있다.

2. 국제채권양도의 법률관계

국제채권양도의 準據法을 논의하는 데 있어서는 다음과 같이 법률관계를 구분하여 볼 필요가 있다.

첫째, 양도인과 양수인, 즉 양도계약(contract of assignment)[5]의 당사자간의 관계. 이는 법제에 따라 채권적인 법률관계로 이해되거나, 채권적인 법률관계와 準物權的인 法律關係의 결합으로 이해된다.[6]

둘째, 양수인과 채무자간의 관계를 중심으로 하는 채권양도의 채무자에 대한 효력과

---

4) 로마협약에 관하여는 석광현, "契約上 債權關係의 準據法에 관한 유럽共同體協約," 국제사법과 국제소송 제1권(2001), 53면 이하 참조.

5) 우리 민법상 '양도계약'이라 함은 준물권행위인 채권양도계약을 말하나, 협약상으로는 채권양도의 기초인 채권매매와 같은 '원인계약'을 말한다.

6) 예컨대 독일법계에서는 우리 나라처럼 양도인과 양수인간에 매매계약과 같은 의무부담행위(Verpflichtungsgeschäft)와 채권양도라는 처분행위(Verfügungsgeschäft)가 존재하는 것으로 보나, 영국과 라틴법계는 채권양도는 채권계약만에 의해 이루어지고 이를 보충하는 채무자에 대한 통지의무가 존재하는 것으로 본다. Astrid Stadler, "Der Streit um das Zessionsstatut —eine endlose Geschichte?," IPRax (2000), S. 105.

셋째, 채권양도의 제3자에 대한 효력이 그것이다. 여기에서 제3자는 이중양도(또는 다중양도. 이하 편의상 "이중양도"라 한다)의 양수인, 또는 양도인의 채권자들과 양도인의 도산시 도산관재인 등을 포함하는데, 협약은 이를 '경합하는 권리주장자'(competing claimant)라고 한다. 우리 민법의 개념으로 설명하자면, 이는 "그 채권에 관하여 양수인의 지위와 양립하지 않는 법률상의 지위를 취득한 자"라고 할 수 있다. 셋째는 이중양도의 경우 양수인들을 포함한 경합하는 권리주장자들간의 우선권의 문제를 포함한다.

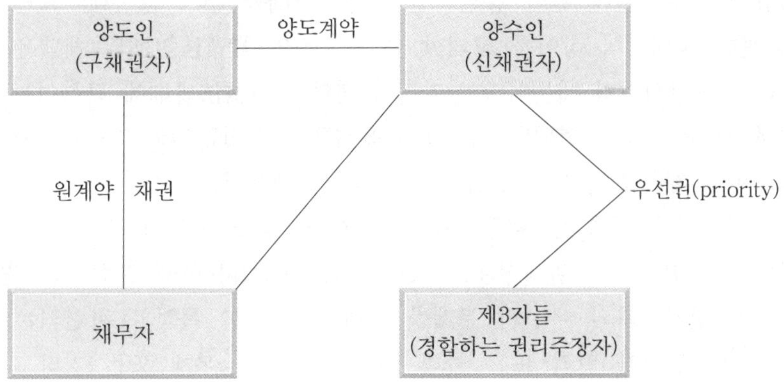

그 중에서 특히 문제되는 것은 셋째의 논점, 즉 채권양도의 제3자에 대한 효력의 準據法이고, 그에 관하여는 실제로 다양한 연결원칙이 주장되고 있다. 과거 우리 涉外私法(제14조)은 채무자 주소지법을, 우리 개정 국제사법(제34조 제1항 단서)은 채권 자체의 準據法을, 협약(제22조, 제30조)은 양도인의 소재지법을 準據法으로 채택하고 있다. 아래에서는 셋째의 논점을 중심으로 논의한다.

Ⅱ. 국제채권양도협약의 國際私法規則[7)]

협약의 國際私法規則은 이원적인 구조를 취한다. 즉 제22조-제24조에서

7) 이 부분은 석광현(註 3), 154면 이하와 Explanatory Report를 참조하여 작성한 것이다.

는 체약국들이 의무적으로 적용해야 하는 통일적인 抵觸法規則을 두고, 제V장(제26조-제32조)에서는 이른바 '협약 속의 협약'으로 독자적인 國際私法規則을 두는데, 체약국은 후자의 적용을 배제하는 선언을 할 수 있으므로 후자는 임의적인 규칙이다. 협약의 抵觸法規則은 채권양도, 특히 장래채권의 양도를 포함하는 다수의 채권의 일괄양도를 용이하게 하기 위한 것이다.

1. 통일적인 抵觸法規則의 채택

협약은 우선권에 관한 통일적인 實質法規則을 두지 않는데, 그 이유는 그에 관한 국내법의 상이를 고려할 때 통일적인 實質法規則의 채택은 시기상조라고 판단되었기 때문이다.[8] 따라서 협약은 實質法規則에 관하여는 부속서에서 각 체약국이 선택할 수 있는 옵션을 제시하는 데 그치고 통일적인 抵觸法規則(제22조-제24조)만을 두고 있다. 여기에서 '우선권'이라 함은 동일한 채권의 이중양수인간, 채무자와 압류채권자 등 양도인의 채권자간 및 채무자와 양도인의 도산관재인(insolvency administrator)을 포함하는 경합하는 권리주장자들과의 우선의 문제를 말하고, 그러한 목적과 관련되는 범위 내에서, 그 권리가 인적 또는 물적 권리인지 여부, 부채 또는 기타 채무를 위한 담보권인지의 여부, 그리고 그 권리가 경합하는 권리주장자들에 대하여 효력을 가지도록 하기 위하여 필요한 요건의 충족 여부에 대한 결정을 포함한다.

가. 우선권에 관한 전통적인 연결원칙

전통적으로 채권양도에서 우선권은 채권의 소재지법(*lex situs*)에 의하였다. 그러나 이에 의하면 채권자가 다수의 채권, 특히 기존채권과 장래채권을 일괄양도하는 경우 채권의 소재지법이 구구하게 되고, 양수인으로 하여금 각 채권별로 소재지를 판단하도록 하는 부담을 준다. 또한 장래채권의 경우 당사자들이 채권의 準據法을 미리 확실히 알 수 없다면, 이는 채권양도거래를 무산시키거나 적어도 여신의 비용을 증가시킨다. 국제사법처럼 채권 자체의 準據法에 연결하는 경우에도 마찬가지이다.[9]

---

8) 池田眞郎, "UNCITRAL 國際債權讓渡條約草案," NBL No.722(2001. 10. 1.), 34면.
9) A/CN.9/489/Add.1, para. 30.

한편 당사자자치를 인정하여 양도인과 양수인이 선택한 법을 準據法으로 본다면,[10] 경합하는 다수의 권리주장자들 중에서 누가 우선권을 가지는지를 알 수 없게 되고, 어떤 권리주장자와 결탁할 가능성이 있다.

나. 협약의 적용범위

협약은 양도인이 양도계약 체결시 체약국에 소재하는 경우 국제적 채권의 양도 및 채권의 국제적 양도에 적용된다(제1조 제1항 (a)호). 즉 채권양도에 협약이 적용되기 위하여는 첫째 국제성이 있어야 하고, 둘째 양도인과 체약국간에 영토적 관련이 있어야 한다.

우선, 국제성을 보면 原契約(original contract)[11]의 체결 당시 양도인(즉 채권자)과 채무자가 서로 다른 국가에 소재하는 경우 '채권'은 국제적이고, 양도계약 체결 당시 양도인과 양수인이 서로 다른 국가에 소재하는 경우 '양도'는 국제적이다(제3조). 반면에 아래에서 논의하는 독립적인 國際私法規則을 정한 협약 제Ⅴ장은 제3조의 국제성이 있으면 적용되고, 양도인(또는 제29조의 경우 채무자)과 체약국간의 영토적 관련의 유무를 묻지 않는다.

한편 영토적 관련성은 양도인이 양도계약 체결시 체약국에 존재하면 족하다. 그러나 원계약의 체결시에 채무자가 체약국에 소재하지 않고, 또한 채권의 準據法이 체약국의 법이 아닌 경우에는 협약은 채무자의 권리의무에 영향을 미치지 아니한다(제1조 제3항). 또한 협약은, 동일한 채권의 선행양도에 대해 협약이 적용되지 않았더라도 후속양도(또는 연쇄양도. subsequent assignment)가 제1조 제1항 (a)호의 요건을 충족하는 때에는 후속양도에 적용된다(제1조 제2항).

따라서 협약은 국내채권의 국내양도에는 적용되지 않는다. 이에는 두 가지 예외가 있는데, 첫째 종전의 양도에 협약이 적용된 경우 그 채권의 후속양도에 대하여 협약이 적용되고(제1조 제1항 (b)호), 둘째, 우선권에 관한

10) 네덜란드 대법원(Hoge Raad)은 1997. 5. 16. 판결(Nederlands International Privatrecht 1997, No 209)에서 채권양도의 제3자에 대한 효력에 관하여 제12조 제1항에 따라 양도인과 양수인의 법률관계의 準據法을 적용하였다. Carla Joustra, "Proprietary Aspects of Voluntary Assignment in Dutch Private International Law," IPRax (1999), S. 280f.; Teun Struycken, "The proprietary aspects of international assignment of debts and the Rome Convention, Article 12," Lloyd's Maritime and Commercial Law Quarterly (1998), p. 345 *et seq.*

11) 협약상으로는 이는 채권발생의 원인인 양도인과 채무자간의 계약이다.

제22조는 국제채권의 국내양도와 국내채권의 국제양도간의 우선권의 문제에도 적용된다(제22조, 제5조 (m)호).

또한 협약에서 말하는 양도에는 채권의 매매와 같이 '완전한 이전'(outright transfer)(담보목적을 위한 것을 포함하여)과 '담보로서의 양도'(assignments by way of security)가 포함된다.[12] 제2조 (a)호는 이를 명시하고, 채권에 대한 담보권의 설정은 협약의 목적상 이전으로 본다. 따라서 협약이 정한 채권양도의 準據法은 채권에 대한 담보권의 설정과 담보목적의 채권양도의 경우에도 동일하게 적용된다. 그 결과 제3자에 대한 효력의 準據法에 관하여는 담보로서의 또는 담보목적의 채권양도와 완전한 채권양도의 準據法간에 일관성이 있다.[13] 그러나 양도의 분류에 관한 법제간의 상이를 고려하여 협약은 완전한 이전과 담보로서의 양도를 정의하지 않고 準據法에 맡기고 있다.

다. 협약의 연결원칙 — 양도인의 소재지법

모든 기존채권과 장래채권의 일괄양도를 수반하는 실무를 수용하기 위하여 제22조는 전통적인 접근방법과 달리 다음과 같이 규정한다.[14]

> 제22조 경합하는 권리에 대한 準據法
> 협약의 다른 곳에서 해결된 사항을 제외하고, 제23조와 제24조의 유보하에, 양도된 채권에 대한 양수인의 권리가, 경합하는 권리주장자의 권리에 대하여 가지는 우선권은 양도인이 소재하는 국가의 법에 의하여 규율된다.

---

12) 예컨대 우리 법에 따른 양도담보는 담보목적을 위한 채권의 완전한 이전에, 질권은 담보로서의 채권의 양도에 해당하는 것이라고 생각된다. 만일 양도담보를 담보권으로 파악한다면 양도담보도 후자에 속한다고 볼 수 있을 것이다.

13) 현재 UNCITRAL의 제Ⅵ작업반이 성안중인 "담보법에 관한 입법지침 초안"(Draft Legislative Guide on Secured Transactions)은 동산만이 아니라 채권담보도 포함할 예정인데, 채권담보에 관한 입법지침의 抵觸法規則(특히 우선권에 관한 규칙)이 국제채권양도협약의 그것과 일관성이 있어야 한다는 점이 강조되고 있다.

14) 영문은 다음과 같다.
"*Article 22 Law applicable to competing rights*
With the exception of matters that are settled elsewhere in this Convention and subject to articles 23 and 24, the law of the State in which the assignor is located governs the priority of the right of an assignee in the assigned receivable over the right of a competing claimant."

그러나 협약이 단일한 기존채권의 양도에 대해 별도의 연결원칙을 두고 있지는 않으므로 그에 대하여도 동일한 원칙이 적용된다.[15]

양도인의 소재지는 그의 영업소에 의하는데, 양도인이 복수의 영업소를 가지는 경우 영업소 소재지는 양도인의 경영의 중심지가 된다(제5조 (h)호). 양도인의 영업소 소재지법의 적용은 단일한 법역의 법의 적용을 가능하게 하므로 단일한 평가기준을 제시하고, 양도시 특히 장래채권의 일괄양도시 連結點이 쉽게 결정된다는 장점이 있다. 주의할 것은, 채무자의 영업소가 여러 개 있는 경우 원계약과 가장 밀접한 관련이 있는 영업소가 기준이 되는 데 반하여, 양도인(또는 양수인)이 여러 개의 영업소를 가지는 경우 영업소는 경영의 중심지를 의미한다는 점이다. 따라서 은행의 지점이 양도인인 경우 지점 소재지법이 아니라 실제의 본점 소재지법이 준거법이 된다. 저자로서는 이 점은 다소 의외인데,[16] 이는 협약의 적용에 관한 확실성을 보장하기 위한 것이다. 경영의 중심지는 정관상의 본거지가 아니라 사실상의 본거지를 의미한다.[17]

제22조는 독자적인 國際私法規則을 정한 제30조 제1항과 같은 취지이다.

라. 양도인의 소재지법의 적용과 제한

제22조가 적용되기 위하여는 양도계약 체결시에 양도인이 체약국에 소재해야 하고 체약국이 법정지여야 한다. 따라서 양도시에 법정지를 예측할 수 없는 범위 내에서는 확실성이 결여된다. 또한 양도인이 일단 양도를 한 뒤

15) 만일 후자에 대해 상이한 원칙을 도입한다면 제22조가 성취하고자 하는 법적 안정성을 해치게 된다. 또한 만일 채권의 가액을 기준으로 고가의 채권에 대해서만 제22조를 적용하는 것으로 한다면 무엇이 고가의 채권인지 정의하기 어렵고, 뿐만 아니라 고가의 채권과 저가의 채권을 일괄양도하는 경우 우선권의 결정에 대해 상이한 법이 적용되는 문제가 발생하고, 당사자들에 의한 우선권의 조작을 촉진하는 결과를 초래할 가능성이 있다. A/CN.9/489/Add.1, para. 31.

16) 협상과정에서 독일은 예컨대 은행 기타 금융기관의 지점인 양도인의 소재지는 경영의 중심지가 아니라 지점 소재지를 중심으로 판단해야 한다고 주장하였다. 프랑스도 이를 지지하였으나 영국은 반대하였다. 독일은 "양도인 [또는 양수인]이 대출을 하고 예금을 받음으로써 은행업에 종사하는 경우 그 양도인 [또는 양수인]은 [이 정의의 목적상] 별개의 법인으로 본다"는 취지의 조항을 제안하였다. 결국 독일은 이를 철회하였지만 프랑스는 위 제안이 받아들여지지 않을 경우 협약을 비준하기 어렵다는 경고를 한 바 있다.

17) A/CN.9/489, para. 68; Eva-Maria Kieninger/Elisabeth Schütze, "Die Forderungsabtretung im Internationalen Privatrecht: Bringt die „Rom I-Verordnung“ ein „Ende der Geschichte,“" IPRax (2005), S. 205도 동지. 이와 달리 미국 통일상법전 제9-307조 (e)는 정관상의 본거지를 취한다.

소재지를 변경하여 다른 체약국에서 후속양도를 한 경우에는 양도인의 소재지가 두 곳이 있게 된다. 그 경우의 처리에 관하여 협약은 의도적으로 규정하지 않는데 이는 매우 이례적일 것으로 생각되었기 때문이라고 한다.[18]

"협약의 다른 곳에서 해결된 사항을 제외하고"라는 문구는, 협약의 實質法規則에 의해 해결되지 않은 사항에 대해서만 제22조가 적용되도록 하기 위한 것이다. 예컨대 장래채권의 효력은 제8조에 의해 규율되므로, 가사 국내법상 채권양도에 대해 통지 또는 등록이 유효성의 조건이더라도 협약이 적용되는 장래채권의 양도는 통지 또는 등록이 없이도 유효하다. 반면에 협약(제8조-제10조)에서 규율되지 않은 실질적 유효성의 쟁점은 협약이 아니라 準據法인 국내법에 따를 사항이다.

한편 "제23조와 제24조의 유보하에"라는 문구는, 저촉이 있는 경우 제23조와 제24조가 우선하도록 하기 위한 것이다. 예컨대 제22조에 의해 규율되는 사항은 양도인의 소재지법에 의하지만, 예외적으로 그 법이 법정지의 공서에 명백히 반하는 경우에는 적용될 수 없고(제23조 제1항), 또한 양도인 소재지 국가 이외의 국가에서 도산절차가 개시된 경우 법정지국가는 자신의 우선권규칙을 적용하여, 법정지의 법에 따라 발생하는, 양수인의 권리에 대해 우선권을 가지는 이른바 '초우선적 권리'(super-priority rights)에 대해 우선권을 인정할 수 있다(제23조 제3항). 다만 법정지국가 또는 그 밖의 국가의 국제적 강행법규는 우선권에 관한 양도인 소재지법의 적용을 배제하지 아니한다(제23조 제2항).

협약은 채권의 일종의 '價値變形物'로서 영미법상 특별한 의미를 가지는 대금(proceeds)에 대한 우선권을 규율하는 準據法에 관한 일반규칙을 두고 있지 않은데, 이는 대금에 대한 권리의 법적 성질과 취급에 관하여 법제간에 편차가 심하기 때문이다.[19] 다만 협약(제24조)은 대금에 관한 두 개의 특칙을 두는데, 이는 實質法規則으로서 의미가 있다.[20] 첫째, 양수인이 양도된 채권에 대하여 우선권을 가지는 경우 양수인이 대금을 수령한 때에는 양수인은 대금을 보유할 권리를 가진다(제1항). 둘째, 양수인이 양도된 채권에 대하여 우선권을 가지는 경우 양도인이 대금을 수령한 때에는, 양도인이 양수인을

---

18) A/CN.9/489/Add.1, para. 34.

19) Explanatory Report, para. 51.

20) 제24조에 관하여는 석광현(註 3), 147면 이하 참조.

위하여 대금을 보유하고, 대금이 양도인의 다른 자산으로부터 합리적으로 특정될 수 있다면 양수인은 대금에 대하여 동일한 우선권을 가진다(제2항).

2. 독자적인 國際私法規則(제Ⅴ장. 제26조-제32조)

협약 제Ⅴ장(제26조-제32조)은 제3조에 정의된 국제채권의 양도와 채권의 국제적 양도에 적용되며, 협약의 다른 조항과는 달리 양도인(제29조의 경우 채무자)이 체약국에 소재하지 않더라도 적용된다. 그 경우 제Ⅴ장은 협약의 적용범위에 속하지 않는 거래에 대해 적용되므로, 제Ⅴ장은 제2단계의 통일(second layer unification)을 도입하는 것이라고 한다.[21]

협약(제Ⅴ장)이 抵觸法規則을 둔 이유는, 첫째 정비된 抵觸法規則을 가지고 있지 않은 체약국들로 하여금 정비된 國際私法規則을 구비하도록 하고, 둘째 기존의 UNIDROIT 협약과 같은 국제조약상 채권양도의 準據法이 반드시 명확하지 않기 때문이다.[22] 그러나 협약의 성안과정에서 첫째 抵觸法規則을 둘 경우 협약의 구조가 복잡하게 되어 바람직하지 않고, 둘째 정비된 國際私法規則을 가지고 있는 체약국에게는 抵觸法規則은 불필요하며, 셋째 抵觸法規則을 둘 경우 實質法規則과 抵觸法規則 중 어느 것을 먼저 적용해야 하는지를 결정해야 하는 어려운 문제가 제기된다는 이유로 제Ⅴ장을 두지 말자는 비판도 있었으나 규정을 두자는 견해가 채택되었다.[23]

가. 제Ⅴ장의 적용범위(제26조)

제26조는 제Ⅴ장의 적용범위와 목적을 규정한다. (a)호에 따르면 협약은 제1조 제4항에 규정된 협약의 범위 내인 사항에 적용되므로, 제Ⅴ장은 국제성이 있는 채권양도인 한, 협약의 다른 조항과 달리 비록 양도인(제29조의 경우 채무자)이 체약국에 소재하지 않더라도 적용된다. 위에서 언급한 바와

---

21) A/CN.9/ 489/Add.1, para. 44.

22) 池田眞郎(註 8), 34면.

23) 池田眞郎(註 8), 34면. 이를 고려하여 협약은 첫째 제Ⅴ장을 두되, 實質法規則과 抵觸法規則의 적용순서를 명확히 규정하는 조항을 제Ⅴ장의 첫머리에 두고(제26조), 둘째 제Ⅴ장은 협약 제1조 제4항에 정한 바에 따라 협약이 적용되는 사항과, 협약의 적용 범위 내인 사항이지만 협약의 다른 곳에서 해결되지 아니한 사항에 적용하며, 셋째 제Ⅴ장의 적용을 원하지 않는 체약국은 언제든지 제Ⅴ장의 적용을 배제하는 선언(opt-out)을 할 수 있도록 하였다(제39조).

같이 이 경우 협약의 적용범위에 속하지 않는 거래에 대해 적용되므로 제Ⅴ장은 제2단계의 통일을 도입하고자 하는 것이라고 설명한다. 한편 (b)호에 따르면, 협약의 적용 범위 내인 사항이지만 협약의 다른 규정에 의하여 해결되지 아니한 사항은 제Ⅴ장의 國際私法規則에 의해 결정되는 準據法에 의하여 해결된다. 여기에서 (a)호와 (b)호의 관계는 다음과 같이 이해할 수 있다. 즉 (a)호는 예컨대 양도인(제29조의 경우 채무자)이 체약국에 소재하지 않기 때문에 제Ⅴ장 이외의 협약의 조항이 적용되지 않는 거래에 대해서도 제Ⅴ장이 적용된다는 것이고, (b)호는 협약의 적용범위 내인 사항이지만 다른 조항에 의해 해결되지 않은 사항에 대해 제Ⅴ장이 적용된다는 것이다. 즉 (b)호는, 협약의 다른 조항에 의해 해결된 사항은 그러한 實質法規則에 의해 해결되어야 하고, 제Ⅴ장에 포함된 國際私法規則에 의해 해결되는 것이 아니라는 취지이다.

한편 협약의 광범위한 적용범위를 고려하여 제4조는 양도와 관련된 관례와 상이하거나 이미 충분히 규율되고 있는 일정한 관례를 협약의 적용범위로부터 제외한다. 특히 협약은 은행예금채권과 신용장 또는 독립적 보증에 따른 채권에 대하여 적용되지 않는다.

나. 양도계약의 방식(제27조)

제27조의 주된 목적은 양도계약이 일정한 準據法이 정하는 방식요건을 구비하면 방식상 유효하다는 점에 관하여 양수인에게 확실성을 부여하기 위한 것이다.[24] 제27조는 경우를 나누어 규정한다. 첫째 동일한 국가에 소재하는 자들간에 체결된 양도계약은 계약의 실질의 準據法 또는 계약체결지법의 요건을 충족하는 경우에 방식상 유효하고(제1항), 둘째 상이한 국가에 소재하는 자들간에 체결된 양도계약은 계약의 실질의 準據法 또는 그 국가들 중 어느 하나의 법의 요건을 충족시키는 경우에 방식상 유효하다(제2항). 문면상 제27조는 양도계약, 즉 원인계약의 방식의 準據法만을 정하고 양도의 방식의 準據法을 정하지는 않는다. 협약에 따른 양도계약의 방식은 실질의 準據法(*lex causae*) 또는 행위지법(*lex loci actus*)에 선택적으로 연결된다. 이는 로마협약(제9조) 및 우리 국제사법(제17조)과 유사하다.

24) A/CN.9/489, para. 83 참조.

다. 양도인과 양수인간의 상호의 권리 및 의무의 準據法(제28조)

제28조 제1항은 양도계약의 準據法에 관하여 국제적으로 널리 인정되는 當事者自治(party autonomy)의 원칙을 채택하고 있다.[25] 당사자들의 선택은 명시적이거나 묵시적이더라도 무방하다. 제1항에 따른 準據法이 규율하는 사항은 당사자간의 상호의 권리 및 의무라는 계약적인 측면에 한정되고, 이는 양도계약의 성립과 실질적 유효성, 조건의 해석, 대가를 지급하거나 여신을 제공할 양수인의 의무, 채권의 유효성과 집행가능성에 관한 양도인의 표시의 존재와 효력을 포함한다. 채권양도의 재산법적(준물권법적) 측면에는 제28조가 적용되지 않는다. 이를 분명히 하고자 제1항은 '양도' 자체 대신 '계약'으로부터라는 표현을 사용한다.[26] 당사자들이 準據法을 합의하지 않거나, 準據法에 관한 당사자들의 합의가 무효인 예외적인 경우, 양도계약은 그와 가장 밀접하게 관련된 국가의 법에 의하여 규율된다(제2항). 즉 제2항은 '가장 밀접한 관계라는 기준'(the closest connection test)을 제시하는데, 이에 의하면 대체로 양도인 소재지법 또는 양수인 소재지법이 準據法이 될 것이라고 한다.[27]

라. 양수인과 채무자간의 권리 및 의무의 準據法(제29조)

양수인과 채무자간의 양도에 대한 계약상 제한의 효력, 양수인과 채무자간의 관계, 채무자에 대하여 양도를 주장하기 위한 요건과 채무자의 채무가 면책되었는지의 여부는 원계약의 準據法에 의한다. 즉 채무자보호의 원칙에 따라 제29조는 양수인과 채무자간의 관계에 관한 쟁점을 채권의 準據法에 따르도록 한다. 이것이 원계약의 準據法이다. 원계약은 매매계약, 보험계약

25) 이는 로마협약(제12조 제1항) 및 우리 국제사법(제34조 제1항 본문)과 유사하다.

26) 보고서(A/CN.9/489/Add.1, para. 45). 석광현(註 3), 159면의 설명은 이와 같이 바로잡는다. 따라서 그곳의 주 353은 삭제되어야 한다. 제28조는 양도인과 양수인간의 의무부담행위(즉 양도계약)에만 적용되고, 준물권행위에는 적용되지 않는다. 준물권행위의 準據法이 법정지의 국제사법에 따라 결정되는지, 아니면 양도인의 소재지법인지가 문제되는데 협약의 취지는 후자라고 생각된다.

27) A/CN.9/489/Add.1, para. 46. 이 점은 로마협약이나 우리 국제사법의 경우에도 마찬가지이다. 왜냐하면 양자 모두 양도인과 양수인의 관계는 그들간의 계약의 準據法에 의하도록 규정하고 있는데, 당사자가 계약의 準據法을 지정하지 않은 경우 계약과 가장 밀접한 관련이 있는 국가의 법이 準據法이 되기 때문이다. 로마협약 제4조 제1항. 국제사법 제26조 제1항 참조.

또는 금융시장운영에 관한 계약 등 매우 다양한 분야의 계약일 텐데 그의 準據法은 법정지의 國際私法規則에 따라 결정된다.

제29조는 원계약 또는 그와 밀접하게 관련된 계약으로부터 발생하는 채권간의 상계를 의미하는 거래상의 상계(transaction set-off)에 적용된다. 왜냐하면 이는 '양수인과 채무자간의 관계'의 문제이기 때문이다. 그러나 제29조는 원계약과 무관한 근거, 예컨대 별도의 계약 또는 법규 또는 법원의 재판 또는 중재판정으로부터 발생하는 채권에 기한 독립적인 상계(independent set-off)에는 적용되지 않으며, 그러한 채권에 기한 상계의 가능 여부와 그의 요건은 법정지의 國際私法規則에 의해 결정되는 準據法에 따른다.[28)]

제29조는 법률상의 채권의 양도가능성은 규율하지 않으나, 계약상의 양도가능성의 문제는 채무자에 의한 지급과 면책의 문제로서 규율한다. 따라서 제V장 이외의 협약의 규정이 적용되지 않는 경우에는 계약상의 제한에 위반하여 이루어진 양도의 효력은 원계약의 準據法에 따를 사항이다. 반면에 제V장 이외의 협약의 조항이 적용되는 경우에는, 협약이 이 문제를 직접 해결하고 있으므로 계약상의 제한에 위반하여 이루어진 양도는 협약(제9조 제1항)에 따라 채무자에 대해 효력이 있고, 그 경우 채무자는 양수인에 대해 항변을 주장할 수 없다(제18조 제3항).[29)]

마. 우선권의 準據法(제30조)

제30조는 위에서 본 협약 제22조와 제23조의 원칙을 반복하여 규정한 것이다.

양도된 채권에 대한 양수인의 권리가 경합하는 권리주장자의 권리에 대하여 가지는 우선권은 양도인 소재지 국가의 법에 의한다(제1항). 이는 제22조와 동일한 규정이다. 위에서 언급한 바와 같이 협약은 이러한 우선권은 양도인 소재지 국가의 법에 의하고, '채무자에 대하여 양도를 주장하기 위한 요건과 채무자의 채무가 면책되었는지의 여부'는 원계약의 準據法에 의하도록 구분하여 상이한 연결원칙을 정하는 점에 특색이 있다.

법정지국가 또는 다른 국가의 국제적 강행법규의 규칙은 양도인이 소재하는 국가의 법의 규정의 적용을 배제하지 아니한다(제2항). 이는 제23조 제

---

28) A/CN.9/489/Add.1, para. 48.
29) A/CN.9/489/Add.1, para. 49.

2항과 동일한 취지이다. 법정지 또는 다른 국가의 우선권규칙이 準據法의 우선권규칙에 대신하여 적용되어서는 아니 되기 때문이다. 법정지 또는 다른 국가의 우선권 규칙은 대개 강행법규이므로 만일 그러한 접근방법을 취한다면 제22조가 달성하고자 하는 법적 안정성이 훼손될 수 있다.

그러나, 제30조 제2항에도 불구하고, 양도인이 소재하는 국가 이외의 국가에서 개시된 도산절차에서, 법정지국가의 법에 의하여 발생하고 당해 국가의 법에 따라 발생하는, 양수인의 권리에 대하여 우선권을 가지는 권리, 이른바 '초우선적 권리'(super-priority rights)에 대하여는 제30조 제1항에도 불구하고 우선권이 부여될 수 있다(제3항). 이는 제23조 제3항과 동일한 취지이다.

바. 강행법규(제31조)

협약(제28조-제29조)은 계약의 準據法에 관계없이 사안을 강행적으로 규율하는 법정지 국가의 국제적 강행법규의 적용에 영향을 미치지 아니한다(제1항). 이는 로마협약(제7조 제2항)과 "국제계약의 準據法에 관한 미주간 협약"(Inter-American Convention on the Law Applicable to International Contracts)(제11조)[30]에서 보듯이 법정지의 강행법규는 계약의 準據法에 관계없이 적용된다는 일반적으로 승인된 國際私法規則을 반영한 것이다. 국제적 강행법규라 함은, 準據法이 외국법임에도 적용이 관철되어야 하는 소비자법 또는 형사법(경찰법)과 같이 근본적인 중요성을 가지는 국제적 강행법규를 말하고, 당사자의 합의에 의하여 적용을 배제할 수 없는 단순한 강행법규(통상의 강행법규 또는 국내적 강행법규라고도 한다)는 포함하지 않는다. 한편 제2항은 체약국의 법원은 법정지의 법 또는 準據法이 아니라 그와 밀접한 관련이 있는 제3국의 국제적 강행법규를 적용할 수 있음을 규정한다(로마협약 제7조 제1항 참조).[31]

---

30) 위 협약은 미주기구(Organization of American States—OAS) 내의 저촉규범을 통일하기 위한 것이다. 미국과 캐나다도 서명하였으나 이를 비준할지는 의문이다.

31) A/CN.9/489/Add.1, para. 51 참조. 엄밀하게 말하면, 로마협약은 법정지의 국제적 강행법규는 적용하는 데 반하여, 제3국의 국제적 강행법규는 고려할 수 있다고 함으로써 양자에 상이한 효과를 부여하지만 협약은 양자를 그와 같이 구별하지는 않는다.

사. 공서(제32조)

제Ⅴ장에서 지정된 법의 규정의 적용은 그 규정의 적용이 법정지 국가의 공서에 명백히 반하는 경우에만 배제될 수 있다(제32조). 이는 국제사법규범의 표준적인 조항이다. 따라서 구체적인 사안에서 準據法의 적용이 법정지국가의 국제적 공서(international public policy)에 명백히 반하는 경우 그의 적용을 배제할 수 있다. '국제적 공서'라 함은 예컨대 우리 민법 103조가 규정하는 '국내적 공서'(internal 또는 domestic public policy)와 구별하기 위한 개념으로, 여기의 공서는 準據法이 외국법인 경우에도 우리가 결코 포기할 수 없는 기본적인 도덕적 신념과 사회질서에 한정되며, 공서위반의 여부를 판단함에 있어 국내적인 기준에만 따를 것이 아니라 외국의 관념도 참작할 것을 요구한다.

아. 채권에 대한 담보권의 설정과 담보목적의 채권양도의 경우

위에서 본 바와 같이 협약에서 말하는 양도에는 채권의 매매와 같이 완전한 이전(담보목적을 위한 것을 포함하여)과 담보로서의 양도가 포함된다.

자. 협약의 연결원칙의 장단점[32)]

협약의 연결원칙은 위에서 언급한 바와 같이 다음과 같은 장점이 있다. 첫째, 이 연결원칙은, 채권의 準據法 또는 채무자의 본거지법(또는 주소지법)에 연결하는 것과 달리, 장래채권의 양도와 채권의 일괄양도의 경우 예측가능성과 법적 안정성을 보장할 수 있다. 즉 장래채권의 경우 채권의 準據法(또는 채무자의 주소지)이 아직 결정되지 않은 상태에서 양도될 수 있으므로 準據法의 결정이 어렵거나 불가능하고, 일괄양도의 경우 채권의 準據法(또는 채무자의 주소지)이 다양한데 그 다양한 準據法의 요건을 각각 구비해야 하므로 불편하고 거래비용이 증가하는 데 반하여 양도인 소재지법에 연결하면 단일한 準據法이 적용되기 때문이다.[33)] 이러한 접근방법은 어떤 법률

---

32) 이는 우선 Eva-Maria Kieninger, "Das Statut der Forderungsabtretung im Verhältinis zu Dritten," Rabels Zeitschrift Band 62 (1998), S. 696f.; Kieninger/Schütze (註 17), S. 202f. 참조. 이는 로마협약의 맥락에서의 논의지만, 우리 국제사법의 해석론으로도 타당하다.

33) 그러나 협약에 의하더라도 채권의 양도가능성에 관한 準據法상의 제한은 일정한 경우 여

관계와 가장 밀접한 법을 準據法으로 지정하는 것이라기보다는 채권양도를 용이하게 한다는 實質法상의 정책적 고려에 기초한 것이다.[34] 둘째, 연결점인 양도인의 소재지는 채권의 準據法과 달리 누구든지 쉽게 알 수 있으므로 모든 이해관계인들, 특히 양수인과, 양도인에게 금융을 제공하는 채권자들에게 명확한 기준을 제시한다. 따라서 양도인의 채권자들은 일찍부터 양도인의 소재지법에 따른 공시방법을 준수함으로써 자신의 권리를 보호할 수 있다. 미국은 채권양도와 채권담보에 관한 등록제도를 가지고 있다.[35] 만일 양도인의 소재지가 등록제도를 가진 법역이라면 당해 법역에 등록을 하게 되므로 準據法은 등록장소를 결정한다. 셋째, 협약에서 말하는 양도인의 소재지를 사실상의 본거지로 이해되므로 우선권의 準據法은 양도인의 주된 도산절차의 準據法과 일치할 개연성이 크다. 즉 협약의 연결원칙은, 양도인에 대한 주된 도산절차가 개시될 개연성이 큰 국가의 법을 적용하게 하는 장점이 있다. 그 경우 협약과 적용되는 도산법의 관계를 보다 적절히 다룰 수 있기 때문에 이는 중요한 의미를 가진다.[36]

반면에 협약의 연결원칙은 다음과 같은 단점이 있다. 첫째, 양도인과 양수인간의 법률관계는 그들간의 準據法에 따르고, 채권양도의 채무자에 대한 효력은 채권의 準據法에 따르는데, 제3자에 대한 효력의 準據法으로서 양도인 소재지법을 적용한다면 또 다른 법질서를 추가로 도입하는 것이 되어 법률관계를 복잡하게 하고, 적응의 문제를 발생시킬 가능성이 크게 된다. 이에 대하여 실제로는 양도인의 소재지법은 채권의 準據法과 대체로 일치할 것이므로 이는 별로 문제되지 않는다는 반론도 있으나[37] 항상 그렇다고 단정할

전히 적용될 수 있다(제8조 제3항 참조). 따라서 채권의 準據法을 완전히 무시할 수는 없다. 양도인의 소재지법이 규율하는 것은 경합하는 권리주장자들간의 우선권에 한정된다.

34) 아래에서 보듯이 미국 통일상법전 제9-301조와 제9-102조도 유사한 취지로 규정한다.

35) 미국의 등록은 예컨대 우리의 저당권설정등기와 같은 문서의 등록(document filing)이 아니라 이해관계인들에게 양도인의 자산에 관한 정보를 제공하기 위한 등록(notice filing)이다.

36) A/CN.9/489/Add.1, para. 32. Explanatory Note, para. 48도 이 점을 지적한다. UNCITRAL의 국제도산에 관한 모델법 제2조 (b)호, 제16조 제3항. 석광현, "國際倒産法에 관한 연구—立法論을 중심으로—," 국제사법과 국제소송 제3권(2004), 265면 이하 참조. 유럽연합의 도산규정상으로도, 채무자의 '주된 이익의 중심지'(center of main interests. COMI)가 소재하는 회원국의 법원은 주절차를 개시하는 관할을 가진다(제3조 제1항). 상세는 석광현, "유럽연합의 國際倒産法制," 국제사법과 국제소송 제3권(2004), 309면 이하 참조.

37) Jan Kropholler, Internationales Privatrecht 5. Auflage (2004), § 52 Ⅷ. 1.

수는 없다. 둘째, 準據法의 變更(Statutenwechsel, *conflit mobile*)에 따른 문제이다. 즉 이 연결원칙을 따를 경우, 양도인이 채권을 양도한 뒤 소재지를 변경하여 후속양도를 한 경우에 準據法이 문제되는데, 위에서 본 바와 같이 실제로 이런 일은 별로 발생하지 않을 것이라는 이유로 협약은 의도적으로 이를 규정하지 않았다. 그러나 실제로 準據法의 변경이 발생하면 우선권을 규율하는 準據法을 결정해야 하는 어려운 문제가 제기된다. 이에 대하여는 최초의 양도시의 양도인의 소재지법을 적용하는 견해가 유력하나 논란의 여지가 있다.[38] 물론 다른 연결원칙을 따르더라도 準據法의 변경이 발생할 수 있지만, 채권 자체의 準據法의 변경은 당사자들간의 합의를 필요로 하므로 양도인의 소재지의 변경보다는 가능성이 상대적으로 작을 것이다.[39] 셋째, 채무자의 지위를 보호하기 위하여는 양도인의 소재지법보다는 채권 자체의 準據法이 적절하다. 협약은 제22조 이하에서는 이에 대해 명시적인 규정을 두지 않으나, 제Ⅴ장(제29조)에서는 양수인과 채무자간의 양도에 대한 계약상 제한의 효력, 양수인과 채무자간의 관계, 채무자에 대하여 양도를 주장하기 위한 요건과 채무자의 채무가 면책되었는지의 여부는 채권의 準據法에 의하도록 하므로 별 문제는 없다.[40]

그 밖에도 협약의 연결원칙에 따르면 의무부담행위와 처분행위의 準據法의 분열된다는 비판도 있으나, 양도인과 양수인간의 계약관계의 準據法을 적용하지 않는 한 그러한 분열은 불가피하며, 물건의 처분의 경우에서 보는 바와 같이 이러한 분열은 새로운 것은 아니다. 또한 로마협약의 맥락에서 양도인 소재지법설에 대한 비판으로는, 만일 이를 따르면 로마협약의 흠결을 로마협약 외의 연결원칙으로 보충해야 하므로 유럽연합의 회원국들이 쉽게 동의할 수 없다는 단점이 있다는 견해도 있다.[41]

---

38) Kieninger/Schütze(註 17), S. 204 참조.

39) 위에서 언급한 바와 같이 영업소는 사실상의 본거지인데, 사실상의 본거지의 변경이 있는 경우 그 결정이 어려움을 제기한다는 것은 회사의 속인법의 맥락에서 익히 알려진 사실이다.

40) 로마협약의 입법론으로는 채권양도의 제3자에 대한 효력을 국제채권양도협약처럼 양도인의 소재지법에 의하도록 하면서도, 채무자에 대한 효력에 대하여는 채권 자체의 準據法에 의하도록 하는 방안과, 채무자에게 채권 자체의 準據法의 적용을 주장할 수 있도록 하는 방안을 고려할 수 있다는 견해도 있다. Kieninger/Schütze(註 17), S. 206f.

41) Kropholler(註 37), § 52 Ⅷ. 1.

Ⅲ. 우리 국제사법의 태도

涉外私法의 태도를 먼저 간단히 살펴본 뒤에 개정된 우리 국제사법의 태도를 살펴본다.

1. 涉外私法

涉外私法(제14조)은 다음과 같이 규정하였다.

제14조(채권양도) 채권양도의 제3자에 대한 효력은 채무자의 주소지법에 의한다.

즉 涉外私法은 채권양도의 당사자간의 관계는 규정하지 않고 채권양도의 제3자에 대한 효력만을 규율하면서, 채무자의 주소지를 연결점으로 규정하였다. 여기의 '제3자'라 함은 채권양도의 당사자, 즉 양도인과 양수인을 제외한 기타의 자를 의미하므로, 그에는 채무자도 포함되는 것으로 해석되었다.[42] 우리 민법과 마찬가지로 채권양도에 관하여 대항요건주의, 즉 양도의 당사자 간에는 양도만으로 양도의 효력이 발생하나, 채무자 및 기타 제3자에 대한 관계에서는 일정한 요건, 즉 별도의 효력발생요건(대항사유)을 요구하는 實質法을 가지고 있는 프랑스의 학설과 판례는 이런 태도를 취하고, 영국에도 이런 견해가 있다.[43]

涉外私法의 취지는 채권의 準據法에 관계없이 채무자에게 친숙한 법을 적용함으로써 채무자를 보호하기 위한 것이라고 할 수 있었으나,[44] 우리 나라나 프랑스의 實質法의 결과 국제사법상 논리적으로 반드시 채무자 주소지법을 적용해야 하는 것은 아니고, 채권자의 관점에서는 채무자의 주소지법에 따를 합리적인 이유도 없다. 채무자의 주소의 결정은 별 문제가 없으나, 예컨대 외국은행의 한국지점에 대한 예금채권의 양도의 경우에는 당해 은행지점

42) 신창선, 國際私法(1999), 343면.
43) Kieninger(註 32), S. 700.
44) 이와는 달리 제14조의 근거를, 채무자의 주소지를 채권의 소재지로 볼 수 있다는 점에서 구하는 견해도 있다.

의 소재지인 한국을 의미하는 것으로 해석되었다.

한편 涉外私法의 해석상 채권양도의 당사자간의 準物權行爲인 채권양도의 準據法과, 準物權行爲와 원인행위(예컨대 채권매매계약)간의 독립성 및 무인성의 문제는 채권 자체의 準據法에 의한다는 것이 통설이었다.[45)]

涉外私法의 연결원칙의 근거와 그에 대한 비판은 다음과 같다.[46)] 이 원칙의 연원은 위에서 언급한 바와 같이 채무자의 보호에 있지만 또한 물권의 準據法은 물건의 소재지법에 의하는 국제물권법의 원칙에 있다고 할 수도 있다. 즉 채권은 채무자의 주소지에 소재하는 것으로 간주된다는 것이다. 또한 프랑스의 實質法에 의하면 채권양도는 채무자에게 통지하여야 하는데 이는 채무자의 주소지에서 행해져야 한다는 것이다.[47)] 그러나 첫째, 소재지법원칙은 부동산에 관하여는 타당하지만, 동산의 경우에도 의문이 있을 수 있고, 더 나아가 이를 채권에까지 적용하는 것은 설득력이 없으며, 채권이 채무자의 주소지에 소재한다고 보는 것도 의제적이다.[48)] 둘째, 경합하는 권리주장자들간의 채권의 귀속, 즉 우선권은 복수의 양수인들간에, 그리고 양수인과 양도인의 채권자들간에 다투어지는데 이는 통상 그들이 소재하는 곳에서 해결될 가능성이 크고, 양도인의 도산의 경우에도 주된 도산절차는 양도인의 소재지에서 개시될 가능성이 크므로 채무자의 소재지법보다 양도인의 소재지법이 더 적절하다는 것이다. 셋째, 장래채권의 경우 準據法에 대한 예견가능성의 관점에서도 양도인의 소재지법이 타당하다. 넷째, 이 연결원칙을 따를 경우, 채무자에 대한 효력의 準據法과 상이한 연결원칙을 따르게 되는 단점이 있다.

---

45) 신창선(註 42), 341면. 채권질권의 準據法에 관하여는 채권양도 또는 그에 준하는 것으로 보아 채권 자체의 準據法에 의하지만, 제3자에 대한 효력은 涉外私法(제14조)에 따라 채무자의 주소지법에 의한다는 견해가 유력하였다. 일본에서는 그 밖에도 물권으로서 법례(제10조 제1항)에 따라 목적물의 소재지법, 즉 채무자의 주소지법을 적용하는 소수설과 법례에 규정이 없으므로 조리에 의하여 제3자에 대한 효력을 포함하여 채권의 準據法에 따른다는 통설이 있다. 일본 最高裁判所 1978. 4. 20. 제1소법정판결도 통설을 따랐다. 道垣內正人, "債權質," 別冊 ジュリスト No. 133 涉外判例百選 第3版(1995), 108-109면.

46) 이는 우선 Kieninger(註 32), S. 700f. 참조.

47) Kieninger(註 32), S. 700f.

48) 채권의 소재지는 채무자의 주소지가 아니라 채권자, 즉 양도인의 주소지(또는 소재지)라는 견해도 있다. 안상진, "채권양도의 準據法에 관한 소고—ABS에 관한 논의를 포함하여—," 국제사법연구 제9호(2003), 190면. 그러나 국제사법상 채권의 소재지는 채무자의 주소지로 보는 것이 종래의 확립된 견해이다.

2. 국제사법

국제사법(제34조 제1항)은 다음과 같다.

> 제34조(채권의 양도 및 채무의 인수)
> ① 채권의 양도인과 양수인간의 법률관계는 당사자간의 계약의 準據法에 의한다. 다만, 채권의 양도가능성, 채무자 및 제3자에 대한 채권양도의 효력은 양도되는 채권의 準據法에 의한다.

즉 국제사법은 채권양도의 準據法을 '양도인과 양수인간의 관계'와 '채권의 양도가능성, 채무자 및 제3자에 대한 채권양도의 효력'으로 구분하여 전자는 당사자간의 계약의 準據法에 의하고, 후자는 양도 대상인 채권의 準據法에 의한다고 규정함으로써 涉外私法과는 다른 태도를 취한다.[49] 즉 국제사법은 實質法인 민법이 대항요건주의를 취하는 것에 구애되지 않고 연결원칙을 변경한 것이다. 아래에서는 위 협약에서 논의한 체제에 따라 우리 국제사법의 연결원칙을 검토한다.

가. 적용범위

협약의 제Ⅴ장은 제1조 제4항에 정한 국제성이 있는 채권양도에만 적용되는 데 반하여, 국제사법은 외국적 요소가 있는 모든 채권양도에 적용된다(제1조). 또한 협약은 제4조에 정한 거래로부터 발생한 채권의 양도에는 적용되지 않으나 국제사법은 이런 제한을 두고 있지 않다. 특히 협약은 은행예금채권과 신용장 또는 독립적 보증에 따른 채권에 대하여 적용되지 않으나 국제사법상으로는 그에 대하여도 채권양도에 관한 일반원칙이 적용된다.

나. 양도계약의 방식

채권양도의 원인이 되는 행위(협약은 이를 양도계약이라 한다), 예컨대 매매계약의 방식에 관하여는 법률행위의 방식을 정한 국제사법 제17조가 적용된다. 따라서 매매계약의 방식은 매매계약의 실질의 準據法 또는 행위지법

49) 본문은 석광현, 2001년 개정 國際私法 해설 제2판(2003), 301면 이하를 다소 보완한 것이다. 최근의 우리 문헌은 안상진(註 48), 179면 이하 참조.

에 의하고, 격지자간의 계약의 경우 '*favor negotii*'(법률행위에 유리하게)의 원칙에 따라 관련 국가 중 어느 한 국가의 법의 요건을 충족하면 방식상 유효하다. 또한 국제사법은 채권양도의 방식에 관하여 별도의 규정을 두지 않으므로 이 또한 법률행위의 방식에 관한 제17조에 의한다.

다. 채권양도인과 양수인간의 관계(제1항 본문)

당사자간의 관계에 있어서는 당사자자치를 인정하여 그들간의 계약의 準據法에 의한다(제1항 본문). 당초 연구반초안[50]은 "채권의 양도인과 양수인간의 의무는 당사자간의 계약의 準據法에 의한다"고 하였으나,[51] 위원회의 논의과정에서 '의무'가 '법률관계'로 변경되었다. 따라서 문면상으로는 채권양도의 원인이 되는 행위, 예컨대 매매계약으로 인한 당사자간의 권리의무만이 아니라, 준물권행위인 채권양도도 매매계약의 準據法에 의한다는 해석이 더 설득력을 얻게 되었다. 그렇지만 국제사법의 해석론으로서는 문면에 충실하게 매매계약과 채권양도가 모두 매매계약의 準據法에 의한다는 견해와, 종래와 같이 준물권행위인 채권양도는 채권 자체의 準據法에 의한다는 견해도 여전히 주장될 수 있다.[52]

라. 양수인과 채무자간의 권리 및 의무의 準據法 및 마. 우선권의 準據法(제1항 단서)

협약은 양수인과 채무자간의 권리 및 의무와 우선권을 구분하여 準據法을 달리 정하고 있으나, 국제사법은 양자를 구분하지 않는다. 즉 우리 국제사법은 협약과 달리 우리 민법상 친숙한 개념인 채권양도의 채무자에 대한 효력과 제3자에 대한 효력이라는 개념을 사용하면서,[53] 양자를 모두 채권의 準據法에 의하도록 규정한다. 만일 채권양도의 채무자에 효력과 제3자에 대한 효력을 상이한 準據法에 따르도록 한다면 양자를 어떻게 구분할 것인가가

---

50) 법무부는 1999년 4월 涉外私法개정연구반을 구성하여 涉外私法의 개정을 위한 기초작업에 착수하였는데, 개정연구반은 涉外私法의 문제점, 외국의 立法例와 학설, 판례 등을 연구·검토한 후 연구회의에서 쟁점사항을 토론하고 개정방향을 결정하는 방식을 취하였으며, 연구회의를 운용한 결과 연구회의 종료와 동시에 개정시안을 작성하였다. 이것이 연구반초안이다. 조문은 석광현(註 49), 490면 이하에 수록되어 있다.

51) 연구반초안해설, 105면.

52) 아래에서 보듯이 연구반초안과 같은 문언인 로마협약의 해석론으로는 견해가 나뉜다.

53) 예컨대 서민, 債權讓渡에 관한 硏究(1985), 87면 이하 참조.

문제되고, 양자의 準據法이 상이한 경우 까다로운 적응의 문제가 발생할 수 있다.

우선 국제사법은 채무자에 대한 채권양도의 효력만을 언급하나, 채권양도에 의하여 채무자의 법적 지위가 불리하게 변경되어서는 아니 되므로 양수인과 채무자간의 권리 및 의무는 원래의 채권의 準據法에 의하는 것은 별 의문이 없다. 다음으로 채권의 양도가능성과, 제3자에 대한 채권양도의 효력은 양도의 목적인 채권의 準據法에 의하므로(제1항 단서) 우선권도 채권의 準據法에 의한다. 채권양도는 채권의 성립에서부터 소멸에 이르기까지 당해 채권과 관련하여 발생하는 일련의 문제의 하나이므로 당해 채권과 가장 밀접한 관련이 있기 때문이다. 涉外私法은 채무자의 주소지법에 연결함으로써 채무자의 보호를 중시하였으나, 채권 자체의 準據法에 의하더라도 채무자의 보호는 충분하고, 또한 양도인, 양수인, 채무자 및 제3자의 이익을 균형 있게 고려하여 채권 자체의 準據法에 의하도록 하는 것이 합리적이라는 것이다.

채권양도를 포함하여 채권계약의 準據法에 관한 한 국제사법은 로마협약을 수용한 것인데, 아래에서 보는 바와 같이 로마협약(제12조 제2항)이 채권양도의 제3자에 대한 효력에 대하여도 적용되는지 관하여 논란이 있으나, 국제사법은 이 점을 명확히 규정한다.

그 결과 채무자가 양도인에 대하여 가지는 채권을 자동채권으로 하여 상계할 수 있는가를 포함하여 양수인에 대해 어떠한 항변권을 가지는지, 채무자가 행한 급부가 채무자를 면책시키는가의 여부, 채권양도의 대항요건인 채무자에 대한 통지 또는 승낙의 요부와, 동일 채권에 대한 이중양도의 경우 우선순위의 문제도 채권 자체의 準據法에 의한다. 따라서 만일 채권의 準據法이 한국법이라면 채무자와 기타 제3자에 대항하기 위해서는 확정일자에 의한 채권양도에 관한 채권자의 통지 또는 채무자의 승낙이 필요하다.

바. 강행법규

국제사법에 의하여 외국법이 準據法으로 지정되더라도 예컨대 대외무역법, 외국환거래법 및 독점규제 및 공정거래에 관한 법률과 같이 입법목적에 비추어 準據法에 관계없이 적용되어야 하는 법정지인 한국의 국제적 강행법규는 여전히 적용되는데(국제사법 제7조), 이는 협약(제31조 제1항)과 동일한 취지이다. 그러나 국제사법은 제3국의 국제적 강행법규에 관하여는 규정하지 않는 점에서 협약과 차이가 있다.

사. 공 서

국제사법에 의하여 외국법이 準據法으로 지정된 경우 그 규정의 적용이 우리 나라의 선량한 풍속 그 밖의 사회질서에 명백히 위반되는 때에는 이를 적용하지 아니한다(국제사법 제10조). 이는 협약(제32조)과 동일하다.

아. 채권에 대한 담보권의 설정과 담보목적의 채권양도의 경우[54)]

涉外私法하에서는 권리질권과 권리에 대한 양도담보의 準據法은 권리의 準據法이고, 따라서 채권질권과 채권양도담보의 準據法은 채권 자체의 準據法이라고 보면서도, 涉外私法(제14조)을 고려하여 채권질권과 채권양도담보를 설정하기 위하여는 채무자 주소지법에 따라 채무자와 제3자에 대한 대항요건을 구비해야 한다고 보았다.[55)] 그 결과 채무자 및 제3자에 대한 효력의 準據法에 관하여는 채권질권 또는 채권양도담보의 準據法과 채권양도의 準據法간에 일관성이 있었다.

개정 국제사법상으로도 채권질권, 채권양도담보와 채권양도의 準據法이 모두 동일한 연결원칙에 따른다. 즉 채권질권과 채권양도담보의 準據法은 국제사법(제23조)에 따라 채권 자체의 準據法이고, 채권양도의 채무자 및 제3자에 대한 효력은 국제사법(제34조)에 따라 채권 자체의 準據法에 의하기 때문이다.

자. 우리 國際私法의 연결원칙의 장단점[56)]

국제사법의 연결원칙은 다음과 같은 장점이 있다. 첫째, 무엇보다도 양도의 대상인 채권과 가장 밀접한 관련이 있는 법은 채권 자체의 準據法이다. 즉 채권양도는 채권의 발생부터 소멸까지의 하나의 양태 내지 과정으로 인식되고 있기 때문이다. 둘째, 채권양도의 채무자에 대한 효력은 채권의 準據法에 따르는데,[57)] 국제사법에 따를 경우 채권양도의 제3자에 대한 효력과 채무

---

54) 석광현(註 49), 187면 참조.

55) 신창선(註 42), 284-285면 참조.

56) 이는 우선 Kieninger(註 32), 696f. 참조. 이는 로마협약의 맥락에서의 논의지만, 우리 국제사법의 해석론으로도 타당하다.

57) 이는 국제채권양도협약, 로마협약이나 우리 국제사법에 의할 경우 타당하지만, 涉外私法

자에 대한 효력이 통일적으로 연결되어 적응의 문제가 발생하지 않는다. 셋째, 이 연결점은 큰 어려움 없이 조사할 수 있고, 양도시에 그의 법적 기초가 아직 존재하지 않는 경우를 제외하고는 양수인 또는 이중양도의 경우 양수인들에게도 명확하다.

반면에 이 연결원칙은 다음과 같은 단점이 있다. 첫째, 장래채권의 양도와 채권의 일괄양도에 적합하지 않으므로 채권의 양도가능성을 부당하게 제한한다. 즉 장래채권의 경우 채권의 準據法이 아직 결정되지 않은 상태에서 양도될 수 있으므로 準據法의 결정이 어렵고, 일괄양도의 경우 채권의 準據法이 다양한데 그 다양한 準據法의 요건을 모두 구비해야 하므로 불편하고 거래비용이 증가한다. 둘째, 양도인의 채권자들로서는 채권의 準據法을 알기 어려우므로 어느 법에 따라 채권양도의 제3자에 대한 공시요건을 구비해야 하는지를 미리 알 수 없다는 점에서 그들의 이익을 보호하기 어렵다. 물론 채권의 準據法은 통상 양도인의 소재지법과 일치하지만 항상 그런 것은 아니다. 특히 당사자들이 채권의 준거법을 합의하지 않은 경우 준거법의 결정이 용이하지 않다. 셋째, 통상의 상인이나 개인이 채무자가 되는 경우 채권의 준거법에 관한 정보력과 컨트롤능력이 없으므로 채무자 주소지법에 연결하는 경우와 비교할 때 불안정한 지위에 놓이게 된다는 지적도 있다.[58)]

협약의 접근방법은 장점이 있음은 물론이지만 국제사법은 의도적으로 그러한 연결원칙을 취하지 않았다. 그 이유는, 涉外私法하에서는 채무자의 주소지법을 準據法으로 보았는데 이를 갑자기 정반대의 양도인(즉 채권자)의 소재지법으로 변경하는 것은 부담스럽고, 개정 작업을 할 당시에는 협약이 채택되기 전이었으며, 만일 계약채권의 양도에 양도인 소재지법을 적용하더라도 법정채권에까지 동일한 연결원칙을 적용할 이유는 없으므로 결국 양자의 연결점을 달리 해야 할 것이라는 점과, 이미 존재하는 하나 또는 몇 개의 계약상의 채권을 양도하는 경우에까지 양도인 소재지법을 적용할 합리적인 근거는 없다는 것이었다.[59)]

에 따르면 그렇지 않다.

58) 野村美明, "債權讓渡 擔保物權の準據法," 2006. 9. 2. 제6회 한일지적재산권·국제사법심포지엄 자료(Ⅰ), 93면.

59) 석광현, "국제거래를 취급하는 법률가들을 위한 개정 국제사법의 소개," 국제사법과 국제소송 제3권(2004), 40면.

차. 반정의 허용 여부

涉外私法(제4조)은 본국법이 적용되는 경우에만 反定(*renvoi*)을 허용하였으나, 개정 국제사법(제9조)은 이러한 제한을 삭제하여 반정의 허용범위를 확대하면서 반정이 허용되지 않는 경우를 명시한다. 로마협약(제15조)에 따르면 계약의 準據法만이 아니라 채권양도의 準據法의 경우에도 반정이 배제된다. 국제사법(제9조 제2항 제2호)은 계약의 準據法만을 명시하나, 이는 국제적 판결의 일치를 위하여 국제적으로 널리 인정되는 연결원칙을 수용하려는 취지인데, 채권양도의 연결원칙은 로마협약을 받아들인 것이므로 그 경우에도 반정은 허용되지 않는다고 볼 것이다.[60] 그러나 첫째 국제사법이 이를 명시하지 않고, 둘째 국제사법의 채권양도에 관한 규정은 법정채권에도 적용되므로 로마협약과는 차이가 있으며, 셋째 아래에서 보는 바와 같이 로마협약은 채권양도의 제3자에 대한 효력의 準據法을 명시하지 않으므로 적어도 그 범위 내에서는 우리 국제사법의 연결원칙이 로마협약에 기초한 것으로 볼 수는 없다는 이유로 이견이 제기될 여지가 있다.

Ⅳ. 채권양도의 제3자에 대한 효력의 準據法에 관한 주요 외국의 입법례

채권양도의 제3자에 대한 효력(특히 이중양도의 경우 등의 우선권)의 準據法에 관한 외국의 입법례로는 로마협약과 미국의 통일상법전(Uniform Commercial Code)을 보고, 국제적인 논의로는 현재 진행중인 로마협약과 일본의 법례의 개정과정에서의 논의를 채권양도의 제3자에 대한 효력을 중심으로 간단히 살펴본다.

1. 로마협약의 규정

채권의 양도에 관한 제12조는 다음과 같이 규정한다.[61]

---

60) 석광현(註 49), 111면.

61) 이는 다음과 같은 영문에 상대적으로 충실한 번역이다.

1. 채권의 양도인과 양수인 상호간의 채무는 이 협약에 의하여 그들간의 계약의 準據法이 되는 법에 의하여 규율된다. 2. 양도된 채권을 규율하는 법은 채권의 양도가능성, 양수인과 채무자간의 관계, 채무자에 대하여 채권양도를 주장하기 위하여 필요한 요건과 채무자의 채무가 소멸하였는가를 규율한다.

가. 양도인과 양수인간의 관계

채권의 양도인과 양수인간의 채무는 로마협약에 따라 결정되는 그들간의 계약의 準據法에 의하므로(제1항), 예컨대 채권양도가 매매계약에 기한 경우 이는 매매계약의 準據法에 의한다. 이 경우 채권양도 자체(우리 개념으로는 준물권행위)도 원인행위의 準據法에 따르는지에 관하여는 견해가 나뉘는데, 부정설은 채권양도 자체는 채권의 準據法에 따른다고 보나, 긍정설은 양도인과 양수인간의 계약의 準據法에 따른다고 본다.[62] 후자는 양도인과 양수인간의 법률관계를 통일적으로 연결할 수 있는 장점이 있다.[63]

나. 채권의 양도가능성, 양수인과 채무자의 관계 등

채권의 양도가능성, 양수인과 채무자의 관계, 채무자에 대하여 채권양도를 주장하기 위하여 필요한 요건과 채무자의 채무가 소멸하였는가는 양도된 채권의 準據法에 따른다(제2항). 여기서 '채권양도를 주장하기 위하여 필요한 요건'이라 함은, 채권양도가 채무자에 대한 관계에서 효력이 있기 위하여

"1. The mutual obligations of assignor and assignee under a voluntary assignment of a right against another person ("the debtor") shall be governed by the law which under this Convention applies to the contract between the assignor and assignee.
2. The law governing the right to which the assignment relates shall determine its assignability, the relationship between the assignee and the debtor, the conditions under which the assignment can be invoked against the debtor and any question whether the debtor's obligations have been discharged."

62) 독일에서는 제12조 제1항의 채무는 원인행위만을 의미한다는 견해가 다수설이나, 영국 등 다른 나라에서는 채무는 양도인과 양수인의 법률관계 전부를 의미한다는 견해가 유력하다. MünchKomm/Martiny, Band 10 Einführungsgesetz zum BGB, Internationales Privatrecht 4. Auflage (2006), Art. 33 Rn. 9-11. 네덜란드 대법원(Hoge Raad)은 위에 언급한 1997. 5. 16. 판결에서 채권양도가 유효한지에 관하여 제12조 제1항을 적용함으로써 후자의 견해를 취하였다.

63) 예컨대 Stadler(註 6), S. 105f.는 이를 지지한다.

필요한 절차를 포함한다.[64] 결국 채권양도의 채무자에 대한 효력은 제2항에 따라 채권의 準據法에 의한다.

다. 채권양도의 제3자에 대한 효력 또는 우선권

로마협약은 우선권에 관하여 협약(제22조 또는 제30조)에 상응하는 규정을 두지 않으므로[65] 우선권의 準據法에 관하여 견해가 나뉘는데, 독일의 통설은 제2항은 채권의 이중양도의 경우 어느 것이 우선하는가의 문제를 포함한다고 본다.[66] 우리 국제사법(제34조 제1항)은 제3자에 대한 효력을 명시하는데, 이중양도의 경우 우선권의 문제도 그에 포함되므로 로마협약과는 명백히 차이가 있다.

2. 로마협약의 개정에 관한 논의

현재 로마협약의 법적 형식을 이사회규정(Council Regulation. 이하 "로마규정 I"이라 한다)으로 전환함과 동시에 로마협약의 내용을 개정하기 위한 작업이 진행중이다. 유럽연합의 위원회(Commission)[67]는 2003. 1. 14. "계약채무의 準據法에 관한 1980년 로마협약의 공동체문서로의 전환 및 현대화에 관한 녹서"(Green Paper on the Conversion of the Rome Convention of 1980 on the law applicable to Contractual Obligations into a Community Instrument and its Modernisation. 이하 "Green Paper"라고 한다)를 발표하였다. Green Paper는 로마협약이 채권양도의 제3자에 대한 효력의 準據法을 명시하지 않음을 확인하고, 다음과 같은 5가지 해결방안을 제시한다.[68] 즉 첫째, 제12조 제1항을 적용하여 원인계약의 準據法을 적용하는 방안(네덜란드 대법원이 취한 견해), 둘째, 제12조 제2항을

---

64) Giuliano/Lagarde 보고서.

65) 과거 예비초안(제16조 제2항)은 제3자에 대한 효력을 명시하였다.

66) MünchKomm/Martiny(註 62), Art. 33 Rn. 25; Kropholler(註 37), §52 Ⅷ. 1; Kieninger(註 32), S. 695 Fn. 80. 판례와 학설의 대립은 우선 Kieninger/Schütze(註 17), S. 201, Fn. 3, 4 참조. 과거 석광현(註 4), 95면에서 저자도 영국과 독일의 문헌을 인용하면서 제2항은 동일채무에 대한 이중양도시 우선권의 문제를 포함한다는 견해를 피력하였을 뿐 학설의 대립은 언급하지 않았다. 저자가 위 글을 발표할 1994년 당시에는 그 점이 크게 부각되지 않았기 때문이다.

67) 이를 '집행위원회'라고 부르기도 한다.

68) Green Paper, para. 3.2.13.3.

적용하여 양도 대상인 채권의 準據法을 적용하는 견해(독일 연방대법원이 취한 견해), 셋째, 채무자의 거소지법을 적용하는 방안, 넷째, 양도인의 거소지법을 적용하는 방안(협약의 태도이다)과 다섯째, 경합하는 채권자들의 선의 또는 악의를 고려하면서 먼저 소를 제기하는 자에게 우선권을 주는 實質法상의 방안이 그것이다. Green Paper는 위의 안을 제시하면서 로마규정 I 에 채권양도의 제3자에 대한 효력의 準據法을 정하는 규정을 두어야 하는지와 만일 둔다면 어느 규칙을 추천하는지를 질문하고 있다(Question 18). 이러한 Green Paper의 질문에 대하여 유럽연합에서는 논의가 분분하고 특히 둘째 방안과 넷째 방안이 유력한 것으로 보이는데,[69] 주목할 만한 것은 독일의 막스플랑크 외국사법과 국제사법연구소는 협약과 같이 넷째 방안을 지지하는 점이다.[70]

유럽연합에서 이처럼 양도인 소재지법에 연결하는 견해가 유력하게 된 근거의 하나가 바로 협약의 존재인데, 그러한 연결원칙을 지지하는 견해는, 협약과의 정합성을 확보하기 위하여 로마협약(또는 로마규정 I)도 동일한 연결원칙을 취해야 한다고 주장한다.[71] 주목할 것은, 2005년 12월 유럽위원회가 제안한 로마규정 I 의 초안(제13조 제3항)은 채권양도의 제3자에 대한 효력의 준거법을 양도시 양도인의 상거소 소재지법에 의하도록 규정하는 점이다.[72] 이는 채권양도협약의 태도와 유사한데[73] 이는 아직은 초안이지만 협

69) 학설은 Kieninger/Schütze(註 17), S. 201 참조.

70) Max Planck Institute for Foreign Private and Private International Law, "Comments on the European Commission's Green Paper on the Conversion of the Rome Convention of 1980 on the law applicable to Contractual Obligations into a Community Instrument and its Modernization," Rabels Zeitschrift Band 68 (2004), S. 79-80. Ulrich Magnus/Peter Mankowski, "The Green Paper on a Future Rome I Regulation—on the Road to a Renewed European Private International Law of Contracts," Band 103 ZVglRWiss (2004), para. 11; Groupe Européenne de Droit International privé, "Réponse au Livre vert de la Commission sur la transformation de la Convention de Rome en instrument communautaire ainsi que sur sa modernisation," paras. 38-40도 同旨. 후자는 http://www.drt.ucl.ac.be/gedip/documents/gedip-documents-18rlv.html에서 볼 수 있다. 또한 2005년 2월 전문가회의를 위해 작성된 초안이 있다고 하나(Peter Mankowski, "Entwicklungen im Internationalen Privat- und Prozessrecht 2004/2004 (Teil)," Recht der Internationalen Wirtschaft (2005), S. 483) 저자는 이를 확인하지 못하였다. 그러나 아래에서는 2005년 12월의 Rome I 의 초안을 소개한다.

71) Kieninger/Schütze(註 17), S. 202.

72) 조문은 다음과 같다.

"The question whether the assignment or subrogation may be relied on against third

약의 태도가 상당히 설득력을 얻고 있음을 보여 주는 것이다. 장래채권의 양도의 가능 여부와 요건 그리고 담보목적의 채권양도의 가능 여부와 요건은 종래 채권의 양도가능성의 문제로서 채권 자체의 준거법에 따르는 것으로 인식되었으나 근자에는 이를 양도의 효력의 문제로 보아야 한다는 견해가 유력하게 주장되고 있다.[74]

3. 미국 통일상법전의 태도

채권양도의 제3자에 대한 대항요건(우선권을 포함하여)에 관하여 우리 민법은 채권편에서 별도로 규정하고 있으나, 미국의 통일상법전은, 채권양도의 우선권과 담보목적을 위한 채권양도의 완성과 우선권을 모두 다음과 같은 제9-301조에 의하여 규율하는 것으로 보인다.[75]

> **제9-301조 담보권의 완성 및 우선권의 準據法**
> 제9-303조부터 제9-306조에 달리 규정한 경우를 제외하고는 다음의 규칙들이 담보물에 대한 담보권의 완성, 완성 또는 미완성의 효력과 우선권을 규율한다.
> (1) 이 조에서 달리 규정한 경우를 제외하고, 채무자가 어느 법역에 소재하는 경우, 그 법역의 법이 담보물에 대한 담보권의 완성, 완성 또는 미완성의 효력과 우선권을 규율한다.

---

parties shall be governed by the law of the country in which the assignor or the author of the subrogation has his habitual residence at the material time."
로마규정 I 의 초안은 COM (2005) 650 final, 2005/0261 (COD) of 15 December 2005. 이는 http://europa.eu.int/eur-lex/lex/LexUriServ/site/en/com/2005/com2005_0650en01.pdf에서 볼 수 있다.

73) 위 초안 및 협약과 초안의 관계에 대하여는 Eva-Maria Kieninger/Harry C. Sigman, "The Rome-I Proposed Regulation and the Assignment," The European Legal Forum Issue 1-2006, p. I-1 *et seq.* 참조.

74) Kieninger/Sigman(註 73), p. I-9.

75) Eugene F. Scoles/Peter Hay/Patrick J. Borchers/Symeon C. Symenides, Conflict of Laws Third Edition (2000), § 19.31 참조. 위 조문의 영문은 다음과 같다.
"§ 9-301. LAW GOVERNING PERFECTION AND PRIORITY OF SECURITY INTERESTS.
Except as otherwise provided in Sections 9-303 through 9-306, the following rules determine the law governing perfection, the effect of perfection or nonperfection, and the priority of a security interest in collateral:
(1) Except as otherwise provided in this section, while a debtor is located in a jurisdiction, the local law of that jurisdiction governs perfection, the effect of

제9-301조의 제목이 시사하듯이 동조는 담보권의 완성과 우선권에 관한 조문인데, 여기에서 담보권(security interest)이라 함은 금전채권의 매수인의 권리를 포함하는데(제1-201조(b)(35)),[76] 제9-109조(a)를 보면 통일상법전 Article 9는 금전채권을 포함하는 동산에 대한 담보권의 설정뿐만 아니라 금전채권의 매매(a sale of accounts)에도 적용되고, 제9-301조에서 말하는 채무자(debtor)에는 담보권설정자뿐만 아니라 채권양도의 경우 양도인도 포함된다(제9-102조 (a)(28)).

주목할 것은, 통일상법전에 따르면, 제9-301조, 제9-304조와 제9-306조가 명시하는 바와 같이 예금채권이나 신용장대금채권의 양도에 관하여는 양도인 소재지법이 아니라 오히려 채무자인 은행 또는 신용장 개설은행의 법이 적용된다는 점이다. 그러힌 채권은 성질상 통상의 금전채권과는 다른 법리에 따른다는 것이다. 협약은 예금채권과 신용장상의 채권에는 적용되지 않으므로(제4조 제2항 f호와 g호) 통일상법전의 태도와 일관성이 있다고 할 수 있다.

양도인의 주소는 제9-307조에 따라 결정되는데, 통일상법전 제9-307조(e)[77]에 따르면 등록된 조직은 設立準據法 소속국(주)에 소재하므로 정관상의 본거가 기준이 되는 것으로 보이는 점에서, 사실상의 본거지를 기준으로 하는 협약(제5조 h호)과는 차이가 있는 것으로 보인다.

4. 일본에서의 논의

일본의 법례(제12조)는 涉外私法(제14조)과 동일한 취지의 조항을 두고 있다. 일본에서는 법례를 개정하기 위한 작업이 진행중이다.

---

perfection or nonperfection, and the priority of a security interest in collateral."

76) 제9-301조 제1항만 보면 동조는 담보목적물 전반에 적용되므로 동산의 경우에도 적용되는 것으로 보인다. 그러나 달리 정함이 있는 경우는 다른 정함에 의하는데, 제2항은 담보목적물 소재지의 법을 우선하므로 예컨대 동산의 경우라도 점유를 수반하는 담보권이라면 담보 소재지법이 적용되고, 담보권설정자의 소재지법이 적용되지는 않는다(Official Comment 5. a). 그러나 동산의 경우에도 점유를 수반하지 않는 담보권이라면 제1항에 따라 담보권설정자의 소재지법이 적용된다.

77) 조문은 아래와 같다.

"(e) [Location of registered organization organized under State law.]
A registered organization that is organized under the law of a State is located in that State."

우선 채권양도의 채무자에 대한 효력의 準據法에 관하여는 양도의 대상이 된 채권의 準據法에 의한다는 규정을 두자는 견해가 제시되어 있다.[78)]

한편 채권양도의 제3자에 대한 효력의 準據法에 관하여는 국제사법의 현대화에 관한 요강중간시안에서는 두 개의 안이 제시되었는데, 첫째는 채무자에 대한 효력과 마찬가지로 양도의 대상인 채권의 準據法에 따르는 견해이고, 둘째는 채무자에 대한 효력과 달리 양도인의 상거소지법(당해 채권양도에 관계한 사업소가 있는 경우 그 사업소 소재지법)에 따르는 견해이다.[79)] 전자는 우리 국제사법과 동일하고 후자는 협약과 유사하다. 그런데 2005. 9. 6. 법제심의회총회가 결정한 국제사법의 현대화에 관한 요강은 채권양도의 채무자와 기타 제3자에 대한 효력은 양도의 대상이 된 채권의 準據法에 의한다고 하므로 결국 전자가 채택되었다.[80)] 그의 가장 큰 이유는 일본의 은행계 등 실무가위원들의 의견에 따르면 準據法이 상이한 집합채권의 양도나 準據法이 정해지지 않은 장래채권의 양도에 대한 실무상의 수요가 거의 없다는 점에 있었던 것으로 보인다.[81)]

[최근 法例의 개정작업이 완료되었는데 법의 명칭이 "法의 適用에 관한 通則法"으로 변경되었다. 채권양도에 관한 조문은 말미의 後記에 기재한 바와 같다.]

V. 국제채권양도협약의 國際私法規則과 우리의 입장

협약의 연결원칙이 가지는 장단점은 위에서 보았다. 여기에서는 다음의

78) 일본 법무성이 2005. 3. 22. 공표한 "國際私法の現代化に關する要綱中間試案" 제8-2. 그의 준비작업의 일환으로 2003년 법례연구회가 발표한 안(제12조에 관한 12-1-2)도 동일하다. 법례연구회, 法例の見直に關する諸問題(1), NBL Plus 別冊 NBL no. 80(2003), 98면. 國際私法の現代化に關する要綱 제7, NBL No. 817(2005. 9. 15.), 54면에는 이에 관한 규정은 없다.

79) 國際私法の現代化に關する要綱中間試案 제8-3의 A안과 B안. 법례연구회 안(제12조에 관한 12-1-3)의 갑안과 을안은 상거소지법만을 언급하였다. 법례연구회(註 78), 100면. 이에 관하여는 小出邦夫, "國際私法の現代化に關する要綱中間試案の概要," ジユリスト No. 1292(2005. 6. 15.), 22면; 神前 禎, "物權及び債權讓渡," ジユリスト No. 1292(2005. 6. 15.), 44면 이하 참조.

80) 國際私法の現代化に關する要綱 제7, NBL No. 817(2005. 9. 15.), 54면.

81) 野村美明(註 58), 94면.

논점을 살펴본다.

첫째, 우리 나라가 협약에 가입함으로써 제22조-제24조를 받아들일 것인가. 물론 논의의 목적상 다른 實質法의 논점은 고려하지 않는다.

둘째, 우리 나라가 협약에 가입할 경우 제Ⅴ장을 적용할 것인가.

셋째, 우리 나라가 협약에 가입할 경우 국제사법을 개정하여 협약의 연결원칙(제22조-제24조와 제Ⅴ장)을 채권양도 일반의 연결원칙으로 받아들일 것인가.

1. 협약에 가입함으로써 제22조-제24조를 받아들일 것인가

협약의 태도는 국제사법과는 차이가 있지만 나름대로 상당히 설득력이 있다고 본다. 따라서 다른 實質法的 側面을 검토한 결과 협약에 가입할 실익이 있다면 抵觸法規則을 이유로 가입을 거부할 것은 아니다. 즉 협약(제22조-제24조)의 규칙은 이른바 협약에의 가입을 좌절시킬 만한 조항은 아니라는 것이다.

다만 저자는 과거 협약의 연결원칙을 채택할 필요가 없다는 견해를 피력하면서, 다만 장래채권의 양도, 특히 다수채권의 일괄양도를 위하여 양도인 소재지법을 적용할 필요가 있다면 국제사법이 아니라 자산유동화법에서 그러한 연결원칙을 도입하는 방안을 고려할 수 있다는 견해를 피력한 바 있다.[82] 그러나 이에 대하여는 자산유동화의 대상이 된 채권이 동시에 개별적인 양도의 대상이 되는 경우 우신권의 準據法을 어떻게 결정할 것인가라는 문제가 제기된다는 비판이 있다.[83]

2. 협약에 가입할 경우 제Ⅴ장을 적용할 것인가

우리 나라가 협약에 가입할 경우 제Ⅴ장을 적용할지가 문제된다. 그런데 우리 나라가 협약에 가입한다면 채권양도의 제3자에 대한 효력에 관하여는 제22조가 규율할 것이므로 제Ⅴ장의 핵심적인 내용, 즉 제30조 제1항은 이미

82) 석광현, "국제연합의 國際債權讓渡協約—협약의 소개와 民法 및 資産流動化에관한法律에의 시사점—," 국제사법과 국제소송 제3권(2004), 646면.

83) 법례연구회(註 78), 103면; 안상진(註 48), 191면 주 35.

적용될 것이고, 나아가 그 밖의 점에 관하여 보면 우리 국제사법은 개정된 지 얼마 되지 않았고, 나아가 채권양도와 관련된 논점을 합리적으로 규율하고 있으므로 굳이 협약 제Ⅴ장을 적용할 필요는 없다고 본다.

특히 국제사법은 외국적 요소가 있는 모든 채권양도에 적용되는 데 반하여, 제Ⅴ장은 제1조 제4항에 정한 국제적인 채권양도에만 적용되므로 양자는 적용범위가 다르다. 만일 우리 나라가 제Ⅴ장을 적용한다면, 협약에 따른 국제성이 있으면 제Ⅴ장이 적용되고, 그렇지 않으면 국제사법이 적용되어 準據法의 결정이 복잡하게 된다. 물론 제Ⅴ장을 적용하지 않더라도 협약(제22조-제24조)에 따라 국제사법과 상이한 연결원칙이 적용되지만, 그 경우에는 ① 협약이 적용되는 경우와 ② 국제사법이 적용되는 경우로 이원화되는 데 반하여, 만일 제Ⅴ장을 적용하면 ① 협약의 제22조-제24조가 적용되는 경우, ② 협약의 제Ⅴ장이 적용되는 경우와 ③ 국제사법이 적용되는 경우로 삼원화된다.[84)]

즉 협약의 제Ⅴ장을 적용함으로써 얻는 실익에 비추어 저촉규범의 적용이 복잡하게 되므로 제Ⅴ장을 유보하는 편이 간명하다고 본다. 그렇게 한다면 채권양도 일반에 관하여는 국제사법이 적용되고, 채권양도 중 협약의 적용범위 내에서는 협약(제22조-제24조)의 특칙이 적용된다.[85)]

3. 협약에 가입할 경우 국제사법을 개정하여 협약의 연결원칙(제22조-제24조와 제Ⅴ장)을 일반원칙으로 받아들일 것인가

만일 우리 나라가 협약에 가입하고 나아가 국제사법을 개정하여 협약의

84) 제Ⅴ장이 제22조와 제23조의 규정과 유사하기는 하나 동일하지는 않다.

85) 협약에 가입한다면 채권양도의 제3자에 대한 효력에 대하여 양도인 소재지법이 準據法이 되는데, 그 밖의 점에서 제Ⅴ장의 주요내용은 우리 국제사법과 큰 차이가 없으므로 이는 실익이 큰 것은 아닐 것이다. 물론 우리 국제사법은 채권양도의 準據法에 관하여 ① 양도인-양수인간의 내부적인 관계와 ② 양수인과 채무자 및 기타 제3자에 대한 효력으로 이분하는 데 반하여, 협약 제Ⅴ장은 이를 삼분한다. 즉 제Ⅴ장에 의하면 ① 내부적인 관계는 그들이 선택한 법, 그러한 선택이 없는 경우에는 양도계약과 가장 밀접하게 관련된 국가의 법에 따르고, ② 양수인과 채무자간의 관계는 원계약의 準據法에 따르며, ③ 경합하는 권리주장자들간의 우선권에 관하여는 양도인 소재지법에 따른다는 차이가 있으나, 우리가 협약에 가입한다면 별 차이가 없다는 것이다. 다만 협약 제31조 제2항은 법정지의 국제적 강행법규 이외의 국제적 강행법규의 처리에 관하여 국제사법에는 없는 규정을 두는 점에 차이가 있다. 협약 제30조 제2항과 제3항은 제23조에 포함되어 있다.

연결원칙을 채권양도의 일반원칙으로 받아들인다면, 협약의 연결원칙이 채권양도 일반에 걸쳐 적용될 것이므로, 별도의 특칙을 두지 않는 한 이는 협약이 적용되지 않는 예금채권과 신용장대금채권등의 계약채권과 나아가 법정채권에 대하여도 협약의 연결원칙을 받아들이는 것이 된다. 협약의 접근방법은 물론 장점이 있지만 국제사법은 의도적으로 그러한 연결원칙을 취하지 않았다. 위에서 본 바와 같이, 만일 위의 이유로 양도인 소재지법을 적용한다면, 별도의 특칙을 두지 않는 한 예금채권과 신용장대금채권 등의 계약채권에 대하여도 동일한 연결원칙을 적용하게 되고, 나아가 법정채권에 대하여도 협약의 연결원칙을 적용하게 된다. 우선 예금채권과 신용장대금채권 등의 계약채권에 대하여는 특칙[86]을 두면 해결될 것이나, 과연 법정채권에까지 협약의 연결원칙을 적용할 이유가 있는시는 의문이고,[87] 이미 존재하는 하나 또는 몇 개의 계약상의 채권을 양도하는 경우에까지 양도인 소재지법을 적용할 합리적인 근거는 없을 것으로 생각된다. 그 경우에는 문제된 법률관계와 가장 밀접한 관련이 있는 법을 準據法으로 지정한다는 저촉법의 기본원칙에 상대적으로 충실한 우리 국제사법을 적용하면 될 것이다. 따라서 국제사법을 개정하여 협약의 연결원칙을 일반원칙으로서 수용할 것은 아니라고 본다. 그렇게 하기 위하여는 협약에의 가입과 동시에 예금채권과 신용장대금채권 등의 계약채권에 대하여 통일상법전에서 보는 바와 같은 별도의 연결원칙을 정립해야 할 것이다.

요컨대 국제사법원칙에 관하여 논의를 한정한다면, 우리가 채권양도의 제3자에 대한 효력의 準據法에 관하여 양도인 소재지법을 채택하기로 하는 경우 협약에 가입하는 것이 적절하고, 굳이 제Ⅴ장을 채택할 필요는 없으며, 협약의 연결원칙을 채권양도의 일반적인 연결원칙으로 국제사법에서 채택할

86) 예금채권과 신용장대금채권의 準據法에 관하여는 현재 UNCITRAL이 성안중인 담보법에 관한 입법지침 초안에 규칙을 둘 예정이다. 예금채권의 準據法에 관하여는 계좌보유지법을 적용할지, 아니면 아래에서 언급하는 헤이그유가증권협약과 유사하게 당사자들이 계좌약정의 準據法으로 합의한 법을 적용할지에 관하여는 견해가 첨예하게 대립하고 있다.

87) 저자는 법정채권의 양도의 경우 장래채권을 포함하는 다수 채권의 일괄양도를 전제로 채권양도를 용이하게 하려는 정책적 고려가 약하므로 채권의 準據法에 의한다고 보기 때문이다. 그러나 Hamburg Group for Private International Law, "Comments on the European Commission's Draft Proposal for a Council Regulation on the Law Applicable to Non-Contractual Obligations," Rabels Zeitschrift Band 67 (2003), S. 47-48은 법정채권의 양도의 제3자에 대한 효력에 대하여도 계약채권과 마찬가지로 양도인의 상거소지법에 따를 것을 제안한다.

필요도 없다고 본다.

Ⅵ. 국제채권양도의 準據法이 국제거래의 실무에 미치는 영향

1. 국제적인 채권양도와 대항요건의 구비

과거 외국의 채권자가 한국의 채무자에 대하여 가지는 채권을 양도하는 경우, 그것이 완전한 양도이든 담보목적의 양도이든 간에 외국 변호사들은 한국 변호사들에게 한국법상 구비해야 할 요건에 대해 종종 질의하곤 했었다. 그 경우 涉外私法(제14조)에 따르면 채권양도의 채무자 및 제3자에 대한 효력의 準據法은 채무자의 주소지법인 한국법이었으므로 한국 변호사는 涉外私法(제14조)의 취지를 설명하고, 민법에 따른 채무자와 제3자에 대한 대항요건을 구비하기 위하여는 채무자에 대한 양도통지 또는 양도에 대한 채무자의 승낙이 필요하며 이는 확정일자에 의하여야 한다고 답변하곤 하였다. 그러나 개정 국제사법이 시행됨으로써 채권양도의 채무자와 제3자에 대한 효력의 準據法이 채권 자체의 準據法이 되었으므로 이제는 대항요건의 구비 여부는 당해 채권의 準據法에 따를 사항이다. 즉 채권양도와 관련하여 채무자에게 통지하거나 승낙을 받아야 하는지와 그것이 확정일자 기타 어떤 방식을 요구하는지는 그것이 채무자에 대하여 채권양도의 효력을 주장하기 위한 것이라면 채권양도의 채무자에 대한 효력의 문제이고, 그 밖의 제3자에 대하여 효력을 주장하거나 우선권의 문제라면 채권양도의 제3자에 대한 효력의 문제라는 것이다.[88] 그러므로 우리 변호사들로서도 실무상 흔히 영국법과 뉴욕주법에 의하여 규율되는 국제금융계약에 따른 채권양도의 요건을 이해할 필요성이 커졌다고 할 수 있다. 그리고 혹시 당해 채권의 準據法이 채무자 주소지법에 연결한다면, 反定에 의해 한국법이 적용될 가능성이 있는지를 검토할 필요가 있다.

---

88) 다만 확정일자에 의한다는 점은 법률행위의 방식에 준하는 것이어서 국제사법(제17조)에 따라 채권의 準據法 또는 통지 또는 승낙의 행위지법에 선택적으로 연결할 것이라는 견해가 주장될 수 있다.

2. 국제적인 자산유동화에 대한 제약

유동화자산의 양도방식에 의하는 가장 단순한 자산유동화의 기본적인 거래구조는 다음과 같다. 즉 채권자인 자산보유자(originator)는 채권의 양도인으로서 유동화전문회사에게 채권을 양도하고 유동화전문회사는 투자자들에게 유동화증권을 발행한다. 여기에서 우리의 관심사는 국제적인 자산유동화이다.

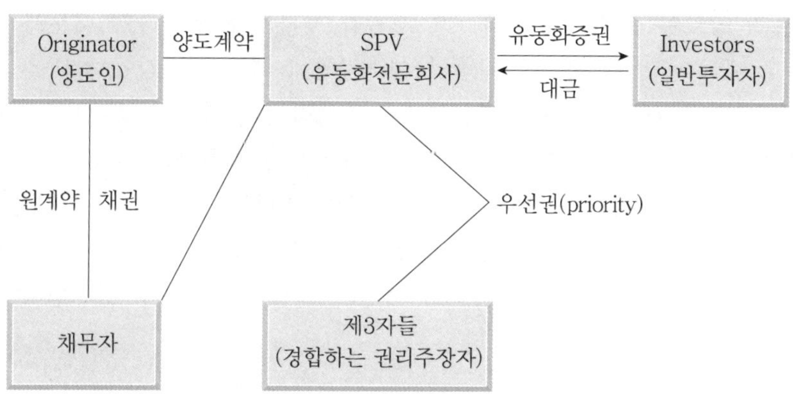

유동화자산은 양도의 대상인 채권이므로 유동화전문회사로의 채권양도는 채무자는 물론이고 특히 제3자(경합하는 권리주장자)에 대하여 완전한 효력을 가지는 것이 되지 않으면 아니 된다. 만일 이러한 요건이 구비되지 않는다면 유동화증권은 가치를 상실하게 된다. 대항요건의 구비를 용이하게 하기 위하여 자산유동화법(제7조 제1항)은 채권양도의 대항요건에 관한 특례를 두어 자산유동화계획에 따른 채권의 양도(信託 또는 반환 포함)에 관하여는 양도인뿐만 아니라 양수인에게도 통지권한을 부여하고, 일정한 경우 통지 대신 일간신문에의 공고로 갈음할 수 있도록 한다. 주택저당채권유동화회사법(제6조 제1항)도 마찬가지이다.

자산유동화법의 국제적인 적용범위는 명확하지 않으나, 당해 거래가 자산유동화법이 정한 요건을 구비하는 경우에는, 민법상의 채권양도의 準據法에 대한 특칙을 정한 부분은 채권의 準據法이 한국법이라면 적용될 것이다.[89] 물

89) 안상진(註 48), 188면은 자산유동화법상 외국법인도 자산보유자와 유동화전문회사가 될 수 있으므로 채권의 準據法이 한국법이면 동법이 적용되나, 주택저당채권유동화회사법은

론 자산보유자가 도산한 경우에 관한 특칙(특히 bankruptcy remoteness)은 우리 나라가 倒産法廷地인 경우에 적용된다.

그런데 현재 원활한 자산유동화를 보장하는 데 있어 국제사법의 미비로 인한 제약과 實質法의 미비로 인한 제약이 있다.

가. 국제사법의 미비로 인한 제약

이는 위에서 본 바와 같이 장래채권을 포함하는 다수의 채권의 일괄양도의 경우 양도인 소재지법이 아니라 채권의 準據法에 연결하기 때문에 발생하는 문제이다. 즉 우리 국제사법의 연결원칙에 따르면 아직 準據法을 결정할 수 없거나, 準據法이 구구해짐으로써 발생하는 문제가 있다. 예컨대 국제적인 영업활동의 결과 準據法이 다양한 채권들을 보유하는 우리 기업이 이를 기초로 자산유동화를 하는 데는 어려움이 있다는 것이다. 이를 해결하기 위하여는 협약에 가입하거나 협약의 연결원칙을 도입할 필요가 있다. 그렇게 한다면 장래채권을 포함하는 다수의 채권의 일괄양도의 경우 양도인 소재지법이 단일한 準據法이 될 것이다.

나. 實質法의 미비로 인한 제약

그런데 종래 자산유동화법에 따라 행해지는 자산유동화의 경우 통상은 자산보유자가 한국기업이므로 양도인의 소재지는 우리 나라이고, 채권의 準據法도 통상 한국법이다. 따라서 협약에 따르더라도 채권양도의 제3자에 대한 효력의 準據法은 한국법이 될 것이므로 결국 민법과 자산유동화법, 즉 實質法상의 제약이 여전히 적용된다. 한국법에 따르면, 채무자가 특정되지 않은 채권, 또는 가까운 장래에 발생할 것임이 상당한 정도로 기대되지 않는 채권의 양도는 허용되지 않으므로[90] 채권의 유동화가 제한된다. 자산유동화의 실무상 이러한 요건을 점차 완화해 가고 있는 것으로 보이나, 궁극적으로는 대법원판례의 태도가 좀더 완화되어야 할 것이다.

양도인 또는 양수인이 외국법인인 경우에는 적용되지 않는다고 한다. 그러나 입법자들이 과연 외국법인의 자산유동화에 자산유동화법의 적용을 의도하였는지는 의문이다.

90) 대법원 판례는 장래채권과 조건부채권도 "양도 당시 기본적 채권관계가 어느 정도 확정되어 있어 그 권리의 특정이 가능하고 가까운 장래에 발생할 것임이 상당한 정도로 기대되는 경우에 한하여 채권양도의 대상이 될 수 있다"고 본다(대법원 1991. 6. 25. 선고 88다카6358 판결; 대법원 1996. 7. 30. 선고 95다7932 판결 등).

Ⅶ. 맺 음 말

채권양도의 準據法, 특히 제3자에 대한 효력의 準據法에 관하여는 다양한 견해가 있으나, 그 중에서도 현재 채권 자체의 準據法에 의하는 견해와 양도인 소재지법에 의한다는 견해가 첨예하게 대립하고 있다. 이러한 대립양상은 유럽연합에서는 로마협약의 개정을 둘러싸고 나타나고 있고, 일본에서는 법례의 개정작업의 과정에서 나타나고 있다. 우리 국제사법의 개정작업은 협약이 채택되기 전에 이미 완료되었기 때문에 협약의 연결원칙을 국제사법에 채택하는 것은 시기상조였다고 할 수 있다.

위에서 지적한 바와 같이 협약은 어떤 법률관계와 가장 밀접한 관련이 있는 법을 準據法으로 지정하는 것이 아니라 채권양도를 용이하게 한다는 實質法상의 정책적 고려에 기초한 것이다. 협약의 이러한 태도는 최근의 저촉법의 두 가지 새로운 경향을 보여 준다. 첫째, 國際私法規則이 분야별 국제규범에 의하여 점차 세분화되어 가는 현상이다. 둘째, 實質法的 正義와 國際私法的 正義를 준별하고, 實質法의 내용은 외면하면서 어떤 법률관계와 장소적으로 가장 밀접한 관련을 가지는 법을 準據法으로 지정함으로써 국제적 판단의 일치라는 추상적인 國際私法的 正義를 실현하려는 대륙의 전통적인 국제사법과 달리, 개인의 실질적인 이익의 실현이라는 實質法상의 가치의 실현을 지향하는 경향이다. 2002년 헤이그국제사법회의에서 채택된 유가증권협약[91]도 이런 두 가지 경향을 잘 보여 주고 있다.[92]

위에서 본 바와 같이 협약(제22조 이하)의 國際私法規則은 우리 국제사법의 연결원칙과는 상이하지만 나름대로 장점이 있다. 따라서 협약에 가입할

91) 중개기관에 보유된 증권에 관하여 국제적인 처분이 이루어지는 경우 그의 準據法을 결정할 필요가 있는데, 유가증권협약은 이를 위하여 명확한 準據法 결정원칙을 제시함과 동시에, 그 원칙을 국제적으로 통일하기 위한 것이다. 유가증권협약의 정식명칭은 "중개기관에 보유된 유가증권에 관한 일부 권리의 準據法에 관한 협약"(Convention on the Law Applicable to Certain Rights in respect of Securities held with an Intermediary)이다. 상세는 석광현, "국제적인 증권담보거래의 準據法—헤이그국제사법회의의 유가증권협약을 중심으로—," 증권법연구 제5권 제1호(2004. 6.), 43면 이하; 이 책 제3장 [8] 참조.

92) 협약에 관한 것은 아니지만 이런 현상을 지적하는 글로는 Haimo Schack, "Das IPR—ein Buch mit sieben Siegeln, reif für das moderne Antiquariat?," Hilmar Krüger/Heinz-Peter Mansel (Hrsg.), LIBER AMICORUM Gerhard Kegel (2002), S. 180f.를 참조.

지를 판단하는 데 있어서 國際私法規則과의 상이가 가입을 부정할 이유가 되지는 않는다고 본다. 다만 이를 국제사법에 채권양도 일반에 관한 연결원칙으로 받아들이는 것은 주저된다. 여기에서의 논의를 계기로 우리 나라에서도 앞으로 유럽연합에서의 논의에 좀더 관심을 기울이는 한편, 채권양도의 準據法에 관하여 좀더 깊이 연구할 필요가 있다.

[後 記]

위에서 언급한 바와 같이 일본의 法例는 개정되면서 명칭이 '法의 適用에 관한 通則法'으로 변경되었다. 동 법은 2006. 6. 21. 공포되었고 2007년 1월 시행될 것으로 보인다. 채권양도에 관한 법례 제12조는 제23조로 개정되었다. 그의 국문번역은 다음과 같다.

"債權讓渡의 債務者 기타 제3자에 대한 效力은, 양도에 관계된 債權에 관하여 적용할 법에 의한다."93)

93) 法의 適用에 관한 通則法에 관하여는 우선 "法の適用に關する通則法關係資料と解說" 別冊NBL No. 110(2006. 7.); 小出邦夫 編著, 一問一答 新しい國際私法 ―法の適用に關する通則法の解說(2006); 神前 禎, 解說 法の適用に關する通則法 ―新しい國際私法(2006) 참조. 채권양도에 관하여는 横溝 大, "債權讓渡," ジュリスト No. 1325(2006. 12. 15.), 62면 이하 참조.

[국문번역]

國際去來에서의 債權讓渡에 관한 國際聯合協約
[발췌]

…

제Ⅲ절 제3자들

제22조 경합하는 권리에 대한 준거법

이 협약의 다른 곳에서 해결된 사항을 제외하고, 제23조와 제24조의 유보하에, 양도된 채권에 대한 양수인의 권리가 경합하는 권리주장자의 권리에 대하여 가지는 우선권은 양도인이 소재하는 국가의 법에 의하여 규율된다.

제23조 공서와 강행법규

1. 양도인이 소재하는 국가의 법의 규정의 적용은 그 규정의 적용이 법정지 국가의 공서에 명백히 반하는 경우에만 거부될 수 있다.
2. 준거법과 관계없이 사안을 강행적으로 규율하는 법정지 국가 또는 그 밖의 국가의 법의 규칙은 양도인이 소재하는 국가의 법의 규정의 적용을 배제하지 아니한다.
3. 이 조 제2항에도 불구하고, 양도인이 소재하는 국가 이외의 국가에서 개시된 도산절차에서는, 법정지 국가의 법에 의하여 발생하고 당해 국가의 법에 따른 도산절차에서 양수인의 권리에 대하여 우선권이 부여되는 우선적인 권리에 대하여는 제22조에도 불구하고 우선권이 부여될 수 있다. 모든 국가는 언제든지 그러한 우선적인 권리를 특정하는 선언을 할 수 있다.

제24조 代金에 관한 특별규칙

1. 양수인이 대금을 수령한 경우, 양도된 채권에 대한 양수인의 권리가 양도된 채권에 대한 경합하는 권리주장자의 권리에 대해 우선권을 가지는 범위 내에서는 양수인은 그러한 대금을 보유할 권리를 가진다.
2. 양도인이 대금을 수령한 경우, 다음의 요건이 구비되는 때에는 대금에 대한 양수인의 권리는, 양수인의 권리가 양도된 채권에 대한 그 경합하는 권리주장자의 권리에 대해 우선권을 가지는 것과 동일한 범위 내에서 대금에 대한 경합하는 권리주장자의 권리에 대해 우선권을 가진다.
   (a) 양도인이 양수인으로부터 양수인을 위하여 대금을 보유하라는 지시에 따라 대금을 수령하고, 또한
   (b) 현금 또는 증권으로 구성된 대금만을 포함하는 별도의 예금 또는 증권계좌와 같이 양도인이 양수인을 위하여 대금을 별도로 보관하고, 또한 대금이 양도인의 자산으로부터 합리적으로 특정될 수 있을 것

3. 이 조 제2항은, 대금에 대해 상계권을 가지는 자의 우선권, 또는 채권에 대한 권리로부터 파생되지 아니하고 계약에 의해 발생한 권리를 가지는 자의 우선권에 영향을 미치지 아니한다.

제25조 후순위화

우선권을 가지는 양수인은 언제든지, 일방적으로 또는 합의에 의해 기존의 또는 장래의 양수인을 위하여 그의 우선권을 후순위로 할 수 있다.

제Ⅴ장 독자적인 국제사법규칙

제26조 제Ⅴ장의 적용

이 장의 규정은 다음 사항에 적용된다.

(a) 제1조 제4항에 규정된 이 협약의 범위 내인 사항과

(b) 그 밖에 이 협약의 적용 범위 내인 사항이지만 이 협약의 다른 곳에서 해결되지 아니한 사항.

제27조 양도계약의 방식

1. 동일한 국가에 소재하는 자들간에 체결된 양도계약은 그 계약을 규율하는 법 또는 계약이 체결된 국가의 법의 요건을 충족하는 경우에 그들간에는 방식상 유효하다.
2. 상이한 국가에 소재하는 자들간에 체결된 양도계약은 그 계약을 규율하는 법 또는 그 국가들 중 어느 하나의 법의 요건을 충족시키는 경우에 그들간에는 방식상 유효하다.

제28조 양도인과 양수인간의 상호의 권리 및 의무의 준거법

1. 양도인과 양수인의 계약으로부터 발생하는 상호의 권리 및 의무는 그들이 선택한 법에 의하여 규율된다.
2. 양도인과 양수인의 법의 선택이 없는 경우, 양도인과 양수인의 계약으로부터 발생하는 상호의 권리와 의무는 양도계약과 가장 밀접하게 관련된 국가의 법에 의하여 규율된다.

제29조 양수인과 채무자간의 권리 및 의무의 준거법

양수인과 채무자간의 양도에 대한 계약상 제한의 효력, 양수인과 채무자간의 관계, 채무자에 대하여 양도를 주장하기 위한 요건과 채무자의 채무가 면책되었는지의 여부는 원계약의 준거법에 의하여 결정된다.

제30조 우선권의 준거법

1. 양도인이 소재하는 국가의 법은, 양도된 채권에 대한 양수인의 권리가 경합하는 권리주장자의 권리에 대하여 가지는 우선권을 규율한다.
2. 법정지 국가 또는 계약의 준거법에 관계없이 사안을 강행적으로 규율하는 그 밖의 모든 국가의 법의 규칙은 양도인이 소재하는 국가의 법의 규정의 적용을 배제하지 아니한다.
3. 이 조 제2항에도 불구하고, 양도인이 소재하는 국가 이외의 국가에서 개시된 도산

절차에서는, 법정지 국가의 법에 의하여 발생하고 당해 국가의 법에 따른 도산절차에서 양수인의 권리에 대하여 우선권이 부여되는 우선적인 권리에 대하여는 이 조 제1항에도 불구하고 우선권이 부여된다.

제31조 강행법규

1. 제27조부터 제29조는 계약의 준거법에 관계없이 사안을 강행적으로 규율하는 법정지 국가의 법규의 적용에 영향을 미치지 아니한다.
2. 제27조부터 제29조는 그러한 조항들에 의하여 해결된 사항과 밀접한 관련을 가지고, 또한 그러한 법규가 당해 국가의 법에 따라 계약의 준거법에 관계없이 적용되는 것인 한에 있어서는 다른 국가의 강행법규의 적용에 영향을 미치지 아니한다.

제32조 공서

이 장에서 해결된 사항에 관하여, 이 장에서 지정된 법의 규정의 적용은 그 규정의 적용이 법정지 국가의 공서에 명백히 반하는 경우에만 배제될 수 있다.

…

[국제채권양도협약의 영문]

United Nations Convention on the Assignment of Receivables in International Trade
[발췌]

…

Section Ⅲ Third parties

Article 22 Law applicable to competing rights

With the exception of matters that are settled elsewhere in this Convention and subject to articles 23 and 24, the law of the State in which the assignor is located governs the priority of the right of an assignee in the assigned receivable over the right of a competing claimant.

Article 23 Public policy and mandatory rules

1. The application of a provision of the law of the State in which the assignor is located may be refused 64

only if the application of that provision is manifestly contrary to the public policy of the forum State.

2. The rules of the law of either the forum State or any other State that are mandatory irrespective of the law otherwise applicable may not prevent the application of a provision of the law of the State in which the assignor is located.
3. Notwithstanding paragraph 2 of this article, in an insolvency proceeding commenced in a State other than the State in which the assignor is located, any preferential right that arises, by operation of law, under the law of the forum State and is given priority over the rights of an assignee in insolvency proceedings under the law of that State may be given priority notwithstanding article 22. A State may deposit at any time a declaration identifying any such preferential right.

Article 24 Special rules on proceeds

1. If proceeds are received by the assignee, the assignee is entitled to retain those proceeds to the extent that the assignee's right in the assigned receivable had priority over the right of a competing claimant in the assigned receivable.
2. If proceeds are received by the assignor, the right of the assignee in those

proceeds has priority over the right of a competing claimant in those proceeds to the same extent as the assignee's right had priority over the right in the assigned receivable of that claimant if:

(a) The assignor has received the proceeds under instructions from the assignee to hold the proceeds for the benefit of the assignee; and

(b) The proceeds are held by the assignor for the benefit of the assignee separately and are reasonably identifiable from the assets of the assignor, such as in the case of a separate deposit or securities account containing only proceeds consisting of cash or securities.

3. Nothing in paragraph 2 of this article affects the priority of a person having against the proceeds a right of set-off or a right created by agreement and not derived from a right in the receivable.

Article 25 Subordination

An assignee entitled to priority may at any time subordinate its priority unilaterally or by agreement in favour of any existing or future assignees.

Chapter V Autonomous conflict-of-laws rules

Article 26 Application of chapter V

The provisions of this chapter apply to matters that are:

(a) Within the scope of this Convention as provided in article 1, paragraph 4; and

(b) Otherwise within the scope of this Convention but not settled elsewhere in it.

Article 27 Form of a contract of assignment

1. A contract of assignment concluded between persons who are located in the same State is formally valid as between them if it satisfies the requirements of either the law which governs it or the law of the State in which it is concluded.

2. A contract of assignment concluded between persons who are located in different States is formally valid as between them if it satisfies the requirements of either the law which governs it or the law of one of those States.

Article 28 Law applicable to the mutual rights and obligations of the assignor and the assignee

1. The mutual rights and obligations of the assignor and the assignee arising from their agreement are governed by the law chosen by them.

2. In the absence of a choice of law by the assignor and the assignee, their

mutual rights and obligations arising from their agreement are governed by the law of the State with which the contract of assignment is most closely connected.

Article 29 Law applicable to the rights and obligations of the assignee and the debtor

The law governing the original contract determines the effectiveness of contractual limitations on assignment as between the assignee and the debtor, the relationship between the assignee and the debtor, the conditions under which the assignment can be invoked against the debtor and whether the debtor's obligations have been discharged.

Article 30 Law applicable to priority

1. The law of the State in which the assignor is located governs the priority of the right of an assignee in the assigned receivable over the right of a competing claimant.
2. The rules of the law of either the forum State or any other State that are mandatory irrespective of the law otherwise applicable may not prevent the application of a provision of the law of the State in which the assignor is located.
3. Notwithstanding paragraph 2 of this article, in an insolvency proceeding commenced in a State other than the State in which the assignor is located, any preferential right that arises, by operation of law, under the law of the forum State and is given priority over the rights of an assignee in insolvency proceedings under the law of that State may be given priority notwithstanding paragraph 1 of this article.

Article 31 Mandatory rules

1. Nothing in articles 27 to 29 restricts the application of the rules of the law of the forum State in a situation where they are mandatory irrespective of the law otherwise applicable.
2. Nothing in articles 27 to 29 restricts the application of the mandatory rules of the law of another State with which the matters settled in those articles have a close connection if and in so far as, under the law of that other State, those rules must be applied irrespective of the law otherwise applicable.

Article 32 Public policy

With regard to matters settled in this chapter, the application of a provision of the law specified in this chapter may be refused only if the application of that provision is manifestly contrary to the public policy of the forum State.

…

제 2 장 國際民事訴訟法

[3] 國際裁判管轄의 기초이론
—도메인이름에 관한 대법원 2005. 1. 27. 선고 2002다59788 판결의 의의[1)]

前 記
이 글은 저자가 2005. 12. 3. 법원 내 국제거래법연구회에서 발표한 글을 다소 수정·보완하여 한양대 법학논총 제22집 제2호(2005. 12.), 261면 이하에 게재한 글을 전재한 것이다.

[사안의 개요]

1. 사실관계

(1) 원고(김용환)는 1999. 11. 23. "hpweb.com"(이하 "이 사건 도메인 이름"[2)]이라 한다)라는 도메인이름을 미국의 등록기관인 네트워크솔루션사

* 공2005. 3. 1.(221), 294. 도메인이름분쟁백서(2005), 33-34면에도 소개되어 있다.

1) 아래 사안의 개요는 대체로 대법원판결의 설시를 기초로 한 것이나 아래 2.(4)는 환송 후 서울고등법원판결을 참조한 것이다.

2) 위 대법원판결과 원심판결은 '도메인 이름'이라고 하나, 여기에서는 2004. 1. 20. 신설된 부정경쟁방지 및 영업비밀보호에 관한 법률(제2조 제4호)을 따라 '도메인이름'이라 한다. 동호는 도메인이름을 "인터넷상의 숫자로 된 주소에 해당하는 숫자·문자·기호 또는 이들의 결합"이라고 정의한다. 아래 언급하는 파기환송 후 서울고등법원판결은 '도메인이름'이라 한다. 한편 2004. 1. 29. 제정된 인터넷주소자원에 관한 법률 제2조 제1호는 인터넷 주소를 인터넷에서 국제표준방식에 의하여 일정한 통신규약에 따라 특정 정보시스템을 식별하여 접근할 수 있도록 하는 숫자·문자·부호 또는 이들의 조합으로 구성되는 정보체계로서 다음 각목의 1에 해당하는 것을 말한다고 한다.
가. 인터넷 프로토콜(protocol) 주소: 인터넷상에서 컴퓨터 및 정보통신설비가 인식하도록 만들어진 것
나. 도메인(domain)이름: 인터넷상에서 인터넷 프로토콜 주소를 사람이 기억하기 쉽도록 하기 위하여 만들어진 것
다. 그 밖에 인터넷상에서 특정 정보시스템을 식별할 수 있도록 하기 위하여 만들어진 것.

(이하 "NSI"라 한다)에 등록하였다.

(2) 원고는 웹디자이너로서 회원들에게 이메일주소를 제공하는 서비스를 주된 내용으로 하는 "digitalcouple.com"이라는 이름의 웹사이트를 운영하였는데, 회원들은 원고가 등록·보유하는 도메인이름 중에서 선택하여 자신의 이메일주소로 정할 수 있고, 이 사건 도메인이름도 그 중 하나이다.

(3) 국제기구인 Internet Corporation for Assigned Names and Numbers(이하 "ICANN"이라 한다)는, 등록기관 이외의 제3자와 등록자간에 발생하는 도메인이름에 관한 분쟁을 해결하기 위하여 통일도메인이름분쟁해결정책(Uniform Domain Name Dispute Resolution Policy)(이하 "해결정책"이라 한다) 및 그 절차규칙(Rules for UDRP)(이하 "절차규칙"이라 한다)에서 강제적 행정절차(mandatory administrative proceeding)(이하 "행정절차"라 한다)를 두는데, 일반최상위 도메인(gTLD) 이름의 등록자는 해결정책에 의한 분쟁해결에 동의하여야 하며 위 규정들은 ICANN의 웹사이트에 공개되어 있고 주요 내용은 아래(2.)와 같다.[3)]

(4) 피고(후렛트 팩커드 컴퍼니(HEWLETT-PACKARD COMPANY))는 해결정책과 절차규칙에 따라 2000. 8. 3. 원고를 상대로 하여 ICANN이 승인한 분쟁해결기관 중 하나인 미국의 국가중재위원회(National Arbitration Forum)(이하 "NAF"라 한다)에 이 사건 도메인이름을 피고에게 이전하도록 명할 것을 요구하는 신청을 하였는데, 신청시 피고는 복종할 관할법원으로서 NSI의 주된 사무소 소재지인 버지니아주 헌던시(Herndon) 관할 법원을 선택하였다. 원고는 2000. 8. 18. 답변서를 제출하여 다투었다.

(5) NAF는 2000. 9. 8. "피고는 'HP'라는 표장을 사용하는 23개의 상표를 미국 특허상표청에 등록하여 컴퓨터 관련 제품에 이를 사용하며, 인터넷으로 알려진 전세계적인 컴퓨터망과 폭넓은 관계를 가지고 있고, 전세계적으로 10만 명이 넘는 피고 직원들이 'HPWEB'라는 내부전산망을 사용할 뿐만 아니라 'HP'는 주지·저명하고 식별력이 있어 법률상 고도의 보호를 받는다"고 인정한 후, 해결정책 제4조 a항에 따라 ① 원고의 이 사건 도메인이름은

3) 유권적인 것은 아니나 해결정책과 절차규칙의 국문번역은 조정욱, 인터넷도메인분쟁연구—상표와 도메인이름의 균형과 조화(2004), 325-342면 참조. 해결정책의 국문번역은 도메인이름분쟁백서(2005), 501-506면에도 있다. 해결정책의 영문은 http://www.icann.org/dndr/udrp/policy.htm을, 절차규칙의 영문은 http://www.icann.org/dndr/udrp/uniform-rules.htm을 참조.

피고의 표장과 동일하거나 유사하고, ② 원고에게는 그 도메인이름과 관련하여 권리 또는 정당한 이해관계가 없으며, ③ 원고의 웹사이트가 피고의 표장과 출처, 후원, 제휴, 보증관계에 있는 것으로 혼동을 초래함으로써 의도적으로 인터넷 사용자를 유인하여 경제적 이득을 얻으려 한 경우로서 그 도메인이름에 대한 원고의 악의적인 등록·사용이 추정되는데, 원고가 추정을 번복하지 못하였다는 이유로 원고에 대하여 이 사건 도메인이름을 피고에게 이전하라는 내용의 판정(이하 "이 사건 판정"이라 한다)을 하였다.

(6) 원고는 이에 불복하여 해결정책 제4조 k항에 따라 판정 후 10 영업일 이내인 2000. 9. 18. 서울지방법원에 이 사건 판정에 의한 도메인이름의 이전은 불법 또는 부당한 이전이므로 피고에게는 이 사건 도메인이름을 보유할 권한이 없다고 주장하면서 피고를 상대로 그 도메인이름을 원고에게 다시 이전하라고 청구하고, 손해배상을 구하는 이 사건 소를 제기하였으나, 서울지방법원은 피고가 해결정책에 따른 신청시 복종할 관할법원으로 선택한 법원이 아니기 때문에 원고가 이 사건 판정의 집행을 유보시키기 위해 제소할 수 있는 관할법원이 아니었고, 따라서 제소에도 불구하고 NSI는 2000. 9. 29. 이 사건 도메인이름을 피고에게 이전하였다.

2. 해결정책과 절차규칙

해결정책과 절차규칙의 주요 내용은 아래와 같다.

(1) 해결정책 제3조(등록취소, 이전 및 변경)

등록기관은, 관할법원 또는 중재기관의 명령이 있거나, 해결정책에 따라 진행되고 등록자가 당사자인 행정절차에서 도메인이름의 등록취소, 이전 또는 변경 판정이 있는 경우 등록을 취소, 이전 또는 변경한다.

(2) 해결정책 제4조 a항(적용대상분쟁)

행정절차 신청인이 분쟁해결기관에 대하여 ① 도메인이름이 신청인의 상표(또는 서비스표)와 동일하거나 혼동을 일으킬 정도로 유사하고, ② 도메인이름의 보유자(이하 "보유자"라고 한다)에게 당해 도메인이름에 관한 권리나 정당한 이해관계가 있지 않으며, ③ 보유자가 당해 도메인이름을 악의적으로 등록·사용하고 있다는 세 가지 사실을 주장할 경우 보유자는 행정절차에 따라야만 하고, 그 절차에서 신청인은 위 사실들의 존재를 입증하여야만

한다.

(3) 해결정책 제4조 b항(악의에 의한 등록 및 사용의 증거) ⅳ호

도메인이름을 사용하여, 보유자의 웹사이트나 웹사이트에서 제공하는 상품(또는 서비스)의 출처, 후원, 제휴 또는 보증에 관하여 신청인의 상표(또는 서비스표)와 혼동을 초래함으로써, 의도적으로 인터넷 사용자를 보유자의 웹사이트 또는 다른 온라인 장소로 유인하여 경제적 이익을 얻으려고 시도하는 경우 악의로 도메인이름을 등록·사용한다는 증거가 된다.

(4) 해결정책 제4조 c항(등록자가 도메인이름에 대한 권리나 합법적인 이해관계를 가지고 있다는 증거)

등록자가 분쟁에 관한 통지를 받기 이전에 상품 및 서비스 제공을 위해 도메인이름이나 이에 상응한 명칭을 사용하고 있었거나 사용을 위한 분명한 준비를 하고 있었던 경우(ⅰ호), 등록자가 등록상표나 서비스표를 취득하지는 않았더라도 해당 도메인이름에 의하여 보통으로 인식되는 경우(ⅱ호), 상업적 이익을 위해 고의로 소비자들을 혼동시키지 않고 문제된 등록상표나 서비스상표의 가치를 희석시킬 의도가 없이 도메인이름을 정당하고 공정하게 비상업적으로 사용한 경우(ⅲ호)에는 등록자가 도메인이름에 대하여 권리나 합법적인 이해관계를 가지고 있는 증거가 된다.

(5) 해결정책 제4조 k항(법원소송절차의 이용가능성)

제4조의 행정절차는, 보유자 또는 신청인이 절차의 개시 전이나 종결 후에 행정절차와 별도로 분쟁해결을 위하여 관할법원에 제소하는 것까지 금지하지는 않는다. 행정패널이 도메인이름의 등록말소나 이전을 명하는 판정을 내린 경우 등록기관은 통보받은 때로부터 10 영업일 동안 기다렸다가 판정을 집행한다. 등록기관은, 그 기간 내에 보유자가 신청인을 상대로 하여, 신청인이 절차규칙 제3조 b항 xiii호에 의하여 복종하기로 진술한 관할법원(일반적으로는 아래의 상호관할권을 가지는 법원 중 하나이다)에 소를 제기하였다는 공식문서(소제기 증명서 등)를 받지 못하는 경우 판정을 집행하고, 공식문서가 제출된 경우 집행을 보류한다.

(6) 절차규칙 제1조(정의)

상호관할권(mutual jurisdiction)이란 등록기관의 주된 사무소 소재지 또는 등록기관의 후이즈 데이터베이스에 나타난 보유자의 주소지에 위치한 법원의 관할권을 의미한다.

(7) 절차규칙 제3조 b항 xiii호

신청인은 신청서에서, 도메인이름의 등록말소 또는 이전을 명하는 행정 절차의 판정에 대한 불복과 관련하여, 상호관할권이 있는 법원 중 최소한 하나의 특정 법원의 관할권에 복종할 것을 진술하여야 한다.

[소송의 경과]

제1심판결인 서울지방법원 2001. 12. 14. 선고 2000가합67360 판결은 한국의 국제재판관할을 긍정하면서[4] 본안에 관한 원고의 주장이 모두 이유 없다고 보아 청구를 기각하였다. 원고는 당초 도메인이름의 이전과 손해배상청구를 하였으나 원심에 이르러 손해배상청구부분을 취하하고, 선택적으로 원고가 여전히 이 사건 도메인이름의 보유자임을 전제로 하여 피고에게 상표권에 기한 침해금지청구권이 존재하지 아니한다는 확인을 구하였다.

1. 원심판결의 요지

원심판결인 서울고등법원 2002. 9. 25. 선고 2002나4896 판결은, 제1심 법원은 이 사건에 관한 국제재판관할이 없다는 이유로 소를 각하하였는데 그 요지는 다음과 같다(제목은 저자가 추가한 것이다).

(1) 관할근거에 관한 원고의 주장

원고는, 원고의 주소지는 ① 불법행위지, ② 원상회복의무의 이행지, ③ 재산권 소재지이어서 민사소송법상의 토지관할이 인정되고, 또한 ④ 원고가 이 사건 도메인이름을 사용하여 영업을 영위하는 곳이자 피고가 주장하는 상표권 침해행위가 이루어진 곳이어서 이 사건은 한국과 실질적인 관련이 있으므로 원고의 주소지 법원인 서울지방법원에 국제재판관할권이 있다고 주장하였다.

---

4) 주된 근거는 도메인이름과 관련된 분쟁에서 도메인이름 보유자의 주소지 법원에 관할권을 인정하는 것이 당사자간의 공평이라는 소송절차상의 정의 또는 재판의 성이라는 측면에서 볼 때 특별히 조리에 반한다고 할 수 없으며 그런 취지에서 해결정책 및 절차규칙에서도 도메인이름 보유자의 주소지 법원에 대하여 재판관할권을 인정하고 있는 것이라고 할 수 있다는 것이었다.

(2) 원심판결이 설시한 국제재판관할에 관한 법리

원심판결은 외국적 요소가 있는 사건에 관한 법원의 국제재판관할 유무는 결국 당사자간의 공평, 재판의 적정·신속을 기한다는 기본이념에 따라 조리에 의하여 결정함이 상당한바, 이 경우 우리 민사소송법의 토지관할에 관한 규정은 위와 같은 기본이념에 따라 제정된 것이므로 기본적으로 위 규정에 의한 재판적이 한국에 있을 때에는 외국적 요소가 있는 소송에 관하여도 한국에 재판관할권이 있다고 봄이 상당하고, 다만 한국 법원의 국제재판관할을 긍정하는 것이 조리에 반한다는 특별한 사정이 있는 경우에는 국제재판관할권이 없다고 하여 종전 대법원판례의 추상적 법률론을 충실하게 따랐다.[5)]

(3) 관할근거에 관한 원고의 주장에 대한 원심판결의 판단

원심판결은, 원고가 주장하는 불법행위 또는 부당이득이 있었더라도 불법행위지(즉 가해행위지 및 결과발생지)와 반환의무의 이행지는 모두 미국이고, 원고가 가지는 이 사건 도메인이름에 관한 권리라는 재산의 소재지도 미국이므로 ①-③의 주장은 모두 근거가 없다고 판단하였다. 한편 ④에 관하여, 원심판결은 2001년 전문개정된 國際私法 제2조[6)]가 이 사건에 적용되지 않지만 위 조항은 당사자간의 공평, 재판의 적정·신속이라는 기본이념에 따라 제정된 것이므로 그에 의하여 재판관할권이 한국 법원에 있을 때에는 제1심 법원의 재판관할을 인정할 수 있는데, 이 사건에서는 원고 또는 이 사건이 한국과 실질적 관련이 있다고 보기 어려우므로 한국의 국제재판관할이 없다고 보았다. 상세는 아래(Ⅵ. 1.)에서 소개한다.

2. 피고의 주장의 요지

피고는 피고가 행정절차에 의한 판정을 신청할 당시 신청서에서 이 사건 도메인이름의 등록기관인 네트워크솔루션의 주된 사무소 소재지를 관할하는 법원인 미국 버지니아주 헌던시 법원의 관할권에 복종할 것을 진술하였고,

---

5) 이 점은 제1심판결도 유사하다.

6) 조문은 다음과 같다.

"제2조(국제재판관할) ① 법원은 당사자 또는 분쟁이 된 사안이 대한민국과 실질적 관련이 있는 경우에 국제재판관할권을 가진다. 이 경우 법원은 실질적 관련의 유무를 판단함에 있어 국제재판관할 배분의 이념에 부합하는 합리적인 원칙에 따라야 한다. ② 법원은 국내법의 관할 규정을 참작하여 국제재판관할권의 유무를 판단하되, 제1항의 규정의 취지에 비추어 국제재판관할의 특수성을 충분히 고려하여야 한다."

해결정책 제4조 k항에 의하면 도메인이름의 보유자는 신청인이 복종하기로 진술한 관할법원에 소를 제기해야 하므로, 이 사건 소는 관할권이 없는 법원에 제기된 소로서 부적법하다고 다투었다.

3. 위 대법원판결의 요지

위 대법원판결(이하 "대상판결"이라 한다)은 한국의 국제재판관할권을 인정할 수 있다고 보면서, 반대의 견해를 취한 원심판결을 파기하고, 사건을 서울고등법원에 환송하였다.[7] 그 요지는 다음과 같다.

[1] 국제재판관할을 결정함에 있어서는 당사자간의 공평, 재판의 적정, 신속 및 경제를 기한다는 기본이념에 따라야 할 것이고, 구체적으로는 소송당사자들의 공평, 편의 그리고 예측가능성과 같은 개인적인 이익뿐만 아니라 재판의 적정, 신속, 효율 및 판결의 실효성 등과 같은 법원 내지 국가의 이익도 함께 고려하여야 할 것이며, 이러한 다양한 이익 중 어떠한 이익을 보호할 필요가 있을지 여부는 개별 사건에서 법정지와 당사자와의 실질적 관련성 및 법정지와 분쟁이 된 사안과의 실질적 관련성을 객관적인 기준으로 삼아 합리적으로 판단하여야 할 것이다.

[2] 한국 내에 주소를 두고 영업을 영위하는 원고가 미국의 도메인이름 등록기관에 등록·보유하고 있는 도메인이름에 대한 NAF의 이전 판정에 불복하여 제기한 소송에 관하여 분쟁의 내용이 한국과 실질적 관련성이 있다는 이유로 한국의 국제재판관할권을 인정하였다.

7) 환송 후 서울고등법원 2005. 11. 8. 선고 2005나23409 판결은 원고의 선택적 청구 중 이 사건 도메인이름에 대한 이전청구는 이유 없다고 하여 항소를 기각하고, 원고가 선택적 청구로서 환송 전 추가한 침해금지청구권부존재확인 부분의 소는 소의 이익이 없어 부적법하다는 이유로 각하하였다. 위 판결은 상고되어 현재 대법원에 계속중이다(사건번호 2005다75071).

[연 구]

Ⅰ. 머 리 말

이 사건은 도메인이름의 선등록자인 한국인 원고가, 해결정책 및 절차규칙에 따라 피고에게 도메인이름을 이전하라는 행정패널의 판정을 받은 후 그 등록자 명의를 되찾는 것을 주목적으로 미국 법인인 피고를 상대로 도메인이름을 다시 원고에게 이전할 것을 청구한 사건인데, 국제재판관할의 유무가 쟁점이 되었다. 종전의 대법원판례는 아래에서 언급하는 일본 最高裁判所의 판결을 답습하여 판에 박은 듯한 추상적 법률론을 전개하였으나, 대상판결은 2001. 7. 1. 자로 개정된 國際私法이 적용되지 않는 사건임에도 불구하고 國際私法(제2조)의 취지를 참작하여 국제재판관할 배분의 이념과 국제재판관할의 결정시 고려할 이익 등에 관하여 진일보한 판단을 한 점에서 커다란 의의가 있다.[8] 또한 대상판결은 국내법의 관할 규정이 없는 상태에서 '실질적 관련'을 근거로 우리 나라의 국제재판관할을 긍정한 최초의 대법원판결로서 의미가 있는데,[9] 조금 보완한다면 앞으로 國際私法하에서 국제재판관할에 관한 지도적 판결의 역할을 할 수 있을 것으로 생각된다.

1. 국제재판관할의 중요성

외국적인 요소(foreign element)가 있는 국제소송에서는 법정지(*forum*)에 따라 지리적 거리와 언어의 차이 등으로 인하여 당사자들의 소송수행상 실제적 난이도에 현저한 차이가 있을 뿐만 아니라, 절차규범이 다르고, 분쟁

---

8) 임치용, "UDRP와 國際裁判管轄合意 —한국 hpweb.com 판결을 중심으로—," 국제지적재산권법 및 국제사법의 논점(2005. 9. 3.-4. 경주에서 개최된 제4회 한일 지적재산권법·국제사법 공동세미나 자료집), 127면.

9) 도두형, "도메인이름 분쟁의 국제재판관할 —대법원 2005. 1. 27. 선고 2002다59788 판결," 인권과 정의 통권 제347호(2005. 7.), 143면도 동지. 다만 위 평석은 여기에서 논의하는 국제재판관할의 기초적인 논점에 관한 대상판결의 의의를 전혀 고려하지 않고 있다. 대상판결에 대하여는 그 밖에도 최성준, "도메인이름에 관한 분쟁의 국제재판관할권," 지적재산권 제17호(2005), 92면 이하; 강영수, "도메인이름 분쟁의 국제재판관할권," 정보법 판례백선(2006), 673면 이하의 평석이 있다.

의 실체(substance)에 적용되는 실질규범도 달라질 수 있으며, 판결의 집행가능 여부에도 영향을 미치므로 원고는 '*forum* shopping'을 하게 된다. 이처럼 국제재판관할은 국제소송에서 매우 중요한 실천적·이론적 의미를 가진다.[10] 그런데 종래 국제적으로 통일된 국제재판관할규칙이 없으므로 각국이 각자의 규칙을 적용할 수밖에 없다. 궁극적으로는 國際私法이 규율하는 모든 법률분야에 관하여 정치한 국제재판관할규칙을 國際私法에 두어야 하지만, 이는 현실적으로 매우 어렵고 涉外私法 개정 당시 진행중이던 헤이그국제사법회의의 작업을 지켜볼 필요가 있었기 때문에 國際私法에서는 과도기적인 조치로서 제1장(총칙)에서 과거 대법원판례가 취해 온 견해를 다소 수정하여 국제재판관할에 관한 일반원칙을 선언하고(제2조), 각칙인 제5장(채권)에서 사회·경제적 약자인 소비자와 근로자를 보호하기 위해 특칙을 두었다(제27조 제4항-제6항, 제28조 제3항-제5항).

2. 이 사건에서 국제재판관할에 관한 추상적 법률론이 다루어진 이유

이 사건에서 국제재판관할에 관한 추상적 법률론이 다루어진 이유는, 해결정책과 절차규칙 및 우리 국내법상 적절한 국제재판관할규칙이 없었기 때문인데, 종전의 판례와 다른 설시를 한 것은 국제사법(제2조)의 영향을 받은 때문이다.

가. 해결정책과 절차규칙의 국제재판관할규칙

해결정책과 절차규칙에는 이 사건 소송에 적용될 국제재판관할규칙이 없

10) 실제로 미국 밖에 법정지가 있음에도 불구하고 상대적으로 유리한 판결을 받기 위해 외국인들이 미국 법원에 쇄도하므로 미국을 'magnet forum'(자석법정지)이라고도 하는데, 영국의 Lord Denning은 이를 가리켜 "As a moth is drawn to the light, so is a litigant drawn to the United States(나방이 불빛에 끌려가듯이 소송당사자는 미국으로 끌려간다)"라고 표현하였다. 외국 원고들이 미국법정으로 몰려가는 것은 ① 상대적인 고액의 배상을 받을 수 있고, ② 소를 제기하는 데 장벽이 낮기 때문이다. Russell J. Weintraub, "The United States as a Magnet Forum and What, If Anything, to Do About It," Jack L. Goldsmith (ed.), International Dispute Resolution: The Regulation of Forum Selection, Fourteenth Sokol Colloquium (1997), pp. 216-219. 부적절한 법정지의 법리는 외국인의 쇄도를 막는 강력한 장벽으로 이용된다. *Piper Aircraft Co. v. Reyno*, 454 U.S. 235, 255 (1981) 사건 판결은 이를 명확히 하였다.

다. 즉 원심판결이 설시한 바와 같이, 해결정책(제4조 k항)에 따르면 도메인이름 보유자 및 신청인은 ① 해결정책에 의한 행정절차[11]에서 도메인이름을 말소 또는 이전하라는 결정이 있은 후 그 집행을 보류시키기 위해 제소할 수 있고, 그 밖에도 ② 행정절차의 개시 전이나 종결 후에 강제절차와는 별도로 분쟁을 해결하기 위하여 적법한 관할권을 가진 법원에 제소할 수 있는데, 위 ①의 경우 신청인이 신청서에서 복종하기로 진술한 법원만이 관할권을 가지지만,[12] ②의 경우 어느 나라가 관할권을 가지는지는 국제재판관할에 관한 일반원칙에 따라 정해지고, 이 사건 소는 NAF의 행정절차의 종결 후 NSI의 집행에 앞서 행정절차와는 별도로 제기된 소로서 ②에 해당한다.[13] 즉 원고가 서울지방법원에 소를 제기하였고, 서울지방법원은 상호관할권을 가지는 법원 중의 하나였지만, 피고가 신청시 절차규칙에 의하여 복종하기로 한 관할법원으로 선택한 법원이 아니기 때문에 가사 원고가 NSI의 집행 전에 이 사건 소송에서 승소하였더라도 집행을 보류시킬 수는 없었다.

나. 도메인이름에 관한 국내법의 관할규정의 결여

우리 국내법인 민사소송법, 도메인이름에 관련된 '인터넷주소자원에 관한 법률'이나 '부정경쟁방지 및 영업비밀보호에 관한 법률'에도 이 사건에 적용할 적절한 국제재판관할규칙이 없다. 만일 그런 규정이 있었다면 아마도 그 규정을 적용하였을 것이고, 국제재판관할에 관한 추상적 법률론을 상세히 설시하지 않았을 것이다. 앞으로도 국내법의 관할규정이 없는 사안에서 추상적 법률론이 당해 사건에서의 구체적인 사안별 분석과 함께 중요한 역할을 할 것이다.[14] 그러나 국내법의 관할규정이 있는 사안에서도 추상적 법률론은 여전히 의미가 있다. 왜냐하면 국제재판관할의 결정에 관한 기준을 정한 國際私法(제2조)은 추상적인 불확정개념을 사용하고 있기 때문이다.

---

11) 제1심판결과 원심판결은 이를 '강제조정절차'라고 하나, 여기에서는 대상판결을 따라 '강제적 행정절차'라고 한다. 후자가 해결정책의 영문에 충실하다.

12) 따라서 이를 專屬管轄로 설명하기도 한다.

13) 대상판결도 이와 유사하게 판시하였다.

14) 예컨대 신분사건에서 국적에 근거한 국제재판관할을 인정할 필요성과, 신탁사건의 국제재판관할을 들 수 있다. 그 밖에도 만일 피고의 '활동에 근거한 관할'(activity based jurisdiction)을 긍정한다면 그것도 이에 해당한다. 석광현, 국제사법 해설 제2판(2003), 56면 참조.

3. 종전 대법원판례의 설시례

대법원 1992. 7. 28. 선고 91다41897 판결(이하 "1992년 판결"이라 한다)[15]에서 대법원은 이른바 '3단계 구조'를 처음으로 채택하였다. 3단계 구조는 국제재판관할에 관한 일본의 지도적 판결인 最高裁判所 1981. 10. 16. 말레이시아항공 사건 판결[16]이 취한 원칙이다. 한편 대법원 1995. 11. 21. 선고 93다39607 판결(이하 "1995년 판결"이라 한다)[17]은 1992년 판결이 설시한 3단계에 추가하여 이른바 "특별한 사정에 의한 국제재판관할 규칙의 수정가능성"을 인정함으로써 다음과 같은 4단계 구조를 취하였고, 이는 그 후 하급심 판결들과, 대법원 2000. 6. 9. 선고 98다35037 판결에 의해 정착되었다.

① 섭외사건의 국제재판관할에 관해 조약이나 일반적으로 승인된 국제법상의 원칙이 아직 확립되어 있지 않고 우리의 성문법규도 없다.

② 따라서 섭외사건에 관한 법원의 국제재판관할 유무는 결국 당사자간의 공평, 재판의 적정·신속이라는 기본이념에 따라 조리에 의해 결정함이 상당하다.

③ 이 경우 우리 나라의 민사소송법의 토지관할에 관한 규정 또한 위 기본이념에 따라 제정된 것이므로 위 규정에 의한 재판적이 국내에 있을 때에는 섭외사건에 관한 소송에 관하여도 우리 나라에 재판관할권이 있다고 인정함이 상당하다

④ 다만, 위 ③에 따라 국제재판관할을 긍정하는 것이 조리에 반한다는 특별한 사정이 있는 경우에는 한국법원은 국제재판관할이 없다.

4. 문제의 제기 ―대상판결의 의의와 논점의 정리

대상판결을 종전 대법원판례와 비교하면 다음과 같은 특징이 있다.

첫째 국제재판관할의 개념을 설시한 점, 둘째 국제재판관할의 배분의

---

15) 상세는 석광현, 국제재판관할에 관한 연구 ―민사 및 상사사건에서의 국제재판관할의 기초이론과 일반관할을 중심으로(서울대학교출판부, 2001), 159면 이하 참조.

16) 最高裁判所 1981. 10. 16. 第2小法廷判決(民集35卷7号, 1224面). 櫻田嘉章·道垣內正人[編], ロースクール國際私法·國際民事手續法(2005), 241면 이하 참조.

17) 상세는 석광현(註 15), 160면 이하 참조. 이 판결에 대한 비판은 석광현, "民事 및 商事事件에서의 外國裁判의 承認 및 執行," 국제사법과 국제소송 제1권(2001), 292면 이하 참조.

이념에 관하여 조리를 언급하지 않고, 기본이념의 하나로 경제를 처음으로 언급하면서, 합리적으로 판단할 것을 요구한 점, 셋째 국제재판관할규칙을 정립함에 있어서 고려할 이익을 언급한 점, 넷째 특별한 사정을 언급하는 대신, 대한민국이 … 국제재판관할을 행사하기에 현저히 부적절한 법정지국이라고 인정되지도 아니한다고 판시한 점이다. 저자는 대상판결의 추상적 법률론에 주목하면서 아래와 같은 국제재판관할의 기초적인 논점들을 검토하고자 한다.[18)]

첫째 국제재판관할의 개념(아래 Ⅱ.)

둘째 국제재판관할 배분의 이념(아래 Ⅲ.)

셋째 국제재판관할의 결정시 고려할 이익(아래 Ⅳ.)

넷째 부적절한 법정지의 법리의 고려(아래 Ⅴ.)

다섯째 이 사건 소송에서 과연 한국에 국제재판관할이 있는지는 도메인이름, 해결정책과 절차규칙의 법적 성질 및 그에 따른 분쟁해결절차의 법적 성격 등[19)]에 관한 검토를 필요로 하므로 여기에서는 간단히 다루고 상세한 논의는 다른 기회로 미룬다.[20)]

---

18) 그 밖에 국제재판관할의 기초이론에 속하는 것으로는 이른바 "국제재판관할의 이념"에 관한 논의가 있으나 대상판결에서는 언급되지 않았으므로 논의하지 않는다. 이에 관한 우리 나라의 종래의 논의와 그에 대한 비판은 석광현(註 15), 48-52면.

19) 도메인이름은 그의 취득을 위한 집중된 등록절차와 분쟁해결을 위한 통일된 강제적 행정절차가 존재하는 점에 특색이 있다. 도메인이름에 관한 일반적인 논의는 우선 조정욱(註 3), 7면 이하; 이대희, 인터넷과 지적재산권법(2003), 30면 이하; 최성준, "도메인이름의 법적 문제점," 인터넷과 법률 Ⅱ(남효순·정상조 공편)(2006), 544면 이하 참조. 또한 환송 후 판결은 해결정책 제4조 k항 규정의 유효 여부, 원고의 이 사건 도메인이름의 등록·사용행위가 해결정책 제4조 a항의 요건을 충족하는지 여부, 이 사건 도메인이름의 이전이 한국법상 및 미국법상 부당한지를 각각 검토하는데, 이들 또한 검토할 필요가 있다.

20) 당초 발표문에서는 원심판결과 대상판결을 정리하는 데 그치고 평가를 유보하였으나, 2005년 말 국제사법연구 제11호의 말미에 게재한 "2005년 국제사법분야 대법원판례: 정리 및 해설"에서 대상판결에 대한 평가를 간단히 적었기에 여기에서도 그 정도로 보완하였다.

Ⅱ. 국제재판관할의 개념

1. 대상판결의 설시

대상판결은 "국제재판관할의 문제는 섭외적인 요소를 갖는 분쟁의 해결에 관하여 국가를 단위로 어느 나라 법원이 재판권을 갖느냐를 결정하는 문제"라고 판시하였다.

2. 國際裁判管轄의 개념과 裁判權[21)]

가. 국제재판관할의 개념

국제재판관할은 전체로서의 어느 특정국가의 법원이 법적 쟁송을 재판해야 하는가, 또는 재판임무(Rechtsprechungsaufgabe)를 전체로서의 어느 특정국가에 배분할 것인가의 문제이다. 따라서 어느 국가 내의 동종의 1심 법원들 중에서 어느 법원이 법적 쟁송을 처리할 것인가의 문제를 다루는 토지관할(örtliche Zuständigkeit)과는 개념적으로 구별된다. 그러므로 원심판결처럼 "이 사건에 관한 국제재판관할은 제1심 법원에 있지 않다"는 표현은 부적절하다. 오히려 "이 사건에 관한 국제재판관할은 우리 나라 법원에 있지 않다"고 하는 것이 적절하다.

나. 국제재판관할과 국제재판관할권

독일에서는 국제재판관할의 의미로 'internationale Zuständigkeit'를, 프랑스에서는 '*compétence internationale*'를 사용한다. 우리 민사소송법은 독일 민사소송법(ZPO)을 계수하면서 'Zuständigkeit'를 원칙적으로 '관할'로 번역하였고, 학설·판례도 국내소송에서는 대체로 '관할'을 사용하므로 '국제재판관할권'보다는 '국제재판관할'이 더 적절하다. 國際私法(제2조)은 국제재판관할과 국제재판관할권을 혼용하는데, 이는 민사소송법이 관할과 관할권을 혼용하는 것처럼 일관성이 결여된 탓이지 양자를 구별하는 것은 아니다. 여기

21) 상세는 석광현(註 15), 21면 이하 참조.

에서도 양자를 호환적으로 사용한다.

한편 영미에서는 '재판권'과 '국제재판관할'을 포괄하는 용어로서 대체로 'jurisdiction'을 사용한다. 재판권이라는 개념을 알고 있는 우리로서는 영미의 'jurisdiction'은 영어로 표기하거나, 굳이 우리말로 옮기자면 문맥에 따라 재판권이나 국제재판관할로 하든가, 그것이 부적절하거나 양자를 포괄할 경우 관할권이라 하되 영어를 병기함이 바람직하다. 예컨대 '規律管轄權'(jurisdiction to prescribe), 또는 '裁判管轄權'(jurisdiction to adjudicate)이라고 하자는 것이다.

다. 국제재판관할과 재판권[22)]

(1) 양자의 관계

구 민사소송법(제203조 제1호)은 외국판결을 승인하기 위한 요건의 하나인 국제재판관할(즉 間接管轄)을 정하는 데 있어 "법령 또는 조약으로 외국법원의 재판권을 부인하지 아니한 일"을 규정하였지만, 國際私法(제2조)은 국제재판관할이라는 개념을 도입하였고, 2002. 7. 1. 개정된 민사소송법(제217조 제1호)에서는 위 문언도 "대한민국의 법령 또는 조약에 따른 국제재판관할의 원칙상 그 외국법원의 국제재판관할권이 인정될 것"이라고 수정되었다.[23)]

재판권은 재판에 의해 법적 쟁송사건을 해결할 수 있는 국가권력 또는 법질서의 실현을 위한 국가의 권능으로서 '사법권'이라고도 하며 법관으로 구성된 법원에 속한다. 재판권은 국가주권 또는 영토고권으로부터 파생되는, 재판을 할 수 있는 개별 국가의 권능이다. 독일에서는 재판권(Gerichtsbarkeit 또는 *facultas jurisdictionis*)과 국제재판관할을 준별하고, 양자를 독립한 소송요건으로 보되, 국제재판관할은 논리적으로 재판권의 존재를 전제로 한다고 본다.[24)] 따라서 재판권은 국제공법상의 문제이나, 국제재판관할은 국제조약을 제외하면 각국이 결정할 사항으로서 어느 국가가 그 안에서 자신의 재판권을 행사하고자 하는 범위의 확정 또는 자발적인 재판권의 제한의 문제이며 국내

---

22) 상세는 석광현(註 15), 35면 이하; 석광현(註 14), 36면 이하 참조.

23) 저자는 입법론으로 그와 같이 개정할 것을 촉구하였다. 석광현, "外國判決의 承認 및 執行 —民事訴訟法 改正案(제217조)과 民事執行法 草案(제25조, 제26조)에 대한 管見—," 인권과 정의 제271호(1999. 3.), 8면 이하 참조.

24) 이시윤, 신민사소송법(2003), 75면도 재판권은 법원으로서 심리·재판할 수 있는 사건인가 아닌가의 문제임에 대하여, 관할은 재판권의 존재를 전제로 하여 법원 가운데 어느 법원이 심리·재판할 것인가의 문제라고 한다.

법상의 문제이다. 이러한 관계를, 자국의 민사재판권의 행사에는 외재적·국제법적 제약으로서의 재판권[25]의 문제와 내재적·국제민사소송법적 제약으로서의 국제재판관할의 문제라고 하는 레벨을 달리하는 두 종류의 제약이 있다고 표현하기도 한다.[26]

(2) 국제재판관할은 재판권의 대물적 제약의 문제인가

독일, 우리 나라와 일본에서는 외국국가의 주권면제(sovereign immunity) 또는 국가면제(state immunity)가 재판권의 면제의 문제로 다루어진다. 그런데 우리 학설은 재판권의 한계를 '대인적 제약', '대물적 제약'과 '장소적 제약'으로 구분하고, 주권면제를 대인적 제약의 문제로, 국제재판관할을 대물적 제약의 문제라고 하나[27] 이는 다음의 이유로 타당하지 않다.

첫째, 국제재판관할을 재판권의 대물적 제약으로 본다면, 국제재판관할의 흠결은 재판권의 제약을 넘은 것이어서 결국 재판권의 흠결이 되는 결과 양자는 동일 평면상의 개념이 된다. 그러나 종래 주권면제를 가지는 외국이 피고가 된 경우 법원은 재판장의 명령으로 소장을 각하하거나 재판권의 부존재를 이유로 소를 각하하는 데 반하여, 국제재판관할이 결여된 경우 그를 이유로 소를 각하한다. 이는 재판권과 국제재판관할이 평면을 달리하는 개념이라는 것이다. 둘째, 학설에 따르면 재판권과 국제재판관할은 흠결시의 효과와, 법원이 흠결을 간과하고 재판한 경우 재판의 효력에 차이가 있다. 셋째, 국제재판관할의 발생근거는 소송물과의 관계(예컨대 목적물의 소재지, 계약, 불법행위 등)에서뿐만 아니라 당사자와의 관계(주소, 거소 등)에서 정해지므로 人的 裁判籍은 당사자와 관계되어 인정되는 재판적임에 반하여, 物的 裁判籍은 소송물과 관계되어 인정되는 재판적이라 한다. 따라서 국제재판관할을 재판권의 대물적 제약이라고 보는 것은 人的 裁判籍을 무시하는 것으로 부당하다.[28] 나아가 국제재판관할을 재판권의 장소적 분배의 문제로 보는 것은

25) 재판권에 관한 상세는 석광현, "外國國家에 대한 民事裁判權의 行使와 主權免除—制限的 主權免除論을 취한 대법원 1998. 12. 17. 선고 97다39216 전원합의체 판결에 대한 평석—," 국제사법과 국제소송 제2권(2001), 217면 이하 참조.

26) 石黑一憲, 現代國際私法[上](1986), 258面.

27) 예컨대 이시윤(註 24), 51면 이하; 김용진, 민사소송법 제3판(2005), 642면 이하.

28) 외교사절과 영사도 각각 1961년의 외교관계에 관한 비엔나협약과 영사관계에 관한 비엔나협약에 의하여 외국의 재판권으로부터 면제되는데, 흥미로운 것은 유력한 국제법학자는 외교사절의 면제는 공적 임무의 수행을 원활하게 하기 위한 기능적 필요성에서 인정된 '인적인 면제'인 반면에, 국가면제는 주권평등 및 독립의 원칙과 국가의 명예 등에 기초한 '물적 면제'라고 설명하는 점이다. 최태현, "外國과 私人間의 紛爭에 대한 國內法院의 管轄

가능하지만, 이는 재판권의 행사에 관한 분배의 문제이지 재판권을 가지는가에 관한 장소적 분배의 문제는 아니다.[29)]

(3) 주권면제가 적용되기 위한 전제로서 영토적 관련성이 필요한가

흥미로운 것은, 재판권과 국제재판관할을 준별하지 않는 영미법계 국가에서는 법정지국의 재판권을 인정하기 위한 전제로서 법정지국과 외국국가의 행위 또는 활동간의 어떤 영토적 관련성(nexus)이 존재할 것을 요구하는 점인데, 주로 영미법계의 영향하에 있는 우리 국제법학자들도 이를 따른다.[30)] 예컨대 고용계약의 경우 주권면제가 되기 위하여는 근로자가 법정지국에서 노무를 제공하여야 한다는 것이다. 그 이유는 영미법계의 접근방법에 의하면 주권면제의 경우 '관할권'(jurisdiction)으로부터 면제되므로 관할권이 존재하거나 존재할 개연성이 있어야 비로소 그로부터의 면제가 논의될 수 있기 때문이다. 이러한 접근방법을 취하면 재판권을 행사하기 위한 전제인 행위와 법정지국간의 관련성과, 국제재판관할권을 행사하기 위한 전제인 최소한의 접촉(minimum contact) 또는 실질적 관련의 명확한 귀결이 어려운 문제로 제기된다.

3. 대상판결에 대한 평가

대상판결은 "국제재판관할의 문제는 섭외적인 요소를 갖는 분쟁의 해결에 관하여[31)] 국가를 단위로 어느 나라 법원이 재판권을 갖느냐를 결정하는 문제"라고 판시하였으나, '재판권을 행사할 것이냐'를 결정하는 문제라고 했더라면 좋았을 것이다. 즉 재판권과 국제재판관할의 관계를 위와 같이 본다면, 국제재판관할이 없다는 것은 재판권이 없는 것이 아니라, 재판권이 있지만 국가간의 재판업무의 분담을 고려하여 이를 행사하지 않는 것이기 때문이

權에 관한 研究—國家免除의 制限을 중심으로—," 서울대학교 대학원 법학박사학위논문(1991), 200면.

29) 김주상, "외국판결의 승인과 집행," 사법논집 제6집(1975), 484면은, "… 섭외적인 사건에 있어서 관할권의 문제는 국제적인 사회에서 어느 나라가 재판권을 행사해야 하는가 하는 국가를 단위로 하는 장소적인 분배의 문제로서 이를 재판관할권 또는 간단히 관할권이라고 일컫는다"고 하여 국제재판관할을 재판권 행사의 장소적 분배의 문제로 본다.

30) 최태현(註 28), 162면 이하 참조. 최태현 교수는 이를 재판관할권(저자가 말하는 裁判權) 행사의 전제로서의 관련성이라고 한다.

31) 국제사법이 적용되기 위한 전제로서 외국적 요소가 필요한지에 관하여는 견해가 나뉘는데, 국제재판관할에 관하여도 유사한 논의가 있을 수 있다.

다. 이 사건에서 원심판결처럼 한국의 국제재판관할을 부정하더라도 한국에 재판권이 없는 것이 아니라, 재판권은 있지만 한국에서 재판권을 행사하는 것보다 외국에서 행사하는 것이 국제재판관할배분의 이념에 부합하는 합리적인 결론이라는 것이다. 다만 이렇게 이해하면 관할권의 유무와 행사 여부를 구별하는 부적절한 법정지의 법리의 설명이 어려운데, 미국식으로 말하면 이는 '대인관할권'의 유무와 행사 여부로 구분할 수 있을 것이다.

Ⅲ. 국제재판관할 배분의 이념

1. 종래의 논의와 그에 대한 비판[32)]

가. 이념의 기능

민사소송의 이념 또는 이상으로서는 '적정, 공평, 신속 및 경제'를 드는 것이 종래 우리 민사소송법 학계의 통설인데,[33)] 과거 대법원판례는 국제재판관할 배분의 이념으로 적정, 공평, 신속만을 들고 '경제'를 제외하였고, 통설도 마찬가지였다. 이처럼 민사소송법의 기본이념을 든 것은 위에 언급한 일본 最高裁判所의 판결을 따른 것으로 대체로 적절하다고 할 수 있다. 종래 판례가 국제재판관할을 결정하는 잣대로서 기본이념을 사용하는 것은 두 가지 점에서 중요하다. 첫째, 현재 국제재판관할규칙을 정립하는 단계에서 동 규칙의 정당성을 담보하는 궁극적인 기준이 되고, 또한 구체적인 사건에서 그러한 관할규칙을 적용하여 재판관할의 유무를 판단하고, 나아가 국제재판관할의 행사 여부를 판단함에 있어서도 기준이 필요하기 때문이다.[34)] 즉 國際私法(제2조

32) 상세는 석광현(註 15), 167면 이하 참조.

33) 예컨대 이시윤(註 24), 22면 이하. 민사소송법 제1조는 "법원은 소송절차가 공정하고 신속하며 경제적으로 진행되도록 노력하여야 한다"(제1항). "당사자와 소송관계인은 신의에 따라 성실하게 소송을 수행하여야 한다"(제2항)고 규정한다. 제1항의 공정은 적정과 공평을 묶은 것으로 보인다. 참고로 미국연방민사소송규칙의 Rule 1은 "… They [the Rules를 의미함] shall be construed to secure the just, speedy, and inexpensive determination of every action"(동 규칙은 모든 소송에 있어서 적정하고 신속하며 또한 경제적인 판결이 확보되도록 해석되어야 한다)이라고 규정한다.

34) 만일 국제재판관할의 유무와 행사 여부의 판단을 구분하지 않는 견해를 따른다면 단순히 국제재판관할의 유무의 판단시 궁극적인 기준이 될 것이다.

제1항 1문)이 명시하는 바와 같이 이러한 이념은 실질적 관련의 유무를 판단하는 기준의 역할을 한다.[35] 둘째, 장래 사회·경제의 발전에 따라 새로운 관할근거가 발생할 수 있으므로 그 경우 새로운 관할근거를 허용할지 여부를 판단하기 위한 잣대로서 기준이 필요하기 때문이다.

나. 이념의 의미

민사소송의 이상인 적정, 공평, 신속 및 경제를 국제재판관할 배분의 이념으로 차용하는 경우 그 의미가 반드시 동일하지는 않다. 예컨대 국제재판관할 배분의 이념으로서의 공평의 경우, 선택된 법정지가 당해 사건에서 공평하게 재판할 것인가도 고려해야 하나, 그보다는 오히려 당해 법정지를 선택하는 것 자체가 당사자에게 공평한 것이어야 한다. 즉 법정지의 선택이 원고와 피고의 이익을 형량하여(balancing of interests) 당사자들에게 공평한 것이어야 한다는 의미이고,[36] 그 경우 출발점은 '*actor sequitur forum rei*'(원고는 피고의 법정지를 따른다)라는 대원칙이다.[37] 그러나 민사소송의 이상인 당사자의 공평은 (적어도 토지관할 이외의 영역에 관한 한) 법관이 중립적 제3자의 위치에서 어느 쪽에도 편파됨이 없이 당사자를 공평하게 취급하는 것이므로 피고 또는 사회·경제적 약자를 우대할 수는 없다. 이처럼 양자를 달리 이해하는 것이 합리적이다.

또한 어느 국가의 법원이 적정, 신속, 경제에 부합하게 재판할 수 있는가를 판단함에 있어서도, 당사자 또는 사안 등과의 밀접성을 기준으로 판단할 것이지 어느 국가의 민사소송법의 내용을 기준으로 판단할 것은 아니다. 즉 국제재판관할의 결정은 '國際民事節次法의 正義'(internationalverfahrensrechtliche Gerechtigkeit)에 따라 판단할 것이지 '實質民事節次法의 正義'(materielverfahrensrechtliche Gerechtigkeit) 또는 그의 내용적 가치에 따

35) 따라서 "섭외적 민사분쟁에 관하여 어느 나라 법원이 국제재판관할권을 갖느냐를 판단함에 있어서 실질적 관련의 원칙이 지지되는 이유는 이처럼 실질적 관련이 있는 국가 법원이 재판을 하는 것이 분쟁의 해결에 가장 적합할 것이라는 경험칙 때문이라고 생각된다"는 도두형(註 9), 142면의 설명은 지나치게 단순한 것이다.

36) 즉, 법정지의 지정에 있어 공평은 지정된 법정지가 당사자에게 공평한 재판을 할 것인가의 문제와는 구별된다. 이는 마치 협의의 국제사법에서 준거법의 지정 자체가 남녀평등의 원칙에 부합하는가와, 지정된 준거법의 내용이 남녀평등의 원칙에 부합하는가가 구별되는 것과 유사하다.

37) 물론 국제사법(제27조와 제28조)이 명시하듯이 사회·경제적 약자를 보호할 필요성을 고려해야 한다.

라 판단할 것이 아니다.[38)]

저자는 과거 이 점을 지적하였고, 기본이념에 합리성을 추가할 필요가 있다는 점을 강조하였으며, 이러한 고려에 기초하여 國際私法 제2조 제1항 제2문을 제안하였다.

다. 이념간의 우선순위

종래의 대법원판례는 적정, 공평 및 신속의 상호간의 우열 또는 관계를 명확히 하지는 않았다. 저자는 예컨대 민사소송의 이상으로서는 적정이 가장 중요하다고 할 수 있으나, 국제재판관할의 배분에서는 적정한 재판을 할 법정지의 선택보다는 공평의 요청이 우선한다는 견해를 피력하였다. 만일 공평에 앞서 적정을 강조한다면, 예컨대 영국과 같이 국제적으로 명망 있는 국가의 법원이나 당해 사건의 準據法 소속국의 법원이 국제재판관할을 가질 개연성이 클 것이나 이를 수긍하기는 어렵다. 이처럼 공평이 적정보다 상대적으로 중요하다고 봄이 합리적이다.

라. 이념의 구체화

저자는, 위의 기본이념은 지나치게 추상적이어서 개별사안에서의 국제재판관할에 관하여 어떻게 판단하는 것이 위 기본이념에 부합하는지를 법관에게 일임하게 되어 법적 안정성을 해할 염려가 있으므로, 당사자이익, 법원이익, 국가이익과 질서이익 등[39)] 등 관련된 이익의 고려와, 당사자와의 밀접성(Nähe), 사안과의 밀접성(또는 절차의 집중), 準據法과의 밀접성과 판결의 유효성(Wirksamkeit. 또는 집행가능성)[40)] 등을 구체적인 기준으로 삼을 것이라는 견해를 제시한 바 있다. 특히 위에서 언급한 공평이라는 이념을 실현하기 위하여는 그에 앞서 대립하는 이익을 특정할 필요가 있다.

마. 국제재판관할의 결정기준에 관한 종래 학설의 대립과 國際私法에 의한 해소

종래 우리 나라에서는 국제재판관할의 결정기준에 관하여 역추지설, 관

38) Jan Kropholler, Handbuch des Internationalen Zivilverfahrensrecht Band Ⅰ, Kapitel Ⅲ Internationale Zuständigkeit (1982), Rz. 22-23을 참조.

39) Haimo Schack, Internationales Zivilverfahrensrecht, 3. Auflage (2002), Rn. 199-213.

40) Kropholler(註 38), Rn. 133, Rn. 19f.

할배분설과 절충설 등이 주장되었다.[41] 관할배분설이 반드시 조리설과 일치해야 하는 것은 아니나, 관할배분설은 국제재판관할의 결정기준으로서 조리를 들었기에 관할배분설을 조리설이라고도 하였는데 이것이 우리의 다수설이었다. 그러나 國際私法이 국제재판관할에 관한 명문의 규정을 둠으로써 학설의 대립은 해소되었고 이제는 國際私法(제2조)이 결정적인 의미를 가진다.[42] 國際私法의 입법배경이나 연혁을 설명하기 위하여 학설을 소개하는 것은 몰라도 國際私法하에서 학설대립이 있다는 설명[43]은 적절하지 않다. 제2조는 국내법의 관할규정(예컨대 민사사건의 경우 민사소송법의 토지관할규정)을 참작하되 그에 얽매이지 말고 국제재판관할의 특수성을 충분히 고려함으로써 정치한 국제재판관할규칙을 정립하라는 것이다.[44]

2. 대상판결의 설시

국제재판관할 배분의 이념에 관하여 대상판결은 "… 국제재판관할을 직접 규정하는 법규가 없고 또한 국제재판관할에 관한 조약이나 일반적으로 승인된 명확한 국제법상의 원칙이 아직 확립되어 있지 않은 상태이므로, 결국 이 사건에서 대한민국 법원에 국제재판관할이 존재하는지 여부의 문제는 국제재판관할의 배분에 관한 기본이념에 비추어 판단하여야 할 것이다. 국제재판관할을 결정함에 있어서는 당사자간의 공평, 재판의 적정, 신속 및 경제를 기한다는 기본이념에 따라야 할 것이고, 구체적으로는 … 개인적인 이익뿐만

41) 일본에서는 보다 다양한 절충설들이 주장되었고 그 밖에도 구체적인 사안별 분석을 중시하는 이익형량설이 있다.

42) 저자는 涉外私法하에서 별로 생산적이지 않은 학설의 확대재생산을 지양하고 앞으로는 각론에 노력해야 함을 지적하였다. 석광현(註 15), 157면.

43) 예컨대 이시윤(註 24), 51면 이하; 조관행, "2005년 분야별 중요판례분석(민사소송법)," 법률신문 제3454호(2006. 4. 27.), 10면.

44) 그러므로 모든 토지관할규정에 대해 동등한 가치를 부여할 것이 아니라, 토지관할규정들을 ① 그대로 국제재판관할규칙으로 사용할 수 있는 것, ② 국제적인 고려에 의해 수정함으로써 비로소 국제재판관할규칙으로 사용할 수 있는 것과 ③ 국제재판관할규칙으로는 적절치 않아 아예 배제되어야 할 것으로 구분하고, 나아가 ④ 토지관할규정이 망라적인 것은 아니므로 그 밖에도 국제재판관할의 근거가 될 수 있는 사정의 유무와, 이를 인정한다면 그 내용을 확정할 필요가 있다. 석광현(註 15), 43면 이하. 대상판결의 결론을 따른다면 도메인이름을 둘러싼 분쟁이 바로 위 ④의 유형에 해당한다. 그리고 위에서 언급한 바와 같이 국적에 근거한 국제재판관할, 신탁사건의 국제재판관할과 피고의 활동에 근거한 관할 등이 이에 해당할 수 있다.

아니라 … 법원 내지 국가의 이익도 함께 고려하여야 할 것이며, 이러한 다양한 이익 중 어떠한 이익을 보호할 필요가 있을지 여부는 개별사건에서 법정지와 당사자와의 실질적 관련성 및 법정지와 분쟁이 된 사안과의 실질적 관련성을 객관적인 기준으로 삼아 합리적으로 판단하여야 할 것이다"는 취지로 판시하였다.

3. 대상판결에 대한 평가

국제재판관할 배분의 이념에 관하여 대상판결은 세 가지 점에서 의미가 있다. 첫째 이념의 하나로 '경제'를 처음으로 언급한 점, 둘째 '합리성'을 언급한 점과, 셋째 '조리'를 언급하지 않은 점이나. 대상판결의 태도는 세 가지 점 모두에 관하여 종래 저자가 주장해 온 견해와 일치하는 것으로서 타당한데 부연하면 아래와 같다.

가. 경제의 언급

민사소송의 이상에는 경제가 포함되는데, 과거 대법원판례가 국제재판관할 배분의 이념을 언급하면서 경제를 제외한 이유는 분명하지 않았다. 저자는 경제를 포함시켜야 한다는 점을 지적한 바 있는데,[45] 대상판결이 경제를 명시적으로 언급한 것은 타당하다.

나. 합리성의 언급

과거 대법원판례는 국제재판관할을 결정하는 궁극적인 기준으로 세 가지 기본이념을 들었으나, 저자는 그 대신 ① 공평(fairness)과 합리성(reasonableness),[46] ② 공평과 실질적 정의(fair play and substantial justice), ③

45) 석광현(註 15), 170면. 흥미로운 것은 중재법(제1조)은 "이 법은 중재에 의하여 私法上의 紛爭을 적정·公平·신속하게 해결함을 목적으로 한다고 규정"하는 점이다. 이에 대해 저자는 "중재법에서 경제를 규정하지 않은 이유는, 아마도 실제로 중재의 경우 소송과 비교하여 당사자들이 더 많은 비용을 부담하는 경우가 있기 때문에 규정하지 않은 것으로 짐작되지만, 실제로는 그렇게 되더라도 적어도 중재법의 목적으로서는 '분쟁의 경제적인 해결'을 함께 규정하는 것이 적절하다"는 견해를 피력하였다. 석광현, "改正仲裁法의 몇 가지 문제점 —國際商事仲裁를 중심으로—," 국제사법과 국제소송 제2권(2001), 475면.

46) 미국 연방대법원의 *World-Wide Volkswagen Corp. v. Woodson*, 444 U.S. 286 (1980) 사건 판결도 *International Shoe Co. v. Washington* 사건 판결을 인용하면서 적법절차의 둘째 요소로서 공평과 합리성을 들었다. 미국법률협회의 Restatement (Third) Foreign Rela-

미국 연방헌법상의 適法節次(due process)의 원칙과 ④ 근접성(또는 밀접성. proximity)의 원칙 또는 중요한 관련성(significant connection)의 원칙 등을 들 수도 있으며 반드시 위 세 가지를 고집할 것은 아니라는 견해를 피력하였다.[47)]

또한 과거 주류적인 대법원판례와 통설은 국제재판관할 배분의 이념으로서 합리성을 별도로 언급하지 않았다.[48)] 이에 대하여 저자는 민사소송의 이상인 공평과 국제재판관할 배분의 이념인 공평간에는 차이가 있는 점과, 이념간의 우열을 판단하는 근거를 합리성으로 설명할 수 있고, 또한 관할법원과 당해 사안 또는 당사자의 실질적 관련의 존재라는 요건도 합리성으로 설명할 수 있으며, 국제재판관할 배분의 이념으로서는 공평과 합리성이 특히 중요하고, 다만 공평과 합리성의 구별이 반드시 명쾌한 것은 아니고 양자가 중첩되는 면이 있음을 지적하였다.[49)] 대상판결이 합리성이라는 요소를 도입한 것은 타당하다.

참고로 國際私法(제2조 제1항의 제2문)은 국제재판관할 배분의 이념을 열거하지 않고 단지 그 이념에 부합해야 한다는 것과 그 원칙이 합리적이어야 한다는 것만을 명시한다. 이는, 종래의 대법원판례에 비추어 국제재판관할 배분의 이념은 정리되었다고 볼 수 있고, 한편으로는 국제재판관할 배분의 이념을 반드시 당사자간의 공평, 재판의 적정·신속에 한정할 이유가 없으므로 이를 열거하지 않고 단지 합리적인 원칙만을 추가한 것이다.[50)] 다만 실질적 관련[51)]과, 국제재판관할 배분의 이념 및 합리적 원칙과의 관계를 어떻게

---

tions §421 제1항도 합리성을 재판관할권의 근거로 제시하고, 관할권의 행사가 합리적인 경우의 예를 든다.

47) 석광현(註 15), 170면.

48) 그러나 대법원 1988. 4. 12. 선고 85므71 판결은 간접관할에 관한 판단에서 "우리 나라의 법률이나 조약 등에는 섭외 이혼사건의 국제재판관할에 관한 규정을 찾아볼 수 없으므로 섭외이혼사건에 있어서 위 규정에 의한 외국법원의 재판관할권의 유무는 섭외이혼사건의 적정·공평과 능률적인 해결을 위한 관점과 외국판결 승인제도의 취지 등에 의하여 합리적으로 결정되어야 할 것"이라고 하여 합리성을 언급한 바 있다.

49) 석광현(註 15), 170면. 이와 관련하여 공평은 당사자에 관계된 것임에 반하여 합리성은 당사자와 독립된 보다 객관적인 기준이라는 견해에 공감을 표시하였다.

50) 석광현(註 15), 333면 이하.

51) 국제사법에 '실질적 관련'이 들어간 배경은 석광현(註 15), 331면 이하; 석광현(註 14), 38면 이하 참조. 미국법률협회(ALI)는 私法統一國際硏究所(UNIDROIT)와 공동으로 2004년 'Principles of Transnational Civil Procedure'를 채택하였는데, 이 원칙(2.1.2)도 실질적 관련(substantial connection)을 궁극적인 관할근거로 삼는다. Rolf Stürner, "The Principles of Transnational Civil Procedure, An Introduction to Their Basic Con-

이해할 것인가에 관하여는 견해가 나뉠 수 있다.[52)]

다. 조리를 언급하지 않음

관할배분설에 대하여는, 실제 적용에 있어서 조리라는 다소 막연한 관념에 의지하므로 예견가능성이나 법적 안정성을 해할 우려가 있다는 비판이 있었고, 저자도 관할배분설을 다음과 같이 비판한 바 있다.[53)] 첫째 국제재판관할의 유무를 판단하는 궁극적인 기준으로서 '민사소송의 이상' 또는 '국제재판관할 배분의 기본이념'을 들면 충분하므로 굳이 조리라는 개념을 동원할 필요는 없다. 왜냐하면 조리는 그 자체로서는 아무런 기준을 제시하지 못하므로 이를 도입하는 것은 불필요한 논리전개의 단계만을 추가하기 때문이다. 둘째 조리를 근거로 하는 경우 조리가 무엇인가를 분명히 함으로써 관할배분의 기준을 명확히 제시해야 하나 학설은 이를 제시하지 않는다. 관할배분설을 취하는 견해는 단순히 조리라고 하거나 '국제민사소송법의 기본이념인 조리'라고 하나, 굳이 조리를 사용하자면 이는 민사소송법이나 국제민사소송법의 조리가 아니라 바로 '국제재판관할 배분에 있어서의 조리'임을 명확히 해야 한다. 대상판결이 조리를 언급하지 않은 것은 적절하다.

---

ception," Rabels Zeitschrift Band 69 (2005), S. 201f. 참조.

52) 이를 이해하는 데는 미국 판례가 도움이 된다. 실질적 관련은 미국의 '최소한의 접촉'(minimum contact)에 상응하기 때문이다. 즉 *International Shoe Co. v. Washington* 사건 판결은 적법절차의 요건으로 피고와 법정지주간에 최소한의 접촉이 있을 것만을 요구하면서 최소한의 접촉과, 공평과 실질적 정의를 통합적으로 이해하였다. 그 후 판결들은 최소한의 접촉과, 공평과 실질적 정의를 별개의 요건으로 이해하는 경향을 보이는데, 양자의 관계에 관하여 양자를 통합적으로 파악하는 견해와, 이원적으로 파악하는 견해가 있다. 후자는 *World-Wide Volkswagen Corp. v. Woodson* 사건 판결에서 채택되었는데, 동 판결은 적법절차의 첫째 요소는 최소한의 접촉이고, 둘째 요소는 합리성과 공평임을 명확히 하였다. 그러나 *Burger King Corp., v. Rudzewicz* 사건 판결에서 Brennan 판사는 더 나아가 합리성이 적법절차분석의 가장 중요한 측면이라고 판시하였고, *Asahi Metal Industry Co., Ltd. v. Superior Court* 사건 판결에서 연방대법원은 법정지주의 특권과 이익을 의도적으로 이용한 피고에 대하여 국제재판관할권을 부인함으로써 최소한의 접촉이 재판관할권을 인정하기 위한 필요·충분조건이 아니라는 점을 승인하였다. 즉 후자의 판결에서 Scalia 판사를 제외한 나머지 판사들은 최소한의 접촉과, 공평 및 합리성을 구별하였다. 그 결과 이제 법원은 재판관할권을 판단함에 있어 단순히 피고와 법정지간의 접촉을 평가하는 것만으로는 부족하고, 공평과 합리성에 근거한 재판관할권의 행사를 평가하기 위하여 사안별로 상세하게 사실관계를 분석해야 한다고 평가된다. 요컨대 과거에는 재판관할규칙의 핵심적인 개념으로서 최소한의 접촉이 강조되었으나, 점차 공평과 정의 나아가 합리성이 강조되고 있다. 미국 판례의 태도를 관할배분설이라고 단순화하는 것(예컨대 이시윤(註 24), 51면)은 옳지 않다. 상세는 석광현(註 15), 100면 이하 참조.

53) 석광현(註 15), 172면.

Ⅳ. 국제재판관할의 결정시 고려할 이익

1. 대상판결의 설시

대상판결은 "… 기본이념에 따라야 할 것이고, 구체적으로는 소송당사자들의 공평, 편의 그리고 예측가능성과 같은 개인적인 이익뿐만 아니라 재판의 적정, 신속, 효율 및 판결의 실효성 등과 같은 법원 내지 국가의 이익도 함께 고려하여야 할 것이며, 이러한 다양한 이익 중 어떠한 이익을 보호할 필요가 있을지 여부는 개별사건에서 법정지와 당사자와의 실질적 관련성 및 법정지와 분쟁이 된 사안과의 실질적 관련성을 객관적인 기준으로 삼아 합리적으로 판단하여야 할 것이다. …"고 판시하였다. 이를 다소 부연하면 아래와 같다.

가. 이익의 분류

대상판결은 국제재판관할을 결정함에 있어서 고려할 이익으로 개인적 이익과 법원 내지 국가의 이익을 언급하는데 ① 개인적 이익으로는 … 소송당사자들의 공평, 편의 그리고 예측가능성을, ② 법원 내지 국가의 이익으로는 재판의 적정, 신속, 효율 및 판결의 실효성 등을 열거하였다. 이는 국제재판관할 배분의 이념을 구체화하는 요소로서 의미가 있다.

나. 보호할 이익의 판단기준

대상판결은 "… 이러한 다양한 이익 중 어떠한 이익을 보호할 필요가 있을지 여부는 개별사건에서 법정지와 당사자와의 실질적 관련성 및 법정지와 분쟁이 된 사안과의 실질적 관련성을 객관적인 기준으로 삼아 합리적으로 판단하여야 한다"는 취지로 판시하였다.

2. 대상판결에 대한 평가

대상판결은 국제재판관할을 결정함에 있어서 고려할 이익을 처음으로 설시한 점에 의의가 있다. 이와 관련하여 아래의 점을 검토할 필요가 있다.[54]

---

54) 상세는 석광현(註 15), 53면 이하를 참조.

가. 이익 분석의 필요성

우리 나라에서는 과거 국제재판관할의 이익이 충분히 논의되지 않았다. 그러나 국제재판관할규칙을 정립하는 단계에서는 물론이고, 구체적인 사건에서 국제재판관할의 행사 여부를 판단하는 단계에서도 항상 상호 대립하는 다양한 이익을 비교·형량한 뒤 결정하게 되므로 관할이익에 대한 분석이 필요하다.[55] 국가에 따라 국제재판관할규칙이 상이한 것은 관할이익에 대한 평가가 상이하기 때문이다. 종래의 대법원판례는 국제재판관할은 당사자간의 공평, 재판의 적정·신속을 기한다는 기본이념에 따라 조리에 의하여 결정함이 상당하다고 함으로써 추상적 이념만을 논의하는 경향을 보였으나, 관할이익을 무시한 것은 아니라고 본다. 저자는 관할이익을 구체화하기 위하여 아래와 같이 다양한 이익과 그러한 이익 중 어느 이익을 보호할지를 판단하는 객관적 기준에 관한 독일의 논의를 소개한 바 있다.[56]

나. 이익의 분류

관할이익은 우선 私的 利益과 公的 利益으로 구분할 수 있고,[57] 세분하면 ① 당사자이익(Parteiinteresse), ② 법원이익(Gerichtsinteresse), ③ 국가이익(Staatsinteresse)과 ④ 질서이익(Ordnungsinteresse)으로 구분할 수 있다. 대체로 당사자이익은 私的 利益에, 나머지는 公的 利益에 해당한다. 전속적 국제재판관할의 존재는 관할이익을 私的 利益으로만 설명할 수는 없음을

---

55) Kropholler(註 38), Rz. 17; Schack(註 39), Rn. 199.

56) 석광현(註 15), 52면 이하. 관할이익에 관한 독일의 상세한 논의는 우선 Schröder의 교수자격취득논문인 Jochen Schröder, Internationale Zuständigkeit, Entwurf eines Systems von Zuständigkeitsinteressen im zwischenstaatlichen Privatverfahrensrecht aufgrund rechtshistorischer, rechtsvergleichender und rechtspolitischer Betrachtungen (1971), 107ff.를 참조. 또한 Pfeiffer의 교수자격취득논문인 Thomas Pfeiffer, Internationale Zuständigkeit und prozessuale Gerechtigkeit. Die internationale Zuständigkeit im Zivilprozeß zwischen effektivem Rechtsschutz und nationaler Zuständigkeitspolitik (1995), 179ff.와 199ff.도 참조.

57) Kropholler(註 38), Rz. 17. 부적절한 법정지의 법리에 관한 선구적 판결인 *Gulf Oil Corp., v. Gilbert*, 330 U.S. 501, 508 (1947) 사건 판결에서 미국 연방대법원은 동 법리의 적용시 법원이 고려할 요소들을 사익적 요소와 공익적 요소로 나누어 제시하였다. 그에 따르면 ① 증거에의 접근용이성, ② 증인출석 비용, ③ 현장검증 가능성, ④ 신속·저렴한 심리를 위한 문제점과 ⑤ 판결의 집행가능성은 사익적 요소이고, ① 사건이 먼 곳에서 처리되는 데 따른 행정적 어려움, ② 소송과 관계없는 사람들에 대한 배심의무 부과의 당부, ③ 지역의 이익과 ④ 친숙한 법을 적용하는 이익을 공익적 요소라고 한다.

보여 준다.

'당사자이익'이라 함은, 가능한 한 당사자와 가까운 법원에서 소송을 하는 데 대하여 당사자가 가지는 지리상, 언어상 또한 통신상의 이익을 말하는데, 당사자들은 사안 및 증거와 밀접한 법원에서 재판을 받는 데 대하여 공통된 이익을 가지나, 원고와 피고의 당사자이익이 정면으로 대립된다는 점에 문제가 있다. 당사자이익과 관련하여 중요한 것은 국제재판관할에 대한 당사자의 예견가능성을 보호하는 일이다.

'법원이익'이라 함은 사안과 증거조사가 편리한 곳에서 재판을 하는 데 대하여 법원이 가지는 이익을 말한다. 또한 사안에 적용될 準據法이 국내법이라면 법원은 외국법의 적용으로 인한 어려움을 피할 수 있게 되는바, 이와 같이 準據法과 관련하여 법원은 이익을 가진다.[58]

'국가이익'이라 함은 국제재판관할의 긍정 또는 부정에 대하여 국가가 가지는 이익을 말하는데, 국가는 원고의 정당한 이익을 침해함이 없이 피고를 보호함으로써 법적 평화를 유지해야 하고, 원고에 대해 그의 국적에 관계없이 실효적인 권리보호를 거부해서는 아니 된다.[59] 의문이 있는 경우 당사자이익이 국가이익에 우선한다.[60]

다음으로 國際私法의 이상의 하나인 '國際的 判決의 一致'(internationaler Entscheidungseinklang)[61]를 실현하기 위하여 國際私法은 국제적으로 통용되는 연결원칙을 따라야 하는데,[62] 마찬가지로 국제재판관할의 배분도 국제적 판결의 일치에 봉사하는 것이어야 하는바 이를 '질서이익'이라 한다.[63] 그렇게 함으로써 입법자는 자국 판결이 외국에서 승인될 개연성을 제고하고, 동일사건에 대해 다시 외국에서 재판하는 것을 피할 수 있다.

대상판결이 관할이익을 명시하면서 개인적 이익과 법원 내지 국가의 이익을 언급한 것은 타당하나, 저자가 언급하였던 이익 중 질서이익을 언급하지 않은 점은 아쉽다. 이는 아마도 이익을 주체에 따라 분류한 결과가 아닌

58) Schack(註 39), Rn. 205.
59) Schack(註 39), Rn. 206.
60) Kropholler(註 38), Rz. 18.
61) 이를 '外的判斷의 一致'(äußerer Entscheidungseinklang)라고도 한다. 이호정, 국제사법(1983), 22면.
62) 이에 관하여는 Gerhard Kegel, Internationales Privatrecht, 7. Auflage (1995), S. 112-113; 이호정(註 61), 22-24면.
63) Schack(註 39), Rn. 209.

가 짐작되나, 질서이익은 당사자, 법원 및 국가가 공유하는 이익이라고 볼 수 있을 것이다.

대상판결은 나아가 ① 개인적 이익으로는 … 소송당사자들의 공평, 편의 그리고 예측가능성을, ② 법원 내지 국가의 이익으로는 재판의 적정, 신속, 효율 및 판결의 실효성 등을 언급하였는데, 실제로 그러한 이익을 구성하는 요소들 또는 국제재판관할의 판단에 있어서 고려할 사항들이 무엇인지에 관하여는 다양한 요소들이 제시되고 있고,[64] 대상판결의 취지를 이런 맥락에서 이해할 수 없는 바는 아니지만 이를 관통하는 논리를 찾기는 쉽지 않다.

다. 보호할 이익의 판단기준

한편 저자는 위에서 본 다양한 이익 중 어느 이익을 보호할지를 판단하는 객관적 기준으로서 ① 당사자와의 밀접성(Parteinähe), ② 사안과의 밀접성(또는 절차의 집중), ③ 準據法과의 밀접성과 ④ 판결의 유효성(또는 집행가능성)을 드는 견해[65]가 있음을 소개하였다. 이 견해는 위 기준들간의 서열을 정할 수는 없다고 하되, 일반적으로는 당사자와의 밀접성 또는 사안과의 밀접성(또는 절차의 집중)이 準據法과의 밀접성보다 우선하나, 구체적으로는 문제된 법분야에 따라 기준의 중요성이 달라질 수 있다고 본다. 예컨대 재산법상의 사건에서는 사익적 요소가 강한 ①, ②가 우선하고, 신분법상의 사건에서는 공익적인 요소가 강한 ③,[66] ④가 우선한다는 것이다.[67] 이 견해의 특징은 實質節次法的인 正義와 國際節次法的인 正義를 구별하고, 당사자 등과의 밀접성을 국제재판관할 배분의 기준으로 제시함으로써 國際節次法的

64) 예컨대 강병섭, "國際裁判管轄," 섭외사건의 제문제(하) 재판자료 34집(1986), 336-337면은 松岡 博의 견해를 따라 국제재판관할에 있어 고려할 사항으로 ① 소송당사자의 편의, 공평, 예측가능성, ② 재판의 신속, 능률, 공평, ③ 증거조사, 증인신문의 용이, ④ 판결의 실효성, ⑤ 사건에 관한 국가의 이익, ⑥ 법선택과의 관련을 열거하고 있다. 최공웅, "民事訴訟法 제9조와 裁判管轄權," 민사법학의 제문제(1990), 515면. 주 57은 松岡 博의 견해를 소개하고, 그에 추가하여 ① 생활, 경제활동의 근거지, 증거방법의 집중지, 판결의 실효성, ② 국적, 자국민보호, 사업활동지, ③ 예측가능성 등을 고려할 것이라는 高橋宏志, 32면의 견해를 소개한다. 위에서 소개한 *Gulf Oil Corp., v. Gilbert* 사건 판결에서 부적절한 법정지의 법리의 적용시 법원이 고려할 요소라고 미국 연방대법원이 제시한 요소들도 참고가 된다.

65) Kropholler(註 38), Rz. 133, Rz. 19f.

66) 다만 Schack(註 39), Rn. 202는 준거법을 당사자이익에서 취급하고, 나아가 준거법과의 밀접성은 결정적인 이익은 아니라고 한다.

67) Kropholler(註 38), Rz. 22.

正義를 전면에 내세우는 점이다.[68] 예컨대 국내법원과 국내절차법이 당해 사건을 처리하기에 최상의 것이더라도 위에 언급한 기준에 따라 외국법원에서 재판하는 것이 적절한 때에는 국내법원의 국제재판관할이 부정되는데, 환언하면 국제민사절차법은 그에 따라 법정지로 선택된 국가의 법원과 절차법의 내용적 가치를 고려하지 않는다는 것이다.[69]

종래의 대법원판례처럼 당사자간의 공평, 재판의 적정·신속이라는 기본이념에 따라 국제재판관할을 결정하더라도, 이는 법정지가 당사자에게 공평한 재판을 할 것이라거나, 법관의 능력에 비추어 적정하게 재판할 것이라기보다는 당해 법정지의 선택 자체가 공평한 것이어야 하고, 사안, 당사자 또는 準據法과의 밀접성으로 인하여 적정한 재판을 할 것이라는 취지로 이해해야 한다. 즉 국제재판관할규칙을 정립하는 단계에서는 國際節次法的인 正義가 우선한다. 그러나 일단 정립된 관할규칙을 구체적인 사건에 적용하여 국제재판관할의 행사 여부를 판단하는 단계에서는 實質節次法的인 正義를 구현하기 위하여 당해 개별사건에서의 모든 사정을 고려할 수 있다.

대상판결은 "… 다양한 이익 중 어떠한 이익을 보호할 필요가 있을지 여부는 개별사건에서 법정지와 당사자와의 실질적 관련성 및 법정지와 분쟁이 된 사안과의 실질적 관련성을 객관적인 기준으로 삼아 합리적으로 판단하여야 한다"는 취지로 판시하였는데, 이는 저자가 언급하였던 네 가지 객관적 기준 중에서 첫째와 둘째만을 채택한 것으로 대체로 타당하다. 이는 아마도 國際私法(제2조)을 고려한 때문이라고 짐작된다.

V. 부적절한 법정지의 법리의 고려

1. 부적절한 법정지의 법리

종래 주로 영미법계국가에서 인정되는 不適切한 法廷地(*forum non conveniens*)의 법리라 함은, 외국적 요소가 있는 사건에 관하여 국내 법원에 소

68) Kropholler는 이를 "결국 관할규칙의 배후에는 실질절차법적인 정의에 우선하는 고유한 국제절차법적인 정의가 존재한다"고 표현한다. Kropholler(註 38), Rz. 23.

69) 예컨대 준거법에 관하여 보면, 준거법과의 밀접성이 기준이 되는 것이지 준거법의 내용이 문제되는 것은 아니다.

가 제기된 경우 국제재판관할을 가지더라도, 외국에 대체법정지가 있고, 당해 사건의 구체적인 사정을 고려할 때 외국 법원이 더 적절한 법정지임이 명백한 때에는 법원이 재량에 의하여 소송을 중지하거나 소를 각하할 수 있는 법리를 말한다. 이는 국제재판관할의 유무 판단과 행사 여부의 판단을 구분하는 점에 특색이 있다.[70)]

2. 不適切한 法廷地의 법리

가. 부적절한 법정지의 법리의 제한적 수용

저자는 涉外私法하에서 부적절한 법정지의 법리를 엄격한 요건하에 제한적으로 수용하자는 견해를 피력한 바 있고[71)] 國際私法하에서도 이를 유지하고 있다.[72)]

국제재판관할규칙에 따라 한국의 국제재판관할이 긍정되면 법원은 재판해야 하고 재량으로 이를 거부할 수 없다. 그러나 우리 법원이 국제재판관할을 가지더라도, 외국에도 국제재판관할을 가지는 법원이 있고, 구체적인 사건에서 그 법원이 명백히 보다 적절한 법원이라는 사정이 있다면 예외를 인정할 필요가 있다. 물론 법적 안정성을 위하여 이는 엄격한 요건하에서만 허용해야 한다. 이는 구체적인 사안에서 국제재판관할배분의 정의를 보다 충실히 실현하고, 원고가 forum shopping의 가능성을 가지는 점에 대응하여 피고의 이익을 고려함으로써 당사자들의 이익간에 균형을 잡는 기능을 한다.

부적절한 법정지의 법리의 허용 여부는, 국제재판관할의 결정에 있어 법적 안정성(certainty)과 구체적인 사건에서의 관할배분의 정의(justice)라고 하는 대립하는 두 이념간의 조화의 문제인데, 대륙법계국가들은 상대적으로 엄격한 규칙을 선호하여 동 법리를 배척하나, 영미법계국가들은 구체적인 사건에 타당한 국제재판관할의 배분을 실현하는 수단으로 동 법리를 사용한다.

70) 미국의 법리는 석광현(註 15), 115면 이하, 영국의 법리는 석광현(註 15), 132면 이하 참조. 국제적 소송경합을 포함하여 부적절한 법정지의 법리에 관한 국가별보고는 James J. Fawcett (ed.), Declining Jurisdiction in Private International Law, Reports to the XⅣth Congress of the International Academy of Comparative Law Athens, August 1994 (1995) 참조. 미국식으로 말하면 이는 '대인관할권'의 유무와 행사 여부의 문제지만, 우리 법상으로는 재판권과의 관계가 문제된다.

71) 석광현(註 15), 188면 이하.

72) 석광현(註 15), 75면.

그러나 동 법리의 인정 여부는, 각국의 국제재판관할규칙이 얼마나 정치하고 타당한가와도 결부된다. 특히 독일에서는 상대적으로 정치한 국제재판관할규칙이 있으므로 동 법리에 의하여 그 규칙을 시정할 현실적인 필요성이 약하다는 점이 강조된다.

우리도 물론 정치한 국제재판관할규칙을 정립해야 하나, 아무리 완벽한 규칙을 정립하더라도 구체적인 사건에서 유연한 처리를 인정할 필요성을 완전히 배제할 수는 없으므로 동 법리를 제한적으로 도입하자는 것이다. 이는 민사소송법이 정치한 토지관할규칙을 두면서도 재량에 의한 소송이송을 허용하는 점(민사소송법 제35조)을 보아도 이해할 수 있다. 국제소송의 경우에도 재량에 의한 소송이송이 필요하지만 현재 국제적인 이송이 불가능하므로 대안으로서 소송절차의 중지를 허용하자는 것이다.[73] 특히 국제적 소송경합(*lis alibi pendens*)의 경우 승인예측설을 기계적으로 적용하여 前訴를 우선시키는 대신, 사안에 따라 부적절한 법정지의 법리에 따른 취급을 할 필요가 있다.[74] [75]

나. 國際私法의 해석론

涉外私法의 개정과정에서 섭외사법개정연구반의 초안은 부적절한 법정지의 법리를 제한적으로 도입하고자 제2조 제3항을 두었으나,[76] 이는 결국 삭제되었다. 이는 당시 입법에 의한 해결에 대해 의견이 일치하지 않았기 때문인데, 國際私法하에서 이는 학설·판례에 맡겨져 있으며 저자는 이를 가능하다고 본다. 부적절한 법정지의 법리는 국제재판관할에 관하여, 準據法의 결정에 관한 예외조항(國際私法 제8조)과 유사한 기능을 한다.

---

73) 도두형(註 9), 133면도 동지.

74) 석광현(註 15), 201면 이하. 헤이그국제사법회의에서 작성한 "民事 및 商事事件의 國際裁判管轄과 外國裁判에 관한 협약"의 1999년 예비초안(제21조와 제22조)은 이런 태도를 취하였다.

75) 그 밖에 부적절한 법정지의 법리를 제한적으로 수용할 경우 첫째 그 요건이 무엇인가, 둘째 국제재판관할규칙을 정립하는 단계에서 국제재판관할 배분의 이념을 고려하고, 국제재판관할의 행사 여부의 단계에서 이에 비추어 재검토한다면 결국 동일한 잣대를 두 번 적용하는 것이 되어 부당하다는 비판이 가능하다. 상세는 석광현(註 15), 118면 이하 참조.

76) 조문은 다음과 같았는데 이는 저자의 입법론을 다소 수정한 것이었다.
"법원은 전2항의 각 규정에 따라 국제재판관할권을 가지더라도 대한민국이 국제재판관할권을 행사하기에 부적절하고 국제재판관할권을 가지는 다른 국가가 분쟁을 해결하는 데 보다 적절하다는 예외적인 사정이 명백히 존재한다고 판단하는 때에는 본안에 관한 최초 변론기일 이전의 피고의 신청에 의하여 소송절차를 중지할 수 있다."

3. 대상판결의 설시

대상판결은 "… 재판관할이라는 것은 얼마든지 중첩적으로 인정될 수 있는 것이고, 위와 같은 분쟁의 실질적인 내용 기타 기록상 인정되는 제반 사정에 비추어 볼 때 대한민국이 이 사건 분쟁에 관하여 국제재판관할을 행사하기에 현저히 부적절한 법정지국이라고 인정되지도 아니한다"(밑줄은 저자가 추가함)고 설시하였다. 저자가 주목하는 것은 밑줄 친 부분이다.

4. 대상판결에 대한 평가

종전의 대법원판례는 "… 국제재판관할을 긍정하는 것이 조리에 반한다는 특별한 사정이 있는 경우에는 한국 법원은 국제재판관할이 없다"라는 취지로 설시하였으므로, 대상판결이 만일 이를 따랐더라면 "… 이 사건 분쟁에 관하여 한국의 국제재판관할을 긍정하는 것이 조리에 반한다는 특별한 사정이 있는 것으로 보이지도 않는다"라고 판시하였을 것이다. 만일 한국이 이 사건 분쟁에 관하여 국제재판관할을 행사하기에 현저히 부적절한 법정지국이라고 인정되었더라면 대상판결은 어떻게 판시하였을까. 그 경우 두 가지 가능성이 있다. 하나는 한국 법원에 국제재판관할이 없다고 하는 것이고, 다른 하나는 "한국 법원이 국제재판관할을 행사하는 것은 적절하지 아니하다"는 것인데, 종전의 대법원판례를 고려하면 대상판결은 아마도 전자를 취하였을 것이다.

대상판결은 첫째 국재재판관할의 유무만을 문제 삼던 종전의 대법원판례와는 달리 국제재판관할의 행사라는 개념을 도입하였고, 둘째 '특별한(또는 특단의) 사정' 대신 "… 국제재판관할을 행사하기에 현저히 부적절한 법정지국이라고 인정되지도 아니한다"고 설시한 점에 의의가 있다. 이는 국제재판관할의 유무와 행사 여부의 판단을 구별하는 것인데 그것이 부적절한 법정지의 법리의 핵심이기 때문이다. 물론 대상판결이 동 법리를 도입한 것은 아니지만,[77] 장래 도입가능성을 열어둔 점에 의미가 있다.

앞으로 판례가 특별한 사정을 고려하던 과거의 방식을 國際私法하에서는

77) 특별한 사정이론이 부적절한 법정지의 법리와 유사한 면이 있으나 양자는 구별된다. 상세는 석광현(註 15), 176면 이하 참조.

"… 우리 나라가 국제재판관할을 행사하기에 현저히 부적절한 법정지국이라고는 인정되지도 아니한다"거나 "… 현저히 부적절한 법정지국이라고 볼 특별한 사정도 존재하지 아니한다"는 것으로 대체할 가능성을 배제할 수 없으나, 이러한 설시 특히 후자는, 정치한 국제재판관할규칙을 정립한다는 관점에서는 결코 바람직하지 않다.

Ⅵ. 이 사건에서 대상판결의 결론

이 사건에서 원심판결은 한국의 국제재판관할을 부정하였으나 제1심판결과 대상판결은 이를 긍정하였다.

1. 원심판결의 판단

원고는 ① 그의 주소지인 서울이 불법행위지, 원상회복의무 이행지 또는 재산권 소재지이므로 민사소송법상 토지관할이 인정되고, 또한 ② 원고가 이 사건 도메인이름을 사용하여 영업을 영위하는 곳이자 피고가 주장하는 상표권 침해행위가 이루어진 곳이어서 이 사건은 한국과 실질적 관련이 있으므로 한국에 국제재판관할권이 있다고 주장하였다. 그러나 원심판결은 다음의 이유로 원고의 주장을 전부 배척하였다.

가. 토지관할에 근거한 국제재판관할

이 사건 도메인이름을 피고에게 이전한 것은, 해결정책에 의한 NAF의 이전결정을 집행한 결과인바, NAF의 결정내용이나 행정절차가 불법적으로 이루어졌다고 볼 만한 사정도 보이지 않으며, 가사 불법행위가 있었더라도 가해행위지 및 결과발생지가 모두 미국이다. 또한 이 사건 도메인이름의 이전은 NAF의 이전결정을 집행한 결과이므로 아무런 법률상 원인 없이 이루어졌다고 할 수 없고, 가사 도메인이름의 이전이 부당이득에 해당하더라도 반환의무의 이행지는 도메인이름의 등록기관 소재지인 미국이며, 또 의무이행지가 관할원인으로 타당한 것은 의무이행지와 부당이득반환청구권간에 일정한 관계 —특히 증거의 면에서— 가 있기 때문인데, NAF에서의 절차의 진행, 이전결정과 집행이 이루어진 곳이 모두 미국이다. 나아가, 원고와 등록기관간의 법률관계는 민법상의 위임 또는 그와 유사한 관계이고, 도메인이름에 관한 원고의 권리도 등록기관과의 계약에 의하여 발생한 채권 또는 그와 유사한 권리인데, 채무자인 등록기관의 주소지가 미국이므로 도메인이름에 관한 권리라는 원고의 재산의 소재지도 미국이다.

이 사건에서 쟁점이 되지는 않았지만, 법원이 국제재판관할의 유무를 판단함에 있어서 원고의 일관성이 있는 주장만을 기초로 할지, 아니면 원고가 주장하는 사실경과의 발생 여부 내지는 외부적 구성요건의 존재를 조사해야 하는지는 논란이 있다.[78]

나. 실질적 관련에 근거한 국제재판관할

원심판결은 國際私法 제2조는 당사자간의 공평, 재판의 적정·신속이라는 기본이념에 따라 제정된 것이므로 그에 의하여 재판관할권이 한국 법원에 있을 때에는 한국의 재판관할을 인정할 수 있다고 전제하고, 이 사건에서 원고는 도메인이름이 피고에게 이전되기까지 도메인이름의 보유자였고 그를 포함하여 약 450개의 도메인이름을 이메일 주소로 제공하였으나, 민사소송법상의 관할규정에 따른 재판관할권이 한국에 없는 점, 피고의 주소지국 법원에 국제재판관할을 인정하는 것은 특별한 사정이 없는 한 조리에 반하지 않는 점, 등록기관 소재지 법원이 도메인이름의 이전을 명하는 판결을 할 경우 등록기관이 그 판결을 거부하는 것은 상정하기 어려울 것이라는 판결의 실효성 측면 및 당사자간의 공평이라는 소송절차상의 정의, 재판의 적정·신속 측면을 모두 고려할 때, 원고 또는 이 사건이 한국과 실질적 관련이 있다고 보기 어렵고, 오히려 등록기관 소재지국 법원에 국제재판관할을 인정하는 것이 국제재판관할 배분의 이념에 부합한다고 판시하였다.

2. 대상판결의 판단

대상판결은 토지관할에 근거한 국제재판관할에 관하여는 판단하지 않고, 실질적 관련에 근거한 관할을 인정하였다. 즉 대상판결은 실체 판단의 요체

---

78) 상세는 석광현, "한국에 있어서 知的財産權紛爭의 國際裁判管轄," 辯護士 제35집 —회원연구논문집— (2005), 432면 이하 참조.

는 결국 도메인이름 선등록자의 등록·이용행위가 오프라인상의 피고의 기존 지적재산권을 부당하게 침해하는 위법한 것인지의 여부라고 정리하고 한국의 국제재판관할을 긍정하였는데, 그 이유는 다음의 이유로 사안과 한국간에 실질적 관련성이 있다고 보았기 때문이다.

첫째, 행정패널의 판정이 내려져 집행되기 이전까지는 원고는 한국 내의 자신의 주소지를 사업 중심지로 삼아 회원들에게 여러 도메인이름들을 이메일 주소용으로 사용할 수 있도록 제공하는 서비스업을 영위하면서 도메인이름을 사용하고 있었고, 그 웹사이트의 주된 이용언어는 한국어였으며 그 주된 서비스권역 역시 한국이었던 것으로 보이며, 도메인이름에 대한 이전 판정으로 인하여 영업상의 손해가 발생한 곳 역시 원고의 사업본거지이므로, 과연 그러한 이용행위가 침해행위인지 여부 및 손해의 유무를 판정하기 위한 증거들은 모두 한국에 소재한다.

둘째, 절차규칙 제1조가, 행정패널의 판정의 집행을 저지하기 위한 소송을 제기할 수 있는 상호관할을 정의하면서 등록기관의 주된 사무소 소재지 법원과 함께 등록인의 주소지 법원을 나란히 열거하는 것은, 행정절차에 따른 판정을 신청할 당시를 기준으로 볼 때 등록인이 소극적 당사자라는 측면을 고려한 것이기도 하지만, 다른 한편으로 도메인이름 등록인의 주소지는 등록기관의 주된 사무소와 함께 도메인이름에 관한 분쟁과 실질적 관련성이 인정될 가능성이 큰 곳이라는 점을 고려한 것으로 이해할 수도 있다.

셋째, 피고가 해결정책에 따른 판정을 신청할 당시 원고의 주소지를 중심지로 하는 영업에 영향을 미치는 점을 충분히 알 수 있었을 것이므로 자신이 지정한 상호관할지 법원 이외에 한국 법원에 소송이 제기될 가능성을 충분히 예견할 수도 있었다.

넷째, 재판관할이라는 것은 얼마든지 중첩적으로 인정될 수 있는 것이고, 분쟁의 실질적인 내용 기타 제반 사정에 비추어 볼 때 한국이 이 사건 분쟁에 관하여 국제재판관할을 행사하기에 현저히 부적절한 법정지국이라고 인정되지도 아니한다.

3. 대상판결에 대한 평가[79)]

가. 토지관할에 근거한 국제재판관할

원심판결은 민사소송법상 불법행위지, 원상회복의무 이행지 또는 재산권 소재지의 토지관할에 근거한 국제재판관할을 검토한 뒤 이를 모두 부정하였으나 대상판결은 그에 대하여 판단하지 않았다. 이는 아쉬운 점인데 학설로는 원심판결을 지지하는 견해가 유력하다.[80)] 이 점에 관하여는 원심판결의 결론이 설득력이 있는 듯이 보이지만 논란의 여지가 있다.[81)]

첫째, 원심판결은 불법행위지를 미국으로 보았으나 대상판결은 손해발생지를 한국으로 보았다. 결과발생지는 법익이 침해된 장소를 말하는 점에서 손해발생지와는 구별되는데, 종래의 이론에 따르면 불법행위지의 재판관할의 맥락에서 의미가 있는 것은 결과발생지이다. 이 사건에서 손해발생지는 한국인데, 만일 도메인이름의 침해의 경우에도 위 원칙을 관철한다면 한국에 국제재판관할을 인정할 근거는 없다. 그러나 지적재산권의 침해 또는 사이버공간에서의 불법행위의 국제재판관할에 있어서는 손해발생지 또는 상업적 효과(commercial effect)의 발생지에 대해 의미를 부여하는 견해가 주장되고 있다.[82)]

---

79) 앞에서 밝힌 바와 같이 대상판결의 결론의 당부에 대하여는 추후 좀더 상세히 논의할 예정이다. 포괄적인 협약을 성안하려던 헤이그국제사법회의의 당초 계획이 무산된 현재 국제적 지적재산권분쟁의 준거법과 국제재판관할에 관한 원칙을 성안하는 국제적인 작업이 추진중인데, 하나는 미국법률협회(ALI)가, 다른 하나는 독일의 Max Planck 연구소가 주도하는 것이다. 전자는 Rochelle Dreyfuss, The ALI Principles on Transnational Intellectual Property Disputes: Why Invite Conflicts?, 30 Brook. J. Int'l L. 819를 참조. ALI 제안의 2006년 1월의 예비초안(No. 4) 제102조 제1항은 종전의 초안과 마찬가지로 도메인이름에도 동 원칙이 적용되는 것으로 규정한다. 다만 ALI가 2006년 5월에 예정되었던 정기회의를 위하여 Draft No. 4를 다소 수정하여 2006. 4. 10.자로 작성한 Discussion Draft에서는 도메인이름이 삭제되었다. MPI 제안의 초안은 http://www.intellecprop.mpg.de/Enhanced/Deutsch/Arbeitsgruppen/int__zustaen__haag-projekt/dhcalternativedraft5amended.htm을 참조. 위 양 초안의 소개는 이 책 제8장 [14] 뒤에 있는 補論 참조.

80) 예컨대 최성준, "국제적인 도메인이름 분쟁의 해결," 국제사법연구 제8호(2003), 348면(또는 최성준, "국제적인 도메인이름 분쟁의 해결(하)," 인권과 정의 제323호(2003. 7.), 80면. 이하 전자를 인용한다)은 이는 이론의 여지가 없다고 한다.

81) 원심판결과 달리, 학설은 부당이득의 경우 의무이행지의 국제재판관할을 인정하는 데 대하여는 비판적이다. 석광현(註 15), 277면 이하 참조.

82) 손해발생지에 관하여는 석광현, "2004년 국제사법 분야 대법원판례: 정리 및 해설," 국제사법연구 제10호(2004), 450면 참조; 석광현(註 78), 425면.

둘째, 재산의 소재를 근거로 一般管轄 또는 광범위한 特別管轄을 인정하는 것이 타당한지는 논란이 있는바,[83] 만일 이를 긍정한다면 재산권 소재지는 도메인이름 및 등록의 법적 성질과 관련되는데,[84] 원심판결처럼 이를 채권적 권리라고 파악하면 채무자 주소지에 소재하는 것으로 볼 수 있다. 그러나 도메인이름의 법적 성질이 순전한 채권인지도 의문이 있고, 가사 그렇게 보더라도 채권의 소재지를 채무자의 주소지로 보는 것은 비록 널리 인정되기는 하지만 상당히 의제적임을 부정할 수 없으며, 나아가 屬地主義가 타당한 知的財産權은 법적인 보호가 부여되는 국가에서만 침해될 수 있지만 도메인이름의 경우는 그렇지 않다. 따라서 위에서 언급한 상업적 효과 발생지의 의미를 새겨볼 필요가 있다. 또한 피고가 한국에 자회사를 가지고 있는 사실을 재산소재지에 근거한 特別管轄의 유무를 판단함에 있어서 고려할 여지가 전혀 없는 것도 아니다.[85]

셋째, 민사소송법(제5조 제2항)은 사무소 등이 있는 경우를 제외하고는 외국인 피고의 영업활동(doing business)에 근거한 一般管轄을 규정하지 않지만 이를 좀더 넓게 인정할 여지도 있고, 그와 관련하여 피고가 한국에 자회사를 가지고 있는 사실도 고려할 여지가 전혀 없는 것은 아니다.[86]

나. 실질적 관련에 근거한 국제재판관할

이에 관한 논점은 첫째 대상판결이 실질적 관련을 근거로 국제재판관할을 인정한 것이 타당한가이고, 둘째 이 사건에서 실질적 관련의 존재를 긍정한 결론이 타당한가이다.

원심판결과 대상판결은 둘째의 논점에 관하여는 상이한 결론을 취하였지만, 첫째의 논점에 관하여는 이 사건에 國際私法이 직접 적용되지 않음에도 불구하고 모두 이를 긍정하였다. 저자도 전에 國際私法의 해석론으로서 "국내법의 관할규정 또는 裁判籍이 없다는 이유로 국제재판관할을 인정할 수

83) 상세는 석광현(註 15), 245면 이하 참조.

84) 나아가 해결정책과 절차규칙과, 그에 따른 분쟁해결절차의 법적 성질 등에 관한 검토를 요한다. 도메인이름에 관하여는 조정욱(註 3), 7면 이하; 이대희(註 19), 30면 이하 참조. 환송 후 판결은 해결정책 제4조 k항 규정의 유효 여부, 원고의 이 사건 도메인이름의 등록사용행위가 해결정책 제4조 a항의 요건을 충족하는지 여부, 이 사건 도메인이름의 이전이 한국법상 및 미국법상 부당한지를 각각 검토하는데 이들 또한 검토할 필요가 있다.

85) 상세는 석광현(註 15), 268면 이하 참조.

86) 상세는 석광현(註 15), 223면 이하 참조.

없는 것은 아니고, 그 경우에는 제2조 제1항의 원칙으로 돌아가 실질적 관련 원칙에 따라 국제재판관할의 유무를 판단해야 한다. 물론 그 경우 국제재판관할의 긍정은 매우 신중해야 할 것이다. 도메인이름 관련 분쟁이 그런 예가 될지는 좀더 두고 보아야 할 것이다"라고 쓴 바 있다.[87] 따라서 첫째의 점에 관한 대상판결의 판단은 타당하다.

한편 둘째의 점을 보면, 대상판결이 실질적 관련성의 존재를 긍정한 근거는 원고의 웹사이트의 이용언어가 한국어인 점, 주된 서비스권역, 영업상의 손해발생지와 관련 증거들의 소재지가 모두 한국인 점, 그리고 원고의 주소지가 한국인 점과, 절차규정(제1조)도 등록인의 주소지 법원을 관할법원으로 삼고 있어 피고도 한국 법원이 관할법원이 될 수 있음을 예상할 수 있었던 점[88] 등이다. 이는 모두 사안 및 원고와 한국간의 밀접성을 보여 주는 요소들이다.[89]

한편 이 사건에서 한국 법원 판결의 실효성 유무에 관하여도 견해가 나뉘는데,[90] 만일 우리 법원이 도메인이름의 이전을 명하는 판결을 선고할 경우 NSI가 자발적으로 이행할지가 문제되는데, 이는 NSI가 어떤 요건하에서 외국 법원의 판결을 존중하는지이다. 만일 NSI가 이행을 거부할 경우, 피고에 대하여(NSI가 아니라) 받은 판결을 통하여 미국 내에서 도메인이름의 이전을 사실상 어떻게 강제할지가 문제되므로 미국 법상 외국판결의 승인 및 집행요건을 검토할 필요가 있다. 이러한 논점들을 충분히 검토하기 전에는 실효성 유무를 판단하기 어렵다.

원심판결과 대상판결의 견해가 상이하고 지금까지 제시된 견해들이 나뉘는 데서 보듯이, 이 사건에서 실질적 관련성의 유무의 판단은 쉽지 않다. 이는 결국 다양한 요소들을 종합적으로 고려하여, 국제재판관할 배분의 이념과

---

87) 석광현(註 14), 44면.

88) 이 사건에서 피고가 버지니아주 헌던시를 관할하는 법원의 관할권에 복종하기로 한 이상 절차규정상의 '잠재적인 재판관할권'을 실질적 관련의 근거로 삼는 것은 잘못이라는 비판도 있으나(예컨대 도두형(註 9), 139면), 잠재성을 부여한 사실 자체를 고려하는 것은 나무랄 일이 아니다.

89) 이 사건의 준거법에 관하여는 논란의 여지가 있지만 해결정책이 적용됨은 명백하다. 환송 후 서울고등법원 2005. 11. 8. 선고 2005나23409 판결이 우리 부정경쟁방지 및 영업비밀보호에 관한 법률과 미국의 연방상표희석화방지법(The Federal Trademark Dilution Act)에 따른 판단을 한 점은 흥미롭다.

90) 부정설로는 원심판결과 도두형(註 9), 142면이, 긍정설로는 최성준(註 80), 351면이 있다.

합리적 원칙에 비추어 볼 때, 과연 우리 법원이 이 사건에서 재판관할권을 행사하는 것을 정당화할 수 있는지를 결정하는 것인데, 문제는 이를 계량화하기 어렵다는 점이다. 당사자간의 공평을 고려함에 있어서 출발점은 원고는 피고의 법정지를 따른다는 원칙이므로[91] 이 사건에서 한국의 국제재판관할을 긍정하기는 일응 어렵지만, 원고가 개인인 데 반하여 피고는 다국적기업이라는 점과,[92] 절차규정이 등록인의 주소 소재지 법원을 상호관할권을 가지는 법원으로 규정하고 있어 피고도 예견가능성을 가지고 있다는 점에서 이를 수정할 여지가 없는 것은 아니다.

결국 여러 가지 요소를 종합적으로 고려할 때 이 사건은 한국의 국제재판관할의 유무가 명쾌하지 않은 경계선상의 사건이 아닌가 생각된다. 그렇다면 우리 법원으로서는 어떤 태도를 취할 것인지를 결정해야 하는데, 대상판결은 한국인인 원고에 대해 실효적인 권리보호의 기회를 제공한다는 관점에서 국가이익을 고려하여 재판관할을 긍정한 것이 아닐까 짐작된다. 과거에는 미국의 NSI가 .com 등의 도메인이름의 독점적 등록기관이었다는 점도 고려되었을 것이다. 이러한 관점에서 대상판결의 결론을 수긍할 수 있다. 그렇다면 대상판결은 도메인이름과 관련한 국제적인 분쟁에서 원심판결에 비하여 상대적으로 우리 나라의 국제재판관할을 넓게 인정한 판결로서 의의가 있다. 그러나 유념할 것은, 도메인이름의 선등록자인 한국인이, 도메인이름을 이전하라는 행정패널의 판정을 받은 후 등록자 명의의 회복을 목적으로 하는 소송이라고 하여 항상 한국의 국제재판관할이 인정되는 것은 아니고 사안별로 평가해야 한다는 점이다. 실질적 관련을 근거로 하는 국제재판관할을 인정할 경우 이는 당연하다. 다만 앞으로 유사한 사건이 발생한다면,[93] 그 때는 국제적으로 통용될 수 있는 관할규칙을 정립한다는 질서이익도 함께 고려할 필요가 있다.

---

91) 국제사법은 당사자와 법정지간의 실질적 관련이라고 하나 이는 원칙적으로 피고를 가리킨다. 석광현(註 14), 39면.

92) 국제사법이 명시하는 소비자 또는 근로자가 아닌 경우, 재판관할의 행사가 아니라 재판관할규칙의 정립단계에서 이를 고려할 수 있는지는 논란의 여지가 있다.

93) 하지만 현재는 등록기관이 다양화된 결과 외국에서도 이 사건에서와 같은 형태로 국제재판관할이 문제되는 경우는 많지 않을 것이라고 한다. 최성준(註 80), 350면 주 90 참조.

Ⅶ. 맺 음 말

지금까지 국제재판관할의 개념, 국제재판관할 배분의 이념, 국제재판관할의 결정시 고려할 이익과 부적절한 법정지의 법리와 관련한 대상판결의 의의를 살펴보았다. 요컨대 종래의 대법원판례는 일본 最高裁判所의 판결을 답습하였으나, 대상판결은 國際私法의 취지를 고려하여 보다 진일보한 정밀한 이론을 전개하면서, 실질적 관련에 근거하여 우리 나라의 국제재판관할을 긍정한 점에서 커다란 의의가 있다. 저자는 대상판결이 이 사건에서 우리 나라의 국제재판관할을 넓게 인정하였다는 결론보다는, 국제재판관할에 관한 기초이론을 성립하는 네 있어서 가지는 의의를 더 높이 평가한다. 전자는 개별 사건의 사안에 따라 결론이 달라질 수밖에 없는 성질의 것이기 때문이다. 다소 보완한다면 대상판결은 國際私法하에서 국제재판관할에 관한 지도적 판결로 정착될 수 있을 것이다.

저자는 1999년 "國際裁判管轄에 관한 硏究—民事 및 商事事件에 있어서의 國際裁判管轄의 基礎理論과 一般管轄을 중심으로—"라는 제목의 박사학위논문을 쓰면서 국제재판관할의 기초적인 논점들을 천착하였고, 2000년에 國際私法의 개정작업에 참여하여 저자의 견해를 부분적으로 입법에 반영하였는데, 2005년 초에 대상판결을 통하여 그러한 노력이 헛되지 않았음을 확인하였다. 저자가 대상판결에 대하여 남다른 소회를 가지는 이유는 여기에 있다. 그러나 그간 저자의 연구가 심화되지 못한 것은 유감이다.

주의할 것은, 이러한 기초이론은 구체적인 사건에서 국제재판관할의 문제를 보다 정의롭게 해결하는 길을 찾는 데 유익한 실천적인 가치를 가져야 하고, 단순히 추상적인 논의에 그쳐서는 아니 된다는 점이다. 國際私法 제2조는 일반조항이므로 향후 법원의 적극적 역할이 크게 기대되는데, 앞으로는 이러한 관점에서 國際私法하의 국제재판관할의 법리를 발전시켜야 한다. 마지막으로 지적할 것은, 대상판결의 추상적 법률론이 가사사건과 비송사건에서는 어떻게 변용되어야 하는가인데, 이 점도 앞으로 좀더 체계적으로 검토해야 한다.[94]

94) 상세는 석광현(註 15), 71면 이하 참조.

[4] 國際訴訟의 外國人當事者에 관한 몇 가지 문제점

前 記
이 글은 서울지방변호사회 변호사—회원연구논문집 제36집(2006), 263면 이하에 게재된 글을 다소 수정·보완한 것이다.

Ⅰ. 머 리 말

우리 민사소송법상 어떤 사람이 적법하게 소송의 당사자가 되어 소송을 수행하여 본안판결을 받기 위해서는, 첫째 당사자능력(Parteifähigkeit)이 있고, 둘째 소송능력(Prozessfähigkeit)이 있어야 하며, 셋째 당사자적격 또는 訴訟遂行權(Prozessführungsbefugnis)[1]과 넷째 변론능력이 있어야 한다.[2] 그런데 오늘날 인적 교류가 국제화되고, 기업의 국제적 활동이 활발해짐에 따라 외국인이 당사자가 되거나 그 밖의 외국적 요소(foreign element. 섭외적 요소 또는 외국관련)가 있는 민사소송[3](이하 "국제민사소송" 또는 "국제소송"이라 한다)이 우리 법원에서 제기되는 사례가 증가하고 있다.

헌법(제27조 제1항)이 명시하는 바와 같이 모든 국민은 헌법과 법률이 정한 법관에 의하여 법률에 의한 재판을 받을 권리를 가진다. 헌법은 명시하지 않지만 공정한 재판을 받을 권리는 국민의 기본권으로 보장된다.[4] 헌법(제6조)에 따라 외국인도 내국인과 마찬가지로 우리 법원에서 재판을 받을 권리를 가지는데, 외국인의 이러한 권리는 국제인권규약 B규약(제1조)에 의하여도 보장된다. 그러나 외국인에게 법원에의 자유로운 접근[5]이 보장된다고

1) '소송추행권'이라고 부르기도 한다.
2) 이시윤, 신민사소송법(2003), 120면.
3) 이는 좁은 의미의 민사소송과 중재 및 도산을 포함하는 넓은 의미의 민사소송을 의미한다.
4) 헌법재판소 2001. 8. 30. 선고 99헌마496 결정.
5) 헤이그국제사법회의에서 채택된 1954년 "민사소송절차에 관한 협약"(Convention relating to Civil Procedure)이 법정에의 접근을 국제조약에 의하여 보장하였는데, 이는 1980

하여 소송의 당사자가 외국인이라는 사실이 아무런 의미가 없는 것은 아니다.[6] 예컨대 당사자능력과 소송능력을 판단함에 있어서 당연히 우리 법에 따르는 것은 아니고, 당사자적격의 판단에서도 외국법을 적용할 필요가 있다. 다만 당사자적격은 당사자능력 또는 소송능력과 달리 당사자의 국적 또는 屬人法보다는 관련된 법률관계에 외국적 요소가 존재하는 경우 주로 문제된다. 이처럼 외국적 요소가 있는 민사소송에서 제기되는 節次問題를 규율하는 규범의 총체를 국가에 따라 國際私法, 國際民事訴訟法 또는 國際民事節次法으로 취급한다.[7] 오늘날 '節次는 法廷地法에 따른다'(*forum regit processum*)는 원칙(*lex fori* Principle)[8]이 확립되어 있는데, 당사자능력, 소송능력과 당사자적격[9]은 모두 소송요건으로서 節次(procedure)의 문제이므로 이는 기본적으로 法廷地法인 우리 민사소송법에 의할 사항이지만, 그것으로 문제가 모두 해결되는 것은 아니며 좀더 면밀한 검토를 필요로 한다. 종래 이 점에 관하여 우리 나라에서는 본격적인 논의가 충분하지 않다.[10] 아래에서는 국제소송에서 제기되는 다음의 논점을 차례대로 검토한다.

첫째 외국인의 당사자능력(Ⅱ.)

년 "법정에의 국제적 접근에 관한 협약"(Convention on International Access to Justice)에 의하여 대체되었다. 우리 나라는 아직 가입하지 않고 있다. 법원에의 접근권은 아래에서 언급하는 한중민사사법공조조약에 따라 보장된다. 그 밖에 우호통상항해조약(Friendship, Commerce and Navigation treaties)과 같은 양자조약에 따라 보장되기도 하는데, 1957년에 발효된 대한민국과 미합중국간의 우호·통상 및 항해조약(제5조 제1항)도 유사한 취지를 규정한다.

6) Haimo Schack, Internationales Zivilverfahrensrecht 3. Auflage (2002) Rn. 527, 528.

7) Rolf A. Schütze, Deutsches Internationales Zivilprozessrecht unter Einschluss des Europäischen Zivilprozessrechts 2. Auflage (2005), Rn. 2; Reinhold Geimer, Internationales Zivilprozeßrecht 5. Aufl. (2004), Rz. 1f., Rz. 9; Schack(註 6), Rn. 10f.; Heinrich Nagel/Peter Gottwald, Internationales Zivilprozessrecht 5. Auflage (2002) § 1 Rz. 3. 영미에서는 이를 국제사법의 문제로 취급한다. Cheshire and North, Private International Law 13th ed. (1999), p. 1 *et seq.* 국제조약과 유럽연합법의 중요성을 고려하면 국제민사소송법을 국내규범에 한정하는 것은 적절하지 않다.

8) Geimer(註 7), Rz. 319f.; Nagel/Gottwald(註 7), §1 Rz. 41; Schütze(註 7), Rn. 52ff.; 최공웅, 국제소송 개정판(1994), 243면 이하. 대법원 1994. 6. 28. 자 93마1474 결정도 이를 인정한 바 있다.

9) 독일에서는 국제민사소송법 또는 국제민사절차법의 당사자적격의 문제로 논의되나(Geimer(註 7), Rz. 2234f.), 영국에서는 국제사법상 실체와 절차의 문제의 일환으로 논의된다. Cheshire/North(註 7), p. 79 이하 참조.

10) 강현중, "외국인의 민사소송상 지위," 섭외사건의 제문제[하], 재판자료 제34집(1986), 437면 이하, 전병서, "국제민사소송법서설 및 외국인당사자의 소송상 취급," 사법행정 통권 416호(1995. 8.), 12면 이하, 최공웅(註 8), 348면 이하의 논의가 있으나 당사자능력과 소송능력을 주로 다루고, 당사자적격은 소홀히 취급한다. 이 글의 중점은 당사자적격에 있다.

둘째 외국인의 소송능력(Ⅲ.)
셋째 국제소송에서의 당사자적격(Ⅳ.)
넷째 외국인 당사자에 대하여 외국으로 하는 송달(Ⅴ.)

Ⅱ. 外國人의 當事者能力

1. 민사소송법의 규정—내국인의 경우

우리 법원에서 민사소송의 당사자가 되기 위하여는 소송의 주체가 될 수 있는 일반적인 능력, 즉 당사자능력이 있어야 한다. 당사자능력은 소송요건이므로 법원이 직권으로 조사할 사항이다. 외국인도 우리 법원에서 당사자가 되기 위하여는 당사자능력이 있어야 한다. 민사소송법상 당사자능력은 민법상의 권리능력에 대응하는 것이지만 양자가 동일한 것은 아니다. 왜냐하면 민법상 권리능력자는 민사소송법상 당사자능력자이지만, 민법상 권리능력이 없더라도 민사소송법상 당사자능력이 인정될 수 있기 때문이다. 즉 민사소송법 제51조[11]에 의하면 민법, 그 밖의 법률에 따라 권리능력을 가지는 자는 당사자능력을 가지므로, 민법상 권리능력을 가지는 자연인과 법인이 당사자능력을 가지는 것은 명백하다. 이를 '실질적 당사자능력자'라고 한다.[12] 한편 민사소송법 제52조[13]는, 법인이 아닌 사단이나 재단은 대표자 또는 관리인이 있는 경우에는 그 사단이나 재단의 이름으로 당사자가 될 수 있도록 규정한다. 이를 '형식적 당사자능력자'라고 한다.[14] 이는 법인 아닌 사단이나 재단이 거래활동의 주체가 되어 분쟁의 당사자가 되는데 만일 당사자능력을 부인

---

11) 조문은 아래와 같다.
"제51조 당사자능력·소송능력 등에 대한 원칙
당사자능력(當事者能力), 소송능력(訴訟能力), 소송무능력자(訴訟無能力者)의 법정대리와 소송행위에 필요한 권한의 수여는 이 법에 특별한 규정이 없으면 민법, 그 밖의 법률에 따른다."

12) 이시윤(註 2), 120면; 정동윤·유병현, 민사소송법(2005), 171면.

13) 조문은 다음과 같다.
"제52조 법인이 아닌 사단 등의 당사자능력
법인이 아닌 사단이나 재단은 대표자 또는 관리인이 있는 경우에는 그 사단이나 재단의 이름으로 당사자가 될 수 있다."

14) 이시윤(註 2), 122면; 정동윤·유병현(註 12), 171면.

하면 상대방은 구성원전원을 상대로 소를 제기하지 않으면 아니 되는 불편과 번잡이 초래되기 때문에 이를 피하기 위한 것이다. 법인이 아닌 사단보다 단체성이 약한 민법상의 조합이 당사자능력을 가지는지에 관하여는 견해가 나뉘는데 다수설과 판례[15]는 부정설을 따른다.[16]

2. 당사자능력의 準據法

가. 학설의 소개

외국인이 당사자인 경우 당사자능력의 準據法이 문제되는데, 위에서 본 민사소송법 제51조는 명확한 기준을 제시하지 않는다. 자연인이나 법인의 경우 일반적으로 권리능력과 당사자능력이 인정되므로 별로 문제될 것이 없고, 이는 법인격이 없는 단체의 경우 문제된다. 이에 관하여 우리 나라에는 논의가 많지 않은데, 일본에는 종래 일본 구 민사소송법 제45조[17](우리 민사소송법 제51조와 거의 동일하다)와 관련하여 세 가지 견해가 대립하였는데, 이를 우리 민사소송법 조문에 대입하여 소개하면 다음과 같다.[18]

첫째는 이른바 '法廷地法說'[19]인데, 이는 '節次는 法廷地法에 의한다'는 국제사법의 대원칙으로부터 출발하여 민사소송법 제51조를 적용하되, 동 조에서 말하는 "그 밖의 법률"은 국제사법을 가리키므로 결국 국제사법에 따

---

15) 대법원 1991. 6. 25. 선고 88다카6358 판결; 대법원 1999. 4. 23. 선고 99다4504 판결 등. 후자의 판결은 "민사소송법 제48조가 비법인의 당사자능력을 인정하는 것은 법인이 아닌 사단이나 재단이라도 사단 또는 재단으로서의 실체를 갖추고 대표자 또는 관리인을 통하여 사회적 활동이나 거래를 하는 경우에는, 그로 인하여 발생하는 분쟁은 그 단체의 이름으로 당사자가 되어 소송을 통하여 해결하게 하고자 함에 있다 할 것이므로 여기서 말하는 사단이라 함은 일정한 목적을 위하여 조직된 다수인의 결합체로서 대외적으로 사단을 대표할 기관에 관한 정함이 있는 단체를 말한다"고 판시하였다.

16) 이시윤(註 2), 124면; 정동윤·유병현(註 12), 175면. 그러나 주석 신민사소송법(Ⅰ)(김능환 집필부분)(2004), 310면은 긍정설을 취한다.

17) 현재는 제28조이다.

18) 일본 학설은 高桑 昭, "當事者能力," 國際民事訴訟法(財産法關係) 新·裁判實務大系 3(高桑 昭·道垣內正人(編)(2002), 163면 이하; 강현중(註 10), 428면 이하; 전병서(註 10), 13면 이하와 최공웅(註 8), 349면 이하를 참조한 것이다. 당사자에 관한 상세한 일본 문헌으로는 福永有利, 民事訴訟當事者論(2004)을 참조.

19) 이를 '속인법실체법설'이라고도 부른다. 高桑 昭(註 18), 169면. 저자도 법정지법설보다는 속인법실체법설(또는 본국실체법설)이 적절하다고 본다. 법정지법설은 당사자능력에 관한 우리 민사소송법의 원칙을 적용하는 듯한 인상을 주나, 실제는 우선 법정지의 민사소송법을 적용하고, 국제사법을 그 밖의 법률이라고 보아 결국 권리능력의 준거법을 적용하기 때문이다.

른 당사자의 권리능력의 準據法, 즉 당사자의 屬人法 그 중에서도 實體法을 적용할 것이라고 한다. 만일 그 實體法에 따라 권리능력이 긍정되면 우리 나라에서도 권리능력이 긍정되고, 단체의 당사자능력이 제51조에 의해 부정되더라도, 대표자 또는 관리인이 있는 경우에는 제52조에 따라 당사자능력이 긍정된다. 이것이 일본의 과거의 통설이라고 한다.

둘째는 당사자능력은 권리능력, 행위능력과 표리를 이루는 사람의 속성·능력에 관한 문제이지만, 그것은 訴訟法상의 문제이기 때문에 민사소송법 제51조의 경유 없이 당사자의 본국법[20]의 訴訟法을 적용하는 견해이다. 이를 '본국소송법설'[21]이라고 한다. 이 견해에 따르면 민사소송법 제51조는 내국인에게만 적용된다. 다만 본국소송법상 당사자능력이 없더라도 제52조에 의하여 우리 나라에서 당사자능력이 인정될 수 있다.

셋째는 屬人法 소속국의 實體法과 訴訟法의 양자를 선택적으로 연결하여 어느 하나의 법에 따라 당사자능력이 있으면 우리 나라에서도 당사자능력이 있다는 견해이다.[22] 일본에서는 이것이 근자의 다수설이라고 한다.[23]

일본의 판례는 나뉘어 있는데 다수는 첫째 견해, 즉 法廷地法說을 따르고 있는 것으로 보인다.[24]

위의 견해를 독일 상법상의 합명회사에 적용한 결과는 다음과 같다. 독일 상법상 합명회사와 합자회사는 법인이 아니고 따라서 권리능력이 없지만 당사자능력은 있는데, 이는 독일 상법(제124조, 제161조 제2항)[25]이 명시하

20) 엄밀하게는 본국법과 속인법은 동일하지 않다. 즉 자연인과 법인에서 공히 속인법이라는 표현을 사용하는데, 자연인의 경우 속인법은 대체로 본국법 또는 주소지법이고, 법인의 경우 대체로 설립준거법 또는 본거지법이나. 논리적으로는 어느 경우에나 사용할 수 있는 '속인법'이 적절할 것이나, 우리 민사소송법(제57조)과 종래의 견해들이 양자를 구별하지 않으므로 여기에서도 양자를 혼용한다.

21) 이를 '속인법소송법설' 또는 '속인법설'이라고도 한다. 高桑 昭(註 18), 169면.

22) 강현중(註 10), 431면은 이를 지지한다. 이를 누적적 적용설이라고 하나 국제사법의 일반적인 용어에 따르면 이는 당사자능력의 존재를 쉽게 긍정할 수 있도록 하기 위하여 어느 하나의 법에 따라 당사자능력이 존재하면 족하다는 것이므로 누적적 연결이 아니라 선택적 연결이다. 신창선, 국제사법 제4판(2005), 110면 참조.

23) 高桑 昭(註 18), 169면.

24) 高桑 昭(註 18), 167면; 전병서(註 10), 14면.

25) 제124조는 다음과 같다.

제124조 법적 독립성, 회사재산에 대한 강제집행

(1) 합명회사는 그의 명의로 권리를 취득하고, 의무를 부담하며, 소유권 기타 부동산에 대한 물권을 취득하고, 법원에서 소를 제기하거나 제기당할 수 있다.

(2) 회사재산에 대한 강제집행을 위하여는 회사에 대하여 집행할 수 있는 집행권원이 필요하다.

기 때문이다.[26] 따라서 독일법에 따라 설립된 합명회사가 우리 법원에서 당사자가 되는 경우 法廷地法說(본국실체법설)에 의하면 屬人法의 實體法에 따라 권리능력이 없으므로 당사자능력이 부인되어야 할 것이고, 다만 대표자 또는 관리인이 있으면 민사소송법 제52조에 따라 긍정된다. 반면에 본국소송법설[27]에 의하면 당사자능력이 인정될 것이다. 이 점에서 양자의 결론은 대체로 동일하나 이론구성상의 차이가 있다. 영국의 partnership의 경우도 영국법상 권리능력은 부정되지만 당사자능력은 인정되므로 유사한 문제를 제기한다.[28] 미국의 partnership도 법인격, 즉 권리능력은 없지만 다수의 제정법은 당사자능력을 인정하고 있으므로 마찬가지이다.[29]

나. 독일 민사소송법상의 논의

참고로 우리 민사소송법 제51조와 제52조에 상응하는 조문은 독일 민사소송법 제50조 제1항과 제2항인데, 우리 민사소송법과 동일하지는 않다. 즉 독일 민사소송법 제50조는 당사자능력에 관하여, 권리능력이 있는 자는 당사자능력이 있다는 점과(제1항), 권리능력 없는 사단도 제소될 수 있으며 그 경우 사단은 권리능력 있는 사단의 지위를 가진다고 규정한다(제2항).[30]

독일에서는 당사자능력은 法廷地法에 따른다는 제국재판소와 연방대법원의 전통적인 견해가 아직도 완전히 포기된 것은 아니지만,[31] 지금으로서는

독일 상법 제161조 제2항에 따르면, 달리 규정하지 않는 한 합명회사에 관한 규정은 합자회사에 준용된다.

26) Baumbach/Hopt, Handelsgesetzbuch 30. Auflage (2000), §124 Rn. 42; Stein/Jonas/Bork, Kommentar zur Zivilprozessordnung 22. Auflage Band 2 (2004), §50 Rn. 17. 그러나 독일법상 합명회사와 합자회사는 소송능력은 없고 대리권이 있는 사원에 의하여 대리된다. 독일 민사소송법 제51조 제1항.

27) 이는 상법 제124조를 절차법으로 보는 것을 전제로 한다.

28) 전병서(註 10), 13면; Nagel/Gottwald(註 7), §4 Rz. 18.

29) 예컨대 California Corporations Code 제338조. 임재연, 미국회사법(2004), 36면. 그러나 조합 명의로 재산을 취득하는 것은 가능하다. Uniform Partnership Act, 제8조. 위 임재연, 32면 참조.

30) 조문은 아래와 같다.
"제50조 권리능력
(1) 권리능력이 있는 자는 당사자능력이 있다.
(2) 권리능력이 없는 사단은 제소될 수 있고, 그 쟁송에서 사단은 권리능력이 있는 사단의 지위를 가진다."
독일 민사소송법은 민법 그 밖의 법률을 언급하지 않고, 제2항은 수동적 당사자능력만을 인정하고 능동적 당사자능력은 인정하지 않는 점에서 우리 민사소송법과 다르다.

31) Nagel/Gottwald(註 7), §4 Rz. 22.

당사자의 屬人法[32]에 의하는 데는 별이견이 없고 다만 屬人法의 實體法[33]인지 訴訟法인지에 관하여 견해가 나뉘는데, 통설은 독일 민사소송법에 씌여지지 않는 저촉규범이 있다고 보아 屬人法의 訴訟法에 의할 것이라고 한다.[34] 그러나 근자에는 실효적인 권리보호를 위하여 양자의 선택적 연결을 인정하는 견해, 즉 외국인 당사자는 屬人法의 實體法 또는 訴訟法 중 어느 하나에 따라 당사자능력이 있으면 독일에서 당사자능력이 있다는 견해도 주장된다.[35] 더 나아가 屬人法상 권리능력과 소송능력이 없더라도, 독일 민사소송법상 당사자능력이 있는 조직에 상응하는 외국의 조직은 독일에서도 당사자능력이 있으므로 결국 '세 가지 抵觸規則'(dreigliedrige Kollisionsregel)이 타당하다는 견해도 있다.[36]

다. 사 견

견해의 대립은 자연인의 경우는 별 의미가 없고 법인이나 단체의 경우 의미가 있다. 그리고 어느 견해를 따르더라도 실제 결과에 큰 차이는 없는 것으로 보인다. 어쨌든 이 문제는 우리 민사소송법이 實體法의 권리능력을 기초로 당사자능력을 인정하고 있음을 중시하여 외국인에게도 동일한 원칙을 적용할 것인지, 아니면 소송능력에 관한 민사소송법 제57조를 당사자능력에 유추적용하여 이를 특별한 抵觸規範으로 볼지의 문제이다. 생각건대 다음의 이유로 제51조의 해석으로는 본국소송법설이 좀더 설득력이 있다고 본다.[37]

첫째, 屬人法의 實體法상 권리능력이 없더라도 節次法상 당사자능력이

---

32) 독일에서는 자연인인 외국인의 권리능력의 준거법은 민법시행법(제7조 제1항)에 따라 속인법에 의하고, 법인인 외국인의 권리능력은 명문의 규정이 없지만 통설과 판례는 사실상의 본거지법설을 따른다. 독일에서는 회사의 속인법에 관하여 본거지법설을 따르기 때문이다. 이 점은 우리 국제사법(제16조)과 다른 점이다.

33) Schütze(註 7), Rn. 186.

34) Nagel/Gottwald(註 7), § 4 Rz. 14; Schack(註 6), Rn. 530; Geimer(註 7), Rz. 2202. 이러한 견해는 Pagenstecher로부터 비롯되었다고 한다. Geimer(註 7), Rz. 2202.

35) Geimer(註 7), Rz. 2203, Rz. 1936; Hartmut Linke, Internationales Zivilprozeßrecht 3. Auflage (2001), Rn. 246.

36) Stein/Jonas/Bork(註 26), § 50 Rn. 51. 셋째의 근거는 본국실체법설을 취하면서 민법시행법의 거래보호조항(제12조)을 유추적용하거나, 본국소송법설을 취하면서 독일 민사소송법 제55조를 유추적용하여 도출하는 것으로 보인다. Schütze(註 7), Rn. 187; Linke(註 35), Rn. 247; Geimer(註 7), Rz. 2204.

37) 전병서(註 10), 15면도 동지.

인정된다면 우리 법원으로서도 이를 인정할 수 있고, 또한 그렇게 하는 것이 실효적인 분쟁해결을 위하여 합목적적이고, 까다로운 적응의 문제를 회피할 수 있기 때문이다.[38] 반면에 屬人法의 節次法상 당사자능력이 부정되면, 가사 屬人法의 實體法상 권리능력이 있더라도 —이럴 이유는 별로 없지만— 우리 나라에서도 당사자능력을 부정한다.

둘째, 우리 법원이 외국의 訴訟法에 따라 외국인의 당사자능력을 판단하는 본국소송법설에 대해서는 節次는 法廷地法에 의한다는 대원칙(*lex fori* principle)에 반한다는 비판이 가능하지만,[39] 아래에서 보는 바와 같이 민사소송법 제57조를 유추적용하면 예외를 인정하는 데 별 무리가 없을 것이다.

셋째, 민사소송법 제51조는 당사자능력은 이 법에 특별한 규정이 없으면 민법, 그 밖의 법률에 따른다고 규정하는데, 이는 내국인을 염두에 둔 규정이고 제52조도 동일하다. 가사 "그 밖의 법률"에 국제사법이 포함된다고 보더라도 민사소송법상 특칙이 있으면 그 특칙에 따라야 할 것이다. 그런데 민사소송법 제57조("외국인은 그의 본국법에 따르면 소송능력이 없는 경우라도 대한민국의 법률에 따라 소송능력이 있는 경우에는 소송능력이 있는 것으로 본다")[40]는 외국인의 소송능력에 관하여 본국소송법이 準據法임을 밝히고 있으므로[41] 당사자능력에도 이를 유추적용하여 외국의 단체가 본국소송법상 당사자능력이 없더라도 우리 법률에 따라 당사자능력이 있는 경우에는 당사자능력이 있는 것으로 본다.[42]

이와 같이 당사자능력에도 제57조를 유추적용하는 견해를 취할 경우, 제51조와 제57조를 묶어보면 결국 본국소송법과 우리 訴訟法에 선택적 연결을 한 결과가 된다. 입법론으로서는 당사자능력에 관하여도 제57조에 상응하는 조문을 명시하는 편이 바람직하다고 본다.

---

38) Schack(註 6), Rn. 530.

39) Schütze(註 7), Rn. 186.

40) 이는 일본의 구 민사소송법(제51조)과 거의 동일하다. 현재는 제33조이다.

41) 즉 민사소송법 제57조가 "외국인은 그의 본국법에 따르면 '행위능력'이 없는 경우라도"가 아니라 "외국인은 그의 본국법에 따르면 '소송능력'이 없는 경우라도"라고 하여 소송능력을 문제삼는 것을 보면 소송능력의 원칙적 준거법을 본국소송법으로 본다는 것이다.

42) 독일에 관한 위의 논의에서 본 바와 같이 이러한 결론은 민사소송법 제57조를 유추적용하거나, 국제사법 제16조를 유추적용하여 도출할 수 있다.

Ⅲ. 外國人의 訴訟能力

1. 민사소송법의 규정—내국인의 경우

소송능력이라 함은 당사자로서 유효하게 소송행위를 하거나 또는 상대방이나 법원으로부터 소송행위를 받기 위해 갖추어야 할 능력을 말한다. 소송능력은 소송상의 행위능력이라고도 하고 민법상의 행위능력에 대응하는 것인데, 이는 소송요건이므로 법원이 직권으로 조사할 사항이다. 위에서 본 민사소송법 제51조는 "… 소송능력은 … 이 법에 특별한 규정이 없으면 민법, 그 밖의 법률에 따른다"고 규정하므로 민법상 행위능력이 있는 자는 소송능력을 가진다.

그런데 외국인의 소송능력에 관한 특별규정인 민사소송법 제57조는 "외국인은 그의 본국법에 따르면 소송능력이 없는 경우라도 대한민국의 법률에 따라 소송능력이 있는 경우에는 소송능력이 있는 것으로 본다"고 규정하므로, 외국인의 소송능력은 원칙적으로 본국법에 의하고, 예외적으로 외국인이 본국법상 소송능력이 없더라도 우리 법에 의하여 소송능력이 있는 때에는 소송능력자로 본다. 이는 외국인을 내국인과 동등하게 보호하면 족하다는 취지라고 설명한다.[43)]

여기에서 '본국'이라 함은 자연인의 경우 국적소속국을, 법인의 경우 국제사법(제16조)에 따라 원칙적으로 그의 設立準據法 소속국을 각각 의미하는 것으로 해석할 것이다.

2. 訴訟能力의 準據法

가. 학설의 소개

이에 관하여 우리 나라에는 논의가 많지 않고, 일본에는 종래 일본 구 민사소송법 제45조(우리 민사소송법 제51조에 상응)와 관련하여 두 가지 견해가 대립하였는데, 이를 우리 민사소송법 조문에 대입하여 소개하면 다음과 같다.[44)]

---

43) 이시윤(註 2), 134-135면.

44) 일본 학설은 山本克己, "訴訟能力," 國際民事訴訟法(財産法關係) 新·裁判實務大系 3(高

당사자능력의 경우와 마찬가지로 소송능력의 경우에도 法廷地法說(본국실체법설)과 본국소송법설이 나뉘고 있으나, 소송능력의 경우 당사자능력의 경우에는 없는 민사소송법(제57조)이 특별규정을 두고 있으므로 논리의 전개에 차이가 있다.

法廷地法說[45]은, 민사소송법 제51조를 적용하여 소송능력을 판단함에 있어 實體法상의 개념인 행위능력에 따르도록 하므로, 우리 국제사법(제13조)에 따라 행위능력의 準據法인 본국법의 實體法을 적용하여 행위능력이 긍정되는 경우에 우리 나라에서도 소송능력을 긍정한다. 이것이 일본의 종래의 통설이라고 한다.[46] 다만 민사소송법 제57조가 특별규정을 두고 있으므로, 외국인이 본국법에 따라 소송능력이 없더라도 우리 민사소송법상 소송능력이 있으면 소송능력이 있는 것으로 본다. 그러나 이런 단서는 본국법에 따른 행위능력을 기초로 할 것이라는 法廷地法說과는 배치된다.[47]

한편 본국소송법설[48]은, 민사소송법 제57조가 본국법에 따르면 '행위능력'이 없는 때라고 하지 않고 '소송능력'이 없는 경우라고 하여 소송능력을 문제삼는 것을 보면 본국의 訴訟法이라고 해석할 것이라고 본다. 즉 "사람의 소송능력은 그의 屬人法의 訴訟法에 의한다"는 씌여지지 않는 연결원칙이 존재하는 것으로 보는 것이다. 물론 민사소송법 제57조의 결과 외국인이 본국의 訴訟法에 따라 소송능력이 없더라도 우리 민사소송법상 소송능력이 있

桑 昭·道垣内正人(編)(2002), 173면 이하; 강현중(註 10), 416면 이하; 전병서(註 10), 15면 이하와 최공웅(註 8), 352면 이하를 참조한 것이다.

45) 이를 '속인법실체법설'이라고도 한다. 山本克己(註 44), 173면.

46) 山本克己(註 44), 173면; 강현중(註 10), 417면.

47) 과거 섭외사법(제6조 제2항)하에서는 민사소송법 제51조(구 민사소송법 제47조)에 의하여 섭외사법이 적용되는 결과 제57조(구 민사소송법 제53조)가 없더라도 동일한 결과가 될 것이므로 제57조(구 민사소송법 제53조)는 주의적 규정이라고 설명하기도 하였으나(金祥源/朴禹東/李時潤/李在性(편집대표), 주석민사소송법(Ⅰ)(1991), 277면(이재성 집필부분)), 국제사법(제15조 제1항)은 섭외사법과 차이가 있다는 이유로 지금은 이렇게 설명하지는 않는다. 주석 신민사소송법(Ⅰ)(註 16), 332면. 그러나 국제사법(제15조 제1항 본문)이 여전히 내국거래를 보호하기 위하여 "법률행위를 행한 자와 상대방이 법률행위의 성립 당시 동일한 국가 안에 있는 경우에 그 행위자가 그의 본국법에 의하면 무능력자이더라도 법률행위가 행하여진 국가의 법에 의하여 능력자인 때에는 그의 무능력을 주장할 수 없다"고 규정하고 있으므로 민사소송법 제57조는 그와 유사한 취지라고 할 것이다. 그 점에서 이는 내국거래 (또는 내국소송)의 안전을 위한 것이다. 다만 국제사법은 쌍방적 저촉규정의 형식을 취하고 있고, 민사소송법은 일방적 저촉규정의 형식을 취하는 데 차이가 있다. 과거 섭외사법(제6조 제2항)은 일방적 저촉규정의 형식을 취하였다.

48) '본국법설' 또는 '속인법소송법설'이라고도 한다. 山本克己(註 44), 174면.

으면 소송능력이 있는 것으로 본다.

셋째는 法廷地訴訟法과 본국소송법의 양자를 선택적으로 연결하여 어느 하나의 법에 따라 소송능력이 있으면 우리 나라에서도 소송능력이 있다는 견해이다.

일본의 판례는 法廷地法說을 취하고 있다고 한다.[49]

나. 독일 민사소송법상의 논의

독일 민사소송법 제51조[50]는 우리 민사소송법 제51조에 상응하고, 나아가 독일 민사소송법 제55조도 우리 민사소송법 제57조와 유사한 취지를 규정하고 있으나,[51] 제51조는 우리 민사소송법과 동일하지 않음을 주의해야 한다. 독일 민사소송법 제51조는 소송능력에 관하여, 소송능력은 민사소송법이 별도의 규정을 두지 않는 한 민법의 규정에 따른다고 규정할 뿐이고 그 밖의 법률은 언급하지 않는다.

독일에는 행위능력의 準據法을 통하여 소송능력을 간접적으로 결정하는 국제사법적 접근방법을 취하는 견해, 즉 屬人法에 속하는 實體法을 적용할 것이라는 견해도 있다.[52] 그러나 독일 민사소송법 제55조를 소송능력은 屬人法에 의한다는 것을 전제로 하는 '訴訟上의 抵觸規範'(prozessuale Kollisionsnorm)으로 이해하고 그에 따라 본국소송법에 따른다는 견해가 다수설로 보인다.[53] 즉 민사소송법 제55조로부터 소송상의 抵觸規範을 도출하는 것

49) 山本克己(註 44), 174면 이하 참조.

50) 독일 민사소송법 제51조 중 소송능력에 관한 부분만을 빌췌하면 아래와 같다.
"제51조 소송능력, 법정대리, 소송수행
(1) 법정에 서는 당사자의 능력은 … 이하의 조문들이 달리 규정하지 않는 한 민법의 규정에 따라 결정된다.
(2) (번역 생략)"
제52조는 다음과 같다.
제52조 소송능력의 범위
(1) 사람은, 계약에 의하여 의무를 부담할 수 있는 범위 내에서 소송능력이 있다.
(2) 폐지.

51) 조문은 아래와 같다.
"제55조 외국인의 소송능력
본국법에 따라 소송능력이 없는 외국인도, 법정지법에 따라 소송능력이 있는 경우에는 소송능력이 있는 것으로 본다."

52) Schütze(註 7), Rn. 189. 그런데 독일에서는 외국인의 행위능력의 준거법은 민법시행법(제7조 제1항)에 따라 속인법에 의하고, 법인인 외국인의 행위능력은 명문의 규정이 없지만 종래의 통설과 판례는 본거지법설을 따른다.

53) Nagel/Gottwald(註 7), §4 Rz. 37; Stein/Jonas/Bork(註 26), §55 Rn. 1; Geimer(註

이다. 그러나 근자에는 양자의 선택적 연결을 인정하여, 외국인 당사자는 屬人法의 實體法에 따라 행위능력이 있거나, 屬人法의 訴訟法에 따라 소송능력이 있으면 독일에서 소송능력이 있다는 견해도 유력하다.[54)]

한편 제55조는 선택적으로 法廷地法에 연결함으로써 소송능력을 인정하는 것으로 내국의 소송을 보호하기 위한 규정이다.[55)] 그러나 제55조에 기하여 독일에서 판결을 선고하더라도 이는 당사자의 본국에서는 승인·집행될 수 없을 것이므로 이를 요구하지 않는 사안에서만 의미가 있을 것이다.[56)]

다. 사 견

당사자능력에서 언급한 바와 같이 견해의 대립은 자연인의 경우는 별 의미가 없고 법인이나 단체의 경우 의미가 있으나, 어느 견해를 따르더라도 실제 결과에 큰 차이는 없는 것으로 보인다. 어쨌든 이는 우리 민사소송법이 實體法의 행위능력을 기초로 소송능력을 인정하고 있음을 중시하여 외국인에게도 동일한 원칙을 적용할 것인지, 아니면 민사소송법 제57조를 특별한 抵觸規範으로 볼지의 문제이다. 생각건대 당사자능력에 관하여 본 것과 동일한 이유로 제51조의 해석에 관한 한 본국소송법설이 보다 설득력이 있다고 본다.[57)] 특히 우리 민사소송법 제57조가 외국인의 소송능력에 대한 특별규정을 두고 있으므로, 명시적인 조항이 없어 제57조를 유추적용하는 당사자능력과 비교하면 소송능력의 경우는 실정법상의 근거가 더욱 강력하다.

또한 소송능력에 관하여는 민사소송법 제57조가 적용되므로 외국인이 본국소송법에 따르면 소송능력이 없는 경우라도 우리 법률에 따라 소송능력이 있는 경우에는 소송능력이 있는 것으로 본다. 당사자능력의 경우와 마찬가지

---

7), Rz. 2217; Schack(註 6), Rn. 535. 이는 Pagenstecher, "Werden die Partei- und Prozeßfähigkeit eines Ausländers nach seinem Personlstatut oder nach den Sachnormen der lex fori beurteilt?," ZZP 64 (1950/51), S. 283으로부터 비롯되었다고 한다.

54) Linke(註 35), Rn. 246. 그러나 당사자능력의 선택적 연결을 주장하는 Geimer는 소송능력의 경우 본국소송법설을 취한다. Geimer(註 7), Rz. 2217.

55) 독일 민법시행법(제12조)과 우리 국제사법(제15조 제1항)도 행위능력에 관하여 유사한 취지의 조항을 두고 있다.

56) Nagel/Gottwald(註 7), § 4 Rz. 44. 이 점은 우리 민사소송법의 경우도 동일하다. 만일 당사자능력에도 이를 유추적용한다면 그 경우에도 마찬가지이다.

57) 강현중(註 10), 427면 이하는 본국법설을 취하면서, 실체법에 의할지 소송법에 의할지는 본국이 결정할 사항이라고 한다. 반면에 전병서(註 10), 17면은 법정지법설을 취한다.

로, 제51조와 제57조를 묶어보면 결국 본국소송법과 우리 소송법에 선택적 연결을 한 결과가 된다.

요컨대 저자는 제51조의 해석에 관하여 당사자능력과 소송능력의 경우 공히 본국소송법설을 취하는데 이는 간명하다는 장점이 있다. 그 실정법적 근거는 민사소송법 제57조의 유추적용(당사자능력의 경우)과 적용(소송능력의 경우)에 있다. 나아가 당사자능력의 경우 외국의 단체가 본국소송법상 당사자능력이 없더라도 우리 민사소송법상 당사자능력이 있는 경우에는 당사자능력이 있는 것으로 본다(제57조의 유추적용). 또한 소송능력의 경우 외국인이 본국소송법상 소송능력이 없더라도 우리 민사소송법상 소송능력이 있는 경우에는 소송능력이 있는 것으로 본다(제57조의 적용). 제51조와 제57조를 묶어 보면, 당사자능력이든 소송능력이든 결국 본국소송법과 우리 訴訟法에 선택적 연결을 하는 결과가 된다.

Ⅳ. 국제소송의 당사자적격(訴訟遂行權)

당사자적격이라 함은 특정의 소송사건에 있어서 당사자로서 소송을 수행하고 본안판결을 받기에 적합한 자격을 말하는데, 당사자적격이 있는 자를 '정당한 당사자'라 하고, 권한의 면에서 파악하여 '訴訟遂行權(Prozessführungsbefugnis[58])을 가지는 당사자'라고도 하며, 訴訟遂行權은 민법상의 관리처분권(Verwaltungs und Verfügungsmacht)에 상응하는 개념이라고 한다.[59] 일반적으로 소송물인 권리관계의 존부의 확정에 대해 법률상 대립하는 이해관계를 가진 자가 정당한 당사자인데, 통상은 소송의 목적인 권리관계의 주체인 자가 정당한 당사자이므로 당사자적격은 별로 문제되지 않으나, 제3자가 정당한 당사자로서 소송수행을 하는 경우도 있는데, 후자를 '제3자의 소송담당'이라고 한다. 이와 같이 소송법상의 당사자개념은 實體法과 무관하게 원고의 신청, 즉 소장을 표준으로 형식적으로 판단되는데, 이를 '형식적 당사

---

58) 소송수행권을 'Prozessführungsrecht' 또는 'Prozesslegitimation'이라고도 한다. Stein/Jonas/Bork(註 26), vor § 50 Rn. 19.

59) 이시윤(註 2), 127면. 관리처분권을 기준으로 소송수행권을 정하는 근거와 그에 대한 비판은 福永有利(註 18), 126면 이하; 이동률, "제3자 소송담당의 문제점," 민사소송 제8권 제1호(2004), 170면 이하 참조.

자개념'(formeller Parteibegriff)이라고 한다.[60]

아래에서는 우선 국내소송의 경우 당사자적격을 검토하고, 국제소송의 경우를 살펴본다.

1. 민사소송법상의 이론—국내소송의 경우

가. 일반적인 경우

국내소송의 경우 당사자적격을 가지는 자는 소송의 유형에 따라 다음과 같다.

(1) 이행의 소

이행의 소에서는 자기에게 이행청구권이 있다고 주장하는 자가 원고적격을 가지고, 그에 의하여 이행의무자라고 주장된 자가 피고적격을 가진다. 즉 형식적 당사자개념을 채용한 결과 이행의 소에서는 당사자적격은 원고의 주장 자체에 의하여 결정되고, 실제로 원고가 그러한 권리를 가지고, 피고가 그러한 의무를 부담하는지[61]는 본안심리에서 판단할 사항이다.

(2) 확인의 소

확인의 소에서는 청구에 대하여 확인의 이익을 가지는 자가 원고적격을 가지고, 원고의 이익과 대립·저촉되는 이익을 가지는 자가 피고적격을 가진다. 어떤 권리의 존재 확인을 구하는 소의 경우 당해 권리의 주체가 아니더라도 확인의 이익이 있으면 원고적격을 가지므로 확인의 소의 당사자적격은 개별사건마다 확인의 이익의 존부를 판단하여 결정하여야 한다.

(3) 형성의 소

형성의 소에서는 법규 자체가 당사자적격을 가지는 자를 명시하는 경우가 많다. 예컨대 주주총회결의 취소의 소에 관한 상법(제376조)과 합병무효에 관한 상법(제236조)은 원고적격자를 명시한다. 명문의 규정이 없는 때에는, 제3자에게 판결의 대세효가 발생하는 점을 고려할 때 당해 소송물과 가장 강한 이해관계를 가지고 충실한 소송수행을 기대할 수 있는 자를 당사자적격자라고 본다.[62]

---

60) 이시윤(註 2), 109면; 정동윤·유병현(註 12), 153면.
61) 독일에서는 이를 '본안적격'(Sachlegitimation)이라 한다.
62) 대법원 1967. 12. 26. 선고 67다1839 판결; 대법원 1988. 2. 23. 선고 87다카1586 판결.

(4) 고유필수적 공동소송

고유필수적 공동소송은 實體法상 관리처분권, 즉 訴訟遂行權이 수인에게 공동으로 귀속하는 때이므로 實體法상 이유에 의한 필수적 공동소송이라고 하는데, 이에는 형성권이 공동으로 귀속하는 경우, 합유관계소송, 총유관계소송 및 수인의 소송담당자의 경우 등이 있다.[63] 예컨대 우리 법상 조합이 적극적 당사자(또는 능동당사자)가 되는 능동소송의 경우에는 소송의 목적이 조합원 전원에 대하여 합일적으로 확정되어야 하는 고유필수적 공동소송이나, 각 조합원의 개인적 책임에 기하여 조합채무의 이행을 구하는 수동소송의 경우에는 원칙적으로 그렇지 않다.[64] 나아가 조합채무에 관한 소송, 즉 수동소송의 경우에는 채무의 대체성 유무에 따라 예컨대 채권자가 조합에 대하여 금전채권 등 대체성이 있는 채권을 가지는 때에는 조합원 1인을 상대로 소를 제기할 수 있으나, 대체성이 없는 부동산소유권이전등기를 구하는 소를 제기하는 때에는 고유필수적 공동소송이다.[65] 고유필수적 공동소송의 경우 관리처분권을 가지는 이들이 공동으로 당사자가 되지 않으면 당사자적격을 구비하지 못한다. 반면에 유사필수적 공동소송은 개별적으로 소송을 할 수 있지만 일단 공동소송인이 된 이상 합일확정이 요청되는 공동소송을 말하며, 節次法상 이유에 의한 필수적 공동소송이라고 한다.[66] 이 경우 여러 사람이 공동으로 당사자가 되어야 하는 것은 아니므로 당사자적격과는 직접 관련이 없다.

나. 제3자의 소송담당

권리관계의 주체 이외의 제3자가 당사자적격을 가지고 자기의 이름으로 소송을 수행하는 경우가 있는데 이를 '제3자의 소송담당' 또는 '제3자의 소송신탁'이라고 한다. 이 경우 원고는 제3자의 권리를 소송상 주장하는 것이므로 이를 '타인의 권리에 관한 소송'이라고도 부른다. 소송을 담당하는 제3자를 '소송담당자'라고 하거나, 소송신탁을 받은 자라는 의미에서 '소송수탁자',[67] 상대방은 그에 상응하여 '(소송)피담당자' 또는 '(소송)위탁자'라고 부른다.

---

63) 이시윤(註 2), 610면 이하; 호문혁, 민사소송법 제4판(2005), 753면 이하.
64) 이시윤(註 2), 611-612면.
65) 김재형, "組合에 대한 法的 規律," 民事判例硏究[XIX](1997), 666면.
66) 이시윤(註 2), 614면; 호문혁(註 63), 757면.
67) 독일어로는 소송담당을 'Prozesstandschaft', 소송담당자를 'Prozesstandschafter'라고 한다.

제3자의 소송담당에는 법정소송담당과 임의적 소송담당의 두 가지가 있다.[68)]

(1) 법정소송담당

이는 제3자가 권리관계의 주체의 의사에 관계없이 법률의 규정에 의하여 訴訟遂行權을 가지는 경우인데, 이에는 (a) 제3자가 법률의 규정에 의하여 관리처분권을 가지는 결과 訴訟遂行權을 가지는 경우와 (b) 직무상의 당사자(Partei kraft Amtes), 즉 일정한 직무에 있는 자가 법률에 의하여 자기와 개인적으로 아무런 관계가 없는 소송에 관하여 訴訟遂行權을 가지는 경우가 있다.[69)] (a)에는 첫째 제3자가 권리관계의 주체와 함께 訴訟遂行權을 가지는 경우(병행형)[70)]와, 둘째 권리관계의 주체에 갈음하여 訴訟遂行權을 가지는 경우(갈음형)가 있다.[71)] 우리 나라에서는 대체로 파산관재인, 회사정리의 관리인, 유언집행자 등을 (a), 그 중에서도 갈음형의 예로 드나 독일에서는 이를 (b)의 직무상의 당사자로 분류하는데, 이는 파산관재인 등의 법적 지위를 어떻게 이해할 것인가 그리고 직무상의 당사자의 개념을 어떻게 규정할지에 따라 좌우되는 문제이다.[72)]

(2) 임의적 소송담당

이는 제3자가 권리관계의 주체로부터 訴訟遂行權을 수권받은 경우이다. 이에는 (a) 법률이 명시적으로 허용하는 경우와 (b) 그 밖에 학설 및 판례

---

68) 그 밖에도 이시윤(註 2), 132면은 공해소송, 주민소송, 소비자소송, 환경소송 등 이른바 현대형소송을 별도의 유형으로 들면서 클래스 액션과 단체소송에 의하여 당사자적격을 허용하는 방안을 도입할 필요가 있다고 한다. 정동윤·유병현(註 12), 198면도 유사하다.

69) 우리 나라에서는 통상 가사소송사건에서 피고 적격자 사망 후에 검사(가사소송법 제24조 제3항, 제28조, 제31조, 제33조)나, 해난구조료청구에 있어서의 선장을 예로 든다(상법 제859조 제2항). 이시윤(註 2), 131면.

70) 이러한 제3자의 예로는 채권자대위소송의 채권자(민법 제404조), 대표소송의 (소수)주주(상법 제403조)와 채권질의 질권자(민법 제353조), 공유자전원을 위해 보존행위를 하는 공유자(민법 제265조) 등을 든다. 이시윤(註 2), 130면, 375면. 독일에서는 그 밖에도 불가분급부에 대한 연대채권자의 권한과, 부부재산제에 기하여 상대방 배우자의 권리를 행사할 수 있는 권한에 기한 경우를 든다. 상세는 Geimer(註 7), Rz. 2235f. 그러나 채권질의 질권자와 채권자대위소송의 채권자는 자신의 권리를 행사하는 것이므로 소송담당자가 아니라는 견해도 있다. 호문혁(註 63), 196-197면.

71) 우리 나라에서는 파산관재인, 회사정리의 관리인, 채권추심명령을 받은 압류채권자와 유언집행자 등을 갈음형의 예로 들고, 상속재산관리인은 법정대리인이라고 보는 견해가 다수설이다. 이시윤(註 2), 130면, 143면.

72) Leo Rosenberg/Karl Heinz Schwab/Peter Gottwald, Zivilprozessrecht 16. Auflage (2004) §46 Rn. 6.; Stein/Jonas/Bork(註 26), vor §50 Rn. 27f. Schack(註 6), Rn. 551. 호문혁(註 63), 196면은 독일의 분류를 지지한다. 파산관재인의 지위는 전병서, 최신 파산법(2003), 63면 이하 참조.

에 의하여 예외적으로 허용되는 경우가 있다.

전자의 예로는 민사소송법(제53조)에 따라 인정되는 선정당사자, 추심위임배서의 피배서인(어음법 제18조)과 금융기관의 연체대출금의 회수를 위임받은 한국자산관리공사(금융기관부실자산등의 효율적 처리 및 한국자산관리공사의 설립에 관한 법률 제26조 제1항)가 있다. 선정당사자라 함은 공동의 이해관계가 있는 여러 사람이 공동소송인이 되어 소송을 해야 할 경우에, 그 중에서 모두를 위해 소송을 수행할 당사자로 선출된 자를 말하는데(민사소송법 제53조), 선정당사자제도는 일본과 우리 나라에 특유한 제도이다.[73]

한편 후자를 보면, 소송대리인의 자격을 변호사에 한정하는 변호사대리의 원칙(민사소송법 제87조)과 소송신탁을 금지하는 신탁법(제7조)의 취지에 비추어 볼 때, 법률에 명문의 규정이 없는 그 밖의 경우에는 임의적 소송담당은 원칙적으로 허용되지 않는다는 것이 우리 나라의 과거 통설과 판례의 태도이다.[74] 이러한 태도는 임의적 소송담당을 허용하지 않는 이탈리아 등 라틴법계의 태도와 유사하다.[75] 그러나 근자에는, 위 원칙들을 잠탈할 염려가 없고, 또한 합리적 필요가 있는 때에는 임의적 소송담당을 허용하는 견해가 유력하고,[76] 유사한 취지에서 업무집행조합원은 조합재산에 관하여 조합원으로부터 임의적 소송신탁을 받아 자기의 이름으로 소송수행을 할 수 있다고 본 대법원판결[77]도 있다. 이러한 완화된 태도는 일본 最高裁判所의 1970. 11. 11. 판결[78]을 따른 것으로 보인다.

참고로 독일의 판례와 통설은 ① 권리주체가 타인에게 訴訟遂行權을 명

73) 김용진, 민사소송법 제3판(2005), 721면. 여기에서 '공동의 이해관계가 있는 것'은 여러 사람 상호간에 공동소송인이 될 관계에 있고 주요한 공격방어방법을 공통으로 하는 경우를 말하는 것으로 이해되고 있다.

74) 호문혁(註 63), 192-193면.

75) Haimo Schack, "Subrogation und Prozeßstandschaft, Ermittlung ausländischen Rechts im einstweiligen Verfügunsverfahren," IPRax (1995), S. 158.

76) 이시윤(註 2), 131-132면; 주석 신민사소송법(Ⅰ)(註 16), 291면. 그러나 김용진(註 73), 719면 이하는 우리 법의 해석론으로 독일의 학설을 따른다. 정동윤·유병현(註 12), 194면은 위 두 가지 요건에 추가하여 피담당자의 절차권이 실질적으로 보장될 것을 요구한다. 정동윤·유병현(註 12), 195면은 소송담당자가 다른 사람의 권리관계에 관한 소송에 대하여 자기 고유의 이익을 가지는 때 외에도, 소송담당자가 소송수행권을 포함한 포괄적인 관리처분권을 가지고, 권리의 귀속주체에 못지않게 그 권리관계에 관하여 지식을 가질 정도로 관여하고 있는 때에는 합리적 필요성이 인정된다고 한다.

77) 대법원 1984. 2. 14. 선고 83다카1815 판결; 대법원 1997. 11. 28. 선고 95다35302 판결 등.

78) 민집 24권 제12호, 1854면.

시적 또는 묵시적으로 수권하고, ② 소송담당자가 소송수행에 대하여 고유의 법적 이익(ein eigenes rechtliches Interesse)을 가질 것이라는 두 가지 요건 하에 임의적 소송담당을 허용한다.[79] 고유의 법적 이익을 요구하는 것은 법원과 상대방 당사자를 보호하기 위한 것인데, 만일 이를 요구하지 않는다면 당사자는 형식적 당사자의 지위를 변경함으로써 소송비용구조를 받거나 또는 당사자신문 대신 증인신문을 받을 가능성도 있다.[80] 예컨대 재판이 소송담당자의 법적 상태에 영향을 미치는 경우에는 고유의 법적 이익을 긍정할 수 있다고 하는데, 독일에서는 우리보다 임의적 소송담당이 널리 허용되는 것으로 보인다.[81]

선정당사자의 경우 피담당자와 소송담당자 사이에 위에서 언급한 공동의 이해관계 외에는 실체적 법률관계가 없기 때문에 實體法과 별로 관계가 없는데 반하여, 그 밖의 임의적 소송담당의 경우에는 사안에 따라 소송담당자와 피담당자간에 어떤 실체적 법률관계가 존재하는 점에서 차이가 있다.

우리 학설에 따른 제3자의 소송담당의 유형과 사례는 다음과 같이 정리할 수 있다.

<table>
<tr><td rowspan="3">(1) 법정소송담당</td><td rowspan="2">(a) 법률의 규정에 의한 관리처분권에 기한 경우</td><td>병행형: 채권자대위소송의 채권자, 주주대표소송의 소수주주, 채권질의 질권자</td></tr>
<tr><td>갈음형: 파산관재인, 관리인, 압류채권자(독일에서는 직무상의 당사자로 본다)</td></tr>
<tr><td>(b) 직무상의 당사자</td><td>검사, 선장</td></tr>
<tr><td rowspan="2">(2) 임의적 소송담당</td><td colspan="2">(a) 법률이 명시하는 경우: 선정당사자, 추심위임배서의 피배서인</td></tr>
<tr><td colspan="2">(b) 그 밖에 학설·판례가 허용하는 경우: 업무집행조합원</td></tr>
</table>

(3) 제3자의 소송담당과 판결의 효력

제3자의 소송담당의 경우 소송담당자가 소송을 수행하여 받은 판결의 효력은 그 제3자뿐만 아니라 권리관계의 주체인 본인에게도 미친다(민사소송법

79) 전자는 독일 민법 제185조를, 후자는 보조참가에 관한 독일 민사소송법 제66조 제1항과 확인의 소에 관한 제256조 제1항을 유추적용한 것이다. Rosenberg/Schwab/Gottwald(註 72), §46 Rn. 33f.; Schack(註 6), Rn. 557.

80) Schack(註 6), Rn. 559.

81) Rosenberg/Schwab/Gottwald(註 72), §46 Rn. 35. 사례는 Rosenberg/Schwab/Gottwald(註 72), §46 Rn. 36f.; Stein/Jonas/Bork(註 26), vor §50 Rn. 58 참조.

제218조 제3항). 그런데 법정소송담당 중 위 (b) 직무상의 당사자와 (a) 중 갈음형의 소송담당자 그리고 임의적 소송담당의 경우 이는 별 문제가 없으나, (a) 중 병행형의 소송담당자의 경우에도 제218조 제3항에 따라 판결의 효력(특히 기판력)이 권리주체에게도 미치는지는 논란이 있다. 이 경우 만일 판결의 효력이 권리주체에게도 전면적으로 미친다면 소송담당자가 불성실하게 소송을 수행한 경우 패소판결의 효력에 의하여 권리주체는 다시 제소를 할 수 없게 되어 그의 訴訟遂行權이 침해되므로 권리주체가 소송에 참가함으로써 패소하는 것을 막을 수 있는 절차보장이 된 경우에 한하여 판결의 효력이 미친다는 견해가 유력하다.[82]

2. 국제소송의 경우

위에서 언급한 바와 같이 訴訟遂行權 내지 당사자적격의 문제는 소송요건이므로 節次의 문제로서 기본적으로 法廷地法인 우리 민사소송법에 의할 사항이다.[83] 그러나 당사자가 소송절차에 참가하지 않는 타인을 위하여 권리를 소송상 주장할 수 있는 권한을 가지는 경우가 있고, 이러한 권한은 實體法 또는 節次法으로부터 유래할 수 있다. 따라서 외국적 요소가 있는 국제소송의 경우 國際私法 또는 國際民事訴訟法的 考慮가 필요한 경우가 있다.

가. 일반적인 경우

국제소송의 경우에도 기본적으로는 국내소송에 관한 위의 논의가 타당하다. 따라서 당사자적격을 가지는 자는 소송의 유형에 따라 이행의 소, 확인의 소와 형성의 소를 구분하여 보아야 한다.[84] 나아가 위에서 본 바와 같이 고유필수적 공동소송은 實體法상 이유에 의한 필수적 공동소송이므로 그에 해당하는가는 관련 實體法에 따라 판단해야 하는데 그 實體法은 당해 법률관계의 準據法이 된다.

82) 이시윤(註 2), 132-133면. 채권자가 채무자를 대위하여 받은 판결의 효력에 관하여 대법원 1975. 5. 13. 선고 74다1664 판결도 이러한 태도를 취하였다. 이를 '절차보장설'이라고 한다.

83) Geimer(註 7), Rz. 2234f.; Schütze(註 7), Rn. 192.

84) 山本克己, "當事者適格," 國際民事訴訟法(財産法關係) 新·裁判實務大系 3(高桑 昭·道垣內正人(編)(2002), 181면 이하.

나. 제3자의 소송담당

제3자의 소송담당의 분류는 논자에 따라 다양하나, 여기에서는 위에서 본 분류에 따르되 우선 2006. 4. 1. 발효된 채무자회생 및 파산에 관한 법률(이하 "통합도산법"이라 한다)이 입법적으로 해결한 외국의 도산관재인을 살펴보고, 그 밖의 법정소송담당과 임의적 소송담당을 차례대로 살펴본다.

(1) 외국의 도산관재인

우리 구 파산법(제152조)에 따르면 파산선고가 있으면 파산채무자는 訴訟遂行權을 상실하고 파산관재인이 訴訟遂行權을 가졌다. 정리절차가 개시된 경우에도 마찬가지로 관리인이 訴訟遂行權을 가졌다(회사정리법 제96조). 이러한 파산관재인 또는 관리인(이하 "도산관재인"이라 한다)의 訴訟遂行權을 어떻게 이론구성하는가는 법계에 따라 차이가 있다. 즉 독일법계에서는 우리 파산법(제1조, 제7조)과 마찬가지로 파산선고가 있으면 채무자의 재산은 파산재단을 구성하되[85] 이는 여전히 파산자의 소유이고, 파산재단의 관리처분권만이 관재인에게 귀속한다. 반면에 미국 파산법에 따르면, 파산신청[86]에 의하여 파산재단(estate)이 성립하고, 원칙적으로 채무자의 모든 국내외 재산은 채무자와는 별개의 법인으로 취급되는 파산재단의 재산이 된다.[87][88] 미국 파산법상 파산관재인은 파산재단의 대표자로서 소를 제기하거나 제기당할 수 있으나,[89] 채무자의 포괄승계인이 되는 것은 아니다.

그런데 채무자에 대하여 외국법원에서 파산선고가 있거나 회사정리절차가 개시된 경우 당해 외국에서는 당해 절차의 도산관재인이 訴訟遂行權을 가지는데, 우리 나라에 소재하는 재산에 관한 소송에서 과연 누가 訴訟遂行權을 가지는지가 문제된다. 이 점에 대하여 도산절차의 효력이 미치는 범위

---

85) 우리 파산법상은 파산재단은 법인격이 없다. 전병서(註 72), 143면.

86) 미국 파산법상 이는 회사정리절차 개시신청을 포함하는 넓은 개념이다.

87) David Epstein, Debtor-Creditor Law in a Nutshell, 4th ed. (1991), pp. 147-148. 제541조 (a)항 참조.미국 파산법 제541조(c)(1)(A)는 채무자에 의한 재산의 이전에 대한 제한에도 불구하고 위 효과를 인정함으로써 파산자의 재산이 파산관재인에게 이전되는 것이 아님을 명확히 한다. Cowans Bankruptcy Law and Practice, Volume 2 (1989), § 9.2 p. 51 참조.

88) 영국의 1986년 도산법(Insolvency Act 1986)에 따르면 채무자의 재산은, 일부 예외를 제외하고는 양도 또는 이전을 요하지 않고 관재인의 선임과 동시에 당연히 관재인에게 귀속한다. 제283조, 제306조-제310조.

89) 미국 파산법 제323조.

에 관하여 屬地主義를 취하는 구 도산법과, 수정된 普遍主義를 취하는 통합도산법의 태도는 상이하다. 통합도산법은 외국도산관재인의 권한에 관하여 명시적인 규정을 두고 있기 때문이다. 국제도산에 관한 한 통합도산법은 국제연합 국제무역법위원회(UNCITRAL)가 1997. 5. 채택한 "국제도산에 관한 모델법"(Model Law on Cross-Border Insolvency)을 받아들인 것인데, 모델법을 충실히 따른 것이라기보다는 일본이 변형하여 받아들인 모델법을 받아들인 것이다.[90]

屬地主義를 철저히 따른다면 외국에서 개시된 도산절차의 도산관재인은 한국에 있는 재산에 대하여는 관리처분권을 가지지 않으므로 당사자적격을 가지지 않는다고 보아야 할 것이나, 과거 일부 하급심판결들[91]은 屬地主義에도 불구하고 외국의 도산관재인에게 당사자적격을 인정하였고, 이러한 태도는 결국 대법원 2003. 4. 25. 선고 2000다64359 판결에 의하여 승인되었다. 즉 위 대법원판결은 구 파산법의 해석론으로서, 미국 파산법원의 파산선고의 효력을 관재인에의 관리처분권의 이전과 개별집행금지, 즉 포괄집행적 효력으로 나누어, 전자에 관하여 미국 파산법원의 재판이 민사소송법의 외국판결 승인요건을 갖춘 것으로 못 볼 바 아니라고 하여 효력을 승인한 바 있다. 이는 도산관재인의 권한은 외국판결 승인요건을 구비하면 외국판결의 승인과 유사하게 우리 법원의 별도의 절차 없이 자동적으로 승인된다는 것을 의미한다. 과거에는 도산관재인의 권한의 승인이 國際會社法(또는 國際法人法)상 準據法의 문제인가, 아니면 도산관재인 선임재판 또는 도산절차 자체의 승인의 문제인가에 관하여 논란이 있었으나, 대법원판결은 도산관재인 선임재판을 승인하는 것이라는 節次法的 接近方法을 취한 것이다.[92]

90) 통합도산법에 따른 국제도산법제에 관하여는 석광현, "채무자회생 및 파산에 관한 법률(이른바 統合倒産法)에 따른 國際倒産法," 2006. 9. 30. 민사소송법학회 발표자료; 임치용, "새로운 국제파산법제," 남효순·김재형(공편), 통합도산법(2006), 155면 이하 참조. 다소 축약된 설명은 서울중앙지방법원 파산부 실무연구회, 회생사건실무(하)(2006), 257면 이하; 이 책 제4장 [9] 다음의 補論 참조.

91) 서울지방법원 1996. 6. 28. 선고 96가합27402 판결; 서울지방법원 2002. 9. 4. 선고 2001가합79063 판결.

92) 도산관재인을 직무상의 당사자로 보면 이 점의 설명이 용이하다. 우리 학설처럼 도산관재인을 법정소송담당의 한 유형으로 보더라도, 도산관재인의 소송수행권이 관리처분권에 기초한 것이지만, 관리처분권의 귀속은 절차법 또는 그에 기한 법원의 재판에 의한 것이므로 소송법에 근거한 법정소송담당으로 볼 것이다. 따라서 법정지의 민사소송법 또는 특칙인 통합도산법상의 요건이 구비되면 도산관재인의 소송수행권이 인정된다. 그러나 임치용, "외국파산절차가 국내에 미치는 영향," 저스티스 통권 제79호(2004. 6.), 194면은 파산

외국의 도산관재인의 권한의 문제를 입법적으로 해결한 통합도산법은 이러한 *節次法的 接近方法*을 취하였지만, 통합도산법상으로는 외국의 도산재판 또는 도산절차가 자동적으로 승인되어 외국의 도산관재인이 당연히 당사자적격을 가지는 것은 아니다. 왜냐하면 통합도산법에 따르면 외국의 도산관재인[93]이 우리 나라에서 관재인으로서의 권한, 나아가 당사자적격을 가지기 위하여는, 당해 외국의 도산법상 그가 대외적으로 권한을 가지는 것을 전제로, 우선 우리 법원에 외국도산절차의 승인신청을 해서 승인결정을 받고(제632조), 나아가 국제도산관리인으로 선임되어야 하기 때문이다(제636조 제1항 제4호).[94] 여기에서 '국제도산관리인'이라 함은 외국도산절차의 지원을 위하여 법원이 채무자의 재산에 대한 환가 및 배당 또는 채무자의 업무 및 재산에 대한 관리 및 처분권한의 전부 또는 일부를 부여한 자인데(제628조 제6호), 국제도산관리인이 선임된 경우 채무자의 업무의 수행 및 재산에 대한 관리·처분권한은 국제도산관리인에게 전속한다(제637조 제1항). 즉 屬地主義를 취하는 현행 도산법하에서는 해석론상 우리 법원의 재판이 없이도 외국도산관재인의 당사자적격이 인정될 수 있으나, 통합도산법하에서는 우리 법원의 승인결정과, 국제도산관리인의 선임에 의하여 비로소 인정될 수 있다는 점에서 오히려 불편하게 된 측면이 있다. 이는 통합도산법이 모델법을 따라 이른바 승인결정제를 도입한 결과이다.[95] 따라서 통합도산법이 시행된 현재

관재인의 당사자적격의 문제는 준거실체법에 의하는 유형이라고 하는데, 이는 아마도 파산관재인의 소송수행권이 관리처분권의 이전에 기초한 것이라는 점에 착안한 것으로 짐작된다. 이에 의하면 관리처분권의 준거실체법의 결정이 문제되나 이는 결국 도산법정지법(*lex fori concursus*)일 것이다. 생각건대 파산관재인이 실체법상 관리처분권을 가지기 때문에 당사자적격을 가지므로 그렇게 볼 여지가 없지는 않지만, 파산관재인을 직무상의 당사자로 보면 반드시 그렇지는 않다. 만일 이를 실체준거법에 따를 사항으로 본다면 도산법정지법에 따른 외국의 도산관재인은 우리 나라에서도 당연히 소송수행권을 가진다. 그러나 파산선고 및 파산관재인 선임재판에 의하여 관리처분권이 파산관재인에게 이전되는 것이므로 재판의 승인이 전제되어야 한다는 점에서 그렇게 보기는 곤란하다. 예컨대 우리의 기준에 비추어 도산관할이 없는 외국법원에 의하여 선임된 도산관재인에게 그런 권한을 인정할 수는 없다. 저자는 과거 파산법상으로도 그렇게 해석하였는데, 위 대법원 판결도 승인을 필요로 한다고 보았고, 통합도산법하에서는 이 점이 명확히 되었다. 위 대법원판결에 대한 평석은 석광현, "미국 파산법원의 재판의 효력과 破産法의 屬地主義," 判例硏究 제18집(1)(서울지방변호사회, 2004), 201면 이하; 이 책 제4장 [9] 참조.

93) 통합도산법(제628조 제5호)은 이를 '외국도산절차의 대표자'라 한다.

94) 통합도산법 제635조 제1항은 법원은 외국도산절차의 대표자의 신청에 의하거나 직권으로 제636조 제1항 제1호 내지 제3호의 조치를 명할 수 있다고만 규정하고 제5호를 언급하지 않으므로 논란의 여지가 없는 것은 아니지만, 법원은 필요하다면 외국도산절차의 승인신청이 있은 후 그 결정이 있을 때까지 보전관리인을 선임할 수 있다고 본다.

95) 이러한 결론은 山本克己(註 84), 188-189면의 설명과 유사하다. 이는 우리 통합도산법이

로는 대법원 2003. 4. 25. 선고 2000다64359 판결은 더 이상 타당할 수 없다.

이처럼 통합도산법에 의하면 외국의 도산관재인의 관리처분권의 취득도 우리 법원의 승인결정을 거쳐야 하므로, 外國倒産節次가 개시되었으나 승인결정이 아직 내려지지 않은 상태에서는, 한국 내 재산에 관하여 한국의 원고가 외국의 채무자를 제소할 경우 외국의 도산관재인을 피고로 할 수는 없다.[96] 그렇다면 원고로서는 외국의 도산관재인과 채무자 양인을 예비적으로 병합하는 방안도 고려할 수 있을 것이나, 승인결정이 있을 때까지는 채무자가 여전히 한국 내 소재 재산에 대한 관리처분권을 가지므로 법원으로서는 결국 채무자를 적법한 피고로 보아야 할 것이다.[97] 그러나 외국의 도산법이 屬地主義를 취하지 않고 우리 나라와 일본의 도산법처럼 도산관재인의 대외적 권한을 인정한다면, 당해 외국에 소재하는 재산과, 自動承認制를 취하는 국가에 소재하는 재산에 대하여 관리처분권을 이미 상실한 채무자를 피고로 하여 소송수행을 하도록 하는 것이 과연 바람직한지는 의문이다. 만일 한국의 원고가 도산절차개시국에서 도산관재인을 상대로 소를 제기하면 당사자적격이 문제될 것은 없다. 또한 우리 법원의 승인결정이 있고 국제도산관리인이 선임되었다면 그를 상대로 제소하면 된다.

비단 당사자적격만이 아니라 한국의 당사자가 한국 내 재산에 관한 계약을 체결하고자 하는 경우에도 누구와 체결하여야 하는지도 문제된다.

(2) 그 밖의 법정소송담당

외국도산관재인 이외의 법정소송담당은 實體法에 근거한 것과 節次法에

모델법을 충실하게 수용하는 대신 일본의 外國倒産處理手續の承認援助に關する法律(이른바 승인원조법)에 의하여 변형된 모델법을 따랐기 때문이다. 만일 통합도산법이 저자의 주장(석광현, "채무자회생및파산에관한법률안 중 국제도산법에 대한 의견," 법률신문 제3305호(2004. 10. 11.), 15면)처럼 모델법을 따랐다면 승인결정은 여전히 필요하지만, 외국도산절차가 주절차인 경우 별도의 지원처분인 국제도산관리인 선임은 불필요하였을 것이다. 물론 그 경우에도 외국도산관재인이 당사자적격을 가지려면 우리 법원의 승인결정이 필요한 점은 통합도산법과 동일하다.

96) 이에 대하여 외국관재인이 적극적 당사자(또는 능동당사자)가 되어 제소하는 경우 그가 먼저 外國倒産節次의 승인신청을 하고 제소하겠지만, 외국관재인이 수동당사자가 되는 경우에도 승인절차가 선행되어야 한다는 것은 어색하다는 지적이 있지만 이는 불가피한 결론으로 보인다. 임치용, "외국파산절차가 국내에 미치는 영향," 저스티스 통권 제79호(2004. 6.), 195면은 외국관재인을 상대로 제소하는 경우 미리 승인재판을 신청해야 한다는 것은 소송법이론상 상정할 수 없으므로 그럴 필요가 없도록 입법적으로 해결할 필요성을 지적한 바 있다.

97) 당초 발표한 글에서는 이러한 결론을 명확히 제시하지 않았다.

근거한 것으로 구분할 수 있다. 그 근거에 따라 법정소송담당이 가능한지의 판단기준이 되는 準據法이 결정된다.

(가) **實體法에 근거한 법정소송담당** 예컨대 우리 민법에서 보는 바와 같이 채권질의 질권자(민법 제353조), 공유자전원을 위해 보존행위를 하는 공유자(민법 제265조)와 조합원이 조합채무자에 대해 조합채권에 기한 소를 제기하는 경우는 여기에 속한다.[98] 이 경우 제3자를 위해 소송수행을 할 수 있는지라는 허용성과 그 요건은 法廷地인 우리 나라의 국제사법에 의해 결정되는 당해 법률관계의 準據法(*lex causae*)에 따른다.[99] 즉 위에서 본 바와 같이 訴訟遂行權 내지 당사자적격의 문제는 소송요건이므로 節次의 문제로서 法廷地法인 우리 민사소송법에 의할 사항이지만, 아래 채권자대위권의 예에서 보는 바와 같이, 그렇다고 하여 實體法에 근거한 법정소송담당이 배제되는 것은 아니라는 것이다.[100]

영국법상으로는 조합원의 일인에 대해 조합 전체의 채무에 관한 소를 제기할 수 있다는 점에서, 우선 조합원 전체에 대해 소를 제기하고 조합재산 전체를 집행한 뒤에 비로소 특정조합원에 대한 소를 허용하는 다른 국가들과는 뚜렷이 대비된다고 한다.[101] 따라서 만일 이것이 조합에 관한 영국 實體法의 결과라면, 조합의 準據法이 영국법인 경우 원고는 우리 나라에서 조합원의 일인에 대해 조합채무 전체에 관하여 소를 제기할 수 있다.

(나) **訴訟法에 근거한 법정소송담당**

① 소송계속중의 계쟁물(다툼의 대상)의 양도 독일 민사소송법(제265조 제2항)은 계쟁물의 양도를 허용하면서 계쟁물이 양도되더라도 당사자를 변경하지 않고 종전의 당사자가 양수인을 위해 여전히 訴訟遂行權을 가

98) 위에서 본 것처럼 우리 법상 조합이 적극적 당사자가 되는 능동소송의 경우에는 고유필수적 공동소송이다.

99) Geimer(註 7), Rz. 2235; Schütze(註 7), Rn. 194; Schack(註 6), Rn. 554.

100) 이 경우 혹시 우리 법상 변호사대리의 원칙과 소송신탁금지의 원칙이 강행법규로서 특별연결되는가라는 의문이 제기될 수 있으나 이를 부정할 것이다.

101) Cheshire/North(註 7), p. 80 *et seq.* 우리 민법상으로는 조합의 채권자는 채권 전액에 관하여 조합원 전원을 상대로 소를 제기할 수 있고, 각 조합원이 분담하는 금액에 관하여 각 조합원을 상대로 소를 제기할 수도 있다. 채권자는 양자 중 선택할 수 있고 반드시 전자를 먼저 해야 하는 것은 아니다. 民法注解 [XVI] 債權(9)(김재형 집필부분)(1999), 115면; 김형배, 채권각론[계약법](1998), 740-741면. 민법은 분담주의를 취하므로, 조합채무가 성질상 불가분이거나 또는 조합원이 연대책임을 부담하기로 하는 특약이 있는 경우를 제외하고는 원칙적으로 조합의 채권자는 어느 조합원에 대하여 조합채무 전부의 이행을 청구할 수는 없다.

지며 그 판결의 효력을 양수인에게 미치도록 한다. 이것이 이른바 '당사자항정주의'이다.[102] 이에 의하여 소송법률관계는 實體法상의 변경으로부터 보호된다. 독일에서는 계쟁물의 양도인의 訴訟遂行權은 전적으로 法廷地法인 독일 민사소송법에 의하여 규율되며, 소송물 또는 양도행위의 準據法과는 관련이 없다.[103] 그러나 우리 민사소송법(제81조, 제82조)은 소송목적인 실체적인 권리관계의 변동을 소송에 반영하여 승계인을 새 당사자로 바꾸고 양도인의 소송상의 지위를 승계시키는 이른바 '소송승계주의'를 취하므로, 독일에서와는 달리 소송계속중의 계쟁물의 양도는 우리 법상으로는 訴訟法에 근거한 법정소송담당의 예에 해당하지 않는다.

㈐ 논란이 있는 사례

① 채권자대위소송(*action oblique*) 국내소송에서 채권자대위소송은 법정소송담당, 그 중에서도 병행형의 대표적인 예라고 설명된다.[104] 그런데 국제소송에서 채권자대위를 인정할 수 있는지가 문제되는데, 이는 채권자대위소송을 국제사법상 어떻게 性質決定[105]할지에 달려 있다. 독일과 일본에는 實體法상의 제도로 보는 견해와 訴訟法상의 제도로 보는 견해가 나뉘고 있다. 어느 견해를 취하는가에 따라 實體法에 근거한 법정소송담당인지, 訴訟法에 근거한 법정소송담당인지가 결정된다.

訴訟法說은 채권자대위권은 채권자에게, 채무자의 제3채무자에 대한 직접의 實體法상의 청구권을 부여하는 규정이 아니라, 채권자가 자기의 이름으로 채무자에게 속하는 권리를 소송상 행사할 수 있는 권한을 부여하는 訴訟法상의 제도라고 보는데, 이에 따르면 채권자대위소송의 허용 여부는 法廷地法에 의한다. 소송법설을 취한 동경지방재판소 판결[106]이 있다. 독일법에는 채권자대위제도가 없지만, 프랑스 민법(제1166조)에 따른 채권자대위제도에

---

102) 이시윤(註 2), 676면; 정동윤·유병현(註 12), 967면 참조.

103) Schack(註 6), Rn. 552.

104) 제3자의 소송담당이 아니라는 소수설도 있음은 위에서 본 바와 같다.

105) 국제사법상 성질결정이라 함은 판단의 대상이 되는 어떤 사안, 법률관계 또는 쟁점을 국제사법의 구성요건에 포함된 어떤 연결대상에 포섭하는 것을 말한다. 어떤 쟁점이 실체인가 절차인가도 성질결정의 문제이다. 성질결정의 방법에 관한 일반이론으로는, 우선 법정지법으로부터 출발하되, 연결대상을 법정지법상의 체계개념(Systembegriff)이 아니라 비교법적으로 획득된 기능개념(Funktionsbegriff)으로 이해하면서 당해 저촉규범의 기능과 법정책적 목적을 고려해야 한다는 견해가 설득력이 있다.

106) 동경지방재판소 1962. 7. 20. 판결(下民集 13권 7호 1482면). 신창선(註 22), 321면에도 소개되어 있다.

대한 논의에서, 대위권의 행사의 효과는 당해 채권자에게 귀속되는 것이 아니라 모든 채권자의 공동담보(*gage commun*)가 되는 점에서(프랑스 민법 제2093조) 채권자대위권은 강제집행의 전단계이므로 訴訟法的으로 파악할 것이라는 견해가 있다.[107)]

반면에 實體法說은 채권자의 訴訟遂行權은 實體法상이 권리인 채권자대위권으로부터 파생하는 권리이므로, 채권자대위권의 準據法에 의하여 대위채권자의 소송담당권한의 유무를 판단할 것이라고 한다.[108)] 독일에도 채권자대위소송을 實體法에 근거한 법정소송담당으로 보는 견해가 있다.[109)]

생각건대 채권자대위권은 채권자가 자기 채권을 보전하기 위하여 채무자의 권리를 대신 행사할 수 있는 實體法상의 권리이므로(민법 제404조 제1항),[110)] 채권자에게 그런 實體法상의 권리를 인정할지는 우선 당해 채권의 準據法에 따를 사항이다. 만일 채권자대위가 소송 외의 권리행사로 그친다면 그것으로 족하다. 그런데 문제는 채권자가 채무자를 대신하여 소를 제기하는 채권자대위소송에서 채권자의 당사자적격이므로, 法廷地法이 이를 허용할 것이 전제되어야 한다.[111)] 그러나 이는 實體法에 근거한 모든 법정소송담당의 경우에 공통되는 것이고 특히 채권자대위소송에 특유한 문제는 아니다. 따라서 저자는 實體法說을 지지하며, 채권자대위소송은 實體法에 근거한 법정소송담당이라고 본다.

채권자대위소송을 허용하자면 그의 準據法이 문제되는데, 채권자가 채권의 準據法상 實體法상의 권리로서 채권자대위권을 가지고 있고, 대위의 대상인 권리의 準據法상으로도 대위권이 인정되어야 한다고 본다.[112)] 채권자대위권을 實體法的으로 파악하므로 法廷地法이 개입할 것은 아니다.

---

107) Schack(註 6), Rn. 555. 우리 나라에서도 채권자대위권이 책임재산의 보전 내지 강제집행의 준비라는 기능을 가지는 점은 인정되고 있고, 더 나아가 특정채권의 확보를 위해서도 활용된다. 김형배, 채권총론 제2판(1999), 345면.

108) 山本克己(註 84), 186면.

109) Geimer(註 7), Rz. 2238.

110) 민법의 해석론으로는 채권자대위권은 실체법상의 권리이고 소송법상의 권리가 아니다. 김형배, 채권총론 제2판(1999), 351면.

111) 따라서 만일 법정지법이 채권자대위소송을 금지하는 법제라면 이는 불가능할 것이다.

112) 우리 국제사법이 준거법을 명시하지 않으므로 학설이 나뉜다. 종래 채권자대위권은 채권의 보전을 위하여 특별히 인정되는 실체법상의 채권자보호수단이므로 채권의 효력의 문제로서 채권의 준거법에 따른다는 견해(신창선(註 22), 321면)와, 채권의 준거법과 대위행사의 대상이 되는 채무자의 권리의 준거법을 누적적용할 것이라는 견해(김연·박정기·김인유, 국제사법(2002), 304면)가 있다.

한편 채권자취소소송(*action paulienne*)의 경우에는 법정소송담당 또는 제3자의 소송담당의 문제는 발생하지 않는다. 우리 민법(제406조 제1항)에 따르면 채무자가 채권자를 해함을 알면서 사해행위를 한 경우, 채권자는 그 법률행위를 취소하고 재산을 원상으로 회복할 수 있는 채권자취소권을 가진다. 채권자취소소송의 경우 채권자가 자신의 권리를 행사하는 것이지 채무자의 권리를 행사하는 것이 아니므로 제3자의 소송담당에 해당하지 않는다.[113)]

② 주주대표소송 우리 상법(제403조)에 따르면 대표소송은, 회사가 이사에 대한 책임추궁을 해태한 경우 발행주식 총수의 100분의 1 이상[114)]에 해당하는 주식을 가진 주주(이른바 소수주주)가 회사를 위하여 이사의 책임을 추궁하기 위해 제기하는 소이다. 원래 주주는 회사재산에 대하여 일반적·추상적 이해관계만을 가지므로 회사의 대외적 권리에 관하여 제소할 지위에 있지 않지만 대표소송은 그에 대한 예외로서 인정되는 것인데, 이 경우 주주는 회사의 대표기관으로서 회사와 전체 주주의 이익을 위하여 회사의 권리를 주장하는 것이므로, 주주의 제소권은 공익권의 성질을 가지고 판결의 효력은 회사에 직접 귀속한다.[115)] 대표소송은 이사에 대한 책임추궁의 실효성을 확보함으로써 회사운영의 건전성을 확보하는 최후의 보루가 되는 동시에, 이사들의 임무해태를 예방하며, 이사들이 업무집행시 신중을 기하고 판단

113) 물론 외국적 요소가 있는 국제소송으로서 채권자취소소송이 제기될 수 있고 그 경우 준거법과 행사요건 등을 검토할 필요가 있다. 참고로 우리 학설로는 종래 채권의 준거법과 사해행위의 준거법을 누적적용하는 견해가 유력하다. 신창선(註 22), 321면; 김연·박정기·김인유(註 112), 304면. 채권자와 채무자의 이익뿐만 아니라 거래의 안전도 함께 고려하려는 누적설을 이해할 수 있으나, 사해행위취소권을 반드시 소송상 행사해야 한다면, 즉 사해행위취소소송을 형성의 소로 보는 국가의 법이 준거법이 되면 어려운 문제가 발생한다. 독일에서는 종래 채권준거법설, 사해행위준거법설, 채무자주소지법설, 채권준거법과 사해행위준거법의 누적적용설과, 취소의 요건은 채권에 관련되는 범위 내에서는 채권준거법에 의하고 그 밖의 취소의 근거와 기간은 사해행위의 준거법에 의한다는 견해(즉, 준거법을 분할하는 견해)가 있었으나 1999. 9. 1. 개정된 채권자취소권법(Gesetz, betreffend die Anfechtung von Rechthandlungen eines Schuldners außerhalb des Konkursverfahrens. AnfG) 제19조에 따라 사해행위의 효력의 준거법에 따르도록 입법적으로 해결되었다고 한다. Sebastian Kubis, "Internationale Gläubigeranfechtung—vor und nach Inkrafttreten der Insolvenzrechtsreform," IPRax (2000), S. 503f.; Schack(註 6), Rn. 993f. 여기에서 사해행위의 효력의 준거법의 의미에 관하여 논란이 있으나 처분행위의 준거법이라는 견해가 유력하다.

114) 증권거래법(제191조의13 제1항)은 상장주식의 경우 영세한 주주도 대표소송을 제기할 수 있도록 제소자격을 1만분의 1 이상으로 완화하였다.

115) 이철송, 회사법강의 제12판(2005), 637면. 판결의 효력이 소송담당자인 소수주주에게도 미치는지에 관하여 논란이 있으나 절차보장설이 유력함은 위에서 본 바와 같다.

의 질을 높이도록 촉구하는 기능을 한다.[116] 우리 법상의 주주대표소송은 미국법상의 대표소송(derivative suit)과 유사하다.[117]

위에서 본 바와 같이 당사자적격은 節次의 문제로서 기본적으로 法廷地法인 우리 민사소송법에 의할 사항이나, 우리 나라처럼 다수의 외국이 소수주주에게 대표소송제기권을 인정하므로 소수주주의 이러한 권리가 實體法상의 것인지, 訴訟法상의 것인지라는 性質決定이 문제된다.

이에 관하여 일본에는 일본법상 주주대표소송을 대위소송적으로 이해하는 견해와, 클래스 액션적으로 이해하는 견해가 있는데, 전자에 의하면 피담당자는 회사이고, 후자에 의하면 피담당자는 주주 전원이 될 것이나, 어느 견해를 따르더라도 소송담당자와 피담당자의 관계는 주식회사의 屬人法에 의하여 규율되며, 즉 주주대표소송의 허용성과 대표주주의 원고적격은 주식회사의 屬人法에 의한다고 한다.[118] 독일에서도 주식회사의 屬人法에 따른다는 유력한 견해가 있다.[119]

생각건대 주주의 대표소송제기권은 주주라는 지위에 기하여 주주의 권리로서 인정되는 것이고, 이사의 책임추궁의 실효성을 확보하기 위한 수단이라는 점에서 일응 實體(substance)의 문제라고 할 것이다. 예컨대 뉴욕주법에 따라 설립된 주식회사의 주주가 대표소송제기권을 인정하는 뉴욕주법에 기하여 서울에 주소를 둔 피고(이사)를 상대로 우리 법원에 주주대표소송을 제

---

116) 이철송(註 115), 638면.

117) 그러나 미국의 'derivative suit'는 이사의 책임추궁만을 위해 인정되는 것은 아니고, 지배주주 또는 기타 제3자의 책임추궁을 위하여 이용될 수도 있으며, 회사가 명목상의 피고가 되는 점에서 우리 법상의 주주대표소송제도와 차이가 있다. 이철송(註 115), 637면. 미국에서는 연방민사소송규칙(FRCP §23.1)에서 인정되고, 판례법과 주회사법(예컨대 New York Business Corporation Law §626)에 의해서도 인정된다.

118) 山本克己(註 84), 187-188면.

119) Schütze(註 7), Rn. 194는 사원이 회사의 청구권을 강제하기 위하여 공동사원, 업무집행자 및 회사의 채무자를 상대로 제기하는 소송을 예로 든다. 반면에 영국의 항소법원(Court of Appeal)은, Jersey 법에 따라 설립된 회사의 주주가 이사를 상대로 대표소송을 제기한 Heyting v Dupont 사건 판결([1964] 1 WLR 843)에서, 소수주주가 대표소송을 제기할 수 있는가, 즉 소수주주의 당사자적격(*locus standi*)은 절차의 문제로서 영국법에 따를 사항이라고 판단하였다. 그러나 장래 소수주주의 대표소송권을 명시하는 제정법이 도입될 경우 제정법이 명시하지 않더라도 대표소송제기권은 실체회사법의 문제로 성질결정될 가능성이 있다는 견해도 있다. A. J. Boyle, "The Shareholder's Derivative Action in the English Conflict of Laws," The Changing World of International Law in the Twenty-First Century: a tribute to the late Kenneth R. Simmonds, edited by Joseph J. Norton, Mads Andenas and Mary Footer (1998), p. 141.

기한다면 과연 그가 당사자적격을 가지는지가 문제되는데,[120] 이는 원래 외국회사가 제기하여야 할 소송이지만 회사가 이를 게을리하였음을 이유로 외국 주주가 당해 회사의 屬人法[121]에 근거하여 회사를 대신하여 소를 제기하는 것이므로 주주에게 일응 당사자적격을 인정할 수 있다고 본다. 이 점에서 주주대표소송도 實體法에 근거한 법정소송담당의 예라고 본다. 따라서 주주대표소송을 제기하기 위한 소수주주의 자격과 제소자격은 屬人法에 따른다.

그러나 주주대표소송은 채권자대위소송의 경우보다 좀더 까다로운 문제를 제기한다. 왜냐하면 주주대표소송의 경우 통상 소송고지, 소송절차에의 참가, 판결의 효력, 회사의 재심의 소 제기 등의 문제가 수반되기 때문이다. 이러한 사항들은 節次의 문제로서 일응 法廷地法인 우리 법[122]에 따를 사항이라고 할 것이지만, 그 사항들에 관하여 회사의 屬人法이 특칙을 두고 있다면 과연 우리 법원이 이를 적용할 여지는 전혀 없는지와, 만일 있다면 그 범위가 문제된다. 이는 주주대표소송을 實體法에 근거한 법정소송담당이라고 보는 경우, 實體法이 규율하는 사항의 범위의 획정의 문제이다. 만일 우리 법원이 우리 법이 알지 못하는 외국법의 제도를 시행해야 한다면 국제사법의 이른바 '적응'(Anpassung)의 법리를 활용할 여지가 있을 것이다.

③ 클래스 액션(class action. 대표당사자소송[123]) 클래스 액션은 일찍부터 영미법에서 판례를 통하여 발달하여 왔고 1966년 개정된 미국 연방민사소송규칙(FRCP. 제23조)[124]에서 성문화된 것으로, 다수의 소비자들 또는 투자자들이 원인이나 쟁점을 공통으로 하는 소액의 손해배상청구권을 가지는 경우에, 그 피해자집단 중에서 대표자가 나서서 클래스에 속하는 총원의 청구액을 일괄하여 제소하고 일거에 전체의 권리를 실현시키는 소송형

120) 이 경우 그 밖에도 국제재판관할과 준거법의 문제가 제기된다. 우리 상법상 대표소송은 회사의 본점소재지의 지방법원의 관할에 전속하는데(상법 제403조 제7항, 제186조), 국제재판관할의 결정시 그의 의미가 문제된다. 국제재판관할에 관한 영국법상의 논의는 우선 Boyle(註 119), p. 141 *et seq.* 참조.

121) 이는 원칙적으로 당해 회사의 설립준거법이다. 국제사법 제16조.

122) 이는 우리 민사소송법과 그에 대한 특별법으로서의 상법의 대표소송에 관한 조문들을 말한다.

123) 우리 나라에서는 통상 '대표당사자소송'이라고 번역한다. 클래스 액션에 관한 여기의 논의는 민중소송(Popularklage)이나 그 밖의 단체소송에도 대체로 적용될 수 있을 것이다.

124) 주에 따라서는 class action에 대해 상세한 입법이 있다. 예컨대 뉴욕주의 Civil Practice Law and Rules § 901 이하. 그리고 많이 채택되지는 않았으나 1976년의 Uniform Class Action Act도 있다. Haimo Schack, Einführung in das US-amerikanische Zivilprozeßrecht 2. Auflage (1995), S. 79 Fn. 618.

태로서,[125] 소송경제와 권리의 추구를 용이하게 하기 위한 것이다.[126] 집단소송의 유형 중 독일의 단체소송(Verbandsklage)이 단체가 타인의 이익의 대표자로서 나서는 단체주도형인 데 반하여, 클래스 액션은 대표당사자 개인이 나서는 개인주도형이다.[127] 단체소송은 주로 부작위청구가 중심을 이루고, 클래스 액션은 손해배상청구가 중심을 이룬다.

독일에서는 미국식의 클래스 액션은 허용되지 않으므로 가사 문제된 법률관계의 準據法이 미국법이더라도 독일 법원에 클래스 액션을 제기할 수 없다고 본다.[128] 우리 나라에서는 과거 클래스 액션은 전혀 허용되지 않았으나 최근 2005. 1. 1. 증권관련집단소송법이 시행됨에 따라 피해자들의 개별적인 수권이 없더라도 손해의 보전에 있어서 공통의 이해관계를 가지는 다수인 중의 1인 또는 일부가 법원의 허가를 받아 피해자 전원을 위한 대표당사자가 되어 손해배상을 구하는 증권관련집단소송을 제기할 수 있다(동법 제7조 이하).[129] 이는 미국의 클래스 액션을 증권관련사건에 한정하여 받아들인 것이다.

대표당사자의 소송수행은 제3자의 소송담당에 해당하는데, 이를 어떻게 이해할지에 관하여 두 가지 견해를 제시하는 일본의 학설이 보인다.[130] 즉 하나는 클래스 액션을 선정당사자와 마찬가지로 순수하게 訴訟法상의 제도로 이해하는 견해로, 이에 따르면 클래스 액션의 허용 여부는 法廷地法에 따를 사항인데, 일본의 현행법상으로는 클래스 액션은 허용되지 않는다고 한다. 다른 하나는, 클래스의 구성원 상호간에 實體法상의 법률관계가 인정되는 경우 클래스 액션이 허용되는 때에는, 허용성과 대표자의 원고적격은 그 實體法상의 법률관계의 準據法에 의하여 판단한다는 견해이다. 후자를 따르면, 일본 법원이 클래스 액션을 실시하기 위하여는 다수의 적응문제가 발생할 것으로 생각되지만, 일본 법원이 그 제도적 제약에 의하여 적응문제에 충분히 대응

125) 이시윤(註 2), 631면.

126) Schütze(註 7), Rn. 193.

127) 이시윤(註 2), 631면. 상세는 오대성, "집단소송제의 도입필요성과 도입방향," 저스티스 통권 제95호(2006. 12.), 160면 이하 참조.

128) Nagel/Gottwald(註 7), § 5 Rz. 29; Schütze(註 7), Rn. 193; Schack(註 6), Rn. 556. 그러나 미국법상 클래스 액션에 기한 판결의 효력이 클래스의 구성원들에게 미치는 것을 우리 나라가 승인하는 것은 별개의 문제이다. Geimer(註 7), Rz. 2245 참조.

129) 증권관련집단소송법의 개요는 호문혁(註 63), 782-1면 이하; 미국의 클래스 액션과의 비교는 한충수, "증권관련집단소송법의 허가요건과 허가절차상의 몇 가지 문제점," 인권과 정의 통권 제331호(2004. 3.), 156면 이하 참조.

130) 山本克己(註 84), 187면.

할 수 없기 때문에 클래스 액션의 실시가 불가능 내지 극히 곤란한 경우에는 예외적으로 허용성이 부정될 수 있다고 한다.

생각건대 우리 법상 클래스 액션이 제한적으로 도입되었지만 우리 법이 허용하는 범위를 넘어서까지 클래스 액션을 허용할 수는 없다. 가사 당해 법률관계의 準據法이 클래스 액션을 허용하는 미국의 어느 주법이라도 그렇다. 클래스 액션에 관한 깊이 있는 비교법적 연구를 할 필요가 있음은 물론이나, 현재 미국에서 허용되는 유형의 클래스 액션은 일정한 요건이 구비되는 경우[131] 법원의 허가에 의하여 가능한 것이고, 클래스의 구성원들간에는 어떤 사건으로부터 손해를 입었다는 사실만이 공통될 뿐이고 그들간에 實體法的 性質의 법률관계가 존재하지는 않으므로,[132] 클래스 액션은 선정당사자제도와 유사하게 전적으로 또는 대부분 訴訟法상의 제도라고 性質決定해야 하기 때문이다.[133] 요컨대 현재 미국에서 행해지는 클래스 액션은 訴訟法상의 제도이므로 法廷地가 우리 나라인 경우 우리 법이 허용하는 범위 내에서만 허용되고 그 범위를 넘어서는 허용되지 않는다고 본다.

(3) 임의적 소송담당

임의적 소송담당이 허용되는지는 전적으로 法廷地法인 우리 민사소송법에 의한다.[134] 따라서 문제된 법률관계의 準據法(*lex causae*)이 이를 허용하지 않더라도 우리 민사소송법이 인정하면 임의적 소송담당이 허용될 수 있을 것이나, 구체적인 요건의 검토시 實體의 準據法이 의미를 가지므로 이를 좀 더 면밀하게 검토할 필요가 있다. 민사소송법이 명문의 규정을 두고 있는 선정당사자와, 학설 및 판례에 의하여 예외적으로 임의적 소송담당이 허용되는 그 밖의 경우를 나누어 본다.

(가) 선정당사자의 경우—민사소송법에 명문의 근거가 있는 경우 이처럼 임의적 소송담당의 허용 여부는 法廷地法에 의하는데, 선정당사자는 訴訟法상의 제도이므로 法廷地法인 우리 민사소송법(제53조)의 요건[135]을 구

131) 클래스 액션의 유형과 요건은 이시윤(註 2), 631면 참조.

132) Schütze(註 7), Rn. 193.

133) 이시윤(註 2), 631면은 미국법의 대표당사자소송과 독일법의 단체소송은 우리의 선정당사자제도와 유사하다고 한다. 선정당사자와의 차이는 호문혁(註 63), 782-2면 참조.

134) Geimer(註 7), Rz. 2243; Peter Gottwald, "Gewillkurte Prozeßstandschaft kraft Ermächtigung eines ausländischen Konkursverwalters," IPRax (1995), S. 157; Schack(註 75), S. 160.

135) 이는 공동소송을 할 여러 사람이 존재할 것, 공동의 이해관계가 존재할 것과 공동의 이

비하는 경우에 한하여 선정당사자가 허용된다.[136] 따라서 위 요건이 구비되면, 예컨대 다수의 외국인들이 우리 기업을 상대로 우리 법원에 손해배상청구의 소를 제기하는 경우 비록 당해 청구의 準據法이 외국법이더라도 선정당사자제도를 이용할 수 있다.

(나) 학설과 판례에 의하여 인정되는 그 밖의 임의적 소송담당의 경우

국가에 따라 임의적 소송담당을 허용하기 위한 요건이 상이한데, 우선 논의가 활발한 독일의 이론을 살펴보고 우리 법상의 해석론을 전개한다.

① 독일법상의 이론 위에서 본 것처럼 독일의 통설과 판례에 의하면 국내소송에서 임의적 소송담당이 허용되기 위하여는 ① 권리주체가 타인에게 訴訟遂行權을 수권하고, ② 소송담당자가 소송수행에 대하여 고유의 법적 이익을 가져야 하므로 국제소송에서 이를 어떻게 판단할지가 문제된다.

첫째, 권리주체의 訴訟遂行權의 수권의 準據法이 문제되는데, 독일에서는 수권을 수령을 요하는 일방적 소송행위(einseitige Prozesshandlung)라고 보면서도, 訴訟法이 그에 관하여 상세한 규정을 두지 않으므로 마치 관할합의의 경우처럼 수권의 허용성과 효력은 法廷地法에 의하고, 수권의 성립과 유효성은 法廷地의 국제사법에 따라 결정되는 수권의 準據法에 의한다는 견해가 유력하다.[137] [138] 독일법상으로는 추심권한의 수권은 양도가능한 권리에 대하여만 가능한데,[139] 소송담당자가 소송상 주장하는 당해 권리의 양도가능성은 당해 권리의 準據法에 의한다. 訴訟遂行權의 수권은 독립적으로도 가능하지만 통상은 당사자간에 존재하는 계약에 포함되어 이루어진다.

해관계가 있는 사람 중에서 선정할 것이다. 민사소송법 제53조 제1항.

136) 山本克己(註 84), 184면.

137) 예컨대 Stein/Jonas/Bork(註 26), vor § 50 Rn. 60; Schack(註 6), Rn. 558; Gottwald(註 134), S. 157. 그러나 Geimer(註 7), Rz. 2243은 이는 소송계약(Prozessvertrag)이고 성립, 유효성과 수권의 범위는 모두 법정지법에 따른다고 하고, Schütze(註 7), Rn. 193은 이를 소송법적 효력을 가지는 실체법상의 계약으로 이해하면서 그의 허용성과 요건은 법정지법에 따르고, 유효성은 계약의 준거법에 따른다고 한다. 우리 나라에서는 선정당사자의 선정은 소송수행권을 수여하는 대리권의 수여에 유사한 단독소송행위로 보므로(이시윤(註 2), 627면) 수권도 유사하게 볼 것으로 생각된다.

138) 엄밀하게는 권리주체의 訴訟遂行權의 수권은 實體法상의 추심권한의 수권과는 구별되는데, 소송담당자가 단순히 제소하는 것을 넘어서 자기에게 이행할 것을 요구하기 위하여는 實體法상의 수권이 있어야 한다. Stein/Jonas/Bork(註 26), vor § 50 Rn. 63. 이러한 實體法상의 수권은 권리의 일부양도에 준하는 것으로 보아 대상인 實體法상의 권리(예컨대 債權 등)의 準據法에 따른다는 견해가 유력하다. Gottwald(註 134), S. 158.

139) 엄밀하게는 권리의 양도불가능성이 소송수행권의 수권을 불허하는지는 양도를 금지하는 목적에 따라 구분할 것이라고 한다. 상세는 Stein/Jonas/Bork(註 26), vor § 50 Rn. 61.

둘째, 수탁자에게 소송수행에 관한 고유한 이익이 존재해야 하는데, 이는 法廷地法에 따를 사항이지만,[140] 개별 사건에서 그러한 이익이 계약의 準據法인 외국법의 책임조항으로부터 도출될 수도 있다고 한다.[141]

② 우리 법상의 이론구성 종래의 통설과 판례에 따라 법률상 명문의 근거가 있는 경우에만 임의적 소송담당을 허용하고 그 밖의 경우에는 일체 불허한다면, 국제소송에서 그 밖의 임의적 소송담당을 허용할 여지가 없다. 그러나 완화된 일부 학설과 일부 대법원판결을 따르면 첫째 변호사대리의 원칙과 소송신탁금지의 원칙을 잠탈할 염려가 없고, 둘째 임의적 소송담당을 인정할 합리적 필요가 존재하면 그 밖의 임의적 소송담당이 허용된다. 우리 법상으로도 임의적 소송담당의 경우 권리주체의 수권이 필요하므로, 독일에서와 유사하게 첫째 권리주체의 수권이 있고, 둘째 법률상의 제한을 잠탈할 염려가 없으며, 임의적 소송담당을 인정할 합리적 필요가 존재하여야 한다.[142] 따라서 위 두 가지 요건의 準據法에 대한 독일에서의 논의가 대체로 적용될 수 있을 것이다.

그러므로 예컨대 조합재산에 관한 국제소송의 경우, 만일 조합이 그 準據法인 외국법상 법인격이 없고, 조합재산에 관한 소송에서 조합원전원이 적극적 당사자(또는 능동당사자)가 되어야 하더라도, 우리 나라에서 소송을 제기하는 경우 만일 대법원판결이 요구하는 요건이 구비된다면 업무집행조합원은 조합원으로부터 임의적 소송신탁을 받아 자기의 이름으로 소송을 수행할 수 있을 것이다.[143] 결국 국제소송에서 임의적 소송담당을 좀더 널리 허용하기 위하여는 그에 앞서 국내소송에서 이를 널리 허용하는 것이 필요하다.

㈐ 논란이 있는 사례 그 밖에 임의적 소송담당이 문제되는 사례로는 다음 두 가지 보험관련 사건을 들 수 있다.

① 로이즈 보험신디케이트 아직 우리 법원의 판결은 없는 것으로

---

140) Schack(註 75), S. 160; Schack(註 6), Rn. 559; Gottwald(註 134), S. 157.

141) Schack(註 6), Rn. 559.

142) 둘째의 요건은 독일에서 말하는 수탁자가 고유의 법적 이익을 가질 것이라는 요건에 상응한다.

143) 山本克己(註 84), 184면은 실체적 법률관계의 준거법상 임의적 소송담당이 허용되는 경우에는 일본에서도 담당자에게 소송수행권을 인정해야 할 것이나, 다만 변호사대리의 원칙과 소송신탁금지의 원칙은 내국강행법규로서 특별연결된다고 한다. 이러한 설명은 오해의 여지가 있다. 위에서 본 것처럼 기타의 임의적 소송담당은 실체법에 근거한 법정소송담당과는 달라서 법률상 인정되는 것이 아니라 법정지법인 우리 법이 요구하는 두 가지 요건이 구비되는 경우에만 허용되므로 우선 '유효한 수권의 존재'를 검토해야 하기 때문이다.

보이나,[144] 일본에는 이 문제를 다룬 동경지방재판소 판결[145]이 있다. 즉 영국의 보험시장인 로이즈(Lloyd's)에서는 회원들이 보험계약을 직접 인수하지 않고 신디케이트(syndicate)를 통하여 인수하는데, 소를 제기할 경우 구성원인 보험자들 전원이 원고가 되는 대신 그들 중 인수비율이 가장 큰 대표보험자[146]가 단독으로 소를 제기하며 이는 영국의 관습법상 발전된 것이라고 한다. 이 경우 신디케이트의 구성원들이 대표보험자에게 임의적 소송신탁을 한 것이므로, 만일 이런 소송이 우리 법원에서 제기된다면 이를 허용하기 위한 위 두 가지 요건의 구비 여부가 문제된다.

위에 언급한 동경지방재판소 판결은, 그 사건은 임의적 소송담당에 해당하는데, 일본법상 임의적 소송담당은 원칙적으로 허용되지 않지만 (우리법에 관하여 설명한 바와 같은) 두 가지 요건이 구비되는 경우에는 허용된다고 설시한 뒤, 영국의 관습에서는 대표보험자에 의한 소송담당이 인정되고 있고, 실체면에 있어서도 원고는 그 사건 보험자의 일원이고, 당해 사건 소송에 있어서 타의 보험자와 實體法상 이해관계가 일치하고 있는 점 등을 고려하고, 외국의 자연인과 법인들이 일본에서 소송을 수행하는 것이 곤란한 점을 고려한다면 임의적 소송담당을 허용할 합리적인 필요성을 인정할 수 있다고 보아 대표보험자의 원고적격을 긍정하였다. 이는 대표보험자에 의한 소송수행을 訴訟法상의 문제인 임의적 소송담당으로 性質決定하고, 法廷地法인 일본법상의 요건을 검토하여 결론을 내린 것인데, 위 판결의 논리는 대체로 수긍할 수 있다고 본다.[147] 다만 위 판결이 언급한, 영국의 관습에서는 대표보험자에 의한 소송담당이 인정되는 것의 의미와, 그것과 임의적 소송담당의 관계는 좀더 검토할 필요가 있다. 왜냐하면 대표보험자와 신디케이트 구성원들의 관계와 관습법의 내용에 따라서는 수권에 기초한 임의

144) 근자에 1심법원에 소송계속중인 사건이 있었으나 조정으로 종결된 것으로 보인다.

145) 동경지방재판소 1991. 8. 27. 판결(判時 1425호 100면). 이에 대한 평석은 野村美明, "當事者適格," 別冊ジュリスト No.133, 涉外判例百選 [第3版](1995. 5.), 222-223面; 山本克己, "當事者適格," 別冊ジュリスト No.172, 國際私法判例百選(2004. 7.), 186-187面 참조.

146) 일본에서는 이를 '筆頭保險者'라고 번역하기도 한다.

147) 이에 대하여 신디케이트 구성원들간의 내부관계의 준거법상 임의적 소송담당이 허용되는지를 판단하면서, 다만 일본법상 변호사소송대리와 소송신탁의 금지는 강행법규로서 특별연결된다고 이론구성하더라도 거의 동일한 결론에 이를 것이라는 견해도 있다. 山本克己(註 145), 187면. 그러나 위에서 지적한 바와 같이 임의적 소송담당의 가부는 구성원들간의 내부관계의 준거법에 따를 사항이 아니라고 볼 것이고, 또한 절차법인 원칙을 강행법규의 특별연결이론으로 설명하는 것도 의문이다.

적 소송담당이 아니라 實體法에 근거한 법정소송담당으로 볼 여지가 있기 때문이다.

② 보험자의 대위 우리 상법(제682조)에 의하면, 보험자가 보험계약에 따라 피보험자에게 보험금을 지급하면 보험자는 대위에 의하여 피보험자가 가해자에 대하여 가지는 손해배상채권을 취득한다. 즉 보험자는 대위의 결과 實體法상의 권리를 취득하므로 자신의 이름으로 가해자에 대하여 소를 제기할 수 있다. 그러나 영국법상으로는 보험자가 피보험자의 권리와 구제수단에 대위하더라도[148] 보험자는 자신의 이름으로 권리나 구제수단을 행사할 수는 없고 피보험자의 이름으로 권리나 구제수단을 행사하여야 한다.[149] 물론 보험자가 피보험자로부터 권리나 구제수단을 양도받은 경우에는 보험자는 자신의 명의로 권리나 구제수단을 행사할 수 있다.[150] 따라서 그러한 양도가 없는 한, 영국의 보험자는 피보험자에게 보험금을 지급하였더라도 피보험자의 명의로 가해자에 대하여 제소하여야 하므로,[151] 예컨대 보험금을 지급한 영국의 보험자가 한국의 가해자를 상대로 원래의 권리자인 피보험자의 명의로 우리 법원에 소를 제기할 경우 당사자적격이 문제된다. 독일에서는 이를, 피보험자의 권리를 대위한 보험자가 피보험자에게 임의적 소송신탁을 할 수 있는가의 문제로 보는 견해가 유력하다.[152] 그에 따른다면 이 경우에도 위 (① 로이즈 보험신디케이트)의 경우와 유사하게 임의적 소송신탁을 허용하기 위한 위 두 가지 요건의 구비 여부가 문제될 것이다.

보험자의 대위에 관한 우리 판결로는 우선 서울고등법원 1989. 5. 15. 선

148) 대위에 의해 권리가 보험자에게 법률상 당연히 이전하는지 여부는 보험계약의 순거법에 따를 사항이다. 우리 국제사법(제35조)의 태도이고 로마협약(제13조)의 태도이다.

149) 심재두, 해상보험법(1995), 433면; 한창희, "영국해상보험법상의 추정전손에 관한 연구," 서울대학교대학원 법학박사학위논문(1993), 19면. 그러나 미국에서는 보험자가 자신의 명의로 또는 피보험자의 명의로 행사할 수 있다고 한다. 위 심재두, 438면, 주 21.

150) 심재두(註 149), 433면. 권리를 양도한 경우 이는 명백하나 구제수단의 양도가 무엇을 의미하는지는 다소 애매하다.

151) 이는 피보험자가 당사자가 됨을 의미한다.

152) Schütze(註 7), Rn. 193; Schack(註 6), Rn. 560 참조. 그러나 그러한 설명이 준거법이 영국법인 보험계약의 경우에도 타당한지는 다소 의문이다. 왜냐하면 보험자가 보험금을 지급함으로써 피보험자의 권리를 대위하는지는 보험계약의 준거법에 따를 사항인데(국제사법 제35조 제1항), 임의적 소송신탁은 제3자가 권리관계의 주체로부터 소송수행권을 부여받은 경우이므로, 이렇게 이해하려면 보험자가 영국법상 보험자대위의 법리에 의하여 권리관계의 주체일 것이 전제되나, 영국법상 대위의 본질은 보험자가 피보험자의 권리를 취득하는 것이 아니라 보험자가 피보험자의 명의로 소를 제기할 수 있는 것으로 보이기 때문이다. 이 점은 영국법상 보험자대위의 법리에 대한 좀더 깊이 있는 연구를 필요로 한다.

고 88나44126 판결과 서울고등법원 1993. 6. 15. 선고 93나13171 판결이 보인다.

서울고등법원 1989. 5. 15. 선고 88나44126 판결의 사안은, 準據法이 영국법인 해상보험계약에 따라 피보험자에게 보험금을 지급한 원고(보험회사)가 손해를 발생시킨 피고(운송인)를 상대로 구상금을 청구한 사건인데, 위 판결은 원고의 청구를 기각하였을 뿐이고, 당사자적격이 없다는 이유로 소를 각하하지는 않았다. 위 판결은 영국법상 보험자가 자신의 명의로 소를 제기할 수 없음을 확인하고, 우리 신탁법상 금지된 소송신탁을 일반적으로 유효한 것으로 보는 영국법의 법리는 섭외사법상 우리의 공서에 반하는 것은 아니라고 판시하였다.[153)]

한편 서울고등법원 1993. 6. 15. 선고 93나13171 판결[154)]은 이른바 나우정밀사건으로 피보험자에게 보험금을 지급한 미국의 보험회사와 미국의 수입자(이자 피보험자)가 우리 법원에서 공동원고가 되어 미국 플로리다주법원 판결의 집행판결을 구한 사건인데, 당사자적격이 쟁점이 된 것은 아니었고, 집행판결 청구의 소의 원고가 누구인지가 쟁점이었다. 이 사안에서 당초 피보험자인 미국의 수입자 메츠사가 제3당사자 원고로서 제소하였는데, 소송계속중 보험회사가 보험금을 지급하고 계속 피보험자(메츠사)의 명의로 소송을

153) 좀 길지만 관련부분은 다음과 같다. 「위 보험계약의 준거법인 영국의 해상보험법 제79조 제2항에 의하면 "보험자가 분손에 대하여 보험금을 지급한 경우 보험자는 보험의 목적에 대한 권리 또는 잔존할 수 있는 부분의 보험목적에 대한 권리를 취득할 수 없으나, 피보험자가 본법에 따라 보상받을 한도 내에서 손해를 일으킨 사고의 발생시부터 보험의 목적에 존재하며 또 보험의 목적에 관련한 피보험자의 일체의 권리와 구제수단에 대위한다"고 규정되어 있는바, 이 경우 보험자는 대위권에 기하여 그 자신의 이름으로 소송을 수행할 수 없고 다만 손해를 보상받은 피보험자가 보험자의 위와 같은 권한행사를 위하여 행하는 소송에 있어서 자신의 이름을 빌려주고 필요한 모든 협조를 다하여야 할 의무가 있는 것으로 해석되며, 보험자가 자신의 이름으로 소송을 수행하기 위하여서는 영국의 1925년 재산법 제136조의 규정에 따라 피보험자의 소권을 양도받아야 하는데 이 경우 소권의 양도는 서면에 의하여 이루어져야 하고 채무자에 대한 명시적인 서면통지가 있어야 하며, 이와 같은 권리의 양도는 통지가 행하여진 날로부터 유효할 뿐 소급효가 없는 것으로 해석되고 있는바, 원고가 1987. 5. 17. 위 헌터 플라이우드(수입자이며 보험계약자. 저자 추가)로부터 그가 피고에 대하여 갖는 위 손해배상청구권을 서면으로 양도받은 사실은 앞서 인정과 같으나 원고는 이 사건 소송제기시까지 위 양도사실을 피고에게 통지하지 아니하였음을 자인하면서 제3차 변론기일에야 비로소 서면통지를 한다고 주장하고 있으므로 결국 이 사건 소송제기시에는 원고가 위 헌터 플라이우드의 피고에 대한 위 손해배상청구권을 원고명의로 행사할 수 있는 권한이 없었다 할 것이어서 위 손해배상청구권은 1987. 6. 18. 소멸하였다 할 것이다.」

154) 위 고등법원판결은 미국 법원에 국제재판관할이 없음을 이유로 항소를 기각하였고 상고심판결인 대법원 1995. 11. 21. 선고 93다39607 판결도 상고를 기각하였다.

수행하였으나, 판결 주문에는 피보험자를 대위한 보험회사가 피고로부터 금원을 지급받도록 되어 있고 이러한 경우 판결의 효력은 피보험자에는 미치지 않고 보험회사와 피고 사이에서만 미치므로 피보험자는 피고에 대하여 집행판결을 구할 수 없다고 하였다.[155] 결국 보험회사가 보험금 지급 후에도 피보험자 명의로 소송을 수행하였다는 것이므로 서울고등법원은 임의적 소송담당을 적법하다고 본 것이 아닌가 생각된다. 그러나 이 사건에서는 집행판결청구의 소에서 누가 원고적격을 가지는가가 쟁점이었으므로 법원의 관심은 임의적 소송담당보다는 미국법원 판결의 효력이 보험회사에 미친다는 점이었을 것이다.[156]

위 서울고등법원 판결들을 보면, 위의 사례, 즉 보험금을 지급한 영국의 보험자가 한국의 가해자를 상대로 원래의 권리자인 피보험자의 명의로 우리 법원에 소를 제기할 경우 아마도 당사자적격이 긍정될 수 있을 것으로 짐작되나, 영국법상의 보험자대위의 법리와, 미국법상 판결의 효력이 미치는 당사자의 문제를 포함하여 좀더 검토할 필요가 있다.

(4) 제3자의 소송담당과 판결의 효력의 準據法

민사소송법(제218조 제3항)상 제3자인 소송담당자가 소송을 수행하여 받은 판결의 효력은 그 제3자뿐만 아니라 권리관계의 주체인 본인에게도 미치는 것이 원칙이지만, 병행형 소송담당의 경우 이를 제한적으로 볼 필요가 있음은 위에서 본 바와 같다. 그런데 외국적 요소가 있는 사안에서 제3자의 소송담당의 결과 선고된 우리 법원의 판결의 효력이 누구에게 미치는가를 포함한 판결의 효력 등을 규율하는 準據法이 문제된다. 이는 일응 節次라고 볼 것이므로 법정지법인 우리 민사소송법 또는 관련특별법에 따라 판단할 사항이라고 할 것이다.[157] 이는 實體法에 근거한 법정소송담당의 경우에도 마찬가지이다. 그렇지만, 특히 實體法에 근거한 제3자의 소송담당의 경우 당해 實體法이 규정하는 바를 전혀 무시해도 좋은지는 다소 의문이다. 예컨대 주

---

155) 당사자표시와 주문의 기재가 일치하지 않는 것은 이상하게 보이나 위는 서울고등법원의 판결의 설시를 따른 것이다.

156) 원고 메츠사의 청구에 대하여 위 판결은, 원고 메츠사가 피고 겸 제3당사자 원고로 기재되어 있으나, 판결 주문에는 원고 메츠사를 대위한 원고 보험회사가 피고로부터 금원을 지급받도록 되어 있고, 이와 같은 경우 판결의 효력은 원고 메츠사에게는 미치지 아니하고 원고 보험회사와 피고회사 사이에서만 미치는 사실을 인정할 수 있으므로 원고 메츠사는 피고회사에 대하여 이 사건 집행판결을 구할 수 없다고 판시하였다.

157) Geimer(註 7), Rz. 2235; Schütze(註 7), Rn. 194.

주대표소송의 경우 주식회사의 屬人法이 정한 바를 전적으로 무시할 수는 없을 것이기 때문이다.

판결의 효력이 누구에게 미치는가는 우리 법원에서 소를 제기하는 경우도 중요하지만, 서울고등법원의 1993년 판결에서 보듯이 외국판결을 우리 나라에서 승인 및 집행하는 경우에도 중요한 의미를 가진다.

3. 당사자적격에 관한 우리의 학설과 논의의 정리

당사자적격에 관하여는 종래 우리 나라에서는 논의가 많지 않으나 대체로 "당사자적격문제는 기본적으로는 訴訟法상의 문제이지만, 實體法상의 이익귀속의 주체가 보통 당사자적격을 갖는 것과 같은 실체관계적 성격을 갖는다는 점에서 實體法的 考慮가 중요한 의미를 가지며 개별적인 문제에 따라 法廷地訴訟法에 따르거나 또는 準據實體法을 적용하여야 할 것"이라는 견해가 있었다.[158] 최근에는 당사자적격의 문제를 법률관계성질결정에 의하여 節次로 性質決定하여 法廷地法에 의하거나, 實體로 성질결정하여 實體의 準據法에 의한다는 일도양단식의 접근법보다는 구체적인 사례에 맞추어 節次와 實體 중 어느 쪽에 가까운가 하는 개별적인 접근이 옳다는 탄력적인 견해가 보인다.[159]

위에서 논의한 사견을 정리하면 다음과 같다. 즉 당사자적격은 국내소송의 경우 다양한 유형별로 논의되는데, 국제소송의 경우에도 모든 유형에 타당한 일의적인 원칙을 도출할 수는 없다. 즉 국제소송의 경우도 국내소송과 유사한 또는 그보다 더 세분된 유형별로 적절한 연결원칙을 도출할 필요가 있다. 왜냐하면 국제소송에서 제기되는 당사자적격은, 특히 제3자의 소송담당

158) 다만 최공웅(註 8), 356면. 전병서(註 10), 18면도 "당사자적격이 문제로 되는 사항의 다양성에 비추어 당사자적격의 여러 가지 국면에 유연하게 대처하는 사고방법, 즉 외국법의 적용과 우리 소송법의 적용의 어느 쪽이 보다 타당한가를 판단하여 적용하는 방법이 좋을 것이다"고 하여 유사한 견해를 취한다. 반면에 강현중(註 10), 435면은 성질결정을 지나치게 중요하게 보는 것은 적절하지 않고, 오히려 특정한 당사자적격의 문제에 대하여 법정지법이라는 이유만으로 적용되어야 할지를 직접 묻는 것이 제기된 문제의 핵심에 접근하는 방법이라고 한다.

159) 임치용(註 92), 194면. 이 견해는 나아가 임의적 소송담당, 소송계속중의 소송물의 양도, 독일법상의 단체소송과 미국의 클래스 액션의 허부는 법정지법에 의하는 유형에 속하고, 유언집행자, 유산관리인과 파산관재인의 당사자적격의 문제는 준거실체법에 의하는 유형이라고 한다. 전자는 대체로 저자의 견해와 같으나, 후자는 다르다. 이는 위에서 논의하였다.

의 경우 節次法과 實體法이 교착하는 영역이라는 점에서 해결이 어렵고, 현대형소송의 등장으로 인하여 더욱 까다롭기 때문이다. 현재로서는 訴訟法的으로 性質決定되는 경우(예컨대 선정당사자) 法廷地法에 따르고, 實體法的으로 性質決定되는 경우 당해 법률관계의 準據法에 따른다. 문제는 性質決定이 애매하거나, 양자의 성질을 겸유하는 경우인데 이는 어느 것이 더 본질적인가를 고려하여 개개의 사안별로 해결할 것이다.[160] 다만 도산관재인의 경우 통합도산법은 승인결정과 국제도산관리인의 선임을 전제로 국제도산관리인에게 訴訟遂行權을 인정함을 주목해야 한다. 이러한 견해에 의하면 예컨대 주주대표소송의 경우, 實體의 準據法인 당해 주식회사의 屬人法에 따라 우리나라에서 당사자적격을 인정할 수 있을 것이나, 그에 수반되는 절차적인 사항에 관하여는 논란의 여지가 있다. 그 경우 외국의 訴訟法이라는 이유로 반드시 효력을 부정해야 하는 것은 아니라고 생각되며, 좀더 유연하고 정치한 이론을 개발할 필요가 있다. 이 점에서 앞으로는 다양한 유형의 사안에 대한 각론적인 검토에 주력할 필요가 있다.

V. 외국인 당사자에 대하여 외국으로 하는 송달

1. 송달의 원칙적인 방법

우리 법원에 소가 제기된 경우 법원은 관련 국제조약, 국제민사사법공조법과 민사소송법이 정하는 절차에 따라 외교경로를 통하거나 또는 기타 방법에 의하여 외국에 소재하는 당사자에게 송달하므로 소송절차의 지연이 불가

160) 山本克己(註 145), 181면에 따르면 일본에는 외국적 요소가 있는 당사자적격을 어떻게 판단할 것인가에 관하여 ① 실체준거법의 문제라는 견해(澤木敬郎), ② 당사자적격의 문제는 節次法의 문제이므로 법정지법에 의하여야 할 것이지만 실체준거법도 고려하여야 한다는 견해(小林秀之, 石黑一憲), ③ 실체의 문제인가 절차의 문제인가라는 문제설정에 의미를 인정하지 않고 경우에 따라서는 외국소송법의 적용도 인정하는 견해(松岡博)와 ④ 당사자적격이 실체의 문제인가 절차의 문제인가는 개개의 경우에 응하여 고려할 것이라는 견해(福永有利, 山本和彦) 등이 있다고 한다. 福永有利(註 18), 403면 이하도 참조. 사견은 대체로 독일의 견해를 따른 것으로 ② 또는 ④의 견해와 유사하나, 저자는 당사자적격 전반에 대해 일률적으로 그렇게 보는 것은 아니고, 당사자적격이 문제되는 사안을 유형화하여 성질결정에 의해 비교적 손쉬운 사안을 해결하고, 그러한 판단이 어려운 경우 성질결정에 유의하면서 사안별로 개별적으로 판단하자는 것이다.

피하다. 특히 우리 나라처럼 직권송달주의를 취하면서 송달을 주권의 행사로 이해하는 대륙법계의 법제에서는 송달이 번거롭고 오래 걸리는 것이 사실이다. 이러한 외국으로의 송달에 따른 문제점을 해결하기 위하여 국제사회는 일찍부터 국제조약을 체결하였는데, 대표적인 것이 헤이그국제사법회의가 1965년 채택한 "민사 또는 상사의 재판상 및 재판외 문서의 해외송달에 관한 협약"(Convention on the Service Abroad of Judicial and Extrajudicial Documents in Civil or Commercial Matters)(이하 "송달협약"이라 한다)이다. 우리 나라는 2000년 이에 가입하였고,[161] 그 밖에도 호주[162] 및 중국[163]과 민사사법공조에 관한 양자조약을 체결하였다. 따라서 체약국과의 관계에서는 관련 조약이 국제민사사법공조법과 민사소송법에 우선하여 적용된다.

주목할 것은, 송달협약과 위 양자조약상 모두 법원행정처가 중앙당국으로 지정되어 있는데, 송달협약상으로는 중앙당국이 수령기관에 불과하지만, 양자조약상으로는 중앙당국이 수령기관이자 발송기관이라는 점이다. 그러나 실무상으로는 송달협약상으로도 법원행정처가 발송기관의 역할을 겸하고 있다. 이는 법적 근거가 없으며 그렇게 하기 위하여는 국제민사사법공조법을 개정할 필요가 있음은 이미 지적한 바와 같다.[164]

그런데 미국 정부는 1976년 강제력이 따르지 않는 한 미국 내에서 외국의 외교기관원이나 영사관원이 소송서류를 송달하거나 증인신문을 함에 이의가 없음을 선언했으므로, 우리 법원은 미국에 대해서는, 송달받을 자가 한국인이든 외국인이든 간에 관계없이 미국 내 한국의 외교관 또는 영사에게 촉탁해 직접 송달할 수 있다.[165] 한편 일본은 송달협약 제8조에 대해 이의하지 않았으므로, 우리 법원은 미국의 경우와 동일하게 재일한국인은 물론 일본인이나 제3국인에 대해서도 일본 주재 한국 외교관 또는 영사를 통해 직접 송달할 수 있게 되었다. 그러나 우리 나라는 송달협약 제8조에 대해 이의를 한

161) 송달협약은 2000. 8. 1. 한국에서 발효되었다.

162) 호주와는 1999. 9. 17. "재판상 문서의 송달, 증거조사 및 법률정보의 교환에 관한 민사사법공조조약"을 체결했고 동 조약은 2000. 1. 16. 발효되었다.

163) 중국과는 2003. 7. 7. "대한민국과 중화인민공화국간의 민사 및 상사사법공조조약"을 체결하였고 동 조약은 2000. 1. 16. 발효되었다. 배형원, "한·중민사사법공조조약," 국제사법연구 제10호(2004), 297면 이하 참조.

164) 석광현, "헤이그送達協約에의 가입과 관련한 몇 가지 문제점," 국제사법과 국제소송 제1권(2001), 311면 이하 참조.

165) 이것이 '외교관 또는 영사에 의한 직접송달'인데, 단순히 '영사송달'이라고 부르기도 한다. 석광현(註 164), 297면.

결과 일본의 법원은 한국 내 한국인이나 제3국인에 대해서는 영사송달을 할 수 없으므로 양국간에 불균형이 있다는 이유로 우리 법원이 직접 송달하지는 않는 것으로 보인다. 간편한 송달을 하기 위하여는 우리 나라가 헤이그송달협약에 가입하면서 선언한 유보[166]를 일부 철회할 필요가 있으며, 모든 체약국에 대해 그렇게 하기가 주저된다면 양자조약을 체결하는 국가들간에서만이라도 우리가 유보한 간편한 송달을 일부 허용할 필요가 있다.

어느 방법으로도 송달이 되지 않으면 최후의 수단으로 공시송달을 할 것이나, 공시송달에 의한 판결은 외국에서 승인 또는 집행되기 어렵다.

2. 송달영수인의 지정[167]

2002. 7. 1. 개정되기 전의 구 민사소송법(제171조, 제174조)은, 수소법원의 소재지에 주소 또는 영업소 등을 가지지 않은 당사자에게 법원의 소재지에 송달을 받을 장소와 송달영수인을 정하여 신고하도록 의무를 부과하고, 신고의무를 해태한 때에는 발송주의가 적용되는 우편송달을 할 수 있도록 규정하였다. 그러나 민사소송법(제184조)은 당사자의 신고의무를 폐지하고, 당사자가 원하는 경우 한국 내의 송달받을 장소를 정하여 법원에 신고할 수 있도록 규정한다. 이것이 이른바 '송달영수인제도'이다.

실무상 한국 내에 주소 또는 영업소 등을 가지지 않은 외국인 원고가 소를 제기하는 경우 통상 한국 내의 송달받을 장소를 지정한다. 문제는 피고가 외국인이고 그가 한국 내에 송달받을 장소가 없는 경우인데, 이 경우 피고가 스스로 송달영수인을 정하여 신고하면 좋지만 그렇지 않은 경우 결국 위(1.)에서 본 원칙적인 송달방법에 의할 수밖에 없다. 이를 간편하게 하는 방법이 계약 체결시 미리 상대방인 외국인으로 하여금 한국 내에 외국인을 대신하여 송달을 받을 자, 즉 송달대리인(agent for service of process)을 지정하도록 하는 방법이다. 이는 종래 우리 기업이 외국기업 특히 영미법계 기업들과의 국제계약을 통하여 배운 것을 국내거래에 도입한 것인데,[168] 국

166) 유보의 내용은 석광현(註 164), 295면 이하 참조.

167) 구 민사소송법상의 논의는 석광현, "外國判決 承認要件으로서의 送達 ―대법원 1992. 7. 14. 선고 92다2585 판결에 대한 평석을 겸하여―," 국제사법과 국제소송 제1권(2001), 376면 이하 참조.

168) 우리 기업이 특히 영미법계 국가의 금융기관들과 금융계약을 체결하는 경우 관련계약서

내의 유수한 법률사무소가 작성하는 국제계약(특히 국제금융계약)의 경우 실제로 활용되고 있다. 이는 간편한 송달방법을 확보함으로써 절차의 지연을 피하기 위한 것이다.

3. 송달대리인의 지정 —송달영수인과의 차이—

송달대리인은 ① 지정의 시기 및 근거, ② 법원에의 신고의 시기의 점에서 송달영수인과 다르다. 즉 송달영수인의 지정은 일단 소가 제기되어 계속된 것을 전제로 소송당사자가 민사소송법에 따라 하는 것이고, 소송당사자는 송달영수인의 지정을 법원에 신고할 필요가 있다. 반면에 송달대리인은 소가 제기되기 전에 계약당사자가 관련계약에 따라 지정하는 것으로, 송달대리인을 지정하더라도 계약당사자는 그 당시에는 법원에 신고할 필요가 없고 신고할 수도 없으나, 다만 실제 소가 제기되는 때에는 법원에 신고할 필요가 있을 것이다. 구 민사소송법하에서는 당사자가 송달영수인의 지정을 해태하면 발신주의가 적용되는 우편송달에 의하여 송달을 받는 불이익이 있었으나, 민사소송법상으로는 이런 불이익은 없다. 따라서 지정 해태시의 효과는 별 차이가 없다.[169] 즉 민사소송법상 송달영수인은 소송서류를 영수할 대리권만을 수여받은 임의대리인의 지위를 가지므로, 구 민사소송법하에서와 비교할 때 민사소송법하의 송달영수인은 송달대리인에 좀더 가깝다고 할 수 있다.

4. 송달대리인에 대한 송달의 적법성

국제계약의 당사자들이 한국법원을 관할법원으로 합의하는 경우 상대방인 외국기업에게 한국 내에 송달대리인을 두도록 계약에 규정할 수 있는가가 문제된다. 구 민사소송법하에서 송달영수인은 소가 제기된 것을 전제로 하고, 우리 구 민사소송법상으로는 송달영수인을 두려면 선임만으로 부족하고 법원에 신고하여야 하므로 국내에서 송달대리인에게 한 송달을 유효하다고 보는

에 관할합의조항뿐만 아니라 관할법원의 소재지에서 우리 기업을 대신하여 송달을 받을 자, 즉 송달대리인을 지정하도록 하고, 송달대리인의 지정승낙서를 선행조건서류의 하나로 제출하도록 하는 예가 많다.

169) 물론 당사자가 송달대리인을 지정하지 않으면 관련계약의 위반이 된다.

것은 무리라는 견해가 있었다.[170] 위에서 본 것처럼 송달대리인을 송달영수인과 동일시할 수는 없다. 그러나 문제는 송달대리인을 송달영수인과 동일시할 수 있는가가 아니라, 우리 민사소송법이 규정하지 않는 송달대리인을 인정할 수 있는가이다. 구체적으로, 우리 기업이 원고가 되어 소를 제기하면서 우리 법원에 피고의 송달대리인이 국내에 있음을 밝히고 송달대리인지정서를 제출한다면 우리 법원이 그 효력을 인정하여 피고의 송달대리인에게 송달할지, 아니면 송달대리인의 존재를 무시하고 법정절차에 따라 외국으로 송달할지의 여부이다.

이 점에 관한 유권적인 견해는 아직 없는 것으로 보이는데, 우리 법원이 당사자가 지정한 송달대리인에게 송달할 의무가 있는지는 물론 의문이 있지만, 적어도 법원으로서는 간편한 방법에 의하여 외국당사자에게 송달하기로 하는 당사자들의 합의를 무시할 이유는 없을 것이다. 그러한 합의를 금지하는 민사소송법의 규정도 없는 이상 송달대리인 지정의 효력을 인정하는 것이 타당할 것이다. 요컨대 송달대리인은 민사소송법이 규정하고 있는 송달영수인은 아니지만, 그렇다고 하여 송달대리인제도 자체를 배척할 필요는 없다.[171] 이에 대해 의문이 있다면 민사소송법에 송달대리인에 관한 명시적인 규정을 두는 방안도 고려할 수 있을 것이다.

Ⅵ. 맺 음 말

지금까지 국제소송에서 제기되는 당사자에 관한 몇 가지 논점을 검토하였다. 그 결과 당사자능력과 소송능력은 당사자가 외국인인 경우 주로 문제되는 데 반하여, 당사자적격은 당사자가 어떤 지위에서 소송을 수행하는가에 달려 있다는 점에서 차이가 있음을 알 수 있었다. 국제소송에서 당사자적격은 특히 제3자의 소송담당의 경우 문제되는데, 주주대표소송과 클래스 액션

170) 전병서, "國際民事訴訟에 있어서 送達," 법조 통권 제473호(1996. 2.), 154면.

171) 다만 당사자가 송달대리인을 지정하지 않은 경우에도, 미국 연방대법원의 *Volkswagenwerk Aktiengesellschaft v. Schlunk*, 486 U.S. 694 (1988) 사건 판결에서 보는 바와 같이 미국에서는 미국 내 자회사에게 송달함으로써 외국의 모회사에게 적법한 송달이 이루어진 것으로 보기도 하는데, 그 경우 미국 법원 판결의 승인 및 집행의 단계에서 송달의 적법성에 대하여 문제가 제기될 수 있다. 석광현(註 167), 362면 참조.

등 새로운 유형의 소송이 등장함에 따라 어려운 문제를 제기하고 있으므로 앞으로 사안의 유형별로 좀더 체계적으로 연구할 필요가 있다. 어떤 유형의 소송을 허용할지, 그리고 누구에게 당사자적격을 인정할지는 각국이 소송정책적 고려에 기초하여 결정할 사항이므로 국가별로 상이할 뿐만 아니라 세계적으로 현재 진화하는 중이라고 할 수 있는데, 경우에 따라 實體法의 법률관계에 의하여 영향을 받으므로 처리가 더욱 어렵다. 어쨌든 현재로서는 국제소송의 당사자적격에 관하여 추상적·획일적인 결론을 내릴 수는 없고, 위에서 본 바와 같이 소송의 유형별로 적절한 해결방안을 모색할 필요가 있다고 본다. 기본적으로는 당사자의 訴訟遂行權의 기초가 實體法的 性質의 것인지 節次法的 性質인지에 따를 것이나, 양자의 성질을 겸유하는 소송유형의 경우 어떤 것이 더 본질적인가를 고려하여 準據法을 결정하되, 다만 국제민사분쟁의 효율적이고도 합리적인 해결이라는 목적을 고려하여 좀더 유연하고도 정치한 논리를 발전시켜야 할 것이다. 국제소송의 증가를 고려할 때 우리도 앞으로는 당사자적격, 나아가 國際民事訴訟法 또는 國際民事節次法[172]을 포함하는 넓은 의미의 國際私法에 대해 더 큰 관심을 가져야 함을 강조하고자 한다.[173]

마지막으로 첨언할 것은, 최근 국제소송의 실무상 당사자능력, 소송능력 및 당사자적격의 판단에 있어 법정지법을 적용할지 본국법을 적용할지가 항상 문제되는데 아직 학설이 형성되지 못한 것으로 보인다고 지적하면서 이를 입법적으로 정리하자는 제안이 있었다는 점이다.[174] 이 글은 그러한 의문에 대하여 부분적으로 답을 제시하는 것이라고 할 수 있다. 하지만 종래 논의가 부족한 상태에서 입법적인 해결을 하는 것은 시기상조이며, 특히 당사자적격의 경우 그렇다는 점을 밝혀둔다.

---

172) 주석 신민사소송법(Ⅰ)(註 16)은 독일과 일본의 민사소송법 주석서와는 대조적으로 국제민사소송법에 대해 거의 관심을 보이지 않는다.

173) 저자는 2003년에 이어 2004년 사법연수원에 개설된 "국제사법과 국제민사소송법" 강좌에 출강한 적이 있다. 2004년의 경우 1년차 연수생 1,000명 중 수강생은 15명에 불과하였는데 2005년에는 그마저도 10명 이하로 줄었다고 한다. 과거 강의를 제대로 하지 못한 저자의 책임도 크겠지만, 이것이 국제화시대를 살고 있는 우리의 현실이다.

174) 김갑유, "국내법원에서의 국제소송의 몇 가지 실무적 쟁점에 관한 고찰," 국제거래법연구 제14집 제2호(2005), 131면.

[5] 國際的 訴訟競合

前 記
이 글은 2005. 11. 16. 서울지방변호사회 판례연구회에서 발표한 원고를 수정·보완하여 서울지방변호사회 판례연구 제19집(2)(2006), 250면 이하에 게재된 글을 다소 수정·보완한 것이다.

대상판결: 서울지방법원 2002. 12. 13. 선고 2000가합90940 판결*

[사안의 개요]

가. 판매대리점계약의 체결

한국 회사인 원고(주식회사 고합)는, 1996. 7. 미국 캘리포니아주에 소재하는 회사인 피고 2(그랜드벨사. Grand Bell Incorporation)와 원고가 생산하는 병(botttle) 용 패트 수지(pet resin)의 미국 내 판매촉진을 위하여 판매대리점계약(이하 "이 사건 계약"이라 한다)을 체결하고 그에 따라 제품을 수출하였다. 피고 2는 원고에 의한 독점판매권 침해 및 수출대금 정산에 관한 분쟁을 이유로 수출대금 중 일부를 지급하지 아니하였다.

나. 원고의 캘리포니아주 법원에서의 前訴 제기와 피고 2의 반소 제기

원고는 2000. 5. 12. 피고 2의 주소지 관할법원인 미국 캘리포니아주 로스엔젤레스 카운티 지방법원(Superior Court of the State of California for the County of Los Angeles. 이하 "캘리포니아주 법원"이라 한다)에, 피고 2와 그의 단독주주인 피고 1(오원경)[1]을 상대로, 이 사건 계약의 위반을 이유로 수출대금 미화 16,500,000달러 및 이자 등의 손해배상을 구하는 소를 제기하였다. 원고는 피고 2는 이 사건 계약의 당사자이고, 피고 2는 피고 1

* 법률신문 제3141호(2003. 1. 23.), 11-12면.
1) 판결문에 따르면 피고 1은 과거 피고 2의 대표이사였던 것으로 보인다.

의 분신(alter ego)에 불과하므로 피고 2와 피고 1은 함께 계약위반(또는 채무불이행. 이하 양자를 호환적으로 사용한다)으로 인한 손해배상의무가 있다고 주장하였다. 이에 대하여 피고 2는 2000. 8. 원고를 상대로 같은 법원에 원고가 피고 2의 독점판매권을 침해하였다는 등의 이유로 손해배상을 구하는 반소를 제기하였다.

다. 캘리포니아주 법원에서의 소송진행상황

캘리포니아주 법원은 2001. 3.경까지 증인들에 대한 선서증언(deposition)을 마치고, 제1회 변론기일(jury trial)을 2002. 12.로 지정하였으나, 당사자들은 최종협상기일까지 협상에 이르지 못하였고, 캘리포니아주 법원은 제1회 변론기일을 서울지방법원의 판결 선고 후인 2003. 3.로 연기하였다.

라. 원고의 한국에서의 後訴 제기

원고는 피고들에 대하여 2000. 12. 5.에 당시 서울지방법원(현재는 서울중앙지방법원)에 이 사건 소송, 즉 後訴를 제기하였다. 원고는 일부청구로서 피고들에 대하여 연대하여 1억원과 연체이자를 지급할 것을 청구하였는데, 청구원인으로는, 피고 2에 대하여는 채무불이행을 이유로 한 손해배상책임을, 피고 1에 대하여는 법인격부인론에 근거하여 피고 2와 연대한 채무불이행책임을 주장하였다. 원고는 피고들을 상대로 불법행위를 원인으로 한 손해배상책임을 추가적으로 병합하였다. 원고는, 피고 1은 피고 2로 하여금 이 사건 계약상의 대금을 지급하지 못하도록 한 위법행위를 하여 손해배상책임이 있고, 피고 2는 피고 1의 직무상 불법행위에 관하여 상법(제389조 제3항, 제210조) 소정의 책임이 있거나 또는 민법상의 사용자로서 책임이 있다고 주장하였다.

마. 피고들의 본안전항변

피고들은 이 사건 소 중 이 사건 계약상의 채무불이행을 원인으로 하는 손해배상을 구하는 부분은, 원고가 캘리포니아주 법원에 제기한 동일한 소송이 계속중이므로 중복제소에 해당하여 부적법하다는 본안전항변을 제기하였다.[2)]

---

2) 판결문에 따르면 피고 1의 주소는 한국에 있다. 피고 2의 주소는 캘리포니아에 있으므로 그에 대한 국제재판관할의 근거는 애매하나 이는 전혀 다투어지지 않은 것으로 보인다.

[서울지방법원판결의 취지]

서울지방법원 2002. 12. 13. 선고 2000가합 90940 판결(이하 "대상판결"이라 한다)은 원고의 청구 중 피고들의 이 사건 계약상의 채무불이행을 원인으로 한 손해배상청구 부분은 캘리포니아주 법원에 계속중인 소송과 중복소송에 해당한다고 보아 부적법 각하하고, 피고들의 불법행위를 원인으로 한 손해배상청구 부분은 이유 없다고 보아 청구를 기각하였다. 중복소송에 해당한다고 본 근거는 다음과 같다. 제목은 저자가 추가한 것이다.

가. 국제적 중복소송의 요건

민사소송법 제217조(구 민사소송법 제203조)에 의하여 외국법원의 확정판결은, 대한민국의 법령 또는 조약에 따른 국제재판관할의 원칙상 그 외국법원의 국제재판관할권이 인정되고(제1호), 패소한 피고가 소장 또는 이에 준하는 서면 및 기일통지서나 명령을 적법한 방식에 따라 방어에 필요한 시간여유를 두고 송달받았거나(공시송달이나 이와 비슷한 송달에 의한 경우를 제외한다) 송달받지 아니하였더라도 소송에 응하였으며(제2호), 그 판결의 효력을 인정하는 것이 대한민국의 선량한 풍속이나 그 밖의 사회질서에 어긋나지 아니하고(제3호), 상호보증이 있을 때에는(제4호) 우리 나라에서 그 효력이 인정되고, 외국법원의 확정판결이 위 승인요건을 구비하는 경우에는 이와 동일한 소송을 우리 나라 법원에 다시 제기하는 것은 외국법원의 확정판결의 기판력에 저촉되어 허용되지 아니하므로(대법원 1989. 3. 14. 선고 88므184, 88므191 판결), 외국법원에 소가 제기되어 있는 경우 그 외국법원의 판결이 장차 민사소송법 제217조에 의하여 승인받을 가능성이 예측되는 때에는 민사소송법 제259조(구 민사소송법 제234조) 소정의 소송계속으로 보아야 할 것이므로, 이와 동일한 사건에 대하여 우리 나라 법원에 제소한다면 중복소송에 해당하여 부적법하다.

나. 이 사건에서 국제적 중복소송의 요건의 구비 여부

① 캘리포니아주 법원은 채무자인 피고 2의 주소지를 관할하는 법원으로서 대한민국의 법령 또는 조약에 따른 국제재판관할의 원칙상 위 사건에 관

한 국제재판관할권이 인정되고, ② 원고와 피고들도 소송대리인을 선임하여 증거자료를 제출하고 반소를 제기하는 등 적극적으로 응소하여 캘리포니아주 법원에서 선고될 판결이 대한민국의 선량한 풍속이나 그 밖의 사회질서에 어긋나지는 아니할 것으로 보이며, ③ 상호보증은 반드시 당사국간의 조약, 협정 등에 의하여 명정되어 있을 필요는 없고 쌍방의 국내 법령 또는 관례 등에 의하여 법률상 상호간에 보증하는 구조로 되어 있으면 족하고, 외국의 승인요건이 국내법과 동일할 필요는 없고 중요한 점에서 동일하거나 보다 완화된 요건하에 승인하고 있거나 실질적으로 거의 차이가 없는 정도의 것이라면 상호의 보증이 있다고 할 수 있는바, 캘리포니아주에서 우리 나라 판결이 승인되기 위한 조건은 우리 나라에서 외국판결의 승인조건을 정한 민사소송법 제217조와 비슷하다고 볼 수 있으므로, 우리 나라와 캘리포니아주 사이에는 상호 상대국 판결의 효력을 인정하는 상호보증도 있다고 할 것이어서, 캘리포니아주 법원에서의 판결은 우리 나라에서 승인될 것으로 예측된다.

다. 결　론

원고가 2000. 5. 캘리포니아주 법원에 피고들을 상대로 이 사건 계약상의 채무불이행을 원인으로 하는 손해배상 청구소송을 제기하였으므로, 원고가 2000. 12. 이 법원에 제기한 이 사건 소 중 이 사건 계약상의 채무불이행을 원인으로 하는 손해배상을 구하는 부분은 당사자 및 소송물이 동일하며, 따라서 중복소송에 해당하여 부적법하다.

위 판결은 확정되었다.

[연　구]

Ⅰ. 문제의 제기

국내민사소송에서 당사자는 어느 법원에 계속중인 사건에 대하여 다시 소를 제기하지 못한다. 민사소송법 제259조는 이러한 중복제소금지의 원칙을 명시한다. 그런데 동일 당사자간에 동일 소송물에 관하여 외국법원에 前訴가 제기되어 계속중 다시 어느 당사자가 국내법원에 後訴를 제기하거나, 또는 반대로 국내법원에 前訴가 제기되어 계속중 외국법원에 後訴가 제기되어 국제적 병행소송(parallel proceedings)이 존재할 수 있다. 이것이 '국제적 소송경합'(*lis alibi pendens*),[3] '국제적 중복제소' 또는 '국제적 중복소송'의 문제이다.[4] 국제교류가 빈번해짐에 따라 국제적 분쟁의 증가하는 결과 동일한 소송물에 대하여 동일 당사자간에 복수의 국가에서 소송이 제기될 가능성이 커지고 있고, 나아가 외국에서 이행소송을 제기당할 가능성이 있는 당사자가 장래 국내에서의 집행을 저지하기 위한 소송전략으로 국내에서 먼저 채무부존재확인소송을 제기하는 결과 국제적 소송경합이 발생할 가능성이 점증하고 있다.

국제적 소송경합을 다룬 대법원판결은 아직 없는 것으로 보이고,[5] 하급심판결 중에는 외국에 소송이 계속되어 있음에도 불구하고 한국 당사자가 한국에 채무부존재확인소송을 제기한 사건에서 법원이 외국의 소송계속을 무시하고 소송절차를 진행하여 판결을 선고한 선례가 있다고 하나 그 내용은 알려져 있지 않다.[6] 대상판결은 이른바 原告被告共通型(또는 병행형)[7]의 국제

---

3) 단순히 '소송계속'(*lis pendens*)이라고도 한다. 민사소송법 학자들은 구 민사소송법을 따라 '係屬'이라고 하는 데 반하여, 중재법(제17조 제7항)은 '繫屬'이라고 표기한다.

4) 더 넓게는 소송계속만이 아니라 보전처분 또는 중재 등 넓은 의미의 사법절차가 국제적으로 병행하는 경우를 포함하기도 한다. 石川明・小島武司, 國際民事訴訟法(1994), 67면.

5) 간혹 대법원 1987. 4. 14. 선고 86므57, 58 판결(법원공보, 제801호(1987) 812면)이 국제적 소송경합에 관한 판결로 소개된다. 예컨대 장문철, 국제사법총론(1996), 188-189면; 이시윤, 신민사소송법(2003), 249면; 유영일, "국제재판관할의 실무운용에 관한 소고—개정 국제사법과 헤이그신협약의 논의를 중심으로—," 법조 통권 555호(2002. 12.), 203면. 그러나 이는 확정된 외국법원 판결의 효력을 승인한 것이므로 국제적 소송경합이 아니라 외국판결의 승인에 관한 것이다.

6) 서울지방법원, 국제거래・상사 소송의 실무(1997), 445면에 언급된 부산지방법원판결. 이는 미국에서 제소당한 쌍용해운이 부산지방법원에 소극적 확인의 소를 제기한 사건이라는데 선고일자와 사건번호가 불분명하다. 미국의 소송은 Trade and Development Corp. v. M.V. Choong Yong, 837 F.2d 33 (2nd Cir. 1987)이다. 미국 법원이 쌍용해운을 상대로 訴訟留止命令(anti-suit injunctions. 또는 소송유지가처분)을 발하였으나 항소심에서 취소되었다. 미국의 사안은 김용진, 國際民事訴訟戰略—國際訴訟實務 가이드—(1997), 164면 참조. 위 사건명은 Westlaw를 검색한 결과이다. 서울지방법원, 위 책, 444면에 소개된 사건명은 Lexis를 검색한 사건명이라고 한다. 한충수, "국제적 소송경합(Lis Pendens)—서울중앙지방법원 2002. 12. 13. 선고 2000가합 90940 판결을 중심으로—," 민사소송 제8권 제2호(2004), 44면 註 1. 한편 서울지방법원, 위 책, 445면에 중복제소 관련 판결로 소개된 마산지방법원 1990. 12. 28. 선고 87가합663 판결은 외국판결의 승인에 관한 것으로 보인다.

7) 국제적 소송경합은, 당사자에 따라 외국소송의 원고가 국내법원에서 다시 소송을 제기하는 경우(이른바 原告被告共通型)와, 반대로 외국소송의 피고가 국내법원에서 소송을 제기

적 소송경합을 정면으로 다루면서 이른바 '승인예측설'을 취하여 동일한 사건에 관한 우리 나라의 後訴를 부적법 각하한 우리 나라 최초의 판결이다.[8] 이 글은 동일 당사자간에 동일 소송물에 관하여 외국법원에 前訴가 제기되어 계속중 동일 당사자가 국내법원에 後訴를 제기하는 경우 우리 법원은 어떻게 처리하여야 하는가라는 문제를 중심으로 한 대상판결에 대한 평석이다. 구체적으로는 다음과 같은 국제적 소송경합에 관한 논점을 차례대로 검토한다.

첫째 민사소송법상의 중복제소금지의 원칙(아래 Ⅱ.).

둘째 국제적 소송경합의 처리에 관한 제견해(아래 Ⅲ.).

셋째 승인예측설을 따를 경우 국제적 소송경합의 요건(아래 Ⅳ.).

넷째 승인예측설을 따를 경우 국제적 소송경합의 소송상의 처리(즉 국제적 소송경합의 효과)(아래 Ⅴ.).

다섯째 대상판결에 대한 평가(아래 Ⅵ.).

여섯째 장래의 과제로서 국제적 소송경합에 관한 입법론(아래 Ⅶ.).

Ⅱ. 민사소송법상의 중복제소금지의 원칙

국제적 소송경합을 논의하기에 앞서 우리 민사소송법이 명시적으로 규율하는 중복제소금지의 원칙을 간단히 살펴본다.

하는 경우(이른바 原告被告逆轉型)로 나누어 볼 수 있다. 古田啓昌, 國際訴訟競合(1997), 6-11면 참조. 전자를 '병행형', 후자를 '대항형'이라고도 한다. 渡辺惺之/孫京漢, "國際的 二重訴訟" 國際私法硏究 創刊號(1995), 274면. 일본의 경우 1970년대 이후 미국에서 제소를 당한 일본인 피고가 일본에서 원고로서 소를 제기한 대항형이 많았다고 한다. 유재풍, "국제소송의 경합," 국제사법연구 2호(1997), 451, 458면.

8) 대상판결에 대하여는 2개의 평석이 있는데 강희철, "국제적 중복소송" 국제사법연구 제9권(2003), 9면은 대상판결이 국제적 소송경합을 정면으로 다룬 우리 나라 최초의 판결이라고 하나, 한충수(註 6), 45면은 종전의 하급심 판례의 주류는 국제소송경합을 허용하였다고 한다. 한편 서울지방법원(註 6), 444면은 소송실무에서는 승인예측설과 비교형량설을 사안에 따라 선택한다고 하지만 인용문헌으로 볼 때 이는 일본의 실무례를 말하는 듯 싶다. 사견으로는 대상판결이 국제적 소송경합을 다룬 우리 나라 최초의 판결은 아닌 것 같고, 종래 우리 법원의 실무가 무엇인지를 판단하기도 어렵지만, 대상판결은 승인예측설을 취한 우리 나라 최초의 판결로 보인다.

1. 민사소송법의 규정과 취지

민사소송법 제259조(구 민사소송법 제234조)는 "법원에 계속되어 있는 사건에 대하여 당사자는 다시 소를 제기하지 못한다"고 규정함으로써 중복제소금지의 원칙을 명시한다. 중복제소금지의 원칙은, 동일사건에 대하여 중복제소를 허용하는 것은 소송제도의 남용으로서, 법원이나 당사자에게 시간·노력·비용을 이중으로 낭비시키는 것이어서 소송경제상 바람직하지 않고, 판결 특히 旣判力(*res judicata*)이 서로 모순·저촉될 우려가 있기 때문에 이를 피하기 위한 것이다.[9] 결국 중복제소를 금지하는 것은 사적 이익으로서의 당사자이익은 물론 공적 이익과도 관련되는 문제이다.[10]

2. 중복제소금지의 요건

중복제소금지의 원칙이 적용되기 위한 요건은 첫째 前訴와 後訴의 사건이 동일하고, 둘째 前訴가 계속중에 後訴가 제기되어야 한다. 당사자가 동일하고 청구(소송물)가 동일하면 원칙적으로 동일사건이 된다.[11] 소송물의 동일성은 주로 소송물이론을 둘러싸고 논의된다. 예컨대 교통사고의 피해자가 동일한 금액의 손해배상청구를 하는 경우 불법행위에 기한 청구와 계약에 기한 청구의 소송물이 동일한지에 관하여 구소송물이론은 이를 부정하지만 신소송물이론은 긍정한다.[12]

청구취지(또는 심판형식)가 다르면 원칙적으로 동일사건이 아니나, 동일한 권리관계에 관하여 청구취지를 달리하는 경우 문제가 있다. 특히 동일한 권리에 관한 확인청구와 이행청구가 동일사건인가는 논란이 있다. 이에 관하여는 심판형식에 관계없이 양자는 동일사건이라고 보는 견해와 어느 것이 선행하는지에 따라 구별하는 견해가 있는데, 후자는 이행의 소가 먼저 제기된 후에 後訴로 확인의 소를 제기하는 것은 동일사건이지만 반대의 경우에는 前

9) 이시윤(註 5), 241면.

10) 이익에 관하여는 Annette Bäumer, Die ausländische Rechtshängigkeit und ihre Auswirkungen auf das internationale Zivilverfahrensrecht (1999), S. 29f. 참조. 신분에 관한 사항에서는 제3자의 이익도 관련될 수 있다.

11) 이시윤(註 5), 242면.

12) 이시윤(註 5), 243면.

訴보다 더 큰 집행력이 있는 판결을 구하는 것이므로 동일사건이 아니라고 본다.[13)]

그 밖에도 청구의 동일성과 관련하여 상계항변으로 주장한 채권에 대해 별소를 제기하는 경우, 일부청구와 잔부청구의 경우 논란이 있고, 더 나아가 중복제소금지의 원칙이 적용되기 위한 요건으로서 소송물의 동일성을 요구하는 민사소송법과는 달리, 청구의 기초에 동일성이 있는 경우, 또는 쟁점이 공통인 경우에까지 중복제소금지의 원칙을 확대하려는 시도가 있다.[14)]

3. 중복제소금지의 효과

중복제소에 해당하는 것은 消極的 訴訟要件(negative Prozessvoraussetzung)이고, 중복제소인가의 여부는 직권조사사항이기 때문에 이에 해당하면 법원은 피고의 항변을 기다릴 필요 없이 판결로써 後訴를 부적법 각하해야 한다.[15)]

만일 중복제소임을 간과하고 판결이 선고된 경우 상소로 다툴 수 있으나 판결이 확정된 때에는 당연히 재심사유가 되거나 후의 판결이 당연무효인 것은 아니고, 서로 모순·저촉이 있는 때에는 제소의 전후에 관계없이 후의 확정판결만이 재심사유가 있게 되나, 후의 판결이 재심에 의하여 취소되기까지는 새로운 판결이므로 존중되어야 한다고 한다.[16)]

Ⅲ. 국제적 소송경합의 처리에 관한 제견해

국제적 소송경합을 방치할 경우 첫째 국제적으로 모순·저촉되는 판결이 선고될 가능성이 있고, 둘째 국제적 차원에서 소송경제에 반하며, 셋째 동일 사안에 대해 동일 원고가 수개국에서 동일 피고를 상대로 소송을 제기하는

13) 전자는 우리의 다수설, 판례이고 후자는 독일의 학설, 판례이다. Haimo Schack, Internationales Zivilverfahrensrecht 3. Auflage (2002) Rn. 752-753. 이시윤(註 5), 245면은 후자를 취한다.
14) 이시윤(註 5), 247면.
15) 이시윤(註 5), 248면.
16) 이시윤(註 5), 248면.

경우 피고에게 과도한 부담을 준다는 문제점이 있게 된다.[17] 따라서 국제적 소송경합의 경우에도 민사소송법상의 중복제소금지의 원칙을 고려할 필요가 있으나, 반면에 외국의 소송은 우리 나라에서의 소송과는 법원과 언어가 다를 뿐만 아니라 절차법과 실체에 적용될 準據法도 차이가 있고, 나아가 외국법원의 판결(또는 재판. 이하 호환적으로 사용한다)이 국내에서 반드시 승인되고 집행되는 것도 아니므로[18] 민사소송법의 중복제소금지의 원칙을 그대로 적용할 수는 없다. 민사소송법 제259조의 '법원'은 우리 나라 법원을 의미하고, 또한 국제적 소송경합의 특수성을 전혀 고려하고 있지 않으므로 동 조가 당연히 국제적 소송경합에 적용되는 것은 아니다.

실제로 국제적 소송경합을 어떻게 처리할지는 국가에 따라 상이하다. 과거 저자는 유럽연합,[19] 헤이그국제사법회의에서 작성한 "民事 및 商事事件의 國際裁判管轄과 外國裁判에 관한 협약"의 1999년 예비초안(Preliminary Draft. 이하 "1999년 초안"이라 한다),[20] 독일, 일본, 미국, 영국, 프랑스와 스위스의 입법례 또는 판례를 소개한 바 있으므로 여기에서는 반복하지는 않는다.[21] 이러한 입법례와 판례 및 학설에서 드러난 바를 보면 국제적 소송경합의 다양한 처리방법은 대체로 다음과 같이 분류해 볼 수 있다.

첫째 국제적 소송경합을 규제하지 않고 허용하는 견해,

둘째 국제적 소송경합을 不適切한 法廷地의 법리(doctrine of *forum non conveniens*)[22]에 의해 해결하는 영미법계의 견해,

---

17) 물론 원피고역진형소송의 경우에는 셋째의 문제는 발생하지 않는다

18) 국내의 중복소송과 국제적 소송경합의 차이에 관하여는 우선 피정현, "國際的 重複提訴의 禁止與否 —國內法院에서의 외국소송계속의 고려여부"—, 均齊 梁承斗敎授 화갑기념논문집, 현대사회와 법의 발달(1994), 601-603면 참조.

19) 석광현, 國際裁判管轄에 관한 硏究: 民事 및 商事事件에서의 國際裁判管轄의 基礎理論과 一般管轄을 중심으로(서울대학교출판부, 2001), 69면 이하. 이는 저자의 박사학위논문인 "國際裁判管轄에 관한 硏究—民事 및 商事事件에 있어서의 國際裁判管轄의 基礎理論과 一般管轄을 중심으로—"(2000)에 개정된 국제사법을 반영하여 단행본으로 간행한 것이다.

20) 석광현(註 19), 79면. 2001년 초안의 소개는 석광현, "헤이그국제사법회의의 「民事 및 商事事件의 國際裁判管轄과 外國裁判에 관한 협약」 2001년 초안," 국제사법과 국제소송 제3권(2004), 457면 이하 참조.

21) 비교법적 고찰은 Bäumer(註 10), S. 35f. 참조. 특히 일본의 학설과 판례는 전병서, "국제적 소송경합," 변호사 제26집(1996), 301면 이하 참조.

22) 영미에서 인정되는 不適切한 法廷地의 법리라 함은, 외국적 요소가 있는 사건에 관하여 국내 법원에 소가 제기된 경우 국내 법원이 국제재판관할을 가지더라도, 외국에 대체법정지가 있고, 당해 사건의 구체적인 사정을 고려할 때 외국 법원이 더 적절한 법정지임이 명백한 경우 법원이 재량에 의하여 소송을 중지하거나 소를 각하하는 법리를 말한다. 이

셋째 외국판결이 장래 우리 나라에서 승인될 것으로 예측되는 것, 즉 적극적인 승인예측(positive Anerkennungsprognose)을 전제로, 국제적 소송경합을 국내 소송경합에 준하여 처리하는 대륙법계의 승인예측설(이에 따르면 결국 前訴가 제기된 법원이 우선하므로 **優先主義**(first seized court principle)라고도 한다),

넷째 승인예측설을 원칙으로 하되, 前訴가 제기된 법원이 외국의 대체법정이 당해 사건을 재판하기에 보다 적절하다고 판단하는 경우 예외적으로 국제재판관할권의 행사를 거부할 수 있다는 절충적인 견해가 그것이다.

첫째 이외의 견해는 모두 국제적 소송경합을 어떤 형태로든 규제하는데 다만 그 요건과 효과에 차이가 있다. 아래에서는 이를 좀더 살펴본다.

1. 국제적 소송경합을 허용하는 견해—규제소극설

이 견해는 민사소송법 제259조의 중복제소의 금지는 원칙으로 국내법원에서의 중복제소를 금지하는 것이라는 이유로 외국에서의 소송계속을 무시할 것이라고 한다. 이에 따르면 병행소송이 진행하게 된다. 원칙적으로 위 견해를 취하면서도, 중복판결을 피하고 공동판결의 이상을 실현하려는 국제관할원칙과 외국판결의 효력을 규정한 명문근거에 기하여 이들 문제와 연관하여 포괄적인 고려를 하는 것이 국제적인 대세에 부응하는 길이라는 견해도 있다.[23] 후자는 원칙적으로 국제적 소송경합을 허용하되 예외적으로는 중복제소의 금지원칙이 국제소송에도 적용될 수 있다는 취지로 보이나 그 기준은 명확하지 않다. 우리의 일부 학설,[24] 미국의 종래의 판례와 1971년 Restatement of the Law (Second) Conflict of Laws (§86)[25]는 이런 견해를 취

법리는 국제재판관할의 유무 판단과 행사 여부의 판단을 구분한다. 미국의 법리는 석광현(註 19), 115면 이하, 영국의 법리는 석광현(註 19), 132면 이하 참조. 국제적 소송경합을 포함하여 不適切한 法廷地의 법리에 관한 국가별 보고는 James J. Fawcett (ed.), Declining Jurisdiction in Private International Law, Reports to the XIVth Congress of the International Academy of Comparative Law Athens, August 1994 (1995) 참조.

23) 최공웅, "國際訴訟과 重複提訴의 禁止," 민사재판의 제문제 제7권, 公于 尹一泳先生·竹堂 金祥源先生 화갑기념, 민사실무연구회(1993), 273면.

24) 정동윤·유병현, 민사소송법(2005), 271면.

25) 동 조는 "동일한 청구에 관한 소송이 다른 주(국가)에 계속중이더라도 소송을 진행할 수 있다"(A State may entertain an action even though an action on the same claim is pending in another state.)라고 규정한다. 동 조의 주석(comment b)은 원고가 前訴에서

한다.[26]

이와 같이 외국에서의 소송계속을 무시하고 우리 법원의 後訴를 진행할 경우 국내판결이 선고되기 전에 外國前訴의 판결이 확정되면 그의 旣判力에 저촉되는 결과 우리 법원으로서는 청구를 기각하거나 소를 각하하지 않을 수 없게 되어 그 때까지 後訴를 위하여 당사자들과 법원이 투입한 시간, 노력과 비용이 무의미하게 된다. 따라서 이 견해는 수용할 수 없다.

2. 국제재판관할의 법리에 의하여 해결하는 견해

이 견해는 영미법적인 접근방법에 따라 국제적 소송경합을 국제재판관할의 법리, 보다 정확히는 不適切한 法廷地의 법리(doctrine of *forum non conveniens*)에 의하여 해결하는 견해이다.[27] 이를 '비교형량설', '적절한 법정지설' 또는 'Proper Forum설' 등이라 부르기도 한다.[28] 이는 외국과 내국의 어느 곳이 보다 적절한 법정지인가라고 하는 관점으로부터 국제재판관할의 유무 또는 행사 여부를 판단함에 있어 종합적인 비교·형량에 의한다. 이는 외국에 前訴가 제기된 경우 외국이 보다 적절한 법정지라고 판단되면 내국의 後訴를 각하하거나 소송절차를 중지할 것이나, 만일 내국이 적절한 법정지인 경우에는 외국에 前訴가 계속중이더라도 소송을 진행할 것이라고 한다. 이에 따르면 외국에서의 소송계속은 법원이 국제재판관할의 유무 내지는 행사 여부를 판단함에 있어 고려할 요소(또는 특단의 사정의 하나)로 보므로 국제소송경합의 문제는 국제재판관할이론의 일부로 해소된다.

이 견해에 대하여 일본에서는 그 밖에도 여러 가지 비판이 있다.[29] 예컨

구제를 받을 수 있는가에 따라 구분하고, 구제를 받을 수 있는 경우 법원은 재량으로 後訴의 소송절차를 중지할 수 있다고 한다.

26) 석광현(註 19), 126면. 지금도 이것이 미국 연방법원의 태도라는 견해도 있으나, 아래에서 보듯이 국제재판관할의 법리로 해결한다는 견해도 있다. 이것이 미국 법원의 태도라는 견해도 있다. Heinrich Nagel/Peter Gottwald, Internationales Zivilprozessrecht 5. Auflage (2002) §5 Rz. 239. 그러나 국제적 소송경합을 허용하는 다수 判例를 뒤집기 위한 노력으로 미국변호사협회 국제법 및 관행분과(American Bar Association Section on International Law and Practice)가 1989년에 제안한 'Conflict of Jurisdiction Model Act'가 있다. 석광현(註 19), 126면 이하 참조.

27) 우리 나라에서는 유재풍, "國際訴訟의 裁判管轄에 관한 硏究," 청주대학교 대학원 법학박사학위논문(1994), 183-188면; 유재풍(註 7), 461면이 이를 따른다.

28) 古田啓昌(註 7), 76面; 渡辺惺之/孫京漢(註 7), 280면.

29) 石川明·小島武司(註 4), 79-80면.

대 ① 국제적 소송경합의 문제는 복수의 국가에서 국제재판관할이 긍정된 후의 문제인데, 이를 국제재판관할의 판단 중에 포함시키는 것은 이론상 의문이다. ② 외국에서 前訴가 계속중인데도 後訴가 제기된 내국법원이 적절한 법정지임을 이유로 소송을 진행하면 결국 판결의 국제적 모순, 저촉이 발생할 수 있다. 영미에서는 외국법원이 국제재판관할을 인정하는 경우에도 당사자는 외국에서의 소송을 금하는 留止命令[30]을 받을 수 있으나 일본에는 그러한 법적 수단이 없다. ③ 하나의 사건에 대해 복수의 국가가 국제재판관할을 가질 수 있는데, 외국판결의 승인에 있어 외국법원의 국제재판관할에 관한 체크 이상으로 외국법원의 관할을 규제하는 것은 외국판결승인제도와 균형이 맞지 않는다. ④ 영미의 법관은 광범위한 재량을 가지고 있고 국제적 소송경합의 처리는 그러한 재량권의 행사의 한 경우인데 반하여, 일본의 법관은 그러한 재량권을 가지지 않는데도 국제적 소송경합의 문제에 한하여 영미법적 처리를 도입하는 것은 대륙법적 사법관으로부터는 위화감이 있다.

영국에서는 전통적으로 이런 견해를 취하고 있고,[31] 미국의 일부 판례[32]와 일본의 일부 학설과 판례(예컨대 동경지방재판소 1991. 1. 29. 판결(이른

---

30) 참고로 訴訟留止命令(anti-suit injunction)은 주로 영미법계국가에서 인정되는데 그것이 가능하다면 위반에 대한 형사제재를 무기로 외국의 소송을 배제하고 국내법원에서 배타적 관할권을 확보할 수 있다. 2006년에는 영국법원이 서울중앙지방법원에 이미 소를 제기한 우리 나라 국민은행을 상대로 訴訟留止命令을 한 사례가 있었는데 그 결과 국민은행은 한국에서의 소를 취하하였다. 이 사건은 訴訟留止命令에 의하여 소송을 수행할 수 없게 된 한국측 당사자의 대응수단은 무엇인가라는 문제를 제기하였다. 미국법상의 訴訟留止命令에 관하여는 우선 Andrew N. Vollmer, "U.S. Federal Court Use of the Antisuit Injunction to Control International Forum Selection," Jack L. Goldsmith, (ed.), International Dispute Resolution: The Regulation of Forum Selection, Fourteenth Sokol Colloquium (1997), p. 237 *et seq.* 참조. 영미와 독일의 비교는 우선 Markus Lenenbach, "Antisuit Injunctions in England, Germany and the United States: Their Treatment under European Civil Procedure and the Hague Convention," 20 Loyola of Los Angels International & Comparative Law Journal 257 (1998) 참조. 나아가 당사자의 일방이 중재합의에 위반하여 제소하는 것을 금지하는 anti-suit injunction도 문제되는데, 영국법상으로는 당사자의 일방이 중재합의에 반하여 제소하거나 소송을 수행하는 것을 금지하기 위한 법원의 訴訟留止命令이 가능하다. Sir Peter Gross, "Anti-suit injunctions and arbitration," [2005] LMCLQ 1, p. 10 *et seq.* 참조. 독일의 논의는 우선 Peter Schlosser, "Anti-suit injunctions zur Unterstützung von internationalen Schiedsverfahren," RIW 2006, S. 486ff. 참조. Schlosser는 중재합의의 결과 당사자는 법원에 제소하지 않을 실체법상의 부작위의무를 부담한다고 보아 피보전권리를 인정하므로 독일법상으로도 법원의 anti-suit injunction이 가능하다고 본다.

31) 석광현(註 19), 135면 이하.

32) 석광현(註 19), 126면.

바 眞崎物産事件)[33]가 이를 취하였다.

3. 승인예측설

이는 독일과 우리 나라의 다수설[34]인데, 외국법원에 이미 계속중인 사건에 대해 한국에서 後訴가 제기된 경우 외국법원의 판결이 민사소송법의 승인요건을 구비하여 장래 한국에서 승인될 것으로 예측되는 경우에는 그 외국판결은 국내에서도 旣判力을 가지므로 민사소송법 제259조의 중복제소금지를 적용하거나 유추적용할 것이라는 견해이다. 그 경우 효과로서 소를 각하할 것인지 아니면 소송절차를 중지할 수 있는지에 관하여는 견해가 나뉜다. 즉 승인예측설은 외국판결의 '積極的 承認豫測'(positive Anerkennungsprognose)을 조건으로 외국의 소송계속의 존중을 '外國判決 承認의 前段階'(Vorstufe der Urteilsanerkennung)로 이해하여[35] 외국의 소송계속에 대해 국내의 소송계속에 준하는 효력을 인정한다. 이는 우리 민사소송법(제217조)이 일정한 요건 —이는 아래(Ⅵ. 2.)에서 소개한다— 이 구비되는 것을 전제로 외국판결 승인제도를 두고 있음을 근거로 한다.

이 견해에 대하여는 여러 가지 비판이 있으나, ① 가장 결정적인 것은 장래 외국에서 선고될 판결이 과연 한국에서의 승인요건을 충족할 것인지를 미리 정확히 예측하는 것은 매우 곤란하다는 점이다.[36] 또한 ② 승인예측설에 따르면 소의 전후, 엄밀하게는 소송계속의 전후가 결정적인 의미를 가지는데, 국가에 따라 소의 계속시기가 상이하므로 계속의 유무와 시기를 결정하는 準據法이 문제되고, ③ 당사자들로 하여금 원만한 해결을 위하여 노력하지 않고 먼저 소를 제기하도록 부추기고, 원고로서 제소하는 것의 장점을 강조하여 부당하다는 비판이 있다. 이런 현상을 '법정으로의 경주'(race to the courthouse) 또는 '판결을 위한 경주'(race for a judgment)라고 비판하

33) 석광현(註 19), 94면.

34) 이시윤(註 5), 249면; 송상현, 민사소송법(2002), 350면; 강희철(註 8), 20면; 강현중, 민사소송법 6판(2004), 820면; 김홍규, 민사소송법 제6판(2003), 236면.

35) Schack(註 13), Rn. 748.

36) 피정현(註 18), 614면; 강희철(註 8), 19면. 한충수(註 6), 50면은 소송의 동태적 측면을 도외시할 우려가 있음을 지적한다. 승인예측이 빗나간 경우 발생하는 문제는 조수정, "國際的 訴訟競合에 있어서의 重複提訴의 禁止," 서울대학교 대학원 법학석사학위논문(1994), 77-78면 참조.

기도 한다.[37)]

그 밖에도 일본에서는 여러 가지 비판이 있다.[38)] ① 내국과 외국의 소송이 어떤 관계에 있는 때에(예컨대 소송물의 동일성으로 족한가) 규제할 것인가에 관하여 구체적으로 명확한 기준을 제시하기 어렵다는 문제가 있다. ② 외국소송의 계속은 직권조사사항인가의 문제가 있다. ③ 승인예측이 빗나간 경우의 처리의 문제가 있다. 즉, 승인될 것으로 예측하고 內國後訴를 각하한 경우 예측이 잘못된 때에는 원고의 권리보호의 이익이 침해된다.

우리의 다수설과 독일의 판례와 다수설[39)] 및 프랑스의 판례와 학설[40)]도 이런 견해를 취하고 있고, 스위스 국제사법(제9조)[41)]은 이를 명문으로 규정하고 있으며, 일본의 일부 학설과 판례(예컨대 동경지방재판소 1988. 5. 30. 판결(이른바 宮越機工事件))[42)]가 이런 견해를 취한다.

4. 그 밖의 학설

그 밖에도 중복제소가 권리남용에 해당하는 때에만 외국의 소송계속을 고려할 것이라는 권리남용설이 있다.[43)] 또한 사건의 동일성이 아니라 내국에서 제기된 後訴에 대해 재판할 소의 이익의 유무에 따라 판단하는 견해도 있다.[44)]

5. 사견—승인예측설을 원칙으로 하되 예외적으로 국제재판관할이론을 결합하는 견해

우리 나라에서는 종래 논의가 활발하지는 않으나 일본의 영향을 받아 주

37) Peter E. Herzog, "Brussels and Lugano, Should You Race to the Courthouse or Race for a Judgment?," 43 Am. J. Comp. L. 379 (1995).

38) 石川明·小島武司(註 4), 77-78면을 참조.

39) 석광현(註 19), 87면 이하.

40) 석광현(註 19), 142면.

41) 석광현(註 19), 145면.

42) 석광현(註 19), 94면.

43) 피정현(註 18), 615면 참조. 피정현(註 18), 621면은 결국 이를 선호하는 것으로 보인다. 다만 영미의 접근방법과 다르지 않다고 한다.

44) 예컨대 渡辺惺之/孫京漢(註 7), 283면, 291면 이하. 피정현(註 18), 620-622면 참조. 국내에는 지지자가 없는 것으로 보인다.

로 규제소극설, 국제재판관할의 법리에 의하여 해결하는 견해와 승인예측설이 주장되고 있다. 이러한 다양한 견해의 존재는 일본과 우리 나라의 특유한 현상이라고 생각되는데, 이런 현상을 고려한다면 대륙법적 접근방법을 따라 승인예측설을 따르면서 예외적인 경우 영미법적 접근방법을 가미하는 것이 적절하다고 본다. 즉 우선주의(first seized court principle, Prioritätsprinzip)를 원칙으로 하고, 예외적인 경우 前訴가 제기된 법원('前訴法院')이 소송절차를 중지할 수 있다고 본다. 이는 1999년 초안과 2001년 초안이 취하는 태도인데, 저자도 과거 이러한 취지의 입법론을 제시하였고 해석론으로서도 이를 따르는 것이 적절하다고 본다. 그의 구체적인 근거는 아래와 같다.

우선주의를 취하는 범위 내에서는 국제적 소송경합은 국제재판관할과는 직접 관련이 없다. 승인예측설을 취하는 이유는 국제적 소송경합은 '外國判決承認의 前段階'(Vorstufe)로서 의미를 가지기 때문이다.[45] 즉 외국의 국제재판관할이 인정되는 한 외국에서 판결이 선고될 경우 아직 내국판결이 선고되기 전이라면 외국판결을 승인해야 할 것이므로,[46] 승인될 것으로 예측되는 판결이 상당한 기간 내에 선고될 것이라면 내국에서 소송절차를 중지함이 합리적이기 때문이다. 승인예측설은 상당한 기간 내에 판결을 선고할 것이라는 요건을 요구하지 않으나 저자는 스위스 국제사법(제9조)을 따라 이러한 요건을 요구하는 것이 합리적이라고 본다. 논란이 있으나, 아래에서 보듯이 현행 민사소송법의 해석론으로서도 우리 법원은 소송절차를 중지할 수 있다고 본다.

그러나 前訴法院이더라도 不適切한 法廷地의 법리에 관한 요건과 前訴法院과 後訴法院에서의 절차의 진행상황 등을 고려하여 後訴法院이 분쟁을 해결하기에 명백히 더 적절한 법정지(clearly more appropriate forum)라고 판단하는 경우에는[47] 당사자의 신청에 의해 소송절차를 중지하고 後訴法院이 재판하도록 하는 것이 적절하다. 즉, 여기에서는 승인예측설을 원칙으로 하되 예외적인 경우 不適切한 法廷地의 법리를 엄격한 요건하에 수용함으로

45) 따라서 국제적 소송경합의 문제를 국제재판관할이론으로 해결하는 견해도 외국판결의 승인가능성을 중요한 요소로 고려한다. 예컨대 유재풍(註 27), 194면. 이 점에서 국제적 소송경합과 국내 중복제소는 명백히 구별된다.

46) 반면에 內國後訴에서 판결이 먼저 확정되면 아래(V.2.)에서 보듯이 논란의 여지가 있다.

47) 물론 이 경우 後訴法院 판결의 장래의 승인 여부도 고려될 것이나 승인예측설에서와 같이 그것이 결정적인 것은 아니며 경우에 따라서는 승인가능성이 없더라도 더 적절한 법정지로 평가될 수도 있을 것이다. 유재풍(註 27), 194면도 동지로 보인다.

써 양자를 결합하고자 하는데, 그에 의하면 국제적 소송경합의 처리는 제한적인 범위 내에서 국제재판관할, 보다 정확히는 不適切한 法廷地의 법리와 관련을 가진다.[48)]

우리 법원을 중심으로 저자의 견해를 설명하면 다음과 같다. 外國前訴의 경우는, 前訴法院이 不適切한 法廷地의 법리를 적용하여 소송절차를 중지하지 않는 한, 前訴法院이 상당한 기간 내에 한국에서 승인될 수 있는 재판을 선고할 것이라고 기대되는 경우 한국법원은 소송절차를 중지해야 한다. 반면에 內國前訴의 경우 외국에서 後訴가 제기되더라도 내국법원은 원칙적으로 아무런 영향을 받음이 없이 심리를 계속해야 할 것이나, 내국법원은, 외국이 국제재판관할을 가질 뿐만 아니라 내국과 비교하여 명백히 더 적절한 법정지이고, 나아가 內國前訴와 비교하여 外國後訴의 절차가 상당히 진행되었다면 不適切한 法廷地의 법리에 기하여 소송절차를 중지할 수 있다는 것이다. 한편 外國前訴의 경우 논리적으로는 우리 법원이 명백히 더 적절한 법정지라면 소송절차를 진행할 수 있어야 하나, 외국법원이 不適切한 法廷地의 법리에 기하여 소송절차를 중지하지 않는다면 우리로서는 외국법원의 판결을 승인하지 않을 수 없으므로[49)] 결국 우리 법원은 승인예측설을 따라야 한다. 그러므로 우리 법원이 前訴法院인 경우 예외적으로 소송절차를 중지할 수 있음에 반하여, 유사한 사안에서 외국법원이 前訴法院인 경우 소송절차의 중지를 하지 않는다면 불균형이 발생하게 된다. 이는 바람직하지는 않지만 국제적 소송경합을 국제조약에 의하여 해결하지 않는 한 불가피한 것으로 생각된다.

48) 국제재판관할에 관하여 신설된 국제사법 제2조는 국제적 소송경합의 처리에 영향을 미치지 않는다. 섭외사법의 개정과정에서 연구반초안 제2조 제1안의 제3항은 不適切한 法廷地의 법리를 도입하였으나 채택되지 않았고, 국제적 소송경합에 관하여는 연구반초안도 아무런 규정을 두고 있지 않았으며, 작업과정에서도 입법적인 해결을 고려하지 않았다. 저자는 1999년 법무부가 조직한 섭외사법개정연구반의 구성원이었는데, 국제적 소송경합의 처리에 관하여 합의를 도출하기가 어려울 것으로 예상되었기 때문에 입법적인 해결을 제안하지 않았다.

49) 즉 사견과 같이 예외적으로 부적절한 법정지의 법리를 도입한다면 우리 법원은 사안에 따라 동 법리를 적용하여 국제재판관할의 행사를 거부할 수 있으나, 유사한 사안에서 외국 법원이 동 법리를 적용하지 않고 재판을 선고한다면 우리 법원으로서는 동 법리를 적용하지 않았음을 이유로 승인을 거부할 수는 없다. 그 경우 외국법원은 국제재판관할을 가지기 때문이다. 1999년 초안(제27조 제3항)은 이런 취지를 명시한다. 물론 아래에서 보듯이 우리 법원의 확정판결이 선행하는 경우에는 승인을 거부할 수 있다.

Ⅳ. 승인예측설을 따를 경우 국제적 소송경합의 요건

위의 어느 견해를 따르든 국제적 소송경합의 범위를 어떻게 이해할 것인가가 중요한 문제이다. 즉 당사자와 소송물의 동일성을 요구할 것인지, 아니면 그에 추가하여 심판형식의 동일성도 요구할 것인지 등이 문제된다. 승인예측설을 따를 경우 국제적 소송경합이 되기 위하여는 중복제소금지의 원칙의 경우와 마찬가지로 첫째 前訴와 後訴의 사건이 동일하고(당사자와 청구(소송물)가 동일하면 원칙적으로 동일사건이 된다),[50] 둘째 前訴가 계속중에 後訴가 제기되어야 한다. 그리고 국제적 소송경합에 특수한 셋째 요건으로서 외국법원에 前訴가 계속중인 사건에 대해 한국에서 後訴가 제기된 경우 외국법원의 판결이 장래 한국에서 승인될 것으로 예측되어야 한다. 이것이 이른바 '적극적 승인예측'이다. 사견을 따르더라도 우선주의가 타당한 범위 내에서는 동일한 요건이 적용된다. 요건과 관련하여 특히 문제되는 것은 다음과 같다.

1. 소송물의 동일성

소송물의 동일성에 관하여는 첫째 소송물의 동일성을 판단하는 기준이 되는 準據法, 둘째 소송물이 동일하기 위하여 심판형식의 동일성이 필요한지가 문제되고, 셋째 청구권경합의 경우 소송물의 동일성을 판단하는 기준이 문제된다.

가. 소송물의 동일성 판단의 準據法

소송물이 동일한지는 절차의 문제로서 원칙적으로 법정지법에 따라 판단할 사항이다.[51] 예컨대 어음금청구와 원인관계에 기한 매매대금청구의 소송

50) 한충수(註 6), 65-66면은 국제적 소송경합의 문제는 소송물의 개념 문제와 분리되어야 한다고 하면서도, 한편으로는 보다 넓은 개념의 소송물의 동일성 개념이 도입되어야 한다고 하여, 소송물의 개념과 결별하자는 것인지 아니면 좀더 넓은 소송물 개념을 기준으로 하자는 것인지가 다소 애매하다. 아래에서 보듯이 소송물의 동일성 판단이 어려운 경우가 있지만, 이는 국제적 소송경합의 맥락에서 타당한 소송물의 개념을 구성함으로써 해결할 일이지(예컨대 브뤼셀협약의 해석에 관한 유럽법원의 태도 또는 피정현(註 18), 610면 참조) 소송물의 개념과 결별할 것은 아니다.

51) Schack(註 13), Rn. 752.

물이 동일한지, 혼인취소소송과 이혼소송의 소송물이 동일한지와, 외국의 채무부존재확인의 소와 내국의 이행의 소의 소송물이 동일한지는 우리 법에 따라 판단한다.[52] 많은 경우 소송물의 동일성 판단은 별 문제가 없을 것이나, 소송물의 개념을 달리 이해하는 국가들간에 소송경합이 있는 경우 어려운 문제가 발생한다.

사견으로는 위의 취지는 양소의 소송물이 특정된 경우 그의 동일성 여부는 우리 법에 따른다는 의미이고, 외국소송의 소송물은 법정지인 외국법에 따라 판단할 사항이라고 본다. 왜냐하면 승인예측설의 근거가 바로 외국의 소송계속을 외국판결 승인의 前段階로 이해하는 데 있으므로 외국판결의 旣判力이 미치는 범위가 중요한데, 이는 원칙적으로 외국의 소송물의 개념에 따라 결정되기 때문이다.[53] 이는 우리 민사소송법상 외국판결의 승인의 본질에 관하여 다수설인 '효력확장설'(Wirkungserstreckungstheorie)에 따라, 승인요건을 구비한 외국판결은 판결국에서 가지는 것과 동일한 효력을 한국에서도 가진다는 것을 전제로 한다.[54] 그렇다면 외국의 소송물 개념이 결정적이다.[55] 따라서 정확히 말하자면 예컨대 外國前訴와 우리 後訴의 소송물이 동일한지는, 우선 前訴의 소송물과 後訴의 소송물을 각자의 법정지법에 따라 각각 결정한 뒤, 우리 법의 기준에 따라 양자를 비교함으로써 결정할 사항이라고 본다.[56]

---

52) 위에서 본 바와 같이 이 점에 관하여 우리 학설은 나뉘고 있다.

53) 소송물의 개념과 旣判力의 범위가 상이한 경우 문제가 있다. 예컨대 민사소송법상의 중복제소금지의 원칙과 관련하여 상계항변을 어떻게 처리할지는 논란이 있다.

54) 물론 아무런 제한이 없는 것은 아니다. 즉 독일에서는 효력확장설을 따르더라도 승인국법이 알지 못하는 유형의 효력에까지 효력의 확장을 인정할 수는 없다는 견해가 유력하다. 석광현, "民事 및 商事事件에서의 外國裁判의 承認 및 執行," 국제사법과 국제소송 제1권(2001), 340면 참조. 미국 법원의 재판은 旣判力을 가질 뿐만 아니라, 'issue preclusion'(쟁점실권효 또는 쟁점차단효) 또는 'collateral estoppel'(부수적 금반언)이라고 하여 실제로 변론과 판단의 대상이 된 판결이유 중의 법률상 및 사실상의 판단에까지 효력이 미치는데, 이 점을 효력확장설과의 관계에서 검토할 필요가 있다. 석광현, 위 책, 339면 이하 참조.

55) 반면에 승인의 본질에 관한 동등설(Gleichstellungstheorie)이나, 누적설(Kumulationstheorie)을 취하면 우리 법상의 소송물의 개념이 결정적인 의미를 가진다. 승인의 본질에 관하여는 석광현(註 54), 338면 이하 참조.

56) Bäumer(註 10), S. 177은 이런 견해로 보인다.

나. 심판형식의 동일성

중복제소의 경우와 마찬가지로 이행의 소와 확인의 소가 동일한 소송물인지가 문제된다. 소송물의 동일성을 판단함에 있어 만일 심판형식의 동일성을 요구한다면 이행의 소와 확인의 소는 중복제소에 해당하지 않는다. 이에 관하여는 동일사건이라고 보는 견해와, 소의 전후에 따라 구별하는 견해가 있음은 중복제소금지의 원칙에 관하여 본 바와 같다.

특히 외국에서 소가 제기되었거나 제기가 임박한 경우 피고 또는 피고가 될 자가 자국법원에 채무부존재의 확인을 구하는 소극적 확인의 소를 제기함으로써 외국소송의 진행 내지는 장래 외국에서 선고될 판결의 승인 및 집행을 차단하기 위한 소송전략으로 악용되므로 이의 처리는 실무상 중요한데, 이것이 크게 문제된 것은 유럽연합에서 이른바 '어뢰소송'(torpedo litigation)[57]으로 알려진 소극적 확인의 소의 폐해 때문이다. 즉 유럽법원은 선행하는 소극적 확인의 소와 후의 이행의 소를 동일한 청구라고 보았으므로,[58] 외국에서 제소를 당할 가능성이 있는 채무자가 소송의 진행이 매우 느린 국가(예컨대 이탈리아 또는 벨기에)에서 채권자에 앞서 소극적 확인의 소를 제기하기만 하면, 가사 몇 년 후에 국제재판관할의 결여로 인하여 소가 각하되더라도 그 때까지 後訴法院은 브뤼셀규정(제27조)에 따라 소송을 중지하여야 하므로 채무자는 채권자가 유럽 전역에서 이행의 소를 제기하는 것을 차단할 수 있고, 결국 자신의 권리를 실현하기 위해 몇 년을 기다려야 하는 채권자에게 자포자기 또는 화해를 강요할 수 있다는 것이다.[59]

---

57) 이러한 표현을 처음 사용한 것은 Franzosi, "World Wide Patent Litigation and the Italian Torpedo," [1997] E.I.P.R. 382라고 한다. Annette Kur, "„Eintragunsland" ohne nationale Eintragung," IPRax 2004, S. 331.

58) 1994. 12. 6. *Tatry v. Maciej Rataj* 사건 판결. 유럽법원은 브뤼셀협약의 해석상 '핵심쟁점'(core issue 또는 Kernpunkt)을 동일성을 기준으로 청구의 동일성을 넓게 인정하였다.

59) Peter Mankowski, "Entwicklungen im Internationalen Privat- und Prozessrecht 2003/2004 (Teil)," Recht der Internationalen Wirtschaft (2004), S. 496. 유럽법원은 2003. 12. 9. *Erich Gasser GmbH v. MISAT Srl.* 사건 판결(C-116/02)에서 이러한 문제를 시정할 기회가 있었으나 브뤼셀협약(과 루가노협약)(제21조)의 해석상 前訴가 계속한 법원(이 사건에서는 이탈리아 법원)의 소송기간이 일반적으로 받아들일 수 없을 정도로 장기라는 이유로 그의 적용이 배제되는 것은 아니라고 판시함으로써 그렇게 하지 않았다. 그 결과 채권자의 정당한 권리보호를 소홀히 함으로써 유럽인권협약에 반한다는 비판이 있다. Mankowski, 위 글, S. 496. 이 점에 관한 평석은 우선 Helmut Grothe, "Zwei Einschränkungen des Prioritätsprinzips im europäischen Zuständigkeitsrecht: aus-

위에 소개한 국내의 견해를 이 사안에 적용하면 동일사건이 되거나 되지 않을 수 있다. 그러나 사견으로는 국제적 소송경합이 소송지연의 전략으로 악용되는 경우에 대비하여 다음과 같이 처리할 필요가 있다. 즉 원고가 피고를 상대로 외국법원에 채무부존재확인의 소를 먼저 제기하고 그의 계속중, 후에 피고가 원고를 상대로 우리 법원에 이행의 소를 제기하는 경우에는 우리 법원은 後訴法院이지만 소송절차를 진행하여야 한다. 반면에 원고가 피고를 상대로 채무부존재확인의 소를 먼저 우리 법원에 제기하고 그의 계속중 후에 피고가 원고를 상대로 외국법원에 이행의 소를 제기한 경우에는, 우리 법원은 前訴法院임에도 불구하고 외국법원이 우리 나라에서 승인될 수 있는 재판을 선고할 것으로 예상되는 때에는 소송절차를 중지하여야 한다. 이는 바로 1999년 초안과 2001년 초안이 취하는 접근방법이며, 저자는 우리의 입법론으로서 이에 따른 조문을 개정 國際私法에 둘 것을 제안한 바 있다.[60)]

다. 청구권경합의 경우

위에서 본 바와 같이 저자는 외국소송의 소송물은 외국법에 따르고, 우리 소송의 소송물은 우리 법에 따라 판단한다고 본다. 문제는 前訴가 계속한 외국의 소송물의 개념이 後訴가 계속한 우리 나라의 소송물의 개념과 상이한 경우인데, 이는 특히 청구권경합의 경우에 문제된다. 예컨대 신소송물이론을 따르는 독일에서는 동일한 사실관계에 기초한 계약위반에 기한 청구와 불법행위에 기한 청구가 동일한 소송물이나, 구소송물이론을 따르는 우리 나라에서는 양자는 별개의 소송물이다. 따라서 만일 원고가 독일에서 계약위반에 기한 청구만을 한 경우 독일법상으로는 그 판결의 효력은 불법행위에 기한 청구에도 미치지만, 우리 법상으로는 양자는 별개의 소송물이므로 旣判力이 미치지 않는다.

위에서 본 것처럼 효력확장설에 따르면 외국의 소송물의 개념이 중요하다. 예컨대 원고가 독일에서 계약위반에 기한 소만을 제기하였더라도 독일법상으로는 그 판결의 旣判力이 불법행위에 기한 청구에도 미친다. 그런데 효력확장설에 따르면 독일 판결이 우리 나라에서 승인되는 경우 우리 나라에서

---

schließliche Gerichtsstände und Prozessverschleppung," IPRax (2004), 210f., 판결문은 IPRax (2004), 243f. 참조.

60) 석광현(註 19), 322면.

도 독일법에 따른 旣判力을 가지게 되므로 계약위반에 기한 청구뿐만 아니라 불법행위에 기한 청구에도 旣判力이 미친다. 따라서 비록 우리 법상으로는 양자가 별개의 소송물이더라도, 불법행위에 기한 청구에 관한 한 독일의 소는 우리 나라에서 제기한 불법행위에 기한 소와 중복된다.

2. 前訴 계속중의 後訴 제기

소송의 계속시기는 소송과 관련된 최초의 절차적인 단계가 무엇인가, 즉 당사자가 법원에 소장을 제출하면 즉시 소송이 계속하는지 아니면 소장이 피고에게 송달됨으로써 비로소 계속하는지에 관한 관념의 차이에서 비롯된다. 이는 또한 직권송달주의인지, 또는 당사자송달주의인지 등의 절차법의 차이와도 관련된다.

외국에서의 소송계속의 시점을 언제로 볼 것인가에 관하여 독일에서는 법정지인 외국법에 따를 것이라는 견해[61]와, 그렇게 할 경우 독일에서 먼저 소를 제기하였음에도 불구하고 소장이 송달되는 기간중에 소장을 법원에 제출함으로써 바로 소송이 계속한 것으로 보는 외국에서 먼저 소송계속이 발생하게 되어 부당하므로 외국의 절차가 독일법상의 소송계속에 준하는 시점에 이른 때에 비로소 소송계속이 있는 것으로 보는 견해[62]가 있다. 독일 민사소송법(제261조 제1항, 제253조 제1항)은 소장부본이 피고에게 송달된 때 소송계속(Rechtshängigkeit)이 있는 것으로 명시하고, 우리 민사소송법에는 명문의 규정이 없지만 이와 동일하게 보는 것이 판례 · 통설[63]이나, 국가에 따라서는 원고가 소장을 법원에 제출한 때에 소송계속이 있는 것으로 보므로[64] 어느 견해를 취하는가에 따라 소송의 전후가 달라질 수 있다.

---

61) Nagel/Gottwald(註 26), §5 Rz. 89. 이것이 독일의 통설과 판례이고 스위스에서도 유력하다. Heini/Keller/Siehr/Vischer/Volken (Hrsg.), Kommentar zum Bundesgesetz über das Internationale Privatrecht (IPRG) vom 1. Januar 1989 (1993), Art. 9, Rn. 15.

62) Reinhold Geimer, Internationales Zivilprozeßrecht 5. Auflage (2004), Rz. 2699f.; Schack(註 13), Rn. 756f.

63) 대법원 1994. 11. 25. 선고 94다12517·12524 등; 이시윤(註 5), 241면.

64) 독일에서는 이를 소송계속(Rechtshängigkeit)과 구별하여 '계속'(Anhänigkeit)이라고 한다. 흥미로운 것은 캘리포니아주의 Code of Civil Procedure (CCP) 제350조에 따르면 소장을 법원에 제출한 때 소가 계속하나, 뉴욕주의 Civil Practice Law and Rules (CPLR) 제304조에 따르면 소장이 피고에게 송달된 때 비로소 소송이 계속한다는 점이다. Nagel/Gottwald(註 26), §5 Rz. 226.

유럽법원은 소송의 계속시기에 관하여 규정을 두지 않는 브뤼셀협약의 해석상 소송의 계속 시기는 각 체약국의 법에 따를 사항이라고 보았다. 그러나 위의 문제점을 고려하여 브뤼셀규정(제30조)은 소송의 계속시점에 관하여 통일적인 개념을 도입하였다.[65]

입법론으로서는 이와 같이 통일적인 시점을 두는 것이 바람직하고, 해석론으로서도 저자는 양소에 대해 동일한 시점, 특히 우리 나라의 소송계속에 준하는 시점에 이른 때를 기준으로 전후를 판단해야 한다는 견해를 지지한다. 다만 외국소송의 경우 법제의 차이로 인하여 우리 나라의 소송계속에 준하는 시점을 정하기 어려운 경우에는 보충적으로 제소시기를 기준으로 삼을 수도 있을 것이다.

3. 積極的 承認豫測

승인예측의 난점은 장래 외국에서 선고될 판결이 과연 한국에서의 승인요건을 충족할 것인지를 미리 정확히 예측하는 것은 매우 어렵다는 점이다. 장래 선고될 외국판결의 승인예측이 용이하지 않음은 독일의 다수설도 인정하나,[66] 독일에서는 의문이 있는 때에는 적극적인 승인예측이 존재한다는 전제로부터 출발할 것이라는 견해가 유력하다.[67] 우리 나라에도 승인의 확실성이 아니라 "승인될 개연성이 상당히 높으며 승인에 대해 중대한 의문을 제기할 만한 특별한 사유의 존재가 없는 정도의 예측가능성이면 충분하다"는 견해[68]가 있다.

---

65) 제30조에 따르면, 절차를 개시하는 서면 또는 그에 상당하는 서면이 법원에 제출된 때, 또는 서류의 법원 제출에 앞서 송달되어야 하는 경우에는 송달을 담당하는 기관이 서류를 수령한 때에 소송이 계속한 것으로 본다(다만 원고가 그 후 송달 또는 서류 제출을 위한 조치를 한 경우에 한한다). 상세는 석광현, "民事 및 商事事件의 裁判管轄과 裁判의 執行에 관한 유럽연합규정(브뤼셀규정)—브뤼셀협약과의 차이를 중심으로—," 국제사법과 국제소송 제3권(2004), 390면. 1999년 예비초안도 유사한 규정을 두고 더 나아가 [적절한 경우에는 세계표준시가 적용된다]고 명시하였다.

66) Rolf A. Schütze, Deutsches Internationales Zivilprozeßrecht (1985), S. 177은 모든 승인예측은 '순전한 수수께끼놀이'(reines Ratespiel)라고 비판한다. Rolf A. Schütze, Deutsches Internationales Zivilprozessrecht unter Einschluss des Europäischen Zivilprozessrechts 2. Auflage (2005), Rn. 396은 승인예측은 법관에게 미래를 예견할 수 있는 능력을 요구한다고 비판한다.

67) Schack(註 13), Rn. 755.

68) 강희철(註 8), 23면.

우리 민사소송법 제217조는 외국판결의 승인요건으로서 ① 확정판결일 것, ② 외국법원이 국제재판관할권을 가질 것, ③ 패소한 피고가 적법한 방식에 의하여 적시에 공시송달에 의하지 아니하고 소장의 송달을 받았거나 송달을 받지 않고 응소하였을 것, ④ 외국판결의 승인이 우리의 공서에 반하지 아니할 것과 ⑤ 상호보증이 있을 것을 요구한다.

외국에서 前訴가 제기되어 어느 정도 진행되었다면 확정판결일 것은 전제하여야 하고, 다른 요건의 구비 여부는 어느 정도 예측할 수 있으나, 공서위반, 특히 절차적 공서위반의 가능성은 절차의 진행상황에 의하여 좌우되므로 사전에 예측하기는 어렵다. 또한 상호보증에 관하여도 선례가 없는 상태에서는 외국법원이 우리 법원 판결의 승인을 거부함으로써 상호보증이 부정될 가능성도 있으므로 확실성을 가지고 예측하기는 어려운 면이 있다. 따라서 과거 상호보증의 존재를 부정한 외국판결이 있는 경우와 같은 확실한 증거가 없는 한, 가능한 범위 내에서 승인요건의 구비 여부를 판단하고 불확실한 경우 적극적인 승인예측이 존재한다는 전제로부터 출발해야 할 것이다.

4. 권리보호의 이익 또는 필요성에 대한 고려[69)]

논자에 따라서는 외국법원의 판결이 국내에서 승인될 것으로 예측되더라도 後訴를 제기함으로써 보호되어야 할 법률상 이익이나 필요성 있는 때에는 중복제소를 허용해야 한다고 한다. 이에 의하면 '前訴와의 권리보호이익의 동일성' 또는 '별도의 권리보호이익의 부존재'가 하나의 요건이 되는데, 중복제소 일반에 대해 권리보호이익의 부존재를 요구하면서 이를 소의 동일성을 판단하는 하나의 요소로 보는 견해[70)]와, 소송물의 동일성과는 별개의 요건으로 보는 견해[71)]가 있다. 예컨대 後訴의 원고가 시효중단이나 제소기간 등의 준수라는 실체법상의 법률효과를 원용할 지위에 있는 경우 그러한 권리보호이익이 존재한다고 한다.[72)]

---

69) 호문혁, 민사소송법 제4판(2005), 154면은 이러한 취지를 '권리보호이익설'이라고 하면서 하나의 독립한 학설로 분류한다. 그러나 논자에 따라 차이는 있지만, 위에서 언급한 '소의 이익설'과는 달리 이는 승인예측을 전제로 하면서 권리보호이익이 있으면 예외를 인정하려는 것이므로 여기에서는 독립한 학설로 보지 않고 이와 같이 논의한다.

70) 조수정(註 36), 87면.

71) 한충수(註 6), 65-66면; 호문혁(註 69), 154-1면.

72) 조수정(註 36), 88면. 이는 외국에서의 제소에 의하여 시효중단의 효력이 발생하지 않음

이를 뒷받침하기 위하여 논자에 따라서는 再訴禁止의 법리를 원용하거나,[73] 더 나아가 국제적 소송경합의 처리에 관하여 중복제소금지의 원칙이 아니라 再訴禁止의 법리를 유추적용하자는 견해도 있다.[74] 즉 민사소송법(제267조 제2항)의 再訴禁止는, 소의 취하로 인하여 법원의 종국판결이 농락될 염려를 방지하기 위하여 제재적 조치로서 도입된 것인데,[75] 前訴와 後訴의 당사자와 소송물이 동일하더라도 양자가 권리보호의 이익을 달리할 때에는 再訴禁止에 저촉되지 않으므로, 국제적 소송경합의 경우에도 유사하게 권리보호의 이익도 고려하자는 것으로 보인다. 그러나 다음과 같은 이유로 이를 지지하기는 어렵다.

첫째, 권리보호의 필요가 있는 경우 국제적 소송경합에도 불구하고 後訴를 허용하자는 것이 단순히 소의 제기를 허용하고 부적법 각하하지는 말자는 취지라면, 사견과 같이 국제적 소송경합의 경우 後訴를 각하하는 대신 소송절차를 중지한다면 後訴의 원고는 대부분 시효중단이나 제소기간 등을 준수할 수 있을 것이므로 원칙적으로 권리보호의 이익을 별도로 고려할 필요는 없다.[76]

둘째, 後訴를 허용하자는 것이 병행절차를 진행하여 확정판결의 획득까지도 허용하자는 취지라면 보다 근본적인 문제가 발생한다. 즉 소 취하의 경우 권리보호의 이익이 있어[77] 再訴禁止의 예외를 인정하더라도 하나의 소송절차가 진행되고 하나의 확정판결이 존재하게 될 것이나, 국제적 소송경합의 경우 권리보호의 이익이 있음을 이유로 중복제소를 허용하여 확정판결의 획

을 전제로 한다. 일반적으로 이는 문제된 권리의 준거법에 따를 사항인데, 독일에서는 채무의 준거법이 독일법인 경우, 외국에서 소가 제기되면 외국판결의 법률요건적 효력(또는 구성요건적 효력)과 마찬가지로 외국판결이 승인될 수 있는 때에는 시효중단의 효력을 긍정하는 견해가 유력하다. Nagel/Gottwald(註 26), §5 Rz. 233. 그러나 Geimer(註 62), Rz. 2729은 외국법원이 승인관할을 가지고 독일 민사소송법(제167조)에 따라 소장의 송달이 곧 이루어질 것을 요구하는 점에서 다소 차이가 있다.

73) 조수정(註 36), 82면 이하.

74) 한충수(註 6), 66면. 호문혁(註 69), 154-2면도 유사하다.

75) 이시윤(註 5), 473면. 독일에서는 이런 제재를 부과하지 않는다.

76) 실제로 승인예측설을 취하는 김용진, 민사소송법 제3판(2005), 163면은 국제적 소송경합이 되더라도 소의 이익이 있는 때는 각하할 것이 아니라 소송절차를 중지해야 할 것이나, 민사소송법상 불가능하므로 기일추후지정에 의할 것이라고 한다.

77) 대표적인 예로는 대법원 1981. 7. 14. 선고 81다64, 65 판결의 사안에서 보듯이 예컨대 본안판결 선고 후 피고가 소유권침해를 중재하여 소를 취하하였는데 그 뒤 다시 침해하는 경우에는 권리보호의 이익이 있다는 것을 든다.

득까지 허용한다면 두 개의 확정판결이 존재하게 되거나, 외국판결이 먼저 확정될 경우 旣判力에 구속되는 문제가 있다.

셋째, 再訴禁止의 법리가 적용되기 위하여는 소송물의 동일성이 필요한데 한편으로는 국제적 소송경합의 경우 재소금지의 법리를 유추적용하자고 하면서, 다른 한편으로는 국제적 소송경합의 문제는 소송물의 개념 문제와 분리되어야 한다고 하는 것은[78] 선뜻 이해하기 어렵다.

넷째, 국제적 소송경합의 요건이 구비되더라도 권리보호이익을 고려할 필요가 있다면 예외적으로 병행절차의 진행을 허용할 필요성이 있을 수 있다. 만일 국제적 소송경합의 처리에 관하여 규칙을 도입한다면 이러한 규칙의 경직성을 완화하기 위한 수단으로서 활용될 여지가 있을 수 있다는 것이다. 다만 지금으로서는 어떤 예외적 상황이 이에 해당할지 분명하지 않지만 만일 이를 긍정한다면 권리보호이익에 대한 고려가 필요하고 그 점에서 결과적으로 再訴禁止의 경우를 방불케 할 수 있을 것이다. 그렇더라도 이는 제도의 목적과 취지가 상이한 再訴禁止의 법리를 유추한 결과는 아니다.

Ⅴ. 승인예측설을 따를 경우 국제적 소송경합의 소송상의 취급

1. 국제적 소송경합의 효과로서의 각하 또는 중지

外國前訴가 있는 경우 국제적 소송경합의 요건을 구비한다면 이를 소송상 어떻게 취급할지가 문제된다. 만일 규제소극설을 취한다면 모르겠지만, 규제를 한다면 어떻게 규제할 것인가, 즉 국제적 소송경합의 효과로서 우리 後訴法院이 소송절차를 중지할 것인지, 소를 각하할지가 문제된다. 사견으로는 승인예측설을 따를 경우 국제적 소송경합의 경우에도 승인 예측에 의문이 있거나 시효소멸 또는 제소기간 준수의 문제가 있는 때에는 법원은 소송절차를 중지함이 타당하다고 본다. 소의 각하는 매우 예외적인 상황이 아니라면 부적절하다고 본다.[79] 사견을 따르더라도 우선주의가 타당한 범위 내에서는 동

78) 한충수(註 6), 65-66면.

79) 저자는 不適切한 法廷地의 법리를 적용한 효과로서는 소송절차의 중지 또는 소의 각하를

일한 결과가 되고, 예외적으로 국제재판관할이론으로 해결하는 범위 내에서는 당연히 소송절차를 중지해야 한다.

더욱이 위에서 본 바와 같이 현실적으로 승인예측이 불확실할 수밖에 없다는 점을 고려한다면 국제적 소송경합의 효과로서 소의 각하라는 가혹한 조치를 취할 것이 아니라 소송절차의 중지라는 완화된 조치를 취해야 한다. 즉 소송절차를 중지함으로써 승인예측의 불확실성으로 인한 폐해를 완화할 수 있다. 요컨대 外國前訴의 경우는, 前訴法院이 不適切한 法廷地의 법리를 적용하여 소송절차를 중지하지 않는 한, 前訴法院이 상당한 기간 내에 한국에서 승인될 수 있는 재판을 선고할 것이라고 기대되는 경우 한국법원은 소송절차를 중지해야 한다.

물론 이는 현행 민사소송법상 소송절차의 중지가 가능하다는 것을 전제로 한다. 민사소송법은 국제적 소송경합의 처리에 관하여 규정하지 않는다. 만일 민사소송법이 소송절차의 중지라는 제도 자체를 알지 못한다면 국제적 소송경합의 경우 또는 不適切한 法廷地의 법리를 적용한 결과 해석론상 소송절차를 중지하는 것은 불가능할 것이다. 그러나 민사소송법은 소송절차의 중지라는 제도를 두고 있고,[80] 특히 유력설은 선결관계에 있는 다른 민사사건이 법원에 계속중인 경우 소송절차의 중지를 인정하므로,[81]

생각할 수 있고, 법원은 제반사정을 고려하여 외국의 代替法廷地(alternative forum)에서 재판하는 것이 바람직하다고 판단하고, 그러한 판단에 대해 의문이 없을 정도로 확신을 가지는 때에는 소를 각하할 것이나, 합리적인 의문이 있거나 시효소멸 또는 제소기간 준수의 문제가 있는 때에는 법원은 소를 각하할 것이 아니라 소송절차를 중지해야 할 것이라는 견해를 피력한 바 있는데(석광현(註 19), 190면), 본문의 견해는 이의 연장선상에 있는 것이다.

80) 민사소송법은 법원의 직무집행불가능으로 말미암은 중지(제245조)와 당사자의 장애로 말미암은 중지(제246조)만을 규정한다.

81) 피정현(註 18), 622면. 물론 명문의 근거가 없다는 이유로 반대하는 견해도 있다. 독일 민사소송법(제148조)은 우리 민사소송법과 달리 선결관계에 있는 다른 사건이 법원에 계속중인 경우 법원은 변론을 중지할 수 있다고 명시한다. 우리 특허법(제164조 제2항)은 "소송절차에 있어서 필요하다고 인정된 때에는 법원은 특허에 관한 심결이 확정될 때까지 그 소송절차를 중지할 수 있다"고 규정한다. 사견으로는 민사소송법의 해석론으로도 선결관계에 있는 다른 민사사건이 법원에 계속중인 경우 소송절차를 중지할 수 있고, 외국의 법원에 그러한 사건이 계속중이고 그 법원의 판결이 승인될 것으로 예측되는 경우에도 마찬가지라고 본다. 브뤼셀규정(제28조 제1항)은 관련소송이 상이한 회원국들의 법원에 계속한 때에는, 최초에 소송이 계속한 법원 이외의 법원은 소송절차를 중지할 수 있다고 명시한다. 이 경우 '관련소송'이라 함은 서로 매우 밀접하게 관련되어 있어서, 절차를 분리할 경우 저촉되는 판결이 선고될 위험을 피하기 위하여 이를 병합하여 심리, 재판할 필요가 있는 경우를 말한다(제28조 제3항).

국제적 소송경합의 경우, 그것이 민사소송법이 명시적으로 정한 소송절차의 중지사유에 해당되지 않더라도 소송절차의 중지가 가능하다고 보아야 할 것이다.[82] 민사소송법(제141조)에 따르면 법원은 소송지휘권의 일환으로서 변론의 제한, 분리, 병합 등과 같은 강력한 수단을 가지므로 소송절차를 중지하는 정도의 재량은 인정될 수 있다는 견해도 경청할 만하다.[83]

만일 해석론상 소송절차의 중지가 불가능하다면 법원이 소송기일을 추후지정(또는 추정)하는 방법에 의하여 사실상 소송절차를 중지한 것과 동일한 결과를 달성할 수 있을 것이다.[84] 실무상 우리 법원으로서는 이 방안을 선호하지 않을까 생각된다. 물론 그 경우 상대방이 기일의 추후지정을 다툴 수 있는 길이 제도적으로 보장되지 않는다는 문제가 있으나 이는 법원이 운용의 묘를 살림으로써 어느 정도는 해결할 수 있을 것이다.[85]

2. 저촉되는 판결이 선고된 경우의 처리

그러나 국제적 소송경합이 방치되거나 달리 합리적으로 처리되지 않아 외국판결과 내국판결이 병존하는 경우 문제가 있다. 특히 내국판결과 서로 모순·저촉되는 외국판결이 병존하는 경우의 처리가 문제되는데 이에 관하여는 논리적으로 선행판결을 우선하는 견해(프랑스), 후행판결을 우선하는 견해(미국의 이른바 last-in-time rule)와 내국판결을 우선하는 견해(독일)가 가능하다.[86]

저자는 이 사건에서 그 후 캘리포니아주 법원이 판결을 선고하였는지를 알지 못하나, 만일 서울지방법원의 판결이 확정된 후 캘리포니아주 법원의 확정판결이 있게 되면 이러한 문제가 제기될 가능성이 있다. 만일 캘리포니아주 법원이 계약책임에 기한 청구를 기각하고 불법행위에 기한 청구를 인용한다면,[87] 불법행위에 기한 청구에 관한 한 캘리포니아주와 우리 나라의 저

82) 피정현(註 18), 622면; 강희철(註 8), 24면; 한충수(註 6), 70-71면도 동지.

83) 한충수(註 6), 70면은 일본 학설들을 인용하여 이렇게 설명한다.

84) 이시윤(註 5), 249면; 피정현(註 18), 622면; 유재풍(註 27), 196-197면.

85) 기일의 추후 지정에 따른 원고의 불이익, 법원의 기일지정에 대한 당사자의 상소의 가부 등 기일의 추후지정과 관련된 일본에서의 논의는 古田啓昌(註 7), 89-96면을 참조.

86) Schack(註 13), Rn. 854ff.

87) 당사자가 계약책임만을 주장하였는데도 캘리포니아주 법원이 그렇게 판단할 가능성이 실제로 있는지는 의문이다.

촉되는 판결이 병존하게 된다.[88)]

우리 나라에서는 종래 ① 판결의 전후를 묻지 않고 외국판결을 절차적 공서에 반하는 것으로 보아 승인을 거부하는 견해, 즉 내국판결을 우선하는 견해[89)]와 ② 중복제소금지에 관한 위의 논의에서 언급한, 확정판결의 저촉을 해결하는 일반법리에 따라 처리하는 견해가 있었다.[90)] 후자에 따르면, 외국판결이 먼저 확정된 경우에는 민사소송법 제451조 제1항 제10호(구 민사소송법 422조 제1항 제10호)에 따라 재심에 의해 내국판결을 취소할 수 있으나 취소되지 않으면 후에 확정된 내국판결이 존중되어야 한다. 반면에 내국판결이 먼저 확정된 경우에는, 외국판결에 대해서는 국내에서 재심의 소를 제기할 수 없으므로 항상 이를 존중해야 할 것이나 그러한 결론은 부당하므로 부득이 외국판결은 민사소송법(제451조 제1항 제10호)의 취지에 따라 취소된 것으로 간주해야 한다. ③ 근자에는 ②와 유사하지만 내국판결이 먼저 확정된 경우에는, 외국판결에 대해서는 공서위반으로 승인이 거부된다는 견해도 있다.[91)] ④ 그러나 사견으로는 판결의 전후만을 기준으로 해결할 것이 아니라, 소송의 계속시기의 전후와 판결의 전후를 함께 고려하여 다음과 같이 해결해야 할 것으로 본다. 아래의 논의는 전후판결이 서로 모순·저촉되는 것을 전제로 한 것이다.

즉 외국에 前訴가 제기되어 계속중인 경우 우리 법원의 後訴는 원칙적으로 국제적 소송경합이므로 각하되어야 함에도 불구하고 진행된 것이므로 선확정된 외국판결의 승인이 우리의 공서에 반한다고 하기는 어렵다. 따라서 무조건 내국판결을 우선할 것은 아니고, 前訴의 결과 선행하는 외국판결이 우선한다. 다만 선행하는 외국판결이 있으면 그것이 국내에서 승인요건을 구비할 경우, 외국판결과 저촉되는 내국판결은 재심에 의하여 취소되어야 할 것이나, 취소되지 않은 이상은 내국판결이 우선한다고 본다. 반면에 국제적 소송경합을 무시한 채 소송이 진행되어 내국판결이 먼저 확정된 때에는, 논란의 여지가 있음은 물론이지만 후에 선고된 외국판결의 승인은 허용되지 않는다고 본다.

88) 반면에 만일 캘리포니아주 법원이 서울지방법원이 각하한 계약책임에 기한 청구를 인용한다면 이를 승인하면 되고, 계약책임에 기한 청구와 불법행위책임에 기한 청구를 모두 기각한다면 그 판결을 승인하면 될 것이다.

89) 김주상, "外國判決의 承認과 執行," 사법논집 제6집(1975), 506면.

90) 고광하, "外國金錢判決의 承認과 執行(下)," 인권과 정의 제96호(1984. 4.), 53면.

91) 피정현(註 18), 624면; 강희철(註 8), 22-23면.

이는 절차적 공서위반이라고 할 수 있으므로, 굳이 외국판결이 민사소송법(제451조 제1항 제10호)의 취지에 따라 취소된 것으로 볼 필요는 없다.

한편 위와는 반대로 국내에서 前訴가 계속중 외국에서 後訴가 제기된 결과 외국판결과 국내판결이 각각 확정된 경우 외국판결이 국내에서 집행될 수 있는가가 문제된다. 이 점에 관하여 우리 민사소송법은 규정하지 않으나, 국내에서 前訴가 계속중임에도 이를 무시하고 선고된 외국판결을 승인하는 것은 절차적 공서에 반한다고 볼 수 있다.[92] 승인예측설에 따르는 한 외국에서 前訴가 계속중인 경우 국내에서 後訴가 제기되면 적극적 승인예측을 전제로 국내소송을 각하 또는 중지하므로, 외국에 대하여도 국내의 소송계속을 존중할 것을 요구할 수 있기 때문이다. 내국판결이 선확정된 경우는 물론 외국판결이 선확정된 경우도 마찬가지이다.

다만 이러한 결론은 현행 독일 민사소송법(제328조 제1항 제3호)[93]과 거의 유사하나 우리는 명문의 근거가 없기 때문에 일부 논란의 여지가 있다.[94] 위의 견해를 정리하면 아래와 같다.

외국전소/ 내국후소	외국판결 선확정시	외국판결 승인 가능. 단 내국판결 후확정시 내국판결은 재심의 대상이나 취소되지 않으면 내국판결 우선
	내국판결 선확정시	외국판결 승인 불가(논란의 여지가 있다)
내국전소/ 외국후소	외국판결 선확정시	외국판결 승인 불가
	내국판결 선확정시	외국판결 승인 불가

92) 독일 민사소송법 제328조가 개정되기 전의 학설로서 Dieter Martiny, Handbuch des Internationalen Zivilverfahrensrecht IZVR III/1 Kapitel I Anerkennung ausländischer Entschdidungen nach autonomem Recht (1984), Rn. 1145-1148 참조.

93) 조문은 다음과 같다. "3. 그 판결이 독일에서 선고된 판결 또는 독일에서 승인될 수 있는 선행 외국판결과 양립할 수 없거나 또는 그 판결의 기초가 되는 절차가 전에 독일에서 계속한 절차와 양립할 수 없는 경우."

94) 저자는 독일 민사소송법의 조문과 유사한 조문을 민사소송법 제217조에 추가할 것을 입법론으로 제안한 바 있으나 채택되지 않았다. 석광현, "外國判決의 承認 및 執行에 관한 立法論—民事訴訟法 改正案(제217조)과 民事執行法 草案(제25조, 제26조)에 대한 管見—," 국제사법과 국제소송 제1권(2001), 420면 이하 참조.

Ⅵ. 대상판결에 대한 평가

여기에서는 이상의 논의를 기초로 대상판결의 판단에 대하여 논점별로 평가한다.

1. 국제적 소송경합의 처리에 관한 승인예측설의 채택에 대하여(위 Ⅲ.과 관련하여)

대상판결은 승인예측설을 취하면서 그의 근거를 외국판결의 승인에 관한 민사소송법 제217조와 중복제소금지에 관한 민사소송법 제259조에서 구하였다. 대상판결이 이 사건에서 승인예측설을 취한 것은 대체로 타당하다.[95] 승인예측설을 따르자면 대상판결의 결론은 당연하고 사견을 따르더라도 동일하다. 사견에 의하면 만일 우리 법원이 前訴法院이더라도 예외적인 경우 소송절차를 중지할 수 있다는 것이나, 반대로 외국법원이 前訴法院이라면 이때는 외국법원이 스스로 소송절차를 중지하지 않는 한 우리 법원은 승인예측설을 따라야 하고 소송절차를 진행할 수는 없기 때문이다. 가사 소송절차를 진행할 수 있다는 견해를 취하더라도 이 사건의 경우 그런 예외적인 사유의 존재를 인정하기는 어렵다고 본다.

다만 그러한 결론의 근거로 대상판결은, 외국법원에 소가 제기되어 있는 경우 외국법원의 판결이 장차 민사소송법 제217조에 의하여 승인받을 가능성이 예측되는 때에는 민사소송법 제259조 소정의 소송계속으로 보아야 할 것이므로 동일한 사건에 대하여 우리 나라 법원에 제소한다면 중복소송에 해당하여 부적법하다고 함으로써, 국제적 소송경합에 대하여도 적극적 승인예측을 조건으로 민사소송법 제259조를 적용하였다. 위에서 지적한 바와 같이 국제적 소송경합을 방치하는 것은 부적절하므로 이를 규제할 필요가 있으나, 반면에 외국의 소송은 우리 나라의 소송과 비교할 때 법원과 언어가 다를 뿐만 아니라 절차법과 실체에 적용될 準據法도 차이가 있고, 나아가 외국 법원이 선고한 판결이 국내에서 반드시 승인되고 집행되는 것도 아니므로 민사

95) 강희철(註 8), 19면도 동지.

소송법의 중복제소금지의 원칙을 국제적 소송경합에 그대로 적용할 수는 없다. 민사소송법 제259조도 국제적 소송경합의 경우에 적용될 것을 전제로 하고 있는 것도 아니다. 따라서 사견으로는 민사소송법 제259조를 '적용'하는 것보다는 '유추적용'하는 것이 더 적절하다고 본다.

2. 국제적 소송경합의 요건

가. 소송물의 동일성에 관한 판단에 대하여(위 Ⅳ. 1.과 관련하여)

원고는 前訴인 캘리포니아주의 소송에서는 이 사건 계약의 위반을 원인으로 하는 손해배상책임을 주장하였으나, 後訴인 한국의 소송에서는 불법행위를 원인으로 한 손해배상책임을 추가적으로 병합하였다. 서울지방법원은 계약위반을 원인으로 하는 청구는 캘리포니아주 법원에 제기된 소송과 당사자 및 소송물이 동일하므로 중복소송에 해당하여 부적법하다고 보았으나, 불법행위를 원인으로 한 청구에 대하여는 이와 달리 본안에 관한 판단을 하였다. 즉 서울지방법원은 우리 법상의 소송물 개념에 따라 계약위반을 원인으로 하는 청구와 불법행위를 원인으로 하는 청구를 별개의 소송물로 본 것이라고 생각된다.

이에 대하여 법정지법인 우리 법에 따라 소송물의 동일성을 판단할 것이라면서 대상판결이 불법행위청구를 별개의 소송물로 판단한 것은 이론상 타당하지만, 국제소송의 경우 외국에 계속된 前訴에서 손쉽게 불법행위에 다른 손해배상책임 유무를 판단받을 수 있음이 확인된다면 불법행위에 기한 원고의 국내소송은 권리보호의 이익을 흠결한다는 견해도 있다.[96]

그러나 대상판결은 다음의 이유로 부적절하다. 즉 서울지방법원으로서는 우리 법에 근거하여 계약위반에 기한 책임과 불법행위에 기한 책임을 별개의 소송물이라고 볼 것이 아니라, 첫째 캘리포니아주법상 소송물이 무엇인지(즉 캘리포니아주 법원의 판결의 旣判力이 미치는 객관적 범위[97])를 조사하고,

---

96) 한충수(註 6), 60면. 나아가 한충수(註 6), 59면은 대상판결에 대하여 외국재판의 旣判力의 범위를 고려하지 않았다고 비판하면서, 캘리포니아주법상 계약책임에 근거한 청구에 대한 판결의 旣判力이 불법행위에 기한 청구에도 미친다면 우리 법원은 불법행위청구도 중복제소에 해당한다고 판단하였어야 한다고 하는데, 이는 대상판결이 불법행위청구를 별개의 소송물로 판단한 것은 이론상 타당하다는 설명과는 상충되는 듯이 보인다.

97) 미국 법원의 재판은 '*res judicata*' 또는 'claim preclusion(청구실권(차단 또는 배제)효)'이 있다. 이는 우리 법의 기판력에 상당하는데, 원고가 승소판결을 받은 경우의 효력을

둘째 우리 민사소송법(제217조)에 따라 외국판결을 승인할 경우 외국판결의 旣判力의 범위가 캘리포니아주법에 따르는지, 아니면 한국법에 따르는지를 검토했어야 한다. 만일 다수설인 효력확장설을 따른다면 캘리포니아주의 판결은 캘리포니아주법상 부여되는 것과 동일한 旣判力을 한국에서도 가지므로 첫째의 논점이 중요하다. 요컨대 서울지방법원으로서는 캘리포니아주법상 소송물이 무엇인지(즉 캘리포니아주 법원의 판결의 旣判力의 객관적 범위)를 조사하였어야 한다.[98)]

그런데 저자가 이해하기로는 미국의 판례와 통설에 따르면, 위에서 설명한 독일법에서와 마찬가지로, 동일한 사실관계에 기초한 것이라면 계약위반에 기한 청구와 불법행위에 기한 청구는 동일한 소송물이고 실체법상의 청구권의 규범의 상위는 소송물의 결정에 영향을 미치지 아니 한다.[99)] 따라서 이 사건에서 비록 원고가 캘리포니아주 법원에서 계약위반만을 주장하였더라도 캘리포니아주 법원 판결의 旣判力은 계약위반에 기한 청구뿐만이 아니라 불법행위에 기한 청구에도 미치는 것으로 생각된다. 그렇다면 대상판결이 불법행위에 기한 청구를 별개의 소송물로 본 것은 부적절하다. 즉 캘리포니아주법상으로는 계약위반에 기한 청구와 불법행위에 기한 청구는 동일한 소송물이므로(즉 법원의 판결은 계약위반에 기한 청구뿐만이 아니라 불법행위에 기한 청구에도 미치므로), 서울지방법원으로서는 불법행위에 기한 청구에 대하여도 국제적 소송경합을 인정하여 소를 각하하는 것이 옳았다는 것이다.

'merger', 원고가 패소한 경우의 효력을 'bar'라고 한다. 석광현(註 54), 339면 이하 참조. 일본에서는 전자를 '混同效', 후자를 '遮斷效'라고 번역하기도 한다. 小林秀之, 新版·アメリカ民事訴訟法(1996), 248면.

98) 저자는 강희철 변호사가 2003. 1. 24. 한국국제사법학회의 정기연구회에서 대상판결에 관하여 발표할 당시 이 점을 지적한 바 있다.

99) Restatement of the Law (Second) Judgments (1982), §24 comment a, b, c, §25 comment d; Kazuhiro Koshiyama, Rechtskraftwirkungen und Urteilsanerkennung nach amerikanischem, deutschem und japanischem Recht (1996), S. 21; Flemming James/Geoffrey Hazard/John Leubsdorf, Civil Procedure 4th edition (1992), p. 598(Koshiyama, S. 21에서 재인용); 小林秀之(註 97), 258면. Koshiyama는 계약청구와 불법행위청구가 경합하는 사안을 들어 이 점을 분명히 한다. 법계의 차이는 우선 Rolf Stürner, "The Principles of Transnational Civil Procedure, An Introduction to Their Basic Conception," Rabels Zeitschrift Band 69 (2005), S. 249f. 참조. 위 Koshiyama, S. 22, Fn. 30은 이런 취지의 미국 하급심판결들을 열거하는데 캘리포니아주도 동일하지 않을까 짐작된다.

나. 적극적 승인예측에 관한 판단에 대하여(위 Ⅳ. 3.과 관련하여)

적극적 승인예측에 관하여 대상판결은 민사소송법상의 승인요건을 열거한 뒤 ① 캘리포니아주 법원은 대한민국의 법령 또는 조약에 따른 국제재판관할의 원칙상 위 사건에 관한 국제재판관할권이 인정되고, ② 원고와 피고들도 적극적으로 응소하여 캘리포니아주 법원에서 선고될 판결이 대한민국의 선량한 풍속이나 그 밖의 사회질서에 어긋나지는 아니할 것으로 보이며, ③ 캘리포니아주에서 우리 나라 판결이 승인되기 위한 조건은 우리 나라에서 외국판결의 승인조건을 정한 민사소송법 제217조와 비슷하다고 볼 수 있으므로, 우리 나라와 캘리포니아주 사이에는 상호보증도 있다고 할 것이어서, 캘리포니아주 법원에서의 판결은 우리 나라에서 승인될 것으로 예측된다고 판단하였다.

이러한 판단은 대체로 타당하다. 다만 한국에 주소를 둔 것으로 보이는 피고 1에 대한 관할의 근거가 분명하지 않고, 상호보증의 유무를 판단하기 위한 우리 민사소송법의 요건을 캘리포니아주의 어떤 법과 비교하였는지가 분명하지 않으나, 캘리포니아주가 채택한 통일외국금전판결승인법(Uniform Foreign Money-Judgments Recognition Act)과 우리 민사소송법의 승인요건을 비교하면 캘리포니아주와 한국간에 상호보증의 존재를 인정할 수 있으므로[100] 결론은 문제가 없는 것으로 생각된다.

그런데 승인예측과 관련하여, 징벌배상제도가 인정되는 미국법원에서 前訴가 제기된 점을 감안하여 징벌배상의 가능성 유무와 같은 실체적인 공서에 대하여도 검토하였어야 하는데 대상판결은 이 점을 전혀 언급하지 않고 공서에 부합한다고 판단한 점에서 아쉽다는 비판이 있다.[101] 그러나 이런 비판은 지나치다. 즉 캘리포니아주 법원이 이 사건에서 징벌배상을 명할지도 의문이지만, 가사 불법행위를 이유로 징벌배상을 명하더라도 징벌배상만을 명하기보다는 실손해의 전보를 위한 손해배상을 명하고 그에 추가하여 징벌배상을 명할 것이다.[102] 그렇다면 실손해의 전보를 위한 손해배상의 범위 내에서는

100) 서울고등법원 1995. 3. 14. 선고 94나11868 판결도 캘리포니아주와 우리 나라간의 상호보증의 존재를 긍정하였다.

101) 한충수(註 6), 63-64면.

102) 미국법상 징벌배상(punitive damages, exemplary damages)이라 함은 가해자에게 특히 고의, 중과실 또는 악의 등 특별히 비난가능한 사정이 있는 경우 보상적 손해배상(compensatory damages)에 추가하여 위법행위에 대한 징벌과 동종행위의 억지를 주목적으로 하여 부과되는 손해배상으로서 보통법상 인정되는 구제방법의 일종이다. 과도한 징벌

우리 나라에서 승인될 수 있고 旣判力이 미칠 것이다. 가사 외견상 징벌배상만을 선고한 것으로 보이더라도 일률적으로 승인을 거절할 것은 아니고 그 중 일부가 손해의 보상 내지는 전보의 기능을 하는 때에는 그 범위 내에서 승인할 수 있다. 따라서 징벌배상을 명하는 판결을 선고할 가능성이 있다는 이유만으로 승인예측을 부정할 것은 아니다.

다. 소송계속의 전후에 관한 판단에 대하여

원고는 2000. 5. 12. 캘리포니아주 법원에 피고들을 상대로 손해배상을 구하는 소를 제기하였고, 그 후 2000. 12. 5.에 서울지방법원에 이 사건 소송, 즉 後訴를 제기하였다. 위에서 언급한 바와 같이, 우리 민사소송법의 해석상 당사자가 법원에 소장을 제출한 때가 아니라 법원이 소장부본을 피고에게 송달함으로써 소송계속이 발생하지만, 캘리포니아주법상으로는 원고가 법원에 소장을 제출한 때 소송계속이 발생한다.[103)]

이 사건에서는 피고에게 송달을 필요로 하지 않는 캘리포니아주에서 前訴가 제기되고, 피고에게 송달을 필요로 하는 우리 나라에서 後訴가 제기되었으므로 문제가 없으나, 만일 순서가 뒤집혔다면 계속시기의 전후에 관하여 논란의 여지도 있었을 것이다. 이에 대해 대상판결은 제소시기만을 기준으로 소송의 전후를 판단한 것으로 보이나, 독일의 유력설과 같이, 소송의 계속시기는 각각 법정지법에 따를 사항이므로 前訴는 캘리포니아주법에 따라 소장 접수시를, 後訴는 우리 법에 따라 소장 부분 송달시를 기준으로 각각 계속시기를 결정하고 그의 전후에 의하여 판단하였어야 한다는 견해가 있을 수 있다. 그러나 위에서 밝힌 바와 같이 양소의 계속시기를 상이한 기준에 의하여 판단하는 것은 적절하지 않다고 본다.[104)]

배상을 제한하기 위한 조치로서 미국 연방대법원의 *State Farm Mutual Auto Ins. Co. v. Campbell*, 538 U.S. 408 (2003) 사건 판결은 징벌배상의 상한을 보상적 손해배상의 9배로 제한하였다. 이 판결의 소개는 정영수, "미국 징벌적손해배상의 최근 동향—Campbell판결을 중심으로—," 법조 통권 제590호(2005. 11.), 290면 이하 참조.

103) 캘리포니아주의 Code of Civil Procedure (CCP) 제350조.

104) 한충수(註 6), 62-63면도 동지.

3. 소를 각하한 판단에 대하여(위 Ⅴ.와 관련하여)

대상판결은 後訴 중 계약상의 채무불이행을 원인으로 하는 손해배상을 구하는 부분은 캘리포니아주 법원에 제기된 소송과 당사자 및 소송물이 동일하다고 보아 중복소송에 해당한다는 이유로 부적법 각하하였다. 이는, 위에서 본 바와 같이 대상판결이 국제적 소송경합의 처리에 관하여 승인예측설을 취하면서 외국판결이 우리 나라에서 승인될 것으로 예측되는 경우 민사소송법 제259조의 중복제소에 해당한다고 본 논리적 결과라고 할 수 있다.

저자로서는 실제로 대상판결 후 캘리포니아에서의 소송이 어떻게 진행되었는지 확인하지 못하였으나 서울지방법원으로서는 좀더 신중하게 소송절차를 중지하거나, 그렇지 않더라도 중지의 가능성에 대하여 판단을 하였더라면 하는 아쉬움이 있다. 아니면 일부 학설이 주장하듯이 기일을 추정하는 방안도 고려하였더라면 하는 아쉬움이 있다.

Ⅶ. 장래의 과제—국제적 소송경합에 관한 입법론

1. 입법의 필요성과 방향

국제적 소송경합에 관한 여러 가지 불확실성을 고려할 때 입법에 의하여 해결할 필요성이 있다고 본다. 즉 우리 국내적으로는 입법에 의하여 해결하고, 국제적으로는 국제조약에 의하여 해결하는 것이 바람직하다.[105] 국내적으로 입법에 의해 해결한다면 스위스 국제사법(제9조)의 예를 따라 國際私法에 규정을 두는 것이 바람직하다. 입법을 할 경우 다음과 같은 지침을 따르는 것이 적절할 것이다.

첫째, 승인예측설을 기초로 한다. 따라서 우선주의가 타당하고 국제적 소송경합의 소송상 처리에 관하여는 원칙적으로 소송절차의 중지를 규정한다.

105) 한충수(註 6), 70면도 동의한다. 일본에서도 과거 입법을 위한 논의가 있었으나 채택되지 않았다. 전병서(註 21), 310면 이하 참조.

다만 외국의 前訴法院이 '상당한 기간 내에' 판결을 선고할 것으로 예상되는 경우여야 한다.

둘째, 소송절차를 중지한 이후의 처리절차를 규정할 필요가 있다. 즉 우리 나라에서 승인될 수 있는 외국재판이 제출된 때에는 법원은 즉시 소를 각하하고,[106] 반면에 원고가, 외국법원이 본안에 대한 재판을 하도록 하기 위하여 필요한 조치를 취하지 않거나, 외국법원이 상당한 기간 내에 본안에 관하여 재판을 선고하지 아니한 때에는 법원은 당사자의 신청에 의하여 소송절차를 진행할 수 있음을 명시할 필요가 있다.

셋째, 소극적 확인의 소를 남용할 가능성에 대비하여 소극적 확인의 소와 이행의 소가 경합하는 경우 우선주의를 따를 것이 아니라 오히려 後訴인 이행의 소를 우선시킬 필요가 있다. 나아가 확인의 소가 前訴라고 하여 소송절차를 진행할 것이 아니라 장래의 이행판결의 승인이 예측되면 오히려 前訴를 중지해야 할 것이다.

넷째, 前訴法院이더라도 不適切한 法廷地의 법리에 관한 요건과 前訴法院과 後訴法院에서의 절차의 진행상황 등을 고려하여 後訴法院이 분쟁을 해결하기에 명백히 더 적절한 법정지인 경우 당사자의 신청에 의해 소송절차를 중지하고 後訴法院이 재판하도록 한다. 즉 승인예측설을 원칙으로 하되 예외적인 경우 不適切한 法廷地의 법리를 엄격한 요건하에 수용함으로써 양자를 결합하자는 것이다.

다섯째, 소송의 계속시기에 관하여 통일적인 기준을 제시할 필요가 있다. 이에 관하여는 1999년 초안이나 브뤼셀규정의 태도가 타당하다.

현행법의 해석론으로도 가능한 한 위와 동일한 결론을 도출하기 위해 노력할 필요가 있다.

2. 입법론에 따른 문언

위와 같은 방침에 따라 저자는 입법론으로서 2000년 구체적인 문언을

106) 만일 판결의 승인의 효과로 파악하면, 외국판결의 旣判力이 인정될 경우 그것이 모순의 금지인지 아니면 반복의 금지인지는 승인국의 법에 따를 사항이므로, 만일 우리 나라가 승인국이라면 外國前訴에서 원고와 피고 중 누가 승소하였는지에 따라 결론이 다르다. 그러나 그렇게 하는 것보다 국제적 소송경합의 법리에 따라 일원적으로 처리하자는 것이다.

제시한 바 있는데 이는 대체로 1999년 초안을 따른 것이었다.[107] 이러한 입법론은 여전히 유효하다. 여기에서는 문언은 생략한다.

Ⅷ. 맺 음 말

우리 민사소송법은 중복제소금지의 원칙을 명시하고 있으나, 동 조는 국제적 소송경합을 염두에 둔 것은 아니다. 그러나 국제적 소송경합의 경우에도 외국에 前訴가 계속하고 장래 선고될 외국판결이 우리 나라에서 승인될 것으로 예측된다면 무턱대고 內國後訴를 진행할 것이 아니라 외국판결 승인의 前段階로서 국내중복제소에 준하여 처리할 필요가 있다. 외국판결의 승인에 관한 민사소송법 규정(제217조)과, 중복제소금지에 관한 민사소송법 규정(제259조)을 유추함으로써 이런 법리를 도출할 수 있다. 과거 국제적 소송경합의 처리에 관한 우리 법원의 태도가 명확하지 않았는데 대상판결은 승인예측설을 명시적으로 채택한 우리 나라 최초의 판결로서 의미가 있다. 다만 동일한 청구(소송물)인가에 관하여 대상판결은, 원고가 캘리포니아주 법원의 前訴에서는 계약위반에 기한 청구만을 하였고, 우리 법원의 後訴에서는 계약위반에 기한 청구와 불법행위에 기한 청구를 병합한 데 대하여, 양자를 별개의 소송물로 보고 계약위반에 기한 청구만이 중복제소에 해당한다고 판단하였는데 이는 부적절하다. 법원으로서는 이 사건에서 캘리포니아주법상 판결의 소송물이 무엇인지(즉 旣判力이 불법행위에 기한 청구에도 미치는지)를 심리하고, 그에 따라 우리 나라에서 승인되는 旣判力의 범위를 검토했어야 하는데 이를 하지 않았다는 아쉬움이 있다.

주지하는 바와 같이, 확립된 國際私法原則인 '*lex fori* principle'에 따르면 절차에 관한 사항은 法廷地法에 따르지만, 대상판결에서 보듯이 그럼에도 불구하고 節次法的 爭點을 올바로 판단하기 위해서는 외국의 민사소송법에 대한 이해가 필요하다. 외국의 민사소송법에 대한 연구가 없이는 國際民事節次法 또는 國際私法을 제대로 할 수 없는 所以가 여기에 있다. 유감스럽게도

107) 석광현(註 19), 박사학위논문, 260면. 석광현(註 19), 322-323면에서는 문언을 다소 정비하였다. 근자에 한충수 교수가 입법에 의한 해결을 지지하면서도 저자의 문언에 대하여 언급하지 않은 것은 유감이다.

우리는 이 점에서 매우 부족할 뿐만 아니라, 그 필요성에 대한 인식마저도 결여되어 있는 것은 아닌지 매우 우려된다.[108)]

108) 예컨대 'Principles and Rules of Transnational Civil Procedure Project'는 국제상거래에 적용될 민사소송절차를 조화하기 위하여 미국법률협회(ALI)가 시작한 사업인데 1997년 최초안이 발표되었고 2000년부터는 私法統一國際研究所(UNIDROIT)와 공동으로 작업을 추진한 결과 2004년 최종안이 채택되었는데, 그의 명칭은 'Principles of Transnational Civil Procedure'이다. 이러한 국제적인 논의에도 관심을 가져야 한다. 상세는 Stürner(註 99), S. 201f. 참조. 텍스트는 Rabels Zeitschrift Band 69 (2005), S. 341-350 참조. 이는 http://www.unidroit.org/english/principles/civilprocedure/ali-unidroitprinciples-e.pdf에서도 볼 수 있다.

[6] 한중일간의 民事司法共助條約의 체결을 제안하며

前　記
이 글은 아시아법제연구 제2호(2004. 9.), 105면 이하에 게재된 글을 수정·보완한 것이다. 당초의 발표는 아래 註 9를 참조.

Ⅰ. 머 리 말

國際司法共助(international judicial assistance 또는 international judicial cooperation)라 함은, 넓은 의미로는 모든 국제적인 司法協力, 또는 司法活動에 관한 국제적 협력을 의미하나, 좁은 의미로는 서류(또는 문서. 이하 양자를 호환적으로 사용한다)의 송달과 증거조사에 관한 국제적인 司法協力을 의미한다.[1] 민사사법공조를 규율하는 우리 國際民事司法共助法(제2조 제1호)도 사법공조를 후자의 의미로 사용한다. 이 글에서는 '사법공조' 또는 '민사사법공조'라 함은 전자를 의미하고, 후자와 법정보공조를 합하여 '협의의 사법공조'라 한다. 사법공조에는 형사사법공조도 있으나, 여기에서 사법공조라 함은 민사사법공조를 의미한다.

우리 나라 과거 민사사법공조에는 별로 관심이 없었으나 1997년 이래 상황이 많이 변화하였다. 즉, 한국은 1997년 8월 헤이그국제사법회의(Hague Conference on Private International Law)에 가입하였고, 헤이그국제사법회의의 1965년 "민사 또는 상사의 재판상 및 재판외 문서의 해외송달에 관한 협약"(Convention on the Service Abroad of Judicial and Extrajudicial Documents in Civil or Commercial Matters)(이하 "송달협약"이라 한

1) 진성규, "民事訴訟에 있어서의 國際司法共助," 涉外事件의 諸問題(下) 재판자료 제34집(1986), 449면; 이태희, "國際司法共助에 관한 硏究," 유기천박사 고희기념 법률학의 제문제(1988), 751면.

다)에도 가입하였다.[2] 또한 한국은 1999년 9월 서울에서 개최된 제8차 아시아·태평양 대법원장회의를 계기로 아시아·태평양지역의 司法共助에 관한 서울선언의 채택에 주도적 역할을 하였고, 1999. 9. 17. 호주와 "대한민국과 호주간의 민사사법공조조약"(이하 "한호조약"이라 한다)을 체결하였으며 이는 2000. 1. 16. 발효되었다.[3] 나아가 한국은 2003. 7. 7. 중국과 "대한민국과 중화인민공화국간의 민사 및 상사사법공조조약"(이하 "한중조약"이라 한다)을 체결하였고 이는 2005. 4. 27. 발효되었다.[4] 한호조약과 한중조약은 모두 문서의 송달, 증거조사와 법정보의 교환에 관한 공조를 규율대상으로 하고, 외국판결(또는 외국재판. 이하 양자를 호환적으로 사용한다)의 승인 및 집행은 포함하지 않는 점에서는 동일하나, 한중조약은 중재판정의 승인 및 집행을 포함하는 점에서 차이가 있다.[5] 이로써 국제민사사법공조에 관한 한국의 법제는 최근 몇 년 동안에, 그 전 50여년간 이룩한 것보다 더 큰 국제화를 달성한 셈이다.

한편 한일간에는 2003. 1. 1.자로 한일투자협정이 발효되었고,[6] 현재 자유무역협정(free trade agreement. FTA)의 체결을 위한 정부차원의 논의가 진행중이다.[7] 또한 정부의 동북아경제중심 구상과 관련하여 우리 나라를 동북아법률허브로 만들자는 논의도 있다. 그러나 현재 한일간에는 한호조약 또는 한중조약과 같은 양자조약은 존재하지 않는다.

---

2) 송달협약은 2000년 8월 1일부터 한국에서 발효되었는데 이는 헤이그국제사법회의가 1945년 이후 최근까지 채택한 36개 조약 중 우리 나라가 가입한 유일한 조약이다.

3) 한호조약에 관하여는 유영일, "司法共助에 관한 서울선언," 서울국제법연구 제6권 제2호(1999), 66면 이하 참조.

4) 조약의 영문명칭은 "Treaty Between The Republic of Korea and The People's Republic of China on Judicial Assistance in Civil and Commercial Matters"이다. 중국은 2004. 2. 29. 전국인민대표회의 상무위원회의 결정에 따라 이를 비준하였으나 우리측의 처리가 늦어진 결과 2005. 4. 27. 조약 1729호로써 비로소 발효되었다. 조약의 비준을 1년도 넘게 지체한 것은 이해하기 어렵다. 텍스트는 2005. 4. 25. 관보에 게재되었다. 한중조약에 관하여는 배형원, "한·중민사사법공조조약," 국제사법연구 제10호(2004), 297면 이하 참조. 민사사법공조에 관한 최근의 우리 문헌으로는 김우진, "개방화 국제화 시대에 있어서 동북아 민사사법공조 —실무적 접근—," 제4회 한국법률가대회 논문집(2004), 101면 이하; 양석완, "司法共助에 관한 韓中條約과 韓濠條約의 比較考察," 橫川이기수교수화갑기념논문집 知識社會와 企業法(2005), 658면 이하 참조.

5) 다만 중재판정의 승인 및 집행에 관한 한 뉴욕협약을 적용하는 데 그치고 있어 별 실익은 없다.

6) 한일투자협정에 관하여는 한찬식·이원희·유영준, 한일투자협정해설(2003) 참조.

7) 손주찬, "韓中日自由貿易協定(FTA)의 展望과 競爭法條項," 아시아법제연구 창간호(2004. 3.), 89면 이하 참조.

이러한 상황하에서 동북아국가들간의 경제교류를 법적으로 뒷받침하고 광범위한 司法的 協力을 달성하기 위하여, 저자는 한중일간의 민사 및 상사 사건에서의 민사사법공조에 관한 삼자조약을 체결할 것을 제안한다.[8] 하지만 한중일간에 곧바로 삼자조약을 체결하자는 것은 비현실적이므로, 제1단계조치로서 우선 한국과 일본간에 민사사법공조에 관한 양자조약(이하 "한일조약"이라 한다)을 체결하고,[9] 그 다음에 제2단계조치로서 한일조약의 범위를 확대하여 한중일간의 민사사법공조조약을 체결하는 단계적 접근방법을 제안한다. 주목할 것은, 한일조약은 문서의 송달, 증거조사와 법정보의 교환, 즉 협의의 사법공조를 포함해야 함은 물론이나, 한호조약 및 한중조약의 수준에서 더 나아가 외국판결의 승인 및 집행도 함께 규율하는 넓은 것이어야 한다는 점이다.

지난 8, 9년간 일본과 한국의 國際私法 및 國際民事訴訟法 학자들과 실무가들은 공동연구회[10]를 구성하여 國際私法과 國際民事訴訟法에 관한 다양한 논점에 관하여 공동연구를 하였는데, 그의 일부로서 비공식적인 차원에서 외국판결의 승인 및 집행에 관한 한일간의 양자조약 체결가능성에 관하여 논의하였다. 저자도 그 일원으로 양자조약안을 작성한 바 있지만 아래의 견해는 저자의 개인적인 것이지 공동연구회의 견해는 아니다. 아래에서는 한국법의 관점에서 우선 삼국간의 민사사법공조에 관한 현행법제를 검토하고(Ⅱ.), 한중조약을 개관한 뒤(Ⅲ.), 저자가 제안하는 한일조약 초안의 주요내용을 검토하고(Ⅳ.), 한중일 삼자조약이 나아갈 방향을 살펴본다(Ⅴ.). 분명히 밝혀둘 것은 여기에서의 논의의 중심은 한일조약에 있다는 점이다.

---

8) 최근에는 NAFTA 국가들간의 CAMCA (Commercial Arbitration and Mediation Center for the Americas. 미주상사중재·조정센터)를 모델로 하여 한중일간의 중재조약을 체결하자는 제안도 있다. 김상호, "동북아 경제권의 부상과 분쟁해결," 仲裁 제312호(2004 여름), 2-3면.

9) 저자는 2003. 10. 11.-12. 나고야에서 일본국제법학회(Japanese Society of International Law)가 "Unity in Diversity: Asian Perspectives on International Law in the 21st Century"라는 주제로 개최한 국제심포지엄(Panel E)에 참석하여 "The Possible Bilateral Agreements between Japan and Korea in the Field of Private International Law: the Korean Perspectives"라는 제목으로 한일간의 양자조약의 체결을 제안한 바 있다. 이 글은 위 발표를 좀더 확장하여 삼자조약의 체결을 제안하는 것이다.

10) 한국측에서는 이호정 교수와 최공웅 변호사가, 일본측에서는 松岡博 교수와 渡辺惺之 교수가 중심이 되었다. 예컨대 국제사법연구 제4호(1999), 445면 이하에 실린 공동연구회 발표자료 참조.

Ⅱ. 한중일 삼국간의 사법공조에 관한 현행 법제 —한국법의 시각에서

현재 한중일 삼국간에 사법공조에 관한 조약은 존재하지 않는다. 다만 삼국은 모두 송달협약에 가입하였으므로 송달에 관하여는 송달협약이 적용된다. 한편 1970년 "민사 또는 상사의 해외증거조사[11]에 관한 협약"(Convention on the Taking of Evidence Abroad in Civil or Commercial Matters)(이하 "증거협약"이라 한다)[12]에는 중국은 가입하였지만 한일 양국은 아직 가입하지 않았다.[13] 우리 나라는 송달협약 가입 후 지금까지도 증거협약에의 가입을 검토하고 있을 뿐이나 신속히 가입할 필요가 있다. 현재로서는 한일간 및 중일간에 민사사법공조에 관한 양자조약은 존재하지 않는다.

우리의 관점에서 보자면 한중간의 서류의 송달과 증거조사는 한중조약에 따르고,[14] 외국판결의 승인 및 집행은 民事訴訟法과 民事執行法에 따르며, 한일간의 문서의 송달은 송달협약에, 증거조사는 國際民事司法共助法에 따르고, 외국판결의 승인 및 집행은 중국의 경우와 마찬가지로 民事訴訟法과 民事執行法에 따른다. 외국중재판정의 승인 및 집행은 한중간 및 한일간에 모두 1958년의 "외국중재판정의 승인 및 집행에 관한 국제연합협약"(이른바 "뉴욕협약")에 따른다.[15]

---

11) '증거조사' 대신 '증거수집'이라고도 한다.

12) 증거협약에 관하여는 우선 유영일, "國際民事司法共助에 관한 硏究," 서울대학교 대학원 법학박사학위논문(1995), 138면 이하; 김용진, "국제적 증거조사에 관하여," 국제사법연구 제2호(1997), 529면 이하 참조.

13) 일본은 1954년의 민사소송협약(Convention relating to Civil Procedure)에 가입하였다. 원래 1896년의 민사소송절차에 관한 헤이그협약이 있었는데 이는 1905년 개정되었고 다시 民事訴訟協約으로 개정되었다. 정본은 불어본이며 명칭은 "Convention relative à la procédure civile"이다. 동 협약은 그 후 분야별로 ① 1965년 송달협약, ② 1970년 증거협약과 ③ 1980년 법정에의 국제적 접근에 관한 협약이라는 세 개의 근대적인 협약으로 분화되었다.

14) 물론 엄밀하게는 재판외 서류의 송달은 송달협약에 따른다.

15) 물론 한중조약은 외국중재판정의 승인 및 집행을 규율하고 있지만, 한중조약 제4장 제25조는 "각 당사국은 1958년 6월 10일 뉴욕에서 체결된 외국중재판정의 승인 및 집행에 관한 협약에 따라 타방당사국의 영역 안에서 내려진 중재판정을 승인·집행한다. 이 조약의 규정들은, 위 협약에 저촉되는 한, 중재판정의 승인·집행에 적용되지 아니한다"고만 규정하여 뉴욕협약이 적용됨을 확인하는 것에 불과하다. 한중 양국은 모두 뉴욕협약상 허용되는 두 가지 유보, 즉 상사유보와 상호주의유보를 하였는데 이 유보들도 그대로 적용된다.

Ⅲ. 한중간의 양자조약

한중조약은 재판상 서류의 송달, 증거조사, 중재판정의 승인 및 집행과 법률정보 또는 소송기록의 제공에 관한 공조를 규율대상으로 하고 있고, 외국판결의 승인 및 집행은 포함하지 않는다(제3조). 그 중 중재판정의 승인 및 집행에 관한 한 한중조약이 별의미가 없음은 위에서 본 바와 같다.

한중조약에 관한 상세한 논의는 생략하나,[16] 한중조약 체결의 의의는 서류의 송달, 증거조사 및 법률정보의 제공 등과 관련하여 중앙당국을 지정하고 그로 하여금 촉탁서 등의 수령기관(receiving authority)과 발송기관(forwarding authority)의 역할을 겸하도록 한 점이라고 할 수 있다.[17] 아쉬운 것은, 한중 양국이 이미 모두 송달협약에 가입하였으므로 양국은 한중조약을 통하여 송달협약에 가입할 당시 양국이 유보하였던[18] 간편한 송달방법을 허용할 필요가 있었음에도 불구하고 그렇게 하지 않았다는 점이다.

주목할 것은, 중국측이 우리에게 제시한 당초의 초안에 따르면 한중조약은 외국판결의 승인 및 집행을 규율대상에 포함하고 있었으나, 한국측은 외국판결의 승인 및 집행까지 한중조약상의 사법공조의 범위에 포함시킬 경우, 우선 당시 헤이그국제사법회의 차원에서 추진중이던 민사 및 상사사건에 관한 國際裁判管轄과 판결의 승인 및 집행에 관한 다자협약이 채택될 경우 동 협약과 저촉될 가능성이 있고, 근본적으로는 과연 당시 우리가 신뢰할 수 있을 정도로 중국에서 판결의 공정성과 법관의 독립성이 확보될 수 있는지에

당초 초안에는 위 2문은 포함되어 있지 않았다. 그러나 만일 그렇게 할 경우 뉴욕협약이 적용되는 중재판정의 승인 및 집행에 있어서도 어느 일방이 사법공조를 제공하는 것이 자국의 주권, 안전보장, 공공질서 그 밖의 본질적인 공공이익을 침해하거나 또는 촉탁의 대상이 된 공조가 사법당국의 직무범위 안에 속하지 아니하는 것으로 판단하는 경우 사법공조의 제공을 거절할 가능성이 있으므로 이를 배제하고 뉴욕협약이 적용됨을 분명히 하기 위하여 2문을 추가하였다. 저자는 당시 법원행정처에 설치되어 있었던 민사사법공조추진위원회의 일원으로서 한중조약의 초안을 검토할 기회를 가질 수 있었다.

16) 한중조약에 관하여는 위 註 4의 문헌 참조.

17) 한중 양국이 모두 송달협약에 가입하였으므로 당초 송달협약에 첨부된 양식을 사용하기로 하였으나, 한중조약의 체결을 계기로 좀더 개선된 양식을 사용하는 것이 바람직하므로 촉탁서와 증명서 등의 양식을 작성하여 조약에 첨부하였다.

18) 한중 양국은 송달협약 제8조와 제10조의 송달방법 전부에 대해 이의하였다. 한국과 중국의 유보사항은 http://www.hcch.net/e/status/stat14e.html#kr과 http://www.hcch.net/e/status/stat14e.html#cn을 각 참조.

대한 우려가 있었기 때문에 이를 수용하지 않았다는 점이다.[19] 따라서 한국측은 한국의 國際民事司法共助法과 한호조약이 판결의 승인 및 집행을 포함하지 않는다는 점을 지적하면서 외국판결의 승인 및 집행을 한중조약의 규율대상으로부터 제외할 것을 제안하였고 중국측이 이를 수용한 결과 이는 한중조약의 범위로부터 제외되었다.[20]

한국 판결을 승인한 중국 법원의 선례가 있는지는 알려져 있지 않지만, 중국 법원의 판결을 승인한 서울지방법원 판결[21]이 있다. 만일 동 판결이 하급심판결이 아니라 대법원판결이었더라면 한중조약에 외국판결의 승인 및 집행을 포함시키는 방안이 바람직하였을 것이다. 왜냐하면 현재 한중간에 외국판결의 승인 및 집행에 대한 가장 큰 걸림돌은 상호보증의 존부인데, 만일 이를 긍정한 대법원판결이 있었다면 우리측에서는 빗장을 이미 푼 셈이므로 중국에 대하여도 양자조약을 통하여 빗장을 풀도록 할 필요가 있기 때문이다.[22] 참고로 중국에서는 일정한 요건이 구비되었다고 하더라도 외국판결이 자동승인되는 것은 아닌데, 조약이 없는 외국의 판결에 대해 상호보증이 있다고 승인한 예는 없다고 한다.

한중조약의 체결과 관련하여 한 가지 지적할 것은, 한중조약을 체결하는 과정에서 중국의 民事訴訟法을 포함한 중국의 법제에 대하여 법원행정처를 중심으로 물론 상당한 검토를 하였겠지만, 좀더 시간적 여유를 가지고 완벽한 검토를 하고 그 검토결과를 공간했더라면 하는 아쉬움이 있다는 점이다. 참고로 한중조약의 조문을 이 글의 말미에 수록하였다.

---

19) 배형원(註 4), 304면 참조.

20) 배형원(註 4), 304면.

21) 서울지방법원 1999. 11. 5. 선고 99가합26523 판결. 이에 관한 소개는 석광현, "民事 및 商事事件에서의 外國裁判의 承認 및 執行," 국제사법과 국제소송 제1권(2001), 334면 이하 참조.

22) 공서위반의 문제는 개개의 사건별로 판단할 사항이지, 일률적으로 중국법원의 판결이기 때문에 그의 승인이 우리의 공서에 반한다고 할 수는 없다. 중국법원의 재판은 원칙적으로 이심제를 취하고 있는데, 그것만으로 중국법원의 판결의 승인이 우리 공서에 반하는 것은 아니다.

Ⅳ. 한일간의 양자조약—제1단계조치

위에서 언급한 바와 같이 한일조약은 한호조약 및 한중조약과 마찬가지로 문서의 송달, 증거조사와 법정보의 교환을 포함하여야 함은 물론이고, 더 나아가 외국판결의 승인 및 집행을 포함하여야 한다. 그러나 외국중재판정의 승인 및 집행은 굳이 포함시킬 필요는 없다.

1. 문서의 송달

문서의 송달에 관한 한 한일조약은 현재의 상태를 개선하는 것이어야 한다. 구체적인 예로는 다음 두 가지를 들 수 있다.

가. 중앙당국

송달협약에 따른 중앙당국은 수령기관(receiving authority)일 뿐이고 발송기관(forwarding authority)은 아니다.[23] 그러나 한일조약은 중앙당국이 수령기관과 발송기관의 역할을 겸하게 함으로써 창구를 일원화할 필요가 있다. 한중조약의 중앙당국은 두 가지 기능을 겸한다.[24] 다만 촉탁이 빈번히 행해질 경우, 중앙당국의 부담을 덜기 위하여 수소법원의 재판장을 발송기관으로 하는 방안도 장기적으로는 검토할 필요가 있을 것이다.

나. 송달의 방법

한일양국은 양자조약을 체결하는 것을 계기로, 송달협약 가입시 유보하였던 송달방법을 일부 허용함으로써 간편한 송달방법을 가능하게 할 필요가 있다. 일본은 송달협약 제10조 b), c)의 송달방법에 대해 이의하였으나 제10조 a)의 송달방법[25]과 제8조[26]의 송달방법에는 이의하지 않았다.[27] 반면에

---

23) 현재 실무상으로는 대법원의 국제민사사법공조 등에 관한 예규(재일 2003-15)에 따라 중앙당국이 발송기관의 역할을 겸하고 있으나(제4조 참조) 이는 國際民事司法共助法에 반하므로 동법을 개정할 필요가 있다. 상세는 석광현, "헤이그送達協約에의 가입과 관련한 몇 가지 문제점," 국제사법과 국제소송 제2권(2001), 292면 참조.

24) 이 점은 한호조약도 동일하다.

25) 제10조는 다음과 같이 규정한다. "목적지국이 반대하지 아니하는 한 이 협약은 다음의 권능을 방해하지 아니한다. a) 외국에 소재하는 자에게 재판상 문서를 우편으로 직접 송

위에서 언급한 바와 같이 한국은 제10조 a), b), c)와 제8조의 송달방법 전부에 대해 이의하였다. 따라서 한일조약은 현재의 상태를 다음과 같이 개선할 수 있을 것이다.[28)]

첫째, 제8조에 규정된 영사송달의 범위를 확대하는 것이다. 송달협약상으로도 한국과 일본의 법원은 일본과 한국에 소재하는 자국민에 대하여 영사송달을 할 수 있다. 그리고 한국 법원의 시각에서는 일본이 제8조에 대해 이의를 하지 않았기 때문에 일본에 소재하는 제3국인은 물론이고 일본인에 대해서도 영사송달을 할 수 있다. 반면에 한국은 제8조에 대해 이의를 하였으므로 일본 법원은 한국에 소재하는 제3국인과 한국인에 대하여 영사송달을 하는 것은 송달협약상 허용되지 않는다. 그러나 현재 한국의 법원행정처는 양국간의 불균형을 고려하여 일본내 한국인에 대하여만 영사송달을 하고 있는 것으로 보인다. 이와 같이 양국간에 불균형이 존재하므로 한일조약에서는 명시적으로 한국과 일본의 법원이 상대국에 소재하는 자에 대하여 그의 국적에 관계없이 영사송달을 할 수 있도록 명시함으로써 송달의 경로를 단순화하는 것이 바람직하다고 본다.

둘째, 제10조 a)에 규정된 간편한 송달방법을 사용하는 방안을 고려할 필요가 있다. 수소법원이 외국에 소재하는 자에게 재판상 문서를 우편으로 직접 송부할 수 있다면 가장 편리할 것이기 때문이다. 물론 이를 위하여는 한국과 일본의 民事訴訟法상 법원이 외국으로 우편에 의한 송달을 할 수 있다는 것이 전제되어야 할 것이다.

셋째, 제10조 b)에 규정된 간편한 송달방법을 사용하는 방안을 고려할 필요가 있다. 촉탁국의 사법공무원·관리 또는 기타 권한 있는 자가 목적지국의 사법공무원·관리 또는 기타 권한 있는 자를 통하여 재판상 문서를 송달

부할 권능. b) 촉탁국의 사법공무원·관리 또는 기타 권한 있는 자가 목적지국의 사법공무원·관리 또는 기타 권한 있는 자를 통하여 재판상 문서를 송달할 권능. c) 재판절차의 모든 이해관계인이 목적지국의 사법공무원·관리 또는 기타 권한 있는 자를 통하여 재판상 문서를 직접 송달할 권능."

26) 제8조는 다음과 같이 규정한다. "각 체약국은 강제력의 사용 없이 자국의 외교관 또는 영사관원을 통하여 직접 해외소재자에게 재판상 문서를 송달할 수 있다. 촉탁국의 국민에게 그 문서가 송달되는 경우를 제외하고 모든 국가는 자국 영역 안에서의 그러한 송달에 반대한다고 선언할 수 있다."

27) 상세는 http://www.hcch.net/e/status/stat14e.html#jp 참조.

28) 위에서 지적한 바와 같이 송달에 관한 한, 다자조약에 따른 상황을 양자조약을 통하여 개선하지 않은 점에서 한중조약은 미흡하다.

할 수 있다면 송달의 경로를 단축할 수 있을 것이기 때문이다.[29)]

2. 증거조사

한일양국이 모두 증거협약에 가입하지 않았으므로 우선 그에 가입하는 것이 바람직하다. 한국은 머지 않아 이에 가입할 것으로 예상된다. 호주와 중국은 모두 증거협약에 가입하였는데, 한호조약과 한중조약은 증거조사에 관한 규정을 두고 있다.

증거조사에 관한 한 한일조약은 촉탁서의 방식에 의한 공조를 정한 제1장을 포함하여 증거협약의 기본적인 요건을 정하면 충분할 것으로 생각한다. 그리고 송달에 관하여 언급한 바와 마찬가지로 증거조사에 관하여도 중앙당국은 수령기관과 발송기관의 역할을 겸하도록 하는 것이 바람직하다.[30)] 증거협약은 사실조회를 증거조사의 방법으로 규정하지 않으나 이는 한국과 일본의 民事訴訟法상 허용되는 증거조사방법이므로 한일조약에는 이를 명시하는 것이 바람직할 것이다. 참고로 한중조약(제16조 제1항)은 이를 명시적으로 허용한다.[31)]

3. 법정보의 교환

한일조약에는 촉탁국의 중앙당국의 요청에 따라, 소송절차와 관련된 수

---

29) 그 밖에도 유럽연합 이사회의 2000. 5. 29. 송달규정(Council regulation (EC) No 1348/2000 of 29 May 2000 on the service in the Member States of judicial and extrajudicial documents in civil or commercial matters)을 참조할 필요가 있다.

30) 그 밖에도 유럽연합 이사회의 2001. 5. 28. 증거규정(Council regulation (EC) No 1206/2001 of 28 May 2001 on cooperation between the courts of the Member States in the taking of evidence in civil or commercial matters)을 참조할 필요가 있다.

31) 조문의 국문과 영문은 다음과 같다(밑줄은 저자가 추가함).
"1. 일방당사국은 이 조약의 규정에 따라 자국 영역 안에서 사건당사자의 진술 및 증인의 증언 취득, 물증 및 서증의 조사, 전문가 감정 또는 검증의 실시, <u>공무소에 대한 사실조회의 촉탁</u>, 그 밖에 증거조사와 관련된 사법활동의 수행 등 타방당사국의 증거조사 촉탁을 실시한다. (1. One Party shall, in accordance with the provisions of this Treaty, execute the requests made by the other Party for the taking of evidence in its territory, including obtaining statements of the parties to the case and testimony of witnesses, taking material and documentary evidence, conducting expert evaluation or judicial inspection, <u>entrusting the public office with inquiries on certain facts</u>, or performing other judicial acts related to the taking of evidence.)"

탁국의 법령에 관한 정보와, 수탁국의 소송절차에 관하여 공개된 소송기록의 초록을 제공하는 것을 규정하는 것이 바람직할 것이다. 참고로 한중조약(제26조 제1항)은 이에 관하여 명시적인 규정을 두고 있다.[32]

4. 외국판결의 승인 및 집행

가. 배　　경

현재 한국은 외국판결의 승인 및 집행에 관하여 아무런 국제조약을 체결한 바 없다. 따라서 이는 전적으로 국내법에 의하여 규율된다. 보다 구체적으로, 한국에서는 외국판결의 승인 및 집행은 과거 民事訴訟法이 규율하였으나 2002. 7. 1.자로 民事訴訟法이 民事訴訟法과 民事執行法으로 분리되면서 외국판결의 승인은 民事訴訟法에 의하여, 외국판결의 집행은 民事執行法에 의하여 규율된다.[33] 이 점은 일본도 동일하다. 즉 일본에서도 외국판결의 승인은 일본 民事訴訟法에 의하여, 외국판결의 집행은 일본 民事執行法에 의하여 규율된다.[34] 다만 한국에서는 보전처분이 民事執行法에 의해 규율되는 데 반하여 일본에서는 民事保全法에 의하여 규율되는 점에 차이가 있다. 승인 및 집행에 관하여 양자조약을 체결하는 실익은, 외국판결의 승인 및 집행과 관련하여 법적 안정성을 제고하고 집행절차를 좀더 단순화하는 데 있다. 즉 집행판결 대신 법원의 결정(즉 집행결정)에 의하도록 하는 방안이다. 우선은

---

32) 조문의 국문과 영문은 다음과 같다.
"법률정보 또는 소송기록의 제공(Provision of Legal Information or Judicial Records)
1. 수탁국의 중앙당국은, 요청이 있는 경우, 촉탁국의 중앙당국에 촉탁국의 소송절차와 관련된 수탁국의 법령 및 사법실무에 관한 정보를 제공한다. (1. The Central Authority of the Requested Party shall provide, upon request, the Central Authority of the Requesting Party with information on its laws, regulations and judicial practice related to the proceedings of the Requesting Party.)
2. 수탁국의 중앙당국은, 요청이 있는 경우, 촉탁국의 중앙당국에 촉탁국의 국민이 관계된 수탁국의 소송절차에 관하여 공개적으로 이용가능한 소송기록의 초록을 제공한다. (2. The Central Authority of the Requested Party shall provide, upon request, the Central Authority of the Requesting Party with extracts from publicly available judicial records of the proceedings of the Requested Party in which nationals of the Requesting Party are involved.)"

33) 신구법의 비교는 석광현, 2001년 개정 國際私法 해설 제2판(2003), 445면 이하 참조.

34) 외국판결의 승인에 관한 한국 民事訴訟法 제217조는 일본 民事訴訟法 제118조와 유사하고, 외국판결의 집행에 관한 한국 民事執行法 제26조와 제27조는 일본 民事執行法 제24조와 유사하다. 물론 차이점이 있으나 이는 별로 큰 것은 아니다.

이렇게 하고 장래 운영상황을 보아가면서 유럽공동체의 "民事 및 商事事件의 國際裁判管轄과 外國判決의 承認·執行에 관한 협약"(이른바 "브뤼셀협약")[35]이나, 이를 대체한 "民事 및 商事事件의 裁判管轄과 裁判의 執行에 관한 유럽연합의 이사회규정"(이른바 "브뤼셀규정")[36]처럼 집행절차를 더욱 단순화하는 방안을 고려할 수 있을 것이다.

나. 한일조약의 범위

(1) 直接管轄

사견으로는 한일조약은 直接的 國際裁判管轄(이하 "直接管轄"이라 한다)에 관하여는 규정을 두지 않는 것이 보다 현실적이라고 본다. 즉 양자조약의 성질을 "이중협약"(*convention double*)이 아니라 "단일협약"(*convention simple*)으로 하자는 것이다. 그 경우 한일조약은 외국판결의 승인 및 집행의 요건으로서 間接的 國際裁判管轄(이하 "間接管轄"이라 한다)만을 규정하게 된다.[37] 만일 直接管轄의 다양한 근거를 명시하고자 시도할 경우 조약의 체결 자체가 어려워질 가능성도 있다.

(2) 민사 및 상사사건

저자는 한일조약은 민사 및 상사사건만을 규율할 것을 제안한다. 다만 재산법상의 사건만을 규율할지 아니면 친족법상의 사건을 포함한 비재산법상의 사건도 포함할지는 정책적으로 판단할 문제이다. 그러나 한일 양국의 民事訴訟法과 民事執行法은 재산법상의 사건인지 아닌지에 따라 별다른 차이를 두고 있지 않으므로, 한일조약이 양자를 포함하더라도 큰 어려움이 있을 것으로 보이지는 않는다. 다만, 비재산법상의 사건을 포함할 경우 우선 ① 間接管轄과 관련하여 국적관할과 합의관할(및 변론관할)의 인정 여부, ② 재

---

35) 영문명칭은 "Convention on Jurisdiction and the Enforcement of Judgments in Civil and Commercial Matters"이다. 이에 관한 상세한 소개는 석광현, "民事 및 商事事件의 裁判管轄과 裁判의 執行에 관한 유럽공동체협약(일명 "브뤼셀협약")," 국제사법과 국제소송 제2권(2001), 321면 이하 참조.

36) 영문명칭은 "Council Regulation (EC) No 44/2001 of 22 December 2000 on Jurisdiction and the Recognition and Enforcement of Judgments in Civil and Commercial Matters"이다. Regulation을 '규칙' 또는 '명령'이라고 번역하기도 한다. 이에 관한 소개는 석광현, "民事 및 商事事件의 裁判管轄과 裁判의 執行에 관한 유럽연합규정(브뤼셀규정) — 브뤼셀협약과의 차이를 중심으로—," 국제사법과 국제소송 제3권(2004), 368면 이하 참조.

37) 直接管轄과 間接管轄의 의미와 관계는 석광현, 國際裁判管轄에 관한 硏究(서울대학교 출판부, 2001), 33면 이하 참조.

판의 승인요건으로서 準據法要件을 추가할지의 여부, ③ 가사사건과 비송사건을 구분하여 달리 취급할지와 ④ 호적부에의 기재를 광의의 집행으로 보아 집행판결을 요한다고 할지 등에 관하여 검토할 필요가 있다.

다. 판결—승인의 대상

한일조약에 따라 승인될 수 있는 판결은 사법상의 법적 권리 또는 법률관계를 결정하기 위하여 외국의 법원 또는 기타 사법기관이 선고한 재판을 말하고, 명칭을 불문하며 결정 또는 명령을 포함한다. 그러나 외국의 판결은 확정되고 종국적이어야 한다. 한국의 다수설은 보전처분은 승인 또는 집행될 수 없다고 본다.[38] 따라서 사견으로는 한일조약도 보전처분의 승인 및 집행을 규율하지 않는 것이 현실적인 접근방법이라고 생각한다. 다만 한일조약이 이를 규율하지 않는다는 것은, 한국(또는 일본)의 보전처분이 일본(또는 한국)에서 승인 또는 집행될 수 없다는 의미는 아니고, 그의 승인 및 집행은 한일조약이 아니라 승인국의 국내법에 따를 사항이라는 것을 의미한다.

라. 國際裁判管轄

(1) 정 책

판결국이 國際裁判管轄, 즉 間接管轄을 가지지 않는 경우 당해 외국판결은 승인 또는 집행될 수 없다. 따라서 한일조약은 間接管轄의 다양한 근거를 규정할 필요가 있다. 그런데 間接管轄의 근거에 관하여 과거 한국과 일본간에 커다란 차이가 있지는 않았다. 즉 2001. 7. 1.자로 개정 國際私法이 발효되기 전의 한국의 판례[39]와 학설에 의하면, 섭외사건의 國際裁判管轄에 관해 조약이나 일반적으로 승인된 국제법상의 원칙이 아직 확립되어 있지 않고 우리의 성문법규도 없으므로, 섭외사건에 관한 법원의 國際裁判管轄 유무는 결국 당사자간의 공평, 재판의 적정·신속이라는 기본이념에 따라 條理에 의해 결정함이 상당한데, 民事訴訟法의 토지관할규정 또한 위 기본이념에 따라 제정된 것이므로 위 규정에 의한 재판적이 한국에 있을 때에는 한국 법원에 國際裁判管轄이 있다고 봄이 상당하다는 것이었다. 다만 그에 따라 國際裁判

---

38) 석광현(註 19), 266면.

39) 예컨대 대법원 1992. 7. 28. 선고 91다41897 판결과 대법원 1995. 11. 21. 선고 93다39607 판결 참조.

管轄을 긍정하는 것이 條理에 반한다는 특별한 사정이 있는 경우에는 한국 법원은 國際裁判管轄이 없다는 예외를 인정하였다. 이러한 접근방법은 3단계 구조를 '특별한(또는 특단의) 사정'에 의하여 수정한 4단계 구조인데, 원래 3단계 구조는 國際裁判管轄에 관한 最高裁判所의 지도적인 판결인 '말레이지아항공 사건 판결'[40]에서 유래한 것이었던바, 그 후 일본의 하급심판결들이 특별한 사정을 고려하는 견해를 취하였고, 결국 最高裁判所도 이를 채택하기에 이르렀다.[41] 따라서 國際裁判管轄에 관한 한 한국과 일본간에는 별 차이가 없었다고 할 수 있다.

그런데 한국의 國際裁判管轄規則은 國際私法에 의하여 다소 변경되었으나, 國際私法이 사회·경제적 약자인 소비자와 근로자를 보호하기 위하여 도입한 보호적 관할(protective jurisdiction)에 관한 특칙, 즉 國際私法 제27조와 제28조를 제외하면 기본적인 틀은 달라진 것이 없다. 사견으로는 한일조약에서 모든 관할근거를 망라하여 규정할 것이 아니라, 그 중에서 보호적 관할을 제외하고, 주요한 관할근거만을 명시하는 편이 적절할 것으로 생각한다. 한일조약이 間接管轄에 관하여 규정을 두는 범위 내에서는 그 요건에 해당하면 판결국은 國際裁判管轄을 가지는 것으로 보아야 하고, 그 경우 승인국의 법원은 당해 사건에서 판결국의 國際裁判管轄을 긍정하는 것이 條理에 반한다는 특별한 사정이 있는지를 검토하는 것은 허용되지 아니한다. 그렇게 함으로써 國際裁判管轄에 관한 법적 안정성과 예견가능성을 제고할 수 있을 것이다.

한국과 일본의 법원은 한일조약에 규정되지 않은 관할근거에 기하여도, 물론 당해 사건에서 자국법상 國際裁判管轄을 가지는 것으로 판단한다면 재판할 수 있다. 그러한 판결의 승인 및 집행은 한일조약에 의하여 보장되는 것이 아니라 일본과 한국의 民事訴訟法 또는 民事執行法에 따라 규율될 것이다.

(2) 관할의 근거

위에서 언급한 바와 같이 한일조약은 주요한 관할근거만을 명시하면 될 것이다. 구체적으로 한일조약은 관할근거를 一般管轄(general jurisdiction)과

---

40) 最高裁判所 1981. 10. 16. 第2小法廷判決(民集35卷7号, 1224면).

41) 석광현(註 37), 89면 이하 참조.

特別管轄(special jurisdiction 또는 specific jurisdiction)로 분류하고,[42] 特別管轄을 좀더 구체적으로 다양한 관할근거로 분류하여 규정할 필요가 있다. 그 과정에서 브뤼셀협약이나 브뤼셀규정과 헤이그국제사법회의의 "民事 및 商事事件의 國際裁判管轄과 外國裁判에 관한 협약"의 1999년 예비초안[43](이하 "1999년 초안"이라 한다), 1999년 초안을 수정한 2001년 초안[44](이하 "2001년 초안"이라 한다) 및 유사한 양자조약들에 대한 비교법적 분석을 할 필요가 있다.

一般管轄의 근거에 관하여는 한국과 일본을 포함한 대륙법계 국가의 民事訴訟法상 일반적으로 승인되고 있는 이른바 '*actor sequitur forum rei*'(원고는 피고의 법정지를 따른다)라는 원칙을 채택하면 될 것이다. 따라서 자연인의 경우 원칙적으로 피고의 주소 소재지 국가에 一般管轄을 인정하고, 법인의 경우 원칙적으로 피고의 주된 사무소 또는 영업소 소재지 국가에 一般管轄을 인정하면 될 것이다.[45] 特別管轄의 근거로는 영업소의 特別管轄, 계약의 特別管轄, 불법행위의 特別管轄을 규정하면 될 것이다. 그 밖에도 관할합의, 변론관할(응소관할)과 반소에 관한 관할 등을 규정할 필요가 있다.

(3) 몇 가지 논점

間接管轄과 관련하여 몇 가지 논점을 검토할 필요가 있다.

(가) 과잉관할 이른바 과잉관할(exorbitant jurisdiction) 또는 금지되

---

42) 독일 民事訴訟法을 계수한 우리 民事訴訟法은 裁判籍이라는 개념을 사용하고 이를 普通裁判籍과 特別裁判籍으로 구분할 뿐이고, 一般管轄과 特別管轄이라는 개념을 사용하지는 않으나, 국제적으로는 一般管轄과 特別管轄이라는 개념이 널리 사용되므로 여기에서는 그러한 개념을 사용한다. 裁判籍이란, 토지관할의 발생원인이 되는 인적·물적 관련사유 또는 관련지점을 일컫는 것이므로, 어느 지역에 普通裁判籍 또는 特別裁判籍이 있다면 그 지역의 법원은 당해 사건에 대하여 一般管轄 또는 特別管轄을 가진다.

43) 협약의 영문명칭은 "Convention on Jurisdiction and Foreign Judgments in Civil and Commercial Matters"이다. 1999년 초안에 관한 소개는 석광현, "헤이그국제사법회의「民事 및 商事事件의 國際裁判管轄과 外國裁判에 관한 협약」예비초안," 국제사법과 국제소송 제2권(2001), 396면 이하 참조.

44) 영문명칭은 "Summary of the Outcome of the Discussion in Commission II of the First Part of the Diplomatic Conference 6-20 June 2001 Interim Text Prepared by the Permanent Bureau and the Co-reporters"이다. 이에 관한 소개는 석광현, "헤이그국제사법회의의「民事 및 商事事件의 國際裁判管轄과 外國裁判에 관한 협약」2001년 초안," 국제사법과 국제소송 제3권(2004), 429면 이하 참조.

45) 그에 추가하여 자연인의 경우 피고의 常居所 소재지 국가에, 법인의 경우 設立準據法 소속국 또는 경영의 중심지 소재지 국가에도 一般管轄을 인정할지를 검토할 필요가 있다. 상세는 석광현(註 37), 212면 이하 참조.

는 관할(prohibited jurisdiction)과 관련하여 첫째 '영업활동 또는 사업활동(doing business)에 기한 一般管轄'과, 둘째 '재산소재에 기한 一般管轄 내지는 광범위한 特別管轄(*forum patrimonii*)'이라는 두 가지 논점을 검토할 필요가 있다.

첫째의 논점은, 피고가 지점 또는 영업소 등을 통하든 아니든 간에 한국(또는 일본)에서 영업활동을 한 경우 그것이 한국(또는 일본)에서 一般管轄의 근거가 될 수 있는가의 문제이다.[46] 둘째의 논점은 피고가 소유하는 한국(또는 일본) 내 압류 가능한 재산의 소재 또는 압류가, 당해 분쟁이 그 재산과 직접 관련되지 않은 경우에, 한국(또는 일본) 법원의 一般管轄(또는 재산권에 관한 소라는 매우 광범위한 特別管轄)의 근거가 될 수 있는가의 문제이다.[47]

저자가 이해하기로는, 종래 양국 법원의 판례는 양자를 모두 원칙적으로 허용하되, 國際裁判管轄을 긍정하는 것이 條理에 반하는 경우 특별한(또는 특단의) 사정에 의해 결론을 수정할 수 있다는 견해를 취하고 있는 것으로 보인다. 그러나 양국에는 그에 대해 매우 비판적인 학설이 있고, 국제적으로도 논란이 있으므로 한일조약에서는 위 두 가지 관할근거에 관하여 규정을 두지 않는 것이 현실적인 접근방법이라고 본다.

(나) 보호적 관할　　위에서 언급한 바와 같이 개정된 한국의 國際私法은 소비자와 근로자를 보호하기 위하여 國際裁判管轄에 관한 특칙을 도입하였다. 이는 브뤼셀협약(제13조 내지 제15조), 브뤼셀규정(제15조)과 1999년 초안(제7조)을 모델로 한 것이다. 이러한 규정을 신설한 것은, 國際私法의 기초자들이, 소비자와 근로자를 보호할 긴급한 필요가 있음에도 불구하고 國際私法 제2조의 해석론에 의하여, 또는 판례에 의하여 발전되어 온 國際裁判管轄規則으로부터 소비자와 근로자를 보호할 수 있는 관할원칙을 도출할 수 없다고 판단하였기 때문이다.[48] 그 결과 이러한 특칙을 알지 못하는 일본의 國際裁判管轄規則과는 차이가 발생하게 되었다. 따라서 사견으로는 한일조약에는 보호적 관할에 관하여 규정을 두지 않는 것이 바람직할 것으로 본다.

(다) 共同訴訟—주관적 병합　　한국의 民事訴訟法(제25조 제2항)은

46) 상세는 석광현(註 37), 221면 이하 참조.
47) 상세는 석광현(註 37), 243면 이하 참조.
48) 석광현(註 37), 238면, 263면.

"소송목적이 되는 권리나 의무가 여러 사람에게 공통되거나 사실상 또는 법률상 같은 원인으로 말미암아 그 여러 사람이 공동소송인(共同訴訟人)으로서 당사자가 되는 경우에는 제1항의 규정을 준용한다"고 하여 共同訴訟의 경우 關聯裁判籍을 인정한다. 國際裁判管轄의 경우에도 위 규정 또는 그의 유추적용에 기하여 共同訴訟人간의 關聯裁判籍을 인정할 수 있는지의 여부가 문제된다. 아직 판례는 없지만 일부 학설은 이를 긍정한다. 다만 이를 긍정하면서도 일정한 요건, 예컨대 브뤼셀협약 또는 브뤼셀규정이나 1999년 초안과 유사한 요건하에 이를 인정함으로써 공동피고의 이익이 부당하게 침해되는 일이 없도록 하여야 한다는 견해도 유력하다.[49] 이 점에 관하여는 아직 확립된 견해가 없으므로 한일조약에는 규정을 두지 않는 것이 현실적이라고 본다.

㈑ **객관적 병합** 한국의 民事訴訟法(제25조 제1항)은 청구의 객관적 병합의 경우 關聯裁判籍을 규정한다. 따라서 청구가 병합된 경우 동항의 원칙을 國際裁判管轄에도 적용 내지는 유추적용할 수 있는지가 문제된다. 청구의 객관적 병합의 경우 關聯裁判籍을 근거로 國際裁判管轄을 인정하는 것이 전혀 근거가 없는 것은 아니고, 한국과 일본에서는 이에 대해 우호적인 견해도 있기는 하지만, 부정적인 태도를 취하는 브뤼셀협약과 그와 유사한 1999년 초안 및 2001년 초안을 고려할 때, 적어도 民事訴訟法(제25조 제1항)을 國際裁判管轄에도 곧바로 적용하여 병합된 청구에 대해 당연히 國際裁判管轄을 인정할 것은 아니고, 사안별로 신중히 고려할 필요가 있다. 어쨌든 이 점에 관하여는 아직 확립된 견해가 없으므로 한일조약에는 규정을 두지 않는 것이 현실적이라고 생각한다.

마. 외국판결의 승인 및 집행의 거부사유

다음 사유 중의 하나라도 존재하는 때에는 외국판결의 승인 또는 집행은 거부될 수 있다. 그러나 어떤 경우에도 외국판결의 實質의 再審査(*révision au fond*)는 금지된다.[50]

---

49) 석광현(註 33), 69면.

50) 헤이그국제사법회의에서 2005. 6. 30. "관할합의에 관한 협약"(Convention on Choice of Court Agreements)이 채택되었으므로 이를 참조할 필요가 있는데, 한일 양국이 동 협약에 가입하는지도 양자조약에 영향을 줄 것이다. 동 협약에 관하여는 석광현, "2005년 헤이그 재판관할합의협약의 소개," 국제사법연구 제11호(2005), 192면 이하 참조. 동 협약의

(1) 문서의 송달

결석판결의 경우, 패소한 피고가 소장 또는 이에 준하는 서면을 적법한 방식에 따라(공시송달이나 이와 비슷한 송달에 의한 경우를 제외한다) 방어에 필요한 시간여유를 두고 송달받지 않은 때에는 외국판결의 승인 및 집행은 거부될 수 있다. 그러나 이에 대하여는, 송달요건은 결국 패소한 피고의 방어권을 보장하기 위한 것이므로, 실제로 피고가 소장 등을 송달 받아 방어에 지장이 없었다면 송달의 적법성을 별도로 요구할 필요는 없다는 비판이 제기될 수 있다.

(2) 공　　서

(가) **승인국 판결 또는 선행하는 제3국 판결과의 저촉** 　한국의 판결과 저촉되는 외국판결은 승인될 수 없는데, 한국의 학설은 이를 절차적 공서의 문제로 취급한다. 그러나 승인 여부에 관한 좀더 명확한 판단을 위하여 이를 별도의 승인 및 집행의 거부사유로 명시하는 편이 좋을 것으로 본다. 즉 "외국판결이, 동일한 당사자간에 동일한 訴訟物에 관하여 승인국에서 선고된 판결[51] 또는 다른 국가에서 선고된 선행판결과 저촉되는 경우에는 승인 또는 집행은 거부될 수 있다. 다만, 다른 국가의 판결의 경우 승인국에서 승인 또는 집행될 수 있는 것이어야 한다"는 취지로 규정하면 될 것이다. 참고로 위에 언급한 헤이그국제사법회의의 2005년 관할합의협약 제9조(f호, g호)도 유사한 취지의 규정을 두고 있다.

(나) **승인국의 선행소송과의 저촉** 　외국판결이 선행하는 내국에서의 소송계속을 무시한 외국의 소송절차에 기한 것인 경우 판결의 선후에 관계없이 승인을 거부할 수 있다. 한국의 학설은 이를 절차적 공서의 문제로 취급하는데, 승인 여부에 관한 좀더 명확한 판단을 위하여 이를 별도의 승인 및 집행의 거부사유로 명시하는 편이 좋을 것으로 본다. 다만 이는 국제적 소송경합과 관련되므로 그와의 유기적인 관련하에서 구체적인 범위를 결정해야 한다.

(3) 상호보증

한일 양국의 民事訴訟法에 따르면 판결국과 승인국간에 상호보증이 존재하지 않으면 외국판결의 승인 및 집행은 거부된다. 현재 양국간에는 상호

국문시역과 영문은 동, 369면 이하 참조.

51) 다만 승인을 요청받은 국가의 판결의 경우에도 선행판결에 한정할 것이라는 견해도 주장될 수 있다.

보증이 존재한다는 데 대하여 별 의문이 없는 것으로 보인다. 그렇다면 이 요건은 문제되지 않는다. 더욱이 한일조약이 체결되면 조약의 존재 자체가 상호보증의 존재를 담보하게 될 것이다.

바. 승인의 절차와 효력

한일 양국의 民事訴訟法에 따르면 외국판결은 승인요건이 구비되면 별도의 절차 없이 국내에서도 당연히 효력을 가진다. 즉 외국판결의 승인은 자동적인 것이다. 승인의 본질 내지는 효력에 관하여 한국에는 학설이 대립하고 있으나 유력설은 외국판결의 효력이 국내에까지 확장되는 것으로 이해한다(이른바 效力擴張說).[52)]

사. 집 행

한국의 民事執行法에 의하면, 외국판결의 집행을 위하여는 한국 법원이 외국판결에 기한 강제집행을 허가하는 집행판결(또는 집행가능선언)이 필요하다. 이 점은 일본의 民事執行法의 경우도 마찬가지이다. 외국판결의 승인은 요건이 구비되면 자동적으로 이루어지는 데 반하여, 집행은 집행판결을 필요로 하는 점에서 양자는 구별된다. 한일조약에서는 강제집행을 허가하는 (또는 집행할 수 있음을 선언하는) 재판을 좀더 단순화하는 것이 양자조약의 장점과 실효성을 살릴 수 있다는 점에서 바람직하다. 그러나, 장래에는 국내법을 개정하여 판결이 아니라 결정에 의할 수도 있으므로 한일조약에서는 집행판결이라고 명시할 필요는 없고, 더 나아가 양국에게 간이한 절차를 도입할 것을 촉구하는 의미에서 한일조약에서 가능한 한 단순하고 신속한 절차에 의하도록 명시할 필요가 있다. 이와 관련하여 브뤼셀협약(제34조), 나아가 궁극적으로는 브뤼셀규정(제41조 이하)이 강제집행의 허가를 신속하게 할 수 있다는 점에서 상당히 매력적이다. 그러나 현재로서는 그러한 접근방법은 시기상조라고 본다. 현재로서는 '집행결정' 정도를 규정하고, 그 뒤 브뤼셀협약처럼 개선한 뒤 그것이 어느 정도 정착된 뒤에 비로소 브뤼셀규정처럼 발전시키는 단계적인 접근이 현실적일 것이다.[53)]

---

52) 이와는 달리 외국판결의 효력이 내국판결의 효력보다 큰 경우에는 후자의 범위로 제한된다는 견해도 있다. 상세는 석광현(註 19), 338면 이하 참조.

53) 브뤼셀협약(제34조)에 따르면, 집행가능선언은 채무자의 신문 없이 권리자의 신청에 의하여 일방적으로 행해지는 절차로서, 신청을 수리한 법원은 지체없이 재판을 하여야 했지

집행판결(또는 집행결정)에 기한 구체적인 강제집행은 각국이 국내법에 따라 규율할 사항이고 한일조약에서 규정할 필요는 없다.

아. 公正證書

일본에는 종래 외국의 공정증서의 집행에 대해 상당한 거부감이 있는 것으로 보이나, 공정증서에 관한 한국과 일본의 법제의 유사성을 고려한다면 공정증서에 기한 강제집행을 허용할 수 있을 것이다. 참고로, 한국의 民事執行法상 집행권원(채무명의)이 될 수 있는 공정증서는 "공증인이 일정한 금액의 지급이나 대체물 또는 유가증권의 일정한 수량의 급여를 목적으로 하는 청구에 관하여 작성한 공정증서로서 채무자가 강제집행을 승낙한 취지가 적혀 있는 것"이다(民事執行法 제56조 제4호). 이는 일본의 民事執行法 제22조 제5호와 매우 유사하다.

자. 화 해

재판상 화해에는 소송상 화해와 제소전 화해가 있으나 일본에서는 제소전 화해가 간이법원의 특례절차로서 인정되는 것으로 이해되므로, 한일조약에는 소송상 화해만을 포함하는 것이 좋을 것이다. 한국(또는 일본)의 소송상 화해는 공정증서와 동일한 조건하에 일본(또는 한국)에서 집행할 수 있다고 규정하면 될 것이다. 한국에는 일본 법원의 화해조서에 대하여 집행을 허가한 하급심판결이 있다. 제소전 화해의 승인·집행은 조약이 아니라 국내법에 따라 처리될 수 있을 것이다.

차. 國際的 訴訟競合(*lis alibi pendens*)

동일한 당사자간에 동일한 訴訟物에 관하여 일본(또는 한국)에 소가 계속중인 상태에서 한국(또는 일본)에 소가 제기된 경우에 법원은 어떻게 처리해야 하는가가 국제적 소송경합 (또는 국제적 중복제소)의 문제이다.[54] 국

만, 승인거부사유 또는 제한된 범위의 관할의 부존재를 이유로 신청을 기각할 수 있었다. 그러나 브뤼셀규정에 의해 집행절차는 보다 신속하게 되었다. 즉, 브뤼셀규정에 따르면, 집행가능선언의 신청을 수리하는 법원 또는 당국은 신청서와 필요서류를 수령하면 즉시 집행가능선언을 하여야 하고 집행거부사유(또는 승인거부사유)의 존부를 판단할 수 없다(제41조).

54) 한국과 일본의 학설은 석광현(註 37), 179면 이하, 93면 이하 참조.

제적 소송경합의 처리에 관하여는 한일 양국에서 다양한 견해가 주장되고 있고, 일본에서는 하급심판결도 나뉘어 있는 것으로 보인다. 한국에는 이른바 承認豫測說을 취한 하급심판결[55]이 있다. 이와 같이 국제적 소송경합의 처리에 관하여는 양국 모두 유권적인 견해가 없는 상태이므로 한일조약에서 어떤 견해를 취하는 것은 용이하지 않다. 따라서 한일조약에는 국제적 소송경합에 관하여는 규정을 두지 않고 이 문제를 국내법에 맡기는 방안이 현실적이라고 본다.

5. 장 애

한일조약을 체결하는 데 대해 별다른 장애는 없을 것으로 본다. 다만 한일 양국의 정치적 관계의 변화에 대한 고려, 정부당국자들의 무관심과 양국의 법제가 유사하다는 점을 생각할 수 있으나, 이는 모두 극복할 수 있는 것들이다. 물론 위에서 지적한 바와 같이 한일조약은 송달협약에 의해 규율되는 현재의 상태를 개선하는 것이어야 한다. 마찬가지로 외국판결의 승인 및 집행에 관하여도 한일조약의 현재의 상태를 개선하는 것이어야 한다. 그렇지 않다면 양국의 법제의 유사성은 양자조약이 불필요하다는 주장의 논거가 될 것이다.

Ⅴ. 한중일 삼자조약—제2단계조치

1. 삼자조약의 방향

일단 한일간의 양자조약을 체결하게 되면, 다음에는 한일조약을 한중일 삼자조약으로 확대개편할 필요가 있다. 그렇게 되면 기존의 한중조약은 그에 의해 대체될 것이다. 한중조약은 외국판결의 승인 및 집행을 규율하지 않으

55) 서울지방법원 2002. 12. 13. 선고 2000가합90940 판결. 승인예측설은, 외국에 이미 계속한 소송에서 장차 판결이 선고될 경우 그것이 국내에서 승인가능한 것으로 예측되는 때에는 그 외국판결은 국내에서도 기판력을 가지게 될 것이므로 그 경우 중복제소금지의 원칙을 정한 민사소송법의 취지를 유추하여 국내에 계속한 후소를 제한하는 견해이다. 이에 대한 평석은 석광현, "國際的 訴訟競合," 서울지방변호사회 판례연구 제19집(2)(2006), 250면 이하; 이 책 제2장 [5] 참조.

나, 삼자조약은 이를 포함하게 될 것이므로 한중간의 관계에서도 삼자조약의 체결은 의의가 크다고 할 수 있다.

삼자조약과 관련하여 한 가지 지적할 것은 國際裁判管轄合意이다. 예컨대 한국 기업과 중국 기업이 중립적인 일본 법원에 관할을 부여하는 합의를 한 경우 일본 법원의 間接管轄을 긍정하고 일본 법원의 재판을 승인하고 집행할 필요가 있다. 이는 현행법하에서도 제기되는 문제인데, 대법원판결[56]에 따르면 이 경우 당해 사건이 일본 법원과 합리적 관련성이 없다는 이유로 일본 법원의 國際裁判管轄은 긍정되지 않을 것이다. 그러나 이러한 태도를 고집한다면 분쟁의 신속하고 효율적인 해결을 달성하기 어렵게 된다. 따라서 삼자조약에서는 이러한 태도를 시정하여 관할합의의 효력을 긍정할 필요가 있다고 본다.

2. 장 애

문제는 한일 양국, 특히 일본이 중국의 법제, 사법부 및 사법부의 실제운용에 대하여 가지고 있는 불신을 어떻게 극복하는가에 있다. 중국의 발전상황에 따라서는 장래 삼자조약을 추진하는 시점에서는 이러한 불신이 상당히 극복될 수도 있을 것이다. 협의의 사법공조는 국가간에 필요한 공조를 제공하는 것이므로 별로 문제될 것이 없지만, 특히 외국판결의 승인 및 집행과, 공정증서의 집행이 문제될 수 있을 것이다.[57] 우리 나라가 한중조약을 체결하면서 외국판결의 승인 및 집행을 배제한 것도 이런 불신 때문임은 위에서 지적한 바와 같다. 따라서 삼자조약의 체결까지는 상당한 기간이 걸릴 수도 있다.

한중일의 종래의 상호관계를 생각할 때 이 작업을 우리가 주도적으로 추진하는 것이 실현가능성이 크다고 본다. 특히 한중간에 양자조약이 존재하지 않으므로 우리가 일차적으로 한일조약을 체결할 수 있다면, 한중조약과 한일조약을 연계하여 삼자조약으로 발전시키는 것이 불가능하지는 않을 것이다. 이러한 이유로 우리 나라가 좀더 주도적인 역할을 할 필요가 있다고 보는

56) 예컨대 대법원 1997. 9. 9. 선고 96다20093 판결과 대법원 2004. 3. 25. 선고 2001다53349 판결. 위 판결들에 평석은 석광현, "船荷證券에 의한 國際裁判管轄合意의 문제점," 국제사법과 국제소송 제3권(2004), 212면 이하 참조.

57) 필요하다면 공정증서의 집행은 배제할 수도 있을 것이다.

것이다. 그런데 종래 민사사법공조에 관한 한 우리 나라의 연구는 매우 낙후되어 있으므로, 우리 나라가 그러한 역할을 하기 위하여는 국제민사사법공조, 나아가서는 國際私法 내지 國際民事節次法에 대한 보다 체계적이고도 집중적인 연구를 할 필요가 있다.

Ⅵ. 맺 음 말

지금까지 한중일간의 민사사법공조조약의 체결방안을 살펴보았다. 저자의 제안의 핵심은, 1단계조치로서 기왕에 체결된 한중협약을 기초로 한일간에 외국판결의 승인 및 집행을 포함하는 민사사법공조조약을 우선 체결하고, 2단계조치로서 이를 한중일간의 삼자조약으로 확대하자는 것이다. 앞에서 지적한 바와 같이 삼자조약의 채택은, 동북아국가들간의 경제교류를 뒷받침하기 위한 법적 장치로서 의미가 있고, 광범위한 司法的 協力을 달성하고 분쟁을 실효적으로 해결하기 위하여 커다란 의미를 가지는 작업이다. 나아가 동북아시아의 평화와 안정에도 기여할 수 있을 것이다. 삼자조약의 체결 여부는 한중일이 장차 지역경제통합기구(regional economic integration organization)로 발전할 수 있을 것인가와도 관련되지만, 가사 어떤 이유로든 삼자조약의 체결이 불가능하더라도 1단계조치로서 민사사법공조에 관한 한일조약을 체결한 것만으로도 그 의의는 매우 크다고 할 수 있을 것이다.

한편 만일 우리가 삼자조약을 체결하는 데 성공한다면, 장래에는 이를 기초로 아세안국가들을 포함하는 다자조약을 체결함으로써 그 적용범위를 서쪽으로 확대하는 방안도 강구할 수 있을 것이다. 마치 1968년 6개국간에 최초로 체결된 브뤼셀협약이 지난 40년 가까운 기간 동안 동쪽으로 그 지리적 적용범위를 확대해 온 것처럼 말이다. 그 때 한중일과 아세안국가들간에 'ASEAN + 3'으로 존재하든, 아니면 '동아시아공동체'(EAC)가 결성되어 있든 간에 이는 노력할 만한 가치가 있는 구상이라고 본다.

대한민국과 중화인민공화국간의 민사 및 상사사법공조조약[1)]

대한민국과 중화인민공화국(이하 "당사국"이라 한다)은,
주권에 대한 상호 존중, 평등 및 호혜의 바탕 위에서 민사 및 상사에 있어서 양국간 사법공조를 강화하기를 희망하여,
다음과 같이 합의하였다.

제1장 일반규정

제1조 사법적 보호

1. 일방당사국의 국민은 타방당사국의 영역 안에서 그 당사국 국민과 동등한 사법적 보호를 받으며, 그 당사국 국민과 같은 조건하에서 그 당사국의 법원에서 재판을 받을 권리를 갖는다.
2. 일방당사국은 타방당사국 국민이 관련된 사건의 심리를 정당한 이유 없이 지연시키지 아니한다.
3. 일방당사국의 법원은 그 성문법에 달리 규정되어 있지 아니하는 한, 타방당사국의 국민이 외국인이거나 그 당사국 영역 안에 주소 또는 거소를 가지고 있지 아니하다는 이유만으로, 그에게 소송비용의 담보를 제공하도록 요구하지 아니한다.
4. 일방당사국은 그 성문법에 달리 규정되어 있지 아니하는 한, 단지 사건이 종결되지 아니하였다는 이유만으로 그 사건의 당사자인 타방당사국 국민의 출국을 제한하지 아니한다.
5. 각 당사국의 국민에게 적용되는 이 조약의 규정들은, 제2조를 제외하고, 각 당사국의 국내법에 따라 그 영역 안에 설립된 법인에게도 적용된다.

제2조 법률구조

1. 일방당사국의 국민은 타방당사국의 영역 안에서 타방당사국의 국내법에 따라 법률구조를 받을 권리가 있다.
2. 제1항에 규정된 법률구조를 신청할 때에는, 신청인의 주소 또는 거소가 소재한 당사국의 권한 있는 기관이 발급한 신청인의 재정상태에 관한 증명서를 첨부하여야 한다. 신청인이 어느 당사국의 영역 안에도 주소 또는 거소를 가지고 있지 아니하는 경우에는 그 신청인이 국적을 갖는 당사국의 외교관 또는 영사관원이 위와 같

---

1) 조약의 영문명칭은 "Treaty Between The Republic of Korea and The People's Republic of China on Judicial Assistance in Civil and Commercial Matters"이다. 중국은 2004. 2. 29. 전국인민대표회의 상무위원회의 결정에 따라 이를 비준하였으나 우리 측의 처리가 늦어진 결과 2005. 4. 27. 조약 1729호로써 비로소 발효되었다. 조약의 텍스트는 2005. 4. 25. 관보에 게재되었다.

은 증명서를 발급하거나 확인할 수 있다.

3. 법률구조 신청에 대한 결정을 담당하는 당국은 신청인에게 추가정보를 요구할 수 있다.

제3조 사법공조의 범위

이 조약에 따른 사법공조는 민사 및 상사에 있어서 다음 각목의 사항을 포함한다.

가. 재판상 서류의 송달

나. 증거조사

다. 중재판정의 승인·집행

라. 법률정보 또는 소송기록의 제공

제4조 사법공조를 위한 연락경로

1. 이 조약에 달리 규정되어 있지 아니하는 한, 양 당사국은 사법공조 촉탁을 하거나 또는 사법공조 촉탁에 응하기 위하여 각자 지정한 중앙당국을 통하여 직접 연락한다.
2. 제1항에서 말하는 중앙당국은, 대한민국의 경우 법원행정처로 하고 중화인민공화국의 경우 사법부로 한다.
3. 일방당사국이 중앙당국의 지정을 변경한 경우, 외교경로를 통하여 이를 타방당사국에게 통지한다.

제5조 사법공조의 준거법

양 당사국은 이 조약에 달리 규정되어 있지 아니하는 한, 사법공조 촉탁의 실시에 있어서 각자 자국의 국내법을 적용한다.

제6조 사법공조의 거절

1. 수탁국은 사법공조를 제공하는 것이 자국의 주권, 안전보장, 공공질서 그 밖의 본질적인 공공이익을 침해하거나 또는 촉탁의 대상이 된 공조가 사법당국의 직무범위 안에 속하지 아니하는 것으로 판단하는 경우, 사법공조의 제공을 거절할 수 있으며, 이 경우 촉탁국에 거절사유를 통지한다.
2. 재판상 서류의 송달 또는 증거조사에 관한 촉탁의 경우, 수탁국은 자국 법원이 소송물에 대한 전속관할권을 가지고 있다거나 촉탁의 근거가 되는 소송이 자국의 국내법상 허용되지 아니한다는 이유만으로 촉탁의 실시를 거절하지 아니한다.

제7조 교신

1. 수탁국의 중앙당국은 촉탁이 이 조약의 규정에 부합하지 아니하다고 판단하는 경우, 촉탁국의 중앙당국에 그 촉탁에 대한 이의를 명시하여 신속하게 이를 통지한다.
2. 수탁국의 중앙당국은 촉탁국이 제공한 정보가 부정확하거나 또는 이 조약의 규정에 따라 촉탁을 처리하기에 충분하지 아니하다고 판단하는 경우, 촉탁서에 기술된 정보가 정확한지 여부를 문의하거나 촉탁국의 중앙당국에 보충정보를 요청할 수 있다.

3. 제1항 또는 제2항에 따른 통지 또는 요청을 받은 촉탁국의 중앙당국이 적절한 조치를 취하거나 충분히 수정 또는 보충된 정보를 제공함으로써 촉탁실시에 있어서의 장애사유가 해소된 경우, 수탁국의 중앙당국은 촉탁이 실시되도록 조치한다.
4. 촉탁국의 중앙당국은 수탁국의 중앙당국에 촉탁 실시의 진행상황에 관한 정보를 요청할 수 있다.

제8조 언어

1. 사법공조 촉탁서에는 수탁국의 공용어 또는 영어로 된 번역문을 첨부하고, 그 부속서류에는 수탁국의 공용어로 된 번역문을 첨부한다.
2. 각 당사국의 중앙당국은 서면연락을 함에 있어서 상대국의 공용어 또는 영어로 된 번역문을 첨부한다.
3. 재판상 서류의 송달에 관한 증명서를 포함한 촉탁서에 대한 회신은 수탁국의 공용어로 작성될 수 있으며 촉탁국의 공용어 또는 영어로 번역될 필요는 없다.

제9조 외교경로 이용권

이 조약은 어느 당사국이 외교경로를 통하여 사법공조를 요청하는 것을 방해하지 아니한다.

제 2 장 재판상 서류의 송달

제10조 적용범위

일방당사국은 이 조약의 규정에 따라 자국 영역 안의 사람에 대한 타방당사국의 재판상 서류의 송달 촉탁을 실시한다.

제11조 촉탁서의 양식 및 내용

1. 재판상 서류의 송달 촉탁은 별첨 1과 같은 양식에 의하여 작성된 촉탁서를 사용하여야 한다.
2. 송달될 서류는 촉탁서에 첨부된다.

제12조 송달촉탁의 실시

1. 이 조약의 규정에 따라 정당하게 이루어진 촉탁은 신속하게 실시된다.
2. 수탁국은 자국법에 규정된 방식 또는 촉탁국이 명시적으로 요청한 특정한 방식에 따라 송달 촉탁을 실시한다. 다만, 그러한 방식이 수탁국의 법에 저촉되는 경우에는 그러하지 아니한다.
3. 송달될 서류의 요지가 기재된 촉탁서의 해당부분은 서류와 함께 송달된다.
4. 촉탁서를 송부받은 당국이 촉탁 실시의 권한이 없을 경우, 즉시 권한이 있는 당국에 촉탁서를 송부한다.

제13조 송달결과의 통지

1. 수탁국은 제4조의 규정에 의한 연락경로를 통하여 촉탁국에 별첨 2와 같은 양식에 의하여 작성된 증명서를 송부한다.
2. 서류가 송달된 경우, 증명서에는 수령인의 성명과 신원, 송달일자, 장소, 방식을 기

재한다.

3. 서류가 송달되지 아니한 경우, 증명서에는 송달되지 아니한 사유를 명시하고 서류는 촉탁국에 반환된다.

제14조 송달비용

수탁국은 그 영역 안에서 송달 촉탁의 실시로 인하여 발생한 비용을 부담한다. 그러나, 제12조 제2항에 따라 촉탁국이 명시적으로 요청한 특별한 방식을 사용함으로써 발생한 비용은 촉탁국이 부담한다.

제15조 외교관 또는 영사관원에 의한 서류의 송달

1. 일방당사국은, 타방당사국의 법을 위반하지 아니하고 어떠한 종류의 강제조치도 취하지 아니한다면, 타방당사국의 영역 안에 있는 자국민에게 자국의 외교관 또는 영사관원을 통하여 재판상 서류의 송달을 실시할 수 있다.
2. 제1항에 따라 송달되는 서류에는 타방당사국의 공용어로 된 번역문을 첨부할 필요가 없다. 다만, 송달받을 사람이 자국의 언어를 잘 이해하지 못하는 경우에는 그러하지 아니하다.

제3장 증거조사

제16조 적용범위

1. 일방당사국은 이 조약의 규정에 따라 자국 영역 안에서 사건당사자의 진술 및 증인의 증언 취득, 물증 및 서증의 조사, 전문가 감정 또는 검증의 실시, 공무소에 대한 사실조회의 촉탁, 그 밖에 증거조사와 관련된 사법활동의 수행 등 타방당사국의 증거조사 촉탁을 실시한다.
2. 이 조약은 다음 각목의 사항에 대하여는 적용되지 아니한다.
   가. 이미 개시되었거나 예정된 소송절차에서 사용할 의도가 없는 증거의 취득
   나. 촉탁서에 열거되지 아니하였거나 또는 당해 소송절차와 직접적이고 밀접한 관련이 없는 서류의 취득

제17조 촉탁서의 양식 및 내용

1. 증거조사 촉탁은 서면으로 한다.
2. 촉탁서에는 다음의 사항을 기재한다.
   가. 촉탁법원의 명칭 및 주소
   나. 소송당사자의 성명, 국적 및 주소와 법인의 경우 그 명칭 및 주소
   다. 필요한 경우, 소송당사자의 대리인의 성명 및 주소
   라. 촉탁과 관련된 소송의 성격 및 사건의 요지
   마. 취득될 증거의 성격
3. 촉탁서에는 적절한 경우, 다음의 사항을 기재한다.
   가. 신문받을 자의 성명 및 주소
   나. 신문받을 자에게 행할 질문이나 신문이 행하여질 소송물에 관한 설명

다. 검사되어야 할 서류, 그 밖의 부동산 또는 동산의 성격
라. 공무소에 대한 사실조회 촉탁사항
마. 제18조 제2항에 따라 준수할 특정한 방식 또는 절차
바. 촉탁의 실시에 필요한 그 밖의 정보

第18조 증거조사 촉탁의 실시

1. 이 조약의 규정에 따라 정당하게 이루어진 촉탁은 신속하게 실시된다.
2. 수탁국은 자국법에 규정된 방식이나 촉탁국이 명시적으로 요청한 특정한 방식 또는 절차에 따라 증거조사 촉탁을 실시한다. 다만, 그러한 방식 또는 절차가 수탁국의 법에 저촉되거나 국내의 관행·절차 또는 실무적인 어려움 때문에 이행될 수 없는 경우에는 그러하지 아니하다.
3. 촉탁서를 송부받은 당국에 촉탁 실시의 권한이 없는 경우, 즉시 권한이 있는 당국에 촉탁서를 송부한다.

第19조 출석

1. 다음 각목에 규정된 사람은 증거조사 촉탁의 실시에 출석할 수 있다.
   가. 관계 당사자 및 그 대리인
   나. 촉탁국의 법관 또는 법원직원. 다만, 수탁국의 사전인가를 얻은 경우에 한한다.
2. 촉탁을 실시함에 있어서 수탁국의 중앙당국은, 요청이 있는 경우, 촉탁국의 중앙당국에 언제 그리고 어디에서 예정된 증거조사가 이루어질 것인지에 관하여 상당한 기간을 두고 통지한다.
3. 촉탁 실시에 출석한 당사자, 그 대리인, 그리고 법관 또는 법원직원은 수탁국의 법을 준수하여야 한다.

第20조 강제조치

촉탁을 실시함에 있어서 수탁국의 당국은 소송상 적절한 강제조치를 사용하여야 하며, 그러한 강제조치는 자국 당국이 발한 명령 또는 국내소송절차에서 당사자가 행한 신청을 집행함에 있어 자국법이 규정하는 정도에 상응하여야 한다.

第21조 증거제출의 거부

1. 이 조약에 따라 증거제출을 요구받은 자는, 촉탁국의 법에 의하여 증거제출을 거부할 특권 또는 의무가 있고 그 특권 또는 의무가 촉탁서에 명시되거나 수탁국의 중앙당국의 발의에 따라 촉탁국의 중앙당국이 다른 방법으로 이를 수탁국의 중앙당국에 확인하여 준 경우, 증거제출을 거부할 수 있다.
2. 이 조약에 따라 증거제출을 요구받은 자는, 수탁국에서 개시되는 소송절차에 있어서 유사한 경우 수탁국의 법이 증거제출의 거부를 허용하는 때에는 증거제출을 거부할 수 있다.

第22조 실시결과의 통지

1. 수탁국은 제4조의 규정에 의한 연락경로를 통하여 촉탁국에 증거조사 촉탁을 실시한 결과를 서면으로 통보하며, 취득된 증거물을 송부한다.

2. 수탁국은 어떠한 사유로 인하여 증거조사 촉탁을 실시할 수 없는 경우, 촉탁이 실시되지 못한 사유를 명시하여 촉탁국에 촉탁서를 반환한다.

제23조 증거조사의 비용

1. 수탁국은 그 영역 안에서의 증거조사 촉탁의 실시로 인하여 발생한 비용을 부담한다. 그러나 다음 각목에 규정된 비용은 촉탁국이 이를 부담한다.
   가. 제18조 제2항의 규정에 의하여 촉탁국이 명시적으로 요청한 특정 방식 또는 절차에 의하여 촉탁을 실시함으로써 발생한 비용
   나. 전문가 보수
   다. 통역인 보수
2. 촉탁의 실시에 예외적인 성격의 비용이 소요될 것이 명백한 경우, 양 당사국은 촉탁을 실시할 수 있는 조건을 결정하기 위하여 협의한다.
3. 촉탁국은, 수탁국의 요청이 있는 경우, 자국이 부담할 비용을 예납한다.

제24조 외교관 또는 영사관원에 의한 증거조사

일방당사국은, 타방당사국의 법을 위반하지 아니하고 어떠한 종류의 강제조치도 취하지 아니한다면, 자국의 외교관 또는 영사관원을 통하여 그 일방당사국의 법원에서 개시된 소송절차를 돕기 위하여 타방당사국의 영역 안에 있는 자국민에 대하여 증거조사를 실시할 수 있다.

제 4 장 중재판정의 승인·집행

제25조 중재판정의 승인·집행

각 당사국은 1958년 6월 10일 뉴욕에서 체결된 외국중재판정의 승인 및 집행에 관한 협약에 따라 타방당사국의 영역 안에서 내려진 중재판정을 승인·집행한다. 이 조약의 규정들은, 위 협약에 저촉되는 한, 중재판정의 승인·집행에 적용되지 아니한다.

제 5 장 그 밖의 규정

제26조 법률정보 또는 소송기록의 제공

1. 수탁국의 중앙당국은, 요청이 있는 경우, 촉탁국의 중앙당국에 촉탁국의 소송절차와 관련된 수탁국의 법령 및 사법실무에 관한 정보를 제공한다.
2. 수탁국의 중앙당국은, 요청이 있는 경우, 촉탁국의 중앙당국에 촉탁국의 국민이 관계된 수탁국의 소송절차에 관하여 공개적으로 이용가능한 소송기록의 초록을 제공한다.

제27조 인증면제

이 조약의 목적상, 양 당사국의 법원 또는 그 밖의 권한 있는 당국에 의하여 작성되거나 확인되고, 제4조의 규정에 의한 연락경로를 통하여 송부된 서류는 어떠한 형태의 인증도 면제된다.

제28조 분쟁해결
이 조약의 해석 또는 이행으로부터 발생하는 당사국간의 분쟁은 외교경로를 통한 협의에 의하여 우호적으로 해결한다.

제29조 그 밖의 약정
이 조약은 다른 조약이나 약정 또는 이와 다른 방식에 의하여 양 당사국간에 이미 존재하는 의무에 영향을 미치지 아니하며, 양 당사국이 다른 조약이나 약정 또는 이와 다른 방식에 의하여 상호 공조를 제공하거나 공조 제공을 계속하는 것을 방해하지 아니한다.

제 6 장 최종조항

제30조 발효 및 종료

1. 이 조약은 비준되어야 한다. 비준서는 서울에서 교환하며, 비준서를 교환한 날로부터 30일째 되는 날에 이 조약은 발효한다.
2. 이 조약은 발효 전에 개시된 소송절차와 관련된 촉탁에 대하여도 적용된다.
3. 각 당사국은 언제든지 외교경로를 통하여 타방당사국에 서면으로 통지함으로써 이 조약을 종료시킬 수 있다. 종료는 통지한 날로부터 180일째 되는 날 효력이 발생한다.
4. 이 조약의 종료에도 불구하고 조약 종료 전 접수된 촉탁은 이 조약의 규정에 따라 계속 처리된다.

이상의 증거로, 아래 서명자는 그들 각자의 정부로부터 정당하게 권한을 위임받아 이 조약에 서명하였다.

2003년 7월 7일 북경에서 동등하게 정본인 한국어·중국어 및 영어로 각 2부씩 작성하였다. 해석상의 차이가 있는 경우에는 영어본이 우선한다.

대한민국을 대표하여 　　　　　　　　중화인민공화국을 대표하여

별첨 1

재판상 서류의 송달촉탁서

대한민국과 중화인민공화국간의 민사및상사사법공조조약

(촉탁국 중앙당국)은 (수탁국 중앙당국)으로 아래 기재한 서류를 송부하며, 위 조약 제12조에 따라 위 서류를 아래 방식으로 송달받을 사람에게 신속하게 송달하여 줄 것을 요청합니다.

가) 수탁국의 법에 규정된 방식*
나) 다음과 같은 특별한 방식*

____

____

송달받을 사람
성명 ______________________
주소 ______________________
____

별첨 증명서를 작성하여 (촉탁국 중앙당국)으로 보내 주시기 바랍니다.

서류목록

____

____

____

일자 ______________
서명 또는 날인

____

*적절하지 아니한 경우에는 삭제합니다.

서 류 의 요 지

촉탁법원의 명칭 및 주소

___

당사자의 이름 및 국적

___

서류의 명칭

___

소송절차의 성격, 그리고 적절한 경우 소송물 가액

___

법정출석 일시 및 장소*

___

재판 선고 또는 고지 법원*

___

재판 선고 또는 고지일*

___

해당 기한*

___

* 적절하지 아니한 경우에는 삭제합니다.

별첨 2

증 명 서

대한민국과 중화인민공화국간의 민사및상사사법공조조약

(수탁국 중앙당국)은 위 조약 제13조에 따라 (촉탁국 중앙당국)의 재판상 서류의 송달 촉탁 제 호와 관련하여 다음 사항을 확인합니다.

1) 서류가 다음과 같이 송달됨*

일자 ______________________

장소 ______________________

방식

가) 수탁국의 법에 규정된 방식*

나) 다음과 같은 특별한 방식*

____

서류의 수령인

성명 ______________________

송달받을 사람과의 관계 (가족, 고용관계 및 그 밖의 사항)

____

2) 서류가 아래의 사유로 인하여 송달되지 못함*

____

첨부서류

반환되는 서류

____

적절한 경우, 송달을 증명하는 서류

____

일자 ________ 장소 ________

서명 또는 날인

____

*적절하지 아니한 경우에는 삭제합니다.

[7] 詐欺에 의한 外國判決承認의 公序違反與否와 相互保證

前 記
이 글은 저자가 2005. 6. 20. 민사판례연구회에서 발표한 글을 다소 수정·보완하여 민사판례연구 제XXVIII호(2006. 1.), 687면 이하에 게재한 것을 다시 수정·보완한 것이다.

대상판결: 대법원 2004. 10. 28. 선고 2002다74213 판결

[사안의 개요]

원고들은 1991년경 미국의 자치령인 북마리아나 제도(The Commonwealth of Northern Mariana Islands. "CNMI"로 약칭됨)의 최대 섬인 사이판으로 이민을 가서 관광회사를 운영하는 한국인 부부이고, 피고들은 한국에 사는 치과의사 부부이다. 1987년경부터 친하게 지내던 원고들과 피고들은 1993. 7. 유람선 1척을 50%씩 투자하여 구입한 다음 운용수익을 50%씩 나누기로 하는 내용의 동업약정을 체결하였다. 그런데 피고들은, 원고들이 관광선을 운영하면서도 이익금을 피고들에게 교부하지 않아 동업계약을 해지하였다며 1994. 8. 30. 원고들을 상대로 투자금반환소송을 북마리아나 제도의 법원에 제기하였고, 제1심 법원(Superior Court)에서 피고들 승소판결이 선고되었다. 이에 대하여 원고들은 제2심 법원(Supreme Court)에 상소하였고, 상소심은 반대로 1999. 4. 12. 원·피고들 사이의 관광선 매매계약서(Bill of Sale)에 근거하여 제1심 판결을 파기하고 매매대금 10만 달러 중 잔대금 미화 32,900달러를 지급하라는 원고들 승소판결(이하 "이 사건 외국판결"이라 한다)을 선고하였다.[1] 제2심은 최종심이어서 이 사건 외국판결은 그대로 확정되었다.[2] 원고들은 이 사건 외국판결에 대한 집행판결을 구하는 소를 서울

* [공2004. 12. 1.(215), 1937].
1) 아마도 원고들은 매매잔대금의 지급을 구하는 반소를 제기한 것으로 보인다.
2) 원심은 피고들이 상소를 제기하지 않아 위 판결이 확정되었다고 판단하였다.

지방법원 남부지원에 제기하였다.

[소송의 경과]

1. 원심판결[3)]

원심판결은 1심판결[4)]과 동일하게 원고들의 청구를 전부인용하고 항소를 기각하였다. 원심판결은 여기에서 다루는 두 가지 쟁점에 관하여 다음과 같은 취지로 판시하였다.

[1] 공서위반에 관하여—우리 나라 법원은 외국재판의 사실인정과 법률적용의 당부에 대하여 심사할 수 없고, 단지 외국판결의 효력을 인정한 결과가 공서에 반하는 것인지 여부만을 판단할 수 있다. 피고들이 제출한 증거들만으로는 원고들이 북마리아나 제도의 법원을 기망하여 외국판결을 얻은 것으로 인정하기에 부족하고, 오히려 위 외국판결문에 의하면 원고들이 위조·변조한 것이라고 주장하는 서류들에 대하여는 북마리아나 제도의 법원에서 이미 그 증거능력에 대한 판단을 한 사실을 인정할 수 있으므로 위 외국판결이 사기에 의한 것으로서 공서위반이라는 주장은 받아들일 수 없다.

[2] 상호보증의 존재에 관하여—외국의 승인요건이 국내법과 동일할 필요는 없고 중요한 점에서 동일하거나, 보다 완화된 요건하에 승인하고 있거나, 실질적으로는 거의 차이가 없는 정도의 것이라면 상호의 보증이 있다고 할 수 있다. 이 사건에 관하여 보건대, 북마리아나 제도의 법원에서 우리 나라 판결의 집행요건이 문제된 사례에 관한 자료를 찾을 수 없고, 북마리아나 제도에서 외국판결의 집행요건에 관하여 명문으로 규정하는 법률도 존재하지 않는다.[5)] 다만, 캘리포니아주 등 다수의 주에서는 Uniform Foreign Country

---

3) 서울지방법원 2002. 11. 6. 선고 2001나48643 판결.

4) 서울지방법원 남부지원 2001. 7. 12. 선고 2000가단25082 판결.

5) 1심판결은 북마리아나 제도에서 Uniform Enforcement of Foreign Judgment Act(통일외국판결집행법)라는 성문법이 제정, 채택되어 있으므로 동 법과 우리 민사소송법을 비교하여 상호보증이 존재한다고 판단하였으나, 원심판결은, 동 법이 적용되는 'foreign judgment'는 미국의 법원 또는 미국 내 다른 주의 법원의 판결만을 말하고 다른 외국의 판결은 포함되지 않으므로 동 법에 기하여 우리 나라와 북마리아나 제도 사이의 상호보증 유무를 판단할 수 없다고 판시하였다.

Money-Judgments Recognition Act(통일외국금전판결승인법)를 채택하고 있는데 이는 대체로 민사소송법 제217조, 민사집행법 제26조, 제27조와 동일한 취지이고, 북마리아나 제도 Supreme Court의 판결에 대하여는 미연방 제9순회항소법원과 연방대법원에 상소할 수 있으므로 우리 나라 법원의 판결이 우리 나라와 비슷한 조건에서 집행될 가능성이 충분한 것으로 보이고 따라서 우리 나라와 북마리아나 제도 사이에는 상호보증이 있다.

2. 상고이유의 요지

피고들 소송대리인의 상고이유의 요지는 다음과 같다.[6)]

[1] 공서위반에 관하여 ―북마리아나 제도의 법원을 기망하여 얻은 판결에 근거하여 집행판결을 얻고자 하는 행위는 공서양속에 반한다. 즉 원고들의 주장을 뒷받침하는 증거는 매매계약서뿐인데 이는 사이판에서 치과의원을 개업하기 위하여는 10만 달러 이상을 투자하여야 하므로 이 조건을 맞추기 위하여 형식적으로 매매계약서를 작성한 것뿐이고, 더욱이 1994. 5. 5. 자로 위 매매계약서를 파기하기로 합의하였음에도 원고들이 이를 숨기고 사이판법원을 기망하여 승소판결을 얻었다.

[2] 상호보증의 존재에 관하여 ―원심이 상호보증의 존재를 긍정한 근거는 모두 잘못이다. 즉 원심은 첫째, 캘리포니아주 등 다수의 주에서는 통일외국금전판결승인법을 채택하고 있고 이는 대체로 민사소송법 제217조, 민사집행법 제26조, 제27조와 동일한 취지이므로 상호보증이 있다고 보았으나, 통일외국금전판결승인법은 미국 51개 주 중 29개만이 채택하고 있고 더욱이 북마리아나 제도는 자치령이어서 통일외국금전판결승인법이 준용된다고 보기 어렵다. 둘째, 원심은 이 사건 외국판결에 대하여는 캘리포니아를 관할하는 미연방 제9순회항소법원에 상소할 수 있다고 보았으나, 위 순회법원이 관할하는 지역은 미국 서부 7개 주와 알래스카, 하와이인데 이들 9개 주가 모두 통일외국금전판결승인법을 채택하고 있는 것은 아니므로 캘리포니아주에서 통일외국금전판결승인법을 시행하고 있는 점만으로 우리 나라와 북마리아나 제도 사이에 상호보증이 있다고 할 수 없다.

---

6) 본문의 상고이유의 요지는 아래 소개하는 장상균 판사의 논문, 506-507면을 기초로 한 것이다.

3. 대법원 판결의 요지

대법원 판결(이하 "대상판결"이라 한다)[7]은 상호보증에 관한 상고이유의 주장을 받아들여 원심판결을 파기하고 사건을 서울중앙지방법원 합의부로 환송하였는데, 여기에서 다루는 두 가지 쟁점에 관한 요지는 다음과 같다.

[1] 공서위반에 관하여—민사집행법 제27조 제2항 제2호, 민사소송법 제217조 제3호에 의하면 외국법원의 확정판결의 효력을 인정하는 것이 한국의 공서에 어긋나지 않는다는 점이 외국판결의 승인 및 집행의 요건인바, 외국판결의 내용 자체뿐만 아니라 외국판결의 성립절차에 있어서 공서에 어긋나는 경우도 승인 및 집행의 거부사유에 포함될 것이나, 민사집행법 제27조 제1항이 "집행판결은 재판의 옳고 그름을 조사하지 아니하고 하여야 한다"고 규정할 뿐만 아니라 사기적인 방법으로 편취한 판결인지 여부를 심리한다는 명목으로 실질적으로 외국판결의 옳고 그름을 전면적으로 재심사하는 것은 외국판결에 대하여 별도의 집행판결제도를 둔 취지에도 반하므로, 위조·변조 내지는 폐기된 서류를 사용하였다거나 위증을 이용하는 것과 같은 사기적인 방법으로 외국판결을 얻었다는 사유는 원칙적으로 승인 및 집행의 거부사유가 될 수 없고, 다만 재심사유에 관한 민사소송법 제451조 제1항 제6호, 제7호, 제2항의 내용에 비추어 볼 때 피고가 판결국 법정에서 위와 같은 사기적인 사유를 주장할 수 없었고 또한 처벌받을 사기적인 행위에 대하여 유죄의 판결과 같은 고도의 증명이 있는 경우에 한하여 승인 또는 집행을 구하는 외국판결을 무효화하는 별도의 절차를 당해 판결국에서 거치지 아니하였다 할지라도 바로 우리 나라에서 승인 내지 집행을 거부할 수는 있다.

[2] 상호보증의 존재에 관하여—우리 나라와 외국 사이에 동종 판결의

---

7) 간단한 소개는 석광현, "2004년 國際私法 분야 대법원판례: 정리 및 해설," 국제사법연구 제10호(2004), 453면 이하 참조. 대상판결에 대하여는 재판연구관인 장상균 판사가 2004. 12. 4. 개최된 법원 내의 국제거래법연구회 제8회 세미나에서 "외국판결에 대한 집행에 관한 몇 가지 문제—대법원 2004. 10. 28. 선고 2002다74213 판결[공2004. 12. 1.(215), 1937]을 중심으로—"라는 제목으로 발표하였고 이는 "외국판결의 집행요건"이라는 제목으로 대법원판례해설 51호(2004 하반기), 502면 이하에 게재되었다. 이하 후자를 인용한다. 또한 2005. 5. 9. 당시 부산고등법원의 김동윤 판사는 "외국판결의 승인 및 집행요건으로서의 공서"라는 제목으로 부산판례연구회 제179차 발표회에서 각 평석을 발표하였으며 이는 "외국판결의 승인 및 집행요건으로서의 공서—대법원 2004. 10. 28. 선고 2002다74213 판결—"이라는 제목으로 인권과 정의 통권 제353호(2006. 1.), 146면 이하에 공간되었다. 이 글은 부산판례연구회, 판례연구 제17집(2006), 689면 이하에도 수록되었다.

승인요건이 현저히 균형을 상실하지 아니하고 외국에서 정한 요건이 우리 나라에서 정한 그것보다 전체로서 과중하지 아니하며 중요한 점에서 실질적으로 거의 차이가 없는 정도라면 민사소송법 제217조 제4호에서 정하는 상호보증의 요건을 구비하였다고 봄이 상당하고, 또한 상호보증은 외국의 법령, 판례 및 관례 등에 의하여 승인요건을 비교하여 인정되면 충분하고 반드시 당사국과의 조약이 체결되어 있을 필요는 없으며, 당해 외국에서 구체적으로 우리 나라의 동종 판결을 승인한 사례가 없더라도 실제로 승인할 것이라고 기대할 수 있는 상태이면 충분하고, 상호보증이 있다는 사실은 법원이 직권으로 조사할 사항이다.

[研　究]

Ⅰ. 문제의 제기

대상판결은 외국판결[8]의 승인 및 집행의 요건에 관하여 두 가지 중요한 논점을 다루고 있다. 첫째는 사기에 의하여 취득한 것이라고 주장된 이 사건 외국판결의 승인 및 집행이 우리의 공서에 위반되는지이고, 둘째는 우리에게 널리 알려진 사이판섬이 속하는 북마리아나 제도와 한국간에 외국판결의 승인 및 집행의 요건인 상호보증이 존재하는지이다. 후자의 점에 관하여 대상판결은 한국과 북마리아나 제도간에 상호보증이 존재하는지에 관한 원심판결의 잘못을 지적하고 심리미진을 이유로 이를 파기하였다. 즉 대상판결은 사기에 의한 외국판결의 승인 및 집행이 어느 경우에 절차적 공서위반에 해당하는지를 밝히고, 또한 상호보증의 존재를 인정하기 위한 요건을 완화한 판결로서 의의가 있다. 아래에서는 이러한 廣義의 國際私法 내지는 國際民事訴訟法 또는 國際民事節次法 분야의 쟁점들[9]을 다음과 같은 순서로 논의한다.

---

8) 보다 정확히는 '외국재판'이지만 이 글에서는 편의상 '외국재판'과 '외국판결'을 호환적으로 사용한다.

9) 민사소송법의 쟁점으로는 대법원이 파기환송을 한 점과 1971년 판례를 변경하지 않은 점이 적절한지에 대해 좀더 상세히 논의할 수 있을 것이다.

첫째 우리 법상 외국판결의 승인 및 집행과 실질재심사 금지의 원칙(Ⅱ.).[10]

둘째 사기에 의하여 취득한 외국판결(이하 "사기에 의한 외국판결"이라 한다)의 승인과 공서위반 여부(Ⅲ.).

셋째 상호보증의 개념과 상호보증의 존재를 인정하기 위한 요건(Ⅳ.).

넷째 북마리아나 제도와 우리 나라간의 상호보증의 존재 여부(Ⅴ.).

Ⅱ. 外國判決의 承認 및 執行과 實質再審査 禁止의 원칙

1. 외국판결의 승인 및 집행의 요건

어느 국가의 법원 판결은 재판권을 행사한 결과이므로 속지주의에 따라 당해 국가 내에서 효력을 가지는 데 그치고 다른 국가에서 당연히 효력을 가지지는 않는다. 그러나 이러한 원칙을 관철한다면 섭외적 법률관계의 안정을 해치고 국제적인 민사분쟁의 신속한 해결을 저해한다. 그러므로 오늘날 다수의 국가들은 일정한 요건이 구비되는 것을 전제로 외국판결을 승인하고 그 집행을 허용하는 경향을 보이고 있으나, 아직 이 점에 관한 전세계적인 조약은 없는 상태이다. 따라서 현재로서는 외국판결의 승인 및 집행이 보장되지 않으며, 그것이 가능하더라도 국가에 따라 요건 및 절차가 구구한 것이 사실이다.[11]

우리 나라에서 외국판결을 집행하기 위하여는 우리 법원의 집행판결을

10) 외국판결의 승인 및 집행 일반에 관한 비교적 상세한 논의는 석광현, "民事 및 商事事件에서의 外國裁判의 承認 및 執行," 국제사법과 국제소송 제1권(2001), 259-355면 참조.

11) 외국중재판정의 승인 및 집행에 관한 1958년 유엔협약(이른바 뉴욕협약)에 의하여 승인 및 집행이 보장되는 중재판정의 경우와 비교할 때 외국판결의 승인 및 집행이 상대적으로 어려운 것이 사실이고, 국제거래분쟁의 해결수단으로서 상사중재가 선호되는 이유 중의 하나가 바로 여기에 있다. 그러나 2005년 6월 헤이그국제사법회의에서 채택된 "법원선택합의에 관한 협약(Convention on Choice of Court Agreements)"이 장차 발효되면 동 협약은 소송에 관하여 현재 국제상사중재에 관하여 뉴욕협약이 수행하는 기능을 수행하게 될 것이다. 협약의 조문은 http://www.hcch.net/index_en.php?act=conventions.text&cid=98을 참조. 위 협약에 관하여는 석광현, "2005년 헤이그 재판관할합의협약의 소개," 국제사법연구 제11호(2005), 192면 이하 참조. 동 협약의 국문시역과 영문은 동, 369면 이하 참조.

받아야 하는데, 그러기 위해서는 외국판결이 민사소송법(제217조)에 열거된 승인요건을 구비해야 한다(민사집행법 제26조, 제27조 제2항). 제217조는 외국판결의 승인요건으로서 ① 확정판결일 것, ② 외국법원이 국제재판관할권을 가질 것, ③ 패소한 피고가 적법한 방식에 의하여 적시에 공시송달에 의하지 아니하고 소장의 송달을 받았거나 송달을 받지 않고 응소하였을 것, ④ 외국판결의 승인이 우리의 공서에 반하지 아니할 것과 ⑤ 상호보증이 있을 것을 요구한다. 외국판결은 위의 요건이 구비되면 별도의 조치 없이 즉 자동적으로 그 효력(기판력 등)이 한국에까지 확장되는 데 —이것이 외국판결의 승인이다—반하여, 우리 나라에서 외국판결을 집행하기 위하여는 우리 법원의 집행판결을 받아야 한다. 이처럼 외국판결의 집행은 승인을 전제로 한다.[12] 요즈음에는 대체로 외국판결의 승인 및 집행에 관하여 영미법계는 상대적으로 완화된 '등록제도'(registration system)를 취하는 데 반하여,[13] 대륙법계는 보다 엄격한 '집행판결제도'(*exequatur* system)를 취한다고 할 수 있다.

과거에는 구 민사소송법이 외국판결의 승인 및 집행을 함께 규율하였으나, 2002. 7. 1. 구 민사소송법이 개정되어 민사소송법과 민사집행법으로 분리된 결과, 상호 밀접하게 결합된 외국판결의 승인과 집행이 별개의 법률에 의해 규율된다.[14] 양자를 별도의 법률에서 규율하는 것은 실용적인 관점에서 불편할 뿐만 아니라, 법체계적으로도 바람직하지 않으므로 양자를 통합할 필요가 있고, 나아가 가사사건과 비송사건에 관한 외국판결의 승인 및 집행에 관한 규범을 통합하여 국제사법에 규정하는 방안이 바람직하다고 본다.

---

12) 집행과 관계없이 승인만이 문제되는 사안도 있다. 예컨대 서울지방법원 1999. 11. 5. 선고 99가합26523 판결에서는, 중국인민법원에서 패소한 한국수출보험공사가 중국판결 확정 후 한국에서 동일한 소를 제기하였으나 중국판결의 효력이 국내에서 승인된 결과 청구가 기각되었는데, 이 경우는 외국판결의 승인만이 문제되었다.

13) 영국에서는 과거 보통법상 외국판결의 승인은 '외국판결에 기한 소'(action upon the foreign judgment)에 의하였으나, 1933년 외국판결(상호집행)법(Foreign Judgments (Reciprocal Enforcement) Act 1933)을 제정함으로써 외국판결의 등록에 의한 간이한 승인·집행의 방식을 도입하였다. 동법이 적용되기 위하여는 당해 국가와 영국간에 상호보증이 존재하는 것으로 인정하는 Council Order가 필요한데, 한국은 이에 포함되지 않으므로 우리 법원의 판결에 대하여는 동법이 적용되지 않는다. 석광현(註 10), 329면 이하; Peter North/James J. Fawcett, Cheshire and North's Private International Law, Thirteenth Edition (1999), p. 464 *et seq.* 참조.

14) 과거 개정 민사소송법과 민사집행법 초안에 관하여는 석광현, "外國判決의 承認 및 執行에 관한 立法論—民事訴訟法 改正案(제217조)과 民事執行法 草案(제25조, 제26조)에 대한 管見—," 국제사법과 국제소송(2001), 408면 이하를, 확정된 조문에 대한 논의는 석광현, 2001년 개정 국제사법 해설 제2판(2003), 445면 이하를 각 참조.

2. 실질재심사 금지의 원칙과 승인 및 집행의 요건의 심사

민사집행법 제27조 제1항은 "집행판결은 재판의 옳고 그름을 조사하지 아니하고 하여야 한다"고 규정한다. 이는 외국판결의 승인의 경우에도 타당하며 오히려 내용적으로 승인에 관한 규칙에 속한다.[15] 이것이 이른바 '실질재심사(*révision au fond*, review of the merits) 금지의 원칙'인데, 이는 증거의 평가를 포함하여 외국법원이 행한 사실인정과 그에 기초한 법률의 적용을 우리 법원이 재심사하여 그의 옳고 그름을 판단할 수 없음을 의미한다.[16] 만일 실질재심사를 허용하면 승인을 요청받은 우리 법원은 마치 외국법원에 대한 상급법원 또는 재심법원인 것처럼 재심사를 하게 될 우려가 있다. 그러나 민사소송법으로부터 알 수 있듯이, 우리 법원은 승인요건의 구비 여부를 심사할 수 있고, 이러한 심사를 위하여 필요한 범위 내에서는 실질재심사가 가능할 뿐만 아니라 필요하며 사실을 조사할 수 있다.[17] 외국중재판정의 승

---

15) 김주상, "外國判決의 承認과 執行," 사법논집 제6집(1975), 513면도 동지. 따라서 이는 판결의 집행보다는 승인에 대해 규정하는 것이 적절하다. 왜냐하면 우리 법상 외국판결의 집행은 그의 승인을 전제로 하기 때문이다. 이것이 독일 민사소송법상 집행에 관하여 규정된 것은 연혁적 이유에 따른 것이라고 한다. Dieter Martiny, Handbuch des Internationalen Zivilverfahrensrechts; Band III/1 Kap. I(1984), Rz. 320. 참고로 헤이그협약 1999년 초안(제28조)과 2001년 초안(제28조)은 승인과 집행을 묶어 함께 규정한다.
제28조 승인 또는 집행의 거부의 근거
1. 재판의 승인 또는 집행은 [오로지] 다음의 경우에 거부될 수 있다.
   a)-f) 생략
2. 판결국 법원이 선고한 재판의 실질에 대해서는 어떠한 심사도 할 수 없다. 다만, 이 장의 조항을 적용하기 위한 목적상 필요한 심사에는 영향을 미치지 아니한다.

1999년 초안이라 함은 헤이그국제사법회의에서 추진하였던 "민사 및 상사사건의 국제재판관할과 외국재판에 관한 협약"의 1999년 예비초안을 말하고, 2001년 초안은 이를 수정한 초안을 말한다. 전자는 석광현, "헤이그국제사법회의의「民事 및 商事事件의 國際裁判管轄과 外國裁判에 관한 협약」예비초안," 국제사법과 국제소송 제2권(2001), 396면 이하; 후자는 석광현, "헤이그국제사법회의의「民事 및 商事事件의 國際裁判管轄과 外國裁判에 관한 협약」2001년 초안," 국제사법과 국제소송 제3권(2003), 429면 이하를 각 참조.

16) Martiny(註 15), Rz. 322; Reinhold Geimer, Internationales Zivilprozeßrecht, 5. Aufl. (2005), Rz. 2910; Haimo Schack, Internationales Zivilverfahrensrecht, 3. Auflage (2002), Rz. 786. 프랑스는 파기원(*Cour de Cassation*)의 1964. 1. 7.의 Munzer 판결 전까지는 실질재심사 원칙을 취하였으나 위 판결 이후 동 원칙을 버리고 외국법원의 판결의 정규성을 평가하는 데 그치고 있다. Dominique Holleaux/Jacques Foyer/Géraud de Geouffre de La Pradelle, *Droit international privé* (1987), No. 940.

17) Martiny(註 15), Rz. 322; Schack(註 16), Rz. 867. 프랑스의 Holleaux/Foyer/de La Pradelle(註 16), No. 940도 동지이다. 그러나 기망에 의하여 얻어낸 판결이므로 공서양속에 반한다는 주장에 대하여 1심판결은, "집행판결은 재판의 당부 내지 사실관계의 당부에 관하여 심사할 수 없고, 단지 판결내용 자체가 우리 공서양속에 반하는지 여부만을 볼 것

인 및 집행에 관한 대법원 1988. 2. 9. 선고 84다카1003 판결도 "… 집행국법원에 중재판정의 내용에 대한 당부를 심판할 권한은 없지만 위에서 본 집행조건의 충족 여부 및 집행거부사유의 유무를 판단하기 위하여 필요한 범위 내에서는 본안에서 판단된 사항에 대하여도 집행국법원이 독자적으로 심리판단할 수 있다"고 판시하고, 중재판정부의 판단과 달리 당사자간의 중재합의의 존재를 부정하였다. 이러한 법리는 외국판결의 승인에 대하여도 타당하다.

문제는 승인요건의 구비 여부를 판단하기 위하여 실질재심사가 필요하다고 할 경우 그의 범위이다. 심사의 범위는 개별 승인요건별로 판단해야 할 것이나, 실질재심사 금지와 관련하여 특히 문제되는 것은 공서위반이다.[18] 예컨대 절차적 공서에 관하여는, 피고가 실제로 외국법원에서 절차적 하자를 주장하였으나 외국법원이 이를 배척하였음에도 불구하고 우리 법원이 이를 재심사할 수 있는가가 문제된다. 또한 실질재심사 금지의 원칙을 강조하면 외국법원의 사실인정에 구속된다고 볼 것이나, 반면에 승인요건의 심사의 필요성을 강조하면 우리 법원은 승인요건의 구비 여부를 판단하기 위하여 필요한 범위 내에서는 구속되지 않는다고 볼 것이다.[19]

승인요건의 구비 여부를 판단하기 위한 범위 내에서 전면적으로 실질재심사를 허용할 것이라는 견해도 주장될 수 있다. 그러나 사견으로는 승인요건의 구비 여부를 판단하기 위한 범위 내에서는 실질재심사가 불가피하지만, 그렇더라도 실질재심사 금지의 원칙을 고려하여 전면적이 아니라 '부분적으로' 즉 가능한 한 예외적으로 실질재심사를 허용하는 것이 타당하다고 본

이기 때문에 이 부분 주장은 더 나아가 살펴볼 필요 없이 이유 없다"고 판시하였다.

18) Martiny(註 15), Rz. 322도 동지. 이와 관련하여 Geimer(註 16), Rz. 2911는 고도의 이익이 있는 경우 실질재심사 금지의 원칙에 대한 예외를 인정하는데 이를 공서에 한정하는 듯이 보이고, Heinrich Nagel/Peter Gottwald, Internationales Zivilprozessrecht 5. Aufl. (2002), §11 Rz. 193도 공서위반의 경우에 한정한다. 원심판결도 "우리 나라 법원은 외국재판의 사실인정과 법률 적용의 당부에 대하여 심사할 수 없고, 단지 외국판결의 효력을 인정한 결과가 공서에 반하는 것인지 여부만을 판단할 수 있다"고 판시하였다. 그러나 그것이 반드시 공서위반의 경우에만 문제가 되는 것은 아니라고 본다. 주의할 것은, 가사 공서위반 여부의 판단의 기초가 되는 사실에 관하여는 우리 법원이 외국법원이 인정한 사실에 구속된다고 보더라도, 공서위반의 판단 기준은 우리 법이므로 그 경우 우리의 기준을 적용하는 것은 실질재심사 금지의 원칙에 반하는 것은 아니라는 점이다.

19) 김동윤(註 7), 161면은 실질재심사 금지의 원칙과 외국법원의 사실인정에의 구속 여부의 관계를 검토한 뒤 "결론적으로 간접관할, 절차적 공서뿐만 아니라 실체적 공서의 심사에 있어서도 외국판결의 사실인정에 구속되지 아니하고 증거를 고려하여 새로운 사실을 인정할 수 있다는 견해를 지지하고 싶다"고 한다. 종래 승인요건별로 실질재심사 금지의 원칙과 외국법원의 사실인정에의 구속 여부에 대하여는 충분한 검토가 부족하였다.

다.[20] 따라서 예컨대 피고가 외국에서 절차적 하자가 있었음을 주장할 수 없었던 경우에는 우리 법원이 절차적 하자를 심사할 수 있지만, 반면에 피고가 외국법원에서 절차적 하자를 주장하였고 외국법원이 이를 배척한 경우에는 그에 대한 재심사는 바람직하지 않다. 또한 논리적으로는 실질재심사가 가능한 범위 내에서는 우리 법원은 외국 법원의 사실인정에 구속되지 않는다고 보아야 할 것이나[21] 이를 지나치게 확대할 것은 아니다.

결국 실질재심사 금지의 원칙과, 승인요건 특히 공서위반 여부의 심사간에 긴장관계가 있고, 실질재심사 금지의 원칙을 존중하는 것이 승인에 보다 우호적인 태도라고 할 수 있는데, 구체적으로 양자를 어떻게 합리적으로 조정할지가 문제된다. 앞으로 이를 좀더 검토할 필요가 있다.[22]

---

20) Martiny(註 15), Rz. 322도 동지로 보인다. 종래 실질재심사 금지의 원칙은 실체적 공서에 위반되는 경우 외국판결의 일부 승인이 가능한가와 관련하여 주로 논의되었다. 석광현, "損害賠償을 명한 미국 미네소타주 법원 判決의 承認 및 執行에 관한 문제점 특히 相互保證과 公序의 문제를 중심으로—서울지방법원동부지원 1995. 2. 10. 선고 93가합19069 판결에 대한 평석—," 국제사법과 국제소송 제1권(2001), 399면. 본문과 유사한 논리로, 예컨대 외국재판의 유·무효는 판결국법에 따라 판단할 사항이지만 승인국 법원은 외국재판의 유효 여부를 심사할 수 있다. 다만, 이를 널리 인정한다면, 예컨대 외국재판의 외국 절차법 위반 여부를 심사하게 되어 실질재심사 금지의 원칙에 반할 우려가 있으므로 당연무효와 같은 매우 예외적인 경우에 한하여 허용할 것이다.

21) 관할의 기초가 되는 사실에 관하여 종래 우리 법원은 외국법원의 사실인정에 구속되지 않는다는 견해가 유력하다. 김주상(註 15), 498-499면; 이공현, "外國判決의 承認과 執行," 재판자료 34집 섭외사건의 제문제 (下)(1986), 614면. 반면에 공서위반 여부의 판단에 있어 우리 법원은 외국법원이 인정한 사실에 구속되고, 공서위반의 근거로 새로운 사실을 주장하고 증거를 제출하는 것은 허용되지 않는다는 것이 다수설이다. 김주상(註 15), 509면; Nagel/Gottwald(註 18), §11 Rz. 183; 그러나 독일 연방대법원 판결(예컨대 BGH RIW 1999, 598)은 이를 허용한다. Reinhold Geimer, Anerkennung ausländischer Entscheidungen in Deutchland (1995), S. 142f.는 직접 국가이익이 관련되는 경우와 사익이 관련되는 경우를 구분한다. 일본에서도 공서위반 여부를 판단하기 위하여 필요한 범위 내에서는 외국법원의 사실인정에 구속되지 않는다는 견해가 점차 유력해지고 있다. 김동윤(註 7), 161면 참조.

22) 외국중재판정의 승인 및 집행의 경우 우리 법원은 중재인의 판단에 구속되지 않고 서면에 의한 중재합의의 존부를 판단할 수 있다. 공서위반과 비교할 때 서면에 의한 중재합의의 존재에 관하여는 집행국 법원이 개입할 여지가 클 것으로 생각되지만, 양자간에 어떤 차이가 있는지, 그 차이가 중재합의와 공서위반의 차이에서 비롯되는 것인지, 중재와 소송간에 차이가 있는지도 검토할 필요가 있다. 석광현, "국제상사중재에서의 중재합의에 관한 법적 문제점," 중재연구 제15권 제2호(2005. 8.), 256면 참조.

Ⅲ. 사기에 의한 外國判決의 承認과 公序違反 여부

1. 공서의 개념—실체적 공서와 절차적 공서

민사소송법 제217조 제3호는 "그 판결의 효력을 인정하는 것이 대한민국의 선량한 풍속이나 그 밖의 사회질서에 어긋나지 아니할 것"을 외국재판의 승인요건의 하나로 규정한다. 제3호는 승인국의 본질적인 법원칙, 즉 기본적인 도덕적 신념 또는 근본적인 가치관념과 정의관념에 반하는 외국판결의 승인을 거부함으로써 국내법질서를 보존하는 방어적 기능을 가지는데, 이는 국제소약, 외국의 입법례 또는 판례에 의해 널리 인정되는 요건이다. 여기의 '선량한 풍속이나 그 밖의 사회질서'란 민법 제103조가 규정하는 이른바 '국내적 공서'(internal 또는 domestic public policy)와 구별되는 이른바 '국제적 공서'(international public policy)를 의미한다고 설명된다.[23)]

여기의 공서에는 '실체적 공서'(또는 실체법적 공서)와 '절차적 공서'(또는 절차법적 공서)의 양자가 포함된다. 판결의 실체법적 결과를 다루는 실체적 공서위반이 문제되는 사례로는 지나치게 과도한 손해배상을 명한 외국판결, 징벌배상 또는 삼배배상을 명한 외국판결과 강행법규 위반행위에 기한 외국판결의 승인 등이 있다.[24)]

한편 외국에서 재판을 하더라도 관철되어야 하는 우리 법상의 절차적인 기본원칙이 외국의 소송절차에서 침해된 경우 외국판결의 승인은 절차적 공서에 반한다. 이는 포기할 수 없는 절차법적 정의의 요구, 즉 절차적 정의의 최소한의 기준을 수호하기 위한 것이다. 절차적인 기본원칙이라 함은 법치국가의 기본적인 원칙으로 예컨대 법원의 독립과 공평의 원칙, 법적인 심문

23) 외국중재판정의 승인 및 집행에 관한 대법원 1990. 4. 10. 선고 89다카20252 판결은 "… 그 국가의 공공의 질서에 반하는 경우에는 집행국 법원은 중재판정의 승인과 집행을 거부할 수 있게 규정하고 있는바, 이는 중재판정이나 승인이 집행국의 기본적인 도덕적 신념과 사회질서를 보호하려는 데 그 취지가 있다 할 것이므로 그 판단에 있어서는 국내적인 사정뿐만 아니라 국제적 거래질서의 안정이라는 측면도 함께 고려하여 제한적으로 해석하여야 할 것이다 …"는 취지로 판시하였는데(중재판정의 집행에 관한 대법원 1995. 2. 14. 선고 93다53054 판결도 동지), 이는 외국중재판정의 승인거부사유인 공서가 국내적 공서와 구별되는 국제적 공서임을 판시한 것으로 이해할 수 있고, 외국판결의 승인에 관하여도 타당하다.

24) 상세는 석광현(註 10), 307면 이하 참조.

(rechtliches Gehör) 보장의 원칙, 당사자평등의 원칙과 그 밖에 공정한 재판의 원칙 등을 들 수 있다.[25] 따라서 예컨대 외국법원의 독립성이 보장되지 않은 경우, 외국법원이 당사자에게 방어의 기회를 주지 않거나, 당사자가 적법하게 대리되지 않은 경우 그 외국판결의 승인은 우리의 절차적 공서에 반한다. 그러나 단순한 절차상의 상위나, 판결에 이유를 붙이지 아니한 것만으로는 절차적 공서위반이 아니다. 또한 직업법관이 아니라 배심에 의한 재판이라는 이유만으로 절차적 공서위반은 아니다. 외국의 절차가 우리 절차법의 근본원칙에 반하는 정도가 심하여 더 이상 법치국가의 절차로 볼 수 없는 경우에 우리의 절차적 공서에 반하는 것이다. 우리의 모든 강행적 절차법이 공서의 내용이 되는 것은 아니고, 절차적 정의의 최소한의 기준에 현저하게 반하는 경우에만 공서위반을 인정할 수 있다. 즉 절차적 공서는 외국에서 제기하지 않았던 절차적 하자를 승인국에서 사후적으로 지적함으로써 외국판결을 다툴 수 있는 기회를 제공하는 데 목적이 있는 것이 아니다.[26]

2. 사기에 의한 외국판결의 승인과 절차적 공서위반

가. 사기에 의한 외국판결

원고가 사기(fraud. 또는 기망)에 의하여 외국판결을 취득한 경우 그 외국판결의 승인은 한국의 절차적 공서에 반할 가능성이 있는데, 여기에서 '사기'라 함은 절차에 관한 사기에 의해 판결을 취득한 경우를 말한다.

외국판결 승인의 거부사유인 '사기'는 전통적으로 영미법계에서 인정되는 개념인데[27] 영미에서는 공서의 개념이 상대적으로 좁고, 사기를 공서위반의 문제가 아니라 독립적인 승인 및 집행의 거부사유로 본다.[28] 미국 통일외국

---

25) Geimer(註 21), S. 135. 상세는 Martiny(註 15), Rz. 1094f. 참조.

26) 절차적 공서에 관한 상세는 Martiny(註 15), Rz. 1021f. 참조.

27) 예컨대 상호주의의 결여를 이유로 프랑스 법원 판결의 승인을 거부한 미국 연방대법원의 1895년 *Hilton v. Guyot*, 159 U.S. 113, 16 S.Ct. 139 사건 판결도 사기를 승인거부사유로 든다. 한편 우리 나라에서는 민사소송법 제451조 제1항 제11호의 "당사자가 상대방의 주소 또는 거소를 알고 있었음에도 있는 곳을 잘 모른다고 하거나 주소나 거소를 거짓으로 하여 소를 제기"하여 판결을 취득하는 것을 "공시송달 또는 자백간주에 의한 판결편취(사위판결)"라고 설명한다. 이시윤, 신민사소송법(2003), 556면, 770면. 이에 따르면 민사소송법 제451조 제1항 제6호와 제7호가 별도로 규정하는 위증 또는 위조된 증거에 의하여 판결을 취득하는 것은 판결편취에 포함되지 않는다.

28) Restatement of the Law (Third): The Foreign Relations Law of the United

금전판결승인법 제4조는 외국법원판결의 승인거부사유를 의무적 거부사유(a항)와 재량적 거부사유(b항)의 두 가지로 나누어 규정하는데 재량적 거부사유의 하나로 사기에 의하여 판결을 취득한 때를 열거한다.[29]

참고로 헤이그협약 1999년 초안(제28조)과 2001년 초안(제28조)도 사기와 공서를 별도로 규정하고,[30] 2005년 6월 채택된 헤이그국제사법회의의 "법원선택합의에 관한 협약"(제9조)도 마찬가지다.[31] 흥미로운 것은, 유류오염

States (1987)("이하 Restatement (Third)"라 한다) 제482조 Comment e. 제482조는 외국재판의 불승인의 근거인데, 제2항 c호는 "the judgment was obtained by fraud"를 열거하고 있다. 영국은 North/Fawcett(註 13) p. 441 *et seq.* 영국에서는 전통적으로 공서위반 대신 자연적 정의(natural justice) 위반의 문제로 본다. North/Fawcett(註 13), p. 450 *et seq.*

29) 조문은 아래와 같다.

"불승인의 근거

(a) 외국판결은 다음의 경우 구속력을 가지지 않는다.

(1) 판결이 공평한 법원 또는 적법절차에 합치하는 절차를 구비하지 않은 법체계하에서 내려진 때

(2) 외국법원이 피고에 대한 대인관할권을 가지지 않은 때, 또는

(3) 외국법원이 심판사항에 대한 관할권(subject matter jurisdiction)을 가지지 않은 때

(b) 외국판결은 다음의 경우 승인할 필요가 없다.

(1) 외국 소송절차에서 피고가 방어하기에 충분한 시간을 가지고 소송절차에 관한 통지를 받지 아니한 때

(2) 판결이 사기(fraud)에 의하여 취득된 때

(3) 판결의 기초가 된 [청구원인(cause of action)][구제청구권(claim for relief)]이 이 주의 공서에 반하는 때

(4) 판결이 종국적이고 구속력을 가지는 다른 판결에 반하는 때

(5) 외국법원의 소송절차가 당해 분쟁을 그 법원에서의 절차 이외의 방법으로 해결하기로 한 당사자간의 합의에 반하는 때

(6) 직접송달(personal service)에만 기초한 관할권의 경우 외국법원이 소송의 심리에 있어 현저히 불편한 법정인 때"

이는 Restatement (Third) 제482조와 유사하다. 다만 통일외국금전판결승인법 (a)항 제3호가 Restatement (Third) 제2항 (a)호로 규정된 점과, 통일외국금전판결승인법 (b)항 제6호는 Restatement (Third)에서는 누락된 점에 차이가 있다.

30) 2001년 조문은 아래와 같다.

"제28조 승인 또는 집행의 거부의 근거

1. 재판의 승인 또는 집행은 [오로지] 다음의 경우에 거부될 수 있다.

a)-d) 생략

e) 재판이 절차와 관련된 사기에 의해 획득된 경우

f) 승인 또는 집행이 요청받은 국가의 공서에 명백히 반하는 경우."

1999년 초안도 동일하나 [오로지]는 없다.

31) 조문은 아래와 같다.

"제9조 승인 또는 집행의 거부

다음의 경우 승인 또는 집행은 거부될 수 있다.

a)-c) 생략

손해배상보장법(제13조 제1항)은 1992년 유류오염손해에 대한 민사책임에 관한 국제협약에 의하여 관할권이 있는 외국법원이 유류오염손해배상청구의 소에 관하여 한 확정판결은 우리 나라에서 효력이 있다고 규정하는데, 승인 거부 사유의 하나로서 "그 판결을 사기에 의하여 취득한 경우"를 들고 있고 공서위반을 별도로 명시하지 않는다는 점이다.

나. 사기의 유형과 절차적 공서위반에 해당하는 사기

미국에서는 종래 사기를 외재적 사기(extrinsic fraud. '외부적 사기'라고도 번역한다)와 내재적 사기(intrinsic fraud. '내부적 사기'라고 번역한다)로 구분하는데, 외재적 사기는 원고가 외국의 소송절차 외에서의 행위로 인하여 피고가 절차에 참가하여 적절히 변론할 기회를 박탈한 경우에 존재하고, 내재적 사기는 소송절차 내에서의 위증, 불실표시 또는 위조된 증거의 사용 등과 같이 외국의 소송절차 내에서 행위한 경우에 존재한다고 한다.[32] 미국에서 승인거부사유가 되는 사기는 전통적으로 외재적 사기에 한정되었는데, 그 근거는 내재적 사기에 기한 이의는 실질재심사를 요구하므로 허용되어서는 아니 되고, 이는 판결국에 제출하여야 하기 때문이라고 한다.[33] 그러나 양자의 구별에 반대하는 견해도 유력하고[34] 통일외국금전판결승인법도 양자를 구

d) 재판이 절차와 관련된 사기에 의해 획득된 경우
e) 승인 또는 집행이, 재판에 이르게 된 특정 소송절차가 그 국가의 절차적 공평의 근본원칙과 양립되지 않은 상황을 포함하여 요청받은 국가의 공서에 명백히 반하는 경우
f) 재판이 요청받은 국가에서 동일한 당사자들간의 분쟁에서 선고된 재판과 양립하지 않는 경우
g) 재판이 동일한 당사자들간에 동일한 청구원인에 관하여 다른 국가에서 선고된 선행 재판과 양립하지 않는 경우. 다만, 선행 재판이 요청받은 국가에서 승인을 위한 요건을 충족하여야 한다."

32) Barbara Kulzer, "Recognition of Foreign Country Judgments in New York: The Uniform Foreign Money Judgments Recognition Act," 18 Buffalo Law Review 30 (1969); Notes, Foreign Nation Judgments: Recognition and Enforcement of Foreign Judgments in Florida and the Status of Florida Judgments Abroad, 31 Fla. L. Rev. 588, 619 (1979); Restatement (Third) 제482조 Comment e; Catherine Kessedjian, *La Reconnaissance et L'exécution des Jugements en Droit International Privé Aux Étax-Unis* (1987), § 478 *et seq.*

33) 전자는 Kessedjian(註 32), § 480, 후자는 Restatement (Third) 제482조 Comment e.

34) Kulzer(註 32), p. 31; Weinstein/Korn/Miller, New York Civil Practice (1982), § 5015.09와 5304.02; Report of Judicial Conference, p. 214(후 2자는 Fritz Weinschenk, Die Anerkennung und Vollstreckung bundesdeutscher Urteile in den Vereinigten Staaten unter den „Foreign Country Money Judgment Recognition Acts" (1988), S. 123, Fn. 468에서 재인용).

별하지 않는다.[35)]

영국에서는 외국 절차 후에 새로운 증거가 제출된 것이 아니라 외국의 소송절차에서 사기가 주장되었더라도 영국에서 사기를 이유로 외국판결의 승인을 거부할 수 있고 그 경우 실질을 재심사할 수 있다고 한다.[36)] 영국은 외재적 사기와 내재적 사기를 구별하지 않는 것으로 보인다.[37)]

참고로 헤이그국제사법회의의 1999년 초안 및 2001년 초안과 2005년 6월 채택된 헤이그국제사법회의의 법원선택합의에 관한 협약도 양자를 구별하지 않는다.[38)] 다만 1999년 초안에 대한 보고서는 외국재판 후에 비로소 알게 된 외재적 사기(extraneous fraud)는 승인거부사유가 되지만, 피고가 외국의 재판과정에서 이미 알고 있었고 이를 주장하였으나 받아들여지지 않았던 내재적 사기(intrinsic fraud)는 승인거부사유가 되지 않는다고 설명한다.[39)]

위에서 본 바와 같이 영미에서는 사기를 공서위반의 문제로 취급하는 대신 독립적인 승인 내지는 집행의 거부사유로 보나,[40)] 우리 민사소송법상으로는 이를 절차적 공서위반으로 보아야 할 것이다.[41)] 따라서 절차적 공서위반

35) Restatement, Second, of Judgments 제68조, 제70조, Comment c는 양자를 구별하지 않는다.

36) 이러한 원칙을 처음 채택한 것은 *Abouloff v Oppehneimer*, (1882) Q.B.D. 295 (C.A.) 사건판결이라고 한다. North/Fawcett(註 13) p. 442. 그러나 외국중재판정의 승인 및 집행의 경우에는 이와 달리 중재인들이 사기의 주장에 대하여 이미 판단한 경우 재심사할 수는 없다고 한다. North/Fawcett(註 13), p. 529. 양자를 달리 볼 근거가 있는지는 의문이다.

37) 아래에서 언급하는 헤이그국제사법회의의 1999년 초안에 대한 Peter Nygh and Fausto Pocar, Report of the Special Commission, Preliminary Document No. 11 of August 2000, p. 107은 영국에서는 사기의 개념을 넓게 파악하는 데 반하여 호주는 좁게 파악한다고 설명한다.

38) 2005년 6월 말 개최된 외교회의에 제출되었던 헤이그국제사법회의의 법원선택합의에 관한 협약의 초안에 관한 Dogauchi/Hartley Draft Report(2004년 8월자로 작성된 Preliminary Document No. 26), para. 142가 드는 사례는 원고가 고의로 소환장을 틀린 주소로 송달하거나 기일의 시간과 장소에 관하여 고의로 잘못된 정보를 주거나, 어느 당사자가 법관, 배심원 또는 증인을 매수하려 하거나, 증거를 은닉하는 경우이다.

39) Nygh/Pocar 보고서(註 37), p. 107.

40) 우리 법상으로도 위에서 본 것처럼 외국판결의 승인거부 사유로 "판결을 사기에 의하여 취득한 경우"를 명시하는 유류오염손해배상보장법의 경우는 그에 따른다.

41) 김주상(註 15), 583면; 이공현(註 21), 620면. Martiny(註 15), Rz. 1118f. 참조. 대륙법계 국가에서 사기에 의해 얻은 판결은 재심절차 등에 의해 취소되지 않는 한 승인의 대상이 되지만, 영미법계 국가에서 사기에 의해 얻은 판결은 이른바 부수공격(collateral attack)에 의해 무효를 주장할 수 있으므로 승인의 대상이 될 수 없다고 보는 견해도 있으나(김주상(註 15), 483면; 위 이공현, 620면), 영미법계 국가에서 사기에 의해 얻은 판결이 당연무효가 아닌 한 그렇게 해석할 근거는 없다. 석광현(註 10), 315면 주 192.

에 해당하는 사기의 개념은 판결국이 아니라 승인국인 우리 법의 개념에 따라 결정할 사항이다.

이 사건의 경우 피고들의 주장에 따르면 원고들이 서류를 위조·변조하여 이 사건 외국판결을 받았다는 것이므로 이른바 내재적 사기가 있었다는 것인데, 이 경우 우리 법상으로도 외재적 사기와 내재적 사기를 구별하여 절차적 공서위반을 전자에 한정할 것인가의 문제가 제기된다. 저자는 위와 같이 외재적 사기와 내재적 사기를 구별하여 달리 취급하는 대신, 사기에 의한 외국판결의 승인이 문제되는 사안을 실질재심사 금지의 원칙과의 관계에서 다음과 같이 구분할 필요가 있다고 생각한다.[42]

첫째, 피고가 외국의 소송절차에서 사기를 이미 알고 있어 이를 주장하였으나 외국법원이 배척한 경우. 이 경우 실질재심사 금지의 원칙에 비추어 승인단계에서 사기의 주장을 하는 것은 원칙적으로 허용되지 않는다. 즉 승인요건의 구비 여부를 판단하기 위하여 필요한 범위 내에서는 실질재심사가 허용되지만, 그 경우에도 가능한 한 예외적인 경우에 한하여 절차법적 공서위반을 인정하는 것이 바람직하기 때문이다. 논리적으로는 공서위반이 없을 것이라는 승인요건의 구비 여부를 판단하기 위하여는 실질재심사가 전면적으로 허용된다는 견해도 가능하나, 다른 승인요건과 달리 공서위반의 문제는 보다 엄격하게 취급할 필요가 있다. 그렇지 않으면 실질재심사의 범위가 지나치게 확대될 우려가 있기 때문이다. 대상판결은 첫째의 경우에 해당하는 사안에서 실질재심사에 대해 엄격한 태도를 취한 것이다.

둘째, 예컨대 사기를 주장하는 당사자가 외국판결 후에 비로소 사기의 존재를 알게 된 경우와 같이 외국의 소송절차에서 사기를 주장할 수 없었던 경우.[43] 이 경우 승인단계에서 사기의 주장을 할 수 있고, 사기에 기한 외국

---

42) 이는 Nygh/Pocar 보고서(註 37), p. 107을 참조하여 석광현(註 10), 315면에서 제시한 견해를 좀더 세분한 것이다. 예컨대 Schuykill Fuel Corp. v. Nieberg Realty Corp., 250 N.Y. 304, 306-7, 165 N.E. 456, 457 (1929); Fairchild, Arabatzis and Smith Inc. v. Prometco Co., Ltd., 470 F.Supp. 610 (1979)과 같은 미국 판결들은 저자의 아래 견해와 유사한 태도를 취하였다. Weinschenk(註 34), S. 125도 그런 취지로 설명한다. 저자가 과거 견해를 개진한 바 있음에도 불구하고 장상균(註 7), 513면은 이 문제에 대한 우리 나라에서의 깊이 있는 논의는 찾기 어렵다고 한다. 물론 저자가 '깊이 있게' 논의한 것은 아니었지만, 그렇다고 존재 자체를 부정할 것까지는 없지 않았나 생각된다.

43) 당사자가 외국의 재판과정에서 이미 사기를 알고 있었더라도 어떤 사유로 이를 주장할 수 없었고 또한 주장하는 것을 기대할 수 없었던 경우도 마찬가지이다. 중재에 관한 Nagel/Gottwald(註 18), § 16 Rz. 121 참조.

판결의 승인은 우리의 절차적 공서에 반하는 것이므로 승인 및 집행을 거부할 수 있다. 예컨대 우리 나라에서 집행판결을 구하는 소송에서, 외국의 소송에서 승소한 원고가 증인을 매수하거나 판사를 매수하여 판결을 취득하였다는 사실을 피고가 외국판결 후에 비로소 알게 되어 처음으로 주장하고 입증한 경우를 생각해 보자. 이는 미국에서 말하는 내재적 사기에 해당하지만, 저자의 견해에 따르면 이 경우 공서위반의 주장을 할 수 있다는 것이다. 이러한 결론은 외재적 사기와 내재적 사기의 구분이 아니라 실질재심사 금지의 원칙과의 관련에서 도출한 것이다.

셋째, 피고가 외국의 소송절차에서 사기를 이미 알고 있었고 따라서 주장할 수 있었음에도 불구하고 이를 주장하지 않았다가 승인단계에서 비로소 주장하는 경우. 이는 위 첫째와 둘째의 중간 영역에 있는 사안으로 실제로는 드물 것이나, 이 경우에도 위 첫째의 경우와 마찬가지로 승인단계에서 비로소 사기를 주장하는 것은 허용되지 않는다고 본다.[44] 이 경우 외국법원의 판단이 있었던 것은 아니므로 실질재심사 금지의 원칙에서 근거를 구할 수 있는지는 논란의 여지가 있을 수 있으나, 이를 인정하지 않더라도 소송절차의 안정성 보장, 금반언의 법리와 절차법상의 책문권의 상실 등으로 설명할 수 있을 것이다.[45]

---

44) 피고가 사기를 알고 있었지만 그를 입증할 증거가 없어 주장하지 않은 경우에도 이에 해당한다고 본다. 피고는 외국법원에서 사기를 주장하고 입증을 위한 노력을 했어야 한다고 볼 것이기 때문이다. 논란의 여지가 있지만 피고가 아예 응소하지 않은 경우는 승인단계에서 사기를 주장할 수 있다고 본다. 독일 연방대법원 판결도 동지로 보인다. BGHZ 141, 286, 304 = IPRax 2001, 230; BGH, 6. 5. 2004—Ⅸ ZB 43/03, IPRax 2006, 47. 후자에 대한 평석은 Wolfgang Hau, "Der Einwand des Prozessbetrugs in Brussel I-Exequaturverfahren," IPRax 2006, S. 20ff. 참조.

45) 외국의 중재절차에서 패한 피신청인이 중재절차 중에서 중재판정부의 구성이나 중재절차의 하자를 알았거나 알 수 있어서 이를 다툴 수 있었음에도 불구하고 다투지 않았다가 우리 나라에서 중재판정의 승인 또는 집행을 구하는 단계에서 비로소 이를 다툴 수 있는가에 관하여 중재절차의 안정성 보장, 금반언의 법리와 절차법상의 책문권의 상실 등에 비추어 부정하는 견해가 유력하다. 이호원, "외국중재판정의 승인과 집행," 재판자료 제34집(1986), 684면; 조재연, "외국중재판정에 대한 집행판결: 뉴욕협약을 중심으로," 사법연구자료 11집(1984), 179면; 서철원, "외국중재판정의 승인과 집행에 관한 1958년 뉴욕협약: 한국법원에서의 적용사례를 중심으로," 서울국제법연구 제3권 1호(1996), 136면.

3. 절차적 공서위반과 재심사유

외국판결의 승인거부사유인 절차적 공서위반과 재심사유와의 관계에 관하여는 종래 별로 논의가 없었던 것으로 보이나 대상판결을 계기로 양자의 관계를 살펴볼 필요가 있다. 구체적으로는 첫째 절차적 공서위반과 재심사유의 관계, 둘째 절차적 공서위반을 주장하려면 피고는 판결국에서 법적 구제수단을 소진해야 하는가와, 셋째 절차적 공서위반이 판결국법상 취소사유에 해당하는 경우 우리 법원이 외국판결을 직접 취소할 수 있는가이다.

가. 절차적 공서위반과 재심사유의 관계

재심과 외국판결의 승인은 모두, 이미 분쟁을 종국적으로 해결한 확정판결이 존재하는 데도 불구하고, 중요한 사유가 있어서 우리 나라에서 그 판결의 본래적 효력을 부정하고자 하는 점에서 유사한 측면이 없는 것은 아니다. 그러나 외국판결의 승인의 경우 민사소송법(제217조)의 승인요건이 구비되면 외국의 확정판결의 효력이 우리 나라에 자동적으로 확장되고 만일 구비되지 않으면 확장되지 않으며, 다만 집행의 경우 우리 법원은 외국판결의 실질을 재심사하지 않으면서 단지 민사소송법(제217조)의 승인요건의 구비 여부만을 심리하여 요건이 미비되면 집행판결을 거부하는 데 반하여, 재심의 경우 재심사유인 중대한 하자가 있으면 법원은 우리 나라의 확정판결을 취소하고 이미 종결된 사건을 재심사하는 것이므로 양자는 제도의 목적과 본질에 차이가 있고, 그 결과 승인거부사유와 재심사유간에 차이가 있다. 그러므로 외국의 확정판결의 승인 또는 집행판결의 거부를 우리 법원의 확정판결의 재심과 동일시할 것은 아니다.

보다 구체적인 문제는 승인의 대상인 외국판결에 관하여 민사소송법(제451조 제1항)이 열거한 재심사유가 존재하는 경우 그 외국판결의 승인이 항상 우리의 절차적 공서에 위반되는가이다. 재심사유가 있다면 외국판결에 중요한 절차적 하자가 있다는 것이므로 그의 승인은 대체로 우리의 절차적 공서에 위반될 것이라고 볼 여지가 있지만, 우리 민사소송법이 재심사유를 비교적 넓게 규정하므로 반드시 그렇다고 단정하기는 어렵다. 재심사유가 있다면 외국판결에 중요한 절차적 하자가 있으므로 그의 승인은 우리의 절차적 공서에 위반된다는 견해도 주장될 여지가 있지만 그렇게 단정할 수는 없다.

예컨대 재심사유 중 "판결에 영향을 미칠 중요한 사항에 관하여 판단을 누락한 경우(제9호)" 그 외국판결의 승인이 당연히 절차적 공서위반이 되는 것은 아니다.[46] 즉 승인의 거부를 마치 외국판결에 대해 재심을 하는 것처럼 이해할 것은 아니고, 우리 법상으로는 외국판결의 절차적 하자는 결국 절차적 공서위반의 틀 내에서 해결해야 한다.[47]

나. 판결국에서 법적 구제수단의 소진 요부

피고가 판결국에서 재심 등의 법적 구제수단을 통하여 절차상의 하자를 시정하기 위한 노력을 하지 않았더라도 우리 나라에서 절차적 공서위반을 주장하여 승인을 저지할 수 있는가가 문제된다. 어떤 견해를 취하는가에 따라, 예컨대 절차상의 하자를 이유로 사이판에서 재심의 소를 제기할 수 있으면[48] 먼저 이를 제기해야 하고 그렇게 하지 않으면 한국에서 절차적 공서위반을 주장할 수 없다는 것이 될 수 있다.

독일에는 외국에서 모든 법적 구제수단을 소진하였거나 구제수단이 없는 경우여야 하고 그렇지 않으면 승인국에서 절차적 공서위반을 주장할 수 없다는 견해[49]가 유력한 것으로 보이나, 공평하지 못한 절차의 위험에 노출된 피고에게 외국에서 비용과 노력을 투자하여 법적 구제수단에 호소할 것을 기대하는 것은 무리이므로 그렇게 볼 것은 아니다.[50] 대상판결도 "… 승인 또는 집행을 구하는 외국판결을 무효화하는 별도의 절차를 당해 판결국에서 거치지 아니하였다 할지라도 바로 우리 나라에서 승인 내지 집행을 거부할 수는 있다"고 함으로써 동일한 취지를 취하였다. 다만 이렇게 본다면 피고가 외국에서 구제절차를 통하여 다툴 수 있음에도 불구하고 우리 법원에서 다투게 되어 우리 법원의 부담이 커지는 것은 사실이다.[51]

---

46) 외국중재판정의 승인과 관련하여 판단누락이 승인거부사유인지에 대하여는 논란이 있다.

47) 이 점은 Geimer(註 16), Rz. 3925도 동지(외국중재판정의 승인의 맥락에서).

48) 미국의 북마리아나 제도의 법상 어떤 구제수단이 가능한지를 검토할 필요가 있다.

49) Geimer(註 21), S. 137; Martiny(註 15), Rz. 1155. 독일 연방대법원(BGH)도 외국에서 구제절차를 모두 행사하였을 것을 요구한다.

50) Rolf A. Schütze, Deutsches Internationales Zivilprozessrecht unter Einschluss des Europäischen Zivlprozessrechts 2. Auflage (2005), Rn. 339; Schack(註 16), Rz. 866도 동지.

51) 미국에서 내재적 사기에 기한 이의는 판결국에 제출하라고 하는 것도 이러한 부담을 피하기 위한 것이라고 할 수 있다. Restatement (Third) 제482조 Comment e는 판결이 외국에서 취소될 수 있는 경우 요청받은 국가는 패소자가 이를 신청할 합리적인 기회를 가

이를 승인 대상의 측면에서 보면, 승인의 대상이 되는 재판은 통상의 불복방법으로 다툴 수 없는 상태의 재판, 즉 형식적 확정력이 있는 재판이면 족하지 재판국법상 모든 구제절차를 소진할 필요는 없다는 것이다.

다. 우리 법원에 의한 외국판결의 무효화 또는 취소의 가부

외국 재판의 과정에서 존재하였던 절차적 공서위반이 판결국법상 취소사유에 해당하는 경우 우리 법원이 외국재판을 직접 취소할 수 있는지가 문제되나, 외국재판은 당해 외국의 법원이 당해 국가의 절차법에 따라 취소할 수 있을 뿐이지 우리 법원이 외국재판을 취소할 권한을 가질 근거가 없다. 이에 대하여 영미법계 국가에서 기망에 의해 얻은 판결은 이른바 부수공격에 의해 무효를 주장할 수 있음을 전제로, 영미법계 국가에서 기망에 의해 취득한 판결에 대해서는 집행판결절차에서 판결국 법률이 정한 요건에 따라 기망을 이유로 효력을 배제시킬 수 있다는 견해가 있다.[52] 즉 영미법계에서 기망에 의해 취득한 판결의 경우 우리 법원이 당해 외국법이 정한 요건에 따라 외국판결의 효력을 배제할 수 있다는 것이나, 우리 법원은 외국판결의 효력이 우리 나라에까지 확장되는 것을 거부할 수 있을 뿐이지 그를 무효화하거나 취소할 근거는 없다.[53] 우리 법원이 외국 법원의 재판에 대해 재심법원이 되어서는 아니 된다.

4. 대상판결에 대한 평가

가. 실질재심사 금지의 원칙과 그에 대한 예외(위 Ⅱ.2.와 관련하여)

위에서 본 바와 같이, 외국판결의 승인 및 집행시 원칙적으로 우리 법원은 외국판결의 옳고 그름을 심사할 수 없으나, 승인요건의 구비 여부를 판단하기 위하여 필요한 범위 내에서는 실질재심사가 가능할 뿐만 아니라 필요하며, 이를 위하여 우리 법원은 부분적으로 사실을 조사할 수도 있다.

대상판결은 민사집행법 제27조 제1항의 취지와, 사기적인 방법으로 편취한 판결인지 여부를 심리한다는 명목으로 실질적으로 외국판결의 옳고 그름

질 수 있도록 절차를 중지하여야 한다고 한다.

52) 이공현(註 21), 620면.

53) 석광현(註 10), 315면 주 192에서 이미 지적하였다. 이러한 견해는 이른바 '국가행위이론'(act of state doctrine)에 비추어 보아도 지나친 것이다.

을 전면적으로 재심사하는 것은 집행판결제도를 둔 취지에도 반하므로, 사기적인 방법으로 외국판결을 얻었다는 사유는 원칙적으로 승인 및 집행의 거부사유가 될 수 없다고 하면서도, 다만 피고가 판결국 법정에서 사기적인 사유를 주장할 수 없었던 경우 절차적 공서위반을 이유로 우리 나라에서 승인 내지 집행을 거부할 수 있다고 판시함으로써, 실질재심사 금지의 원칙에 대해 일정한 예외를 인정하였다.

대상판결의 이러한 태도는 중재판정의 승인 및 집행에 관하여 "… 집행국 법원에 중재판정의 내용에 대한 당부를 심판할 권한은 없지만 집행조건의 충족 여부 및 집행거부사유의 유무를 판단하기 위하여 필요한 범위 내에서는 본안에서 판단된 사항에 대하여도 집행국법원이 독자적으로 심리판단할 수 있다"고 판시한 대법원 1988. 2. 9. 선고 84다카1003 판결의 연장선상에 있는 것이나, 실질재심사 금지의 원칙을 상대적으로 좀더 강조한 것은 아닌가라는 의문도 든다. 즉 1988년 판결은 우리 법원이 집행요건(승인요건도 동일)의 구비 여부를 전면적으로 재심사할 수 있다는 듯한 인상을 주었으나, 대상판결은 실질적으로 외국판결의 옳고 그름을 '전면적으로' 재심사할 수는 없다는 취지로 판시하였기 때문이다. 그러나 한편으로는 1988년 판결은 중재합의에 관한 것이라는 점에서 대상판결과 구별되는데, 위에서 언급한 바와 같이 판단의 대상이 공서위반과 중재합의의 존재라는 점에서 상이하므로 그로부터 차이가 비롯되는 것이거나, 또한 중재와 소송간의 차이에서 비롯된 것은 아닌가라는 의문도 든다.[54] 어쨌든 대상판결의 취지는, 실질재심사 금지의 원칙에도 불구하고 승인요건의 구비 여부를 심사하기 위하여 필요한 범위 내에서는 외국판결의 옳고 그름을 '부분적으로' 재심사할 수 있다는 것으로 이해된다.

나. 사기에 의한 외국판결의 승인과 절차적 공서위반(위 Ⅲ.2.와 관련하여)

영미법계 국가에서 사기에 의한 판결은 부수공격에 의해 무효를 주장할 수 있으므로 승인의 대상이 될 수 없다고 보아, 이를 공서위반이 아니라 승

54) 이런 의문을 가지는 이유는, 2005. 6. 30. 채택된 헤이그국제사법회의 법원선택합의에 관한 협약(제8조 제2항)에 따르면, 재판이 결석재판이 아닌 한, 집행국 법원은 재판국 법원이 인정한 관할의 근거가 되는 사실에 구속된다고 규정하는데, 뉴욕협약은 이런 조항을 알지 못하기 때문이다.

인대상의 문제로 해결하려는 견해가 있으나, 영미법계 국가에서 사기에 의한 판결이 당연무효가 아닌 한 승인의 대상이 되며 절차적 공서위반의 문제로 해결할 것이라는 점은 위에서 지적한 바와 같다. 대상판결도 이를 절차적 공서위반의 문제로 해결하는 점에서 타당하다.

위에서 본 바와 같이 저자는, 사기에 의한 외국판결의 승인은 절차적 공서에 반하지만, 모든 사기가 그에 해당하는 것은 아니고 외국의 소송절차에서 주장할 수 없었던 사기에 한하여 —그것이 외재적 사기이든 내재적 사기이든 간에— 우리의 절차적 공서에 위반되므로 승인 및 집행을 거부할 수 있지만, 반면에 피고가 외국의 재판과정에서 이미 알고 있었고 이를 주장하였으나 배척된 사기의 경우에는 실질재심사 금지의 원칙에 비추어 공서위반을 인정할 수 없다는 견해를 피력하였다.

대상판결은 "사기적인 방법으로 외국판결을 얻었다는 사유는 원칙적으로 승인 및 집행의 거부사유가 될 수 없"다고 판시한 점에서, 사기가 승인의 거부사유가 된다는 저자의 견해와는 상이하고, 외국판결의 승인 및 집행에 대해 상대적으로 더 우호적인 태도를 취했다고 평가할 여지도 있지만, 모든 사기가 아니라 일정한 범위의 사기만을 승인거부사유로 보는 점에서 실제로는 별 차이가 없다.

한편 대상판결은 "피고가 판결국 법정에서 사기적인 사유를 주장할 수 없었을 경우에 한하여 우리 나라에서 승인 내지 집행의 거부사유가 될 수 있다"는 것이므로 미국에서처럼 외재적 사기와 내재적 사기를 구별한 것은 아니다. 대상판결의 기준을 적용해 보면 미국에서 말하는 외재적 사기는 피고가 판결국 법정에서 사기를 주장할 수 없었을 것이라는 점에서 대체로 승인거부사유가 될 것이나, 내재적 사기는 경우에 따라, 즉 피고가 판결국 법정에서 위와 같은 사기를 주장할 수 없었는가에 따라 승인거부사유가 되거나 되지 않을 것이다. 대상판결은 내재적 사기도 승인거부사유가 될 수 있음을 인정한 것으로서 결과적으로 저자의 견해와 유사한 것으로 보인다.

다만 저자는 이러한 사기의 유형의 제한을 실질재심사 금지의 원칙으로부터 도출하나, 대상판결은 혹시 재심의 보충성으로부터 도출하는 것은 아닌지 모르겠다. 민사소송법 제451조 제1항 단서가 명시하는 바와 같이, 재심의 소는 재심사유를 상소에 의하여 주장할 수 없었던 경우에 한하여 보충적으로 제기할 수 있는데 —이를 상소에 대한 관계에서 '재심의 소의 보충성'이라 한다—,[55] 장상균 부장판사[56]가 "당사자가 상소에 의하여 그 사유를 주장하였거나 이를 알고도 주장하지 아니한 때에는 재심청구를 제한하고 있음을 감안하여, 외국판결이 선고되기 전까지 그와 같은 사정을 알지 못하여 소송과정에서 주장할 수 없었던 경우로 제한할 필요도 있다"고 설명하는 것도 그런 추론을 뒷받침한다. 만일 그렇다면 아래에서 보듯이 대상판결이 재심의 법리에 지나치게 의존하였다는 점에서 부적절하다.

다. 절차적 공서위반과 재심사유(위 Ⅲ.3.과 관련하여)

대상판결은 사기적인 방법으로 외국판결을 얻었다는 사유는 원칙적으로 승인 및 집행을 거부할 사유가 될 수 없으나, 다만 피고가 판결국 법정에서 사기적인 사유를 주장할 수 없었던 경우에 한하여 예외적으로 승인 및 집행을 거부할 수 있다고 판시하였다. 그러한 결론을 도출하기 위하여 대상판결은 민사소송법(제451조 제1항)이 열거하는 다양한 재심사유 중 제1항 제6호와 제7호 및 제2항을 인용하고 있다.[57] 대상판결이 재심사유를 언급하고 있

55) 이시윤(註 27), 764면.

56) 장상균(註 7), 514면.

57) 제451조의 제1항과 제2항은 다음과 같다(밑줄은 저자가 추가함).

① 다음 각호 가운데 어느 하나에 해당하면 확정된 종국판결에 대하여 재심의 소를 제기할 수 있다. 다만, 당사자가 상소에 의하여 그 사유를 주장하였거나, 이를 알고도 주장하지 아니한 때에는 그러하지 아니하다.

1. 법률에 따라 판결법원을 구성하지 아니한 때
2. 법률상 그 재판에 관여할 수 없는 법관이 관여한 때
3. 법정대리권·소송대리권 또는 대리인이 소송행위를 하는 데에 필요한 권한의 수여에 흠이 있는 때. 다만, 제60조 또는 제97조의 규정에 따라 추인한 때에는 그러하지 아니하다.
4. 재판에 관여한 법관이 그 사건에 관하여 직무에 관한 죄를 범한 때
5. 형사상 처벌을 받을 다른 사람의 행위로 말미암아 자백을 하였거나 판결에 영향을 미칠 공격 또는 방어방법의 제출에 방해를 받은 때
6. <u>판결의 증거가 된 문서, 그 밖의 물건이 위조되거나 변조된 것인 때</u>
7. <u>증인·감정인·통역인의 거짓 진술 또는 당사자신문에 따른 당사자나 법정대리인의 거짓 진술이 판결의 증거가 된 때</u>
8. 판결의 기초가 된 민사나 형사의 판결, 그 밖의 재판 또는 행정처분이 다른 재판이나 행정처분에 따라 바뀐 때
9. 판결에 영향을 미칠 중요한 사항에 관하여 판단을 누락한 때
10. 재심을 제기할 판결이 전에 선고한 확정판결에 어긋나는 때
11. 당사자가 상대방의 주소 또는 거소를 알고 있었음에도 있는 곳을 잘 모른다고 하거나 주소나 거소를 거짓으로 하여 소를 제기한 때

② <u>제1항 제4호 내지 제7호의 경우에는 처벌받을 행위에 대하여 유죄의 판결이나 과태료부과의 재판이 확정된 때 또는 증거부족 외의 이유로 유죄의 확정판결이나 과태료부과의</u>

으나, 이는 외국판결에 대해 일단 내국판결과 동일하거나 그에 준하는 효력을 인정하면서 우리 법원이 재심법원의 기능을 한다는 취지는 아니고, 내국판결도 재심사유가 있으면 취소할 수 있으므로, 외국판결도 그러한 사유가 있으면 그를 이유로 외국판결의 승인을 거부할 수 있음을 설명하기 위한 도구로 재심사유를 거론한 것이 아닐까 생각된다. 즉 우리 법원의 확정판결도 중대한 하자인 재심사유가 있으면 법원이 재심에 의하여 취소할 수 있으므로, 유사한 중대한 하자가 있으면 우리 법원의 확정판결에 준하거나, 그에 미치지 못하는 효력을 가지는[58] 외국의 확정판결의 효력을 부정하는 것은 당연하다는 논리에 기초한 것으로 짐작된다.

그러나 위에 언급한 바와 같이 외국판결의 승인제도와 재심제도는 제도의 목적과 본질에 차이가 있으므로, 외국의 확정판결의 승인을 거부하기 위한 도구로서 재심사유를 원용하는 것은 부적절하다. 그렇게 할 경우 자칫 민사소송법상의 재심사유가 있는 외국판결의 승인은 결과적으로 항상 절차적 공서위반이 된다는 그릇된 인식을 줄 우려가 있다.

라. 사기의 존재에 관한 고도의 증명

대상판결은 사기적인 방법으로 외국판결을 얻었다는 사유는 원칙적으로 승인 및 집행의 거부사유가 될 수 없으나, 처벌받을 사기적인 행위에 대하여 유죄의 판결과 같은 고도의 증명이 있는 경우에 한하여 예외적으로 승인 및 집행을 거부할 수 있다고 판시하였다. 이와 관련하여 다음과 같은 의문이 제기된다.

첫째, 고도의 증명의 개념이 무엇인지 불분명하다. 우리 민사소송법상 증명되었다고 하기 위하여는, 의심을 완전히 배제할 수는 없지만 의심에 침묵을 명할 정도의 정확성이 있어야 하며, '고도의 개연성의 확신'이 필요하다고 한다.[59] 대상판결이 말하는 고도의 증명이라는 것이 단순히 고도의 개연성의 확신을 말하는지, 아니면 고도의 개연성의 확신을 넘는 증명을 말하는지가 불분명하다. 후자라면 이는 입증의 정도의 문제이다. 둘째, 공서 위반의 경우

확정재판을 할 수 없을 때에만 재심의 소를 제기할 수 있다.

58) 물론 외국판결은 승인요건을 구비하면 당해 외국에서 효력을 발생한 시점에서 한국 내에서도 효력을 발생한다. 석광현(註 10), 337면. 그러나 본문에서 문제되는 것은 승인요건을 구비하지 못한 외국판결이다.

59) 이시윤(註 27), 440-441면.

를 공서 이외의 다른 승인 및 집행의 요건의 결여와 구별하고, 또한 더 나아가 공서위반 중에서도 유독 사기의 경우에만 다른 경우와 달리 고도의 증명을 요할 합리적인 근거가 있는지도 의문이다. 셋째, 대상판결은 고도의 증명을 요하는 근거로 재심사유에 관한 민사소송법 제451조 제1항 제6호, 제7호와 제2항을 들고 있으나, 위에서 본 바와 같이 외국판결의 승인 및 집행의 경우 우리 법원은 외국판결의 실질을 재심사하지 않으면서 단지 민사소송법(제217조)의 승인요건의 구비 여부만을 심리하여 요건이 미비되면 외국판결의 효력확장을 거부함에 그치는 데 반하여, 재심의 경우 재심사유인 중대한 하자가 있으면 법원은 우리 나라의 확정판결을 취소하고 이미 종결된 사건을 재심사하는 것이므로, 승인거부사유와 비교할 때 오히려 재심사유의 인정이 상대적으로 좀더 높은 정도의 증명을 요할 것으로 생각된다.

다만 장상균 부장판사[60]에 따르면, "내재적 사기의 경우 재심사유에 대한 증명 정도의 엄격한 증명을 요구하는 신중한 태도가 요구된다는 정도로 선을 그음이 상당하다"고 하고, 이는 "민사소송법 제451조가 위조서류(제6호), 위증(제7호)의 경우 유죄판결의 증명을 요구하고 있는 점을 감안"한 것이라고 한다. 고도의 증명을 이렇게 이해한다면 위에 제기한 의문은 어느 정도 해소되지만, '고도의 증명'이 특별한 의미를 가지는 것이 아니고 유죄의 판결과 같은 엄격한 증명을 요한다는 취지라고 할 것이므로, 대상판결이 굳이 고도의 증명이라는 표현을 사용할 이유는 없었던 것이 아닌가 생각된다. 또한 이 점에 관하여도 역시 재심의 법리에 지나치게 의존하고 있다는 비판을 할 수 있다.

Ⅳ. 相互保證의 개념과 相互保證의 존재를 인정하기 위한 요건

1. 상호보증의 기초이론[61]

민사소송법 제217조 제4호는 외국재판의 승인요건으로 상호보증이 있을

60) 장상균(註 7), 513-514면.
61) 상세는 석광현(註 10), 322면 이하 참조.

것을 들고 있다. 상호보증(Verbürgung der Gegenseitigkeit)이란 우리 나라가 외국재판을 승인하는 것과 마찬가지로 당해 외국[62]도 우리 판결을 승인하는 것, 즉 상호주의(reciprocity, *réciprocité*, Gegenseitigkeit)가 보증되는 것을 말한다.[63]

상호보증을 요구하는 근거는, 외국으로 하여금 한국 판결을 승인하도록 하려는 압력수단으로 사용하고, 한국만이 일방적으로 외국재판을 승인함으로써 입게 되는 불이익을 방지하며, 한국의 재판을 승인하지 않는 나라에 대해 보복을 가하여 당해 외국으로 하여금 한국 재판의 승인요건을 완화하도록 함으로써 양국의 승인요건이 균형을 이루도록 하기 위한 법정책적 고려에 있는데, 이는 국가적인 이익을 전면에 내세우는 것이다.[64] 대상판결도 상호보증을 요구하는 근거를 "우리 나라만이 입을 수 있는 불이익을 방지하고 국제관계에서 형평을 도모하기 위"함을 들고 있다.

상호보증은 반드시 국제조약 등에 의해 규정될 필요는 없고 당해 외국의 법령, 판례 또는 실제의 관행 등에 의하여 인정되면 족하다. 또한 외국과 한국간에 상호보증의 존재를 인정하기 위해서는 구체적 선례가 존재해야 하는 것은 아니고, 사실상의 승인가능성으로 족하다. 그러나 외국재판을 승인한다는 형식적인 법규가 존재하더라도 실제로 승인이 이루어지지 않는다면 상호보증의 존재는 긍정될 수 없다. 대상판결도 동일한 취지로 판시하였다. 상호

---

62) 연방국가의 경우 국가가 아니라 주가 되기도 한다. 이하에서는 국가만을 언급한다.

63) 우리 민사소송법과 민사집행법의 조문상 상호보증이 있을 것은 승인요건으로 규정되어 있고 법원은 집행판결을 함에 있어 승인요건의 구비 여부만을 검토한다. 따라서 상호보증의 유무를 판단함에 있어 법원은 승인요건만을 검토하지 집행요건까지 검토해야 하는 것은 아닌 것처럼 보인다. 대상판결도 승인만을 논의한다. 아래에서는 편의상 승인만을 언급하나, 엄밀하게는 상호보증의 유무를 판단함에 있어서 승인과 집행을 함께 논의하는 것이 옳다. 예컨대 Geimer(註 16), Rz. 2879; Martiny(註 15), Rz. 1208, Rz. 1260; 석광현(註 10), 321면. 만일 극단적으로 어느 외국이 우리 법상의 요건과 동일한 요건하에 외국 판결을 승인하기는 하지만 집행은 전혀 하지 않는다면 그 경우 우리는 상호보증을 부정해야 할 것이다. Martiny(註 15), Rz. 1285. 다만 그 경우 승인은 가능하다는 견해도 주장될 수 있다.

64) Martiny(註 15), Rz. 1206, 1219ff. 참조. Schack(註 16), Rz. 873. 상호보증을 요구하는 이유를, 집행에 국가의 협력이 필요한 재산권에 관한 판결에 있어서 자국의 협력과 판결국의 협력 사이의 균형을 취함으로써 국가간의 재산적 이해를 조정하기 위한 것이라고 설명하기도 하나(강봉수, "섭외가사사건의 제문제," 섭외사건의 제문제(하), 재판자료 제34집(1986), 320면), 상호보증은 집행을 전제로 하지 않는 외국판결의 경우에도 승인을 위하여 필요한 요건이라는 점을 생각한다면 이는 별로 설득력이 없다는 점은 이미 지적한 바 있다(석광현(註 14), 424면).

보증의 요건은 대상판결이 인정하는 바와 같이 직권조사사항이다.

승인요건으로서 상호보증을 요구하는 것에 대하여는, 첫째 외국재판이 내용상 정당하더라도 상호보증이 없다는 이유만으로 승인을 거절하게 되므로 외국에 대한 보복의 성격을 가질 뿐이고, 정당한 권리를 가지고 외국재판에서 승소한 당사자의 이익을 해하는 불합리한 결과를 초래하고,[65] 둘째 중국인민법원의 판결을 승인한 서울지방법원 판결[66]의 사례에서 보듯이 특정국가와의 사이에서 상호보증의 존부를 처음으로 판단해야 하는 법원은 상당한 부담을 가진다는 비판이 있다. 따라서 상호보증의 요건을 폐지하거나, 또는 상호보증이 인정되지 않는 때에는 외국재판에 대해 예외적으로 실질재심사를 허용하는 요건하에 승인하자는 입법론이 있고, 실제로 스위스 국제사법은 상호보증을 요구하지 않는다. 그러나 이에 대하여는 현재 각국의 법률제도가 상이하고, 국제질서가 국내질서만큼 안정되지 않은 현실하에서는 어느 정도의 통일과 안정이 이루어질 때까지 한시적으로 상호보증의 요건을 통하여 탄력적이고 구체적 타당성 있는 운용을 하는 것이 바람직하다는 반론도 있다. 어쨌든 민사소송법의 해석론으로는 외국판결의 승인요건으로 상호보증이 존재해야 한다.

2. 상호보증의 존재를 인정하기 위한 요건

가. 종전의 대법원판결의 태도

상호보증의 개념, 좀더 엄밀하게는 상호보증의 존재를 인정하기 위한 요건에 관하여 대법원 1971. 10. 22. 선고 71다1393 판결이 "… 이른바 상호의 보증이 있는 일이라 함은 당해 외국이 조약에 의하여 또는 그 국내법에 의하여 대한민국 판결의 당부를 조사함이 없이 민사소송법 제203조의 규정과 같던가 또는 이보다도 관대한 조건 아래에서 대한민국의 판결의 효력을 인정하고 있는 경우를 말하는 것"이라고 판시한 이래 공식적으로는 이런 견해가 유지되어 왔다.[67] 다만 한국인 피고의 성폭행 등을 이유로 50만불의 손해배

65) 이공현(註 21), 601면. Schack(註 16), Rz. 873. 특히 신분법상의 외국재판의 경우 파행적 법률관계를 초래한다는 문제점이 있다.

66) 서울지방법원 1999. 11. 5. 선고 99가합26523 판결.

67) 이를 '동일 또는 관대조건설'이라고 부르기도 한다. 손경한, "外國判決 및 仲裁判定의 承認과 執行 —判例를 中心으로—," 국제거래법연구 창간호(1992), 161면.

상의 지급을 명한 미국 미네소타주 법원 판결의 승인 및 집행과 관련하여 서울지방법원동부지원 1995. 2. 10. 선고 93가합19069 판결[68]이, "외국의 승인요건이 우리의 그것과 완전히 동일할 것을 요구하는 것은 지나치게 외국판결의 승인을 협소하게 하여 부당하므로 우리와 외국간에 승인요건이 현저히 균형을 상실하지 아니하고 중요한 점에서 상호 동일하거나 외국요건이 우리 요건보다 전체로서 과중하지 않고 실질적으로 거의 차이가 없는 정도라면 상호보증을 구비하였다고 봄이 상당하다"고 판시하였는데 동 판결이 대법원 1997. 9. 9. 선고 96다47517 판결에 의해 확정되었으므로 대법원은 사실상 판례를 변경한 것으로 평가되었다.

나. 종전의 대법원판결의 태도에 대한 비판과 해석론에 의한 완화

민사소송법의 해석론으로는 외국판결 특히 금전지급을 명하는 외국판결의 승인에 관한 한 상호보증이 필요하지만, 상호보증에 대한 비판을 고려할 때 가능한 한 이를 완화하여 해석하는 것이 바람직하다고 본다.

1971년 대법원판결에 대하여는 종래 다음과 같은 비판이 있었다. 첫째, 상호보증요건에 대한 입법론적 비판에 비추어 상호주의를 가능한 한 완화하여 해석할 필요가 있고, 둘째 각국의 상이한 법제에 비추어 1971년 판결의 태도는 외국판결의 승인을 매우 어렵게 하거나 사실상 불가능하게 한다. 즉, 그에 의하면 판결국이 동등하거나 보다 관대한 요건하에서 한국 재판의 효력을 승인하는 경우에만 상호보증의 존재를 긍정하는데, 만일 판결국도 상호보증을 요구하고,[69] 더욱이 판결국의 승인요건이 한국의 요건보다 관대한 경우 판결국 측에서 보면 한국의 요건이 보다 엄격한 것으로 되어 한국 재판을 승인할 수 없는 것으로 귀착되며, 그 결과 우리 나라에서도 상호보증이 없다고 보게 되는 불합리한 결과를 초래하게 된다.[70] 대상판결도 상호보증의 요

---

68) 이에 대한 평석은 석광현(註 20), 381면 이하 참조.

69) 미국의 경우 과거 상호주의의 존재를 요구하면서 이의 결여를 이유로 프랑스 법원의 판결의 승인을 거부한 연방대법원의 *Hilton v. Guyot* 사건 판결(159 U.S. 113, 16 S.Ct. 139 (1895))이 있었지만, 1940년을 전후하여 Erie-Klaxon rule이 확립됨에 따라 위 판결은 선례로서의 의미를 상실한 것으로 평가된다. Restatement (Third) 제482조 comment d. 통일외국금전판결승인법은 상호보증을 요구하지 않으나 이를 채택하면서 상호보증을 요구하는 주도 있다. 위 판결의 소개는 한만수, "外國判決 執行要件으로서의 '相互保證'에 관한 考察—미국 연방대법원과 우리 대법원의 판례비교를 중심으로," 법조 통권 490호(1997. 7.), 88면 이하 참조.

70) 이는 바로 아래에서 언급하는 일본 最高裁判所 1983. 6. 7. 판결이 지적한 바이다.

건을 완화하여 이해해야 하는 근거로서, "민사소송법 제217조 제4호는 '상호보증이 있을 것'을 요구하고 있지만, 판결국에 있어서 외국판결의 승인요건이 우리 나라의 그것과 모든 항목에 걸쳐 완전히 동일하거나 오히려 관대할 것을 요구하는 것은 지나치게 외국판결의 승인 범위를 협소하게 하는 결과가 되어 국제적인 교류가 빈번한 오늘날의 현실에 맞지 아니하고 오히려 외국에서 우리 나라의 판결에 대한 승인을 거부하게 만드는 불합리한 결과를 초래한다는 점을 고려할" 필요가 있음을 지적한다.

따라서 만일 판결국이, 구체적인 요건은 상이하더라도 전체적으로 보아 민사소송법 제217조의 요건과 중요한 점에서 다르지 않은 요건, 즉 '실질적으로 동동한 요건하에' 한국 재판을 승인하면 상호보증이 있다고 보아야 할 것이다.71) 이러한 견해에 따르면, 비록 어떤 요건의 점에서 외국이 우리보다 엄격한 요건을 요구하더라도 다른 요건의 점에서 우리보다 관대하다면 전체로서 평가한 결과(Gesamtwürdigung)72) 실질적으로 동등한 것이 되어 상호보증의 존재가 긍정될 수 있으므로, 결국 외국과 우리 법상의 요건을 비교하여 실질적으로 동등한지 여부의 판단이 중요한데, 이는 평가 또는 가치판단을 요구하는 보다 어려운 문제이다.73)

참고로 저자는 위에서 언급한 서울지방법원동부지원 판결이 완화된 견해를 취한 것을 계기로 대법원이 1971년 판결을 변경하기를 희망하였지만 위 판결에 대한 상고심인 대법원 1997. 9. 9. 선고 96다47517 판결이 기대를 저버렸기 때문에 2002년 민사소송법을 개정하는 기회에 "외국이 대한민국의 同一한 종류의 裁判을 제217조와 實質的으로 同等한 要件 아래에서 承認하는 경우 相互保證이 있는 것으로 본다"는 취지의 문언을 민사소송법에 추가할 것을 제안한 바 있다.74)

71) 석광현(註 10) 322-323면 참조. 이를 '중요조건 동일이론'이라고 부르기도 한다. 이규호, "國際製造物責任訴訟 논점 3: 外國判決의 韓國에서의 承認 및 執行," 국제사법연구 제10호(2004), 170면.

72) Martiny(註 15), Rz. 1217.

73) 대상판결의 결과 우리는 과거의 형식적이고 기계적인 판단이 주는 편리함을 버리고 보다 실질적인 판단을 채택한 것인데, 이는 국제사법(제26조)을 개정함으로써 계약의 객관적 준거법의 결정에 관하여 과거 섭외사법(제9조)의 형식적이고 기계적인 행위지법원칙을 포기하고, 가장 밀접한 관련이 있는 국가의 법을 적용하기로 선택한 것과 유사한 현상이다.

74) 석광현, "外國判決의 承認 및 執行에 관한 立法論—民事訴訟法 改正案(제217조)과 民事執行法 草案(제25조, 제26조)에 대한 管見—," 국제사법과 국제소송(2001), 422면 참조.

3. 부분적 상호보증

상호보증의 유무는 한국과 외국간에 모든 종류의 판결에 대하여 일률적으로가 아니라 동일한 종류 또는 내용의 판결에 대하여 판단하여야 한다. 가령 재산법상의 판결의 승인에 관하여 상호보증이 존재하더라도 가사사건의 판결에 대하여 상호보증이 당연히 존재하는 것은 아니고, 재산법상의 판결도 금전지급을 명하는 판결과 행위를 할 것을 명하는 판결로 구분할 수 있다.[75] 이와는 달리 금전지급을 명하는 판결도 통상의 금전지금판결과 양육비 또는 부양료의 지급을 명하는 판결로 세분할 수도 있다. 독일에서는 이를 '부분적 상호보증'(partielle Verbürgung der Gegenseitigkeit)이라고 설명한다.[76]

문제는 동종판결의 범위를 어떻게 정할 것인가라는 점인데, 예컨대 미국 법원의 금전판결이더라도 통일외국금전판결승인법(Uniform Foreign Money-Judgments Recognition Act)이 적용되는 금전판결과, 동법이 적용되지 않는 양육비지급판결은 구별해야 하고, 특히 부양료청구에 관하여는 통일부양상호집행법(Uniform Reciprocal Enforcement of Support Act)이 있으므로 그 분야의 판결에 관하여는 관련 법상의 요건을 검토하여 상호보증의 유무를 판단해야 한다. 즉 상호보증의 유무는 한국과 외국간에 당해 국가의 승인요건을 고려하여 각 국가별로 동일한 종류의 판결의 범위를 정하고 개별적으로 판단하여야 한다.[77] 요컨대 동종판결의 개념은 국가에 따라 달라질 수 있는 상대적인 개념이다.

더 나아가 독일에서는 판결의 종류뿐만 아니라 개별적인 승인요건 및 효력 등을 세분하여 상호보증의 유무의 판단을 개별화하는 견해도 있는데, 관할요건에 관하여 외국이 더 엄격한 요건을 요구하더라도 관할합의에 기한 재판에 관한 한 상호보증을 인정하는 것이 그 예이다.[78] 우리도 앞으로 이를

---

75) 영국의 보통법상으로 동산, 부동산에 관한 판결과 특정이행을 명하는 판결의 승인 및 집행은 확정된 액수의 금전지급판결과는 달리 취급된다. North/Fawcett(註 13) p. 426 *et seq.* 미국이 적용범위가 제한된 통일외국금전판결승인법을 채택한 것도 이런 배경에 근거한 것이다.

76) Martiny(註 15), Rz. 1280-1286.

77) 석광현(註 10), 325면. 저자는 상호보증의 유무에 관한 국가별 검토를 한 바 있는데 이는 가장 전형적인 금전지급판결의 경우에 타당하고, 국가별로 판결의 종류에 따라 좀더 세분화할 필요가 있음은 물론이다.

78) 상세는 Martiny(註 15), Rz. 1280-1286. 비판적인 견해도 있다.

좀더 검토할 필요가 있을 것이다.

4. 대상판결에 대한 평가

일부의 논점에 관하여는 위에서 대상판결에 대하여 이미 평가를 하였으므로, 여기에서는 나머지 중요한 논점에 관하여 대상판결을 평가한다.

가. 상호보증의 존재를 인정하기 위한 요건(위 Ⅳ.2.와 관련하여)

대상판결이 상호보증의 존재를 인정하기 위하여 보다 엄격한 태도를 취하였던 1971년 판결의 태도를 변경하고 상대적으로 완화된 견해를 따른 것은 적절하다. 대상판결은 이 점에서 커다란 의의를 가지는데, 그 결과 아직 단언하기는 어렵지만 국제거래에서 중요한 지위를 가지는 영국(England)과 우리 나라간에도 상호보증이 존재한다고 인정될 가능성이 상대적으로 커졌다고 본다.[79)]

대상판결은 상호보증의 존재를 인정하기 위한 요건으로 "우리 나라와 외국 사이에 승인요건이 현저히 균형을 상실하지 아니하고 외국에서 정한 요건이 우리 나라에서 정한 그것보다 전체로서 과중하지 아니하며 중요한 점에서 실질적으로 거의 차이가 없는 정도"일 것을 요구한다. 이는 위에서 언급한 서울지방법원동부지원 판결이 "우리와 외국간에 승인요건이 현저히 균형을 상실하지 아니하고 중요한 점에서 상호 동일하거나 외국요건이 우리 요건보다 전체로서 과중하지 않고 실질적으로 거의 차이가 없는 정도"일 것을 요구한 것과 매우 유사하다. 이를 정리하면 대상판결이 요구하는 요건은, 외국과 우리 나라의 승인요건이 현저히 균형을 상실하지 않을 것, 중요한 점에서 실질적으로 거의 차이가 없을 것, 그리고 외국의 요건이 우리의 요건보다 전체로서 과중하지 않을 것이다. 이러한 결론은 타당하지만, 대상판결이 "본질적으로(실질적으로) 동등한 요건"이라는 개념을 중언부언한 느낌을 주는 것은 사실이다.

흥미로운 것은, 거의 유사한 민사소송법 조문하에서 독일의 판례는 일찍

---

79) 대상판결에 따를 경우 영국 및 프랑스와 우리 나라 사이에 상호보증이 존재하는지가 문제된다. 영국 및 프랑스와의 상호보증의 존부에 관한 논의는 석광현(註 10), 329면 이하, 335면 이하 참조.

부터 완화된 견해를 취하였음에 반하여,[80] 일본의 판례는 1933년에는 엄격한 견해를 취하였다가 1983년 판례를 변경하여 완화된 견해를 취하였고,[81] 대법원은 일본의 전철을 밟아 1971년 엄격한 견해를 취하였다가 2004년 대상판결을 계기로 완화된 견해를 취하면서도 일본과 달리 판례를 변경하지는 않았다는 점이다.

나. 부분적 상호보증의 개념의 도입(위 Ⅳ.3.과 관련하여)

대상판결은 상호보증의 개념을 설시하면서 "… 동종판결의 승인요건이 …"라고 하고, "… 금전지급판결에 관한 한 … 상호보증이 있다고"라고 판시하였는데, 이는 부분적 상호보증의 개념을 받아들인 것이라는 점에서 의의가 있다.[82] 이 점도 타당하다고 본다.

다. 승인 및 집행의 절차에 대한 고려

대상판결은 상호보증의 존재를 인정하기 위한 요건으로 승인요건만을 논의하고 있으나, 위에서 지적한 바와 같이 집행의 요건도 고려할 필요가 있고, 더 나아가 승인 및 집행의 절차도 검토할 필요가 있었다고 본다. 특히 과거 호주와의 상호보증의 존재를 부정한[83] 대법원 1987. 4. 28. 선고 85다카1767 판결은 승인 및 집행의 절차적 측면을 검토한 뒤 상호보증의 존재를 부정한 바 있음을 고려할 때 더욱 그러하다.[84]

그러나 외국판결 승인 및 집행의 절차상의 차이는 원칙적으로 상호보증의 존재를 부인할 근거가 되지 않는다고 하므로, 영국의 보통법에서와 같이 외국판결을 집행하기 위하여 집행판결이 아니라 '외국판결에 기한 소'를 요구

---

80) 독일 제국재판소 1909. 3. 26. 판결(RGZ 70, 434); 독일 연방대법원 1964. 9. 30. 판결(BGHZ 42, 194) 등은 양국의 법과 실무가 "本質的으로 同等한 條件下에서(unter im wesentlichen gleichwertigen Bedingungen)" 외국판결을 승인, 집행하면 상호보증이 있다고 하여 완화된 견해를 취하였고 학설도 동일하다. Martiny(註 15), Rz. 1208-1218; Geimer(註 16), Rz. 2879f., Rz. 2909; Schack(註 16) Rz. 875.

81) 일본의 大審院 1933. 12. 5. 판결은 전설을 취하였으나 最高裁判所 1983. 6. 7.(民集 37권 5호 611면) 판결이 大審院判決을 명시적으로 변경한 이래 판례와 학설은 후설을 취한다. 早川眞一郎, "外國判決の承認·執行," 涉外判例百選 第3版(1995), 232-233面 참조.

82) 위 最高裁判所 1983. 6. 7. 판결도 상호보증의 유무를 판단함에 있어 '同 種類의 判決'을 기준으로 함으로써 판결의 대상에 따라 상호보증의 유무가 달라질 수 있음을 인정하였다.

83) 그러나 이제는 호주와의 사이에서는 상호보증의 존재를 긍정할 수 있다. 석광현(註 10), 332면 이하 참조.

84) 상세는 석광현(註 10), 332면 참조.

하더라도 그것만을 이유로 상호보증이 부인되지는 않는다고 본다.[85] 중요한 것은, 절차적으로 새로운 소의 제기를 요구하는지의 여부가 아니라 패소한 피고가 그 소송절차 내에서 외국판결의 승인 및 집행에 대해 한국법상 제기할 수 있는 것과 유사한 항변들과 외국재판의 변론종결 후에 발생한 항변만을 제출할 수 있고, 또한 새로운 소에 대해 판결을 하더라도 외국판결과 동일한 내용을 되풀이할 뿐인가의 여부이다. 만일 그렇다면 상호보증의 존재를 인정해야 한다.[86]

요컨대 비록 결론에는 영향이 없더라도, 승인 및 집행의 절차적인 측면도 검토할 필요가 있었고, 특히 1987년 판결과의 관계에서 이 점을 명확히 할 필요가 있었는데, 대상판결은 이 점을 소홀히 하였다는 생각이 든다.

라. 판례변경의 필요성

대상판결은 엄격한 견해를 취한 1971년 판결을 폐기하는 전원합의체판결이 아니다. 그 이유에 관하여, 장상균 부장판사는 1971년 판결의 "'동일 또는 관대할 것'에서 '동일·관대'의 의미를 실질적·전체적으로 파악하여야 하고, 제2설[87]이라는 것도 결국 그 점을 분명히 하는 수정의견이라는 정도로 이해하면, 전원합의체에서 위 판례를 폐기하지 않더라도 실무상의 혼선은 없을 것으로 생각된다(이 점은 이 사건의 원심판결을 비롯하여 대부분의 하급심 판결이 제2설을 따르고 있다는 사실로도 뒷받침된다)"고 설명한다.[88] 그러나 저자가 보기에는, 상호보증의 개념 내지는 상호보증의 존재를 인정하기 위한 요건이라는 추상적 법률론에 관한 대법원의 태도를 변경하는 것이므로[89] 대상판결이 전원합의체판결로써 1971년 판결을 폐기하는 것이 바람직하였을 것으로 생각된다.[90]

---

85) Martiny(註 15), Rz. 1235, Rz. 1260f.

86) Martiny(註 15), Rz. 1261; 손경한(註 67), 165면; 석광현(註 10), 324면 참조.

87) 완화된 견해를 말한다.

88) 장상균(註 7), 531면.

89) 최공웅, "外國判決의 效力," 사법논집 제18집(1987), 348면이 지적하는 바와 같이 위 1971년 판결은 "미국의 사정변화에 따라 그 의미를 상실했다고 보아도 좋을 것"라는 점을 인정하더라도, 이는 미국의 어떤 주와 상호보증이 없다는 결론이 의미를 상실했다는 것일 뿐이다.

90) 저자는 대법원이 전원합의체 판결로써 종전 판례를 명시적으로 변경할 것을 주장한 바 있다. 석광현, 2001년 개정 국제사법 해설 제2판(2003), 455면.

V. 북마리아나 제도와 우리 나라간의 상호보증의 존재 여부

위에서 언급한 바와 같이 대상판결은 한국과 북마리아나 제도 사이에 상호보증이 존재하는지 여부에 대한 심리미진을 이유로 원심판결을 파기하고 사건을 서울중앙지방법원 합의부로 환송하였는데, 원심판결과 대상판결의 취지를 간단히 소개하면 다음과 같다.

원고들의 청구를 인용한 원심은 상호보증이 존재한다고 보았다. 그 근거는 이 사건 외국판결에 대하여 미국의 관할 연방항소법원에 상소할 수 있는데, 그 연방항소법원의 소재지인 캘리포니아 주에서 통일외국금전판결승인법을 채택하였고 그 승인요건이 우리 나라의 그것과 대체로 동일하다는 것이었다. 그러나 대상판결은 연방항소법원에 상소할 수 있는 것은 연방문제(federal question)의 경우에 한하고 이 사건의 경우는 그렇지 않으므로 원심판결은 잘못이고, 다만 북마리아나 제도의 민사소송법 조항 및 관련 리스테이트먼트 {Restatement (Third) of the Law, The Foreign Relations Law of the United States, §481 및 §482}의 내용에 따라서는 상호보증의 존재를 긍정할 여지도 없지 않으므로 이를 좀더 심리하라는 것이었다.

이와 관련하여 대법원이 왜 굳이 파기환송을 하였는지에 대한 의문이 제기되는데, 이에 대하여 장상균 부장판사[91]는 "대법원이 상호보증의 유무까지 직권으로 탐지하게 되면 향후 유사한 사건에서 대법원의 심리부담이 커질 우려가 있고, 대법원은 조사촉탁과 같은 증거조사를 할 수 없기에 적절하지도 아니한 점 등을 고려하여 파기환송하면서, 다만 하급심에서 환송취지를 오해하지 않도록 본문과 같이 상호보증이 있다고 볼 여지가 있음을 지적해 둔 것으로 보인다"는 취지로 설명한다.

여기에서는 한국과 북마리아나 제도 사이에 상호보증이 존재하는지에 관한 논의는 생략하고, 상호보증의 유무를 판단함에 있어 고려해야 할 몇 가지 쟁점만을 지적한다.

첫째, 상호보증의 유무를 판단함에 있어 미국의 각주, 이 사건의 경우 북마리아나 제도를 기준으로 판단할지, 아니면 연방을 기준으로 판단할지가 문

91) 장상균(註 7), 531면.

제된다. 주법원의 판결의 경우 당해 주를 기준으로 할 것임은 별 의문이 없지만, 연방법원의 경우 의문이 제기될 수 있다. 그런데 미국의 연방법원은 이른바 'Erie-Klaxon rule'에 따라 당해 법원 소재지 주의 실질법과 저촉법을 적용하므로, 외국판결의 승인 및 집행도 주법의 문제이고, 연방법원이 판단하는가 아니면 주법원이 판단하는가에 따른 차이는 없다.92) 결국 우리 나라와의 상호보증의 유무를 판단함에 있어서는 주법원의 판결이든, 연방법원의 판결이든 간에 미국 전체를 기준으로 할 것이 아니라 당해 주 또는 자치령을 기준으로 해야 한다.93) 대상판결과 원심판결도 동일한 견해를 취한다.

둘째, 북마리아나 제도가 통일외국금전판결승인법을 채택하였는지를 검토할 필요가 있는데, 이를 채택하지 않은 것으로 보인다.

Ⅵ. 맺 음 말

우선 대상판결은 사기에 의한 외국판결이더라도 원칙적으로 승인을 거부할 수 없지만, 예외적으로 피고가 판결국 법정에서 사기를 주장할 수 없었고 또한 처벌받을 사기적인 행위에 대하여 유죄의 판결과 같은 고도의 증명이 있는 경우 절차적 공서위반을 이유로 승인 및 집행을 거부할 수 있음을 명확히 한 판결로서 의의가 있다. 또한 대상판결은 외국판결의 승인요건인 상호보증의 존재를 인정하기 위한 요건을 완화한 판결로서 의의가 있다. 결론적으로 두 가지 점에서 모두 타당한 판결이라고 보지만, 절차적 공서위반의 점에 관하여 재심의 법리에 지나치게 의존하였다는 생각이 든다. 절차적 공서위반과 관련하여 대상판결은 실질재심사 금지의 원칙에도 불구하고 승인요건의 구비 여부를 심사하기 위하여 필요한 범위 내에서는 우리 법원은 외국

92) Erie-Klaxon rule은 실질법에 관하여 *Erie Railroad Co. v. Tompkins*, 304 U.S. 64(1938) 사건 판결에 의해 정립된 원칙과, 저촉법에 관하여 *Klaxon Co. v. Stenton Electric Mfg. Co.* 313 U.S. 487(1941) 사건 판결에 의해 정립된 원칙을 함께 일컫는 것이다. Rolf A. Schütze, Deutsch-amerikanische Urteilsanerkennung (1992), S. 8-9; Martiny(註 15), Rz. 1268, Rz. 1515; Kessedjian(註 32), § 76 *et seq.*; 최공웅, 국제소송(1994), 172면 이하, 184면 이하; Restatement (Third) Comment a; Eugene F. Scoles/Peter Hay/Patrick J. Borchers/Symeon C. Symenides, Conflict of Laws Third Edition (2000), § 24.35 참조.

93) 손경한(註 67), 165면도 동지. 각 주와 독일과의 상호보증의 존부에 관한 논의는 예컨대 Schütze(註 92), S. 34f. 참조. 다만 자치령의 법적 지위를 좀더 검토할 필요가 있다.

판결의 옳고 그름을 '부분적으로' 재심사할 수 있다고 판시하였는데, 실질재심사 금지의 원칙과 그에 대한 예외로서의 승인요건의 심사의 관계, 또한 예외를 어떤 범위 내에서 인정할 것인지에 대하여 앞으로 좀더 검토할 필요가 있다.

국제거래분쟁의 증가에 따라 우리 법원은 국제사건전담재판부를 설치하여 운영하고 있음에도 불구하고, 우리 나라에서는 종래 廣義의 國際私法, 國際民事訴訟法 또는 國際民事節次法 분야가 학문적으로 매우 소홀히 다루어지고 있고, 유수한 법과대학들 중에서도 아예 강좌가 개설조차 되지 않는 곳이 많다. 이런 개탄할 만한 현실을 계속 방치해도 좋은지 이제는 안타까움을 넘어 두려움마저 느끼게 된다. 대상판결에 대한 평석을 쓰면서 이 분야에 대한 좀더 체계적인 연구의 필요성을 다시 한번 절감하였음을 고백하면서 이 글을 마친다.

제 3 장 헤이그국제사법회의 협약

[8] 國際的인 證券擔保去來의 準據法

— 헤이그국제사법회의의 유가증권협약을 중심으로 —

前 記

이 글은 증권법연구 제5권 제1호(2004), 43면 이하에 게재된 글을 다소 수정·보완한 것이다. 그러나 일부 보완사항은 말미에 첨부한 보론에 반영하였다.

Ⅰ. 머 리 말

국제거래, 특히 국제금융거래에서 '유가증권' 또는 '증권'은 훌륭한 담보수단으로 이용되는 자산이다. 그런데 투자자(또는 권리자. 이하 호환적으로 사용한다)가 유가증권을 보유하는 데는 두 가지 모습이 있다. 하나는 전통적인 방법으로, 유가증권의 증서(증권 또는 실물. 이하 호환적으로 사용한다)가 발행되어 투자자가 증서를 직접 점유하거나 발행인(또는 발행인의 대리인)의 장부(또는 계좌부. 이하 호환적으로 사용한다)에 투자자가 권리자로 기재(또는 등록. 이하 호환적으로 사용한다)됨으로써 발행인과 직접적인 법률관계를 가지는 경우이고, 다른 하나는 그 장부에 투자자 대신 중앙예탁기관 또는 중앙등록기관이 기재되고 투자자는 그러한 기관에 계좌를 개설한 중개기관(intermediary)(이하 문맥에 반하지 않는 한 중앙예탁기관, 중앙등록기관과 중개기관을 포괄적으로 "중개기관"이라 한다)의 장부에 기재되는 경우이다. 전자를 유가증권의 '직접보유'(direct holding), 후자를 '간접보유'(indirect holding)라고 한다.[1] 간접보유는 오늘날 전세계적으로 유가증권의 不動化

1) 헤이그국제사법회의의 Report on the Law Applicable to Dispositions of Securities Held Through Indirect Holding Systems, prepared by Christoph Bernasconi (Preliminary Document No 1 of November 2000 for the attention of the Working Group of January 2001)(이하 "예비문서"라 한다), 19면 참조. 그러나 일부 북유럽국가 등의 경우 직접보유와 간접보유의 구별이 어려운 경우가 있고, 중개기관을 어떻게 결정할 것인지가 문제되기도 한다. 유가증권협약 제1조 제3항부터 제5항은 이러한 국가들의 특수성을 고려하여 둔 조문이다.

(immobilization)[2]와 無券化(dematerialization. 또는 decertification)(또는 '전자화')[3]가 진전됨에 따라 확산되고 있다.

종래 직접보유의 경우 투자자가 유가증권을 담보물로 제공하는 때에는 담보권의 설정 및 효력을 어느 법에 따를 것인가, 즉 담보권의 準據法 결정이라는 國際私法의 논점이 제기되었는데,[4] 이러한 논점은 이미 널리 알려진 것이고 커다란 어려움이 없이 전통적인 國際私法의 법리에 따라 그런대로 해결할 수 있었다. 그러나 투자자가 간접보유하는 유가증권(indirectly held securities. 이하 "간접보유유가증권" 또는 "간접보유증권"이라 한다)에 대한 담보권의 準據法 결정은 매우 까다로운 문제를 제기한다.

간접보유유가증권에 대한 담보권의 설정 기타 처분은 계좌에의 기재 또는 계좌이체, 즉 대체결제에 의하여 이루어지는데, 간접보유는 통상 여러 단계의 중개기관을 통하여 보유하는 '다층보유'(multi-tier holding)의 모습을 띠므로 準據法의 결정이 더욱 어렵게 된다.[5] 담보권자로서는 準據法이 명확

---

2) 유가증권의 不動化는 유가증권거래시에 증권이 이동하지 않는 것을 말하는데, 이는 예컨대 ① 사채의 발행인이 '확정적인 債券'(definitive bond)(독일어로는 'Einzelurkunde'라고 한다)을 발행하는 대신 모든 투자자들의 권리를 표창하는 '포괄증권'(global bond)(이를 '大券'이라고 부르기도 한다. 독일어로는 'Globalurkunde'라고 한다)을 발행하여 이를 Euroclear Bank나 Clearstream Banking과 같은 국제증권예탁기관(ICSD)에 예탁하는 경우와, ② 발행인이 확정적인 債券을 발행하였지만 투자자가 이를 중개기관에 예탁하는 경우에 발생한다.

3) 無券化는 유가증권의 실물을 발행하지 않고, 중앙예탁기관 또는 중앙등록기관이 관리하는 장부상의 기재에 의하여 실물을 발행하여 교부한 것과 동일한 법적 효과를 발생케 하는 것을 말한다. 미국은 1960년대 후반 증권거래량의 폭주에 따른 'paper crisis'(증권사무위기)를 경험한 뒤 대체결제제도를 정비하고 無券化를 도입하였다. 우리 나라에서는 무권화된 유가증권의 법적 성질에 관하여는 가치권이론, 장부증권이론, 전자적 권리표창이론 등이 소개되어 있다. 정찬형, "전자증권제도 도입에 따른 법적 문제 및 해결방안," 증권예탁 제40호, 증권예탁원(2001), 42면 이하. 無券化에 관한 實質法上의 論點은 한국상사법학회와 증권예탁원이 2003년 6월 공동 주최한 학술대회 자료를 모은 "전자증권제도 도입에 따른 법적 과제"(상사법연구 제22권 제3호(통권 제39호)/특집호(2003)와 증권예탁원, 증권예탁결제제도 전정판(2003), 464면 이하 참조. 최근 2006. 10. 25.에는 한국증권법학회, 부즈 알렌 헤밀턴과 증권예탁결제원은 '한국자본시장 인프라 빅뱅, 증권의 전자화 로드맵'이라는 주제로 전자증권제도 도입을 위한 국제세미나를 개최한 바 있다.

4) 국제유가증권거래에서 발생하는 準據法에 관한 포괄적인 논의는 Hans van Houtte (ed.), The Law of Cross-border Securities Transactions (1999); Richard Potok (ed.), Cross Border Collateral: Legal Risk and the Conflict of Laws (2002)을 참조.

5) 개괄적인 소개는 Potok and Moshinsky, Cross-Border Collateral: A Conceptual Framework for Choice of Law Situations, *Butterworths Journal of International Banking and Financial Law—Special Supplement* (1998), p. 10 이하. 이 특별부록은 1998년 옥스퍼드 대학교에서 개최된 The Oxford Colloquium on Collateral and Conflict of Laws의 결과를 모은 것이다. 영국에서 이 문제가 관심을 끌게 된 계기는 *Macmillan Inc v.*

히 결정될 수 있어야 그 準據法에 따라 확실한 담보권을 취득하고 여신을 제공할 수 있기 때문에 準據法 결정상의 불확실성은 간접보유유가증권의 담보가치를 사장시키는 결과를 초래할 수 있다.

이러한 배경하에서 국제적인 증권담보거래(cross-border securities collateralization)를 가능하게 하고 그와 관련된 법적 안정성을 제고하기 위해, 담보설정자가 증권계좌를 개설하고 그를 통하여 유가증권을 보유하는 중개기관 소재지법을 간접보유유가증권에 대한 담보, 처분 기타 物權法的인 爭點[6]의 準據法으로 보는 견해가 전세계적으로 설득력을 얻고 있다. 이것이 이른바 'place of the relevant intermediary approach'(관련중개기관 소재지 접근방법) ―'PRIMA'이다.[7] 간접보유유가증권의 처분에 관한 통일된 연결원칙을 도입함으로써 유가증권 투자자들과, 그들에게 금융을 제공하는 금융기관들에게 도움이 될 것은 물론이고 이는 나아가 전세계적으로 점차 통합되어 가고 있는 금융시스템에도 유익할 것이다.

상세는 아래에서 차차 논의하겠지만 문제의 핵심은, 동산 또는 직접보유방식에 의한 국제적인 증권담보거래를 대상으로 발전해 온 國際私法의 전통적인 연결원칙이 간접보유방식으로 전환된 유가증권시장의 새로운 현실에 대응할 능력이 있는가, 만일 없다면 과연 어떻게 변경되어야 하는가에 있다. 결론을 먼저 말하자면 전통적인 연결원칙은 변화된 상황에 비추어 수정되어야 하며 수정된 연결원칙이 '변형된 PRIMA'라는 것이다.

여기에서는 우선 유가증권의 간접보유에 관한 實質法[8]上의 論點을 간단히 살펴보고(Ⅱ.), 2002년 12월 헤이그국제사법회의에서 채택된 "중개기관에 보유된 유가증권에 관한 일부 권리의 準據法에 관한 협약"[9](Convention on

---

Bishopsgate Investment Trust plc and others (No. 3), [1996] 1 WLR 387 사건과 *Re Harvard Securities Ltd.*, [1997] 2 BCLC 369 사건이다. 이에 관하여는 Maisie Ooi, Shares and Other Securities in the Conflict of Law (2003), para. 1.01 이하 참조.

6) 보다 정확하게는 유가증권협약 제2조가 열거하는 사항들의 準據法이다.

7) 국제변호사협회(IBA)는 이러한 견해를 지지하였다. Guynn and Marchand, Transfer or Pledge of Securities held through Depositories (Chapter 3), in Hans van Houtte (ed.)(註 1)를 참조. 상세는 International Bar Association의 Capital Markets Forum이 1996년 간행한 Modernizing Securities Ownership, Transfer and Pledging Laws: A Discussion Paper on the Need for International Harmonization을 참조.

8) 실질법이라 함은 抵觸法(또는 국제사법)에 대비되는 개념으로, 우리 민·상법과 같이 抵觸法 또는 국제사법에 의하여 준거법으로 지정되어 특정 법률관계 또는 쟁점을 직접 규율하는 규범을 말한다. 석광현, 2001년 개정 국제사법 해설 제2판(2003), 108면.

9) 유가증권협약을 간단히 소개하는 글로는 우선 Christoph Bernasconi and Richard

the Law Applicable to Certain Rights in respect of Securities held with an Intermediary)(이하 "유가증권협약" 또는 "협약"이라 한다)의 도입배경(Ⅲ.), 유가증권협약의 주요 내용(Ⅳ.)을 검토하고, 마지막으로 협약에의 가입이 국내증권거래에 미치는 영향과 우리의 대응방안(Ⅴ.)[10]을 간단히 논의한다. 우리의 대응방안에 관한 상세는 다른 기회로 미룬다. 우리 國際私法에 따른 해석론은 전에 협약의 "2002년 4월 예비초안"(이하 "예비초안"이라 한다)을 소개하는 기회[11]에 논의한 바 있으므로 여기에서는 간단히 언급한다. 참고로 협약의 영문과 저자의 국문시역을 자료로 첨부하였다.

Ⅱ. 實質法上의 論點[12]

1. 간접보유유가증권에 대한 권리자의 권리의 성질

직접보유의 경우 권리자는 유가증권에 대하여 직접적인 재산권(property

Potok, "PRIMA Convention brings certainty to cross-border deals," International Financial Law Review (2003), p. 11 이하 참조. 유가증권협약 채택 이후의 포괄적인 논의는 Ooi(註 5)를 참조. 유가증권협약에 관한 독일의 문헌은 Fabian Reuschle, "Haager Übereinkommen über die auf bestimmte Rechte in Bezug auf Intermediär-verwahrte Wertpapiere anzuwendende Rechtsordnung," IPRax (2003), S. 495f.(독일어 번역은 IPRax (2003), S. 550f.); H. Merkt/O. Rossbach, Das "Übereinkommen über das auf bestimmte Rechte in Bezug auf bei einem Zwischenverwahrer sammelverwahrte Effekten anzuwendende Recht" der Haager Konferenz für Internationales Privatrecht, ZVglRWiss (2003), S. 33-53 참조. 주요국가들의 보고서는 Richard Potok (ed.), Cross Border Collateral: Legal Risk and the Conflict of Laws (2002)를 참조. 우리 나라는 포함되어 있지 않다.

10) 협약에의 가입이 국내증권거래에 미치는 영향 분석과 우리의 대응방안(Ⅴ.)은 석광현, "헤이그국제사법회의의 유가증권협약에 따른 중개기관 소재지법원칙," 국제예탁결제의 단일허브시스템 구축을 위한 인프라 확충방안, 증권예탁원연구용역 최종보고서(2003), 268면 이하의 논의를 보완한 것이다.

11) 석광현, "國際的인 證券擔保去來의 準據法 —PRIMA와 관련하여—," 증권법연구 제3권 제1호(2002), 119면 이하; 석광현(註 8), 174면 이하, 185면 이하 참조.

12) 여기에서는 實質法上의 論點은 간단히 취급한다. 상세는 예비문서(번호 1), 19면 이하 참조. 간략한 설명으로는 森下哲郎, "국제증권결제법제의 전개와 과제," BFL 제3호(서울대학교 금융법센터, 2004. 1.), 95면 이하 참조. 實質法에 관한 우리 문헌으로는 김이수, "證券間接保有法理의 再構成에 관한 硏究," 서울대학교 박사학위논문(2003. 2.) 참조. 이는 독일법(제3장), 영국법(제4장)과 미국법(제5장)을 비교법적으로 검토한 뒤 우리 법상의 증권간접보유법리의 재구성(제6장)에 관한 견해를 제시한다. 이 논문은 國際私法上의 論點을 매우 소홀히 취급하고 있다.

right)[13]을 가진다. 이는 유가증권의 종류에 따라 株式(社員權)이거나 社債가 될 것이다. 그러나 간접보유의 경우, 만일 예탁된 유가증권이 타인이 예탁한 유가증권과 구별되어 특정될 수 있다면 권리자는 여전히 그러한 직접적인 재산권을 가질 수 있지만, 타인이 예탁한 유가증권과 혼장되는 경우 권리자의 권리는 예탁의 조건에 따라 상이하게 된다. 후자는 구체적으로 다음과 같은 세 가지 유형으로 구분해 볼 수 있다.

가. 단순한 계약상의 권리

이 경우 권리자는 예탁자에 대하여 당초 예탁한 것과 동일한 종류와 수량의 유가증권의 반환을 요구할 수 있는 단순한 계약상의 권리만을 가진다. 이 경우 권리자는 그가 계좌를 개설한 중개기관의 성실성과 지급능력에 의존하게 된다. 따라서 그 중개기관이 임의로 유가증권을 처분하거나 지급불능에 빠지는 경우 권리자는 권리를 상실하거나 일부밖에 회수할 수 없는 상태에 놓일 가능성이 있다. 이러한 위험으로부터 권리자를 보호하기 위한 예탁구조가 발전되었는데 이것이 아래의 나.와 다.이다.

나. 공유지분을 가지는 경우

권리자를 보호하기 위한 구조의 하나의 모델은 혼장예탁된 유가증권에 대하여 권리자들에게 일종의 공유지분을 인정하는 것이다. 이는 다시 두 가지 유형으로 구분되는데, 하나는 우리 증권거래법과 독일 증권예탁법(Depotgesetz)처럼 실제로 혼장예탁된 유가증권의 집합(actual pools of securities)에 대해 공유지분을 인정하는 것이고,[14] 다른 하나는 벨기에법(Belgian Royal Decree No. 62)[15]이나 룩셈부르그법(Luxembourg Grand-Ducal Decree)[16]처럼 실제로 혼장예탁된 유가증권의 집합이 아니라 관념적인 유가증권의 집합(notional pools of securities)에 대해 공유지분을 인정하는 것이다. 즉 후자에서는 실제로 예탁된 유가증권이 아니라 중개기관의 장

13) 이는 단순한 '債權'과 대비되는 '물권' 또는 '물권적 권리'를 말한다.

14) 예비문서(번호 1), 21면은 영국도 여기에 해당하는 것으로 분류한다. 다만 영국은 전통적인 신탁법상의 개념을 사용한다. 즉 중개기관이 그의 고객을 위하여 가지는 유가증권의 집합(pool)에 대한 수익적인 공유지분(beneficial co-ownership)을 가지는 것으로 본다.

15) 정확히는 1995. 4. 7.자 법률에 의해 개정된 *Arrêté royal No 62 du 10 novembre 1967 favorisant la circulation des valeurs mobilières*를 말한다. 예비문서(번호 1), 22면. 주 80.

16) 1994년과 1996년에 개정된 바 있다. 예비문서(번호 1), 22면.

부만에 의하여 증명되는 관념적인 유가증권의 집합이 중요한 의미를 가진다. 이러한 이해를 기초로 벨기에법과 룩셈부르그법은 중개기관이 도산한 경우 권리자에게 환취권을 인정한다.

다. 공유지분을 수반하지 않는 법적 구조[17)]

권리자를 보호하기 위한 구조의 또 다른 모델은, 공유지분의 개념을 사용하지 않고 혼장예탁된 유가증권에 대하여 권리자들에게 물권적 권리를 인정하는 것이다. 여기에 속하는 입법례로는 프랑스, 이탈리아와 브라질 및 미국이 있다.

미국 통일상법전(Uniform Commercial Code)(이하 "통일상법전"이라 한다)의 투자증권(investment securities)에 관한 제8장(Article 8)은 1994년에 중요한 점에서 개정되었다. 1994년 개정의 최대목표는 투자자가 증권중개기관을 통하여 증권을 보유하는 다층보유(multi-tier holding)의 본질을 투자자에 의한 증권의 간접보유로 파악하고 종래 증서의 존재를 전제로 했던 법규범과는 완전히 다른 새로운 법규범을 창조하는 것이었다.[18)] 개정된 제8장은 증권중개기관(securities intermediary), 증권(security)과 증권계좌(securities account)를 정의하고, 증권중개기관의 증권계좌보유자에 대한 의무를 규정한다. 여기의 논의와 관련하여 중요한 것은 이른바 '증권권리'(security entitlement)라는 개념의 도입이다. 통일상법전 §8-102(a)(17)는 증권권리를 제5절에 규정된 금융자산에 관한 증권권리보유자의 권리와 재산권을 말한다고 정의한다.[19)] 그에 대한 주석(comment)은, 증권권리는 증권중개기관을 통하여 유가증권 또는 기타 금융자산을 보유하는 자의 권리와 재산권을 말하고, 이는 증권중개기관에 대한 대인적 권리의 패키지와 증권중개기관이 보유

---

17) 상세는 예비문서(번호 1), 23면 이하 참조.

18) Rogers, Policy Perspectives on Revised U.C.C. Article 8, 43 U.C.L.A. L. Rev. 1455 (1996); 김이수(註 12), 155면. 제8장에 관한 간단한 소개는 김건식, "미국의 증권예탁결제제도," 증권예탁 No.21, 1997-1, 12면 이하 참조. 최근의 글로는 Harry C. Sigman, "The Response to the Hague Convention in the USA: and A guide to Substantive Law in the USA relating to Intermediated Securities Transactions and to Conflict of Laws Rules in the USA relating to Intermediate Securities Transactions, 국제사법연구 제11호(2005), 104면 이하 참조.

19) 영문은 다음과 같다.
""Security entitlement" means the rights and property interest of an entitlement holder with respect to a financial asset specified in Part 5."

하는 재산에 대한 권리의 양자이지만, 증권중개기관이나 그를 통하여 금융자산을 보유하는 청산기구가 보유하는 어떠한 금융자산에 대한 특정한 재산권은 아님을 분명히 하고 있다.[20] 이러한 증권권리는 새로운 개념의 권리라고 할 것이다.

중개기관이 도산한 경우 고객의 권리에 대응하는 유가증권은 고객의 권리에 우선 충당되므로 증권권리의 보유자인 고객은 중개기관의 다른 영업으로 인한 신용위험을 부담하지 않는다.[21]

라. 實質法상의 법적 구조의 차이와 準據法의 결정

공유지분을 인정하는 구조 중 실제로 혼장예탁된 유가증권의 집합에 대해 공유지분을 인정하는 우리 나라와 독일의 實質法에서는, 간접보유의 경우 중간에 개재하는 모든 중개기관은 투명한 것으로 취급되고 마치 투자자가 예탁되어 있는 유가증권을 추급할 수 있어서 그것(또는 그것의 집합)의 지분에 대해 직접 권리를 가지고 있는 것처럼 취급된다.[22] 반면에, 투자자의 권리는 그와 직접적인 관계를 가지는 중개기관의 계좌에만 기재될 뿐이고 발행인이나 다른 중개기관에는 전혀 기재되지 않으므로 투자자의 권리를 증권권리로 이해할 경우 위와 같은 추급은 불가능하고 투자자의 권리는 마치 그의 권리가 기재되는 중개기관에 소재하는 것처럼 보인다. 이러한 차이는 간접보유유가증권의 처분의 準據法을 결정함에 있어서 아래에서 논의하는 바와 같이 '투시접근방법'(look-through approach)과 '관련중개기관 소재지 접근방

---

20) 주석의 원문은 다음과 같다.
"'Security entitlement' means the rights and property interest of a person who holds securities or other financial assets through a securities intermediary. A security entitlement is both a package of personal rights against the securities intermediary and an interest in the property held by the securities intermediary. A security entitlement is not, however, a specific property interest in any financial asset held by the securities intermediary or by the clearing corporation through which the securities intermediary holds the financial asset." 통일상법전(제8장)상의 증권권리에 관하여는 김이수(註 12), 154면 이하; 김이수, "UCC상 證券權利(security entitlement)의 概念," 증권법연구 제5권 제1호(2004), 1면 이하 참조. 김이수(註 12), 156면은 증권권리를 "증권중개기관에 대한 권리 및 당해 증권중개기관이 소유하고 있는 금융자산에 대한 비례적 물권의 총합"이라고 한다.

21) 예비문서(번호 1), 25면.

22) 공유지분을 인정하더라도 관념적인 유가증권의 집합에 대해 공유지분을 인정하는 경우에는 이러한 추급은 불가능할 것이다.

법'(PRIMA)의 대립으로 나타나는 경향이 있다. 그러나 역시 아래에서 보는 바와 같이 實質法상의 차이가 準據法의 결정시 반드시 결정적인 의미를 가지는 것은 아니다.

2. 實質法의 통일을 위한 노력

유가증권협약은 實質法은 그대로 둔 채 위 모든 유형의 實質法的 接近方法에 공통적으로 통용될 수 있는 抵觸法만의 통일을 목적으로 한다. 간접보유유가증권과 관련된 각국의 實質法의 통일은 국제연합 국제무역법위원회(UNCITRAL)[23] 또는 私法統一국제연구소(UNIDROIT)[24]가 담당할 성질의 과제이다. 실제로 중요한 實質法的 側面을 조화하기 위한 작업이 UNIDROIT의 주도하에 현재 진행되고 있고 2003년 8월에는 UNIDROIT Study Group이 작성한 Position Paper[25]가 발표된 바 있다. UNIDROIT의 목적은 실질법 분야를 통일하려는 야심찬 것이 아니라 실질법의 주요 측면에 관하여 전세계적으로 통일할 필요가 있는 최소한의 원칙을 정하는 것이다. 따라서 지금으로서는 강행적인 최소한의 협약과 벤치마크의 기능을 하는 임의적 부록(annex)으로 구성될 것으로 예상된다. 우리도 이 작업의 추이에 관심을 가져야 할 것이다.

Ⅲ. 유가증권협약의 도입배경

1. 중개기관 소재지법원칙의 도입을 위한 지역적 노력

미국은 간접보유방식을 정면으로 수용하기 위한 1994년 통일상법전 제8장의 개정[26]을 통하여 통일상법전(§8-110(b),(e))에 중개기관 소재지법원칙

23) '국제거래법위원회' 또는 '국제상거래법위원회'라고도 하나 여기에서는 외교통상부의 용어를 따랐다.

24) '사법통일을 위한 국제협회'라고도 하나 여기에서는 외교통상부의 용어를 따랐다.

25) 상세는 http://www.unidroit.org/english/workprogramme/study078/item1/studygroup/positionpaper-2003-08.pdf를 참조.

26) 특히 §8-110. 국제중앙예탁기관을 두고 있는 벨기에(1967년 Royal Decree No. 62)와 룩셈부르그(1971년 Grand-Ducal Decrees)도 PRIMA를 채택하였다. 각국의 입법에 관한

을 이미 반영하였다. 즉 통일상법전은 '증권권리'(security entitlement)로부터 발생하는 증권중개기관과 증권권리보유자의 권리와, 대립하는 권리주장자간의 우열이라고 하는 측면에 대해서까지 증권중개기관의 법역(jurisdiction)의 법이 準據法이 된다고 하고((b)), 증권중개기관의 법역을 결정하는 다섯 단계를 순차적으로 규정한다.

일차적으로 당사자가 증권중개기관의 법역이라고 명시적으로 합의한 법역의 법이, 이차적으로 그런 합의가 없으면 중개기관과 계좌보유자간에 명시적으로 합의한 법이 準據法이 됨을 명시하고, 나아가 통일상법전(§ 9-305(a)(3))은 그렇게 결정된 증권권리의 準據法을 담보의 설정을 포함한 유가증권의 처분에까지 적용한다. 통일상법전(§8-110(b),(e))의 조문은 다음과 같다.[27)]

"(b)(e)에 규정된 바에 따른 증권중개기관의 법역의 현지법(local law)이 다음 사항을 규율한다.

(1) 증권중개기관으로부터의 증권권리의 취득

(2) 증권권리로부터 발생하는 증권중개기관 및 증권권리보유자의 권리와 의무

(3) 증권중개기관이 증권권리에 대하여 대립하는 권리주장자에 대해 의무를 부담하는지의 여부

(c)(d) (번역생략)

(e) 이 조의 목적상 증권중개기관의 법역은 다음 규칙에 따라 결정된다.

(1) 증권계좌를 규율하는 증권중개기관과 증권권리의 보유자간의 합의가 특정한 법역이 이 절(Part), 이 장(Article) 또는 이 법의 목적상 증권중개기관의 법역이라고 명시적으로 규정하는 경우에는 그 법역이 증권중개기관의 법역이 된다.

(2) 제1항이 적용되지 않고, 증권계좌를 규율하는 증권중개기관과 증권권리의 보유자간의 합의가 특정한 법역의 법에 의하여 규율된다고 명시적으로 규정하는 경우에는 그 법역이 증권중개기관의 법역이 된다.

소개는 예비문서(번호 1), 20면 이하 참조. 미국의 선구적인 논의는 Mooney, Jr., Beyond Negotiability: A New Model for Transfer and Pledge of Interests in Securities Controlled by Intermediaries, 12 Cardozo Law Rev. 305 (1990) 참조.

27) 통일상법전의 원칙은 김이수(註 12), 171면 이하에도 소개되어 있다.

(3) 전 2항이 적용되지 않고, 증권계좌를 규율하는 증권중개기관과 증권권리의 보유자간의 합의가 증권계좌가 특정한 법역 내의 사무소에 의하여 관리된다고 명시적으로 규정하는 경우에는 그 법역이 증권중개기관의 법역이 된다.

(4) 위의 어느 항도 적용되지 않는 경우, 계좌명세서(account statement)에 증권권리의 보유자의 계좌를 담당하는(serve) 사무소라고 특정된 사무소가 있는 법역이 증권중개기관의 법역이 된다.

(5) 위의 어느 항도 적용되지 않는 경우, 증권중개기관의 주된 업무집행사무소가 있는 법역이 증권중개기관의 법역이 된다."

또한 2001. 7. 1.자로 개정된 통일상법전 §9-305(a)(3)에 의하면, 담보권의 완성(perfection)[28]과, 완성 또는 미완성의 효력과 증권권리 또는 증권계좌에 대한 담보권의 우선권은 §8-110(e)에 규정된 바에 따른 증권중개기관의 법역의 현지법에 의하여 규율된다.[29]

한편 유럽연합에서는 1998. 5. 19. "지급 및 증권결제제도에서의 결제최종성에 관한 지침"(Directive on Settlement Finality in Payment and Securities Settlement Systems)[30](이하 "결제지침"이라 한다)(제9조 제2항)[31]에 의하여 PRIMA가 채택되었으며 동 지침은 다수의 회원국들에 의해

28) 이는 담보권자가 그의 권리를 제3자에 대하여 주장할 수 있기 위하여 필요한 요건을 구비하는 것을 말한다. 우리 법의 개념으로 말하자면 대항요건의 구비에 상응하는 것이라고 할 수 있다.

29) 1994년 개정문언을 보면 위 (e)(1)이 없이 (e)(2)가 (e)(1)로 되어 있다. 위 국문번역은 West Group의 Uniform Commercial Code 2001 edition을 기초로 한 것이다.

30) Directive 98/26/EC (OJ L 166, 11. 6. 1998, p. 45).

31) 위 결제지침의 제9조 제2항은 다음과 같다.

"Where securities (including rights in securities) are provided as collateral security to participants and/or central banks of the Member States or the future European central bank as described in paragraph 1, and their right (or that of any nominee, agent or third party acting on their behalf) with respect to the securities is legally recorded on a register, account or centralised deposit system located in a Member State, the determination of the rights of such entities as holders of collateral security in relation to those securities shall be governed by the law of that Member State. (유가증권(이에 관한 권리를 포함)이 참가자, 및/또는 회원국의 중앙은행 또는 제1항에 기술된 장래 유럽중앙은행에 담보로 제공되고, 그 유가증권에 관한 그들의 권리(또는 피지명인, 대리인 또는 그들을 위해 행위하는 제3자의 권리)가 회원국에 소재하는 등록부, 계좌 또는 중앙예탁시스템에 적법하게 기재된 경우에는, 그 유가증권에 관한 담보권 보유자로서의 그들의 권리의 결정은 그 회원국의 법률에 의한다)." 결제지침의 소개는 Dietrich Schefold, "Grenzüberschreitende Wertpapierübertragungen und Interna-

국내법화되었다. 유럽연합의회는 1999년 12월까지 모든 유럽연합 회원국들에게 PRIMA를 채택한 결제지침을 국내법화하도록 하였고, 예컨대 독일은 그에 따라 1999년 증권예탁법(Depotgesetz) 제17a조를 신설하였다.[32] 유럽연합의 2002. 6. 6.의 "금융담보약정에 관한 지침"(Directive 2002/47/EC of 6 June 2002 on financial collateral arrangements)(이하 "담보지침"이라고 한다)(제9조)도 유사하다.[33]

2. 중개기관 소재지법원칙의 도입을 위한 헤이그국제사법회의 노력

2000년 5월 헤이그에서 개최된 헤이그국제사법회의의 일반업무 및 정책에 관한 특별위원회는 유가증권에 대한 담보권의 準據法에 관한 문제를 헤

---

tionales Privatrecht—Zum kollisionsrechtlichen Anwendungsbereich von § 17a Depotgesetz," IPRax (2000), S. 472-473 참조.

32) 조문은 아래와 같다.
"Verfügungen über Wertpapaiere oder Sammelbestandanteile, die mit rechtsbegründender Wirkung in ein Register eingetragen oder auf einem Konto verbucht werden, unterliegen dem Recht des Staates, unter dessen Aufsicht das Register geführt wird, in dem unmittelbar zugunsten des Verfügungsempfängers die rechtsbegründende Eintragung vorgenommen wird, oder in dem sich die kontoführende Haupt- oder Zweigstelle des Verwahrers befindet, die dem Verfügungsempfänger die rechtsbegründende Gutschfift erteilt.(권리형성적 효력을 가지고 등록부 또는 계좌에 기재되는 유가증권 또는 혼장재고지분(혼장예탁유가증권의 지분)에 대한 처분은, 처분의 수령자를 위한 권리형성적 기재가 직접 행해지는 등록부를 감독하는 국가, 또는 처분의 수령자에 대한 권리형성적 계좌이체를 하는 수치인의 계좌를 관리하는 본점 또는 지점이 소재하는 국가의 법에 따른다)." 주목할 것은 처분의 수령자, 즉 권리의 취득자의 계좌를 기준으로 準據法을 정하는 점이다. 독일에서의 논의는 Schefold(註 31), S. 468 이하 참조. 포괄적인 논의는 Dorothee Einsele, Wertpapierrecht als Schuldrecht, (1995), S. 392 이하 참조. 이 교수자격논문은 풍부한 비교법적 논의를 담고 있으나 최근 것은 아니다. 위 조문에 관하여는 우선 MünchKommBGB/Wendehorst, Band 10 Internationales Privatrecht 4. Auflage (2006), Art. 43 Rn 240ff. 참조.

33) Directive 2002/47/EC (OJ L 168, 27. 6. 2002, p. 43). 저촉법에 관한 제9조 제1항은 다음과 같다.
"Any question with respect to any of the matters specified in paragraph 2 arising in relation to book entry securities collateral shall be governed by the law of the country in which the relevant account is maintained. The reference to the law of a country is a reference to its domestic law, disregarding any rule under which, in deciding the relevant question, reference should be made to the law of another country."

이그국제사법회의의 의안에 포함시킬 것을 결의하였다. 특히 이것이 현실적으로 매우 중요한 과제라는 점을 고려하여 이를 신속한 절차(fast track)에 의해 처리하기로 하였다. 그에 따라 사무총장은 2001년 말 이전에라도 새로운 협약의 작성과 채택의 가능성을 검토하기 위하여 2001. 1. 15.부터 19.까지 헤이그에서 전문가회의를 소집하였다.[34] 그러나 작업이 지체되어 2002년 1월 특별위원회의 전문가회의가 다시 개최되었으며, 그 후 비공식적 회의를 통한 작업이 계속되었고 예비초안이 작성되었다. 예비초안은 2002. 1. 17. 특별위원회[35]에 의해 채택된 잠정안을 수정하기 위하여 상설사무국이 2002년 3월 프랑크푸르트에서의 기초위원회 회의 후 작성한 것이다.[36]

기초위원회는 5월 예비초안에 대한 검토의견을 논의하기 위해 런던에서 회합하고 최종적인 초안을 제안하여 모든 회원국들과 관련당사자들에게 송부하였고, 이와 함께 상설사무국은 예비초안을 개선하기 위하여 일련의 지역별 워크숍을 개최하였다. 마침내 2002년 12월 개최된 외교회의에서 유가증권협약이 채택되었다.[37]

---

34) 예비문서(번호 1), 1면. 최근의 경위와 장래의 일정은 2002년 4월 22일부터 24일까지 개최된 헤이그국제사법회의 일반업무 및 정책에 관한 특별위원회의 회의를 위하여 상설사무국이 예비문서(번호 24)로 작성한 Note에 정리되어 있다. The Hague Project on Indirectly Held Securities: Work Undertaken And Progress Made Since The Meeting of Commission I on General Affairs And Policy of The XIXth Session of The Hague Conference on 21-22 June 2001.

35) 저자는 위 회의에 증권예탁원의 천창민 대리와 함께 한국대표단의 일원으로 참석하였다. 천대리는 2001년 1월의 특별위원회 회의에도 참석하였다. 2002년 12월 개최된 외교회의에는 헤이그 주재 외교관만이 참석한 것으로 보인다.

36) 이는 헤이그국제사법회의 상설사무국이 2002년 4월 작성하여 배포한 예비문서(번호 10)이다. 관련 자료는 헤이그국제사법회의의 홈페이지인 http://www.hcch.net/e/workprog/securities. html를 참조. 종래의 논의의 상세는 예비문서(번호 1)를 참조. 이에 대한 주요 국가들의 코멘트는 상설사무국이 2002년 5월 작성한 예비문서(번호 15)에 정리되어 있다.

37) 예비초안에 관하여는 석광현(註 11), 97면 이하; Christoph Bernasconi, Indirectly Held Securities: A New Venture for the Hague Conference on Private International Law, in Yearbook of Private International Law, Vol. Ⅲ (2001), Petar Šarčević and Paul Volken (editors), p. 63 이하; 早川吉尙, "口座管理機關によって保有される證券について權利の準據法に關する條約草案," 商事法務 No. 1642(2002. 10. 25.), 4면 이하 참조.

Ⅳ. 유가증권협약의 주요 내용

유가증권협약을 작성함에 있어서는 PRIMA 자체의 타당성에 대해서는 별로 이견이 없었다. 중요한 쟁점은 PRIMA의 구체적인 내용을 어떻게 정할 것인가, 복수단위국가(Multi-unit State)의 경우 PRIMA를 어떻게 적용할 것인가와, PRIMA를 채택할 경우 기존의 권리를 어떻게 취급할 것인가의 문제 등이었다. 첫째의 논점은, PRIMA의 구체적인 내용을 정함에 있어서 당사자의 합의를 허용할 것인가, 만일 허용한다면 당사자의 합의는 유가증권을 관리하는 장소에 관한 합의인가, 準據法에 관한 합의인가, 또한 당사자의 합의가 없는 경우 準據法을 정하는 보충적 규칙은 무엇인가와 그 밖에 準據法의 결정과 관련된 논점들이 포함된다. 아래에서는 다음의 순서로 논의한다.

첫째 유가증권협약의 목적(1.)
둘째 일차적 규칙, 즉 당사자들의 합의에 의한 準據法의 결정(2.)
셋째 보충적 규칙, 즉 당사자들의 합의가 없는 경우에 적용할 규칙(3.)
넷째 복수단위국가(Multi-unit State)의 경우 PRIMA의 적용(4.)
다섯째 PRIMA를 채택할 경우 기존권리의 취급(5.)
여섯째 國際倒産의 문제점(6.)
일곱째 反定의 허용 여부(7.)
여덟째 準據法의 결정과 관련된 몇 가지 논점들(8.)

1. 유가증권협약의 목적

유가증권협약은 위와 같이 상이한 각국의 實質法의 통일을 목적으로 하지 않고 實質法은 그대로 둔 채 위 모든 유형의 實質法的 接近方法에 공통적으로 통용될 수 있는 抵觸法만의 통일을 목적으로 하는 것이다. 이는 논리적으로 抵觸法만의 통일이 가능하다는 것을 당연한 전제로 하는 것이다.[38] 이처럼 抵觸法만의 통일을 목적으로 하는 것은 유럽연합의 결제지침과 담보지침도 마찬가지이다.

38) 김이수(註 12), 196-197면은 직접보유자에게는 증권소재지법주의를, 간접보유자에게는 계좌소재지법주의를 적용하는 것은 모순된 것이라고 하면서 실질법상 투자자의 법적 지위에 대한 재구성을 수반하지 않는 국제사법만의 개정에 반대한다.

2. 간접보유유가증권의 準據法—일차적 규칙

위에서 언급한 바와 같이 담보설정자가 자신의 증권계좌를 개설하고 그를 통하여 유가증권을 보유하는 중개기관의 소재지법을 간접보유유가증권에 대한 담보, 처분 기타 物權法的 爭點, 보다 정확하게는 유가증권협약 제2조 제1항에 열거된 쟁점들[39]의 準據法으로 보는 견해가 PRIMA이다. 이미 미국과 유럽연합에서 PRIMA가 채택된 바 있으므로 유가증권협약에서 PRIMA가 채택된 것은 어쩌면 당연한 것이라고 할 수 있다. 그러나 PRIMA의 구체적인 내용에 관하여는 아래에서 보는 바와 같이 차이가 있다.

PRIMA는 간접보유유가증권에 대한 전통적인 접근방법인 이른바 '투시접근방법'(look-through approach)[40]과 대비되는 새로운 접근방법이다. 즉 투시접근방법에 의하면, 중개기관에 보유된 유가증권의 처분에 관한 準據法을 결정함에 있어 중간에 개재하는 모든 중개기관은 투명한 것으로 취급되고 마치 투자자가 예탁되어 있는 유가증권을 추급할 수 있어서 그것(또는 그것의 집합)에 대해 직접 권리를 가지고 있는 것처럼 취급된다.[41] 그러나 투시접근방법은 간접보유유가증권의 경우에는 적절하지 않다. 왜냐하면, 그 경우 투자자의 권리는 그와 직접적인 관계를 가지는 중개기관의 계좌에만 기재될 뿐이고 발행인이나 다른 중개기관에는 전혀 기재되지 않으며 그에 대한 담보권도 또한 마찬가지이므로, 투시접근방법을 취하는 것은 실제로 물권에 관한 명령을 집행할 수 없는 곳의 법을 準據法으로 하는 결과가 되어 물권에 관한 國際

---

39) 제2조 제1항에 열거된 쟁점들은 대체로 다음과 같다.
"a) 증권계좌에 유가증권을 증가기재함으로써 발생하는 권리의 법적 성질 및 중개기관과 제3자에 대한 효력
b) 간접보유유가증권의 처분의 법적 성질과 중개기관과 제3자에 대한 효력
c) 간접보유유가증권의 처분의 완성을 위한 요건이 있는 경우 그 요건
d) 간접보유유가증권에 대한 어떤 자의 권리가 타인의 권리를 소멸시키는지 또는 그 권리에 대해 우선하는지 여부
e) 간접보유유가증권에 대하여 계좌보유자 또는 타인과 경합하여 권리를 주장하는 계좌보유자 이외의 자에 대하여 중개기관이 부담하는 의무
f) 간접보유유가증권에 대한 권리의 실현을 위한 요건
g) 간접보유유가증권에 대한 처분이 배당금, 소득, 기타 분배금 또는 상환금, 매매대금 또는 기타 대금에 대한 권리에까지 미치는지 여부."

40) 정확히는 '기초 유가증권을 투시하는 접근방법'(look-through to underlying securities approach)이다. 이는 우리 나라뿐만 아니라 우리와 유사한 증권결제제도를 가지고 있는 독일과 일본에서도 마찬가지로 익숙한 개념이다.

41) 예비문서(번호 1), 28면 이하.

私法의 일반원칙에 반한다는 것이다.[42] 또한 오늘날 투자자가 간접보유하는 다양한 종류의 유가증권을 담보물로 제공하는 경우가 빈번한데, 만일 투시접근방법을 따른다면 담보권자는 다양한 복수의 準據法에 따라 각각 담보권을 설정하지 않을 수 없게 되어 현실적인 어려움을 초래한다는 것이다.[43]

PRIMA는 위에서 본 바와 같이 통일상법전(§8-110(b),(e))의 접근방법이기도 하다. 그러나 예비초안과 유가증권협약은 통일상법전(§8-102(a)(17))이 채용하고 있는 증권권리라는 개념을 사용하지는 않는다. 과거 2001년 1월 초안은 증권권리에 상응하는 것으로서 '계좌권리'(account right)라는 개념을 사용하였으나, 증권과 계좌권리는 실질적으로 동일한데 이를 표현하고자 상이한 용어를 사용하는 것은 적절하지 않고, 계좌권리는 마치 유가증권협약이 규율하지 않는 계약상의 권리를 포함하는 것으로 오해될 염려가 있다는 이유로 삭제되었다.[44] 또한 유가증권협약은 '간접보유유가증권'이라는 개념을 사용하지 않고 단순히 '중개기관에 보유된 유가증권'이라는 개념을 사용한다.

위에서 본 바와 같이 제2조 제1항에 규정된 쟁점은 "중개기관에 보유된 유가증권에 대한 담보, 처분 기타 物權法的 爭點"을 포함한다. 그러나 유가증권협약은 유가증권 거래 당사자의 계약상 권리 및 의무와 중개기관과 계좌보유자간의 관계에서 발생하는 계약상 권리 및 의무의 準據法을 정하는 것은 아니다(제2조 제3항).

주목할 것은, 증권계좌에 대한 유가증권의 증가기재(credit. 대변기재라고도 한다. 이하 양자를 호환적으로 사용한다)로부터 발생하는 권리가 물권, 채권 또는 기타의 권리인지, 즉 성질결정의 문제도 유가증권협약에 따라 결정되는 準據法에 의하여 규율된다는 점이다. 우리 國際私法의 일반원칙에 따르면 연결대상이 물권, 채권 또는 기타의 권리인지에 따라 즉 성질결정에 따라 연결원칙이 다르게 되므로, 유가증권협약의 접근방법은 우리 國際私法의 통상적인 접근방법과는 차이가 있다.

그러나 PRIMA의 구체적 내용을 보면 예비초안과 유가증권협약은 차이가 있다. 따라서 아래에서는 예비초안과 유가증권협약을 대비하여 살펴본다.

---

42) 예비문서(번호 1), 28면. PRIMA에 관한 상세한 논의는 예비문서(번호 1), 27면 이하 참조.

43) 예비문서(번호 1), 29면.

44) 예비문서(번호 3), 3면.

가. 예비초안(제4조)

(1) PRIMA의 채택(제4조)—당사자가 합의한, 증권계좌를 관리하는 관련중개기관 소재지의 법

예비초안은 PRIMA를 채택하였다. 즉 예비초안 제4조 제1항은 "제2조 제1항에 규정된 쟁점에 적용될 準據法은 [그 쟁점의 원인된 사실 발생 당시][45] 관련중개기관이 소재하는 국가의 법이다"라고 하여 이를 명시하였다. PRIMA는 위에서 본 통일상법전 §8-110(b),(e)의 접근방법이기도 하나 예비초안은 계좌약정의 準據法을 적용하는 이차적인 단계를 채용하지 않는다.[46] 그러나 예비초안의 PRIMA는 유가증권협약이 채택한 변형된 PRIMA와는 차이가 있는데, 그 차이점은 아래에서 논의한다.

예컨대 아래에서 보는 바와 같이 담보설정자(X)가 A국에 소재하는 중개기관에 계좌를 가지고 있고, 담보권자(Y)도 동일한 중개기관에 계좌를 가지고 있는 경우 담보권의 설정은 별로 어려운 문제를 제기하지 않는다.

[사안 F1]—담보설정자와 담보권자가 동일한 중개기관에 계좌를 가지는 경우

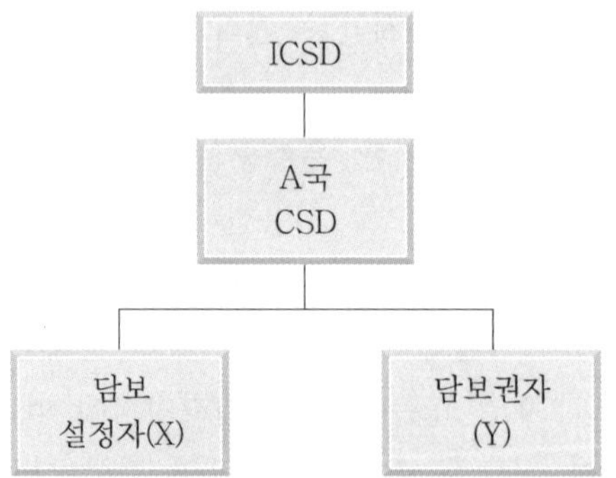

*예비문서(번호 1)가 제시하는 사안은 별첨 Ⅰ을 참조

---

45) 이러한 기준시점을 둘 필요가 있는지에 관하여는 견해가 나뉘었다. 참고로 물권의 준거법을 정하는 우리 국제사법 제19조 제2항은 "제1항에 규정된 권리의 득실변경은 그 원인된 행위 또는 사실의 완성 당시 그 목적물의 소재지법에 의한다"고 규정하여 기준시점을 명확히 하고 있다.

46) 협약안의 작성을 위한 기초위원회(Drafting Committee)의 의장을 맡았던 Goode 교수도 담보권의 準據法에 관하여 당사자가 합의한 準據法에 의하도록 하는 데 대해서는 비판적이었다. Roy Goode, Security Entitlements as Collateral and the Conflict of Laws, Butterworths Journal of International Banking and Financial Law—Special Supplement (1998), p. 27.

(2) 관련중개기관 소재지의 결정(제4조 제2항)과 실재기준

PRIMA를 채택한 것으로 문제가 해결되는 것은 아니다. 왜냐하면 "관련중개기관이 소재하는 국가"를 어떻게 결정할 것인가가 문제되기 때문이다. 실제로 특별위원회의 회의에서는 장기간 이를 둘러싸고 상당한 의견의 대립이 있었고 여러 차례 초안이 수정되었다. 논쟁의 핵심은 관련중개기관의 소재지를 실제로 증권계좌를 관리하는 중개기관의 소재지로 할 것인지, 아니면 계좌보유자와 관련중개기관이 그곳에서 증권계좌를 관리하기로 합의한 국가(즉 합의된 관리지)인가의 여부였다. 즉 전자는 사실적 요소를 중시하는 견해인 데 반하여, 후자는 당사자의 합의를 중시하는 견해라고 할 수 있다. 영미법계 국가, 특히 미국은 후자를 강력히 주장하였으나 일부 대륙법계 국가들은 전자를 선호하는 경향을 보였다.

전자는 國際私法상 準據法을 결정함에 있어서는 실제로 문제된 쟁점(issue)과 가장 밀접한 관련을 가지는 법을 準據法으로 지정해야 한다는 대원칙과, 특히 유가증권협약은 계약법상의 권리·의무가 아니라 간접보유유가증권에 대한 物權法的 爭點에 대한 準據法을 정하는 것인데 종래 國際物權法의 분야에서는 원칙적으로 當事者自治가 허용되지 않는다는 점을 강조하였다.[47] 반면에 후자는 실제로 증권계좌를 관리하는 중개기관의 소재지를 결정하는 것은 많은 경우 불가능하고, 설사 가능하더라도 이를 시행하기 위해서는 상당한 추가적인 비용이 발생할 것이며, 나아가 중개기관이 변경되는 경우 準據法의 변경이 있게 된다는 현실적인 문제점을 지적하였다. 또한 만일 중개기관 소재지를 결정함에 있어 당사자의 합의를 무시한다면, 당사자들은 증권계좌를 관리하는 중개기관을 변경함으로써 목적을 달성할 수 있을 것이므로 이러한 번잡을 강요하는 대신 곧바로 당사자의 합의를 존중하는 것이 솔직하다는 점도 지적할 수 있을 것이다. 어쨌든 많은 논란 끝에 예비초안에서는 일종의 타협안으로 다음과 같은 제2항이 채택되었다.

---

47) 담보설정자와 담보권자가 합의에 의해 담보권의 준거법을 지정하는 것은 아니므로 엄밀히 말하자면 이는 통상의 당사자자치는 아니다. 예비초안은 엄밀한 의미의 당사자자치를 허용하는 것은 아니며 단지 담보설정자와 중개기관간에 증권계좌의 준거법에 관한 합의가 결과적으로 담보설정자와 담보권자간에 체결되는 담보거래(내지는 담보권)의 준거법이 된다. 이를 편의상 당사자자치라고 부를 수는 있을 것이다. 스위스 국제사법(제104조)은 동산에 관하여 엄밀한 의미의 당사자자치를 허용하나, 우리 국제사법은 당사자자치를 허용하지 않는다.

"제1항의 국가는 계좌보유자와 관련중개기관이 그곳에서 증권계좌를 관리하기로 합의한 국가이다. 다만, 합의시에 관련중개기관은 그 국가에, 단독으로 또는 그 국가 또는 다른 국가에서 관련중개기관의 다른 사무소와 함께 또는 관련중개기관을 위하여 활동하는 타인과 함께, 증권계좌를 관리하는 영업 기타 통상적 활동에 종사하는 사무소를 가지고 있어야 한다."[48]

즉 위의 문언은 그곳에서 증권계좌를 관리하기로 하는 당사자들의 합의(즉 관리지에 관한 합의)[49]에 의하여 準據法을 정하는 것을 원칙으로 하되, 일종의 실재기준(reality test)[50]으로서 관련중개기관이 그곳에 증권계좌의 관리라는 업무 또는 통상적인 활동에 종사하는 사무소를 가지고 있어야 한다는 점을 요구한다. 주의할 것은, 그러한 사무소가 일반적으로 증권계좌를 관리하는 영업 기타 통상적 활동에 종사하면 족하지, 반드시 계좌보유자의 당해 증권계좌를 관리하는 영업 기타 통상적 활동에 종사할 것을 요구하지는 않는다는 점에서 실재기준은 매우 완화된 것이라는 점이다.

특별위원회에서 여기까지 어렵게 합의가 이루어졌다. 논의과정에서 진정한 의미의 실재기준이라고 할 수 있기 위해서는 관련중개기관이 사무소를 가지고 있다는 것만으로는 부족하고, 당해 사무소가 문제된 당해 유가증권을 실제로 관리해야 한다는 주장이 있었지만 이는 위에서 지적한 현실적인 문제점 때문에 배척되었다.

---

48) 4월 예비문서(번호 10) 제4조 제2항. 그 이후의 변경과정은 다음과 같다.
2002년 5월의 예비문서(번호 13)는 일차적 규칙(제4조)과 보충적 규칙(제4조의2)을 정한 수정안을 제시하였다. 여기의 일차적 규칙(제4조)은 여전히 "제2조 제1항에 명시된 모든 쟁점들의 準據法은, 계좌보유자와 관련중개기관간에 [그 국가 내에서 증권계좌가 관리되는 것으로 합의된] 국가의 법이다. 다만 약정시에 관련중개기관이 그 국가 내에 영업소를 가지고 있고, 그 영업소가 다음 요건을 충족하는 것을 조건으로 한다"고 규정함으로써 당사자의 합의내용이 準據法에 관한 합의가 아니라 증권계좌의 관리지에 관한 합의임을 명시하고 있었다. 그러나 2002년 6월의 예비문서(번호 15)는 일차적 규칙(제4조)과 보충적 규칙(제4조의2)을 일부 수정한 초안을 제시하였는데 여기에서 처음으로 일차적 규칙은 당사자들이 "그러한 쟁점들의 準據法으로 합의한 국가의 법"이 Option A로 등장하고, 위에서 본 기존의 안은 Option B가 되었다. 즉 Option A는 準據法을 직접 지정하는 것인 데 반하여, Option B는 증권계좌의 관리장소를 지정하는 것이라는 점에서 차이가 있다. 이 두 개의 Option에 대한 지역별 워크숍 결과를 정리한 것이 2002년 9월의 예비문서(번호 16)이고, 양자의 장단점을 도표로 정리한 것이 2002년 11월의 예비문서(번호 18의2)이다.

49) 즉 당사자들의 합의는 계좌약정의 준거법에 관한 합의를 말하는 것은 아니라는 점을 주목할 필요가 있다.

50) 저자는 전에는 이를 '현실적인 기준'이라고 번역하였으나 여기에서는 '실재기준'(實在基準)이라는 표현을 사용한다.

(3) 관련중개기관 소재지의 결정시 고려 요소(제4조의2, 제4조의3)

예비초안 제4조 제3항은 증권계좌를 관리하기로 하는 합의는 명시적이거나 계약의 전체적인 조건으로부터 묵시적으로 표시되어야 한다는 취지로 규정한다.[51] 그러나, 묵시적 합의에 대해서는 법원의 자의적 판단이 개입할 가능성이 있다는 우려가 제기되었다. 이러한 우려를 인지하고, 또한 실재기준(reality test)의 충족 여부를 판단함에 있어 고려할 요소를 예시하고자 미국의 제안에 따라 제4조의2와 제4조의3이 잠정적으로 규정되었다.[52]

제4조의2가 예시적으로 열거하고 있는 활동이 통상적으로 행해지는 경우, 위에서 본 실재기준, 즉 중개기관의 사무소가 증권계좌를 관리하는 영업 기타 통상적 활동에 종사하는 것으로 본다. 이것이 이른바 '백색목록'(white list)[53]인데 (a) 증권계좌에 관한 계약의 체결 또는 수령, (b) 계좌보유자가 증권계좌와 관련한 중개기관과의 통신, (c) 증권계좌에 관한 중개기관의 법적·규제적·감사적 포지션 감시 또는 계좌보유자에 대한 지원 기능의 수행, (d) 계좌명세서상의 주소 기재 또는 계좌명세서의 작성, (e) 중개기관에 의한 증권계좌에의 기재, 저장 또는 관리 및 (f) 그 사무소가 증권계좌를 관리하고 있음을 특정할 수 있는 유일한 계좌번호, 은행코드 또는 다른 식별수단의 존재 등이 그에 포함된다.[54]

반면에 제4조의3은 관련중개기관 소재지를 결정함에 있어 고려할 수 없는 요소들을 열거한다. 이것이 이른바 '흑색목록'(black list)[55]인데 (a) 유가

---

51) 이는 일부 유럽공동체 회원국들에 의해 1980년 채택되었고 현재 유럽연합에서 적용되는 계약채무의 준거법에 관한 로마협약 제3조 제1항을 참소한 것이다. 동항의 제1문, 제2문은 "계약은 당사자들이 선택한 법에 의하여 규율된다. 선택은 명시적이거나 계약의 조항들 또는 사안의 제사정으로부터 합리적인 확실성을 갖도록 표시되어야 한다"고 규정한다. 이에 관하여는 석광현, "契約上 債務의 準據法에 관한 유럽共同體 協約(일명 "로마協約")," 국제사법과 국제소송 제1권(2001), 53면 이하 참조.

52) 제4조의2와 제4조의3은 문언에 다소 차이가 있다. 전자는 중개기관의 사무소가 증권계좌를 관리하는 영업 또는 활동에 종사하는지 여부를 판단하는 기준을 제시하는 데 반하여, 후자는 관련중개기관 소재지 국가의 결정시 고려할 수 없는 요소를 열거한다. 즉 문면상 전자는 증권계좌를 관리하기로 하는 당사자의 합의와는 관계없이 단지 실재기준(reality test)에만 관련된 것으로 보이나, 후자는 당사자의 합의와도 관련이 있는 것이 아닌가 생각된다. 다만 이러한 차이가 의도적인 것인지는 분명하지 않다.

53) 이는 규정방식에는 차이가 있지만 통일상법전 §8-110(e)과 비교해 볼 필요가 있다.

54) 제4조의2에 관하여는 예비초안 별첨 1로 대안이 제시되어 있었다.

55) 흑색목록은 통일상법전 §8-110(f)와 유사하다. 동조는 다음과 같이 규정한다.
"증권중개기관의 법역은 금융자산을 표창하는 증서의 물리적 소재, 증권권리보유자가 증권권리를 보유하는 관련 금융자산의 발행인이 설립된 법역 또는 계좌와 관련된 정보처리 또는 기타 기록관리를 위한 설비의 소재지에 의해 결정되지 않는다."

증권을 표창하거나 증명하는 증서의 소재지, (b) 증권보유자 등록부의 소재지, (c) 유가증권 발행인의 조직지 또는 설립지 또는 발행인의 법령상의 본거, 경영중심지, 주된 사무소 소재지 또는 등록사무소 소재지, (d) 관련중개기관을 제외한 다른 중개기관 소재지 또는 (e) 증권계좌를 위한 기장 또는 자료처리를 지원하는 기술 소재지 등이 그에 포함된다.

이러한 목록을 두는 데 대해서는 이는 법원이 모든 사정을 고려해서 판단해야 한다는 일반적인 해석의 원칙에 반한다는 비판이 있었다.

나. 유가증권협약(제4조)

(1) 변형된 PRIMA의 채택(제4조)—당사자들이 명시적으로 합의한 準據法

간접보유유가증권은 계좌약정의 準據法으로 계좌약정에서 명시적으로 합의한 법, 또는 계좌약정이 그의 準據法이 아닌 다른 법이 간접보유유가증권의 準據法이 된다고 명시한 경우 그 법에 따른다(제4조 제1항 1문). 이는 결국 2002년 6월의 예비문서(번호 15)가 Option A로서 처음으로 도입한 원칙, 즉 당사자들이 합의한 準據法에 의한다는 원칙이 채택된 것이다. 여기에서 계좌약정(account agreement)이라 함은 증권계좌와 관련하여 관련중개기관과 체결한 증권계좌를 규율하는 약정을 말한다.

위에서 본 바와 같이, 유가증권협약의 성안과정에서 처음부터 PRIMA를 채택하는 데 대하여는 별 이견이 없었지만 그의 구체적인 내용, 즉 관련중개기관의 소재지가 실제로 증권계좌를 관리하는 중개기관의 소재지인지, 아니면 계좌보유자와 관련중개기관이 그곳에서 증권계좌를 관리하기로 합의한 국가(즉 합의한 관리지)인지가 논쟁의 핵심이었고, 그 결과 예비초안(제4조 제2항)은 후자에 따라 계좌보유자와 관련중개기관이 그곳에서 증권계좌를 관리하기로 하는 합의에 의하되, 실재기준(reality test)으로서 관련중개기관이 그곳에 실제로 증권계좌의 관리라는 업무 또는 통상적인 활동에 종사하는 사무소를 가지고 있을 것을 요구하였다.[56]

그러나 유가증권협약 제4조 제1항은 예비초안의 태도를 변경하여, 계좌

---

56) 이 경우 계좌의 사실적 관리를 중시한다면, 실제로 증권계좌를 관리하는 중개기관 소재지법이 準據法이 되어야 한다. 그러나 통일상법전(제8-110조, 제9-305조)은 당사자들의 합의를 존중하고, 이해관계인들이 쉽게 특정할 수 있는 하나의 법체계(single, readily identifiable body of law)를 지정하자는 정책적 고려를 강조하여 당사자들이 합의한 중개기관 소재지법을 準據法으로 본다.

보유자와 관련중개기관이 그곳에서 증권계좌를 관리하기로 명시적 또는 묵시적으로 합의한 국가(즉 합의한 관리지) 대신, 당사자들이 명시적으로 합의한 계좌약정의 準據法, 또는 달리 간접보유유가증권의 準據法으로 명시적으로 합의한 법이 準據法이 된다고 규정한다. 즉 예비초안은 '증권계좌의 관리지'에 관한 당사자들의 합의에 착안하는 데 반하여, 유가증권협약은 '계좌약정의 準據法'에 관한 당사자들의 합의에 착안하는 점에서 차이가 있다. 이러한 변경은 위에서 본 통일상법전(§8-110(e)(2))의 태도를 반영한 것으로 보인다.[57]

이는 엄밀하게는 國際私法理論에서 말하는 當事者自治는 아니다. 간접보유유가증권에 대한 담보의 準據法은 담보계약의 당사자인 담보설정자, 즉 계좌보유자와 담보권자간의 합의에 의하여 결정되는 것이 아니라 계좌약정의 準據法 또는 간접보유유가증권의 準據法에 관한 담보설정자와 중개기관의 합의에 따르는 것이기 때문이다. 이를 편의상 當事者自治라고 부를 수는 있지만 그 의미를 정확히 할 필요가 있다.

상설사무국의 문서[58]는 예비초안과 비교할 때 유가증권협약은 법적 확실성과 예측가능성을 확보하기 위하여 적절하다고 하고 다음과 같이 설명한다. 이는 예비초안과 유가증권협약을 대비한 것이면서, 한편으로는 2002년 6월의 예비문서(번호 15)의 Option B와 Option A를 대비한 것이기도 하다.

첫째, 예비초안(Option B)은 당사자들간에 그 국가 내에서 증권계좌가 관리되는 것으로 명시적 또는 묵시적으로 합의할 것을 요구하는데, 이는 법원으로 하여금 실제로 그 국가내에서 증권계좌가 관리되는지를 확인하도록 부추길 가능성이 있다. 만일 이 요건이 구비되지 않는다면 법원은 보충적 규칙을 적용할 것이므로 유가증권협약에 의하여 달성하고자 하는 법적 확실성과 예측가능성이 손상된다는 것이다. 만일 예비초안이 증권계좌가 실제로 당사자들이 합의한 국가 내에서 관리될 것을 요구하지 않는다면 이는 아무런 의미가 없게 된다. 어느 견해를 취하든 예비초안은 문제가 있다는 것이다.[59]

둘째, 예비초안(Option B)은 당사자들간에 그 국가 내에서 증권계좌가 관리되는 것으로 명시적 또는 묵시적으로 합의할 것을 요구하는데, 이는 경우에 따라 국내 세법상 뜻하지 않은 부작용을 초래할 우려가 있고, 한편으로

---

57) 그러나 통일상법전과 동일하지는 않다.

58) 2002년 9월의 예비문서(번호 16)와 2002년 11월의 예비문서(번호 18의2)를 말한다.

59) 예비문서(번호 16), 3면은 이를 'second guessing의 쟁점'이라고 한다.

는 반대로 당사자들이 세법상의 이유로 계좌는 특정국가에서 관리하되 제2조에 정한 쟁점들에 대해 당해 국가의 법을 적용하기를 원하지 않을 수도 있다는 점도 지적되었다.

위에서 언급한 바와 같이 예비초안은 명백히 PRIMA를 취한 것이었다. 그에 따르면 관련중개기관의 소재지가 중요한 의미를 가지기 때문이었다. 그러나 유가증권협약에 따르면, 특히 일차적 규칙에 관하여는 간접보유유가증권의 처분의 準據法은 담보설정자와 중개기관이 합의에 의하여 지정한 계좌약정의 準據法에 의하기 때문에 관련중개기관의 장소, 즉 'place of the relevant intermediary'는 별 의미가 없다. 저자가 위에서 유가증권협약의 태도를 '변형된(또는 수정된) PRIMA'라고 기술한 것은 이러한 이유에서이다. 헤이그국제사법회의는 유가증권협약이 PRIMA를 취한 것이라고 설명하고 협약의 前文도 그렇게 언급하고 있지만, 엄밀하게 말하자면 그러한 평가는 적절하지 않다. 왜냐하면 협약은 PRIMA에 기초한 것이 아니므로 비록 '변형된'이라는 수식어를 추가하더라도 정확하지 않기 때문이다.

(2) 관련중개기관이 되기 위한 실재기준(제4조 제2항)

예비초안(제4조 제2항)은 실재기준으로서 관련중개기관이 그곳에 실제로 증권계좌의 관리라는 업무 또는 통상적인 활동에 종사하는 사무소를 가지고 있어야 한다는 점을 요구함은 위에서 본 바와 같다. 유가증권협약도, 제4조 제1항에 따라 당사자들이 합의한 準據法은 약정시에 관련중개기관이 실제로 그 국가에 다음 요건을 충족하는 영업소를 가지고 있는 경우에만 적용된다(제4조 제1항 2문)고 규정함으로써 실재기준을 요구한다.

> "a) 단독으로, 또는 관련중개기관의 다른 영업소 또는 관련중개기관을 위하여 행위하는 타인과 함께 i) 증권계좌에의 기재를 행하거나 감시(모니터)하거나, ii) 간접보유유가증권과 관련된 지급 또는 회사행위(corporate actions)를 관리하거나, 또는 iii) 그 밖에 증권계좌를 관리하는 영업 기타 통상적 활동에 종사하거나, 또는
> b) 계좌번호, 은행코드, 그 밖의 특정 수단에 의하여 그 국가에서 증권계좌를 관리하는 영업소로 특정될 것."

그러나 유가증권협약(제4조 제2항)은 위 (a)호의 목적상 다음의 사유만

으로 영업소는 증권계좌를 관리하는 영업 기타 통상적 활동에 종사하는 것이 되지 않는다고 명시한다.

"a) 영업소가 증권계좌를 위하여 기장(bookkeeping) 또는 자료처리를 지원하는 기술체계(technology)가 위치하는 장소라는 이유
b) 영업소가 계좌보유자와의 교신을 위한 통신센터(call center)가 위치하거나 운영되는 장소라는 이유
c) 영업소가 증권계좌와 관련된 우편물이 작성되거나 파일 또는 기록들이 소재하는 장소라는 이유, 또는
d) 영업소가 증권계좌의 관리 또는 개설과 관련된 것 이외의 대표적 기능과 행정적 기능에만 종사하고, 어떠한 계좌약정을 체결하기 위한 구속력 있는 결정을 할 권한을 가지지 않는 경우."

예비초안의 경우와 마찬가지로, 유가증권협약(제4조 제1항 및 제2항)에 의하면, 예컨대 한국의 계좌보유자가 미국에 아무런 사무소를 가지고 있지 않은 중국의 투자은행을 통하여 유가증권을 보유하는 경우 계좌약정의 準據法 또는 간접보유유가증권의 準據法을 뉴욕주법으로 합의할 수는 없다.[60] 그러나, 예컨대 한국의 계좌보유자가, 뉴욕에 사무소를 가지고 있는 영국의 투자은행을 통하여 유가증권을 보유하는 경우 실제로 당해 증권계좌가 홍콩에 있는 사무소를 통하여 관리되더라도 당사자들은 계좌약정의 準據法 또는 간접보유유가증권의 準據法을 뉴욕주법으로 합의할 수 있다.[61] 이러한 예를 생각한다면 실재기준이 가미되기는 하였지만 그 기준이 매우 완화된 것임을 알 수 있다.

(3) 準據法의 결정시 무시되는 요소들(제6조)

제6조는, 유가증권협약에 따라 準據法을 결정하는 데 있어서 고려해서는 아니 되는 사항을 다음과 같이 열거하고 있다.

"a) 유가증권의 발행인의 설립지 또는 조직지 또는 발행인이 법령상의 본거,

60) 예비초안에 따르면 "증권계좌를 뉴욕에서 관리하는 것으로 합의할 수는 없다"고 해야 할 것이다.
61) 예비초안에 따르면 "증권계좌를 뉴욕에서 관리하는 것으로 합의할 수 있다"고 해야 할 것이다.

등록된 사무소, 경영중심지 또는 영업소 또는 주된 영업소를 가지는 장소
b) 유가증권을 표창하거나 증명하는 증서의 소재지
c) 유가증권의 발행인에 의하여 또는 그를 위하여 관리되는 유가증권 보유자의 등록부의 소재지, 또는
d) 관련중개기관이 아닌 어떤 중개기관의 소재지."

이는 위에서 본 예비초안(제4조의3)의 흑색목록을 일부 수정한 것이다.[62)]

(4) 계좌보유자와 관련중개기관간의 거래(제4조 제3항)

한편 계좌보유자들간의 거래가 아니라 계좌보유자와 중개기관간의 거래에 관하여 유가증권협약은 특칙을 둔다. 즉 유가증권협약(제4조 제3항)에 따르면, 특정 간접보유유가증권의 계좌보유자가 특정 중개기관을 위하여 하는 처분에 관하여는 유가증권협약의 목적상으로는, 그 중개기관이 그의 장부상 증권계좌를 관리하는지에 관계없이 a) 그 중개기관이 관련중개기관이고, b) 그 계좌보유자와 그 중개기관간의 계좌약정이 관련계좌약정이며, c) 제5조 제2항과 제3항의 목적상 증권계좌는 처분의 직전에 유가증권이 그에 증가기재되는 증권계좌이다. 제4조 제3항은 예비초안에는 없던 조문인데 예컨대 중개기관이 계좌보유자에게 여신을 제공하고 담보권을 취득하는 경우와 같은 거래에 있어 법률관계를 명확히 하기 위하여 2002년 12월 개최된 외교회의 시 일본의 제안에 따라 신설된 것이다.

3. 당사자들의 合意가 없는 경우의 처리 ―보충적 규칙

일차적 규칙에 따라 간접보유유가증권에 대한 담보, 처분 기타 物權法的 爭點의 準據法이 결정되지 않는 경우에 대비하여 보충적 연결원칙을 둘 필요가 있다. 예비초안과 유가증권협약은 모두 당사자들의 합의가 없는 경우에 적용될 보충적 규칙을 두고 있으나, 그 구체적인 내용은 차이가 있으므로 아래에서는 양자를 차례대로 검토한다.

---

62) 즉 예비초안(제4조의3) 제1항 (e) "증권계좌를 위한 계좌부 관리 또는 데이터 처리를 지원하는 기술 소재지"가 삭제되었다.

가. 예비초안(제4조 제4항)

예비초안(제4조 제4항)에 따르면, 관련중개기관의 소재지 국가가 제2항에 의해 결정되지 않는 경우 그 국가는 (a) 관련중개기관의 설립 또는 조직의 準據法이 속하는 국가가 되고, (b) 만일 이것이 없는 경우, 관련중개기관의 영업소 소재지 국가가 된다. 다만 관련중개기관이 둘 이상의 영업소 소재지를 가지고 있는 경우 주된 영업소 소재지 국가가 된다.

나. 유가증권협약(제5조)

유가증권협약은 제5조에서 보충적 규칙을 규정하고 있는데, 제5조는 보충적 규칙을 다음과 같이 3단계로 규정한다.

첫째, 관련중개기관이 특정 영업소를 통해 계좌약정을 체결하였다는 점이 계좌약정에 명시적으로 의문의 여지 없이 기술된 경우, 당해 영업소 소재지 국가의 법이 간접보유유가증권의 準據法이 된다(제1항).[63] 다만 그러한 영업소가 당시 제4조 제1항 2문의 실재기준을 충족하여야 한다. 계좌약정이 관련중개기관이 특정 영업소를 통해 계좌약정을 체결하였다는 점을 명시적으로 의문의 여지 없이 기술하는지를 결정함에 있어서, 당해 영업소가 관련중개기관에 대한 통지 또는 문서의 송달처인 사실, 당해 영업소가 관련중개기관에 의한 명세서 또는 기타 문서의 제공처인 사실, 관련중개기관에 대한 법적 절차가 특정 국가에서 제기될 수 있다는 사실, 당해 영업소가 관련중개기관에 의한 용역의 제공처인 사실과, 당해 영업소가 관련중개기관에 의한 운영 또는 기능의 이행지인 사실은 고려되지 않는다(제1항).

둘째, 準據法이 제1항에 따라 결정되지 않는다면, 準據法은 서면 계좌약정 체결시, 또는 그러한 약정이 없는 경우에는 증권계좌 개설시 관련중개기관의 설립 또는 기타 조직의 準據法이 속하는 국가의 법이다(제2항).[64]

셋째, 準據法이 제1항 또는 제2항에 따라 결정되지 않는다면, 準據法은 관련중개기관이 서면 계좌약정 체결시, 또는 그러한 약정이 없는 경우에는 증권계좌 개설시 영업소를 가지는 국가의 법이다(제3항).[65]

---

63) 그 국가가 복수단위국가인 경우에 관하여는 아래(4.)에서 별도로 논의한다.
64) 그 국가가 복수단위국가인 경우에 관하여는 아래(4.)에서 별도로 논의한다.
65) 통일상법전(§8-110(e)(5))에 따르면 증권중개기관의 주된 집행사무소(chief executive office)의 소재지법이 최후의 보충적 준거법이 된다.

4. 복수단위국가의 準據法 결정(협약 제12조)[66)]

가. 準據法 결정의 원칙

전통적인 國際私法理論에 따르면 미국의 주(State)와 같은 영토적 단위는 별도의 국가처럼 취급되고, 유가증권협약과 같이 準據法의 통일을 목적으로 하는 조약에서는 反定(*renvoi*)을 허용하지 않는다. 특히 유가증권협약이 채택한 連結點(또는 連結素. connecting factor)은 국적이 아니라 어느 영토적 단위의 법을 적용하기로 하는 당사자의 합의(제4조의 경우) 또는 관련중개기관의 특정 영업소 소재지(제5조의 경우)이므로 이른바 '불통일법국법의 지정'에 따른 문제가 발생하지 않는다.[67)] 이러한 원칙에 충실하자면 불통일법국법 또는 유가증권협약의 용어로는 복수단위국가(Multi-unit State)의 경우에도 그의 법이 準據法으로 합의된 영토적 단위 또는 관련중개기관의 특정 영업소 소재지가 속하는 영토적 단위의 법을 적용해야 할 것이다.

유가증권협약도 우선은 이러한 원칙을 따른다. 상세는 간접보유유가증권의 準據法이 일차적 규칙, 즉 어느 영토적 단위의 법을 적용하기로 하는 당사자의 합의에 의해 결정되는 경우(제4조의 경우)와 보충적 규칙, 즉 관련중개기관의 특정 영업소 소재지법이 되는 경우(제5조의 경우)에 다소 차이가 있다. 양자를 나누어 본다.

① 일차적 규칙이 적용되는 경우: 일차적 연결원칙이 적용되는 제4조의 경우는, 당사자들이 특정한 영토적 단위의 법을 準據法으로 합의한 경우[68)] 제1항 1문의 '국가'는 그 영토적 단위를 말한다. 다만 제1항 2문의 실재기준을 적용함에 있어서는 '국가'는 당해 영토적 단위가 아니라 그 복수단위국가 자체를 말한다. 이는 실재기준이 더욱 완화된다는 것을 의미한다.

② 보충적 규칙이 적용되는 경우: 보충적 연결원칙이 적용되는 제5조의 경

---

66) 보다 상세한 논의는 예비문서(번호 1)를 참조. 이는 예비초안 제9조의 취지를 설명하고 있다.

67) 국적이 연결점인 경우 연방국가 중 어느 주의 법을 적용할지가 문제된다. 이에 대해 우리 國際私法 제3조 제3항은 "당사자가 지역에 따라 법을 달리하는 국가의 국적을 가지는 때에는 그 국가의 법 선택규정에 따라 지정되는 법에 의하고, 그러한 규정이 없는 때에는 당사자와 가장 밀접한 관련이 있는 지역의 법에 의한다"고 규정한다.

68) 한편 당사자들이 특정한 영토적 단위를 명시함이 없이 복수단위국가의 법을 準據法으로 합의한 경우에 관하여는 규정을 두고 있지 않다.

우는, 準據法은 특정 영업소가 소재하는 영토적 단위(제1항의 경우), 관련중개기관의 설립 또는 조직의 準據法이 속하는 영토적 단위(제2항의 경우),[69] 또는 영업소가 소재하는 영토적 단위(제3항의 경우)의 법이 된다.

나. 制限的인 反定의 도입

유가증권협약은 이른바 '制限的인 反定'을 허용하는 조항을 두는 점에 특색이 있는데 구체적인 내용은 다음과 같다.

① 일차적 규칙이 적용되는 경우: 계좌보유자와 관련중개기관이 복수단위국가의 특정한 영토적 단위의 법에 관하여 합의한 경우 제4조 제1항의 1문의 '국가'에 대한 언급은 그 영토적 단위를 말하고, 제4조 제1항의 2문의 '그 국가'에 대한 언급은 그 복수단위국가 자체를 말한다(제12조 제1항).

② 보충적 규칙이 적용되는 경우: 복수단위국가는 제5조의 결과 복수단위국가 또는 그의 어느 영토적 단위의 법이 準據法이 되는 경우, 그 복수단위국가에서 시행중인 국내 법선택규칙이 그 복수단위국가 또는 그의 특별한 영토적 단위의 實質法 規則이 적용되는지를 결정한다는 것을 선언할 수 있다(제12조 제3항 1문). 그러한 선언을 하는 복수단위국가는 헤이그국제사법회의의 상설사무국에 그러한 국내 법선택규칙의 내용에 관하여 정보를 전달하여야 한다(제12조 제3항 2문).[70]

이러한 선언을 허용하는 경우, 보충적 규칙이 적용되는 범위 내에서는, 유가증권협약의 연결원칙은 복수단위국가의 국경에서 멈추고, 당해 복수단위국가의 내부적인 문제는 당해 복수단위국가의 법선택규칙에 맡겨지는 셈이 된다. 복수단위국가 자체의 법이 準據法이 되는 경우 이는 문제될 것이 없다고 할 수 있지만, 유가증권협약에 따라 복수단위국가의 특정 영토적 단위의 법이 準據法이 되는 경우에까지 이러한 선언을 허용하는 점에 문제가 있다. 이러한 새로운 접근방법은 복수단위국가 특히 미국이 주장한 것이다.[71] 이러

69) 그러나 관련중개기관이 복수단위국가의 어느 영토적 단위의 법이 아니라 복수단위국가의 법에 따라 설립되거나 조직된 경우에는, 準據法은 관련중개기관이 서면 계좌약정 체결시, 또는 그러한 약정이 없는 경우에는 증권계좌 개설시 관련중개기관이 영업소(복수의 영업소를 가지는 경우 그의 주된 영업소)를 가지는 영토적 단위의 법이 된다(제5조 제2항).

70) 예비초안은 "다만, 이러한 선언에는 그 복수단위국가와 그 국가의 영토적 단위의 법선택규칙의 내용에 관한 정보가 수반[될 수 있다][되어야 한다]"고 규정하였는데, 유가증권협약에서는 후자가 채택된 것이다.

71) 저자는 예비초안의 경우 계좌보유자와 중개기관간에 합의한 準據法을 적용하는 것이 정

한 조항은 사실상 이른바 '制限的인 反定'—이는 轉定을 포함하는 넓은 의미의 反定을 의미한다—을 도입하는 것이다. 왜냐하면 모든 체약국에 대해서 反定을 허용하는 것이 아니라 복수단위국가, 그것도 선언을 한 복수단위국가에 대해서만 허용하되, 그 경우에도 다른 국가의 법을 지정할 수는 없고 그 복수단위국가 자체 또는 복수단위국가 내의 다른 영토적 단위의 법을 지정할 수 있을 뿐이기 때문이다. 어쨌든 이러한 制限的인 反定에 의해 準據法의 결정이 상대적으로 복잡하게 된다는 비판은 면할 수 없다.

이러한 制限的인 反定에 의하면 제5조에 따른 보충적 규칙에 의하여 미국의 어느 주(예컨대 오하이오주)의 법이 準據法이 되는 경우 당연히 당해 주법이 간접보유유가증권의 準據法이 되는 것이 아니고, 만일 미국이 유가증권협약(제12조 제3항)에 따른 선언을 하고 나아가 당해 주(예컨대 오하이오주)의 법선택규칙상 미국 또는 다른 주의 법이 지정된다면 다른 체약국들도 이를 존중해야 한다. 이러한 가능성에 대해서는 협상과정에서 그렇게 할 경우 유가증권협약이 달성하고자 하는 準據法의 통일이 저해된다는 이유로 상당한 비판이 있었다. 특히 다른 국가들로서는 특정국가의 準國際私法 또는 법선택규칙을 정확히 알기 어려우므로 그런 원칙의 적용을 희망하는 복수단위국가인 체약국은 그러한 취지의 선언을 하도록 할 뿐만 아니라, 그의 국내법선택규칙에 관한 정보를 상설사무국에 밝히도록 할 필요가 있다는 견해가 주장되어 지지를 받았는데 제3항은 이를 명시한 것이다.

다만 어느 경우이든 유가증권협약을 적용함에 있어서 복수단위국가의 어느 영토적 단위에서 시행중인 법은 그러한 단위의 법과, 그 단위에서 적용되는 한 복수단위국가 자체의 법 양자를 포함하고(제12조 제2항 a호), 복수단위국가의 어느 영토적 단위의 법이, 당해 국가의 다른 영토적 단위의 법이 공적인 등록(filing), 기록 또는 등기에 의한 완성을 규율하도록 지정하는 경우, 그러한 다른 영토적 단위의 법이 그러한 쟁점을 규율한다(제12조 제2항 b호).

면으로 채택되지는 않았으므로 미국이 복수단위국가에 관한 조항을 통하여 우회적으로 이러한 원칙을 관철하려는 의도로 이해하였다. 그러나 유가증권협약은 통일상법전과 거의 유사한 태도를 채택하였으므로 準據法을 합의한 경우 이 조항의 실익은 별로 없을 것이다.

5. PRIMA의 도입과 기존권리 및 기존 계좌약정의 취급

유가증권협약에서 PRIMA를 채택하는 경우, 기존의 準據法에 따라 적법하게 설정되고 대항요건을 구비한 유가증권 담보의 처리가 문제된다. 기득권인 기존 담보권을 보호하자면 準據法의 변경에도 불구하고 기존 담보권의 효력을 영구적으로 인정해야 할 것이나, 그렇게 할 경우 상당한 기간 동안 유가증권협약의 시행 후에 간접보유유가증권에 대해 새로이 담보권을 취득하는 자는 과거의 準據法에 따른 담보권의 유무를 살펴보아야 한다는 문제가 있게 된다. 이렇게 된다면 유가증권협약의 시행 후에도 장기간 동안 유가증권협약 전의 구체제와 유가증권협약에 따른 신체제가 병존하는 상태가 계속된다는 것이다. 반면에 유가증권협약의 소급효를 인정하고, 일종의 경과조치로서 일정한 기간 내에 유가증권협약에 따른 새로운 담보권의 대항요건을 구비하지(reperfection) 않을 경우 우선권을 부인한다면 법체계가 이원화되는 문제는 없겠지만 이는 기득권을 침해하는 것이 되어 체약국에 따라서는 헌법상 문제가 제기될 우려가 있고, 또한 새로운 요건을 구비하기 위해 상당한 비용을 초래할 수 있다는 현실적인 문제점이 지적되었다. 기존권리의 취급에 관한 유가증권협약의 태도를 이해하기 위하여 예비초안을 살펴본 뒤 유가증권협약을 검토한다.

가. 예비초안(제17조)

(1) 협약의 소급효의 유무(예비초안 제17조)

예비초안은 ① 협약의 소급효를 부정하는 것을 전제로, 협약 전의 처분과 유가증권협약 후의 처분의 우선순위에 관하여 유가증권협약에 따른 準據法에 의하도록 하는 A안과, ② 협약에 소급효를 부여하는 소수의견을 반영한 B안을 선택적으로 규정하였다. B안은 협약에 소급효를 부여하되 ① 협약의 발효 전에 담보를 취득한 자가 準據法이 협약에 따른 것과 다르다는 것을 합리적으로 신뢰하였고, ② 협약의 발효 후 6개월 이내에 협약에 의한 準據法에 따라 적절한 조치를 취하였으며, 또한 ③ 경합하는 이익을 가지고 주장하는 어떤 당사자도 소송에서 準據法이 협약에서 명시된 바와 같다고 합리적으로 신뢰하였음을 증명하지 않는 경우 법원은 마치 그 행위가 협약의 발효 전에 행해졌던 것처럼 협약을 적용하여야 한다고 규정한다. 다만, 소급효를 인정하더라도 협약의 효력 발생 전에 법원에서 이미 개시된 소송에는 영향을 미치지 아니한다(제3항).

(2) 협약 전 합의의 해석(예비초안 제17조의2)

유가증권협약이 발효되기 전에는 계좌보유자와 관련중개기관이 그곳에서 증권계좌를 관리하기로 합의하는 예가 많지는 않을 것이다. 따라서 유가증권협약에 따라 합의한 증권계좌의 관리지가 없는 경우의 처리가 문제된다. 이에 대해 미국은 증권계좌의 관리지에 관한 합의가 없더라도, 관리계약의 準據法상 중개기관의 管轄 또는 準據法의 지정이 증권계좌의 관리지의 합의로 취급되는 때에는 準據法 소속국이 합의한 증권계좌의 관리지국인 것으로 본다는 조항을 예비초안에 넣자는 제안을 하였다. 당초 이 제안은 제4조와 관련하여 논의되었으나 다른 국가들의 반대가 심하였고, 이는 과도기에 많이 발생할 것이므로 제4조가 아니라 경과규정에서 처리하는 것이 적절하다는 견해가 제시된 결과 제17조의2에 규정되었다. 제17조의2에 의하면, 증권계좌를 규율하는 합의가 협약의 발효 전에 체결되고 그것이 증권계좌의 관리지에 관하여 명시적 또는 묵시적인 합의를 포함하지 않는 경우, 합의 중의 어떤 조항이 그 합의의 準據法상 제2조 제1항에 명시된 어떠한 쟁점이 특정국가의 법에 의하여 규율되도록 하는 효력을 가지는 경우, 그 조항은 제4조 제2항에 따른 관련중개기관의 소재지 국가를 결정하기 위한 목적상 증권계좌를 그 국가에서 관리한다는 합의로 취급된다.

나. 유가증권협약(제16조)

(1) 유가증권협약의 소급효(협약 제15조)

유가증권협약은 예비초안의 두 가지 선택지 중 소급효를 부정하는 A안을 채택하였다. 제15조는 기존권리의 취급에 관하여 협약이 소급효를 가지지 않음을 전제로 하면서, 협약 발효 전의 처분과 협약 발효 후의 처분의 우선순위에 관하여 협약에 따른 準據法에 의하여 판단할 것을 규정한 것이다.

(2) 유가증권협약 전 계좌약정의 해석(협약 제16조)

유가증권협약상 계좌약정과 증권계좌에 대한 언급은 협약의 발효 전에 체결된 계좌약정과 협약의 발효 전에 개설된 증권계좌를 포함한다(제1항). 따라서 협약의 발효 전에 체결된 계좌약정과 협약의 발효 전에 개설된 증권계좌에도 협약이 적용된다. 그러나 협약은 이에 대해 두 가지 예외규정을 두고 있다.

첫째 계좌약정의 어떤 명시적 조건이 계좌약정의 準據法이 속하는 국가의 규칙상, 특정한 국가(또는 특정한 복수단위국가의 어느 영토적 단위)에서 시행중인 법이 간접보유유가증권에 적용되도록 하는 효력을 가진다면, 그 결과 그러한 법이 간접보유유가증권을 규율한다(제3항 1문). 이는 계좌약정 체결시에 관련중개기관이 그 국가에 제4조 제1항 2문의 실재기준을 충족하는 영업소를 가졌을 것을 조건으로 한다. 그러나 체약국이 제3항에서 기술한, 증권계좌가 다른 국가에서 관리된다는 것을 당사자들이 명시적으로 합의한 계좌약정과 관련하여 제3항의 적용을 배제하는 선언을 한 경우 이러한 예외규정은 적용되지 않는다(제3항 2문).[72] 이는 위에서 언급한 예비초안(제17조의 2)의 취지를 살린 것인데, 다만 예비초안상으로는 PRIMA는 그곳에서 증권계좌를 관리하기로 하는, 즉 증권관리지에 관한 당사자들의 합의에 기초한 것이었으나 유가증권협약은 準據法合意를 기초로 하므로 문언이 다소 수정되었다. 제3항은 계좌약정에서 종종 중개기관의 법역 또는 준거법을 명시하는 미국의 실무를 반영하기 위한 것이므로, 유럽연합 및 그 회원국들은 이를 배제하는 선언을 할 것이라고 한다.[73]

둘째 위 제3항이 적용되는 계좌약정을 제외하고, 당사자들이 증권계좌가 특정 국가(또는 특정 복수단위국가의 어느 영토적 단위)에서 관리되는 것에 합의하였다면, 그 국가 또는 영토적 단위에서 시행중인 법이 간접보유유가증권의 準據法이다(제4항). 이는 계좌약정 체결시에 관련중개기관이 그 국가에 제4조 제1항 2문의 실재기준을 충족하는 영업소를 가졌을 것을 조건으로 한다. 그러한 계좌약정은 명시적이거나 또는 전체로서의 계약의 조건으로부터 또는 주변 사정으로부터 암시될 수 있다. 이러한 예외규정은 종종 계좌의 관리지를 명시하는 유럽연합의 실무를 반영하기 위한 것이다.

그러나 이러한 예외규정들(즉 제3항과 제4항)은 다음의 경우 적용되지 않는다. 첫째 계좌약정이 협약에 대한 명시적인 언급을 포함하는 경우이다(제2항 1문). 둘째 체약국이 제19조 제1항에 따라 협약의 발효 후에, 그러나 제19조 제2항에 따라 당해 국가에 대하여 협약의 발효 전에 체결된 계좌약

72) 체약국이 복수단위국가인 경우 그 국가는 어떤 영토적 단위에 대하여 그러한 선언을 할 수 있다.

73) 천창민, "국제적 유가증권거래의 준거법 —헤이그유가증권협약을 중심으로—," 국제사법연구 제10호(2004. 12.), 274면 참조.

정과 관련하여 제3항과 제4항의 적용을 배제하는 선언을 한 경우이다(제2항 2문).[74)]

6. 國際倒産의 문제점(협약 제8조)

협약에서 간접보유유가증권의 처분의 準據法을 정하더라도 담보설정자의 도산시 도산절차가 개시된 법정지국의 법원이 이를 무시한다면 담보권은 무의미하게 된다. 따라서 첫째 협약에 따른 準據法에 의하여 설정된 담보권이 후에 개시된 도산절차에서 과연 지지될 것인지의 여부(즉 담보권의 승인)와 둘째 도산절차에서의 담보권의 효력이 문제된다.[75)] 협약 제8조는 담보권을 존중함과 동시에 담보권에 영향을 미치는 도산절차의 규칙간의 균형을 도모한다.

첫째, 협약은 유효하게 완성된 담보권을 존중한다. 도산절차의 개시에도 불구하고, 도산절차의 개시 전에 발생한 모든 사유에 관하여 협약에 따른 準據法은 제2조 제1항에서 명시된 쟁점들을 규율한다(제1항). 둘째, 협약은 담보권에 영향을 미치는 도산법정지의 도산법을 고려하여 위 원칙에 대하여 다음과 같은 예외를 인정한다. 즉 협약은 a) 채권의 순위 및 부인권에 관한 규칙과 b) 도산절차 개시 후 권리의 집행에 관한 규칙을 포함하여 모든 실체적 또는 절차적 도산규칙의 적용에 영향을 미치지 않는다(제2항).[76)]

---

74) 체약국이 복수단위국가인 경우, 그 국가는 어떤 영토적 단위에 대하여 그러한 선언을 할 수 있다.

75) 이에 관하여는 상설사무국이 예비문서(번호 15)에 포함된 협약의 초안 제7조(유가증권협약 제8조)와 관련하여 작성한 메모(Article 7 of the future Hague Convention on the law applicable to certain rights in respect of securities held with an intermediary (as contained in the June 2002 preliminary draft, Prel. Doc. No 15): Some initial explanatory comments)를 참조. 이 메모는 상설사무국이 2002년 외교회의를 앞두고 작성하여 배포한 것으로 위 논점과, 유럽연합 이사회의 "倒産節次에 관한 규정"(Regulation (EC) No 1346/2000 of 29 May 2000 on Insolvency Proceedings)과의 관계를 다루고 있다. 도산규정에 관하여는 석광현, "유럽연합의 國際倒産法制," 국제사법연구 제7호(2002), 81면 이하 참조.

76) 이는 2001년 11월 채택된 "이동장비에 대한 國際的 權利에 관한 협약"(Convention on International Interests in Mobile Equipment. 케이프타운협약) 제30조와 유사하지만 倒産法廷地 도산법의 실체규칙도 함께 언급하는 점에 다소 차이가 있다. 케이프타운협약에 관하여는 석광현, "항공기에 대한 국제적 담보거래 —케이프타운협약과 항공기의정서를 중심으로—," 국제거래법연구 제12집(2004. 2.), 163면 이하 참조.

7. 反定의 배제(협약 제10조)

準據法의 통일을 목적으로 하는 국제조약은 전통적으로 反定을 배제한다. 유가증권협약도 "협약에서 '법'이라 함은 어떤 국가에서 시행중인 법선택규칙 이외의 법을 말한다"고 함으로써 反定을 명시적으로 배제하고 있다. 反定을 명시적으로 배제하는 점은 예비초안(제7조)의 경우에도 동일하다. 다만 복수단위 국가의 경우 制限的인 反定을 도입하였음은 위(4. 나.)에서 논의한 바와 같다.

8. 準據法의 결정과 관련된 몇 가지 논점들

가. 準據法 변경시 간접보유유가증권에 관한 권리의 보호(협약 제7조)

유가증권협약 제7조는 당사자들이 계좌약정을 수정하여 유가증권협약에 따른 準據法을 변경한 경우 準據法 변경의 효력에 관하여 규정한다. 이 경우 원칙적으로 유가증권협약 제2조 제1항에 명시된 모든 쟁점은 변경 후의 유가증권협약에 따른 準據法, 즉 "신법에 의하여 규율된다(제3항). 그러나 準據法의 변경에 동의한 자에 관련된 것을 제외하고, 準據法의 변경 전에 발생하는 간접보유유가증권에 관한 권리와 관련된 일정한 사항들은[77] 변경 전의 유가증권협약에 따른 準據法, 즉 구법에 의한다(제4항).

나. Super PRIMA—37면 문제(page 37 problem)

아래 그림에서 보는 바와 같이 예컨대 담보설정자(X)가 A국에 소재하는 중개기관에 계좌를 가지고 있고, 담보권자(Y)는 B국(예컨대 영국)에 소재하

---

77) 이는 다음을 말한다.
"a) 변경 전에 발생하는 간접보유유가증권에 관한 권리의 존재와 변경 전에 행하여진 유가증권의 처분의 완성(perfection)
b) 변경 전에 발생하는 간접보유유가증권에 관한 권리와 관련하여
i) 그 법적 성질과 관련중개기관과 변경 전에 행하여진 유가증권의 처분의 당사자들에 대한 효력
ii) 그 법적 성질과 변경 후에 유가증권을 압류한 자에 대한 효력
iii) 변경 후에 개시된 도산절차의 도산관재인과 관련한 제2조 제1항에 명시된 모든 쟁점의 결정
c) 변경 전에 발생한 당사자들간의 권리의 우선권"
다만 위 (c)호는 구법에 따라 발생하였지만 신법에 따라 완성된 권리의 우선권에 대하여 신법의 적용을 배제하지 않는다(제5항).

는 중개기관에 계좌를 가지고 있으며, 양 중개기관들은 C국에 소재하는 상위 중개기관(upper-tier intermediary)에 공통적으로 계좌를 가지고 있다고 하자. 이러한 사실관계에서 담보설정자(X)가 담보권자(Y)에게 양도담보권을 설정하는 경우 準據法을 어떻게 결정할 것인지가 문제된다. 이는 담보설정자와 담보권자가 상이한 국가에 소재하는 중개기관들을 통하여 증권계좌를 보유하고, 양도의 방법에 의해 담보를 설정하는 경우에 항상 발생하는 문제이다. 이것이 유가증권협약의 성안과정에서 이른바 'Super PRIMA의 문제' 또는 '37면 문제'(page 37 problem)[78]로 꾸준히 다투어진 쟁점이다.

[사안 F3]—담보설정자와 담보권자가 상이한 중개기관에 계좌를 가지는 경우

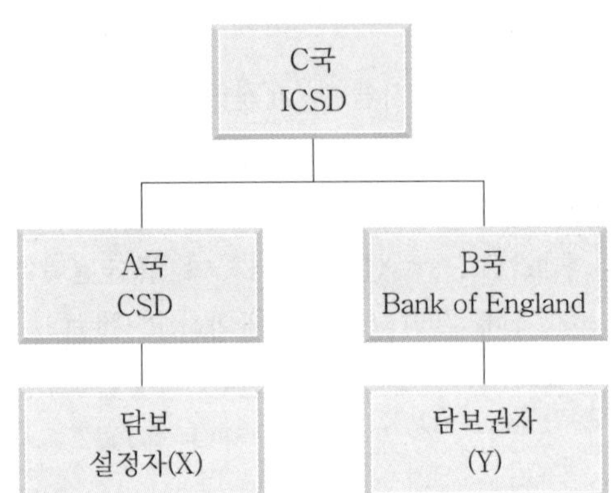

* 예비문서(번호 1)가 제시하는 사안은 별첨 Ⅱ를 참조

유가증권협약은 예비초안과 마찬가지로 아래에서 설명하는 이른바 'Super PRIMA'를 인정하지 않고, 이러한 거래를 세 개의 거래로 파악하여 ① 담보설정자의 권리의 소멸, ② 상위중개기관에서의 권리의 이전과 ③ 담보권자의 권리의 취득이라는 세 단계에 대해 각각 PRIMA에 따라 결정되는 準據法을 적용한다. 즉 권리의 소멸(즉 X의 계좌의 차기)은 A국법, 상위중개기관에서의 권리의 이전은 모두 C국법, 권리의 취득(즉 Y의 계좌에의 대변기재)은 각각 B국법에 의한다는 것이다.[79] 이것이 이른바 '단계별 분

78) 특별위원회의 논의과정에서 이를 '37면 문제'라고 부른 이유는 이러한 사안이 예비문서(번호 1)의 37면에 Fact Pattern 3으로 소개되어 있었기 때문이다. 별첨 Ⅱ를 참조.
79) 예비문서(번호 1), 37면 이하의 사안유형(Fact Pattern) 3.

석'(stage-by-stage analysis) 방법이다. 다만, 이 경우 A국법에 따른 거래의 제1단계의 하자가 제2단계의 거래에 영향을 미치거나 무효로 하는지의 여부는 C국법에 따를 사항이라고 본다.[80] 왜냐하면 위와 같은 사안유형의 경우 담보설정자의 권리가 담보권자에게 직접 양도되는 것이 아니라, 담보설정자는 그의 중개기관에 그의 권리를 담보권자의 중개기관에게 양도하도록 지시하고, 후자에게 이를 다시 담보권자의 계좌에 증가기재하도록 요청함으로써 이루어지기 때문이다.

반면에 명확성과 단순성을 제고하기 위하여, 각 단계별로 PRIMA에 의하여 準據法을 결정하는 대신 전체를 하나의 거래로 보아 단일한 準據法을 적용함으로써 일원적인 해결(unitary solution)을 하는 견해가 이른바 'Super PRIMA'인데, 그에 의하면 담보설정자가 아니라 담보권자의 중개기관 소재지가 결정적인 의미를 가진다.[81]

그러나 Super PRIMA에 대해서는 유가증권협약의 성안과정에서 다음과 같은 여러 가지 비판들이 제기되었다.[82] 우선 무기명증권에 대해 전통적인 증권 소재지법이 제공했던 것과 같은 단순성과 확실성을 제공할 수 있는 것은, 장부기재에 의한 보유(book-entry holding)의 경우에는 각 단계에서의 PRIMA라는 것이다. 또한 여러 단계를 거쳐 이루어지는 거래의 경우 초기단계 또는 중간단계에 관여하는 당사자들은 최후의 양수인과 그의 중개기관을 알 수 없다는 문제가 있다. 더욱이 Super PRIMA를 인정할 경우 전단계의 準據法은 최종적인 단계의 거래가 종료된 때에 비로소 소급적으로 확정되는 결과가 된다. 뿐만 아니라 경우에 따라서는 중개기관에 의한 양도가 어느 하나의 양수인에게 이루어지는 것이 아니라 복수의 양수인에게 복합적으로 이루어지기도 하는데 그러한 경우에는 최후의 양수인에게 양도된 증권을 특정할 수 없기 때문에 準據法을 결정할 수 없다는 문제점이 있다는 점도 지적되었다.

---

80) 예비문서(번호 1), 38면.

81) 상설사무국의 2001년 6월 보고서(Report on the Meeting of the Working Group of Experts and Related Informal Work Conducted by the Permanent Bureau on the Law Applicable to Dispositions of Securities Held with An Intermediary)(예비문서(번호 13)), 15면; 상설사무국의 2001년 7월 임시조문(Tentative Text on Key Provisions for a Future Convention on the Law Applicable to Proprietary Rights in Indirectly Held Securities)(예비문서(번호 3)), 5면 참조.

82) 예비문서(번호 3), 5-6면; 예비문서(번호 12), 6면 이하.

요컨대 Super PRIMA는 위와 같은 여러 가지 비판을 극복할 수 없었기 때문에 특별위원회의 작업은 종래 이에 대해 부정적인 견해를 견지해 왔고, 결국 유가증권협약에서 채택되지 않은 것으로 보인다. 다만 2002년 1월 특별위원회의 회의에 일본 대표단의 일원으로 참가한 동경대의 神田秀樹 교수는 Super PRIMA를 주장하지는 않으면서도 보고서(예비문서(번호 1))의 견해처럼 할 경우, 첫째 담보의 설정이라는 하나의 거래에 대해 복수의 연결점이 있게 되는데 그것이 가능한지, 가능하더라도 적절한지와, 둘째 담보설정자와 담보권자가 각각의 PRIMA에 따라 규율될 경우 예컨대 담보설정이 무효임에도 불구하고 담보취득도 유효하게 될 수 있어 충돌(이른바 double interests)이 발생할 가능성이 있음을 지적하였고, 이러한 지적은 논점을 다시 검토하는 기회를 제공하였지만 결국 채택되지는 않았다.[83]

종래 투자자의 권리를 증권권리 또는 신탁수익권 유사의 권리로 이해하지 않고 투시접근방법을 취하는 우리 법의 시각에서는 간접보유유가증권에 대한 담보에 대해 단일한 準據法을 지정하는 것이 자연스럽고, 이를 세 개의 거래로 분해하여 파악하는 것은 선뜻 수용하기 어렵지만, 그렇다고 하여 Super PRIMA에 대한 비판을 무시할 수도 없다.[84]

이와 관련하여 한 가지 유념할 것은, 유가증권협약하에서는 37면 문제가 제기되는 상황이 확대될 수 있다는 점이다. 즉 예비초안에 따를 경우 37면 문제는 담보설정자와 담보권자의 계좌가 있는 중개기관이 상이한 경우에 발생하였다. 그러나 유가증권협약에 따르면, 양자의 중개기관이 동일하더라도

83) 이는 새로운 주장은 아니다. 예비문서(번호 13), 15면 참조. 神田秀樹 교수는 이 경우 '초과발행'(overissue)이 있게 되어 상위중개기관의 책임문제가 발생하는데 이는 영미법계에서는 문제가 없지만 대륙법계 특히 일본의 경우 문제가 있다고 지적하고, 만일 보고서와 같은 견해가 채택된다면 일본은 국내법을 개정해야 하는데 다른 대륙법계국가들이 문제점을 제대로 인식하지 못하고 있다고 주장하였다. 일본은 2002. 7. 1. 동경에서 개최된 지역별 워크숍에서 이런 주장을 반복하였고, 특히 담보설정자(또는 양도인)와 담보권자(또는 양수인)의 관계는 담보권자의 準據法에 의하도록 규정하자는 견해를 피력하였지만 채택되지 않았다. 예비문서(번호 12), 7-8면은 double interest의 문제를 논의하는데, 예비문서는 이는 유가증권협약에 특유한 문제가 아니라 동일한 법하에서도 얼마든지 발생하는 현상임을 지적하고, 만일 위의 예에서 어느 하나의 중개기관이 고객의 권리를 뒷받침할 충분한 유가증권을 가지지 않은 경우 결국 유가증권을 매입하여야 하고, 그것이 불가능한 경우 이는 관련중개기관의 도산시 적용되는 도산법에 따라 해결되어야 한다고 한다.

84) 이 쟁점을 좀더 깊이 논의하고자 상설사무국은 2002년 5월 "복수 중개기관들에 관련된 이전"(Transfers Involving Several Intermediaries)이라는 제목의 예비문서(번호 12)를 작성·배포하였다.

(즉 위에서 본 F1의 경우) 중개기관과 담보설정자간의 계좌약정과, 중개기관과 담보권자의 계좌약정의 準據法이 상이한 경우 이러한 문제가 발생하게 되므로 훨씬 더 빈번하게 문제가 제기될 가능성이 있다.

V. 협약에의 가입이 국내증권거래에 미치는 영향과 우리의 대응방안

유가증권협약은 2002년 12월 모든 국가들의 서명을 위하여 개방되었는데(제17조 제1항), 세 번째의 비준서, 수락서, 승인서 또는 가입서의 기탁 후 3개월이 경과한 때의 다음 달의 초일에 발효한다(제19조 제1항). 우리 나라는 유가증권협약에 서명하지 않은 것으로 보이는데, 그렇더라도 언제든지 협약에 가입할 수 있다. 우리 나라가 협약에 가입하기 위하여는 가입서를 협약의 수탁자인 네덜란드 외무부에 기탁하여야 한다(제17조 제4항). 우리 나라가 이와 같이 협약서를 기탁하면 우리 나라에 대하여는 가입서의 기탁 후 3개월이 경과한 때의 다음 달 초일에 발효한다(제19조 제2항 a호). 지금까지는 협약에 대해 비준서 또는 가입서를 제출한 국가는 없는 것으로 보인다.[85)]

여기에서는 유가증권협약이 국내증권거래에 미치는 영향을 살펴보고, 우리의 대응방안을 간단히 논의한다. 아래에서 논의하는 증권거래는 달리 명시하지 않으면 양도담보의 방식에 의한 담보거래임을 전제로 한다. 증권거래소를 통하여 이루어지는 증권의 매매와 같은 통상의 거래는 우리 법에 따라 규율될 것이므로 문제가 없을 것이다.

---

85) 협약의 가입국의 상황은 헤이그국제사법회의의 홈페이지(http://www.hcch.net/e/conventions/menu36e.html)에서 확인할 수 있다. 최근의 자료에 의하면 유가증권협약은 G30에 의하여 환영을 받았고 유럽연합, 미국과 일본이 가까운 장래에 협약을 서명할 것이라고 한다. William Duncan, The Unification of Private International Law in Asia and the Role of the Hague Conference on Private International Law, 2003. 10. 11.-12. 나고야에서 개최된 일본 국제법학회 2003년도 추계연구대회 국제심포지엄 발표자료, p. 344. 특히 유럽연합위원회는 2003년 12월 15일 이사회에 대하여 협약을 서명할 것을 제안하였다(COM(2003)783). Proposal for a COUNCIL DECISION Concerning the signing of the Hague Convention on the Law Applicable to Certain Rights in Respect of Securities Held with an Intermediary. 이는 http://europa.eu.int/eur-lex/pri/en/lip/latest/doc/2003/com2003_0783en01.doc에 있다. 최근의 상황은 補論의 後記를 참조.

1. 협약에의 가입이 국내증권거래에 미치는 영향

가. 협약에의 가입에 따른 영향

유가증권협약은 상이한 국가들간의 법의 선택을 수반하는 모든 사안에 적용된다(제3조). 그렇다면, 아래에서 보는 바와 같이 계좌약정의 準據法을 한국법으로 합의하는 통상적인 국내증권거래, 즉 증권투자자인 내국인 고객(편의상 이를 "한국인 고객"이라고 한다)과 내국인 예탁자(증권회사 등. 편의상 이를 "한국인 예탁자"라고 한다)의 관계와 한국인 예탁자와 증권예탁원의 관계에는 유가증권협약은 적용되지 않을 것이다. 그런 점에서 유가증권협약이 국내증권시장 또는 국내증권거래에 직접 영향을 미치는 것은 아니다. 그러나 국내증권거래의 경우에도 만일 고객과 예탁자, 또는 예탁자와 증권예탁원이 관련 계좌약정의 準據法을 외국법으로 합의하는 경우에는 유가증권협약이 적용될 것이다. 다만 증권예탁원은 그런 합의를 하지 않을 것이고, 한국인 예탁자와 한국인 고객들은 통상 그런 합의를 하지는 않을 것으로 생각된다.

[사안 D1] —국내증권거래의 경우

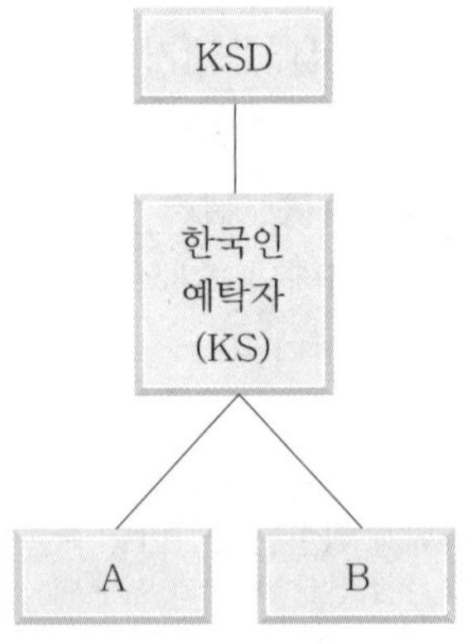

* 표에서 실선은 계좌약정의 準據法이 한국법인 것을 가리킨다.

반면에 예탁자가 외국증권회사 또는 외국은행의 지점인 경우 문제가 있을 수 있다(편의상 이를 "외국인 예탁자"라고 한다). 이 경우에도 외국인 예탁자와 증권예탁원간의 계약의 準據法은 한국법이 될 것이다. 가사 외국인

예탁자가 계좌약정의 準據法을 외국법으로 지정하고자 하더라도 증권예탁원이 한국법을 고집함으로써 한국법의 지정을 관철할 수 있을 것이다. 만일 당사자들이 準據法을 지정하지 않더라도 증권예탁원과 외국인 예탁자간에는 증권예탁원이 관련중개기관이므로 유가증권협약의 보충적 규칙(제5조)에 의하여 통상 한국법이 準據法이 될 것이므로 문제는 없다.[86]

그러나 외국인 예탁자들이 증권투자자인 그들의 고객(주로 외국인 고객)과 계좌약정을 체결하면서 계좌약정의 準據法을 외국법으로 하는 경우 문제가 있다. 현재 실무상으로도 미국계 외국인 예탁자는 계좌약정의 準據法을 뉴욕주법으로 하고, 유럽계 외국인 예탁자는 영국법을 계좌약정의 準據法으로 하는 사례도 있는 것으로 보인다.

현재는 당사자들의 계좌약정의 準據法을 외국법으로 지성하더라도, 우리 國際私法에 따르면 이는 채권계약의 準據法에 한정되므로 당사자들의 채권계약에 따른 권리·의무만을 규율하고 그 밖의 사채 또는 주식에 대한 권리는 우리 國際私法에 따라 강행적으로 결정되는 準據法에 의한다. 그러나 유가증권협약이 발효되고 우리 나라가 유가증권협약에 가입한다면 그러한 準據法은 위에서 본 바와 같이 유가증권협약 제2조 제1항에 규정된 쟁점들을 규율하게 되는데 그 쟁점들은 채권적인 권리·의무가 아니라, 유가증권을 증권계좌에 증가기재함으로써 발생하는 권리의 법적 성질과 효력, 간접보유유가증권의 처분의 중개기관과 제3자에 대한 법적 성질과 효력 및 완성을 위한 요건, 간접보유유가증권에 대한 권리의 우선권 등 物權法的 爭點을 규율한다는 데 문제가 있다.[87] 따라서 외국인 예탁자들이 종래 계좌약정의 準據法을 외국법으로 지정하고 있더라도, 우리 나라가 유가증권협약에 가입한다면 準據法 지정의 의미가 달라지게 된다는 데 문제의 심각성이 있음을 유념해야 한다.

나. 우리 國際私法의 해석론과 협약에의 가입에 따른 변화

만일 우리 國際私法의 해석론으로서도 유가증권협약과 동일한 결론이 도출된다면 유가증권협약에 가입하거나 가입하지 않건 간에 차이가 없으므로

86) 물론 만일 증권예탁원이 외국에 영업소를 개설하고 그를 통하여 계좌약정을 체결하는 경우에는 그렇지 않다.

87) 유가증권협약 제2조 제3항에 따르면 협약은 증권계좌에 유가증권을 대변기재함으로써 발생하는 채권적인 권리·의무에는 적용되지 않는다. 이러한 채권적인 권리·의무는 국제계약의 연결원칙에 따를 사항이므로 결국 당사자들이 합의한 준거법에 의하게 된다.

가입하더라도 별로 문제될 것이 없지만, 國際私法의 해석론으로서는 위에서 본 바와 같이 증권계좌의 관리지에 관한 합의 또는 準據法合意에 따라 중개기관 소재지를 결정하는 것은 어려우므로 유가증권협약에의 가입은 현재의 연결원칙을 중대하게 변경하는 결과가 된다. 그런데, 우리 國際私法의 해석론으로는 간접보유 유가증권의 처분의 準據法은 계좌소재지법, 즉 관련중개기관 소재지의 법이 된다고 본다. 이는 그곳에서 계좌권리자의 권리의 이전에 관한 장부기재(booking) 등 계좌관리가 행해지는 경우에 한한다. 계좌소재지법은 통상 관련중개기관 소재지법이고, 이는 통상 계좌약정의 準據法과 동일할 것이다. 그러나 國際私法의 해석론으로서는 권리자와 중개기관간의 증권계좌의 관리지에 관한 합의 또는 準據法合意에 따라 중개기관 소재지를 결정하고, 그 소재지법을 준거법으로 보는 결론을 도출하기는 어렵다.[88] 결국 우리 나라가 유가증권협약에 가입할 경우 현재의 연결원칙을 중대하게 변경하는 결과가 된다. 따라서 만일 유가증권협약에 따른다면 현재 전체적으로 한국법에 의하여 규율되는 국내증권거래가 부분적으로 외국법에 의하여 규율된다는 것인데, 그것이 實質法상 아무런 문제가 없는지를 검토할 필요가 있다. 아래에서는 이 점을 논의한다.

[사안 D2]—국내증권거래의 경우

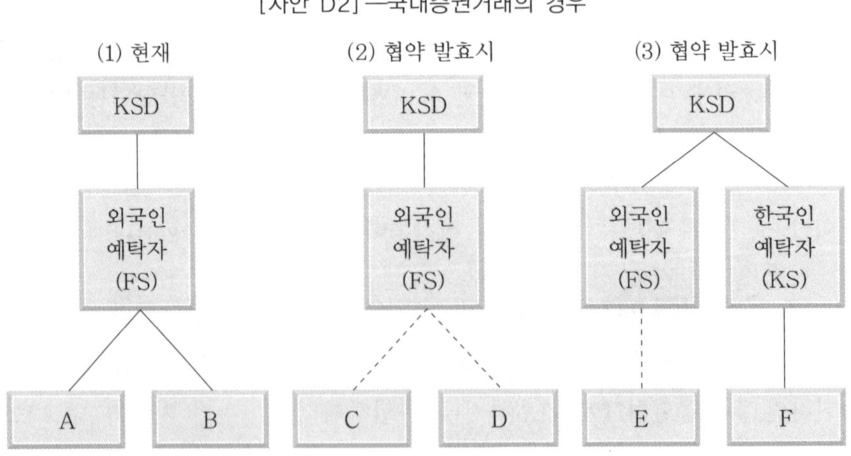

* 표에서 실선은 계좌약정의 準據法이 한국법인 것을, 점선은 準據法이 외국법인 경우를 가리킨다.

88) 상세는 석광현(註 11), 119면 이하; 석광현(註 8), 174면 이하, 185면 이하 참조.

예컨대 A라는 외국인 투자자가 외국인 예탁자(FS)를 통하여 準據法이 한국법인 유가증권을 취득한 경우 계좌약정의 準據法이 한국법이라면(위 그림 (1)의 경우) A의 권리는 증권거래법 또는 공사채등록법 등을 근거로 투시접근방법에 따라 유가증권에 대한 권리를 직접 취득하고, 그의 양도도 증권거래법 또는 공사채등록법이 정한 바에 따라 가능하다. 현재는 이런 전제하에 국내증권시장에서의 증권거래가 이루어지고 있다. 이는 위에서 본 사안 D-1의 경우와 동일하다.

그러나 유가증권협약하에서는 만일 예탁자와 고객간의 계좌약정의 準據法이 외국법이라면(위 그림 (2)의 경우) C의 권리는 당해 準據法이 정한 권리가 되고, 그의 양도도 당해 準據法이 정한 바에 따라 이루어지므로 현재의 체제와는 전혀 다르게 된다. 이 경우 C가 위 외국인 예탁자(FS)에 계좌를 가지는 외국인 투자자 D에게 권리를 양도(담보목적의 양도)한다면 양도되는 권리는 현재와 같이 유가증권 자체에 대한 권리가 아니라 準據法인 외국법에 따른 권리가 된다.

나아가 예컨대 유가증권협약하에서 E가 어느 한국인 예탁자(KS)에 계좌를 가지는 한국인 투자자 F에게 권리를 양도(담보목적의 양도)한다면(위 그림 (3)의 경우) 양도되는 권리는 무엇인가, 즉 그 거래의 결과 F가 유가증권에 대한 공유지분을 취득할 수 있는가라는 의문이 제기된다.

유가증권협약은 원래 국제성을 가지는 거래를 염두에 둔 것이나 위와 같이 당사자들이 계좌약정의 準據法을 외국법으로 할 경우 증권거래의 법적 기초가 여러 개의 準據法으로 분열되는 현상이 발생한다. 만일 우리가 증권거래법을 전면 개정하여 통일상법전이 정하는 이른바 증권권리(security entitlement)라는 개념을 전면적으로 수용한다면 체계적으로는 문제가 없을 것이다. 그러나 그런 전제가 성취되지 않는 경우, 즉 투시접근방법을 따르는 현행 증권거래법의 구조하에서 위와 같이 계좌약정의 準據法이 외국법이 되고, 그것도 다양한 외국법이 된다면 현재와 같은 체제는 유지될 수 없을 것이다. 이것이 증권거래법의 체제상 가능한지, 그로 인한 법적인 또는 제도적인 문제점들은 없는지를 정밀하게 검토할 필요가 있다.

아직 이 점에 관한 우리의 논의는 보지 못하였지만, 적어도 논리적으로는 위 (2) 또는 (3)의 경우 C 또는 E와 외국인 예탁자(FS)간의 계좌약정의 準據法이 예컨대 뉴욕주법처럼 투시접근방법을 인정하지 않는 외국법이라면, C 또는 E가 아니라 외국인 예탁자(FS)가 증권예탁원에 혼장예탁되어 있는 유가증권에 대한 공유지분을 가지는 것이고, C 또는 E의 권리는 당해 準據法에 따른 특수한 권리가 될 것이다. 아래에서 언급하는 증권거래법 제174조의11은 이런 가능성을 시사하고 있다고 볼 여지도 있다.

만일 이렇게 이해한다면 위 (2)의 경우, 우리 법상으로는 C → D간의 양도(담보목적의 양도)거래에 의하여 영향을 받음이 없이 외국인 예탁자(FS)가 여전히 당해 유가증권에 대한 공유지분을 가지게 될 것이다. 즉 이 경우 우리 법이 파악하는, 즉 우리 법이 규율하는 거래는 존재하지 않는다. 또한 위 (3)의 경우에도 우리 법상으로는 E → F간의 거래가 아니라 FS → F간의 거래로 파악될 것이다. E와 외국인 예탁자(FS)간의 관계는 당해 準據法에 의하여 규율될 것이다. 일견 이러한 이해가 논리적으로 가능할 것으로 생각되나, 그로 인하여 파생되는 법적인, 제도적인 문제가 없는지는 좀더 면밀하게 검토해야 할 것이다. 협약의 기초자들이 과연 여기에서 논의하는 이런 변화를 염두에 두고 의도하였는지는 의문이나, 협약의 해석상으로는 이런 문제들이 제기될 것으로 보인다.

2. 협약에의 가입에 따른 증권거래법의 개정의 필요성

만일 우리 나라가 협약에 가입함으로써 위와 같이 국내증권거래의 일부가 외국법에 의하여 규율되는 사태가 발생한다면 증권거래법을 개정할 필요가 있을 것이다. 상세한 논의는 다른 기회로 미루지만, 여기에서는 우선 생각나는 몇 가지 논점만을 지적해 둔다.

첫째, 증권거래법 제174조의11의 예외를 확장할 필요가 있다. 1997. 1. 13. 증권거래법 개정시 신설된 증권거래법 제174조의11은 고객계좌부의 작성과 의제예탁(제174조의2), 보전의무(제174조의5), 예탁유가증권에 관한 예탁원의 의결권 행사(제174조의6 제4항-제6항), 실질주주의 권리행사(제174조의7), 주주명부와 실질주주명부의 합산(제174조의8 제3항) 등은, 외국예탁기관에는 동 기관이 이의 적용을 요청하지 않는 한 적용하지 않는다고 규정한다. 여기에서 '외국예탁기관'의 취지가 다소 애매하지만, 이는 증권예탁원에 상응하는 외국의, 즉 외국법에 따라 설립된 예탁기관을 말하는 것이고, 증권거래법상의 증권회사와 같은 예탁자는 포함하지 않는 것으로 생각된다. 그러나 위에서 본 바와 같이 만일 예탁자가 계좌약정의 準據法을 외국법으로 지정할 수 있고, 특히 당해 외국법이 뉴욕주법과 같이 투시접근방법을 취하지 않는 법이라면 외국예탁기관만이 아니라 외국의 예탁자에게도 증권거래법 제174조의11의 예외를 인정할 필요가 있다. 그 경우 동조에 언급된 조문들이 적절한지를 각각 면밀하게 검토할 필요가 있다.

계좌약정의 準據法이 외국법이 되는 것은 주로 외국인 예탁자의 경우일 것이나, 한국인 예탁자의 경우도 필요에 따라 외국인 고객의 요청에 의하여 準據法을 외국법으로 합의할 가능성도 완전히 배제할 수 없다. 그 경우 외국인 예탁자에 관한 위의 논의가 타당하지만, 문제는 계좌약정의 準據法을 외국법, 특히 뉴욕주 기타 미국의 주와 같은 증권권리의 개념에 기초한 외국법으로 하는 경우 그것이 가지는 함의(implications)를 한국인 예탁자가 충분히 이해하고 있어야 한다는 점이다. 유가증권협약에 따르면 지금처럼 계좌약정의 準據法이 단순히 채권계약의 準據法에 그치는 것이 아니라 物權法的 爭點을 규율하는 것이기 때문이다.

둘째, 외국의 예탁자와 그의 고객들간의 법률관계의 準據法이 외국법인 경우 그러한 고객이 가지는 권리는 증권거래법상 통상의 고객의 권리가 아니다. 즉 그는 예탁된 유가증권에 대해 공유지분을 가지는 것이 아니며, 우리 법상은 예컨대 실질주주의 지위를 가질 수도 없고, 그가 고객계좌를 개설한 외국인 예탁자(FS)가 실질주주로서 취급되어야 할 것이다. 따라서 현행 증권거래법이 말하는 '고객'은 우리 법이 적용되는 통상의 고객만을 의미하고 우리 법이 적용되지 않는 고객은 포함하지 않는다는 취지를 증권거래법에 명시해야 할 것이다. 다만 외국법에 따르는 고객의 권리의 성질은, 외국의 예탁자에게 증권거래법 제174조의11의 예외가 인정되는가의 여부와 직접 관련되는 것은 아니다. 가사 외국의 예탁자가 자국법에 따라 또는 임의로 고객계좌부를 작성하더라도 그러한 고객계좌부는 우리 법에 따른 고객계좌부의 효력을 가질 수 없고, 그에 기재된 고객의 권리는 우리 법상의 고객의 권리와는 같을 수 없기 때문이다. [이 점은 補論에서 좀더 논의한다.]

그 밖에 협약에 가입할 경우 증권거래법을 어떻게 개정할 것인지에 관하여 좀더 철저한 검토가 필요하다. 또한 여기에서는 증권거래법을 논의하였으나, 공사채등록법의 개정도 검토해야 할 것이다.[89]

---

89) 공사채등록법은 국내거래를 염두에 둔 것으로 보이는데, 동 법이 국제거래에서 어떤 의

3. 증권거래법의 개정의 문제—증권권리 개념의 도입 문제

한편 實質法상의 논점으로서, 거시적인 관점에서, 현행 증권거래법에서와 같이 투시접근방법에 기초하여 투자자의 권리를 혼장예탁된 유가증권에 대한 공유지분으로 파악하고 이를 기초로 유가증권 대체결제제도를 구성하는 방식과, 투자자의 권리를 증권권리(security entitlement)로 파악하고 이를 기초로 하는 통일상법전에 따른 대체결제제도의 장·단점을 비교, 분석하고, 장래에 있을 완전한 無券化의 시행과 관련하여 미국식의 접근방법을 도입할 필요가 있는지를 신중하게 체계적으로 검토할 필요가 있다.[90] 이는 유가증권을 간접보유하는 투자자의 권리를 어떻게 파악할 것인가라는 實質法상의 문제와 관련되고, 나아가 유가증권 대체결제제도의 근간을 뒤흔드는 작업이 될 것인데, 그에 관한 논의는 이 글의 범위를 넘는 것이다.[91]

4. 우리의 대응방안

우리의 대응방안은 우선 유가증권협약에의 가입의 필요성의 유무, 가입 여부에 대한 검토와 임시조치로서 國際私法 또는 증권거래법을 개정할 것인가의 여부를 검토하는 일이다.

가. 협약에의 가입의 필요성

유가증권협약의 전문이 명시하는 바와 같이, 유가증권협약은 중개기관에 보유된 유가증권, 즉 간접보유유가증권의 처분의 準據法에 관하여, 모든 국가에게 이익이 되는 통일된 연결원칙을 정립함으로써 법적 확실성과 예측가능성을 제공하기 위한 것이다. 이러한 취지를 고려한다면 우리 나라의 유가증권협약에의 가입은 필수적이라고 할 것이다. 특히 머지 않은 장래에 미국, 유럽연합과 일본 등 국제금융시장의 금융제공국들이 유가증권협약에 가입한다

미를 가지는지도 문제된다. 일본의 논의는 森下哲郎(註 12), 108면 참조.

90) 김이수(註 12), 219면은 결론적으로 미국식의 증권권리개념을 도입할 것을 제안한다.

91) 우리 법상의 無券化의 문제는 이철송, "예탁결제제도의 선진화와 증권무권화를 위한 법적정비," 증권예탁원, 증시효율화를 위한 예탁결제 및 무권화 제도 발전방향, 세미나연구논집(1996), 32면 이하; 정찬형(註 3), 39면 이하 참조. 국제적 증권거래의 결제에 관하여는 증권예탁원, 국제간 증권거래의 결제 1995 조사자료 제2집 참조.

면 우리 나라도 마땅히 유가증권협약에 가입해야 할 것이다. G30이 2003년 1월 발표한 국제적 증권청산 및 결제에 관한 권고안도 유가증권협약이 유가증권에 관한 권리의 법적 안정성을 제고하기 위한 중요한 첫걸음이라는 점을 명확히 하고 유가증권협약에의 가입을 권고하고 있다(권고안 15).[92]

나. 협약에의 가입 여부

유가증권협약에의 가입 여부와 관련하여 여러 가지 문제가 제기될 수 있다. 우선 實質法의 변경 없이 抵觸法만의 통일이 가능한가이다. 이 점에 대해 의문이 제기될 수 있으나,[93] 위에서 언급한 바와 같이 유가증권협약은 이것이 가능함을 당연한 전제로 한 것이다. 또한 유럽연합의 결제지침 및 담보지침과 그에 따른 유럽연합 회원국들의 국내법의 개정도 이것이 가능하다는 전제하에 이루어진 것이다. 따라서 이를 불가능하다고 볼 것은 아니다. 물론 만일 우리 나라가 實質法인 증권거래법을 개정하여 증권권리라는 개념을 도입한다면 國際私法의 해석론으로서 또는 입법적으로 PRIMA를 취하는 유가증권협약을 수용하기가 훨씬 용이할 것임은 의문의 여지가 없을 것이다.

어쨌든 지금으로서는 유가증권협약에 대한 검토를 좀더 치밀하게 진행할 필요가 있다. 유가증권협약의 공식보고서(Explanatory Report)가 아직 공간되지 않았으므로 그의 공간을 기다릴 필요도 있다.[94] 우리도 國際私法과 증권거래법의 전문가들을 동원하여 좀더 체계적인 검토를 할 필요가 있다. 이와 관련하여 주목할 것은, 위에서 본 바와 같이 유럽연합의 지침은 유가증권협약과는 차이가 있는데,[95] 유럽연합의 위원회는 최근 유가증권협약을 서명

---

92) The Group of Thirty, Global Clearing and Settlement—A Plan of Action(국제 증권청산 및 결제—실행방안) (2003). 요약은 http://www.group30.org/call.htm 참조. 개요는 증권예탁원(註 4), 75면 참조.

93) 위에서 본 바와 같이 김이수(註 12), 196-197면은 이에 대해 부정적인 견해를 취한다.

94) 그 후 2005년 Roy Goode, Hideki Kanda와 Karl Kreuzer가 헤이그국제사법회의 상설사무국의 Christophe Bernasconi의 도움을 받아 공동 작성한 공식적인 보고서가 "Explanatory Report on the Hague Convention on the Law Applicable to Certain Rights in respect of Securities held with an Intermediary"라는 제목으로 작성되었고, 이는 시판을 위하여 Martinus Nijhoff Publishers에서 2005년에 간행되었다. 보고서의 초안을 반영하여 쓴 협약에 관한 우리 문헌은 천창민(註 73), 233면 이하 참조.

95) 유럽연합위원회의 문서도 차이가 있음을 지적한다. 유럽연합위원회 제안(註 85), para. 6 참조. 가장 중요한 차이점은, 유럽연합 지침은 간접보유유가증권에 대한 담보권의 준거법을 관련 계좌 소재지법으로 보고, 당사자들이 합의한 계좌약정의 준거법을 인정하지 않는 점이다.

할 것을 이사회에 권고하면서 유럽연합이 협약을 서명한 뒤 관련지침들을 수정할 것을 제안하겠다고 한 점이다.[96] 또한 위(1. 국내증권거래에 미치는 영향 분석)에서 언급한 문제점이 없는지 좀더 확실하게 검토할 필요가 있다. 특히 우리와 유사한 증권거래법제를 가지고 있는 독일과 일본 등의 대응방안과 조치를 좀더 지켜 볼 필요도 있다. 나아가 유가증권협약의 성안과정에서 꾸준히 거론되었던 이른바 Super PRIMA의 문제와 관련하여 우리 實質法상 문제가 없는지도 좀더 검토해야 할 것이다.

다. 협약에 가입하는 대신 또는 임시로 증권거래법 또는 國際私法을 개정하여 해결하는 방안

논자에 따라서는 협약에 가입하는 대신 또는 임시적인 조치로서 독일의 증권예탁법과 유사한 취지의 조문을 우리 증권거래법에 신설하거나, 國際私法을 개정하여 그에 신설하자는 견해를 제기할 여지도 있다.

위에서 본 바와 같이 사견에 따르면 PRIMA의 대원칙은 國際私法의 해석론으로 수용할 수 있으나, 당사자들이 합의한 계좌약정의 準據法 또는 당사자들이 합의한 관리지를 간접보유유가증권에 관한 物權法的 爭點을 규율하는 準據法으로 인정할 수는 없고, 그 밖에도 '37면 문제'를 비롯하여 불확실한 쟁점들이 남아 있으므로 결국 PRIMA의 채택은 입법에 의해 해결하는 것이 바람직하다고 본다. 만일 그런 國際私法的 規定을 둔다면 일반적인 連結原則을 정한 國際私法보다는 증권거래에 특유한 연결원칙으로서 증권거래법에 두는 것이 바람직할 것으로 생각된다.

실제로 저자는 전에 김·장법률사무소의 변호사들과 함께 비공식적 경로를 통하여 다음과 같은 조문을 증권거래법 제174조의13으로 신설할 것을 제안한 바도 있다.[97] 이는 독일의 증권예탁법을 모델로 한 것이었는데 이는 '37면 문제'에 대해 담보권자의 계좌소재지법을 準據法으로 보는 견해였다. 그렇지만 이러한 견해는 유가증권협약과 비교할 때 여러 가지 점에서 부족하고, 더욱이 '37면 문제'에 관한 유가증권협약의 태도와 배치되므로 유가증권

---

96) 유럽연합위원회의 제안(註 85), para. 15 참조.

97) "증권거래법 제174조의13[국제적인 증권거래의 준거법]
등록부 또는 계좌부의 계좌이체에 의하여 처분할 수 있는 유가증권 또는 혼장예탁 유가증권의 지분에 대한 처분은, 처분의 수익자를 위한 계좌이체가 직접 기재되는 등록부 또는 계좌부를 관리하는 중개기관의 사무소가 소재하는 국가의 법에 따른다."

협약이 채택된 지금으로서는 위의 노선에 따른 증권거래법 또는 國際私法의 개정은 바람직하지 않다고 본다. 지금으로서는 증권거래법 또는 國際私法의 개정보다는 유가증권협약에의 가입 여부를 검토하는 것이 올바른 접근방법이라고 본다.

라. 기타 논점

한국의 투자자가 외국의 중개기관을 통하여 외국 유가증권을 보유하고 이를 담보제공하고자 하는 경우 종래 그의 準據法이 분명하지 않았다. 그러나 위에서 본 바와 같은 國際私法의 해석론에 따른다면 관련중개기관 소재지법이 準據法이 될 수 있을 것이므로 어느 정도는 문제가 해결될 수 있을 것으로 본다. 반면에 만일 당사자들이 관련중개기관 소재지법 이외의 법을 準據法으로 지정하기를 희망하거나, 담보설정자의 중개기관과 담보권자의 중개기관이 상이하거나, 양자가 동일하더라도 담보설정자의 계좌약정과 담보권자의 계좌약정의 準據法이 상이한 경우에는 國際私法의 해석론에 의하여는 만족할 만한 결론을 도출할 수 없다는 문제가 있다. 이는 결국 협약에의 가입에 의하여 해결할 문제이다. 따라서 당분간은 國際私法의 해석론에 의하여 문제를 해결하는 한편, 협약에의 가입 여부를 결정해야 할 것이다.

또한 국제거래에서 공사채등록법이 어떠한 의미를 가지는지도 검토할 필요가 있다.

Ⅵ. 맺 음 말

지금까지 간접보유유가증권에 대한 담보권 기타 처분의 準據法에 관한 유가증권협약의 주요내용을 검토하였다. 유가증권협약이 취한 이른바 '변형된 PRIMA'는 유가증권의 다층적인 간접보유가 보편화된 오늘날 국제적인 증권담보거래를 가능하게 하는 연결원칙으로서 중요한 의미를 가진다. 그러나 투시접근방법에 익숙한 우리 법률가들에게는 기본적으로 증권권리에 친한 변형된 PRIMA를 채택한 유가증권협약의 접근방법은 이해하기가 어려울 뿐만 아니라 선뜻 수용하기도 용이하지 않다. 유가증권협약이 예비초안과 달리, 계좌보유자와 관련중개기관간에 합의한 계좌약정의 準據法이 간접보유유가증권에 대한 담보권의 準據法이 되도록 하는 점에서 더욱 그러하다.

우리 나라에서는 아직 유가증권의 無券化가 전면적으로 시행되고 있지 않으나, 한국인 투자자가 외국의 중개기관을 통하여 외국 유가증권을 간접보유하는 경우도 있고, 외국인 투자자가 한국 회사가 발행하여 외국의 보관기관에 不動化되어 있는 해외사채권을 간접보유하는 경우도 있으므로 간접보유유가증권에 대한 담보의 準據法의 결정은 지금도 실제로 제기되고 있는 문제이다.[98] 한편 외국인 투자자가 한국 기업이 발행한 유가증권에 투자하는 경우 현재는 관련규정상 국내유가증권을 반드시 보관기관에 보관하여야 하고, 실물의 수출입이 금지되므로 증권거래법상의 예탁자를 통하여 증권거래를 하고 있지만, 장차 이러한 제한이 제거되면 외국인 투자자는 증권거래법상의 예탁자를 통하지 않고 예컨대 Euroclear Bank나 DTC를 통하여 증권예탁원에 계좌를 개설하고 증권거래를 할 수 있게 될 것이고 그 경우 국제적인 증권담보거래의 準據法의 쟁점이 매우 중요한 문제로 제기될 것이다.

우리가 종래 국제적인 증권담보거래, 특히 간접보유유가증권에 대한 담보거래에 무관심하였던 것은 우리가 경험하는 국제적인 증권거래가 제한된 탓이기도 하지만, 국내법률가들의 국제거래와 특히 國際私法에 대한 무관심 때문이기도 하다. 유가증권의 담보에 관한 國際私法的 爭點은 종래 우리 나라에서는 활발히 논의되지 않았던 것이고, 특히 유가증권협약이 다루고 있는 간접보유유가증권의 담보에 관한 國際私法的 爭點은 國際私法 분야에서도 상당히 새롭고 까다로운 쟁점이므로 우리 법률가들이 유가증권협약을 제대로 이해하기는 어렵다. 어쨌든 여기에서의 논의를 계기로 우리 나라에서도 유가증권협약은 물론 나아가 국제적인 증권거래와 관련한 國際私法的 諸論點과 實質法的 諸論點에 대한 좀더 종합적이고도 체계적인 연구가 이루어지기를 기대한다.

98) 따라서 우리 나라에서는 不動化 또는 無券化가 일반화되어 있지 않음을 이유로 지금으로서는 유가증권협약에의 가입은 시기상조이고 전자증권제도가 도입된 이후에 비로소 가입여부를 적극적으로 고려할 것이라는 견해는 지지할 수 없다.

[後 記]

당초 위 글의 말미에서 저자도 헤이그국제사법회의의 공식보고서가 공간되면 좀더 충실한 글을 쓸 생각이라고 밝힌 바 있으나 위 글에는 보고서를 반영하지 못하였다. 다만 2005. 9. 23. 한국국제사법학회와 증권예탁결제원은 공동으로 헤이그유가증권협약에 관한 서울국제심포지엄을 개최하였는데 그의 제1세션에서 헤이그국제사법회의 사무국의 Christophe Bernasconi 박사의 주제발표에 대하여 저자가 토론을 하였다. 그곳에서 위의 논의를 좀더 진전시켰는데 그 때 제출한 토론문을 아래 補論으로 첨부하였다. 보고서를 반영한 글을 쓸 생각은 여전히 가지고 있다.

[별첨 I]

[사안 F1] — 담보설정자와 담보권자가 동일한 중개기관에 계좌를 가지는 경우

헤이그국제사법회의의 예비문서[1]는 아래의 사안을 들어 이를 설명한다.

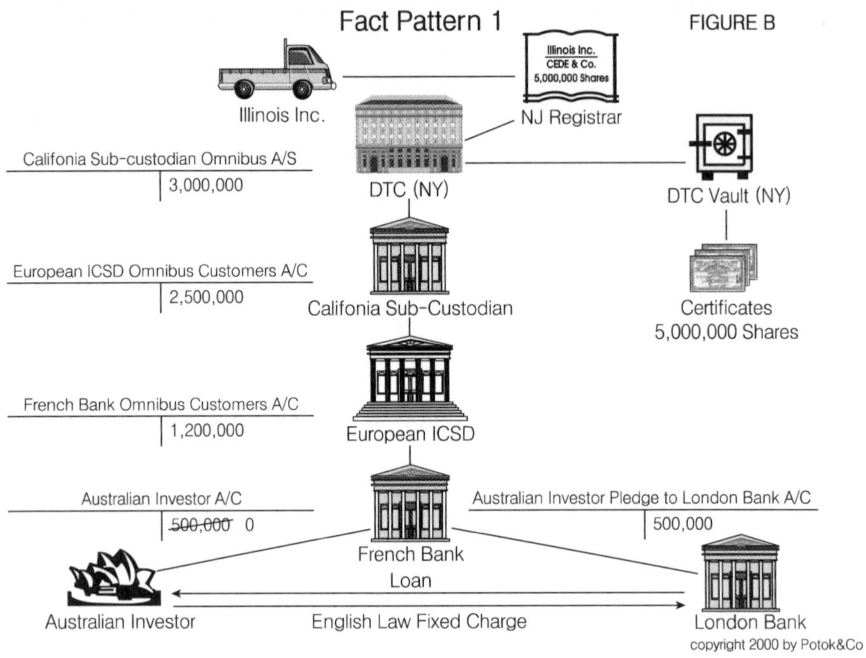

호주 투자자는 중개기관들을 통하여 Illinois Inc.의 주식 500,000 주를 가지고 있다. 주권의 실물은 발행되었지만 DTC의 금고에 보관되어 있다. 호주투자자는 대출을 제공하는 런던은행에게 위 주식에 대한 질권을 설정한다. 호주의 투자자와 런던은행은 동일한 프랑스은행에 계좌를 가지고 있다. 질권설정계약서의 準據法은 영국법이다. 질권의 설정은 프랑스은행의 계좌에 등록되는데 질권을 설정한 결과, 호주 투자자의 계좌에 차변기재(또는 감소기재)가 이루어지고 런던은행의 계좌에 대변기재가 이루어진다. European ICSD, 캘리

1) 예비문서(번호 1), 32면.

포니아부보관기관(California Sub-custodian)과 DTC의 장부에는 아무런 변동이 없다.[2)]

2) 예비초안이 취하는 PRIMA에 따르면 질권의 완성(대항요건의 구비)과 같은 物權法的 側面은 런던은행의 질권이 기재되는 장부를 보유하는 중개기관인 프랑스은행의 소재지법에 의하여 규율된다. 한편 유가증권협약에 따르면 중개기관소재지법이 아니라 중개기관과 계좌보유자간에 합의한 각 계좌약정의 準據法에 의한다.

[별첨 Ⅱ]

[사안 F3] — 담보설정자와 담보권자가 상이한 중개기관에 계좌를 가지는 경우[3)]

헤이그국제사법회의의 예비문서[4)]는 아래의 사안을 들어 위 문제를 좀더 상세히 설명한다.

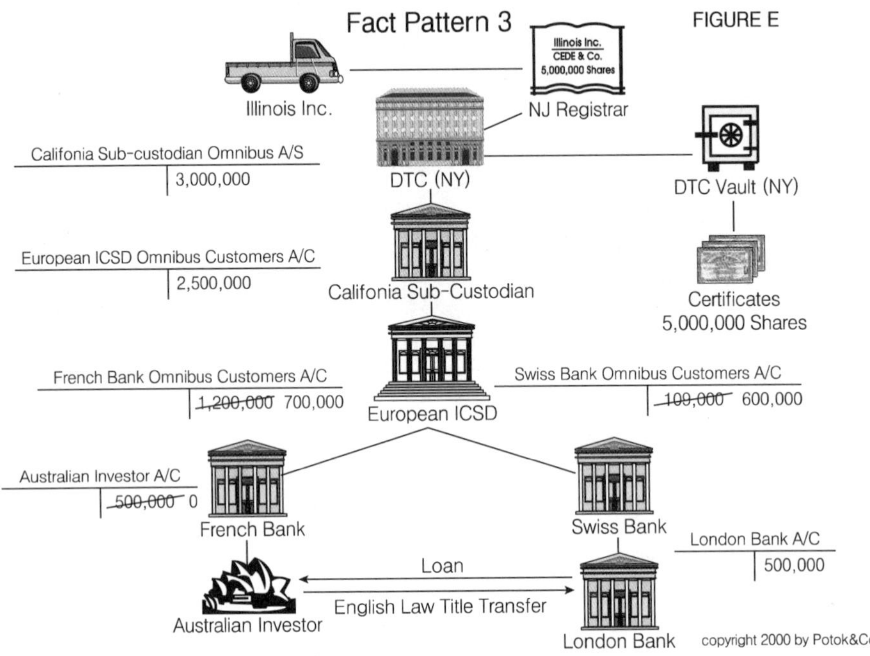

호주 투자자는 중개기관들을 통하여 Illinois Inc.의 주식 500,000 주를 가지고 있다. 주권의 실물은 발행되었지만 DTC의 금고에 보관되어 있다. 호주 투자자는 대출을 제공하는 런던은행에게 위 주식에 대한 양도담보(예비문서가 제시하는 사안은 영국법에 따른 담보목적의 양도)를 설정한다. 담보설

3) 위 표는 예비문서(번호 1)에 있는 것을 옮긴 것이므로 여기에서도 편의상 'F3'이라고 하였다.

4) 예비문서(번호 1), 37면.

정자인 호주의 투자자는 프랑스은행에 계좌를 가지고 있으나 담보권자인 런던은행은 스위스은행에 계좌를 가지고 있다. 양도담보를 설정한 결과 프랑스은행에 있는 호주 투자자의 계좌에 차변기재(또는 감소기재)가 이루어지고, 스위스은행에 있는 런던은행의 계좌에 증가기재가 이루어진다. 또한 이에 상응하여 Illinois Inc.의 주식 500,000 주는 프랑스은행과 스위스은행의 상위에 있는 중개기관인 European ICSD의 계좌에 있는 프랑스은행의 계좌로부터 차감되어 스위스은행의 계좌에 증가기재된다. 캘리포니아 부보관기관(California Sub-custodian)과 DTC의 장부에는 아무런 변동이 없다.[5)]

5) 예비초안이 취하는 PRIMA에 따르면 위 거래를 구성하는 3단계의 物權法的 側面은 다음과 같이 각각 상이한 準據法에 의하여 규율된다. 런던은행이 스위스은행의 고객증권의 집합에 대한 스위스은행의 권리에 대해 유효한 권리를 취득하는지는 런던은행의 권리가 기재되는 장부의 보유자인 스위스은행의 소재지인 스위스법, 호주은행이 프랑스은행의 고객증권의 집합에 대한 프랑스은행의 권리에 대해 가지는 권리가 유효하게 소멸하는지는 호주은행의 권리가 기재되는 장부의 보유자인 프랑스은행의 소재지인 프랑스법에 의하고, European ICSD의 예탁증권의 집합에 대하여 프랑스은행이 가지는 권리가 스위스은행에 유효하게 양도되는지는 European ICSD의 소재지법에 의한다. 한편 유가증권협약에 따르면 중개기관소재지법이 아니라 중개기관과 계좌보유자간에 합의한 각 계좌약정의 準據法에 의한다.

[國文試譯[1)]]

중개기관에 보유된 유가증권에 관한 일부 권리의 準據法에 관한 협약

이 협약의 서명국은

대규모의 성장하는 전세계 금융시장에 있어 청산 및 결제제도 또는 기타 중개기관을 통하여 현재 통상적으로 보유하는 유가증권의 準據法에 관한 법적 확실성과 예측가능성을 제공할 긴급한 실제적인 필요성을 인식하고,

자본의 국제적 이동과 자본시장에의 접근을 촉진하기 위하여, 중개기관에 보유된 유가증권을 수반하는 국경을 넘는 거래와 관련한 법적 위험, 제도적 위험 및 관련 비용을 경감하는 것의 중요성을 의식하며,

중개기관에 보유된 유가증권의 準據法에 관하여, 경제발전의 어떤 단계에 있든 모든 국가들에게 이익이 되는 공통된 조항들을 확립하기를 희망하고,

중개기관과의 계좌약정에 의하여 결정되는 바의 '관련중개기관 소재지 접근방법'(또는 PRIMA)이 필요한 법적 확실성과 예측가능성을 제공할 것을 인식하면서,

이러한 취지의 협약을 체결하기로 결의하고 다음의 조항들에 합의하였다.

제 I 장 정의 및 적용범위

제1조 정의 및 해석

1. 이 협약의 용어는 다음과 같은 의미를 가진다.
   a) "유가증권"이라 함은 주식, 사채, 기타 금융증권 또는 금융자산(현금을 제외한다) 또는 그에 대한 모든 권리를 말한다.
   b) "증권계좌"라 함은 중개기관에 의하여 관리되는 계좌로서 유가증권이 증가기재되거나 감소기재될 수 있는 계좌를 말한다.
   c) "중개기관"이라 함은 영업상 또는 통상적인 활동의 과정에서 타인을 위하여 또는 타인 및 자신을 위하여 증권계좌를 관리하고 그러한 자격으로 행위하는 자를 말한다.
   d) "계좌보유자"라 함은 중개기관이 관리하는 증권계좌의 명의인을 말한다.
   e) "계좌약정"이라 함은 증권계좌와 관련하여 관련중개기관과의 증권계좌를 규율하는 약정을 말한다.

---

1) 이는 저자의 시역으로 증권법연구 제5권 제1호(2004), 351면 이하에 수록된 자료와 거의 동일하다.

f) "중개기관에 보유된 유가증권"이라 함은 증권계좌에 유가증권을 증가기재함으로써 발생하는 계좌보유자의 권리를 말한다.

g) "관련중개기관"이라 함은 계좌보유자를 위하여 증권계좌를 관리하는 중개기관을 말한다.

h) "처분"이라 함은 완전한, 또는 담보를 목적으로 한 소유권의 양도와, 점유를 수반하거나 수반하지 않는 모든 담보권의 설정을 말한다.

i) "완성"이라 함은 처분의 당사자가 아닌 제3자에 대하여 당해 처분이 효력을 가지도록 하기 위하여 필요한 모든 조치의 완료를 말한다.

j) "영업소"라 함은 중개기관과 관련하여, 단순히 임시적으로 의도된 영업소와 중개기관 이외의 자의 영업소를 제외하고, 중개기관의 어떤 활동이 행해지는 영업소를 말한다.

k) "도산절차"라 함은 갱생 또는 청산을 목적으로 법원이나 다른 권한 있는 당국이 채무자의 자산과 사무를 통제 또는 감독하는 집단적인 사법적·행정적 절차를 말하며 임시적 절차를 포함한다.

l) "도산관재인"이라 함은 임시로 권한을 부여받은 자를 포함하여 갱생 또는 청산을 관리하도록 권한을 부여받은 자를 말하고, 적용가능한 도산법이 허용하는 경우 점유하는 채무자를 포함한다.

m) "복수단위국가"라 함은 그 국가 내에 둘 이상의 영토적 단위가, 또는 그 국가와 하나 이상의 영토적 단위가 제2조 제1항에 명시된 쟁점에 관하여 그 자신의 법규를 가지고 있는 국가를 말한다.

n) "서면" 및 "서면의"라 함은 유형적이거나 다른 형식으로 되고, 사후의 기회에 유형적 형식으로 재생될 수 있는 정보의 기록(전송으로 교신된 정보를 포함한다)을 말한다.

2. 이 협약상 중개기관에 보유된 유가증권의 처분은 다음을 포함한다.
   a) 증권계좌의 처분
   b) 계좌보유자의 중개기관을 위한 처분
   c) 증권계좌의 관리 및 운영과 관련하여 발생하는 모든 청구에 관련된 계좌보유자의 중개기관을 위한 법정담보권

3. 이 협약의 목적상 어떤 사람도 다음 각호의 이유만으로 중개기관으로 보지 아니한다.
   a) 유가증권 발행인을 위하여 등록기관 또는 명의개서대리인으로 행위하는 것
   b) 타인을 위하여 관리자, 대리인 또는 순전히 행정적인 자격으로서 행위하는 자가, 중개기관에 의해 관리되는 증권계좌에 증가기재된 유가증권의 세부내역을 타인의 명의로 자신의 계좌부에 기재하는 것

4. 제5항의 유보하에, 이 협약의 목적상 증권계좌에 증가기재된 유가증권을 중앙증권예탁기관의 자격으로 관리하는 자, 또는 그가 관리하는 증권계좌들간에 계좌기입에 의해 달리 양도가능한 유가증권을 관리하는 자는, 당해 유가증권에 관하여 중

개기관으로 간주된다.

5. 발행인의 장부상 유가증권의 보유와 이전을 위한 제도(시스템)의 운영자의 자격에서, 또는 발행인에 대한 관계에서 유가증권에 대한 권리의 주된 기록이 되는 다른 장부상 유가증권의 보유와 이전을 위한 제도(시스템)의 운영자의 자격에서, 증권계좌를 관리하는 사람의 계좌에 증가기재된 유가증권에 관하여는, 그러한 유가증권의 구성의 準據法이 속하는 체약국은 언제든지, 그 제도를 운영하는 자는 이 협약의 목적상 중개기관이 아니다라는 선언을 할 수 있다.

제2조 이 협약 및 準據法의 범위

1. 이 협약은 중개기관에 보유된 유가증권에 관한 다음 각호의 쟁점에 적용될 準據法을 결정한다.
   a) 증권계좌에 유가증권을 증가기재함으로써 발생하는 권리의 법적 성질 및 중개기관과 제3자에 대한 권리의 법적 성질과 효력
   b) 중개기관에 보유된 유가증권의 처분의 법적 성질과 중개기관과 제3자에 대한 효력
   c) 중개기관에 보유된 유가증권의 처분의 완성을 위한 요건이 있는 경우 그 요건
   d) 중개기관에 보유된 유가증권에 대한 어떤 자의 권리가 타인의 권리를 소멸시키는지 또는 타인의 권리에 대해 우선하는지 여부
   e) 중개기관에 보유된 유가증권에 대하여 계좌보유자 또는 타인과 경합하여 권리를 주장하는 계좌보유자 이외의 자에 대하여 중개기관이 의무를 부담하는 경우 그 의무
   f) 중개기관에 보유된 유가증권에 대한 권리의 실현을 위한 요건이 있는 경우 그 요건
   g) 중개기관에 보유된 유가증권에 대한 처분이 배당금, 소득, 기타 분배금 또는 상환금, 매매대금 또는 기타 대금에 대한 권리에까지 미치는지 여부
2. 이 협약은, 그러한 유가증권의 증가기재로부터 결과되는 권리가 제1항 (a)호에 따라 계약적 성질의 것이라고 결정되는 경우에도, 중개기관에 보유된 유가증권의 처분 또는 그러한 유가증권에 대한 권리에 관하여 제1항에 명시된 쟁점의 準據法을 결정한다.
3. 제2항의 유보하에, 이 협약은 다음 각호의 사항에 대한 準據法을 결정하지 아니한다.
   a) 증권계좌에 유가증권을 증가기재함으로써 발생하는 권리와 의무. 다만 그것이 순전히 계약상 또는 그 밖에 순전히 대인적인 한도 내에서 그러하다.
   b) 중개기관에 보유된 유가증권의 처분의 당사자들의 계약상 또는 그 밖의 대인적 권리와 의무
   c) 유가증권의 보유자 또는 그 밖의 다른 사람에 대한 관계인지를 불문하고, 유가증권의 발행인 또는 발행인의 등록기관 또는 명의개서대리인의 권리와 의무

제3조 국제성

이 협약은 상이한 국가들간의 법의 선택을 수반하는 모든 사안에 적용된다.

제Ⅱ장 준거법의 결정

제4조 일차적 규칙

1. 제2조 제1항에 명시된 모든 쟁점들의 準據法은, 그의 법이 계좌약정을 규율하는 법으로 계좌약정에서 명시적으로 합의된 그 국가에서 시행중인 법, 또는 계좌약정이 다른 법이 모든 쟁점들에 적용된다고 명시적으로 규정하는 경우 그 법이 된다. 다만 이 조항에 따라 지정된 법은 약정시에 관련중개기관이 그 국가내에 영업소를 가지고 있고, 그 영업소가 다음 요건을 충족하는 경우에만 적용된다.
   a) 단독으로, 또는 그 국가나 다른 국가에 있는 관련중개기관의 다른 영업소 또는 관련중개기관을 위하여 행위하는 다른 사람과 함께
      i) 증권계좌에의 기재를 행하거나 감시(모니터)하는 것
      ii) 중개기관에 보유된 유가증권과 관련된 지급 또는 회사행위를 관리하는 것, 또는
      iii) 그 밖에 증권계좌를 관리하는 영업 기타 통상적 활동에 종사하는 것, 또는
   b) 계좌번호, 은행코드, 그 밖의 특정 수단에 의하여 그 국가에서 증권계좌를 관리하는 영업소로 특정될 것
2. 제1항 a)호의 목적상, 다음의 경우 영업소는 증권계좌를 관리하는 영업 기타 통상적 활동에 종사하는 것으로 되지 않는다.
   a) 영업소가 단순히 증권계좌를 위하여 계좌유지 또는 자료처리를 지원하는 기술체계가 위치하는 장소라는 이유만으로
   b) 영업소가 단순히 계좌보유자와의 교신을 위한 통신센터가 위치하거나 운영되는 장소라는 이유만으로
   c) 영업소가 단순히 증권계좌와 관련된 우편이 정리되거나 파일 또는 기록들이 소재하는 장소라는 이유만으로, 또는
   d) 영업소가 증권계좌의 관리 또는 개설과 관련된 것 이외의 단지 대표적 기능과 행정적 기능에만 종사하고, 어떠한 계좌약정을 체결하기 위한 구속력 있는 결정을 할 권한을 가지지 않는 경우
3. 특정 중개기관에 보유된 유가증권의 계좌보유자에 의한 특정 중개기관을 위한 처분에 관하여는, 당해 중개기관이 그의 장부상 그가 계좌보유자인 증권계좌를 관리하는지에 관계없이, 이 협약의 목적상
   a) 그 중개기관이 관련중개기관이고,
   b) 그 계좌보유자와 그 중개기관간의 계좌약정이 관련 계좌약정이며,
   c) 제5조 제2항과 제3항의 목적상 증권계좌는 처분의 직전에 유가증권이 그에 증가기재되는 증권계좌이다.

제5조 보충적 규칙

1. 제4조에 따라 準據法이 결정되지는 않지만, 그러나 관련중개기관이 특정 영업소를 통해 계좌약정을 체결하였다는 점이 계좌약정에 명시적으로 의문의 여지 없이 기술된 경우, 제2조 제1항에 명시된 모든 쟁점에 대한 準據法은 그러한 영업소가 그 당시 소재한 국가에서 또는 복수단위국가의 영토적 단위에서 시행중인 법이다. 다만 그러한 영업소가 당시 제4조 제1항 2문에 명시된 조건을 충족한 것을 조건으로 한다. 계좌약정이 관련중개기관이 특정 영업소를 통해 계좌약정을 체결하였다는 점을 명시적으로 의문의 여지 없이 기술하는지를 결정함에 있어서 다음의 사항들은 고려되지 아니한다.
   a) 통지 또는 기타 문서가 관련중개기관에게 그 영업소로 송달되어야 하거나 송달될 수 있다는 조항
   b) 관련중개기관에 대한 법적 절차가 특정 국가 또는 복수단위국가의 영토적 단위에서 제기되어야 하거나 제기될 수 있다는 조항
   c) 진술서 또는 기타 문서가 관련중개기관에 의하여 그 영업소로부터 제공되어야 하거나 제공될 수 있다는 조항
   d) 관련중개기관에 의한 어떤 용역이 그 영업소로부터 제공되어야 하거나 제공될 수 있다는 조항
   e) 관련중개기관에 의하여 수행되거나 이행되는 어떤 운영 또는 기능이 그 영업소에서 이루어져야 하거나 이루어질 수 있다는 조항
2. 準據法이 제1항에 따라 결정되지 않는다면, 準據法은 서면 계좌약정 체결시, 또는 그러한 약정이 없는 경우에는 증권계좌 개설시, 관련중개기관의 설립 또는 기타 조직의 準據法이 속하는 국가에서 또는 복수단위국가의 영토적 단위에서 시행중인 법이다. 그러나 관련중개기관이 복수단위국가의 어느 영토적 단위의 법이 아니라 복수단위국가의 법에 따라 설립되거나 달리 조직된 경우에는, 準據法은 관련중개기관이 서면 계좌약정 체결시, 또는 그러한 약정이 없는 경우에는 증권계좌 개설시, 관련중개기관이 영업소를 가지는, 또는 관련중개기관이 복수의 영업소를 가지는 경우 그의 주된 영업소를 가지는, 그 복수단위국가의 영토적 단위에서 시행중인 법이다.
3. 準據法이 제1항 또는 제2항에 따라 결정되지 않는다면, 準據法은 관련중개기관이 서면 계좌약정 체결시, 또는 그러한 약정이 없는 경우에는 증권계좌 개설시 영업소를 가지는, 또는 관련중개기관이 복수의 영업소를 가지는 경우 그의 주된 영업소를 가지는, 국가에서 또는 복수단위국가의 영토적 단위에서 시행중인 법이다.

제6조 무시되는 요소들

이 협약에 따라 準據法을 결정하는 데 있어서 다음 요소들은 고려되어서는 아니 된다.

   a) 유가증권의 발행인의 설립지 또는 조직지 또는 발행인이 법령상의 본거, 등록된 사무소, 경영중심지 또는 영업소 또는 주된 영업소를 가지는 장소
   b) 유가증권을 표창하거나 증명하는 증서의 소재지

c) 유가증권의 발행인에 의하여 또는 그를 위하여 관리되는 유가증권 보유자의 등록부의 소재지 또는
d) 관련중개기관이 아닌 어떤 중개기관의 소재지

제7조 準據法 변경에 관한 권리의 보호

1. 이 조는 계좌약정이 이 협약에 따른 準據法을 변경하기 위하여 수정된 경우 적용된다.
2. 이 조에서
   a) "신법"은 변경 후의 이 협약에 따른 準據法을 말한다.
   b) "구법"은 변경 전의 이 협약에 따른 準據法을 말한다.
3. 제4항의 유보하에, 신법은 제2조 제1항에 명시된 모든 쟁점을 규율한다.
4. 準據法의 변경에 동의한 사람에 관련된 것을 제외하고, 구법은 다음의 사항을 계속하여 규율한다.
   a) 準據法의 변경 전에 발생하는 중개기관에 보유된 유가증권에 관한 권리의 존재와 準據法의 변경 전에 행하여진 유가증권의 처분의 완성
   b) 準據法의 변경 전에 발생하는 중개기관에 보유된 유가증권에 관한 권리와 관련하여
      i) 관련중개기관과 準據法의 변경 전에 행하여진 유가증권의 처분의 당사자들에 대한 권리의 법적 성질과 효력
      ii) 準據法의 변경 후에 유가증권을 압류한 사람에 대한 그러한 권리의 법적 성질과 효력
      iii) 準據法의 변경 후에 개시된 도산절차의 도산관재인과 관련한 제2조 제1항에 명시된 모든 쟁점의 결정
   c) 準據法의 변경 전에 발생한 당사자들간의 권리의 우선권
5. 제4항 (c)호는 구법에 따라 발생하였지만 신법에 따라 완성된 권리의 우선권에 대하여 신법의 적용을 배제하지 않는다.

제8조 도산

1. 도산절차의 개시에도 불구하고, 그러한 도산절차의 개시 전에 발생한 모든 사유와 관련하여 이 협약에 따른 準據法은 제2조 제1항에서 명시된 쟁점들을 규율한다.
2. 이 협약은 다음의 해당하는 모든 규칙을 포함하여 모든 실체적 또는 절차적 도산규칙의 적용에 영향을 미치지 아니한다.
   a) 채권의 부류의 순위에 관한 규칙, 또는 편파행위 또는 채권자를 기망하여 한 이전에 해당하는 처분의 부인에 관한 규칙
   b) 도산절차 개시 후의 권리의 집행에 관한 규칙

제Ⅲ장 일반 조항

제9조 협약의 일반적 적용

이 협약은 準據法이 체약국의 법인가에 관계없이 적용된다.

제10조 법선택규칙의 배제(반정)

이 협약에서 "법"이라 함은 어떤 국가에서 시행중인 법선택규칙 이외의 법을 말한다.

제11조 공서 및 국제적 강행규정

1. 이 협약에 따라 결정된 법의 적용은 그의 적용의 효력이 법정지의 공서에 명백히 반하는 경우에 한하여 거부될 수 있다.
2. 이 협약은 국제사법규칙에 관계없이 국제적 사안에도 반드시 적용되어야 하는 법정지법의 조항의 적용을 배제하지 아니한다.
3. 이 조는, 법정지법이 이 협약에 따른 準據法이 아닌 한, 완성에 관한 요건 또는 경합하는 권리의 우선권에 관련된 요건을 부과하는 법정지법의 조항의 적용을 허용하지 아니한다.

제12조 복수단위국가를 위한 準據法의 결정

1. 계좌보유자와 관련중개기관이 복수단위국가의 특정한 영토적 단위의 법에 관하여 합의한 경우
   a) 제4조 제1항의 1문의 "국가"에 대한 언급은 그 영토적 단위를 말하고
   b) 제4조 제1항의 2문의 "그 국가"에 대한 언급은 그 복수단위국가 자체를 말한다.
2. 이 협약을 적용함에 있어서
   a) 복수단위국가의 어느 영토적 단위에서 시행중인 법은 그러한 단위의 법과, 그 단위에서 적용되는 한 복수단위국가 자체의 법 양자를 포함한다.
   b) 복수단위국가의 어느 영토적 단위에서 시행중인 법이, 그 국가의 다른 영토적 단위의 법이 공적인 등록, 기록 또는 등기에 의한 완성을 규율하도록 지정하는 경우, 그러한 다른 영토적 단위의 법이 그러한 쟁점을 규율한다.
3. 복수단위국가는 서명, 비준, 수락 및 승인 또는 가입시에, 만일 제5조에 따라 準據法이 복수단위국가의 법 또는 그의 어느 영토적 단위의 법이 되는 경우, 그 복수단위국가에서 시행중인 국내 법선택규칙이 그 복수단위국가 또는 그 복수단위국가의 특별한 영토적 단위의 실질적 규칙이 적용되는지를 결정한다는 것을 선언할 수 있다. 그러한 선언을 하는 복수단위국가는 헤이그국제사법회의의 상설사무국에 그러한 국내 법선택규칙의 내용에 관하여 정보를 전달하여야 한다.
4. 복수단위국가는, 만일 제4조에 따라 準據法이 그의 어느 영토적 단위의 법이라면 그 영토적 단위의 법은 관련중개기관이 그 영토적 단위 내에 제4조 제1항 2문에 명시된 요건을 충족하는 영업소를 가지는 경우에만 적용한다고 언제든지 선언할 수 있다. 그러한 선언은 그 선언이 발효하기 전에 행해진 처분에 대하여는 효력이 없다.

제13조 통일적 해석

이 협약을 해석함에 있어서는 그의 국제적 성격과 그의 적용상의 통일을 증진할 필요성을 고려하여야 한다.

제14조 이 협약의 실제적 운영에 관한 심사

헤이그국제사법회의의 사무총장은 협약의 실제적인 운영을 심사하고 이 협약의 개정이 바람직한지를 고려하기 위하여 특별위원회를 정기적으로 소집하여야 한다.

제Ⅳ장 경과 규정

제15조 협약 전 및 협약 후 권리간의 우선권

체약국에서는, 이 협약에 따른 準據法이 그 국가에 대하여 협약의 효력 발생 후에 중개기관에 보유된 유가증권에 대하여 어떤 사람이 취득한 권리가 소멸하는지 여부와, 그 국가에 대하여 협약의 효력 발생 전에 다른 사람이 취득한 권리에 대해 우선권을 가지는지 여부를 결정한다.

제16조 협약 전의 계좌약정과 증권계좌

1. 이 협약에서 계좌약정에 대한 언급은, 이 협약이 제19조 제1항에 따라 발효하기 전에 체결된 계좌약정을 포함한다. 이 협약에서 증권계좌에 대한 언급은, 이 협약이 제19조 제1항에 따라 발효하기 전에 개설된 증권계좌를 포함한다.
2. 계좌약정이 이 협약에 대한 명시적인 언급을 포함하지 않는 한, 체약국의 법원은 그 국가에 대하여 제19조에 따른 이 협약의 효력 발생 전에 체결된 계좌약정과 관련하여 제4조 제1항을 적용함에 있어서는 제3항과 제4항을 적용하여야 한다. 체약국은 서명, 비준, 수락, 승인 또는 가입시에, 제19조 제1항에 따라 이 협약의 발효 후에, 그러나 제19조 제2항에 따라 당해 국가에 대하여 이 협약의 발효 전에 체결된 계좌약정과 관련하여서는 그의 법원들은 그러한 조항들을 적용하지 않는다고 선언할 수 있다. 체약국이 복수단위국가인 경우, 그 국가는 어떤 영토적 단위에 대하여 그러한 선언을 할 수 있다.
3. 계좌약정의 어떤 명시적 조건이, 계좌약정의 準據法이 속하는 국가의 규칙상, 특정한 국가 또는 특정한 복수단위국가의 어느 영토적 단위에서 시행중인 법이 제2조 제1항에 명시된 어떤 쟁점에 적용되도록 하는 효력을 가진다면, 그 조건의 효력의 결과 그러한 법이 제2조 제1항에 명시된 모든 쟁점을 규율한다. 다만 약정 체결시에 관련중개기관이 그 국가에 제4조 제1항 2문에 명시된 조건을 충족하는 영업소를 가졌을 것을 조건으로 한다. 체약국은 서명, 비준, 수락, 승인 또는 가입시에, 그의 법원들은 이 항에서 기술한, 증권계좌가 다른 국가에서 관리된다는 것을 당사자들이 명시적으로 합의한 계좌약정과 관련하여 이 항을 적용하지 않는다고 선언할 수 있다. 체약국이 복수단위국가인 경우, 그 국가는 어떤 영토적 단위에 대하여 그러한 선언을 할 수 있다.
4. 제3항이 적용되는 약정을 제외하고, 계좌약정의 당사자들이 증권계좌가 특정 국가에서 또는 특정 복수단위국가의 어느 영토적 단위에서 관리되는 것에 합의하였다면, 그 국가 또는 영토적 단위에서 시행중인 법이 제2조 제1항에 명시된 모든 쟁점의 準據法이다. 다만 약정 체결시에 관련중개기관이 그 국가에 제4조 제1항 2문에 명시된 조건을 충족하는 영업소를 가졌을 것을 조건으로 한다. 그러한 약정은

명시적이거나 또는 전체로서의 계약의 조건으로부터 또는 주변 사정으로부터 암시될 수 있다.

제Ⅴ장 최종조항

제17조 서명, 비준, 수락 및 승인 또는 가입

1. 이 협약은 모든 국가들의 서명을 위하여 개방된다.
2. 이 협약은 서명국에 의한 비준, 수락, 승인을 조건으로 한다.
3. 이 협약에 서명하지 않은 모든 국가들은 언제든지 협약에 가입할 수 있다.
4. 비준서, 수락서, 승인서 또는 가입서는 이 협약의 수탁자인 네덜란드 외무부에 기탁되어야 한다.

제18조 지역경제통합기구

1. 주권국가들에 의해 구성되고 이 협약에 의하여 규율되는 일부 사항에 대해 권한을 가지는 지역경제통합기구는 유사하게 이 협약에 서명, 수락, 승인 또는 가입할 수 있다. 그 경우 그 지역경제통합기구는 이 협약에 의하여 규율되는 사항에 대하여 권한을 가지는 범위 내에서 체약국의 권리와 의무를 가진다. 이 협약상 체약국의 수가 의미가 있는 경우 지역경제통합기구는 체약국들인 그의 회원국들에 추가하여 체약국으로 산입되지 아니한다.
2. 지역경제통합기구는 서명, 수락, 승인 또는 가입시에, 이 협약에 의하여 규율되는 사항들 중 어느 사항에 관하여 그 기구의 회원국들이 권한을 기구에게 이전하였는지를 명시하여 서면으로 수탁자에게 통지하여야 한다. 지역경제통합기구는, 이 항에 따른 통지에 명시된 권한의 배분에 관한 모든 변경과 모든 새로운 권한의 이전을 즉시 수탁자에게 통지하여야 한다.
3. 이 협약에서 "체약국" 또는 "체약국들"이란 언급은 문맥상 필요한 경우 지역경제통합기구에도 동일하게 적용된다.

제19조 발효

1. 이 협약은 제17조에 언급된 세 번째의 비준서, 수락서, 승인서 또는 가입서의 기탁 후 3개월이 경과한 때의 다음 달의 초일에 발효한다.
2. 그 이후에는 이 협약은 다음 각호에 따라 발효한다.
   a) 후에 이 협약을 비준, 수락, 승인 또는 가입한 각 국가 또는 제18조에서 언급된 각 지역경제통합기구에 대하여는 비준서, 수락서, 승인서 또는 가입서의 기탁 후 3개월이 경과한 때의 다음 달의 초일에 발효한다.
   b) 이 협약이 제20조 제1항에 따라 확장된 영토적 단위에 대하여는 그 조에 언급된 선언의 통지 후 3개월이 경과한 때의 다음 달의 초일에 발효한다.

제20조 복수단위국가

1. 복수단위국가는 서명, 비준, 수락, 승인 또는 가입시에 이 협약이 그의 모든 영토적 단위에 미치는지 또는 하나 또는 둘 이상의 영토적 단위에만 미치는지를 선언할 수 있다.

2. 모든 그러한 선언은 이 협약이 적용되는 영토적 단위를 명시하여야 한다.
3. 어느 국가가 제1항에 따른 선언을 하지 않는 경우 이 협약은 그 국가의 모든 영토적 단위에 미친다.

제21조 유보

이 협약에 대한 어떠한 유보도 허용되지 않는다.

제22조 선언

제1조 제5항, 제12조 제3항과 제4항, 제16조 제2항과 제3항 그리고 제20조의 목적상

a) 모든 선언은 수탁자에게 서면으로 통지되어야 한다.

b) 모든 체약국은 언제든지 새로운 선언을 제출함으로써 선언을 변경할 수 있다.

c) 체약국은 언제든지 선언을 철회할 수 있다.

d) 서명, 비준, 수락 및 승인 또는 가입시에 행하는 모든 선언은 당해 국가에서 이 협약의 발효와 동시에 발효된다. 또한 후에 하는 모든 선언과 모든 새로운 선언은 제24조에 따라 수탁자가 통지를 수령한 날 후 3개월이 경과한 때의 다음 달의 초일에 발효한다.

e) 선언의 철회는 수탁자가 제24조에 따라 통지를 수령한 날 후 6개월이 경과한 때의 다음 달의 초일에 발효한다.

제23조 폐기통고

1. 이 협약의 체약국은 수탁자에 대한 서면 통지에 의하여 이 협약을 폐기할 수 있다. 폐기통고는 이 협약이 적용되는 복수단위국가의 일부 영토적 단위에 제한될 수 있다.
2. 폐기통고는 수탁자가 통지를 수령한 날 후 12개월이 경과한 때의 다음 달의 초일에 발효한다. 다만 당해 통지서에 폐기통고의 효력발생을 위한 보다 장기의 기간이 명시된 경우에는 수탁자가 통지를 수령한 날 후 그러한 장기의 기간이 경과한 때에 발효한다.

제24조 수탁자에 의한 통지

수탁자는 헤이그국제사법회의의 회원국 그리고 제17조와 제18조에 따라 서명, 비준, 수락 및 승인 또는 가입한 다른 국가 및 지역경제통합기구에게 다음 각호의 사항을 통지해야 한다.

a) 제17조와 제18조에 언급된 서명과 비준, 수락, 승인 및 가입

b) 제19조에 따라 이 협약이 발효하는 날

c) 제22조에 언급된 선언과 선언의 철회

d) 제18조 제2항에 언급된 통지

e) 제23조에 언급된 폐기통고

이상의 증거로서 정당한 권한을 위임받은 하기 서명자는 이 협약에 서명하였다.

20... ...월 ....일 헤이그에서 동등하게 정본인 영어 및 불어로 본서 1통을 작성하였다.

본서는 네덜란드 정부문서보관소에 기탁하고 그 인증등본은 외교경로를 통하여 제19차 회기 현재 헤이그국제사법회의의 각 회원국과 그 회기에 참가한 각 국가에 송부된다.

헤이그유가증권협약의 주요내용과 國際證券去來에 미치는 영향

前 記
이 글은 2005. 9. 23. 한국국제사법학회와 증권예탁결제원이 공동으로 주최한 헤이그유가증권협약에 관한 서울국제심포지엄의 제1세션에서 헤이그국제사법회의 사무국의 Christophe Bernasconi 박사의 주제발표에 대하여 저자가 토론자료로 제출한 글을 다소 수정·보완한 것이다. 앞에 게재한 글에서의 논의를 좀더 진전시킨 것이다.

Ⅰ. 머 리 말

오늘날 유가증권(이하 "유가증권" 또는 "증권"이라 한다)의 투자자들은 증권의 실물을 보관하거나, 증권등록부에 자신이 직접 권리자로 기재되는 대신, 하나 또는 수개의 중개기관을 통하여 보유하고 있고, 그에 대한 권리는 계좌이체에 의하여 이루어지는 것이 보편적이다. 이처럼 중개기관에 보유된 증권[1]에 관하여 국제적인 처분이 이루어지는 경우 그의 준거법(governing law 또는 applicable law)을 결정할 필요가 있는데, 헤이그증권협약[2](이하

1) 과거에는 '간접보유증권'(indirectly held securities)이라는 표현을 사용하였으나 헤이그증권협약은 '중개기관에 보유된 증권'(securities held with an intermediary)이라는 표현을 사용하고 UNIDROIT에서는 '중개된 증권'(intermediated securities)이라는 표현을 사용한다.

2) 협약의 정식명칭은 "중개기관에 보유된 유가증권에 관한 일부 권리의 준거법에 관한 협약"(Convention on the Law Applicable to Certain Rights in respect of Securities held with an Intermediary)이다. 협약에 관하여는 석광현, "국제적인 증권담보거래의 준거법—헤이그국제사법회의의 유가증권협약을 중심으로—," 증권법연구 제5권 제1호(2004. 6.), 43면 이하; 이 책 제3장 [8]; 천창민, "국제적 유가증권거래의 준거법 —헤이그유가증권협약을 중심으로—," 국제사법연구 제10호(2004. 12.), 233면 이하 참조. 저자의 글은 아래에서 언급하는 협약의 보고서가 간행되기 전의 글이다. 협약의 예비초안에 관하여는 석광현, "國際的인 證券擔保去來의 準據法 —PRIMA와 관련하여," 증권법연구 제3권 제1호(2002), 97면 이하 참조.

“협약”이라 한다)은 이를 위하여 명확한 준거법 결정원칙을 제시함과 동시에, 그 원칙을 국제적으로 통일하기 위한 것이다. 베르나스코니 박사의 발표를 통하여 우리는 협약의 주요 내용과 협약이 국제증권거래에 미치는 영향에 대해 어느 정도 이해할 수 있게 되었다고 생각한다.

주의할 것은 협약은 國際私法(또는 抵觸法)의 통일을 목적으로 하는 것이고, 실질법의 통일을 목적으로 하는 것은 아니라는 점이다.[3] 실질법이라 함은 국제사법에 대비되는 개념으로, 국제사법에 의하여 준거법으로 지정되어 특정 법률관계 또는 쟁점을 직접 규율하는 규범(예컨대 우리 민·상법 또는 증권거래법)을 말한다. 현재 중개기관에 보유된 증권에 관한 실질법의 조화를 위한 작업은 사법통일국제연구소(UNIDROIT)가 추진중이며 2005년 5월 제1차 전문가회의 결과 “중개된 증권에 관한 조화된 실질법규칙에 관한 협약”의 수정된 예비초안이 작성되어 있다. 이에 대하여는 동경대학교 법과대학원의 神田秀樹 교수가 제5세션에서 발표할 예정이다.

베르나스코니 박사의 발표에 대한 토론자로서 저자가 의도하는 바는, 첫째 우리 나라의 기관투자자와 개인투자자의 국제증권거래의 현실[4]의 맥락에서 협약이 가지는 의미를 설명하고,

둘째, 우리 나라가 협약에 가입하는 데 따른 국내법, 특히 증권거래법의 문제점의 일단을 지적하는 것이다.

Ⅱ. 협약에의 가입이 국제증권/외화증권 거래에 미치는 영향

우리 기관투자자와 개인투자자의 국제증권/외화증권 거래의 실제는 아래와 같다.

---

3) 이에 관한 실질법상의 논의는 우선 김이수, “證券間接保有法理의 再構成에 관한 硏究,” 서울대학교 대학원 법학박사학위논문(2003. 2.) 참조.

4) 이는 구체적으로 외화증권 예탁 및 결제 등에 관한 규정에 의하여 규율된다. 전반적인 설명은 증권예탁원, 증권예탁결제제도 전정판(2003), 403면 이하 참조.

1. 한국의 기관투자자가 외화증권(예컨대 주식)을 보유하는 경우

A. 담보권설정자와 담보권자가 동일한 중개기관에 증권계좌를 가지는 경우: 계좌약정의 준거법이 동일한 경우[5)]

[그림 1]

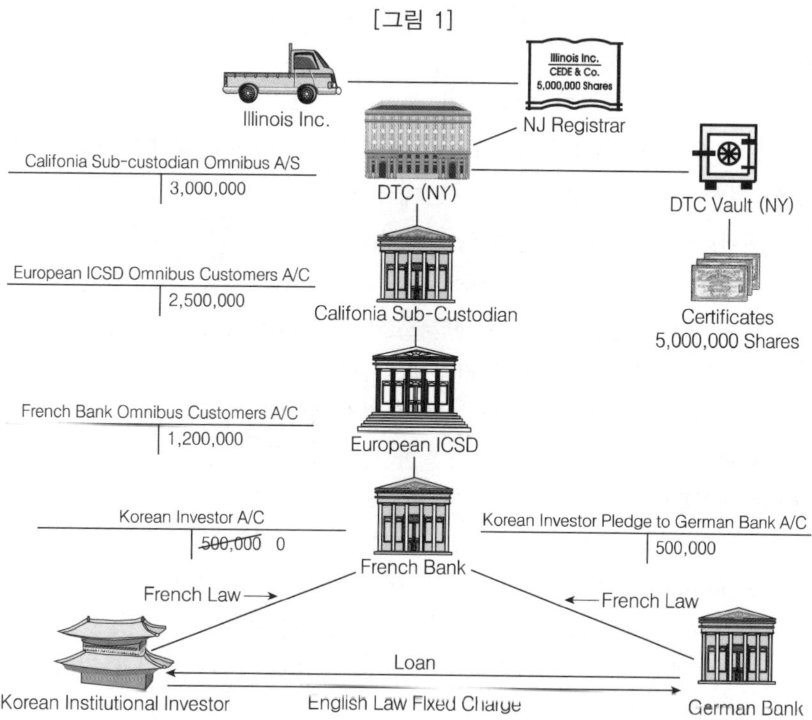

위 그림에서 보듯이 사안은 다음과 같다. 한국의 기관투자자는 중개기관들을 통하여 Illinois Inc.의 주식 500,000 주를 가지고 있다. 주권의 실물은 DTC의 금고에 보관되어 있다. 한국의 기관투자자는 대출을 해 주는 독일은행에게 주식을 담보로 제공하는데, 양자는 동일한 프랑스은행에 계좌를 가지고 있다. 담보권설정계약서의 준거법은 영국법이다. 담보권의 설정은 프랑스

5) 이는 헤이그국제사법회의의 Report on the Law Applicable to Dispositions of Securities Held Through Indirect Holding Systems, prepared by Christophe Bernasconi (Preliminary Document No 1 of November 2000 for the attention of the Working Group of January 2001)(이하 "예비문서"라 한다), 32면에 있는 사안을 다소 수정한 것이다.

은행의 계좌에 등록되는데, 담보권을 설정한 결과 한국의 기관투자자의 계좌에 감소기재가, 독일은행의 계좌에 증가기재가 각각 이루어진다. European ICSD, 캘리포니아부보관기관과 DTC의 장부에는 변동이 없다.

위 사안의 경우 현행 국제사법의 해석론으로는, 아래에서 보는 바와 같이 한국의 기관투자자가 중개기관을 통하여 보유하는 증권(즉 Illinois Inc.의 주식)을 담보제공하는 경우 담보권의 준거법의 결정이 애매하고 정설이 없는 상황이다.

그러나 협약에 따르면 담보권의 준거법은 그의 계좌약정의 준거법인 프랑스법이 된다. 협약(제4조 제1항)과, 협약의 보고서[6]에 의하면 제2조 제1항의 모든 사항들이 동일한 준거법(즉 계좌약정의 준거법인 프랑스법)에 의하여 규율된다. 이는 다음을 말한다.

"a) 증권계좌에 증권을 증가기재함으로써 발생하는 권리의 법적 성질 및 중개기관과 제3자에 대한 권리의 법적 성질과 효력
b) 중개기관에 보유된 증권의 처분의 법적 성질과 중개기관과 제3자에 대한 효력
c) 중개기관에 보유된 증권의 처분의 완성을 위한 요건이 있는 경우 그 요건: 완성(perfection)이라 함은 우리 법상의 대항요건의 구비를 말한다.
d) 중개기관에 보유된 증권에 대한 어떤 자의 권리가 타인의 권리를 소멸시키는지 또는 타인의 권리에 대해 우선하는지 여부
e) 중개기관에 보유된 증권에 대하여 계좌보유자 또는 타인과 경합하여 권리를 주장하는 계좌보유자 이외의 자에 대하여 중개기관이 의무를 부담하는 경우 그 의무
f) 중개기관에 보유된 증권에 대한 권리의 실현을 위한 요건이 있는 경우 그 요건
g) 중개기관에 보유된 증권에 대한 처분이 배당금, 소득, 기타 분배금 또는 상환금, 매매대금 또는 기타 대금에 대한 권리에까지 미치는지 여부."

6) 보고서, para. 2-10. 보고서는 Roy Goode, Hideki Kanda와 Karl Kreuzer가 헤이그국제사법회의 상설사무국의 Christophe Bernasconi의 도움을 받아 공동 작성한 "Explanatory Report on the Hague Convention on the Law Applicable to Certain Rights in respect of Securities held with an Intermediary"를 말한다. 이는 시판을 위하여 Martinus Nijhoff Publishers에서 2005년 간행되었다.

2. 한국의 개인투자자가 외화증권(예컨대 주식)을 보유하는 경우

[그림 2]

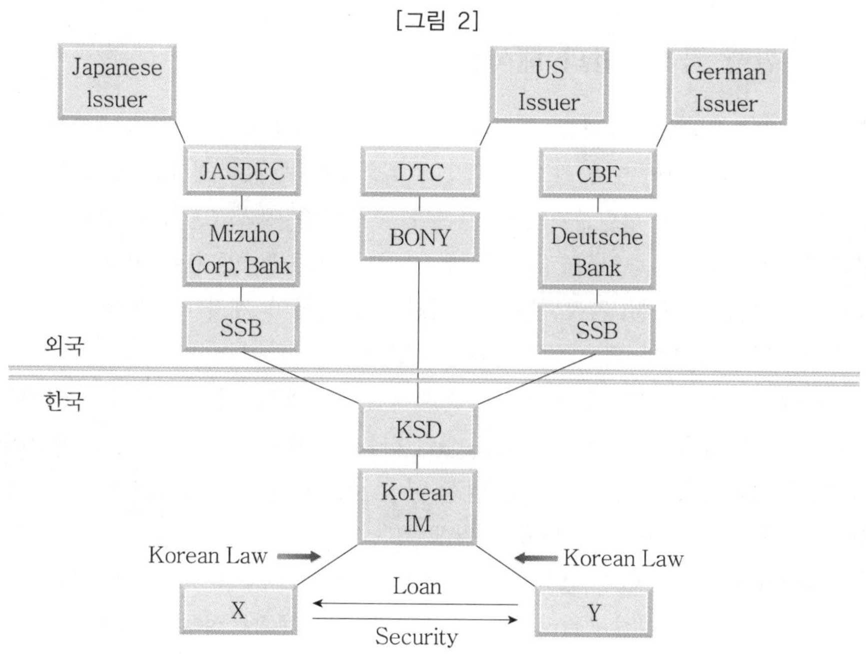

CBF: Clearstream Bank Frankfurt / DB : Deutsche Bank AG
SSB: State Street Bank and Trust Company[7)]

위 그림의 사안에서 X가 Y에게 외화증권을 담보제공하는 경우 협약상으로는 외화증권의 종류, 준거법과 소재지에 관계없이 담보권의 준거법은 계좌약정의 준거법인 한국법이 된다.[8)]

---

7) 보관기관의 선임현황은 증권예탁원(註 4), 413면. 그러나 다른 자료를 보면 BNY Clearing 대신에 Pershing과 Citibank가 포함되어 있기도 하다.

8) 위의 구조에서 X는 외국주식에 대해 공유지분을 가질 수 없다. 따라서 외화증권예탁 및 결제 등에 관한 규정(제8조 제3항 본문)처럼 외화증권의 계좌부기재의 효력 및 권리추정 등에 관하여 증권거래법(제174조의3 및 제174조의4)을 준용할 수 없고 결국 단서가 적용된다. 그러나 좀더 명확한 규정을 두어야 한다. 독일의 "Gutschrift in Wertpapierrechnung"이 참고가 될 것이다.

3. 외국인 투자자가 국내증권/원화증권을 보유하는 경우

이는 아래(Ⅲ.)에서 논의할 것이나 결론은 위와 유사하다.

4. 현행 국제사법의 해석론

투자자가 직접 보유하는 증권의 처분의 준거법은 증권의 종류에 따라 예컨대 무기명증권이라면 증권소재지법(*lex rei sitae*)[9]에(국제사법 제21조), 주식이라면 발행인의 설립준거법에 따른다(국제사법 제23조, 제16조).[10] 한편 중개기관에 보유된 증권의 경우 국제사법은 명시하지 않지만, 저자는 그 처분이 기재되는 계좌를 관리하는 중개기관을 중시하여 계좌(즉 관련중개기관) 소재지법이 준거법이 되고(즉 place of the relevant intermediary approach —PRIMA),[11] 무기명증권이더라도 소재지법을 적용할 것은 아니라는 견해를 취하였다.[12] 하지만 통상의 원칙을 고집하는 견해도 있을 수 있다. 이처럼 국제증권거래의 준거법의 결정상 법적 불확실성이 존재하므로 거래가 불가능하거나 가능하더라도 많은 비용이 발생한다.

국제물권법분야에서 당사자자치(party autonomy)를 허용하지 않는 현행 국제사법의 해석상, 권리자와 중개기관간의 계좌약정의 명시적인 준거법[13]이 제2조에 열거된 사항의 준거법이 된다는 결론을 도출할 수는 없다.[14] 만일 우리 나라가 협약에 가입하면 협약이 국제사법에 대한 특별법이 되므로 현재의 연결원칙을 크게 변경하게 된다. 협약은 국제물권법분야에까지 당사

---

9) *Lex rei sitae*가 반드시 증권소재지만을 의미하는 것은 아니다. 즉 무기명증권의 경우 증권소재지를 말하나, 등록증권(registered securities)의 경우 발행인의 설립지 또는 장부소재지를 의미한다. 보고서, Int-36.

10) 다만 이는 주권에 화체된 권리의 준거법을 말하고, 주권이라는 종이는 주권 자체의 소재지법에 따른다. 석광현, 국제사법 해설 제2판(2003), 184-185면.

11) 예컨대 담보목적물이 UCC상의 증권권리인 경우, 그리고 담보거래에 수 개의 법역이 관련되는 결과 어느 하나의 접근방법을 관철할 수 없는 경우에는 이렇게 볼 수밖에 없다.

12) 상세는 석광현(註 10), 174면 이하, 185면 이하; 석광현, "國際的인 證券擔保去來의 準據法—PRIMA와 관련하여," 증권법연구 제3권 제1호(2002), 119면 이하 참조.

13) 물론 적격사무소요건(qualifying office requirement)이 구비되는 것을 전제로 한다.

14) 담보권설정자와 담보권자가 합의에 의해 담보권의 준거법을 지정하는 것은 아니므로 통상의 당사자자치는 아니다. 즉 협약상으로는 담보권설정자와 중개기관간의 계좌약정의 준거법에 관한 명시적 합의가 담보권설정자와 담보권자간에 체결되는 담보거래(또는 담보권)의 준거법이 된다. 편의상 이를 당사자자치라고 부르는 것이다.

자자치를 확대하는 점에서 혁신적(innovative)이다.

5. 협약의 장점

협약에 따르면 국제증권거래의 준거법을 결정하는 데 있어 사전적인 법적 확실성과 예측가능성(*ex ante* legal certainty and predictability)을 확보할 수 있고, 또한 다양한 종류의 증권을 담보제공하는 경우에도 단일한 준거법을 적용할 수 있다는 장점이 있다. 또한 국가에 따라 상이한 연결원칙을 통일할 수 있다. 협약은 결국 UCC[15]와 매우 유사한데, 협약의 접근방법을 PRIMA라고 평가하는 것은 부적절하다.[16] 이 점에서 협약의 前文[17]은 misleading하다.

6. 협약에 따른 문제점

A. 담보권설정자(한국의 기관투자자)와 담보권자가 상이한 중개기관에 증권계좌를 가지는 경우: 계좌약정의 준거법이 상이한 경우[18]

아래 그림의 사안은 위(그림 1)와 유사하나 담보권의 내용과 담보권자의 중개기관이 다르다. 한국의 기관투자자는 주식에 대해 양도담보 유사의 담보권(영국법에 따른 담보목적 양도)을 설정하는데, 그는 프랑스은행에, 독일은행은 스위스은행에 각각 계좌를 가진다. 담보권을 설정한 결과 프랑스은행에 있는 한국 기관투자자의 계좌에 감소기재가, 스위스은행에 있는 독일은

15) UCC의 태도는 석광현, "국제적인 증권담보거래의 준거법—헤이그국제사법회의의 유가증권협약을 중심으로—," 증권법연구 제5권 제1호(2004. 6.), 52면 이하 참조. 일차적 연결원칙에 관하여 UCC는 협약과 달리 적격사무소요건을 요구하지 않는 점에서 차이가 있고 보충적 규칙에서도 다소 차이가 있다.

16) 유럽연합의 1998년 5월의 "지급 및 증권결제제도에서의 결제최종성에 관한 지침"(제9조 제2항)과 2002년 6월의 "금융담보약정에 관한 지침"(제9조)은 PRIMA를 취하였다.

17) 前文은 "Recognising that the Place of the Relevant Intermediary Approach (or PRIMA) as determined by account agreements with intermediaries provides the necessary legal certainty(중개기관과의 계좌약정에 의하여 결정되는 바의 '관련중개기관 소재지 접근방법'(또는 PRIMA)이 필요한 법적 확실성과 예측가능성을 제공할 것을 인식하면서)"라고 한다.

18) 이는 예비문서(번호 1), 37면에 있는 사안을 다소 수정한 것이다.

행의 계좌에 증가기재가 이루어진다. 이에 상응하여 Illinois Inc.의 주식 500,000 주는 프랑스은행과 스위스은행의 상위중개기관인 European ICSD의 계좌에 있는 프랑스은행의 계좌로부터 차감되어 스위스은행의 계좌에 증가기재된다. 캘리포니아 부보관기관과 DTC의 장부에는 변동이 없다.

[그림 3]

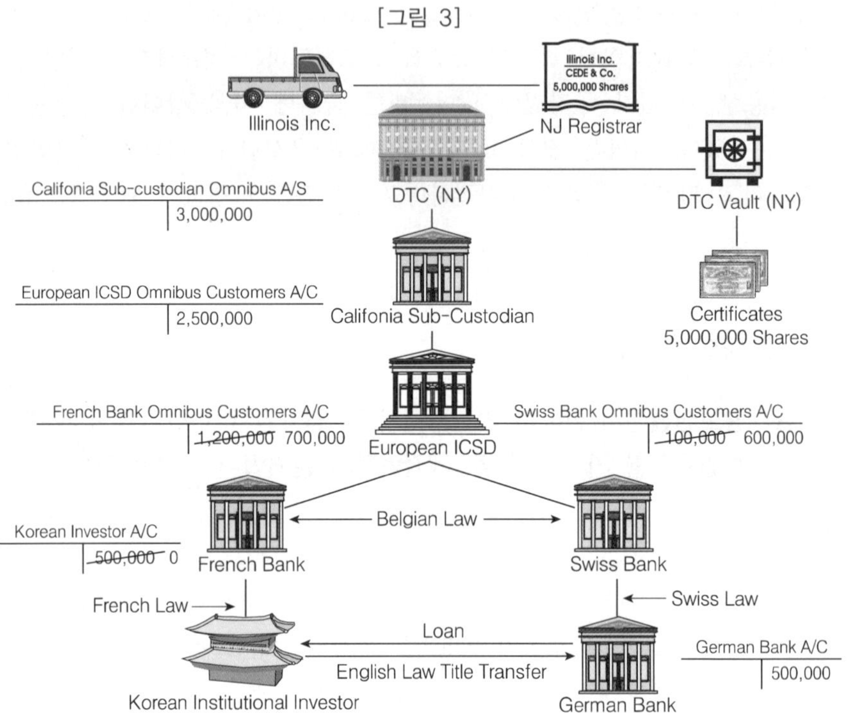

B. 담보권설정자(한국의 기관투자자)와 담보권자가 동일한 중개기관에 증권계좌를 가지는 경우: 계좌약정의 준거법이 상이한 경우

아래 그림의 사안은 위(그림 1)와 동일하다. 다만 담보권설정자와 중개기관의 계좌약정의 준거법과 담보권자와 중개기관의 계좌약정의 준거법이 상이하다.

[그림 4]

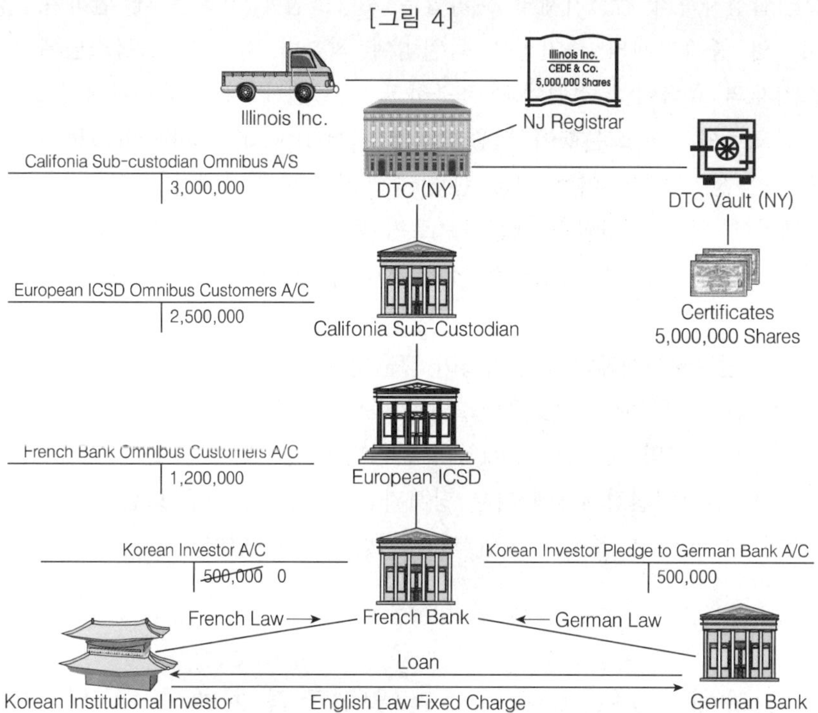

이 경우에도 위(A. 그림 3)와 동일한 문제가 제기된다. 즉 PRIMA를 취하였던 협약의 예비초안에서는 이러한 문제가 위 A(그림 3)에서만 발생하였으나 협약하에서는 담보권설정자와 담보권자가 동일한 중개기관에 계좌를 가지고 있더라도 양자의 준거법이 상이한 경우(위 B. 그림 4)에서도 발생한다. 다만 A(그림 3)의 경우 더 빈번히 발생할 것이다.

C. 위 A 및 B의 사안에서 제기되는 문제

(1) 중개기관의 이중책임위험

당사자들은 담보제공이라는 하나의 거래라고 인식하고 있지만, 계좌기재를 중시하면 법적으로는 두 개 또는 그 이상의 거래로 구성된다. 이로부터 다음과 같은 문제가 제기된다. 예컨대 B의 경우 제2조 제1항에 열거된 사항들은 각 관련 중개기관과의 계좌약정에 따라 독립적으로 적용된다. 따라서 담보권설정자측의 감소기재의 준거법은 프랑스법에 따르는 데 반하여, 담보권자측의 증가기재의 준거법은 독일법에 의한다. 따라서 프랑스법에 따라 감소기재의 효력이 부정됨에도 불구하고, 독일법에 따라 증가기재의 효력이 인정됨으로써 프랑스은행이 이중책임의 위험(risk of double liability)에 노출될 가능성이 있다. 이는 결국 관련 중개기관이 시장에서 증권을 매입하거나, 계약에 의하여 위험을 배분함으로써 처리할 사항이다.[19] 이러한 위험은 협약에 의하여 비로소 창설되는 것은 아니다. A의 경우에도 유사한 문제가 있다.

(2) 담보권설정계약의 준거법이 규율하는 사항

담보권설정을 위하여는 프랑스법과 독일법이 요구하는 요건을 모두 구비해야 한다. 그러면 담보권설정계약의 준거법인 영국법이 규율하는 사항은 무엇인가.[20] 담보권설정계약에 따른 당사자간의 권리와 의무 또한 담보의 효력(예컨대 정산의무의 존부와 범위)의 준거법은 어느 법인가.

Ⅲ. 협약에의 가입이 국내증권/원화증권 거래에 미치는 영향 (순수 국내증권/원화증권 거래와 inbound investment)

1. 현재의 국내증권/원화증권 거래

아래 그림에서 보는 바와 같이 현재 투자자 A, B, C와 D는 증권거래법상 실질주주(beneficial shareholder)이다. 따라서 실질주주임이 확인되면 실질주주는 증권거래법에 따라 발행인에 대해 의결권과 이익배당청구권 등의 권리를 직접 행사할 수 있다. 다만 주주명부와 주권에 관한 권리는 KSD가 행사하여야 한다.

19) 보고서, para. 4-48 이하.

20) 우리 국제사법상으로는 담보권설정계약의 준거법에 관하여는 당사자자치가 허용되지 않는다

[그림 5]

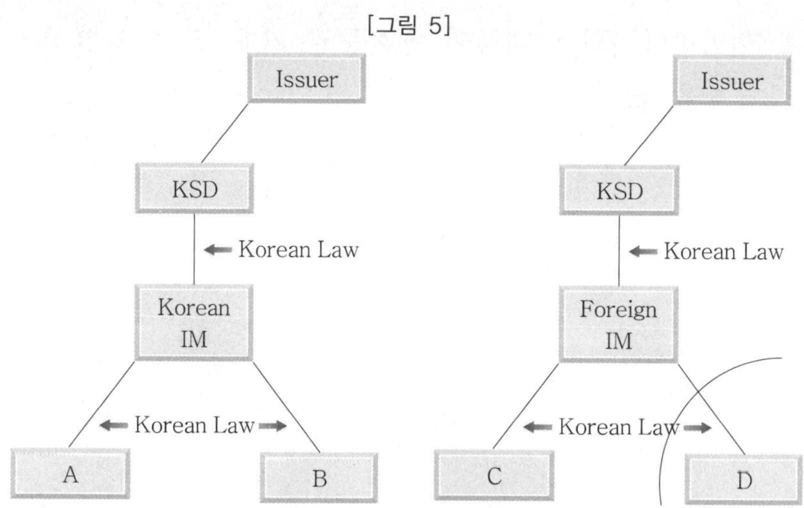

2. 협약에의 가입 후의 상황

협약은 상이한 국가들간의 법의 선택을 수반하는 사안에 적용되므로(제3조), 위에서와 같이 계좌약정의 준거법이 한국법인 국내증권거래, 즉 한국 고객과 한국예탁자(준거법이 외국법이면 외국예탁자도)의 관계와, 한국예탁자와 KSD의 관계에는 적용되지 않는다.

3. 현행 국제사법의 해석론과 협약에의 가입에 따른 변화

현재는 예탁자와 고객간의 계좌약정의 준거법을 외국법으로 지정하더라도 준거법은 당사자간의 채권계약에 따른 권리·의무만을 규율할 뿐이고 물권법적 사항을 규율하지는 않는다. 그런데 우리 나라가 협약에 가입한 뒤 고객과 예탁자가 계좌약정의 준거법을 외국법으로 합의하면 협약이 적용되는데, 협약에 따르면 계좌약정의 준거법은 협약(제2조 제1항)에 규정된 사항들을 규율하며 이는 물권법적 사항을 포함한다. 결국 협약에 가입하면 현재의 연결원칙을 크게 변경하는 것이 되고, 현재 전체적으로 한국법에 의하여 규율되는 국내증권/원화증권 거래가 부분적으로 외국법에 의하여 규율된다. 바로 이 점에 문제가 있는데, 구체적으로는 아래와 같다.

4. 협약하에서의 국내증권/원화증권 거래: 정태적 분석(실질주주의 문제)

[그림 6]

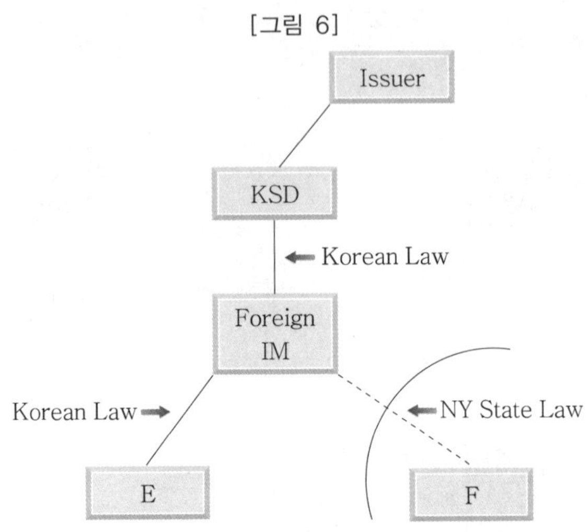

한국법상의 질문

위 사안의 경우 투자자 F는 실질주주(beneficial shareholder)인가?

이는 F가 증권의 발행인에 대하여 어떠한 권리를 가지는가의 문제이므로 협약이 규율하는 사항이 아니고[21] 한국법에 따라 판단할 사항이다.

우선 직관적으로는 F도 실질주주여야 할 것으로 보인다. 그리고 당위적으로도 F가 실질주주에 상응하는 지위를 가져야 할 것이다. 특히 투자자의 지위를 판단함에 있어서 기능적 접근방법(functional approach)을 취한다면 더욱 그러하다. 그러나 한국의 증권거래법(제174조의7 제1항)[22]은, 실질주주를 증권예탁결제원에 예탁된 주권의 공유자라고 정의하므로 한국법상 F가 실질주주인지 여부는 F가 주권에 대해 공유지분을 가지는가에 의하여 결정된다. 그런데 F와 한국예탁자(KIM)간의 계좌약정의 준거법이 뉴욕주법이므로 F는 뉴욕

21) 협약은 증권의 발행인의 권리와 의무의 준거법을 결정하지 아니한다(제2조 제3항 c호).

22) 제174조의7(실질주주의 권리행사등) ① 예탁유가증권 중 주권의 공유자(이하 "실질주주"라 한다)는 주주로서의 권리행사에 있어서는 각각 제174조의4 제1항의 규정에 의한 공유지분에 상당하는 주식을 가지는 것으로 본다.

주법에 따른 '증권권리'(security entitlement)[23]를 가질 뿐이고 증권예탁결제원에 예탁되어 있는 주식에 대해 공유지분을 가지지 않으므로 실질주주가 될 수 없다고 본다. 이는 협약이 실질주주를 직접 결정하기 때문이 아니라, 한국법이 실질주주의 개념을 주권(또는 주식)에 대하여 공유지분을 가진 자라고 정의하기 때문인데, 이는 협약의 간접적인 결과라고 할 수 있다.[24]

그렇다면 F가 실질적으로 보유하는 주식에 대해 한국예탁자(KIM)를 공유지분을 가지는 실질주주로 볼 수 있는가라는 의문이 제기된다. 현행 증권거래법의 해석론으로는 이는 인정하기 어려울 것으로 생각된다. 왜냐하면 이 경우 한국예탁자(KIM)는 위 증권을 자기소유분이 아니라 고객예탁분으로 보유하기 때문이다.

우리가 실질주주의 개념을 포기하지 않는 한, 우리 나라가 협약에 가입하기 위하여는 이 문제를 해결해야 할 것인데, 그 방안은 아래(V.2.)에서 논의한다.

5. 협약하에서의 국내증권/원화증권 거래: 동태적 분석(거래의 대상의 문제)

아래 사안의 경우 외국인 투자자 G가 외국예탁자(FIM)를 통하여 한국회사의 주식을 보유하는 경우, G와 외국예탁자(FIM)간의 계좌약정의 준거법이 뉴욕주법이므로 G는 주식의 공유지분이 아니라 뉴욕주법상의 증권권리를 가진다. 즉 G는 실질주주가 아니다. 이 경우 G가 자신의 권리를 H에게 양도하고 그에 따라 고객계좌부와 예탁자계좌부의 기재가 이루어지면 H는 주식에 대한 공유지분을 취득할 것이다. 이것이 법상 가능한지에 대해 의문

23) 통일상법전 § 8-102(a)(17)는 증권권리를 제5절에 규정된 금융자산에 관한 증권권리보유자의 권리와 재산권을 말한다고 정의한다. 그에 대한 주석은, 증권권리는 증권중개기관을 통하여 유가증권 또는 기타 금융자산을 보유하는 자의 권리와 재산권을 말하고, 이는 증권중개기관에 대한 대인적 권리의 패키지와 증권중개기관이 보유하는 재산에 대한 권리의 양자이지만, 증권중개기관이나 그를 통하여 금융자산을 보유하는 청산기구가 보유하는 어떠한 금융자산에 대한 특정한 재산권은 아님을 분명히 하고 있다. 김이수(註 3), 156면은 증권권리를 "증권중개기관에 대한 권리 및 당해 증권중개기관이 소유하고 있는 금융자산에 대한 비례적 물권의 총합"이라고 설명한다.

24) 천창민(註 2), 282-283면은 이는 협약이 규율하는 사항이 아니라는 이유로 저자의 견해에 반대한다. 그러나 저자는 협약이 이를 규율하기 때문이 아니라 우리 증권거래법이 실질주주의 개념을 그렇게 정의하고 있기 때문에 위와 같이 보는 것이다.

이 제기될 수 있다. 결론은 가능하다는 것인데 그 이론구성에 관하여는 논란이 있을 수 있다.

[그림 7]

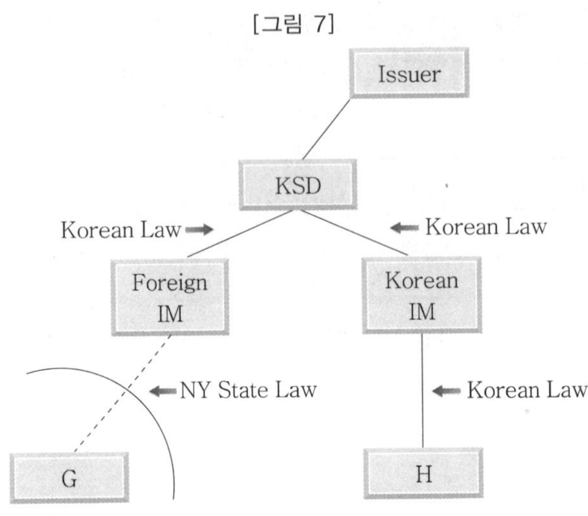

① 외국예탁자(FIM)가 실질주주라고 볼 경우

이렇게 본다면 외국예탁자(FIM)가 공유지분을 가지므로 H는 G가 아니라 외국예탁자(FIM)로부터 주식의 공유지분을 취득한다. 현행법상 이렇게 보기 어려움은 이미 언급하였다.

② 외국예탁자(FIM)가 실질주주가 아니라고 볼 경우

논란의 여지가 없는 것은 아니나 이 경우에도 가능하다고 보아야 할 것이다. 이러한 결론은 일견 이상하지만 결국 이를 긍정하지 않을 수 없을 것으로 생각된다.[25] 예컨대 동시상장의 경우를 생각해 보면, 한국의 주주와 뉴욕주의 주주간에 거래가 이루어질 경우 동일한 결과가 될 것이기 때문이다. 그렇다면 중개기관에 보유하는 주식의 양도는, 주식의 공유지분이 동일성을 유지하면서 이전하는 것이 아니라, 양도인은 감소기재에 의해 자신의 권리를 상실하고 양수인은 증가기재에 의하여 새로운 권리를 취득하는 것이다. 즉 주식의 양도가 하나의 거래가 아니라 감소기재와 증가기재의 결합으로 파악해야 한다는 것을 의미한다. 다만 이런 현상이 바람직한지는 의문이다.

25) 논거는 다른 것으로 보이지만 결론은 천창민(註 2), 282면도 동지다.

Ⅳ. 협약에의 가입이 국내증권/원화증권 거래에 미치는 영향: 중개기관의 도산과 관련하여

[그림 8]

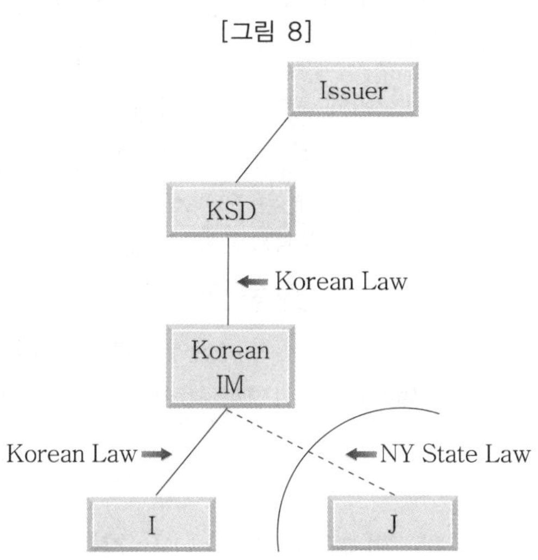

위 사안의 경우 I와 한국예탁자(KIM)간의 계좌약정의 준거법은 한국법이고, J와 한국예탁자(KIM)간의 계좌약정의 준거법은 뉴욕주법이다. 한국예탁자(Korean IM)가 파산한 경우 I는 공유지분을 가지므로 보호되나, J는 증권권리(security entitlement)만을 가지므로 충분히 보호되지 못할 수 있다. 그런데 미국 통일상법전(UCC) §8-503(a)에 따르면, 특정 금융자산에 관한 모든 증권권리를 충족하기 위하여 필요한 범위 내에서는, 증권중개기관이 보유하는 특정한 금융자산에 대한 모든 권리는 증권권리보유자들을 위하여 보유되는 것이고, §8-511을 제외하고는, 중개기관의 일반채권자들의 책임재산이 되지 않는다. 즉 UCC에 따르면 증권권리보유자(security entitlement holder)의 권리를 충족하기 위해 필요한 범위 내에서 중개기관의 일반채권자들의 책임재산이 부족하게 될 수 있다.

그러나 우리 나라에서 한국예탁자(KIM)의 도산절차가 개시되는 경우 J와 한국예탁자(KIM)간의 계좌약정의 준거법이 뉴욕주법이더라도 도산재단의 범위와 같은 절차적 사항은 도산법정지법(*lex fori concursus*)에 따를 사항이므로[26] 한국예탁자(KIM)가 보유하는 자기소유분의 증권은 그의 일반채권자들의 집행의 대상이 되는 책임재산이 된다. 즉 파산재단 또는 회생절차(과거의 정리절차)에 따르는 재산이 된다.

문제는 한국예탁자(KIM)의 명의로 KSD에 보유하는 고객예탁분의 증권의 처리이다. I는 공유지분을 가지므로 이는 한국예탁자(KIM)의 도산절차에 의하여 영향을 받지 않으나, J는 공유지분을 가지지 않고 단순히 증권권리를 가질 뿐이므로 문제가 된다. 이에 대하여 준거법이 다르다는 이유로 한국예탁자(KIM)의 고객들간에 차별을 할 이유는 없다는 견해[27]가 있는데, 사견으로도 그러한 결론은 타당하나 논란의 여지가 전혀 없는 것은 아니다.[28] 나아가 이러한 결론을 어떻게 이론구성할지가 문제인데, 증권권리가 중개기관에 대한 단순한 채권적인 권리에 그치는 것이 아니라 중개기관에 대한 권리 및 당해 중개기관이 소유하고 있는 금융자산에 대한 비례적 물권의 총합이라고 본다면 신탁의 법리를 원용하여 설명할 여지가 있을 것이다.

V. 협약에의 가입과 관련한 우려 및 장애

위에서 본 바와 같이 우리 나라가 협약에 가입하는 데 있어서는 크게 보아 두 가지 장애가 있는 것으로 생각된다.

1. 접근방법의 차이

기초가 되는 유가증권을 투시하는 이른바 '투시접근방법'(look through approach)을 취하는 현행 증권거래법의 체계에 익숙한 우리 법률가들에게는 국제사법차원에서 증권권리에 친숙한 단계적 접근방법을 채택한 협약은 접근하기 어렵다. 특히 협약이 계좌보유자와 관련중개기관간에 명시적으로 합의한 계좌약정의 준거법이, 중개기관에 보유된 증권에 대한 처분의 준거법이 되도록 하는 점에서 더욱 그러하다. 협약의 접근방법은 계좌기재가 이루어지

26) 석광현, "國際倒産法의 몇 가지 問題點," 국제사법과 국제소송 제1권(2001), 465면 참조.
27) 천창민(註 2), 280면.
28) 만일 한국예탁자가 실질주주라고 본다면 더욱 어렵다.

는 현실에는 부합하지만, 당사자들이 인식하는 증권거래의 현실과는 괴리가 있다. 즉 만일 우리 실질법이 증권권리라는 개념을 알고 있다면 협약을 이해하기가 쉽겠지만 그렇지 않으므로 접근이 어렵다. 또한 실질법의 개정을 수반하지 않는 국제사법원칙만의 도입은 불가능하다는 견해도 있으나 그렇지는 않다. 협약은 국제사법만의 통일이 논리적으로 가능함을 당연한 전제로 한다. 요컨대 접근방법의 차이로 인한 거부감은 심정적인 것이므로 논리적으로 극복할 수 없는 것은 아니다.

2. 국내증권/원화증권 거래의 법적 정합성 또는 체계적 안정성의 교란

협약에의 가입에 대한 우려는, 그 경우 종래 우리 증권거래법에 의하여 규율되던 국내증권/원화증권 거래[29]의 쟁점들이 외국법에 의해 규율되는 현상이 발생하게 됨에 따라 국내증권거래와 국내증권거래법질서가 교란되어 법적 정합성(legal integrity) 또는 체계적 안정성(systemic stability)을 해할 가능성이 있다는 점이다. 특히 외국 고객이 계좌약정의 준거법을 외국법(특히 뉴욕주법이나 영국법)으로 합의함으로써 우리 증권거래법의 적용을 배제할 가능성이 있다. 어쨌든 협약에 가입하기 위하여는 위(Ⅲ. 4.)에서 제기한 문제를 해결해야 하는바 이에 대하여는 몇 가지 방안을 고려할 수 있다.

첫째, 협약에 가입하지 않는 방안이다. 그러나 이는 위에서 본 협약의 장점을 고려할 때 수용할 수 없다.

둘째, 협약에 가입하고 해석론, 입법론 또는 실무에 의하여 해결하는 방안이다. 이에는 다시 네 가지를 생각해 볼 수 있다.

① 예컨대 한국예탁자(KIM)를 실질주주로 보는 방안. 그러나 이 경우 한국예탁자(KIM)는 증권을 자기소유분이 아니라 고객예탁분으로 보유하기 때문에 이는 현행 증권거래법의 해석론으로는 어려울 것으로 보인다. 만일 이를 따른다면 증권거래법에 규정을 두어 한국예탁자(KIM)를 실질주주로 보고 그 밑의 투자자를 우리 법의 규율대상에서 제외할 필요가 있다.

② 실질주주의 개념을 재구성하는 방안. 현행 증권거래법상으로는 예탁

29) 물론 외국 투자자가 당사자가 되는 경우에는 순수한 국내증권거래는 아니다.

된 주식에 대해 공유지분을 가지는 자만이 실질주주이지만, 증권거래법을 개정하여 공유지분 또는 증권권리, 또는 이와 유사한 권리를 가지는 자도 실질주주로 취급하는 방안이다. 다만 이 경우 실질주주의 범위를 어떻게 획정할지가 문제된다.[30)]

③ 고객—중개기관(KIM/FIM)간의 계좌약정의 준거법을 한국법으로 하도록 강제하는 방안이다. 이 경우 그 범위를 어떻게 획정할지가 문제된다. 물론 이 방안을 따르더라도 현재와 같이 채권적인 법률관계의 준거법은 당사자가 지정할 수 있도록 한다.[31)]

④ 실질주주의 개념을 포기하는 방안. 그러나 KSD가 주주명부상의 주주가 되는 이상, 우리 법상으로는 실질주주로서 발행인에 대해 직접 권리를 행사할 수 있는 자를 정하기 위하여 실질주주의 개념을 포기할 수는 없다.[32)]

저자는 전에[33)] ①에 따라 한국예탁자를 실질주주로 볼 여지가 있음을 시사한 바 있는데, 지금으로서는 ①, ②와 ③을 모두 검토할 필요가 있다고 생각한다.[34)]

Ⅵ. 맺 음 말

현실적으로 대규모로 행해지고 있는 국제증권거래를 합리적으로 규율하기 위하여는 협약에의 가입을 전향적으로 고려할 필요가 있다. 이를 위하여 국제증권거래의 관점에서, 증권거래법과 공사채등록법을 좀더 체계적으로 검토하여 정비할 필요가 있다. 만일 위 둘째 방안의 ②를 채택한다면 우선 증

---

30) 정의에 따라서는 예컨대 우리 기업이 해외에서 발행한 주식예탁증서의 소지인도 실질주주가 될 수 있다.

31) 한국에서 허가를 받아 영업을 하는 자들에게는 이런 제한을 강제할 수 있을 것이나, 그런 영업을 하지 않으면서 예탁자가 되는 외국의 중개기관에까지 그런 제한을 부과할 수는 없을 것이라는 생각이 드는데, 그렇다면 이런 제한은 별 의미가 없을 것이다.

32) 다만 주식의 대량보유보고제도(증권거래법 제200조의1의 이른바 5% rule)의 적용 등 증권거래에 대한 규제는 실질주주의 개념에 근거한 것이 아니라 '보유'라는 별도의 기준(증권거래법 제21조 제1항 참조)에 기초하고 있으므로 별개의 문제이다.

33) 석광현(註 12), 85면.

34) 만일 ①을 따른다면 증권거래법에 명문의 규정을 둘 필요가 있고, 나아가 전에 지적한 바와 같이 증권거래법 제174조의11의 예외를 확장할 필요가 있다. ②를 따른다면 실질주주의 개념을 수정하여야 한다.

권거래법을 개정하여 실질주주의 개념을 재정립할 필요가 있다. 보다 근본적으로는 물리적으로 존재하지 않는 證券의 존재와, 더 나아가 점유를 전제로 하는 현행 증권대체결제제도를 재검토해야 한다. 이는 유가증권의 무권화 또는 전자증권화에 앞서 반드시 해결해야 하는 문제라는 점을 지적해 둔다.[35)]

토론을 마치면서 발표자에게 세 가지 질문을 드리고자 한다.

첫째, 어떤 중개기관이 준거법을 달리하는 계좌약정을 개설하는 것이 바람직한가. 이중책임의 위험은 이론상의 문제에 불과한가.

둘째, [예컨대 그림 4에서] 담보권설정계약의 준거법이 규율하는 사항의 범위는 무엇인가.

셋째, 헤이그국제사법회의가 작업을 시작할 당시 이미 UCC는 현재 협약과 유사한 태도를 취하고 있었는데 헤이그국제사법회의는 왜 UCC의 태도를 따르지 않고 PRIMA로부터 출발했는지. 그 당시 UCC를 어떻게 평가하고 있었는지.

그리고 실질주주의 개념에 관하여는 현재 우리 증권거래법제와 유사한 법제를 가지고 있는 독일의 Kreuzer 교수와 일본의 神田秀樹 교수에게 한 가지 질문을 드리고자 한다. 즉 그림 6을 독일 또는 일본의 상황에 대입했을 때, 만일 투자자(F)와 중개기관의 계좌약정의 준거법이 독일법 또는 일본법인 경우 투자자(F)가 증권의 공유지분을 [일본에서는 공유지분이 아니라 주주로 취급될 수 있는지] 가지는지.

[後 記]

前記에 밝힌 2005. 9. 23. 서울국제심포지엄의 토론과정에서, 상이한 중개기관에 증권계좌를 가지는 당사자들간의 거래와 관련하여 그들간의 관계가 직접 분쟁의 대상이 되는 경우 단계적 접근이 아니라 결국 양수인(또는 담보권자)의 계좌약정의 준거법이 당해 거래의 준거법이 된다는 취지의 神田秀樹 교수의 설명이 있었다. 이는 일본이 협약의 성안과정에서 여러 차례 제기한 논점이다. 그러나 협약상으로는 그렇게 해석할 근거는 없고 그 경우에도 여전히 단계적 접근

---

35) 이와 병행하여 UNIDROIT의 작업에도 관심을 가져야 함은 물론이다. 이에 대하여는 다른 기회에 논의할 예정이다.

방법이 타당하다고 본다.[36] 심포지엄 당시 저자의 질문에 대하여 베르나스코니 박사는 그런 취지로 답변하였고, 저자는 간다 교수와 베르나스코니 박사의 설명에 차이가 있음을 지적하였다.

참고로 2006. 7. 5. 미국과 스위스는 공동으로 협약에 서명하였다.

본문에서 언급한 UNIDROIT의 협약에 관하여는 2005년 5월 회의에 이어 2006년 3월 제2차 전문가회의, 그리고 2006년 11월에는 제3차 전문가회의가 각 개최되었고 그 결과 수정된 예비초안이 작성되었다.

36) 천창민(註 2), 268면은 공식보고서에도 이러한 취지가 반영되었다고 하나 잘 보이지 않는다.

제 4 장　國際倒産法

[9] 미국 파산법원의 재판의 효력과 破産法 의 屬地主義
—대법원 2003. 4. 25. 선고 2000다64359 판결에 대한 평석
[補論] 채무자회생 및 파산에 관한 법률(이른바 統合倒産法)에 따른 國際倒産法의 개관

[9] 미국 파산법원의 재판의 효력과 破產法의 屬地主義
— 대법원 2003. 4. 25. 선고 2000다64359 판결에 대한 평석*

前　記
이 글은 저자가 서울지방변호사회 판례연구발표회(2004. 7. 7.)에서 발표하였던 원고를 다소 수정·보완하여 판례연구 제18집(1) 서울지방변호사회(2004. 8), 201면 이하에 게재한 글을 다시 수정·보완한 것이다. 다만 통합도산법이 2006. 4. 1.부터 시행되었으므로 구 파산법하에서 선고된 대상판결은 더 이상 타당할 수 없는데, 통합도산법에 따른 외국도산관재인의 당사자적격에 관하여는 이 책 제2장 [4]의 글을 참조하시기 바란다. 참고로 통합도산법에 따른 국제도산법을 간단히 정리하여 이 글의 뒤에 補論으로 첨부하였다.

[事案의 槪要]

1. 원고(구치오 구치 쏘시에떼 퍼 아찌오니)는 이탈리아인인 구찌오 구찌(GUCCIO GUCCI)가 이탈리아법에 의하여 설립한 법인으로 'GUCCIO GUCCI' 또는 'GUCCI'를 사용한 문자상표 등 다양한 상표를 사용하여 다양한 품목에 걸쳐 세계적인 주지저명성을 획득하였다. 원고는 우리 나라에서도 다양한 상표를 등록하고, 이를 사용한 상품을 우리 나라에 수출하고 있다.

2. 파올로 구찌는 구찌오 구찌의 손자인데 1982. 9. 18. 이탈리아에서 자신의 이름인 'PAOLO GUCCI'와 'P' 및 'G'자의 도형을 결합한 상표를 등록한 이래 세계 각국에 다양한 상표(이하 "이 사건 상표," 이에 관한 상표권을 "이 사건 상표권"이라 한다)를 등록하고, 타인에게 사용권을 부여하여 이를 사용하도록 하였다. 파올로 구찌는 우리 나라 특허청에도 이 사건 상표와 기타 파올로 구찌 관련 상표들을 등록하였다.

* [공2003. 6. 15.(180), 1241].

3. 피고(주식회사 크라운)는 파올로 구찌로부터 1990. 7. 15. 이 사건 상표의 사용권을 부여받은 트랙와이즈 세일즈 코오포레이션(이하 "트랙와이즈사"라 한다)과 1994. 2. 4. 이 사건 상표에 관하여 서류가방 등의 지정상품에 관하여, 사용계약기간은 1994. 1. 1.부터 3년간으로 하는 전용사용권 설정계약을 체결하고 전용사용권 설정등록을 마친 다음, 1994.경부터 일정 상품 및 관련용품을 제조, 판매, 반포 및 광고를 하면서 이 사건 상표를 부착하여 사용하여 왔다.

4. 한편 파올로 구찌는 1994. 2. 8. 미합중국 뉴욕주 남부지방 파산법원(이하 "미국 파산법원"이라 한다)에 파산신청을 하여 같은 해 4. 8. 파산선고를 받았고, 위 법원의 결정에 따라 파산관재인으로 프랭크 지 시나트라(이하 "미국 파산관재인"이라 한다)가 선임되었으며, 이 사건 상표권이 그 파산재단에 속하게 되었다. 파올로 구찌는 1995. 10. 10. 사망하였는데, 미국 파산법원이 1996. 8. 9. 이 사건 상표를 경매에 부치자 원고가 이를 매수할 것을 제안하고 미국 파산관재인도 미국 파산법원에 대하여 이 사건 상표의 매각승인을 요청하여, 미국 파산법원은 1996. 10. 15.경 이를 승인하는 한편, 파올로 구찌와 트랙와이즈사 사이의 이 사건 상표의 사용에 관한 1990. 7. 15.자 계약도 해지되었음을 확인하는 내용의 판결을 선고하였고 미국 파산관재인은 서울가정법원 1996. 6. 24. 선고 96느3126 심판에 따라 파올로 구찌의 상속재산관리인으로 선임된 후 1998. 6. 5. 이 사건 상표권 모두를 1996. 11. 21. 양도를 원인으로 원고에게 이전하는 내용의 이전등록을 마쳤다.

5. 원고는, 피고의 전용사용권의 존속기간이 경과되었으므로, 주위적 청구로서[1] 첫째 '구찌'(GUCCI) 관련 상표권에 대한 피고의 침해행위를 이유로 침해금지청구(제1주위적 청구)와, 둘째 '구찌'(GUCCI) 관련 상표에 대한 부정경쟁행위를 이유로 한 침해금지청구(제2주위적 청구)를 선택적으로 구하고, 예비적 청구로서 원고가 미국 파산관재인으로부터 양수한 파올로 구찌(PAOLOGUCCI) 관련 상표권에 대한 피고의 침해행위를 이유로 침해금지청구를 구하였다.

이 글에서는 상표법의 쟁점은 제외하고 國際倒産法의 쟁점만을 다룬다.

---

1) 당초 원고는 제1심에서는 '구찌'(GUCCI) 관련 상표에 대한 피고의 부정경쟁행위를 이유로 한 침해금지청구와 '파올로 구찌'(PAOLOGUCCI) 관련 상표권에 대한 피고의 침해행위를 이유로 한 침해금지청구를 선택적으로 구하였다. 또한 1심에서는 피고가 모두 12인이었으나 주식회사 크라운만이 항소하였다.

사안에서는 파올로 구찌의 이 사건 상표 외에도 파올로 구찌의 다른 상표들과, 주위적 청구와 관련하여 구찌오 구찌의 상표도 문제되었으나 여기에서 다루는 것은 예비적 청구와 관련된 이 사건 상표에 관한 것이므로 관계없는 부분은 삭제하였다.

[訴訟의 經過]

1. 1심판결

1심판결인 서울지방법원 1998. 7. 31. 선고 97가합75576 판결은, 원고가 파올로 구찌의 파산관재인으로서 적법한 관리 및 처분권한을 가진 미국 파산관재인으로부터 이 사건 상표권을 양수하기로 하는 계약을 체결하고 원고 명의의 이전등록을 경료함으로써 이 사건 상표권을 취득하였음을 인정하였다. 따라서 1심판결은 원고의 청구 중 해당부분을 인용하였다. 1심에서는 미국 파산법원의 파산선고 또는 파산관재인 선임재판이 우리 나라에서 효력을 가지는지는 다투어지지 않았다.

2. 원심판결

원심판결인 서울고등법원 2000. 10. 10. 선고 98나49694 판결은 다음과 같은 취지로 판시하였다. 판결문에서 파산법이라 함은 구 파산법을 말한다.

"파산법 제3조 제2항은 외국에서 선고한 파산은 한국 내에 있는 재산에 대하여는 그 효력이 없다고 규정하고 있고, 파올로 구찌가 우리 나라에 등록한 이 사건 상표의 상표권은 한국 내에 있는 재산으로서 이에 대하여 외국에서 파산이 선고된 경우라 할 것이나, 파산절차는 파산자의 총채권자에 대한 평등한 변제를 그 목적으로 하는 것이고, 그 실현을 위하여 파산선고에는 파산채권자의 개별적인 권리행사(집행)를 금지하는 효력(이른바 포괄집행적 효력)이 인정되고 있으며, 이러한 포괄집행적 효력은 국가권력의 발동인 강제집행과 유사한 면이 있어 외국에서 선고한 파산의 효력 중 위와 같은 국가

권력의 발동이라는 측면을 갖는 포괄집행적 효력은 당해 외국의 국가권력이 미치지 않는 우리 나라에 대하여 당연히는 그 효력이 미치지 않는다고 할 것이고, 그 범위 내에서 외국 법원에서 내린 파산선고의 효력이 우리 나라에 있는 재산에 대하여 제한되는 것으로 보아야 할 것이므로, 결국 파산법 제3조 제2항에서 말하는 "효력이 없다"는 말은 한국 내에 있는 재산에 대하여 위에서 본 파산선고의 본래적 효력, 즉 파산법 제15조 내지 제61조가 규정하고 있는 포괄집행적 효력이 미치지 않음을 선언함에 그치는 것이지, 나아가 외국에서 파산의 선고가 있었다는 사실이나 그에 따라 파산관재인이 선임되었다는 것 자체를 무시한다거나, 그 선고의 결과 파산선고를 한 해당 국가에서 선임된 파산관재인이 그 국가의 법률에 따라 파산자가 소유하는 재산의 관리처분권을 취득하는 등의 효과가 발생하는 것을 부정하는 것까지 포함하는 것은 아니라 할 것이고, 따라서 파올로 구찌의 이 사건 상표권은 우리 나라의 파산법 하에서도 미국 파산법원의 파산선고에 따라 그 관리처분권이 파산관재인인 위 시나트라에게 이전되는 것으로서 파산관재인의 처분은 적법한 처분권에 의한 것이어서 정당한 것이고 따라서 원고의 이 사건 상표권의 취득 역시 정당한 권리취득이라 할 것이다."

따라서 원심은 예비적 청구 중 해당 부분을 인용할 것이나 그에 대한 1심의 판단이 정당하다는 이유로 그 부분에 대한 피고의 항소를 기각하였다.

3. 대법원판결의 요지

위 대법원판결(이하 "대상판결"이라 한다)[2]의 요지는 다음과 같다(번호는 저자가 추가함). 여기에서 파산법이라 함은 구 파산법을 말한다.

[1] 파산법 제3조 제2항은 외국에서 선고한 파산은 한국 내에 있는 재산에 대하여는 그 효력이 없다고 규정하고 있는바, 이는 외국에서 선고된 파산은 한국 내에 있는 재산에 대하여 파산선고의 본래적 효력인 포괄집행적 효력이 미치지 않는다는 것을 선언함에 그치고, 나아가 외국에서 파산선고가

---

2) 대상판결에 대한 평석으로는 권택수, "파산법 제3조 제2항 소정의 '외국에서 선고한 파산은 한국 내에 있는 재산에 대하여는 그 효력이 없다'는 규정의 의미," 대법원판례해설 2003 상반기(통권 제45호)(2004), 480-513면과 임치용, "외국파산절차가 국내에 미치는 영향," 저스티스 통권 제79호(2004. 6.), 173면 이하가 있다. 기존의 평석들과 비교할 때 이 글은 외국 파산재판의 승인을 좀더 상세히 다룬 것이다.

내려진 사실 또는 그에 따라 파산관재인이 선임되었다는 사실 자체를 무시한다거나, 그 선고의 결과 파산선고를 한 해당 국가에서 선임된 파산관재인이 그 국가의 법률에 따라 한국 내에 있는 파산자의 재산에 대한 관리처분권을 취득하는 것까지 부정하는 것은 아니다.

[2] 미국 파산법원의 파산선고에 따라 이 사건 상표권에 대한 관리처분권이 파산관재인인 프랭크 지 시나트라에게 이전되는 것을 인정하는 것은 파산관재인의 선임에 관한 미국 파산법원의 재판의 효력을 승인하는 것을 의미하는 것인데, 기록과 미국 파산법의 관련규정 기타 제반 사정에 비추어 살펴보면, 위 미국 파산법원의 재판이 민사소송법 소정의 외국판결 승인요건을 갖춘 것으로 못 볼 바 아니다.

[研　　究]

Ⅰ. 문제의 제기

1. 논점의 정리

개정 전 舊破産法은 우리 나라에서 선고한 파산의 대외적 효력과 외국에서 선고한 파산의 대내적 효력에 관하여 모두 屬地主義를 취하고 있었으나 종래 이는 많은 비판을 받았다.[3] 대상판결에서는 미국 법원에 의하여 선임된 파올로 구찌의 파산관재인이 우리 나라에 등록된 이 사건 상표권을 원고에게 양도한 것이 처분권자에 의한 것인가가 다투어졌는데 대상판결은 舊破産法하에서 이를 긍정하였다.

대상판결은 첫째 미국 파산법원의 파산선고에 따라 파올로 구찌의 재산에 대한 관리처분권[4]이 미국 파산관재인에게 이전되는 것을 인정하였는데,

3) 이 점은 회사정리법과 화의법의 경우도 마찬가지이다. 여기에서는 편의상 파산만을 언급하나 여기의 논의는 대체로 회사정리와 회의에도 타당하다. 정리절차에 관하여는 임채홍·백창훈, 會社整理法(상)(1998)(임치용 집필부분), 153면 이하 참조.

4) 대상판결은 파산관재인에게 "관리처분권이 이전된다"는 표현을 사용하나 이는 아래에서 보는 바와 같이 우리 舊破産法의 개념에 따른 것이고, 미국 破産法에 따르면 정확한 것은

그 근거로는 미국 파산관재인 선임재판을 승인하는 절차법적 접근방법을 취하였고(판결요지 [2] 부분), 둘째 미국 파산관재인의 권한이 한국에 있는 재산인 이 사건 상표권에 미친다는 점을 인정하였다(판결요지 [1] 부분). 둘째의 점에 관한 한 대상판결은 외국 파산선고의 효력을 포괄집행적 효력(또는 개별집행금지의 효력. 이하 "포괄집행적 효력"이라고만 한다)과 관리처분권 이전의 효력으로 나누어, 舊破産法(제3조 제2항)이 명시한 屬地主義의 적용범위를 전자에 한정하고, 후자에 관하여는 우리 나라에서 효력을 인정함으로써 屬地主義를 완화한 최초의 대법원판결로서 큰 의의가 있다. 이 점에서 대상판결은 당사자적격이 문제되었던 서울지방법원 1996. 6. 28. 선고 96가합27402 판결(이하 "파올로 구찌 판결"이라 한다)[5]과 1981. 1. 30. 동경고등재판소 결정[6]과 동일한 취지이나, 더 나아가 위에서 본 첫째의 점(판결요지 [2] 부분)을 밝힌 점에 의의가 있다. 첫째는 외국 파산재판[7]의 승인의 문제이고, 둘째는 외국 파산재판의 효력이 한국 내 재산에 미친다는 점에서 屬地主義의 완화와 관련된 문제이다. 양자는 외국적 요소가 있는 도산사건에서 제기되는 법적 제문제를 규율하는 규범의 총체인 國際倒産法에 속하는 문제이다. 아래에서는 판결요지의 순서와 달리 위 두 가지 논점을 차례대로 검토한다. 주의할 것은 이 글의 논의는 구 파산법의 해석론이라는 점이다.

아니다. 그러나 여기에서는 편의상 관리처분권의 이전이라는 표현을 사용한다.

5) 파올로 구찌 판결과 일부 하급심판결은 한국에 소재하는 재산에 관한 소송에서 외국 법원에 의하여 선임된 파산관재인에게 당사자적격을 인정한 바 있는데 이는 屬地主義를 완화하기 위한 것으로서 첫째의 논점에 관하여 대상판결의 선구자격인 판결이다. 파올로 구찌 판결에 대해 이는 당사자적격에 관한 판결일 뿐이고 외국판결의 승인문제를 다룬 판결이 아니라는 평가도 있으나(임채웅, "外國倒産節次가 國內에 미치는 影響에 관한 研究—外國倒産節次의 承認 및 竝行倒産을 중심으로—," 법원행정처, 破産法의 제문제[상], 재판자료 제82집(1999), 44면, 주 65), 저자는 이를 외국판결의 승인에 관한 판결이라고 보았다. 대상판결은 이 점을 분명히 한 것이다. 대상판결에서는 당사자적격이 아니라 미국 파산관재인의 처분권한이 다투어진 것이라는 점에서 파올로 구찌 판결과 비교할 때 절차법적 색채가 상대적으로 약한 것은 사실이다.

6) 判時 994호, 53면. 평석은 青山善充, "國際倒産," 涉外判例百選 第3版, 別冊ジユリスト No.133(1995), 244-245면 참조. 소개는 임치용(註 2), 181면 참조.

7) 승인의 대상이 무엇인가는 아래에서 논의하는데, 여기에서는 편의상 외국 법원의 '파산선고', '파산관재인 선임재판' 및 '파산절차'의 승인을 포괄적으로 외국 '파산재판'의 승인이라고 한다.

2. 외국 파산재판의 승인과 屬地主義의 관계

외국 파산재판의 승인과 屬地主義와는 논리적으로 구별해야 한다. 만일 이 사건에서 미국 소재 재산에 관한 처분이 문제되었다면 —물론 그렇다면 아마도 우리 나라에서 다툴 이유는 별로 없겠지만— 미국 파산재판의 승인만이 문제되었을 가능성이 크다. 즉 우리 舊破産法이 외국 파산의 대내적 효력에 관하여 屬地主義를 취하더라도 그 이유만으로 우리 나라에서 외국 파산재판의 승인이 문제되지 않는 것은 아니다.[8] 그러나 이 사건에서는 '한국 내 재산'의 관리처분권이 문제되었으므로 외국 파산재판의 결과 파산관재인이 권한을 가지는가라는 미국 파산재판의 승인은 물론, 더 나아가 그의 권한이 한국 내 재산에도 미치는가라는 점에서 屬地主義가 문제된다. 만일 屬地主義를 고집하면 한국 내 재산에 대해 외국 파산재판의 효력을 인정하는 것, 즉 승인은 불가능하다. 이와 같이 외국 파산의 대내적 효력에 관한 舊破産法의 屬地主義는 한국 내 재산에 대해 외국 파산의 효력이 확장되는 것을 저지하는 기능을 한다.[9]

Ⅱ. 외국 파산재판의 승인

대상판결은 미국 파산관재인의 관리처분권을 인정하는 것이 파산관재인의 선임에 관한 미국 파산법원의 재판을 승인하는 것이라고 보고, 그 재판이 民事訴訟法 소정의 외국판결 승인요건을 갖춘 것으로 못 볼 바 아니라고 판시하였다(판결요지 [2] 부분). 이와 관련하여 외국 파산재판의 승인이라고

---

8) 예컨대 일본의 파산선고와 파산관재인을 선임하는 재판의 한국에서의 승인이 문제될 수 있다. 실제로 서울지방법원 2002. 9. 4. 선고 2001가합79063 판결(이른바 기창정공전자주식회사 사건)에서는 그 점이 문제되었다. 소개는 임치용(註 2), 186-187면 참조.

9) 바로 이런 이유 때문에 대상판결은 屬地主義에 반한다는 비판이 제기되는 것이다. 따라서 과거 우리 도산법제가 屬地主義를 채택하고 있어, 외국에서 도산절차가 개시되었다는 사실 자체만으로는 한국 내 채무자의 재산에는 효과가 미치지 않기 때문에 외국도산절차의 승인이 필요하고, 승인함으로써 屬地主義에도 불구하고 효력이 미칠 수 있다는 설명(임채웅(註 5), 15면, 21면)은 적절하지 않다. 또한 이 견해는 마치 우리 도산법제가 普遍主義를 취하면 승인이 불필요하다는 듯한 인상을 주는데, 우리가 普遍主義를 취하더라도 외국도산절차가 한국 내 채무자의 재산에 대하여 당연히 효력을 가지는 것은 아니며, 그러기 위하여는 승인을 필요로 한다.

할 때 첫째 승인의 대상은 무엇인가, 둘째 승인의 근거와 승인요건은 무엇인가, 셋째 節次法的 接近이 아니라 準據法을 통한 國際私法的 接近은 가능한가라는 세 가지 논점을 검토할 필요가 있다. 다만, 위 논점의 검토에 앞서 民事訴訟法상의 외국판결의 승인을 간단히 살펴본다.

1. 民事訴訟法에 따른 외국판결의 승인[10]과 외국 파산재판의 승인

民事訴訟法(제217조)[11]에 따르면, 외국법원의 판결이 우리 나라에서 효력(旣判力이 핵심이다)을 가지기 위하여, 즉 승인되기 위하여는 다음 다섯 가지 요건을 갖추어야 한다.

첫째, 확정판결일 것. 법조문은 '확정판결'이라고 하나, 반드시 판결에 한정되지 않고 결정과 명령도 포함하는 '확정재판'의 의미로 이해하는 것이 통설이다.[12]

둘째, 우리 법령 또는 조약에 따른 國際裁判管轄의 원칙상 당해 외국이 國際裁判管轄權을 가질 것.

셋째, 패소한 피고가 소장 등을 적법한 방식에 따라 방어에 필요한 시간여유를 두고 송달받았거나 송달받지 아니하였더라도 소송에 응하였을 것.

넷째, 당해 판결의 승인이 우리 나라의 공서에 반하지 않을 것.

다섯째, 우리 나라와 당해 국가간에 상호보증이 있을 것.

위의 요건이 구비되면 외국판결은 별도의 절차 없이 자동적으로 승인되지만, 우리 나라에서 외국판결을 집행하기 위하여는 民事執行法(제26조)에 따라 우리 법원의 執行判決을 받아야 한다. 외국판결의 승인이라 함은 기본적으로 외국판결이 가지는 효력이 우리 나라에 확장되는 것을 말한다.

그런데 파산선고와 같은 도산절차에서의 재판은 民事訴訟法상 승인의 대상인 외국판결에 해당하지 않으므로 그에 대하여는 民事訴訟法(제217조)

---

10) 상세는 석광현, "民事 및 商事事件에서의 外國裁判의 承認 및 執行," 국제사법과 국제소송 제1권(2002), 259면 이하 참조.

11) 2002. 7. 1. 舊民事訴訟法이 민사소송법과 민사집행법으로 분리되기 전에는 민사소송법 제203조였다.

12) 결정과 명령에는 성질에 어긋나지 않는 한 판결에 관한 규정을 준용한다는 민사소송법 제224조 제1항을 근거로 드는 견해도 있다.

이 직접 적용되지는 않는다는 것은 전통적인 견해이다.[13] 왜냐하면 외국판결의 승인은 외국판결에 의해 얻어진 대립하는 당사자들간의 분쟁해결의 종국성의 확보라는 실제적인 필요성을 고려한 것인데, 파산선고는 당사자들간의 분쟁을 종국적으로 해결하는 재판이 아니라, 상당기간 지속되는 파산절차를 개시하는 재판이기 때문이다.[14] 파산절차에는 대립하는 당사자가 존재하지 않고, 더욱이 통상의 재판은 당사자에게만 효력이 미치지만 파산선고는 채무자뿐만 아니라 일반채권자와 담보권자에게 효력을 미치는 점에서도 차이가 있다. 그러나 요즈음에는 외국판결의 승인과 유사한 요건하에 외국의 파산선고(또는 파산절차)를 승인하는 경향이 확산되고 있다. 과거 독일의 舊破産法 제237조 제1항은 "채무자의 재산에 대하여 외국에서 파산절차가 개시된 경우 채무자의 내국재산에 대한 강세집행은 허용된다"는 취지의 규정을 두어 외국 도산절차의 대내적 효력에 관하여 屬地主義를 취하였으나[15] 1985. 7. 11. 기념비적인 연방대법원(BGH)의 판결[16]은 과거의 판례를 폐기하고 일정한 요건하에 파산절차개시국인 외국법원[17]의 파산선고의 효력을 승인함으로써 普遍主義로 전환한 것이 대표적인 예이고, 대상판결도 이러한 예라고 할 수 있다.

---

13) Dieter Martiny, Handbuch des Internationalen Zivilverfahrensrecht: Band III/1 Kap. I (1984), Rn. 509.

14) 외국판결의 승인의 근거에 관하여 대륙법계에서는 첫째 위에 언급한 분쟁해결의 종국성의 확보와, 둘째 국제적인 파행적 법률관계의 발생을 방지하고, 섭외적 법률관계의 안정을 도모한다는 데서 구하는 경향이 있는데 전자는 파산절차에는 적절하지 않다. 한편, 영국에서는 관할권을 가지는 외국법원이 채무자가 일정금액을 지급해야 한다는 취지의 재판을 하면, 채무자의 그러한 책임은 '법적 의무'가 되고, 채권자는 법적 의무를 영국에서 사법적으로 실행하기 위해 '금전채무소송'의 방법에 의해 소를 제기할 수 있다는 '의무이론'으로 설명하는 경향이 있는데 이는 파산재판에는 적절하지 않다.

15) 독일 舊破産法의 문언보다 "외국에서 선고한 파산은 한국 내에 있는 재산에 대하여는 효력이 없다"는 일본 구 破産法이나 우리 구 破産法의 문언이 포괄적이라고 할 수 있다. 독일은 破産法과 화의법으로 이원화되어 있는 도산법체계가 경제현실에 부응하지 못한다고 판단하고 1994. 10. 5. 도산법(Insolvenzordnung)을 제정함으로써 파산, 화의 및 회사정리를 포함하는 통일적인 도산절차를 도입하였다. 1999. 1. 1.자로 도산법과 도산법시행법이 발효되고 破産法과 화의법은 폐지되었는데, 도산법시행법(제102조)은 종래 학설·판례에 의해 발전된 원칙만을 명시하였다. 그 뒤 독일은 2003. 3. 20. 자로 "國際倒産의 신규율을 위한 법률"(Gesetz zur Neuregelung des Internationalen Insolvenzrechts)에 의하여 도산법시행법(제102조)을 개정하고 도산법에 國際倒産에 관한 제11장(제335조-제358조)을 신설하였다. 제343조(승인)는 "외국 도산절차의 개시는 승인된다"는 식으로 규정한다. 상세는 한충수, "독일 국제도산법 개정과 우리에의 시사점," 민사소송 제9권 제1호(2005), 280면 이하 참조.

16) BGHZ 95, 256 = NJW 1985, 2897 = JuS 1986, 68.

17) 당해 사건에서는 벨기에 법원이었다.

이런 배경을 고려할 때 외국판결의 승인에 관한 民事訴訟法 규정을 외국 파산재판의 승인에 곧바로 적용하는 것은 적절하지 않으며 이를 유추적용할 수 있다고 보는 것이 적절하다. 民事訴訟法(제217조)을 적용하는 것은 부적절하므로 외국판결의 승인으로 접근하는 것은 한계가 있다고 하기[18]보다는 유추적용을 함으로써 승인요건을 탄력적으로 정할 필요가 있다. 즉, 유추적용에 의할 경우 아래에서 보는 바와 같이 승인요건을 좀더 탄력적으로 정할 수 있다는 장점이 있다.

2. 승인의 대상

國際倒産法에서 승인의 대상이 파산절차인지, 아니면 파산선고를 포함하여 파산절차를 구성하는 개개의 재판인지에 관하여는 논란이 있다. 독일에서는 후자로 이해하는 경향이 있고[19] 2002. 5. 31. 발효된 유럽연합의 "도산절차에 관한 규정"(Regulation (EC) N°1346/2000 on insolvency proceedings)(이하 "EU도산규정"이라 한다)(제16조, 제25조)은 이를 명시하고 있으나, 국제연합국제무역법위원회(UNCITRAL)가 1997년 5월 채택한 "國際倒産에 관한 모델법"(Model Law on Cross-Border Insolvency)(이하 "모델법"이라 한다)은 도산절차 자체를 승인의 대상으로 취급한다(제15조 이하).[20] 정부가 8월중 국회에 제출한 채무자회생 및 파산에 관한 법률안(통합도산법안)도 모델법과 동일하다. 이에 의하면 예컨대 채무자가 A국에서 파산선고를 신청하고 그 결과 채권자에 의한 일체의 채권회수행위가 금지되는 이른바 '자동중지'(automatic stay)[21]가 있게 되면, 아직 A국 법원의 재판(파산선

18) 임치용(註 2), 195면 이하. 독일에서는 민사소송법을 유추적용할지, 아니면 비송사건절차법을 유추적용할지에 관하여 논란이 있다.

19) Alexander Trunk, Internationales Insolvenzrecht: Systematische Darstellung des deutschen Rechts mit rechtsvergleichenden Bezügen (1998), S. 267. Trunk는 承認의 대상을 倒産節次를 개시하는 재판과 그 이후의 재판으로 구분하여 논의한다. 그러나 이는 破産法的 性質을 가지는 파산선고의 부수적 효과를 포함하지 못하는 점에서 너무 좁다는 비판이 있다. Christian v. Oertzen, Inlandswirkungen eines Auslandskonkurses (1990), S. 22f. 참조.

20) 모델법에 관한 소개는 석광현, "國際倒産法에 관한 연구 —立法論을 중심으로—," 국제사법과 국제소송 제3권(2004), 255면 이하 참조. 국제도산에 관한 비교법적 검토는 Ulrike Graf, Die Anerkennung ausländischer Insolvenzentscheidungen(2003), S. 17-143 참조.

21) 미국 破産法(제362조)은 자동중지를 규정한다. '자동정지'라고 번역하기도 한다.

고)은 없더라도 이는 B국에서 승인되고 모델법이 정한 승인의 효력이 발생할 수 있으나, 엄밀하게 말하자면 이는 자동승인제에서는 몰라도 결정승인제에서는 결정이 있기 전에는 효력을 발생할 수 없다.

통합도산법안과 같은 명시적인 근거가 없는 상태에서 외국판결의 승인에 관한 民事訴訟法 규정을 유추적용하는 한, 승인의 대상은 파산선고 기타 파산절차 내에서의 법원의 재판이라고 보아야 할 것이고, 재판의 존재를 전제로 하지 않은 채 파산절차 자체를 승인의 대상이라고 보기는 어렵다.[22)]

3. 외국 파산재판의 승인의 근거와 요건

舊破産法은 명시적인 규정을 두고 있지 않았지만, 위에서 본 바와 같이 외국판결의 승인에 관한 民事訴訟法 규정을 유추적용하여 외국 파산재판을 승인할 수 있다고 본다면 외국법원의 파산재판의 승인요건은 다음과 같이 이해할 수 있었다.[23)] 그렇다면 이는 결국 통합도산법안의 외국 도산절차의 승인요건과 유사하다고 할 수 있다.

① 외국의 절차가 구조와 목적에 비추어 파산절차로 성질결정될 것.

② 외국의 파산재판이 당해 국가에서 효력이 있을 것.

그러나 외국의 파산재판이 형식적 확정력을 가져야 하는 것은 아니다. 만일 이를 요구하면 확정될 때까지의 기간 동안 채무자의 재산을 보전하기 어렵기 때문이다.[24)] 우리 破産法(제1조)상으로도 파산선고는 결정의 확정을

---

22) 임채웅(註 5), 26면 이하는 도산절차 또는 도산절차에서 파생되는 다양한 법률관계 또는 청구권에 관한 판결, 즉 파생판결이 승인대상이 될 수 있다고 하고, 파산절차를 승인하기 위하여는 적어도 파산선고가 있어야 하며, 파산선고가 있으면 절차내 파생판결은 별도의 승인대상으로 보기는 어렵다고 한다. 다만 절차외 파생판결은 독립하여 승인대상이 될 수 있다고 한다. 그러나 EU도산규정은 외국 파산절차의 승인이 아니라, 외국 도산절차를 개시하는 재판의 승인(제16조 이하) 및 그 후의 재판의 승인(제25조)으로 구분하여 규정한다. EU도산규정에 관하여는 석광현, "유럽연합의 國際倒産法制," 국제사법과 국제소송 제3권(2004), 309면 이하 참조.

23) 이는 지금은 개정된 독일 도산법시행법(제102조)가 입법되기 전의 독일 연방대법원 판결 및 Hans Arnold, in Peter Gottwald, Insolvenzrechtshandbuch (1990), §122 Rn. 15; v. Oertzen(註 19), S. 29f.; Reinhold Geimer, Internationales Zivilprozeßrecht, 3. Auflage (1977), Rn. 3511-3520을 참조한 것이다. ③을 명시하지 않는 견해도 있으나 그 필요성은 일반적으로 승인되고 있다. 최근의 논의는 Graf(註 20), S. 283f. 참조.

24) 임치용(註 2), 195면도 동지. 포괄집행적 효력까지 승인하는 독일에서는 이 점은 매우 중요하다. Haimo Schack, Internationales Zivilverfahrensrecht, 3. Auflage (2002), Rn. 1115. 그러나 임채웅(註 5), 29면은 확정될 것을 요구한다.

기다리지 않고 파산선고시부터 효력을 가진다.

③ 외국의 破産法이 자국파산절차의 대외적 효력을 인정할 것. 만일 외국의 破産法이 우리 舊破産法처럼 屬地主義를 취함으로써 자국파산절차의 대외적 효력을 제한한다면 그의 효력은 우리 나라에서 승인될 수 없다.

④ 파산절차 개시국이 우리 법의 관점에서 보아 國際裁判管轄(또는 國際破産管轄)을 가질 것[25]

舊破産法에 의하면 채무자가 영업자인 경우 주된 영업소 소재지의 지방법원본원 합의부가 專屬管轄을 가지고, 외국에 주된 영업소를 가지고 있는 채무자의 경우 한국에 있는 주된 영업소 소재지를 관할하는 지방법원본원 합의부가 파산사건에 관하여 專屬管轄을 가진다(제96조 제1항). 또한, 위 관할법원이 없는 경우 채무자가 한국에 재산을 가지고 있는 때에는 재산소재지를 관할하는 지방법원이 專屬的인 破産管轄을 가진다(제98조 제1항).[26] 舊破産法상의 관할규정은 토지관할을 정한 것이지만 國際破産管轄의 결정에도 참작되므로(國際私法 제2조), ① 한국에 주된 영업소를 둔 외국인은 물론이고, 외국에 주된 영업소를 두고 한국 내에 영업소만을 두고 있는 외국인과 ② 한국 내에 영업소가 없더라도 재산을 가지고 있는 외국인에 대하여는 우리 법원은 國際破産管轄을 가진다고 본다.[27] 그런데, 우리 법상 간접관할의 기준은 직접관할의 기준과 동일하고(民事訴訟法 제217조 제1호),[28] 國際破産管轄의 경우에도 달리 볼 이유가 없다. 따라서 위에서 본 直接的 國際破産管轄은 間接的 國際破産管轄에도 타당하다.

⑤ 외국 파산재판의 승인이 우리 나라의 공서에 반하지 않을 것.[29]

---

25) 또한 외국판결의 승인의 경우와 마찬가지로 외국은 재판권을 가지고 있어야 한다.

26) 이는 독일 舊破産法, 일본 舊破産法 및 우리 舊破産法에 공통된 것이나, 독일 舊破産法은 재산소재지 관할은 인정하지 않았다.

27) 재산소재지의 파산관할을 인정할 것인가에 관하여는 논란이 있다. 舊破産法에는 영업소에 관할을 인정하는 조문은 없었지만 국제파산관할의 경우 이를 부정할 이유가 없다고 본다. 전속관할을 규정한 舊破産法 조항을 국제파산관할에도 그대로 적용하여, 예컨대 한국 내 재산에 대하여는 우리 나라만이 전속관할을 가지므로 외국의 파산절차는 한국 내 재산에 대하여는 승인관할의 결여로 인하여 승인될 수 없다는 견해(김용진, "國際倒産法의 현황과 문제점," 대한변협회지 통권 제284호(2000. 4.), 125면)가 있었지만 동의하기 어렵다. 舊破産法의 전속관할은 전속적 토지관할을 정한 것이고, 전속적 국제재판관할을 정한 것은 아니다.

28) 석광현, 2001년 개정 國際私法 해설 제2판(2003), 448면.

29) 그 밖에도 독일에서는 과거 舊破産法하에서 채무자에 대하여 독일 내에서 파산이 개시되지 않았을 것을 요건으로 설명하기도 하였다. 독일 舊破産法(제238조)에 따라 독일 내에

반면에 외국판결의 승인의 경우와는 달리, 패소한 피고의 방어권을 보장하기 위한 송달요건과 상호보증의 존재는 외국 파산재판의 승인요건이 아니다.

우선 송달요건을 보면, 송달요건은 외국소송에서 방어의 기회를 가지지 못하고 패소한 피고의 이익을 보호하기 위한 것인데, 대립하는 당사자간의 소송이 아닌 파산절차에서는 패소한 피고에 대한 송달은 문제되지 않으며, 굳이 유사한 것을 찾자면 채무자에의 송달이 문제될 것이다.[30] 따라서 제3자가 파산신청을 한 경우 채무자의 법적인 심문(rechtliches Gehör)이 보장되어야 하고 그렇지 않으면 공서위반이 될 수 있다. 외국 파산절차의 개시를 국내에서 공고할 필요성은 있지만 이를 승인요건으로 볼 것은 아니다.[31] 외국 파산재판의 경우 송달요건을 구비할 수 없으므로 외국판결의 승인으로 접근할 것이 아니라는 견해[32]도 있으나 이상의 이유로 동의할 수 없다.

다음으로 상호보증을 보면, 외국판결의 승인에 관하여 民事訴訟法(제217조)은 상호보증을 요구하고 있지만, 대립하는 당사자간의 일회적인 분쟁해결이 아니라, 다수의 이해관계인이 관여하는 일련의 절차라고 하는 국제파산의 특성상 외국 파산재판의 승인의 경우 상호보증을 요구하는 것은 적절하지 않다. 외국판결의 승인의 경우 상호보증을 요구하는 취지는, 한국만이 일방적으로 외국판결을 승인(및 집행)함으로써 입게 되는 불이익을 방지하고, 한국의

있는 재산에 대하여만 효력을 가지는 지역파산(Partikularkonkurs)이 독일에서 개시된 경우 그 범위 내에서는 지역파산이 우선하므로 승인이 제한된다는 것이나 그러나 엄밀하게 말하자면 그 경우에도 승인은 가능하지만, 단지 독일 내 재산에 관한 한 독일에서 개시된 파산절차가 우선권을 가진다고 보는 것이 적절하다. Geimer(註 23), Rn. 3412, Rn. 3392. 예컨대 우리 나라에서 파산이 개시되었다면 한국 내 재산에 대해서는 舊破産法에 따라 포괄집행적 효력이 있고 우리 법원이 선임한 관재인이 관리처분권을 가지는데, 가사 외국 파산관재인의 권한을 인정하더라도 우리 관재인의 권한이 우선할 것이다. 임치용(註 2), 192면은 조항이 없는 당시로서는 양자의 권한을 조정하기 어렵고 복잡한 법률관계가 발생한다는 문제점을 지적한다.

30) 임치용(註 2), 197면은 "이 사건의 피고가 미국 파산절차에 참가한 바 없는 이상 미국 파산법원으로부터 통지를 받았을 리가 없기 때문에 송달요건이 구비될 수 없다"고 하나, 민사소송법(제217조)이 말하는 '피고가 송달을 받았을 것이라는 요건'에서의 피고는 승인의 대상, 즉 이 사건의 경우 '미국 파산재판'에서의 피고를 말하는 것이지, '이 사건의 피고'를 말하는 것이 아니다. 다만 파산에 따른 면책재판과 관련하여 채권자들을 피고로 보는 것일 수도 있으나, 사견으로는 이는 아래에서 보는 것처럼 공서의 문제로 해결할 사항이다.

31) Schack(註 24), Rn. 1115.

32) 임치용(註 2), 197면.

재판을 승인하지 않는 나라에 대해 보복을 가하는 의미에서 당해 외국으로 하여금 한국 재판의 승인요건을 완화하도록 함으로써 외국의 승인의 요건과 우리의 요건이 균형을 이루도록 하기 위한 정책적인 것이다.[33] 외국 파산재판의 경우에도 이런 논의가 적용될 여지가 없는 것은 아니지만, 이 경우에는 파산절차에서의 채권자들의 평등취급을 비롯한 국제파산의 특성을 고려할 필요가 훨씬 크기 때문에 상호보증을 요구하지 않는 것이 적절하다고 본다. 모델법, EU도산규정과 모델법을 기초로 작성된 일본의 「外國倒産處理手續の承認援助に關する法律」(이하 "承認援助法"이라 한다)은 물론이고, 과거 독일의 통설과 판례도 상호보증을 요구하지 않았다.[34] 그러나 스위스 國際私法(제166조 제1항 c호)은 상호보증을 요구한다.

우리 법원은 외국 파산재판의 승인 여부 판단시 위 요건의 구비 여부만을 심사할 수 있고 實質再審査(*révision au fond*)는 허용되지 않는다.

4. 準據法을 통한 國際私法的 接近

일반적으로 외국회사의 경우 設立準據法 소속국에서 파산관재인이 선임된 때에는 이를 회사의 대표자의 변경으로 보아 한국에 있는 재산이나 영업과의 관계에서 관재인을 대표자로 볼 수 있다는 견해가 있다.[35] 이에 대하여는 우리 회사정리법의 경우처럼 대표이사가 여전히 있고 별도로 관리인이 선임되는 경우는 이를 내부조직의 변경, 특히 대표자의 변경으로 볼 수 없으므로 국내의 대표자는 여전히 대표이사라는 견해도 있는데,[36] 사견으로는 후자가 설득력이 있다. 왜냐하면, 관리인이 회사의 대표권을 가지는 것은 사실이나 재산의 관리처분권이 여전히 회사에 귀속하되 관리인이 대외적으로 회사를 대표하여 관리처분권을 행사하는 것이 아니라, 도산절차의 개시 결과 관리처분권 자체가 관리인에게 귀속되는 점에서 이를 대표자의 변경으로 보고 國際會社法의 법리에 따라 회사의 屬人法이 규율할 사항이라고 보는 것은 정확하지 않기 때문이다.

---

33) 석광현(註 10), 321면.

34) Geimer(註 23), Rn. 3510. 독일 舊破産法상의 논의는 Trunk(註 19), S. 261f.를 참조.

35) 임채홍·백창훈, 會社整理法(상)(1998), 128-129면. 최근에는 김용진(註 27), 135-136면도 이를 지지한다.

36) 법원행정처, 會社整理法解說, 재판자료 제28집(1985), 47면.

대상판결의 사안과 같이 미국에서 자연인에 대한 파산선고(order for relief)가 있는 경우 —아래에서 설명하는 바와 같이— 미국 聯邦破産法(이하 "미국 破産法"이라 한다)에 따라 파산재단(estate)이 법인으로 설립되는데, 國際私法(제16조 참조)상 그 대표자는 법인의 屬人法인 미국 破産法에 따라 결정될 사항이고, 미국 법원에 의하여 파산관재인이 선임되어 대표자의 권한을 가지므로 國際法人法의 법리에 따라 미국 파산관재인이 이 사건 상표권에 대한 관리처분권을 가진다는 견해가 주장될 여지도 있다.[37] 위에서 언급한 바와 같이 회사의 대표자가 변경되는 것이 아니라 도산절차의 개시 결과 관리처분권만이 관리인에게 귀속되는 경우에는 準據法을 통한 접근은 부적절하지만, 미국 破産法에서와 같이 파산재단이 별도의 법인으로 설립되고 파산관재인이 대표자가 되는 경우에는 準據法을 통한 설명이 전혀 불가능한 것은 아닐 수도 있다. 그러나 파산관재인이 법원의 재판에 의하여 선임되는 점에서 재판의 승인이 문제되고, 또한 準據法을 통한 접근을 하더라도 파산절차가 개시된 국가가 우리 법의 기준에 따라 國際破産管轄이 있는 경우에만 그 효력도 인정할 수 있으므로 準據法을 통한 접근은 충분하지 못하다. 더 나아가 채무자의 재산이 파산선고에 의하여 파산재단에 귀속한다면 그 단계에서 파산선고라는 재판의 승인이 여전히 필요하다.[38] 따라서 법인의 準據法을 통한 접근보다는 외국 파산재판의 승인으로 보는 것이 적절하다.

37) 실제로 대법원 내의 논의과정에서 이런 견해가 제시되었다고 한다. 권택수(註 2), 508면. 주 51 참조.

38) 미국 破産法상 파산선고에 의하여 채무자의 권리·의무가 포괄적으로 파산재단에 귀속되더라도 한국 내 재산이 미국 법원의 파산선고에 의하여 당연히 관재인에게 이전되는 것은 아니고, 이는 파산선고가 우리 법상 승인되는 것을 전제로 한다. 民事訴訟法상 형성판결의 형성력도 외국판결 승인의 대상으로 되는 점을 생각할 필요가 있다. 우리 나라에서 승인될 수 있는 효력이 무엇인가도 검토할 필요가 있다. 독일의 논의는 우선 Graf(註 20), S. 325f. 참조.

Ⅲ. 미국 파산재판의 대내적 효력—破産法의 屬地主義의 완화

1. 파산절차의 효력이 미치는 범위

위에서 논의한 바와 같이 미국 파산재판이 우리 나라에서 승인됨으로써 채무자의 재산이 파산재단이 귀속하고 파산관재인이 미국 破産法에 따른 권한을 가지게 되더라도, 파산관재인이 한국에 있는 재산인 이 사건 상표권을 처분할 수 있기 위하여는 미국 파산재판의 효력이 한국 내 재산에까지 미쳐야 한다. 그런데, 어느 국가의 파산절차의 효력이 미치는 범위에 관하여 종래 普遍主義(principle of universality)와 屬地主義(principle of territoriality)가 있다. 普遍主義라 함은 관할을 가지는 어느 국가에서 적법하게 개시된 파산절차는 채무자의 모든 재산과 권리에 미친다는 원칙을 말하고, 屬地主義라 함은 파산절차의 효력을 파산절차를 개시한 국가의 영토에 제한하는 원칙을 말한다. 또한 國際倒産은 동일한 채무자에 대하여 재산 소재지에 불구하고 하나의 통일된 도산절차만을 인정하는 '단일주의'와 수 개의 도산절차를 인정하는 '복수주의'로 구별된다. 순수한 普遍主義에 의하면 전세계적으로 하나의 도산절차만이 인정되어야 하므로 이는 논리적으로 단일주의와 결합하고, 반면에 屬地主義는 복수주의와 결합하는 것이 자연스럽다. 그러나, 하나의 도산절차만을 인정하는 대신 복수의 도산절차를 인정하면서도, 외국 도산절차의 승인과 종절차의 병행을 허용함으로써 普遍主義의 이상을 실현하는 것도 가능하므로—이것이 '수정된 普遍主義'(modified universality theory)이다—普遍主義와 단일주의가 동일한 것은 아니다.

외국에 주소(또는 주된 사무소)를 두고 있는 외국인(또는 외국회사)에 대해 당해 외국에서 파산절차가 개시된 경우 여러 가지 문제가 제기되는데, 대상판결에서는 첫째 미국의 파산절차에 의하여 파올로 구찌가 한국 내 재산에 대한 관리처분권을 잃고 미국 파산관재인이 관리처분권을 취득하는가와, 둘째 한국에 있는 이 사건 상표권이 파산재단에 포함되는지가 문제되었다.[39)]

---

39) 그 밖에도 국제도산에서는 다음과 같은 문제가 제기된다. 즉 ① 외국 도산절차의 개시가

우선 지적할 것은 파산관재인의 권한과 파산재단의 범위는 절차적인 사항으로서 破産法廷地法(*lex fori concursus*. "파산절차개시국법"이라고도 한다)인 미국 破産法에 따를 사항이라는 점인데,[40] 문제는 그 경우 미국법이 한국 내 재산에 대해 어떤 효력을 가지는가이다.

2. 破産法의 규정

외국 파산절차의 대내적 효력에 관하여 우리 舊破産法(제3조 제2항)은, 외국에서 선고한 파산은 한국 내에 있는 재산에 대하여는 효력이 없다고 규정하였다. 이를 문언대로 해석하면, 외국 파산절차의 효력은 한국 내에 있는 재산(엄밀하게는 자산)에 대하여는 미치지 않게 될 것이다. 이처럼 우리 舊破産法은, 일본 舊破産法[41]과 동일하게 외국의 파산절차에 관하여 屬地主義

개별집행을 금지하는 효력(즉, 포괄집행적 효력)이 있는 경우 그 효력이 한국 내에도 미치는가—이는 채권자가 외국 도산절차의 개시에도 불구하고 한국 내 재산에 대하여 강제집행을 할 수 있는지와 관련된다. ② 외국의 관재인이 국내의 소송에서 소송수행권한, 즉 당사자적격을 가지는가, ③ 면책재판 등 외국 도산절차에서 외국법원이 한 각종 재판이 한국 내에서 효력을 가지는가가 그것이다. 파산관재인의 당사자적격에 관하여는 우선 임치용(註 2), 192면 이하 참조. 그러나 외국 파산관재인의 당사자적격이 準據實體法에 의한다고 보는 데는 동의하기 어렵다. 아마도 파산관재인의 소송수행권이 破産法에 따른 '관리처분권'의 이전에 착안한 것으로 짐작된다. 이는 파산관재인의 법적 지위와 관련된 문제인데, 파산관재인이 실체법상 관리처분권을 가지기 때문에 당사자적격을 가진다는 점에서(이시윤, 新民事訴訟法(2003), 130면; 전병서, 최신 파산법(2003), 104면) 그렇게 볼 수 있으나, 파산관재인을 직무상의 당사자로 보면(전병서, 위 책, 63면) 반드시 그런 것은 아니다. 더욱이 파산선고와 파산관재인 선임재판에 의하여 관리처분권이 파산관재인에게 이전되므로 재판의 승인이 전제되어야 한다. 예컨대 우리의 기준으로 國際破産管轄이 없는 국가에서 파산절차가 개시되고 당해 국가의 破産法상 관리처분권이 파산관재인에게 이전되더라도 그 절차는 승인요건을 구비하지 못하므로 파산관재인은 우리 나라에서 당사자적격을 가질 수 없다. 외국의 파산관재인이 법정지인 독일에서 당사자적격을 가지기 위하여는 재판의 승인이 전제된다는 데 대하여는 독일에는 별 이론이 없어 보인다. Geimer(註 23), Rn. 3508, 2244; Schack(註 24), Rn. 551; Nagel/Gottwald, Internationales Zivilprozeßrecht 5. Auflage (2002), Rn. 51. 실체법상의 이유에 의한 고유필수적 공동소송에 관한 이시윤, 위 책, 610면의 논의도 참조.

40) 2002. 5. 31. 발효된 유럽연합의 도산절차에 관한 규정(Regulation (EC) N°1346/2000 on insolvency proceedings) 제4조 제2항 (b)호는 이 점을 명시한다.

41) 일본의 국제도산법제의 정비는 2단계로 이루어졌다. 우선 1999년에는 과거의 화의법을 대체한 民事再生法의 제정을 계기로 비록 외국절차의 대내적 효력은 인정하지 않았으나, 일본의 국내절차에 대하여 대외적 효력을 인정함으로써 부분적으로나마 普遍主義로 전환하였고, 다음으로 2000년에는 民事再生法等の一部を改正する法律에 의해 民事再生法을 개정하면서, 破産法과 會社更生法의 國際倒産 관련규정을 개정하여 개정된 民事再生法의 규정을 일반화함으로써 엄격한 屬地主義를 철폐하였고, 그와 함께 承認援助法을 제정하였다.

를 취하였다. 위에서 언급한 바와 같이 독일 舊破産法 제237조 제1항도 외국 파산절차의 대내적 효력에 관하여 屬地主義를 취하였다.[42)]

3. 屬地主義의 근거와 완화의 필요성

屬地主義의 이론적 근거로는 파산절차가 이른바 포괄집행[43)]으로서 국가 권력의 발동이므로 그 국가 내에서만 효력이 미친다는 점과, 관재인이 해외 재산에 대하여도 관리처분권을 행사하는 경우 그 의무가 과중하다는 실천적인 어려움이 있기 때문이다.[44)] 그러나 기업의 활동이 국제적으로 이루어지고 있고 외국에 재산을 보유하는 것이 빈번하게 된 이상, 만일 屬地主義를 고집한다면 외국의 파산선고에도 불구하고 한국 내 재산은 파산재단에 포함되지 않아 외국의 파산관재인은 한국 내 재산을 처분할 수 없고, 그에 대하여는 오히려 채무자가 여전히 권리를 가지게 될 뿐만 아니라 한국 내 재산에 대하여는 외국의 파산신청 및 파산선고에도 불구하고 (외국과 한국의) 채권자들이 강제집행을 할 수 있게 되어 파산절차에서의 채권자평등의 원칙에 반한다는 문제가 있다.[45)] 따라서 屬地主義를 완화할 필요성은 충분히 긍정할 수 있다.

4. 屬地主義의 완화를 위한 노력

가. 과거 일본의 학설[46)]

일본에서는 2001년 입법적으로 문제를 해결하기 전에는 屬地主義를 완화하기 위한 다양한 견해들이 주장되었는데 주요한 것은 다음과 같다. 아래

42) 한편 한국법과 일본법은 내국 파산절차의 대외적 효력에 관하여도 속지주의를 취한 데 반하여, 독일 舊破産法은 외국 파산절차의 대내적 효력과 달리 내국 파산절차의 대외적 효력에 관하여는, 독일에 채무자의 보통재판적이 있는 경우 보편주의를 취함으로써 '片面的 屬地主義'를 취하였다. 일본이 독일법을 계수하면서 독일과 달리 내국 파산절차의 대외적 효력에 관하여 속지주의를 취한 것은, 일본이 동양의 孤島에 있다는 지리적 위치와 간편하게 일본 내의 재산에 대하여만 파산절차를 개시하도록 한 때문이라고 한다.

43) 개별채권자에 의한 통상적인 강제집행인 '개별집행'과 대비하여 도산에 의한 집단적인 권리의 실현 내지는 집행을 '포괄집행'(Gesamtvollstreckung)이라 한다.

44) 임치용(註 2), p. 178.

45) 정리절차의 경우 당해 재산이 회사의 갱생을 위하여 불가결한 재산이라면 이를 강제집행할 경우 갱생의 목적을 달성할 수 없게 된다.

46) 소개는 석광현, "國際倒産法의 몇 가지 問題點," 국제사법과 국제소송 제1권(2001), 445면 이하; 임치용(註 2), 183면 이하 참조.

에서는 일본의 견해를 소개함에 있어 편의상 우리 법의 조문을 표시한다.

첫째, 원칙관할과 예외관할을 구별하는 견해. 이는 舊破産法(제3조)에서 파산절차의 속지적 효력을 규정한 것은 채무자가 파산선고를 한 외국에 주소 또는 주된 영업소를 가지고 있지 않은 경우, 즉 외국이 예외관할을 가진 경우에 한하고, 반대로 채무자가 당해 외국에 주소 또는 주된 영업소를 가지고 있는 경우 즉, 당해 외국이 원칙관할을 가지는 경우에는 舊破産法 제3조가 적용되지 않고 외국의 파산절차의 대내적 효력이 인정된다고 한다. 원칙관할을 가지지 않는 외국의 파산절차 또는 원칙관할을 가지더라도 외국이 普遍主義를 취하지 않는 경우 외국의 파산절차는 일본에서는 효력이 없으나, 외국이 원칙관할을 가지고 普遍主義를 취하는 경우 외국의 파산절차는 民事訴訟法(제217조)과 民事執行法(제26조, 제27조)을 통하여 그의 효력이 일본에도 미친다고 한다.

둘째, 파산절차의 대상인 재산과 권한관계를 구별하는 견해. 이는 舊破産法(제3조)의 문언에 충실하게 '청산대상인 재산'에 관하여는 屬地主義를 인정하되, 채무자, 관재인, 파산채권자(정확히는 그 국가의 파산절차에 편입되어야 할 채권자) 상호의 권한관계는 동조의 적용범위 외에 있다고 한다. 이 견해는 民事訴訟法(제217조)의 유추 내지 준용에 의하여 외국관재인의 권한을 포함하여 위 권한관계를 승인하지만 내국채권자의 보호를 위하여 당해 외국절차의 포괄집행적 효력은 당해 외국절차에 편입되어야 할 자와의 관계를 제외하고는 승인되지 않는다고 한다.

셋째, 포괄집행적 효력과 관재인의 관리처분권을 구별하는 견해. 이는 외국 파산절차의 효력 중 파산채권자에 의한 포괄집행적 효력과 관재인의 관리처분권을 구별하여 전자는 내국재산에는 미치지 않지만 후자는 그에 미친다고 한다. 일본 동경고등재판소 1981. 1. 30. 결정도 이 견해를 취하였다. 이 견해가 관재인의 관리처분권이 내국에도 미친다고 보는 근거에 관하여는, 관재인의 선임이 개인(또는 법인)의 屬人法에 의하여 이루어진 경우를 전제로 國際私法理論으로 설명하는 견해와 國際民事節次法理論으로 설명하는 견해가 있다. 전자에 따르면 외국법원의 관재인 선임을 위한 재판의 승인 문제가 제기되지 않으나, 후자에 의하면 관재인 선임의 효력은 외국판결 승인의 법리에 의하여 내국에서 승인되며, 그 요건은 民事訴訟法(제217조)에 준한다고 하나 상호보증의 요부에 관하여는 견해가 나뉜다. 다만, 이 견해에 따르면 외국 파산절차의 포괄집행적 효력에 관하여는 여전히 屬地主義가 타당하므로 이 효력은 일본에서 승인되지 않을 것이나, 이 견해를 따르면서도 民事訴訟法(제217조)에 준하는 요건이 구비된 경우 일본 법원의 執行判決에 의하여 외국 파산선고의 집행력이 일본에 확장될 수 있다고 보는 견해도 있다.

나. 屬地主義를 완화한 하급심 판결들

(1) 파올로 구찌 판결

대표적인 것은 위에서 언급한 서울지방법원 1996. 6. 28. 선고 96가합27402 판결, 즉 파올로 구찌 판결이다.

(가) 사안의 개요 　　파올로 구찌는 생전에 한국 특허청에 다양한 상표에 관하여 상표권등록을 하였고, 피고 주식회사 크라운(이하 "피고 크라운"이라 한다)은 파올로 구찌의 대리인과 위 상표에 관하여 전용사용권설정계약을 체결하였으며, 파올로 구찌의 사전동의하에 제3자에게 통상사용권을 설정할 수 있다는 계약을 체결하였다. 그에 따라 피고 크라운은 원고들(신원산업 주식회사 등 국내 15개 의류업체)에게 통상사용권을 설정하여 주기로 약정하였다. 한편 파올로 구찌는 1994. 4. 8. 파산선고를 받았다. 원고들은 피고크라운에 대하여는 각 통상사용권 설정등록절차의 이행을 구하고, 파올로 구찌의 파산관재인에 대하여는 피고 크라운에게 전용사용권 설정등록절차를 이행하고, 피고 크라운이 원고들에게 상표권통상사용권을 설정함에 있어 동의의 의사표시를 하라는 소를 서울지방법원에 제기하였다. 피고 파산관재인은, 그가 미국 파산법원에 의하여 선임되었으므로 엄격한 屬地主義를 취하고 있는 한국 *破産法*하에서는 파올로 구찌를 대신하여 소송을 수행할 당사자적격이 없다는 본안전항변을 제출하였다.

(나) 판결요지 　　서울지방법원은 구 파산법하에서 다음과 같이 판시하고 피고의 본안전항변을 배척하였는데, 이는 원심판결의 설시와 매우 유사하다.

> "파산절차는 채무자의 총채권자에 대한 평등한 변제를 그 목적으로 하는 것이고, 그 실현을 위하여 파산선고에는 파산채권자의 개별적인 권리행사(집행)를 금지하는 효력(이른바 포괄집행적 효력)이 인정되고 있으며, 이러한 포괄집행적 효력은 국가권력의 발동인 강제집행과 유사한 면이 있어 외국에

서 선고한 파산의 효력 중 위와 같은 국가권력의 발동이라는 측면을 갖는 포괄집행적 효력은 당해 외국의 국가권력이 미치지 않는 우리 나라에 대하여는 당연히는 그 효력이 미치지 않는다고 할 것이고, 그 범위 내에서 외국법원에서 내린 파산선고의 효력이 우리 나라에 있는 재산에 대하여 제한되는 것으로 보아야 할 것이므로, 결국 위 破産法 제3조 제2항에서 말하는 '효력이 없다'는 말은 한국 내에 있는 재산에 대하여 위에서 본 파산선고의 본래적 효력, 즉 破産法 제15조 내지 제61조가 규정하고 있는 포괄집행적 효력이 미치지 않음을 선언함에 그치는 것이지, 나아가 외국에서 파산의 선고가 있었다는 사실이나 그에 따라 파산관재인이 선임되었다는 것 자체를 무시한다거나, 그 선고의 결과 파산선고를 한 해당 국가에서 그 국가의 법률에 따라 파산관재인이 채무자가 소유하는 재산의 관리처분권을 취득하는 등의 효과가 발생하는 것을 부정하는 것까지 요구하는 것이 아니라 할 것이고, 따라서, 위 망 파올로 구찌의 이 사건 각 상표권은 우리 나라의 破産法하에서도 미국 파산법원의 파산선고에 따라 그 관리처분권이 피고 파산관재인에게 이전되는 것으로 볼 수 있어 피고 파산관재인에 대한 소는 망 파올로 구찌를 대신하여 소송을 수행할 권한이 있는 자를 상대로 한 것으로서 적법하다."

당사자들이 항소하지 않아 위 판결은 확정되었다.

(2) 다른 하급심판결의 태도

파올로 구찌 판결 후에 그에 배치되는 것으로 볼 수 있는 서울지방법원 판결이 선고되었으므로[47] 위 판결의 입장이 우리 법원의 확립된 입장이라고 단정할 수는 없었다. 한편 서울지방법원 2002. 9. 4. 선고 2001가합79063 판결은 방론에서 파올로 구찌 판결을 지지하는 견해를 취하였다. 즉 일본 국내에 소재하는 주식에 관하여 일본의 舊破産法하에서 파산선고를 받은 일본의 주식회사인 파산자가 한국회사들을 상대로 주식소유권확인을 구하는 소를 제

47) 서울지방법원 1998. 6. 11. 선고 96가합91175 판결(이른바 삼기강업주식회사 사건)은 일본에서 파산선고된 법인의 대표청산인이 한국에서 訴를 제기한 데 대해, 일본의 파산절차는 한국에 효력이 미치지 않으므로 한국에서는 대표청산인이 여전히 대표할 자격을 가진다고 하여 파올로 구찌 판결과 배치되는 판결을 하였다. 임채웅(註 5), 44-45면 참조. 물론 일본 舊破産法은 屬地主義를 취하였으므로 이 판결이 위 파올로 구찌 사건 판결과 정면으로 배치되는 것은 아니라는 견해도 가능하나, 파올로 구찌 사건 판결의 태도를 관철한다면 일본 파산절차의 파산관재인의 권한을 인정해야 할 것이기 때문에 위 판결과 배치된다고 보는 것이다.

기하였는데, 법원은 문제된 재산이 일본에 소재한다는 이유로 파산관재인이 당사자적격을 가진다고 하여 소를 각하하면서, 가사 재산이 한국에 소재하더라도 위 파올로 구찌 판결에서와 마찬가지로 일본 법원의 파산선고에 의하여 문제된 주식에 대한 관리처분권이 파산관재인에게 이전되고 그에게 소송수행권이 있음을 인정할 수 있다고 판시하였다. 결국 대상판결 전에는 외국 파산절차의 대내적 효력에 관하여는 하급심판결이 나뉘어 있었다고 할 수 있다. 그러나, 종래 우리 법원은 실무적으로 파산관재인(또는 관리인)에게 파산자(또는 정리회사)의 해외재산의 관리처분권을 인정하고 있는바, 이는 엄격한 屬地主義를 따르지 않음을 의미하는 것이다.[48]

다. 우리의 학설

과거 우리 나라에서는 舊破産法의 문면에 충실한 屬地主義만이 주장되었으나, 근자에는 屬地主義를 완화할 필요성을 인정하는 견해가 유력하다.[49] 다만 해석론에 의한 屬地主義의 완화가 가능한지에 관하여는 견해가 나뉘고 있지만, 이 문제를 입법론으로서 해결할 필요가 있다는 데는 별 이견이 없다.[50]

Ⅳ. 대상판결의 의의와 몇 가지 의문점 및 비판

1. 대상판결의 의의

위에서 언급한 바와 같이 대상판결은 첫째 미국 파산관재인의 권한이 한국에 있는 재산에도 미친다는 점을 인정함으로써 舊破産法(제3조 제2항)이 명시하고 있는 屬地主義를 완화하고, 둘째 미국 파산관재인의 권한을 인정하는 근거로 파산관재인 선임재판을 승인하는 접근방법을 취한 점에 의의가 있는데,[51] 특히 첫째의 점에 관하여 외국 파산의 효력을 포괄집행적 효력과 파

48) 예컨대 해외 자회사를 가진 한국 기업의 회사정리절차가 개시된 경우 屬地主義를 따른다면, 해외 자회사의 주주로서의 권리는 모회사인 한국 기업의 파산관재인이 아니라 대표이사가 행사하여야 할 것이나 실무상 그렇게 처리하지는 않는다.

49) 저자가 기억하기로는, 우리 나라에서 국제도산에 관한 본격적인 논의는 朴峻, "國際的 會社整理를 둘러싼 諸問題," 民事判例硏究 [XVI](1994), 622면 이하의 논문에서 비롯되었다.

50) 주요 학설의 소개는 권택수(註 2), 496면 이하 참조.

51) 둘째의 논점과 관련하여 대상판결은 "(외국의 파산)선고의 결과 파산선고를 한 해당 국

산관재인 선임에 관한 효력으로 나누어, 屬地主義의 적용범위를 전자에 한정하고, 후자에 관하여는 屬地主義를 완화한 최초의 대법원판결로서 커다란 의의가 있다.

다만 현재는 위에서 언급한 통합도산법안이 통합도산법으로 발효되었으므로 대상판결의 의의는 제한적이다. 통합도산법하에서라면 미국 파산관재인은 아마도 한국 내 이 사건 상표권을 처분하기 전에 지정된 우리 나라 법원으로부터 승인판결을 받아야 할 것이다.

2. 대상판결에 대한 비판

대상판결에 대하여는 다음과 같은 의문 또는 비판을 제기할 수 있다.[52]

가. 관리처분권 이전의 효력과 포괄집행적 효력의 분리

대상판결은 이 사건 상표권에 대하여 파산관재인의 권한을 인정하면서도 미국 파산절차의 포괄집행적 효력을 승인하지 않았는데, 屬地主義하에서 파산관재인의 권한을 인정할 수 있는지, 나아가 두 가지 효력을 구별하는 것이 가능하고 또한 합리적인가라는 점이 문제된다. 문면에 충실하자면 미국 파산관리인의 권한을 인정한 대상판결은 屬地主義를 정한 舊破産法에 반하는 것으로서 해석론의 한계를 넘은 것이라고 할 수 있다.[53] 그러나 대상판결이 파산절차의 본질적 효력이라고 할 수 있는 파산관재인에게의 관리처분권 이전의 효력과 포괄집행적 효력을 분리하여 달리 취급한 것은 논리적으로 일관성이 없을 뿐만 아니라 여러 가지 문제점을 수반한다. 즉 채무자에게 관리처분

가에서 선임된 파산관재인이 그 국가의 법률에 따라 한국 내에 있는 파산자의 재산에 대한 관리처분권을 취득하는 것"이라고 설시한 것을 볼 때, 대상판결은 파산선고에 의하여 채무자의 권리가 파산관재인에게 포괄적으로 이전된 것은 아니고 파산관재인이 관리처분권만을 취득하였다고 본 것으로 생각된다.

52) 저자는 과거 파올로 구찌 판결에 대해 몇 가지 의문점을 제시하였는데(석광현(註 46), 450면 이하) 대상판결은 외국판결의 승인이라는 접근방법을 취한 점(판례요지 [2]의 논점)을 제외하고는 파올로 구찌 판결과 유사하므로 종전의 의문점은 대체로 대상판결에 대하여도 타당하다. 아래는 이를 대상판결에 맞게 정리한 것이다.

53) 이런 이유로 임치용(註 2), 199면은 대상판결의 이유와 결론에 모두 반대한다. 파올로 구찌 판결에 대하여 한충수, "外國倒産節次의 承認과 執行," 서울지방변호사회, 辯護士 —회원연구논문집—(2001), 347면도 동지. 그러나 임채웅(註 5), 45-46면은 파올로 구찌 판결을 지지하였다.

권을 인정하면 채무자가 이를 임의로 처분하는 것을 막을 수 없어 파산절차의 원활한 진행이 어렵고, 그 재산에 대한 개별집행의 금지가 무의미하게 될 수 있다.[54] 양자는 모두 이는 채무자 재산의 散逸을 막기 위한 것이다. 또한 파산선고시 파산자의 재산은 파산재단을 구성하고 그에 대하여 파산관재인이 관리처분권을 가지며 개별집행이 금지된다. 그런데 대상판결의 논리를 따르면 한국 내 재산은 일단 파산재단에 포함되지만 그에 대하여는 개별집행은 가능하므로 결국 파산재단에 대하여도 강제집행이 가능하게 되어, 관리처분권의 이전과 포괄집행적 효력의 차원에서 파산재단의 개념과 범위가 상이하게 된다는 체계상의 문제도 있다.

나. 포괄집행적 효력의 인정 여부

대상판결은 포괄집행적 효력을 부정하는 근거를 밝히지는 않았지만, 아마도 屬地主義를 명시한 舊破産法을 전혀 무시할 수는 없었다는 점, 포괄집행적 효력은 파산선고에 의한 압류효력이라는 점에서 집행의 요소를 가진다는 점[55]과 만일 한국 내 재산에 대해 포괄집행적 효력까지 인정한다면 한국 채권자는 채무자의 한국 소재 재산에 대하여 강제집행을 할 수 없고 미국의 파산절차에 참가하지 않을 수 없게 되어 불이익을 받을 우려가 있다는 점도 고려하였을 것으로 생각된다. 대법원은 한편으로는 屬地主義를 완화할 필요성을 인정하면서, 다른 한편으로는 해석론의 한계를 고려하여 많은 고민 끝에 이런 결론을 내렸을 것으로 짐작된다. 그러나 이런 결론은 문제가 있다.

첫째, 포괄집행적 효력에 관하여 대상판결처럼 屬地主義를 관철한다면 미국의 파산신청(및 선고)에도 불구하고 채권자들이 한국 내 재산에 대해 강제집행을 할 수 있게 되어 채권자평등의 원칙에 반한다는 문제가 여전히 남게 된다. 결국 屬地主義를 완화하려는 목적이 달성될 수 없다는 결론이 된다.[56]

둘째, 대상판결을 따를 경우, 채권자가 우리 법원의 執行判決을 받으면

54) 양자는 동전의 앞뒷면으로 분리할 수 없다는 견해도 있다. 임치용(註 2), 191면; 김용진(註 27), 133면.

55) 원심판결과 파올로 구찌 판결은 이 점을 언급한다.

56) 다만 채권자가 미국 破産法에 따른 자동정지의 효력에 반하여 강제집행을 하면 법정모욕에 따른 제재를 받을 수 있다. 高木新二郎, アメリカ連邦倒産法(1996), 81면; Elizabeth Warren/김현석(역), 미국 기업파산법(2005), 263면. 따라서 미국에서 영업을 하는 채권자는 우리 법상 강제집행이 가능하더라도 사실상 강제집행을 할 수 없게 된다.

한국 내 재산에 대하여도 포괄집행적 효력이 미치는가라는 점이 문제된다. 원심판결과 파올로 구찌 판결은 "포괄집행적 효력은 당해 국가의 국가권력이 미치지 않는 우리 나라에 대하여는 당연히는 그 효력이 미치지 않는다고 할 것이고"(밑줄은 저자가 추가함)라고 설시하여 執行判決에 의한 확장을 배제하지는 않는 것으로 해석되었다. 대상판결은 원심판결과 다소 상이한 표현을 사용하였지만 본질적인 차이를 의도한 것은 아니라고 짐작된다. 만일 대상판결이 우리 법원의 執行判決을 받으면 미국 파산선고의 포괄집행적 효력도 우리 나라에 확장될 수 있다고 보는 것이라면, 포괄집행적 효력의 승인과 관리처분권 이전의 승인은 결국 執行判決의 요부라는 절차의 차이에 불과하게 된다.

셋째, 포괄집행적 효력의 승인이 과연 집행인가라는 문제가 제기되는데, 이는 파산절차의 개시에 의한 압류효력(Beschlagnahmewirkung) 및 포괄집행적 효력에 대한 심층적인 연구를 요하는 문제이므로 좀더 검토할 필요가 있으나,[57] 이러한 효력은 관재인의 개별적인 집행행위를 필요로 하지는 않으므로 執行判決 없이도 승인할 수 있을 것이다.[58]

이러한 사정을 고려한다면, 舊破産法의 명문의 규정에도 불구하고 해석론에 의하여 屬地主義를 완화할 수 있다고 한다면, 독일 연방대법원 판결과 마찬가지로 양자의 효력을 함께 취급하여 포괄집행적 효력도 執行判決 없이 승인된다고 보고, 그 경우 내국채권자의 보호는 한국 소재 재산에 대한 지역파산을 인정함으로써 해결하는 것이 옳지 않을까 하는 생각도 든다.[59] 물론 미국 破産法상 파산신청에 따른 포괄집행적 효력이 한국 내 재산에도 미칠

57) 압류효력과 개별집행금지의 효력을 준별하는 견해도 있다. Graf(註 20), S. 355 참조.

58) 이에 반하여, 외국도산절차의 승인은 개별적 강제집행정지의 효력을 포함하는 강력한 효력을 가지고 이러한 효력은 제3자에게도 미치므로, 자동적으로 이루어지는 외국판결의 승인과 달리 외국도산절차의 승인을 위하여는 執行判決이 필요하다고 보는 견해도 있다. 임채웅(註 5), 33면.

59) 이는 결국 舊破産法의 해석론으로서 외국파산의 효력을 별도의 절차 없이 승인하는 것인데, 이에 대하여는 해석론의 한계를 넘는다는 비판이 가능하다. 따라서 저자는 이 점에 관하여 파올로 구찌 판결에 대해 의문을 제기한 것이지, 포괄집행적 효력을 인정해야 한다는 견해를 주장한 것은 아니었다. 이 문제는 결국 입법에 의하여 해결할 사항인데, 그 경우 외국도산절차의 승인은 일회적인 외국판결의 효력을 국내에서 인정하는 것과 달리 도산절차 내지는 도산절차를 구성하는 일련의 재판을 대상으로 하는 점에서 그 파급효과가 더 크고, 외국판결의 경우와 비교할 때 그 효력이 광범위할 뿐만 아니라 매우 다양하며, 나아가 승인의 시점을 명확히 할 필요가 크므로, 저자는 모델법을 따라 우리 법원의 결정에 의하여 승인하는 방식(결정승인제)이 적절하다는 의견을 피력한 바 있다. 그러나 EU 도산규정은 자동승인제를 따른다.

것이 전제가 되는데 미국 파산절차는 재산의 소재지에 관계없이 채무자의 모든 재산에 효력이 미친다(미국 破産法 제541조).

다. 승인의 대상

대상판결에서 미국 파산관재인 선임재판이 승인의 대상임은 명백하나, 그 밖에 파산재단의 설립, 파올로 구찌의 재산이 파산재단에 귀속하는 것과 관련하여 과연 승인의 대상이 ① 파올로 구찌의 파산신청에 의해 개시된 파산절차인지, ② 미국 파산법원의 구제명령(order for relief)인지, 아니면 ①과 ②가 모두 승인의 대상인지가 문제된다. 그 밖에도 ③ 파산신청에 대해 미국 破産法이 부여한 효과라고 볼 수 있는지를 검토할 필요가 있는데, 만일 이것이 가능하다면 외국판결의 승인이 아니라 破産法廷地法인 미국 破産法에 따른 효력을 인정하는 것이 된다. 다만 이 경우에도 미국 파산법원이 우리 법의 잣대에 따라 國際破産管轄을 가져야 한다.[60]

저자가 이해하기로는 미국 破産法에 따르면, 채무자의 신청에 의한 자발적 사건(voluntary case)이든 채권자에 신청에 의한 비자발적 사건(involuntary case)이든 간에 파산선고가 아니라 파산신청(이는 회사정리절차 개시신청을 포함하는 넓은 개념이다)에 의하여 파산재단(estate)이 성립되고, 자연인인 채무자의 국내외 재산은—제522조에 의하여 면제되는 것을 제외하고는— 파산재단의 재산이 된다(제541조(a)).[61] 또한 파산재단은 채무자와는 별개의 법인으로 취급되며,[62] 파산관재인은 파산재단의 대표자로서 소를 제기하거나 제기당할 수 있는 것이지(제323조), 채무자의 포괄승계인이 되는 것은 아니다. 다만 채무자에 의한 신청의 경우 별도의 파산선고가 없고, 채무자의 신청이 파산법원에 제출되면 파산절차가 개시되고 이는 구제명령(order for relief)—이는 우리 법상의 파산선고에 상응한다[63]—을 구성하는 데 반

60) 예컨대 미국 破産法의 기준에 따라 관할을 가지는 주의 법원에 파산신청을 하더라도 당해 주가 우리 기준상 국제파산관할을 가지지 않는다면 우리로서는 파산신청에 따른 효력을 인정할 수 없을 것이다.

61) 미국 破産法 제541조(c)(1)(A)는 채무자에 의한 재산의 이전에 대한 제한에도 불구하고 위 효과를 인정함으로써 파산자의 재산이 파산관재인에게 이전되는 것이 아님을 명확히 한다. Cowans Bankruptcy Law and Practice, Volume 2 (1989), §9.2 p.51 참조. 미국 파산법의 개관은 임치용, 파산법연구(2004), 233면 이하 참조. 우리 문헌의 소개는 동, 251면 참조. 번역서로는 Elizabeth Warren/김현석(역)(註 56)도 있다.

62) Epstein, David, Debtor-Creditor Law in a Nutshell, 4th ed.(1991), pp.147-148.

63) 그러나 효력에는 차이가 있다. 예컨대 우리 舊破産法상 담보권자는 별제권을 가지지만,

하여(제301조), 채권자에 의한 신청의 경우 법원이 요건을 심사하여 구제명령(order for relief)을 발하는 점에서(제303조(h)) 양자는 구별된다.[64] 우리 舊破産法(제1조, 제7조)에 따르면 파산선고가 있으면 채무자의 재산은 파산재단을 구성하고[65] 파산관재인은 파산재단의 관리처분권을 취득하는 것이지만, 이처럼 미국 破産法상으로는 파산재단의 성립과 파산재단에의 재산의 귀속은 파산선고(구제명령)의 효력은 아닌 것으로 보인다. 그렇다면 우리 나라에서 미국 破産法에 따른 파산재단의 성립과 파산재단에의 재산의 귀속의 효력을 승인하기 위하여는 ① 파산절차를 승인 대상으로 보거나 ―이는 어렵다는 점은 위에서 지적한 바와 같다―,[66] ② 미국 破産法상 채무자의 파산신청에 의하여 파산절차가 개시되고 포괄집행적 효력이 발생하는데, 미국 破産法이 그 경우 파산신청이 구제명령을 구성한다고 명시하므로 우리 舊破産法의 목적상으로는 이를 승인 대상으로 보거나, 아니면 ③처럼 미국 破産法의 효력으로 설명할 수 있어야 할 것이다.[67]

사견으로는 위 ②가 설득력이 있다고 본다.[68] 그런데 대상판결은 "…미국 파산법원의 파산선고에 따라 이 사건 상표권에 대한 관리처분권이 파산관재인인 프랭크 지 시나트라에게 이전되는 것을 인정하는 것은 파산관재인의 선임에 관한 미국 파산법원의 재판의 효력을 승인하는 것을 의미하는 것인데"라고 설시함으로써 관리처분권의 이전이 파산선고의 결과라고 본 것으로

미국 破産法상으로는 제7장의 경우에도 담보권자의 담보실행은 중지되고, 우리 법상은 파산선고 후에도 일정한 요건하에 상계가 허용되지만, 미국 破産法상으로는 예외에 해당하지 않는 한 원칙적으로 상계가 금지된다.

64) 高木新二郎(註 56), 36면 이하; 渡邊光誠, アメリカ倒産法の實務(1997), 24-25면; 임치용(註 2), 189-190면 참조.

65) 우리 舊破産法상은 파산재단은 법인격이 없다. 전병서(註 39), 143면.

66) 위에서 본 바와 같이 임채웅(註 5), 28면은 파산절차를 승인한다고 할 경우 적어도 파산선고는 있어야 된다고 한다.

67) 참고로 외국파산에 의한 면책에 관하여도, 외국 파산법원이 면책재판(예컨대 order of discharge)을 하는 경우에는 재판의 승인이 문제되지만, 재판이 없이 법률에 의하여 면책의 효력이 발생하는 경우에는 재판의 승인이 아니라 파산법정지법에 따른 결과를 승인하는 문제가 된다. Geimer(註 23), Rn.3565 참조. 이처럼 파산절차의 여러 효력을 승인하는 것이 반드시 외국재판의 승인만으로 해결되는 것은 아니라고 할 것이다.

68) 임채웅(註 5), 30면 주 37도 구제명령(order for relief)을 우리 舊破産法상의 파산선고에 상응하는 것이라고 하고 이것이 승인의 대상이 될 수 있을 것이라고 한다. 대법원이 미국 파산관재인 선임만을 문제삼은 것은 미국 파산법이 파산신청에 대하여 구제명령과 같은 효과를 부여하고는 있지만 파산신청 자체가 법원의 재판은 아니라는 점을 고려한 때문이라는 생각도 든다.

생각된다. 그러나 대상판결은 미국 파산법원의 '파산선고(즉 구제명령)의 승인'은 언급하지 않고 미국 '파산관재인 선임재판'만을 승인의 대상으로 언급하였으므로 파산선고도 승인된 것인지는 불분명하다. 대상판결이 이 점을 좀 더 상세히 설시했더라면 좋았을 것이다. 또한 원심이 확정한 사실에 의하면[69] 이 사건에서는 파산신청 후 2개월 뒤에 파산선고(아마도 구제명령)가 있었다고 하는데, 위에서 본 미국 破産法의 법리에 비추어 보면, 과연 이 사건이 파올로 구찌 본인이 파산신청을 한 사건인지 의문이다.

사견으로는, 다수 국가의 법제에 있어서 파산선고 등의 재판에 의해 효력이 발생하는 것이 일반적이고 미국 破産法에서와 같이 파산신청에 의하여 관리처분권 이전의 효력과 포괄집행적 효력이 발생하는 것은 오히려 예외적일 것이다. 따라서 미국 破産法의 예를 들어 외국 파산재판 승인의 접근방법을 포기할 것은 아니라고 보며, EU도산규정이 적절한 예이다. 그러나 그렇다고 하여 외국 파산재판(또는 파산절차)의 승인과 외국판결의 승인을 동일시할 수 있다는 것은 아니다.

라. 미국 파산재판의 승인의 근거 및 요건

대상판결은 미국 파산관재인 선임재판을 승인하는 근거를 民事訴訟法 소정의 외국판결 승인에서 구하였다. 이 점에서 대상판결은 파올로 구찌 판결과 비교할 때 진일보한 것이라고 할 수 있다.[70] 우선 대상판결이 그 근거를 외국판결의 승인을 정한 民事訴訟法에서 구한 것은 비판의 여지가 있다. 사견으로는 대상판결은 그 근거를 民事訴訟法의 유추적용에서 구하는 편이 좋았을 것이다.

나아가 대상판결로서는 우리 법상 외국 파산관재인 선임재판을 승인하기 요건을 제시하고, 과연 미국 파산관재인 선임재판이 그러한 요건을 구비하였는지를 심리했어야 함에도 불구하고 단순히 "기록과 미국 파산법의 관련규정 기타 제반 사정에 비추어 살펴보면, 위 미국 파산법원의 재판이 민사소송법 소정의 외국판결 승인요건을 갖춘 것으로 못 볼 바 아니다"라고 판시하였던 바, 비록 결론은 타당하더라도 이유 설시가 매우 부족하다는 비판을 면할 수

---

69) 이 점은 파올로 구찌 판결의 사실인정도 마찬가지이다.

70) 저자는 파올로 구찌 판결에 관하여 이 점을 지적하였는데, 대상판결이 그러한 비판에 대해 긍정적으로 답한 것이라는 점에서 대상판결을 높이 평가한다.

없다.

저자가 위에서 제시한 외국 파산재판 승인의 요건이 과연 이 사건에서 구비되는지를 검토하면 다음과 같다.

① 외국의 절차가 구조와 목적에 비추어 파산절차로 성질결정될 것.

② 외국의 파산재판이 당해 국가에서 효력이 있을 것.

위 두 가지 요건은 별 문제가 없다.

③ 외국의 破産法이 자국파산절차의 대외적 효력을 인정할 것.

미국 破産法(제541조)에 따르면 미국의 파산절차는 재산의 소재지에 관계없이 채무자의 모든 재산에 미치므로 이 요건은 구비되는 것으로 보인다.

④ 파산개시국이 우리 법의 관점에서 보아 國際破産管轄을 가질 것.

서울가정법원 1996. 6. 24. 선고 96느3126 심판에 따르면 파올로 구찌의 국적은 아이티공화국이고, 주소는 아이티에, 최후 거소지는 영국에 있었다. 우리 판결들만으로는 알 수 없지만, 아마도 파올로 구찌는 미국 뉴욕주에 영업소 또는 재산을 가지고 있었고, 미국 파산법원은 이를 근거로 國際破産管轄을 인정하지 않았을까 짐작된다.71) 만일 그렇다면 승인요건인 國際破産管轄의 존재는 인정될 수 있을 것이다.72)

⑤ 외국 파산재판의 승인이 우리 나라의 공서에 반하지 않을 것.

이는 별 문제가 없을 것이다. 그런데 파산제도는 그 개시요건, 절차의 유형, 관재인의 유무 및 권한, 배당 순위 등을 달리하기 때문에 외국 파산재판을 승인하는 것은 우리의 공서에 반한다는 견해73)가 있으나 공서를 그렇게 넓게 보아서는 아니 된다. 공서위반은 예컨대 외국 도산절차에서 성립한 도산계획이 일부 채권자들의 참여를 제한하고 이루어졌거나 그 내용이 명백한 근거 없이 일부 채권자들을 다른 채권자들보다 불리하게 취급하는 경우, 또는 채권자들에게 그들의 이익을 보호하기 위하여 필요한 통지를 하지 않은

---

71) 미국 破産法(제109조)에 따르면 미국에 거소, 주소, 영업소 또는 재산이 있으면 파산신청을 할 수 있다.

72) 권택수(註 2), 507면은 2002. 7. 1.자로 개정되기 전의 민사소송법의 문언을 따라 단순히 재판권이 존재하는 점만을 검토한 것처럼 설명하는 데 그치고 있으나 이는 적절치 않다. 舊民事訴訟法(제203조 제1호)은 외국판결 승인의 요건으로 법령 또는 조약으로 외국법원의 재판권을 부인하지 아니한 일을 규정하였으나 이를 외국법원이 국제재판관할권을 가질 것이라고 해석하는 것이 판례와 통설이었기 때문이다.

73) 임종헌, "파산절차의 개시요건에 관한 실무적 고찰," 법조 통권 509호(1999. 2.), 220면; 임채웅(註 5), 22면도 유사하다.

경우에 가능하지, 위와 같이 도산법제에 차이가 있다고 하여 곧바로 공서위반이 되는 것은 아니다. 만일 그런 견해를 따른다면 외국 파산절차는 아예 승인의 대상이 될 수 없을 것이다.[74] 외국 파산절차를 승인함으로써 한국 내 채권자들이 불이익을 받을 위험성이 있는 경우에는 우리 나라에서 우리 법에 따른 파산절차를 개시함으로써 그들을 보호하면 될 것이다.

한편 저자는 위에서 송달요건과 상호보증의 요건은 불필요하다고 했으므로 이는 문제될 것이 없다. 가사 채무자에의 송달요건이 필요하다고 하더라도 이 사건의 경우 채무자가 신청한 것이므로 문제될 것이 없다. 흥미로운 것은, 외국 파산선고의 승인의 경우에도 상호보증이 필요하다는 전제하에 뉴욕주가 우리 나라의 파산관재인 선임결정을 승인한 사례는 없지만 승인할 것이라고 기대되므로 상호보증이 있다는 견해가 있다는 점이나,[75] 동의하기 어렵다. 우리 舊破産法이 屬地主義를 취하였으므로 뉴욕주는 우리 파산절차의 효력을 승인하지 않을 개연성이 크다. 문제는 그 경우 그 점을 배제하고 상호보증의 존재를 판단해야 하는 점이다. 만일 그렇다면 우리는 외국 파산의 대내적 효력을 인정하지 않음에 반하여 뉴욕주는 이를 인정하므로 상호보증의 존재를 긍정할 수 있을 것이다. 그러나 미국 破産法을 좀더 자세히 들여다 볼 필요가 있다. 외국 파산관재인은 미국에서 미국 破産法(제303조(b)(4))에 따라 (완전한) 파산절차를 신청하거나, 제304조에 따라 보조절차(ancillary proceedings)의 개시를 신청할 수 있는데, 전자의 경우 신청만으로 자동정지의 효력이 발생하지만, 후자의 경우 신청만으로 이러한 효력이 발생하는 것은 아니고 별도로 유지명령(injunction)을 구하지 않으면 아니된다.[76] 그렇다면 외국 파산관재인의 권한이 미국 내 재산에도 미친다고 할 수 있지만, 외국 파산재판의 포괄집행적 효력이 미국 내에서 당연히 미치는 것은 아니라고 할 것이므로, 적어도 포괄집행적 효력의 승인은 상호주의에 어긋난다고 볼 여지도 있다. 원심판결과 대상판결로서는 이 점도 판단하였어야 한다.

---

74) 모델법, 승인원조법, EU도산규정과 우리 통합도산법에 따르면 승인국의 공서에 (명백히) 반하는 외국 파산절차는 승인되지 않는다.

75) 권택수(註 2), 507면.

76) Thomas F. Blakemore, "Effect of Foreign Bankruptcy Procedure in the U. S.," 국제사법연구 제2호(1997), p. 694; 高木新二郎(註 56), 44면.

마. 미국 파산관재인은 관리처분권만을 취득할 뿐인가

대상판결은 "… 선고의 결과 파산선고를 한 해당 국가에서 선임된 파산관재인이 그 국가의 법률에 따라 한국 내에 있는 파산자의 재산에 대한 관리처분권을 취득하는 것까지 부정하는 것은 아니다"라고 설시하고 있는데, 우리 破産法처럼 파산선고가 있더라도 채무자가 여전히 재산을 소유하고 단지 파산관재인이 관리처분권만을 가지는 법제에서는 그렇게 설시할 수 있으나, 미국 破産法상으로는 파산신청(또는 파산선고)에 의하여 채무자의 재산이 파산재단에 귀속하는 점을 고려하면 이런 설시는 부적절하다. 파올로 구찌 판결은 "… 파산관재인이 채무자가 소유하는 재산의 관리처분권을 취득하는"이라고 실시한 것과 비교하면 대싱판결이 그래도 다소 낫다고 할 수 있다. 참고로 사실상 우리 판결들의 선례가 되었다고 할 수 있는[77] 동경고등재판소의 결정에서 문제되었던 것은, 위 점에 관하여 우리와 유사한 스위스 법상의 파산이었다. 전에도 언급한 바와 같이, 동경고등재판소는 스위스 破産法(제197조, 제240조 등)을 설시하고 결론을 내린 데 반하여, 저자가 파올로 구찌 판결에서 이런 차이점을 이미 지적했음에도 불구하고, 대상판결과 원심판결은 아마도 미국 破産法에 대한 충분한 검토 없이 동경고등재판소의 결정을 원용하여 결론을 내렸다. 대상판결과 원심판결은 미국 破産法의 구체적인 조문을 언급하지도 않았다.

바. 미국 破産法에 대한 검토와 설시의 부족

우리는 1심판결, 원심판결과 대상판결을 통하여 미국 破産法에 대한 정보를 별로 얻을 수 없다. 대상판결이 우리에게 가르쳐 주는 것은 고작 "기록과 미국 破産法의 관련규정 기타 제반 사정에 비추어 살펴보면" 대상판결의 결론이 타당하다는 것뿐이다. 물론 대법원의 판결이 법학논문은 아니고, 당해사건의 해결이 중요하며, 폭주하는 사건을 처리해야 하는 현실적인 제약이 있는 것도 충분히 이해하지만, 적어도 제3자가 대법원이 결론에 이른 과정을 판결문을 통하여 수긍할 수 있을 정도의 근거는 제시해야 할 것이다. 솔직히

77) 저자는 우리 판결들이 이 정도로 외국의 재판을 원용할 경우에는, 그것이 가사 일본 판결이더라도 판결문에 이를 인용하는 것이 옳다고 믿는다. 종래 우리 법원은 우리 대법원 판결 외에는 전혀 인용하지 않는 경향이 있지만 반드시 그래야 할 이유는 없다.

저자로서는 대상판결이 관리처분권 이전의 효력과 포괄집행적 효력을 분리하고 후자에 관하여 屬地主義를 유지한 것을 크게 비판할 생각은 없다. 이는 해석론의 한계라고 이해할 수 있기 때문이다. 저자가 대상판결에 대해 강하게 비판하고 싶은 것은 바로 여기(바.)에서 지적하는 점이다. 대상판결이 판결문 중에서 미국 破産法상의 관련 논점을 좀더 면밀히 분석하고 설시했더라면 당사자들이 결론에 쉽게 수긍하고, 우리도(저자를 포함하여) 많은 것을 배울 수 있었을 것이라는 점에서 아쉬움이 크다. 대법원이 실제로는 대상판결을 선고하기 위하여 관련된 미국 破産法상의 쟁점을 모두 검토했을 것으로 확신하지만, 이를 설시하지 않은 이상 확인할 길이 없다.

Ⅴ. 관련문제점 — 파산선고 후의 상속

이 사건의 경우 1996. 6. 24. 서울가정법원의 96느3126 심판에 따라 미국 파산관재인이 파올로 구찌의 상속재산관리인으로 선임되었다. 그러나 대상판결이 인정한 바와 같이 파올로 구찌의 사망 전에 그의 재산이 독립한 법인인 파산재단에 귀속되었다면, 파산재단에 속하지 않는 재산은 모르겠지만 적어도 파산재단에 속하게 된 이 사건 상표권은 상속의 대상이 아닐 것이다. 파올로 구찌는 아이티인이었으므로 상속의 準據法은 아이티법이 된다.[78] 그러나 아마도 어느 법에 따르건 간에 별도의 법인에 속하는 재산이라면 상속재산이 되지는 않을 것이다. 원심판결은 파산재단이 별도의 법인이라고 설시하지는 않고, 단순히 "… 이 사건 상표권이 파산재단에 편입되고 그 관리처분권이 파산관재인에게 이전된 경우에는 이 사건 상표권은 상속재산에서 제외되므로"라고 판단하였고, 대법원도 이를 수긍하였다. 그러나 그 근거는 무엇인지 이해하기 어렵다. 우리 破産法상으로는 파산선고가 있더라도 재산은 여전히 채무자의 소유이므로 이는 상속의 대상이 되고 파산선고 후 상속이 개시되면 파산절차는 상속재산에 대하여 속행하는 점(舊破産法 제120

78) 서울가정법원 1996. 6. 24. 선고 96느3126 심판은 아이티법을 알 수 없으므로 가장 근사한 프랑스법을 적용할 것인데 프랑스법은 상속분할주의를 취하고 부동산에 관하여는 재산소재지법을 적용하므로 섭외사법(제4조)의 반정에 의하여 한국법이 準據法이 된다고 하여 한국법을 적용하였다. 또한 동 심판은 상속재산관리인 선임에 관하여 한국에 상속재산이 있으므로 재판관할이 있다고 보았다.

조)[79]을 고려하면 원심판결의 설시는 설득력이 떨어진다.

상속재산관리인을 선임한 서울가정법원의 심판도 이해하기 어렵다. 문제된 이 사건 상표권을 보존하기 위한 필요가 있었더라도 미국 파산관재인이 조치를 취하는 것이 옳았을 것으로 생각된다. 서울가정법원이 상속재산관리인을 선임한 것은 미국 破産法도 우리 舊破産法과 유사한 것으로 생각한 때문이 아닐까 짐작된다. 그것이 아니라면 破産法의 屬地主義에 따라 이 사건 상표권은 파산재단에 포함되지 않으므로 상속대상이 된다고 본 것인지 모르겠다.[80] 미국 破産法상 파산재단 성립 후 상속이 개시되는 경우의 처리를 좀 더 검토할 필요가 있었다고 본다(그 경우 상속의 準據法이 아이티법이라는 점을 고려하면서).

Ⅵ. 맺 음 말

이상의 논의를 통하여 國際倒産法 중 외국 파산재판의 승인과, 외국 파산의 대내적 효력에 관한 屬地主義를 살펴보았다. 우리에게 친숙한 상표들을 둘러싼 국제분쟁을 보면서 우리를 둘러싸고 있는 법적 현실은 우리가 인식하는 것 이상으로 국제화되어 있음을 알고, 國際倒産法의 실제적 중요성을 깨달을 수 있었다. 기업의 국제적 활동이 활발해짐에 따라 國際倒産法의 중요성은 더욱 커질텐데, 모델법과 EU도산규정 등 國際倒産法制를 통일 내지는 조화하기 위한 국제적인 노력과 일본, 독일 및 우리 나라 등의 국내입법을 위한 노력을 보면 이를 쉽게 이해할 수 있을 것이다. 國際倒産法의 쟁점을 제대로 이해하기 위하여는 우리 破産法뿐만 아니라 관련 외국 破産法을 정확히 이해할 필요가 있으나, 종래 외국 破産法에 대한 비교법적 검토가 부족한 우리로서는 이는 지난한 일이다. 대상판결은 종래 소홀히 다루어진 외국판결의 승인 및 집행, 외국 파산재판의 승인 및 집행 등에 관하여 커다란 의미를 가지는 대법원판결이나, 여러 가지 아쉬움이 남는다.

---

79) 우리 舊破産法의 해석론으로는 이 경우 파산자가 누구인가에 관하여 견해가 나뉘었다. 전병서(註 39), 26면은 상속재산 자체를 파산자로 본다.

80) 위 심판은 이 점에서는 비판의 여지가 있지만, 외국인이 한국에 상속재산을 두고 사망한 사건에서 상속재산관리의 準據法, 準據法인 아이티법 불명시의 처리와 상속재산관리의 國際裁判管轄에 관한 의미 있는 판단을 담고 있다.

대상판결을 계기로, 정부의 短見으로 인하여 법과대학에서는 잊혀진 國際私法, 國際民事節次法과 國際倒産法에 대하여 실무가들이 좀더 큰 관심을 가져줄 것을 기대해 본다. 특히 국제도산의 경우 倒産國際私法(내지는 그에 의해 결정된 準據法)에 의해 해결되는 實體法的 問題와, 외국 파산재판의 승인에 의해 해결되는 節次法的 問題간의 미묘한 경계를 어떻게 획정할 것인가도 면밀하게 검토할 필요가 있다.

[後 記]

前記에서 밝힌 바와 같이 대체로 위에서 소개한 통합도산법안에 따라 2006. 4. 1. 채무자회생 및 파산에 관한 법률이 발효되었다. 동 법률에 관한 논의는 이 글 뒤에 첨부한 補論과 그에 인용된 문헌들을 참조하시기 바란다.

[補論]

채무자회생 및 파산에 관한 법률(이른바 統合倒産法)에 따른 國際倒産法의 개관[1)]

I. 머 리 말

오늘날처럼 기업이 다수의 국가에 재산을 가지고 있거나 국제적으로 영업활동을 하는 상황하에서는 그 기업에 대하여 어느 국가에서 도산절차가 개시되는 경우 國際倒産法의 다양한 논점들이 제기된다. 과거 우리 나라의 파산법, 회사정리법과 화의법(이하 위 3자 및 기타 도산관련법을 집합적으로 "도산법"이라 한다)은 이른바 極端的인 屬地主義를 취하였으나 위 3자와 개인채무자회생법을 를 통합하여 2006. 4. 1. 발효된 "채무자회생 및 파산에 관한 법률"(이하 "통합도산법"이라 한다)은 수정된 또는 완화된 普遍主義를 취한다. 즉, 통합도산법은 앞부분에서 極端的 屬地主義를 취한 구 도산법의 조문(파산법 제3조, 회사정리법 제4조, 화의법 제11조 제1항)을 삭제하고, 국제도산에 관한 제5편(제628조-제642조)에서 ① 외국도산절차의 승인과 지원(제630조-제633조, 제635조-제637조), ② 외국도산절차의 대표자의 한국에서의 국내도산절차[2)]의 신청 또는 참가(제634조), ③ 국내도산관재인의 대외적 활동(제640조)과 ④ 병행도산 상호간의 조정, 외국법원 및 외국대표자[3)]간의 공조(제638조, 제639조, 제641조)와 배당조정(제642조)을 규율한다.

통합도산법의 제5편, 즉 국제도산편(이하 양자를 호환적으로 사용한다)

---

1) 상세는 석광현, "채무자회생 및 파산에 관한 법률(이른바 統合倒産法)에 따른 국제도산법," 2006. 9. 30. 민사소송법학회 발표자료(민사소송법학회지의 지면 제한으로 인하여 다음 민사소송법학회지에는 발표자료를 절반으로 줄인 텍스트를 게재하고, 다소 보완한 발표자료 전문은 2006년 말에 간행될 국제거래법연구 제15집 제2호에 게재할 예정이다); 임치용, "새로운 국제파산법제," 남효순 · 김재형(공편), 통합도산법(2006), 155면 이하 참조. 다소 축약된 설명은 서울중앙지방법원 파산부 실무연구회, 회생사건실무(하)(2006), 257면 이하 참조. 이 글은 위 발표문을 축약한 것이다.

2) 이하에서는 '내국'과 '국내'를 호환적으로 사용한다.

3) 이하 '외국대표자', '외국도산절차의 대표자'와 '외국도산관재인'을 호환적으로 사용한다.

은 기본적으로 UNCITRAL이 1997년 5월 채택한 "국제도산에 관한 모델법"(Model Law on Cross-Border Insolvency)(이하 "모델법"이라 한다)[4]을 수용한 것이지만, 일본이 모델법을 받아들여 2001. 4. 1. 발효시킨 "外國倒産處理手續の承認援助に關する法律"(이하 "承認援助法"이라 한다)의 영향을 받았다.

여기에서는 통합도산법 중 國際倒産編의 諸論點을 간단히 소개한다. 대체로 통합도산법의 체제를 따르나 순서를 다소 조정하였고, 논의에 앞서 國際倒産法의 몇 가지 기본적 개념을 살펴본다. 참고로 통합도산법의 조문을 말미에 첨부하였다.

Ⅱ. 國際倒産法의 몇 가지 기본적 개념

1. 主節次와 從節次

통합도산법은 主節次와 從節次의 개념을 직접 정의하지 않지만, 이는 국제도산에 관한 논의에서 매우 유용한 개념이므로 이를 살펴본다.

모델법(제2조 (b)호, (c)호)은 본사와 같이 채무자의 '주된 이익의 중심'(center of main interests. COMI)이 소재하는 국가의 國際倒産管轄을 인정하고 그곳에서 개시된 절차를 主節次(main proceeding), 본사 이외의 영업소[5] 소재지와 같은 그 밖의 국가에서 개시된 도산절차를 從節次(non-main proceeding)라고 정의한다. 따라서 모델법상 승인의 대상이 될 수 있는 從節次는 채무자가 영업소를 가진 국가에서 개시된 도산절차에 한정되고 재산 소재만에 근거한 도산절차는 포함하지 않는다. 從節次의 개념은 1990년 유럽평의회(Council of Europe)의 "파산의 일부 국제적 측면에 관한 유럽협약"(European Convention on Certain International Aspects of Bankruptcy)("이스탄불협약")에 의해 도입된 혁신 중의 하나이다. 從節次의 개시는, 지역채권자(local creditors)들이 그 지역의 법에 따라 가지는 우월한

4) 모델법에 관한 상세는 석광현, "國際倒産法에 관한 연구 ―立法論을 중심으로―," 국제사법과 국제소송 제3권(2004), 255면 이하 참조.

5) 여기에서 '영업소'란 채무자가 인적 수단과 재화 또는 용역을 가지고 일시적이 아닌 경제활동을 영위하는 영업장소를 말한다(제2조 f호).

지위 또는 비용상의 이점을 보호하기 위한 것이다. 주의할 것은, 從節次의 효력은 입법에 의하여 결정될 사항이지만 통합도산법의 해석상 從節次라고 하여 당연히 그의 효력이 당해 국가에 소재하는 재산에 한정되는 것은 아니라는 점이다.[6]

저자는 과거 통합도산법의 입법과정에서 主節次·從節次의 일의적인 개념을 정의할 필요성을 지적하였으나[7] 입법에 반영되지 않았다. 따라서 통합도산법의 해석상 主節次는 모델법의 그것처럼 일의적인 개념은 아니므로 논란의 여지가 상대적으로 클 수밖에 없다.

한편 從節次와 구별되는 개념으로 보조절차(ancillary proceeding)가 있는데 이는 과거 미국 연방파산법(제304조)에서 보듯이 외국에서 개시된 主節次를 원조하기 위하여 미국 내 재산의 散逸을 방지하고 그의 관리, 환가, 배당 등을 하는 위한 절차로서, 본절차(full proceeding)에 대비되는 개념이다.[8] 미국내 보조절차에는 별도의 관리인이나 DIP(debtor in possession)이 존재하지 아니한다.[9] 아래에서 보는 통합도산법상의 지원절차는 이런 의미에서 補助節次라고 볼 수 있다. 그런데 미국 의회는 2005년 파산남용방지 및 소비자보호에 관한 법률(The Bankruptcy Abuse Prevention and Consumer ProtectinAct of 2005 (BAPCPA))의 일부로 미국 파산법에 제15장을 신설함으로써 모델법을 채택하였고 이는 2005년 10월 발효되었다.[10] 이제는 외국의 도산관재인은 제304조가 아니라 제15장에 따른 승인신청을 함으로써 補助節次를 개시할 수 있게 되었다.

2. 國際倒産管轄規則 —直接管轄을 중심으로

도산사건에서의 국제관할, 즉 國際倒産管轄은 國際裁判管轄에서와 마찬

---

6) 서울중앙지방법원 파산부 실무연구회(註 1), 264면도 동지.

7) 석광현, "2002년 統合倒産法試案 중 國際倒産法에 대한 의견," 법률신문 제3148호(2003. 2. 20.), 15면.

8) Jay Lawrence Westbrook, Multinational Enterprises in General Default: Chapter 15, The ALI Principles, and the EU Insolvency Regulation, 76 Am. Bankr. L.J. 1, 10; 임치용(註 1), 158면.

9) 임치용(註 1), 159면 주 11. 제304조에 따른 보조절차의 상세는 임치용, 파산법연구(2004), 525면 이하 참조.

10) 11 U.S.C. §1501 *et seq.*

가지로 우리 법원의 도산사건을 심리하기 위한 전제조건인 直接的 國際倒産管轄(직접관할)과, 외국의 도산절차를 승인하기 위한 전제조건인 間接的 國際倒産管轄(간접관할 또는 승인관할)로 구분할 수 있다. 간접관할은 외국도산절차의 승인에 관한 아래의 논의에서 보고 여기에서는 직접관할만을 논의한다.

통합도산법(제3조)은 직접관할에 관하여는 규정을 두지 않고 단지 토지관할만을 규정하는데, 그에 의하면 외국법인의 회생사건 및 파산사건의 경우 채무자의 주된 사무소 또는 영업소(외국에 주된 사무소 또는 영업소가 있는 때에는 한국에 있는 주된 사무소 또는 영업소를 말한다)(이하 사무소 또는 영업소를 "영업소"라고만 한다)의 소재지를 관할하는 지방법원 본원 합의부가 전속관할을 가진다. 우리 국제사법에 따르면 법원은 당사자 또는 분쟁이 된 사안이 우리 나라와 실질적 관련이 있는 경우에 國際裁判管轄權을 가지는데, 이 경우 법원은 실질적 관련의 유무를 판단함에 있어 國際裁判管轄 배분의 이념에 부합하는 합리적인 원칙에 따라야 하는바, 구체적으로 법원은 국내법의 관할규정을 참작하여 國際裁判管轄權의 유무를 판단하되, 위의 취지에 비추어 國際裁判管轄의 특수성을 충분히 고려하여야 한다(제2조).

우선 우리 나라에 주된 영업소를 가지는 우리 법인의 경우 우리 나라에 國際倒産管轄이 인정됨은 의문이 없다. 문제는 외국법에 따라 설립된 외국법인인데, 그 경우 통합도산법의 토지관할규정을 직접관할에 참작하면 다음과 같은 國際倒産管轄의 원칙을 도출할 수 있다.

가. 외국법인이 외국에 주된 영업소를 가지고 한국에 종된 영업소를 가지는 때

이 경우 주된 영업소가 있는 외국이 도산절차를 개시할 수 있는데 이는 主節次이다. 또한 우리 나라도 영업소의 소재를 근거로 도산절차를 개시할 수 있는데 이는 從節次이다. 외국에서 主節次가 개시되기 전에 우리 나라에서 從節次를 개시할 수 있고, 나아가 외국에서 主節次가 개시되었더라도 우리 나라에서 병행절차로서 從節次를 개시할 수 있다. 이 경우 특히 우리 나라에 근로자들이 존재하고 담보권자도 존재할 수 있으므로 위에서 본 바와 같이 지역채권자들을 보호할 필요가 있고, 부인권을 행사할 필요가 있을 수

있으므로 從節次를 개시할 실익이 있다.11)

나. 외국법인이 외국에 주된 영업소를 가지고 한국에는 단순히 재산만 가지는 때

통합도산법(제3조 제3항)은 재산소재에 근거한 관할을 인정하므로 구법하에서와 달리 재산소재를 근거로 회생절차와 파산절차를 모두 개시할 수 있다. 이를 國際倒産管轄에 원용하면 외국에 주된 영업소를 가지는 외국법인이 우리 나라에 재산을 가지고 있는 경우 그를 근거로 從節次를 개시할 수 있다는 것이 된다.12) 그러나 이 경우 從節次의 개시보다는 외국도산절차의 승인지원에 의하여 처리하는 것이 적절한 경우가 많을 것이고, 다만 국내의 사산수가 많다거나 그의 처분이 국내의 도산절차에 의하는 편이 용이한 경우에는 청산형의 從節次가 개시될 수 있지만, 국내채권자의 채권액이 작은 경우 도산절차 외에서 화해에 의하여 간편하게 처리될 수 있을 것이라고 한다.13)

Ⅲ. 外國代表者 및 외국채권자의 內國節次에 대한 접근

1. 외국대표자의 지위

통합도산법(제634조)은 "외국도산절차가 승인된 때에는 외국도산절차의 대표자는 국내도산절차의 개시를 신청하거나 진행중인 국내도산절차에 참가할 수 있다"고 규정한다. 그러나 국내도산절차의 개시신청을 위하여 외국도산절차의 대표자가 우리 나라에서 외국도산절차의 승인을 받아야 한다는 것은 문제이다. 외국도산절차의 대표자로서는 우리 나라에서 국내도산절차의 개시를 신청함으로써 채무자의 국내재산에 대한 강제집행을 저지할 긴급한 필요가 있다. 모델법(제11조)도 사전승인을 요하지 않으며, 일본의 개별도산

11) 片山英二, "竝行倒産の意義," 山本克己=山本和彦=坂井秀行(編), 國際倒産法制の新展開—理論と實務—, 金融·商事判例 增刊号 No. 1112(2001), 106면.

12) 서울중앙지방법원 파산부 실무연구회(註 1), 261면도 동지. 그러나 아래에서 보듯이 간접관할의 경우에는 이를 인정하지 않는다.

13) 片山英二(註 10), 108면.

법(예컨대 파산법 제246조, 회사갱생법 제244조, 민사재생법 제209조)도 승인을 전제로 하지 않는다.

2. 외국채권자의 지위—倒産外人法

외국인 또는 외국법인은 통합도산법의 적용에 있어서 대한민국 국민 또는 대한민국 법인과 동일한 지위를 가진다(제2조). 이것이 이른바 '무차별원칙'(principle of equal treatment)이다. 따라서 외국인 또는 외국법인은 도산능력에 관하여는 물론이고, 내국도산절차의 신청 및 절차의 참가와 관련하여 내국채권자와 동일한 지위를 가지는데 이 경우 상호주의는 요구되지 않는다.[14)]

채권의 순위는 당연히 내국법에 따른다. 모델법(제13조 제2항)은 무차별원칙이 공동화되는 것을 막기 위해 외국채권자의 채권에 대해 일반적인 비우선채권으로서의 최소한의 순위를 보장하나, 통합도산법은 이런 조항을 두지 않는다. 나아가 외국채권자의 권리를 보장하기 위해 모델법은 내국도산법에 따라 외국채권자에게 통지할 것을 요구하고(제14조), 이는 도산절차의 개시와 채권신고기간의 통지뿐만 아니라 입법국법상 채권자에게 하는 모든 통지에 적용된다.[15)] 통합도산법은 외국채권자를 위한 절차적인 특례를 규정하지는 않지만 외국채권자도 채권자에 포함되어 내국채권자와 동일하게 통지를 받을 수 있으므로 별 차이는 없을 것이다.[16)] 이러한 외국채권자의 내국인과의 평등대우는 倒産外人法의 문제로 논의되기도 한다.

14) 과거 파산법(제2조 단서)과 화의법(제11조)은 상호주의를 규정하였으나 회사정리법(제3조)은 상호주의를 규정하지 않았다. 상호주의를 요구할 경우 비상인인 외국인에 대하여 국내에서 도산절차를 개시할 수 없게 되는 등 상호주의가 반드시 자국채권자를 보호하는 것이 아니라는 비판을 수용하여 파산절차의 상호주의를 폐지하고 회생절차와 같이 내외국인 완전평등주의로 통일한 것이라고 한다. 임치용(註 1), 164면.

15) Guide, para. 106. Guide는 UNCITRAL의 요청에 따라 사무국이 작성한 모델법의 입법에 관한 지침(Guide to Enactment of the UNCITRAL Model Law on Cross-Border Insolvency)을 말한다.

16) 다만 국내에서 송달받을 수 있는 장소를 가지지 않은 해외 소재 채권자에게는 대법원규칙에 해당하는 것으로 보아 공고로써 송달을 갈음할 수 있다.

Ⅳ. 外國倒産節次의 對內的 效力

외국도산절차의 개시가 외국법상 채권자의 개별집행을 금지하는 효력을 가지는 경우 그 효력이 한국 내에도 미치는가, 외국도산절차에서 외국법원이 도산관재인을 선임한 경우 외국의 채무자가 한국 내 재산에 대한 관리처분권을 잃고 도산관재인이 관리처분권을 취득하는가 등 외국도산절차의 대내적 효력의 문제가 있다.

1. 승인의 대상 ―主節次와 從節次

위에서 본 것처럼 모델법은 主節次와 從節次를 구분하는데, 承認援助法(제2조)도 유사한 정의를 두고 있다.[17] 통합도산법 제5편은 외국도산절차의 승인과 관련하여 主節次·從節次를 구분하지 않고 그런 개념을 정의하지도 않는다.[18] 이는 승인의 효력에 있어서 기본적으로 양자를 구별하지 않기 때문이다. 다만 아래(Ⅵ.)에서 보듯이 통합도산법(제639조 제2항·제3항)은 복수의 외국도산절차가 승인된 경우 법원은 승인 및 지원절차[19]의 효율적 진행을 위하여 채무자의 주된 영업소 소재지 또는 채권자보호조치의 정도 등을 고려하여 주된 외국도산절차를 결정할 수 있고, 이 경우 주된 외국도산절차를 중심으로 제636조의 규정에 의한 지원을 결정하거나 변경할 수 있다고

---

17) 정확히는 外國主節次를 정의함에 있어서 주된 이익의 중심지라는 표현 대신 '주된 영업소가 있는 국가'에서 신청된 외국도산절차를 말한다고 한다.

18) 그 밖에도 국제도산에서 승인의 대상이 도산절차인지 도산절차를 구성하는 개개의 재판인지에 관하여는 논란이 있다. 모델법은 도산절차 자체를 승인의 대상으로 취급한다(제15조 이하). 통합도산법은 모델법을 따르므로 통합도산법상 승인의 대상은 '외국도산절차'이다. 그러나 실제로는 승인의 대상은 도산절차를 개시하고, 도산관재인 등 도산기관을 선임하는 것과 같은 개시단계에서의 재판뿐만 아니라 그 이후의 재판이 될 것이다. 다만 논리적으로는 예컨대 채무자가 외국에서 도산절차의 개시를 신청하고 그 결과 자동적인 중지가 있게 되면 비록 아직 법원의 재판은 없더라도 이는 우리 나라에서 승인될 수 있고 승인되면 통합도산법이 정한 효력이 발생할 여지가 있으나, 아래에서 보듯이 결정승인제를 취하면서 외국 외국도산절차의 대표자가 승인신청을 할 것을 요구하는 통합도산법하에서는 실제로 그러한 효력이 발생할 수는 없을 것이다.

19) 통합도산법상 지원절차라 함은 국제도산편에서 정하는 바에 의하여 외국도산절차의 승인신청에 관한 재판과 채무자의 대한민국 내에 있어서의 업무 및 재산에 관하여 당해 외국도산절차를 지원하기 위한 처분을 하는 절차를 말한다(제628조 제4호).

규정하므로 主節次와 從節次의 개념을 전혀 모른다고 할 수는 없다.[20)]

2. 승인의 요건

가. 間接管轄

통합도산법(제628조 제1호)은 외국도산절차를 "외국법원(이에 준하는 당국을 포함한다. 이하 같다)에 신청된 회생절차·파산절차 또는 개인회생절차 및 이와 유사한 절차를 말하며, 임시절차를 포함한다"고 정의한다. 나아가 제631조 제1항은 "외국도산절차의 대표자는 외국도산절차가 신청된 국가에 채무자의 영업소·사무소 또는 주소가 있는 경우에 … 법원에 외국도산절차의 승인을 신청할 수 있다"고 규정하므로 그러한 외국도산절차만이 승인될 수 있다. 따라서 예컨대 특정 외국에서 채무자의 재산 소재에 기하여 외국도산절차가 개시되었더라도 이는 승인의 대상이 되지 아니한다. 즉 위 조항은 간접관할을 규정하는 의미가 있다.

나. 승인의 적극적 요건—승인신청과 제출서류

통합도산법(제631조 제1항)에 따르면 외국도산절차의 대표자는 ① 외국도산절차 일반에 대한 법적 근거 및 개요에 대한 진술서, ② 외국도산절차의 개시 증명서, ③ 외국도산절차의 대표자의 자격과 권한 증명서, ④ 승인의 대상인 외국도산절차의 주요내용에 대한 진술서와 ⑤ 외국도산절차의 대표자가 알고 있는 그 채무자에 대한 다른 모든 외국도산절차에 대한 진술서를 첨부하여 우리 법원에 외국도산절차의 승인을 신청할 수 있는데, 외국어로 작성된 서면에는 번역문을 붙여야 한다.

다. 승인의 소극적 요건—승인거부사유

법원이 외국도산절차의 승인신청을 기각하여야 하는 사유, 즉 승인거부사유는 ① 법원이 정한 비용을 예납하지 아니한 경우, ② 위에 언급한 서류를 제출하지 아니하거나 그 성립 또는 내용의 진정을 인정하기에 부족한 경우 또는 ③ 외국도산절차의 승인이 한국의 선량한 풍속 그 밖에 사회질서에

---

20) 承認援助法은 主節次와 從節次의 개념 자체를 다소 수정하여 수용하였으나, 통합도산법은 이를 정면으로 수용하지는 않았다.

반하는 경우이다(제632조 제2항).

공서위반에 관하여, 구 파산법하에서 파산제도는 그 개시요건, 절차의 유형, 관재인의 유무 및 권한, 배당 순위 등을 달리하기 때문에 외국 파산재판을 승인하는 것은 우리의 공서에 반한다는 견해[21]가 있었지만, 공서를 그렇게 넓게 보아서는 아니 된다. 예컨대 외국 도산절차에서 성립한 도산계획이 일부 채권자들의 참여를 제한하고 이루어졌거나 그 내용이 명백한 근거 없이 일부 채권자들을 다른 채권자들보다 불리하게 취급하는 경우, 또는 채권자들에게 그들의 이익을 보호하기 위하여 필요한 통지를 하지 않은 경우 공서위반의 문제가 있을 수 있지만,[22] 위와 같이 도산법제에 차이가 있다고 하여 곧바로 공서위반이 되는 것은 아니다. 만일 그렇게 본다면 외국 파산절차는 아예 승인의 대상이 될 수 없을 것이다. 외국 파산절차를 승인함으로써 한국 내 채권자들이 불이익을 받을 위험성이 있는 경우에는 우리 나라에서 통합도산법에 따른 파산절차를 개시하여 병행함으로써 그들을 보호하면 될 것이다.

통합도산법은 명시하지 않지만, 외국의 도산법이 자국도산절차의 대외적 효력을 부인하는 것은 승인거부사유가 된다. 만일 외국의 도산법이 우리의 구 파산법이나 구 회사정리법처럼 屬地主義를 취함으로써 자국도산절차의 대외적 효력을 제한한다면 그의 효력은 우리 나라에서 승인될 수 없다고 본다. 외국 입법자의 의사에 반해서까지 그의 효력을 승인할 이유는 없기 때문이다. 우리 법원은 외국 도산재판의 승인 여부 판단시 위 요건의 구비 여부만을 심사할 수 있을 뿐이고 외국 법원의 판단의 옳고 그름을 심사하는 것 즉 實質再審査(*révision au fond*)는 허용되지 않는다.

3. 승인의 절차—決定承認制

외국도산절차의 승인에는 외국판결의 승인처럼 일정요건이 구비되면 별도의 절차 없이 승인하는 자동승인제와, 법원의 재판에 의해 승인하는 결정

---

21) 임종헌, "파산절차의 개시요건에 관한 실무적 고찰," 법조 통권 509호(1999. 2.), 220면.

22) 前者는 Reinhold Geimer, Internationales Zivilprozeßrecht 5. Auflage (2005), Rz. 3517; 한충수, "外國倒産節次의 承認과 執行," 변호사—회원연구논문집—(서울지방변호사회. 2001), 357면, 後者는 Matthew T. Cronin, "UNCITRAL Model Law on Cross--Border Insolvency: Procedural Approach to a Substantive Problem," The Journal of Corporation Law (1999), p. 721 참조.

승인제가 있는데 통합도산법 제5편은 모델법 및 일본의 承認援助法과 마찬가지로 결정승인제를 취한다. 이 점에서 자동승인제를 취하는 유럽연합의 "도산절차에 관한 이사회규정"(Council Regulation (EC) No 1346/2000 on insolvency proceedings)(이하 "EU도산규정"이라 한다)[23] 및 독일 도산법(제343조)[24]과 대비된다. 주목할 것은, 대법원 2003. 4. 25. 선고 2000다64359 판결[25](이른바 구찌 사건)은 屬地主義를 취한 구 파산법의 해석론으로서, 미국 파산법원의 파산선고의 효력을 관재인에의 관리처분권의 이전과 개별집행금지 즉 포괄집행적 효력으로 나누어, 전자에 관하여 미국 파산법원의 재판이 민사소송법의 외국판결 승인요건을 갖춘 것으로 못 볼 바 아니라고 하여 효력을 승인한 점인데, 이는 관리처분권의 이전은 자동승인된다고 본 것이다. 그러나 이러한 결론은 결정승인제를 취하는 통합도산법상은 허용되지 않는다.

결정승인제를 취하는 법제에서는 법원은 승인 결정 전에도 필요하다고 판단하는 때에는 임시조치를 취할 수 있어야 한다. 통합도산법(제635조)도 모델법(제19조)를 본받아 법원은 외국도산절차의 대표자의 신청에 의하거나 직권으로 외국도산절차의 승인신청이 있은 후 그 결정이 있을 때까지 제636조 제1항 제1호-제3호의 지원조치를 명할 수 있음을 명시한다.

4. 승인의 효력

가. 승인결정에 기초한 법원의 지원

통합도산법은 우리 법원의 승인결정에 의하여 외국도산절차의 효력이 우리 나라에 미치는 것으로 하는 대신 우리 법원이 재량으로 개별적 지원결정을 하도록 한다. 이는 외국도산법이 정한 외국도산절차의 효력이 우리 나라

---

23) 이는 2002. 5. 31. 발효되었다. EU도산규정의 상세는 석광현, "유럽연합의 國際倒産法制," 국제사법과 국제소송 제3권(2004), 300면 이하 참조.

24) 독일은 2003. 3. 20. 자로 "國際倒産의 신규율을 위한 법률"(Gesetz zur Neuregelung des Internationalen Insolvenzrechts)에 의하여 도산법시행법(제102조)을 개정하고 도산법에 國際倒産에 관한 제11장(제335조-제358조)을 신설하였다. 이는 EU도산규정이 적용되지 않는 국제도산에 적용된다. 상세는 한충수, "독일 국제도산법 개정과 우리에의 시사점," 민사소송 제9권 제1호(2005), 280면 이하 참조.

25) 평석은 석광현, "미국 파산법원의 재판의 효력과 破産法의 屬地主義," 判例研究 제18집(1)(서울지방변호사회, 2004), 201면 이하; 이 책 제4장 [9] 참조.

에 그대로 유입되는 것을 막기 위한 것이다. 즉 통합도산법(제636조)을 보면, 승인결정에 의해 외국도산절차 개시국법상의 효력이 우리 나라에 확장되거나, 또는 통합도산법상의 국내도산절차의 효력이 발생하는 것이 아니라, 우리 법원이 승인결정을 기초로 지원결정을 하는 체제인데 이는 承認援助法을 추종한 것이다. 통합도산법은 이 점에서 모델법과 커다란 차이가 있다. 즉 모델법은 외국도산절차의 승인시 主節次와 從節次를 구분하여 主節次에는 자동적 효력(제20조)과 재량적 효력(제21조)을, 從節次에는 재량적 효력(제21조)만을 인정하나, 통합도산법은 承認援助法과 마찬가지로 양자를 구별하지 아니하고 우리 법원이 승인결정과는 별도의 결정에 의하여 지원하도록 한다. '지원'이라는 개념은 承認援助法의 '원조'를 도입한 것이다. 결국 국제도산편(承認援助法)상 외국도산절차의 승인이라 함은, 외국도산절차에 따른 관리처분권의 이전과 포괄집행적 효력을 인정하는 것이 아니라, 한국(일본) 내에서 통합도산법(承認援助法)에 따른 지원처분(원조처분)을 할 수 있는 기초로서 인정하는 것이다. 법원은 지원신청이 대한민국의 선량한 풍속 그 밖의 사회질서에 반하는 때에는 그 신청을 기각하여야 한다(제636조 제3항).

나. 외국도산절차의 승인과 당사자적격

승인의 효력과 관련하여 흥미로운 것은 당사자적격인데, 만일 屬地主義를 철저히 따른다면 외국도산절차의 도산관재인은 한국에 있는 재산에 대하여는 관리처분권을 가지지 않으므로 당사자적격을 가지지 않는다. 그러나 구찌 사건에서 위 대법원 2003년 판결은 구 파산법의 해석론으로서, 미국 파산법원의 파산선고에 의한 관재인에의 관리처분권의 이전의 효력을 승인하였다. 위 사건은 당사자적격에 관련된 것은 아니지만 그에 선행하는 서울지방법원 1996. 6. 28. 선고 96가합27402 판결[26](이른바 파올로 구찌 사건)을 함께 고려하면 당사자적격을 인정한 것으로 이해할 수 있다. 그러나 통합도산법(제632조, 제636조 제1항 제4호)에 따르면 외국의 도산관재인이 우리 법원에서 관재인으로서의 권한, 나아가 당사자적격을 가지기 위하여는, 당해 외국의 도산법상 그가 대외적으로 권한을 가져야 하고, 우리 법원에 외국도산절차의 승인신청을 해서 승인결정을 받고, 나아가 외국의 관재인이 통합도산법

26) 평석은 석광현, "國際倒産法의 몇 가지 問題點," 국제사법과 국제소송 제1권(2001), 450면 이하 참조.

에 따른 국제도산관리인으로 선임되어야 한다. 따라서 통합도산법하에서는 외국도산절차의 대표자의 당사자적격이 당연히 인정될 수는 없다.[27)]

V. 內國倒產節次의 對外的 效力

1. 통합도산법의 태도

파산자가 파산선고 당시에 가진 모든 재산은 파산재단에 속하는데(통합도산법 제382조 제1항) 통합도산법은 屬地主義를 정한 구 파산법 제3조 제1항을 삭제하였으므로 위 재산은 소재지에 관계없이 파산재단을 구성한다. 회생절차의 경우도 마찬가지로 屬地主義를 정한 회사정리법 제4조 제1항을 삭제하였다. 나아가 통합도산법(제640조)은 "국내도산절차의 관리인·파산관재인 그 밖에 법원의 허가를 받은 자 등은 외국법이 허용하는 바에 따라 국내도산절차를 위하여 외국에서 활동할 권한이 있다"고 함으로써 普遍主義를 지향한다. 외국의 법원이 우리 도산절차의 관리인의 권한을 인정할지는 외국법이 정할 사항이지만 우리 법이 이를 스스로 제한할 필요는 없으므로 통합도산법의 태도는 타당하다.

2. 외국소재 재산에 대한 담보권의 효력

구 도산법하에서는 외국채권자가 한국기업이 담보로 제공한 담보물을 외국에서 보유할 경우, 회사정리법이 屬地主義를 취하였으므로 채권자는 회사정리절차에 관계없이 담보를 실행할 수 있었다. 그러나 통합도산법에 따르면 특히 담보권의 준거법이 외국법인 경우, 과연 통합도산법의 대외적 효력을 주장하여 외국소재 재산에 대한 담보권의 효력 또는 실행을 제한할 수 있는지라는 까다로운 倒産國際私法의 문제가 제기된다. 우리 학설은 보지 못하였으나 독일에는 ① 普遍主義를 중시하여 倒産法廷地法을 우선하는 견해, ② 담보권자를 보호하기 위하여 倒産法廷地法의 적용을 부인하고 결과적으로

27) 상세는 석광현, "국제소송의 외국인당사에 관한 몇 가지 문제점," 변호사—회원연구논문집 제36집(2006. 1.), 286면 이하 참조.

屬地主義와 동일한 결론을 취하는 견해,[28] ③ 절충설로서 倒産法廷地法의 적용을 긍정하여 도산재단에 포함시키되, 담보물의 소재지법 소속국의 도산법을 적용하는 견해와, ④ 절충설을 따라 도산재단에 포함시키되, 담보물의 소재지법 소속국의 도산법과 倒産法廷地法 중 담보권자에게 유리한 법을 적용하는 견해 등이 있는 것으로 보인다.[29]

Ⅵ. 병행도산절차 상호간의 조정

도산절차의 병행에는 국내도산절차와 외국도산절차의 병행과 외국도산절차간의 병행이 있는데, 통합도산법은 모델법의 체제를 따라 제638조에서 전자를, 제639조에서 후자를 각각 규정한다. 복수도산절차간의 조정은 첫째 복수 국가에서 도산절차가 개시되어 각각 진행하는 경우와, 둘째 외국도산절차가 국내에서 승인되고 (또는 결정승인제를 취하는 국가에서는 적어도 승인신청을 하고) 국내에서 도산절차가 개시되는 경우, 또는 그와 반대로 국내도산절차가 개시된 뒤 외국도산절차가 국내에서 승인되는 경우에 발생하기도 한다. 둘째는 엄밀하게 말하면 주로 지원절차와 국내도산절차간의 병행의 문제이다.

1. 국내도산절차와 외국도산절차 상호간의 조정

가. 병행도산절차 상호간의 조정

承認援助法(제57조 이하)은 '一債務者一節次原則'이라는 단일도산주의의 이념에 따라 承認援助節次와 國內倒産節次 중 어느 하나의 절차를 택일하여 진행하고 다른 절차를 중지하는 태도를 취하나,[30] 통합도산법은 國內倒産節

---

28) 이는 EU도산규정(제5조)의 태도이다.

29) 상세는 Ulrich Drobnig, "Secured Credit in International Insolvency Proceedings," 33 Tex. Int'l L.J. 53, 67 (1998) 참조. ②를 제외한 나머지 견해는 담보물의 소재지법이 외국도산절차를 승인하는 경우에 가능할 것이다. 본문과 반대의 사안, 즉 우리 나라에 소재하는 재산에 대하여 우리 법에 따라 담보권이 설정된 뒤 외국의 채무자(겸 담보제공자)의 도산절차가 개시되고 그 절차가 우리 나라에서 승인되는 경우 우리 법원이 담보권의 효력을 어떻게 평가할지라는 문제도 제기된다.

30) 山本克己, "國內倒産處理手續や他の承認援助手續との競合," 山=山=坂(編), 142면, 146면.

次와 外國倒産節次의 동시진행을 전제로 主節次를 중심으로 법원에 재량권을 부여한다.[31)]

통합도산법상으로는 ① 우선 우리 나라에서 외국도산절차의 승인에 따른 지원절차와 통합도산법에 따른 도산절차가 병행할 수 있는가, ② 둘째 이것이 가능하다면 양자간의 조정을 어떻게 할 것인가가 문제된다.

(1) 지원절차와 국내도산절차의 병행

이는 절차의 선후에 따라 다음 두 가지로 나누어 볼 수 있다.

첫째 외국에서 도산절차가 개시되고 우리 나라에서 승인결정이 있은 뒤에 우리 나라에서 도산절차가 개시될 수 있는가. 통합도산법에 이를 금지하는 규정이 없고, 제633조가 "외국도산절차의 승인결정은 이 법에 의한 절차의 개시 또는 진행에 영향을 미치지 아니한다"고 명시하므로 이를 긍정해야 할 것이다.

둘째 우리 나라에서 도산절차가 개시된 뒤에 외국에서 도산절차가 개시되고 후자가 우리 나라에서 승인될 수 있는가. 承認援助法(제57조 제1항)에 따르면 이 경우 원칙적으로 승인신청을 기각해야 하고 예외적으로 승인결정을 할 수 있으나, 통합도산법은 이런 규정을 두지 않으므로 승인은 가능하다고 본다.

(2) 지원절차와 국내도산절차간의 조정

모델법(제29조)은 내국절차가 선행하는 경우와 외국절차의 승인 또는 승인신청이 선행하는 경우를 구분하여 규정하되 어느 경우이든 내국절차가 우선함을 명확히 한다. 통합도산법상으로는 외국도산절차를 승인하더라도 자동적 구제조치는 인정되지 않고 법원의 재량으로 지원이 부여될 수 있을 뿐이므로 국내도산절차와 외국도산절차 상호간의 조정도 모델법의 경우와 동일할 수는 없다.

통합도산법(제638조 제1항)은 채무자를 공통으로 하는 외국도산절차와 국내도산절차가 동시에 진행하는 경우 법원은 국내도산절차를 중심으로 제635조(승인 전 명령 등) 및 제636조(외국도산절차에 대한 지원)의 규정에 의한 지원을 결정하거나 이를 변경 또는 취소할 수 있다고 규정한다. 문제는 여기에서 '국내도산절차를 중심으로'의 의미인데, 이는 국내도산절차에 우선권을 주되, 법원의 재량의 여지가 있다는 취지로 보인다. 그렇다면 대체로 다

---

31) 실무연구회(註 3), 260면.

음과 같이 될 것이다.

내국절차가 선행하는 경우에는 내국절차의 주종을 묻지 않고 외국절차에 부여하는 지원은 내국절차에 합치해야 한다. 따라서 우리 나라에서 從節次가 개시되어 도산관재인이 선임되어 절차가 진행중이라면 그 후 외국에서 主節次가 개시되어 우리 나라에서 승인되더라도 외국도산절차의 관리인을 국제도산관리인으로 선임하기 위하여 국내 도산관재인을 해임할 수는 없다.32)

반면에 외국절차의 승인 또는 승인신청이 선행하는 경우에는, 법원은 외국절차에 대하여 한 지원이 내국절차에 저촉되는 경우 내국절차의 주종을 묻지 않고 내국법에 따라 변경 또는 취소해야 한다. 예컨대 외국에서 從節次가 개시되어 우리 나라에서 승인되고 국제도산관리인이 선임된 경우 국내도산절차가 개시된 때는 국제도산관리인을 해임하고 국내도산절차의 관재인을 선임할 수 있다.33)

법원의 지원결정 또는 이를 변경 또는 취소하는 결정에 대하여는 즉시항고를 할 수 있으나 즉시항고에는 집행정지의 효력이 없다(제638조 제2항, 제3항).

나. 교차신고(cross-filing)

통합도산법은 竝行節次가 진행되는 경우 어느 절차의 倒産管財人이 그의 倒産節次에 채권을 신고한 채권자를 대리하여 다른 倒産節次에 채권을 교차신고하는 제도를 두고 있지 않다. 이 점은 모델법과 마찬가지이다. 일본의 개별도산법은 外國倒産節次의 관재인이 國內倒産節次에서 교차신고할 수 있음을 명시한다.34)

다. 채권자간의 공평한 배당의 준칙(hotchpot rule)

통합도산법(제642조)은 병행절차간의 조정을 위하여 '배당의 준칙'이라는 제목하에 외국도산절차 또는 채무자의 국외재산으로부터 변제받은 채권자는 국내도산절차에서 그와 같은 조 및 순위에 속하는 다른 채권자가 동일한 비율의 변제를 받을 때까지 국내도산절차에서 배당 또는 변제를 받을 수 없다

32) 그러나 임치용(註 1), 190면은 이것이 가능하다고 본다.
33) 서울중앙지방법원 파산부 실무연구회(註 1), 276면도 동지.
34) 民事再生法 제210조, 파산법 제357조의2, 제357조의4, 회사갱생법 제289조의2, 제289조의5 참조.

고 규정한다. 이는 동 순위 채권자들간의 공평한 배당을 달성하기 위한 방법으로 보통법상 널리 인정되고 있는 이른바 'hotchpot rule'을 명시한 것이다. 다만 어느 채권자가 外國倒産節次에서 또는 도산절차에 의하지 아니하고 다른 채권자들의 우리 도산절차에서의 배당률보다 높은 비율의 배당을 받았더라도, 통합도산법의 해석론으로는 그는 소극적으로 배당에 참가할 수 없을 뿐이지 더 나아가 초과부분을 우리 나라의 도산관재인에게 반환해야 하는 것은 아니다.

2. 복수의 외국도산절차 상호간의 조정

동일한 채무자에 대하여 복수의 외국도산절차의 승인신청이 있는 때에는 법원은 이를 병합심리하여야 한다(제639조 제1항). 동일한 채무자에 대하여 복수의 외국도산절차가 승인된 때에는 법원은 승인 및 지원절차의 효율적 진행을 위하여 채무자의 주된 영업소 소재지 또는 채권자보호조치의 정도 등을 고려하여 주된 외국도산절차를 결정할 수 있고(제639조 제2항), 나아가 필요한 경우 제2항의 규정에 의한 주된 외국도산절차를 변경할 수 있다(제639조 제4항). 이는 복수의 외국도산절차가 우리 나라에서 승인될 수 있음을 의미한다. 법원은 주된 외국도산절차를 중심으로 제636조의 규정에 의한 지원을 결정하거나 변경할 수 있다(제639조 제3항).

모델법(제30조)과 달리 통합도산법은 구체적인 규정을 두지 않으나, 통합도산법의 해석상으로도 복수의 외국도산절차가 병행하는 경우 외국의 主節次를 우선시켜야 하고, 외국의 主節次의 승인과 지원 후에 외국의 從節次에게 지원을 하는 경우 그것은 외국의 主節次의 지원에 합치해야 하며, 반대로 외국의 從節次의 승인과 지원 후 외국의 主節次가 승인되는 경우 이를 위하여 필요한 범위 내에서는 외국의 從節次에 대한 지원을 변경 또는 취소해야 하고, 외국의 從節次 상호간에는 적절한 지원을 하는 것이 타당할 것이다.

Ⅶ. 外國法院 및 外國代表者와의 共助

외국법원 및 외국대표자와의 공조는 채무자 자산의 散逸을 방지하고, 그의 가치를 극대화하여 국제도산을 효율적으로 수행함으로써 최상의 결과를 달성하기 위한 가장 현실적인 방법이다.[35] 공조는 외국도산의 승인을 전제로 하는 것은 아니고, 병행절차의 존재를 전제로 하는 것도 아니나, 병행절차가 진행중인 경우 공조가 중요한 의미를 가짐은 명백하다. 공조에는 법원간의 공조와 도산관재인간의 공조가 있다.

1. 법원간의 공조

법원은 동일한 채무자 또는 상호 관련이 있는 채무자에 대하여 진행중인 국내도산절차 및 외국도산절차나 복수의 외국도산절차간의 원활하고 공정한 집행을 위하여 외국법원 및 외국도산절차의 대표자와 ① 의견교환, ② 채무자의 업무 및 재산에 관한 관리 및 감독, ③ 복수절차의 진행에 관한 조정과 ④ 그 밖에 필요한 사항에 관하여 공조하여야 한다(제641조 제1항). 통합도산법은 모델법을 따라, '공조할 수 있다'가 아니라 우리 법원(도산사건의 담당재판부)이 '공조하여야 한다'고 규정한다. 이는 종래 국제민사사법공조법상 규정된 법원행정처를 통한 민사사법공조의 수준에 비하면 획기적인 진전이다. 결국은 공조범위를 넓혀야 할 것이라는 점에서 통합도산법의 태도를 이해할 수 있지만 '법원 대 법원'의 직접적인 공조는 실무상 쉽지 않을 것이다. 承認援助法은 법원간의 공조의무와 관재인간의 협력을 규정하지 않고 개별 도산법[36]에서 관재인간의 협력만을 규정한다.

2. 도산관재인간의 공조

법원과 마찬가지로 국내도산절차의 관리인 또는 파산관재인은 법원의 감독하에 외국법원 또는 외국도산절차의 대표자와 직접 정보 및 의견을 교환할 수 있다(제641조 제3항). 이는 모델법(제26조)을 따른 것이다. 국내도산절차의 관리인 또는 파산관재인은 법원의 허가를 받아 외국법원 또는 외국도산절차의 대표자와 '도산절차의 조정에 관한 합의'를 할 수 있는데(제641조 제4항), 이는 주로 영미법계국가의 도산관재인들간에 체결되는 '도산

35) Guide, para. 173.

36) 민사재생법 제207조, 파산법 제357조의2, 회사갱생법 제289조의2.

관리계약'(protocol)[37]을 말한다. 도산관리계약은 위에 언급한 1991년의 *Maxwell* 사건을 계기로 병행도산을 조화롭게 운영하는 절차로써 널리 활용되고 있으며 국제적으로 거의 보편화되어 가고 있다고 한다.[38]

통합도산법도 모델법을 따라 공조의 시기와 방법 등에 관한 결정을 법원과 도산관재인에게(법원의 감독하에) 맡기고 있는데, 이는 법원에게 유연성과 재량을 부여하는 것이 실무적으로 매우 중요하기 때문이다.[39] 통합도산법 하에서도 도관관리계약이 체결될 수 있을 것인데 앞으로 이에 대한 체계적인 연구가 필요하다.

Ⅷ. 倒産國際私法(또는 倒産抵觸法)

1. 倒産法廷地法 원칙

우리 기업인 채무자에 대해 우리 나라에서 도산절차가 개시된 경우 채무자가 체결한 국제계약에 대하여는 도산에 관한 한 국제계약의 준거법에 관계없이 우리 통합도산법이 적용된다. 이것이 倒産抵觸法(내지는 倒産國際私法)의 문제이다. 우리 國際私法과 통합도산법은 倒産國際私法에 관하여 아무런 규정을 두고 있지 않으므로 이는 판례와 학설에 의해 해결해야 하는데, 종래 도산의 절차법적 사항과 실체법적 사항이 모두 도산(절차)개시국법 또는 倒産法廷地法(*lex fori concursus*)에 의할 것이나, 다만 실체에 관하여는 도산사건의 모든 실체법적 사항이 아니라 그 중 도산절차의 목적에 봉사하는 이른바 '倒産典型的인 法律效果'(insolvenztypische Rechtsfolge)만이 倒産法廷地法에 의한다는 견해가 유력하다.[40] 예컨대 도산절차에서의 미이행쌍무계약의

37) 우리 나라에서는 protocol을 '의정서' 또는 '규약'이라고 부르기도 하나 저자는 독일의 용어(Insolvenzverwaltungsvertrag)를 따라 '도산관리계약'이라는 용어를 사용한다.

38) 坂井秀行, "外國管財人の地位," 山本克己＝山本和彦＝坂井秀行(編), 國際倒産法制の新展開 ―理論と實務―, 金融·商事判例 增刊号 No. 1112(2001), 112-113면.

39) Guide, para. 178 참조.

40) Reinhold Geimer, Internationales Zivilprozeßrecht 5. Auflage (2005), Rz. 3373f.; Jaeger/Jahr, Konkursordnung 2. Band (1973), §§237, 238, Rn. 11-25, Rn. 173-177. 竹下守夫(編), 國際倒産法 企業の國際化と主要國の倒産法(1991), 26면은 "실체적 사항 중 총채권자의 평등, 공평한 만족 내지 도산적 사법질서의 유지라고 하는 도산제도의 목적을 실현하기 위하여 도산법이 특별히 규율하고 있는 사항, 즉 도산제도의 목적에 의하여 지

처리라든가 상계 또는 네팅의 제한 등은 倒産法廷地法에 따름은 별 의문이 없으나 그 구체적인 범위는 명확하지 않다.

모델법과 承認援助法도 倒産抵觸法에 관한 규정을 두지 않지만, EU도산규정(제4조-제15조)은 倒産法廷地法原則을 취하고 그에 대한 예외를 상세히 규정하는데,[41] 이는 우리 법의 해석론과 입법론에 도움이 될 것이다. 대법원 2001. 12. 24. 선고 2001다30469 판결은 준거법이 영국법인 차관계약상 우리나라 은행인 대주가 파산한 경우 파산관재인은 파산법 제50조에 따라 이행여부를 선택할 수 있다고 하였던바[42] 이는 위 법리가 적용된 예이다.

2. 否認權의 문제

부인권에 관하여는 우선 외국대표자가 우리 나라에서 부인권을 행사할 수 있는지와 부인권의 준거법이 문제된다.

가. 외국대표자의 권한

모델법은 특히 논란이 되었던 부인권에 관하여도 각국의 법제의 다양성과 시간적인 제약으로 인하여 결국 일종의 타협안으로서, 승인의 결과 외국도산절차의 대표자에게 입법국법에 따라 채권자를 해하는 행위를 부인할 수 있는 지위, 즉 당사자적격(standing)을 인정하는 규정(제23조)만을 두었다.

통합도산법도 承認援助法과 마찬가지로 부인권의 행사에 관하여 규정을 두지 않는다. 따라서 우리 나라에서는 도산절차가 개시되지 않았지만 외국도산절차의 승인결정만 있는 경우 외국도산절차의 대표자가 우리 법원에 부인의 소를 제기하거나 기타 부인권을 행사할 수 있는지가 문제된다. 통합도산법의 해석론으로는 첫째 외국도산절차가 우리 나라에서 승인되어야 하고, 둘째 외국도산절차의 대표자가 국내도산관리인으로 선임된다면 그는 부인권을 행사할 수 있으나 그렇지 않으면 소송 또는 기타의 방법에 의하여 부인권을 행사할 수 없을 것이다. 또한 그 경우 우리 법원이 별도의 지원처분을 해야

배되는 사항은 도산개시국의 공서로서 倒産法廷地法의 적용을 받으나, 그 밖의 사항은 국제사법에 의하여 결정되는 준거법의 적용을 받는다"고 설명한다.

41) 상세는 석광현(註 23), 320면 이하 참조.

42) 위 대법원판결에 대한 평석은 석광현, "국제적인 신디케이티드 론 거래와 어느 대주은행의 파산," 국제사법과 국제소송 제3권(2004), 543면 이하 참조.

하는지가 문제이나 불필요할 것으로 생각된다.

나. 부인권의 준거법

EU도산규정(제13조)은 倒産法廷地法을 원칙으로 하되 그 행위로 인하여 이득을 얻은 자가 당해 행위의 준거법이 倒産法廷地法 이외의 법이고 또한 그 준거법이 관련 사안에서 그러한 행위에 대해 어떠한 이의수단도 허용하지 않음을 증명하는 경우에는 倒産法廷地法을 배제하는 일종의 타협적인 규정을 두고 있다.

통합도산법의 해석론으로는 외국도산절차가 승인된 경우 부인권의 준거법에 관하여는 과거 독일에서와 같이 倒産法廷地法만을 적용하는 견해와 倒産法廷地法과 사해행위라고 주장된 행위의 준거법 소속국의 도산법을 중첩적으로 적용하는 견해 등이 주장될 수 있을 것이다.

위에서 본 것은 지원절차에서 외국대표자가 부인권을 행사하는 경우의 준거법이나 그 밖에도 예컨대 병행도산절차가 진행중인 경우 부인권의 준거법이 문제된다. 실제로 위에 언급한 *Maxwell* 사건에서 부인권의 준거법이 문제되었는데 미국 제2순회법원은 영국법이 사안과 가장 밀접한 관련이 있고 결과에 대해 더 강력한 이해관계를 가진다는 이유로 전통적인 국제사법원칙에 따라 부인권의 준거법은 영국법이라고 판단하였다. 이러한 해결방법은 원칙적으로 倒産法廷地法을 적용하는 독일의 학설과는 차이가 있다.

Ⅸ. 맺 음 말

채권자평등이라는 國際倒産法의 正義와 國際倒産節次의 목적을 달성하기 위해서는 극단적인 屬地主義를 고집할 수 없고 屬地主義를 완화하지 않을 수 없다. 통합도산법은 이런 방향으로 國際倒産의 제문제를 입법적으로 해결한 것으로서 대체로 타당하다. 그러나 外國倒産節次의 승인의 효력에 관한 한 통합도산법은 모델법을 거부하고 承認援助法을 따른 점에서 바람직하지 않다. 이는 타당성 자체에도 문제가 있을 뿐만 아니라 지나치게 일본법에 의존하는 것이라는 비판을 피하기 어렵다. 또한 위에서 본 바와 같이 통합도산법의 해석상 여러 가지 의문이 있는데 우리 나라에서는 종래 國際倒産에 관한 실무가 충분하지 않고 더욱이 통합도산법은 구 도산법과 달리 법원에 상당한 재량을 부여하므로 법원의 실제의 운용이 매우 중요하다. 앞으로 우리 나라에서도 國際倒産法의 諸論點에 대한 논의가 활발히 이루어져서 통합도산법에 따른 법원의 실무가 축적되어 가는 과정에서 이러한 의문이 올바른 방향으로 해소될 수 있기를 기대해 본다. 國際倒産法은 도산법과 國際私法 및 國際民事訴訟法이 교착하는 영역이므로 이들 영역에 대한 선행연구가 없이는 이해하기 어려운 분야이다. 종래 國際私法과 國際民事訴訟法 분야의 연구와 교육을 소홀히 해 온 우리 나라에서 國際倒産法의 중요성이 제대로 인식되고 있지 못한 것은 어쩌면 당연한 결과이다.

주의할 것은, 통합도산법은 모델법을 받아들인 것이므로 모델법(제8조)이 명시하는 바와 같이 國際倒産 편을 해석함에 있어서는 그의 국제적 연원과 적용상의 통일성 및 신의성실의 준수를 증진할 필요성을 고려하여야 한다는 점이다. 모델법의 채택은 그만큼 우리 법의 해석과 운용에 있어 국제적인 고려를 요청한다. 이는 21세기를 살아가는 우리 법률가들이 피할 수 없는 과제이다.

별첨

통합도산법 제5편 국제도산

제628조 정의

이 편에서 사용하는 용어의 정의는 다음 각호와 같다.

1. "외국도산절차"라 함은 외국법원(이에 준하는 당국을 포함한다. 이하 같다)에 신청된 회생절차·파산절차 또는 개인회생절차 및 이와 유사한 절차를 말하며, 임시절차를 포함한다.
2. "국내도산절차"라 함은 대한민국 법원에 신청된 회생절차·파산절차 또는 개인회생절차를 말한다.
3. "외국도산절차의 승인"이라 함은 외국도산절차에 대하여 대한민국 내에 이 편의 지원처분을 할 수 있는 기초로서 승인하는 것을 말한다.
4. "지원절차"라 함은 이 편에서 정하는 바에 의하여 외국도산절차의 승인신청에 관한 재판과 채무자의 대한민국 내에 있어서의 업무 및 재산에 관하여 당해 외국도산절차를 지원하기 위한 처분을 하는 절차를 말한다.
5. "외국도산절차의 대표자"라 함은 외국법원에 의하여 외국도산절차의 관리자 또는 대표자로 인정된 자를 말한다.
6. "국제도산관리인"이라 함은 외국도산절차의 지원을 위하여 법원이 채무자의 재산에 대한 환가 및 배당 또는 채무자의 업무 및 재산에 대한 관리 및 처분권한의 전부 또는 일부를 부여한 자를 말한다.

제629조 적용범위

① 이 편의 규정은 다음 각호의 경우에 적용한다.

1. 외국도산절차의 대표자가 외국도산절차와 관련하여 대한민국 법원에 승인이나 지원을 구하는 경우
2. 외국도산절차의 대표자가 대한민국 법원에서 국내도산절차를 신청하거나 진행 중인 국내도산절차에 참가하는 경우
3. 국내도산절차와 관련하여 관리인·파산관재인·채무자 그 밖에 법원의 허가를 받은 자 등이 외국법원의 절차에 참가하거나 외국법원의 승인 및 지원을 구하는 등 외국에서 활동하는 경우
4. 채무자를 공통으로 하는 국내도산절차 및 외국도산절차가 대한민국법원과 외국법원에서 동시에 진행되어 관련절차간에 공조가 필요한 경우

② 이 편에서 따로 규정하지 아니한 사항은 이 법 중 다른 편의 규정에 따른다.

제630조 관할

외국도산절차의 승인 및 지원에 관한 사건은 서울중앙지방법원 합의부의 관할에 전

속한다. 다만, 절차의 효율적인 진행이나 이해당사자의 권리보호를 위하여 필요한 때에는 서울중앙지방법원은 당사자의 신청에 의하거나 직권으로 외국도산절차의 승인결정과 동시에 또는 그 결정 후에 제3조가 규정하는 관할법원으로 사건을 이송할 수 있다.

제631조 외국도산절차의 승인신청

① 외국도산절차의 대표자는 외국도산절차가 신청된 국가에 채무자의 영업소·사무소 또는 주소가 있는 경우에 다음 각호의 서면을 첨부하여 법원에 외국도산절차의 승인을 신청할 수 있다. 이 경우 외국어로 작성된 서면에는 번역문을 붙여야 한다.

1. 외국도산절차 일반에 대한 법적 근거 및 개요에 대한 진술서
2. 외국도산절차의 개시를 증명하는 서면
3. 외국도산절차의 대표자의 자격과 권한을 증명하는 서면
4. 승인을 신청하는 그 외국도산절차의 주요내용에 대한 진술서(채권자·채무자 및 이해당사자에 대한 서술을 포함한다)
5. 외국도산절차의 대표자가 알고 있는 그 채무자에 대한 다른 모든 외국도산절차에 대한 진술서

② 외국도산절차의 승인을 신청한 후 제1항 각호의 내용이 변경된 때에는 신청인은 지체 없이 변경된 사항을 기재한 서면을 법원에 제출하여야 한다.

③ 제1항의 규정에 의한 신청이 있는 때에는 법원은 지체 없이 그 요지를 공고하여야 한다.

④ 제37조 및 제39조의 규정은 제1항의 규정에 의한 신청에 관하여 준용한다.

제632조 외국도산절차의 승인결정

① 법원은 외국도산절차의 승인신청이 있는 때에는 신청일부터 1월 이내에 승인 여부를 결정하여야 한다.

② 법원은 다음 각호의 어느 하나에 해당하는 경우에는 외국도산절차의 승인신청을 기각하여야 한다.

1. 법원이 정한 비용을 미리 납부하지 아니한 경우
2. 제631조 제1항 각호의 서면을 제출하지 아니하거나 그 성립 또는 내용의 진정을 인정하기에 부족한 경우
3. 외국도산절차를 승인하는 것이 대한민국의 선량한 풍속 그 밖에 사회질서에 반하는 경우

③ 법원은 외국도산절차의 승인결정이 있는 때에는 그 주문과 이유의 요지를 공고하고 그 결정서를 신청인에게 송달하여야 한다.

④ 외국도산절차의 승인신청에 관한 결정에 대하여는 즉시항고를 할 수 있다.

⑤ 제4항의 규정에 의한 즉시항고는 집행정지의 효력이 없다.

제633조 외국도산절차승인의 효력

외국도산절차의 승인결정은 이 법에 의한 절차의 개시 또는 진행에 영향을 미치지 아니한다.

제634조 외국도산절차의 대표자의 국내도산절차개시신청 등

외국도산절차가 승인된 때에는 외국도산절차의 대표자는 국내도산절차의 개시를 신청하거나 진행중인 국내도산절차에 참가할 수 있다.

제635조 승인 전 명령 등

① 법원은 외국도산절차의 대표자의 신청에 의하거나 직권으로 외국도산절차의 승인신청이 있은 후 그 결정이 있을 때까지 제636조 제1항 제1호 내지 제3호의 조치를 명할 수 있다.

② 제1항의 규정은 외국도산절차의 승인신청을 기각하는 결정에 대하여 즉시항고가 제기된 경우에 준용한다.

③ 법원은 제1항 및 제2항의 규정에 의한 처분을 변경하거나 취소할 수 있다.

④ 제1항 내지 제3항의 결정에 대하여는 즉시항고를 할 수 있다.

⑤ 제4항의 규정에 의한 즉시항고는 집행정지의 효력이 없다.

제636조 외국도산절차에 대한 지원

① 법원은 외국도산절차를 승인함과 동시에 또는 승인한 후 이해관계인의 신청에 의하거나 직권으로 채무자의 업무 및 재산이나 채권자의 이익을 보호하기 위하여 다음 각호의 결정을 할 수 있다.

1. 채무자의 업무 및 재산에 대한 소송 또는 행정청에 계속하는 절차의 중지
2. 채무자의 업무 및 재산에 대한 강제집행, 담보권실행을 위한 경매, 가압류·가처분 등 보전절차의 금지 또는 중지
3. 채무자의 변제금지 또는 채무자 재산의 처분금지
4. 국제도산관리인의 선임
5. 그 밖에 채무자의 업무 및 재산을 보전하거나 채권자의 이익을 보호하기 위하여 필요한 처분

② 법원은 제1항의 규정에 의한 결정을 하는 때에는 채권자·채무자 그 밖의 이해관계인의 이익을 고려하여야 한다.

③ 법원은 제1항의 규정에 의한 지원신청이 대한민국의 선량한 풍속 그 밖의 사회질서에 반하는 때에는 그 신청을 기각하여야 한다.

④ 법원은 제1항제2호의 금지명령 및 이를 변경하거나 취소하는 결정을 한 때에는 그 주문을 공고하고 그 결정서를 외국도산절차의 대표자나 신청인에게 송달하여야 한다.

⑤ 제1항의 규정에 의한 금지명령이 있는 때에는 그 명령의 효력이 상실된 날의 다음 날부터 2월이 경과하는 날까지 채무자에 대한 채권의 시효는 완성되지 아니한다.

⑥ 법원은 필요한 경우 이해관계인의 신청에 의하거나 직권으로 제1항의 규정에 의한 결정을 변경하거나 취소할 수 있다.

⑦ 법원은 특히 필요하다고 인정하는 때에는 이해관계인의 신청에 의하거나 직권으로 제1항 제2호의 규정에 의하여 중지된 절차의 취소를 명할 수 있다. 이 경우 법원은 담보를 제공하게 할 수 있다.

⑧ 제1항·제6항 및 제7항의 결정에 대하여는 즉시항고를 할 수 있다.
⑨ 제8항의 규정에 의한 즉시항고는 집행정지의 효력이 없다.

제637조 국제도산관리인

① 국제도산관리인이 선임된 경우 채무자의 업무의 수행 및 재산에 대한 관리·처분 권한은 국제도산관리인에게 전속한다.
② 국제도산관리인은 대한민국 내에 있는 채무자의 재산을 처분 또는 국외로의 반출, 환가·배당 그 밖에 법원이 정하는 행위를 하는 경우에는 법원의 허가를 받아야 한다.
③ 제2편 제2장 제1절(관리인) 및 제3편 제2장 제1절(파산관재인)에 관한 규정은 국제도산관리인에 관하여 준용한다.

제638조 국내도산절차와 외국도산절차의 동시진행

① 채무자를 공통으로 하는 외국도산절차와 국내도산절차가 동시에 진행하는 경우 법원은 국내도산절차를 중심으로 제635조(승인 전 명령 등) 및 제636조(외국도산절차에 대한 지원)의 규정에 의한 지원을 결정하거나 이를 변경 또는 취소할 수 있다.
② 제1항의 결정에 대하여는 즉시항고를 할 수 있다.
③ 제2항의 즉시항고에는 집행정지의 효력이 없다.

제639조 복수의 외국도산절차

① 채무자를 공통으로 하는 여러 개의 외국도산절차의 승인신청이 있는 때에는 법원은 이를 병합심리하여야 한다.
② 채무자를 공통으로 하는 여러 개의 외국도산절차가 승인된 때에는 법원은 승인 및 지원절차의 효율적 진행을 위하여 채무자의 주된 영업소 소재지 또는 채권자보호 조치의 정도 등을 고려하여 주된 외국도산절차를 결정할 수 있다.
③ 법원은 주된 외국도산절차를 중심으로 제636조의 규정에 의한 지원을 결정하거나 변경할 수 있다.
④ 법원은 필요한 경우 제2항의 규정에 의한 주된 외국도산절차를 변경할 수 있다.
⑤ 제2항 내지 제4항의 결정에 대하여는 즉시항고를 할 수 있다.
⑥ 제5항의 즉시항고에는 집행정지의 효력이 없다.

제640조 관리인 등이 외국에서 활동할 권한

국내도산절차의 관리인·파산관재인 그 밖에 법원의 허가를 받은 자 등은 외국법이 허용하는 바에 따라 국내도산절차를 위하여 외국에서 활동할 권한이 있다.

제641조 공조

① 법원은 동일한 채무자 또는 상호 관련이 있는 채무자에 대하여 진행중인 국내도산절차 및 외국도산절차나 복수의 외국도산절차간의 원활하고 공정한 집행을 위하여 외국법원 및 외국도산절차의 대표자와 다음 각호의 사항에 관하여 공조하여야 한다.
1. 의견교환
2. 채무자의 업무 및 재산에 관한 관리 및 감독
3. 복수 절차의 진행에 관한 조정

4. 그 밖에 필요한 사항

② 법원은 제1항의 규정에 의한 공조를 위하여 외국법원 또는 외국도산절차의 대표자와 직접 정보 및 의견을 교환할 수 있다.

③ 국내도산절차의 관리인 또는 파산관재인은 법원의 감독하에 외국법원 또는 외국도산절차의 대표자와 직접 정보 및 의견을 교환할 수 있다.

④ 국내도산절차의 관리인 또는 파산관재인은 법원의 허가를 받아 외국법원 또는 외국도산절차의 대표자와 도산절차의 조정에 관한 합의를 할 수 있다.

제642조 배당의 준칙

채무자를 공통으로 하는 국내도산절차와 외국도산절차 또는 복수의 외국도산절차가 있는 경우 외국도산절차 또는 채무자의 국외재산으로부터 변제받은 채권자는 국내도산절차에서 그와 같은 조 및 순위에 속하는 다른 채권자가 동일한 비율의 변제를 받을 때까지 국내도산절차에서 배당 또는 변제를 받을 수 없다.

제 5 장　國際商事仲裁法

[10] 뉴욕협약상 仲裁合意에 관한 몇 가지 문제점 — 대법원 2004. 12. 10. 선고 2004다20180 판결이 제기한 쟁점들을 중심으로 —

[10] 뉴욕협약상 仲裁合意에 관한 몇 가지 문제점 — 대법원 2004. 12. 10. 선고 2004다20180 판결*이 제기한 쟁점들을 중심으로 —

前 記
이 글은 "國際商事仲裁에서의 仲裁合意에 관한 법적 문제점—대법원 2004. 12. 10. 선고 2004다20180 판결이 제기한 뉴욕협약상의 쟁점들을 중심으로—"라는 제목으로 중재연구 제15권 제2호(2005. 8.), 225면 이하에 게재된 글을 수정·보완한 것이다.

[사안의 개요]

가. 당사자간의 관계

(1) Kexim Vietnam Leasing Co., Ltd.(이하 "켁심"이라 한다)는 1997. 5. 3. 한국 회사인 피고(썬스타 특수정밀 주식회사)가 생산하는 자수기 2대(이하 "이 사건 자수기들"이라 한다)를 베트남 회사인 원고(K&V International Emb. Co., Ltd.)에게 리스하기 위한 목적의 수입임을 분명히 하고 수입대행업자인 GENERAL IM-EXPORT AND SERVICE CORP.(이하 "제트라니멕스"라 한다)와 이 사건 자수기들에 관한 수입위탁계약을 체결하였다.

(2) 제트라니멕스는 1997. 5. 3. 피고로부터 이 사건 자수기들을 매수하였고, 켁심은 1997. 5. 30. 원고에게 이 사건 자수기들을 리스하였다. 매매계약에서 당사자들은 매매계약과 관련하여 발생하는 모든 분쟁은 양자가 우호적으로 해결하되, 우호적 해결이 어려울 경우에는 베트남 상공회의소 내의 베트남 국제중재원(이하 "베트남 상사중재원"이라 한다)의 중재판정에 의하며, 그 중재판정은 최종적이며 당사자에게 구속력을 갖는다고 약정하였다.[1)]

---

* 공2005. 1. 15.(218), 103.

1) 중재합의의 내용은 환송 전 원심판결인 서울고등법원 2001. 2. 27. 선고 2000나23725 판결에서 보완한 것이다.

나. 이 사건 자수기들에 대한 분쟁발생과 베트남 상사중재원의 중재판정

(1) 피고는 1997. 5. 16. 원고에게 이 사건 자수기들을 인도하였으나 원고가 이 사건 자수기를 사용하는 동안 이 사건 자수기들이 작동하지 않는 문제가 발생하였고, 그 후 피고는 원고에게 1998. 1. 4.까지 수리를 완료하고 40일간의 기계 미작동에 대한 보상으로 미화 29,202.14달러를 배상하기로 약속하였음에도 미화 4,302.85달러만을 배상하고 기계수리를 중지하였다.

(2) 그 후 제트라니멕스는 트라니멕스코로 상호를 바꾸었고, 위 회사가 피고에 대하여 갖는 이 사건 자수기들에 관한 손해배상 등 분쟁해결의 모든 권리를 켁심에게 위임하고 베트남 상사중재원의 중재판정은 피고와 켁심 사이에 효력이 있다는 위임장을 작성하여 베트남 상사중재원에 제출하였고, 켁심은 원고에게 위 권리를 재위임한다는 위임장을 작성하여 베트남 상사중재원에 제출하였다.

(3) 원고는 1998. 8. 4. 베트남 상사중재원에 중재판정을 신청하였고, 원고측에서는 베트남 변호사 보 낫 탕(Vo Nhat Thang)을, 피고측에서는 베트남 변호사 누옌 충(Nguyen Chung)을 각 중재인으로 지명하였고, 이들에 의해 베트남 상사중재원 중재인인 베트남 변호사 부 후 투(Vu Huu Tuu)가 중재위원장이 되어 중재판정부를 구성하였다.

(4) 중재판정부는 1998. 11. 7. 중재판정부의 구성을 당사자에게 통지하였고 원고와 피고는 이에 대하여 어떠한 이의도 제기하지 아니하였으며, 중재판정부는 1999. 2. 6. 원고가 신청한 중재사건에 관하여 새로운 자수기계의 제공과 미화 17,010달러 88센트의 변상 등을 명하는 중재판정(이하 "이 사건 중재판정"이라 한다)을 하였다.

다. 집행판결청구의 소 제기와 피고의 본안전항변

원고는 피고가 이 사건 중재판정에 따른 이행을 하지 아니하였다고 주장하면서 우리 나라가 1973년 가입한 외국중재판정의 승인 및 집행에 관한 UN협약(United Nations Convention on the Recognition and Enforcement of Foreign Arbitral Awards)(이하 "뉴욕협약"이라 한다)에 따라 인천지방법원에 이 사건 중재판정의 승인과 집행을 구하였다. 그러나 원고는 정당하게 인증된 이 사건 중재판정의 원본(베트남어)만을 제출하였을 뿐 그

에 관한 번역문이나 중재합의의 원본 또는 등본 및 그의 번역문을 전혀 제출하지 않았다.[2)]

피고는 원고가 뉴욕협약 제4조에서 정한 서류들을 제출하지 아니하였으므로 이 사건 소는 소송요건을 갖추지 못하여 부적법하다고 항변하였다.

[소송의 경과]

1. 제1심판결[3)]

제1심판결은 원고의 청구를 전부 인용하고 이 사건 중재판정을 집행할 수 있다고 하였다. 제1심판결은 여기에서 다루는 쟁점에 관하여는 아무런 설시를 하지 않았는데 아마도 다투어지지 않은 것으로 보인다.

2. 원심판결[4)] [5)]

원심판결은 다음과 같이 판시하면서 제1심판결을 취소하고 원고의 청구를 기각하였다.

---

2) 보다 정확히는, 이 사건에서 원고는 ① 중재판정에 관하여는, 정당하게 인증된 중재판정의 원본은 제출하였지만, 그의 번역문에 관하여는 한글 번역문을 제출하였는데 이는 베트남 번역사가 영문으로 번역한 중재판정문의 번역문을 원고의 대표이사의 아버지가 한글로 번역하고 이를 우리 공증인이 인증한 것이고, 달리 우리 나라의 외교관 또는 영사관이 확인한 한글 번역문을 제출하지 않았으며, ② 중재합의에 관하여는, 중재조항을 포함하는 계약서의 사본만을 제출하고 번역인이 누구인지 알 수 없는 번역문 사본만을 제출하였던 것으로 보인다.

3) 인천지방법원 2000. 4. 25. 선고 99가합6964 판결.

4) 이는 환송 후 원심판결인 서울고등법원 2004. 3. 26. 선고 2003나29311 판결을 말한다. 환송 전 원심판결인 서울고등법원 2001. 2. 27. 선고 2000나23725 판결은 청구이의사유가 있다고 보아 공서위반을 이유로 중재판정의 일부만 집행을 허가하였던바, 대법원 2003. 4. 11. 선고 2001다20134 판결이 이를 파기한 결과 환송 후 원심판결이 선고되었다. 이 대법원 판결에 대한 평석은 석광현, "외국중재판정에 기한 집행판결과 청구이의사유의 주장," 서울지방변호사회 판례연구 제20집(1)(2006. 10.), 385면 이하 참조.

5) 이 사건의 판결의 경위는 아래와 같다.
제1심판결 인천지방법원 2000. 4. 25. 선고 99가합6964 판결
제1차 환송 전 원심판결 서울고등법원 2001. 2. 27. 선고 2000나23725 판결
제1차 환송판결 대법원 2003. 4. 11. 선고 2001다20134 판결
제2차 환송 전 원심판결 서울고등법원 2004. 3. 26. 선고 2003나29311 판결
제2차 환송판결 대법원 2004. 12. 10. 선고 2004다20180 판결(이 글은 이에 대한 평석이다)

[1] 서류의 제출은 소의 적법요건인가와 서류의 원본이나 등본 제출의 의미 — 원심판결은 뉴욕협약 제4조가 외국중재판정의 승인과 집행을 신청하는 당사자는 일정한 서류를 제출하여야 한다고 규정하고 있으나, 위 각 서류들의 제출이 외국중재판정에 관한 집행판결 청구사건의 소송요건이 아니라 단순히 집행판결을 구하기 위한 청구요건이라는 이유로 이에 관한 피고의 본안전항변을 배척하였다.

[2] 번역문의 미제출과 집행판결 청구의 배척의 가부 — 원심판결은 뉴욕협약 제4조가 정한 서류들은 국내에서 외국중재판정의 집행판결을 얻기 위하여 반드시 제출하여야 하는데, 원고는 정당하게 인증된 이 사건 중재판정의 원본(베트남어로 작성된 것)만을 제출하였을 뿐이고, 그에 관한 뉴욕협약상의 번역문과, 중재합의의 원본 또는 등본 및 그에 관한 뉴욕협약상의 번역문 등을 전혀 제출하지 못하였다는 이유로 원고의 집행판결 청구를 기각하였다.

[3] 중재합의의 서면성을 다투지 않고 중재에 응한 경우 중재합의의 서면성의 충족 가부 — 원심판결은, 원고가 베트남 상사중재원에 중재판정을 신청하고 이에 대하여 피고가 아무런 이의를 제기하지 않은 점에 비추어 볼 때, 적어도 중재판정시에는 원고와 피고간에는 이 사건 분쟁을 중재판정부의 중재에 따라 해결하기로 하는 중재합의가 있었다고 보아야 한다고 판단하였다.

3. 대법원판결의 요지

위 대법원판결(이하 "대상판결"이라 한다)은 원심으로서는 먼저, 당사자 사이에 유효한 서면중재합의가 있었는지 여부를 심리하고, 나아가 중재합의와 중재판정의 존재 및 그 내용이 적법하게 인정된다면, 그에 관하여 제출된 번역문이 뉴욕협약 제4조 제2항의 취지에 부합하는 번역문에 해당하는지, 아니면 이를 보완할 방법이 있는지 여부 등을 심리하였어야 하는데도 하지 않았다는 이유로 원심판결을 파기하고 사건을 서울고등법원에 환송하였는데, 그 요지는 다음과 같다.

[1] 서류의 제출은 소의 적법요건인가와 서류의 원본이나 등본 제출의

제2차 환송 후 원심판결은 서울고등법원 2005. 10. 26. 선고 2004나94480 판결. 제2차 환송 후 원심판결도 원고와 독립당사자참가인의 상고에 의하여 현재 대법원에 계속중이다(2005다69342).

의미 — 뉴욕협약 제4조 제1항은 외국중재판정의 승인과 집행을 신청하는 당사자가 제출할 서류들을 규정하는바, 위 서류들의 제출을 집행판결사건의 소의 적법요건으로서 법원이 직권으로 판단하여 할 사항이라고 해석할 수 없다. 또한 제4조 제1항은 당사자들간에 중재판정이나 중재합의의 존재 및 내용에 관한 다툼이 있는 경우에 증거방법을 제한한 규정이고, 원고가 문서의 원본 또는 등본 대신 사본을 제출하더라도 상대방이 이의하지 않고 성립을 인정하면 적법한 원본이나 등본의 제출에 해당한다.

[2] 번역문의 미제출과 집행판결 청구의 배척의 가부 — 뉴욕협약 제4조 제2항은 중재판정과 중재합의의 엄격한 형식의 번역문을 요구하나 이는 그에 한정하는 것은 아니며, 만약 당사자가 형식을 불비한 부실한 번역문을 제출한 경우 제출자의 비용부담으로 전문번역인에게 번역을 의뢰함으로써 이를 보완시킬 수도 있으므로 엄격한 형식에 따른 번역문이 제출되지 않았다는 이유만으로 집행판결청구를 배척할 수는 없다.

[3] 중재합의의 서면성을 다투지 않고 중재에 응한 경우 중재합의의 서면성의 충족 가부 — 뉴욕협약은 서면에 의한 중재합의(agreement in writing)를 요구하고 있고, 제2조 제2항은 서면에 의한 중재합의란 "당사자들에 의하여 서명되었거나 서신(letter) 또는 전보(telegram) 교환 속에 담긴, 주된 계약 속의 중재조항 또는 중재합의를 포함한다"고 규정하므로, 중재신청을 전후하여 원고와 피고 사이에 교환된 업무연락서류, 중재관련서류 등에 의하여 중재합의가 확인된다는 특별한 사정이 없는 한, 원고가 베트남 상사중재원에 중재판정을 신청하고 이에 대하여 피고가 중재 당시 아무런 이의를 제기하지 아니함으로써 일종의 묵시적인 중재합의가 이루어졌다 한들 뉴욕협약 제2조에 정한 유효한 중재합의가 있었다고 볼 수는 없다.[6]

---

6) 그러면서도 대상판결은, "원심으로서는 먼저, 원고와 피고 사이에 뉴욕협약 제2조에 정한 유효한 서면중재합의가 있었는지 여부를 심리하여 보았어야 할 것이고 나아가 뉴욕협약 제4조 제1항에 정한 중재합의와 중재판정의 존재 및 그 내용이 적법하게 인정된다면, 그에 관하여 제출된 번역문이 뉴욕협약 제4조 제2항의 취지에 부합하는 번역문에 해당하는지, 아니면 이를 보완할 방법이 있는지 여부 등을 심리하여 보았어야 할 것인데도, 원심은 … 원고의 이 사건 청구를 기각하고 말았으니, 원심판결에는 … 필요한 심리를 다하지 아니한 위법이 있다고 할 것이고, 이러한 위법은 판결에 영향을 미쳤음이 분명하다"는 이유로 원심판결을 파기하였다.

[연 구]

Ⅰ. 문제의 제기

국제거래에 참가하는 당사자들은 그들간에 발생하는 분쟁을 소송이 아니라 중재에 의해 해결하고자 하는 경우가 많은데, 이를 위하여 당사자들은 중재합의를 하게 된다. 중재합의라 함은, 계약상의 분쟁인지의 여부에 관계없이 일정한 법률관계에 관하여 당사자간에 이미 발생하였거나 장래 발생할 수 있는 분쟁의 전부 또는 일부를 중재에 의하여 해결하도록 하는 당사자간의 합의를 말한다.[7] 중재합의에는 '중재부탁계약'과 '중재조항'의 두 가지 유형이 있는데,[8] 전자는 현존하는 분쟁을 중재에 따르도록 하는 독립된 합의(submission to arbitration agreement, submission agreement, *compromis*)이고, 후자는 장래의 분쟁을 중재에 의하여 처리하도록 하는 통상 주된 계약에 포함된 중재조항(arbitration clause, *clause compromissoire*)을 말한다.[9]

국제거래의 당사자들이 중재를 선호하는 것은 소송과 비교하여 중재가 여러 가지 장점을 가지고 있기 때문인데, 그 중의 하나가 2005년 현재 135개국[10]이 뉴욕협약에 가입한 결과 그에 의하여 외국중재판정의 승인 및 집행이 상당히 보장되어 있기 때문이다.[11] 베트남은 뉴욕협약에 가입하였으므로[12] 이 사건 중재판정은 뉴욕협약의 적용을 받는 외국중재판정이고 따라서 그의 집행은 중재법 제37조 제1항, 제39조 제1항과 뉴욕협약에 따라 우리 법

7) 중재법 제3조 제2호 참조.

8) 중재법 제8조 제1항 참조.

9) Alan Redfern and Martin Hunter with Nigel Balckaby and Constantine Partasides, Law and Practice of International Commercial Arbitration, Fourth Edition (2004), para. 3-02; 목영준, 상사중재법론(2000), 34면 이하.

10) 가입국의 현황은 http://www.uncitral.org/uncitral/en/uncitral_texts/arbitration/NYConvention_status.html 참조.

11) Redfern/Hunter(註 9), para. 10-17. 참고로 최근 2005. 6. 14. - 6. 20. 사이에 개최된 헤이그국제사법회의의 제20차 회기에서 채택된 법원선택합의협약(Convention on Choice of Court Agreements)이 장차 발효되면 동 협약은 국제소송에서, 현재 뉴욕협약이 국제상사중재에서 수행하는 기능을 하게 될 것이다. 다만 동 협약은 전속적 국제재판관할합의에만 적용된다.

12) 베트남에 대해서는 1995. 12. 11. 뉴욕협약이 발효되었다.

원의 집행판결에 의하여야 한다. 뉴욕협약하에서는 외국중재판정의 승인 또는 집행을 구하는 당사자는 제4조가 정한 일정한 서류(즉 중재판정과 중재합의 및 그의 번역문)를 집행국 법원에 제출함으로써 그가 외국중재판정의 승인 및 집행을 받은 자격을 가진다는 일응의 증거(*prima facie* evidence)를 제출한 것이 되는데,[13] 이를 '승인 및 집행의 적극적 요건'이라고 하며, 중재판정의 승인 및 집행을 구하는 당사자가 그 입증책임을 부담한다.[14] 또한 뉴욕협약 제5조는 승인 또는 집행의 거부사유(이하 편의상 "승인거부사유"라고 한다)가 존재하는 경우에 한하여 외국중재판정의 승인 및 집행을 거부할 수 있음을 명시하는데, 이는 외국중재판정의 '승인 및 집행의 소극적 요건'이다. 승인거부사유에 대하여는 이를 주장하는 자가 그 입증책임을 진다.

대상판결은 외국중재판정의 승인 및 집행을 구하는 당사자가 집행국 법원에 제출할 서류를 규정한 뉴욕협약 제4조 제1항과, 번역문 제출요건을 규정한 제4조 제2항의 취지를 분명히 함으로써 실무상의 부담을 덜고, 뉴욕협약 제2조에 따른 중재합의의 방식, 즉 서면요건에 관하여 판단한 판결로서 의의가 크다.[15] 대상판결을 분석하기 위하여 아래에서는 다음의 순서로 논의한다.

첫째, 당사자가 승인 및 집행을 위하여 제출할 서류(뉴욕협약 제4조 제1항)(아래 Ⅱ.)

둘째, 승인 및 집행을 위하여 제출할 서류의 번역문(뉴욕협약 제4조 제2항)(아래 Ⅲ.)

셋째, 외국중재판정의 승인 및 집행과 중재합의의 방식(뉴욕협약 제5조 및 제2조)(아래 Ⅳ.)

넷째, 승인거부사유의 심사와 실질재심사 금지의 원칙(아래 Ⅴ.)

---

13) Albert Jan van den Berg, The New York Arbitration Convention of 1958 (1981), p.264; 최공웅, 국제소송(1994), 411면, 주 35; 이호원, "외국중재판정의 승인과 집행," 재판자료 제34집(1986), 669면. 여기에서는 이 논문을 인용한다. 양병회 외, 주석중재법(2005), 369-406면에 좀더 이호원 원장의 update된 글이 수록되어 있다.

14) van den Berg(註 13), p.260; 이호원(註 13), 672면; 목영준(註 9), 255면; 대법원 1990. 4. 10. 선고 89다카20252 판결.

15) 원고가 중재신청을 하게 된 이유는 제트라니멕스가 손해배상 등 분쟁해결의 모든 권리를 켁심에게 위임하고 켁심은 이를 다시 원고에게 재위임하였기 때문인데 위임과 재위임의 성격은 다소 애매하다. 이 사건에서 원고가 집행판결 청구의 소를 제기할 당사자적격이 있는지도 다투어졌으나 원고가 피고를 상대로 중재신청을 하여 중재판정을 받은 것은 사실이므로 이에 대한 논의는 생략한다.

Ⅱ. 승인 및 집행을 위하여 제출할 서류(뉴욕협약 제4조 제1항)

1. 승인 및 집행을 위하여 제출할 서류

외국중재판정의 승인 및 집행을 구하는 신청인이 제출할 서류를 규정하는 뉴욕협약 제4조 제1항에 따르면, 신청인은 그 신청을 할 때에 ① 정당하게 인증된 중재판정의 원본 또는 정당하게 증명된 그 등본, ② 제2조에 정한 중재합의의 원본 또는 정당하게 증명된 그 등본을 제출하여야 한다.[16] 중재합의가 주된 계약의 일부를 이루는 중재조항의 형식을 취하는 경우 중재합의라 함은 결국 중재조항이 포함된 주된 계약서(예컨대 매매계약서)를 말한다.

여기에서 '인증'(authentication)은 문서의 서명(signature)이 진정한 것임을 증명하는 데 반하여[17] '증명'(certification)은 등본, 즉 원본 전부의 사본이 원본의 진정한 사본임을 증명하는 것이므로, 인증은 서명에 관한 것인데 반하여 증명은 전체로서의 문서에 관한 것이라는 점에서 구별된다.[18]

---

16) 영문은 다음과 같다.

"1. To obtain the recognition and enforcement mentioned in the preceding article, the party applying for recognition and enforcement shall, at the time of the application, supply:

(a) the duly authenticated original awards or a duly certified copy thereof;

(b) the original agreement referred to in article II or a duly certified copy thereof."

17) 대체로 'legalization'도 인증과 동일한 의미이나, 헤이그국제사법회의의 "외국 공문서의 인증요건 폐지에 관한 협약"(Convention Abolishing the Requirement of Legalisation for Foreign Public Documents)상의 인증은 문서가 제출되어야 하는 국가의 외교관 또는 영사관이 서명의 진정성, 동 문서에 서명한 사람이 행위하는 자격 및 적절한 경우에는 동 문서에 찍힌 인영 또는 스탬프의 동일성을 증명하는 절차(formality)만을 의미한다(제2조 제2문). 즉 동 협약상의 인증은 외교관 또는 영사관의 절차만을 의미한다. 위 협약에 관하여는 석광현, "헤이그국제사법회의의 「외국 공문서의 인증요건 폐지에 관한 협약」," 국제사법과 국제소송 제3권(2004), 500면 이하 참조. 외교통상부는 최근 위 협약에의 가입을 추진하고 있다고 한다.

18) van den Berg(註 13), p. 251. 흥미로운 것은 다른 분들의 설명이다. 예컨대 김상호, "외국상사중재 판정에 관한 연구," 중앙대학교 대학원 무역학 박사학위논문(1988), 44면은 van den Berg를 인용하면서 "인증은 인증대상인 서류가 진정한 것이라는 서명(signature)이 있는 데 반하여, 증명은 증명의 대상인 등본이 원본과 틀림없다는 사실의 확인일 뿐 서명이 필요한 것은 아니"라고 설명하고, 서철원, "외국중재판정의 승인과 집행에 관한 1958년 뉴욕협약: 한국법원에서의 적용사례를 중심으로," 서울국제법연구 제3권 1호(1996), 128면, 소연호, "뉴욕협약하의 外國仲裁判定의 승인과 집행—미국과 한국에의

중재판정의 원본은 인증되어야 하는 데 반하여 중재합의의 원본은 인증을 요하지 않는데, 이는 중재합의는 문서의 교환에 의하여 당사자의 서명 없이 이루어질 수 있고, 중재인과 달리 중재합의의 당사자들은 중재판정의 집행절차에서 당사자가 되기 때문이다.[19] 인증이 필요한 중재판정의 원본과 달리, 중재판정의 등본은 정당하게 증명되면 족하고 등본의 인증은 불필요하다. 문제는 중재판정의 등본의 경우 인증된 원본의 등본이어야 하는가인데 이를 부정하는 견해[20]가 유력하지만, 그 경우 서명의 진정성이 증명되지 않으므로 서명의 진정성이 증명된, 즉 인증된 원본의 등본이어야 한다는 견해[21]도 경청할 만하다.

2. 서류의 제출은 소송요건인가와 서류의 제출시기

위 서류들의 제출이 외국중재판정에 관한 집행판결청구의 소의 소송요건인가에 관하여 의문이 제기될 수 있으나, 그렇게 볼 이유가 없고 법원이 집행판결을 하기 위한 요건이라고 본다. 이 점에서 동일한 결론을 취한 원심판결과 대상판결은 타당하다. 그러나 독일의 유력한 견해[22]는, 필요한 문서를 제출하였지만 정해진 요건을 구비하지 못한 경우(예컨대 증명되지 않은 사본을 제출한 경우), 사후 제출에 의해 하자가 치유되지 않는 한 법원은 소를 각하할 것이고, 반면에 중재합의의 존재를 증명하지 못한 경우에는 법원은 청구를 기각할 것이라고 한다. 이는 만일 이 사건에서 원고가 제출한 중재판정과 중재합의의 존재와 내용에 관하여 당사자들간에 다툼이 있었다면 우리 법원이 어떻게 판단했을까와 관련된다. 이 견해를 따르면 그 경우 소를 각하해야 한다는 것이다.

뉴욕협약 제4조는 '신청을 할 때에' 위 서류를 제출할 것을 요구하고 있

적용사례를 중심으로—," 외국사법연수논집[7], 재판자료 제47집(1989), 411면; 양병회 외, 주석중재법(2005)(이호원 집필부분), 381면도 유사하나 이는 마치 인증(또는 증명)을 하는 주체의 서명이 필요한지를 의미하는 것처럼 보이므로 부적절하다.

19) van den Berg(註 13), pp. 251-252; 이호원(註 13), 672면.

20) van den Berg(註 13), pp. 256-257.

21) Peter Schlosser, Das Recht der Internationalen Privaten Schiedsgerichtsbarkeit 2. Auflage (1989), Rn. 928; Stein/Jonas/Schlosser, Kommentar zur Zivilprozessordnung 22. Auflage Band 9 (Ⅱ/2002) Anhang § 1061 Rn. 67.

22) Karl Heinz Schwab/Gerhard Walter, Schiedsgerichtsbarkeit 6. Auflage (2000), Kapitel 58 Rn. 2.

으나 반드시 신청시에 제출하여야 하는 것은 아니고 그 후 소송절차에서 제출되어도 족하다고 본다.[23)]

3. 인증 또는 증명의 준거법과 주체

뉴욕협약은 서류의 정당한 인증 또는 증명인지의 여부를 결정하는 준거법(이른바 '*lex validitatis*')을 명시하지 않는다. 뉴욕협약의 입법역사[24)]와 중재판정의 승인 및 집행을 용이하게 하려는 뉴욕협약 제4조의 목적에 비추어 볼 때 중재판정지의 법 또는 집행신청을 받은 국가의 법을 선택적으로 적용할 것이라는 견해가 유력하다.[25)] 따라서 양국 중 어느 국가의 법에 따라 권한 있는 기관이 정당한 인증 또는 증명을 하면 된다.

인증 또는 증명의 주체는 개별국가에 따라 상이할 것이나 대체로 법원공무원, 공증인 또는 외교관 또는 영사관이 그에 해당한다.[26)] 다만 중재판정 또는 중재합의가 외국법인 중재판정지의 법에 따라 정당하게 인증 또는 증명되었음을 판단하기가 용이하지 않으므로, 실무상으로는 중재판정이 내려진 국가에 있는 집행신청을 받은 국가의 외교관 또는 영사관에 의한 인증 또는 증명을 받는 것이 안전한 방법이라고 한다.[27)] 중재판정부 또는 중재기관은 흔히 중재판정의 원본을 기록에 보관하고 당사자들에게 사본을 교부하므로[28)]

---

23) van den Berg(註 13), p. 249; Schlosser(註 21), Rn. 928; 이호원(註 13), 672면.

24) 1927년의 "외국중재판정의 집행에 관한 제네바협약"(Geneva Convention on the Execution of Foreign Arbitral Award)(제4조 제1항 제1호)은 중재판정이 내려진 국가의 법이 정한 요건에 따라 인증 또는 증명이 행해질 것을 요구하였으나, 뉴욕협약은 집행신청을 받은 국가의 법원에 더 큰 판단의 자유(greater latitude)를 주기 위하여 의도적으로 이를 규정하지 않았다. van den Berg(註 13), p. 252.

25) van den Berg(註 13), p. 252; 이호원(註 13), 672면; 김상호(註 18), 44면. 그러나 Schwab/Walter(註 22), Kapitel 58 Rn. 2; Schlosser(註 21), Rn. 928; Stein/Jonas/Schlosser(註 21), Anhang § 1061 Rn. 66은 집행국법에 따를 것이라고 한다.

26) van den Berg(註 13), p. 256 참조.

27) van den Berg(註 13), p. 253; Schlosser(註 21), Rn. 928; 이호원(註 13), 672-673면; 김상호(註 18), 44면; 서철원(註 18), 128면. 독일법상으로는 인증은 당해 외국에 있는 독일 영사가, 증명은 그러한 영사 또는 독일에서는 공증인이 할 수 있다고 한다. Schwab/Walter(註 22), Kapitel 58 Rn. 2. 실무상 우리 외교관 등이 재외공관공증법에 따라 하는 것으로 보이는 문서의 확인의 문제점은 아래에서 언급한다.

28) 우리 중재법(제32조 제4항)은 "제1항 내지 제3항의 규정에 의하여 작성·서명된 중재판정의 정본은 제4조 제1항 내지 제3항의 규정에 의하여 각 당사자에게 송부하고, 중재판정의 원본은 그 송부사실을 증명하는 서면을 첨부하여 관할법원에 송부·보관한다"고 규정한다. 모델중재법은 법원에 의한 중재판정 원본의 보관을 요구하지 않는다. 1998년 개정된

중재판정의 등본을 증명할 필요가 상대적으로 크다. 그러나 중재판정을 한 중재판정부(또는 중재인. 이하 단순히 중재판정부라 한다)가 중재판정의 원본을 인증할 수 있고, 나아가 중재판정의 등본을 증명할 수도 있다.[29] 그 밖에도 의장중재인 또는 상설중재기관의 사무국이 증명한 중재판정의 등본을 허용하기도 하므로[30] 굳이 외국에 있는 우리 나라의 외교관 또는 영사관으로부터 등본을 받을 필요가 없다. 실무상으로도 중재판정부 또는 중재기관이 인증한 중재판정의 원본 또는 증명한 등본을 제출하는 것으로 보인다. 흥미로운 것은 우리 중재법의 태도이다. 즉 중재법(제32조 제4항)은, 중재판정의 정본을 각 당사자에게 송부하도록 하고 나아가 중재판정의 원본을 관할법원에 송부·보관하도록 한다. 임시중재의 경우 사인인 중재인에게 중재판정의 원본을 장기간 보관하도록 요구하는 것은 무리이므로 법원에 보관하게 하는 것인데, 이는 법원으로부터 중재판정에 대한 공적 인증을 받고, 중재판정의 존재에 관한 입증을 용이하게 함으로써 중재판정의 지속적인 사용을 보장하기 위한 것이다.

한편 중재합의에 관하여 보면, 중재합의의 경우는 당사자들이 대부분 계약서원본을 가지고 있으므로 증명된 등본을 제출할 현실적인 필요는 적다. 그러나 당사자들이 원본의 제출을 원하지 않는 경우 증명된 등본을 제출할 필요가 있다. 원칙적으로 중재판정의 등본을 정당하게 증명할 수 있는 자는 중재합의의 등본을 정당하게 증명할 수 있지만,[31] 중재합의의 등본은 공증인이 정당하게 증명할 수 있는데, 여기의 공증인은 중재판정지의 공증인이든 우리 나라의 공증인이든 관계없다고 본다.[32]

국제상업회의소의 중재규칙(제28조)에 따르면 중재판정의 원본은 국제상업회의소 국제중재법원의 사무국에 기탁된다.

29) van den Berg(註 13), p. 256.

30) Schlosser(註 21), Rn. 928. 1998년 개정된 국제상업회의소 중재규칙(제28조 제2항)에 따르면, 당사자의 신청이 있는 경우 국제상업회의소 국제중재법원의 사무총장이 증명한 중재판정의 사본, 즉 등본을 제공함을 명시한다. 이는 바로 집행을 위한 것이다.

31) van den Berg(註 13), p. 256.

32) 서동희, "外國仲裁判定의 한국내 집행과 관련된 몇가지 문제," 仲裁 제298호(2000년 겨울호), 66면. 외국 공증인의 증명을 받은 경우 현재는 그에 추가하여 외국 소재 우리 외교관 또는 영사관으로부터 확인을 받을 것이나, 만일 우리 나라가 헤이그국제사법회의의 "외국 공문서의 인증요건 폐지에 관한 협약"에 가입하면 이는 불필요하게 된다. 서동희 변호사는 공증인은 중재판정의 등본을 증명할 수 없는 것처럼 쓰고 있으나, 등본의 증명은 단순히 원본의 진정한 사본임을 증명하는 것에 그치므로 당사자들이 중재판정의 원본(또는 정본)을 가지고 있다면 공증인도 중재판정의 등본을 정당하게 증명할 수 있을 것이

실무상 제출할 필요가 있는 서류는 아래(Ⅲ.2.)에서 정리한다.

4. 중재판정이나 중재합의의 존재 및 내용에 관한 다툼이 없는 경우의 처리

당사자들간에 중재판정이나 중재합의의 존재 및 내용에 관한 다툼이 없는 경우에도 제4호의 요건을 고집할지가 문제된다. 이는 당사자들간의 합의에 의하여 제4조의 요건을 완화할 수 있는가와 관련된다. 이에 대하여 제4조는 외국중재판정의 집행을 구하는 당사자가 이행할 최소의 요건이므로 당사자간의 합의에 의하여 그 중 일부를 줄일 수는 없다는 견해가 있다.[33] 그러나 제4조의 요건은 피신청인의 보호, 특히 신청인의 일방적인 신청에 의하여 집행판결이 내려질 수 있는 법질서를 가진 국가에서 피신청인을 보호하기 위한 것이므로, 변론을 거쳐 집행판결을 하는 우리 법하에서는 피신청인이 신청서에 첨부된 중재판정과 중재합의의 사본을 받은 뒤에 그의 진정성을 다투지 않는 경우에는 이 요건을 고집할 필요가 없다고 본다.[34] 즉 중재판정과 중재합의가 제출되는 한 제4조의 요건은 완화될 수 있다.

5. 대상판결에 대한 평가

원심판결은 뉴욕협약 제4조의 서류는 국내에서 외국중재판정의 집행판결을 얻기 위하여 반드시 제출하여야 하는데, 원고는 정당하게 인증된 이 사건 중재판정의 원본(베트남어)만을 제출하였고, 번역문이나 중재합의의 원본 또는 등본 및 번역문을 전혀 제출하지 못하였다는 이유로 원고의 집행판결 청구를 배척하였다. 그러나 대상판결은, 뉴욕협약은 외국중재판정에 대한 집행을 용이하게 하려는 취지에서 출발한 협약이고, 국제적으로도 뉴욕협약 제4

다. 다만 그 경우 원본의 인증이 필요한지에 관하여 논란이 있다.

33) 이호원(註 13), 672면. 다만 그 취지가 중재판정과 중재합의는 반드시 제출해야 한다는 의미인지는 다소 불분명하다. van den Berg(註 13), p. 250에도 동일한 취지의 설명이 있으나 이는 그에 인용된 1976년 쾰른 고등법원 판결의 취지를 풀이한 것으로 보인다.

34) Schlosser(註 21), Rn. 928; Stein/Jonas/Schlosser(註 21), Anhang § 1061 Rn. 65. van den Berg(註 13), p. 250도 중재판정과 중재합의가 제출되는 한 인증요건과 증명요건은 엄격하게 해석할 것은 아니라고 한다.

조의 요건을 완화하여 해석하는 경향이 강한 점을 감안할 때, 당사자들간에 중재판정이나 중재합의의 존재 및 내용에 관한 다툼이 없는 경우에까지 제4조 제1항 서류들의 제출이 반드시 요구된다고 해석할 수 없고, 이는 당사자들간에 그에 관한 다툼이 있는 경우에 그에 대한 증명은 오로지 그 서류로써만 해야 한다는 증거방법에 관한 규정[35]이라고 보았다. 나아가 대상판결은, 원본이나 등본을 제출하여야 한다는 것은 반드시 실물을 신청서 등에 첨부하여 제출하여야 한다는 의미가 아니고, 원본이나 등본의 제출에 갈음하여 사본을 제출하고 상대방이 아무런 이의를 제기하지 않으면서 그에 대하여 '성립인정'으로 인부하였다면, 이는 뉴욕협약의 해석상으로도 적법한 원본이나 등본의 제출에 해당한다고 판시하였다.

위(4.)에서 논의한 바와 같이 제4조는 피신청인을 보호하기 위한 것이므로 대상판결의 판단은 타당하다. 대상판결의 쟁점은 뉴욕협약의 해석과 우리 민사집행법 내지 민사소송법의 해석이 교착하는 영역에 속하는 것인데, 대상판결은 뉴욕협약의 취지와 국제적인 경향을 고려하여 가능한 한 서류요건을 완화하여 해석한 판결로서 커다란 의의가 있다.

Ⅲ. 승인 및 집행을 위하여 제출할 서류의 번역문(뉴욕협약 제4조 제2항)

뉴욕협약 제4조 제2항에 따르면, 중재판정이나 중재합의가 원용된 국가의 공용어로 작성되어 있지 아니한 경우에는 중재판정의 승인과 집행을 구하는 당사자는 그 서류의 공용어 번역문을 제출하여야 한다. 이와 관련하여 다음과 같은 사항을 검토할 필요가 있다.

1. 번역문의 증명의 주체

뉴욕협약 제4조 제2항은 다음과 같이 규정한다.

35) Stein/Jonas/Schlosser(註 20), 1nhang § 1061 Rn. 70도 유사한 취지로 설명한다.

If the said award or agreement is not made in an official language of the country in which the award is relied upon, the party applying for recognition and enforcement of the award shall produce a translation of these documents into such language. The translation shall be certified by an official or sworn translator or by a diplomatic or consular agent(전기 판정이나 합의가 원용될 국가의 공용어로 작성되어 있지 아니한 경우에는, 판정의 승인과 집행을 신청하는 당사자는 그 문서의 공용어 번역문을 제출하여야 한다. 번역문은 공적인 또는 선서한 번역관 또는 외교관 또는 영사관에 의하여 증명되어야 한다).

그러나 정부가 공포한 제4조 제2항의 국문번역은 다음과 같다.

전기 판정이나 합의가 원용될 국가의 공용어로 작성되어 있지 아니한 경우에는, 판정의 승인과 집행을 신청하는 당사자는 그 문서의 공용어 번역문을 제출하여야 한다. 번역문은 공증인, 또는 선서한 번역관, 외교관 또는 영사관에 의하여 증명되어야 한다(밑줄은 저자가 추가함).

즉 "공적인(또는 공적 기관인) 또는 선서한 번역관[36)]"으로 되어야 할 번역문이 "공증인 또는 선서한 번역관"으로 되어 있는데 이는 부정확한 번역이다.[37)] 그렇다면 정부가 공포한 국문번역과는 달리 공증인은 뉴욕협약상 번역문을 증명할 수 있는 자에 포함되지 않는다. 이 점에서 번역문의 증명의 주체는 위에서 본 중재판정 또는 중재합의의 인증 또는 증명의 주체와는 차이가 있다. 결국 뉴욕협약은 중재판정 또는 중재합의의 번역문이 공적인 또는 선서한 번역관 또는 외교관 또는 영사관에 의하여 증명될 것을 요구하는 것인데, 이는 신청당사자의 의무를 경감한 것이다.

뉴욕협약은 번역관, 외교관 또는 영사관의 국적을 규정하지 않는데, 위에서 본 바와 같이 가능한 한 이 요건을 유연하게 해석하는 것이 바람직하므로 중재판정지의 법 또는 집행신청을 받은 국가의 법의 어느 하나에 따라 가능하다고 본다.[38)] 다만 우리 나라에는 공적인 번역관(official translator)

---

36) 목영준(註 9), 256면은 위 본문의 공적인 번역관을 '번역인'이라 하고, 대법원 1995. 2. 14. 선고 93다53054 판결(판례공보 1995, 1321)은 대상판결과 마찬가지로 '공적 기관인 번역관'이라고 번역한다.

37) 홍정식, 외국중재판정의 승인 및 집행에 관한 국제연합 협약 해설, 상사중재연구총서 Ⅳ (1972), 33면; 이호원(註 13), 673면 주 37도 이를 지적한 바 있다.

38) van den Berg(註 13), p.260; 이호원(註 13), 673면. 그러나 독일에서는 집행국의 외교관 또는 영사관이라는 견해가 유력하다. Schwab/Walter(註 22), Kapitel 58 Rn.2;

또는 선서한 번역관(sworn translator)제도가 없으므로, 종래 실무상으로는 중재판정이 내려진 곳에 있는 우리 나라의 외교관 또는 영사관에 의한 확인[39] 또는 우리 공증인의 번역공증의 방법을 취하는 것으로 보인다.

그러나 공증인은 공적인 번역관이 아니므로 우리 공증인의 번역공증은 뉴욕협약에 반한다. 정부가 공포한 뉴욕협약의 국문번역은 실무상의 혼란을 초래하고 있으므로 마땅히 시정되어야 한다. 국제조약의 잘못된 국문본을 시정한 선례가 없다는 이유로 잘못을 알면서도 방치하는 것은 심각한 문제이다. 위에서 본 바와 같이 이 사건의 경우 우리 나라의 공증인이 인증한 중재판정의 국문번역이 제출되었다.

2. 번역문의 증명의 대상

제4조 제2항은 "번역문은 증명되어야 한다"고 규정하는데 이는 번역문이 정확한 것임을 증명하는 것을 의미한다.[40] 그러나 대법원 1995. 2. 14. 선고 93다53054 판결은 "외국중재판정의 승인 및 집행에 관한 협약 제4조 제2항에서 '번역문은 공적 기관인 번역관, 선서한 번역관, 외교관 또는 영사관에 의하여 증명(certified)되어야 한다'는 규정의 취지는 번역관 또는 외교관들에 의해서 중재판정 등이 직접 번역되어야 한다는 것은 아니고, 그들에 의해서 직접 번역되지 않았더라도 그들에 의해서 당해 중재판정을 번역한 번역문임이 증명되면 족하다는 취지로 볼 것이고, 위 규정에서 증명이란 당해 중재판정을 번역한 번역문이라는 사실확인일 뿐 외교관 또는 영사관의 시명이 반드시 필요한 것은 아니고, 또한 <u>그 번역의 정확성까지 증명하여야 하는 것은 아니라 할 것</u>"(밑줄은 저자가 추가)이라고 판시한 바 있다. 이 점에 관한 한 대상판결은 위 1995년 판결을 따른 것이므로 특별한 의미는 없다.

위 1995년 대법원판결은 당해 중재판정의 번역문이라는 사실이 확인되

Schlosser(註 21), Rn. 928; Stein/Jonas/Schlosser(註 21), Anhang §1061 Rn. 70.

39) 이호원(註 13), 673면. 이러한 실무는 아마도 '문서의 확인 등'을 정한 재외공관공증법 제30조에 근거한 것으로 보인다. 다만 동조는 외국공문서 또는 외국공증인이 작성한 문서에만 적용되는 것이지만, 실제로는 (동법시행령 제35조 제3항) 사문서도 영사확인필요문서의 목록에 포함되어 있다. 외국의 공증인이 공증한 경우가 아니라면, 외교관 등이 외국의 중재판정 또는 중재합의에 확인을 할 수 있는 법적 근거를 좀더 명확히 할 필요가 있을 것이다.

40) van den Berg(註 13), p. 258; Schlosser(註 21), Rn. 928.

면 족하다고 본 점에서 뉴욕협약의 요건을 완화한 판결이다. 이에 대하여는, 국내에 선서한 번역인이 있는지 의문이고, 선서한 번역인 제도를 두고 있는 외국에도 외국어를 한국어로 번역할 수 있는 선서한 번역인을 찾기도 어려우므로 위 대법원판결은 한국이 가지고 있는 번역에 관한 특수한 문제를 해결하였다는 긍정적인 면이 크다는 의견이 있고,[41] 실제로 동 판결이 실무상의 부담을 크게 덜어준 것은 사실이다. 하지만 이는 뉴욕협약에는 반하는 것이다. 실무상 대부분의 외국중재판정이 영문으로 작성되므로 집행판결청구의 소를 심리하는 우리 법관들이 이를 해독할 수 있어 문제되지 않지만, 중재판정 또는 중재합의가 영어 이외의 외국어로 작성된 경우 번역의 정확성에 관한 증명을 포기할 수는 없으므로 그 경우에는 전문번역인의 번역문을 받아야 할 것이다. 현재 우리 나라에서 행해지고 있는 형태의 이른바 '번역공증'도 번역의 정확성을 증명하는 것은 아닌데, 외교관 또는 영사관의 증명을 위와 같이 완화해서 본다면 뉴욕협약상 공증인의 번역문의 증명의 주체로 열거되지 않았다는 이유로 공증인의 번역공증은 안 된다고 배척할 근거가 약하게 된다. 궁극적으로 이는 번역문의 정확성을 확인하는 제도를 도입함으로써 해결해야 할 것이다.

어쨌든 중재판정의 등본을 제출하는 경우 이는 등본, 즉 중재인의 서명을 포함한 원본 전체에 대한 것이어야 하고 일부만을 발췌한 초본이어서는 아니 된다.[42]

요컨대 우리 나라에서 외국중재판정의 승인 및 집행을 구하는 당사자는 다음과 같은 서류를 제출하면 된다.

첫째 중재판정. 이는 중재판정부(또는 중재기관)의 인증된 원본 또는 중재판정부(또는 중재기관)로부터 받은 중재판정의 증명된 등본 또는 중재판정이 내려진 외국에 있는 우리 나라의 외교관 또는 영사관으로부터 받은 중재판정의 증명된 등본이면 된다.

둘째 중재합의(중재조항을 포함하는 계약서). 이는 원본 또는 중재판정이 내려진 외국에 있는 우리 나라의 외교관 또는 영사관으로부터 받은 중재합의의 증명된 등본 또는 현지 또는 우리 나라의 공증인으로부터 받은 중재합의의 증명된 등본이면 된다.

---

41) 서동희(註 32), 66면, 주 9.

42) van den Berg(註 13), p. 250; 이호원(註 13), 672면.

셋째 중재판정과 중재합의의 한글번역문. 이는 번역문을 적절히 작성하여 중재판정이 내려진 외국에 있는 우리 나라의 외교관 또는 영사관에게 제출하여 확인을 받으면 된다. 실무상으로는 우리 나라 공증인의 번역공증도 받아들여지고 있는 것으로 보인다.

3. 중재법 제37조와의 관계

우리 나라에서 외국중재판정의 승인 및 집행을 구하는 당사자가 제출할 위 서류의 요건은 뉴욕협약에 따른 것인데, 중재법 제37조 제2항도 중재판정의 승인 또는 집행을 신청하는 당사자가 제출할 위 서류를 규정하고 있다. 따라서 첫째 중재법 제37조 제2항의 문언이 적절한지와, 둘째 뉴욕협약과 제37조 제2항과의 관계를 검토할 필요가 있다.

가. 중재법 제37조 제2항의 문언의 적절성

중재법 제37조 제2항은 다음과 같이 규정한다.

> 중재판정의 승인 또는 집행을 신청하는 당사자는 다음 각호의 서류를 제출하여야 한다. 다만, 중재판정 또는 중재합의가 외국어로 작성되어 있는 경우에는 정당하게 인증된 한국어의 번역문을 첨부하여야 한다.
> 1. 중재판정의 정본 또는 정당하게 인증된 그 등본
> 2. 중재합의의 원본 또는 정당하게 인증된 그 등본

중재법 제37조 제2항의 기초가 된 국제연합국제무역법위원회(UNCITRAL)의 1985년 "국제상사중재에 관한 모델법"(Model Law on International Commercial Arbitration)(이하 "모델중재법"이라 한다) 제35조 제2항은 "the duly authenticated original award or a duly certified copy thereof, and the original arbitration agreement referred to in article 7 or a duly certified copy thereof"라고 하여 뉴욕협약 제4조 제2항과 거의 동일한 표현을 사용한다. 중재법 제37조 제2항의 문언을 뉴욕협약의 국문본과 비교하면 다음과 같은 차이가 있다.

뉴욕협약(제4조)	중재법(제37조 제2항)
정당하게 인증된 중재판정 원본	중재판정의 정본
(중재판정 또는 중재합의의) 정당하게 증명된 등본	(중재판정 또는 중재합의의) 정당하게 인증된 등본
(중재판정 또는 중재합의의) 정당하게 증명된 번역문	(중재판정 또는 중재합의의) 정당하게 인증된 번역문

그런데 '정본'이라 함은 특히 정본이라 표시한 문서의 등본으로서 원본과 같은 효력이 인정되는 것을 말하므로[43] 그 자체는 원본은 아니다. 사견으로는 중재법 제37조 제2항의 "정당하게 인증된 그 등본"이라는 용어를 "정당하게 증명된 그 등본"이라고 수정하는 편이 뉴욕협약의 국문번역과도 일관성이 있고, 위에서 본 인증과 증명의 개념에도 부합한다.[44] "정당하게 인증된 한국어 번역문"도 마찬가지로 "정당하게 증명된 한국어 번역문"이 더 적절하다. 아래에서는 그런 의미로 이해하는 것을 전제로 논의한다.

나. 뉴욕협약과 중재법 제37조 제2항과의 관계

중재법은 뉴욕협약과 비교하여 첫째 정당하게 인증된 중재판정의 원본이 아니라 중재판정의 정본을 요구하는 점과, 번역문의 경우 정당하게 인증되면 족하고 번역의 주체를 뉴욕협약처럼 제한하지 않는 점에서 뉴욕협약보다 요건을 완화한 것이다. 중재법의 문언상으로는 외국중재판정의 승인 및 집행의 경우에도 제37조가 적용됨은 명백하다. 다만 중재법 제39조 제1항이 "외국중재판정의 승인 및 집행에 관한 협약의 적용을 받는 외국중재판정의 승인 또는 집행은 동 협약에 의한다"고 규정하므로 과연 뉴욕협약이 적용되는 외국중재판정의 승인 및 집행의 경우에도 중재법 제37조 제2항이 적용되는지가 문제된다.

저자로서는, 뉴욕협약과 거의 동일한 내용을 정한 모델법에 기초한 중재법의 문언이 왜 뉴욕협약의 국문본과 다르게 되었는지 의문이지만, 제39조 제1항의 문언을 고려할 때 아마도 입법자들이 뉴욕협약의 요건을 완화할 의

---

43) 이시윤, 新民事訴訟法(2003), 420면.

44) 이호원, "仲裁判定의 執行判決節次," 민사소송 제9권 제1호(2005), 269면 주 17도 그렇게 해석한다. 이 부분은 주석중재법(註 18), 236면 주 19과 동일하다.

도를 가진 것은 아니고, 이러한 차이는 단순히 번역상의 문제가 아닐까 생각된다. 만일 그렇다면 뉴욕협약이 적용되는 외국중재판정의 승인 및 집행의 경우에는 제39조 제1항의 결과 뉴욕협약에 따라야 하고 중재법 제37조 제2항을 적용할 것은 아니다.[45] 뉴욕협약만을 언급한 대상판결도 이러한 태도를 취한 것으로 생각된다. 따라서 1999년 12월 중재법의 개정시 뉴욕협약이 우선 적용됨을 명확히 했었더라면 좋았을 것이다.[46] 만일 이러한 차이가 의도적인 것이라면 뉴욕협약 제7조 제1항[47]에 따라 보다 완화된 요건을 정한 중재법 제37조 제2항이 적용될 수 있으므로 그 취지를 명확히 할 필요가 있었다고 본다.

4. 요건이 미비된 번역문을 제출하는 경우의 처리

중재판정이 불리하게 원용되는 당사자는 법원이 중재판정을 이해할 수 있는 한 번역문의 요건을 포기할 수도 있다.[48] 나아가 중재판정과 중재합의에 관하여 위에서 본 바와 같이 제4조의 요건은 신청인의 일방적인 신청에 의하여 집행판결이 내려질 수 있는 법질서를 가진 국가에서 피신청인을 보호하기 위한 것이므로, 변론을 거쳐 집행판결을 하는 우리 민사집행법하에서는 피신청인이 신청서에 첨부된 중재판정과 중재합의의 사본을 받은 뒤 그의 진정성을 다투지 않는 경우 이 요건을 고집할 필요가 없다고 본다.[49]

---

45) 이호원(註 44), 268면; 장용범, "중재판정의 승인과 집행," 29면은 제37조 제2항의 요건은 국내중재판정과, 뉴욕협약이 적용되지 않는 외국중재판정에 적용된다고 단정한다. 후자는 위 이호원에서 재인용. 이 부분은 주석중재법(註 18), 235-236면과 동일하다.

46) 참고로 독일 민사소송법(제1064조 제1항)도 중재판정의 승인 및 집행을 구하는 당사자가 제출할 서류를 열거하는 점은 중재법 제37조 제2항과 유사하나, 소송대리인인 변호사가 증명할 수 있음을 명시한다. 나아가 제1064조 제3항은 국제협약이 우선하여 적용됨을 명시하는데 그 취지에 관하여는 논란이 있다. Stein/Jonas/Schlosser(註 21), § 1065 Rn. 4 Fn. 3.

47) 조문은 다음과 같다.
"이 협약의 규정은 … , 또한 어떠한 관계당사자가 중재판정의 원용이 요구된 국가의 법령이나 조약에서 인정한 방법과 한도 내에서 그 판정을 원용할 수 있는 권리를 박탈하지도 아니한다."
이것이 이른바 'more favorable right provision'인데 이를 '최혜권리조항'이라고 번역하기도 한다. 이호원(註 13), 667면.

48) Schlosser(註 21), Rn. 928.

49) Schlosser(註 21), Rn. 928; Stein/Jonas/Schlosser(註 21), Anhang § 1061 Rn. 70. van den Berg(註 13), p. 250도 논란의 여지가 있지만 중재판정과 중재합의가 제출되는 한 번

5. 대상판결에 대한 평가

대상판결은, 뉴욕협약의 제정경위 등에 비추어 볼 때, 외국중재판정의 승인과 집행을 신청하는 당사자가 제출하여야 하는 번역문 역시 반드시 뉴욕협약 제4조 제2항에서 정한 엄격한 형식을 갖춘 것만으로 한정할 것은 아니고, 만약 당사자가 그러한 형식에 따르지 않은 번역문을 제출하였는데 그 내용이 부실하다고 인정되는 경우에는 그 서증제출자의 비용부담으로 전문번역인에게 번역을 의뢰하는 등의 방법에 의하여 이를 보완시킬 수도 있으며, 따라서 제4조 제2항에 정한 형식에 따른 번역문이 제출되지 않았다는 이유만으로 집행판결청구를 배척할 수는 없다고 판시하였다.

위(4.)에서 설명한 바에 비추어 대상판결의 결론은 타당하다고 본다. 대상판결은 뉴욕협약의 취지와 국제적인 경향을 고려하여 번역문요건을 완화하여 해석한 판결로서 의의가 있다. 대상판결의 사안에서는 번역문에 대해 다툼이 없었던 것은 아니지만, 대상판결의 결론은 번역문의 정확성을 담보하기 위한 제도가 미비한 현실을 감안한 것으로서 타당하다고 본다.

Ⅳ. 외국중재판정의 승인 및 집행과 중재합의의 방식(뉴욕협약 제5조 및 제2조)

1. 쟁 점

중재합의의 방식에 관한 쟁점은, 원고가 베트남 상사중재원의 중재판정의 승인 및 집행을 구하는 이 사건에서 과연 당사자들간에 뉴욕협약 제2조 제2항이 정한 서면에 의한 중재합의가 존재하는지이다. 만일 유효한 중재합의가 존재하지 않는다면 이는 승인거부사유가 되기 때문이다. 보다 구체적으로 말하자면, 원고가 베트남 상사중재원에 중재판정을 신청하고 이에 대하여 피고가 중재 당시 아무런 이의를 제기하지 아니함으로써 일종의 묵시적인 중재합의가 이루어졌다고 볼 수 있는 상황에서 과연 서면에 의한 중재합의가

역문요건은 불가결한 것은 아니라고 하여, 인증요건과 증명요건보다 더욱 완화된 태도를 취한다.

존재하는가인데, 대상판결은 이를 부정하였다.

아래에서는 중재합의의 서면요건을 검토하는데 그에 앞서 승인거부사유를 정한 제5조와 방식요건을 정한 제2조의 관계를 살펴본다.

2. 뉴욕협약 제5조와 제2조의 관계

뉴욕협약(제5조)은 승인거부사유를 피신청인이 주장·입증하여야 하는 사유(제1항)와 요청을 받은 국가의 법원이 직권으로 판단할 사유(제2항)로 구분하여 규정한다. 전자는 ① 당사자의 무능력 또는 중재합의의 무효, ② 피신청인의 방어권의 침해, ③ 중재인의 권한유월, ④ 중재판정부의 구성 또는 중재절차의 하자, ⑤ 중재판정이 구속력이 없거나 또는 취소·정지된 경우이고, 후자는 ① 중재가능성(arbitrability)의 결여와 ② 공서위반이다. 나아가 제5조 제1항과 제2항은 모두 "요청을 받은 국가의 법원은 … 승인과 집행을 거부할 수 있다"고 규정하여, 거부사유가 존재하더라도 법원이 반드시 승인 및 집행을 거부해야 하는 것은 아니고 재량에 의해 거부하지 않을 수 있음을 분명히 하고 있다. 뉴욕협약은 민사소송법 및 민사집행법처럼 승인 및 집행의 적극적 요건을 규정하는 방식이 아니라, 승인거부사유를 열거하는 소극적인 규정방식을 취하면서 승인거부사유를 망라적으로 규정한다. 집행국 법원의 법관의 과제는 승인거부사유의 유무를 확인하는 데 한정된다.[50]

여기에서 문제되는 것은 중재합의가 방식요건을 구비하지 못하는 것이 승인거부사유에 해당되는가인데, 이런 의문이 제기되는 이유는 승인거부사유를 정한 a호의 문언과 관련이 있다. 즉 동 호는 다음과 같다.

> the parties to the agreement referred to in article II were, under the law applicable to them, under some incapacity, or the said agreement is not valid under the law to which the parties have subjected it or, failing any indication thereon, under the law of the country where the award was made(제2조에 규정된 합의의 당사자가 그들에게 적용될 법률에 의하여 무능력자이었던가 또는 당사자들이 준거법으로서 지정한 법령에 의하여 또는 지정이 없는 경우에는 판정을 내린 국가의 법령에 의하여 전기 합의가 무효인 경우)

50) van den Berg(註 13), p. 269.

중재합의가 방식요건을 구비하지 못한 경우 중재합의는 무효일 것이므로 이는 a호에 해당한다고 볼 수 있지만, 엄밀하게 말하자면 이는 중재합의의 방식요건을 정한 준거법, 이 사건에서는 뉴욕협약(제2조)에 따른 결과이지 a호가 규정하는 바와 같이 당사자들이 지정하였거나 또는 판정지국가의 법은 아니다. 따라서 뉴욕협약의 문언이 다소 부정확한 것은 사실이나, 중재합의의 방식을 정한 제2조가 중재판정의 승인 및 집행단계에는 적용되지 않는다고 보는 것은 뉴욕협약의 입법역사와 내적인 일관성에도 반한다.[51] 요컨대 중재합의가 뉴욕협약 제2조가 정한 방식요건을 구비하지 못하는 경우 이는 승인거부사유가 되며, 실무상 가장 빈번하게 주장되는 승인거부사유이다. 다만 그 근거는 뉴욕협약 제2조로부터 직접 도출하거나,[52] 제5조 제1항 a호(위 ①), 즉 중재합의의 무효로 설명하거나[53] 또는 제2조와 제5조의 체계적인 관계 — 특히 제5조 제1항 a호가 '제2조에 규정된 합의'를 언급하는 점— 를 합리적으로 해석함으로써[54] 도출할 수 있을 것이다.

3. 뉴욕협약상의 서면요건

뉴욕협약(제2조 제1항)은 중재법(제8조 제2항)과 마찬가지로 중재합의가 서면에 의할 것을 요구한다. 그 이유는 중재합의는 법원이 아닌 사인에게 분쟁해결을 맡기는 것이므로, 계약의 진정성을 담보하는 한편, 당사자들로 하여금 계약의 내용이 가지는 중요성을 일깨워 줌으로써 신중한 의사결정을 하도록 할 필요가 있기 때문이다.[55] 서면에 의한 합의라 함은, 당사자들에 의하여 서명되었거나 서신 또는 전보 교환 속에 담긴, 주된 계약 속의 중재조항 또는 중재합의를 포함한다(뉴욕협약 제2조 제2항).[56]

---

51) van den Berg(註 13), p. 285, p. 296; 이호원(註 13), 677면. 이탈리아대법원은 뉴욕협약 제2조는 중재판정의 집행단계에는 적용되지 않는다는 견해를 취하였으나 그 후 견해를 변경하였다. Stein/Jonas/Schlosser(註 21), Anhang §1061 Rn. 76.

52) Rolf A. Schütze, Schiedsgericht und Schiedverfahren 3. Auflage (1999) Rn. 258.

53) van den Berg(註 13), 284 *et seq.*; Schwab/Walter(註 22), Kapitel 57 Rn. 1.

54) Stein/Jonas/Schlosser(註 21), Anhang §1061 Rn. 76은 이런 취지로 보이고, 위 van den Berg의 견해도 이렇게 이해할 수 있다.

55) 목영준(註 9), 37면; van den Berg(註 13), p. 171.

56) 본문은 대상판결에 나오는 번역이고, 정부에서 공포한 국문번역은 "서면에 의한 합의라 함은 계약문 중의 중재조항 또는 당사자간에 서명되었거나 교환된 서신이나 전보에 포함되어 있는 중재의 합의를 포함한다"라고 한다.

중재합의를 서면으로 해야 한다는 의미는, 중재합의에 관한 서면증거가 있어야 한다는 의미가 아니라 합의 자체가 서면으로 이루어져야 한다는 것이므로, 양당사자가 서명한 계약서, 또는 양당사자가 각각 작성한 문서가 서로 교환된 경우에는 이 요건이 구비되지만, 서면청약을 구두로 승낙하거나 구두청약을 서면으로 승낙하는 것과, 당사자간의 구두합의를 사후에 서면으로 확인하는 것은 비록 국제거래에서는 실제로 널리 사용되고 있지만 서면요건을 구비하지 못한다.[57] 독일에서는 이를 '완전한 서면방식'(volle Schriftform) 또는 '이중서면성'(doppelte Schriftlichkeit)이라고 설명한다.[58] 모델중재법의 서면요건에 관하여도 이와 같이 설명한다.[59]

4. 피고가 중재신청에 응한 경우 중재합의의 서면요건의 구비

이 사건의 경우 중재신청 전까지 서면에 의한 중재합의가 존재하지 않았더라도, 원고가 중재신청을 하였고, 원고와 피고가 중재인을 지명하였으며 나아가 중재절차를 거쳐 중재판정이 선고되었으므로, 원고가 중재신청서에서 중재합의의 존재를 주장하고 피고가 답변서에서 이를 다투지 않은 것으로 보인다. 그렇다면 이 사건에서 뉴욕협약상의 중재합의의 서면요건이 구비된 것으로 볼 수 없는가라는 의문이 제기된다.

특히 모델중재법 제7조 제2항은 "신청서와 답변서의 교환에 의하여 일방 당사자가 중재합의가 있는 것을 주장하고 상대방 당사자가 이를 다투지 아니하는 경우" 서면요건이 구비된 것으로 명시하는데, 중재법 제8조 제3항 제3호는 신청서와 답변서에 한정하지 않고 이를 더 확대하여 "일방 당사자가 당사자간에 교환된 문서의 내용에 중재합의가 있는 것을 주장하고 상대방 당사자가 이를 다투지 아니하는 경우" 서면에 의한 중재합의로 본다는 취지

57) van den Berg(註 13), p. 196. 그러나 Fouchard/Gaillard/Goldman, On International Commercial Arbitration (1999), N. 620은 완화된 태도를 취한다.

58) Christoph Reithmann/Dieter Martiny/Rainer Hausmann, Internationales Vertragsrecht 6. Auflage (2004) Rz. 3269; Manja Epping, Die Schiedsvereinbarung im internationalen privaten Rechtsverkehr nach der Reform des deutschen Schiedsverfahrensrechts (1999), S. 65.

59) Holtzmann and Neuhaus, A Guide To The UNCITRAL Model Law On International Commercial Arbitration: Legislative History and Commentary (1989), pp. 260-261; Klaus Peter Berger, International Economic Arbitration (1993), p. 142 *et seq*.

로 규정한다.[60]

문제는 모델중재법이 정한 바와 같이 신청서와 답변서의 교환에 의하여 일방 당사자가 중재합의가 있는 것을 주장하고 상대방 당사자가 이를 다투지 아니하는 경우가, 과연 '뉴욕협약'이 말하는 서신의 교환 속에 담긴 중재합의라고 볼 수 있는가에 있다. 이에 관하여는 견해가 나뉠 수 있으며, 실제로 이를 긍정하는 견해[61]와 부정하는 견해[62]가 있는 것으로 보인다. 엄격히 해석하면 이를 긍정하기 어려울 것이나, 완화해서 해석한다면 반드시 부정할 것만은 아니다. 대상판결은 이 점을 논의하지 않았지만 결론적으로는 이를 부정한 것이다.

5. 피고가 중재신청에 응한 경우 금반언의 법리의 적용 여부

이 사건에서처럼 중재신청 전까지 서면요건에 의한 중재합의가 존재하지 않았더라도, 일방당사자가 중재신청을 하고 상대방 당사자가 그에 응하여 답변서 기타 서면에 의하여 본안에 대하여 변론함으로써[63] 유효한 중재합의의 존재를 묵시적으로 긍정한 경우, 가사 위(4.)에서 본 바와 같이 서면에 의한 중재합의의 존재가 부정되더라도 이른바 '금반언(estoppel)의 법리'에 의하여 상대방 당사자는 그 후 유효한 중재합의의 존재를 부정할 수 없는 것은 아닌가라는 의문이 제기된다. 이에 관하여는 다음과 같은 세 가지 견해가 제시되고 있다.[64]

첫째 여전히 뉴욕협약의 방식요건이 구비되지 않은 것으로 보는 견해. 이는 원칙에 충실한 견해로 어떤 경우에도 중재합의는 제2조 제2항의 요건을 구비해야 한다는 것으로서 비록 상대방 당사자가 위와 같은 행위를 하더라도 서면요건의 결여를 치유할 수 없다고 본다. 대상판결은 이를 따른 것이

60) 그러나 이는 범위를 지나치게 확대한 것이어서 서면요건의 구비 여부에 관하여 법적 불안정을 초래할 우려가 있다. 석광현, "改正仲裁法의 몇 가지 문제점 —國際商事仲裁를 중심으로—," 국제사법과 국제소송 제2권(2001), 480면 이하 참조.

61) Holtzmann and Neuhaus(註 59), p. 263 참조.

62) 목영준(註 9), 40면.

63) 그 밖에도 예컨대 상대방 당사자가 중재인 선임절차에 협력하거나, 소를 제기한 경우에 대해 법원의 관할을 다투기 위한 수단으로써 중재합의를 원용한 경우를 들 수 있다. van den Berg(註 13), p. 182.

64) 세 가지 견해는 van den Berg(註 13), p. 184에 소개된 것이다.

다. 이에 의하면 이 경우 뉴욕협약은 적용되지 않고 단지 위에서 본 제7조 제1항이 적용될 여지가 있다.

둘째 금반언은 국내법에 따른다고 보는 견해. 이 견해에 따르면 중재판정의 집행에는 여전히 뉴욕협약이 적용되는데, 다만 금반언의 법리에 의하여 상대방 당사자가 서면요건의 결여를 주장할 수 없게 되는지는 법정지의 법에 의해 결정된다고 본다. 각국의 국내법은 이 점에 관하여 나뉘고 있다고 한다.

셋째 뉴욕협약상 금반언의 법리가 포함되어 있다고 보는 견해. 이 견해에 따르면 둘째 견해와 마찬가지로 중재판정의 집행에는 뉴욕협약이 적용되는데, 신의칙의 근본원칙인 금반언의 법리는 상이한 내용을 가지는 국내법이 아니라 뉴욕협약에 내재하는 법리로서 뉴욕협약 자체로부터 도출된다고 보며, 나아가 이러한 원칙은 방식요건에 우선한다고 본다.

사견으로도 셋째의 견해가 현대적인 중재법의 경향과 일치하는 것으로서 타당하다고 보는데,[65] 다만 그 근거에 관하여는 '금반언의 법리' 또는 '선행행위와 모순되는 거동 금지의 원칙'[66] 또는 방식요건의 기능 내지는 규범목적에서 구하는 등 다양한 견해가 주장될 수 있을 것이다.[67] 이처럼 상대방 당사자가 중재절차에 참가한 경우 방식요건의 흠결을 주장할 수 없다는 견해가 다수설로 보인다.[68]

6. 대상판결에 대한 평가

대상판결에 대하여는 다음 두 가지 점에서 비판을 할 수 있다.

첫째, 신청서와 답변서의 교환에 의하여 서면요건이 구비된 것으로 볼 수는 없는지.

대상판결은 원고가 베트남 상사중재원에 중재판정을 신청하고 이에 대하

65) van den Berg(註 13), pp. 184-185; Schwab/Walter(註 22), Kapitel 54 Rn. 10도 동지.

66) Reithmann/Martiny/Hausmann(註 58), Rz. 3293. 우리 민사소송법상의 논의는 이시윤(註 43), 28면 이하 참조.

67) Schlosser(註 21), Rn. 374는 피신청인이 본안에 대해 서면으로 변론하는 경우 서면요건의 기능이 준수된 것으로 보나, 금반언의 법리에 기한 견해보다 제한적으로만 이를 허용한다. Epping(註 58), S. 81f.에 따르면 독일에는 위 첫째와 셋째의 견해 및 Schlosser와 같은 중도적인 견해가 있다고 한다.

68) Epping(註 58), S. 82. UNCITRAL의 문서로는 A/CN.9/WGII/WP.139, paras. 16-17을 참조.

여 피고가 중재 당시 아무런 이의를 제기하지 아니함으로써 일종의 묵시적인 중재합의가 이루어졌다 한들 유효한 중재합의가 있었다고 볼 수는 없다고 판시하였는데, 이는 위(5.)에서 논의한 견해 중 첫째의 견해를 따른 것이다. 그러나 위(4.)에서 본 바와 같이 베트남 상사중재원의 중재절차에서 중재신청서와 답변서의 교환에 의하여 원고가 중재합의가 있는 것을 주장하였고 피고가 이를 다투지 아니하였다면 뉴욕협약상이 말하는 서신의 교환 속에 담긴 중재합의라고 볼 여지가 있다. 물론 대상판결은 이를 부정하였지만, 대상판결이 이 점을 명시적으로 판단하지 않은 것은 유감이다. 특히 가능한 한 서면성을 완화하려는 요즈음의 추세에 비추어 이렇게 엄격하게 해석하는 것이 타당한지는 의문이다.[69] 더욱이 대상판결이 뉴욕협약 제4조를 완화하면서도, 중재합의의 서면요건에 관한 제2조에 관하여는 엄격한 태도를 취하는 것은 균형이 맞지 않는다. 반면에 원심판결은, 원고가 베트남 중재판정을 신청하고 이에 대하여 피고가 아무런 이의를 제기하지 않은 점에 비추어 볼 때 원고와 피고 사이에는 이 사건 분쟁을 중재판정에 따라 해결하기로 하는 중재합의가 있었다고 보았다.

저자가 지적하는 것은, 대상판결의 결론이 틀렸다는 것보다는 대상판결이 이를 판단하지 않았다는 점이다.

둘째, 가사 중재합의의 서면요건이 구비되지 않았다고 보더라도, 중재합

---

69) 물론 뉴욕협약의 해석상 어느 정도까지 서면성을 완화할 수 있을지는 좀더 검토할 필요가 있다. 이에 관하여는 석광현, "용선계약상 중재조항의 선하증권에의 편입 —대법원 2003. 1. 10. 선고 2000다70064 판결에 대한 평석—," 한양대학교 법학논총 제22집(2005); 이 책 제6장 [11] 참조. 최근에는 UNCITRAL 차원에서 전자문서의 서면성을 긍정하는 것을 포함하여 기타 중재합의의 서면성을 완화하기 위한 논의가 진행되어 2006년 6월-7월에 개최된 UNCITRAL 제39차 본회의에서는 모델중재법 제7조를 개정하여 서면요건을 완화하는 개정안과, 더 나아가 아예 서면성을 폐지하는 대안을 채택하였고, 나아가 뉴욕협약상의 서면요건을 완화하여 해석하기 위한 해석선언을 채택하였다. 상세는 노태악·구자헌, "최근 UNCITRAL 모델중재법의 개정논의 결과와 국내법에의 示唆—중재합의의 서면성과 중재판정부의 임시적 처분을 중심으로," 2006. 9. 14. 법원행정처 국제규범연구위원회 발표자료, 2면 이하; 이강빈, "국제상사중재에 관한 UNCITRAL 모델법의 개정동향," 중재연구 제16권 제3호(2006. 12.), 53면 이하 참조. 그 전의 자료는 강병근, "UNCITRAL의 활동이 중재법 개정에 미칠 영향," 중재 제320호(2006 여름), 18면 이하; 강병근, "중재합의의 서면성과 임시적 처분—UNCITRAL 제2중재실무작업반의 작업을 중심으로—," 世界化時代의 法·法律家(2002), 735면 이하 참조. UNCITRAL의 문서로는 우선 A/CN.9/WGII/WP.139, para. 11 이하 참조. 전자문서에 관하여는 우선 이강빈, "국제계약에서 전자통신의 이용에 관한 협약의 채택과 중재합의에의 적용에 관한 연구," 중재연구 제16권 제1호(2006. 3.), 45면 이하, 70면 이하 참조.

의의 서면요건의 결여를 주장하는 피고의 행위는 금반언의 법리에 반하는 것으로서 허용되지 않는다고 보아야 한다. 대상판결이 금반언의 법리를 전혀 논의하지 않고, 유효한 중재합의의 존재를 부정함으로써 결국 동 법리의 적용을 거부한 것은 유감이다. 그 이유는 위(5.)에서 설명한 바와 같다. 중재합의의 서면성을 요구하는 근거에 비추어 보더라도 대상판결의 결론의 타당성은 의문이다. 가사 금반언의 법리가 뉴욕협약에 내재하는 법리가 아니라고 하더라도, 우리 민사소송법 제1조의 신의성실의 원칙에 비추어도 이 사건에서 소송상의 금반언의 법리를 인정해야 할 것이다.

V. 승인거부사유의 심사와 實質再審査 禁止의 원칙

1. 승인거부사유의 심사와 實質再審査 禁止의 원칙

외국판결의 집행에 관하여 民事執行法 제27조 제1항은 "집행판결은 재판의 옳고 그름을 조사하지 아니하고 하여야 한다"고 규정하는데, 이는 외국판결의 승인의 경우에도 타당하다. 이것이 이른바 '실질재심사(*révision au fond*, review of the merits) 금지의 원칙'인데, 이는 증거의 평가를 포함하여 외국법원이 행한 사실인정과 그에 기초한 법률의 적용을 우리 법원이 재심사하여 그의 옳고 그름을 판단할 수 없다는 것이다. 뉴욕협약은 실질재심사 금지의 원칙을 명시하지는 않는나. 뉴욕협약은 승인거부사유를 망라적으로 규정하는데, 중재인의 사실인정 또는 법률적용상의 잘못을 승인거부사유로 규정하지 않기 때문에 실질재심사 금지의 원칙을 규정할 필요가 없기 때문이고, 뉴욕협약상으로도 실질재심사는 금지된다.[70] 따라서 가사 중재인이 행한 사실인정과 그에 기초한 법률의 적용이 잘못된 것이더라도 우리 법원은 원칙적으로 이를 재심사할 수 없다.

그러나 집행국 법원은 승인거부사유의 유무를 판단하기 위하여 필요한 범위 내에서는 실질을 심사할 수 있다.[71] 우리 대법원 1988. 2. 9. 선고 84다카1003 판결도 "집행국 법원에 중재판정의 내용에 대한 당부를 심판할 권한

---

70) van den Berg(註 13), p.265, p.269 *et seq.*; Redfern/Hunter(註 9), para.10-33.
71) van den Berg(註 13), p.270 *et seq.*

은 없지만 … 집행조건의 충족 여부 및 집행거부사유의 유무를 판단하기 위하여 필요한 범위 내에서는 본안에서 판단된 사항에 대하여도 집행국법원이 독자적으로 심리판단할 수 있다"고 판시하고, 중재판정부의 판단과 달리 당사자간의 중재합의의 존재를 부정하였다.

결국 중재인이 행한 사실인정과 그에 기초한 법률의 적용이 잘못된 것이더라도 우리 법원은 원칙적으로 이를 재심사할 수 없지만, 그러한 사실인정과 법률의 적용이 승인거부사유와 관련되는 때에는 재심사할 수 있다는 것이다. 그러나 그 경우에도 가능한 한 예외적으로 이를 허용하는 것이 타당하다고 본다. "법원의 재심사는 중재판정이 뉴욕협약 제5조의 어느 근거에 기하여 그의 집행의 거부를 초래할 사유를 포함하는지를 확인하는 데 엄격히 제한되어야 하고, 법원이 중재인의 사실인정을 평가하는 것을 수반하지는 않는다"는 설명[72]도 이러한 취지로 이해된다.

2. 대상판결에 대한 평가

이 사건의 쟁점은 서면에 의한 유효한 중재합의의 존재 여부인데, 이는 승인거부사유에 해당하므로 우리 법원이 심사할 수 있음은 명백하다. 이 사건의 경우 중재절차에서 중재합의의 방식요건이 다투어지지 않았던 것으로 보이는데, 어쨌든 중재판정부는 서면에 의한 유효한 중재합의의 존재를 긍정하였다. 그럼에도 불구하고 우리 법원은 중재판정부의 판단에 구속됨이 없이 서면에 의한 유효한 중재합의의 존재 여부를 심사할 수 있다. 따라서, 서면에 의한 유효한 중재합의 존재를 부정한 대상판결의 결론은 부당하지만, 대상판결이 이를 심사한 것은 타당하다. 이는 위에서 언급한 대법원 1988. 2. 9. 선고 84다카1003 판결과 같은 취지이다.

다만 승인거부사유의 심사와 실질재심사 금지의 원칙간에 긴장관계가 있는 것은 사실이고, 이는 공서위반에서 특히 문제될 것인데 양자를 어떻게 합리적으로 조정할 것인지가 문제된다. 공서위반과 달리 서면에 의한 유효한 중재합의의 존재에 관하여는 집행국 법원이 항상 개입할 수 있지만,[73] 양자

72) van den Berg(註 13), p. 271.

73) 이와 관련하여 주목할 것은, 대법원 2004. 10. 28. 선고 2002다74213 판결은 민사집행법 제27조 제1항이 "집행판결은 재판의 옳고 그름을 조사하지 아니하고 하여야 한다"고 규정할 뿐만 아니라 사기적인 방법으로 편취한 판결인지 여부를 심리한다는 명목으로 실질적

간에 어떤 차이를 인정할지, 그 차이가 중재합의와 공서위반에서 비롯되는 것인지는 좀더 검토할 필요가 있고, 또한 중재와 소송간에 차이가 있는지도 검토할 사항이다.[74)]

Ⅵ. 맺 음 말

대상판결은 외국중재판정의 승인 및 집행을 구하는 당사자가 집행국 법원에 제출할 서류와 번역문 요건을 규정한 뉴욕협약 제4조의 의미를 명확히 함으로써 실무상의 지침을 제시한 판결로서 의의가 크다. 그러나 당사자들이 이미 베트남의 중재절차에 참가하여 중재합의의 서면성을 다투지 아니하고 중재판정을 받은 것으로 보이는 이 사건에서 대상판결이 뉴욕협약 제2조의 서면요건을 구비한 중재합의의 존재를 부정한 결론의 타당성은 의문이다. 대상판결이 중재합의의 서면요건을 완화하거나, 또는 금반언의 법리에 의하여 유효한 중재합의의 존재를 긍정하는 전향적인 견해를 취하였더라면 하는 아쉬움이 있다. 또한 뉴욕협약의 국문번역의 부정확성과 모델중재법을 채택한 중재법의 미비점도 확인할 수 있었는데 앞으로 이를 시정해야 할 것이다.

종래 우리 나라에서는 國際商事仲裁를 포함한 廣義의 國際私法 및 國際民事節次法 분야가 학문적으로 매우 소홀히 다루어지고 있는데, 우리 기업들이 엄청난 규모의 국제거래에 참가하고 있는 상황에서 이런 잘못된 현실을 계속 방치해도 좋은지 이제는 안타까움을 넘어 두려움마저 느끼게 된다.

으로 외국판결의 옳고 그름을 전면적으로 재심사하는 것은 외국판결에 대하여 별도의 집행판결제도를 둔 취지에도 반하므로, 위조·변조 내지는 폐기된 서류를 사용하였다거나 위증을 이용하는 것과 같은 사기적인 방법으로 외국판결을 얻었다는 사유는 원칙적으로 승인 및 집행의 거부사유가 될 수 없고, 다만 재심사유에 관한 민사소송법 제451조 제1항 제6호·제7호, 제2항의 내용에 비추어 볼 때 피고가 판결국 법정에서 위와 같은 사기적인 사유를 주장할 수 없었고 또한 처벌받을 사기적인 행위에 대하여 유죄의 판결과 같은 고도의 증명이 있는 경우에 한하여 우리 나라에서 승인 내지 집행을 거부할 수는 있다고 판시함으로써 실질재심사 금지의 원칙을 존중해야 함을 선언하였다는 점이다. 이에 관하여는 석광현, "詐欺에 의한 外國判決承認의 公序違反與否와 相互保證," 민사판례연구 [XXVIII](2006), 687면 이하; 이 책 제2장 [7] 참조.

74) 이런 의문을 가지는 이유 중의 하나는, 위에서 언급한 헤이그국제사법회의 법원선택합의협약(제9조 제2항)에 따르면, 결석재판이 아닌 한 집행국 법원은 재판국 법원이 인정한 관할의 근거가 되는 사실에 구속된다고 규정하는데, 뉴욕협약은 이런 조항을 두지 않기 때문이다.

제 6 장 國際海商法

[11] 용선계약상 중재조항의 선하증권에의 편입 ─ 대법원 2003. 1. 10. 선고 2000다70064 판결에 대한 평석 ─

[11] 용선계약상 중재조항의 선하증권에의 편입
—대법원 2003. 1. 10. 선고 2000다70064 판결*에 대한 평석—

前 記
이 글은 저자가 2004. 12. 4. 개최된 법원 내 국제거래법연구회 제8회 세미나에서 발표한 원고를 다소 수정·보완하여 한양대학교 법학논총 제22집 제1호(2005. 6.), 193면 이하에 게재한 것을 다시 수정·보완한 것이다.

[事案의 概要]

대법원 2003. 1. 10. 선고 2000다70064 판결(이하 "대상판결"이라 한다)[1]이 인용한 원심의 인정사실을 기초로 이 글에서의 논의를 위하여 필요한 범위 내로 사안을 단순화하면 다음과 같다.

가. 제1차 해상운송계약(용선계약)의 체결

1993년 2월 포항종합제철 주식회사(이하 "포철"이라 한다)와 피고(주식회사 한진해운)는 포철이 미국 회사에 공급하는 화물의 해상운송을 위하여 장기해송계약"(이하 "제1차 용선계약"이라 한다)을 체결하였는데, 동 계약서(제22조)는 "위 계약의 이행에 관하여 포철과 피고 사이에 분쟁이 발생하였을 때에는 대한상사중재원의 규정과 대한민국의 법률에 따라 서울에서 중재하여 해결하고, 중재원의 판정은 최종적인 것이며 계약당사자 쌍방을 구속한다"고 규정하고 있다.

---

* 판례공보 169, 588 [2003. 1. 1.].

1) 대상판결에 대하여는 채동헌, "용선계약상의 중재조항과 선하증권에의 편입," 대법원판례해설 통권 제44호(2003년 상반기), 244면 이하에 평석이 있다.

나. 제2차 해상운송계약(용선계약)의 체결

포철의 미국 내 자회사인 포항스틸아메리카(이하 "수출자"라고 한다)는 포철의 국내 자회사인 주식회사 포스트레이드(이하 "수입자"라고 한다)에게 용융아연도금(이하 "이 사건 화물"이라 한다)을 판매하면서 피고에게 운송을 의뢰하였고, 피고는 1995년 11월경 수출자와 선적항을 캘리포니아주 스톡턴항, 양하항을 광양항으로 하여 이 사건 화물의 해상운송계약(이하 "제2차 용선계약"이라 한다)을 체결하면서, 위 계약에 규정되지 아니한 사항에 관하여는 제1차 용선계약의 내용을 준용하기로 약정하였고, 피고의 화물 선적 후 피고를 대리한 트랜스마린 내비게이션은 수출자를 송하인, 주식회사 조흥은행(이하 "조흥은행"이라 한다)을 수하인, 수입자를 통지처로 한 기명식 선하증권(이하 "이 사건 선하증권"이라 한다)을 미국에서 발행하였다.

다. 선하증권의 기재사항

이 사건 선하증권의 표면에는 '선하증권'(Bill Of Lading)이라는 표제 밑에 "용선계약과 함께 사용됨"(To be used with Charter-Parties)이라고 기재되어 있고, 이면약관 제1조 전단은 "용선계약의 모든 조건과 내용, 권리와 예외는 이 선하증권의 내용으로 편입된다"(All terms and conditions, liberties and exceptions of the Charter Party, dated as overleaf, are herewith incorporated)고 규정하고 있으며,[2] 적용법률에 대하여는 제2조에서 "일반지상약관"(一般至上約款, General Paramount Clause)이라는 제목 하에 "이 계약에는 선적국에서 입법화된 1924. 8. 25.자 '선하증권에 관한 약간의 규칙을 통일하기 위한 국제협약'에 담긴 '헤이그규칙'이 적용된다"(The

---

2) 이 사건에서는 개정 전의 선하증권 양식이 사용되었지만, 1994년 개정된 BIMCO의 표준항해용선계약(GENCON)은 제2부 제19조에 중재조항을 신설하였고, 그에 따른 용선계약선하증권(CONGENBILL)은 "법과 중재조항을 포함하여 이면에 기재한 일자의 용선계약의 모든 조건과 내용, 권리와 예외는 이 선하증권의 내용으로 편입된다"(All terms and conditions, liberties and exceptions of the Charter Party, dated as overleaf, including the Law and Arbitration Clause, are herewith incorporated)고 함으로써 중재조항을 특별히 언급하는 특정편입문구를 사용한다. BIMCO의 현재 명칭은 'The Baltic and International Maritime Council'이다. 과거에는 Conference라고 하여 '동맹'이라고 번역하였으나 요즈음에는 '평의회' 또는 '협의회'로 번역한다. 개정된 GENCON의 소개는 이시환, "항해용선계약과 중재: 1999년 1월 1일부터 전면적으로 사용하고 있는 1994년 Gencon 서식을 중심으로," 중재 제292호(1999 여름), 66면 이하 참조.

Hague Rules contained in the International Convention for the Unification of certain rules relating to Bills of Lading, dated Brussels the 25th August 1924 as enacted in the country of shipment shall apply to this contract.)(이하 "헤이그규칙"이라 한다)고 하면서 「선하증권에 관한 약간의 규칙을 통일하기 위한 국제협약의 개정을 위한 1968년 의정서(Protocol to Amend the International Convention for the Unification of Certain Rules of Law relating to Bills of Lading)(이하 "헤이그-비스비규칙"이라 한다)가 적용되는 거래에서는 해당 조항이 이 선하증권에 규정된 것으로 본다」고 명시하고 있다.

라. 해상적하보험계약의 체결

수입자는 해상운송의 위험을 담보할 목적으로 1995년 12월 원고(엘지화재해상보험 주식회사)를 포함한 3개 보험회사를 공동보험자로, 원고를 간사회사로 하여 이 사건 화물에 대해 해상적하보험계약을 체결하였다.

마. 선하증권의 양도

수입자는 이 사건 화물의 수입 후 1996년 1월 신용장개설은행이자 수하인인 조흥은행에게 신용장대금을 지급하고 이 사건 선하증권을 배서 없이 교부받아 소지하고 있다.

바. 화물의 운송과 양노

이 사건 선박은 1995. 12. 25. 광양항에 입항한 후 하역작업을 완료하였고, 이 사건 화물은 수입자로부터 이 사건 화물을 매입한 5개 최종구매인들(실수요자들)에게 내륙운송업자들에 의하여 운송되었다.

사. 화물에 대한 하자의 발견과 그 원인

최종구매인들 중 3인이 물건의 하자를 이유로 수입자에게 손해배상을 청구하자 수입자는 1996년 2월 검정인에게 조사를 의뢰하였고, 그 결과 피고와의 약정에 의하여 선적비용을 부담하는 송하인인 수출자 측이 선정한 하역업자가 이 사건 화물을 불완전하게 고박함으로써 하자가 발생하였음을 확인하였다.

아. 보험금의 지급

원고는 1996년 4월 수입자에게 사고로 인한 보험금을 지급하고, 수입자로부터 사고로 인한 모든 권리행사에 관하여 위임을 받았다.

이 사안을 시간 순서에 따라 정리하면 대체로 아래와 같다.

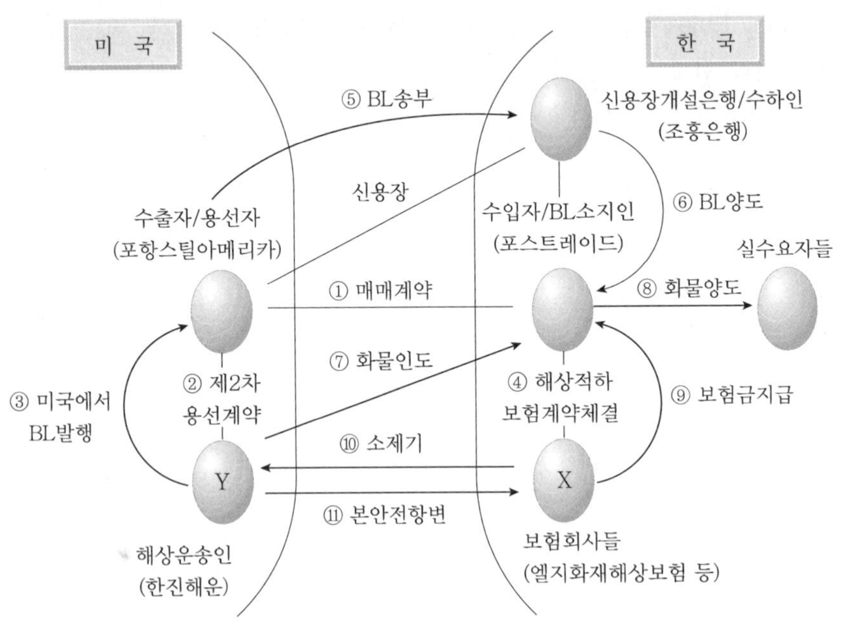

[訴訟의 經過]

1. 제1심판결[3)]

이 사건은 피보험자(수입자)에게 보험금을 지급한 원고(보험회사)가 운송인을 상대로 보험자대위에 의하여 구상권을 행사한 사건인데, 궁극적인 실체법상의 쟁점은 해상운송계약상 화물의 적부(積付)에 있어 운송인의 주의의

3) 서울지방법원 1999. 4. 15. 선고 96가단299187 판결.

무였다. 구체적으로 FIOST(free in and out, stow, trim) 약관[4]에 따라 독립된 하역업자나 송하인의 지시에 의하여 적부가 이루어진 경우에도 운송인이 여전히 적부가 운송에 적합한지를 살펴보고, 운송을 위하여 인도받은 화물의 성질을 알고 화물의 성격이 요구하는 바에 따라 적부를 하는 등의 방법으로 손해를 방지하기 위한 적절한 예방조치를 강구할 주의의무가 있는지의 여부였다.

그러나 그에 앞서 법원이 과연 이 사건을 재판할 권한이 있는지라는 절차법적 쟁점이 제기되었다. 이 사건 선하증권의 이면약관에는 수출자와 피고간에 체결한 제2차 용선계약에 포함된 중재조항이 편입되어 있었는데 피고는 이를 근기로 본안전항변을 제출하였다.[5] 만일 제2차 용선계약이 준용하는 제1차 용선계약의 중재조항이 이 사건 선하증권에 유효하게 편입되어 수하인, 선하증권 소지인(수입자)과 이를 대위한 원고가 그에 구속된다면, 법원은 선하증권에 표창된 권리에 관한 분쟁인 이 사건 소를 각하해야 할 것이었다.

제1심판결은 "피고와 수출자 사이의 약정은 선박의 일부를 물건의 운송에 제공함을 목적으로 하는 항해용선계약이고, 이 사건 선하증권은 그 용선계약하에서 발행된 것으로서 그 이면약관의 일반적인 편입문구에 따라 위 용선계약의 내용이 선하증권에 편입되었다고 할 것이지만, 선하증권의 유통성을 고려할 때 중재에 관한 특별한 편입문구가 있고 그것이 선하증권의 명시적인 내용과 모순되지 않는다거나, 용선계약상의 중재조항이나 다른 규정이 용선계약에 따른 분쟁은 물론 선하증권에 따른 분쟁까지도 다룬다는 점을 명백히 하지 않는 이상, 위의 일반적인 편입문구만으로는 선하증권과 직접적으로 밀접한 관련이 있다고 할 수도 없는 위 용선계약상의 중재조항까지 이 사건 선하증권에 편입되었다고 볼 수 없다고 해석함이 상당하다. 따라서 제1차 용선계약서의 중재조항이 이 사건 선하증권의 내용으로 편입되었음을 전제로 한 피고의 항변은 이유 없다"는 취지로 판시하고 피고의 본안전항변을

4) 이는 선적 및 양륙비용뿐만 아니라 적부 및 정돈비용까지 화주(송하인 또는 용선자)가 부담하기로 하는 운임조건이다. 한편 FIO(free in and out)는 선적 및 양륙비용을 화주가 부담하는 운임조건이다. 송상현 · 김현, *海商法原論 新訂版*(1999), 216면; 오원석, 국제운송론 제3개정판(2004), 57면.

5) 통상 이처럼 운송인이 본안전항변을 제출하는 것은 중재절차 자체가 자신에게 유리하기 때문이 아니라, 본안전항변을 제출하여 원고(수하인 또는 선하증권 소지인)의 소가 각하될 경우 원고가 다시 중재신청을 하더라도 이미 제소기간이 도과하여 원고의 손해배상청구를 원천적으로 봉쇄할 수 있기 때문이라고 한다. 송상현 · 김현(註 4), 266면.

배척하였다.

즉, 제1심판결은 중재조항의 편입을 위하여는 일반적인 편입문구로는 부족하고 특정편입이어야 하며, 후자는 일정한 요건을 구비해야 하는데 이 사건의 경우 요건이 구비되지 않았다고 본 것이다.

2. 원심판결[6)]

여기에서 다루는 쟁점에 관하여 원심판결은 단순히 제1심판결을 인용하고 있다.

3. 대법원판결의 요지

여기에서 다루는 쟁점에 관한 대법원판결의 요지는 다음과 같다.[7)]

[1] 용선계약상 중재조항의 선하증권에의 편입의 준거법 — 용선계약상의 중재조항이 선하증권에 편입되어 선하증권의 소지인과 운송인 사이에서도 효력을 가지는지 여부는 선하증권의 준거법에 의하여 판단하여야 할 것이다.

[2] 선하증권의 준거법 — 구 섭외사법 제9조는 "법률행위의 성립 및 효력에 관하여는 당사자의 의사에 의하여 적용할 법을 정한다. 그러나 당사자의 의사가 분명하지 아니한 때에는 행위지법에 의한다"고 규정하고 있는바, 따라서 선하증권이 그 약관에서 명시적으로 적용할 나라의 법을 정하고 있는

---

6) 서울지방법원 2000. 11. 2. 선고 99나36005 판결.

7) 판례공보 169, 588 [2003. 1. 1.]이 들고 있는 판시사항은 다음 여섯 가지이다.
첫째, 용선계약상의 중재조항이 선하증권에 편입되어 선하증권의 소지인과 운송인 사이에서도 효력을 가지는지 여부에 대하여 적용될 準據法의 결정
둘째, 소송과정에서 적용될 외국법규에 흠결이 있거나 그 존재에 관한 자료가 제출되지 아니하여 그 내용의 확인이 불가능한 경우 보충적으로 적용할 법원(法源)
셋째, 용선계약상의 중재조항이 선하증권에 편입되기 위한 요건
넷째, 선하증권의 효력
다섯째, 기명식 선하증권상의 권리양도 방법 및 기명식 선하증권이 양도된 경우채무불이행으로 인한 손해배상청구권은 물론 불법행위로 인한 손해배상청구권도 선하증권에 화체되어 선하증권이 양도됨에 따라 선하증권 소지인에게 이전되는지 여부(적극)
여섯째, 해상운송계약상 화물의 적부(積付)에 있어서 운송인의 주의의무
여기에서는 첫째와 셋째 사항만을 다룬다. 그 밖의 논점의 소개는 2003 분야별 중요판례분석의 하나로 저자가 국제거래 분야에 대해 쓴 법률신문 제3281호(2004. 7. 8.), 8-9면 참조.

경우에는 그 정한 법률에 의하여, 선하증권의 발행인이 선하증권에 적용될 법을 명시적 혹은 묵시적으로 지정하지 않은 경우에는 선하증권이 발행된 나라의 법에 의하여 이를 판단하여야 한다.

[3] 선하증권상의 지상약관의 법적 성질 — 이 사건 선하증권은 이면약관에서 선적국에서 입법화한 헤이그규칙 및 일정한 경우 헤이그-비스비규칙이 적용된다는 지상약관(paramount clause)을 담고 있는 외 달리 명시적으로 선하증권의 준거법을 정하지는 않았는바, 따라서 이 사건 선하증권에 대하여는 위 약관에 따라 먼저 이 사건 화물의 선적국인 미국에서 입법화된 헤이그규칙 및 일정한 경우 헤이그-비스비규칙이 적용되고, 나머지 사항에 대하여는 선하증권이 발행된 장소인 미국의 법과 관습이 적용된다.

[4] 용선계약상의 중재조항의 선하증권에의 편입요건 — 일반적으로 용선계약상의 중재조항이 선하증권에 편입되기 위하여는 우선, 용선계약상의 중재조항이 선하증권에 '편입'된다는 규정이 선하증권상에 기재되어 있어야 하고, 그 기재상에서 용선계약의 일자와 당사자 등으로 해당 용선계약이 특정되어야 하며(다만, 위와 같은 방법에 의하여 용선계약이 특정되지 않았더라도 선하증권의 소지인이 해당 용선계약의 존재와 중재조항의 내용을 알았던 경우는 별론으로 한다), 만약 그 편입문구의 기재가 중재조항을 특정하지 아니하고 용선계약상의 일반 조항 모두를 편입한다는 취지로 기재되어 있어 그 기재만으로는 용선계약상의 중재조항이 편입 대상에 포함되는지 여부가 분명하지 않은 경우는 선하증권의 양수인(소지인)이 그와 같이 편입의 대상이 되는 중재조항의 존재를 알았거나 알 수 있었어야 하고, 중재조항이 선하증권에 편입됨으로 인하여 해당 조항이 선하증권의 다른 규정과 모순이 되지 않아야 하며, 용선계약상의 중재조항은 그 중재약정에 구속되는 당사자의 범위가 선박 소유자와 용선자 사이의 분쟁뿐 아니라 제3자 즉 선하증권의 소지인에게도 적용됨을 전제로 광범위하게 규정되어 있어야 할 것이다.

즉 제1심판결(제2심판결도)과 대상판결은 이 사건에서 편입요건이 구비되지 않았다고 본 결론은 동일하지만, 제1심판결은(제2심판결도) 일반적인 편입문구로는 부족하고 특정한 편입문구여야 하며, 나아가 일정한 요건(즉 모순되지 않거나 포괄적이어야 한다)을 요구한 데 반하여, 대상판결은 특정한 편입문구만이 아니라 일반적인 편입문구도 유효할 수 있다고는 보되 후자의 경우 엄격한 요건을 요구한 점에서 차이가 있다.

[研　究]

Ⅰ. 문제의 제기

이 사건에서 제1심판결, 제2심판결과 대상판결은 모두 원고[8]와 피고간에 유효한 중재합의의 존재를 부정하고 피고의 본안전항변을 배척하였다. 이 사건 선하증권과 같이 용선계약하에서 발행된 선하증권—이를 '용선계약 선하증권'(charter party bill of lading)이라고도 부른다[9]—에는 용선계약의 내용을 선하증권에 편입('화체' 또는 '합체'라고도 한다)하는 문구—이른바 '편입문구'(incorporation clause, Inkorporationsklausel)—가 통상 삽입되는데, 특히 용선계약상의 중재조항이 선하증권에 편입되어 선하증권의 소지인과 해상운송인간에 유효한 중재합의가 존재하는가가 문제된다.[10] 대상판결에서는

---

8) 정확히는 선하증권 소지인인 수입자와 운송인인 피고간이다. 보험금을 지급한 원고는 수입자의 권리를 대위하므로 중재합의에 구속된다. 물론 대위 여부와 그의 효력도 보험계약의 준거법에 따를 사항이다.

9) 과거 용선계약 선하증권은 은행이 수리하지 않는 서류였으나 1993년 개정된 신용장통일규칙(제25조)은 신용장이 용선계약 선하증권을 요구하거나 허용한 경우 이를 수리하도록 하면서 그 요건을 정하고, 신용장이 용선계약서의 제시를 요구하더라도 은행은 이를 심사할 의무가 없음을 명시한다.

10) 위 註 8과도 관련되는 것이지만, 정확히는 선하증권 소지인과 운송인인 피고간에 중재합의가 체결되는 것은 아니고 운송인과 송하인(또는 수하인)간에 중재합의가 일단 성립하고, 선하증권 소지인은 승계인으로서 중재합의에 구속되므로 중재합의의 성립과 승계를 단계적으로 검토하는 것이 논리적이다. 국제재판관할의 경우도 동일하다. 석광현, "전속적 국제재판관할합의의 유효요건—지정된 법원과 당해 사건간의 합리적인 관련성—," 國際私法과 國際訴訟 제3권(2004), 250면 참조. 승계가 부정될 경우 소지인이 중재조항에 동의하였는지를 검토할 필요가 있다. 대법원 1990. 2. 13. 선고 88다카23735 판결은, 船荷證券의 準據法이 영국법임을 전제로, 당시 영국법에 의하면 원고는, 당해 사건 선하증권상에 수하인으로 기재되어 있으나 오직 신용장 대금의 담보를 위하여 선하증권을 소지하게 되었고 또한 운송물이 이미 멸실되어 선하증권을 제시하여도 운송계약상의 당사자의 지위를 취득할 수 없으므로 피고와의 사이에 운송계약에 부수된 유효한 중재합의가 있었음을 주장할 수 없다고 판시하였다. 참고로 독일에서는 선하증권 교부계약(Begebungsvertrag)의 당사자는 송하인(엄밀하게는 선적인)과 운송인이고, 수하인은 제3자를 위한 계약의 수익자 또는 승계인의 지위에 있다고 보는 견해가 다수설이나, 수하인이 직접 당사자가 된다는 견해도 있고, 선하증권의 종류에 따라 구분하는 견해도 있다. Peter Mankowski, Seerechtliche Vertragsverhältnisse im Internationalen Privatrecht (1995), S. 248ff.; Manja Epping, Die Schiedsvereinbarung im internationalen privaten Rechtsverkehr nach der Reform des deutschen Schiedsverfahrensrechts (1999), SS. 67-68. 여기에서는 중재조항의 편입

海商法, 즉 實質法的 爭點[11]으로는 용선계약의 중재조항이 편입문구에 의하여 선하증권에 편입되기 위한 요건이, 國際私法的 爭點으로는 편입요건의 準據法이 문제되었고, 후자와 관련하여 선하증권의 準據法의 결정 및 至上約款의 법적 성질이 쟁점이 되었다.

그러나 이 사건처럼 용선계약상 중재조항이 선하증권에 편입되는 경우[12] 유효한 중재합의가 존재하려면, 엄밀하게는 첫째 중재조항이 편입문구에 의하여 선하증권에 편입되고, 둘째 중재합의의 서면요건(방식요건 또는 형식적 유효요건. 이하 서면요건과 방식요건을 호환적으로 사용한다)을 구비해야 하며, 셋째 중재합의의 성립요건과 실질적 유효요건을 구비해야 한다(다만 셋째 요건은 통상은 문제되지 않을 것이다). 이 사건에서 쟁점이 된 것은 주로 편입요건인데 그것이 중재합의의 성립요건인지, 방식요건인지, 양자의 결합인지, 아니면 별도의 유효요건인지라는 성질결정이 문제된다.[13] 이의 판단이 어려운 것은 편입요건, 방식요건과 성립요건이 일부 중첩되기 때문이다.

만을 다루고 승계는 다른 기회로 미룬다. 승계의 準據法에 관하여는 우선 Manksowski, 위 책, S. 255f. 참조. 대상판결은 이 사건 선하증권이 미국법이 準據法인 기명식 선하증권임에도 불구하고 상법(제820조, 제130조)을 근거로 이를 당연한 지시증권이라고 보았으나 미국법상 기명식 선하증권은 당연한 지시증권은 아니다. 김창준, "背書가 禁止된 記名式 船荷證券의 法的 性質," 한국해법학회지 제25권 제1호(2003), 278면. 이 논점에 관한 해설은 채동헌(註 1), 276면 이하 참조. 한편 선하증권이 지시증권(또는 기명증권)인지는 선하증권에 화체된 권리의 準據法에 의한다. 석광현, 2001년 개정 國際私法 해설 제2판(2003), 173면, 註 294에서는 船荷證券의 경우 선하증권의 準據法과 목적지법에 의한다는 견해 등이 있다고 썼으나, 정확히는 그것은 선하증권의 지시증권(또는 기명증권)성이 아니라 선하증권의 인도증권성의 문제이다. 즉 어떤 선하증권이 유가증권인지, 나아가 지시증권(또는 기명증권)인지는 선하증권에 화체된 권리의 準據法에 의하고, 선하증권의 양도를 물품의 인도와 동일시할 수 있는지는 목적지법에 의한다고 보아야 할 것이다. 따라서 이 사건 선하증권의 지시증권성은 미국법이 결정할 사항이다. 실무적으로는 어떤 선하증권이 지시증권(또는 기명증권)인지는 선하증권의 기재에 의해 결정되므로 통상 문제되지 않지만, 기명식이더라도 準據法에 따라 당연한 지시증권이 될 수 있다는 점에서 準據法 논의는 실익이 있다.

11) 실질법이라 함은 법적용규범(또는 간접규범)인 抵觸法(또는 國際私法)에 대비되는 개념으로, 우리 民·商法과 같이 저촉법(또는 국제사법)에 의하여 準據法으로 지정되어 특정 법률관계 또는 쟁점을 직접 규율하는 규범을 말한다.

12) 그러나 선하증권의 이면에 중재조항이 포함되기도 한다. 정병석, "해사계약에 있어서 중재합의와 관련한 문제점," 心堂宋相現先生 華甲紀念論文集, 이십일세기 한국민사법학의 과제와 전망(2002), 486면 이하.

13) 실제로 사용된 편입문구가 편입요건을 충족하는지의 여부는 구체적인 문언의 해석의 문제이지만, 편입요건이 무엇인가는 해석문제는 아니다. 그러나 서영화, "傭船契約의 船荷證券에의 編入," 한국해법회지 제14권 제1호(1992), 355면 이하는 편입요건을 편입규정의 해석원칙으로 설명한다.

아래에서는 이러한 海商法의 논점과 國際私法, 國際商事仲裁法 또는 國際民事節次法의 논점을 먼저 검토하고 그 과정에서 제기되는 準據法에 관한 논점, 즉 협의의 國際私法的 論點을 검토하는데, 구체적으로는 다음과 같다.

첫째, 용선계약상 중재조항이 선하증권에 편입되기 위한 요건(Ⅲ.).

둘째, 중재합의의 방식과 성립(과 실질적 유효요건)(Ⅳ.). 실질적 유효요건은 실질적 유효성의 문제이다. 다만 이 사건은 구 중재법이 적용되는 사건이다.

셋째, 이 사건에서 제기되는 國際私法的 爭點. 즉 중재조항의 편입, 중재합의의 방식과 성립(과 실질적 유효요건)의 準據法(Ⅴ.).

넷째, 선하증권의 準據法과 至上約款(Ⅵ.).

다만 위의 쟁점에 대한 검토에 앞서 용선계약에 따라 발행되는 선하증권을 간단히 살펴본다(Ⅱ.). 법원이 법을 적용하는 순서에 따르면, 판결요지처럼 먼저 準據法을 결정하고 그 다음에 실질법상의 쟁점인 편입요건을 보아야 하나, 여기에서는 대상판결의 주된 쟁점인 實質法的 爭點을 보고 난 뒤에 國際私法的 爭點을 다룬다.

Ⅱ. 용선계약과 선하증권

해상물건운송계약이란 당사자의 일방이 상대방에 대하여 선박에 의한 물건의 해상운송을 인수하고, 상대방이 이에 대하여 보수를 지급할 것을 약정함으로써 성립하는 계약인데, 상법은 해상물건운송계약을 용선계약과 개품운송계약으로 구분하고(제780조) 용선계약을 중심으로 규정하고 있으며 개품운송계약에 관하여는 소수의 특별규정만을 두고 있다. 용선계약(charter-party, charter party, Chartervertrag)은 해상물건운송계약의 일종으로, 해상운송인인 선박소유자 등이 선박의 전부 또는 일부를 운송을 위하여 제공하여 여기에 적재된 물건을 운송할 것을 약속하고, 상대방인 용선자는 보수를 지급할 것을 약속하는 계약이다.[14] 대량화물을 운송할 때 용선계약을 주로 사용하는데 용선계약은 대체로 정기용선계약(time charter), 항해용선계약

14) 송상현·김현(註 4), 210면; 최기원, 해상법 제3판(2002), 129면.

(voyage charter)과 나용선계약(demise charter, bareboat charter)으로 구분된다.[15] 용선계약은 통상 표준약관에 의하여 체결되는데, 실무상 정기용선계약의 경우 발트국제해운동맹의 볼타임양식 또는 뉴욕산물거래소(New York Produce Exchange)의 NYPE 양식이, 항해용선계약의 경우 발트국제해운동맹의 젠콘(GENCON)양식이 사용되고 있다.[16]

한편 상법은 선하증권의 개념을 정의하지 않으나, 선하증권(bill of lading, Konnossement)은 해상운송인이 해상물건운송계약에 따른 운송물의 수령 또는 선적을 증명하고, 해상운송인에 대한 운송물의 인도청구권을 표창하는 유가증권이다.[17] 우리 법상으로는 선하증권은 이처럼 유가증권일 뿐이고, 선하증권 자체를 계약으로 파악하지는 않는다. 그러나 영국과 미국에서는 선하증권을 선하증권계약으로 부르는 경향이 있다.[18]

상법은 운송인은 운송물을 수령한 후 용선자 또는 송하인의 청구에 의하여 1통 또는 수통의 선하증권을 발행한다고 규정하나, 엄밀하게는 용선계약하에서 선하증권이 발행되는 경우에는, 첫째 예컨대 선박소유자가 체결한 항해용선계약에 따라 용선자에게 선박을 제공하고 용선자가 선적한 화물에 대하여 선하증권을 발행하는 경우와, 둘째 선박소유자가 체결한 용선계약에 따라 용선자에게 선박을 제공하고, 용선자가 선박을 자신의 해상운송영업에 투입하고 화물운송을 의뢰한 제3자인 송하인에게 선하증권을 발행하는 경우가 있다.[19] 즉 전자는 선박소유자가 운송인으로서 용선자에게 선하증권을 발행하는 경우이고, 후자는 용선자가 운송인으로서 제3자에게 선하증권을 발행하는 경우이다. 어느 경우이든 용선계약이 선하증권에 편입되므로 용선계약 선하증권이 된다. 이 사건 선하증권은 전자에 해당하는데, 이 경우 선하증권은 용선자가 물건을 타인에게 매도하는 수단으로써 사용된다.

---

15) 송상현·김현(註 4), 347면.

16) 심재두, 海上運送法(1997), 43면; 송상현·김현(註 4), 350면.

17) 商法 제813조 참조. 최기원(註 14), 223면; 송상현·김현(註 4), 250면.

18) 예컨대 심재두(註 16), 231면은 영국법상 해상운송계약은 크게 용선계약과 선하증권계약으로 나뉜다고 한다. 그러나 영국에서도 선하증권 자체는 운송계약이 아니라는 점은 인정되고 있고, 선하증권계약(bill of lading contract)이라는 표현은 편의상의 표현일 뿐이고 정확히는 선하증권에 포함되어 있거나 이에 의하여 증명되는 운송계약(contract of carriage contained in or evidenced by the bill of lading)을 의미한다고 한다. 심재두(註 16), 232면.

19) 심재두(註 16), 486면 이하; 방희석 외, "용선계약 선하증권의 보통법상 적용사례에 관한 고찰," 중재 제304호(2002 여름), 29면 이하 참조.

Ⅲ. 용선계약상 중재조항이 선하증권에 편입되기 위한 요건

위에서 본 바와 같이 용선계약과 (용선계약) 선하증권은 구별되는데,[20] 여기에서는 실질법상의 쟁점인 용선계약상 중재조항의 선하증권에의 편입요건을 살펴본다. 이 부분은 해상법 전문가들의 기존 연구를 주로 참조하였고, 이 글에서의 논의를 위하여 필요한 범위로 한정하였다.

1. 용선계약 내용의 선하증권에의 편입

용선계약하에서 선하증권이 발행되는 경우 용선계약과 선하증권(또는 선하증권계약) 중 어느 것이 선박소유자(즉 해상운송인)와 선하증권 소지인의 관계를 규율하는지가 문제되는데, 용선자가 선하증권을 소지하는 경우에는 용선계약이 규율하지만, 제3자가 선하증권을 소지하는 경우에는 선하증권이 규율한다고 본다.[21] 문제는 후자의 경우 선하증권이 편입문구를 포함하는 때이다.[22] 용선계약하에서 발행된 선하증권에는 용선계약의 내용의 전부 또는 일부를 선하증권의 내용으로 포함한다는 문구, 즉 편입문구를 삽입하는 것이 통상인데, 이는 선박소유자가 선하증권 소지인에 대하여 용선계약에서 정한 내용 이상의 책임을 부담하지 않기 위한 것이다.[23] 그런데 용선계약에는 통상 중재조항이 포함되는데,[24] 중재조항은 선하증권 소지인의 법원의 재판을 받을 권리를 박탈하는 점에서 중대한 결과를 초래하므로 중재조항의 편입이 특히 문제된다. 편입문구에는 그 범위에 따라 용선계약의 모든 조항을 편입하는 '일반편입문구'(general incorporation clause. 또는 일반편입조항 또는 일반적 지시문구)와 중재조항을 특정하여 편입하는 '특정편입문구'(specific incorporation clause. 특정편입조항 또는 특정적 지시문구)가 있다.[25]

---

20) 용선계약 선하증권과 용선계약의 관계는 주기동, "傭船契約內容의 船荷證券에의 編入," 司法論集 제18집(1987), 256면 참조.

21) 심재두(註 16), 490-494면; 송상현·김현(註 4), 265면.

22) 용선계약의 편입에 관하여는 Scrutton on Charterparties and Bills of Lading, 19th Edition, by Sir Alan Abraham Mocatta, Sir Michael J. Mustill and Stewart C. Boyd (1984), p. 62 *et seq.*; 심재두(註 16), 494면 이하; 주기동(註 20), 257면 이하 참조.

23) 심재두(註 16), 494면.

24) Gencon 양식에는 중재조항이 없으나 통상 Rider clause에 중재조항이 포함된다고 한다.

25) 편입문구의 다양한 사례는 서영화(註 13), 357면 이하 참조.

2. 용선계약상 중재조항이 선하증권에 편입되기 위한 외국 법상의 요건

용선계약하에서 발행된 선하증권의 경우 용선계약상 중재조항이 유효하게 선하증권에 편입되기 위한 요건은 국가에 따라 차이가 있는데, 여기에서는 우선 외국법의 태도를 간단히 소개한다.[26]

가. 독 일

독일은 "仲裁節次의 新規律을 위한 법률"(Gesetz zur Neuregelung des Schiedsverfahrensrechts —SchiedsVfG)에 의해 1998. 1. 1.자로 민사소송법(ZPO) 중 중재편(제10편 제1025조-제1066조)을 개정하였는데, 중재편은 1999. 12. 31.자로 전문개정된 우리 중재법처럼 국제연합국제무역법위원회(UNCITRAL)가 1985년 채택한 "국제상사중재에 관한 모델법"(Model Law on International Commercial Arbitration)(이하 "모델중재법"이라 한다)을 전면수용하고, 국제중재와 국내중재를 일원적으로 규율한다.[27]

과거 논란이 있었지만 독일 연방대법원 판결[28]과 학설[29]은 일반편입문구도 유효하다고 보았다. 그러나 이제는 특정편입문구만이 유효하고 일반편입문구는 무효이다. 왜냐하면 개정된 독일 민사소송법(제1031조 제3항)은 중재법(제8조 제4항)과 마찬가지로 중재합의를 포함하는 다른 문서를 인용하는 경우 일반에 관하여는 모델중재법(제7조 제2항 3문)을 따르면서도, 용선계약상의 중재조항을 편입하는 선하증권의 경우 중재조항을 특정하여 지시할 것을 요구하기 때문이다(제1031조 제4항[30]). 즉 제4항은 제3항의 특칙으로서

---

26) 외국법에 대한 간단한 소개는 정병석(註 12), 489-493면; Prüßmann/Rabe, Seehandelsrecht 4. Auflage (2000) vor §556 Rn. 181 이하 참조.

27) 독일 민사소송법 중재편의 국문번역은 장문철·정선주·강병근·서정일, UNCITRAL모델중재법의 수용론(1999), 105-122면을 참조.

28) BGH 18. 12. 1958, BGHZ 29, 120, 122f.

29) Prüßmann/Rabe, Seehandelsrecht 3. Auflage (1992) vor §556 Ⅶ C 4(S. 330ff.), vor §556 Ⅶ C 4a; Epping(註 10), S. 170; Reithmann/Martiny/Hausmann, Internationales Vertragsrecht 6. Auflage (2004) Rz. 1629 참조.

30) 조문은 다음과 같다.
"Eine Schiedsvereinbarung wird auch durch die Begebung eines Konnossements begründet, in dem ausdrücklich auf die in einem Chartervertrag enthaltene Schiedsklausel Bezug genommen wird"(중재합의는 용선계약에 포함되어 있는 중재조항을 명시

제3항을 배제한다.[31] 제4항은 모델중재법이나 우리 중재법이 알지 못하는 조문인데, 독일이 이 조항을 추가한 이유는 1978년의 "해상물건운송에 관한 국제연합협약"(United Nations Convention on the Carriage of Goods by Sea, 1978)(함부르그규칙)[32]에 접근하고 프랑스와 영국의 판례를 반영하기 위한 것이라고 한다.[33]

참고로 용선계약상의 중재조항을 편입하는 경우에는 제1031조 제4항이 적용되지만, 개품운송계약에 따라 발행되는 선하증권에서와 같이 선하증권의 이면에 포함된 중재조항을 적용하기로 하는 경우에는 제4항이 아니라 원칙으로 돌아가 제3항이 정한 중재합의의 요건을 구비하면 족하다고 한다.[34]

나. 영 국[35]

1969년의 *The Merak* 사건 판결[36]은 종전 판례와 다른 태도를 취하였다. 즉 이 사건의 용선계약에는 "이 용선에 의하여 또는 이 용선하에서 발행된 선하증권으로부터 발생하는 모든 분쟁은 중재에 부탁되어야 한다"(any dispute arising out of this charter or any bill of lading issued hereunder shall be referred to arbitration)는 취지의 'all dispute type'의 조항이 있었고, 한편 선하증권에는 "all the terms, conditions and exceptions con-

---

적으로 언급하고 있는 선하증권의 발행에 의하여도 성립한다).

31) Schwab/Walter, Schiedsgerichtsbarkeit 6. Aufl. (2000), Kapitel 5 Rn. 15.

32) 제22조 제1항과 제2항은 다음과 같다.

"1. Subject to the provisions of this article, parties may provide by agreement evidenced in writing that any dispute that may arise relating to carriage of goods under this Convention shall be referred to arbitration.

2. Where a charter-party contains a provision that disputes arising thereunder shall be referred to arbitration and a bill of lading issued pursuant to the charter-party does not contain a special annotation providing that such provision shall be binding upon the holder of the bill of lading, the carrier may not invoke such provision as against a holder having acquired the bill of lading in good faith"(밑줄은 저자가 추가함).

33) Epping(註 10), S. 170. 그러나 아래에서 보듯이 영국 판례의 태도에 관하여는 논란이 있다.

34) Epping(註 10), S. 170.

35) 영국 판례의 소개는 서영화(註 13), 362면 이하; 松浦 馨, "船荷證券中の, 仲裁合意を含する傭船契約の引用について," 現代仲裁法の論点, 松浦 馨·青山善充 編(1998), 159-161면; 강이수, "선하증권과 중재합의의 효력—영·미의 판례를 중심으로—," 중재연구 제12권 제2호(2003), 308-313면; 주기동(註 20), 274면 이하 참조.

36) 2 Loyd's Report 527, 1964.

tained in the said charterparty apply to this bill of lading"이라고 기재되어 있었다. 항소법원은 이 용선계약 중의 중재조항에는, 밑줄 친 부분에서 보듯이 선하증권에 의하여 발생한 분쟁도 중재에 부탁한다는 뜻이 명확하게 규정되어 있으므로 선하증권에도 적용된다고 판시하였다.

그러나 중재조항의 편입문구에 관한 대표적인 영국의 판례는 1971년의 *The Annefield* 사건 판결[37]이다. 이 사건의 용선계약에는 "이 용선계약하에 모든 분쟁은 중재에 부탁되어야 한다"는 취지의 'all dispute type'의 조항이 있었고, 한편 선하증권에는 "all the terms, conditions and exceptions of which Charter Party, including the negligence clause, are incorporated hcre with"라고 기재되어 있었다. 항소법원은 용선계약의 조항을 선하증권의 실체(물품의 선적, 운송과 인도)에 직접 밀접하게 관련된 조항(clauses in the charter party which are directly germane to the carriage of goods under a bill of loading)과 그렇지 않은 조항으로 구분하고 전자는 선하증권에 적합하게 문언을 어느 정도 조작 또는 수정하여 편입할 수 있으나, 후자는 선하증권 중이나 용선계약 중에 명료한 용어로 명확하게 인용되지 않는 한 선하증권에 편입될 수 없고, 중재조항은 후자에 속하므로 일반적 지시문구에 의하여는 편입되지 않는다는 취지로 판시하였다.[38]

여기에서 주목할 것은 선하증권의 편입문구에 관하여 전개되어 온 영국의 법리인데, 그에 따르면 편입문구는 다음 세 가지 요건이 구비되어야 유효하다.[39] 그 중 일부는 직접 중재조항에 관한 것은 아니지만, 중재합의는 당사자들이 법원의 재판을 받을 권리를 박탈하는 점에서 다른 계약조건의 편입보다 좀더 엄격하게 해석할 필요가 있고, 특히 선하증권은 유가증권으로서 전전유통되므로[40] —물론 이를 강조하면 특정편입문구만이 유효하게 될 것이나—, 중재조항을 편입하는 일반편입문구가 유효하려면 통상의 편입

37) 1 Loyd's Report 1, 1971. 판례의 요약은 Russell, On the law of arbitration, 20th edition, 1982, p.52 참조(강이수(註 35)에서 재인용).

38) 1978. 9. 18.의 Admiralty Court (Queen's Bench Division), The Rena K (U.K. no.6)은중재조항을 언급한 특정편입문구는 유효하다고 판시하였다. Albert Jan van den Berg, The New York Arbitration Convention of 1958 (1981), p.220에 소개되어 있다.

39) 심재두(註 16), 494-496면; 서영화(註 13), 355면 이하; 방희석 외(註 19), 33-35면.

40) 정병석(註 12), 492-493면; 김갑유, "중재합의의 유효성판단과 그 準據法," 인권과 정의 331호(2004. 3.), 184면; 서동희, "외국중재판정의 한국내 집행과 관련된 몇 가지 문제," 중재 제298호(2000 겨울), 67면.

문구의 유효요건이 구비되어야 할 것이므로 중재조항의 편입의 경우에도 의미가 있다.

첫째, 편입문구는 선하증권에 기재되어 있어야 한다. 선하증권 소지인은 용선계약의 당사자가 아니므로 용선계약의 내용을 알지 못하기 때문이다. 선하증권이 단순히 용선계약을 언급하는 것으로는 부족하고 편입하는 취지가 기재되어야 한다.

둘째, 편입문구는 편입하고자 하는 용선계약의 내용을 제대로 적절하게 기술한 것이어야 한다. 이것이 'description issue'이다. 예컨대 "용선계약의 어떤 내용이든지 간에"(all terms whatsoever of the charterparty)라는 일반적인 편입문구는 용선계약의 모든 내용을 편입하는 것이 아니라 화물의 선적, 운송, 양륙 및 운임의 지급과 관련된 내용만을 포함한 것뿐이라고 판시한 판결[41]이 있고, "모든 조건 및 면책사유는 용선계약대로 함"(all conditions and exceptions as per charterparty)이라는 문구는 화물의 운송, 양륙 및 인도에 관한 것을 의미하고 중재조항과 같은 부수적인 내용까지 포함하는 것은 아니라고 판시한 판결[42]이 있다.

셋째, 편입문구에 의하여 편입되는 용선계약의 내용은 선하증권의 내용과 상충, 모순되지 않고 조화되어야 한다. 이것이 이른바 'consistency issue'이다. 만일 양자가 상충될 때에는 선하증권의 내용이 우선한다. 예컨대 "이 용선계약하에서 발생하는 모든 분쟁은 중재에 부탁하여야 한다"(any dispute arising out of this charter shall be referred to arbitration)는 용선계약의 중재조항은 선하증권에서 발생하는 분쟁에는 적용할 수 없다고 판시한 1889년의 *Hamilton v. Mackie* 사건 판결[43]이 있다.

흥미로운 것은, 영국 판례의 태도에 관하여 견해가 나뉜다는 점이다. 즉 선하증권상에 "이 증권에 관하여 발생하는 모든 분쟁을 용선계약에 있는 중재에 부탁한다"는 취지의 특정편입문구가 없는 한, 용선계약상의 중재조항은 선하증권에 편입되지 않는다는 견해도 있으나,[44] 반드시 특정편입문구만이 유효한 것은 아니고 일반편입문구도 유효할 수 있으나 다만 그 경우 당사자

41) The Garbis (1982) 2 L.I.R. 283(심재두(註 16), 495면, 註 9에서 재인용).
42) The Varenna (1983) 2 L.I.R. 592(심재두(註 16), 495면, 註 10에서 재인용).
43) 5 T.L.R. 677(심재두(註 16), 496면, 註 13에서 재인용).
44) 목영준, 상사중재법론(2000), 42면은 Sutton/Kendall/Grill, Russel On Arbitration, 21st ed. (1997), p. 49를 인용하여 이렇게 설명한다. 서동희(註 40), 67면도 동지.

쌍방이 중재조항을 적용하고자 의도하는 것이 명료하지 않으면 아니 된다"고 하는 견해도 있다.[45] 그러나 대표적인 저서인 Scrutton은 영국판결의 태도를 다음과 같이 정리한다.[46] 즉 (a) 용선계약에 있는 중재조항은 선하증권에 특정편입문구가 있고, 용선계약에 있는 중재조항의 문언이 선하증권의 맥락에서 의미가 통하며, 그 조항이 선하증권의 명시적인 내용과 모순되지 않는 경우, 또는 (b) 선하증권에 일반편입문구가 있고, 용선계약에 있는 중재조항이나 다른 규정이 용선계약하의 분쟁뿐만 아니라 선하증권하의 분쟁을 규율한다는 점을 명백히 하는 경우에 선하증권에 편입되고, 그 밖의 모든 경우에는 선하증권에 편입되지 않는다는 것이다.

다. 미 국[47]

미국의 판례는 많지 않지만 널리 알려진 것으로는 1952년의 *Son Shipping Co. v. De Fosse & Tanghe* 사건 판결[48]인데, 이는 영국법과 대비한 미국법의 특징을 가장 단적으로 보여 주는 대표적 판례라고 알려져 있다.[49] 이 사건의 용선계약에는 "Any and all differences and disputes of whatsoever nature arising out of this charter shall be put to arbitration in the City of New York"라고 기재되어 있었고, 한편 선하증권에는 "This shipment is carried under and pursuant to the terms of Charter dated Antwerp, June 29th, 1948 between Son Shipping Company and De Fosse and Tanghe, charter, and all the terms whatsoever of the said charter except the rate and payment of freight specified therein apply to and govern the right of the parties concerned in this shipment"라고

45) 松浦 馨(註 35), 160면. 영국과 일본의 문헌은 松浦 馨(註 35), 161면, 주 12를 참조.
46) Scrutton(註 22), p. 68. 주기동(註 20), 274면도 Scrutton의 18판을 이용하여 이를 소개한다.
47) 미국 판례의 소개는 채동헌(註 1), 면 이하; 서영화(註 13), 364면 이하; 松浦 馨(註 35), 161-163면; 주기동(註 20), 279면 이하; 강이수(註 35), 313-319면 참조. 최근의 미국 문헌으로는 Lisa Beth Chessin, "Applicability of an Arbitration Clause Contained in a Bill of Lading to Third Parties: Steel Warehouse Co. v. Abalone Shipping Ltd.," 23 The Maritime Lawyer, 575 (1999)가 있다.
48) 199 F. 2d 687, 1952 A.M.C. 1931 2d Cir. 1952 (Grant Gilmore and Charles L. Black, Jr., The Law of Admiralty, 2nd Edition (1975), 註 93에서 재인용); 서영화(註 13), 364면 註 34; 강이수(註 35), 313면 註 23에도 있다.
49) 松浦 馨(註 35), 156면.

기재되어 있었다.

제1심법원은 위 문언은 중재조항을 선하증권에 편입하였다고 보기에는 부족하다고 판단하였으나, 연방제2순회항소법원은 제1심법원의 판결을 파기하고 다음과 같이 판시하였다. 첫째 이 사건의 선하증권은 용선계약의 모든 조항을 일반적으로 지시한 것이 아니라 중재조항을 포함한 일정범위의 조항을 특정적이고 명시적으로 지시한 것이다. 특히 운임률과 운임의 지급에 관한 사항을 명시적으로 제외함으로써 그 밖의 모든 조항을 선하증권에 편입할 의사가 있는 것이 명백하고 오해의 여지가 없다. 둘째, 연방항소법원은 *Kulkundis Shipping Co. v. Amtorg Trading Co.,* 사건 판결 이래 용선계약 중의 중재조항도 기타의 계약조항과 동일하게 다루고 있으므로 영국의 *Portmouth* 사건이나 *Harmatris* 사건과 같이 양자를 구별하는 견해는 배척되어야 한다는 것이다.

영국법과 미국법은 비슷하다는 평가도 있지만[50] 미국법은 영국법보다 좀 더 완화된 태도를 취한다는 평가도 있다. 후자는 물론 선하증권상의 일반편입문구에 의하여는 용선계약 중의 중재조항은 선하증권에 편입되지 않는다는 원칙 자체는 영국과 미국간에 차이가 없지만,[51] 미국에서는 특정편입의 요건을 완화하여 해석하는 것이 일반이고 그 중에는 단순한 일반편입문구의 경우에도 중재합의의 편입을 인정한 예도 있을 정도이기 때문이라고 한다.[52] 더 나아가 영국의 판례는 매우 엄격한 데 반하여 미국의 판례는 중재조항의 편입을 쉽게 인정하고 있어 큰 차이가 있다는 견해도 있다.[53]

50) Mankowski(註 10), S. 170-171.

51) 주기동(註 20), 282면도 동지.

52) 松浦 馨(註 35), 157면이 인용하는 豊岳信昭의 견해. 松浦 馨(註 35), 162-163면은 미국 판례의 태도를 다음과 같이 정리한다. "미국에서는 엄밀한 의미에서 특정적 지시문구라고는 할 수 없는 때는 물론 단순한 일반적 지시문구인 때에도 경우에 따라서는 중재조항의 합체를 인정하는 점에서 특징적이지만, 반면에 인용된 용선계약 중의 중재조항을 그의 문언에 의하여 일반적 중재조항(이 용선계약으로부터 발생하는 모든 분쟁(any dispute arising out of this charter)에 관하여 중재를 합의하는 조항)과 특정적 중재조항(선주와 용선자와의 사이에 발생하는 분쟁(dispute between owners/charterers)에 관하여 중재를 합의하는 조항)의 2종으로 분류하고, 전자의 경우 중재조항의 효력이 용선계약 당사자뿐만 아니라 그 후의 선하증권 양수인에게도 미치지만, 후자의 경우 그의 효력이 선하증권 양수인에게는 미치지 않는다는 판례도 확립되어 있다."

53) 서영화(註 13), 361면; 강이수(註 35), 313면. 강이수 교수의 글은 松浦 馨(註 35)의 글을 주로 참조한 것으로 보인다.

라. 일　　본[54)]

이에 관하여는 일본에서는 1959. 5. 11. 오사카지방재판소 판결[55)]이 있고, 학설도 이 판결을 계기로 전개되었다. 동 사건에서 비료인광석의 수입·판매업자인 원고(X)는 수출업자인 소외 A와 인광석의 매매계약을 체결하였다. A는 운송인인 피고(Y)와 항해용선계약을 체결하였는데, 동 계약에는 모든 분쟁은 런던에서 중재에 의해 해결한다는 중재조항이 있었다. 한편 Y의 대리점은 선하증권을 발행하였고 원고(X)는 선하증권을 취득하였다. 선하증권상에는 용선계약중의 일체의 내용, 조건 및 면책약관은 모두 본 증권에 편입된다는 문구가 있었다. 원고(X)는 물건의 인도를 받았으나 그의 일부에 濡損이 발생하였다. 원고(X)는 선하증권의 소지인으로서 피고(Y)를 상대로 손해배상청구의 소를 제기하였고, 피고는 중재합의에 기한 본안전항변을 하였던바, 법원은 용선계약상의 "본 용선계약으로부터 발생하는 일체의 분쟁"(all disputes arising under this Charter)이라는 부분은 선하증권에 있어서 "본 선하증권으로 발생하는 일체의 분쟁"(all disputes arising under this bill of lading)이라고 생각해야 할 것이라고 하여 편입문구의 효력을 긍정하고 피고의 항변을 받아들였다. 일본의 학설로는 영국 판례를 따르는 견해, 미국 판례를 따르는 견해와 그 밖의 견해 등이 있다.

3. 용선계약상 중재조항이 선하증권에 편입되기 위한 우리 법상의 요건

여기에서는 우리 나라의 종래의 학설, 대상판결의 취지와 그에 대한 평가를 살펴본다.

가. 우리 나라의 종래의 학설

이 점에 관하여 종래 외국, 특히 영국의 판례를 소개하는 우리 글들은

---

54) 일본의 판례와 학설은 松浦 馨(註 35), 154-159면을 따른 것이다. 다만 서면성의 문제는 2003년 공포된 일본 중재법(제13조 제2항)에 의하여 해결하는 것으로 보인다.

55) 下民集 10권 5호 970면. 이 판결은 주기동(註 20), 282면 이하와 정병석(註 12), 492면에도 소개되어 있다.

있었지만 우리 법상의 요건을 제시한 견해는 많지 않았다. 몇 가지 눈에 띄는 것을 보면, 선하증권상의 일반적 편입문구에 의해서는 용선계약상 중재약정은 선하증권에 당연히 편입되는 것은 아니라는 견해가 있다.[56] 이 견해도 '당연히'라고 함으로써 구체적인 사안에 따라 일반편입문구가 유효하게 될 수 있음을 시사하는 것으로 생각된다. 또한 개정중재법 제8조 제4항에 의하여 일반적인 인용으로도 중재합의의 존재를 인정할 가능성이 높아졌음을 지적하는 견해도 있다.[57] 그 밖에 일반적으로 용선계약이 선하증권에 유효하게 편입되기 위하여는 첫째 선하증권에 용선계약의 내용을 편입한다는 조항이 기재되어 있어야 하고, 둘째 선하증권 소지인이 이 같은 조항이 선하증권에 기재되어 있다는 것을 실제로 알고 있거나 알았어야 한다는 견해[58]가 있으나, 이는 중재조항의 편입에 관한 것은 아니다. 나아가 중재법 제8조 제4항의 해석상 특정적 지시문구에 의한 인용만을 유효하다고 해석할 여지도 없지 않으나, 이 조항의 진의는 그것이 아니고 그 인용에 의하여 중재조항을 채택하려는 의도가 명백하여 의심의 여지가 없으면 좋다는 견해[59]도 있지만, 이는 선하증권에 관한 것이 아니라 중재법 제8조 제4항 일반에 관한 것이다.

나. 대상판결의 취지와 그에 대한 평가

대상판결은 특정편입문구의 경우 ① 선하증권에 용선계약의 중재조항을 특정한 편입문구가 있고, ② 그 기재상에서 용선계약의 일자와 당사자 등으로 해당 용선계약이 특정되면 유효하나, 가사 용선계약이 특정되지 않았더라도 선하증권의 소지인이 용선계약의 존재와 중재조항의 내용을 알았던 경우는 유효하다고 판시하였다. 그러나 후자의 입증은 쉽지 않을 것이다. 한편 대상판결은 일반편입문구의 경우 ① 선하증권의 기재상으로 용선계약 자체가 특정되어 있어야 하고,[60] ② 선하증권의 양수인이 중재조항의 존재를 알았거

56) 정병석(註 12), 493면.

57) 서동희(註 40), 67-68면.

58) 송상현·김현(註 4), 265면. 그러나 선하증권에 편입문구가 실제로 기재되어 있다면 둘째의 조건은 대체로 충족될 것이므로 이 견해의 타당성은 의문이다.

59) 강이수(註 35), 330면. 이 견해의 문제는 일반편입조항을 사용한 경우 중재조항을 채택하려는 의도가 명백하여 의심의 여지가 없는 경우가 되기 위하여 과연 어떤 요건이 구비되어야 하는지가 애매하다는 점이다.

60) 대상판결은 명시하지 않지만, 이 경우에도 용선계약이 특정되지 않았더라도 선하증권의 소지인이 용선계약의 존재와 중재조항의 내용을 알았다면 ①의 요건은 충족될 것이다(본문 ②의 요건 참조).

나 알 수 있었어야 하며, ③ 중재조항이 선하증권에 편입됨으로 인하여 해당 조항이 선하증권의 다른 규정과 모순되지 않아야 하고,[61] ④ 중재조항은 그에 구속되는 당사자의 범위가 선박소유자와 용선자간의 분쟁뿐 아니라 제3자 즉 선하증권 소지인에게도 적용됨을 전제로 광범위하게 규정될 것을 요구하였다. 대상판결은 이 사건에서 선하증권에 일반편입문구가 있었지만 용선계약이 특정되지 않았고(위 ①의 요건), 편입문구가 일반적이어서 편입대상인 용선계약의 조항 중 중재조항이 포함되는지도 선하증권의 소지인 등 제3자에게는 불분명하며(위 ②의 요건), 용선계약이 준용하는 장기해송계약서상의 중재조항은 효력이 미치는 인적 범위를 용선계약의 당사자들로만 한정하고 있다는 이유로(위 ④의 요건) 중재조항의 편입의 효력을 부정하였다.

대상판결은 중재조항이 편입문구에 의하여 선하증권에 편입되기 위하여 우리 법상 구비되어야 할 요건을 명시한 최초의 대법원판결로서 의의가 있다. 특히 충분한 학설의 논의가 없는 상태에서 내려진 것이라는 점에서 그 의의가 더욱 크다. 대상판결은 단순히 "<u>일반적으로</u> 용선계약상의 중재조항이 선하증권에 편입되기 위하여는"(밑줄은 저자가 추가함)이라고 설시하고 있는데, 그것이 우리 법상의 일반원칙이라는 것인지, 국가에 따라 상이하지만 일반적으로 그렇다는 의미인지는 명확하지 않지만 전자로 짐작된다.[62] 이런 이유로 저자는 대상판결이 용선계약상 중재조항이 선하증권에 편입되기 위한 우리 법상의 요건을 설시한 것으로 이해한다. 채동헌 판사는 이것을 '조리'라고 설명하지만,[63] 미국과 한국의 조리가 동일한 것은 아닐테고, 미국의 성문법규와 관습법을 알지 못하는 상태에서 어떻게 미국의 조리를 확인할 수 있는지 좀처럼 이해하기 어렵다.[64]

---

61) 이는 위에서 본 영국 판례의 'consistency issue'이다.

62) 채동헌 판사는 "대법원은 準據法인 미국의 법과 관습에 대한 입증이 없음을 이유로 조리에 기하여 판단하고, 위에서 본 바와 같은 이유[편입을 제한하자는 입장]로 중재조항의 선하증권 편입을 부정하는 방법을 택하였다"고 한다. 채동헌(註 1), 274면.

63) 채동헌(註 1), 274면.

64) 대상판결은, 소송과정에서 적용될 외국법규에 흠결이 있거나 그 존재에 관한 자료가 제출되지 아니하여 그 내용의 확인이 불가능한 경우 법원으로서는 법원(法源)에 관한 민사상의 대원칙에 따라 외국 관습법에 의할 것이고, 외국 관습법도 그 내용의 확인이 불가능하면 조리에 의하여 재판할 수밖에 없다고 판시하였다. 이는 선행판결(예컨대 대법원 2000. 6. 9. 선고 98다35037 판결)을 따른 것이나 옳지 않다. 대상판결이 말하는 '法源에 관한 민사상의 대원칙'은 우리 민법(제1조)에 기초한 것으로 짐작되는데, 일반적으로 영미법계 국가의 경우 판례도 法源이므로 그렇게 단정할 수 없고, 대상판결에서는 미국법이 準據法이었으므로 위의 설시는 부정확하다. 또한 선행판결에서는 중국법이 準據法이었던바

특정편입문구의 경우 중재조항과 용선계약이 명확히 특정되면 별 어려움이 없지만, 우리 법상 일반편입문구의 효력의 인정 여부와 그 요건은 까다로운 문제이다. 위에서 본 바와 같이 국가에 따라 그 요건이 다른 점에서도 짐작할 수 있는데, 이는 결국 첫째 선하증권 소지인의 이익과 해상운송인의 이익을 어떻게 조화시킬 것인가, 둘째 법적 안정성과 구체적 타당성을 어떻게 조화시킬 것인가라는 상반되는 가치의 衡量의 문제를 수반한다.

첫째의 논점에 관하여는, 법원의 재판을 받을 선하증권 소지인의 권리를 중시한다면 일반편입문구의 효력을 전면 부정할 수도 있다. 독일 민사소송법과 함부르그규칙은 이런 태도를 취한 것이다. 반면에 해상운송으로부터 발생하는 분쟁을 특정한 장소에 집중하여 중재에 의하여 해결할 필요성이 있는 해상운송인의 권리를 중시한다면, 일반편입문구의 효력을 전면 부정하는 대신 일정한 요건하에서 긍정할 여지도 있다. 대상판결은 후자의 태도를 취한 것이다. 실제로 해상운송인의 관점에서는 해상운송에서 발생하는 분쟁을 효율적으로 관리하기 위하여 특정한 국가에 전속적 국제재판관할을 부여하는 합의를 하거나 중재합의를 하는데, 우리 대법원은 2004. 3. 25. 선고 2001다53349 판결[65]에서 합의된 법원과 분쟁간의 합리적 관련성이 존재할 것을 요구함으로써 전속적 관할합의에 비호의적인 태도를 취하였고, 대상판결을 통하여는 중재조항을 편입하는 일반편입문구의 효력을 부정하였다. 대상판결을 고려한다면 해상운송인들로서는 특정편입문구를 사용하는 편이 현명하다.[66]

한편 둘째의 쟁점에 관하여는, 대상판결에 따르면 개별사건별로 일반편입문구의 효력의 유무를 판단해야 하므로 법적 안정성과 당사자들의 예측가능성을 해할 가능성이 있다. 만일 대상판결이 일반편입문구의 효력을 전면적으로 부정하였다면 우리 나라에서 중재신청을 하거나 중재판정을 집행할 필요가 있는 해상운송인들은 특정편입문구만을 사용하게 될 것이므로 편입문구의 효력에 관한 예측이 가능하고, 선하증권 소지인이 뜻하지 않게 재판을 받을 권리를 상실하는 일이 없게 되어 법적 안정성이 제고되는 측면이 있기

중국에서는 최고인민법원의 司法解釋도 法源으로 보인다.

65) 평석은 석광현, "專屬的 國際裁判管轄合意의 유효요건—지정된 법원과 당해 사건간의 합리적인 관련성," 國際私法과 國際訴訟 제3권(2004), 244면 이하 참조.

66) 위에서 본 바와 같이 1994년 개정된 표준항해용선계약 선하증권(CONGENBILL)은 중재조항을 언급하는 특정편입문구를 사용한다. 다만 그 경우에도 아래(Ⅳ.)에서 보는 바와 같이 중재합의의 방식요건의 구비는 여전히 문제가 된다.

때문이다. 특히 일반편입문구에 관한 ②의 요건의 구비 여부는 입증과 판단이 쉽지 않을 것이다. 만일 실무상 용선계약에는 통상 중재조항이 포함되고, 용선계약 선하증권의 경우 일반편입문구에 의하여 중재조항을 편입하는 것이 상관습(또는 상관행)으로 정착되었다면 ②의 요건의 구비를 인정하기가 쉬울 것이나, 대상판결은 그런 상관습(또는 상관행)의 부존재를 전제로 한 것으로 보인다.

요컨대 대상판결은 영국의 판례가 발전시켜 온 편입요건에 관한 법리의 영향을 받았으면서도 이를 다소 완화하여 우리 법상의 편입요건을 제시한 것으로 보이는데—대상판결이 우리 법상의 요건임을 명확히 했더라면 하는 아쉬움이 있다—, 대상판결이 제시한 편입요건은 대체로 수긍할 수 없는 것은 아니지만 그로 인하여 법적 불안정성이 도입되는 것은 불가피하다. 법적 안정성의 측면에서는 차라리 특정편입문구만을 유효하다고 보는 것이 더 좋지 않았을까라는 생각도 든다. 아직 일본 판례가 확립된 것은 아니고, 영국 판례의 태도를 단정하기는 어렵지만 위에서 본 바를 기초로 외국법의 태도와 비교하자면, 대체로 독일 → 영국 → 미국 → 일본의 순으로 엄격하다고 할 때 대상판결은 영국과 미국 사이의 어디엔가에 있는 것이 아닌가 생각된다.

Ⅳ. 중재합의의 방식과 성립(과 실질적 유효요건)

대상판결에서는 중재조항의 선하증권에의 편입은 쟁점이 되었지만, 중재합의의 방식과 실질적 요건은 쟁점이 되지 않았다.[67] 아마도 편입요건이 구비되면 당연히 방식요건과 성립요건이 구비된다고 본 것으로 짐작되나, 편입요건, 방식요건과 성립요건은 일부 중첩되는 것은 사실이지만 완전히 동일한 것은 아니다. 따라서 중재합의의 방식과 성립요건을 살펴볼 필요가 있다.

---

67) 판례공보는 참조법령으로 중재법 제8조를 적고 있으나 판결문 자체는 중재법을 언급하지 않는다.

1. 중재합의의 방식

가. 중재합의의 방식을 규율하는 규범

문제는 용선계약상 중재조항을 선하증권에 편입하는 것이 서면요건을 구비하는가이다. 이 사건의 경우 중재지가 서울이어서 1958년의 "外國仲裁判定의 承認 및 執行에 관한 뉴욕협약"(이하 "뉴욕협약"이라 한다)은 적용되지 않고 구 중재법이 적용되는 사안이므로 구 중재법을 중심으로 논의하되, 필요한 범위 내에서 중재법과 뉴욕협약을 언급한다. 구 중재법(제2조 제1항)에 따르면 중재계약은 사법상의 법률관계에 관하여 당사자간에 발생하고 있거나 장래에 발생할 분쟁의 전부 또는 일부를 중재에 의하여 해결하도록 하는 당사자간의 합의를 말하는데, 이는 중재법(제3조 제2호)의 정의와 유사하다.[68] 구 중재법(제2조)은 중재법(제8조 제2항)과 마찬가지로 중재합의가 서면에 의할 것을 요구한다. 그 이유는 중재합의는 법원이 아닌 사인에게 분쟁해결을 맡기는 것이므로, 계약의 진정성을 담보하는 한편, 당사자들로 하여금 계약의 내용이 가지는 중요성을 일깨워 줌으로써 신중한 의사결정을 하도록 할 필요가 있기 때문이다.[69] 구 중재법(제2조 제3항)은 중재합의의 방식으로서 당사자가 중재를 합의한 서면에 기명·날인한 것, 계약 중에 중재조항이 기재되어 있는 것과, 교환된 서신 또는 전보에 중재조항이 기재된 것을 들고 있었다.[70] 참고로 이는 뉴욕협약(제2조 제2항)[71]과도 별 차이가 없다.

---

68) 중재법은 '중재계약'이 아니라 '중재합의'라는 용어를 사용하나 이는 표현상의 문제이다.

69) 목영준(註 44), 37면; van den Berg(註 38), p.171.

70) 한편 중재법(제8조)은 중재합의의 방식에 관하여 중재합의는 서면으로 하여야 한다고 하고(제2항), 서면에 의한 중재합의가 이루어지는 태양을 다음과 같이 열거한다(제3항).

1. 당사자들이 서명한 문서에 중재합의가 포함되어 있는 경우
2. 서신·전보·전신 및 모사전송 기타 통신수단에 의하여 교환된 문서에 중재합의가 포함되어 있는 경우
3. 일방 당사자가 당사자간에 교환된 문서의 내용에 중재합의가 있는 것을 주장하고 상대방 당사자가 이를 다투지 아니하는 경우

또한 계약이 중재조항을 포함한 문서를 인용하는 경우 중재합의가 있는 것으로 보나, 다만 그 계약이 서면으로 작성되고 중재조항을 그 계약의 일부로 하고 있는 경우에 한한다(제4항). 그러나 영국 중재법 제5조 제3항에 따르면 중재조항을 포함한 문서를 인용하는 구두계약도 족하다.

71) 조항은 다음과 같다. '서면에 의한 합의'라 함은 계약문 중의 중재조항 또는 당사자간에 서명되었거나 교환된 서신이나 전보에 포함되어 있는 중재의 합의를 포함한다.

나. 서면요건의 의미

중재합의를 서면으로 해야 한다는 의미는 중재합의에 관한 서면증거가 있어야 한다는 의미가 아니라, 합의 자체가 서면으로 이루어져야 한다는 것이므로 양당사자가 서명한 계약서, 또는 일방당사자가 작성한 문서가 서로 교환된 경우에는 이 요건이 구비되지만, 서면청약을 구두로 승낙하거나 구두청약을 서면으로 승낙하는 것과, 당사자간의 구두합의를 사후에 서면으로 확인하는 것은 비록 국제거래에서는 실제로 널리 사용되고 있지만 서면요건을 구비하지 못한다. 독일에서는 이를 '완전한 서면방식'(volle Schriftform) 또는 '이중서면성'(doppelte Schriftlichkeit)이라고 설명한다.[72] 모델중재법에 관하여도 이와 같이 설명하며,[73] 뉴욕협약의 경우에도 마찬가지이다.[74]

다. 중재조항을 포함한 다른 문서의 인용

중재합의의 서면성과 관련하여 당사자간의 계약이 중재조항을 포함한 다른 문서(또는 약관)를 인용하는 경우에도 서면성 또는 방식요건이 구비되는지가 문제된다.[75] 구 중재법하에서 대법원은 "중재계약은 … 중재조항을 포함하는 일반거래약관 등 다른 문서를 인용하고 있는 경우에도 당사자가 이를 계약의 내용으로 삼은 이상 허용된다"는 취지로 판시하였던바,[76] 이는 타당하다. 중재법 제8조 제4항은 이를 명시한 것이라고 할 수 있다. 여기에서 중재조항을 포함하는 다른 문서의 인용이 중재조항을 특별히 언급하는 특정편입문구인 경우에는 문제가 없지만 일반편입문구도 족한지가 문제된다. 모델

---

72) Martiny/Hausmann(註 29), Rz. 3269; Epping(註 10), S. 65.

73) Holtzmann and Neuhaus, A Guide To The UNCITRAL Model Law On International Commercial Arbitration: Legislative History and Commentary (1989), pp. 260-261; Klaus Peter Berger, International Economic Arbitration (1993), p. 142 *et seq.*

74) van den Berg(註 38), p. 196. 그러나 Fouchard/Gaillard/Goldman, On International Commercial Arbitration (1999), N. 620은 완화된 태도를 취한다. 최근에는 UNCITRAL 차원에서 중재합의의 서면성을 완화하기 위한 논의가 진행중인데 이는 아래(註 84)를 참조.

75) 별도의 계약서가 아니라 계약서의 이면에 중재조항을 포함한 약관이 기재된 경우 일반편입이든 특정편입이든 방식요건의 구비는 문제가 없다고 본다. van den Berg(註 38), p. 216, p. 228

76) 예컨대 1990. 4. 10. 선고 89다카20252 판결; 대법원 1997. 2. 25. 선고 96다24385 판결; 대법원 2001. 10. 12. 선고 99다45543 판결 등.

중재법(제7조 제2항)은 중재조항에 대한 명시적인 특정언급을 요구하는 것은 아니라는 견해가 유력하고,[77] 위에 언급한 대법원판결들도 모두 중재조항을 특정하지 않은 일반편입문구에 관한 사안으로 보인다. 물론 일반편입문구의 효력을 전면적으로 부정할 것은 아니지만,[78] 일반편입문구가 항상 충분한 것은 아닐 테고, 상대방이 뜻하지 않게 재판을 받을 권리를 상실하는 불이익을 입지 않도록 할 필요가 있다. 예컨대 우리 법이 準據法이라면 다른 약관을 인용할 경우 약관의 규제에 관한 법률(이하 "약관규제법"이라 한다)에 따른 편입통제를 생각할 수 있다.

라. 용선계약상 중재조항의 선하증권에의 편입과 중재합의의 방식

한편 선하증권에서 중재조항을 포함하는 문서(용선계약)를 인용하는 경우를 중재조항을 포함한 다른 문서를 인용한 경우와 동일시할 수 있는지가 문제되는데, 논리적으로 다음 두 개의 논점을 구분할 필요가 있다.

첫째, 편입요건에 관하여.

편입요건에 관한 한 통상의 계약과 선하증권을 구별할 필요가 있는지에 대해 의문이 있을 수 있지만, 선하증권은 유가증권으로서 전전유통되는 것이어서 계약의 당사자가 아닌 선하증권 소지인이 중재조항에 구속되는지가 문제되므로 편입요건을 좀더 엄격하게 볼 필요가 있다. 따라서 당사자들이 서명한 통상의 계약서에서 중재조항을 포함한 다른 문서를 인용하는 경우에는 일반편입문구로 족하다고 보더라도 선하증권의 경우에는 이를 제한할 필요가 있다. 예컨대 특정편입문구만을 허용하거나, 일반편입문구를 허용하더라도 좀더 엄격한 요건을 부가하는 방안이다.

둘째, 중재합의의 서면성(방식요건)에 관하여.

중재조항이 용선계약 선하증권에 편입된 경우 방식요건의 구비에 관하여는 우리 나라에서는 종래 활발히 논의되고 있지 않은 것으로 보이는데, 이는 아마도 편입요건이 구비되면 방식요건은 별문제가 없다고 보기 때문이 아닌가 짐작된다. 그러나 사견으로는 용선계약상 중재조항을 선하증권에 편입한 경우 구 중재법의 서면성을 엄격히 해석하는 한 이를 충족하는 것으로 보기

---

77) Holtzmann and Neuhaus(註 73), p. 264.

78) van den Berg(註 38), p. 217 이하는 특정편입의 경우 방식요건이 구비되지만 일반편입의 경우 이를 부정한다. 다만 후자의 경우에도 편입된 약관이 이미 상대방에게 교부된 경우에는 방식요건의 구비를 인정한다. van den Berg(註 38), p. 221, p. 228.

는 어렵다.[79] 왜냐하면 선하증권은 운송인이 일방적으로 작성하여 송하인에게 교부하는 것이기 때문이다. 우리 법상은 선하증권은 운송인과 송하인(또는 수하인)간의 계약도 아니다. 즉 위(다.)에서 본 바와 같이 당사자들이 서면으로 작성한 계약에서, 중재조항을 포함한 일반거래약관 등 다른 문서를 인용하는 경우처럼 당사자가 이를 계약의 내용으로 삼은 경우에는 특정편입문구는 물론이고 일반편입문구의 경우도 일정한 제한하에 서면에 의한 중재합의가 성립하지만, 통상의 계약이 아닌 선하증권의 경우는 이와 달리 보아야 한다는 것이다.[80] 선하증권 소지인이 중재조항을 편입한 선하증권을 단순히 수령한 것만으로는 방식요건은 구비된다고 볼 근거도 없다.[81] 그러나 수하인이 그 후의 서면에서 중재조항을 언급하는 경우에는 그에 의하여 방식요건이 구비될 수 있다. 더 나아가 시안에 따라서는 이른바 금반언의 법리에 근거하여 방식요건이 구비된 것으로 취급될 가능성도 있다.[82]

요컨대 편입요건에 관한 한 선하증권의 경우 특정편입문구는 유효하다고 볼 여지가 있지만, 방식요건에 관한 한 구 중재법의 서면요건을 엄격하게 해석한다면 선하증권상의 일반편입문구는 물론이고 특정편입문구도 구 중재법상의 서면요건을 구비한다고 보기 어렵고, 이 점은 모델중재법을 채택한 중재법하에서도 마찬가지다.

사실 선하증권에 편입된 중재조항이 서면요건을 구비하는지에 관하여는 모델중재법의 성안과정에서도 논란이 있었는데, 모델중재법(제7조 제2항. 우리 중재법 제8조 제4항에 상응)의 서면요건을 충족한다는 견해도 있었다.[83] 그러나 모델중재법상 서면성에 문제가 있다고 보아 이를 해결하기 위한 노력이 시도되었으나 채택되지 않았기 때문에 여전히 문제가 남아 있는데 결국 서면성을 부정하는 견해가 모델중재법에 충실한 해석으로 보인다.[84]

79) 선하증권상의 국제재판관할합의의 경우에도 서면요건이 문제되나 國際私法과 민사소송법에 명문규정이 없으므로 종래 서면성을 완화하여 해석하고 있다. 한충수, "國際裁判管轄合意에 관한 硏究," 연세대학교 대학원 박사학위논문(1996), 84면 이하 참조.

80) 김갑유(註 40), 184면도 동지. 그러나 van den Berg(註 38), p.220은 양자를 동일하게 취급하는 것으로 보인다.

81) Mankowski(註 10), S. 173.

82) 하지만 아래에서 언급하는 대법원 2004. 12. 10. 선고 2004다20180 판결은 이를 인정하지 않은 것으로 보인다.

83) Holtzmann and Neuhaus(註 73), p.261. 註 19에 소개된 견해 참조. 이는 선하증권을 계약서로 본다.

84) 모델중재법의 성안과정에서 독일대표단은 국제거래의 관행을 반영함으로써 이 문제를 해

참고로 뉴욕협약을 보면, 서면요건을 정한 제2조 제2항의 해석에 관하여 다양한 해석이 존재하는데, 뉴욕협약의 서면요건을 좀더 완화하는 해석이 불가능한 것은 아니고 실제로 완화하여 해석하는 국가도 있다.[85] 그리고 선하증권의 일반편입문구는 뉴욕협약의 서면요건을 구비하지 못한다고 보는 것이 정설이지만,[86] 특정편입문구가 뉴욕협약상의 서면요건을 충족하는가에 관하여는 견해가 나뉘는데, 사견으로는 구 중재법 및 중재법에 따른 결론은 뉴욕

결하고자 당시 "民事 및 商事事件의 裁判管轄과 裁判의 執行에 관한 유럽공동체協約"(브뤼셀협약)을 참조하여 서면요건을 완화하자는 제안을 하였으나 이는 뉴욕협약의 서면요건에 합치하지 않는다는 이유로 거부되었는데, 모델중재법상의 이런 문제의 심각성은 국제조약에 의하여 해결되거나, 상대방이 구두합의에 대한 이의를 포기함으로써 완화될 수 있다. Holtzmann and Neuhaus(註 73), p. 261. 미국은 모델중재법의 중재합의의 방식요건이 예시적이라는 이유로 독일의 제안에 크게 관심을 가지지 않았다고 한다. Berger(註 73), p. 146. 참고로 당시 브뤼셀협약(제17조 제1항)은 국제상거래에서 당사자들이 알고 있었거나 알고 있었어야 하는 관행에 부합하고, 나아가 관련 상거래분야에서 당해 유형의 계약의 당사자들에게 널리 알려져 있고 그들에 의하여 규칙적으로 준수되는 방식을 명시함으로써 관할합의의 서면성을 완화하고 그 결과 선하증권에 의한 관할합의를 허용하였다. 관할합의의 서면성에 관한 브뤼셀협약(브뤼셀규정)과 유럽법원의 판례의 진화를 보면 방식요건을 이해하는 데 도움이 된다. Jan Kropholler, Europäisches Zivilprozeßrecht: Kommentar zu EuGVO und Lugano-Übereinkommen, 7. Auflage (2002) Art. 23 Rz. 30ff. 특히 Rz. 66-67 참조.

85) van den Berg(註 38), p. 170 이하. 예컨대 Gary B. Born, International Commercial Arbitration in the United States (1994), pp. 293-294의 주 229, 주 230과 주 231에 인용된 미국 하급심 판결들 참조. 미국의 연방중재법(Federal Arbitration Act of 1925)은 뉴욕협약보다 완화된 서면요건을 요구한다고 한다. Born, 위 책, p. 293. 또한 스위스 연방대법원은 1995년 판결에서 선하증권의 이면에 포함된 중재합의가 방식요건을 구비한다고 판시하였다고 한다. Várady/Barceló, Ⅲ/von Mehren, International Commercial Arbitration (1999), p. 156; 21 Yearbook Commercial Arbitration 690 (1996) 참조. 이는 특히 선하증권의 이면약관에 중재조항이 포함된 경우에 그런 것으로 보인다. Reithmann/Martiny/Hausmann(註 29), Rz. 3288. 최근에는 UNCITRAL 차원에서 중재합의의 서면성을 완화하기 위한 논의가 진행되어 2006년 6월-7월에 개최된 UNCITRAL 제39차 본회의에서는 모델중재법 제7조를 개정하여 서면요건을 완화하는 개정안과, 더 나아가 아예 서면성을 폐지하는 대안을 채택하였고, 나아가 뉴욕협약상의 서면요건을 완화하여 해석하기 위한 해석선언을 채택하였다. 상세는 노태악·구자헌, "최근 UNCITRAL 모델중재법의 개정논의 결과와 국내법에의 示唆—중재합의의 서면성과 중재판정부의 임시적 처분을 중심으로," 2006. 9. 14. 법원행정처 국제규범연구위원회 발표자료, 3면 이하 참조. 그 전의 자료는 강병근, "UNCITRAL의 활동이 중재법 개정에 미칠 영향," 중재 제320호(2006 여름), 18면 이하; 강병근, "중재합의의 서면성과 임시적 처분—UNCITRAL 제2중재실무작업반의 작업을 중심으로—," 世界化 時代의 法·法律家(2002), 735면 이하 참조. UNCITRAL의 문서로는 우선 A/CN.9/WGII/WP.139, para. 11 이하 참조.

86) 이순우, "용선계약상 중재조항이 선하증권에도 자동삽입되는가," 중재 제297호(2000년 가을), 58면. 지난 1998. 6. 10. 뉴욕 UN본부에서 개최된 뉴욕협약 제정 제40주년 기념세미나에서도 이 문제가 크게 부각되어 거론되었다고 한다. 이순우, "뉴욕협약 40주년 기념식 참관기," 중재 제289호(1998 가을), 9-10면 참조. Reithmann/Martiny/Hausmann(註 29), Rz. 3288ff., Rz. 3441.

협약의 해석론으로도 마찬가지이다. 즉 선하증권에 관한 한 특정편입문구와 일반편입문구는 모두 서면요건을 구비하지 못한다고 보는 것이 뉴욕협약의 입법경위에 비추어 뉴욕협약의 조문에 충실한 해석이라는 것이다.[87] 다만 그와 같이 엄격하게 해석하더라도 중재합의의 서면요건은 선하증권의 소지인을 보호하기 위한 것이므로 소지인이 선하증권에 직접 포함되거나 인용된 중재조항을 원용하는 경우 서면요건의 미비는 문제가 되지 않는다.[88]

이처럼 이 쟁점은 뉴욕협약상의 서면요건에 관하여는 물론이고 모델중재법의 성안과정에서도 이미 논의되었던 것이므로, 독일의 예에서 보듯이 우리나라도 1999년 중재법 개정시 이를 입법적으로 해결하는 편이 바람직하지 않았을까 생각된다.[89] 입법적으로 해결되지 않은 이상 완화된 해석을 하는 것은 상대적으로 어렵고, 어느 범위까지 완화할 것인지도 분명하지 않다. 그러나 대상판결의 사안과 달리 1994년 개정된 GENCON이 중재조항을 포함하고 있고, 특정편입문구를 포함한 1994년 개정된 표준항해용선계약 선하증권(CONGENBILL)이 사용되고 있는 현실에서, 비록 우리 나라가 독일 민사소송법이나 함부르그규칙처럼 입법적으로 해결하지는 않았지만 법원이 과연 엄격한 서면요건을 고집할지는 분명하지 않다.

87) 뉴욕협약상으로도 문제가 있음은 Holtzmann and Neuhaus(註 73), p. 261; Berger(註 73), p. 142 참조. 부정설은 Peter Schlosser, Das Recht der internationalen privaten Schiedsgerichtsbarkeit 2. Auflage (1989), Rn. 374, 384. 그러나 van den Berg(註 38), p. 218, p. 220은 위에서 언급한 바와 같이 계약 일반에 관한 논의를 선하증권에도 동일하게 적용한다.

88) Epping(註 10), S. 67, Fn. 49. 편입문구가 사용된 경우가 아니라 선하증권에 중재조항이 포함된 경우에 관하여, 중재법 제8조 제3항 제1호의 당사자들이 서명한 문서의 "당사자들"이 복수로 되어 있다고 하여 모든 당사자들이 서명하여야 한다기보다는 당사자들의 서명이란 그 합의내용의 수락을 의미하는 것이므로 선하증권의 경우 소지인이 선하증권에 기하여 권리를 주장하는 경우, 당사자들의 서명이 있는 것에 준하여 선하증권에 포함된 중재조항은 운송인과 선하증권 소지인간의 유효한 중재합의라고 보는 것이 타당하다는 견해가 있지만(정병석(註 12), 487면), 선하증권의 소지인이 중재신청이 아니라 소를 제기하는 경우에까지 그렇게 볼 근거는 없다.

89) 위에서 본 바와 같이 독일 민사소송법(제1031조 제3항)은 이를 입법적으로 해결하였다. 일본 중재법(제13조 제2항)은 우리 중재법(제3항 제2호)에 상응하는 문언을 좀더 명확히 함으로써 선하증권이 포함된다고 한다. 近藤昌昭/後藤 健/內堀宏達/前田 洋/片岡智美, 仲裁法(2003), 50면. 보다 명확한 독일 중재법이 적절하다고 본다. 만일 중재법의 개정에 의해 입법적으로 해결한다면 뉴욕협약이 적용되는 사안에서 가사 뉴욕협약상 방식요건이 구비되지 않는다고 보더라도 뉴욕협약(제7조 제1항. 이른바 more-favorable-right-provision)에 따라 우리 중재법이 적용될 수 있다. 중재법의 개정작업에 참석한 장문철 교수도 운송인이 일방적으로 작성하는 선하증권의 경우 중재합의는 중재법상의 서면요건을 구비하지 못한다고 한다. 양병회 외, 주석중재법(2005)(장문철 집필부분), 41면.

2. 중재합의의 성립(과 실질적 유효요건)

구 중재법 제2조(중재법 제8조)가 중재합의의 방식(또는 형식적 유효성)을 정한 것임은 명백하나, 문제는 그것이 방식만을 정한 것인가 아니면 중재합의의 성립과 실질적 유효요건도 규정한 것인지이다. 생각건대 구 중재법 제2조(중재법 제8조)는 중재합의의 방식의 문제이고, 중재합의의 성립 및 실질적 유효요건(예컨대 의사표시의 하자의 부존재)과는 개념상 구별되므로 양자의 구비는 각각 검토되어야 한다.[90] 다만 구 중재법 제2조(중재법 제8조)는 '합의'를 요구하는 점에서 중재합의의 성립을 부분적으로 규율하므로 그 범위 내에서는 구 중재법에 따를 것이나, 그 밖의 사항은 중재합의를 규율하는 법에 의해 보충될 필요가 있다.[91] 실제로는 편입요건과 방식요건이 구비되면 중재합의의 성립요건은 별 문제가 없겠지만, 예컨대 의사표시의 하자가 없을 것과 같은 요건은 필요하고, 그 밖의 중재합의의 유효요건이 구비되어야 하며,[92] 나아가 準據法이 우리 법이라면 약관규제법에 따른 편입통제와 내용통제는 여전히 적용될 수 있다.

3. 대상판결의 취지와 그에 대한 평가

독일 민사소송법은 편입요건에 관한 명시적인 조문을 둠으로써 중재조항의 선하증권에의 편입요건과 방식요건을 함께 해결하였다. 대상판결은 우리 법상의 편입요건은 제시했지만, 그 요건이 모두 구비되더라도 방식요건이 당연히 충족되는 것은 아니므로 방식요건을 별도로 검토할 필요가 있었다. 특히 대상판결의 경우 일반편입문구가 사용되었는데, 만일 이 사안에서 판례가 요구하는 편입요건을 모두 구비했더라도, 선하증권상의 일반편입문구는 방식

---

90) Berger(註 73), p. 154 이하; 松浦 馨(註 35), 171면.

91) 독일 민사소송법상으로는 제1031조 제4항의 요건이 구비되면 편입요건과 방식요건이 구비되지만 성립요건은 당연히 구비되는 것은 아니고, 민사소송법이 정하지 않는 성립요건 내지 실질적 유효요건은 실질법에 의해 보충된다. 즉 중재지가 독일이더라도 당사자의 합의에 의하여 중재합의의 유효성의 準據法이 외국법인 경우 그의 요건(예컨대 영국법상의 consistency issue)이 구비되어야 한다. Epping(註 10), S. 171. 따라서 독일법이 중재합의의 準據法이고 독일이 중재지인 경우 민사소송법의 중재합의의 요건과 일반계약법이 모두 적용된다. Epping(註 10), S. 170-171.

92) 예컨대 중재합의가 특정한 법률관계에 관한 것일 것과 중재가능성이 있을 것 등이다.

요건을 구비하지 못한다고 보면 중재합의는 무효이다.[93] 한편 대상판결이 요구한 편입요건이 모두 방식요건의 문제는 아니다. 대상판결이 편입요건이 구비되면 방식요건은 당연히 구비된다고 본 것인지, 아니면 편입요건이 구비되지 않았기 때문에 굳이 방식요건을 검토할 필요가 없다고 본 것인지, 이것도 아니면 편입요건에 골몰한 나머지 서면요건을 간과한 것은 아닌지 모르겠다.[94] 앞으로 대법원이 선하증권에 의한 중재합의시 방식요건에 대하여 어떻게 판단할지 주목된다.

선하증권에 의한 국제재판관할합의(전속관할합의를 포함하여)와 마찬가지로 중재합의도 국제거래에서 빈번히 이루어지고 있는데, 전자의 경우 서면성을 완화하여 방식요건이 구비되는 것으로 보는 견해가 국제적으로 널리 인정되고 있음을 고려하면, 중재합의의 경우에도 마찬가지로 볼 여지도 있다. 그러나 구 중재법, 중재법, 모델중재법과 뉴욕협약의 서면요건을 엄격하게 해석하는 것이 법과 협약의 취지에 부합하는 점은 부인할 수 없다. 따라서 입법에 의하여 엄격성을 완화하는 방안이 가장 적절하나, 그 전에라도 판례에 의해 서면요건을 제한된 범위 내에서 완화하는 방안도 신중히 고려할 필요가 있으며, 그 경우 업계의 상관습(또는 상관행)을 충분히 고려해야 한다. 위에서 언급한 것처럼 혹시 대상판결이 편입요건이 모두 구비되면 방식요건은 당연히 구비되는 것으로 본 것이라면, 대상판결이 방식요건을 완화한 것이라고 평가할 여지도 있지만 이 점은 분명하지 않다. 더욱이 대법원 2004. 12. 10. 선고 2004다20180 판결[95]이 중재합의의 방식에 관하여 비교적 엄격한 태도를 취한 점에서[96] 대상판결을 그렇게 이해하는 것이 적절한지는 의문이다.

---

93) 일반편입문구는 뉴욕협약의 서면요건을 구비하지 못한다고 보는 것이 정설이라는 점은 위 이순우, "용선계약상 중재조항이 선하증권에도 자동삽입되는가," 중재 제297호(2000 가을), 58면.

94) 위에서 언급한 1978. 9. 18.의 *Admiralty Court (Queen's Bench Division), The Rena K (U.K. no. 6)* 사건판결은 중재조항을 언급한 특정편입문구는 유효하다고 판시하였는데, 이는 뉴욕협약이 적용되는 사안임에도 불구하고 법원은 뉴욕협약 제2조 제2항과 관련하여 논의하지 않았다고 한다. van den Berg(註 38), p. 220.

95) 판례공보 218, 103 [2005. 1. 15.].

96) 판결요지는 다음과 같다. "뉴욕협약의 제4조 제1항은 중재합의가 제2조에 정한 '서면에 의한 중재합의'(agreement in writing)일 것을 요구하고 있고, 제2조 제2항은 서면에 의한 중재합의란 '당사자들에 의하여 서명되었거나 서신(letter) 또는 전보(telegram) 교환 속에 담긴, 주된 계약 속의 중재조항 또는 중재합의를 포함한다'고 규정하고 있으므로, 이 사건 중재신청을 전후하여 원고와 피고 사이에 교환된 업무연락서류, 중재관련서류 등에 의하여 중재합의가 확인된다는 특별한 사정이 없는 한, 원고가 베트남 상사중재원에 중재

어쨌든 사견으로는 해석론에 의하여 방식요건을 완화하는 경우에도 위에서 본 일반편입문구의 문제점—방식의 문제가 아닌 편입요건상의 문제점—을 고려한다면 결론적으로는 특정편입문구에 한정하는 것이 설득력이 있다.[97]

이 사건의 경우 그 밖에 중재합의의 성립요건 및 실질적 유효요건은 특별히 문제가 없는 것으로 보인다.

V. 이 사건에서 제기되는 國際私法的 爭點

1. 쟁점의 정리

여기에서는 이 사건에서 제기되는 國際私法的 爭點을 취급한다. 위에서 언급한 바와 같이 용선계약하에서 발행된 선하증권의 경우 통상 편입문구가 삽입되는데, 유효한 중재합의가 존재하려면, 첫째 용선계약상 중재조항이 편입문구에 의하여 선하증권에 편입되고, 둘째 중재합의의 방식요건이 구비되어야 하며, 셋째 중재합의의 성립요건과 실질적 유효요건이 구비되어야 한다. 편입요건과 방식요건이 구비되면 통상 중재합의의 성립요건과 실질적 유효요건은 별로 문제되지 않는다. 아래에서는 위 각 논점의 準據法을 검토하는데, 다만 선하증권의 準據法과 至上約款의 법적 성질에 관하여는 아래(Ⅵ.)에서 별도로 논의한다.

2. 중재조항의 편입의 準據法

위에서 본 바와 같이 용선계약의 중재조항이 선하증권에 편입되기 위한

판정을 신청하고 이에 대하여 피고가 중재 당시 아무런 이의를 제기하지 아니함으로써 일종의 묵시적인 중재합의가 이루어졌다 한들 이를 들어 유효한 중재합의가 있었다고 볼 수는 없다." 이러한 결론의 타당성은 의문이다. 위 대법원판결에 대한 평석은 석광현, "國際商事仲裁에서의 仲裁合意에 관한 법적 문제점—대법원 2004. 12. 10. 선고 2004다20180 판결이 제기한 뉴욕협약상의 쟁점들을 중심으로—," 중재연구 제15권 제1호(2005. 8.), 225면 이하; 이 책 제5장 [10] 참조.

97) 방식요건을 이중서면성으로 이해한다면, 논리적으로는 선하증권의 이면약관에 중재조항이 편입된 경우와, 중재조항을 포함한 용선계약을 선하증권에 편입하는 문구가 사용된 경우를 구별하기는 어렵다. 그러나 방식요건을 완화한다면 상대적으로 전자가 쉬울 것이다. Reithmann/Martiny/Hausmann(註 29), Rz. 3288, 3299는 양자를 구별한다.

요건은 국가에 따라 상이하다. 기본적으로 선하증권에 편입문구가 있고, 편입문구가 용선계약을 적절히 특정해야 하는 점은 대체로 차이가 없지만, 일반편입문구가 유효한지, 유효하다면 어떤 요건이 구비되어야 하는지에 관하여는 차이가 있다. 문제는 편입의 準據法인데 이에 관하여는 다음과 같은 몇 가지 견해가 주장될 수 있다.

첫째는 선하증권의 準據法에 따른다고 견해인데, 이는 약관을 어떤 계약에 편입하는 경우 편입은 당해 계약의 準據法에 따른다고 보는 것[98]과 동일한 논리를 따른 것이다. 대상판결도 이런 견해이다. 둘째는 용선계약의 準據法에 의할 것이라는 견해[99]이다. 셋째는 아래(4.)에서 논의하는 바에 따라 결정되는 중재합의의 성립의 準據法에 의할 것이라는 견해[100]이다. 편입에 의해 당사자들간에 중재합의가 성립하는지가 문제되므로 중재합의의 성립의 準據法에 따른다는 것이다. 넷째는 독일처럼 편입요건을 중재합의의 방식으로 보아 방식의 準據法에 따른다는 견해이다.[101]

나아가, 중재조항의 편입은 약관인 용선계약을 편입하는 것이므로 약관의 편입통제의 문제가 제기된다. 국제적으로 통용되는 운송업의 약관에 대하여는 약관규제법의 일부조항(제7조-제14조)이 배제되므로(약관규제법 제15조와 동법시행령 제3조) 내용통제는 제6조만이 문제되지만[102] 편입통제는 여전히 적용된다. 따라서 편입요건의 準據法이 한국법이면 약관규제법의 편입통제, 즉 명시의무 · 설명의무를 고려해야 한다.[103] 예컨대 국내사건의 경우에

---

98) 석광현, "國際去來와 약관의규제에관한법률의 적용," 國際私法과 國際訴訟 제3권(2004), 168면. Jan Kropholler, Internationales Privatrecht 5. Auflage (2004), §52 I 3a; MünchKomm/Martiny, Band 10: EGBGB, 3. Auflage(1998), Art. 31 Rn. 8ff.

99) Mankowski(註 10), S. 172; Reithmann/Martiny/Hausmann(註 29), Rz. 1628은 독일 민법시행법 제31조 제1항(우리 國際私法 제29조 제1항에 상응)을 적용하여 만일 편입문구가 유효하다면 적용될 법이 準據法이 된다고 한다. 다소 애매하나, 예컨대 용선계약에 明示的 準據法條項이 있다면 동 법이 편입되어 적용될 것이므로 그에 따른다는 취지로 보인다.

100) Epping(註 10), S. 170-171. Reithmann/Martiny/Hausmann(註 29), Rz. 3406은 약관에 포함된 중재조항이 당사자들의 의사합치의 대상인지는 중재합의의 準據法에 따른다고 한다. 선하증권에 관한 것은 아니나 김갑유(註 40), 185면은 이런 견해로 보인다.

101) Reithmann/Martiny/Hausmann(註 29), Rz. 1629는 제1031조 제4항을 소송상의 방식규정으로 성질결정하고 이는 법정지 또는 중재지가 독일인 경우 적용된다고 한다. 그러나 Epping(註 10), S. 170-171은 이를 방식과 실질적 합의에 관한 것으로 본다.

102) 대법원판결(예컨대 1999. 12. 10. 선고 98다9038 판결)에 따르면 약관규제법 제6조도 배제되나, 저자는 이에 반대한다. 석광현(註 98), 160면 이하 참조.

103) 국제거래에 약관규제법이 어떻게 적용되는가는 석광현(註 98), 151면 이하 참조.

도 구 중재법 제2조(중재법 제3조)는 방식요건이고, 약관규제법상의 편입요건(대상판결이 설시한 편입요건과는 상이한)도 구비되어야 한다.

3. 중재합의의 방식의 準據法

위에서 본 바와 같이 구 중재법 제2조 제2항(중재법 제8조 제3항)은 중재합의의 서면성이 구비되는 예를 열거한다. 이 사건의 경우 뉴욕협약은 적용되지 않는데, 중재법(제2조, 제8조)과 달리 구 중재법은 중재합의의 방식에 관한 구 중재법의 적용범위를 명시하지 않으므로 이는 涉外私法에 따라 결정된다. 涉外私法(제10조)에 따르면 중재합의의 방식의 準據法은 아래(4.)에서 논의하는 중재합의의 성립의 準據法 또는 중재합의의 체결지법에 선택적으로 연결된다.[104] 이 경우 중재합의의 체결지에 관하여는 涉外私法 제11조 제2항의 적용 여부가 문제된다.[105] 편입요건이 중재합의의 성립요건인지, 방식요건인지는 비록 실질법상으로는 큰 차이가 없더라도, 準據法이 달라질 가능성이 있다는 점에서 國際私法상으로는 큰 차이가 있다.

4. 중재합의의 성립(과 실질적 유효요건)의 準據法

이 사건에서는 전혀 문제가 되지 않았지만, 중재조항의 유효한 편입요건과 중재합의의 성립요건을 구별한다면 양자의 準據法을 각각 결정하여야 한다. 중재합의의 準據法을 어떻게 결정할지는 중재합의의 법적 성질을 어떻게 볼 것인가와 결부되어 견해가 나뉘기도 하지만, 구 중재법하에서는 중재합의의 성립은 우리 涉外私法에 의하여 결정되는 準據法에 따를 사항이라고 볼 가능성이 크다. 뉴욕협약이 적용되지 않는 이 사건에서는[106] 중재합의의 準據法이 명시적 또는 묵시적으로 지정된 경우 그에 따를 것이나 그렇지 않은

104) 중재법에 따르면 이 사건의 경우 중재지는 한국이므로 중재합의의 방식은 우리 중재법에 의한다(중재법 제2조). 독일에서도 과거 이것이 통설이었다. Mankowski(註 10), S. 41.

105) 석광현(註 10), 151면 참조.

106) 뉴욕협약상으로는, 제Ⅴ조 제1항 a호에 따라 당사자가 선택한 법, 선택이 없는 경우 중재판정지법이 적용된다. 이는 중재판정의 승인·집행의 단계만을 정하고 있지만, 중재합의에도 불구하고 소가 제기되어 상대방이 항변을 하거나, 중재신청을 하여 중재절차가 진행되는 경우에도 이를 유추적용할 것이다. 목영준(註 44), 62면도 동지. 중재합의의 準據法에 관하여는 다른 기회에 논의하겠지만 우선 김갑유(註 40), 177면 이하를 참조.

경우[107] 客觀的 準據法의 결정이 문제된다. 이에 관하여는 涉外私法하에서는 중재합의의 체결지법이 유력할 것이다.[108] 이 사건에서 중재합의가 해상운송인과 수하인(또는 선하증권 소지인)간에 직접 체결되는 것으로 본다면[109] 격지자간의 계약체결이 되어 청약의 발신지인 캘리포니아주법이 準據法이 될 가능성이 크다.[110]

5. 대상판결의 취지와 그에 대한 평가

대상판결은 용선계약상 중재조항이 선하증권에 편입되어 선하증권의 소지인(수하인이 아닌)과 운송인 사이에서도 효력을 가지는지 여부는 선하증권의 準據法에 의할 것이라고 판단하였다. 논란의 여지는 있지만, 우선 대상판결이 이 점을 정면으로 판단한 것을 높이 평가한다. 우리 나라의 종래의 논의는 주로 외국의 實質法을 소개하는 데 그치고 편입요건의 準據法이라는 중요한 國際私法的 爭點을 소홀히 해 온 것을 고려한다면 더욱 그러하다.

그러나 대상판결이 중재합의의 방식과 성립(과 실질적 유효요건)의 準據法을 고려하지 않은 점은 아쉽다. 대상판결로서는 구 중재법 제2조와의 관련하에서 중재합의의 방식의 準據法을 검토할 필요가 있었다. 대상판결처럼 편입이 선하증권의 準據法에 의할 사항이라고 본다면, 중재합의의 방식

107) 주된 계약의 準據法이 지정된 경우 동일한 법이 중재합의의 準據法으로 묵시적으로 지정된 것으로 볼 수 있는지에 관하여는 논란이 있다.

108) 國際私法(제26조)에 따르면 가장 밀접한 관련이 있는 국가의 법이 準據法이 되는데, 그것이 주된 계약의 準據法인지, 아니면 중재지법(또는 중재절차의 準據法)인지가 문제된다(주된 계약은 선하증권에 따른 선하증권 소지인과 해상운송인간의 관계로 볼 것이다). 종래 독일에서는 전자가 다수설이고 후자가 소수설로 보인다. Reinhold Geimer, Internationales Zivilprozeßrecht 5. Auflage (2005), Rz. 3788ff. 상세는 Epping(註 10), S. 44ff.; Mankowski(註 10), S. 48. 그러나 중재법(제36조 제2항 제1호)은 중재판정 취소사유의 하나로 仲裁合意가 當事者들이 지정한 法에 의하여 無效이거나 그러한 지정이 없는 경우에는 大韓民國의 法에 의하여 無效인 사실을 열거하므로 그 결과 중재지법이 客觀的 準據法이 된다는 견해가 가능하다. 예컨대 김갑유(註 40), 181면. 그러나 목영준(註 44), 60면은 涉外私法하의 견해이다. 독일의 민사소송법도 중재법과 유사한 조문을 두는데 독일에서도 아직은 전통적인 견해가 다수로 보이나, 중재지법을 적용할 것이라는 견해도 있다. 예컨대 Epping(註 10), S. 45ff. 그러나 중재지법을 중재합의의 묵시적 준거법으로 보는 견해도 있다.

109) 이는 용선계약과 선하증권의 관계를 어떻게 이해할 것인가라는 문제와 관련된다.

110) 다만 이 사건 선하증권의 準據法을 미국법이라고 본 이상 약관인 중재합의의 편입요건에 관한 약관규제법상의 문제되지 않으므로 중재합의의 성립의 準據法은 별 문제가 없다.

은 캘리포니아주법,[111] 중재합의의 성립(과 실질적 유효요건)은 캘리포니아주법에 따르는 것으로 볼 수 있다.[112] 일응 서면요건은 방식의 準據法, 중재합의의 성립(과 실질적 유효요건)은 중재합의의 準據法에 의하여 각각 규율된다고 볼 것인데, 어려운 것은 과연 대상판결이 제시한 편입요건이 전부 선하증권의 準據法에 의할 사항인지, 아니면 그것이 방식요건과 중재합의의 성립(과 실질적 유효요건)으로 완전히 해소될 수 있는지이다.[113] 저자는 중재조항의 편입요건, 중재합의의 성립(과 실질적 유효요건) 및 중재합의의 방식은 논리적으로는 구별해야 할 것으로 보나, 이 점은 좀더 검토를 할 필요가 있다.

하지만 대상판결의 가장 큰 잘못은 여러 가지 쟁점의 準據法이 미국법이라고 보았으면서도 미국법에 관한 자료가 제출되지 않았다는 이유로 조리에 의하여 판단한 점이다. 채동헌 부장판사는 "이 사건의 경우 법원이 미국의 법과 관습을 정면으로 설시하고 편입을 부정하는 방법이 있을 수 있으나, 대법원은 準據法인 미국의 법과 관습에 대한 입증이 없음을 이유로 조리에 기하여 판단하고 중재조항의 선하증권 편입을 부정하는 방법을 택하였다"고 설명하나,[114] 법원으로서는 마땅히 쟁점의 準據法을 결정하고, 準據法이 외국법이라면 외국법은 직권증거조사사항이며 직권탐지주의가 타당한 영역이므로 법원은 모든 인식수단을 이용하여 당해 準據法을 조사해야 한다. 외국법의 조사는 쉽지 않고 특히 개별재판부에 과도한 부담을 줄 수 있으므로, 재판부의 부담을 덜고 適正한 재판이라는 민사소송의 이상을 실현하며, 司法의 국제경쟁력을 제고하기 위하여 재판의 전제가 되는 외국법의 체계적인 조사를 담당할 가칭 '외국법조사센터'를 법원행정처에 두는 방안을 검토할 필요가 있다.

---

111) 選擇的 準據法인 행위지법의 결정에 관하여는 다툼이 있다.

112) 선하증권의 準據法을 미국법이라고 본 이상 약관규제법상의 편입통제는 문제되지 않으므로 중재합의의 성립의 準據法은 별로 문제될 것이 없다.

113) Berger(註 73), p. 150 주 805에 인용된 Samuel, Lindacher, Lalive 등은 후자를 취한다고 한다.

114) 채동헌(註 1), 274면.

Ⅵ. 선하증권의 準據法과 至上約款[115)]

위에서 본 바와 같이 만일 편입요건의 準據法이 선하증권의 準據法이라고 본다면 선하증권의 準據法을 결정할 필요가 있다. 이를 위하여는 선하증권의 準據法이 가지는 의미(1.), 至上約款의 법적 성질(2.)과 용선계약의 準據法과 선하증권의 準據法의 관계(3.)를 검토할 필요가 있다.

1. 선하증권에 따른 법률관계와 선하증권의 準據法

선하증권의 효력을 채권적 효력과 물권적 효력으로 구분하는 것에 상응하여 선하증권에 따른 법률관계의 準據法을 논의함에 있어서도 채권적인 법률관계와 물권적인 법률관계를 나누어 보아야 한다. 선하증권의 채권적인 법률관계라 함은 선하증권의 적법한 소지인과 운송인간의 채권적인 법률관계를 말하는데, 이 사건의 쟁점은 중재조항의 편입에 관한 것이므로 채권적인 효력의 문제이고, 이는 선하증권의 準據法(Konnossementsstatut)에 따른다.

선하증권의 準據法은 운송계약의 準據法과 마찬가지로 명시적 또는 묵시적으로 지정될 수 있는데 한국 선사들이 발행하는 선하증권은 대체로 準據法條項을 두므로 그 경우 선하증권의 準據法은 문제되지 않으나, 이 사건에서와 같이 용선계약을 편입할 뿐이고 선하증권의 발행인이 선하증권의 準據法을 지정하지 않은 경우 準據法을 결정할 필요가 있다. 이 경우 첫째 至上約款의 법적 성질과 둘째 선하증권의 客觀的 準據法의 결정이 문제된다.

2. 至上約款(paramount clause)

가. 至上約款의 취지

至上約款은, 이 사건 선하증권에서 보듯이 선하증권의 다른 조건에도 불구하고 선하증권에 따른 법률관계에 헤이그규칙 또는 헤이그-비스비규칙(이

115) 이에 관한 상세는 석광현, "船荷證券의 準據法에 관한 몇 가지 문제점 — 國際海上物件運送契約法의 序論的 考察—," 國際私法과 國際訴訟 제2권(2001), 81면 이하 참조. 至上約款에 관한 영국법상의 논의는 우선 Nicholas Gaskell, Regina Asariotis and Yvonne Baatz, Bills of Lading: Law and Contracts (2000), para. 2.48 이하 참조.

하 편의상 "헤이그-비스비규칙"만을 언급한다)이 직접 적용된다고 규정하거나, 또는 특정국가(선적항 또는 양륙항)에서 적용되는 헤이그-비스비규칙이 적용된다는 취지의 조항인데,[116] 이는 헤이그-비스비규칙의 비체약국 법원이 운송인이 선하증권의 이면약관에 기초하여 면책을 주장하는 것을 금지함으로써 동 규칙의 실효성을 확보하기 위한 것이다.[117] 이 사건에서처럼 선하증권이 至上約款을 둔 경우 至上約款이 선하증권의 準據法을 정한 것인지, 아니면 선하증권의 내용에 헤이그-비스비규칙을 편입한 것인지가 문제되고, 만일 전자라면 至上約款과 선하증권의 客觀的 準據法과의 관계가 문제된다. 이는 至上約款의 법적 성질이 抵觸法的 指定, 즉 準據法의 지정인지, 아니면 實質法的 指定(incorporation of foreign law by reference)(외국법을 계약내용으로 편입하는 것)인지의 문제이다.[118]

나. 至上約款의 법적 성질

至上約款의 법적 성질에 관하여 독일과 일본에서는 실질법적 지정으로 보는 견해와 저촉법적 지정으로 보는 견해가 있다. 특히 후자는 선하증권의 準據法이 별도로 지정된 경우 至上約款은 準據法을 분할(*dépeçage*)한 것으로 보는데,[119] '계약의 성립, 방식 및 효력' 등 일반적 문제에 대하여는 準據法條項에 기재된 법률을, '운송인의 책임이나 의무의 제한'에 대하여는 至上約款에 기재된 법률을 각각 분할지정한 것으로 보아야 한다고 한다.[120] 어쨌든 분할지정의 경우, 선하증권의 소지인과 운송인간의 채권적인 법률관계의 내용 중 운송인의 책임과 의무 및 그 제한에 관한 사항 이외의 것이 선하증권의 準據法에 따라 규율된다.

저자는 종래 至上約款의 법적 성질을 사안에 따라 대체로 다음과 같이

116) 헤이그규칙을 입법화한 선적지 또는 목적지의 국내법이 적용됨을 규정한 至上約款의 예는 석광현(註 115), 86면 註 16 참조.

117) 서울지방법원, 국제거래·상사 소송의 실무(1997), 309면.

118) 양자의 차이는 석광현(註 10), 207면 이하 참조.

119) 高桑昭, "實質法的指定と抵觸法的指定—至上約款," 涉外判例百選 第3版, 別冊ジュリスト No. 38(1995), 78-79面.

120) 平塚眞, "船荷證券," 涉外判例百選 第3版(1995), 82-83面; 서울지방법원(註 117), 309면도 동지로 보인다. 이는 대체로 옳으나 엄밀히 말하면 船荷證券은 계약은 아니므로 '契約의 成立'이라는 표현은 다소 부적절하고, 또한 船荷證券의 方式은 선택적으로 연결되므로 이를 함께 설명하는 것도 부적절하다. 여기의 방식은 선하증권의 방식이지 중재합의의 방식은 아니다.

이해하고 있다.[121]

① 헤이그-비스비규칙이 직접 적용된다고 규정하는 경우에는 실질법적 지정이다. 왜냐하면, 논란이 있기는 하지만 涉外私法과 國際私法의 해석으로는 특정국가의 법(national system of law)만이 準據法이 될 수 있다고 보기 때문이다.

② 헤이그-비스비규칙을 입법화한 특정국가의 법이 적용된다고 규정하는 경우 그것이 당해 국가법의 적용요건을 구비한 때에는 抵觸法的 部分指定으로 본다.

③ 헤이그-비스비규칙을 입법화한 특정국가의 법이 적용된다고 규정하더라도 그것이 당해 국가법의 적용요건을 구비하지 못한 때에는 실질법적 지정이다. 왜냐하면 당해 국가의 입법자의 의도에 반하여 특정국가의 법을 準據法으로 적용할 것은 아니기 때문이다.[122]

저자는 이 사건 선하증권을 보지 못하였지만, 이 사건 선하증권은 "선적국에서 입법화된 헤이그규칙이 적용된다고 하면서 나아가 헤이그-비스비규칙이 적용되는 거래에서는 해당 조항이 이 선하증권에 규정된 것으로 본다"고 규정하였다는데,[123] 그렇다면 이 사건 선하증권의 경우 운송인의 책임과 의무 및 그 제한은 至上約款에 의하여 準據法으로 지정된 헤이그규칙을 입법화한 미국법(미국의 해상물건운송법. COGSA)에 따르나, 헤이그-비스비규칙은 계약의 내용을 이루며, 그 밖의 선하증권의 채권적 효력(운송인의 책임이나 의무의 제한 이외의)은 아래에서 보는 바에 따라 결정되는 선하증권의 準據法에 따르므로 선하증권의 準據法의 분할(또는 분열)이 발생할 수 있다. 이 사건의 경우 결과적으로 그 밖의 선하증권의 채권적 효력의 準據法도 선하증권의 발행지인 미국법이라고 보았으므로 準據法의 분할(또는 분열)이

121) 본문의 견해는 準據法條項과 至上約款이 병존하는 사안을 전제로 저자가 Mankowski(註 10), S. 199-231을 참조하여 제시한 것인데(석광현(註 115), 84면) 이 사건에서처럼 별도의 準據法條項이 없더라도 결과는 동일하다. 또한 저자는 위 글의 발표 후 선고된 대법원 1999. 12. 10. 선고 98다9038 판결은 명시하지는 않지만 至上約款 및 멕시코책임조항이 포함된 船荷證券의 準據法에 관하여 이를 準據法의 部分指定으로 본 것이라는 견해를 피력한 바 있다. 석광현(註 10), 209면. 채동헌(註 1), 261-262면도 同旨로 보인다.

122) 이 점은 Peter Nygh, Autonomy in International Contracts (1999), p. 215도 참조.

123) 이는 혹시 미국이 헤이그규칙은 비준하였지만 비스비규칙은 비준하지 않았기 때문에 전자는 적용된다고 함으로써 準據法으로 부분지정하고(저촉법적 부분지정), 후자는 선하증권에 규정된 것으로 본다고 함으로써 선하증권의 내용으로 삼은 것(실질법적 지정)은 아닌지 모르겠다.

발생하지는 않았다.

다. 대상판결의 취지와 그에 대한 평가

대상판결은, 이 사건 선하증권은 이면약관에서 선적국에서 입법화한 헤이그규칙 및 일정한 경우 헤이그-비스비규칙이 적용된다는 至上約款을 담고 있는 외 달리 명시적으로 선하증권의 準據法을 정하지는 않았으므로 이 사건 선하증권에 대하여는 약관에 따라 먼저 선적국인 미국에서 입법화된 헤이그규칙 및 일정한 경우 헤이그-비스비규칙이 적용되고, 나머지 사항에 대하여는 선하증권이 발행된 장소인 미국의 법과 관습이 적용된다고 판시하였다.[124] 이 사건 선하증권은 미국에서 발행되었는데 만일 그것이 미국 해상물건운송법의 적용대상이라면,[125] 대상판결이 至上約款의 결과 일정한 범위 내에서, 즉 부분적으로 헤이그규칙을 입법화한 미국법이 準據法이 된다고 본 결론은 저자의 견해와 일치하므로 환영한다. 특히 대상판결이 至上約款의 법적 성질을 판단한 점을 높이 평가한다. 종래 우리 나라에서는 至上約款의 國際私法的 意味에 대한 논의가 부족하였음을 고려할 때 더욱 그러하다. 그러나 선하증권의 準據法을 선하증권의 발행지법으로 본 것은 논란의 여지가 있는데, 이는 아래에서 항을 바꾸어 논의한다.

3. 선하증권의 客觀的 準據法의 결정

선하증권의 발행인이 準據法을 지정하지 않은 경우 선하증권의 客觀的 準據法의 결정이 문제된다. 이는 논리적으로는 단순하지만 구체적인 사안에서 묵시적 지정의 유무를 판단하는 것은 결코 쉽지 않다. 涉外私法(제9조)은 당사자가 법률행위의 準據法을 지정하지 않은 경우 행위지법원칙을 채택하고 있었으므로 그에 따르면 선하증권이 발행된 나라의 법이 準據法이 될 가능성이 있다. 대상판결은 이 견해를 취하였다.[126] 그러나 사견으로는 涉外私法

124) 이는 결국 미국의 Pomerene Bills of Lading Act of 1994와 보통법(common law)이 될 것이다. 전자는 송상현·김현(註 4), 254면; 岡部邦男, "米國の1994年船荷證劵法"(1), 일본 해사법연구회지 No. 174(2003. 6.), 2면 이하 참조.

125) 미국의 해상물건운송법은 용선계약에는 적용되지 않지만 용선된 선박에 관하여 선하증권이 발행된 경우에는 적용된다(동법 제5조, 제1(b)조). 송상현·김현(註 4), 264면.

126) 涉外私法의 문언에 충실한 견해는 행위지법, 즉 선하증권 발행지법을 準據法으로 본다. 서울지방법원(註 117), 315-316면; 平塚眞(註 120), 83面.

(제9조 단서)이 취하고 있는 행위지법원칙의 부당성에 비추어 그 경우 선하증권과 가장 밀접한 관련을 가지는 법이 準據法으로 되어야 한다는 견해를 피력한 바 있다.[127] 저자의 견해를 따르지 않더라도 첫째 편입문구에 의하여 용선계약의 準據法이 선하증권의 準據法이 되거나, 둘째 최근 대법원 2004. 6. 25. 선고 2002다56130, 56147 판결[128]처럼 이른바 '가정적 당사자의사'에 의하여 準據法을 정할 수 있는지를 검토할 필요가 있다.

가. 운송계약의 準據法과 선하증권의 客觀的 準據法

선하증권의 발행인이 선하증권의 準據法을 명시적 또는 묵시적으로 지정하지 않은 경우, 운송계약의 準據法이 선하증권의 準據法이 될 수 있는지가 문제된다. 운송계약의 당사자가 아닌 선하증권의 적법한 소지인과 운송인간에는 선하증권의 準據法은 별도의 원칙에 따라 객관적으로 연결하여야 한다. 특히 國際私法(제26조)하에서는 그와 같이 해석해야 할 것이다. 독일에서도 운송계약과 선하증권을 구별하고, 선하증권의 客觀的 準據法은 목적지국법이라는 견해가 유력하다.[129] 그러나 용선계약 선하증권처럼 운송계약이 선하증권에 편입되는 경우에는 달리 볼 수 있는데 이는 항을 바꾸어 논의한다.

나. 용선계약의 準據法과 편입문구가 있는 용선계약 선하증권의 客觀的 準據法[130]

용선계약의 準據法과 선하증권의 準據法이 각각 결정되는 것이 원칙이지만 이 사건에서와 같이 선하증권에 일반편입문구가 있는 경우 용선계약의 準據法이 선하증권의 準據法으로 편입되는지가 문제될 수 있다.[131]

이에 관하여 독일의 유력한 견해[132]는 편입문구에 의하여 용선계약의 準據法이 선하증권의 準據法이 되는가에 관하여, 첫째 용선계약이 準據法을 명

127) 석광현(註 115), 85면 註 12.
128) 판례공보 207, 1230 [2004. 8. 1.].
129) Mankowski(註 10), S. 181; Prüßmann/Rabe(註 29), 650 H.
130) 상세는 Mankowski(註 10), S. 167ff. 참조.
131) 저자는 전에 용선계약하에서 발행되는 선하증권의 경우, 운송인이 선하증권에 별도의 準據法條項을 두지 않고 용선계약을 편입하는 방식을 취한다면 용선계약과 선하증권의 準據法은 동일하게 될 것이라고 하였는데(석광현(註 115), 83면 註 6), 여기의 논의는 이를 좀 더 진전시킨 것이다.
132) Mankowski(註 10), S. 167-174.

시적으로 지정한 경우, 둘째 용선계약이 準據法을 묵시적으로 지정한 경우와, 셋째 용선계약의 準據法이 객관적으로 결정되는 경우로 구분하여 논의한다. 이론구성에는 차이가 있지만 이 견해는 결과적으로 어느 경우에나 용선계약의 準據法이 묵시적으로 선하증권의 準據法이 된다고 한다.

이 사건에서 각급법원의 판결문이 용선계약의 準據法을 언급하지 않는 것을 보면 용선계약에 명시적으로 지정된 準據法은 없었고, 아마도 묵시적으로 지정된 準據法도 없다고 본 듯하다. 그렇다면 용선계약의 客觀的 準據法이 일반편입문구에 의하여 선하증권의 準據法이 되는지가 문제되는데, 편입의 성질상 당사자의 합의가 아니라 법원에 의하여 결정되는 용선계약의 조건을 당사자들이 편입하였다고 보기는 어렵고, 특히 대상판결이 제시한 중재조항의 편입요건(선하증권의 양수인이 해당 조항의 존재를 알았거나 알 수 있었을 것)이 準據法條項의 편입에도 유사하게 요구될 것이라는 점에서[133] 독일의 유력한 견해와 달리 이는 부정해야 할 것으로 생각된다.

다. 가정적 당사자의사에 기한 선하증권의 客觀的 準據法

당사사들이 계약의 明示的 또는 默示的 準據法을 지정하지 않은 경우 涉外私法하에서는 행위지법이 準據法이 되었다(涉外私法 제9조). 그런데 涉外私法의 해석론으로 당사자들의 현실적인 합의는 없으나 만일 당사자들이 합의하였더라면 가졌을 것으로 생각되는 의사, 이른바 가정적 당사자의사(hypothetischer Parteiwille)(또는 추정적 당사자의사)에 의하여 準據法을 정할 수 있는지에 관하여는 견해가 나뉘었다.[134] 만일 이를 긍정한다면 이 사건에서도 그에 의하여 선하증권의 準據法을 정할 가능성이 있다.

저자가 이를 언급하는 이유는 위에 언급한 대법원 2004. 6. 25. 판결이 명시적으로 이를 허용하였기 때문이다. 즉 동 판결은 근로계약의 準據法에 관하여 "… 종래 섭외사법 제9조는 법률행위의 성립 및 효력에 관하여 당사자의 의사에 의하여 법을 정하되 당사자의 의사가 분명하지 아니한 때에는

133) 실제로 서울중앙지방법원 2006. 1. 19. 선고 2003가합83073 판결은, 항해용선계약에 영국법을 준거법으로 한다는 특약사항이 있었으나 선하증권상에 항해용선계약의 일자와 당사자가 공란으로 되어 있어 용선계약이 특정되지 아니하였고 선하증권의 소지인인 원고가 항해용선계약의 존재와 준거법조항을 알았다고 인정할 자료가 없다는 이유로 항해용선계약의 준거법조항이 문제된 선하증권에 편입되었다고 볼 수 없다고 판단하였다.

134) 석광현, "涉外私法의 改正에 관한 立法論," 國際私法과 國際訴訟 제2권(2001), 15면 참조.

행위지법에 의하도록 규정하고 있는바, 근로계약의 당사자 사이에 準據法 선택에 관한 명시적인 합의가 없는 경우에 있어서는 근로계약에 포함된 準據法 이외의 다른 의사표시의 내용이나 소송행위를 통하여 나타난 당사자의 태도 등을 기초로 당사자의 묵시적 의사를 추정하여야 할 것이고 그러한 묵시적 의사를 추정할 수 없는 경우에도 당사자의 국적, 주소 등 생활본거지, 사용자인 법인의 설립 준거법, 노무급부지, 직무내용 등 근로계약에 관한 여러 가지 객관적 사정을 종합하여 볼 때 근로계약 당시 당사자가 준거법을 지정하였더라면 선택하였을 것으로 판단되는 가정적 의사를 추정하여 준거법을 결정할 수 있다"고 판시하였다(밑줄은 저자가 추가함). 저자는 涉外私法과 國際私法상 가정적 당사자의사에 의한 客觀的 準據法의 결정에 반대하지만,[135] 만일 이를 인정한다면 이 사건 선하증권에 이런 법리를 적용할 가능성이 있는지를 검토할 필요가 있었다고 본다.

라. 대상판결의 취지와 그에 대한 평가 —선하증권의 客觀的 準據法

대상판결은 추상적인 법률론으로서 涉外私法(제9조)에 따르면 선하증권의 準據法은 선하증권이 명시적으로 準據法을 정하고 있는 경우에는 그 정한 법률, 선하증권의 발행인이 선하증권의 準據法을 명시적 혹은 묵시적으로 지정하지 않은 경우에는 선하증권이 발행된 나라의 법이 된다고 보고 이 사건 선하증권의 경우 선하증권의 발행지인 미국법이 準據法이 된다고 판시하였다.

대상판결에 대하여는 다음과 같은 두 가지 점에서 비판을 할 수 있다. 첫째 편입문구에 의하여 용선계약의 準據法이 선하증권의 準據法이 될 가능성은 없었는지, 둘째 선하증권의 客觀的 準據法을 결정하는 데 있어, 涉外私法(제9조 단서)이 취하고 있는 행위지법원칙이 아니라 선하증권과 가장 밀접한 관련을 가지는 법을 準據法으로 볼 여지는 없었는가, 나아가 2004년 대법원판결처럼 가정적 의사를 인정할 여지는 없었는가라는 점이다. 만일 이런 접근을 하였더라면 한국법이 準據法으로 인정될 여지도 있었던 사안으로 생각된다.

---

135) 2004년 대법원판결에 대한 간단한 평석은 석광현, "2004년 國際私法 분야 大法院判例: 정리 및 해설," 국제사법연구(2004), 433면 이하 참조.

Ⅶ. 맺 음 말

대상판결은 첫째, 용선계약상 중재조항을 용선계약하에서 발행된 선하증권에 편입하기 위한 우리 법상의 요건을 명확히 제시한 대법원판결로서 커다란 의의가 있다. 이는 주로 實質法인 海商法상의 의의이다. 대상판결은 특정편입문구만이 아니라 일반편입문구도 일정한 요건이 구비되면 유효하다고 하였으나, 일반편입문구의 효력을 인정한 것은 법적 안정성에 비추어 비판의 여지가 있다. 둘째, 대상판결은 중재조항의 편입요건은 선하증권의 準據法에 따른다는 것을 전제로 涉外私法상 선하증권의 客觀的 準據法은 선하증권의 발행지법이라고 보고, 至上約款의 결과 선하증권의 準據法이 분열됨을 명확히 한 최초의 대법원판결로서 커다란 의의가 있다. 이는 國際私法상의 의의이다. 전통적으로 해상법분야는 국제성을 특징으로 하는 國際私法的 論點의 寶庫임에도 불구하고, 종래 우리의 해상법학은 國際私法的 論點을 捨象하는 파행을 보여온 점을 고려할 때 대상판결은 우리 법률가들에게 만연된 '國際私法的 思考의 貧困'[136]에 경종을 울리는 판결이다. 셋째, 대상판결은 國際私法 내지는 國際民事節次法이 국제해상운송의 현실에 미치는 영향을 보여주는 판결로서 의의가 크다. 이는 실무상의 의의이다.

반면에 대상판결이 아쉬움을 남기는 것도 사실인데, 특히 편입요건을 치밀하게 판단하면서도 우리 구 중재법상의 중재합의의 방식요건과 그의 準據法을 고려하지 않은 점은 유감이다. 특히 종래 선하증권의 일반편입문구는 중재합의의 방식요건을 구비하지 못한다는 견해가 유력하였음을 고려하면 더욱 그러하다. 저자는 독일처럼 중재법에 중재조항의 특정편입만을 허용하는 조항을 둠으로써 편입요건과 방식요건을 함께 입법적으로 해결하는 것이 바람직하다고 생각한다.[137] 저자가 해석론에 의한 방식요건의 완화에 반대하는 것은 아니지만, 그러한 해석은 구 중재법, 중재법(모델중재법)과 뉴욕협약의 본래의 취지에는 부합하지 않고, 나아가 그 경우 그 근거와 완화된 방식요건

---

136) 김갑유(註 40), 185면도 중재합의에 관하여 유사한 지적을 하고 있다.

137) 그렇더라도 성립(과 실질적 유효)요건까지 모두 해결되는 것은 아니다. 대상판결에서 제기된 쟁점들이 현재 국제연합 국제무역법위원회(UNCITRAL)에서 작업중인 해상물건운송에 관한 국제조약에 의하여 일부 해결될 가능성도 있다 이에 관하여는 U.N. Doc. A/CN.9/WG.Ⅲ/WP45를 참조.

을 명확히 해야 함을 지적해 둔다. 대상판결을 보면서 우리도 선하증권상의 중재합의를 포함한 海事國際私法 또는 海事國際民事節次法에 대해 좀더 체계적인 연구를 할 필요성을 절감한다. 그렇게 함으로써 우선 대상판결의 쟁점이 國際私法과 중재법하에서 제기될 경우에 대비하고, 國際私法과 중재법의 최근 개정이 가지는 실천적 의의를 깨달을 수 있을 것이다. 어쨌거나 대상판결의 가장 큰 잘못은 準據法이 미국법이라고 보면서도 자료가 제출되지 않았다는 이유로 법원이 조리라고 믿는 바에 의하여 판단한 점인데, 이는 위에서 본 대상판결의 國際私法上의 意義를 半減시키는 것이다. 이런 태도는 마땅히 시정되어야 한다.

제 7 장 國際金融去來法

[12] 國際金融去來와 國際私法

前 記
이 글은 서울대학교 금융법센터에서 간행하는 BFL 제4호(2004. 3.), 93면 이하에 게재된 '국제금융과 國際私法'이라는 제목의 글을 대폭 확대·수정한 것이다.

I. 머 리 말

우리 기업들과 은행들(이라 "우리 기업"이라 한다)의 활동이 국제화됨에 따라 국제금융거래에의 참여도 점차 깊이와 폭을 더해가고 있다. 국제금융거래는 국내금융거래와 달리 외국적 요소(foreign element)를 포함하므로 國際私法的 論點을 제기한다. 국제금융법에는 國際金融去來法 외에도 國際金融規制法이 있는데, 규제법은 공법적 색채가 강한 분야이므로 관련 국가가 자국법을 적용하려는 경향이 있다. 반면에 국제금융거래법은 주로 금융거래의 계약법, 물권법 및 도산법상 효력을 대상으로 하는 법인데, 이는 사법적 색채가 강한 분야이므로 관련 준거법에 의하여 규율된다. 국제금융거래의 유형으로는 해외차입, 유가증권(사채 또는 주식)의 해외발행,[1] 국제증권투자신탁, 국제프로젝트금융(project finance),[2] 국제리스(lease), 국제팩토링(factoring)[3] 또는 국제채권금융(receivables finance),[4] 항공기금융[5]과 선박금융[6]

1) 외국에서의 주식 발행에 관하여는 정성구, "해외원주상장과 관련한 국내법상의 문제점," BFL 제14호(2005. 11.), 67면 이하; 개관은 강희주 · 이제원, "국제 주식거래의 현황과 과제," BFL 제13호(2005. 9.), 92면 이하 참조.

2) 반기로, 프로젝트 파이낸스 제3판(2003); 박훤일, "民間主導에 의한 프로젝트 金融의 法的 硏究," 경희대학교 대학원 법학박사학위논문(2000); 허익렬, "프로젝트 파이낸스와 한국법상의 문제점에 관하여," 민사판례연구[XXIII](2001), 815면 이하.

3) 팩토링에 관하여는 1988년 "국제팩토링에 관한 협약(Convention on International Factoring)"(오타와협약)이 있다. 동 협약에 관하여는 우선 정재곤, "국제팩토링 협약에 관한 법적 고찰," 국제거래법연구 제2집(1993), 217면 이하 참조.

4) 이에 관하여는 박수만, "외화매출채권, 받을어음의 금융," BFL 제16호(2006. 3.), 81면 이하 참조. 위 글은 소개하고 있지 않지만 매출채권금융을 위하여 국제연합은 "국제거래에서의 債權讓渡에 관한 국제연합협약"(United Nations Convention on the Assignment of Receivables in International Trade)을 채택하였다. 그에 관하여는 석광현, 국제채권양

등의 국제자산금융(asset finance), 국제적인 파생금융상품(financial derivatives)거래, 유동화증권(asset-backed securities. ABS)의 해외발행 기타 구조(화)금융(structured finance)[7] 등을 들 수 있는데, 각각의 거래유형에 관한 논의를 국제금융거래법의 각론이라고 할 수 있다.[8]

여기에서는 국제금융거래에서 제기되는 國際私法的 論點으로서 準據法에 관한 일반적 논점(Ⅱ.), 국제금융거래의 유형에 따른 準據法 관련 논점(Ⅲ.), 國際裁判管轄(Ⅳ.), 外國判決의 承認·執行(Ⅴ.)과 國際倒産法(Ⅵ.)에 관한 논점을 살펴보고 국제금융계약[9]의 준거법에 관계없이 우리 법이 규율하는 사항을 간단히 정리한다(Ⅶ.).[10] 마지막으로 근자에 문제되고 있는 國際證券去來法(또는 國際資本市場法)의 논점을 언급한다(Ⅷ.). 그 밖에도 국제금융에서도 담보권의 신탁, 사채신탁 또는 자산유동화에서 보듯이 신탁이 활발히 이용되고 있으므로 신탁과 관련하여 國際裁判管轄과 準據法의 결정이라는 國際私法的 問題가 발생하나, 그에 대한 논의는 생략한다.[11] 또한 국제무역금융, 특히 신용장(letter of credit) 거래와 관련된 國際私法的 問題에 대한 논의도 생략한다.

법원은 법정지의 국제사법을 적용하여 준거법을 결정하므로 국제재판관할의 결정이 준거법의 결정에 논리적으로 선행하지만, 좀더 중요한 준거법을 먼저 논의한다. 실무상 많은 국제금융거래의 준거법은 국제금융의 중심지인 영국과 또는 뉴욕주의 법이고, 또한 영국 또는 뉴욕주법원에 국제재판관할을

도협약(2002) 참조. 석광현, "국제연합의 國際債權讓渡協約—협약의 소개와 民法 및 資産流動化에관한法律에의 시사점—," 국제사법과 국제소송 제3권(2004), 616면 이하 참조.

5) 이에 관하여는 석광현·조영균, "국제항공기금융에 관한 법적 문제점," BFL 제18호(2006. 7.), 62면 이하 참조.

6) 이에 관하여는 정우영, "선박금융의 실무 소개," BFL 제19호(2006. 9.), 89면 이하 참조.

7) 구조(화)금융에서의 ABS의 이용에 관하여는 예컨대 이종구·조영희, "주택저당채권의 해외 유동화 사례분석," BFL 제14호(2005. 11.), 53면 이하 참조.

8) 금융법 전반에 관한 일본자료는 우선 西村總合法律事務所(편), ファイナンス法大全(上)(下)(2003) 참조. 우리 문헌으로는 김건식·석광현·정순섭, "국제금융법의 현상과 과제: 연재를 시작하며," BFL 제3호(2004. 1.), 85면 이하와, BFL에 연재되는 논문들 참조. BFL은 서울대학교 금융법센터에서 간행하는 정기간행물인데, BFL은 Business, Finance, Law를 의미한다.

9) 여기에서는 이를 예컨대 대출계약, 스왑계약 등과 같이 국제금융거래에서 체결되는 계약을 가리키는 의미로 사용한다.

10) 국제금융거래와 관련한 국제사법상의 제논점에 관하여는 Philip R Wood, Comparative Financial Law (1995), p. 135 *et seq.* 참조.

11) 이에 관하여는 석광현, "國際金融에서의 信託과 國際私法," BFL 제17호(2006. 5.), 60면 이하; 이 책 제7장 [13] 참조.

부여하는 합의를 하는 예가 많은바, 여기에서는 우리 국제사법상의 논점을 중심으로 하되, 뉴욕주와 영국의 국제사법도 언급한다. 국제사법규범도 국가에 따라 상당한 차이가 있다. 국제상사중재도 광의의 국제사법적 논점이나 국제금융거래에서 국제상사중재를 선택하는 것은 다소 이례적이므로 일단 제외한다.[12]

국제금융거래의 경우 우리 변호사는 한국법이 규율하는 사항에 관한 법률의견(legal opinion)[13]을 내는데 그곳에서 준거법합의와 관할합의가 유효하고, 영국 또는 뉴욕주에서 받은 외국판결을 일정한 요건하에 한국에서 승인·집행할 수 있음을 확인한다. 그러므로 국제금융거래에 따른 당사자들의 권리·의무를 정확히 이해하기 위하여는 물론이고, 법률의견을 정확히 내기 위하여도 국제사법에 대한 이해가 필수적이다.

Ⅱ. 準據法에 관한 일반적 논점

여기에서는 준거법에 관한 일반적 논점을 간단히 논의하고, 거래유형별 논점은 아래(Ⅲ.)에서 별도로 논의한다.

1. 會社의 準據法[14]

국제금융거래의 주체는 주로 법인인 회사이다. 금융기관 등의 통상적인

12) 그러나 최근에는 국제금융거래에서도 중재를 포함한 대체적 분쟁해결(alternative dispute resolution)의 중요성이 점차 커지고 있다. J. D. Berchild, Jr. and Joseph J. Norton, "The Evolving United States Experience with Alternative Dispute Resolution Respecting Financial Institution Disputes," Norbert Horn and Joseph J. Norton (eds.), Non-Judicial Dispute Settlement in International Financial Transactions (2000), p. 180 *et seq.*는 그 이유로 구조(화)금융(structured financing)의 증가, 여신제공자들 간의 쟁점, 환경과 같은 특별한 기술적인 쟁점, 국제금융분쟁의 해결에 관한 국제조약의 규정(예컨대 NAFTA) 및 사적인 구조조정의 증가 등을 든다.

13) 한국 변호사는 법률의견서에서 예컨대 "채무자가 체결한 계약서는 적법하고 유효하며 채무자를 구속한다"고 하는데 그의 의미가 문제된다. 즉 그것이 "한국법이 준거법이라고 가정할 경우 한국법상 채무자가 체결한 계약서는 적법하고 유효하며 채무자를 구속한다"는 의미인지, 아니면 한국 법원이 준거법인 외국법을 적용할 것임을 재확인하는 의미인지이다.

14) 상세는 석광현, "국제회사법의 몇 가지 문제점," 국제사법과 국제소송 제2권(2001), 193면 이하 참조.

회사가 국제금융거래의 당사자가 되는 경우 회사의 屬人法은 별로 문제될 것은 없다. 그러나 프로젝트금융 또는 구조화금융과 관련하여 이른바 조세피난처(tax haven)에 특수목적회사(special purpose company. SPC)를 성립할 경우 문제가 있다. '회사의 屬人法'(*lex societatis*)의 결정에 관하여는 전통적으로 당사자이익을 중시하는 영미계의 設立準據法主義[15]와 법적 안정성과 거래이익을 중시하는 대륙법계의 本據地法主義가 대립하고 있다.[16] 屬人法은 회사의 설립, 권리능력의 유무와 범위, 행위능력, 조직과 내부관계, 사원의 권리와 의무, 합병 등 회사의 설립부터 소멸까지 법인 또는 단체의 모든 사항을 규율한다. 어느 회사의 행위가 *ultra vires*(능력외 행위)인지도 준거법에 의한다.

국제사법(제16조)은 회사의 屬人法에 관하여 設立準據法主義를 원칙으로 하고, 다만 외국에서 설립된 법인 또는 단체가 한국에 주된 사무소가 있거나 한국에서 주된 사업을 하는 경우에는 한국법에 의하도록 함으로써 예외적으로 本據地法主義를 취함으로써 결국 양자를 결합한 것이다. 단서는 상법 제617조의 취지를 수용한 것인데, 단서의 결과 우리 상법상의 사채발행한도에 대한 규제를 피하고자 외국에 SPC를 설립하더라도 SPC가 한국에서 주된 사업을 하는 경우에는 상법상의 사채발행한도는 여전히 적용된다.

국제회사법은 아래에서 언급하는 국제증권거래법 또는 국제자본시장법과 밀접한 관련을 가지며 그 구별이 어려운 경우도 있다.

2. 準據法合意(choice of law 또는 governing law clause)[17]

위에서 언급한 바와 같이 국제금융거래, 특히 국제금융계약의 준거법은 국제금융에서 주도적인 지위를 가진 영국법 또는 뉴욕주법이 된다. 이는 영국과 뉴욕주가 국제금융의 중심지로서 발전된 국제금융거래와 관련된 법과 풍부한 판례를 가지고 있기 때문이다. 영국법이 선호되는 이유는, 당사자의

15) 미국에서는 'internal affairs rule'이라고도 한다.

16) 최근 유럽연합에서는 역내 영업의 자유를 정한 유럽연합조약과의 관련하에서, 유럽법원의 1999년 3월의 Centros 사건 판결, 2002년 11월의 Ueberseering 사건 판결과 2003년 9월의 Inspire Art 사건 판결 등을 통하여 설립준거법주의가 점차 득세하고 있다. 상세는 MünchKommBGB/Kindler, Band 11 Einführungsgesetz, Internationales Privatrecht 4. Auflage (2006), IntGesR Rn. 97ff. 참조.

17) 국제사법의 해설은 석광현, 2001년 개정 국제사법 해설 제2판(2003), 200면 이하 참조.

합의를 존중하고, 신의성실의 원칙에 기초한 법원의 과도한 자의적인 개입을 차단함으로써 '형평보다 확실성'(certainty over equity)을 선호하는 '영국 계약법의 엄격성' 때문이기도 하다. 이처럼 당사자가 합의한 법이 국제계약을 규율하는 것을 '當事者自治(party autonomy)의 원칙'[18]이라고 하는데 국제사법(제25조)도 이를 명시하고 있고, 이는 영국과 뉴욕주에서는 물론이고 국제적으로 널리 인정되고 있다. 영국의 1990년 '계약(준거법)법'(The Contracts (Applicable Law) Act 1990) 제3조는 위 원칙을 명시하고, 미국의 통일상법전(§1-301(c)(2))[19]과 미국법률가협회의 Restatement of the Law Second: Conflict of Laws(§187)도 이를 명시하고 있으며 판례들도 이를 따른다. 다음 두 가지를 주목할 필요가 있다.

첫째, 영국의 계약(준거법)법은 1980년의 "계약채무의 준거법에 관한 유럽공동체협약"(Convention on the Law Applicable to Contractual Obligations. 로마협약)[20]을 국내법화하기 위하여 제정된 것인데, 2001. 7. 1. 발효된 국제사법도 로마협약을 대폭 수용한 결과 국제계약의 준거법에 관한 한 영국의 위 계약(준거법)법과 매우 유사하다는 점이다.

둘째, 뉴욕주법을 준거법으로 합의하는 경우 다소 특이한 점이 있다. 즉 그 경우 "This Agreement shall be governed by and construed in accordance with the laws of the State of New York, United States of America <u>without regard to the conflict of laws provisions thereof</u>."라는 식의 규정을 두는 예가 많다. 이 중 밑줄 친 부분은 당사자들이 선택한 준거

18) 당사자자치에 관하여는 Peter Nygh, Autonomy in International Contracts (1999) 참조.

19) 이는 과거 §1-105를 개정한 것이다. 과거에는 어느 주법을 준거법으로 지정하기 위하여는 당해 계약이 당해 주와 합리적인 관련이 있어야 하였다. 다만 뉴욕주의 경우 이러한 요건은 1984. 7. 19. 발효된 뉴욕주의 General Obligations Law 제5-1401조가 추가됨으로써 적용이 배제되었는데, 그에 따르면 계약금액이 미화 25만불 이상이면 뉴욕주법을 준거법으로 합의할 수 있다. Erik Jayme/Helmut Nicolaus, "Rechtswahl- und Gerichtsstandsklauseln —Gesetzesnovelle in New York," IPRax (1987), S. 131; Carsten-Thomas Ebenroth/ Regina Tzeschlock, "Rechtswahlklauseln in internationalen Finanzierungsverträgen nach New Yorker Recht," IPRax (1988), S. 198 참조.

20) 위 협약에 관하여는 석광현, "契約上 債務의 準據法에 관한 유럽共同體 協約(일명 "로마協約")," 국제사법과 국제소송 제1권(2001), 53면 이하 참조. 현재 로마협약의 법적 형식을 이사회규정(Council Regulation)(이른바 "로마규정 I")으로 전환함과 동시에 내용을 개정하기 위한 작업이 진행중이다. 2005년 12월 유럽위원회가 제안한 로마규정 I의 초안이 있다. COM (2005) 650 final, 2005/0261 (COD) of 15 December 2005. 이는 http://europa.eu.int/eur-lex/lex/LexUriServ/site/en/com/2005/com2005_0650en01.pdf를 참조.

법은 뉴욕주의 실질법(즉 계약법)이고 국제사법규정은 포함하지 않음을 명확히 하는 것이다. 만일 후자가 포함된다면 反定(*renvoi*)의 결과 뉴욕주 계약법이 적용되지 않고 다른 주 또는 국가의 법이 적용될 가능성이 있기 때문이다. 국제사법(제9조 제2항 제1호)은 당사자들이 준거법을 합의한 경우 반정을 허용하지 않으므로 우리의 입장에서는 밑줄 친 문언은 불필요하다.

계약의 준거법은 약인(consideration)의 요부, 계약의 해석, 채무의 이행과 소멸,[21] 채무불이행의 결과, 계약 무효의 결과, 법률상의 추정 및 입증책임의 분배 등을 규율한다. 영미법계와 대륙법계가 차이를 보이고 있는 소멸시효, 손해배상액의 산정, 이른바 구두증거배제의 법칙(parol evidence rule)[22]과 특정이행(specific performance)의 허용 여부 등도 계약의 준거법에 따른다고 보나, 특정이행에 관하여는 논란의 여지가 있다. 실체(substance)인가 절차(procedure)인가의 문제는 법정지법인 우리 법으로부터 출발할 사항이므로 영미법의 성질결정(characterization)과 다를 수 있다. 일정한 유형의 계약에 대하여 서면에 의할 것을 요구하는 영미, 특히 미국의 사기금지법(statute of frauds)[23]의 문제는 일응 계약의 방식의 문제로서 계약의 준거법 또는 계약체결지법에 따를 사항이라는 견해가 유력하다.

---

21) 다만 준거법이 상이한 자동채권과 수동채권의 상계의 준거법에 관하여는 논란이 있다. 독일의 다수설은 상계는 이행과 마찬가지로 채무의 소멸의 문제이고, 채권자보호를 위하여 수동채권의 준거법을 따른다고 보나(스위스 국제사법 제148조 제2항은 이를 명시한다) 종래 우리 나라, 일본과 프랑스의 다수설과 독일의 소수설은 양채권의 준거법을 누적적으로 적용한다. MünchKommBGB/Spellenberg, Band 10 Internationales Privatrecht 4. Auflage (2006), Art. 32 Rn. 65. 신창선, 국제사법 4판(2005), 326면. 독일에서는 선택적 연결을 주장하는 견해도 있다. 한편 상계계약의 준거법에 관하여는 아직 정설이 없다. 상계계약이 예컨대 상호계산계약의 일부로 체결되는 경우 그에 종속적으로 연결될 것이나, 독립적으로 체결될 경우 당사자가 지정한 준거법에 의하고, 그것이 없는 때에는 가장 밀접한 관련이 있는 법에 따른다는 견해가 유력하나 구체적으로 이를 어떻게 결정할지가 문제된다. Reithmann/Martiny/Martiny, Internationales Vertragsrecht 6. Auflage (2004) Rz. 311 참조. 상계에 관한 이탈리아, 프랑스와 영국 실질법의 소개는 Matthias N. Kannengiesser, Die Aufrechnung im internationalen Privat- und Verfahrensrecht (1998), S. 3ff. 참조.

22) 이는 계약이 서면으로 된 경우 당사자들은 이 계약서에 어떤 조항을 부가하거나 개변하거나 또는 이 서면에 기재된 조항에 이의를 제기하기 위하여 서면에 기재되지 않은 어떤 외부적 증거를 원용할 수 없다는 원칙을 말한다. 이호정, 영국계약법(2003), 107면. 이를 통상 구두증거배제의 원칙이라고 번역하지만 반드시 구술증거만을 배제하는 것은 아니고 계약문서의 외부에 존재하는 즉 계약문서에 기재되지 않은 모든 증거가 배제된다. 이호정, 위 책, 108면.

23) 미국 통일상법전 §2-201에 따르면 미화 500불 이상의 매매계약은 원칙적으로 서면에 의하지 않으면 강제할 수 없다(is not enforceable).

3. 約款에 의한 準據法合意[24)]

약관의 규제에 관한 법률(이하 "약관규제법"이라 한다)은 불공정한 내용의 약관을 규제하여 건전한 거래질서를 확립함으로써 소비자를 보호하는 것을 목적으로 한다(동 법 제1조). 국제금융거래의 준거법과 관련한 약관에 대한 통제는 두 단계로 나누어 볼 필요가 있다.

가. 준거법합의(준거법조항) 자체에 대한 통제

약관규제법(제14조)은 고객에게 부당하게 불리한 재판관할의 합의조항은 무효로 하지만, 계약의 준거법을 외국법으로 지정하는 준거법조항은 규제하지 않는다. 따라서 국제계약의 준거법합의(준거법조항) 자체를 어떻게 통제할 것인가가 문제된다. 국제사법(제29조)에서 보는 바와 같이 계약의 성립 및 효력은 당해 계약의 준거법에 따를 사항이나, 어떠한 준거법의 지정의 허용 여부는 법정지의 국제사법에 따를 사항이다. 우리 국제사법상으로도 "현저하게 불합리하고 불공정한 준거법합의"는 공서양속에 반하는 법률행위로서 무효라고 볼 수 있을 것이다.[25)] 예컨대 소비자가 모든 사정에 비추어 전혀 예상할 수 없는 뜻밖의 법을 준거법으로 지정하는 조항은 그에 해당할 것이다. 준거법조항이 무효인 경우에는 준거법합의가 없는 것이 되고, 준거법은 객관적 연결에 의하여 결정된다.

나. 기타 약관조항의 편입통제와 내용통제

외국법이 유효한 준거법조항 또는 기타의 방법에 의하여 국제계약의 준거법으로 유효하게 지정된 경우에도, 준거법조항 이외의 약관조항에 관하여 약관규제법을 적용하거나 그 취지를 고려하는 것이 가능한가가 문제된다. 사견으로는 준거법이 외국법인 국제계약의 경우 우리 약관규제법은 적용되지 않으므로 약관규제법상의 편입통제(약관의 명시·설명의무를 정한 제3조)와

---

24) 상세는 석광현, "國際去來와 약관의규제에관한법률의 적용," 국제사법과 국제소송 제3권(2004), 165면 이하 참조.

25) 국제재판관할합의에 관한 대법원 1997. 9. 9. 선고 96다20093 판결은 한국 법원의 관할을 배제하고 외국법원을 관할법원으로 하는 전속적인 국제재판관할의 합의는 현저하게 불합리하고 불공정한 경우에는 공서양속에 반하는 법률행위에 해당하는 점에서도 무효라고 판시하였던바, 이러한 취지를 준거법합의에도 유추적용한 것이다.

내용통제(제6조와 제7조-제14조)는 모두 적용되지 않는다. 즉 약관의 편입통제와 내용통제는 계약의 준거법에 따를 사항이다.[26]

4. 外貨金錢債權에 관한 제문제[27]

가. 통화의 준거법

국제금융계약의 준거법이 외국법인 경우 채권·채무의 내용과 이행은 당해 외국법에 따라 규율된다. 대출계약과 같이 일정금액의 미달러를 지급할 것을 내용으로 하는 외화채권의 경우 '계정통화'(money of account)[28]와 '지급통화'(money of payment)가 구별되는데, 전자는 채권의 금액을 표시하는 통화이고 후자는 지급을 하는 통화를 의미한다. 지급통화는 통상 계정통화와 일치하나 채무자가 대용급부를 하는 경우에는 일치하지 않는다. 국제사법상으로는 통화의 개념과 내용은 통화의 소속국법에 따르고, 채무의 범위에 대한 통화의 효력(예컨대 통화의 해석, 가치보전조항의 허용성, 현실지급조항)의 의미와 효력 등)은 채무의 준거법에 따를 사항이다.

나. 채권자의 대용급부청구권

민법 제378조는 "채권액이 다른 나라 통화로 지정된 때에는 채무자는 지급할 때에 있어서의 이행지의 환금시가에 의하여 우리 나라 통화로 지급할 수 있다"고 하여 채무자의 대용급부권을 명문으로 인정한다. 종래 민법상 채권자에게도 대용급부청구권이 있는가가 다투어졌는데 대법원 1991. 3. 12. 선고 90다2147 전원합의체 판결은 이를 긍정하였다. 따라서 채무자 및/또는 채권자의 대용권이 채권의 내용 또는 채무의 이행의 문제라면 이는 국제금융계약의 준거법인 영국법에 따라 결정될 사항이고 원칙적으로 우리 민법이 개입

---

26) 가사 우리 약관규제법이 적용된다는 견해를 취하더라도 국제적으로 통용되는 금융업의 약관에 대하여는 약관규제법 제7조-제14조는 적용되지 않는다(약관규제법 제15조, 동법시행령 제3조). 그 경우에도 제3조는 여전히 적용되나, 대법원 1999. 12. 10. 선고 98다9038 판결에 따르면 제6조도 적용되지 않는다. 사견으로는 제6조는 적용된다고 본다.

27) 상세는 Charles Proctor, Mann on the Legal Aspect of Money, Sixth Edition (2005); Helmut Grothe, Fremdwährungsverbindlichkeiten (1999), 특히 S. 95-235 참조. 우리 문헌으로는 우선 주석민법[채권총칙(1)](안법영 집필부분) 제3판(2000), 227면 이하 참조.

28) 이는 '계약통화'(money of contract)라고도 한다.

할 여지는 없다. 그러나, 국제금융계약상의 지급의무의 이행지가 한국인 한 민법 제378조가 적용된다고 볼 수 있다. 그 근거로 대용권을 지급통화에 관한 문제로서 채무이행의 방법의 문제로 보거나, 민법 제378조를 준거법이 외국법인 경우에도 적용되는 '숨은 저촉규범'이라고 보아 준거법에 관계없이 적용된다고 설명할 수 있다.

다. 외화지급을 명하는 판결과 대상청구

법원이 국제금융계약이 정한 바에 따라 외화지급을 명하는 판결을 선고할 수 있는지에 관하여 논란이 있는 국가도 있지만,[29] 우리 나라에서는 종래 별의문 없이 당연히 가능한 것으로 본다. 한편 대상청구라 함은 본래의 청구가 이행불능 또는 집행불능일 경우에 내비하여 그 이행에 길음하는 이익, 즉 전보배상을 구하는 것이다. 외국통화의 지급을 명하는 판결도 금전채권의 일종으로 집행할 수 있고 집행불능이라는 것은 있을 수 없으므로 원고가 예비적으로 대상청구를 한 경우에도 법원으로서는 대상지급을 명할 수 없다는 견해도 있지만, 외환허가를 받지 않은 경우처럼 집행불능인 경우도 있으므로 원화지급을 명할 필요가 있고 따라서 대상지급을 명할 수 있다는 견해도 있다. 법원의 실무는 나뉘어 있는 것으로 보인다.

5. 外換規制

가. 법정지의 국제적 강행법규

우리 기업이 국제금융거래의 당사자가 되는 경우 외국환거래법은 법정지의 국제적 강행법규로서 준거법에 관계없이 적용된다. 국제사법(제7조)은 국제적 강행법규(internationally mandatory rules)의 개념을 정식으로 도입하였다. 또한 우리 나라 은행이 외국 기업과 국제금융거래를 하면서 한국법을 준거법으로 지정한 경우 외국환거래법은 준거법의 일부로서 또는 특별연결이론에 의하여 적용된다.

---

29) 영국의 귀족원(House of Lords)이 *Miliangos v George Frank (Textiles) Ltd.,* [1975] 3 All ER 801에 의해 종전의 견해를 변경하기 전까지는 영국법원은 영국의 파운드에 의한 지급만을 명하였다.

나. 국제금융거래와 International Monetary Fund Agreement

그러나 외국환거래법에 관하여는 국제조약인 International Monetary Fund Agreement(이하 "IMF 협정"이라 한다)[30] 제8조 2(b)가 국제통화제도의 협력을 위하여 회원국에게 다른 회원국의 외환에 관한 법규를 적용할 의무를 부과하고 있으므로, 외국의 외국환거래법에 대하여는 국제적 강행법규에 관한 일반적인 논의가 타당하지 않고, 회원국은 제3국의 외국환거래법을 적용할 조약상의 의무를 부담한다. 동조는 다음과 같다.

> Exchange contracts which involve the currency of any member and which are contrary to the exchange control regulations of that member maintained or imposed consistently with this Agreement shall be unenforceable in the territories of any member(가맹국의 통화에 관련된 환계약으로서 본협정에 부합되게 유지 또는 부과되어 있는 그 가맹국의 환관리규정에 배치되는 환계약은 여하한 가맹국의 영토 내에서도 이를 집행할 수 없다).

여기에서 'exchange contract'와 'unenforceable'의 개념이 문제되는데 exchange contract의 개념을 넓게 보는 독일, 프랑스 등의 견해와 좁게 보는 영국, 미국의 견해가 나뉜다. Exchange contract의 범위를 넓게 파악하면 그만큼 다른 국가의 외국환거래법을 적용할 가능성이 커지므로 국제금융의 중심지인 영국이나 뉴욕주에서는 종래 'exchange'에 '교환'이라는 의미를 부여하여 그 범위를 제한하는 견해가 유력하다. 이에 의하면 통상의 대출계약과 사채는 이에 해당하지 않으나 이종통화간의 스왑거래와 이른바 'dual currency bond'는 이에 해당된다.

30) 상세는 Mann(註 27), Chapter 14; Werner F. Ebke, Internationales Devisenrecht (1991), S.158ff. 참조. 우리 문헌으로는 석광현, "외환허가를 받지 아니한 국제보증과 관련한 국제사법상의 문제점," 국제사법과 국제소송 제1권(2001), 37면 이하 참조.

Ⅲ. 國際金融去來의 類型에 따른 準據法 관련 논점

1. 대출계약

가. 차관단대출의 법적 성질

대법원 2001. 12. 24. 선고 2001다30469 판결[31)]은 신디케이티드 론(syndicated loan), 즉 차관단대출에 관한 최초의 우리 대법원판결이다. 직접적인 쟁점은, 대주가 파산하여 대출을 실행할 수 없게 된 것을 이유로 차주가 준거법이 영국법인 대출약정을 해제한 경우 관리수수료와 약정수수료를 반환할 의무가 있는지였다. 이와 관련하여 신디케이티드 론의 법적 성질, 신디케이트(차관단)의 법적 성질과, 차주가 어느 하나의 대주와의 대출약정을 해제할 수 있는지, 나아가 차주가 어느 하나의 대주은행만을 상대로 소를 제기할 수 있는지가 문제되었다. 대법원판결은 차관단대출계약의 경우 다수의 대출약정이 병존하는 것으로 보았다. 따라서 어느 대주의 채무불이행시 차주는 그 대주와의 대출약정을 해제할 수 있고, 차주가 그 대주만을 상대로 소를 제기할 수 있다고 보았다. 이런 견해를 따르면 차관단대출계약의 경우 대주들은 분할채권을 가진다. 그러나 이러한 결론이 차관단대출로부터 당연히 도출되는 것은 아니다. 대법원판결도 관련 대출계약서의 조항을 기초로 그러한 결론을 내린 것임을 주의해야 한다. 따라서 그러한 취지를 계약서에 명시하는 것이 중요하다.

나. 관련이 없는 법 또는 중립적 법의 선택

미국의 과거 통일상법전(§1-105)에 따르면 당사자는 당해 거래와 합리적인 관련(resonable relation)을 가지는 주 또는 국가의 법을 선택할 수 있을 뿐이고, 아무런 관련이 없는 중립적인 준거법의 선택은 허용되지 않았다. 그러나

---

31) 이에 관하여는 석광현, "국제적인 신디케이티드 론 거래와 어느 대주은행의 파산," 국제사법과 국제소송 제3권(2004), 543면 이하; 강일원, "Syndicated Loan 거래의 법적 구조," 민사재판의 제문제 11권(2002), 385면 이하 참조. 신디케이티드 론 일반에 관하여는 Philip R Wood, International Loans, Bonds and Securities Regulation (1995) 참조. 우리 문헌으로는 석광현, "국내기업의 해외차입의 실무와 법적인 문제점—국제계약법적 논점을 중심으로—," 국제사법과 국제소송 제1권(2001), 573면 이하; 이미현·고훈, "국제대출계약의 특징과 구조—신디케이티드론을 중심으로," BFL 제5호(2004. 5.), 107면 이하 참조.

최근 개정된 통일상법전(§1-301(c)(2))은 소비자계약이 아닌 경우 이러한 제한을 삭제하였다. 영국법과 우리 국제사법상으로는 이러한 제한이 없다.

다. 대출계약과 담보계약의 준거법

대출계약과 담보계약의 준거법은 상이할 수 있다. 실무상 문제된 것은 준거법이 영국법인 은행단대출계약에 따라 분할채권을 가지는 채권자들이 한국법이 준거법인 항공기근저당권설정계약에 따라 근저당권을 준공유할 수 있는가인데 긍정할 수 있을 것이다.

라. 소송촉진 등에 관한 특례법("특례법")에 따른 이자

현행 특례법 제3조 제1항과 관련 규정에 따르면, 금전채무의 이행을 명하는 판결을 선고할 경우에 법원은 채무자가 이행의무의 존부나 범위에 관하여 다투는 것이 상당한 때가 아니라면 소장 송달 다음날부터는 법정이율에 의한 금전의 지급을 명할 수 있는데, 그 법정이율은 현재 연 2할이다. 이는 소송을 촉진하여 신속한 재판을 받도록 하기 위한 것이다. 문제는 특례법상의 이자에 관한 규정은 채무의 준거법이 한국법인 경우에 적용되는 것인지, 아니면 채무의 준거법에 관계없이 법정지가 한국이고 동법이 정한 요건이 구비되면 적용되는가이다. 대법원 1997. 5. 9. 선고 95다34385 판결은 전자의 견해를 취하였다. 국제사법 이론상 연체이자는 당사자의 권리·의무에 관한 것이므로 실체(substance)에 속하는 사항이지만, 특례법상의 연체이자는 한국에서의 소송을 촉진하기 위한 소송정책적인 고려에 기한 것이므로 대법원판결의 타당성은 의문이다. 물론 법정지법에 의할 것이라는 견해를 따르더라도 소송촉진을 이유로 연 2할의 과도한 연체이자를 부과하는 것은 이례적이므로 준거법이 외국법인 사건의 경우 특례법의 적용은 매우 신중히 해야 할 것이다.

마. 채권양도의 준거법[32)]

섭외사법(제14조)에 따르면 채권양도의 채무자 및 제3자에 대한 효력은 채무자의 주소지법에 의하였다. 따라서 채무자가 우리 기업인 경우 민법에 따라 제3자에 대한 대항요건을 구비하기 위하여 확정일자에 의한 승낙을 받

32) 상세는 석광현, "국제적 채권양도의 준거법," 국제거래법연구 제15집 제1호(2006), 31면 이하; 이 책 제2장 [2] 참조.

았다. 그러나 국제사법(제34조 제1항)[33]에 따르면 이는 양도되는 채권의 준거법에 따를 사항이다. 채권양도의 준거법에 관하여 주목할 것은, 2001년 UNCITRAL이 채택한 "국제거래에서의 채권양도에 관한 협약"(United Nations Convention on the Assignment of Receivables in International Trade)이 국제사법규칙을 두고 있는 점이다.[34] 동 협약에 따르면 양도된 채권에 대하여 양수인과 경합하는 권리주장자간의 우선권은 양도인 소재지 국가의 법에 의한다. 협약이 주로 상정하는 채권양도가 다수채권의 일괄양도임을 고려할 때 채권 자체의 준거법(국제사법의 입장) 또는 채무자의 주소지법(섭외사법의 입장)에 연결하는 것은 현실적인 어려움이 있다. 왜냐하면 그 경우 채권별로 준거법이 구구하게 되어 담보권자의 입장에서는 복수의 준거법상의 요건을 모두 구비해야 하고, 더욱이 장래채권의 경우 채권의 준거법을 미리 알 수 없기 때문이다.

주목할 것은, 2005년 12월 유럽위원회가 제안한 로마규정의 초안(제13조 제3항)은 채권양도의 제3자에 대한 효력의 준거법을 양도시 양도인의 상거소 소재지법에 의하도록 규정하는 점이다. 그러나 2006년 6월 공포된 일본의 개정된 法例, 즉 "法의 適用에 關한 通則法" 제23조는 우리 국제사법과 동일한 태도를 취한다.[35]

2. 國際債의 발행[36]

우리 기업이 발행하는 국제채(international bonds)[37]는 통상 사채의 조

---

33) 국제사법은 제3자에 대한 효력을 명시하는 점에서 로마협약이나 영국의 계약(준거법)법과 차이가 있다.

34) 협약의 상세는 석광현(註 4)(법무부, 2002) 참조.

35) 미국 통일상법전의 태도와 최근 유럽과 일본의 입법동향은 석광현(註 32), 51면 이하; 이 책 제1장 [2] 참조.

36) 유로채의 발행에 관하여는 Wood(註 31), p.119 이하 참조. 우리 문헌으로는 석광현, "국내기업의 해외사채 발행의 실무와 법적인 문제점—유로채(Eurobond) 발행시 우리 법의 적용범위에 관한 문제를 중심으로—," 국제사법과 국제소송 제1권(2001), 597면 이하; 석광현, "우리 기업의 해외증권 발행과 관련한 법적인 미비점과 개선방안," 증권법연구 제3권 제2호(2002), 49면 이하 참조. 해외사채발생의 실무는 최병선, "해외사채발행 실무해설," BFL 제8호(2004. 11.), 85면 이하, 교환사채에 관하여는 최병선, "우리 기업의 해외증권 발행—교환사채를 중심으로—," 증권법연구 제3권 제2호(2002), 95면 이하 참조. 사채신탁에 관하여는 석광현(註 11), 73면 이하 참조.

37) 국제채는 내국채에 대비되는 것으로서 외국채(foreign bond)와 유로본드(eurobond)로

건에 준거법조항을 두어 사채와 이권(이표)에 따른 권리·의무에 대하여 영국법 또는 뉴욕주법을 준거법으로 지정한다. 따라서 국제채에 따른 사채권자의 권리는 화체된 권리의 준거법에 따른다. 이와 관련하여 첫째 기한의 이익 상실사유와, 둘째 사채권자집회의 결의의 발효를 위한 법원의 인가요건과 관련하여 상법의 적용 여부가 문제된다.

상법(제505조)은 사채의 발행인이 이자지급을 해태하더라도 당연히 기한의 이익을 상실하는 것으로 하지 않고, 그 경우에도 사채권자의 결의에 의하여 2개월 이상의 일정기간을 정하여 서면으로 변제를 최고하고 발행인이 이를 불이행하는 경우에 기한의 이익을 상실하도록 한다. 상법(제505조)이 기한의 이익 상실사유를 제한적으로 열거한 강행규정인지 여부와, 만일 그렇다면 동조는 준거법이 외국법인 국제채에도 적용되는가가 문제된다. 위 규정은 당사자들이 기한의 이익 상실사유를 정하지 않은 경우에 보충적으로 적용될 것은 상정한 취지라고 생각되므로 강행규정이 아니다. 따라서 준거법에 관계없이 적용될 이유가 없다.

한편 상법은 사채권자집회제도를 두고 그 소집, 권한, 결의방법, 결의의 효력발생 및 집행 등에 관하여 규정한다. 우리 기업이 국제채를 발행하는 경우 사채권자집회에 관한 상법의 규정이 적용되는가가 문제된다. 우리 기업이 사채를 발행하는 한 상법은 당연히 적용된다든가, 사채권자집회는 회사의 내부조직에 관한 문제라는 이유로 적용을 긍정하는 견해도 가능하나, 종래 실무는 사채권자집회제도를 사채의 준거법 내지는 관련 계약에 따를 사항으로 취급하여 왔고 이는 정당하다.[38] 따라서 외국법이 준거법인 국제채의 경우 사채권자집회에 관한 상법규정은 적용되지 않는다. 그 결과 사채권자집회의 결의의 발효를 위하여 우리 법원의 인가는 불필요하다. 다만 입법론으로는 상법에 명시적인 규정을 두는 방안이 바람직할 것이다. 2006년 11월 현재 상법 회사편의 개정작업이 진행중인데 개정안에 따르면 이러한 문제점은 상당부분 해소될 것으로 기대된다.

신탁계약도 다른 국제계약들과 마찬가지로 當事者自治의 원칙에 따르는 것으로 이해되고 있으나, 특히 영미법에 따른 신탁계약의 경우 다음을 유의

구분되는데, 스위스프랑채, 양키본드와 사무라이본드 등이 외국채에 속한다.

38) 준거법이 뉴욕주법인 해외사채를 발행한 한국전력공사가 사채발행조건의 변경을 위하여 사채권자집회 결의허가를 신청한 사건에서 서울지방법원 2002. 9. 25. 선고 2002비합37 결정도 이러한 견해를 취하였다.

할 검토할 필요가 있다. 첫째 신탁계약의 準據法은 위탁자와 수탁자간의 계약관계뿐만 아니라 수탁자와 수익자들(즉 사채권자들)의 관계도 규율한다. 다만 사채신탁의 경우 신탁계약의 債權法的 側面만이 강조되고 있지만, 사채신탁을 신탁으로 보는 한 신탁계약의 準據法 지정은 신탁(trust) 자체의 準據法을 지정하는 의미가 있다. 종래 우리 나라에서는 신탁계약의 準據法이 규율하는 사항의 범위에 관하여 논의가 없으나 1985. 7. 1. 신탁의 준거법과 승인에 관한 헤이그협약(이하 "신탁협약"이라 한다)(제8조)이 참고가 된다. 즉 우리 國際私法의 해석론으로도 신탁의 유효성, 해석 및 효력과 신탁의 사무처리와, 그 밖에 동조가 열거하는 사항들이 신탁의 準據法에 의하고, 수익자가 형평법상의 권리(equitable interest)를 가지는지도 신탁의 準據法에 의한다고 본다. 다만 신탁협약(제4조)에서 보듯이 신탁의 설정을 위하여 수탁자가 사채권 기타 재산권을 취득하였는지는 당해 재산의 準據法에 따를 사항이다.[39]

나아가 사채와 관련계약의 준거법이 외국법이더라도 발행회사의 능력, 사채발행한도의 제한과, 주식연계사채인 전환주식의 전환권과 신주인수권부사채의 신주인수권은 주식과 관련된 문제로서 발행회사의 속인법인 한국법이 규율할 사항이다.

3. 국제금융을 위한 담보[40]

국제금융거래를 위하여 다양한 인적 담보와 물적 담보가 사용된다. 인적 담보는 대개 보증서나 독립적 보증(independent guarantee)[41]의 형식을 취하므로 그의 준거법은 대출계약과 마찬가지로 통상 영국법 또는 뉴욕주법이 된다.[42] 보증인이 채권자에게 보증채무를 이행한 경우 보증인이 채권자의 권

39) 또한 위와 같이 신탁의 準據法이 결정되더라도 신탁협약(제15조 제1항)에서 보듯이 ① 소유권의 이전과 담보권, ② 도산사건에서의 채권자의 보호와 ③ 그 밖에 선의의 제3자의 보호 등에 관하여는 법정지의 國際私法에 의하여 지정된 강행법규의 적용이 배제되지 아니하는 것과 같은 한계가 있음을 유의할 필요가 있다. 상세는 석광현(註 11), 65면 이하 참조.

40) 일반적인 논의는 김용호·선용승, "국제금융을 위한 담보수단—개관 및 몇 가지 관련문제—," BFL 제10호(2005. 3.), 101면 이하 참조.

41) 이는 우리 법상으로는 손해담보계약의 성질을 가진다.

42) 다만 독립적 보증이 보증신용장의 형식을 취할 경우 국제상업회의소의 신용장통일규칙(UCP)이 적용된다. 또한 국제상업회의소는 1998년 국제보증신용장규칙(International

리를 대위하는지의 여부는 구채권자와 신채권자간의 법률관계, 즉 보증계약의 준거법에 의한다(국제사법 제35조 제1항).

한편 물적 담보, 즉 담보권은 물권이므로 당사자자치의 적용에는 한계가 있다. 담보권의 준거법은 담보물의 종류에 따라 상이하다. 담보권의 국제사법 규칙은 국제적으로 통일되지 않은 상태인데, 국제사법의 연결원칙은 다음과 같다.[43)]

가. 債權 또는 주식 등에 대한 담보

債權·주식 그 밖의 권리 또는 이를 표창하는 유가증권(예컨대 사채권, 주권)을 대상으로 하는 약정담보물권은 담보대상인 권리의 준거법에 의한다(국제사법 제23조). 그러나 이 경우에도 유가증권 자체에 대한 물권(예컨대 유가증권의 점유의 이전)은 증권 소재지법에 의한다. 다만 무기명증권인 경우에는 아래(나.)의 원칙에 따른다.

나. 무기명증권에 대한 담보

국제사법(제21조)에 따르면 무기명증권에 관한 권리의 득실변경은 그 무기명증권의 소재지법(*lex cartae sitae*)에 의한다. 무기명증권이 실물에 의하여 거래되는 경우 마치 동산처럼 취급되기 때문이다. 이는 국제적으로 널리 인정되는 원칙이다. 그러나, 무기명채권에 화체된 권리의 조건변경은 국제사법(제21조)의 문면에도 불구하고 증권의 소재지가 아니라 화체된 채권의 준거법에 의한다.

문제는 무기명증권이 실물에 의해 거래되지 않고, 중개기관(intermediary)의 계좌이체에 의하여 거래되는 경우이다. 不動化(immobilization)의 경우가 이에 해당한다. 이 경우 마치 동산처럼 취급된다는 무기명증권의 특성이 사장되고, 무기명증권의 소재지가 결정적인 의미를 갖지 않으므로 제

Standby Practices, ISP98)을 승인하였고 이는 1999년 1월 1일부터 발효되었다. 한편 국제연합은 1995년 "독립적 보증과 보증신용장에 관한 협약"(Convention on Independent Guarantees and Stand-by Letters of Credit)을 채택함으로써 독립적 보증과 보증신용장을 함께 규율하는데 이는 2000. 1. 1. 발효되었다. 우리 나라는 이에 가입하지 않았다.

43) 그 밖에도 예컨대 다수의 금융기관들로 구성된 차관단(syndicate)이 담보부대출을 하면서 모든 대주들을 담보권자로 하는 대신 대리은행을 수탁자로 하여 담보권을 설정하는 경우와 같이, 차주 또는 물상보증인인 제3자가 담보권자를 수탁자로 하고 대주들을 수익자로 하여 담보권을 설정하는 담보권의 신탁의 문제가 있다. 석광현(註 11), 78면 참조.

21조를 적용하는 것은 적절하지 않다. 더욱이 그 경우 포괄증권 또는 무기명 증권 실물의 소재지는 우연적인 요소에 의해 결정된다. 이 경우 담보설정자가 자신의 계좌를 개설하고 그를 통하여 유가증권을 보유하는 중개기관 소재지법을 준거법으로 보는 견해가 유력한데 이것이 PRIMA(place of the relevant intermediary approach. 관련중개기관 소재지 접근방법)이다. 국제사법의 해석론으로서도 PRIMA가 설득력이 있고, 국제적인 증권거래의 현실을 직시한다면 이는 부득이하다.

주목할 것은 2002년 12월 헤이그국제사법회의(Hague Conference on Private International Law)에서 채택된 유가증권협약[44]이다. 이는 PRIMA를 수정하여 새로운 연결원칙을 취하고 있다. 즉 유가증권협약(제4조)은 미국 통일상법전(제8-110조, 제9-305조)과 유사하게 중개기관을 통하여 보유하는 유가증권의 처분(담보를 포함)을 일차적으로 계좌보유자와 관련중개기관이 합의한 준거법에 따르도록 한다. 그러나 현행 국제사법의 해석론으로서는 실제의 계좌관리지가 중요하고, 중개기관과 권리자가 합의한 준거법 또는 합의한 증권계좌의 관리지의 법에 의할 수는 없다. 우리 나라도 위 협약에의 가입을 전향적으로 검토할 필요가 있다.[45]

다. 항공기와 선박에 대한 담보권

동산에 관한 담보권은 동산소재지법(국제사법 제19조 제1항), 항공기에 관한 담보권은 그 국적소속국법(국제사법 제20조), 선박에 관한 담보권은 선적국법에 의한다(국제사법 제60조 제1호, 제2호). 이러한 연결원칙도 국제적으로 널리 인정되는 것이지만, 선박우선특권(maritime lien)의 준거법에 관하여는 다양한 견해가 주장되고 있다.[46]

---

44) 정식명칭은 "중개기관에 보유하는 유가증권에 관한 일부 권리의 준거법에 관한 협약"(Convention on the Law Applicable to Certain Rights in respect of Securities held with an Intermediary)이다. 초안의 소개는 석광현, "국제적인 증권담보거래의 준거법 — PRIMA와 관련하여—," 증권법연구 제3권 제1호(2002), 97면 이하; 협약의 소개는 석광현, "국제적인 증권담보거래의 준거법 —헤이그국제사법회의의 유가증권협약을 중심으로—," 증권법연구 제5권 제1호(2004), 43면 이하 참조. 이 책 제3장 [8] 참조.

45) 유가증권협약에 관하여는 국제사법연구 제11호(2005), 3-163면에 수록된 논문들과 이 책 제3장 [8] 참조. 미국과 스위스는 2006. 7. 5. 공동으로 협약에 서명하였다.

46) 1993년 "선박우선특권 및 저당권에 관한 국제협약"(International Convention on Maritime Liens and Mortgages)이 있으나 우리 나라는 가입하지 않았다. 동 협약에 관하여는 김현, "1993년 선박우선특권 및 저당권조약," 법조 통권 478호(1996. 7.), 193면 이하 참조.

주목할 것은, 고가의 이동장비(mobile equipment)에 대해 담보권의 설정과 실행을 원활하게 함으로써 금융기관의 대출위험을 낮추고 금융비용을 절감하며 담보부채권의 유동성을 제고하기 위한 방안으로, 사법통일을 위한 국제협회(UNIDROIT)는 국제민간항공기구(ICAO)와 공동으로 항공기를 포함한 국제적 이동장비(철도차량, 우주시설)에 대한 국제적 담보권에 관한 케이프타운협약과 항공기의정서를 2001년 11월 채택하였고,[47] 미국, 아일랜드와 말레이시아 등이 협약과 의정서에 가입함으로써 협약은 2004. 4. 1., 항공기의정서는 2006. 3. 1. 각 발효되었다는 점이다.[48] 이는 과거 국제적인 통일(내지는 조화)이 어렵다고 인식되던 물권법분야의 국제조약이라는 점에서 주목을 받고 있다. 철도차량과 우주장비에 관한 의정서를 채택하기 위한 작업이 현재 진행중이다.

라. ISDA의 담보관련 부속서류(Credit Support Annex)

派生金融商品去來에 관여하는 당사자는 이른바 일괄정산네팅(close-out netting)[49]에 의하여 신용위험을 상당부분 완화할 수 있다. 과거에는 일괄정산네팅의 효력에 관하여 논란의 여지가 있었지만 2006. 4. 1. 발효된 채무자회생 및 파산에 관한 법률(제120조)은 이를 입법적으로 해결하였다.[50] 그러나 그 경우에도 정산 후 잔액에 관한 한 여전히 신용위험이 존재하므로 이

---

47) 정식명칭은 "이동장비에 대한 국제적 담보권에 관한 협약"(Convention on International Interests in Mobile Equipment)이다. 협약과 항공기의정에 관하여는 Sir Roy Goode, Official Commentary (2002) 참조. 우리 문헌으로는 석광현, "항공기에 대한 국제적 담보거래—케이프타운협약과 항공기의정서를 중심으로—," 국제거래법연구 제12집(2003. 12.); 윤여균·장선, 운송장비의 국제담보권협약 연구(법무부, 2001) 참조.

48) 그에 따라 이제는 항공기의 국제적 등록이 활발히 논의되고 있다. Unidroit의 Uniform Law Review Vol. XI (2006)은 특집으로서 항공기의 국제등록제도(The International Registration System for Aircraft Objects)에 관한 논문들을 싣고 있다.

49) 일괄청산네팅은 양당사자가 미리 기본계약서에서 일정한 범위의 거래로부터 발생하는 채권, 채무에 관하여 당사자의 일방에게 파산 신청과 같은 채무불이행사유가 발생한 경우 당사자간에 존재하는 모든 거래를 종료시키고 지급통화 및 지급일에 관계없이 모든 채권, 채무를 일괄적으로 청산하여 이행기가 도래한 하나의 채권으로 전환하는 것을 말한다. 상세는 석광현, "스왑去來의 法的 問題點," 민사판례연구 [XXIII](2001), 661면 이하 참조. 과거에는 '일괄청산네팅'이라는 용어가 주로 사용되었으나 통합도산법에서는 '정산'이라고 한다.

50) 상세는 정순섭, "통합도산법상 금융거래의 특칙에 관한 연구—채무자회생및파산에관한법률 제120조 제3항의 해석론을 중심으로—," 증권법연구 제6권 제2호(2005), 245면 이하; 임치용, "지급결제제도에 관한 회생 및파산절차의 특칙—제120조의 해석론," 인권과 정의 통권 제356호(2006. 4.), 99면 이하 참조.

러한 위험을 담보할 필요가 있다. 주로 유가증권의 담보제공을 위해 ISDA는 표준담보계약서의 양식(Credit Support Annex)을 작성하였는데, 표준양식에는 準據法에 따라 ① 담보설정방식을 취하는 뉴욕판,[51] ② 양도방식(Transfer Annex)과 담보설정방식(Deed)의 두 가지를 별도로 규정하는 영국판[52]과 ③ 질권설정방식(또는 양도담보방식)과, 「소비대차 + 상계예약」을 결합한 방식을 취하는 일본판이 있다. 일본판은 두 가지 방식을 하나의 담보계약서에 규정하는 점에서 영국판과 차이가 있다. 이는 담보목적물의 소재지, 보다 정확하게는 담보목적물에 따라 결정되는 담보계약서의 準據法[53]에 따라 담보권의 설정과 효력 등에 차이가 있기 때문에 準據法에 따라 적절한 양식을 사용하도록 하기 위한 것이다.[54]

일본판의 「소비대차 + 상계예약」을 결합한 방식은 담보권자기 담보목적물을 상대방에게 소비대차한 것으로 하고, 담보물 반환채무와 정산 후 잔액채권을 상계할 것을 예약하는 방법을 취한다. 질권설정방식(또는 양도담보방식)의 경우 담보권자는 담보목적물을 자유로이 처분할 수 없으나, 「소비대차 + 상계예약」의 방식을 취하는 경우 담보권자는 담보목적물을 자유롭게 처분할 수 있는 장점이 있다. 그러나 일본판의 경우, 담보제공자의 채권자가 담보목적물의 반환청구권을 가압류, 압류하거나 또는 담보제공자가 도산한 경우 그러한 합의의 효력이 인정될 수 있는가의 문제가 제기된다. 일본판은 담보

---

51) 뉴욕판에 대한 상세한 설명은 Anthony C. Gooch/Linda B. Klein, Documentation for Derivatives: Credit Support Supplement—Annotated Sample Credit Support Provisions for Over-the-Counter Derivative Transactions (1995)을 참조. ISDA Master Agreement에 관하여는 우선 정순섭, "2002 ISDA 마스터 계약서의 주요개정사항 해설," BFL 제1호(2003. 9.), 97면 이하 참조.

52) 전자는 1995 ISDA Credit Support Annex (Transfer—English Law)이고, 후자는 1995 ISDA Credit Support Deed (Security Interest—English Law)이다.

53) 국제사법에는 규정이 없지만 '유가증권 자체의 준거법'(Wertpapiersachstatut)과 '유가증권에 화체된 권리의 준거법'(Wertpapierrechtsstatut 또는 Hauptstatut)을 구별할 필요가 있다. 전자는 유가증권 자체에 대한 소유권 기타 제한물권 등(Recht am Wertpapier)의 취득, 상실에 관한 준거법으로 이는 동산에 관한 국제사법 원칙에 따라 증권 소재지의 법에 따른다. 반면에 후자는 유가증권에 화체된 권리의 내용에 따라 다르다. 국채와 같이 화체된 권리가 債權인 경우 채권계약에서처럼 당사자자치가 인정되어 당사자가 지정한 법이 준거법이 된다. 따라서 우리 나라의 국채를 담보목적물로 하는 담보계약서의 준거법은 한국법이어야 하고, 만일 한국법이 증권의 교부를 요구하는 경우 증권의 소재지법에 따라 교부하면 된다.

54) ISDA의 담보계약서에 관하여는 정순섭, "新種金融去來의 擔保化에 관한 硏究," 증권법연구 제4권 제1호(2003), 160면 이하; 박훤일, "派生商品去來의 擔保化에 따른 法的 問題," 경희법학 제39권 제1호(2004), 190면 이하 참조.

목적물의 반환채무와 정산 후 잔액채권간의 상계가능성을 명확히 하기 위해 담보권자의 반환채무를 목적물의 반환채무와 시장에서 평가한 금전채무의 선택채무로 구성한다.[55]

우리 나라에서도 派生金融商品去來 또는 스왑거래와 관련하여 담보를 설정하는 예가 많이 있는데, 아직 국내에서는 담보설정계약서의 통일적인 양식은 없고, 당사자의 선택에 따라 뉴욕판, 영국판 및 일본판 중 어느 것을 골라 그에 부분적인 수정을 가하여 담보설정계약서를 작성하고 있는 것으로 보인다. 하지만 우리 나라에서도 이제 표준적인 담보계약서의 양식을 작성하는 것이 바람직할 것이다. 물론 그 경우 2006. 4. 1. 발효된 "채무자 회생 및 파산에 관한 법률"(이하 "통합도산법"이라 한다)(제120조 제3항)의 요건을 구비하여야 한다.[56]

Ⅳ. 國際裁判管轄[57]

1. 국제재판관할의 합의

국제재판관할이라 함은 국제민사사건에서 제기되는 법적 쟁송에 대하여 어느 국가의 법원이 재판할 권한을 가지는가, 또는 재판임무를 어느 국가에 배당할 것인가의 문제이다. 이는 재판에 의해 법적 쟁송사건을 해결할 수 있는 국가권력 또는 법질서실현을 위한 국가의 권능을 의미하는 재판권(또는 사법권)과는 구별된다.[58] 지금으로서는 국제적으로 통용되는 국제재판관할규칙이 없기 때문에 각국은 자국법을 적용하여 판단하므로 과연 어느 국가에

55) 일본판에 관한 논의는 우선 ISDA, User's Guide to the 1995 ISDA Credit Support Annex (Security Interest Subject to Japanese Law); 西村總合法律事務所(편), ファイナンス法大全(上)(2003), 614면 이하(伊藤剛志 집필부분) 참조.

56) 정순섭(註 54), 166면 이하는 일본판을 기초로 우리 법상의 담보계약서의 구체적인 방향을 제시하는데, 「소비대차 + 상계예약」방식이 가장 현실적인 방식이라고 한다. 그러나 실무적으로는 소비대차를 위한 소유권이전시 이자에 대한 원천징수의 문제와, 금융기관 등의 증권대차에 대한 규제의 문제가 있고, 또한 소비대차에 의한 소유권이전이 통합도산법(제120조)의 담보에 포함되는지에 관하여 논란이 있는 것으로 보인다.

57) 상세는 석광현, 국제재판관할에 관한 연구(서울대학교출판부, 2001) 참조.

58) 재판권은 통상의 경우 문제되지 않으나 일방당사자가 국가, 중앙은행 등인 경우에 주권면제의 문제로서 다루어진다.

국제재판관할이 있는지에 관하여는 불확실성이 존재한다. 국제금융거래의 경우 당사자들은 국제재판관할합의를 통하여 이러한 불확실성을 제거한다.

위에서 언급한 바와 같이 국제금융거래의 경우 준거법에 상응하여 영국 또는 뉴욕주법원에 비전속적 관할을 부여하는 관할합의조항(choice of forum 또는 jurisdiction clause)을 두는 것이 보통이다. 이는 '관할을 부여하는 합의'(prorogation)이다. 따라서 채권자는 관할합의에 의하여 지정된 법원에 소를 제기할 수 있고, 나아가 일반원칙에 따라 채무자에 대하여 국제재판관할을 가지는 국가의 법원에 소를 제기할 수 있다. 그에는 채무자의 주소(또는 주된 사무소) 소재지 국가가 포함된다. 그러한 국가는 일반관할(general jurisdiction)을 가지는 것으로 국제적으로 널리 인정되기 때문이다.

대법원 1997. 9. 9. 선고 96다20093 판결은, 한국 법원의 관할을 배제하고 외국법원을 관할법원으로 하는 전속적인 국제재판관할의 합의가 유효하기 위해서는 ① 당해 사건이 한국 법원의 전속관할에 속하지 아니하고, ② 지정된 외국법원이 그 외국법상 당해 사건에 대하여 관할권을 가져야 하는 외에, ③ 당해 사건이 그 외국법원에 대하여 합리적인 관련성을 가질 것이 요구된다고 하고, 나아가 4전속적인 관할합의가 현저하게 불합리하고 불공정한 경우에는 그 관할합의는 공서양속에 반하는 법률행위에 해당하는 점에서도 무효라고 판시하고, 당해 사건에서의 관할합의는 사건이 그 지정된 외국법원에 대하여 합리적인 관련성을 결여한 것으로서 무효라고 판시하였다.[59] 참고로 2005년 6월 헤이그에서 개최된 외교회의의 결과 2005. 6. 30. "관할합의에 관한 협약"(Convention on Choice of Court Agreements)(이하 "관할합의협약"이라 한다)이 채택되었다. 이는 국제소송에 있어서 외국중재판정의 승인 및 집행에 관한 뉴욕협약에 상응하는 중요한 조약이 될 것이다. 그러나 국제금융거래의 경우 비전속적 관할합의를 하는 것이 관례이므로 국제금융거래에 관한 한 원칙적으로 비전속 관할합의만을 규율하는 위 관할합의협약은 별 도움이 되지 않을 것이다. 다만 관할합의협약(제22조)에 따르면 체약국의 선언에 의하여 동 협약이 비전속적 관할합의에도 적용될 수 있음을 주의해야 한다.[60]

59) 위 대법원판결에 대한 평석은 석광현, "船荷證券에 의한 國際裁判管轄合意의 문제점 ―대법원 1997. 9. 9. 선고 96다20093 판결―," 국제사법과 국제소송 제2권(2001), 212면 이하 참조.

60) 관할합의협약에 관하여는 석광현, "2005년 헤이그 재판관할합의협약의 소개," 국제사법연

주의할 것은, 일방 당사자가 미국인인 경우는 문제가 없지만,[61] 예컨대 우리 나라 은행이 인도네시아 차주에게 대출하는 경우처럼 미국의 시각에서 볼 때 외국인간의 금융계약에서 연방법원을 지정하는 관할합의(예컨대 뉴욕주법원이 아니라 뉴욕주 소재 연방법원을 관할법원으로 지정하는 경우)는 무효라는 점이다.[62] 미국의 법원이 어떤 국제적 사건을 재판하기 위하여는 대인관할권(*in personam* jurisdiction)과 사물관할권(subject matter jurisdiction)의 양자를 가져야 하는데, 외국인간의 소송의 경우 연방법원은 사물관할권이 없고, 사물관할권은 관할합의에 의하여 창설되지 않기 때문이다.[63] 즉 미국에는 연방법원과 주법원이라는 이원적인 독립된 법원제도가 존재하고 연방법원의 사물관할권은 주법원의 그것과 달리 헌법과 의회제정법에 명시적인 근거가 있는 사건에 한정되는데, 연방법원의 사물관할권의 일반적인 두 가지 근거는 연방문제와 이주민간의 사건에 관한 관할권이고—전자를 'federal question jurisdiction'(연방문제 관할권), 후자를 'diversity jurisdiction'(이주민간 관할권)이라 한다— 외국인간의 소송에는 이주민간 관할권이 미치지 않는다.[64]

관할합의와 관련하여 문제되는 것은, 특정한 거래에서 우리 나라의 국제적 강행법규(예컨대 외국환거래법)의 적용을 회피하기 위하여 외국의 법원에 관할을 부여하는 합의의 유효성이다. 이를 무효라고 보는 견해도 있지만 찬성하기 어렵다.

구 제11호(2005), 192면 이하 참조. 동 협약의 국문시역과 영문은 동, 369면 이하 참조.

61) 일방 당사자가 미국인이고 상대방이 외국인인 경우 연방법원은 아래에서 말하는 diversity jurisdiction(이주민간 관할권)을 가지는데 그 경우를 특별히 'alienage jurisdiction'이라고 부르기도 한다.

62) 노태악, "디지털財貨의 去來와 國際裁判管轄," 인권과 정의 제359호(2006. 7.), 67면, 주 42. 다만 계약금액이 미화 100만불 이상이고 준거법이 뉴욕주법인 경우 당사자들은 뉴욕주와 다른 관련이 없어도 뉴욕주법원을 관할법원으로 합의할 수 있다. 뉴욕주 General Obligations Law 제5-1402조. Gooch/Klein(註 51), p. 43; Jayme/Nicholas(註 19) S. 132 참조. 실무상으로는 대부분 "the courts of the State of New York or of the United States for the Southern District of New York"라고 하여 연방법원과 주법원을 함께 관할법원으로 지정한다.

63) 상세는 석광현(註 47), 95면 이하 참조. 관할합의협약 제5조 제3항도 후자의 점을 명시한다.

64) 전자는 사법절차(judiciary and judicial procedure)를 정한 미국연방법률 28 U.S.C. § 1331, 후자는 28 U.S.C. § 1332 참조. 설명은 한충수, "美國法上의 管轄體系, 聯邦法院의 民事事件 管轄權(federal subject matter jurisdiction)을 中心으로," 한양대학교 법학논총 제15집(1998), 190면 이하도 참조.

그 밖에도 약관에 의한 국제재판관할합의의 문제가 있다.[65] 약관에 의한 국제재판관할합의에 대하여는 우선 국제계약의 준거법과 약관규제법의 적용 여부, 만일 준거법이 외국법인 경우에도 약관규제법이 적용된다면 근거는 무엇인가, 약관에 의해 우리 법원에 관할을 부여하거나, 우리 법원의 관할을 배제하는 경우에는 당연히 적용되는가, 약관규제법 제14조의 '부당하게 불리한'의 의미, 특정약관에 대한 약관규제법 제6조의 적용 여부—물론 대법원 1999. 12. 10. 선고 98다9038 판결이 있다—, 상인의 경우와 비상인인 소비자의 경우의 적용상의 차이 등을 체계적으로 검토할 필요가 있다.

2. 송달대리인의 지정[66]

송달에 관한 법제는 대륙법계의 직권송달주의와 영미법계의 당사자송달주의로 나뉘어 있다. 대륙법계에서는 송달을 국가주권의 행사로 이해하므로 법원이 직접 외국으로 송달을 하는 것은 외국의 동의가 없는 한 외국의 주권을 침해하는 것이 된다. 이러한 문제를 극복하기 위하여 헤이그국제사법회의는 1965년 송달협약[67]을 채택하였다. 그러나 통상 국제금융계약서는 관할합의조항에 추가하여 관할법원의 소재지에서 한국의 채무자를 대신하여 송달받을 송달대리인(agent for service of process)을 지정하도록 요구한다. 이는 간편한 송달방법을 확보함으로써 소송절차의 지연을 피하기 위한 것이다. 만일 송달대리인을 지정하지 않는다면, 당사자 또는 관할법원은 당해 국가의 법, 국제소약 및 우리 국제민사사법공조법이 정하는 절차에 따라 사법공조의 방법에 의하여 채무자에게 송달하여야 하므로 송달에 상당한 기간이 소요되어 소송절차의 지연이 불가피하기 때문이다. 따라서 채무자는 국제금융계약

65) 상세는 석광현(註 24), 175면 이하 참조.

66) 송달대리인과 우리 법상의 송달영수인의 차이에 관하여는 석광현, "외국판결 승인요건으로서의 송달—대법원 1992. 7. 14. 선고 92다2585 판결에 대한 평석을 겸하여—," 국제사법과 국제소송 제1권(2001), 376면 이하 참조. 다만 2002. 7. 1. 개정된 민사소송법(제184조)은 송달영수인의 신고의무제를 폐지하고 임의적인 것으로 하였다. 석광현, "국제소송의 외국인당사에 관한 몇 가지 문제점," 변호사(2006), 310면 이하 참조.

67) 정식명칭은 "민사 또는 상사의 재판상 및 재판외 문서의 해외송달에 관한 협약"(Convention on the Service Abroad of Judicial and Extrajudicial Documents in Civil or Commercial Matters)이다. 헤이그송달협약은 2000. 8. 1.부터 우리 나라에 대해 발효되었다. 협약에 관하여는 석광현, "헤이그송달협약에의 가입과 관련한 몇 가지 문제점," 국제사법과 국제소송 제2권(2001), 287면 이하 참조.

서가 정하는 바에 따라 자신의 현지법인, 지점 등을 송달대리인으로 지정하거나, 마땅한 대리인이 없는 경우에는 송달대리업무를 전업으로 하는 현지의 기업을 송달대리인으로 지정하고, 송달대리인 지정서와 송달대리인의 승낙서를 채권자에게 제출한다. 문제는 이러한 송달대리인에 대한 송달이 적법한가의 여부인데, 이를 긍정해야 할 것이다. 주의할 것은, 우리 나라는 헤이그송달협약에 가입시 법원행정처를 중앙당국(central authority)으로 지정하면서도 이를 통한 송달만을 허용하였고 다른 간편한 송달방법에 대하여는 모두 이의하였으므로 예컨대 우편에 의한 송달 또는 사적 송달은 허용되지 않는다는 점이다.

3. 不適切한 法廷地의 법리

영미에서는 '부적절한 법정지'(*forum non conveniens*)의 법리가 인정되는데, 이는 소가 제기된 경우 법정지국이 국제재판관할을 가지더라도, 외국에 대체법정지가 있고, 모든 요소를 고려할 때 외국 법정지가 분쟁을 해결하기에 더 적절한 경우 법원이 재량에 의하여 소송을 중지하거나 소를 각하함으로써 관할권의 행사를 거부할 수 있는 법리를 말한다. 이 법리에 따르면 국제재판관할의 유무와 행사 여부는 구별된다. 그러나 대륙법계는 전통적으로 이런 법리를 알지 못한다. 우리 국제사법을 개정함에 있어서 동 법리를 규정할 것인지 여부를 검토하였으나 많은 논란이 있어 규정하지 않았다. 따라서 국제사법하에서 과연 그것이 가능한지 여부는 판례와 학설에 따른다. 우리 나라에서는 종래 별논의가 없지만 부정설이 유력할 것이다. 그러나 저자는 엄격한 요건하에서 이를 도입할 수 있다는 견해를 피력한 바 있다.

그러나 영미에서도 당사자들이 관할합의를 한 경우에까지 부적절한 법정지의 법리를 적용할 것인지는 논란이 있고 불가능한 것은 아니지만 매우 이례적일 것이다. 그런데 부적절한 법정지의 법리를 널리 적용할 경우 국제금융거래상의 법적 불안이 발생할 수 있으므로 뉴욕주는, 뉴욕주법을 준거법으로 하고 금액이 미화 100만불 이상인 계약에서 당사자들이 뉴욕주의 주법원을 관할법원으로 합의한 경우 법원이 관할을 거부할 수 없도록 1984년 입법적으로 명시하였다.[68] 실무적으로는 국제금융거래의 경우 당사자, 특히 채무

68) 뉴욕주 Civil Practice Law and Rules §327(b). Jayme/Nicolaus(註 19), S. 132ff.;

자는 합의된 법원에 소가 제기된 경우 부적절한 법정지, 또는 불편한 법정지라는 이유로 관할을 다툴 수 있는 권리를 미리 포기하기로 합의한다.[69)]

4. 國際的 訴訟競合(*lis alibi pendens*)

동일 당사자간에 동일한 소송물에 관하여 수개국에 소가 계속하는 경우, 즉 국제적 소송경합을 어떻게 처리할 것인지가 문제된다. 이에 관하여는 대륙법계에서는 이른바 承認豫測說[70)]을 따르는 데 반하여, 영미법계에서는 이를 국제재판관할의 틀 안에서 해결하는 경향이 있다. 종래 우리 나라에서는 논의가 활발하지는 않으나, 대체로 일본에서와 유사하게 그 밖에도 국제적 소송경합을 허용하는 견해가 있고, 최근에는 저자가 양자를 결합하여 승인예측설을 원칙으로 하되, 항상 전소가 제기된 법원이 우선하는 것이 아니라, 외국에서 후소가 제기되더라도 외국이 명백히 보다 더 적절한 법정지인 경우 예외적으로 전소가 제기된 한국 법원이 소송절차를 중지할 수 있다는 견해를 제시하였다. 원고가 미국에서 손해배상을 구하는 소를 제기하여 소송계속중 한국에서 다시 후소를 제기한 사안에서 서울지방법원 2002. 12. 13. 선고 2000가합90940 판결은 承認豫測說을 취하여 후소를 각하하였다.[71)]

국제금융거래의 경우 계약서에서 채권자는 중복제소를 할 수 있음을 명

Ebenroth/Tzeschlock(註 19), S. 200 참조. 참조.

69) 흥미로운 것은 최근 유럽연합에서의 논의이다. 브뤼셀규정(또는 브뤼셀협약)에 따르면 어느 회원국의 법원은 동 규정에 따라 관할이 있으면 관할을 행사하여야 하며 부적절한 법정지라는 이유로 관할의 행사를 거부할 수 없다. 그러나 영국의 법원들은 영국과 비회원국의 관할이 문제된 때에는 부적절한 법정지의 법리에 기하여 재량으로 영국의 관할을 부인할 수 있다는 견해를 취하였다. 그런데 유럽법원은 2005. 3. 1. Owusu 사건 판결(Case C-281/02)에서 이러한 견해를 배척하였다. 즉 브뤼셀협약 제2조에 따라 국제재판관할을 가지는 체약국의 법원은, 비록 다른 체약국의 관할이 문제되지 않고 또한 당해 소송이 다른 체약국과 아무런 연결점이 없더라도, 비체약국법원이 더 적절한 법정지라는 이유로 관할권의 행사를 거부할 수 없다고 판시하였다. 다만 브뤼셀규정이 적용되는 것은 피고의 주소 또는 본거지가 유럽연합 내에 있는 경우이므로 예컨대 외국의 은행이 한국의 차주를 상대로 런던에서 소를 제기하는 경우에는 영국의 관할규칙이 적용된다. 따라서 그 경우 영국법원은 부적절한 법정지의 법리를 적용할 수 있다.

70) 이는 외국에 선소가 계속중 국내에 후소가 제기된 경우 외국의 소송에서 판결이 선고될 경우 그것이 국내에서 승인가능한 것으로 예측되는 때에는 중복제소금지의 원칙을 유추하여 국제적 소송경합을 제한하는 견해이다.

71) 위 판결에 대한 평석은 석광현, "國際的 訴訟競合—서울지방법원 2002. 12. 13. 선고 2000가합90940 판결에 대한 평석," 판례연구 제19집(2)(2006), 250면 이하; 이 책 제2장 [5] 참조.

시하는 예가 많이 있다. 그러나 한국에서 후소를 제기하는 것이 허용되지 않을 수도 있으므로 그런 문언을 넣는다면 계약서에 "법이 허용하는 범위 내에서"라는 단서를 추가할 필요가 있다. 법률의견서에서도 이 점을 적절히 반영할 필요가 있다.

Ⅴ. 外國判決의 承認 및 執行[72)]

한국 변호사가 내는 법률의견은 영국 또는 뉴욕주법원이 선고한 판결이 한국에서 일정한 요건하에 승인 및 집행될 수 있음을 확인한다. 따라서 한국 변호사는 민사소송법과 민사집행법이 정한 요건을 정확히 반영하여야 한다. 외국판결의 효력을 전혀 인정하지 않는 국가도 있으나 많은 국가는 일정한 요건하에 그 효력을 인정한다(즉 승인된다). 다만 집행에 관하여는 영미법계는 절차적으로 상대적으로 자유로운 登錄制度(registration system)를 취하는 데 반하여, 대륙법계는 보다 엄격한 執行判決(또는 執行可能宣言)制度(*exequatur* system)를 취한다. 우리 나라는 양자를 민사소송법에서 규율하였으나 2002. 7. 1.자로 외국판결의 승인은 민사소송법에서, 집행은 민사집행법에서 규율한다. 양자를 국제사법에 통합하여 규정하는 방안이 바람직하다고 본다.

1. 外國判決의 承認

우리 법상 외국판결이 우리 나라에서 효력을 가지기 위하여는 다음과 같은 다섯 가지 요건이 구비되어야 한다(민사소송법 제217조). 첫째 확정판결일 것, 둘째 우리의 법령 또는 조약에 따른 국제재판관할의 원칙상 그 외국법원의 국제재판관할권이 인정될 것, 셋째 패소한 피고가 소장 또는 이에 준하는 서면 및 기일통지서나 명령을 적법한 방식에 따라 방어에 필요한 시간여유를 두고 송달받았거나 송달받지 아니하였더라도 응소하였을 것, 넷째 그

72) 상세는 석광현, "민사 및 상사사건에서의 외국재판의 승인 및 집행," 국제사법과 국제소송 제1권(2001), 259면 이하 참조. 이는 구 민사소송법상의 논의이나 대부분 민사소송법과 민사집행법하에서도 타당하다.

판결의 효력을 인정하는 것이 한국의 선량한 풍속이나 사회질서에 어긋나지 아니할 것과, 다섯째 상호보증이 있을 것이다. 그러나 어느 경우에도 실질재심사(*révision au fond*)는 허용되지 않는다. 국제금융거래에서는 관할합의를 하므로 합의된 국가의 법원의 판결이라면 관할요건을 구비하는 데는 별 어려움이 없다. 실무상 문제가 되는 것은 아래와 같다.

가. 확정판결의 개념

확정판결의 '확정'이라 함은 상소와 같은 통상적인 불복방법으로는 수소법원에 더 이상 다툴 수 없게 된 상태를 말하며, 정확히는 외국판결이 판결국법상 한국법의 '형식적 확정력'에 상응하는 효력을 가지게 되었음을 말한다. 영미법상으로는 1심판결이 선고되어 당해 심급을 구속하게 되면 'final and conclusive' 하다.[73] 영미에서는 외국법원의 판결에 대해 항소가 계속중이더라도 승인의 대상으로 보면서 단지 승인국은 승인 또는 집행을 연기할 수 있다는 입장을 취한다. 그러나 민사소송법은 확정판결일 것을 요구하므로 영미법상으로는 final and conclusive이더라도 만일 항소가 제기되어 계속중이라면 우리 나라에서는 승인될 수 없다.

나. 상호보증의 요건

상호보증의 존재를 인정하기 위한 요건에 관하여는 견해가 나뉜다. 1설은 판결국이 민사소송법 제217조와 동일하거나 또는 그보다 관대한 조건하에 한국 판결을 승인할 경우에 한하여 상호보증이 있다고 한다. 반면에 2설은 판결국이 민사소송법 제217조의 요건과 중요한 점에서 다르지 않은 조건하에 한국 판결을 승인하면 족하다고 하는 상대적으로 완화된 입장을 취한다. 이 점에 관하여 대법원 2004. 10. 28. 선고 2002다74213 판결은 "우리 나라와 외국 사이에 동종 판결의 승인요건이 현저히 균형을 상실하지 아니하고 외국에서 정한 요건이 우리 나라에서 정한 그것보다 전체로서 과중하지 아니하며 중요한 점에서 실질적으로 거의 차이가 없는 정도라면 민사소송법 제217조 제4호에서 정하는 상호보증의 요건을 구비하였다고 봄이 상당하"다는 취지로 판시함으로써 2설을 취하였다.[74]

---

73) 미국의 통일외국금전판결승인법(제2조) 참조.

74) 위 대법원판결에 대한 평석은 석광현, "사기에 의한 외국판결 승인의 공서위반 여부와

다수의 하급심판결과 대법원판결을 통하여 이제는 통일외국금전판결승인법(Uniform Foreign Money-Judgments Recognition Act. UFMJRA)을 채택한 주와 한국간에는 상호보증이 존재하는 것으로 볼 수 있다. 따라서 뉴욕주법원 또는 뉴욕주 소재 연방법원의 판결은 다른 요건이 구비되면 한국에서 승인될 수 있으나, 문제는 영국판결이다. 영국의 경우 외국판결의 승인 및 집행은 보통법 또는 제정법에 따라 이루어지는데, 제정법 중 중요한 것은 1933년 외국판결(상호집행)법(Foreign Judgments (Reciprocal Enforcement) Act 1933)이다. 후자는 외국판결을 등록함으로써 승인·집행이 가능하도록 하는 것인데 외국금전판결에만 적용된다. 우리 나라는 1933년 외국판결(상호집행)법이 적용되는 국가에 포함되어 있지 않으므로 우리로서는 보통법상의 요건과 비교하여 판단해야 한다. 영국은 전통적으로 승인에 호의적인 국가로 평가되고 있고, 보통법상의 요건을 보면 위에서 본 민사소송법의 요건과 실질적으로 동등하다고 할 수 있으므로 위 2설을 취한다면 상호보증의 존재를 인정할 수 있을 것이다. 그러나 호주와의 관계에서 상호보증의 존재를 부인한 대법원 1987. 4. 28. 선고 85다카1767 판결은, 외국판결을 집행하기 위하여 외국판결을 청구원인으로 하여 일반소송절차에 따라 다시 소를 제기하고 새로운 판결을 받아야 한다는 이유로 상호보증의 존재를 부인한 바 있으므로, 종래 우리 법원이 영국과의 상호보증의 존재를 긍정할 것으로 단언하기는 어려웠다. 그러나 위 대법원판결의 결과 이제는 상호보증의 존재를 긍정할 가능성이 상대적으로 커졌다고 본다.

다. 공서위반 여부

특정한 거래에서 우리 나라의 국제적 강행법규(예컨대 외국환거래법)의 적용을 회피하기 위하여 외국의 법원에 관할을 부여하고 그 법원의 승소판결을 받거나, 당해 외국의 국제재판관할규칙에 따라 소를 제기하여 그 법원의 승소판결을 받아 우리 나라에서 승인 및 집행하고자 하는 경우 그의 승인 또는 집행이 우리 나라의 공서에 반하는지가 문제된다. 국제적 강행법규에 위반된다고 그의 승인 및 집행이 당연히 공서위반이 되는 것이 아니고, 문제된 당해 국제적 강행법규의 성질 및 취지, 위반의 정도와 효력 등을 종합적

상호보증—대법원 2004. 10. 28. 선고 2002다74213 판결에 대한 평석," 민사판례연구 제28집(2006), 687면 이하; 이 책 제2장 [7] 참조.

으로 고려해서 판단할 사항이고, 국제적 강행법규에 위반한 외국재판의 경우에도 그의 승인 및 집행이 우리의 근본적인 정의관념과 기초적인 국가적 이익에 반하지 않는 한 이를 수인해야 할 것이다.75) 더욱이 승인이 가능하더라도 외국환거래법에 따른 허가의 취득은 집행의 조건이 되므로76) 실제로 우리 나라에서 외국판결을 집행할 수 있는 것은 아니다.

2. 外國判決의 執行77)

가. 집행판결(*exequatur*)

외국판결을 집행하기 위하여는 우리 법원에서 집행판결을 받아야 하는데, 집행판결을 하기 위하여는 위에서 본 승인의 요건이 구비되어야 한다(민사집행법 제26조, 제27조). 외국판결의 승인, 즉 효력의 확장은 위 요건이 구비되면 별도의 절차 없이 자동적으로 이루어지는 데 반하여 집행을 위하여는 우리 법원의 집행판결을 받아야 하는 점에 차이가 있다.

나. 집행판결청구의 소와 청구이의사유의 주장

외국판결에 기하여 집행판결을 구하는 소송에서 피고가 승인거부사유로 그 외국판결의 기판력의 기준시 이후에 행해진 채무자의 변제, 상계 등과 같은 민사집행법상의 청구이의사유를 항변으로 주장할 수 있는가가 문제된다.

집행법원은 중재판정의 실질을 재심사할 수 없음을 근거로 하는 부정설이 있고 이에 따르면 피고는 별도로 청구이의의 소를 제기해야 한다. 그러나 판결의 모순저촉을 막고, 분쟁의 일회적 해결이라는 소송경제적인 측면을 고려하는 긍정설이 유력하다. 외국중재판정의 집행에 관한 것이지만, 대법원

---

75) 석광현(註 72), 313면.

76) 대법원 1975. 4. 22. 선고 72다2161 전원합의체판결은 외환관리법은 단속법규에 지나지 않으므로 그에 위반한 약정의 효력에는 영향이 없다고 하면서, 채권의 지급에 관한 재무부장관의 허가 등은 집행의 조건이 되는 데 지나지 않는 것이고, 채권금액의 지급을 명하는 판결을 함에 있어서 고려될 사항은 아니라고 판시하였다. 그러나 실제로 집행단계에서 고려될 수 있는지에 대하여 의문을 제기하기도 한다. 최공웅, 국제소송 개정판(1994), 450면. 위 판결의 판결문도 동, 466-467면에 소개되어 있다.

77) 여기에서는 외국판결만을 언급하나, 집행판결을 받아야 하는 점은 외국중재판정도 마찬가지이므로 본문의 논의는 외국중재판정에도 타당하다. 다만 외국중재판정의 경우 뉴욕협약에 의하여 승인 및 집행이 보장되는 점에 차이가 있다.

2003. 4. 11. 선고 2001다20134 판결[78]은 긍정설을 취하였다.[79]

3. 헤이그관할합의협약에 따른 승인 및 집행의 보장

위에서 언급한 헤이그관할합의협약은 또한 관할합의에 기초하여 어느 체약국에서 선고된 재판을 다른 체약국들에서 승인 및 집행될 수 있도록 보장한다. 제8조는 원칙적인 승인 및 집행의무를 규정하고, 제9조에서 승인 또는 집행의 거부사유(승인거부사유)를 규정한다. 이처럼 예외적인 거부사유를 규정하는 것은 뉴욕협약(제V조)과 유사한 소극적인 규정방식이다. 즉 관할합의협약에 따르면 전속적 관할합의에서 지정된 체약국의 법원이 선고한 재판은 협약에 따라 다른 체약국에서 승인되고 집행되며, 승인 또는 집행은 협약에 명시된 근거에 기하여만 거부될 수 있다(제8조 제1항). 승인 또는 집행을 요청받은 국가가 재판의 실질을 재심사(*révision au fond*)하는 것은 금지되나, 다만 제III장을 적용하기 위한 목적상 필요한 심사, 즉 승인거부사유의 유무를 판단하기 위하여 필요한 경우에는 실질의 재심사가 허용된다(제8조 제2항 1문). 관할합의협약(제9조)은 관할합의의 무효, 당사자의 무능력, 송달요건의 미비, 사기에 의한 재판, 공서위반, 승인국 재판과의 저촉과, 선행하는 제3국 재판과의 저촉 등 7개의 승인거부사유를 열거하는데 이는 망라적이다(제8조 제1항 2문). 이 점도 뉴욕협약과 유사하다.

VI. 國際倒産法의 諸問題

오늘날처럼 기업이 다수의 국가에 재산을 가지고 있거나 국제적으로 영

78) 공2003. 6. 1.(179), 1148.

79) 위 판결은 다음의 취지로 판시하였다. "… 중재판정의 성립 이후 채무의 소멸과 같은 집행법상 청구이의의 사유가 발생하여 중재판정문에 터잡아 강제집행절차를 밟아 나가도록 허용하는 것이 우리 법의 기본적 원리에 반한다는 사정이 집행재판의 변론과정에서 드러난 경우에는, 법원은 뉴욕협약 제5조 제2항 (나)호의 공공질서 위반에 해당하는 것으로 보아 중재판정의 집행을 거부할 수 있다. 이런 해석이 집행판결의 확정 이후에 별도의 청구이의소송을 통하여 다투도록 하는 것보다 소송경제에 부합할 뿐만 아니라, 변론을 거친 판결의 형식에 의하여 집행판결을 하도록 정한 우리 법제에 비추어 타당하다." 이에 대해 비판적인 평석은 석광현, "外國仲裁判定에 기초한 執行判決과 청구이의사유의 주장," 서울지방변호사회, 판례연구 제20집(1)(2006. 10.), 385면 이하 참조.

업활동을 하는 상황하에서는 그 기업에 대하여 어느 국가에서 도산절차가 개시되는 경우 국제도산법의 다양한 논점들이 제기되는데, 이는 국제금융거래에서 특히 중요한 의미를 가진다. 2006. 4. 1. 발효된 통합도산법은 과거의 屬地主義[80]를 버리고 수정된 普遍主義를 취한다. 즉 통합도산법은 제5편(제628조-제642조)에 국제도산에 관한 규정들을 두는데, 이는 국제연합 국제무역법위원회(UNCITRAL)가 1997년 5월 채택한 "국제도산에 관한 모델법"(Model Law on Cross-Border Insolvency)(이하 "모델법"이라 한다)[81]과, 2001. 4. 1. 발효된 일본의 "外國倒産處理手續の承認援助に關する法律"(이하 "承認援助法"이라 한다)의 영향을 많이 받았다. 여기에서는 몇 가지 논점만을 언급한다.[82]

1. 倒産國際私法(또는 倒産抵觸法)

우리 기업인 채무자에 대해 우리 나라에서 도산절차가 개시된 경우 도산에 관한 한 국제금융계약의 준거법에 관계없이 우리 통합도산법이 적용된다. 이것이 倒産抵觸法(또는 倒産國際私法)의 문제이다. 우리 국제사법과 통합도산법은 도산국제사법에 관하여 규정하지 않으므로 이는 판례와 학설에 의해 해결해야 하는데, 종래 절차법적 사항과 실체법적 사항이 모두 倒産節次開始國法 또는 倒産法廷地法(*lex fori concursus*)에 의한다는 견해가 유력하다. 절차에 관하여는 우선 '절차는 법정지법에 따른다'는 국제사법원칙(*lex fori-Prinzip*)이 국제도산법에서도 타당하고, 실체에 관하여는 도산절차에서는 절차와 실체가 밀접하게 관련되어 있다는 점과, 倒産法廷地法을 적용함으로써

80) 구법하에서의 국제도산법에 관하여는 석광현, "국제도산법의 몇 가지 문제점," 국제사법과 국제소송 제1권(2001), 437면 이하; 석광현, "미국 파산법원의 재판의 효력과 破産法의 屬地主義 ―대법원 2003. 4. 25. 선고 2000다64359 판결," 판례연구 제18집(1)(서울지방변호사회, 2004), 201면 이하; 이 책 제4장 [9] 참조.

81) 모델법에 관하여는 석광현, "國際倒産法에 관한 연구 ―立法論을 중심으로―," 국제사법과 국제소송 제3권(2004), 255면 이하 참조.

82) 통합도산법에 따른 국제도산법제에 관하여는 석광현, "채무자회생 및 파산에 관한 법률(이른바 統合倒産法)에 따른 國際倒産法," 2006. 9. 30. 민사소송법학회 발표자료; 임치용, "새로운 국제파산법제," 남효순·김재형(공편), 통합도산법(2006), 155면 이하 참조. 간단한 설명은 이 책 제4장 [9] 補論; 서울중앙지방법원 파산부 실무연구회, 회생사건실무(하)(2006), 257면 이하; 법무부, 채무자 회생 및 파산에 관한 법률 해설(2006)(오수근 집필), 196면 이하 참조.

채권자들의 평등취급이라는 국제도산의 이념과 정의에 보다 충실할 수 있기 때문이다. 다만 실체에 관하여는 도산사건의 모든 실체법적 사항이 아니라 그 중 도산절차의 목적에 봉사하는 倒産典型的인 法律效果만이 倒産法廷地法에 의하는 점을 유념해야 한다. 예컨대 도산절차에서의 미이행쌍무계약의 처리라든가 상계 또는 네팅(netting)의 제한 등은 倒産法廷地法에 따른다. 다만 그 구체적인 범위는 명확하지 않은데 이를 구체화하는 것이 앞으로의 과제이다.[83] 모델법과 承認援助法도 이에 관한 규정을 두고 있지 않지만, 2002. 5. 31. 발효된 유럽연합의 "도산절차에 관한 이사회규정"(이하 "EU도산규정"이라 한다)(제4조-제15조)은 倒産法廷地法原則을 취하고 그에 대한 예외를 상세히 규정하고 있는데,[84] 이는 우리 법상의 해석론과 입법론에 도움이 된다. 위에 언급한 대법원 2001. 12. 24. 선고 2001다30469 판결은 준거법이 영국법인 차관계약상 우리 나라 은행인 대주가 파산한 경우 파산관재인은 파산법 제50조에 따라 이행 여부를 선택할 수 있다고 하였던바,[85] 이는 위 법리가 적용된 예이다.

2. 外國倒産節次의 對內的 效力

외국도산절차의 개시가 채권자의 개별집행을 금지하는 효력을 가지는 경우 그 효력이 한국 내에도 미치는가, 또한 외국도산절차에 의하여 외국의 채무자가 한국 내 재산에 대한 관리처분권을 잃고 외국법원이 선임한 관재인이 관리처분권을 취득하는가 등 외국도산절차의 대내적 효력의 문제가 있다.

---

83) 예컨대 매수인인 한국 기업과 매도인인 독일 기업간에 물품매매계약이 체결된 뒤 매수인의 파산선고가 있었다면, 매매계약의 성립 및 효력은 법정지인 우리 나라의 국제사법에 따라 결정되는 당해 계약의 준거법(예컨대 CISG 또는 독일법)에 따라 결정되지만, 매수인의 파산관재인이 미이행쌍무계약이라는 이유로 위 매매계약을 해제할 수 있는지는 도산전형적인 법률효과의 문제로서 도산법정지인 우리 통합도산법에 따른다.

84) 이는 Council Regulation (EC) No 1346/2000 on insolvency proceedings를 말한다. 그에 관한 상세는 석광현, "유럽연합의 國際倒産法制," 국제사법과 국제소송 제3권(2004), 320면 이하 참조. 2003. 3. 14. 자로 개정된 독일 도산법도 제11장 총칙(제335조-제342조)에서 도산국제사법에 관하여 규정을 두고 있다. 이에 관하여는 한충수, "독일 국제도산법 개정과 우리에의 시사점," 민사소송 제9권 제1호(2005), 280면 이하 참조.

85) 위 대법원판결에 대한 평석은 석광현(註 31), 543면 이하; 강일원(註 31) 참조.

가. 승인의 대상—주절차와 종절차

모델법(제2호 b)호, c)호)은 주절차와 종절차를 구분하는데, 본사와 같이 채무자의 주된 이익의 중심(center of main interests. COMI)이 소재하는 국가에서 개시된 절차를 主節次(main proceeding)라 하고, 본사 이외의 영업소 소재지와 같은 그 밖의 장소에서 개시된 절차를 從節次(non-main proceeding)라 한다(제2조 (b)호, (c)호). 일본의 承認援助法(제2조)도 이와 유사한 정의를 두고 있다.[86] 통합도산법 제5편은 외국도산절차의 승인과 관련하여 주절차·종절차를 구분하지 않고 그런 개념을 정의하지도 않는다. 다만 동일 채무자에 대한 수개의 외국도산절차의 승인신청이 있는 경우 병합심리(제639조 제1항)와, 복수의 외국도산절차가 승인된 경우 법원은 승인 및 지원절차의 효율적 진행을 위하여 주된 외국도산절차를 결정할 수 있다고 규정하므로(제639조 제2항·제3항) 주절차와 종절차의 개념을 모르는 것은 아니다.

나. 승인의 요건—간접관할

통합도산법(제628조 제1호)은 외국도산절차를, "외국법원(이에 준하는 당국을 포함한다)에 신청된 회생절차·파산절차 또는 개인회생절차 및 이와 유사한 절차를 말하며, 임시절차를 포함한다"고 정의한다. 그리고 제631조 제1항은 "외국도산절차의 대표자는 외국도산절차가 신청된 국가에 채무자의 영업소·사무소 또는 주소가 있는 경우에 … 법원에 외국도산절차의 승인을 신청할 수 있다"고 규정하므로 그러한 외국도산절차만이 승인될 수 있다. 법원이 외국도산절차의 승인신청을 기각하여야 하는 사유는 ① 법원이 정한 비용을 예납하지 아니한 경우, ② 소정의 서류를 제출하지 아니하거나 그 성립 또는 내용의 진정을 인정하기에 부족한 경우 또는 ③ 외국도산절차의 승인이 한국의 선량한 풍속 그 밖에 사회질서에 반하는 경우이다(제632조 제2항). 통합도산법은 명시하지 않지만, 외국의 도산법이 우리의 구 도산법처럼 자국 도산절차의 대외적 효력을 부인하는 것도 승인거부사유가 된다고 본다.

86) 정확히는 외국주절차를 정의함에 있어서 주된 이익의 중심지라는 표현 대신 '주된 영업소가 있는 국가'에서 신청된 외국도산절차를 말한다고 한다.

다. 승인의 절차—결정승인제

외국도산절차의 승인에는 외국판결의 승인처럼 일정요건이 구비되면 별도의 절차 없이 승인하는 자동승인제와, 법원의 재판에 의해 승인하는 결정승인제가 있는데 통합도산법 제5편은 모델법 및 일본의 承認援助法과 마찬가지로 결정승인제를 취한다. 주목할 것은, 대법원 2003. 4. 25. 선고 2000다64359 판결[87](이른바 구찌사건 판결)은 屬地主義를 취한 구 파산법의 해석론으로서, 미국 파산법원의 파산선고의 효력을 관재인에의 관리처분권의 이전과 個別執行禁止, 즉 包括執行的 效力으로 나누어 전자에 관하여 미국 파산법원의 재판이 민사소송법의 외국판결 승인요건을 갖춘 것으로 못 볼 바 아니라고 하여 효력을 승인한 점인데, 이는 관리처분권의 이전은 자동승인된다는 태도를 취한 것이다. 그러나 이러한 결론은 통합도산법상은 허용되지 않는다.

라. 승인의 효력—승인결정에 기초한 법원의 지원

통합도산법 제5편은 외국도산절차의 효력이 우리 나라에 그대로 유입되는 것을 막고자 우리 법원이 재량으로 개별적 지원결정을 하도록 한다. 즉 통합도산법(제636조)에 따르면, 승인결정에 의해 외국도산절차 개시국법상의 효력이 우리 나라에 확장되거나 통합도산법상의 도산절차의 효력이 발생하는 것이 아니라, 우리 법원이 승인결정을 기초로 지원결정을 하는 체제인데 이는 承認援助法을 추종한 것이다. 承認援助法은 기본적으로 모델법을 수용한 것이지만 이 점에서 큰 차이가 있다. 즉 承認援助法상 외국도산절차의 승인이라 함은, 외국도산절차에 따른 관리처분권의 이전과 포괄집행적 효력을 인정하는 것이 아니라, 일본 내에서 承認援助法에 따른 원조처분을 할 수 있는 기초로서 승인하는 데 불과하다.

屬地主義를 철저히 따른다면 외국도산절차의 도산관재인은 한국에 있는 재산에 대하여는 관리처분권을 가지지 않으므로 당사자적격을 가지지 않는다고 볼 것이나, 대법원 2003. 4. 25. 선고 2000다64359 판결은 구 파산법의 해석론으로서, 미국 파산법원의 파산선고의 효력을 관재인에의 관리처분권의 이전과 개별집행금지로 나누어 전자에 관한 한 별도의 절차 없이 그 효력을

---

87) 평석은 석광현, "미국 파산법원의 재판의 효력과 破産法의 屬地主義," 判例硏究 제18집(1)(2004), 201면 이하 참조.

승인하였다. 그러나 통합도산법에 따르면 외국의 도산관재인이 우리 나라에서 관재인으로서의 권한, 나아가 당사자적격을 가지기 위하여는 당해 외국의 도산법상 그가 대외적으로 권한을 가져야 하고, 우리 법원에 외국도산절차의 승인신청을 해서 승인결정을 받고(제632조), 나아가 국제도산관리인으로 선임되어야 한다(제636조 제1항 제4호). 따라서 통합도산법하에서는 위 대법원 2003년 판결은 더 이상 타당할 수 없다.

3. 內國倒産節次의 對外的 效力

파산자가 파산선고 당시에 가진 모든 재산은 파산재단에 속하는데(통합도산법 제382조 제1항) 통합도산법은 屬地主義를 정한 파산법 제3조 제1항을 삭제하였으므로 위 재산은 소재지에 관계없이 파산재단을 구성한다. 회생절차의 경우도 마찬가지로 屬地主義를 정한 회사정리법 제4조 제1항을 삭제하였다. 나아가 통합도산법(제640조)은 "국내도산절차의 관리인·파산관재인 그 밖에 법원의 허가를 받은 자 등은 외국법이 허용하는 바에 따라 국내도산절차를 위하여 외국에서 활동할 권한이 있다"고 함으로써 普遍主義를 지향한다. 외국의 법원이 우리 도산절차의 관리인의 권한을 인정할지는 외국법이 정할 사항이지만 우리 법이 이를 스스로 제한할 필요는 없으므로 통합도산법의 태도는 타당하다.

한편 구 도산법하에서는 외국채권자가 우리 기업이 담보로 제공한 담보물을 외국에서 보유할 경우, 회사정리법이 屬地主義를 취하였므로 채권자는 회사정리절차에 관계없이 담보권을 실행할 수 있었다. 그러나 통합도산법에 따르면 특히 담보권의 준거법이 외국법인 경우 과연 통합도산법의 대외적 효력을 주장하여 담보권의 효력 또는 실행을 제한할 수 있는지라는 까다로운 도산국제사법의 문제가 제기된다.

4. 竝行倒産節次간의 조정

도산절차의 병행에는 내국도산절차와 외국도산절차의 병행과 외국도산절차간의 병행이 있는데 통합도산법은 제638조에서 전자를, 제639조에서 후자를 각각 규정한다. 모델법은 병행도산을 해결하기 위해 미리 마련된 해결책을 강요하는 대신 협력과 대화의 과정을 통해 조정할 것을 규정하는 점에 특색이 있는데 통합도산법은 대체로 모델법을 따른 것이다.

가. 국내도산절차와 외국도산절차 상호간의 조정

통합도산법(제638조 제1항)은 채무자를 공통으로 하는 외국도산절차와 국내도산절차가 동시에 진행하는 경우 법원은 국내도산절차를 중심으로 제635조(승인 전 명령 등) 및 제636조(외국도산절차에 대한 지원)의 규정에 의한 지원을 결정하거나 이를 변경 또는 취소할 수 있다고 규정한다. '국내도산절차를 중심으로'라는 것은 국내도산절차에 우선권을 주되, 법원의 재량의 여지가 있다는 취지로 보인다.

통합도산법은 모델법과 마찬가지로 竝行節次가 진행되는 경우 어느 절차의 倒産管財人이 그의 倒産節次에 채권을 신고한 채권자를 대리하여 다른 倒産節次에 채권의 교차신고(cross-filing)를 규정하고 있지 않다.

나아가 통합도산법(제642조)은 竝行節次간의 조정을 위하여 '배당의 준칙'이라는 제목하에 외국도산절차 또는 채무자의 국외재산으로부터 변제받은 채권자는 국내도산절차에서 그와 같은 조 및 순위에 속하는 다른 채권자가 동일한 비율의 변제를 받을 때까지 국내도산절차에서 배당 또는 변제를 받을 수 없다고 규정한다. 이는 동 순위 채권자들간의 공평한 배당을 달성하기 위한 방법으로 보통법상 널리 인정되고 있는 이른바 'hotchpot rule'을 명시한 것이다.

나. 복수의 외국도산절차 상호간의 조정

한편 복수의 외국도산절차가 승인된 경우 법원은 채무자의 주된 영업소 소재지 또는 채권자보호조치의 정도 등을 고려하여 주된 외국도산절차를 결정하고 그를 중심으로 지원을 결정하거나 변경할 수 있다(제639조).

5. 外國法院 및 外國代表者와의 공조

공조는 외국도산의 승인을 전제로 하는 것은 아니고, 병행절차의 존재를 전제로 하는 것도 아니나, 병행절차가 진행중인 경우 공조가 중요한 의미를 가짐은 명백하다. 공조에는 법원간의 공조와 도산관재인간의 공조가 있다.

통합도산법(제641조)은 도산절차의 병행시 우리 법원(도산사건의 담당 재판부)이 외국 법원과 직접 공조할 것을 규정하는데, 이는 종래의 법원행정처를 통한 국제민사사법공조법상의 민사사법공조의 수준에 비하면 획기적인 것이다. 결국은 공조범위를 넓혀야 할 것이라는 점에서 통합도산법의 태도를 이해할 수 있지만 실무상 어려움이 예상된다.

한편 국내도산절차의 관리인 또는 파산관재인도 법원의 감독하에 외국법원 또는 외국도산절차의 대표자와 직접 정보 및 의견을 교환할 수 있다(제641조 제3항). 통합도산법도 모델법을 따라 공조의 시기와 방법 등에 관한 결정을 법원과 도산관재인에게(법원의 감독하에) 맡기고 있는데, 이는 법원에게 유연성과 재량을 부여하는 것이 실무적으로 매우 중요하기 때문이다.[88] 통합도산법하에서는 도산관재인간에 '도산관리계약'(protocol)이 체결될 수 있는데, 이는 1991년의 *Maxwell* 사건을 계기로 병행도산을 조화롭게 운영하는 절차로서 널리 활용되고 있으며 국제적으로 거의 보편화되어 가고 있으므로 앞으로 우리도 이에 대해 좀더 체계적으로 연구할 필요가 있다.

Ⅶ. 國際金融契約의 準據法에 관계없이 우리 법이 규율하는 사항

이상의 논의를 통하여 국제금융계약의 준거법이 영국법 또는 뉴욕주법이더라도 채무자가 우리 기업이 채무자인 경우 우리 법원이 재판하는 때에는 일정한 사항들은 한국법에 의한다는 점을 확인할 수 있었다. 다음 사항들이 그에 포함된다.[89]

① 채무자의 능력

② 이사회결의 등 당해 거래를 위하여 필요한 채무자의 내부절차에 관한 사항

③ 회사를 대표하여 관련 국제금융계약을 체결하고 서명(또는 기명·날인)할 자. 사채의 발행에 대한 상법상의 규제사항(예컨대 사채총액의

88) UNCITRAL, Guide to Enactment of the UNCITRAL Model Law on Cross-Border Insolvency, para. 178 참조.

89) 그 밖에도 대리는 계약의 준거법에 의하지 않고 독립적으로 연결된다(국제사법 제18조).

제한).

위 ① 내지 ③은 우리 기업의 속인법이 규율하는 사항들이다.

④ 우리 나라의 외국환거래법 기타 국제적 강행법규

⑤ 倒産法廷地法인 우리의 통합도산법

⑥ 우리 국제사법

⑦ 우리 절차법이 규율하는 사항(국제재판관할을 포함)—이는 국제사법상 '절차는 법정지법에 따른다'는 원칙(*lex fori* principle)이 확립되어 있기 때문이다.

⑧ 외국판결의 승인 및 집행에 관한 사항

⑨ 우리 세법과 형법이 규율하는 사항

외국법과 한국법이 교착하는 국제금융거래에서 당사자들의 법률관계를 정확히 파악하기 위하여는 당해 외국법과 한국법의 적용범위를 정확히 劃定하여야 한다. 따라서 국제금융거래에 관여하는 우리 변호사는 이를 정확히 이해하여야 하는데, 그러기 위해서는 國際私法的 視角 내지는 마인드가 필수적이다.

여기에서는 우리 기업이 채무자인 경우를 중심으로 논의하였는데, 반대로 만일 우리 기업이 채권자이고 외국(예컨대 인도네시아) 기업이 채무자이며 준거법이 한국법인 경우에는 위의 논의를 적절히 응용하여 무엇이 인도네시아법에 의할 사항인지를 파악하고, 그에 관하여 현지 변호사의 도움을 얻어야 할 것이다. 즉 인도네시아 변호사에게 문의할 사항을 작성하는 데 國際私法的 視角과 마인드가 필수적이다.

Ⅷ. 國際證券去來法—國際資本市場法[90)]

1. 종래의 논의

우리 자본시장의 자유화가 진행됨에 따라 국제적인 증권거래로 인한 여

90) 이 부분은 당초 발표논문에는 없던 것이나 새로이 추가하였다. 여기에서는 논점만 소개한다. 독일 문헌은 우선 MünchKommBGB/Kindler, Band 11 Einführungsgesetz, Internationales Privatrecht 4. Auflage (2006), IntKapMarktR Rn. 28ff. 참조.

러 가지 법률적인 문제가 제기되고 있다. 가장 전형적인 것인 예컨대 우리 기업이 외국에서 국제채를 발행할 경우 우리 증권거래법에 따른 유가증권신고를 요하는지, 사업설명서의 불실기재를 포함한 증권거래에서의 불공정을 저지른 경우 또는 증권 발행 후의 공시의무를 위반한 경우 우리 증권거래법에 따른 책임을 지는지 등이다.[91] 그 밖에도 특히 장래 우리 기업의 주식이 우리 나라와 외국의 거래소에 동시상장될 경우 외국에서의 내부자거래나 시세조종 등의 행위에 우리 증권거래법이 적용되는지 등의 문제가 제기될 것이다. 그러한 국제적인 증권거래에 따른 쟁점의 準據法의 결정이 國際證券去來法(또는 國際資本市場法)의 주된 과제이고, 그와 관련하여 國際節次法的 爭點도 제기되는데 우리도 이 분야에 관심을 가질 필요가 있다.[92] 그러나 종래 우리 나라에서는 이러한 國際證券去來法(또는 國際資本市場法)에 관하여는 충분한 논의가 이루어지지 않았고, 미국 증권법의 역외적용에 관한 미국의 판례와 학설의 소개가 중심을 이루었다.[93] 미국 증권법의 역외적용에 관한 논의의 특징은, 우리 국제사법에서 보는 바와 같은, 어떤 쟁점에 대해 어느 국가의 법을 적용할 것인가라는 형태의 문제제기가 아니라, 주어진 사안에서 법정지, 즉 미국법이 적용되는가라는 형태로 문제를 제기하는 점인데,[94] 이는 주로 미국 증권법의 역외적용의 국제공법적 한계라는 관점에서 논의되었다.[95] 다만 서울대학교 금융법센터가 2004년 10월 금융감독위원장에게 제출

91) 그 중 국제채의 발행과 관련한 문제는 위에서 간단히 언급하였다. 그 경우 우리 증권거래법의 적용범위에 관하여는 석광현, "國內企業의 海外社債 發行의 實務와 法的인 問題點 —유로債(Eurobond) 발행시 우리 법의 적용범위에 관한 문제를 중심으로—," 국제사법과 국제소송 제1권(2001), 625면 이하 참조.

92) 이에 관하여는 우선 고창현·정명재·김연미, "國內外 證券市場 同時上場에 관한 법적 문제점," 증권법연구 제3권 제2호(2002), 133면 이하; Herbert Kronke, Capital Markets and Conflict of Laws, *Recueil des Cours Tome* 286 (2000), pp. 257-385 참조.

93) 과거의 논의는 우선 안문택, 證券去來法體系(1985), 제5장 증권의 국제거래에 대한 규제(467-514면) 참조.

94) 즉 이는 법률관계로부터 출발하여 그에 적용할 준거법을 탐구하는 사비니적인 접근방법이 아니라, 법규로부터 출발하여 그 법규의 적용범위를 탐구하는 법규분류설적인 접근방법을 취한다. 따라서 이 경우 쌍방적 저촉규정이 아니라 일방적 저촉규정의 정립에 관심을 가진다.

95) 종래 미국 증권법의 역외적용은 우선 다음 두 가지 쟁점을 중심으로 논의되었다. 첫째는 미국 외에서의 국제적인 증권발행과 유통에 대하여 미국 증권법상의 등록요건이 어느 범위에서 적용되는가이다. 이에 관하여는 미국 증권관리위원회의 Regulation S와 Rule 144A가 중요한 의미를 가진다. 둘째는 이른바 '詐欺禁止(anti-fraud)條項'이 어느 범위에서 적용되는가이다. 이에 관하여는 1934년 증권거래소법 제10조 (b)와 미국 증권관리위원회 Rule 10b-5가 문제된다.

한, "증권거래법의 역외적용 및 외국감독기관과의 공조제도 정비방안 연구에 관한 최종보고서"에서 증권거래법의 역외적용에 대하여 좀더 체계적인 검토와 논의가 이루어진 것으로 보인다.[96] 그리고 그 결과로 아래에서 언급하는 "자본시장과 금융투자업에 관한 법률 제정안"(이른바 자본시장통합법안)에 동 법의 역외적용을 명시한 조항이 신설된 것으로 보인다.

2. 논의의 방향

증권거래법은 유가증권의 유통을 원활히 하고 투자자를 보호하기 위하여 주로 유가증권의 발행과 매매 기타 거래가 공정하게 이루어지도록 규제하기 위한 법이다. 전통적인 견해에 따르면 이러한 증권규제는 크게 정보공시규제와 불공정거래규제의 두 가지로 구분된다.[97] 증권규제는 그의 성질에 따라 ① 공법적(또는 행정법적) 규제를 내용으로 하는 행정규제, ② 행정규제의 위반으로 인한 민사책임을 규율하는 민사책임규제와 ③ 행정규제를 위반한 데 대한 형사처벌을 내용으로 하는 형사책임규제로 구성된다.[98] 따라서 國際證券去來法(또는 國際資本市場法)의 체계를 세우는 데 있어서도 위 세 가지 분야로 구분하여 논의할 필요가 있다. 우리 법의 적용을 중심으로 장래의 논의 방향을 간단히 언급하면 다음과 같다.

가. 행정규제법

행정규제법의 분야에서는 제도로서의 자본시장의 조직과 원활한 기능을 위하여 초개인적이고 국가적 또는 경제정책적인 공적 이익에 봉사하는 國際的强行規定(international zwingende Bestimmungen, internationally mandatory rules)[99]이 다수 존재하므로 주어진 쟁점에 대해 어느 국가의 법이 적용되는가라는 전통적인 국제사법의 문제제기보다는 우리 증권거래법의 적용 여부를 묻는 형태로 문제가 제기된다. 미국 증권법의 역외적용도 바로 이러한 형태

---

96) 저자는 2004. 12. 27. 개최된 세미나에 참석하여 토론할 기회를 가졌는데, 세미나시에도 최종보고서는 배포되지 않았고 세미나를 위한 간단한 자료만이 배포되었다.

97) 김건식, 증권거래법 3판(2004), 42면 이하.

98) 물론 이러한 법적규제 외에도 규제 대상이 스스로 하는 자율규제가 있다.

99) 독일에서는 이를 干涉規範(Eingriffsnorm)이라 한다. 이를 '介入規範'이라고 번역할 수도 있다.

의 문제제기인데, 행정규제법의 분야에서는 이를 수긍할 수 있다. 우리 증권거래법의 역외적용을 긍정한다면 이는 개정된 국제사법 제7조의 국제적 강행법규(즉 입법목적에 비추어 준거법에 관계없이 해당 법률관계에 적용되어야 하는 우리 나라의 강행규정)의 적용 여부의 문제이다. 우리 증권거래법의 역외적용 여부는, 일률적으로가 아니라 문제된 증권거래법의 조항의 입법목적과 문제된 행위가 우리 나라의 투자자들과 우리 증권시장에 미치는 영향 등을 고려하여 개별적으로 판단하여야 한다.

행정규제법 분야의 절차법적 쟁점으로는 이른바 國際行政法 또는 涉外公法(internationales öffentliches Recht)의 문제가 있다. 예컨대 행정규제를 담당하는 우리 감독기관이 심판할 수 있는 관할[100]의 문제와 기타 절차법적 문제들이 그에 포함된다. 이 경우 외국감독기관과의 공조도 중요하다.

나. 민사책임법

이는 위에 언급한 행정규제의 위반에 따른 민사책임을 규율하는 규정을 말한다. 이에는 예컨대 사업설명서의 부실기재 또는 개시의무 위반으로 인한 손해배상책임, 내부자거래 또는 시세조종으로 인한 손해배상책임과 단기매매차익반환의무 등이 포함된다. 미국에서는 이 분야도 미국 증권법의 역외적용의 문제로 다루고 있으나,[101] 우리 법상으로는 미국과 같은 접근방법을 취할지, 아니면 민사책임에 관하여는 國際私法的 接近方法을 취할지를 우선 검토할 필요가 있는데,[102] 이를 부연하면 다음과 같다.

첫째 방안은 행정규제법 분야의 연결원칙과 민사책임법의 연결원칙을 통

100) 아래에서 논의하는 민사책임에서의 國際裁判管轄과 달리 이러한 행정기관의 관할은 입법관할과 일치한다는 견해가 유력하다.

101) 예컨대 사기금지조항의 역외적용에 관하여 종래 미국의 판례는 미국 증권법을 역외적용하기 위한 기준으로 효과기준 또는 행위기준을 종합적으로 고려하여 결정한다. 효과기준(effects test)은 사기행위가 비록 미국의 영토 밖에서 행해졌더라도 그 행위가 미국 증권시장 또는 미국 투자자에게 예견가능하고 실질적인 해(forseeable and substantial harm)를 입히는 경우 미국법이 적용된다는 원칙이다. 이를 최초로 적용한 판결은 *David H. Schoenbaum v. Bradshaw D. Firstbrook*, 405 F.2d 200 (2d Cir. 1968) 사건 판결이다. 한편 행위기준(conduct test)은 비록 사기로 인한 결과는 미국 증권시장 또는 미국 투자자와 아무런 관련이 없더라도 그 사기행위가 미국 내에서 행해진 경우 미국법이 적용된다는 원칙이다. 이를 최초로 적용한 판결은 *Leasco Data Processing Equipment Corp. v. Maxwell*, 468 F.2d 1326 (2d Cir. 1972)이다. 이에 관하여는 우선 김건식·송옥렬, 미국의 증권규제(2001), 496면 이하 참조.

102) 국제독점금지법 분야에서도 유사한 문제가 제기된다.

일적으로 구성하는 것인데, 행정규제의 위반이 민사책임의 선결문제가 되는 점을 고려하면 이러한 접근방법이 자연스럽고 논리적이다. 다만 양자를 통일적으로 연결하더라도 역외적용으로 모든 문제가 해결되는 것은 아니다. 예컨대 미국에서 어떠한 행위가 있고 우리 나라에서 그 결과(또는 효과)가 발생하는 경우처럼 우리 증권거래법과 외국 증권거래법이 적용되는 사안에서 준거법을 어떻게 정할지가 문제되기 때문이다.[103] 즉 자본시장통합법에 역외적용을 명시하더라도 민사책임법에 관한 한 이는 하나의 성글고 거친 원칙일 뿐이므로 이를 기초로 국제증권거래의 유형별로 정치한 연결원칙을 도출할 필요가 있다.[104] 또한 외국의 증권거래법에 따르면 우리 나라에서 행해진 행위에 대해 동 법이 역외적용되어야 하는 사안에서 우리가 이를 양면적 저촉규정으로 파악하여 적용할지도 검토해야 한다.

둘째 방안은 양자를 각각 별개로 구성하는 것인데, 민사책임에 관한 한 전통적인 국제사법의 접근방법에 부합한다는 장점이 있다. 이 경우 쟁점에 따라서는 國際契約法的 接近方法, 國際會社法的 接近方法과 國際不法行爲法的 接近方法에 의하여 또는 그들의 결합에 의하여 해결해야 할 것이나, 어떤 경우에는 그 어느 것도 만족스러운 해결방안을 제시하지 못한다는 데 문제해결의 어려움이 있다.[105] 또한 國際不法行爲法的 接近方法을 따르는 경우 전통적인 연결점인 행동지와 결과발생지에 연결하는 것이 타당한지가 문제된다. 미국의 판례에 의해 발전되어 온 행위기준과 효과기준은 행동지와 결과발생지를 연결점으로 삼는 것이라고 할 수 있는데, 그 경우 행동지와 결과발생지의 관계를 어떻게 정립할지가 문제된다. 나아가 새로운 접근방법으로 國際證券去來法(또는 國際資本市場法)의 체계를 구축하고 증권시장을 중심적

103) 독점금지법에 관한 것이지만 예컨대 미국에서도 *Timberlane Lumber Co. v. Bank of America N.T. & S.A.*, 549 F.2d 597 (9th Cir. 1976) 사건 판결이 제시한 합리성의 원칙 또는 balancing test를 따른다면 국내에 효과가 미친다고 하여 국내법을 반드시 역외적용하여야 하는 것은 아니다. 양명조, 國際獨占禁止法—美國法의 理論과 實際—(1986), 314면 이하; 松岡 博, "商標法의 域外適用과 屬地主義," 帝塚山法學 12호(2006), 234[163]면 이하 참조. 보다 근본적으로 어느 정도의 영향 또는 효과가 있어야 족한지도 문제이다.

104) Joachim Schneider, Kapitalmarktrechlicher Anlegerschutz und Internationales Privatrecht (1998), S. 245ff.; Jan Kropholler, Internationales Privatrecht 5. Auflage (2004), § 52 Ⅸ 2b.

105) Peter Kiel, Internationales Kapitalanlegerschutzrecht. Zum Anwendungsbereich kapitalanlegerschützender Normen im deutschen, europäischen und US-amerikanischen Recht (1994), S. 294ff. 참조.

인 연결점으로 삼는 것이 타당한지를 검토할 필요가 있다.[106] 아니면 불법행위로 성질결정할 수 있는 사안의 경우 國際不法行爲法的 接近方法을 취하면서도 불법행위지를 '증권시장지'로 볼 수 있는지가 문제된다.[107] 어쨌든 이러한 검토를 하는 과정에서 문제된 행위 또는 거래의 유형별로 적절한 연결점을 탐구할 필요가 있는데 이는 앞으로의 과제이다. 특히 동시상장의 경우는 어느 하나의 국가에서만 행위 또는 효과가 있는 사안과는 구별하여 달리 취급할 필요성이 있을 것이다.

민사책임법 분야의 절차법적 쟁점으로는 國際裁判管轄, 國際民事司法共助와 외국판결의 승인 및 집행의 문제 등이 있는데 이는 바로 넓은 의미의 國際私法 내지는 國際民事訴訟法의 제문제이다.

다. 형 사 법

이에 관하여는 증권거래법에 특칙이 없으면 국제형법에 관한 형법 총칙의 규정(제2조 이하)이 적용된다. 형사법 분야에서도 절차법적 쟁점이 제기되는데 예컨대 국제관할의 문제는 형사소송법에 따라 해결될 것이다. 그 밖에 국제적인 공조의 문제가 제기되는데 이는 국제형사사법공조의 문제이다.

3. 자본시장통합법의 법률안

이와 관련하여 주목할 것은 최근 2006. 6. 30. 입법예고된 자본시장통합법의 제정안이다. 즉 동 법률안(제2조)은 "국외행위에 대한 적용"이라는 제목하에 "이 법은 국외에서 이루어진 행위라도 그 효과가 국내에 미치는 경우에는 이를 적용한다"고 명시하는데 이는 독점규제 및 공정거래에 관한 법률의 역외적용을 명시하기 위하여 2004. 12. 신설된 동 법 제2조의2[108]를 모범으로 삼은 것으로 보인다. 그 이론적인 근거는 국제공법상의 이른바 '효과이론' 또는 '영향이론'에 있고, 보다 가까이는 위에 언급한 서울대학교 금융법

106) 예컨대 Kiel(註 105), S. 297ff.

107) 우리 국제사법은 특수불법행위에 관한 특칙을 두고 있지 않으나 국제사법의 예외조항(제8조)을 참작하여 국제불법행위를 시장지에 연결하는 것도 가능하다.

108) 조문은 다음과 같다.
"제2조의2(국외행위에 대한 적용)
이 법은 국외에서 이루어진 행위라도 국내시장에 영향을 미치는 경우에는 적용한다."

센터의 최종보고서에 있는 것으로 생각된다. 이러한 조항은 그러한 경우 우리 나라에 입법관할권이 있음을 당연한 전제로 하면서, 우리 입법자가 입법에 의하여 이 문제를 적극적으로 규율하고자 하는 것이다.

그러나 우선 지적할 것은 위에서 언급한 바와 같이 우리 법상으로는 미국과 같은 접근방법을 취할지, 아니면 국제사법적 접근방법을 취할지를 좀더 검토할 필요가 있는데 위 법률안은 너무 성급하게 첫째 방안을 따랐다는 점이다. 즉 법률안은 기존의 國際私法的 接近方法 또는 새로운 國際證券去來法(또는 國際資本市場法)的 接近方法과의 관계를 충분히 고려한 것이라고 보기 어렵다. 즉 우리 국제사법은 國際的 强行法規의 경우 법규로부터 출발하여 그의 적용범위를 정하는 접근방법을 사용하고, 기타 통상의 저촉규범의 경우 법률관계로부터 출발하여 이를 성질결정한 뒤 적절한 연결점을 통하여 그와 가장 밀접한 관련이 있는 준거법을 탐구하는 접근방법을 병용하는데,[109] 법률안 제2조는 후자에 속하는 영역에까지 성질결정에 관계없이 전자의 접근방법을 도입하려는 것이다. 이는 미국 국제사법의 체계상으로는 문제가 없을지 모르지만 우리 국제사법의 접근방법 또는 체계와는 정합성이 부족하다는 비판이 가능하고, 마치 '영향'에 기초한 역외적용에 의하여 모든 문제가 해결되는 것처럼 보이게 하는 폐단이 있다. 법률안에 대한 보다 자세한 논의는 다른 기회로 미룬다.[110]

Ⅸ. 맺 음 말

지금까지 주로 영국법 또는 뉴욕주법이 준거법인 국제금융거래에서 제기되는 국제사법적 논점을 우리 국제사법을 중심으로 논의하였다. 다시 한번 강조하지만, 국제금융거래 당사자들간의 법률관계를 정확히 이해하고 그로부터 발생하는 국제분쟁을 제대로 해결하기 위해서는 국제사법에 대한 이해가

109) 석광현(註 17), 97면.

110) 그 밖에도 흥미로운 것은 자본시장통합법 제정안(제94조 제3항)이 "역외투자자문업자 또는 역외투자일임업자가 투자자와 체결하는 투자자문계약 또는 투자일임계약에는 그 계약에 대하여 국내법이 적용되고 그 계약에 관한 소송은 국내법원이 관할한다는 내용이 포함되어야 한다"고 하여 준거법과 국제재판관할에 관하여 특칙을 두는 점이다. 이는 국제사법 차원에서 사회·경제적 약자를 보호하는 우리 국제사법 제27조의 원칙과 정합성이 없다.

필수적이다. 중요한 것은 장래 만일 분쟁이 발생한다면 어느 국가가 법정지가 될 개연성이 큰지를 판단하고, 그 국가의 국제사법규범과 그에 의해 준거법으로 지정되는 실질법의 내용을 미리 파악할 필요가 있다는 점이다. 가장 국제화된 법(판례 포함)과 최고의 국제경쟁력으로 무장한 법률가들을 보유하고 있는 영국이 "Dicey & Morris, The Conflict of Laws"라는 방대한 분량의 탁월한 국제사법 전문서를 가지고 있음은 결코 우연이 아니다.[111] 물론 국제금융거래를 제대로 이해하기 위해서는 국제사법에 대한 지식만으로 불충분하고, 국제금융거래의 준거법이 되는 영국 및 뉴욕주의 계약법을 어느 정도 이해할 필요가 있으며 나아가 당해 국제금융시장의 관행과 실무를 이해하지 않으면 아니 된다. 그러나 국제사법에 대한 지식이 없이는 국제금융거래를 제대로 이해하고 변호사로서의 역할을 제대로 수행할 수 없음도 명백하다. 이런 이유로 국제사법을 가리켜 「국제거래의 기본법」이라고 일컫는 것이다.

111) 더욱이 근자에는 Oxford Monographs In Private International Law와 Oxford Private International Law Series의 일환으로 국제사법분야의 저술들이 속속 간행되고 있다.

[13] 國際金融에서의 信託과 國際私法

前 記
이 글은 저자가 서울대학교 금융법센터에서 간행한 BFL 제17호(2006. 5.), 60면 이하에 게재한 글을 전재한 것이다. 위 BFL 제17호, 5면 이하에는 그 밖에도 주로 금융분야에서 제기되는 신탁의 법률문제를 다룬 특집 논문들이 수록되어 있어 우리 법상의 신탁을 이해하는 데 도움이 된다.

Ⅰ. 머 리 말

1. 신 탁

영국의 Maitland는 신탁(trust)이 아마도 앵글로-색슨 법전통의 '가장 특유한 업적'(the most distinctive achievement)일 것이라고 하였으나, 독일의 von Gierke는 단적으로 영국법의 신탁을 이해할 수 없다고 하였다.[1] 이렇듯 신탁법제는 영미법계와 대륙법계의 차이가 선명하게 드러나는 법영역의 하나라고 할 수 있다.[2] 신탁은 기본적으로 재산에 대하여 관리·처분권을 가지는 법적 주체와 실질적(또는 경제적) 주체의 분열을 인정하는 제도인데, 이를 통하여 법인을 설립하지 않으면서도 일정한 재산을 출연자와 관리자의 도산으로부터 절연된 독립한 재산(segregated funds 또는 ring fenced funds)으로 전환할 수 있는 장점이 있으므로 현재 전세계적으로 자선신탁, 증권투자신탁, 부동산신탁과 자산유동화 또는 유산계획(estate planning) 등을 위한 신탁 등 다양한 형태로 활용되고 있다.

여기에서 논의하는 신탁은 영미법계에 특유한 신탁(trust)을 말한다. 예

1) 전자는 Henry Hansmann and Ugo Mattei, "The Functions of Trust Law: A Comparative Legal and Economic Analysis," 73 N.Y.U. L. Rev. 434, 470 (1998)에서, 후자는 Peter Czermak, Der express trust im internationalen Privatrecht (1986), S. 1에서 각 재인용.

2) Czermak(註 1), S. 2, Fn. 2에 소개된 문헌들 참조. 대륙법계 국가에서도 영미의 신탁을 계수해야 한다는 주장도 있다.

컨대 독일에서도 신탁(Treuhand)의 개념이 존재하지만[3] 영미의 그것과는 다른데, 가장 큰 차이는 영미법상은 소유권(또는 기타 권리)이 신탁의 설정에 의하여 분할됨으로써 '법적 권리'(legal title)는 수탁자에게, '형평법상의 권리'(equitable title)[4]는 수익자에게 귀속하는 데 반하여, 대륙법계에서는 이러한 소유권(또는 기타 권리)의 분열을 인정하지 않는 데 있다.[5] 그러나 신탁법이라는 성문법을 제정하여 일본 민법과의 조화를 도모하면서 영미의 신탁제도를 도입한 일본[6]과, 또한 이를 받아들인 우리 나라의 지위는 독특하다. 즉 우리 나라는 기본적으로 대륙법계에 속하지만, 신탁법에 관한 한 영미의 신탁을 도입하여 양법계의 법리가 혼재하는 혼합법계에 속한다. 우리 신탁법상 신탁이라 함은 신탁설정자(위탁자)(경우에 따라 '신탁자' 또는 '신탁설정'자라고 부른다)와 신탁을 인수하는 자(수탁자)와 특별한 신임관계에 기하여 위탁자가 특정의 재산권을 수탁자에게 이전하거나 기타의 처분을 하고 수탁자로 하여금 일정한 자(수익자)의 이익을 위하여 또는 특정의 목적을 위하여 그 재산권을 관리·처분하게 하는 법률관계를 말한다(제1조 제2항).

2. 논의의 범위

증권투자신탁, 부동산의 개발이나 처분·관리신탁(REITs), 연금신탁과 자산유동화의 예만을 보더라도 우리의 경제현실에서도 신탁은 매우 중요한

3) 독일의 신탁법이론에는 로마법적 신탁이론, 독일법적 신탁이론과 수권신탁개념이 있다고 한다. 상세는 Kai Schulte-Bunert, Das Vertragsstatut der Treuhand im internationalen Privatrecht (2005), S. 11ff. 참조. 新井 誠, "比較信託法 一實質法," 國際信託の實務と法理論(1990), 7면은, 독일에는 로마법적 신탁이론과 독일법적 신탁이론이 있고 후자에 해제조건부신탁과 수권신탁이 있다고 한다. 유럽국가들의 신탁법의 차이를 보여주는 자료는 예컨대 Michele Graziadei, Ugo Mattei and Lionel Smith (eds.), Commercial Trusts in European Private Law (2005); Hayton, Kortmann and Verhagen, Principles of European Trust Law (1999)의 Part Ⅱ(pp. 1-64)를 참조. 유럽의 일부 학자들은 유럽신탁법원칙을 작성한 바 있다. 위 Hayton, Kortmann and Verhagen의 Part Ⅰ(pp. 65-215) 참조.

4) 이를 'proprietary interest' 또는 'beneficial interest'라고 부르기도 한다.

5) Czermak(註 1), S. 8 참조. 방석호, "著作權 信託管理契約의 法的 意味와 分析," 민사판례연구 제27집(2005), 651면도 동지. 물론 공익신탁의 경우 수익자가 존재하지 않는다. 독일법상의 신탁과 영미법상의 신탁의 비교는 Hein Kötz, Trust und Treuhand (1963)과 Czermak(註 1), S. 185, 주 594에 인용된 문헌들 참조. 위 책의 일본어 번역은 ハインケッツ著; 三菱信託銀行信託研究會譯 トラストとトロイハント:イギリス·アメリカとドイツの信託機能の比較(1999) 참조.

6) 최동식, 신탁법(2006), 35면; 이재욱·이상호, 신탁법해설(2000), 45-46면.

기능을 수행하고 있음은 명백하고,[7] 국제금융에서도 담보권의 신탁, 사채신탁 등의 형태로 이용되고 자산유동화에서도 신탁이 이용된다.

신탁에 따른 법률관계에 외국적 요소(foreign element)가 없는 경우, 즉 순수한 국내신탁의 경우와 달리 외국적 요소가 있는 신탁("국제신탁")의 경우 國際裁判管轄과 準據法의 결정이라는 國際私法的 問題가 발생한다. 우리 國際私法은 國際裁判管轄의 결정에 관하여 총칙만을 두고 있을 뿐 신탁에 관하여 특칙을 두고 있지 않고, 準據法에 관하여도 아무런 규정을 두고 있지 않으며, 신탁법에도 양자에 관한 아무런 규정이 없다. 여기에서는 국제신탁에서 제기되는 國際私法상의 논점을 간단히 논의한다.

國際私法의 관점에서는 첫째 임의신탁(voluntary trust)[8]과 법률상의 신탁(trust created by operation of law), 둘째 생전신탁(*inter vivos* trust, living trust)과 유언신탁(testamentary trust)의 구별이 의미가 있는데, 국제금융의 맥락에서 신탁을 바라보는 우리의 관심은 영미의 전통적인 신탁, 즉 '증여성 신탁'(gratuitous trust)이 아니라 '상업성 신탁'(commercial trust)[9]에 있으므로, 여기에서는 당사자의 의사표시, 그 중에서도 신탁계약[10]에 의하여 설정되는 생전신탁을 대상으로 한다.[11] 구체적으로 국제신탁의 準

7) 최동식(註 6), 4-6면. 우리 나라에서는 신탁법상의 신탁이 별로 활용되지 못하고 있다는 이영준, 한국민법론 [총칙편](2003), 163면의 설명은 뜻밖이다. 방석호(註 5), 654-655면도 신탁법 자체는 그다지 빛을 보지는 못했다고 하고, 더 나아가 "현행 신탁법 자체는 영미 신탁법을 그대로 받아들였다고 하지만 외형만을 받아들였을 뿐 내용상으로는 정작 로마법상의 'Fiducia'라는 개념이 내포하는 수탁지와 수익자의 특별한 관계 대신 독일 민법학이 … 발전시킨 신탁행위이론(Treuhandtheorie)을 오히려 더 많이 담고 있다고 할 수 있다"고까지 한다. 그러나 이는 지나치게 나간 것이다. 정순섭, "신탁의 기본구조에 관한 연구," BFL 제17호(2006. 5.), 9면 주 10도 동지. 독일의 신탁행위에 관한 문헌으로는 김준호, 신탁행위론(1997)을, 신탁행위와 신탁법상의 신탁을 비교한 문헌으로는 우선 허규, "信託行爲와 信託法上의 信託," 사법논집 제5집(1974), 10면 이하를 각 참조.

8) 우리 나라에서는 이를 '설정신탁'이라고 하는데, 외국에서는 '명시신탁'(express trust)이라고 부르기도 한다. Czermak(註 1), S. 22, 주 72.

9) 우리 나라에서는 신탁의 인수가 영업인가의 여부에 따라 민사신탁과 상사신탁을 구분하나, 본문의 상업성 신탁은 상사신탁을 의미하는 것이 아니라, 증여성 신탁과 대비되는, 협상에 의한 거래(bargained-for exchange)를 실행하기 위한 신탁을 의미한다. John H. Langbein, "The Secret Life of the Trust: The Trust as an Instrument of Commerce," 107 Yale L.J. 165, 167 (1997).

10) 신탁을 설정하는 당사자의 행위를 '신탁행위' 또는 '신탁설정행위'라고 하는데, 신탁행위에는 신탁계약과 유언이 있다. 다만 영미에서는 신탁선언(declaration of trust)도 허용된다. 최동식(註 6), 53면, 60면.

11) 논자에 따라 차이가 있으나, 대체로 영미에서는 신탁을 그 근거에 따라 첫째 당사자의 의사의 표시에 기한 명시적 신탁, 둘째 당사자의 추정적 의사에 기한 복귀신탁과, 셋째 당

據法에 관한 헤이그신탁협약(Ⅱ.), 국제신탁의 準據法에 관한 우리 법의 해석론(Ⅲ.)과 국제신탁의 國際裁判管轄(Ⅳ.)을 살펴본 뒤 국제신탁에 관한 국제금융거래의 실무상 문제되는 국제신탁의 사례(Ⅴ.)의 순서로 논의한다. 논리적으로는 國際裁判管轄의 결정이 準據法의 결정에 선행하지만, 여기에서는 準據法의 결정에 비중을 두어 이를 먼저 다룬다. 종래 우리 나라에서는 이 주제에 관한 연구가 거의 없고 저자의 연구도 매우 부족하므로 여기의 논의는 문제제기의 성격이 강하고 좀더 깊이 있는 연구는 다른 기회로 미룬다는 점을 미리 밝혀둔다.

Ⅱ. 국제신탁의 準據法—헤이그신탁협약

신탁의 實質法에 관한 법계의 차이에 상응하여 國際私法規則 또한 차이가 있는데, 國際私法規則을 통일하기 위한 국제적인 노력의 결과 1984년 10월 개최된 헤이그국제사법회의의 제15차 회기에서 1985. 7. 1. "신탁의 準據法과 승인에 관한 헤이그협약"(이하 "신탁협약" 또는 "협약"이라 한다)이 채택되었다. 신탁협약은 1992. 1. 1. 영국, 호주와 이탈리아 등지에서 발효되었고 그 후 캐나다와 네덜란드 등이 가입하여 2006년 3월 현재 회원국은 10개국인데, 대륙법계국가인 이탈리아와 네덜란드가 가입한 점이 특기할 만하다. 협약을 살펴보는 것은 그 자체로서도 의미가 있고, 우리 법상 신탁의 準據法에 관한 해석론을 전개하는 데도 도움이 되며, 우리 기업들이나 은행들이 관여하는 국제금융거래에서 신탁의 準據法이 영국법이 되는 일이 빈번하므로 영국의 國際私法規則을 이해할 현실적인 필요가 있다. 미국은 협약에 서명하였지만 비준하지 않았고, 미국에서 신탁법은 각주의 立法管轄權에 속하는 사항이며 통일적인 國際私法規則은 존재하지 않으므로 뉴욕주법이 신탁계약의 準據法이 되는 경우 미국, 보다 정확히는 뉴욕주의 國際私法規則을 이해할 필요가 있다.[12)]

사자의 의사에 관계없이 정의를 위하여 법원이 인정하는 의제신탁으로 구분한다. 여기에서는 복귀신탁도 논의의 대상에서 제외한다.

12) 독일, 영국과 미국의 연결원칙은 池原季雄(編), 國際信託の實務と法理論(1990), 24-67면 참조. 미국법상의 연결원칙은 통일신탁법전(Uniform Trust Code)(제107조와 제403조 등)과 미국의 Restatement Second on Conflict of Laws, 제267조 이하 참조. 동산의 생전신탁의

여기에서는 스위스의 Alfred E. von Overbeck 교수가 작성한 협약의 공식적인 해설보고서(Explanatory Report)(이하 "보고서"라 한다)를 기초로 협약을 간략히 소개한다.[13] 신탁협약에 대하여는 별도의 기회에 상세히 논의할 예정이다.

1. 신탁협약의 특징과 체제

협약은 다음과 같은 특징을 가진다. 첫째, 신탁협약은 다른 협약들과 달리 신탁(trust) 또는 그와 유사한 제도를 가지고 있는 영미법계 국가들과 대체로 그러한 제도가 없는 대륙법계 국가들을 가교하기 위한 것이다. 협약이 신탁의 準據法만이 아니라 신탁의 승인을 함께 규율하는 것은 이 때문이다.[14] 둘째, 영미법계국가들의 경우 그들의 법에 따라 설립된 신탁이 대륙법계국가에서 승인되는 데 일차적인 이익이 있으나, 그들간에도 國際私法規則을 통일하는 의미가 있다. 한편 대륙법계국가들의 경우 판사들에게 신탁이라는 법적 장치를 파악하는 데 적절한 수단인 國際私法規則을 제공하는 의미가 있다.[15]

협약은 前文과, 범위(제Ⅰ장. 제1조-제5조), 準據法(제Ⅱ장. 제6조-제10조), 승인(제Ⅲ장. 제11조-제14조), 일반조항(제Ⅳ장. 제15조-제25조)과 최종조항(제Ⅴ장. 제26조-제32조) 등 모두 5개의 장으로 구분된 32개의 조문으로 구성된다.

유효성은 제270조, 사무처리는 제272조 참조. 간단한 소개는 織田有基子, "アメリカ統一信託法典における裁判管轄と準據法," 大塚正民·樋口範雄(編), 現代アメリカ信託法(2002), 33-53면을 참조. Restatement에 관하여는 우선 道垣內正人, "アメリカ國際私法における信託の準據法," 國際信託の實務と法理論(1990), 47면 이하 참조.

13) 협약의 상세는 Jonathan Harris, The Hague Trusts Convention (2002)을 참조. 국내문헌으로는 홍유석, "商事信託에 관한 國內法 및 涉外私法的 考察," 商去來法의 理論과 實際: 石影 안동섭교수 화갑기념논문집(1995), 770면 이하가 협약을 간단히 소개하고 협약의 영문과 국문번역문을 수록하고 있다. 일본문헌으로는 池原季雄(編), 國際信託の實務と法理論(1990), 149-219면 참조.

14) 보고서, para. 12.

15) 보고서, para. 14.

2. 협약의 범위(제Ⅰ장)

협약의 목적상 신탁(trust)이라는 용어는 어떤 자, 즉 위탁자(settlor)가 ―생존자간에 또는 사망시에― 수익자의 이익을 위하여 또는 특정한 목적을 위하여 자산(편의상 '자산'과 '재산'을 호환적으로 사용한다)을 수탁자의 지배하에 둔 때에 창설되는 법률관계를 말한다(제2조). 이는 법적 권리(legal title)와 형평법상의 권리(equitable title)의 구분에 착안하는 영미법계의 전통적인 신탁의 개념의 범위를 넘는 광범위한 기능적인 정의이다. 협약은 생전신탁과 유언신탁을, 그리고 동산신탁과 부동산신탁을 구별하지 않고 동일한 원칙에 따르도록 하는 데 특색이 있는데, 협약(제2조 제2항)은 협약이 적용되는 신탁의 요건을 열거한다.

협약은 서면에 의해 증명되는 임의신탁에만 적용되므로 법률상의 신탁과 司法上의 信託(trust created by judicial decision)에는 적용되지 않는다.[16) 따라서 의제신탁(constructive trust)에는 협약이 적용되지 않는데, 복귀신탁(resulting trust)에 협약이 적용되는지에 관하여는 견해가 나뉜다. 체약국은 선언에 의하여 법률상 신탁과 司法上의 信託을 협약의 적용범위에 포함시킬 수 있으나(제20조), 어느 체약국이 그런 선언을 하더라도 다른 체약국이 선언을 한 체약국의 그러한 신탁을 승인할 의무를 지는 것은 아니다.

제Ⅱ장과 제Ⅲ장 모두 체약국간에 한정되지 않고 일반적으로 적용된다. 다만 체약국은 제Ⅲ장을 신탁의 유효성이 체약국법에 의하여 규율되는 신탁에만 적용되도록 유보선언을 할 수 있다(제21조). 선언을 할 경우 협약의 적용범위는 제Ⅱ장과 제Ⅲ장간에 차이가 발생한다. 제Ⅱ장에 의하여 지정된 신탁의 準據法이 신탁(또는 관련된 유형의 신탁)을 규정하지 않는 범위 내에서는 협약은 적용되지 아니한다(제5조). 신탁의 승인의 경우에도 유사하다(제13조). 협약은 신탁에 관한 國際私法規則의 통일을 목적으로 하고, 재정사항 특히 어느 국가의 세법에는 영향을 미치지 않는다(제19조).

16) 보고서, para. 49.

3. 신탁의 準據法(제Ⅱ장)

협약의 제Ⅱ장은 신탁의 準據法의 결정원칙을 두고 있다. 이는 實質法을 지정하는 이른바 事項規定指定이고 反定(*renvoi*)은 배제된다(제17조).

가. 當事者自治(제6조)

신탁은 위탁자가 선택한 법에 의하여 규율되는데, 다만 그 선택은 신탁을 설정하는 증서 또는 신탁을 증명하는 서면의 조건에 명시되거나 묵시되어야 한다. 선택될 수 있는 법의 범위는 제한이 없다. 선택된 법과 신탁간에 (실질적) 관련이 존재해야 한다는 제안이 있었지만 채택되지 않았다.[17] 그러나 선택된 準據法이 신탁제도 일반 또는 관련된 유형의 신탁을 규정하지 않는 경우에는 선택은 효력이 없고 제7조에 따라 客觀的 準據法이 적용된다(제6조 제2항). 신탁의 일부에 대해 準據法을 선택한 경우 그 準據法이 신탁을 규정하지 않는 경우에도 선택은 무효이다.[18] 협약은 명시하지 않지만 외국적 요소가 있는 신탁에 적용되는 것을 전제로 하고 있다.

나. 客觀的 連結(제7조)—가장 밀접하게 관련된 법

신탁의 準據法이 선택되지 않은 경우 또는 선택이 있지만 그의 효력이 인정될 수 없는 경우 신탁은 그것이 가장 밀접하게 관련된 법(the most closely connected law)에 의하여 규율된다(협약 제6조 제2항). 신탁이 가장 밀접하게 관련된 법을 확정하는 데 있어서는 특히 다음 네 가지 요소들, 즉 ① 위탁자가 지정한 신탁사무[19]의 수행지, ② 신탁자산의 소재지, ③ 수탁자의 거소 또는 사업소 소재지와 ④ 신탁의 목적과 그것이 달성되는 장소를 고려하여야 한다(제7조). 가장 밀접한 관련이라는 기준이 예견가능성을 해하는 것은 사실이지만, 이 조항은 예외적인 경우에만 적용되며, 신탁의 개념에 친한 영미법계에서도 아직 만족할 만한 객관적 연결의 연결점을 발전시키지 못한 점에서 이를 지나치게 강조할 것은 아니라는 견해도 있다.[20]

---

17) 보고서, para. 65.

18) 보고서, para. 70.

19) 이는 'administration'의 번역인데 이하 편의상 '신탁사무', '신탁의 사무처리'와 '신탁의 관리'를 호환적으로 사용한다.

20) Luc Thévenoz, "Purpose, content and implementation of the Hague Convention on

다. 準據法의 분열(*dépeçage*)과 準據法의 변경

신탁의 準據法을 정함에 있어서, 분리할 수 있는 신탁의 부분, 특히 신탁사무에 관한 사항은 다른 법에 의하여 규율될 수 있다(제9조). 신탁은 장기간 존속하므로 존속기간중 신탁의 準據法을 변경할 필요가 있는데, 협약(제10조)에 의하면 準據法의 변경이 가능한지, 만일 가능하다면 어떤 조건하에 가능한지는 신탁의 유효성의 準據法에 따른다. 즉 협약은 準據法을 변경할 수 있다는 실질법상의 원칙을 규정하는 대신, 準據法의 변경은 신탁의 유효성의 準據法에 의한다는 抵觸的 原則을 규정하는 방식을 취한다.

라. 신탁의 準據法이 규율하는 사항과 규율하지 않는 사항—先決問題

제8조는 신탁의 準據法이 신탁의 유효성,[21] 해석 및 효력과 신탁의 사무처리를 규율함을 명시하고, 또한 신탁의 準據法이 규율하는 사항을 예시한다. 이는 ① 수탁자들의 선임, 사임 및 해임, 수탁자로 행위할 수 있는 능력과 수탁자의 지위이전, ② 수탁자들간의 권리·의무, ③ 신탁재산의 관리·처분, ④ 수탁자들의 투자권한, ⑤ 신탁의 존속기간과, 신탁의 수익을 유보하는 권한에 대한 제한, ⑥ 수탁자들과 수익자들간의 관계와 ⑦ 신탁재산의 분배 등이다. 협약은 신탁의 존재의 準據法을 언급하지 않으나 유효성과 동일한 법에 따른다고 본다.[22] 따라서 협약상 신탁의 準據法은 원칙적으로 신탁에 관한 모든 사항을 규율한다.

그러나 협약은 유언, 또는 기타 자산을 수탁자에게 이전하는 기타 행위의 유효성에 관한 선결문제에는 적용되지 않는다(제4조). 신탁이 협약의 요

Trusts: Contracting States' room for manoeuvre," Markus, Alexander R./Kellerhals, Andreas/Jametti, Greiner Monique (Hrsg.), Das Haager Trust-Übereinkommen und die Scheweiz (2003), S. 13.

21) 여기에서 말하는 유효성은 실질적 유효성을 말하는데, 선결문제는 협약의 적용범위로부터 제외되므로 그에 포함되지 않는다. 영구축적금지(rule against accumulation) 또는 영구권금지규칙(rule against perpetuities)는 이에 포함될 것으로 보이나, 경우에 따라서는 신탁 자체가 아니라 설정행위에 관한 것이라고 한다. 보고서, para. 56. 그 밖에도 D.J. Hayton, The Law of Trusts (2003), p. 74 *et seq.*는 영국법상 신탁의 유효요건으로 이른바 '3대확실성', 즉 신탁설정의사(intent), 신탁의 대상물(subject-matter)과 신탁의 수익자(beneficiaries 또는 objects라고도 한다)의 확실성과 관리의 실행가능성(administrative workability) 등을 다룬다.

22) Harris(註 13), p. 233.

건을 구비하기 위하여는 신탁자산이 수탁자에게 유효하게 이전되어 수탁자의 지배하에 놓여야 하지만, 그 자체는 협약의 적용범위로부터 배제된다. 즉 협약에 따른 신탁의 準據法은 신탁의 성립(creation) 또는 설정(establishment)과 신탁 자체의 유효성을 규율하지만, 신탁설정의 원인이 되는 유언 또는 그 밖의 수탁자로의 자산이전 행위의 유효성을 규율하지는 않는다는 것이다. 보고서는 이러한 구별을 '로켓'(rocket)과 '발사대'(launcher)라는 이미지를 사용하여 비유적으로 설명하는데, 즉 신탁이라는 로켓을 일단 궤도에 진입시키기 위하여 예컨대 유효한 유언, 증여 또는 기타 법적 효력을 가지는 행위라는 발사대가 필요한데, 협약은 로켓만을 규율하고 발사대는 규율하지 않는다는 것이다.[23] 협약이 규율하지 않는 쟁점은 일반원칙으로 돌아가 法廷地의 國際私法에 의하여 결정되는 準據法에 따른다.

4. 신탁의 승인(제Ⅲ장)

협약은 신탁의 승인에 관하여 準據法과 별도의 장(제Ⅲ장)을 둔다. 國際私法理論에 따르면 어느 국가의 법을 準據法으로 지정하는 것은 당해 準據法을 적용한 결과를 인정하는 것이므로 準據法의 지정과 準據法適用의 효과의 승인을 구별하여 파악할 필요는 없다.[24] 그러나 신탁의 개념 자체를 알지 못하는 대륙법계 국가들—영미의 신탁을 도입한 우리 나라는 이에 해당하지 않는다—이 있으므로 협약은 별도의 장을 두어 신탁의 승인의 함의와 효력을 명시한다.

가. 승인의 효력—일반원칙(제11조)

협약에 의하여 지정된 準據法에 따라 설정된 신탁은 다른 체약국에서도 신탁으로서 승인되는데, 승인의 최소한의 효력으로서 신탁재산은 수탁자의 고유재산과 독립한 별개의 재산이 되고, 수탁자는 수탁자의 자격으로 소송당사자가 될 수 있으며, 수탁자가 공증인 또는 공적 자격에서 행위하는 모든 사람 앞에 수탁자로서 출석하거나 행위할 수 있다(제11조). 나아가 신탁의 準據法이 요구하거나 규정하는 한 외국법에 따른 신탁의 승인의 효력으로

23) 보고서, para. 53.
24) 澤木敬郎, "ハーグ信託條約について," 池原季雄(編), 國際信託の實務と法理論(1990), 166면.

특히 첫째 수탁자의 채권자들은 신탁재산에 대해 권리를 행사할 수 없고, 둘째 신탁재산은 수탁자의 도산시 수탁자의 도산재단의 일부가 되지 않으며, 셋째 수탁자가 신탁을 위반하여 신탁재산을 그 자신의 재산과 혼합(또는 混和)하거나, 신탁재산을 양도한 때에는 신탁재산은 회복될 수 있다(제11조 제3항). 셋째는 수익자의 추급권과 관련되는데, 추급(tracing)의 대상인 재산의 소지인인 제3자의 권리와 의무는 신탁의 準據法이 아니라 법정지의 國際私法에 의하여 결정되는 準據法에 따르므로(제11조 제3항 d)호 2문), 추급의 대상인 재산이 신탁의 개념을 알지 못하거나 추급권을 알지 못하는 국가에 있는 경우 추급권은 제한될 수 있다.

나 신탁의 승인의 배제

準據法의 선택, 신탁사무의 처리장소와 수탁자의 상거소를 제외하고 신탁의 중대한 요소들이 신탁제도 또는 관련된 유형의 신탁을 알지 못하는 국가와 더 밀접하게 관련된 경우에는, 어느 국가도 이러한 신탁을 승인할 의무가 없다(협약 제13조). 신탁의 중대한 요소들이라 함은, 관련된 사람들의 상거소 또는 국적 또는 재산의 소재지 등을 의미한다.[25] 이는 문면상 모든 국가들의 판사가 사용할 수 있으나, 이는 특히 신탁제도를 알지 못하는 국가들의 판사들을 위한 회피조항(escape clause)이다.[26]

다. 신탁의 승인과 등록

수탁자가 자산, 동산 또는 부동산, 또는 그에 대한 권원증서(documents of title)를 등록하고자 하는 경우, 등록하고자 하는 국가의 법에 의하여 금지되거나 그의 법에 저촉되지 않는 한, 그는 수탁자의 자격에서 등록하거나, 신탁의 존재를 공시하는 다른 방법으로 등록할 권한이 있다(제12조). 제12조는 공부에 한정되는 것은 아니고 주주명부와 같이 공적 기능을 가지는 사적 장부에도 적용된다.[27]

---

25) 보고서, para. 122.
26) 보고서, para. 123.
27) 보고서, para. 121.

5. 신탁의 準據法 및 승인에 대한 강행법규와 공서에 의한 제한

협약에 따라 외국법이 신탁의 準據法이 된 경우, 또는 협약에 따라 외국법에 의하여 설립된 신탁이 승인된 경우에도 외국법의 적용과 신탁의 승인에는 다음의 제한이 있다.

가. 관련된 분야의 강행법규에 의한 제한

협약에 의하여 신탁의 準據法이 결정되거나 외국법에 따른 신탁이 승인되더라도 ① 소유권의 이전과 담보권,[28] ② 도산사건에서의 채권자의 보호와 ③ 그 밖에 신의의 제3자의 보호 등에 관하여는 법정지의 國際私法에 의하여 지정된 강행법규의 적용이 배제되지 아니한다(제15조 제1항). 주의할 것은 이러한 강행법규는 法廷地의 강행법규가 아니고, 法廷地의 國際私法에 의하여 결정되는 위 쟁점의 準據法(즉 신탁의 準據法이 아닌)의 강행법규라는 점이다. 물론 法廷地法이 準據法이 되는 경우에는 法廷地의 강행법규도 이에 포함된다.

신탁의 기능은 매우 다양하므로, 신탁의 조항 또는 신탁의 準據法에 의하여 규율되는 사항이더라도 法廷地의 國際私法에 따르면 신탁이 아닌 다른 제도의 準據法에 따르는 사항일 수 있는데—여기에서 우리는 신탁과 기타 인접한 제도들과의 접점의 목록을 본다—, 제15조는 그러한 다른 제도들에 적용되는 準據法이 강행법규인 경우, 즉 당사자들이 미리 적용을 배제할 수 있는 성질의 것인 경우 그 準據法인 외국의 實質法이 신탁의 準據法에 우선하여 적용되도록 한다.[29] 만일 제15조 제1항에 의하여 신탁의 승인이 배제되는 경우에는, 법원은 예컨대 適應(adaptation)과 같은 다른 수단에 의하여 신탁의 목적을 달성하도록 노력하여야 한다(제15조 제2항). 이는 제1항이 초래할 수 있는 매우 엄격한 결과를 완화하기 위한 것이다.[30]

---

28) 독일 대표단은 담보권이 아니라 '물권'이라고 규정하자는 제안을 하였으나 이는 지나치게 넓고 승인에 관한 협약의 규정에 반한다는 이유로 거부되었다. 보고서, para. 143. 그러나 소유권의 이전과 담보권, 즉 담보물권에 한정한 이유는 이해하기가 쉽지 않다. Harris(註 13), p. 374는 이는 형평법상의 권리가 수익자에게 귀속하는지 등의 equitable title에 관한 문제를 의미한다고 한다.

29) 보고서, para. 137.

30) 보고서, para. 147.

나. 國際的 强行法規에 의한 제한

法廷地의 國際的 强行法規 또는 直接適用法(*lois d'application immédiate*)은 협약에도 불구하고 적용된다(제16조 제1항). 단순한(통상의 또는 국내적) 강행법규는 당사자의 합의에 의해 그 적용을 배제할 수 없는 법규를 말하는 데 반하여, 국제적 강행법규는 당사자의 합의에 의해 적용을 배제할 수 없을 뿐만 아니라, 더 나아가 準據法이 외국법이라도 적용되는 강행법규를 말한다. 신탁과 관련한 국제적 강행법규의 예로는 통화와 문화유산의 수출을 금지하는 법을 든다. 나아가 법원은 밀접한 관련이 있는 제3국의 國際的 强行法規에 효력을 부여할 수 있으나, 각 체약국은 이 원칙의 적용을 유보할 수 있다(제16조 제2항·제3항).

다. 공서에 의한 제한

협약의 규정들은 그의 적용이 공서에 명백히 반하는 때에는 무시될 수 있다(제18조).

Ⅲ. 국제신탁의 準據法—우리 법의 해석론

1. 논점의 정리

위에서 밝힌 바와 같이 여기에서는 신탁계약에 의하여 설정되는 생전신탁에 논의를 한정하여 신탁의 準據法에 관한 우리 법의 해석론을 살펴본다.[31] 우리 國際私法은 신탁의 準據法을 명시하지 않으므로 신탁의 準據法은 우리 國際私法의 대원칙, 즉 해당 법률관계 또는 쟁점과 가장 밀접한 관련이 있는 국가의 법이 된다. 종래 우리 나라에서는 신탁의 성질결정과 準據法에 관하여는 논의가 별로 보이지 않지만 저자는 다른 기회에 간단한 견해를 피

31) 신탁협약은 생전신탁과 유언신탁을 구별하지 않으나, 우리 법의 해석론으로는 유언신탁의 準據法은 유언 자체의 문제와 유언의 내용의 문제로 구분하여야 하며 후자는 상속의 準據法에 따를 사항이라고 본다. 즉 후자는 상속법적으로 성질결정할 문제이다. MünchKommBGB/Wendehorst, Band 10 Einführungsgesetz, Internationales Privatrecht 4. Auflage (2006), Art. 43 Rn. 49.

력한 바 있는데,[32] 아래에서는 이를 좀더 진전시켜 본다.

2. 신탁의 性質決定의 일반이론

신탁의 準據法의 결정은 신탁의 性質決定을 어떻게 하는가에 따라 좌우된다. 國際私法學에서 '性質決定'(characterization, classification, Qualifikation)이라 함은 어떤 사안을 적절한 저촉규정에 포섭할 목적으로 독립한 저촉규정의 체계개념을 해석하는 것 또는 그의 사항적 적용범위를 획정하는 것을 말한다.[33] 성질결정을 함에 있어서는 우선 법정지법으로부터 출발하되, 연결의 대상을 법정지법상의 체계개념(Systembegriff)으로 이해할 것이 아니라 비교법적으로 획득된 기능개념(Funktionsbegriff)으로 이해하면서 당해 저촉규범의 기능과 법정책적 목적을 고려해야 한다. 이것이 요즈음 독일의 다수설인 '기능적 또는 목적론적 성질결정이론'(funktionelle oder teleologische Qualifikation) 또는 '넓은 의미의 법정지법설'인데[34] 저자도 이것이 타당하다고 본다. 따라서 國際私法의 체계개념은 실질법의 개념을 기초로 형성되지만 그보다 넓은 개념이다.

신탁의 성질결정은 이러한 이해를 출발점으로 삼아야 한다. 이는 우리 저촉규범을 해석하고, 외국법의 의미와 목적에 따른 신탁의 내용을 파악하여, 이를 저촉규범의 기능과 목적을 고려하면서 저촉규범에 귀속시키는 작업을 거치게 된다. 독일에서는, 이 경우 신탁에 대해 새로운 연결원칙을 도입할 것이라는 견해도 있으나 이는 기존의 연결원칙이 적용이 불가능한 경우에 한정할 것이고, 또한 아직 설득력 있는 독자적인 연결원칙을 제시하고

---

32) 즉 신탁을 하나의 독립적인 제도로 보아 그의 準據法을 일원적으로 결정할지, 아니면 債權法的 側面과 物權法的 側面을 구분하여 별도로 연결할지가 우선 문제되고, 일원적으로 연결하는 경우에도 신탁협약와 같은 접근방법을 취할지, 아니면 독일의 일부 학설이 취하듯이 재단에 준하여 취급할지가 문제된다. 나아가 저자는 만일 우리 나라가 신탁협약에 가입하였다면 일원적 처리가 가능하겠지만—다만 그 경우에도 신탁의 설정을 위한 신탁재산의 수탁자에로의 이전은 신탁재산의 準據法(물건이라면 소재지법)에 의한다—國際私法에 명문의 규정이 없는 현재로서는 신탁의 準據法에 관하여 債權法的 側面과 物權法的 側面을 구분하여 보는 것이 설득력이 있다. 석광현, 국제사법과 국제소송 제1권(2001), 612면 주 48; 석광현, 국제사법과 국제소송 제3권(2004), 591면.

33) 이호정, 國際私法(1983), 102-103면.

34) Jan Kropholler, Internationales Privatrecht 5. Auflage (2004), § 17 I. 성질결정에 관한 우리 문헌으로는 우선 이병화, "法律關係性質決定에 관한 國際私法的 考察," 저스티스 통권 제95호(2006. 12.), 214면 이하 참조.

있지 못하므로, 지금으로서는 기존의 연결원칙을 활용하는 것이 더 적절하다고 한다.[35] 구체적인 성질결정은 아래에서 연결원칙과 함께 논의한다.

3. 신탁계약에 의하여 설정되는 생전신탁의 準據法

우리 나라에는 논의가 별로 없지만, 독일에는 신탁의 성질결정에 있어서는 회사법적(또는 단체법적)으로 성질결정하는 견해, 債權法的-物權法的으로 性質決定하는 견해 등이 있고 그에 따라 신탁의 연결원칙이 상이하게 된다.

가. 회사법적(또는 단체법적) 연결

독일에서는 신탁과 회사(또는 단체)의 기능적 유사성에 착안하여[36] 신탁을 회사법적(또는 단체법적)으로 또는 재단(Stiftung)으로 성질결정하는 견해가 있는데, 이는 신탁의 準據法을 정함에 있어서 회사의 설립 또는 법적으로 조직된 특별재산의 설립에 관한 연결원칙을 유추적용한다.[37] 스위스 國際私法은 이러한 원칙을 채택하였다. 즉 동 법은 단체의 準據法에 관하여 단체가 조직된 국가의 법이 규정하는 공시규정 또는 등록규정을 충족시키거나 그러한 규정이 없는 경우 設立準據法에 의하고, 그 요건을 충족하지 못한 경우에는 사실상의 本據地法을 적용하는데(제154조), 단체라 함은 조직된 인적결합체와 조직된 재산통일체(organisierte Vermögenseinheiten)를 말한다(제150조 제1항). 이 원칙에 따르면 신탁의 설정과 신탁의 사무처리를 분할하여 각각 상이한 準據法에 따르도록 하는 것은 허용되지 않는다.[38]

이 견해에 대하여는, 신탁은 법인격이 없고, 또한 신탁은 위탁자(자익신탁의 경우)의 또는 수익자(타익신탁의 경우)의 이익을 추구하는 것이지 위탁자와 수탁자 및 수익자의 공동의 이익을 추구하는 것은 아니므로 회사법적

35) 신탁의 성질결정에 관하여는 Czermak(註 1), S. 99ff. 이하 참조.

36) 회사재산과 마찬가지로 신탁재산은 재산을 관리하는 자의 채권자들로부터 자유롭고, 또한 재산에 대해 수익적 권리를 가지는 사람들의 책임이 제한되므로 회사, 특히 폐쇄회사의 유연한 형태는 신탁을 대체할 수 있다. Hansmann and Mattei(註 1), p. 472.

37) Staudinger/Stoll, Int SachenR (1996), Rn. 174. 이는 회사의 연결원칙에 관하여는 독일의 전통적인 본거지법설을 취한다. 다만 이 견해도 물건에 대한 신탁의 직접적인 物權法的 效力의 문제는 물건의 소재지법에 의한다고 한다.

38) Staudinger/Stoll(註 37), Rn. 175. 신탁협약(제9조)은 이러한 準據法의 분열을 허용하고, 영미에서는 종래 원칙적으로 양자는 별도로 연결되었던바, 이러한 태도는 위 견해와는 명백히 배치된다.

연결은 근거가 없다는 비판이 있다.

나. 債權(法)的 法律關係와 物權(法)的 法律關係를 구분하는 견해

독일에서는 독일법상의 신탁(Treuhand)을 채권적 측면과 물권적 측면으로 구분하여 債權法的 側面은 국제계약의 準據法에 따르도록 하고, 신탁재산의 이전 등은 그의 종류에 따라 물건소재지법, 채권의 準據法, 사원권의 準據法을 따를 것이라는 견해가 유력하고, 이는 영미법계의 신탁에도 이러한 법리를 적용하는데, 영미법계의 신탁에 상응하는 법제도는 독일 법학에는 존재하지 않으므로 이러한 구분이 불가피하다고 한다.[39] 이에 따르면 債權法的 側面의 準據法은 국제계약에 관한 독일 민법시행법(EGBGB 제27조 이하)에 따른다. 즉 當事者自治가 타당하고, 당사자의 準據法 지정이 없으면 그와 가장 밀접한 관련이 있는 국가의 법이 準據法이 되는데, 이는 신탁재산의 관리지, 수탁자의 본거지, 신탁재산의 소재지 또는 당사자간에 존재하는 법률관계의 準據法이 된다고 한다.[40] 한편 物權法的 側面은 물건소재지법에 따른다.

일본에서도 法例는 우리 國際私法과 마찬가지로 신탁을 독립한 단위법률관계로서 규정하고 있지 않는데, 예컨대 石黑一憲 교수[41]는, 과연 準據法 선택상 항상 신탁이라고 하는 것을 독자의 것으로서 취급하여 다른 문제와 구별하여 별도의 準據法을 정하여야 할 것인가에 대해 의문을 표시하고 신탁협약에 대해 다소 비판적인 태도를 취하면서, 法例의 해석상 제7조(법률행위), 제10조(물권)와 제11조(법정채권) 등의 규정에 의하여 적절히 準據法을 정하고 실질법 레벨에서 다른 문제와 함께 신탁의 문제를 취급하면 충분하다고 한다.

한편 독일에는 위와 유사하지만, 법률행위에 의한 생전신탁에 관한 한 債權法的으로 性質決定하여 통일적으로 연결하려는 견해도 유력한데,[42] 이는 신탁에 관한 다양한 쟁점을 통일적으로 연결하는 신탁협약에 접근하고, 신탁의 準據法 결정에 있어 當事者自治의 원칙이 적용되는 것을 쉽게 설명할 수 있다. 그러나 신탁의 설정은 신탁재산의 이전을 포함하므로 그 점에 대해서

---

39) MünchKommBGB/Kindler, Band 11 Einführungsgesetz, Internationales Privatrecht 4. Auflage (2006), IntGesR Rn. 290ff.

40) MünchKommBGB/Kindler(註 39), Rn. 291, 292. 다만 예외적으로 위탁자가 수탁자를 콘제른법상의 의미에서 지배하는 경우에는 콘제른의 準據法, 즉 종속회사의 법을 적용할 것이라고 한다. MünchKommBGB/Kindler(註 39), Rn. 292.

41) 石黑一憲, 國際私法 신판(1990), 316면.

42) Georg Wittuhn, Das internationale Privatrecht des trust (1987), S. 120ff.

까지 債權法的 性質決定을 관철하여 當事者自治를 허용할 수는 없으므로 債權法的 連結을 관철하려는 것은 아닌 듯하고 이 견해도 예컨대 物權法的 側面은 國際私法상의 조정에 의하여 해결하고자 한다.[43)]

그러나 債權法的 側面에 대해 국제계약의 법리를 적용하는 데 대하여는 영미법상 신탁은 반드시 신탁계약에 의하여가 아니라 신탁설정자의 일방적인 행위에 의하여도 설정될 수 있으므로 부적절하다는 비판이 있다.[44)]

다. 내부관계와 외부관계를 구별하는 견해

독일에는 신탁의 내부적 관계(신탁설정자, 수탁자와 수익자간의 관계)와 외부적 관계를 구별하면서, 내부적인 관계 및 그와 밀접하게 관련된 관계에서는 債權法的인 統一的 連結을 관철하고, '수탁자 및 수익자'와 제3자에 대한 관계, 즉 외부적 관계를 별도로 연결하는 견해가 있다.[45)]

이 견해는 수탁자와 수익자간의 관계를 債權法的으로 統一的으로 連結하는 점에서, 위에서 본 채권-물권을 구별하는 견해와 차이가 있다. 즉 이는 내부관계에서 물권적인 측면을 물권의 準據法에 따르도록 하는 데 반대하고 채권의 準據法에 의할 것이라고 한다. 법적 권리와 형평법상의 권리의 분열과, 형평법상의 권리로부터 발생하는 수익자의 수탁자에 대한 권리 또는 수탁자의 재산에 대한 물상대위도 채권의 準據法에 의할 사항에 속한다고 보지만, 이 견해도 신탁에 의해 발생하는 물권적인 지위는 물권의 소재지법에 반할 수는 없음을 인정한다. 그러나 이는 신탁에만 특유한 것은 아니고 個別準據法이 總括準據法을 깨는 현상이라고 설명한다.[46)]

한편 '수탁자 및 수익자'와 제3자간의 관계에 대하여는 두 가지 가능성이 있는데 그 중 하나는 이를 物權法的으로 性質決定하여 신탁의 準據法이 아니라 물권의 準據法에 따를 것이라는 견해이고,[47)] 다른 하나는 영미의 신탁

---

43) 영미에서도 신탁법이 계약법의 분과인지 아니면 재산법의 분과인지에 관하여는 과거 Frederick W. Maitland와 Austin W. Scott의 역사적 논쟁 이래 지금도 논란이 있는데(예컨대 Hansmann and Mattei(註 1), p.469 참조) 이도 위와 무관하지 않을 것이다.

44) Staudinger/Stoll(註 37), Rn.174.

45) MünchKommBGB/Wendehorst(註 31), Art.43 Rn.49; Czermak(註 1), S.215ff.

46) MünchKommBGB/Wendehorst(註 31), Art.43 Rn.51.

47) MünchKommBGB/Wendehorst(註 31), Art.43 Rn.53; Bernd v. Hoffmann, Internationales Privatrecht, 6. Auflage (1999), §12 Rn.18. 최동식(註 6), 328면은 우리 신탁법상 수익권은 일반적으로 수탁자에 대한 채권이지만, 실질적으로는 신탁재산에 대한 채권이고, 또 그것을 기본으로 하면서 신탁재산에 대한 물적 상관관계를 가지는 물적 권리

을 그에 상응하는 기능을 하는 독일법상의 제도, 즉 'fiduziarische Verwaltungstreuhand'로 보고, 독일법에 따라 채권적으로 성질결정하는 견해이다. 후자는 예컨대 수탁자가 의무에 반하여 신탁재산을 처분한 경우 제3자와의 관계를 불법행위로 성질결정한다.[48]

라. 사 견

신탁의 準據法에 관하여는 우리 나라에서는 별로 논의가 없고, 저자의 연구도 매우 부족하므로 아직 견해를 피력할 단계는 아니지만, 지금으로서는 둘째 견해가 설득력이 있으나, 셋째 견해와 실제로 큰 차이는 없어 보인다. 그러나 우선 영미신탁에 따라 수익자가 가지는 형평법상의 권리 또는 실질적 소유권(equitable interest 또는 equitable ownership)의 準據法 결정에 있어 차이가 있다. 예컨대 영국법이 準據法인 신탁을 구성하는 재산이 한국에 소재하는 경우 수탁자가 신탁에 반하여 신탁재산을 제3자에게 양도하였다고 가정하자. 만일 수익자의 권리를 債權法的으로 性質決定한다면 수익자의 추급권은 신탁의 準據法인 영국법에 의할 사항이나, 物權法的으로 性質決定한다면 한국법에 따를 사항이므로 추급의 가부에 관하여 차이가 발생할 수 있다.[49] 그러나 債權法的으로 性質決定하더라도 영국법의 적용을 관철할 수는 없고, 우리 신탁법상의 수익자에 상응하는 권리를 행사할 수 있다고 본다.[50] 그렇다면 債權法的 性質決定과 物權法的 性質決定의 차이는

라고 한다. 상형룡, 신탁법개론(1991), 166-167면은 수익권은 채권적 내용과 물권적 내용을 함께 가지는 신탁 특유의 권리라고 하고, 수익권의 성질에 관한 학설을 소개한다. 사견으로는 우리 신탁법상의 수익권은 영미의 신탁(trust)의 수익권과 독일의 신탁(Treuhand)의 수익권의 중간에 있다고 생각된다.

48) MünchKommBGB/Wendehorst(註 31), Art. 43 Rn. 53; Czermak(註 1), S. 217ff.도 이를 債權法的으로 性質決定하고 불법행위의 準據法은 신탁의 準據法이 된다고 본다.

49) 영국법상의 추급권은 우리 법상의 추급권보다 범위가 넓고 수익자에게 유리한 원칙으로서 인정되고 있다는 점이 다르다고 한다. 최동식(註 6), 144면. 독일의 연방대법원의 판결을 따르면 수탁자가 임의로 처분한 경우 비록 상대방이 신탁재산을 알고 취득하였더라도 처분은 유효하다. 이는 우리 민법에는 없는 독일 민법 제137조가 양도할 수 있는 권리의 처분권을 제한할 수 없다고 규정하기 때문이다. 따라서 선의취득의 법리를 원용할 필요도 없다. 독일에서는 추급은 허용되지 않는다. Staudinger/Stoll(註 37), Rn. 176.

50) 독일(또는 스위스)에서는 수익자의 영국법상의 권리는 독일(또는 스위스)의 물권법의 기본원칙에 반하지 않는 범위 내에서만 관철될 수 있다고 한다. Daniel Girsberger/Anton Heini/Max Keller/Jolanta Kren Kostkiewicz/Kurt Siehr/Frank Vischer/Paul Volken, Zürcher Kommentar zum IPRG, 2. Auflage (2004), Art. 150, Rn. 16; Thévenoz(註 20), 9면; Staudinger/Stoll(註 37), Rn. 176. 이는 신탁법에 특유한 것은 아니고 예컨대

상당히 축소된다.

또한 債權法的으로 統一的인 連結을 하더라도, 신탁협약(제15조)에서 보듯이 신탁의 準據法의 적용은 일정한 범위 내에서 강행규정에 의하여 배제된다고 본다. 즉 미성년자와 무능력자의 보호, 소유권의 이전과 담보권과 그 밖에 선의의 제3자의 보호 등에 관하여 법정지인 우리 나라의 國際私法에 의하여 지정된 準據法의 규정들이 강행규정이라면 그 범위 내에서는 신탁의 準據法에도 불구하고 동 법이 적용된다는 것이다.

이렇게 본다면, 신탁계약에 의한 생전신탁에 논의를 한정할 경우, 우리 법의 해석론으로서도 결과적으로 신탁협약에 접근하게 된다. 이 점을 고려한다면 지금으로서는 위 둘째 또는 셋째의 견해가 설득력이 있지만, 우리 나라는 독일과 달리 영미의 신탁을 도입하였으므로 신탁을 하나의 독립한 연결대상으로 파악하면서 통일적으로 연결하는 신탁협약[51]의 태도를 우리 법의 해석론으로서 수용하는 방향이 바람직하다. 물론 그 경우 신탁협약(제11조 및 제15조)을 고려하면서 별도의 연결원칙이 타당한 쟁점을 구체화할 필요가 있다. 따라서 그런 결론을 내리기에 앞서 신탁협약에 대하여 좀더 철저한 검토가 필요하다. 신탁협약에 대하여는 다른 기회에 좀더 상세히 논의할 생각이다.

유의할 것은, 수탁자의 도산시 신탁재산의 처리는 신탁의 準據法에 의하여만 결정되는 것은 아니고, 倒産法廷地法(*lex fori concursus*)[52]이 그에 우선하여 적용된다는 점이다. 신탁협약(제15조 제1항 e호)도 도산사건에서의 채권자의 보호에 대하여는 법정지의 國際私法에 의하여 지정된 準據法의 강행규정의 적용을 방해하지 아니한다고 규정하는데, 이도 동일한 취지라고 생각

외국법에 따른 담보권이 설정된 동산이 독일에 들어간 경우에도 제기되는 문제이다. 독일은 물권법정주의를 취하므로 그 경우 독일 물권법질서가 허용하는 범위 내에서만 권리를 행사할 수 있기 때문인데, 이 점은 우리도 동일하다. 석광현, 國際私法 해설 제2판(2003), 162면 참조. Staudinger/Stoll(註 37), Rn.176은 그 결과 신탁의 準據法이 영미법이더라도 물건이 독일법의 지배하에 들어온 때에는, 수탁자가 의무에 반하여 신탁재산을 처분한 경우 추급권의 행사와 물권적인 물상대위는 독일법상은 허용되지 않는다고 한다. 그러나 우리 신탁법은 영미의 그것보다는 제한적이지만 일정한 범위 내에서 추급(제52조)과 물상대위(제19조)를 허용하므로 독일의 설명을 따르는 대신 본문처럼 보아야 할 것이다. 물론 그러한 제한이 적용되는 근거는 물권법정주의이다.

51) 협약상으로도 신탁의 準據法의 적용이 관철되는 것은 아니고 여러 가지 제한이 있음은 위에서 본 바와 같다.

52) '도산(절차)개시국법'(state of the opening of proceedings)이라고도 한다.

된다. 결국 신탁재산이 본래의 독립성을 관철하자면 신탁의 準據法과 倒産法廷地法이 모두 이를 긍정하여야 한다.

Ⅳ. 國際信託의 國際裁判管轄

국제신탁과 관련하여 국제재판관할의 문제가 제기된다. 여기에서는 국제신탁에 관한 우리 국제사법상의 국제재판관할규칙을 검토한다.

1. 國際私法에 따른 國際裁判管轄規則

우리 국제사법(제2조)에 따르면 우리 법원은 당사자 또는 분쟁이 된 사안이 한국과 실질적 관련이 있는 경우 국제재판관할권을 가지는데, 법원은 실질적 관련의 유무를 판단함에 있어 국제재판관할 배분의 이념에 부합하는 합리적인 원칙에 따라야 하고, 국내법의 관할 규정을 참작하여 국제재판관할권의 유무를 판단하되, 국제재판관할의 특수성을 충분히 고려하여야 한다. 그런데 국제사법은, 소비자계약과 근로계약의 경우를 제외하면 국제재판관할에 관하여 단편적인 규정만을 두므로, 종래 판례에 의해 발전되어 온 접근방법, 특히 토지관할규정으로부터 국제재판관할규칙을 도출하려는 노력은 국제사법 하에서도 상당 부분 유지될 수 있다. 다만 일단 「국제재판관할규칙 = 토지관할규정」으로 보고 결론이 부당한 경우 특별한 사정을 근거로 관할이 없다고 판단하는 대신, 국내의 관할규정을 참작하여 국제재판관할의 특수성을 고려해서 올바른 국제재판관할규칙을 정립해야 한다. 도메인이름에 관한 최근 대법원 2005. 1. 27. 선고 2002다59788 판결도 이러한 취지를 따른 바 있다.[53)]

---

53) 즉 國際裁判管轄을 결정함에 있어서는 당사자간의 공평, 재판의 적정, 신속 및 경제를 기한다는 기본이념에 따라야 할 것이고, 구체적으로는 소송당사자들의 공평, 편의 그리고 예측가능성과 같은 개인적인 이익뿐만 아니라 재판의 적정, 신속, 효율 및 판결의 실효성 등과 같은 법원 내지 국가의 이익도 함께 고려하여야 할 것이며, 이러한 다양한 이익 중 어떠한 이익을 보호할 필요가 있을지 여부는 개별 사건에서 법정지와 당사자와의 실질적 관련성 및 법정지와 분쟁이 된 사안과의 실질적 관련성을 객관적인 기준으로 삼아 합리적으로 판단하여야 할 것이라는 것이다. 평석은 석광현, "國際裁判管轄의 기초이론—도메인이름에 관한 대법원 2005. 1. 27. 선고 2002다59788 판결의 의의," 한양대학교 법학논총 제22집 제2호(2005. 12.), 261면 이하; 이 책 제2장 [3] 참조.

국내법의 관할규정을 참작하여 국제재판관할권의 유무를 판단하라는 것은 적절한 관할규정이 있는 경우를 가리키므로, 국내법의 관할규정(또는 재판적)이 없다는 이유로 국제재판관할을 인정할 수 없는 것은 아니고, 그 경우 제2조 제1항의 원칙으로 돌아가 실질적 관련 원칙에 따라 국제재판관할의 유무를 판단해야 한다.[54] 위 대법원 판결도 국내법의 관할규정이 아니라 실질적 관련에 기하여 우리 나라의 국제재판관할을 긍정하였다. 그런데 신탁에 관한 소송에 대하여는 민사소송법이나 신탁법에 토지관할(또는 재판적)에 관한 아무런 규정이 없으므로[55] 결국 실질적 관련을 기초로 국제재판관할의 유무를 판단해야 하는데 그 과정에서 위에서 본 신탁의 성질결정이 중요한 의미를 가진다.[56] 종래 우리 법상은 신탁의 국제재판관할은 별로 논의되고 있지 않은데, 사견으로는 아래와 같이 경우를 나누어 볼 필요가 있다.[57]

2. 수익권에 관한 소 — 특히 신탁재산이 부동산인 경우

우리 민사소송법(제20조)에 따르면 부동산에 관한 소를 제기하는 경우에는 부동산이 있는 곳의 법원에 제기할 수 있다. 부동산에 관한 소는 부동산에 관한 권리를 목적으로 하는 소인데, 그에는 부동산의 소유권의 존부확인, 소유권에 기한 인도청구와 같은 부동산상의 물권에 관한 소와, 계약에 기한 부동산의 이전등기나 인도를 구하는 소와 같은 부동산에 관한 채권의 소가 포함되지만, 이는 부동산 자체에 관한 소에 한정되므로 부동산의 매매대금 또는 임대료의 지급을 구하는 소는 이에 포함되지 않는다.[58] 이러한 토지관할규칙을 國際裁判管轄規則을 정함에 있어 참작할 수 있다.

그런데 예컨대 부동산신탁의 수익자가 그가 가지는 형평법상의 권리

---

54) 이 점은 석광현(註 50), 44면에서 지적한 바 있다.

55) 다만 예컨대 수탁자의 사임, 해임, 관리인선임 등 신탁과 관련한 비송사건의 관할법원에 관하여는 비송사건절차법(제39조)이 규정하고 있다.

56) 國際裁判管轄의 맥락에서의 성질결정은 Albrecht Conrad, Qualifikationsfragen des Trusts im Europäischen Zivilprozessrecht (2001)을 참조.

57) 이러한 쟁점의 정리는 Jonathan Harris, "The Trust in Private International Law," Reform and Development of Private International Law Essays in Honour of Sir Peter North, Edited by James Fawcett (2002), p. 205 *et seq.* 참조.

58) 이시윤, 신민사소송법(2003), 88면. 이처럼 제20조는 부동산 자체에 관한 소에 한정되므로, 제3자에 대한 관계에 있어서 영미법의 신탁에 따른 수익권을 物權法的으로 性質決定하더라도 동일한 결론이 될 것으로 생각한다.

(equitable interest)을 주장하기 위하여 소를 제기하는 경우 이것이 부동산 자체에 관한 위 물권에 관한 소 또는 채권의 소에 포함될 수 있는가가 문제된다. 사견으로는 수익자의 수익권을 부동산에 관한 물권이라고 볼 수는 없고,[59] 나아가 부동산에 관한 채권의 소도 부동산 자체에 관한 소에 한정되므로 이를 긍정하기는 어렵다.

3. 신탁의 외부관계

아래에서 논의하는 신탁의 내부관계(즉 위탁자, 수탁자와 수익자들간의 관계)와 달리 외부관계는 國際裁判管轄에 관한 일반원칙에 따른다.[60] 대외적인 관계에서 수탁자는 신탁재산의 소유자의 지위에 서서 신탁재산의 계산으로 권리를 양도하고 취득할 수 있으므로 수탁자와 제3자간의 관계는 통상적인 원칙에 따른다는 것이다. 예컨대 제3자가 수탁자에 대하여 신탁재산과 관련하여 소를 제기하는 경우 수탁자에 대해 一般管轄을 가지는 국가의 법원, 또는 예컨대 계약에 관한 사건이라면 그에 대하여 特別管轄을 가지는 국가의 법원에 소를 제기하면 된다.

4. 신탁의 내부관계

신탁의 내부관계에서는 우리 國際私法상 피고의 주소지 국가가 一般管轄을 가질 것이지만 신탁을 위한 特別管轄의 근거는 존재하지 않는다. 그런데 유럽연합의 "민사 및 상사사건의 재판관할과 재판의 집행에 관한 규정"(즉 브뤼셀규정)과 헤이그국제사법회의 차원에서 1999년 작성된 "民事 및 商事事件의 國際裁判管轄과 外國裁判에 관한 협약"의 예비초안에는 特別管

59) 브뤼셀협약(제16조 제1호)에 따르면, 부동산에 대한 물권이나 부동산에 대한 임차권을 목적으로 하는 訴에 대하여는 부동산이 소재하는 체약국의 법원이 專屬管轄을 가지는데, 유럽법원의 1994. 5. 17. *Webb v. Webb* 사건 판결(Case C-294/92 *Webb v Webb* [1994] ECR I-1717)은 수익자가 수탁자에 대하여 수익권(beneficial interest)을 주장하는 소, 보다 정확히는 아들이 아버지의 수탁자로서 프랑스 소재 부동산을 소유하는 사실의 확인과 아버지인 위탁자에게 부동산의 법적 소유권을 귀속시키기 위하여 필요한 문서의 작성을 명하는 소는 부동산에 관한 물권에 관한 소에 해당하지 않는다고 판시하였다.

60) Jan Kropholler, Europäisches Zivilprozeßrecht 8. Auflage (2005), Art. 5 Rz. 117; 브뤼셀협약에 대한 Schlosser 보고서, para. 110; Reinhold Geimer/Rolf A. Schütze, Europäisches Zivilverfahrensrecht: Kommentar 2. Auflage (2004), A.1 Art. 5 Rn. 327.

轄에 관한 규정이 있으므로 이를 간단히 살펴보고 우리 법의 해석론을 논의한다.

즉 브뤼셀규정(제5조 제6호)은 내부관계의 特別管轄을 별도로 명시한다. 즉 체약국에 주소를 가진 피고가 신탁의 위탁자, 수탁자 또는 수익자로서 제소되는 경우 신탁이 주소를 가지는 국가의 법원이 特別管轄을 가진다(제5조 제6호). 제6호가 적용되는 신탁은 법령, 즉 제정법에 의한 신탁과, 여기에서 논의하는 바와 같은 명시적으로 설정된 신탁에 한정되고, 黙示的 信託(implied trusts 또는 resulting trusts)과 擬制信託(constructive trusts)은 포함되지 않는다.[61] 신탁이 법정지에 주소를 가지고 있는가는 법원이 자국의 國際私法을 적용하여 결정한다(브뤼셀규정 제60조 제3항). 이러한 조항을 둔 이유는 신탁은 법인격이 없으므로 신탁 자체를 상대로 그의 주소지에 소를 제기할 수 없는데, 만일 수탁자의 주소지에서만 소를 제기할 수 있다면 수탁자가 주소지를 변경함으로써 신탁에 관한 소의 제기를 어렵게 할 우려가 있기 때문이다.[62] 다만 문면상 알 수 있듯이 이는 위 당사자들이 피고가 되는 경우에 한정되고 원고가 되는 경우를 포함하지 않는다.[63]

또한 헤이그국제사법회의의 1999년 예비초안(제11조 제2항)[64]도 신탁의 유효성, 해석, 효력, 관리 또는 변경에 관한 소송에서 신탁증서에 지정된 법원이 없는 경우, 신탁사무가 주로 행해지는 국가, 신탁의 準據法이 속하는 국가[65] 또는 신탁이 소송의 목적과 가장 밀접한 관련을 가지는 국가에 特別管轄을 인정한다. 이는 위탁자, 수탁자 및 수익자간의 분쟁, 즉 신탁의 내부적인 분쟁을 가리키는데,[66] 문면상 그러한 자들이 피고가 되는 경우에 한정되는 것은 아니라는 점에서 브뤼셀규정과는 다르다.[67]

---

61) 위에 언급한 유럽법원의 *Webb v. Webb* 사건 판결. Kropholler(註 60), Art. 5 Rz. 120. 브뤼셀규정과 브뤼셀협약에 관하여는 석광현, 국제사법과 국제소송 제3권(2004), 368면 이하; 석광현, 국제사법과 국제소송 제2권(2001), 321면 이하 각 참조. 그러나 신탁의 분류에 관하여는 논란이 있다.

62) Kropholler(註 60), Art. Rz. 114; Geimer/Schütze(註 60), A.1 Art. 5 Rn. 325.

63) Schlosser 보고서, Rn. 112

64) 2001년 초안도 대체로 이를 유지하나 조금 변경되었다. 1999년 초안과 2001년 초안에 관하여는 석광현, 국제사법과 국제소송 제2권(2001), 396면 이하; 석광현, 국제사법과 국제소송 제3권(2004), 429면 이하 각 참조.

65) 이 경우 準據法과 법정지의 병행이 가능하므로 매우 실용적이다. Harris(註 57), p. 207.

66) Peter Nygh/Fausto Pocar Report (Preliminary Document No. 11 of August 2000), p. 62. 2001년 초안의 제11조 제3항은 괄호에서 이를 명시한다.

67) 예비초안은 신탁의 개념을 정의하지 않는데, 이에 관하여는 신탁협약이 도움이 될 것이

다만 브뤼셀규정의 해석상 수탁자들간의 관계, 수탁자와 수익자들간의 관계가 계약적 성질을 가지는지에 관하여는 견해가 나뉘는 것으로 보인다.[68] 계약적 성질을 부정하는 견해는 신탁이 반드시 신탁계약에 기초한 것은 아니라는 점과, 신탁의 내부관계에서 발생하는 분쟁에 대해 위에서 본 바와 같이 별도의 관할규정을 두기 때문이 아닐까 생각된다.[69]

여기에서 우리의 관심사는, 첫째 우리 국제사법의 해석론으로 실질적 관련을 기초로 브뤼셀규정이나 1999년 예비초안과 유사한 국제재판관할규칙을 도출할 수 있는지와, 둘째 신탁의 내부관계를 채권적인 계약관계로 성질결정하고 민사소송법(제8조)을 참작하여 의무이행지의 국제재판관할을 인정할 여지가 있는지이다. 이 점은 앞으로 검토할 사항이지만, 우선 둘째의 논점에 관하여 위에서 본 것처럼 신탁의 내부관계를 債權法的으로 性質決定한다면 여기에서 논의하는 신탁계약의 경우 의무이행지의 국제재판관할을 긍정할 수 있을 것이다. 한편 첫째의 논점도 이른바 실질적 관련에 근거한 관할로서 긍정할 여지가 있으나, 브뤼셀규정의 그것과 1999년 초안의 그것 중 선택할지 아니면 그 밖의 어떤 규칙이 적절한지는 좀더 연구할 과제이다.

5. 신탁계약상의 관할합의

국제신탁의 경우에도 신탁계약에서 國際裁判管轄合意를 할 수 있다. 신탁계약의 당사자들, 즉 위탁자와 수탁자가 관할합의에 구속됨은 물론이나, 수익자도 그에 구속된다. 종래 우리 법상으로도 이러한 관할합의가 가능하다고 본다.[70]

브뤼셀규정(제23조 제4항)[71]은 위탁자, 수탁자 또는 수익자를 상대로 제기하는 모든 소송에서, 신탁에 따른 위 당사자들간의 관계나 그들의 권리 또

라고 한다. Peter Nygh/Fausto Pocar Report, p. 61.

68) Kropholler(註 60), Art. 5 Rz. 114는 이를 부정하나, Geimer/Schütze(註 60), A.1 Art. 5 Rn. 37은 계약관할과의 경합을 긍정한다.

69) 또한 영국의 경우 1999년 '계약(제3자의 권리)법'을 제정함으로써 제3자를 위한 계약을 도입한 지금은 다르지만, 전통적으로 이를 허용하지 않았던 영국법은 수익자와 수탁자간의 관계를 계약관계로 파악하지 않았던 점도 고려되었을지 모른다.

70) 종래 예컨대 사채신탁의 경우 수익자인 사채권자가 발행회사 또는 수탁자에 대하여 사채 원리금의 지급을 구하는 소에 관하여 신탁계약에서 관할합의를 하고 이러한 합의를 사채의 조건에도 명시한다.

71) 이는 과거 브뤼셀협약 제17조 제3항과 유사하다.

는 의무가 문제되는 때에는 신탁증서에 의해 관할을 부여받은 회원국의 법원이 전속관할을 가짐을 명시한다. 이는 반드시 신탁계약만이 아니라 위탁자에 의하여 일방적으로 작성된 신탁증서에 포함된 관할조항의 효력이 수탁자와 수익자들에게 미치도록 하는 데 의의가 있다. 그러나 이는 제5조 제6호의 경우처럼 신탁의 내부관계에 한정된다.[72)]

헤이그국제사법회의의 1999년 예비초안(제11조 제1항)도 임의로 설정되고 서면에 의해 증명되는 신탁의 유효성, 해석, 효력, 관리 또는 변경에 관한 소송에서 신탁증서에 지정된 체약국의 법원은, 신탁증서가 달리 규정하지 않는 한 전속관할을 가진다고 규정한다. 이는 위탁자, 수탁자 및 수익자간의 분쟁, 즉 신탁 내부적인 분쟁을 가리킨다.

헤이그국제사법회의는 2005. 6. 30. "재판관할합의에 관한 협약"(Convention on Choice of Court Agreements)을 채택하였는데, 동 협약은 신탁에 관하여 별도의 규정을 두지 않는다.[73)] 신탁계약상의 관할합의에도 동 협약이 적용될 수 있을 것이다.

Ⅴ. 국제신탁에 관한 실무상의 몇 가지 논점

국제금융거래에서 신탁은 다양한 맥락에서 이용되고 있으나 여기에서는 사채신탁, 담보부사채신탁, 담보권의 신탁과 증권투자신탁의 경우를 간단히 살펴본다.

1. 사채신탁

가. 재무대리인과 수탁자

우리 기업이 유로채(eurobonds)를 발행하는 경우 통상 재무대리인(fiscal agent)을 두고 수탁자(trustee)를 두지 않으나, 전환사채(CB), 교환사채(EB) 또는 신주인수권부사채(BW)와 같은 주식연계사채(equity linked

72) Kropholler(註 60), Art. 23 Rz. 29. 위 조항은 신탁선언에 의한 경우에도 적용된다.
73) 위 협약에 대하여는 석광현, "2005년 헤이그 재판관할합의협약의 소개," 국제사법연구 제11호(2005), 192면 이하 참조.

bonds)를 발행하는 경우에는 수탁자를 둔다. 그 밖에도 담보부사채나 후순위채(subordinated bonds)의 경우, 관련 법률[74] 또는 사채가 상장될 증권거래소의 규정이 요구하는 경우 수탁자를 둔다. 재무대리인을 둘 경우 발행인은 재무대리인과 재무대리인계약서를 체결하나, 수탁자를 둘 경우 발행인은 수탁자와 신탁계약(Trust Deed. '신탁증서'라고도 한다)을 체결한다.[75] 수탁자는 발행인의 대리인이 아니라 사채권자들의 대표자로서 그들에 대해 사채계약 및 그의 準據法이 부과하는 충실의무를 부담하고, 발행인은 수탁자 또는 그가 지시하는 자에게 지급함으로써 사채원리금의 지급의무를 면한다. 발행인의 사채원리금의 미지급 기타 채무불이행(event of default)이 발생한 경우 사채권자들을 위하여 조치를 취할 권리와 책임이 수탁자에게 귀속한다.

나. 신탁계약과 신탁의 準據法

유로채의 발행과 관련된 계약서들과 사채의 準據法으로는 통상 영국법(또는 뉴욕주법)이 지정되고, 準據法에 상응하여 런던 또는 뉴욕주의 법원이 관할법원으로 지정된다. 따라서 우리 기업이 유로채를 발행하는 경우 신탁계약의 準據法도 당사자가 지정한 영국법(또는 뉴욕주법)이 된다.[76] 위 계약서들 예컨대 인수계약서, 재무대리인계약서, 대리은행계약서, 간사단간계약서 등은 통상의 채권계약이므로 우리 國際私法(제25조 이하)의 국제계약의 準據法에 관한 법리에 따르고, 사채도 채권적 권리를 표창하는 증권이므로 동일한 법리가 적용된다.[77] 신탁계약도 종래 동일한 법리, 특히 當事者自治의 원칙에 따르는 것으로 이해되고 있으나, 신탁계약, 특히 영미법에 따른 신탁계약의 경우 다음의 논점을 검토할 필요가 있다.

74) 예컨대 미국의 1939년 신탁증서법(Trust Indenture Act of 1939)(제306조)에 따르면, 채무증서의 청약 또는 매매가 미국의 우편 또는 기타 주간통상의 수단을 사용하는 경우 그 채무증서는 신탁증서법의 요건을 구비한 신탁증서에 따라 발행되어야 하고 동법의 요건을 구비해야 한다.

75) 수탁자를 두는 경우의 장단점은 Philip R Wood, International Loans, Bonds and Securities Regulation (1995), para. 10-3 *et seq.*

76) 영국법이 준거법이면 1925년 수탁자법(Trustee Act 1925)이, 뉴욕주법이 준거법이면 1939년 신탁증서법(Trust Indenture Act of 1939)이 적용되는데, 물론 이는 동법의 적용요건이 구비되는 경우에 한한다.

77) 유로채의 準據法에 관한 상세는 석광현, 국제사법과 국제소송 제1권(2001), 611면 이하. 이 글은 석광현, 위 책, 612면 주 48의 연장선상에 있다.

(1) 우리 상법의 수탁회사에 관한 규정의 적용 여부

우리 상법은 사채모집의 위탁을 받은 회사를 수탁회사라고 하는데, 수탁회사는 사채권자를 위하여 사채의 상환을 받음에 필요한 재판상 또는 재판외의 모든 행위를 할 권한이 있다(상법 제484조 제1항). 그러나, 종래 국내 사채 발행의 실무는 수탁자를 두 가지 기능으로 나누어 사채모집의 위탁을 받은 증권회사를 주간사회사라고 하고, 사채권자를 위하여 사채의 상환을 받음에 필요한 모든 행위를 할 권한이 있는 수탁회사를 그와 구별하고, 그에 따라 주간사회사는 발행회사와 '인수 및 매출계약'을 체결하고 사채모집과 납입 등의 발행절차만을 책임지는 데 반하여, 수탁회사는 발행회사와 '모집위탁계약'을 체결하고 사채원리금의 상환을 관리한다.[78] 상법상 수탁회사는 사채권자의 법정대리기관이지 신탁의 법리에 의한 수탁자로 이해되지는 않으므로, 이는 準據法이 영국법(또는 뉴욕주법)인 신탁계약상의 유로채의 수탁자의 지위와는 차이가 있다.[79]

우리 기업이 유로채를 발행하면서 신탁계약의 準據法을 영국법(또는 뉴욕주법)으로 지정한 경우 우리 상법의 수탁회사에 관한 규정이 적용되는가가 문제되는데, 저자는 부정설을 취하였고 이것이 종래의 실무이기도 하다.[80] 사채의 발행인, 수탁회사와 사채권자들간의 법률관계는 발행인과 수탁자간에 체결하는 신탁계약(과 그에 따른 신탁)이 규율하므로 수탁자 또는 수탁회사의 지위는 신탁계약(과 그에 따른 신탁)의 準據法이 결정할 사항이라고 본다. 따라서 상법은 신탁계약의 準據法이 한국법인 경우 적용된다. 만일 이와 달리 우리 기업이 발행하는 사채라고 하여 신탁계약(과 그에 따른 신탁)의 準據法에 관계없이 수탁회사에 관한 상법의 규정이 적용된다고 보자면 —이 경우 동 규정은 國際的 强行法規가 된다—,[81] 신탁계약의 準據法에도 불구하고 상법의 규정을 강행적으로 적용하려는 입법자의 의지가 표시되어야 하는데 이러한 의지를 간취할 수 있는 근거가 없다.

---

78) 이철송, 사채발행제도(1990), 98-99면.

79) 그 결과 종래 일본 또는 한국의 기업들이 유로채를 발행하면서 관련계약의 準據法을 일본법이나 한국법으로 하는 경우 수탁자가 아니라 재무대리인을 두는 방식을 취하였다.

80) 신영무, 證券去來法, 서울대학교 법학연구소편 법학전서 59(1987), 531면은 외채에 관하여도 수탁회사에 관한 상법 제484조가 적용되는 것처럼 쓰고 있으나 이는 근거가 없다.

81) 國際私法(제7조)은 국제적 강행법규의 개념을 명시한다.

(2) 사채신탁은 신탁인가

통상의 신탁에서는 위탁자가 수탁자에게 재산을 이전하고 그 재산을 중심으로 신탁관계가 형성되는 데 반하여, 사채신탁의 경우 위탁자인 사채의 발행인이 수탁자에게 이전하는 권리, 즉 신탁재산이 없는 것이 아닌가라는 의문이 있다. 더욱이 실무상 유로채 신탁의 경우 원칙적으로 사채권자가 발행회사에 대한 직접적인 채권자이고 원리금의 지급도 지급대행자를 통하여 사채권자에게 직접 이루어지며, 수탁자는 채무불이행이 발생한 경우에 비로소 발행회사에 대하여 자기에게 직접 지급할 것을 청구할 수 있는 권리를 가지는 것으로 규정하기도 한다.[82)]

이런 이유로 담보부사채신탁의 경우와 달리 무담보사채신탁이 통상의 신탁의 성질을 가지는지 관하여는 영국에서도 논란이 있다. 만일 사채권자를 단순한 수익자로만 본다면 그는 수익권만을 가지는 것이 되고 사채권자로 취급되기가 어렵다.[83)] 그러나 담보부사채의 경우와 달리 담보권의 위탁은 없지만, 수탁자가 사채원리금의 지급을 요구할 수 있는 권리를 위탁받은 것으로 구성한다면 이러한 채권을 신탁재산으로 볼 수 있을 것이다. 특히 채무불이행 발생 후에는 문제가 없고, 문제는 채무불이행이 발생 전인데, 그 경우 수탁자도 발행인에게 사채원리금의 지급을 요구할 수 있는 권리를 가지는 것으로 구성함으로써 문제를 해결하는 것으로 보인다.[84)] 실무상 먼저 체결되는 다른 계약서들과 달리 신탁계약은 사채원금의 납입일(즉 closing 일)자로 작성되는데 이는 신탁을 설정하자면 신탁재산이 수탁자에게 귀속되어야 하기 때문이다.

(3) 신탁의 승인과 관련하여

신탁의 승인과 관련하여 흥미로운 것은, 영국에서는 영국법에 따라 설정된 신탁이 대륙법계 국가에서 승인될지를 논의하는 점인데, 이는 사채신탁뿐

82) Terence Prime, International Bonds and Certificates of Deposit (1990), p. 297 *et seq.* 참조. 落合誠一, "社債受託," 池原季雄(編), 國際信託の實務と法理論(1990), 100면도 참조.

83) Ravi C Tennekoon, The Law & Regulation of International Finance (1991), p. 226.

84) Wood(註 75), para. 10-12는 수탁자와 사채권자들의 권리가 병존하되 다만 채무불이행 전에 발행인이 사채권자에게 지급하면 그 범위 내에서 수탁자에 대한 채무를 면하는 것으로 규정한다고 하고, 신탁재산은 발행인에게 지급을 요구할 수 있는 권리라고 한다. Tennekoon(註 83), p. 226도 이와 유사하게 발행인이 신탁증서에서 수탁자에게 지급하기로 하는 약속이 신탁재산이라고 한다. 실무상으로는 수탁자와 사채권자의 권리의 관계를 규정함으로써 이중지급이 일어나지 않도록 하는 것으로 보인다.

만 아니라 신탁 일반에 관련된 문제이다. 위에서 언급한 바와 같이 신탁협약은 이러한 문제를 해결하기 위한 국제적인 노력의 산물이다. 그러나 이미 지적한 바와 같이[85] 영미의 신탁을 도입한 우리 나라에서는 영국법(또는 뉴욕주법)에 따라 설정된 신탁은 승인될 수 있고, 신탁의 準據法의 선택도 유효하다. 그 결과 예컨대 수탁자의 (신탁사무와 관련 없는) 채권자들은 신탁재산에 대하여 집행할 수 없고, 수탁자의 파산시 신탁재산은 파산재단을 구성하지 않는다. 이는 신탁협약(제11조)이 규정하는 승인의 효력과 같다. 나아가 제11조에 따르면 수탁자가 신탁을 위반하여 신탁재산을 자신의 재산과 혼합하거나, 신탁재산을 양도한 때에는 신탁재산을 회복할 수 있으나, 그럼에도 불구하고 당해 재산의 소지인인 제3자의 권리와 의무는 법정지의 國際私法規則에 의하여 결정되는 법에 따른다.

우리 기업의 유로채 발행시 신탁계약의 準據法은 통상 영국법(또는 뉴욕주법)이 되는데, 실무를 뒷받침하기 위하여 종래 우리 변호사들은 법률의견서(legal opinion)에서 그러한 準據法의 선택이 유효하고 따라서 만일 한국에서 소송이 제기된다면 한국 법원은 당사자들이 지정한 신탁계약의 準據法을 적용할 것이라는 점을 확인하는바, 실무상으로는 신탁계약도 통상의 국제계약, 즉 채권계약과 동일시하는 것이 아닌가 생각된다. 물론 한국 변호사가 내는 법률의견서의 주안점은 발행인의 신탁계약상의 의무에 있고 신탁 자체의 準據法을 문제삼는 것은 아니므로(예컨대 수탁자의 의무와 수탁자가 신탁에 반하여 신탁재산을 처분한 경우의 문제에 대하여는 한국변호사가 법률의견을 내지 않는다) 실무상 큰 문제는 없을 것으로 생각되지만, 우리 법률가들도 '신탁 자체의 準據法'이 문제된다는 사실을 인식할 필요가 있다. 즉 위에서 언급한 바와 같이 물상대위의 문제와, 수탁자가 신탁에 반하여 재산을 처분한 경우 추급의 문제가 있으므로 법률의견의 범위를 적절히 제한하고 경우에 따라서는 혹시 유보사항을 좀더 추가할 필요성도 검토할 필요가 있다.[86] 또한 신탁협약(제4조)에서 보듯이, 신탁의 설정단계에서 재산권이 수탁자에게 신탁적으로 귀속되는 것은 신탁의 準據法에 의할 사항이 아님을 유념해야 한다.

---

85) 석광현, 국제사법과 국제소송 제3권(2004), 591면 참조.

86) 물론 법률의견서에는 準據法이 외국법이더라도 강행적으로 적용되는 한국법이 있다는 취지의 유보는 예외 없이 포함된다.

(4) 신탁계약의 準據法이 규율하는 사항의 범위

신탁계약의 準據法이 위탁자와 수탁자간의 계약관계뿐만 아니라 수탁자와 수익자들(즉 사채권자들)의 관계도 규율한다.[87] 사채신탁의 경우 신탁계약의 債權法的 側面만이 강조되고 있지만, 사채신탁을 신탁으로 보는 한 신탁계약의 準據法 지정은 신탁(trust) 자체의 準據法을 지정하는 의미가 있다.[88] 우리 나라에서는 신탁계약의 準據法이 규율하는 사항의 범위에 관하여 논의가 없으나 신탁협약(제8조)이 참고가 된다. 즉 우리 國際私法의 해석론으로도 신탁의 유효성, 해석 및 효력과 신탁의 사무처리와, 그 밖에 동조가 열거하는 사항들이 신탁의 準據法에 의하고, 수익자가 형평법상의 권리(equitable interest)를 가지는지도 신탁의 準據法에 의한다고 본다.[89] 다만 신탁협약(제4조)에서 보듯이 신탁의 설정을 위하여 수탁자가 사채권 기타 재산권을 취득하였는지는 당해 재산의 準據法에 따를 사항이다.

(5) 신탁의 準據法이 신탁의 개념을 모르는 국가의 법인 경우

신탁계약이 신탁의 개념을 알지 못하는 국가의 법을 準據法으로 지정하거나 신탁의 準據法 소속국의 법이 인정하는 것보다 광범위한 권한을 수탁자에게 인정할 경우 그 효력이 문제될 수 있는데, 이에 관한 유명한 사건이 룩셈부르그 법원의 1971. 1. 21, *Four Seasons* 사건 판결이다.[90] 위에서 본

---

87) Philip Wood, Law and Practice of International Finance Volume 2A (1990), p. 9-159. 과거 전통적으로 제3자를 위한 계약을 허용하지 않았던 영국법은 수익자와 수탁자간의 관계를 계약관계로 파악하지는 않는데, Wood가 이를 계약이라고 부르지 않는 것은 이런 이유도 있지 않을까 생각된다.

88) 실무상 신탁계약이 이를 명확히 규정하는 경우도 있으니 항상 그런 것은 아닌 듯하나

89) Wood(註 75), para. 10-11은 영국법에 따른 사채신탁의 경우 수익자들의 권리는 수탁자에 대한 채권적인 권리(debtor-creditor claim in contract)가 아니라 물권적인 권리(proprietary right)라고 하고, 그 결과 수탁자의 파산시에도 신탁재산은 파산재단을 구성하지 않으며, 수탁자가 신탁에 반하여 신탁재산을 처분한 경우 수익자는 선의취득의 경우를 제외하고 제3자에게까지 추급할 수 있다는 점을 그의 논리적 결과로 설명한다.

90) *Faillite Four Seasons Overseas N.V. v. S.A. Finimtrust.* 동 사건에서 사채의 발행인인 룩셈부르그의 Four Seasons Overseas N.V. ("Four Seasons")의 수탁자인 S. A. Finimtrust ("Finimtrsust")는 Four Seasons가 파산하자 신탁증서에 규정된 권한에 근거하여 사채권자집회의 결의를 거쳐 사채채권을 신고하였는데, 파산관재인은 사채권자집회의 권한을 다투었다. 룩셈부르그 법원은 위 사건에서 사채권자집회의 결의는 사채권자집회의 권한을 명시한 룩셈부르그 회사법의 범위를 넘은 것으로 보았다. 이 과정에서 룩셈부르그 법원은 Finimtrust를 신탁의 법리에 따른 수탁자로 취급하지 않고 대리인으로 취급하였다. 위 판결에 의하여 초래된 법적 문제점을 제거하고자 1972년 룩셈부르그는 회사법을 개정하여 사채권자들의 대리인의 권한을 계약에 의하여 확장할 수 있게 하였으나, 이는 영미법상 수탁자의 개념을 도입한 것은 아니고 사채의 관리에 관한 당사자자치의 범위를 확대한 것이었다. 룩셈부르그는 1987년 사채권자의 대리인 내지 대표에 관한 회사법을 개정함

바와 같이 신탁협약상으로도 전자의 경우 체약국은 신탁을 승인할 의무가 없다. 그러나 근자에는 신탁의 법리를 모르는 대륙법계 국가에서도 영미법을 신탁의 準據法으로 지정하는 것을 유효하다고 보고 신탁구성에 의한 수탁자의 사채관리의 효력을 인정하는 것이 일반적이라고 한다.[91] 우리의 경우 문제는 없다.

다. 발행회사가 도산한 경우 도산채권의 신고

사채의 발행인이 도산한 경우 사채권자의 채권을 어떻게 신고할지가 문제된다. 과거 회사정리법(제161조)은 담보부사채에 관하여만 수탁회사가 총사채권자를 위하여 정리채권의 신고, 의결권의 행사 그 밖의 정리절차에 관한 모든 행위를 할 수 있고, 그 경우 개별사채권자를 표시할 필요가 없다는 취지의 규정을 두었으나,[92] 무담보사채의 경우에도 수탁회사가 수탁회사의 자격에서 자기의 이름으로 사채원리금 전체의 신고를 할 수 있는 것으로 이해되고 있다. 이는 신탁계약 또는 사채의 準據法을 묻지 아니하고 그렇게 취급하였던 것으로 보인다. 그러나 엄밀하게는 관련 準據法에 따라 수탁자 또는 수탁회사가 과연 그러한 지위를 가지는지를 판단하고, 그가 수탁자의 지위에서 법적인 권리자로서 신고하는지 아니면 사채권자의 대표자로서 신고하는지를 명확히 하여야 할 것이다. 사채권자가 수탁자와 별도로 채권을 신고할 수 있는지는 신탁계약과 신탁의 準據法에 따라야 할 것이다.

2. 담보부사채신탁

담보부사채신탁법이 적용범위를 명시하지는 않지만, 이미 지적한 바와 같이[93] 우리 기업이 해외에서 발행하는 담보부사채에 담보부사채신탁법이 적용되기 위하여는 사채, 담보권 및 신탁계약의 準據法이 모두 한국법이어야 할 것으로 생각된다. 실무적으로는 신탁에 의한 담보권설정계약이 하나의 계약으로 체결되더라도 담보권의 準據法과 신탁의 準據法은 논리적으로는 구

으로써 유로채시장에서의 지위를 다시 강화할 수 있었다고 한다. 위 판결의 소개는 落合誠一(註 82), 106면 이하; Wood(註 75), para. 10-14; Prime(註 82), p. 317 참조.

91) 落合誠一(註 82), 105면과, 111면 주 43에 인용된 문헌 참조.

92) 이 점은 채무자회생 및 파산에 관한 법률(제143조)도 동일하다.

93) 석광현, 국제사법과 국제소송 제3권(2004), 582면 주 8 참조.

별된다. 어쨌든 이런 견해를 따른다면 담보부사채신탁법이 대폭 개정되지 않는 한 현재로서는 활용될 가능성은 크지 않다.

다만 담보목적물이 한국에 있는 재산이어서 담보권의 準據法이 한국법이 되더라도, 예컨대 영국법을 사채와 신탁의 準據法으로 하는 담보부사채의 발행이 가능한지가 문제된다. 담보부사채신탁법이 이를 금지하는 것은 아니고, 사채와 담보의 準據法은 상이할 수 있으며, 한국에 있는 재산에 대해 외국법을 準據法으로 하는 신탁의 설정이 가능하다고 하였으므로 이것이 불가능한 것은 아니나, 그 경우 담보부사채신탁법은 적용되지 않는다고 본다.[94] 종래 실무상으로는 담보부사채신탁법에 의하지 아니하고 사채권자와의 개별계약으로 담보권을 설정하기도 하는데, 이는 유효한 것으로 보고 있다.[95]

3. 담보권의 신탁

담보권의 신탁이라 함은, 예컨대 다수의 금융기관들로 구성된 차관단(syndicate)이 담보부대출을 하면서 모든 대주들을 담보권자로 하는 대신 대리은행을 수탁자로 하여 담보권을 설정하는 경우와 같이, 차주 또는 물상보증인인 제3자가 담보권자를 수탁자로 하고 대주들을 수익자로 하여 담보권을 설정하는 것을 말한다.[96] 즉 일반채권에 관하여 담보부사채신탁의 경우와 유사한 방법을 이용하는 것이다. 이는 담보권의 설정시에도 편리하고, 사후적으로 일부 대주가 변경되더라도 담보계약을 양도하거나 변경할 필요가 없어 담보관리가 용이하다는 장점이 있다. 반드시 차관단대출이 아니라 1인의 대주만이 있는 경우에도 채권자와 상이한 자를 담보수탁자로 지정할 필요가 있을 수 있다. 이러한 담보권의 신탁에도 위에서 논의한 신탁의 법리가 적용된다. 따라서 예컨대 아래에서 언급하는 우리 담보법상의 제한이 없다면, 우리 나

94) 이 경우에도 담보권의 부종성이 요구된다고 본다면 수탁자는 사채권과 담보권 양자의 수탁자가 되어야 한다. 상세는 道垣內正人, "擔保附社債信託法の國際的 適用範圍," ジュリスト No. 1175(2000. 4. 1), 50면 이하; 松本啓二, "實務家からみたユーロ債(およびサムライ債)における商法および資産流動化法上の社債の管理會社と擔保付社債信託法~その歴史と今後の方向~," 國際商事法務 Vol. 32, No. 2(2004), 161면 이하 참조.

95) 이에 관하여는 우선 김용호·선용승, "국제금융을 위한 담보수단—개관 및 몇가지 관련 문제—," BFL 제10호(2005. 3.), 113면 이하 참조.

96) 이를 '담보신탁'이라고 부르기도 하는데, 이와 달리 채권담보를 위하여 채권자에게 예컨대 부동산신탁의 수익권을 부여하는 것을 담보신탁이라고 부르기도 한다(김용호·선용승(註 95), 116면).

라에 있는 재산에 대하여도 외국법을 신탁의 準據法으로 하는 담보권의 신탁을 설정할 수 있다고 본다.[97] 실제로 신탁의 準據法을 영국법으로 하여 우리 법에 따른 담보권을 수탁자에게 귀속시키는 거래에서, 우리 변호사는 담보권이 한국법상 필요한 요건을 구비하여 수탁자에게 귀속되었다는 점에 대하여만 법률의견을 내기도 하는 것으로 보인다.

다만 신탁의 準據法이 외국법이더라도, 수탁회사에게 담보권을 설정하는 것과, 기타 담보권에 관한 사항은 신탁의 準據法이 아니라 법정지인 우리 나라의 國際私法에 의하여 결정되는 담보권의 準據法(예컨대 담보목적물이 물건이라면 소재지법)에 따른다. 신탁협약상으로도 담보권에 대하여는 신탁의 準據法이 아니라 법정지의 國際私法에 의하여 지정된 準據法의 강행규정이 적용된다(제15조 제1항 d호). 그런데 우리 법상 신탁의 법리에 따라 대리은행을 담보권부채권(즉 채권과 담보권 양자)의 수탁자로 지정할 수는 있지만, 피담보채권과 분리하여 담보권만을 신탁하는 것은 종래 실무상 담보권의 附從性 때문에 어려운 것으로 보고 있다. 이는 신탁의 법리 때문이 아니라 담보권의 법리에 따른 제한이다. 다만 우리 법상으로도 채권이 제3자에게 실질적으로 귀속되었다고 볼 수 있는 특별한 사정이 있는 경우에는 채권자가 아닌 제3자 명의의 근저당권설정등기도 유효하다고 본 대법원 2001. 3. 15. 선고 99다48948 전원합의체판결이 있으므로 논란의 여지가 있다.[98]

4. 증권투자신탁

과거 1981년 이후 우리 자본시장을 외국인들에게 개방하는 초기단계에서 당시의 증권투자신탁업법[99]에 따른 계약형투자신탁(unit trust)의 형태로 우리 나라 증권투자신탁회사들은 이른바 외국인전용수익증권(beneficial certificates)을 발행하였다. 이는 외국인 투자자들로부터 자금을 모아 우리 나라의 주식과 채권에 투자하기 위한 것이었는데, 신탁약관의 당사자는 우리 나라의 증권투자신탁회사인 위탁자와 우리 나라의 은행이 수탁자였지만 수익자들은 외국인투자자들이었다. 물론 증권투자신탁의 법적 구조를 어떻게 이해

97) 신탁협약의 성안과정에서 담보권의 신탁을 적용범위로부터 아예 제외하자는 제안이 있었으나 채택되지 않았다.
98) 평석은 윤홍근, "根抵當權의 附從性의 限界," 민사판례연구 [XXIV](2002), 56면 이하 참조.
99) 지금은 간접투자자산운용업법의 제3장 제2절 제1관(제28조 이하)에 통합되었다.

할지에 관하여는 논란이 있으나, 그 당시 신탁계약(trust deed)[100]의 準據法은 한국법으로 하고 서울지방법원을 관할법원으로 합의하였으므로 우리의 관점에서 보아 國際私法的인 問題는 별로 제기되지 않았다. 이 경우 신탁재산은 주로 한국에 소재하고 한국법에 따른 주식과 채권이지만 수익자들이 외국인투자자들이라는 점에서 논리적으로는 신탁의 準據法을 영국법으로 지정하는 것도 가능하지 않았을까 생각된다. 다만 그 경우 위 담보신탁에서 본 바와 같이 신탁의 準據法인 영국법이 규율하는 사항과 신탁재산에 관한 物權法的(또는 社員權的 또는 準物權法的) 側面의 구별이라는 까다로운 문제가 제기되었을 것이다. 저자는 과거 한국법을 準據法으로 합의한 이유를 정확히 알지 못하지만, 당시 필요한 정부의 인가를 받기 위하여 한국법을 지정한 것일 수도 있고, 위와 같은 어려움을 피하기 위하여 한국법을 準據法으로 지정하면서 영국법에 따른 조건을 신탁계약에 상세하게 규정하는 방법을 취한 것일 수도 있을 것으로 생각된다.

Ⅵ. 맺음말—장래의 과제

지금까지 국제금융거래와 관련한 국제신탁의 國際私法的 論點을 살펴보았다. 신탁의 實質法과 國際私法에 대한 저자의 연구가 부족한 탓에 좀더 충실한 논의를 하지 못한 점은 아쉽다. 어쨌든 종래 우리 나라에서는 신탁의 實質法에 관한 연구가 매우 부족하였는데 그나마 최근 들어 관심이 커지고 있는 것 같아 다행이지만,[101] 국제신탁에서 제기되는 國際私法的 論點에 대하여는 문제의식조차 별로 없는 것이 아닌가 우려된다. 그러나 국제거래에서 신탁이 점차 널리 이용되는 추세를 고려할 때 앞으로는 신탁을 둘러싼 國際私法的 論點에 대해 좀더 큰 관심을 기울여야 마땅할 것이다.

---

100) 증권투자신탁업법은 이를 '신탁약관'이라고 하였고 간접투자자산운용업법(제28조)도 동일하다.

101) 최동식 전 부천지원장이 2006년 2월 한양대에서 "信託法상 信託財産, 受託者, 受益者의 地位에 관한 硏究"라는 제목의 법학박사논문을 발표하고, 곧이어 단행본으로 위에 인용한 信託法을 간행한 것은 우리 信託法學의 발전에 좋은 기초가 될 것이다. 또한 大塚正民/樋口範雄 편저(명순구·오영걸(역)), 현대미국신탁법(2005)도 이러한 관심의 표출이다.

[試譯]

信託의 準據法과 承認에 관한 협약[1)]
[발췌]

…

제I장 범 위

제1조
이 협약은 신탁의 준거법을 정하고 또한 신탁의 승인을 규율한다.

제2조
이 협약의 목적상 신탁이라는 용어는, 어떤 자, 즉 위탁자가 —생존자간에 또는 사망시에— 수익자의 이익을 위하여 또는 특정한 목적을 위하여 자산을 수탁자의 지배하에 둔 때에 창설되는 법률관계를 말한다.

신탁은 다음과 같은 특징을 가진다.

가) 재산은 별도의 기금을 구성하고, 수탁자의 고유재산의 일부가 되지 않는다.
나) 신탁자산에 대한 권리는 수탁자 또는 수탁자를 대신하는 타인의 명의로 존재한다.
다) 수탁자는 신탁의 조건 또는 법에 의하여 그에게 부과된 특별한 의무에 따라 자산을 운영하고, 사용하거나 처분할 권한과 의무를 가지며 그에 관하여 책임을 진다.

위탁자가 일정한 권리 또는 권한을 유보하는 것과, 수탁자가 스스로 수익자로서의 권리를 가진다는 사실은, 신탁의 존재와 반드시 상치되는 것은 아니다.

제3조
이 협약은 임의로 설정되고 서면에 의하여 증명되는 신탁에만 적용된다.

제4조
이 협약은 유언, 또는 자산을 수탁자에게 이전하는 기타 행위의 유효성에 관한 선결문제에는 적용되지 아니한다.

제5조
이 협약은 제Ⅱ장에 의하여 지정된 법이 신탁 또는 관련된 유형의 신탁을 규정하지 않는 범위 내에서는 적용되지 아니한다.

---

1) 위 협약은 1985. 7. 1. 채택되었고 1992. 1. 1. 발효되었다. 위의 국문시역은 저자가 작성한 것인데, 여기에서는 협약의 전문이 아니라 제1조-제21조까지만을 수록하였다. 기존의 국문번역은 홍유석, "상사신탁에 관한 국내법 및 섭외사법적 고찰," 석영 안동섭교수 화갑기념논문집(1995), 770면 이하의 논문의 말미에 수록되어 있다.

제Ⅱ장 준 거 법

제6조

신탁은 위탁자가 선택한 법에 의하여 규율된다. 그 선택은, 신탁을 설정하는 증서 또는 신탁을 증명하는 서면의 조건들에 명시되거나 묵시되어야 하며, 이 조건들은 필요한 경우 사안의 상황에 따라 해석될 수 있다.

전항에 따라 선택된 법이 신탁 또는 관련된 유형의 신탁을 규정하지 않는 경우에는, 그 선택은 효력이 없고 제7조에 따라 지정된 법이 적용된다.

제7조

준거법이 선택되지 않은 경우에는, 신탁은 그것이 가장 밀접하게 관련된 법에 의하여 규율된다. 신탁이 가장 밀접하게 관련된 법을 확정하는 데 있어서는 특히 다음 사항을 고려하여야 한다.

가) 위탁자가 지정한 신탁사무 수행지

나) 신탁 자산의 소재지

다) 수탁자의 거소 또는 사업소 소재지

라) 신탁의 목적과 그것이 달성되는 장소

제8조

제6조 또는 제7조에 의하여 지정된 법은 신탁의 유효성, 그의 해석, 그의 효력과 신탁사무(administration)를 규율한다.

특히 그 법은 다음 사항을 규율한다.

가) 수탁자들의 선임, 사임 및 해임, 수탁자로 행위할 수 있는 능력과 수탁자의 지위의 이전

나) 수탁자들 상호간의 권리와 의무

다) 의무의 이행 또는 권한의 행사를 전부 또는 일부 타인에게 위임할 수 있는 수탁자들의 권리

라) 신탁재산을 관리하거나 처분하고, 신탁재산에 담보를 설정하고 또는 새로운 재산을 획득하는 수탁자들의 권한

마) 수탁자들의 투자 권한

바) 신탁의 존속기간과, 신탁의 수익을 유보하는 권한에 대한 제한

사) 수탁자의 수익자에 대한 인적책임을 포함한 수탁자들과 수익자들간의 관계

아) 신탁의 변경 또는 종료

자) 신탁재산의 분배

차) 신탁사무에 관한 수탁자의 보고의무

제9조

이 장을 적용함에 있어서 분리할 수 있는 신탁의 분분, 특히 신탁사무에 관한 사항은 다른 법에 의하여 규율될 수 있다.

제10조
신탁의 유효성에 관한 준거법은 그 법 또는 신탁의 분리할 수 있는 부분의 준거법을 다른 법에 의하여 대체할 수 있는지를 결정한다.

제Ⅲ장 승 인

제11조
전장에 의하여 지정된 법에 따라 설정된 신탁은 신탁으로서 승인된다.
그러한 승인은, 최소한 신탁재산이 별도의 기금을 구성하는 것, 수탁자가 수탁자의 자격으로 제소하거나 제소될 수 있다는 것과, 그가 공증인 또는 공적 자격에서 행위하는 모든 사람 앞에 수탁자로서 출석하거나 행위할 수 있음을 의미한다.
신탁의 준거법이 요구하거나 또는 규정하는 한, 그러한 승인은 특히 다음을 의미한다.
가) 수탁자의 개인채권자들은 신탁재산에 대해 강제집행을 수 없다는 것
나) 신탁재산은 수탁자의 도산 또는 파산시 수탁자의 도산재단 또는 파산재단의 일부를 구성하지 않는다는 것
다) 신탁재산은 수탁자 또는 그의 배우자의 부부재산의 일부를 구성하지 않고, 또한 수탁자의 사망시 수탁자의 유산의 일부를 구성하지 않는다는 것
라) 수탁자가 신탁을 위반하여 신탁재산을 그 자신의 재산과 혼합하거나, 신탁재산을 양도한 때에는 신탁재산을 회복할 수 있다는 것. 그러나 당해 재산의 소지인인 제3자의 권리와 의무는 법정지의 저촉법규칙에 의하여 결정되는 법에 따른다.

제12조
수탁자가 자산, 동산 또는 부동산, 또는 그에 대한 권원증서를 등록하고자 하는 경우, 등록하고자 하는 국가의 법에 의하여 금지되거나 그의 법에 저촉되지 않는 한, 그는 수탁자의 자격에서 등록하거나, 신탁의 존재를 공시하는 다른 방법으로 등록할 권한이 있다.

제13조
준거법의 선택, 신탁사무의 처리 장소와 수탁자의 상거소를 제외하고 신탁의 중대한 요소들이 신탁제도 또는 관련된 유형의 신탁을 알지 못하는 국가와 더 밀접하게 관련된 경우에는, 어느 국가도 이러한 신탁을 승인할 의무가 없다.

제14조
이 협약은 신탁의 승인에 보다 유리한 법규의 적용을 방해하지 아니한다.

제Ⅳ장 일반조항

제15조
이 협약은, 임의적인 행위에 의하여 배제될 수 없는 한도 내에서는, 특히 다음 사항들에 관하여 법정지의 국제사법에 의하여 지정된 법의 규정들의 적용을 방해하지 아니한다.

가) 미성년자와 무능력자의 보호
나) 혼인의 신분적 및 재산적 효력
다) 유언에 의하거나 의하지 않은 경우의 상속권, 특히 배우자와 친족의 유류분
라) 소유권의 이전과 담보권
마) 도산사건에서의 채권자의 보호 [임의신탁에서도 의미가 있나. 당근이다. 예컨대 수탁자가 도산한 경우를 생각해 보라. 그 경우 적용되나]
바) 그 밖에 선의의 제3자의 보호

만일 전항의 적용에 의하여 신탁의 승인이 배제되는 경우에는, 법원은 다른 수단에 의하여 신탁의 목적을 달성하도록 노력하여야 한다.

제16조

이 협약은, 국제사법규칙에도 불구하고 국제적인 사안에도 적용되어야 하는 법정지의 법의 규정의 적용을 방해하지 아니한다.

만일 다른 국가가 사안과 충분히 밀접한 관련을 가지는 경우에는, 예외적인 경우, 전항에서 언급한 것과 동일한 성질을 가지는 당해 국가의 규칙에도 효력을 부여할 수 있다.

어떤 체약국이든지 유보에 의하여 이 조의 제2항을 적용하지 않겠다고 선언할 수 있다.

제17조

이 협약에서 "법"이라는 단어는 그의 국제사법규칙을 제외하고 어느 국가에서 효력이 있는 법규를 말한다.

제18조

이 협약의 규정들은, 그의 적용이 공공질서(공서)에 명백히 반하는 때에는 무시될 수 있다.

제19조

이 협약은 재정사항에 관한 국가의 권한에 영향을 미치지 아니한다.

제20조

어떤 체약국이든지 언제든지 이 협약의 규정들이 법원의 재판에 의하여 설정된 신탁에도 미친다는 것을 선언할 수 있다. 이 선언은 네덜란드 외무부에 통지되어야 하고, 통지를 수령한 날로부터 발효한다. 제31조는 이 협약의 폐기에 적용되는 것과 동일한 방법으로 이 선언의 철회에 적용된다.

제21조

어떤 체약국이든지 제Ⅲ장의 규정을 그의 유효성이 체약국의 법에 의하여 규율되는 신탁에 대하여만 적용하는 권리를 유보할 수 있다.

제 8 장　國際知的財産權法

[14] 한국에 있어서 知的財産權紛爭의 國際裁判管轄

前 記
이 글은 저자가 2004. 2. 25. 와세다대학에서 "한국에 있어서 知的財産紛爭의 國際裁判管轄"이라는 제목으로 발표한 원고를 수정·보완하여 辯護士 제35집 —회원연구논문집—(서울지방변호사회, 2005), 400면 이하에 게재한 글을 다시 수정·보완한 것이다. 와세다대학에 제출한 원고의 일어번역문은 早稻田大學21世紀COE《企業法制と法創造》總合研究所가 간행한 "企業と法創造" 제1권 제3호(통권 제3호)(2004. 11.), 218면 이하에, 헤이그협약초안 중 지적재산권분쟁에 관한 부분을 소개한 글은 동, 242면 이하에 게재되었다.

Ⅰ. 머 리 말

지적재산권과 관련된 국제소송에서는, 국내소송과는 달리 다양한 국제사법 내지는 국제민사절차법상의 쟁점이 제기된다. 그 중 가장 먼저 제기되는 것이 국제지적재산권소송을 어느 국가의 법원에서 재판할 것인가라는 국제재판관할의 문제이다. 현재 국제재판관할에 관하여는 적용범위가 지역적으로 제한된 다자조약[1]과 나수의 양자조약이 있을 뿐이고, 전세계적으로 통용되는 국제재판관할규칙은 없다. 헤이그국제사법회의는 1992년 이래 "민사 및 상사의 국제재판관할과 외국재판에 관한 협약"(Convention on Jurisdiction and Foreign Judgments in Civil and Commercial Matters)을 채택하기 위하여 노력한 결과 1999년 10월 예비초안(Preliminary Draft)(이하 "1999년 초안"이라 한다)[2]을 작성하였고, 2001년 6월 개최된 제1차 외교회의 논의결과를

1) 1968년 당시 유럽공동체국가들간에 체결된 "민사 및 상사의 재판관할과 재판의 집행에 관한 협약"과 그에 대한 병행협약인 루가노협약이 대표적인 예이다. 브뤼셀협약은 2002년 3월 1일자로 유럽연합 이사회규정(Council Regulation)으로 전환되었는데 이것이 '브뤼셀규정'이다. 브뤼셀규정에 관하여는 석광현, "민사 및 상사사건의 재판관할과 재판의 집행에 관한 유럽연합규정(브뤼셀규정) —브뤼셀협약과의 차이를 중심으로—," 국제사법과 국제소송 제3권(2004), 368면 이하 참조.

2) 이에 관하여는 석광현, "헤이그국제사법회의의 「민사 및 상사사건의 국제재판관할과 외국

반영하여 1999년 초안을 수정한 임시텍스트(이하 편의상 "2001년 초안"이라 한다)[3]를 작성하였으나, 유감스럽게도 이는 협약으로 채택되지 못하였다.[4] 또한 종래 세계지적재산권기구(WIPO)와 세계무역기구(WTO)는 지적재산권법을 통일하려고 노력한 결과 다수의 국제조약을 채택하였지만 아직까지 국제재판관할에 관한 통일규칙을 채택하지는 못하였으므로 이는 현재 각국의 국내법에 의해 규율된다.

여기에서는 국제지적재산권소송에서의 국제재판관할에 관한 한국법상의 해석론을 다루는데,[5] 특허권을 중심으로 논의하고 저작권의 특수성을 언급한

재판에 관한 협약」 예비초안," 국제사법과 국제소송 제2권(2001), 396면 이하 참조.

3) 이는 "Summary of the Outcome of the Discussion in Commission II of the First Part of the Diplomatic Conference 6-20 June 2001 Interim Text Prepared by the Permanent Bureau and the Co-reporters"를 말한다. 이에 관하여는 석광현, "헤이그국제사법회의의 「민사 및 상사사건의 국제재판관할과 외국재판에 관한 협약」 2001년 초안," 국제사법과 국제소송 제3권(2004), 429면 이하 참조.

4) 예비초안은 범위가 대폭 축소되어 2005. 6. 30. 전속적 국제재판관할합의에 근거한 국제재판관할과 그에 기초한 외국판결의 승인 및 집행만을 규율하는 "관할합의에 관한 협약(Convention on Choice of Court Agreements)으로 채택되었다. 동 협약의 소개는 석광현, "2005년 헤이그 재판관할합의협약의 소개," 국제사법 제11호(2005), 192면 이하 참조.

5) 저자가 와세다대학교에서 발표할 당시 1999년 초안, Dreyfuss 교수와 Ginsburg 교수가 작성하여 2001년 1월 말 제네바에서 개최된 WIPO Forum on Private International Law and Intellectual Property에서 발표한 초안(Draft Convention on Jurisdiction and Recognition of Judgments in Intellectual Property Matters)(이하 "D/G 초안"이라 한다)과, Annette Kur 교수를 중심으로 한 뮌헨의 막스플랑크 지적재산권·경쟁법연구소의 작업반이 2003년 1월 제시한 국제협약초안(International Convention on Jurisdiction and Enforcement—Proposed Alternative Draft for Provisions on Proceedings Involving I.P. Rights)(이미 "MPI 초안"이라 한다)에 대하여는 별도의 발표가 있었으므로 저자의 발표는 범위가 제한적이었다. 여기에서는 범위를 다소 확대하였지만 기본적으로는 우리 법의 논의이다. D/G 초안의 수정문언은 http://www.kentlaw.edu/depts/ip.PDF/를 참조. 후자의 연장선상에 있는 것이 미국법률협회(The American Law Institute, ALI)의 프로젝트인데 그에 관하여는 Rochelle C. Dreyfuss and Jane C. Ginsburg, "Principle Governing Jurisdiction, Choice of Law, and Judgments in Transnational Disputes," CRI 2003, p. 33 이하 참조. 수정된 D/G 초안은 http://www.kentlaw.edu/depts/ip.PDF/에서 볼 수 있다. D/G 초안을 소개한 국내자료로는 이성호, "사이버 지적재산권 분쟁의 국제재판관할과 준거법," 국제사법연구 제8호(2003), 231면 이하 참조. 그 후의 문헌으로는 Rochelle Dreyfuss, "The ALI Principles on Transnational Intellectual Property Disputes: Why Invite Conflicts?," 30 Brook. J. Int'l L. 819 (2005)를 참조. 수정된 D/G 초안을 다시 수정한 Preliminary Draft No. 2는 Basedow/Drexl/Kur/Metzger (eds.), Intellectual Property in the Conflict of Laws (2005), p. 229 이하 Annex 2를 참조. MPI 초안의 텍스트는 http://www.intellecprop.mpg.de/Enhanced/Deutsch/Arbeitsgruppen/int__zustaen__haag-projekt/dhcalternativedraft5amended.htm을 참조. D/G 초안은 지적재산권을 위한 독립한 협약이나, MPI 초안은 독립한 협약이 아니라 1999년 초안의 체제를 전제로 한다. 1999년 초안은 지적재산권에 관하여 별도의 조항을 두지 않고

다. 구체적으로 국제적인 특허권관련소송의 유형(Ⅱ.), 국제재판관할의 결정에 관한 한국법상의 일반원칙(Ⅲ.), 특허권의 유효성에 관한 소송(Ⅳ.), 특허권의 침해에 관한 소송(Ⅴ.)을 차례로 논의하고, 마지막으로 지적재산권침해소송에서의 국제재판관할과 관련된 개별적인 쟁점들을 검토한다(Ⅵ.).[6] 아래에서 소개하는 하급심판결을 제외하고는 국제지적재산권소송에서의 국제재판관할을 정면으로 다룬 한국 법원의 판결은 아직 보지 못하였고, 이 분야에 관한 저자의 연구가 부족하므로 보다 깊이 있는 논의는 후일로 미룬다. 인터넷상의 지적재산권침해에 관하여도 아래에서 간단히 언급하기는 하지만, 그에 대한 체계적인 논의도 다음 기회로 미룬다.

Ⅱ. 國際的인 特許權關聯訴訟의 類型

특허권과 관련된 국제소송의 유형은 다음과 같이 구분할 수 있다.[7]

(1) 특허권의 취소 또는 무효확인 등과 같이 특허권 자체의 유효성 또는 존부에 관한 소송(Gültigkeitsklage, Bestandsklage)("특허권유효성소송" 또는 "특허권존부소송")

(2) 특허권의 침해를 이유로 하는 손해배상 또는 침해금지 등을 구하는 소송(Verletzungsklage)("특허권침해소송")

(3) 예컨대 특허권의 사용허락에 관한 라이센스계약과 같이 특허권과 관련된 국제계약에 관한 소송("특허권계약소송")

위 (3)의 유형에 속하는 소송은 국제계약에 관한 소송으로 통상적인 국제계약에 관한 소송에 적용되는 법리에 따른다. 그러므로 여기에서는 이는 생략하고 (1)과 (2)의 유형에 대해서만 논의한다.

불법행위에 관한 제10조와 전속관할에 관한 제12조에서 규율하는 데 반하여, MPI 초안은 지적재산권에 관하여 별도로 제12a조를 두는 점에 특색이 있다. MPI 초안과 ALI 초안의 비교는 말미의 補論을 참조.

6) 아래 Ⅴ.까지의 논의는 대체로 석광현, "국제적인 지적재산권 분쟁 해결의 문제점 — 국제사법적 논점에 관한 시론—," 국제사법과 국제소송 제2권(2001), 552면 이하에 발표한 바이고, 새로운 것은 Ⅵ.에서의 논의이다.

7) 그러나 MPI 초안(제7항)은 지적재산권의 최초귀속자(또는 최초권리자 및 양도가능성)의 결정에 관한 법리의 상이로부터 발생하는 문제를 해결하기 위하여 지적재산권의 최초귀속자(또는 최초권리자 및 양도가능성)에 관한 소송을 특별히 취급하여 그 경우 소송절차의 중지가능성을 규정한다.

Ⅲ. 國際裁判管轄의 決定에 관한 韓國法上의 一般原則 — 改正 國際私法

과거 한국의 섭외사법은 국제재판관할에 관하여 아무런 규정을 두지 않았고, 민사소송법도 마찬가지였다.[8] 국제재판관할의 배분에 관한 학설로는 역추지설, 관할배분설과 수정역추지설 등이 있었으나, 대법원 판결은 원칙적으로 「국제재판관할규칙 = 토지관할규정」이라고 보되, 그 결과 구체적인 사건에서 국제재판관할을 인정하는 것이 조리에 반한다는 특별한 사정이 있는 때에는 국제재판관할을 부정할 수 있다고 보았다.[9] 그에 의하면 한국 법원에서의 국제재판관할에 관한 다툼은 민사소송법의 토지관할규정의 해석과, 구체적인 사건에서의 특별한 사정의 유무에 따라 좌우되었다. 그러나 2001. 7. 1.자로 개정된 국제사법은 국제재판관할에 관한 원칙의 정립이 국제사법의 과제임을 선언하고(제1조) 국제재판관할의 결정에 관한 총칙규정을 두고 있는데 그 내용은 아래와 같다(제2조).[10]

8) 과거 민사소송법은 국제재판관할이라는 용어를 아예 사용하지 않았고, 재판권과 국제재판관할의 개념을 명확히 구분하지 않은 채 국제재판관할을 사용해야 할 곳(구 민사소송법 제203조 제1호)에서 '재판권'이라는 용어를 사용하였으나 2002. 7. 1.자로 개정된 민사소송법(제217조 제1호)은 국제사법의 영향을 받아 국제재판관할이라는 용어를 처음으로 사용하기에 이르렀다. 석광현, 2001년 개정 국제사법 해설 제2판(2003), 448면.

9) 예컨대 대법원 1995. 11. 21. 선고 93다39607 판결; 대법원 2000. 6. 9. 선고 98다35037 판결들은 다음과 같은 취지로 판시하였다(번호는 저자가 추가). ① 섭외사건의 국제재판관할에 관해 조약이나 일반적으로 승인된 국제법상의 원칙이 아직 확립되어 있지 않고 우리의 성문법규도 없다. ② 따라서 섭외사건에 관한 법원의 국제재판관할 유무는 결국 당사자간의 공평, 재판의 적정, 신속이라는 기본이념에 따라 조리에 의해 결정함이 상당하다. ③ 이 경우 민사소송법의 토지관할규정 또한 위 기본이념에 따라 제정된 것이므로 위 규정에 의한 재판적이 한국에 있을 때에는 한국 법원에 국제재판관할이 있다고 봄이 상당하다. ④ 다만 그에 따라 국제재판관할을 긍정하는 것이 조리에 반한다는 특별한 사정이 있는 경우에는 한국 법원은 국제재판관할이 없다.

10) 조문은 다음과 같다.
제2조(국제재판관할) ① 법원은 당사자 또는 분쟁이 된 사안이 대한민국과 실질적 관련이 있는 경우에 국제재판관할권을 가진다. 이 경우 법원은 실질적 관련의 유무를 판단함에 있어 국제재판관할 배분의 이념에 부합하는 합리적인 원칙에 따라야 한다. ② 법원은 국내법의 관할 규정을 참작하여 국제재판관할권의 유무를 판단하되, 제1항의 규정의 취지에 비추어 국제재판관할의 특수성을 충분히 고려하여야 한다.

1. 실질적 관련원칙의 도입

분쟁이 된 사안 또는 당사자가 법정지인 한국과 '실질적 관련'을 가지는 경우 한국 법원은 국제재판관할권을 가지는데, 실질적 관련의 유무는 국제재판관할 배분의 이념과 합리적인 원칙에 따라 결정해야 한다(제2조 제1항). 실질적 관련이라 함은 한국 법원이 재판관할권을 행사하는 것을 정당화할 수 있을 정도로 당사자 또는 분쟁대상이 한국과 관련성이 있음을 의미하며, 그의 유무는 법원이 개별 사건마다 종합적인 사정을 고려하여 판단한다. 과거 대법원판결은 '당사자간의 공평, 재판의 적정, 신속'을 국제재판관할 배분의 이념으로 들었으나, 국제사법은 이를 명시하지 않은 채 단순히 '국제재판관할 배분의 이념'이라 하고, 다만 합리성의 원칙을 추가하였다. 실질적 관련원칙은 국제재판관할을 결정하는 궁극적인 잣대로서 기능하는 탄력적인 개념이다.

2. 국내법의 관할규정의 참작과 국제재판관할의 특수성의 고려

구체적인 사건에서 국제재판관할의 유무를 판단함에 있어서는 법원은 국내법의 관할규정을 참작하여야 하되, 제1항의 규정의 취지에 비추어 국제재판관할의 특수성을 충분히 고려하여야 한다(제2조 제2항). 따라서 피고의 주소, 법인의 주된 사무소, 불법행위지 기타 민사소송법상의 재판적이 한국에 있는 경우 일응 한국의 국제재판관할을 인정할 수 있을 것이지만, 재판적에 관한 규정은 국내적 관점에서 제정된 것이므로 국제재판관할의 특수성을 고려하여야 한다. 즉 국제사법(제2조 제2항)은 국내법의 관할규정을 참작하되 그에 얽매이지 말고 국제재판관할의 특수성을 충분히 고려함으로써 정치한 국제재판관할규칙을 정립할 것을 요구하는 것이다. 다만 국제사법은 총칙적인 규정만을 두고 있으므로 종래 판례가 발전시켜 온 국제재판관할의 법리, 특히 토지관할규정을 기초로 국제재판관할규칙을 정립하려는 접근방법은 상당 부분 유지될 수 있다. 그러나 법원은 종전과 같이 일단 「국제재판관할규칙 = 토지관할규정」이라고 전제하고 그 결론이 부당한 경우 특별한 사정을 근거로 국제재판관할을 부인할 것이 아니라, 국내법의 관할규정을 참작하되 국제재판관할의 특수성을 함께 고려하여 올바른 정치한 국제재판관할규칙을 정립해야 한다. 구체적으로 모든 토지관할규정에 대해 동등한 가치를 부여할 것이 아니라, 토지관할규정들을 ① 그대로 국제재판관할규칙으로 사용할 수 있는 것, ② 국제적인 고려에 의해 수정함으로써 비로소 국제재판관할규칙으로 사용할 수 있는 것과 ③ 국제재판관할규칙으로는 적절치 않아 아예 배제되어야 하는 것으로 구분해야 한다. 따라서 올바른 국제재판관할규칙을 정립하기 위해서는 특정 토지관할규정이 어느 유형에 속하는지를 판단하고, ②에 속하는 토지관할규정을 어떻게 수정할 것인가가 앞으로의 중요한 과제이다. 나아가 ④ 토지관할규정이 망라적인 것은 아니므로 그 밖에도 국제재판관할의 근거가 될 수 있는 사정의 유무와, 만일 이를 인정한다면 그 내용에 대한 검토가 필요하다.

Ⅳ. 特許權有效性訴訟의 國際裁判管轄

1. 문제의 제기

특허권유효성소송에 관한 국제재판관할은 채권이나 물권과 같은 재산권에 관한 소송과는 다른 문제를 제기한다. 이는 특허권이 등록국의 법에 따라 등록을 함으로써 발생하는 권리라는 특성에서 비롯된 것이다. 예컨대 한국법상 특허권은 설정등록에 의하여 발생하는데(특허법 제87조), 특허권의 설정등록은 특허청에 있는 특허등록원부에 기재됨과 동시에 효력이 발생한다. 한편 이해관계인 또는 심사관은 특허가 특허법 제29조의 특허요건을 구비하지 못하거나 기타 일정한 사유가 있는 때에는 특허청장 소속하의 특허심판원에 특허무효심판을 청구할 수 있다(제133조, 제132조의2). 심판관은 심결로써 심판을 종결하며(제162조), 심결에 불복이 있는 당사자는 특허청장을 피고로 하여 특허법원에 심결에 대한 소를 제기할 수 있는데, 특허법원의 관할은 전속관할이다(제186조 제1항, 제187조). 따라서 특허의 무효를 주장하기 위해서는 당사자는 통상법원에 소를 제기할 수 없고, 우선 특허심판원에 무효심판청구를 한 뒤 특허법원에 소를 제기해야 한다. 영미법계 국가에서는 법원이 특허권의 무효 여부를 판단할 수 있는 것과 달리, 우리 나라는 독일과 일본의 전통적인 접근방법에 따라, 특허무효심판제도를 두어 특허청과 법원간의 권한분배의 원칙을 채택하였다. 이처럼 특허권의 무효를 주장하기 위해 민사소송 및 행정소송과 구별되는 특허심판제도와 특허법원을 두는 점에 우리 법제의 특색이 있다.

2. 한국법상의 해석론

가. 학 설

우리 학설은 대체로 특허권, 상표권 등 산업재산권의 부여, 등록, 유효성 및 범위에 관한 분쟁에 대해서는 등록이 청구된 국가 또는 등록국(또는 공부를 관리하는 국가)이 전속적 국제재판관할을 가진다고 본다. 다만 그 근거에 관하여는 견해가 나뉜다.

첫째 견해는 위에서 언급한 특허법의 조문, 즉 특허심판원의 심결에 대한 소송에 관하여 특허법원이 전속관할을 가진다는 조문으로부터 특허권유효성소송에 대한 등록국의 전속적 국제재판관할을 도출한다.[11] 둘째 견해는 특허권과 같은 지적재산권은 등록국법에 의하여 발생하는 권리로서 권리를 부여한 당해 국가에서만 효력을 가진다고 하는 속지주의적 성격을 근거로 제시하거나,[12] 법원은 다른 국가의 특허권 부여행위에 대해 간섭하거나, 그 행위의 유효성에 대해 판단할 수 없음을 근거로 든다.[13]

나. 사 견

위에서 본 바와 같이 국제사법에 따르면, 분쟁이 된 사안 또는 당사자가 법정지인 한국과 '실질적 관련'을 가지는 경우 한국 법원이 국제재판관할권을 가지고, 실질적 관련의 유무는 국제재판관할 배분의 이념과 합리적인 원칙에 따라 결정해야 한다.

---

11) 유영일, "국제재판관할의 실무운영에 관한 소고—개정 국제사법과 헤이그신협약의 논의를 중심으로—," 법조 통권 555호(2002. 12.), 194면; 최성준, "국제적인 도메인이름 분쟁의 해결," 국제사법연구 제8호(2003), 342면.

12) 이인재, "국제적 관할합의," 사법논집 20집(1989), 641면; 김주상, "외국판결의 승인과 집행," 사법논집 제6집(1975), 486면.

13) 최공웅, 국제소송(1994), 638면은 특허권의 속지성뿐 아니라 특허는 국가의 행정행위에 의하여 부여되는 것이므로 다른 나라의 법원에서 그 무효 여부를 판단할 수 없다고 한다. 이는 이른바 '국가행위이론'(act of state doctrine)과 유사하다.

그런데 민사소송법(제21조)은 "등기·등록에 관한 소를 제기하는 경우에는 등기 또는 등록할 공공기관이 있는 곳의 법원에 제기할 수 있다"고 규정하는바, '등기·등록에 관한 소'에는 특허권 등 공업소유권의 이전, 변경, 소멸 등에 필요한 등록에 관한 소가 포함되는 것으로 해석된다.[14] 그러나 동조는 '등기·등록에 관한 소'만을 언급하고 특허권의 유효성과 존부에 관한 소송은 언급하지 않으므로[15] 그로부터 위 학설의 결론이 도출되는 것은 아니다. 또한 우리 나라는 특허유효성소송을 통상법원이 아니라 특허심판원·특허법원이 관할하도록 하고 있지만, 이러한 職分(職務)管轄의 배분은 한국 내의 사법정책의 문제이고 국제재판관할의 배분과는 직접 관련이 없다. 따라서 위 첫째 견해는 적절하지 않고, 나아가 대법원판례에 의하여 발전된 「국제재판관할규칙 = 토지관할규정」식의 이론구성이나 국제사법 제2조 제2항은 여기에서는 별로 도움이 되지 않는다. 그러나 이 경우에도 판례의 1, 2단계와 국제사법 제2조 제1항은 타당하다.

생각건대 특허권유효성소송에서 특허권 등록국에 전속적 국제재판관할을 인정하는 근거는 특허권의 속지성, 특허권의 부여가 국가주권의 발현이라는 점과, 등록국이 사안과의 근접성으로 인하여 등록국법원이 특허권의 유효성에 관하여 가장 적절히 판단할 수 있다는 점에서 찾을 수 있다.[16] 우리 국내법상으로는 특허권유효성소송은 민사소송이 아니라 공법상의 소송이라는 점도 고려할 필요가 있다.

특허권의 등록국에 전속적 국제재판관할을 인정하는 것은 국제적으로도 널리 인정되는데,[17] 브뤼셀협약과 루가노협약(제16조 제4호)은 이를 명시한다.[18] 여기의 특허권의 유효성에 관한 소송에는 특허권의 등록, 무효, 취소 및 존부에 관한 소송도 포함되나 그 범위는 좀더 검토할 필요가 있다.[19]

---

14) 김상원·박우동·이시윤·이재성(편집대표), 주석민사소송법(Ⅰ)(박우동 집필부분)(1997), 149면.

15) 물론 이를 넓게 해석할 것이라는 견해도 주장될 수는 있다.

16) Jan Kropholler, Europäisches Zivilprozeßrecht: Kommentar zu EuGVO und Lugano-Übereinkommen und Europäischem Vollstreckungstitel, 8. Auflage (2005), Art. 22 Rz. 43; James J. Fawcett/Paul Torremans, Intellectual Property and Private International Law (1998), pp. 15-16 참조.

17) 물론 반대설도 있다. 예컨대 Haimo Schack, Internationales Zivilverfahrensrecht, 3. Auflage (2002), Rn. 509.

18) 이 점은 브뤼셀규정(제22조 제4호)도 동일하다.

19) 예컨대 특허권이 누구에게 귀속되는가의 문제는 이에 포함되지 않는다. 브뤼셀규정에 관

3. 국제재판관할합의

이처럼 특허권유효성소송에 대하여는 특허권의 등록국이 전속적 국제재판관할을 가지므로 그에 반하는 당사자들간의 국제재판관할합의는 허용되지 않으며 하더라도 무효이다.[20]

4. 저작권의 특수성

등록과 같은 국가행위에 의하여 발생하는 산업재산권인 특허권 또는 상표권과는 달리 저작권은 저작물의 창작에 의하여 법률상 발생하는 권리라는 점에 특색이 있다. 따라서 저작권의 유효성 또는 존부에 관한 분쟁에 대하여는 등록국의 전속적인 국제재판관할을 인정할 여지는 없다. 나아가 저작권의 경우 본원국(country of origin. "본국"이라고도 한다)[21]의 전속적 국제재판관할을 인정할 것도 아니다. 국내법상으로도 저작권유효성소송에 대해서는 특허권의 경우와 달리 특허심판원·특허법원이 아니라 통상법원이 관할을 가진다.

Ⅴ. 特許權侵害訴訟의 國際裁判管轄

1. 문제의 제기

특허권침해소송에는 첫째 특허권침해 여부만이 다투어지는 경우와, 둘째 소송의 과정에서 특허권의 존부가 선결문제로 다투어지는 경우가 있을 수 있다. 후자의 경우 즉 특허권침해소송에서 피고가 특허권의 무효의 항변을 제출함으로써 특허권의 존부가 선결문제로 다투어지는 경우 침해소송에 대해 국제재판관할을 가지는 법원이 특허권의 존부에 대해 판단할 수 있는가라는

한 Kropholler(註 16), Art. 22 Rz. 48 참조.

20) Girsberger/Heini/Keller/Kostkiewicz/Siehr/Vischer/Volken, Zürcher Kommentar zum IPRG 2. Auflage (2004), Art. 109 Rz. 17도 동지. 그러나 손경한, "지적재산침해소송의 국제재판관할," 국제사법연구 제8호(2003), 520면은 관할합의를 허용하면서 합의된 법원의 판결은 당사자간의 효력만을 가진다고 한다.

21) 저작물의 본국은 창작 당시 저작자의 국적 또는 저작물이 최초로 발행된 나라를 기준으로 정해진다. 문학적·예술적 저작물의 보호를 위한 베른협약(제5조 제4항) 참조.

까다로운 문제가 제기된다. 실무상으로는 이처럼 상대방의 특허권의 유효성을 다투는 경우가 많을 것이다. 특허권의 라이센스계약의 이행을 구하는 소송에서 유효한 특허권의 존재가 선결문제로 다투어지는 경우에도 유사한 문제가 제기된다.

우선 국내사건의 경우를 보자. 예컨대 특허법상 특허의 무효사유가 존재하여 특허가 부여될 수 없음에도 불구하고 부여된 경우에도, 특허권은 특허심판원의 무효심결에 의해 무효가 되기 전에는 유효한 것으로 취급된다. 따라서 특허권침해소송을 심리하는 법원으로서는 스스로 특허권의 무효를 선언할 수 없다.[22] 한국은 특허청과 법원간에 권한을 분배하였기 때문이다. 또한 특허권의 부여는 행정행위로서 공정력을 가지므로 상대방과 제3자는 그에 구속될 수밖에 없고 따라서 침해소송에서 법원도 특허권을 유효한 것으로 취급해야 한다.[23] 그러나 행정행위가 당연무효인 경우에는 민사소송을 심리하는 법원도 선결문제인 행정처분이 당연무효임을 판단할 수 있으므로, 특허권의 경우에도 당연무효의 개념을 인정함이 논리적일 것이나, 특허권의 경우는 행정행위의 당연무효의 법리가 그대로 적용되는 것은 아니라는 것으로 보인다.[24] 다만, 권리범위확인의 경우, 분쟁해결의 불합리한 지연을 피하기 위해 대법원은 신규성이 결여된 특허의 경우 법원이 비교적 용이하게 판단할 수 있다는 이유로 특허무효의 심결이 확정되기 전이라도 권리범위를 인정할 수 없다고 판시하였다.[25] 따라서 법원의 태도는, 침해소송에서 통상 법원이 특허권이 무효라고 판단하는 것은 허용되지 않는다는 명제를 견지하면서도, 무효사유가 있는 경우에는 어떠한 이유로든지 결론적으로 침해를 인정하지 않으려는 것이라고 한다.[26] 위 전원합의체판결은 권리범위확인에 관한 것이나,

22) 그러나 법원이 특허권에 관한 심결이 확정될 때까지 반드시 절차를 중지하지는 않는 것으로 보인다.

23) 최성준, "특허침해소송과 특허무효," 인권과 정의 통권 제279호(1999. 11.), 58면 이하.

24) 대법원 1992. 6. 2. 자 91마540 결정은, 특허법은 일정한 사유가 있는 경우에 별도로 마련한 특허의 무효심판절차를 거쳐 특허를 무효로 할 수 있도록 규정하므로 특허는 일단 등록되면 특허를 무효로 한다는 심결이 확정되지 않은 이상 유효하며, 법원은 무효사유가 있더라도 특허침해소송과 같은 다른 소송절차에서 그 전제로서 특허가 당연무효라고 판단할 수 없다고 하였다. 다수설도 이를 지지한다. 최성준(註 23), 64-65면.

25) 대법원 1983. 7. 26. 선고 81후56 전원합의체판결 등. 그러나 대법원 1992. 6. 2.자 91마540 결정은 진보성이 결여된 경우에는 신규성이 없는 경우와는 달리 위 전원합의체판결의 취지가 적용되지 않는다고 판시하였다.

26) 최성준(註 23), 58면.

특허침해소송의 경우에도 동일한 법리가 적용되어야 할 것인데, 위 판결에 의해 특허침해소송의 경우 특허무효의 심판이 없더라도 사실상 특허무효의 항변을 인정하게 된 것으로 평가되었다.[27]

그런데 대법원 2004. 10. 28. 선고 2000다69194 판결은 권리남용이론을 도입하여 사실상 특허무효의 항변을 인정하기에 이르렀다. 즉 대법원은 특허의 무효심결이 확정되기 이전이라고 하더라도 특허권침해소송을 심리하는 법원은 특허에 무효사유가 있는 것이 명백한지 여부에 대하여 판단할 수 있고, 심리한 결과 당해 특허에 무효사유가 있는 것이 분명한 때에는 그 특허권에 기초한 금지와 손해배상 등의 청구는 특별한 사정이 없는 한 권리남용에 해당하여 허용되지 아니한다고 판시하였다.[28] 이는 일본 最高裁判所의 2000. 4. 11. 제3소법정 판결(이른바 キルビ 사건)[29]을 따른 것으로 보인다.

2. 한국법상의 해석론

여기에서도 첫째 특허권침해 여부만이 다투어지는 경우와, 둘째 소송의 과정에서 특허권의 존부가 선결문제로 다투어지는 경우를 나누어 본다.

가. 특허권침해 여부만이 다투어지는 경우

특허권침해소송에 대하여 등록국의 전속관할을 인정하는 국가[30]도 있지만, 우리 법상으로는 특허권침해소송의 국제재판관할에 대하여는 통상의 불법행위에 관한 논의가 타당하고, 등록국의 전속관할을 인정할 것은 아니다.[31]

---

27) 박성호, "지적재산권법 판례 20선," 인권과 정의 통권 제291호(2000. 11.), 11면.

28) 소개는 강기중, "특허침해소송의 구조와 판례동향," 인권과 정의 통권 제342호(2005. 2.), 51-52면 참조. 평석은 최성준, "무효사유가 있는 것이 명백한 특허권의 행사가 권리남용에 해당하는지 여부," 지적재산권 8호(2005. 7.), 58면 이하 참조. 그러나 최근 하나의 특허의 신규성과 진보성의 유·무를 두고 특허법원과 서울고등법원이 반대의 판결을 선고한 것을 계기로 위 대법원판결이 과연 종전의 판례를 변경한 것으로 볼 수 있는지가 논란의 대상이 되었다. 법률신문 제3506호(2006. 11. 16.), 3면 참조.

29) 最高裁判所 민사판례집 54권 4호, 1368면; 中山信弘·相澤英孝·大淵哲也(편)/비교특허판례연구회(역), 특허판례백선(제3판)(2005), 505면 이하; 최성준(註 28), 65-66면 참조.

30) 예컨대 영국에서는 지적재산권을 부동산처럼 취급하므로—외국소재 부동산에 관하여 영국법원의 재판가능성을 부인한 이른바 *Mocambique rule*에 따라— 외국의 지적재산권침해에 대하여 영국법원의 국제재판관할을 부정하였다. Fawcett/Torremans(註 16), p. 281 *et seq.* 참조. 1999년 초안(제12조 제4호)도 괄호안에 이런 가능성을 인정한다.

31) 저자가 이런 견해를 취한 뒤(석광현(註 6), 558면) 우리 학설은 모두 동지다. 유영일(註

즉 등록국이 재판관할을 가지기 위하여는 그곳이 불법행위지(즉, 행동지 또는 결과발생지)여야 한다. 특허권침해소송의 경우 등록국의 재판관할에 관하여는, 첫째 등록국의 전속적 국제재판관할을 인정하는 견해, 둘째 불법행위지가 아니더라도 등록국이라는 이유로 비전속적 국제재판관할을 인정하는 견해와 셋째 등록국이라는 이유만으로는 재판관할을 인정하지 않고 그곳이 불법행위지인 경우에 한하여 재판관할을 인정하는 견해가 있을 수 있는데, 우리 법상으로는 셋째의 견해가 타당하다는 것이다. 따라서 국제사법에 의하면 불법행위의 특별재판적을 규정한 민사소송법(제16조)을 참작하여 국제재판관할 규칙을 도출할 수 있으므로 불법행위지가 소재하는 국가가 特別管轄을 가진다고 본다. 우리의 통설은 행동지와 결과발생지가 상이한 격지불법행위의 경우 불법행위지는 행동지와 결과발생지의 양자를 의미하므로, 원고는 그의 선택에 따라 어느 곳에서나 제소할 수 있다고 본다.[32)]

주의할 것은, 국제재판관할에는 特別管轄만이 아니라 一般管轄도 있으므로, 비록 불법행위지가 한국이 아니어서 한국이 特別管轄을 가지지는 않더라도 피고의 주소(또는 주된 사무소)가 한국에 있는 때에는 한국이 一般管轄을 가진다는 점이다. 이러한 결론은 아래(Ⅵ.1.)에서 논의하는 특허권의 속지주의에 반하는 것이 아니다.[33)]

---

11), 195면; 이성호(註 5), 260면; 최성준(註 11), 342면; 손경한(註 20), 523면. 그러나 MPI 초안은 헤이그초안의 체제를 따르면서도 지적재산권의 침해에 대하여 불법행위에 관한 제10조의 적용을 배제하고 지적재산권에 관하여 별도의 조문(제12a조)을 두고 있다. 이에 관하여는 우선 Annette Kur, "Principles Governing Jurisdiction, Choice of Law and Judgments in Transnational Disputes: A European Perspective," CRI (2003), p. 65 *et seq.* 참조.

32) 前註에 언급한 학설들 참조. 다만 통상의 불법행위관할규칙에 반대하는 견해가 있다. 즉, 손경한(註 20), 489면은 지적재산권침해를 불법행위 또는 지적재산권의 효력의 문제로 보는 대신, 지적재산권자와 침해자간에 어떤 의제적 법률관계가 형성된다고 보고, 당사자와 법정지와의 관련하에서 재판관할의 근거를 찾을 것이라고 한다. 이는 속지주의의 적용범위를 최소화하고 국제재판관할과 준거법의 결정에 있어서는 보편주의적 입장을 취하는 것이라고 한다. 그러나 이 견해가 말하는 '법률관계' 또는 '의제적 법률관계'의 취지가 무엇인지, 나아가 그로부터 성질결정을 거치지 아니하고 재판관할규칙(또는 준거법)을 도출하는 논리적인 과정을 이해하기 어렵다.

33) Jan Kropholler, Handbuch des Internationalen Zivilverfahrensrecht Band Ⅰ, Kapitel Ⅲ Internationale Zuständigkeit (1982), Kap. Ⅲ. Rz. 378.

나. 특허권침해소송에서 특허권의 존부가 선결문제로 다투어지는 경우

(1) 학 설

특허권침해소송에서 외국의 특허권의 존부가 선결문제로 다투어지는 경우에 관하여 저자는 다음 세 가지 견해가 가능할 것이라고 지적한 바 있다.[34] 즉 국제적인 특허권침해소송을 담당하는 한국 법원은 ① 특허권의 유효성에 대해 판단할 수 없다는 견해, ② 특허권의 유효성에 대해 스스로 판단하고 재판할 수 있다는 견해와 ③ 원칙적으로는 판단할 수 없으나, 신규성이 없는 경우에는 예외적으로 판단할 수 있다는 것이 그것이다. 저자는 논리적으로는 ②설이 가장 설득력이 있고, 적어도 ③설이 대법원판결과 일관성이 있다는 견해를 피력하였던바 그 후 아래에서 보듯이 ③설을 따르는 견해가 제시되었다. 상세는 다음과 같다.

① 한국 법원은 특허권의 유효성에 대해 판단할 수 없다는 견해 이는 특허권의 유효성에 대해서는 외국 법원이 전속적 국제재판관할을 가지므로 특허침해소송을 심리하는 한국 법원은 특허권의 유효성에 대하여는 판단할 수 없다고 본다. 분명하지는 않으나 그 경우 한국 법원으로서는 외국 법원의 판단이 있을 때까지 소송절차를 중지하거나, 만일 소송절차의 중지가 불가능하다면 소를 각하하거나 청구를 기각해야 한다고 볼 것이다.[35]

② 한국 법원은 특허권의 유효성에 대해 판단하고 특허침해 여부에 대해 판결을 선고할 수 있다는 견해 이는 특허권의 유효성에 대해서는 외국 법원이 전속관할을 가지는 것은 사실이나, 그것이 본문제가 아니라 선결문제인 때에는 한국 법원은 특허권의 유효성에 대해서도 판단할 수 있다고 본다.

---

34) 석광현(註 6), 562면 이하 참조.

35) 정상조, "정보산업기술의 발전에 따른 저작인접권의 재조명," 서울대학교 법학 37권 1호(100호)(1996. 5.), 234면은 특허권의 무효 여부가 다투어지는 경우 국제재판관할을 행사하기는 곤란하다는 취지로 보인다. 최공웅(註 13), 638면은 원칙적으로 이런 견해이나, 무효심판제도가 있는 국가(미국, 프랑스)의 특허권침해의 항변에 대하여는 법원이 판단할 수 있다는 취지로 보인다. 브뤼셀협약의 해석에 관하여 유럽법원은 2006. 7. 13. *Gesellschaft für Antriebstechnik mbH & Co. v. KG Lamellen und Kupplungsbau Beteiligungs KG* 사건 판결(C-4/03)에서, 특허의 등록과 유효성에 관한 쟁송에 대하여는 그러한 쟁점이 소송으로 또는 항변으로 주장되는가에 관계없이 제16조 제4호에 정한 법원이 전속관할을 가진다는 취지로 판시하였다. 이러한 결론은 의외인데 앞으로 많은 논란이 있을 것으로 예상된다.

③ 한국 법원은 특허권의 유효성에 대해 원칙적으로 판단할 수 없으나, 신규성이 없는 경우에는 예외적으로 판단할 수 있다는 견해[36] 이는 위에서 본 바와 같이, 특허권침해소송을 심리하는 법원은 특허의 무효를 판단할 수 없으므로 원칙적으로 ①이 타당하지만 신규성이 결여된 예외적인 경우에는 ②와 마찬가지로 특허권의 유효성에 대해 스스로 판단하고 판결을 선고할 수 있다는 견해인데, 이는 국내사건에서의 권한분배에 관한 대법원판결의 태도를 국제재판관할에 원용한 견해이다. 이에 따르면 국내사건에서 통상 법원이 특허권의 유효성에 대해 직접 판단할 수 있는 사유가 확장되면 국제재판관할의 맥락에서도 그 범위가 확장될 것이다.

물론 ②와 ③의 경우 특허권의 유효성에 대한 한국 법원의 판단은 당사자간에만(*inter partes*) 효력을 가질 뿐이고 대세적 효력은 없다.

(2) 민사소송법 제24조의 의미

2002. 7. 1.자로 개정된 민사소송법 제24조는 지적재산권 등에 관한 특별재판적에 관한 조문을 신설하였다. 즉 제24조는 "지적재산권과 국제거래에 관한 소를 제기하는 경우에는 제2조 내지 제23조의 규정에 따른 관할법원 소재지를 관할하는 고등법원이 있는 곳의 지방법원에 제기할 수 있다"고 규정한다.[37] 위 조항은 지적재산권과 국제거래에 관한 사건의 경우 서울지방법원 등에 전문재판부를 설치하였음을 고려하여, 전문적이거나 기술적인 요소가 강한 사건에 대해 서울지방법원, 또는 기타 고등법원 소재지의 지방법원의 토지관할을 인정하고 재량에 의한 이송의 요건을 완화하여 가능한 한 위 지방법원에 사건을 집중함으로써 전문재판부제도의 효용을 높이기 위한 것이다.[38] 그렇다면 제24조는 국내 지방법원간의 토지관할의 배분에 관한 조항이다. 따라서 제24조는 우선 국내소송의 경우 서울지방법원, 또는 기타 고등법원 소재지의 지방법원의 토지관할을 인정하기 위한 것이고, 또한 국제소송의 경우 한국에 국제재판관할이 있는 때에 토지관할의 배분을 정한 것이다. 즉 제24조는 국내 지방법원간의 토지관할의 배분에 관한 조항이고 국제재판관할

---

36) 유영일(註 11), 196면; 손경한(註 20), 525면. 그러나 후자는 신규성, 진보성을 가리지 않고 특허권이 무효임이 명백한 경우에는 판단할 수 있다고 하여 범위를 좀더 확대한다.

37) 나아가 제36조 제1항은 "법원은 지적재산권과 국제거래에 관한 소가 제기된 경우 직권 또는 당사자의 신청에 따른 결정으로 그 소송의 전부 또는 일부를 제24조의 규정에 따른 관할법원에 이송할 수 있다. 다만 이로 인하여 소송절차를 현저하게 지연시키는 경우에는 그러하지 아니하다"고 규정한다.

38) 법원행정처, 민사소송법 개정내용 해설(2002), 15면.

에는 영향을 미치지 않는다고 본다.

(3) 사 견[39]

생각건대 특허권침해소송에서 특허권의 존부가 선결문제로 다투어지는 경우 국제재판관할의 맥락에서는 국내소송과는 달리 볼 여지가 있다. 즉, 국내소송의 경우에는 특허심판원·특허법원과 통상법원간의 職分(職務)管轄의 배분, 행정행위의 공정력 등 현행법의 체계상 부득이한 면이 있다고 하더라도, 국제소송의 경우는 외국 행정기관의 행위에 대해 공정력이 인정되는 것도 아니고,[40] 한국의 특허심판원·특허법원과 통상법원간의 職分(職務)管轄의 분배가 개입할 여지도 없으므로 국내소송의 경우와 달리 볼 수 있다. 따라서 ②설이 타당하고, 가사 그에 반대하더라도 대법원 1983. 7. 26. 선고 81후56 전원합의체판결을 고려한다면 적어도 ③설이 논리적으로 일관성이 있다.

요컨대 특허권침해소송의 경우는 통상의 불법행위의 국제재판관할규칙에 따른다. 특허권침해소송에서 외국의 특허권의 유효성이 선결문제로 다투어지는 경우 침해소송에 대해 국제재판관할을 가지는 법원은 그에 대해 판단할 수 있다. 만일 이에 반대하더라도 적어도 한국의 국내사건에서 통상법원이 판단할 수 있는 범위 내(예컨대 신규성이 없는 경우)에서는 판단할 수 있다고 보아야 할 것이다. [* 저자는 과거 이렇게 썼으나, 위에 언급한 대법원 2004. 10. 28. 선고 2000다69194 판결에 따른다면 이제는 예컨대 특허권 침해소송에 대하여 우리 나라에 국제재판관할이 있다면 당해 특허권이 무효라는 항변이 선결문제로서 제기되는 경우 우리 법원은 무효항변의 적부를 판단할 수 있나. 따라서 이제 ③설은 의미를 거의 상실하였고 ②설이 더욱 설득력을 가지게 되었으나 위 판결에 대하여 논란이 있음은 위에서 본 바와 같다.]

3. 국제재판관할합의

특허권침해소송의 국제재판관할에 대하여는 원칙적으로 통상의 불법행위에 관한 논의가 타당하므로 당사자간의 국제재판관할합의가 허용되는 데는 별 의문이 없다.[41]

---

39) 이는 저자가 석광현(註 6), 563면 이하에서 제시한 견해이다.

40) 그러나 이른바 국가행위이론(act of state doctrine)에 따라 유사한 결론을 인정하려는 견해도 있다.

41) 다만 저작권 또는 저작인접권 이외의 지적재산권침해소송은 헤이그 관할합의협약의 적용

4. 저작권의 특수성

저작권의 경우 저작권유효성소송에 대해 특정 국가의 전속관할이 인정되지 않으므로 저작권침해소송을 심리하는 법원은 당연히 저작권의 유효성에 대해 판단할 수 있다. 따라서 저작권침해소송의 국제재판관할에 대하여는 원칙적으로 통상의 불법행위에 관한 논의가 타당하고 본원국의 전속적 국제재판관할을 인정할 것은 아니다.

Ⅵ. 知的財産權侵害訴訟에서의 國際裁判管轄과 관련된 개별적인 쟁점들

지적재산권침해소송에서의 국제재판관할규칙을 정립하기 위하여는 다음과 같은 개별적인 쟁점들을 정확히 이해할 필요가 있다.

1. 屬地主義

속지주의는 다의적인 개념이나,[42] 한국에서는 지적재산권의 속지주의는 "지적재산권의 성립·소멸과 그 내용은 그 지적재산권을 부여한 국가의 법률에 의하여서만 결정되고 그 효력도 부여국(예컨대 특허권의 등록국)의 영토주권이 미치는 범위 내에서만 인정된다는 원칙"이라고 설명한다.[43] 이에 의하면 어떤 권리자가 가지는 지적재산권은 '복수의 국내법에 따른 지적재산권들의 집합'이라고 할 수 있다(이른바 Kegel의 '다발이론'(Bündeltheorie)). 등록과 같은 국가행위에 의하여 발생하는 산업재산권과 달리 저작물의 창작에 의하여 법률상 발생하는 저작권의 경우 보편주의를 주장하는 견해도 있지

범위로부터 원칙적으로 배제된다. 동 협약 제2조 제2항 o)호.

42) Alexander Peinze, Internationales Urheberrecht in Deutschland und England (2002), S. 8-9는 속지주의의 실질법적 측면, 공간적 측면, 대인적 측면, 절차적 측면과 국제사법적 측면(외국저작권법의 적용배제) 등 다섯 가지 측면을 소개한다.

43) 서정우, "공업소유권의 국제적 보호와 국제사법," 재판자료 제33집, 섭외사건의 제문제[상](1986), 579면; 손경한(註 20), 491면; 최공웅(註 13), 625면. 이는 일본 最高裁判所 1997. 7. 1. 判決(民集51卷7号, 2299面)이 설시한 속지주의의 개념과 유사하다. 일본의 논의는 金彦叔, 知的財産權と國際私法(2006), 81면 이하 참조.

만 다수설은 속지주의가 타당하다고 본다.[44] 이러한 속지주의로 인하여 지적재산권에 관한 국제재판관할규칙, 준거법과 실질법은 서로 밀접한 관련을 가진다는 점[45]을 유념할 필요가 있다. 예컨대 준거법 결정에 관하여 보호국법주의를 취하는 것은 속지주의가 저촉법적 차원에서 발현된 결과라고 할 수 있다.

과거 독일에는 속지주의의 결과 지적재산권은 부여국에서만 소송상 주장될 수 있고, 따라서 침해소송에 대하여도 부여국 이외의 국가는 국제재판관할을 가질 수 없다는 견해도 있었다.[46] 그러나 속지주의는 지적재산권의 실질적 효력을 정하는 것이지 사법적 보호를 특정한 국가에 한정하는 취지는 아니다. 따라서 부여국이 아닌 피고의 주소지국의 一般管轄을 인정하거나, 부여국이 아닌 불법행위지에 特別管轄을 인정하는 것이 속지주의에 반하는 것은 아니다. 다만 아래에서 보는 바와 같이 속지주의의 결과, 관련 국제조약이 달리 정하지 않는 한 지적재산권은 부여국과 그 밖에 실제로 보호를 부여하는 국가—이는 아래에서 이야기하는 보호국(Schutzland, protecting country)과는 구별된다—에서만 침해될 수 있고,[47] 그 결과 행동지와 결과발생지가 원칙적으로 일치하게 된다.

2. 보호국관할의 불채택

위에서 본 바와 같이 종래 한국에서는 지적재산권침해소송에 관하여 불법행위지관할이 주장되고 있을 뿐이고 보호국관할은 주상되고 있지 않다. 참고로 스위스 국제사법(제109조 제1항)은 보호국관할(Schutzlandregel)을 규정함으로써 特別管轄에 관한 한 국제재판관할과 준거법의 병행(Gleichlauf)을 명시한다.[48] 여기에서 '보호국'(Schutzland, protecting country)이라 함

44) Eugen Ulmer, Intellectual Property Rights and the Conflict of Laws (1978), paras. 15-16; Peinze(註 42), S. 13.

45) Peinze(註 42), S. 107.

46) Peinze(註 42), S. 52f. 참조.

47) Staudinger/von Hoffmann (1998) Art. 38 EGBGB Rn. 593; Kropholler(註 33), Rz. 378. MünchKomm/Kreuzer, 3. Aufl. Band 10 (1998), Nach Art. 38 Anh. Ⅱ Rz. 26도 지적재산권의 속지주의로 인하여 침해는 보호국에서만 가능하므로 불법행위지와 보호지(locus protectionis)는 동일한 법을 지정한다고 한다.

48) 조문은 다음과 같다.

"(1) 무체재산권에 관한 소에 대하여는 피고의 주소지의 스위스의 법원이 관할을 가진다.

은 "그의 영토에 대하여 지적재산권의 보호가 청구되고 있는 국가"를 말한다.[49] 주의할 것은, 특허권침해의 경우 '보호가 청구되고 있는 국가'는 마치 그 곳에서 소를 제기함으로써 보호를 구하는 국가, 즉 법정지국처럼 들리지만 이는 법정지국이 아니라, 원고가 그곳에서 특허권을 가지고 있고 그 특허권이 침해되었다고 주장함으로써 그곳에서의 보호를 요구하는 국가를 말한다. 영어로 표현하면 법정지국은 "the state where protection is requested" 또는 "the state in which protection is requested"임에 반하여, 보호국은 "the state for which protection is requested"라고 할 수 있다. 이처럼 보호국은 원고의 주장에 의하여 결정되므로,[50] 보호국은 지적재산권의 부여국 또는 실제로 보호를 부여하는 국가와 반드시 일치하는 것은 아니다. 즉 '보호국'이라 함은 기본적으로 원고의 주장에 의하여 결정되는 것이지 실제로 법적인 '보호를 부여하는 국가'를 의미하는 것은 아니기 때문이다.[51] 예컨대 원고가 청구가 근거가 없는 경우에는 양자가 불일치할 수 있다. 마찬가지로 속지주의의 원칙상 특허권은 특허권의 부여국 또는 실제로 보호를 부여하는 국가에서만 침해될 수 있으므로 그 국가만이 실제의 침해지국이 될 수 있다.[52] 따라서 원고의 주장에 의하여 결정되는 보호국이 실제의 침해지국과 반드시 일치하는 것은 아니다. 그러나 국제재판관할을 판단하는 단계에서는 침해지국도 기본적으로는 원고의 주장을 기초로 판단할 것이므로[53] 원고의 주장에 의하여 결정되는 보호국과 원고의 주장에 따른 침해지국은 대체로 동일할 것이다.

그러한 것이 없는 때에는 보호가 청구되고 있는 곳의 스위스의 법원이 관할을 가진다. 외국에 있어서의 무체재산권의 유효성 또는 등록에 관한 소는 제외된다."

49) 이호정·정상조, "섭외지적재산권법 시론—지적재산권의 준거법—," 서울대학교 법학 제39권 1호(통권 106호)(1998. 5.), 653면; MünchKomm/Kreuzer(註 47), Nach Art. 38 Anh. Ⅱ Rn. 8.

50) 관할근거를 원고의 주장만에 의하여 판단할지에 관하여는 아래(Ⅵ. 9.)에서 보는 바와 같이 논란이 있다.

51) 따라서 "당해 지적재산권에 관하여 보호를 부여하는 국가의 법, 즉 보호국법"이라는 강영수, "國際 知的財産權侵害訴訟에 있어서 國際私法的 問題에 관한 硏究—屬地主義 原則의 限界 및 그 修正을 中心으로—," 서울대학교 대학원 박사학위논문(2005), 170면의 설명은 부적절하다. 강영수 부장판사도 다른 곳에서는 본문과 같이 설명한다.

52) Reinhold Geimer, Internationales Zivilprozeßrecht, 5. Aufl. (2005), Rz. 1519.

53) 관할근거를 원고의 주장만에 의하여 판단할지에 관하여는 아래(Ⅵ. 9.)에서 보듯이 논란이 있다.

3. 등록을 요하는 지적재산권침해의 경우 등록만에 근거한 재판관할 불인정

위에서 본 바와 같이 우리 법상 특허권침해소송의 국제재판관할에 대하여는 통상의 불법행위에 관한 논의가 타당하고, 등록국이라는 이유만으로 전속적 또는 비전속적 국제재판관할을 인정하지는 않는다.

4. 불법행위지의 장소결정(localisation)[54]

위에서 본 바와 같이 우리 디수설은 불법행위에 적용되는 국제재판관할 규칙을 지적재산권침해소송에도 적용하므로 행동지(Handlungsort)와 결과발생지(Erfolgsort 또는 Verletzungsort)가 상이한 격지불법행위의 경우 불법행위지는 양자를 포함하고, 원고는 그의 선택에 따라 어느 곳에서나 제소할 수 있다. 양자의 장소결정과 관련하여 다음의 논점을 검토할 필요가 있다.

가. 행 동 지

행동지는 구성요건에 해당하는, 외부적 효력을 가지는 실행행위가 행해진 곳이고, 대체로 불법행위시에 행위자가 있는 곳이다. 행동지의 판단은 결과발생지와 비교하면 상대적으로 용이하다. 아래에서 보듯이 지적재산권침해의 경우 결과발생지가 존재하지 않는다고 보는 견해는 행동지만이 불법행위관할의 근거가 된다고 한다. 주의할 것은, 속지주의는 행동지의 결정에 영향을 미친다는 점이다. 즉 특허권은 부여국에서만 효력을 가지므로 그 국가에서만 실제로 보호되고 침해될 수 있고 그 결과 관할의 근거가 되는 행동지는 부여국에서만 존재할 수 있다.[55] 예컨대 한국에서 특허권이 부여되지 않았다면 한국에서 일본의 특허권을 침해하는 행동(관할의 근거가 되는)은 있을 수 없다.[56] 여기에서의 행동은 불법행위를 구성하는 위법한 행동을 말하

54) 직역하자면 '지역화'라고 할 수 있다.

55) Schack(註 17), Rn. 306a. 그러나 Fawcett/Torremans(註 16), p. 164는 이러한 견해는 책임과 관할의 근거를 혼동한 것이라고 비판한다.

56) 섭외사법 제13조(일본의 법례 제11조와 유사)하에서는 불법행위가 되기 위하여는 불법행위지법만이 아니라, 법정지법인 한국법에 따라서도 불법행위가 성립하여야 한다. 이러한 절충주의와 관련하여 예컨대 한국인이 외국에서 외국의 특허권을 침해한 경우 당해 특허

기 때문이다.[57] 즉 권리자에게 한국에서 특허권이 부여되었다면 불법행위를 구성하는 행동이 되었을 것과 물리적·자연적으로는 동일한 행동이더라도 만일 한국에서 특허권이 부여되지 않았다면 그것은 여기에서 말하는 행동은 아니다. 그러나 이러한 원칙에 대하여 다음과 같은 예외가 인정될 수 있다.

첫째, 공동불법행위(교사·방조를 포함. 이하 동일)의 경우이다. 예컨대 한국의 A가 일본의 B와 공동불법행위를 하는 경우에는 한국에서 특허권이 부여되지 않았더라도 결과적으로 일본의 특허권을 침해하는 행동이 한국에서 행해질 수 있다.[58] 만일 A와 B의 행동지를 각각 결정할 경우 그렇게 될 것이나, 이와는 달리 A와 B의 행동지를 통일적으로 결정하면서 이를 일본이라고 볼 여지도 있다. 실제로 독일에서는 공동불법행위의 경우 행동지는 각각 결정해야 한다는 견해와 통일적으로 결정해야 한다는 견해가 있다.[59] 교사·방조의 경우에도 교사·방조자 자신의 행동을 기준으로 행동지를 결정할지, 아니면 주된 행위자의 행동지를 기준으로 할지에 관하여도 견해가 나뉜다.[60]

권이 한국에서 특허권으로 인정되는 것이 아니라면 한국에서는 불법행위가 성립하지 않는가에 관하여 견해가 나뉘었다. 본문에서 말한 사안에서 특허권침해의 행동지가 될 수 있는가는 이를 연상시킨다.

57) 불법행위의 준거법에 관하여 Gerhard Holoch, Das Deliktsstatut: Grundlagen und Grundlinien des internationalen Deliktsrechts (1984), S. 109는 행동지는 행위자가 스스로 불법적으로 행위하는 곳, 즉 그곳의 법에 따라 불법한 행위의 전부 또는 일부를 행하는 곳이라고 설명한다. 이호정, 국제사법(1983), 297면은 행동지법이 준거법이 되는 근거를, "행위자는 그가 행동한 곳의 주위환경의 척도로 평가되어야 하며 그가 이곳에서 허용되고 있는 한계 안에서 행동하였다면 그는 책임이 없으며, 이 한계를 넘으면 책임을 져야 한다는 관점에서 본다면 행동지법을 준거법으로 하는 것이 타당하다"고 한다. 이는 불법행위의 준거법에 관한 설명이나 행동지에 국제재판관할을 긍정하는 이유도 동일하다고 본다. 흥미로운 것은 강영수(註 51), 155면은 국제재판관할의 논의에서는 행동지를 넓게 이해할 것이라고 하면서도, 170면에서는 준거법에 관한 논의에서는 지적재산권은 이를 부여한 국가의 영역 내에서 일어나는 행위에 의해서만 침해될 수 있다고 하여 상반된 태도를 취하는 점인데, 양자를 달리 보는 근거는 설명하지 않는다.

58) 미국 특허법(§271(b))은 "특허권의 침해를 적극적으로 유인한 자는 침해자로서 책임을 진다"고 규정한다. 이 경우 유인자의 행위지가 한국이더라도 미국 특허법에 따르면 책임을 지게 된다. 본문에서 말하는 것은 이러한 특별한 규정이 없는 경우이고, 이런 규정이 있는 경우는 본문에서 말하는 셋째의 사안이 될 것이다.

59) 준거법의 결정에 관한 것이지만 Jan von Hein, Das Günstigkeitsprinzip im Internationalen Deliktsrecht (1999), S. 278ff.를 참조. 각각 결정할 것이라는 견해가 종래의 다수설이다. 스위스 국제사법(제140조)은 수인이 불법행위에 가담한 때에는 그들 각자에 대하여 가담의 태양에 관계없이 별도로 준거법이 결정된다고 명시한다.

60) 준거법의 결정에 관한 것이기는 하나 von Hein(註 59), S. 282ff. 참조. 역시 준거법에 관한 것이나, 최근의 'X-Girl 사건'에 관한 대법원 2004. 7. 22. 선고 2003다62910 판결과 서울고등법원 2003. 10. 29. 선고 2002나65044 판결도 이 맥락에서 검토할 필요가 있다. 그에 대하여는 석광현, "2004년 국제사법 분야 대법원판례: 정리 및 해설," 국제사법연구

둘째, 침해행위가 일련의 행위로 구성되고, 그 중 일부가 예컨대 일본과 한국에서 각각 행해지는 경우에는 한국에서 특허권이 부여되지 않았더라도 한국에서의 침해행동을 인정할 수 있는가가 문제된다.[61] 만일 이를 인정한다면 복수의 행동지가 존재하게 된다.

셋째, 미국 특허법[62]처럼 외국에서 행해진 일정한 행위에 대하여 미국 특허법을 적용할 것을 명시하는 경우이다. 예컨대 미국 특허권이 한국에서는 등록되지 않았고, 행동지가 한국이더라도 그것이 미국 특허법이 정한 요건에 해당하는 때에는, 미국 법원은 미국 특허법을 적용할 가능성이 있다. 이러한 사안에서 만일 한국 법원이 재판한다면 국제재판관할을 판단하는 단계에서 한국을 행동지로 볼 것인지가 문제된다. 우리 법원이 준거법인 미국 특허법을 적용하는 단계에서는 미국법의 적용이 한국의 공서에 반한다는 이유로 미국 특허법의 적용을 배제할 가능성이 있으나(국제사법 제10조), 여기에서 문제삼는 것은 국제재판관할의 문제이다.

넷째, 일반적으로 불법행위지를 결정함에 있어서 '단순한 준비행위'(bloße Vorbereitungshandlung)는 행동지로서의 의미를 가지지 않는다고 보나, 준비행위와 불법행위지의 결정을 위하여 의미 있는 행동의 구별이 항상 용이한 것은 아니다.[63] 더욱이 지적재산권침해의 경우 준비행위도 포함할 것이라는 견해도 있는데,[64] 그에 따르면 이 경우에도 위 원칙에 대한 예외가 있게 된다. 이와 관련하여 우리 특허법(제127조)은 침해로 보는 행위, 이른바 간접침해(mittelbare Patentverletzung. 또는 의제침해)를 규정하는데, 이는 현실적인 침해라고는 보기 어렵지만 침해행위의 전단계에 있어 특허침해로 보이는 예비적인 행위를 말하므로[65] 만일 동 조가 열거하는 행위가 외국에서 있는 때에는 위 원칙에 대한 예외가 존재할 수 있다. 물론 동 조가 외국에서의 행위에도 적용되는지가 속지주의와 관련하여 문제될 것이다.

다섯째, 인터넷에 의한 지적재산권침해의 경우이다. 예컨대 X가 Y의 저작권을 침해하는 콘텐츠를 upload하는 경우 최초의 행동지와 결과발생지는

제10호(2004), 446면 이하: 이 책 제9장 [15] 참조.

61) Sebastian Kubis, Internationale Zuständigkeit bei Persönlichkeits- und Immaterialgüterrechtsverletzungen (1999), S. 201 참조.

62) 예컨대 35 U.S.C. § 271(f).

63) 상세는 von Hein(註 59), S. 269f.; Peinze(註 42), S. 69.

64) D/G 초안, 제6조 a 참조.

65) 윤선희, 특허법(2003), 634면.

당해 upload를 하는 국가(예컨대 A국)일 것이나, 다른 국가(예컨대 B국)의 국민들이 이를 이용하는 경우 B국은 결과발생지일 것이다. 이 경우 A국에서는 행동지와 결과발생지가 일치하지만, B국은 행동지는 아니면서 단순히 결과발생지가 되는지, 아니면 X의 행위가 인터넷이라는 매체를 통하여 B국에서도 이루어지는 것으로 볼 수 있는지가 문제된다(물론 위 저작권은 A국과 B국에서 모두 유효하게 존재한다고 가정한다). B국을 단순한 결과발생지라고 본다면 행동지와 결과발생지가 상이하게 된다.

나. 결과발생지

결과발생지라 함은 보호되는 법익이 불법행위에 의하여 직접 침해된 장소, 환언하면 법익침해 당시 당해 법익의 소재지인데,[66] 사안에 따라서는 결과발생지의 결정이 어려운 경우가 있다. 결과발생지는 궁극적으로 손해가 발생한 장소인 손해발생지(Schadensort)와는 구별된다.[67] 다만 우리 나라에서는 결과발생지의 국제재판관할을 인정함에 있어서는 가해자가 당해 외국에서 제소될 것임을 합리적으로 예견할 수 있는 가능성이 있어야 한다는 견해가 유력하다.[68] 이는 출판물에 의한 불법행위의 경우 '의도한 바에 따른 배포'(bestimmungsgemäßen Verbreitung)라는 기준에 착안함으로써 제3자가 우연히 출판물을 취득하게 된 곳은 결과발생지가 될 수 없다고 보는 독일의 학설 및 판례와 유사한 측면이 있는데, 이러한 요건은 인터넷에 의한 지적재산권침해의 경우에도 결과발생지의 확산을 제한하는 기능을 한다. 특히 피고가 결과발생을 피하기 위하여 합리적인 조치를 취한 경우에는 그에 반하는 결과발생지의 관할을 부인할 수 있어야 한다.[69] 그 밖에 결과발생지의 결정과 관련하여 다음과 같은 논점을 검토할 필요가 있다.

(1) 결과발생지의 존부

지적재산권은 물리적인 실체가 존재하지 않는 권리이므로 지적재산권침해의 경우 법익의 침해라는 결과발생지의 존부에 관하여 논란이 있다. 이 경

66) Jan Kropholler, Internationales Privatrecht 5. Aufl. (2004), §53 Ⅳ 1 b.

67) 우리 나라와 독일에서는 이것이 통설이다.

68) 제조물책임에 관한 소송에서 대법원 1995. 11. 21. 선고 93다39607 판결은 이러한 입장을 취하였다. 이성호(註 5), 256면; 최성준(註 11), 342면도 동지.

69) 뮌헨고등법원의 *Foxy Lady* 사건 판결. NJW 1990, S. 3097-3098. Peinze(註 42), S. 68f.; Markus Junker, Anwendbares Recht und internationale Zuständigkeit bei Urheberrechtsverletzungen im Internet (2002), S. 282f. 참조.

우 지적재산권은 어디에나 존재한다거나 또는 반대로 어디에도 존재하지 않으므로 '특정한' 결과발생지는 존재하지 않는다고 보고 행동지에만 연결하려는 견해가 있고[70] 저작권의 경우 특히 그러하지만,[71] 종래의 다수설은 결과발생지의 존재를 긍정한다.[72] 예컨대 특허권 또는 상표권의 경우는 등록국을, 저작권의 경우는 저작권의 존재를 긍정하는 국가를 들 수 있을 것이다. 이는 국제재판관할만이 아니라 준거법의 결정에도 영향을 미치는 논점이다.

(2) 결과발생지의 장소결정(localisation)

지적재산권침해의 결과발생지는 지적재산권에 대하여 실제로 보호를 부여하는 국가, 즉 그곳에서 권리가 발생하고 존재하는 국가라고 할 수 있다. 그런데 권리자가 복수국가에서 지적재산권을 가지는 경우 지적재산권은 복수의 국가에 존재하는 권리의 다발(또는 집합)이라고 하였으므로, 이처럼 지적재산권침해의 결과발생지가 존재한다고 보면 결과발생지는 복수의 국가에 있게 된다. 예컨대 특허권의 경우 등록된 각 국가, 저작권의 경우 저작권이 인정되는 각 국가라고 볼 수 있을 것이다. 사이버공간에서의 지적재산권침해를 보면, 이 경우 권리를 침해하는 작위 또는 부작위가 당해 국가 내에서 상업

---

70) Peinze(註 42), S. 66f.; Kubis(註 60), S. 122; Susanne Muth, Die Bestimmung des anwendbaren Rechts bei Urheberrechtsverletzungen im Internet (2000), S. 63f. 이 견해는 통설이 말하는 결과발생지는 재판관할을 위하여 무의미한 손해발생지에 불과하다고 비판한다.

71) 보편주의를 따르면 특히 그러하다. Haimo Schack, Urheber- und Urhebervertragsrecht 3. Auflage (1997), Rz. 793ff.

72) Staudinger/von Hoffmann(註 47), Art. 38 Rz. 482ff. Rz. 574. 인격권침해의 경우에도 이와 유사하게 결과발생지가 존재하는지에 관하여 논란이 있으나 다수설은 이를 긍정한다. 이에 관하여는 Michael von Hinden, Persönlichkeitsverletzungen im Internet (1999), S. 78 참조. 아래에서 소개하는 Shevill 사건 판결에서 유럽법원도 결과발생지가 존재함을 긍정하고, 신문의 배포지가 명예훼손의 결과발생지라고 본 것이다. 재산소재지의 국제재판관할에 관한 것이기는 하나 고엽제소송에 관한 서울고등법원 2006. 1. 26 선고 2002나32662 판결(현재 대법원 상고중)은 등록국인 우리 나라에 특허권이 있음을 긍정하였고, 일본 최고재판소 2001. 6. 8. 울트라맨 사건 판결(民集 55卷 4號 727면)은 일본 저작권이 일본에 있음을 긍정하였다. 후자는 이성호, "國際 知的財産權 紛爭의 現況과 國際私法上의 課題," 국제사법연구 제9호(2003), 233-234면; 손경한, "知的財産侵害訴訟의 國際裁判管轄," 국제사법연구 제9호(2003), 511면 이하; 木棚照一, "일본에 있어서의 국제 지적재산권 분쟁의 국제재판관할권과 준거법," 국제사법연구 제9호(2003), 283면(국문번역은 302면) 참조. 일본 학자들의 평석은 동 303면 주 5와 6에 소개된 문헌 참조(위 이성호, 234면은 저작권은 최초 발행지에 존재한다고 보는 듯하나 그곳에 제한하려는 취지는 아닐 것이다). 저자는 전부터 재산소재지의 일반관할 또는 광범위한 특별관할에 대하여 비판적인 견해를 취하는데, 그렇지 않으면 우리 나라에서 긍정되는 저작권을 가지는 전세계 모든 외국인에 대하여 우리 법원이 국제재판관할을 가진다는 극단적인 결과가 초래될 수 있다.

적 효과 또는 실질적 영향을 가지는 국가를 침해지라고 볼 수 있고, 더 나아가 권리를 침해하는 작위가 의도적으로 당해 국가를 향하여 지향된 경우 그 국가를 침해지라고 볼 수 있다는 견해가 유력하다.[73]

(3) 지적재산권자의 주소지(또는 주된 사무소지)는 결과발생지인가

지적재산권자의 주소지(또는 주된 사무소지)를 결과발생지로 볼 수 있는지가 문제될 수 있으나, 위에서 본 바와 같이 결과발생지라 함은 보호되는 법익이 불법행위에 의하여 직접 침해된 장소를 말하므로 이는 포함되지 않는다. 특히 결과발생지가 이차적·파생적인 경제적 손해의 발생지까지 포함한다면 결과발생지의 범위가 지나치게 넓어져 가해자가 예측할 수 없는 지역에 응소를 강요당할 우려가 있으므로, 불법행위지관할의 기초로서의 결과발생지는 직접적 침해의 발생지로 한정해야 하고, 지적재산권자의 주소지(또는 주된 사무소지)에는 불법행위지관할을 인정할 수 없다.[74]

그러나 지적재산권침해의 결과발생지의 물리적 존재를 부정하는 입장에서는 지적재산권자, 특히 저작권자의 주소지(또는 주된 사무소지)를 결과발생지로 볼 것이라고 주장하기도 한다. 이는 인격권침해의 경우에 인격권의 주체인 사람의 주소지(또는 상거소지)를 결과발생지라고 보는 견해와 유사하다. 아래에서 보는 바와 같이 1999년 초안(제10조 제4항)은 결과발생지가 동시에 피해자의 상거소지인 경우에는 그 국가에 모든 침해에 대해 관할을 인정하나, 이는 피해자의 상거소지와 결과발생지가 일치하는 경우에 그렇다는 것이므로 피해자의 상거소지를 결과발생지라고 보는 것은 아니다.

(4) 결과발생지와 행동지의 일치 여부

이처럼 결과발생지가 존재한다고 볼 경우 행동지와 결과발생지는 논리적으로 일치하는지가 문제되는데, 지적재산권의 속지주의에 비추어 양자는 논리적으로 일치한다. 지적재산권은 부여국 또는 실제로 보호하는 국가에서만 보호되고 침해될 수 있으므로 침해하는 행동지와 결과발생지(즉 침해지국)가 모두 그 국가에만 존재할 수 있다는 것이다. 다만 위 행동지(가.)에서 논의한 예외적인 사례를 인정한다면 그 범위 내에서는 결과발생지가 행동지와 다를 수 있다.

---

73) MPI 초안 제12a조 제6항(1) 참조.

74) 이성호(註 5), 256면. 일본의 다수설이다. 다만 이 견해는 이를 물리적 손해에 한정할 것이라고 하나 지적재산권침해의 경우 물리적 손해는 무엇을 의미하는지 명확하지 않다.

다. 손해발생지

손해발생지(Schadensort)는 법익이 침해된 장소가 아니라 그 밖의 손해가 발생한 장소를 말한다. 손해발생지는 원칙적으로 국제재판관할을 결정함에 있어서는 무시된다.[75] 그러나 독일에서는 신체 또는 물건이 손상된 경우와 달리 예컨대 사기에 의해 재산을 처분한 경우와 같이 순전히 재산적 손해만이 있는 경우에는 손해발생지의 관할을 인정하는 것이 다수설과 판례이다.[76] 지적재산권의 경우도 이에 해당하는 것으로 보는 견해도 있지만,[77] 지적재산권침해의 경우 위에서 본 바와 같이 결과발생지를 결정할 수 있으므로 손해발생지를 결과발생지로 볼 것은 아니다.

5. 복수의 행동지 또는 결과발생지

지적재산권침해소송의 경우 행동지 또는 결과발생지가 각각 복수로 존재할 수 있다. 독일에서는 이러한 불법행위를 '散在不法行爲'(Streudelikt)라고 하는데, 인터넷상의 지적재산권침해에서 특히 그러하다.[78] 따라서 불법행위지의 特別管轄을 합리적인 범위로 제한할 필요가 있다. 아래에서는 종래 논의

---

75) Kropholler(註 66), §53 Ⅳ 1c. Schack(註 17), Rn. 304. 그러나 Fawcett/Torremans(註 16), p. 164 이하는 브뤼셀협약의 해석상 침해지의 결정에 관하여 지적재산권의 침해가 발생한 곳이라는 견해와 직접적·경제적 손실이 발생한 곳이라는 견해를 소개한다. 그러나 결과발생지와 손해발생지를 혼용하기도 한다. 예컨대 일본에서는 불법행위지에는 손해발생지도 포함한다고 하면서 다만 손해는 물리적·직접적 손해의 발생지에 한정하고 2차적·파생적으로 발생하는 경제적 손해의 발생지까지 포함하는 것은 아니라고 설명한다. 이성호(註 5), 256면; 木棚照一(註 72), 305면.

76) 이 경우 결과발생지가 없으므로 행동지에 착안하는 소수설(예컨대 Schack(註 17), Rn. 305)도 있다. 그러나 다수설과 판례는 손해발생지의 관할을 긍정한다. Kropholler(註 66), §53 Ⅳ 1b 참조. 다수설에는 침해된 재산(또는 그의 부분)의 소재지에 관할을 긍정하는 견해와, 피해자의 재산적 이익의 중심지(Vermögenszentrale)(즉 그의 본거지) 또는 처분지에 관할을 긍정하는 견해 등이 있다. Jan von Hein, "Deliktischer Kapitalanlegerschutz im europäischen Zuständigkeitsrecth," IPRax (2005), S. 18-19; Jan von Hein, "Internationale Zuständigkeit und anwendbares Recht bei grenzüberschreitendem Kapitalanlagebetrug," IPRax (2006), S. 461f. 참조(다만 후자는 이를 결과발생지로 설명한다). 유럽법원의 2004. 6. 10. *Kronhofer* 사건 판결(C-168/02)은 전자의 견해를 취하였다.

77) Peinze(註 42), S. 175는 저작권침해의 경우를 예로 든다.

78) 예컨대 인터넷상의 지적재산권침해의 경우 첫째 행동지와 결과발생지의 장소결정이 어렵고, 둘째 행동지와 결과발생지의 관계가 문제되고, 셋째 행동지 및/또는 결과발생지가 전세계적으로 확산되고 복수로 존재할 수 있으므로 散在不法行爲(Streudelikt)에서 제기되는 문제점이 더욱 확대된다.

되고 있는 몇 가지 제한가능성을 검토한다.[79)]

가. 결과발생지의 국제재판관할의 양적 제한—*Shevill* 사건 방식

散在不法行爲의 경우 만일 원고가 피고에 대하여 一般管轄을 가지는 국가에서 소를 제기하면 모든 침해에 대하여 재판할 수 있으므로 문제가 없지만(물론 준거법의 결정은 복잡하다), 어떤 결과발생지 국가에서 소를 제기할 경우 문제가 있다.

만일 모든 결과발생지에 국제재판관할을 인정한다면 원고에 의한 극심한 forum shopping이 발생할 가능성이 있다. 따라서 결과발생지에서 소를 제기하는 경우에는 당해 국가에서 발생한 침해에 한해서만 국제재판관할을 인정할 것(이를 '모자이크방식'이라고도 부른다)이라는 견해가 유력한데, 이는 유럽법원(The Court of Justice of the European Communities)이 1995. 3. 7. 브뤼셀협약이 적용되는 신문에 의한 명예훼손사건인, *Fiona Shevill et al. v. Presse Alliance S. A.* 사건 판결에서 취한 견해이다.[80)]

그러나 *Shevill* 사건 판결에 대하여는 그 경우 피해자는, 피고에 대해 一般管轄을 가지는 법원에서 소를 제기하지 않는 한, 피해자로 하여금 복수의 국가에서 소송을 수행하도록 강제하게 되어(이를 '소송의 斷片化'(fragmentation of litigation)라고 부르기도 한다) 피해자에게 너무 부담스러워 그의 이익을 부당하게 침해하고 사실상 불법행위지의 재판관할을 폐지하는 것이라거나[81)] 그 경우 特別管轄이 쪼개지는데 이는 원·피고 모두 기대할 수 없는 것이고,

---

79) Peinze(註 42), S. 97ff.는 저작권침해소송에 관하여 모자이크방식에 반대하고 불법행위지관할을 제한하는 여러 방안을 검토한다. 본문에서 논의한 것 외에도 원고주소지의 特別管轄, 청구의 병합, 부적절한 법정지의 법리, 관할합의 또는 중재합의를 논의한다.

80) 이는 영국인인 개인(Shevill)과 법인인 원고들이 영국 법원에서, 프랑스 신문사인 피고가 프랑스에서 발행하여 유럽 각국에 배포하는 신문에서 원고들이 마약밀매조직을 위한 돈세탁에 연루되었음을 시사하는 기사를 게재함으로써 명예를 훼손하였다고 주장하면서 손해배상을 구하였고, 피고는 영국은 국제재판관할이 없다고 다툰 사건이다. 영국의 귀족원(House of Lords)의 요청에 대하여 유럽법원은 불법행위지의 特別管轄을 규정한 브뤼셀협약(제5조 제3호)의 해석에 관하여 신문사 소재지(프랑스)와 신문이 배포된 국가(영국)의 재판관할을 모두 인정하였으나, 전자는 모든 손해배상에 대해 재판관할이 있지만 후자는 당해 국가에서 발생한 손해배상에 대하여만 재판관할이 있다는 취지로 판결하였다. 이는 프랑스의 판례의 경향을 따른 것이라고 한다. 판결문은 IPRax (1997), S. 111f. 참조.

81) Peinze(註 42), S. 78. Kreuzer/Klötgen, "Die *Shevill*-Entscheidung des EuGH: Abschaffung des Deliktsortsgerichtsstands des Art. 5 Nr. 3 EuGVÜ für ehrverletzende Streudelikte," IPRax (1997), S. 94f.

법원에게도 전손해 중 당해 국가에서 발생한 손해를 산정해야 하는 어려움을 준다는 비판이 있다.[82]

따라서 1999년 초안은 *Shevill* 사건 판결의 결론을 일부 수정하여, 결과발생지가 동시에 피해자의 상거소지인 경우에는 그 국가에 모든 침해에 대해 재판관할을 인정한다. 이에 따르면 지적재산권침해의 경우 원고의 상거소지국이 동시에 결과발생지인 경우 그 국가가 다른 국가에서 발생한 지적재산권 침해에 대하여도 재판관할을 가지게 될 것이므로 원고에게 매우 유리하다. 그러나 MPI 초안은 이를 채택하지 않았다.[83] 국제적으로는 지적재산권침해 소송에 대하여 *Shevill* 사건 판결처럼 모자이크방식을 원용하는 데 대하여 지지설과 비판설이 나뉘어 있는데,[84] 한국에서는 아직 본격적인 논의가 있는 것은 아니지만 그에 대해 호의적인 견해가 유력하다.[85] 그러나 최근 서울중앙지방법원 2005. 6. 22. 선고 2003가합87723 판결은 시나리오 작가인 한국인 원고가 저작권침해를 주장한 사건에서 결과적으로 *Shevill* 사건 판결의 접근방법을 따르지 않았다.[86]

---

82) Schack(註 17), Rn.306. 그 밖에도 모자이크방식에 대하여는 여러 가지 비판이 있다. 예컨대 첫째 상호 저촉되는 판결이 선고될 가능성이 있으며, 둘째 각국에서 발생한 부분손해를 각각 산정하여 소를 제기하는 것은 비현실적이고, 셋째 행동지와 결과발생지의 결정이 항상 명확하고 투명하게 이루어질 수 있는 것이 아니라 종종 어려우며 모자이크방식은 부작위청구에는 적합하지 않다고 한다. Peinze(註 42), S.78f. Constantin Kurtz, "Zum Inlandsbezug der Marke im Internet," IPRax (2004), S.107f.도 *Shevill* 사건 판결을 지적재산권 침해에 원용하는 데 반대한다.

83) MPI 초안에 따르면 피해자(즉 원고)의 상거소지는 의미가 없는데, 이는 지적재산권침해의 경우는 명예훼손의 경우와 달리 통상 자연인에 대한 도덕적 해이의 요소를 수반하지 않고, 명예훼손의 경우 피해자가 약자라고 할 수 있는 데 반하여 지적재산권침해의 경우에는 양자는 대등하거나 오히려 권리의 침해를 주장하는 자가 강자인 경우가 많기 때문에 특별히 피해자를 보호할 이유가 없기 때문이라고 한다.

84) 유럽연합의 Protocol on Litigation of the Community Patent Convention(제17조 제2항)과 Community Trade Mark Regulation(제94조 제2항)은 *Shevill* 사건 판결과 유사한 태도를 취하나, 반대설도 유력하다.

85) 석광현(註 8), 55면; 최성준(註 11), 343면.

86) 자신이 창작한 시나리오를 스필버그 감독과 그가 속한 드림웍스(Dreamworks L.L.C.)에 송부한 바 있는 원고는, 스필버그 감독이 일본 공포 영화 '더링'을 리메이크하여 제작한 영화(The Ring)가 자신의 시나리오와 유사하다는 이유로 드림웍스 및 씨제이(CJ Entertainment)를 상대로 한국을 비롯한 전세계 각국에서의 저작권 침해행위를 금지하고 각국에서의 저작권 침해로 인한 손해배상을 청구하는 소송을 서울중앙지방법원에 제기하였다. 외국회사인 피고 드림웍스에 대하여 우리 나라의 재판관할권이 있는지가 문제되었다. 법원은 청구는 기각하였지만, **한국에서의 저작권침해에 대하여는** 원고의 저작권 침해의 결과발생지는 한국이라는 이유로 우리 나라의 국제재판관할을 긍정하고, 또한 **외국에서의 저작권 침해에 대하여도** 피고 드림웍스가 한국에서의 피소를 합리적으로 예견할 수 있었던 점,

나. 客觀的 倂合의 가능성

다음으로 문제되는 것은 모자이크방식을 취할 경우(즉 관할을 양적으로 제한할 경우) 청구의 객관적 병합의 허용 여부이다. 객관적 병합을 허용하는 경우 두 가지 유형을 생각할 수 있다. 하나는 국제재판관할을 가지는 어느 국가의 법원에든 객관적 병합을 허용하는 방안이고, 다른 하나는 최적의 법원에만 객관적 병합을 허용하는 방안이다.

첫째의 방안—한국 민사소송법 제25조 제1항은 "하나의 소로 여러 개의 청구를 하는 경우에는 제2조 내지 제24조의 규정에 따라 그 여러 개 가운데 하나의 청구에 대한 관할권이 있는 법원에 소를 제기할 수 있다"고 하여 청구의 객관적 병합의 경우 關聯裁判籍을 규정하는데, 이를 국제소송에 유추적용할 경우에는 적어도 소송목적이 되는 권리나 의무가 공통되거나 사실상 또는 법률상 같은 원인으로부터 발생한 것이라는 등 청구간의 견련성이 존재해야 할 것이다.[87] 그러나 브뤼셀협약은 객관적 병합을 허용하지 않는다. 유럽

한국이 피해자인 원고의 상거소지인 점, 한국의 영화시장 규모가 비록 미국에 비해서는 작으나 일본, 캐나다에 비해서는 반드시 작다고 할 수 없어 한국에서 발생한 손해액이 전체 손해에 비하여 미미한 수준이라고 할 수는 없는 점, 피고가 응소하더라도 TRIPS협약과 베른협약이 공통적으로 적용되는 점과 국내 저작권침해 부분과 외국에서의 저작권침해 부분은 사실관계 및 쟁점이 동일하여 함께 재판함이 바람직하다는 점 등을 종합하여 국제재판관할을 긍정하였다. 이러한 결론은 *Shevill* 사건 판결의 태도와는 상이하고, 1999년 초안과 일치한다(위에서 본 것처럼 1999년 초안은 *Shevill* 사건 판결의 결론을 수정하여 결과발생지가 동시에 피해자의 상거소지인 경우 그 국가에 모든 침해에 대해 재판관할을 인정한다). 위 판결에 대한 평석은 손경한, "국제 저작권 분쟁의 국제재판관할," 법률신문 제3400호(2005. 10. 6.), 14-15면 참조. 손 변호사는 위 판결은 결과적으로 원고의 청구들 간의 객관적 병합을 인정한 것이라고 한다. 위 판결은 피고가 응소하더라도 베른협약이 공통적으로 적용된다고 하였는데, 이는 옳지만 베른협약(제5조 제2항)은 보호국법주의를 취하므로 국내 저작권침해 부분에 대하여는 한국법이, 외국에서의 저작권침해 부분에 대하여는 당해 외국법이 적용된다. 이는 손해배상의 범위 등의 점에서 의미가 있다.

87) 이성호(註 5), 234면과 인천지방법원 2003. 7. 24. 선고 2003가합1768 판결도 동지. 이 판결은 원고가 하나의 소로써 여러 개의 청구를 하는 경우 그 중 하나의 청구에 관하여 어떠한 관할원인에 의해 우리 법원에 국제재판관할권이 인정되는 경우 다른 청구에 대하여도 민사소송법 제25조의 관련재판적 규정에 따라 국제재판관할권을 행사하기 위하여는, 국내관할과는 달리 여러 개의 청구 사이에 그 기초되는 사실관계 혹은 쟁점이 동일하거나 견련관계를 갖는 등의 밀접한 관계가 인정되어야 하고, 위와 같은 밀접한 관계가 없는 경우에는 병합하여 재판하는 것은 국제사회에서의 재판기능의 합리적인 분배의 관점에서 볼 때 상당하지 않을 뿐만 아니라 오히려 재판이 복잡해지고 장기화될 우려가 있을 뿐이기 때문에 관련재판적에 의한 국제재판관할권이 인정되지 않는다고 하고, 당해 사건에서, 원고의 피고에 대한 양수금채권은 원고가 일본 자동차부품공급업체로부터 양수받아 이행을 구하는 것이고, 부품선수금반환채권은 원고가 피고에게 이미 지급한 부품선수금의 반환을

법원은 청구의 객관적 병합에 대해 부정적인 입장을 취하였고, 1999년 초안과 2001년 초안도 동일하다. 만일 첫째 방안에 따른 객관적 병합을 허용한다면, 가장 비중이 큰 국가에 청구를 병합할 수 있도록 해야 할 것이나, 그렇게 하더라도 모자이크방식을 취한 취지가 상당부분 몰각된다는 문제가 있다. 즉 모자이크방식과 기계적인 객관적 병합은 서로 양립하지 않는다.

둘째의 방안—D/G 초안(제13조)은 소가 계속중인 법원이 분쟁의 일회적 해결을 위하여 동일한 거래나 일련의 거래 또는 사건으로 발생한 청구를 병합할 수 있는 가능성을 규정한다. WIPO 협약을 추진한 이유의 하나가 바로 이러한 병합을 가능하게 하기 위한 것이다. 그에 따르면 법원은 분쟁의 일회적 해결에 적합한 법원을 판단하여 병합 여부와 방법을 결정해야 한다. 이러한 접근방법은 영미법계에서 인정되는 不適切한 法廷地(forum non conveniens)의 법리를 반영한 것이다. 다만 동 법리는 국제재판관할을 가지는 법원이 관할권의 행사를 거부하는 방향으로 소극적 기능을 하는 데 반하여, D/G 초안의 접근방법은 適切한 法廷地(forum conveniens)를 찾아서 법원간의 고도의 사법공조를 통하여 그곳에 청구를 집중하도록 적극적 기능을 하는 점에 차이가 있다.

6. 共同訴訟—主觀的 併合

민사소송법 제25조 제2항은 "소송목적이 되는 권리나 의무가 여러 사람

구하는 것으로서, 위 양 청구간에 동일한 당사자간의 청구라는 점 이외에 밀접한 관계가 있다고 보기 어렵다는 이유로 양수금채권에 관한 우리 법원의 국제재판관할권을 부정하였다. 위에서 언급한 일본 최고재판소의 2001. 6. 8. 울트라맨 사건 판결도 '청구간의 밀접한 관계'를 객관적 병합의 요건으로 제시한 바 있다. 木棚照一(註 72), 284면(국문번역은 304면) 참조. 나아가 대법원 2003. 9. 26. 선고 2003다29555 판결은 관련재판적에 관하여 피고의 입장에서 부당하게 응소를 강요당하지 않도록 청구의 견련성, 분쟁의 1회 해결 가능성, 피고의 현실적 응소가능성 등을 종합적으로 고려하여 신중하게 인정되어야 한다고 판시하였다. 이에 대하여는, 일반적 법리를 설시한 것이기는 하지만 국제재판관할에서 객관적 병합에 의한 관련재판적을 긍정하는 입장을 시사한 것은 의미가 있다는 평가도 있다. 노태악, "인터넷명예훼손행위와 국제재판관할," 민사재판의 제문제 13권(2004), 191면. 그러나 위 판결은 오히려 주관적 병합에 관하여 판시한 것으로 보인다. 김용석, "국제재판관할에서의 관련 재판적의 인정과 인터넷을 통한 불법행위의 결과발생지의 재판관할," 대법원판례해설 제47호(2004), 113면 이하는 위 판결은 인터넷상의 불법행위 결과발생지에 관한 관할문제에 있어서 첫 판결이자, 국제재판관할에서의 관련재판적에 관하여 판단기준을 제시한 판결이라는 점에서 선례로서의 가치가 있다고 한다.

에게 공통되거나 사실상 또는 법률상 같은 원인으로 말미암아 그 여러 사람이 공동소송인으로서 당사자가 되는 경우에는 제1항의 규정을 준용한다"고 함으로써 일정한 공동소송의 경우 關聯裁判籍을 인정한다. 이는 1990. 1. 13. 구 민사소송법 개정시 공동소송인간의 관련이 상대적으로 밀접한 구 민사소송법 제61조 전문의 경우에만 關聯裁判籍을 인정하고, 제61조 후문의 경우에는 이를 제외하여 절충설을 입법화한 것이다. 따라서 필수적 공동소송의 경우를 포함하여 공동피고간에 실질적인 견련관계가 있는 공동소송의 경우 關聯裁判籍이 인정된다. 공동소송의 경우 關聯裁判籍을 인정하는 근거는, 하나의 법원에서 여러 사람에 대한 소송을 심리할 수 있어 원고의 편의가 도모되고, 다른 공동피고들의 관할규정상의 고유이익을 크게 침해할 염려가 적으며, 오히려 여러 사람의 힘을 한 군데로 집결시킬 수 있어 소송경제에 도움에 되고 시너지효과가 생길 수 있다는 것이다[88] 문제는 국제재판관할의 경우에도 민사소송법을 유추적용하여 공동소송인간의 關聯裁判籍을 인정할 수 있는가라는 점이다.

사견으로는 민사소송법의 토지관할규칙을 그대로 국제재판관할규칙화할 경우 공동피고에게 매우 불리하고, 원고의 forum shopping을 조장할 염려가 있으므로 이를 전혀 인정하지 말거나,[89] 인정하더라도 엄격한 제한하에 인정할 것이라고 본다. 전자를 따르면 각 공동피고에 대해 독립적으로 국제재판관할이 존재해야 한다. 한편 후자를 따르면 1999년 초안의 태도가 설득력이 있다. 즉 첫째 법정지가 어느 피고의 상거소[90] 소재지 국가의 법원일 것, 둘째 그 피고와 다른 피고들에 대한 청구가 매우 밀접하게 관련되어 있어서 저촉되는 판결이 선고될 중대한 위험을 피하기 위하여 함께 재판해야 할 것과, 셋째 당해 국가에 상거소를 가지지 않는 각 피고에 관하여 그 국가에

88) 이시윤, 신민사소송법 제2판(2004), 90-91면.

89) 2001년 초안은 1999년 초안의 제14조를 삭제하였다. 독일에서는 법률상 근거가 있는 경우를 제외하고는 원칙적으로 주관적 병합에 기한 국제재판관할을 일정하지 않는다. Geimer(註 52), Rz. 1159f. 다만 필수적 공동소송의 경우에도 예외를 인정하는 견해가 유력하나, 구체적인 범위에 관하여는 논란이 있다. Geimer(註 52), Rz. 1163f. 참조. 흥미로운 것은 김용진, "국제특허분쟁사건에 대한 역외적 국내재판 경향과 그 대응전략," 저스티스 제93호(2006. 8.), 210면이다. 이는 국제특허침해소송의 경우 수개국에서 동일한 발명이 보호되더라도 그 보호는 개별국가의 법에 따르므로 주관적 병합이 허용될 수 없음은 명백하나, 우리 특허법에 반하는 침해행위가 수인의 공동불법행위에 의하여 수개국에서 행해진 경우에는 주관적 병합이 가능하다고 한다.

90) 상거소 대신 주소를 기준으로 해도 좋을 것이다.

국제재판관할을 긍정하는 것이 명백하게 부당하지 않아야 한다.[91] 이는 브뤼셀협약, 보다 정확히는 브뤼셀규정(제6조 제1호)과 별차이가 없다.

지적재산권침해소송의 경우에도 일응 이런 일반원칙이 타당하다고 할 것이나, 유럽에서는 브뤼셀협약 및 브뤼셀규정 제6조 제1호의 해석을 둘러싸고, 지적재산권의 특수성을 고려하여 보다 엄격한 요건하에 공동소송의 關聯裁判籍을 인정하여야 한다는 견해가 다양하게 주장되었다. 예컨대 그의 상거소(또는 주소) 소재지에 재판관할이 집중되는 피고(즉 관할의 기초를 제공하는 피고)가 주된 침해자여야 한다거나—이것이 네덜란드 법원들이 도입한 이른바 'spider in the web 이론'이다—,[92] 지적재산권의 동일성과 침해형태의 동일성이 있어야 하고 또한 피고들간의 관련(예컨대 동일그룹에 속하는 것)을 요구하거나, 또는 공동의 피고가 침해행위에 공동불법행위자로서 관여한 경우여야 한다는 등의 다양한 견해들이 주장되었다.[93]

---

91) 1999년 초안 제14조 제1항은 "그 국가와 그 피고에 관한 분쟁간에 실질적 관련이 있을 것"을 요구하는데, 여기에서 실질적 관련이라는 요건은 우리 국제사법(제2조)이 말하는 실질적 관련보다는 낮은 단계의 관련을 의미한다. 즉 국제사법 제2조의 실질적 관련은 그 자체로써 국제재판관할의 근거가 되는 것이나, 1999년 초안의 실질적 관련이라 함은 공동피고에 대하여 재판관할을 긍정하는 것이 명백하게 부당하지 않다는 것을 의미하는 데 불과하기 때문이다. 2000년 8월 발표된 Peter Nygh & Fausto Pocar, Report of the Special Commission, Preliminary Document No. 11 of August 2000, p. 75. 헤이그국제사법회의의 홈페이지인 http://hcch.e-vision.nl/upload/wop/jdgmpd11.pdf를 참조.

92) 이는 영업활동 내지는 공동의 침해계획에 있어서 주도적인 기능을 한 피고의 본거지국가에서만 관할을 인정한다. MPI 초안(제14조 제1항)은 이런 견해를 취한다. Rebekka Hye-Knudsen, Marken-, Patent- und Urheberrechtsverletzungen im europäischen Internationalen Zivilprozessrecht (2005), S. 122f. Spider in the web의 요건과 그에 대한 비판은 위 Hye-Knudsen, S. 126ff. 참조.

93) Peinze(註 42), S. 83; Hye-Knudsen(註 92), S. 125; Kropholler(註 16), Art. 6 Rz. 11 참조. 미국법률협회(ALI)는 私法統一國際硏究所(UNIDROIT)와 공동으로 2004년 'Principles of Transnational Civil Procedure'를 채택하였다. 이 원칙은 국제재판관할에 관하여 간단한 원칙을 정하고 있는데, 그 중 제12.1조는 주관적 병합을 허용하면서도 법원이 다른 피고에 대하여 국제재판관할을 가질 것을 전제로 한다. 이 점에서 여기에서 언급한 ALI 초안과는 차이가 있다. 위 국제민사소송원칙에 관하여는 Rolf Stürner, "The Principles of Transnational Civil Procedure, An Introduction to Their Basic Conception," Rabels Zeitschrift Band 69 (2005), S. 201f. 참조. 브뤼셀협약의 해석에 관하여 유럽법원은 2006. 7. 13. *Roche Nederland BV et al. v. Frederick Primus, Milton Goldenberg* 사건 판결(C-539/03)에서, 동일한 그룹에 속하나 상이한 체약국에 주소를 가지는 피고들에 대하여는, 비록 그들이 그 중 하나가 만든 공동의 영업정책에 따라 하나 또는 둘 이상의 체약국에서 동일한 또는 유사한 방법으로 동일 발명에 관한 특허를 침해하는 행위를 하였더라도 유럽특허는 각국의 독립한 권리이므로 저촉되는 판결이 생길 위험은 없다는 이유로 브뤼셀협약 제6조 제1호의 적용을 부정하였다.

7. 불법행위지관할에 따르는 청구의 범위

우리 나라의 실질법에 따르면 손해배상은 불법행위의 효력의 문제인 데 반하여, 침해금지(침해 예방을 포함) 또는 폐기·제거청구는 지적재산권이 물권적 권리에 준하는 권리라는 성질에 근거한 것으로 설명한다. 따라서 국제재판관할에 관한 논의에서도 불법행위의 효력인 손해배상청구에 대하여는 불법행위지관할이 타당하지만 지적재산권의 침해행위의 금지 또는 폐기·제거청구에 대하여는 타당하지 않다는 견해도 가능하다. 그러나 침해금지[94] 또는 폐기·제거청구도 지적재산권을 실행하기 위한 민사법적 구제수단의 일종이라는 점에서 불법행위에 부수적인 사항으로 보아 불법행위에 관한 국제재판관할규칙에 따르도록 하는 것이 바람직하다. 그렇게 함으로써 손해배상청구와 침해금지 또는 폐기·제거청구에 대하여 동일한 법원이 함께 재판할 수 있고, 침해가 발생하기 전과 후를 구별할 필요가 없다는 장점이 있다. 논란의 여지가 있지만, 동일한 이유로 지적재산권침해로 인한 피해에 대한 원상회복청구소송이나 부당이득반환청구소송에 대하여도 불법행위지관할을 인정할 수 있을 것이다.[95] 또한 준거법의 결정에 관한 것이기는 하지만 우리의 국제사법(제24조)은 이러한 다양한 청구의 성질결정에 관계없이 보호국법주의를 취하고 있다는 점도 고려할 필요가 있다.

8. 기타 지적재산권의 문제

위에서는 특허권을 중심으로 논의하고 저작권의 특수성을 언급하였다. 상표권과 의장권처럼 권리가 등록에 의존하거나 등록에 의하여 비로소 발생하는 지적재산권에 대하여는 대체로 특허권에 관한 논의가 타당할 것이다. 장래에 새로이 발생할 지적재산권의 경우도 일응 동일한 기준에 따라 판단할 것이나[96] 정확한 것은 그 때 가서 비로소 알 수 있을 것이다. 도메인이름의

---

94) 독일의 학설·판례도 침해예방청구(예방적 침해금지)에 대하여 불법행위에 관한 관할규칙을 유추적용한다. Junker(註 69), S. 281.

95) 손경한(註 20), 490면도 同旨.

96) 참고로 2005년 헤이그 관할합의협약도 저작권을 제외한 지적재산권에 관한 일정한 사항을 협약의 적용범위로부터 제외한다. 즉 저작권 또는 저작인접권 이외의 지적재산권의 유효성과, 저작권 또는 저작인접권 이외의 지적재산권의 침해(다만 예외가 있다)에는 협약

법적 성질에 관하여는 논란이 있지만 현재로서는 아직은 지적재산권으로서 인정되지는 않는다. 그에 관한 논의는 다른 기회로 미룬다.

9. 국제재판관할의 조사

국제재판관할의 존재는 소송요건의 하나이므로 수소법원은 국제재판관할의 유무를 직권으로 조사하여야 한다. 따라서 법원은 당사자의 자백에 구속되지 않으나, 직권탐지를 하여야 하는 것은 아니다. 문제는 법원이 무엇을 기초로 판단하는가이다. 독일의 다수설은 ① 국적, 주소, 본거, 상거소 등과 같이 관할에만 관련된 사실은 입증을 요하지만, ② 관할의 기초가 되면서 동시에 청구의 기초가 되는 사실, 이른바 '이중석으로 의미 있는 사실'(doppleIrelevanten Tatsachen)에 대하여는 원고의 주장을 기초로 판단할 것이라고 하는데, 물론 그 주장은 '논리적으로 일관성이 있어야'(schlüssig) 한다.[97] 이는 법원에게 관할의 조사단계에서 본안을 심사하도록 부담을 지우는 것을 피하고, 실무적으로 절차의 진행을 가능하게 하기 위한 것이다. 그러나 다수설에 의하면 원고에 의해 어디에서든 국제재판관할이 인정될 가능성이 있어, 즉 원고에 의한 관할근거의 조작가능성이 있어 피고의 관할이익을 해하게 된다는 문제가 있다. 따라서 소수설은 원고의 주장만을 기초로 판단할 것이 아니라, 법원은 원고가 주장하는 '사실경과'의 발생 여부 내지는 '외부적 구성요건'의 존재를 직권으로 조사해야 하지만, 그러한 사실관계가 청구를 근거지울 수 있는지는 본안의 문제라는 식으로 구별함으로써 관할 단계에서도 어느 정도 법원의 조사를 요구한다.[98] 그러나 소수설에 대해서는, 사실경과의 발생

이 적용되지 않는다. 제2조 제2항 n)호와 o)호. 그러나 그것이 단지 先決問題로서만 제기되는 경우 그 소송에는 협약이 적용된다. 한편 저작권 또는 저작인접권의 경우에는 본문제로 제기되더라도 협약이 적용된다. 또한 위에 언급한 바와 같이 저작권 또는 저작인접권 이외의 지적재산권침해소송도 협약의 적용범위로부터 배제되는데, 예컨대 불법행위에 기한 침해소송의 경우가 이에 해당한다. 그러나 이에는 예외가 있다. 상세는 석광현(註 4), 197-198면 이하 참조.

97) Kropholler(註 33), Rz. 219; Kropholler(註 16), Art. 5 Rz. 94, Art. 25 Rz. 5. 그에 대한 비판은 우선 Peter Mankowski, "Die Lehre von den doppelrelevanten Tatsachen auf dem Prüfstand der internationalen Zuständigkeit," IPRax (2006), S. 454ff. 참조.

98) Geimer(註 52), Rz. 1826. 소수설은 예컨대 교통사고에 기한 소의 경우 도대체 충돌 기타 사고가 발생하였는지는 재판관할의 문제이므로 이러한 외부적 구성요건의 존재를 확정할 수 있는 경우에만 재판관할을 긍정할 수 있다고 보는 데 반하여, 기타 귀책사유 또는 면책가능성과 같은 불법행위책임의 요건은 본안의 문제라고 본다. 그러나 소수설을 취하더

여부 내지는 외부적 구성요건의 존재와 본안의 구별기준이 명확하지 않다는 비판이 가능할 것이다.

우리 나라에서는 만일 원고의 일방적인 주장만을 기초로 국제재판관할을 인정하면 피고에게 실질적 관련이 없는 곳에 응소를 강요할 위험이 있으므로, 불법행위의 발생 등 관할원인사실에 대하여 피고를 본안심리에 복종시켜도 좋다고 합리적으로 판단할 수 있을 정도로 원고가 일응의 증명을 하여야 한다는 견해가 유력한데, 이는 독일의 다수설과 달리 국제재판관할에만 관련된 사실과 이중적으로 의미 있는 사실을 구별하지 않는다.[99] 위 유력설은 일본의 종전의 통설·판례를 따른 것이나, 최근에는 일본에서도 다른 견해를 취한 最高裁判所 2001. 6. 8. 제2소법정판결도 있고 학설도 나뉘고 있다.[100]

Ⅶ. 맺 음 말

지금까지 한국법상 국제지적재산권소송에서의 국제재판관할과 관련된 몇 가지 기본적인 논점을 검토하였다. 우리 나라에서는 지적재산권에 대한 관심은 크지만 지적재산권소송에 관한 국제사법적 논점에 대하여는 관심도 작고, 연구도 부족하므로 앞으로 지적재산권분쟁의 국제화에 대비하여 체계적인 연구를 수행할 필요가 있다. 헤이그국제사법회의는 적용범위가 원칙적으로 전속적 국제재판관할합의에 한정된 국제조약을 채택하는 데 그쳤지만, ALI의 주도하에 지적재산권법 분야의 국제재판관할과 외국재판의 승인·집행에 관한 독립적인 원칙을 추진하는 작업이 진행중이고, 최근 독일의 Max-Planck-Institut도 작업을 추진하고 있으므로 이들에도 관심을 가져야

라도 위에서 본 행동지의 개념에 영향을 미치지는 않을 것이다.

99) 이성호(註 5), 257면. 독일에는 소명을 요구하는 견해도 있다.

100) 일본에서는 ① 일본의 종래의 통설·판례를 증명도설(또는 일응의 증명(필요)설), ② 독일의 다수설을 有理性說, ③ 독일의 소수설을 객관적 사실(관계)설(또는 객관적 요건증명설)이라고 부른다. 最高裁判所 2001. 6. 8. 제2소법정판결은 종래의 통설·판례와 달리 ③을 따라 객관적 사실관계가 증명되면 족하다고 하였다. 渡辺惺之, "著作權等確認請求事件の國際裁判管轄を肯定した事例 ―國際裁判管轄における管轄原因事實と本案請求の要件事實との重複, 客觀的併合による國際裁判管轄," ジュリスト No. 1223(2002. 6. 1.), 107면 이하; 일본 학설과 위 最高裁判所 판결을 소개한 우리 문헌은 노태악(註 87), 192면 이하 참조.

한다.[101]

또한 인터넷상의 지적재산권분쟁과 관련한 국제재판관할에 관하여는 통상의 국제재판관할규칙과의 정합성을 가능한 한 유지하면서도 인터넷의 특수성을 충분히 고려한 적절한 관할규칙을 도출할 수 있도록 노력하여야 할 것이다. 그러한 논의의 핵심은, 그 경우 결과발생지의 확산에 따른 소송의 斷片化를 막기 위하여 특정국가(예컨대 등록국)의 관할범위를 확대하거나 속지적 청구의 병합 등을 인정하는 데 있다. 특히 그 경우에도 만일 모자이크방식을 채택한다면, 일정한 요건하에 결과발생지의 관할범위를 확대함으로써 원고의 불편을 덜어줄 현실적인 필요성이 있다. 이 점은, 인터넷상의 지적재산권분쟁의 준거법의 맥락에서도 보호국법주의에 따른 준거법의 지나친 확산을 막기 위하여 가장 밀접한 관련이 있는 국가의 법을 적용하도록 함으로써 준거법을 단일화(또는 단순화)하는 방안이 논의되고 있는 것과 유사하다. 인터넷에 의한 지적재산권침해에 적용되는 국제재판관할의 특칙에 관하여는 우선 이 글의 다음에 소개하는 補論을 통하여 대체적인 논의의 방향을 엿볼 수 있을 것이다.[102]

101) 브루클린법과대학원의 국제거래법연구센터는 2004. 10. 8. "Intellectual Property Online: The Challenge of Multi-Territorial Disputes"라는 주제로 지적재산권에 관한 국제심포지엄을 개최하였는데 발표 논문들은 Brook. J. Int'l L.에 게재되었다. ALI의 작업에 관하여는 Rochelle Dreyfuss, "The ALI Principles on Transnational Intellectual Property Disputes: Why Invite Conflicts?," 30 Brook. J. Int'l L. 819 (2005)를, MPI의 작업에 관하여는 Annette Kur, "Applicable Law: An Alternative Proposal for International Regulation—The Max-Planck Project on International Jurisdiction and Choice of Law," 30 Brook. J. Int'l L. 951 (2005)을 참조.

102) 특히 MPI 초안(제12a조 제5항·제6항)과 D/G 초안(제6조) 참조. 우리 문헌은 우선 김용진, "지적재산권침해와 인터넷국제재판관할," 民事訴訟 Ⅴ(2002), 21면 이하; 이규호, "인터넷상 저작권침해에 있어 국제재판관할과 준거법," 국제사법연구 제11호(2005), 256면 이하 참조.

[補論]

知的財産權에 관한 國際裁判管轄 — MPI 草案과 ALI 草案의 비교

前 記
이 글은 저자가 2006. 1. 14. 와세다대학에서 개최된 한일지적재산법·국제사법 심포지엄에서 발표한 원고를 다소 수정·보완한 것이다.

Ⅰ. 머 리 말

여기에서는 독일 Max Panck Institut (MPI)가 2003년 발표한 "관할과 집행에 관한 국제협약—지적재산권에 관련된 소송에 관한 규정을 위하여 제안하는 대안"(International Convention on Jurisdiction and Enforcement—Proposed Alternative Draft for Provisions on Proceedings Involving I. P. Rights)[1]("MPI 초안")과, 2004년 1월 발표된 American Law Institute (ALI)의 "초국가적 분쟁에서의 관할, 준거법 및 재판을 규율하는 원칙"(Principles Governing Jurisdiction, Choice of Law, and Judgments in Transnational Disputes)("ALI 초안")(Preliminary Draft No. 2)[2]을 중심

1) 초안의 텍스트는 http://www.intellecprop.mpg.de/Enhanced/Deutsch/Arbeitsgruppen/int__zustaen__haag-projekt/dhcalternativedraft5amended.htm을 참조. Josef Drexl and Annette Kur (eds), Intellectual Property And Private International Law (IIC Studies: Studies in Industrial Property and Copyright Law, Volume 24, 2005), p. 309 *et seq.*에도 수록되어 있다. 여기에서는 전자를 인용한다. 그러나 제14조는 Marcus Norrgård가 검토한 것이고 MPI의 제안으로서 공표된 것은 아니다. 渡辺惺之, "Max Planck 研究所の管轄ルール提案について," 企業と法創造 제1권 제3호(통권 제3호)(2004), 274면; Marcus Norrgård, "Provisional Measures and Multiple Defendants in the MPI Proposal," 위 Josef Drexl and Annette Kur (eds), p. 50 *et seq.* 그 후 2006년 12월 현재까지 더 개정된 초안은 없는 것으로 알고 있다.

2) 그 후 2005년 4월 발표된 Preliminary Draft No. 3과 2006년 1월 발표된 No. 4가 있으나 그에 대하여는 아직 충분한 검토를 하지 못하였으므로 여기에서는 Basedow/Drexl/

으로 '知的財産權에 관한 國際裁判管轄의 諸問題'를 검토한다. 여기에서는 양자의 이동을 부각시키기 위하여 주요 논점을 선정하여 이를 중심으로 양자를 비교하는 방법으로 간단히 서술하고, 양 초안에 대한 좀더 본격적인 논의는 다른 기회로 미룬다.[3)]

미리 밝혀 둘 점은 MPI 초안은, 1999년 작성된 헤이그국제사법회의의 "민사 및 상사사건의 국제재판관할과 외국재판에 관한 협약 예비초안"(Preliminary Draft Convention on Jurisdiction and Foreign Judgments in Civil and Commercial Matters)("1999년 초안")을 보충하는 형태로 작성된 초안(제12a조와 제14조)이라는 점이다. 따라서 MPI 초안에 특칙이 없으면, 그에 대한 Comment로부터 반대의 취지가 보이지 않는 한 1999년 초안과 동일한 것으로 가정한다. 이를 위하여 필요한 경우 1999년 초안을 언급한다. 포괄적인 내용의 1999년 초안은 협약으로 채택되지 못하였고 그 대신 전속적 관할합의만을 다루는 "관할합의에 관한 협약"(Convention on Choice of Court Agreements)("관할합의협약")이 2005년 6월에 채택되었을 뿐이므로[4)] MPI 초안도 장래는 ALI 초안처럼 독립한 원칙으로 재편될 것으로 예상된다.

Kur/Metzger (eds.), Intellectual Property in the Conflict of Laws (2005), p. 229 *et seq.*에 Annex 2로 수록된 Preliminary Draft No. 2를 비교하고, Draft No. 3과 No. 4에 대한 논의는 다른 기회로 미룬다. 당초 Dreyfuss 교수와 Ginsburg 교수가 작성하여 2001년 1월 말 제네바에서 개최된 WIPO Forum on Private International Law and Intellectual Property에서 초안(Draft Convention on Jurisdiction and Recognition of Judgments in Intellectual Property Matters)(이하 "D/G 초안"이라 한다)을 발표하였는데, ALI 초안은 이의 연장선상에 있는 것이나 D/G 초안을 소개한 국내자료로는 이성호, "사이버 지적재산권 분쟁의 국제재판관할과 준거법," 국제사법연구 제8호(2003), 276면 이하; 강영수, "국제 지적재산권침해소송에 있어서 국제사법적 문제에 관한 연구 ―속지주의 원칙의 한계 및 그 수정을 중심으로―," 서울대학교 대학원 박사학위논문(2005. 2.), 98면 이하 참조. 강영수 부장판사는 D/G 초안만을 소개하고 Draft No. 2는 소개하지 않는 것으로 보인다.

3) MPI 초안에 대하여는 우선 Annette Kur, "Applicable Law: An Alternative Proposal for International Regulation ―The Max-Planck Project on International Jurisdiction and Choice of Law," 30 Brook. J. Int'l L. 951 (2005); Annette Kur, "Jurisdiction and Enforcement of Foreign Judgments ―The General Structure of the MPI Proposal," Josef Drexl and Annette Kur (eds)(註 1), p. 21 *et seq.*를, ALI 초안에 관하여는 우선 Rochelle Dreyfuss, "The ALI Principles on Transnational Intellectual Property Disputes: Why Invite Conflicts?," 30 Brook. J. Int'l L. 819 (2005)를 각 참조. 그 밖에도 http://www.wipo.int/pil-forum/en/documents/pdf/pil_01_7.pdf와 http://www.kentlaw.edu/depts/ipp/intl-courts/docs/treaty10_10.pdf를 참조.

4) 텍스트는 http://hcch.e-vision.nl/index_en.php?act=conventions.text&cid=98을 참조. 동 협약에 관하여는 석광현, "2005년 헤이그 재판관할합의협약의 소개," 국제사법연구 제11호(2005), 192면 이하 참조.

Ⅱ. 國際 知的財産權訴訟의 類型

1. 知的財産權에 관한 國際訴訟의 類型

지적재산권에 관한 국제소송의 유형은 다음과 같이 구분할 수 있다.

(1) 지적재산권의 취소 또는 무효확인 등과 같이 지적재산권 자체의 유효성 또는 존부에 관한 소송("유효성소송" 또는 "존부소송")

(2) 지적재산권의 침해를 이유로 하는 손해배상 또는 침해금지 등을 구하는 소송("침해소송")

(3) 예컨대 지적재산권의 사용허락에 관한 라이센스계약과 같이 지적재산권과 관련된 국제계약에 관한 소송("계약소송")

여기의 주제는 '지적재산권에 관한 국제재판관할'이지만 유효성소송과 계약소송의 국제재판관할에 관하여는 여기(Ⅱ.)에서 간단히 언급하고, Ⅲ.에서는 침해소송을 중심으로 논의한다.[5)]

2. 有效性訴訟의 國際裁判管轄

유효성소송에 대하여는 대체로 특허권 또는 상표권의 등록국(또는 공부를 관리하는 국가)이 전속관할을 가진다고 보는 데 반하여, 등록과 같은 국가행위를 전제로 하지 않는 저작권의 유효성에 관한 분쟁에 대하여는 특정국가(예컨대 country of origin(본원국 또는 본국))[6)]의 전속관할을 인정하지 않는다. 1999년 초안과 MPI 초안은 이런 태도를 취한다.

그러나 ALI 초안은 차이가 있다. 즉 ALI 초안(223조)은 하나의 국가에 등록된 지적재산권의 유효성소송의 경우에는 그 국가의 전속관할을 인정하고, 이는 1999년 초안 및 MPI 초안과 동일하지만, 수개의 국가에 등록된 지적재산권의 유효성소송의 경우에는 피고의 주된 영업소 소재지 국가의 전속

5) 저자는 전에 "한국에 있어서 지적재산권분쟁의 국제재판관할"이라는 제목의 발표를 하였고, 일어번역문은 早稻田大學21世紀COE《企業法制と法創造》總合硏究所가 간행한 "企業と法創造" 제1권 제3호(통권 제3호)(2004. 11.), 218면 이하에 수록되었다.

6) 저작물의 본국은 저작물이 최초로 발행된 국가 또는 창작 당시 저작자의 국적을 기준으로 결정된다. 문학적·예술적 저작물의 보호를 위한 베른협약(제5조 제4항) 참조.

관할을 인정하는 점에 특색이 있다.

3. 契約訴訟의 國際裁判管轄

대체로 계약소송은 통상적인 국제계약에 적용되는 법리에 따른다. 1999년 초안과 MPI 초안은 이런 태도를 취한다. 그러나 ALI 초안은 다르다. 즉 ALI 초안(제205조)에 따르면, 지적재산권에 관한 계약을 강제하기 위한 소송은 실질적으로 분쟁의 대상인 지적재산권이 속한 국가에서(in any country whose rights are substantially at issue in the dispute) 제기할 수 있다. 이 경우 관할은 그 국가의 권리에 한정된다.[7] 다만 clickwraps와 shrinkwraps와 같은 비교섭계약(non negotiated contracts)[8]의 경우 이 조항(제205조)은 당해 계약이 제202조 제4항의 요소들을 고려하여 합리적인 경우에만 사용될 수 있다.[9] 계약소송의 경우에도 一般管轄(제201조)이나 관할합의(제202조)가 허용됨은 물론이다.

Ⅲ. 知的財産權侵害訴訟에 관한 論点別 檢討

1. 知的財産權의 種類에 따른 區分

MPI 초안과 ALI 초안(제101조 제1항)은 지적재산권의 종류에 따른 구분을 하지 않는다.[10]

---

7) 문면상으로는 애매하나 Dreyfuss(註 3), pp. 829-830은 그와 같이 설명한다.

8) Preliminary Draft No. 4에 대하여는 2006년 5월에 예정되었던 ALI의 정기회의를 위하여 2006. 4. 10.자로 Discussion Draft가 작성되었는데 거기에서는 비교섭계약 대신 '대량시장계약'(mass-market contract)이라는 용어를 사용한다.

9) 문면상으로는 법원은 그러한 요소들을 고려해야 한다고만 규정할 뿐이나, Dreyfuss(註 3), p. 830은 본문과 같이 설명한다.

10) 종전 초안(제1조)은 특허권은 저작권 및 상표권 등과 달리 국제적으로 동시다발적인 침해가 발생할 가능성이 적다는 점을 고려하여 [ ] 안에 표시하였으나 괄호가 삭제되었다.

2. 專屬管轄의 인정 여부

MPI 초안(제12a조 제1항, 제3항)과 ALI 초안(제204조 참조)은 특정국가(예컨대 등록국)에 전속관할을 인정하지 않는다.

2-1. 先決問題로 주장되는 知的財産權의 有效性(또는 存否)에 관한 判斷의 가능 여부

침해소송에 관하여 재판하는 법원이, 지적재산권, 특히 특허권과 같이 등록을 요하는 지적재산권의 유효성(또는 존부)이 선결문제로 다투어지는 경우 그에 대하여 판단할 수 있는가가 문제된다.

MPI 초안은, 지적재산권의 유효성이 선결문제로 다투어지는 경우 등록국의 전속관할을 인정하지 않는다(제2(1)항). 이는 1999년 초안과 동일하다. 따라서 침해소송의 관할법원은, 특허권이 무효라는 항변이 제기된 경우 특허권의 유효성에 관하여 직접 판단할 수 있고, 특허권의 유효성에 대하여 전속관할을 가지는 국가의 법원의 판결을 기다려야 하는 것은 아니다. 다만 일정한 요건이 구비되는 경우 법정지국의 법원은 아래(9.)에서 보듯이 소송절차를 중지할 수 있다. 선결문제에 관한 판단은 대세적 효력이 없고, 당해 사건에서만 효력을 가진다(제2(1)항).

ALI 초안(제223조 제3항)도 침해소송의 관하여 재판하는 법원이 선결문제인 지적재산권의 유효성에 대하여 판단할 수 있음을 명시한다. 주목할 것은, ALI 초안에 따르면 선결문제인 유효성에 관한 법원의 판단은 대세적 효력을 가진다는 점이다. 최근에는 침해소송에 대해 관할을 가지는 법원에 유효성소송에 대한 관할을 부여하는 견해도 주장되는데[11] ALI 초안의 태도는 이와 유사하다.[12]

11) 예컨대 James J. Fawcett, "Special Rules of Private International Law for Special Cases: What Should We Do About Intellectual Property?," James J. Fawcett (ed.) Reform and Development of Private International Law (2002), p. 165.

12) 다만 Comment b는 당사자간의 효력만을 인정하는 대안을 언급한다.

3. 侵害訴訟에 대한 管轄規則의 槪觀

MPI 초안은 침해소송에 대하여 다음 세 가지 관할근거를 규정한다.

첫째 피고의 상거소지국의 一般管轄.

둘째 지적재산권의 등록국(또는 등록된 것으로 간주되는 국가 또는 달리 보호를 획득한 국가)에서 주장된 침해가 발생한 경우 당해 국가의 特別管轄(제3(1)항). 주의할 것은, 이 경우 特別管轄은 당해 국가의 침해에 제한된다는 점이다. 다만 인터넷에 의한 침해의 경우 예외를 인정한다.

셋째 합의관할.

한편 ALI 초안도 침해소송에 대하여 세 가지 관할근거를 규정한다.

첫째 피고의 상거소지국의 一般管轄.

둘째 ALI 초안(제204조 제1항)에 따르면 (a) 피고가 실질적으로 행위(준비행위를 포함)를 한 국가, 또는 (b) 피고가 주장된 침해를 지향한 국가가 特別管轄을 가진다.

셋째 합의관할(응소관할 포함).

MPI 초안은 인터넷에 의한 침해에 대한 특칙을 두고, 피고가 복수인 공동소송의 경우 위 원칙에 대한 예외를 인정한다. 반면에 ALI 초안은 MPI 초안과 달리 인터넷에 의한 침해에 대한 특칙을 두지는 않지만 '지향'이라는 개념을 사용함으로써 포괄적으로 규정한다. ALI 초안도 피고가 복수인 공동소송의 경우 위 원칙에 대한 예외를 인정하는 점은 마찬가지이나, 그 내용에 차이가 있다. ALI 초안은, MPI 초안과 비교할 때 特別管轄의 양적 제한에 대한 예외를 상대적으로 널리 인정한다.

4. 一般管轄(general jurisdiction)

피고의 상거소지국은 一般管轄을 가진다. 이 점에서는 MPI 초안(제12a조 제4(1)항, 제3(2)항)과 ALI 초안(제201조)이 동일하다. 이는 이른바 '*actor sequitur forum rei*'(원고는 피고의 법정지를 따른다)라는 로마법 이래 대륙법의 관할원칙을 수용한 것이다. 一般管轄은, 지적재산권의 침해가 복수의 국가들에서 동시에 발생한 경우에도 피고에 대한 모든 청구를 하나의 법원에서 재판할 수 있다는 점에서 중요한 의미를 가진다.[13] 이 점에서 원고에게 유리한 면이 있으나, 반면에 외국에서 소송을 하는 어려움과, 외국법인 보호국의 지적재산권법을 적용하는 데 따른 절차의 지연 등의 어려움도 있다.

5. 特別管轄(special or specific jurisdiction)

MPI 초안과 ALI 초안은 모두 지적재산권의 침해에 대해 特別管轄을 규정하나 그 내용에는 차이가 있다.

5-1. 特別管轄의 근거와 量的 制限 —이른바 모자이크방식

MPI 초안은 등록국인 침해지의 特別管轄을 인정한다.[14] 보다 정확히는 지적재산권의 등록국 또는 등록된 것으로 간주되는 국가 또는 달리 보호를 획득한 국가[15]가 침해지인 경우 特別管轄을 가진다(제12a조 제3(1)항). 이를 인정하는 근거는, 지적재산권의 침해의 경우 보호국법이 준거법이 되므로 등록국의 법원은 침해소송에서 자국법을 적용할 수 있다는 장점이 있기 때문이다(준거법과 법정지의 병행).[16] 주의할 것은, 등록국(또는 등록된 것으로 간주되는 국가 또는 달리 보호를 획득한 국가)이라는 근거만으로 침해소송에 대해 特別管轄을 가지는 것은 아니고, 당해 국가 내에서 침해가 있어야 하고,[17] 特別管轄은 그 침해에 한정된다는 점이다(제12a조 제4(2)항). 제3(1)항의 문면만으로는 명확하지 않지만 제4(2)항의 해석으로부터 그러한 결론이 도출된다. 침해지의 特別管轄에 대한 양적 제한은, 유럽법원(ECJ)이 1995. 3. 7. 신문에 의한 명예훼손사건인 *Shevill v. Presse Alliance SA* 사건

---

13) MPI Proposal, Ⅲ. para. 4.3.2.

14) 이처럼 MPI 초안은 침해지의 개념을 사용하는데, 지적재산권침해의 경우 원칙적으로 행동지와 결과발생지는 동일하므로 결국 침해지와 행동지 및 결과발생지는 동일하게 된다. 다만 행동지를 위법을 수반하지 않는 단순한 물리적 행동지 또는 준비행위까지 포함시키거나, 인터넷침해의 경우 행동지는 결과발생지와 상이할 수 있는데 그 경우 침해지의 정확한 개념이 문제된다.

15) 보호국주의에서 말하는 보호국은 아니다.

16) MPI Proposal, Ⅲ. para. 4.2.

17) 지적재산권의 속지주의의 결과 지적재산권은 존재하는 국가에서만 침해될 수 있으므로 등록국 또는 보호국은 침해국과 원칙적으로 일치한다.

판결[18]에서 취한 결론을 채택한 것이다. 1999년 초안(제10조 제4항, 제1항)은 결과발생지의 特別管轄에 대하여는 양적 제한을 하지만, 행동지의 特別管轄에 대하여는 양적 제한을 하지 않는다. 지적재산권의 속지주의의 결과 지적재산권침해의 경우 행동지와 결과발생지가 일치한다는 명제를 받아들인다면, 1999년 초안에 따를 경우 행동지이자 결과발생지의 特別管轄을 양적 제한을 받지 않아야 할 것이나 MPI 초안은 이를 따르지 않는다. MPI 초안(제12a조 제3(3)항)은 침해소송에 대하여는 불법행위에 관한 관할규칙(1999년 초안 제10조)은 적용되지 않음을 명시한다.

이상의 원칙은 침해소송만이 아니라 비침해확인소송에도 적용된다(제3(1)(b)항). 이 점은 1999년 초안과 ALI 초안은 명시하지 않는 사항이다.

한편 ALI 초안은 행위 또는 지향에 기한 特別管轄을 규정한다. 즉 ALI 초안(제204조 제1항)에 따르면, 원고는 (a) 주장된 침해를 조장하기 위하여 피고가 실질적으로 행위(준비행위를 포함)를 한 국가, 또는 (b) 피고가 그 국가에서 행위하거나 활동을 지향하게 되는 것을 회피하기 위하여 그에 대하여 합리적인 조치를 취하지 아니 한 국가를 포함하여, 주장된 침해를 지향한 국가의 법원에서 침해소송을 제기할 수 있다. 즉 이러한 국가가 特別管轄을 가진다. 여기에서 '지향'이라 함은 "정규적으로 … 접촉, 사업 또는 접근기회(audience)를 개시하거나 유지하는 것"을 의미한다.[19] 피고의 실질적인 행위에 근거한 特別管轄, 즉 위 (a)의 경우에는 양적 제한이 없으나, (b)의 경우 즉 침해의 지향을 근거로 하는 特別管轄은 원칙적으로 그 국가에서 발생한 무단사용으로 인한 침해(injury)에 양적으로 제한된다.[20]

요컨대 MPI 초안에 따르면 지적재산권의 등록국, 등록된 것으로 간주되는 국가 또는 달리 보호를 획득한 국가에서 침해가 발생한 경우 그 국가가 特別管轄을 가지는 데 반하여, ALI 초안에 따르면 실질적인 침해행위(준비

18) C-68/93 [1995] ECR I-415.

19) directing is defined as initiating or maintaining "contacts, business, or an audience ... on a regular basis," Dreyfuss(註 3), p. 831.

20) 전의 초안(2001. 10. 10. Rochelle Dreyfuss/Jane Ginsburg 초안 http://www.kentlaw.edu/depts/ipp/intl-courts/docs/treaty10__10.pdf 참조)은 세 가지 즉 실질적 행위, 의도적인 지향과 침해의 발생에 기초한 관할을 인정하면서, 침해에 기초한 관할의 경우에만 양적 제한을 하였으나, 2004. 1. 20.의 예비초안(No. 2)은 실질적 행위와 의도적 지향에 기초한 관할은 인정하지만 침해의 발생에 기초한 관할은 인정하지 않는다. 다만 지향에 기초한 관할의 경우 그 국가에서의 무단사용으로부터 발생하는 침해에 대하여만 관할을 인정함으로써 양적 제한을 한다.

행위 포함)가 있으면 그 국가가 特別管轄을 가지고, 그 국가가 지적재산권의 등록국(등록된 것으로 간주되는 국가 또는 달리 보호를 획득한 국가)일 필요는 없다. 즉 MPI 초안은 피고의 행동만에 근거한 特別管轄을 원칙적으로 인정하지 않으나(다만 인터넷에 의한 침해의 경우 예외인정), ALI 초안은 피고의 행동만에 근거한 特別管轄을 인정하는 점에서 차이가 있다. 또한 ALI 초안은, MPI 초안과 달리 침해의 지향에 근거한 特別管轄을 인정한다.

양자는 전통적으로 불법행위의 관할근거로 인정되는 행동지(Handlungs-ort)의 개념을 어떻게 보는가에 차이가 있다. 특허권은 등록국에서만 효력이 있으므로 그 국가에서만 실제로 보호되고 침해될 수 있고 따라서 등록국만이 관할근거인 행동지가 될 수 있다는 견해가 유력하다.[21] 관할근거인 행동은 법적으로 무의미한 물리적 행동이 아니라 불법행위를 구성하는 위법한 행동을 말하기 때문이다. 인터넷에 의한 침해의 경우를 제외하고는, 등록국에서 침해가 발생할 것을 요구하는 MPI 초안은 이런 전제에 선 것이나, ALI 초안은 준비행위를 포함하는 행동만에 근거한 特別管轄을 인정하는 점에 차이가 있다.

또한 MPI 초안과 ALI 초안은 등록국인 침해지(MPI 초안) 또는 침해의 지향지(ALI 초안)의 관할을 인정하면서도 이를 양적으로 제한한다. 그러나 ALI 초안은 피고의 실질적 행위에 근거한 관할을 인정하는 점에 특색이 있는데, 그 경우에는 관할을 양적으로 제한하지 않는다. 또한 MPI 초안은 인터넷에 의한 경우를 제외하고는 양적 제한에 대한 예외를 인정하지 않으므로, 인터넷에 의한 경우가 아니라면 결국 一般管轄을 가지는 피고의 상거소지국 외에서는 양적 제한이 불가피하다. 그러나 ALI 초안은 一般管轄을 가지는 국가뿐만 아니라, 양적 제한에 대하여 아래에서 언급하는 두 가지 예외(5-2와 5-3)를 모두 인정한다.

---

21) 예컨대 Haimo Schack, Internationales Zivilverfahrensrecht, 3. Auflage (2002), Rn. 306a. 그러나 James J. Fawcett/Paul Torremans, Intellectual Property and Private International Law (1998), p. 164는 반대한다.

5-2. 特別管轄의 量的 制限의 例外(1) — 原告의 常居所地의 예외 인정 여부

1999년 초안(제10조 제4항)은 *Shevill* 사건 판결의 결론을 수정하여 침해지가 원고의 상거소지국인 경우 다른 국가 내의 침해에 대하여도 관할을 인정하나, MPI 초안은 이를 수용하지 않았다. MPI 초안에 따르면 피해자(즉 원고)의 상거소지는 의미가 없다. 다만 인터넷에 의한 침해의 경우 특칙(제5항)이 있다.

ALI 초안(제204조 제2항)에 따르면, 어느 국가가 그 국가를 향한 주장된 침해의 지향을 근거로 관할을 가지는 경우 그 관할은 양적으로 제한되지만, 피해자가 침해의 지향지에 상거소 또는 주된 영업소를 가지지는 경우에는 예외적으로 모든 침해에 대해 관할을 가진다. 이는 *Shevill* 사건 판결의 결론을 수정한 1999년 초안(제10조 제4항)과 유사하다.

요컨대 MPI 초안과 ALI 초안은 등록국인 침해지(MPI 초안) 또는 침해의 지향지(ALI 초안)의 特別管轄을 인정하면서도 이를 양적으로 제한하는데, MPI 초안은 등록국인 침해지가 원고의 상거소지국이더라도 예외를 인정하지 않지만, ALI 초안은 침해의 지향지가 원고의 상거소지국인 경우 예외를 인정한다. 다만 아래에서 보듯이 MPI 초안도 인터넷에 관한 특칙(제5항)이 적용되는 경우에는 예외를 인정한다. '원고는 피고의 법정지를 따른다'라는 관할원칙을 고려할 때 침해지가 원고의 상거소지국이라는 이유로 예외를 인정하는 것은 주저된다.

5-3. 特別管轄의 量的 制限의 例外(2) — 屬地的 請求의 併合의 可能性

위에서 본 바와 같이 特別管轄을 양적으로 제한할 경우, 지적재산권을 침해당한 원고로서는 一般管轄을 가지는 피고의 상거소지국에서 제소하지 않는 한 소송의 단편화가 불가피하므로 분쟁의 효율적인 해결을 위하여 이를 시정할 필요성이 있다. 속지적 청구의 병합이 바로 이러한 필요에 부응하기 위한 하나의 방법이다.

MPI 초안은 속지적 청구의 병합을 규정하지 않는다. 1999년 초안도 같다. 그러나 MPI 초안은 인터넷에 의한 침해의 경우 관할의 확대를 인정한다.

ALI 초안(제225조, Consolidation of Territorial Claims)은 소가 계속중인 법원이 분쟁의 일회적 해결을 위하여 동일한 거래나 일련의 거래들 또는 사건으로 발생한 청구를 병합할 수 있는 가능성을 규정한다. ALI 초안의 특색은 바로 이러한 속지적 청구의 병합을 가능하게 하는 데 있다. 즉 최초로 소가 계속한 법원은 이해관계인의 청구에 의하거나 직권으로 청구의 병합이 효율성을 촉진하는지, 그리고 다수의 법원이 관련청구를 재판할 경우 모순된 판결이 선고될 우려가 있는지 등을 고려하여 청구의 병합 여부를 결정하고, 다음으로 분쟁의 중심과 소송의 관리상의 어려움 등 제반사정을 참작하여 병합된 청구에 대한 관할을 계속 보유할지 아니면 다른 법원을 위하여 소송절차를 중지할지를 결정해야 한다.[22] 이러한 속지적 청구의 병합은, 원시적 병합과 후발적 병합을 포함하는 우리 법상 청구의 객관적 병합과는 달리 다수의 법원에 소가 이미 계속한 것을 전제로 하는 것으로 보인다. 이는 ALI 초안 No. 4(제221조 이하)에서는 좀더 명확한 것으로 보인다.

이러한 접근방법은 영미법계에서 인정되는 부적절한 법정지(*forum non conveniens*)의 법리와 유사한 사고에 기초한 것이다. 다만 동 법리는 국제재판관할을 가지는 법원이 관할권의 행사를 거부하는 방향으로 소극적 기능을 하는 데 반하여, ALI 초안의 접근방법은 적절한 법정지(*forum conveniens*)를 찾아서 그곳에 청구를 집중하도록 하는 방향으로 적극적 기능을 하는 데 특색이 있다. 청구의 병합의 주장은 본안에 대한 제1회 답변 전에 제기되어야 한다. 이러한 청구의 병합의 허용은 사실상 사건의 이송을 가능하게 하는 결과가 된다.

요컨대 양적으로 제한된 청구의 병합가능성이라는 측면에서는 ALI 초안이 우월하다. 아래에서 보듯이 만일 부적절한 법정지의 법리를 수용한다면 ALI 초안의 접근방법을 무시할 것만은 아니다. 물론 그 요건에 대한 신중한 검토가 필요하다. 다만 인터넷에 의한 침해의 경우에는 MPI 초안도 특칙을 두므로 그 범위 내에서는 차이는 크지 않다고 할 수 있다.

---

22) 법원간의 협의를 요구하던 과거 초안의 조항은 삭제된 것으로 보인다.

5-4. 特別管轄의 量的 制限의 例外(3) — 인터넷에 의한 知的財産權侵害의 경우

이는 아래(7.)에서 논의한다.

6. 合意管轄[23)]

MPI 초안에 따르면 침해소송에 대하여 관할합의는 가능하다(제3(1)항 참조). 관할합의의 유효성에 관한 별도의 규정은 없다.

ALI 초안(제202조)도 관할합의를 허용한다. 1999년 초안은 소비자거래와 비소비자거래를 구분하나,[24)] ALI 초안(제4항)은 교섭계약과 비교섭계약(non negotiated contracts)을 구분하면서, clickwraps와 shrinkwraps와 같은 비교섭계약의 경우 관할합의가 합리적인 때에만 효력을 인정하는 점에 특색이 있다. 즉 ALI 초안에 따르면, 지정된 법정지가 ① 약자인 당사자의 소재지, 자력과 숙련도 등을 포함한 당사자이익, ② 지정된 법정지와 당사자 및 분쟁간의 실질적인 관련성, 관할합의가 없었더라면 지정된 법정지가 약자인 당사자에 대하여 관할을 가졌을지 여부, 약자인 당사자의 국가의 정책을 포함한 국가이익, ③ 온라인 분쟁해결 등의 이용가능성, ④ 계약의 조건이 접근가능성, 인쇄상의 가독성과 언어 등에 관하여 의외가 아닐 정도로 충분히 명백한지 여부와 ⑤ 지정된 법정지의 전문성 등에 비추어 합리적인 경우에만 관할합의가 유효하다.[25)] 참고로 관할합의협약(제6조 c호)은, 관할합의의 효력을 인정한다면 명백한 부정의(manifest injustice)에 이르게 되거나 또는 소가 계속한 법원의 국가의 공서에 명백히 반하는 경우에는 관할합의의 효력을 부정한다.

당사자들이 달리 합의하지 않으면 관할합의는 전속적이다(1999년 초안

---

23) 관할합의협약(제2조 o호)에 따르면, 저작권 또는 저작인접권 이외의 지적재산권침해소송도, 저작권 또는 저작인접권 이외의 지적재산권의 유효성소송과 마찬가지로 관할합의협약의 적용범위로부터 배제되는데, 예컨대 불법행위에 기한 침해소송의 경우(예컨대 당사자간에 계약관계가 존재하지 않는 순수한 piracy cases)가 이에 해당한다. 그러나 침해소송이 그러한 권리에 관한 당사자들간의 계약의 위반으로 제기된 경우, 또는 그 계약의 위반으로 제기될 수 있었던 경우에는 관할합의협약이 적용된다.

24) 관할합의협약은 소비자계약에는 적용되지 않는다. 제2조 제1항 a)호.

25) Dreyfuss(註 3), p. 829.

(제4조 제1항), ALI 초안(제202조 제1항)).[26]

6-1. 辯論管轄(應訴管轄)

MPI 초안은 규정을 두지 않는다. 반면에 ALI 초안(제203조)은 변론관할(응소관할)을 별도로 명시한다. 이는 1999년 초안(제5조)을 기초로 하면서 제3항을 두어 일부 수정하였다. 1999년 초안(제5조)은 변론관할(응소관할)을 별도로 명시하므로, MPI 초안도 동일한 태도를 취할 것으로 예상된다. 만일 그렇게 된다면 양자간에 큰 차이가 없을 것이다.

7. 인터넷에 의한 知的財産權侵害에 대한 特則

MPI 초안(제5항 · 제6항)은 인터넷에 의한 지적재산권침해에 대하여 다음과 같은 특칙을 둔다.

가. 인터넷에 의한 지적재산권침해에 대한 특칙 — 등록국(또는 등록된 것으로 간주되는 국가 또는 달리 보호를 획득한 국가)[27]의 관할범위의 확대

인터넷 또는 유사한 遍在하는 미디어에 의한 지적재산권의 침해의 경우, 피고가 침해를 초래한 것으로 주장되는 행위(activities)의 본질적인 부분을 법정지국가에서 행한 때에는 당해 법정지국가는 침해지에 관계없이 복수국가에서의 침해(multistate infringement) 전부에 대하여 관할을 가진다. 다만 침해를 초래한 행위 또는 영업관행이 피고가 자신의 상거소지국의 시장을 목표로 한 것이 아니고, 또한 그곳에서 실질적인 상업적 효과(substantial commercial effect)를 가지지 않아야 한다.

피고의 상거소지국은 一般管轄을 가지지만, 이 규칙만을 둘 경우 피고가 상거소지를 자신에게 유리한 국가로 이전할 우려가 있으므로, 제5항은 피고의 상거소지국 외의 국가에도 모든 침해에 대해 관할을 인정한다.

---

26) 관할합의협약(제3조 b호)상으로도 당사자들이 달리 합의하지 않으면 관할합의는 전속적이다.

27) 제5항은 이를 명시하지 않고, 제6항은 단순히 권리가 존재하는 곳이라고 하나 의미상 본문과 같이 이해된다.

나. 인터넷에 의한 지적재산권침해의 경우 침해지의 결정

MPI 초안(제6항)은 인터넷에 의한 침해의 경우 침해지의 결정 기준을 제시한다. 위에서 본 바와 같이 침해지의 特別管轄이 인정되므로 침해지의 결정은 중요한 의미를 가지는데 인터넷에 의한 침해의 경우 그의 결정이 용이하지 않기 때문이다. 제6항에 따르면 침해는 권리가 존재하는 체약국에서 일어난 것으로 보는데, 다만 권리를 침해하는 작위 또는 부작위가 당해 체약국 내에서 상업적 효과(또는 실질적 영향)[28]를 가지거나(이른바 market impact rule), 또는 권리를 침해하는 작위가 당해 체약국을 향하여 의도적으로 지향되어야(intentionally directed) 한다. 즉 인터넷에 의한 침해의 경우 그로 인한 상업적 효과(또는 실질적 영향)를 어떤 영토에서 가지는 때에는 그 국가가 침해지가 된다. 그 구체적인 내용은 실질법이 정할 사항이다.

반면에 ALI 초안은 인터넷에 의한 지적재산권침해에 대하여 특칙을 두지 않지만 그 경우 지향에 근거한 特別管轄(제204조 제1항 b호)이 의미가 있다. 피고가 주장된 침해를 지향한 국가는 침해소송에 대해 特別管轄을 가지기 때문이다. ALI 초안은 인터넷에 의한 지적재산권침해에 대하여 특칙을 두지 않으므로 MPI 초안과 달리 인터넷에 의한 지적재산권침해의 경우 침해지를 결정하기 위한 특칙을 두지 않는다.

요컨대 인터넷에 의한 지적재산권침해에 대한 특칙을 두는 점에서는 MPI 초안이 우월하다고 할 수 있다. 그러나 ALI 초안은 침해의 의도적 지향에 근거한 特別管轄을 규정하므로 그 범위 내에서는 양자는 접근한다. 반면에 인터넷이 아니더라도 복수국가에서 지적재산권침해가 일어날 수 있음을 고려한다면 복수국가에서의 침해(multistate infringement) 일반에 관하여 규정하는 ALI 초안이 우월하다고 볼 수도 있다.

피고가 본질적인(또는 실질적인) 행위를 한 국가에 넓은 特別管轄을 인정하는 것은 MPI 초안과 ALI 초안이 동일하다. 다만 ALI 초안은 행위에 근거한 特別管轄의 경우 양적 제한을 하지 않는 데 반하여, MPI 초안은 원칙적으로 행위에 근거한 特別管轄을 인정하지 않지만, 인터넷에 의한 침해의 경우 예외적으로 이를 인정하면서 복수국가에서의 침해 전부로 관할을 확대

28) '상업적 효과'와 별도로 '실질적 영향'을 규정한 것은 저작인격권(moral rights of an author)의 침해와 같이 상업적 영역 외에서 지적재산권이 침해될 수도 있기 때문이다.

한다. 여기에서 MPI 초안이 관할범위를 확대하기 위하여 규정하는 소극적 요건의 타당성은 좀더 검토할 필요가 있다.[29]

MPI 초안(제6(2)항)과 ALI 초안(제204조 제1항 b호)은 공히 만일 당해 국가를 향하여 침해가 지향되는 것을 피하기 위하여 합리적인 조치를 취한 경우에는 그 국가의 관할권이 부인됨을 명시한다.

8. 救濟手段에 따른 區分—登錄國에서의 使用禁止를 위한 特則

MPI 초안(제12a조 제1(2)항)은 등록국에서의 지적재산권의 사용금지에 대하여는 등록국의 전속관할을 규정한다. ALI 초안에는 상응하는 조항은 없다. MPI 초안의 Comment[30]가 인정하듯이, 지적재산권의 등록의 취소를 구하지 않고 사용금지만을 구하는 사례는 실무상 흔하지 않으므로 이 조항의 필요성은 의문이다.

9. 權利의 最初歸屬 紛爭시 訴訟節次의 중지

MPI 초안(제7항)에 따르면, 다른 국가의 영토 내의 지적재산권의 존재, 유효성 및/또는 침해를 수반하는 소송절차에서 a) 그 권리의 최초귀속(initial ownership)의 문제가 소송절차에서 결정적인 쟁점이 되고, 또한 b) 최초귀속의 쟁점을 규율하는 준거법에 관하여 법정지국과 다른 국가의 법리가 상이한 경우, 법정지국의 법원은 피고의 신청에 따라 소송절차를 중지해야 한다. 이는 피고가 법정지에서 재판을 받았음에도 불구하고, 후에 다른 국가에서 최초귀속의 결정에 관한 법리의 차이로 인하여 저촉되는 판결을 받을 가능성이 있기 때문에 이를 피하기 위한 것인데, 예컨대 업무상저작물의 경우 법제에 따라 피용자 또는 사용자가 저작자가 되므로 이를 침해한 피고로서는 경우에 따라 이중책임을 지는 사태가 발생할 수 있기 때문이다.[31] 그러

29) Kwang Hyun Suk, "Max-Planck-Institute Proposal on International Jurisdiction in Intellectual Property Matters: Some Observations from the Korean Law Perspectives," "企業と法創造," 早稲田大學21世紀COE《企業法制と法創造》總合研究所 제1권 제4호(통권 제4호)(2005. 3.), p. 347 *et seq.*

30) MPI Proposal, Ⅲ. para. 2.2.

31) MPI Proposal, Ⅲ. para. 8. 이는 주로 저작권에서 또는 저작권에서만 문제되는 것으로

나 원고가, 피고가 다른 국가의 법리에 따르면 관련된 권리의 귀속에 관하여 유효한 청구권을 가질 수 있는 다른 사람에 의하여 제기된 법적 절차에 복종하지 않는다는 점에 관하여 증거(예컨대 원고에게 권리가 양도되었음을 증명하는 서류)를 제공하는 경우에는 소송절차를 중지할 필요가 없다.

ALI 초안에는 이런 조항이 없다.

10. 共同訴訟의 경우의 關聯裁判籍—主觀的 併合

MPI 초안(제14조)[32]은 효율적인 분쟁해결을 위하여 피고의 상거소지국에 공동피고에 대한 關聯裁判籍을 인정한다. 다만 a) 피고에 대한 청구와 공동피고에 대한 청구가 [매우] 밀접하게 관련되어 있[어서 판결의 저촉을 피하기 위하여 함께 재판하여야 하]고, b) 법정지국과 공동피고에 관한 분쟁간에 실질적 관련이 있을 것과, c) 피고가 주된 침해자일 것을 요구한다. 이는 1999년 초안과 유사하나, 피고가 주된 침해자일 것을 요구하는 점(제1항(c)호)에 특색이 있다. 이는 이른바 'spider in the web 이론'을 채용한 것이다.

1999년 초안(제14조)은 공동피고에 대한 關聯裁判籍을 인정하였으나 2001년 초안에서는 이는 삭제되었다. 무엇보다도 당해 국가에 상거소를 가지지 않는 다른 피고가 가지는 국제재판관할에 관한 이익이 부당하게 침해된다는 이유에서이다.

ALI 초안(제221조 Multiple Defendants)도 피고의 상거소지국에 공동피고에 대한 關聯裁判籍을 인정한다. 이 점은 MPI 초안과 동일하고 a)를 요구하는 점도 거의 동일하다.[33] 다만 MPI 초안은 b)와 c)를 요구하는 데 반하여, ALI 초안(제221조 제1항)은 b)를 항상 요구하는 대신 b)와 x)(즉 피고의 상거소지국(즉 법정지)과 공동피고들의 상거소지국들 중 법정지가 전체 분쟁과 가장 밀접하게 관련될 것)를 선택적으로 요구한다. x)는 실제로는 MPI 초안의 c)와 일부 유사한 기능을 할 것으로 생각된다. 그렇다면 MPI 초안은 b)와 c)를 요구하는 데 반하여 ALI 초안은 b) 또는 c)(정확히는

보인다고 한다.

32) 위(註 1)에서 언급한 것처럼 제14조는 MPI의 제안으로서 공표된 것은 아니다.

33) 다만 MPI 초안은 그 국가와 실질적 관련이 있을 것을 요구하는 데 반하여, ALI 초안은 그 국가의 지적재산권과의 실질적 관련이 있을 것을 요구한다.

x), 즉 변형된 c))를 요구하는 점에 차이가 있다고 볼 수 있다.[34)]

요컨대 공동피고에 대한 關聯裁判籍을 인정하는 점에서는 양자는 동일하나(다만 2001년 초안은 이를 삭제하였다). 그 요건은 다소 차이가 있다.

11. 客觀的 併合—屬地的 請求의 併合 이외의 경우

MPI 초안은 이른바 청구의 객관적 병합에 기초한 關聯裁判籍을 허용하지 않는다. 이는 1999년 초안과 동일하다.

ALI 초안(제220조 제1항)은 원래의 청구의 기초가 되는 거래 또는 일련의 거래들 또는 사건들로부터 발생하는 동일당사자간의 모든 청구를 처리할 수 있는 關聯裁判籍을 허용한다. 이에는 반소청구와 보충적 청구가 포함된다. 다만 법원은 지적재산권과 관련되지 않은 보충적 청구가 ALI 초안이 적용되는 청구를 압도하는 경우에는 보충적 청구에 대한 관할권의 행사를 거부할 수 있다(제220조 제2항).

또한 침해소송에서 재판관할을 양적으로 제한할 경우에는 특수한 문제가 제기되는데, 이는 위(5-3)에서 논의한 속지적 청구의 병합가능성의 문제이다. 그 경우 객관적 병합을 허용한다면 관할을 양적으로 제한한 취지가 몰각되어 부당하다.

12. 國際的 訴訟競合(*lis pendens*)의 취급과 활용

MPI 초안에는 별도의 규정이 없다. 이에 관한 규정이 포함될 경우 1999년 초안보다는 브뤼셀규정과 유사한 원칙이 포함될 가능성이 크다. ALI 초안(제224조)에는 1999년 초안(제21조)을 일부 수정한 규정이 있다.[35)]

---

34) 나아가 ALI 초안은 공동피고에 대한 관련재판적은 원고와 당해 공동피고간에 전속관할 합의가 있는 경우에는 적용되지 않음을 명시한다(제221조 제2항). 이 점은 현재의 MPI 초안은 명시하지 않지만 동일한 결론을 인정할 것이다.

35) 이 점에 관하여 ALI 예비초안(Preliminary Draft No. 3)은 ALI 초안을 대폭 수정하여 세계적 분쟁의 효율적인 해결수단으로서 공조와 병합을 적절히 활용하려는 의도로 보인다. 이는 국제도산에서 활용되는 국제적 공조에서 아이디어를 받았다고 하는데, 예컨대 특허권 침해의 경우 공조가, 저작권침해의 경우 병합이 적절할 것이라고 한다. Dreyfuss(註 3), p. 834 참조.

13. 부적절한 법정지의 법리의 고려

MPI 초안에는 이에 관한 별도의 규정은 없으나 Comment[36]는 부적절한 법정지의 법리의 적용은 배제되어야 한다고 하므로, 1999년 초안의 태도가 채택되지는 않을 것으로 예상된다. ALI 초안(제226조)에는 1999년 초안(제22조)을 일부 수정한 규정이 있다. 원래 부적절한 법정지의 법리는 영미법계에서 인정되는 법리이므로 ALI 초안이 그에 대해 우호적인 것은 당연하다.

14. 反　　訴

MPI 초안에는 규정이 없으나 1999년 초안과 동일한 태도를 취할 것으로 예상된다. ALI 초안(제220조)에는 규정이 있는데, 이는 위(11.)에서 언급하였다.

15. 第3者訴訟引入(third party claims)

MPI 초안에는 규정이 없으나 1999년 초안과 동일한 태도를 취할 가능성이 크다. ALI 초안(제222조)에는 1999년 초안(제16조)을 일부 수정한 규정이 있다(그러나 2001년 초안에서는 이는 삭제되었다).

Ⅳ. 맺 음 말

지금까지 MPI 초안과 ALI 초안의 異同을 간략하게 살펴보았다. ALI 초안의 경우 이미 Preliminary Draft No. 3와 No. 4가 작성되었음은 위에서 밝힌 바와 같고, 양자는 현재 진행중인 프로젝트이므로 앞으로도 변경될 것으로 예상된다. 따라서 양 초안에 대하여 지속적으로 관심을 가지고 장래의 추이를 주시할 필요가 있다. 특히 ALI 초안의 경우, 그에 선행하는 Dreyfuss/

---

36) MPI Proposal, Ⅲ. para. 1.

Ginsburg 초안이 2001년 1월 WIPO에서 처음 발표되었을 때에는 1999년 초안과 상당히 유사하였지만 그 후 개정과정에서 1999년 초안과의 편차가 커지고 있는데 이는 미국법의 영향이 점차 증대되고 있기 때문이 아닌가 생각된다. 여기에서는 관할규칙만을 언급하였으나 경우에 따라서는 준거법규칙이 어떻게 되는가에 따라 관할규칙에도 영향을 미칠 가능성도 있으므로 그와의 관련도 검토할 필요가 있다.

제9장 대법원판례 정리

[15] 2004년 國際私法 분야 대법원판례: 정리 및 해설

[15] 2004년 國際私法 분야 대법원판례: 정리 및 해설

前 記
이 글은 국제사법연구 제10집(2004), 429면 이하에 게재된 글을 다소 수정·보완한 것이다.

Ⅰ. 머 리 말

2004년중에 선고되었거나 판례공보에 게재된 협의의 國際私法과 國際民事節次法을 포괄하는 '광의의 國際私法' 분야의 중요한 다섯 개의 대법원판결의 쟁점을 정리하고 간단한 해설을 덧붙인다.[1] 이제 제10호가 간행되는 한국국제사법학회지에서 처음으로 이런 기획을 하는 것을 기쁘게 생각하며, 앞으로 누가 담당하든 간에 학회 차원에서, 당해 연도의 國際私法 분야의 주요 대법원판결들을 정리하고 해설하는 글을 매년 간행될 국제사법학회지에 게재할 것으로 알고 있다. 節次法的 爭點만이 있는 경우가 아니면 대부분의 國際私法 사건의 궁극적인 해결은 國際私法만이 아니라 實質法에 대한 검토를 필요로 하지만 여기에서는 國際私法的 爭點을 중심으로 논의한다.

1) 그 밖에도 뉴욕협약에 따른 仲裁合意의 방식에 관한 대법원 2004. 12. 10. 선고 2004다20180 판결도 있으나 이는 2005년 판례공보에 공간될 것이므로 내년으로 미루기로 한다. [이 판결에 대한 평석은 이 책 제5장 [10] 참조.]

Ⅱ. 專屬的 國際裁判管轄合意의 유효요건: 지정된 법원과 당해 사건간의 합리적인 관련성—대법원 2004. 3. 25. 선고 2001다53349 판결[2)]

[사안의 개요]

동해펄프는 홍콩의 한화로부터 카수아리나 우드칩을 수입하는 계약을 체결하고, 원고(한국외환은행)에게 신용장의 발행을 의뢰하였다. 원고는 1997. 8. 25. 수익자 한화, 상환은행 CMB 뉴욕지점의 일람후 60일 결제조건의 기한부 신용장을 발행하였다. 한화는 피고(가와사키기센(川崎汽船))와 중국(해구항)에서 울산항까지 운송하는 운송계약을 체결한 뒤, 화물을 피고의 선박에 선적하였고, 피고로부터 지시식 선하증권을 교부받아 CMB 홍콩지점에 양도하였다. CMB 홍콩지점은 1998. 2. 18. 선적서류를 매입하여 원고에게 송부하였고, 상환은행을 통하여 원고에게 신용장대금의 지급을 청구하여 원고는 만기일에 상환은행에 신용장대금을 지급하였다. 원고는 신용장대지급금을 상환받지 못한 채 선하증권을 소지하고 있었다.

화물은 1997. 9. 17. 울산항에 도착하였는데, 피고는 선장에게 동해펄프의 보증서를 받고 선하증권 없이 화물을 인도할 것을 지시하였고, 동해펄프는 이를 인도받았다. 선하증권의 이면약관 제27조는 "본 선하증권에 의하여 입증되거나 규정된 계약은 달리 정함이 없는 한 일본법에 의하여 규율되며, 운송인에 대한 어떠한 소송도 일본국 동경지방재판소에 제기되어야 한다"고 규정한다.

원고는 선하증권의 소지인으로서 운송인인 피고에 대해 화물의 불법인도라는 불법행위로 인한 손해배상을 구하는 소를 제기하였다.

[판결요지]

대상판결은, 한국법원의 관할을 배제하고 외국법원을 관할법원으로 하는 전속관할합의가 유효하기 위하여는, 당해 사건이 한국법원의 전속관할에 속

2) 공2004. 5. 1.[201], 683. 이 글은 법률신문 제3270호(2004. 5. 27.), 14-15면에 게재한 글과 석광현, 국제사법과 국제소송 제3권(2003), 244면 이하를 줄인 것이다.

하지 아니하고, 지정된 외국법원이 그 외국법상 당해 사건에 대하여 관할권을 가져야 하는 외에, 당해 사건이 그 외국법원에 대하여 합리적인 관련성을 가질 것이 요구되고, 한편 전속관할합의가 현저하게 불합리하고 불공정한 경우에는 공서양속에 반하는 법률행위에 해당하는 점에서도 무효라고 판시하였다. 이는 대법원 1997. 9. 9. 선고 96다20093 판결을 따른 것이다.

[평 석]

1. 문제의 세기

國際裁判管轄은 재판임무를 (개별법원이 아니라) 전체로서의 어느 국가의 법원에 배분할 것인가의 문제이므로 토지관할과는 다르다. 당사자들은 관할합의를 통해 첫째 國際裁判管轄과 분쟁의 실체에 적용될 準據法에 관한 불확실성을 배제하거나 완화할 수 있고, 둘째 개별사안에서 一般的·抽象的 規範에 따른 경직된 관할규칙을 수정할 수 있으며, 셋째 관할규칙상의 利益狀況을 자신에게 유리하게 변경할 수 있다. 그런데 대상판결은 위 1997년 판결의 논리를 전형적인 국제사건, 그것도 일본 선사가 자국법원을 관할법원으로 합의한 사건에까지 적용한 점에서 충격적이다. 문제의 핵심은, 관할합의가 현저하게 불합리하고 불공정한 것이 아닌 경우, 법원은 私的 自治를 존중함으로써 예측가능성을 보장해야 하는지, 아니면 관할합의의 효력을 부인할 수 있는지이고, 후자를 취하면 법원의 개입을 정당화하는 근거와 요건이 문제된다. 이하 '관할합의'는 국제재판관할합의를, '관련성'은 '합리적인 관련성'을 말한다.

2. 관련성을 요구하는 근거

첫째, 관할합의와 지정된 외국법원간에 관련성을 요구하는 견해는, 만일 그렇지 않으면 지정된 법원에게 외국법의 적용, 외국에서의 증거조사 등 과도한 부담을 지우고, 심리의 적정이나 소송경제에도 도움이 되지 않으며 당사자들에게도 부당한 부담을 지워 사실상 정당한 재판을 받지 못하는 결과가 초래될 수 있다고 한다. 그러나 이는 설득력이 약하다. 대상판결은 지정된 외국법원이 외국법상 당해 사건에 대해 관할권을 가질 것을 별도로 요구하기 때문이다. 당사자들이 원하고 지정된 외국법원이 관할권을 행사하는데도 관할합의를 무효라고 할 이유는 없다. 둘째, 외국기업과 전속관할합의를 할 경우 협상력이 약한 한국기업이 한국법원의 관할을 배제당할 수 있으므로, 우리 법원이 내국민보호의 필요성을 고려하여 관할합의의 효력을 부정한 것은 아닌가라는 생각도 드나 이는 양날의 칼이다. 그런 논리라면 한국선사들도 서울중앙지방법원을 전속관할법원으로 합의하기는 어렵게 된다.

3. 지정된 법원과 당사자간의 관련성은 무시되나

대상판결에서는 피고가 일본 기업이므로 피고와 일본간에 어떤 관련성이 있음은 명백하다. 대상판결은 당사자는 도외시하고 당해 사건과 지정된 외국법원의 관련성만을 요구한 듯하지만, 관할근거는 人的 裁判籍에서 보듯이 사건만이 아니라 당사자와의 관련성에 근거할 수도 있다. 일본 선사로서는 분쟁을 자신의 본점소재지에 집중할 필요가 있으므로 法廷地와 당사자간의 관련성을 긍정해야 한다.

4. 당해 사건과 관련성이 있어야 하는 것은 지정된 법원인가 아니면 그것이 속한 국가인가

원심판결은 사건이 동경지방재판소와 관련성이 있는지를 판단하면서, 중요한 증거방법이 모두 한국 내 한국인 증인들이거나 문서들이라는 점 등을 이유로 이를 부정하였다. 사견으로는 사건이 '동경지방재판소'가 아니라 '일본'과 관련성이 있는지를 판단했어야 한다. 왜냐하면 토지관할이 아니라 管轄合意의 유효성이 문제되기 때문이다. 國際裁判管轄은 국가(즉 법원 전체)를 단위로 하는 개념이지 개별법원의 문제가 아니다.

5. 대상판결에 대한 그 밖의 비판과 평가

대상판결에 대하여는 그 밖에도 여러 가지 비판을 할 수 있는데, 우선 대상판결은 '합리적인 관련성'이라는 애매한 개념을 사용함으로써 당사자들이 관할합의를 통해 달성하려는 예측가능성을 해하고 결국 법적 안정성을 해한다.[3] 사견으로는 대상판결은 당해 사건에서 합리적인 관련성을 긍정해야 하였다. 더욱 중요한 것은, 기업간 국제거래의 경우 그것이 현저하게 불합리하고 불공정한 것이 아닌 한, 법원은 관련성을 요구하지 말고 관할합의를 존중해야 한다는 점이다. 우리 법원도 국제분쟁을 반드시 우리가 해결해야 한다는 편협한 사고를 버려야 한다. 법원의 역할은 私的 自治를 존중하고 그것이 실현되도록 하는 것이지, 당사자들의 합리적인 기대를 좌절시키는 것이 아니다. 대법원이 판례를 변경하기를 희망한다.

Ⅲ. 불법파견 외국인 조종사의 퇴직금청구권과 근로자공급계약 및 근로계약의 準據法—대법원 2004. 6. 25. 선고 2002다56130, 56147 판결[4]

[사안의 개요]

피고(아시아나항공주식회사)는 1992. 8. 17. 아일랜드의 파크항공사(PARC Aviation Limited)와, 파크항공사가 항공기 조종사들을 고용하여 피고에게 조종사들의 용역을 제공하고, 피고는 파크항공사에게 조종사들의 급료와 일정한 수수료를 지급하기로 하는 내용의 계약(제1차 계약)을 체결하였다. 또한 피고는 제1차 계약의 종료 후 1994. 9. 20. 불가리아의 반칸불가리아항공사(BALKAN Bulgarian Airlines. "BBA")와, BBA가 소속 조종사들을 피고에 파견하여 용역을 제공하고 피고는 조종사들의 급료와 일정한 수수료를 지급하기로 하는 내용의 계약(제2차 계약)을 체결하였다. 제1차 계약의 準據法은 아일랜드법이었으나 제2차 계약의 準據法은 명시되지

3) 그 밖의 비판과 대상판결을 따를 경우 남는 문제에 관하여는 석광현(註 2), 249면 이하 참조. 저자는 전에 "당초 관할합의는 홍콩기업과 일본기업간에 체결되었는데 관할합의가 불법행위에도 미치고 관련성이 있어 유효하다면, 수하인(선하증권 소지인)인 원고가 그에 구속되는 이상, 불법행위지가 한국이라는 이유로 관할합의가 처음부터 무효가 될 수는 없다"고 썼다. 이는 선하증권에 따른 관할합의의 최초의 당사자가 누구인가(송하인 또는 수하인)와 관련된다.

4) [공2004. 8. 1.(207), 1230]. 이 판결에 대하여는 유성재, "불법파견 외국인 항공기 조종사의 퇴직금 청구권," 월간노동법률 통권 제159호(2004. 8.), 19면 이하에 간단한 평석이 있다.

않았다.[5)]

원고들은 파크항공사 또는 BBA에 고용되어 그에 소속된 근로자들로서, 피고와 개별적인 근로계약을 체결함이 없이 위 각 계약에 따라 피고에 파견되어, 원고 A는 1993. 4. 20.부터 1998. 2. 18.까지, 원고 B는 1994. 4. 20.부터 1998. 3. 12.까지, 원고 C는 1994. 4. 15.부터 1998. 2. 18.까지 피고의 근무규정의 적용을 받으면서 피고의 지시에 의하여 피고의 항공기 기장으로 근무하였다. 피고는 제1차 계약에 의하여 파견 수수료를 포함한 급여를 파크항공사에게 지급하고 원고들은 파크항공사로부터 자신들의 급여를 지급받았고, 제2차 계약 체결 이후에는 BBA에 지급되는 수수료를 공제한 급여를 피고로부터 직접 지급받았으나 이는 절차상의 번잡을 피하고 송금비용 등의 절감을 위한 것이었다.

원고들은 임금을 목적으로 종속적인 관계에서 피고에게 근로를 제공하였으므로 근로기준법상의 근로자에 해당한다는 근거로 피고에 대하여 퇴직금의 지급을 청구하는 이 사건 소를 제기하였다.

[판결요지]

[1] 직업안정법[6)] 제33조 제1항에서 원칙적으로 근로자공급사업을 금지하면서 노동부장관의 허가를 얻은 자에 대하여만 이를 인정하는 것은 타인의 취업에 개입하여 영리를 취하거나 임금 기타 근로자의 이익을 중간에서 착취하는 종래의 폐단을 방지하고 근로자의 자유의사와 이익을 존중하여 직업의 안정을 도모하고 국민경제의 발전에 기여하자는 데 근본목적이 있는바, 무허가 근로자공급사업자가 체결한 공급계약을 유효로 본다면, 근로기준법 제8조가 금지하는 법률에 의하지 아니하고 영리로 타인의 취업에 개입하여 이득을 취득하는 것을 허용하게 될 뿐만 아니라, 직업안정법의 취지에도 명백히 반

---

5) 계약 내용은 대체로 다음과 같다. 제1차 계약은 계약기간 동안 파견조종사들과 파크항공사와의 고용관계가 유지되고, 조종사들의 업무중지, 정직 또는 해고 등의 징계권이 파크항공사의 권한에 속함을 명시하고, 제2차 계약도 파견조종사들이 BBA 소속 직원임을 전제로 하며, 피고는 파견조종사들이 피고의 업무규율에 따르지 않거나 중대한 업무태만 또는 비행을 저질렀을 경우 조종사의 교체를 요구할 수 있고, 파크항공사나 BBA는 그에 응할 의무를 부담한다. 각 계약기간 및 그의 종료 후 일정기간 동안 피고는 파크항공사 또는 BBA에서 파견된 조종사를 직접 고용할 수 없다.

6) 파견근로자보호등에 관한 법률은 1998. 7. 1.자로 시행되었기에 이 사건에는 적용되지 않는다.

하므로 무허가 근로자공급사업자와 공급을 받는 자간에 체결한 근로자공급계약은 효력이 없다.

[2] 구 섭외사법 제9조는 법률행위의 성립 및 효력에 관하여 당사자의 의사에 의하여 법을 정하되 당사자의 의사가 분명하지 아니한 때에는 행위지법에 의하도록 규정하는바, 근로계약의 당사자간에 준거법 선택에 관한 명시적인 합의가 없는 경우에는 근로계약에 포함된 준거법 이외의 다른 의사표시의 내용이나 소송행위를 통하여 나타난 당사자의 태도 등을 기초로 당사자의 묵시적 의사를 추정하여야 하고, 묵시적 의사를 추정할 수 없는 경우에도 당사자의 국적, 주소 등 생활본거지, 사용자인 법인의 설립준거법, 노무급부지, 직무 내용 등 근로계약에 관한 여러 가지 객관적 사정을 종합하여 볼 때 근로계약 당시 당사자가 준거법을 지정하였더라면 선택하였을 것으로 판단되는 가정적 의사를 추정하여 준거법을 결정할 수 있다. 원고들과 피고간에 명시적인 근로계약이 체결되지 않은 이 사건에서, 원고들의 일상적인 노무급부지가 한국이라고는 볼 수 없으나 노무제공의 수령자인 피고가 한국 법인이고, 원고들이 한국의 근로기준법에 기하여 이 사건 청구를 하고 있는 사정 등을 고려할 때 원고들과 피고간의 근로계약관계의 성립에 관한 준거법은 한국 법률이다.

[3] 원고용주에게 고용되어 제3자의 사업장에서 제3자의 업무에 종사하는 자를 제3자의 근로자라고 할 수 있으려면 원고용주는 사업주로서의 독자성이 없거나 독립성을 결하여 제3자의 노무대행기관과 동일시할 수 있는 등 그 존재가 형식적·명목적인 것에 지나지 아니하고, 사실상 당해 피고용인은 제3자와 종속적인 관계에 있으며, 실질적으로 임금을 지급하는 자도 제3자이고 또 근로제공의 상대방도 제3자이어서 당해 피고용인과 제3자간에 묵시적 근로계약관계가 성립되어 있다고 평가될 수 있어야 하므로, 직업안정법에 위반된 위법한 근로자공급의 경우에도 근로공급사업자와 근로자간의 근로관계 여부와 상관없이 근로자와 공급을 받은 자간에 바로 근로계약관계가 성립된다고 할 수는 없고, 위와 같은 묵시적 근로계약관계가 성립되었다고 평가될 수 있는 경우에만 공급을 받은 자의 업무에 종사하는 근로자를 공급을 받은 자의 근로자라고 할 수 있다.

[평 석]

이 사건은 조종사공급계약에 기하여 피고(사용사업주)에 파견되어 항공기 기장으로 근무한 외국인 조종사들(파견근로자)인 원고들이 피고를 상대로 근로기준법상의 퇴직금의 지급을 청구한 사건인데, 대상판결은 피고와 원고들간의 근로계약관계의 성립을 부정하고 원고들의 청구를 기각하였다.

1. 근로자공급계약의 효력

정상적인 근로자공급계약[7]의 경우 파견사업주(또는 원고용주)와 파견근로자간에 근로계약관계가 존재하고, 사용사업주와 파견근로자간에는 근로계약관계가 아니라 노무제공을 목적으로 하는 사용관계(노무제공관계)만이 존재하므로[8] 파견근로자들은 사용사업주에게 퇴직금을 청구할 근거는 없다. 원고들은 제1차, 제2차 계약은 효력규정인 직업안정법(제33조 제1항)과, 나아가 민법 제103조에 위반된다는 이유로 이를 무효화하고, 피고와 원고들간에 새로운 근로계약이 체결되었다고 보아 피고는 퇴직금지급의무가 있다고 주장한 것으로 보인다.[9] 따라서 근로자공급계약의 효력을 살펴본다.

가. 國際私法上의 爭點—근로자공급계약의 準據法

첫째 근로자공급계약의 準據法, 둘째 직업안정법의 적용 여부, 셋째 직업안정법을 위반한 근로자공급계약의 효력의 유무의 準據法이 문제되는데, 이 사건에는 涉外私法이 적용된다.

(1) 근로자공급계약의 準據法

근로자공급계약은 통상의 계약이므로 涉外私法 제9조 이하에 따라 準據

7) 엄밀하게는 '근로자파견계약'(Arbeitnehmerüberlassungsvertrag)은 근로자공급계약의 하나의 유형이나 여기에서는 편의상 양자를 호환적으로 사용한다.

8) 김형배, 근로기준법 제8판(2000), 816면, 831면 참조. 근로자파견시에는 사용자기능이 파견사업주와 사용사업주로 분열되는 점에 특색이 있다.

9) 근로자공급계약의 효력을 긍정한 제1심 및 원심과, 효력을 부정한 대법원이 모두 원고들과 피고간의 근로계약관계의 성립을 부정한 것을 보면 근로자공급계약이 무효라고 해서 사용사업주와 파견근로자간에 근로계약이 성립하는 것은 아니지만 그럴 개연성이 커진다고 할 수 있을 것이다. 원고들은 근로자공급계약이 무효이므로 파크항공사 또는 BBA와 원고들간의 고용관계가 단절되었다고 주장하였으나 1심판결은 이러한 주장을 근거가 없다고 배척하였다.

法이 결정된다.[10] 이 사안에서 제1차 계약의 準據法은 아일랜드법이고 제2차 계약의 準據法은 명시된 바 없다. 따라서 涉外私法하에서는 묵시적 합의에 의하여 準據法을 정하고, 이를 인정할 수 없는 경우에는 계약체결지법[11]이 準據法으로 인정되었을 것이다(물론 아래에서 보는 假定的 當事者意思에 의하여 準據法이 결정되었을 가능성도 있다). 그러나 어느 법원도 제2차 계약의 準據法에 관하여는 판단하지 않은 것으로 보인다.

(2) 직업안정법의 적용 여부

비록 제1차, 제2차 계약의 準據法이 외국법이더라도 직업안정법(구체적으로 노동부장관의 허가 없이는 근로자공급사업을 하지 못한다는 취지의 제33조 제1항)은 강행적으로 적용된다. 어느 법원도 이 점을 논의하지 않았지만 직업안정법은 이른바 法廷地의 '國際的 强行法規'로서 準據法에 관계없이 적용됨을 전제로 하였다. 涉外私法은 國際的 强行法規에 관하여 아무런 규정을 두지 않았지만[12] 이는 학설상 인정되었는데, 國際私法(제7조)은 이를 정면으로 도입하였다. '단순한(또는 통상의 또는 국내적) 강행법규'는 당사자의 합의에 의해 그 적용을 배제할 수 없는 법규를 의미하는 데 반하여, 國際的 强行法規는 당사자의 합의에 의해 적용을 배제할 수 없을 뿐만 아니라, 더 나아가 準據法이 외국법이라도 그의 적용이 배제되지 않는 강행법규를 말하며, 주로 公的인(국가적·경제정책적인) 이익에 봉사하는 법규가 이에 해당한다.[13] 이처럼 法廷地의 國際的 强行法規인 직업안정법이 적용되기 위하여는 그것이 準據法에 관계없이 적용된다는 입법자의 적용의지가 존재해야 하고, 당해 사안이 내국관련이 있어야 한다. 내국관련의 전형적인 예는 파크항공사 또는 BBA가 한국 내에서 영업활동을 하는 것인데, 이 사건에서 한국기업에 근로자를 파견하여 노무를 제공하게 하였으므로 이를 긍정할 수 있을 것이다.

(3) 직업안정법을 위반한 근로자공급계약의 효력의 유무의 準據法

통상의 경우 근로자공급계약의 효력은 근로자공급계약의 準據法에 따른

---

10) 개정 국제사법하에서도 근로자공급계약에 대하여는 근로계약에 관한 특칙인 제28조가 아니라 일반원칙인 제25조와 제26조가 적용된다. Schüren/Feuerborn, Arbeitnehmerüberlassungsgesetz (2003), Einleitung Rn. 618 참조.

11) 계약체결지라 함은 실제의 계약체결지거나, 격지자간의 계약이라면 청약의 발신지를 말한다(涉外私法 제11조 제2항).

12) 涉外私法 제5조를 國際的 强行法規의 근거로 드는 것은 적절하지 않다.

13) 석광현, 2001년 개정 국제사법 해설 제2판(2003), 92면 이하; 이 책 제1장 [1] 참조.

다. 그러나 근로자공급계약이 法廷地의 직업안정법에 위반되는 경우 직업안정법 적용의 결과, 즉 그것이 근로자공급계약에 미치는 영향이 法廷地法에 따를지, 근로자공급계약의 準據法에 따를지가 문제된다. 직업안정법이 國際的 强行法規로서 準據法에 관계없이 적용되므로 그 위반의 효력도 우리 법에 따를 사항이라고 본다.[14] 대상판결은 이를 논의하지 않았지만 우리 법에 따른다는 결론을 당연한 전제로 한 것이다. 이런 전제에 설 때 비로소 직업안정법이 단속법규인가 효력법규인가의 문제가 의미를 가진다.

나. 實質法上의 爭點—근로자공급계약의 효력

직업안정법이 강행법규임은 별 의문이 없지만, 그것이 단속법규인가 효력법규인가가 문제된다. 단속법규와 효력법규를 구별하는 기준에 관한 일반적으로 타당한 원칙은 없고, 결국 당해 법규의 취지, 목적과 성격을 고려하여 판단해야 할 것이나, 1심과 원심은 이를 단속법규로 보았음에 반하여, 대법원은 효력법규로 본 데서 알 수 있듯이 그 구별이 용이하지는 않다.

2. 근로계약관계의 성립 여부

가. 國際私法上의 爭點—근로계약관계의 성립의 準據法

대상판결은 涉外私法상 근로계약의 準據法에 관하여 다음 세 가지 점에서 의의가 있다.

첫째 근로계약도 當事者自治가 허용되는 채권계약인가. 涉外私法은 근로계약에 관하여 별도의 연결원칙을 두지 않았는데, 과거 근로계약의 準據法에 관하여는 ① 근로계약도 채권계약이라는 이유로 當事者自治를 긍정하는 견해와 ② 근로기준법 기타 관련법규의 강행성을 고려하여 當事者自治를 부정하는 견해 등이 있었다.[15] ①을 따르면 이 사건에서 퇴직금지급의무는 근로계약의 準據法에 의하나, ②를 따르면 근로기준법의 적용근거를 '公法의 屬地主義' 또는 '强行法規의 特別連結理論' 등에 의하여 설명할 필요가 있다. 대상판결은 ①을 지지한 것이다. 그러나 이러한 판단은 과거의 대법원 판결

---

14) Reithmann/Martiny/Freitag, Internationales Vertragsrecht 6. Auflage (2004), Rz. 407.

15) 상세는 석광현(註 13), 250면 이하; 최공웅, 국제소송(1994), 433면 이하 참조.

과는 사뭇 다른 태도로 보인다는 점에서 흥미롭다. 즉 대법원 1970. 5. 26. 선고 70다523, 524 판결은, 공영건업주식회사가 1년간 월남에서 취업시킬 기술자를 국내에서 모집하여 고용계약을 체결하여 월남에서 취업시키다가 작업량이 줄었음을 이유로 중간에 해고하자 근로자들이 근로기준법(제38조)에 의해 고용약정기한까지의 휴업수당지급을 청구한 사건에서, "… 근로기준법은 대한민국의 국민간에서의 고용계약에 의한 근로인 이상 그 취업장소가 국내이거나 국외임을 가리지 않고 적용될 성질의 법률"이라고 판시하였고 당해 고용계약의 準據法을 통한 접근을 하지 않았다.[16)]

둘째 客觀的 準據法의 결정. 涉外私法상 당사자들의 현실적인 합의는 없으나 만일 당사자들이 합의하였더라면 가졌을 것으로 생각되는 의사, 즉 假定的 當事者意思(hypothetischer Parteiwille)(또는 推定的 當事者意思)에 의하여 채권계약의 準據法을 정할 수 있는지에 관하여 견해가 나뉘었는데,[17)] 대상판결은 이를 긍정한 최초의 대법원판결로 보인다.[18)]

셋째 근로계약의 '성립'의 準據法도 當事者自治에 의하는가. 涉外私法하에서 이것이 가능한지는 분명하지 않았다. 이를 정면으로 다룬 것은 아니지만, 대법원 1987. 3. 24. 선고 86다카715 판결은 계약의 準據法은 계약이 유효하게 성립한 경우에 비로소 적용될 수 있을 뿐이므로, 계약의 성립 및 유

---

16) 이에 관하여는 석광현(註 13), 252면과 그에 인용된 문헌을 참조.

17) 석광현, "涉外私法의 改正에 관한 立法論—國際契約法 분야: 改正 國際私法의 소개를 포함하여—," 국제사법과 국제소송 제2권(2001), 15면 참조.

18) 개정 국제사법하에서는 假定的 意思에 기한 準據法의 결정은 허용되지 않는다. 로마협약을 받아들인 독일에서도 동일하다. Reithmann/Martiny/Mankowski(註 14), Rz. 155. 국제사법에 따르더라도 이 사건의 경우 한국법이 準據法이 될 가능성이 클 것으로 생각되지만, 다음 두 가지 점을 검토할 필요가 있다. 첫째, 정상적인 근로자파견계약의 경우 사용사업주와 파견근로자간에는 근로계약관계는 존재하지 않고 노무제공관계만이 존재하는데 이에 대하여는 국제사법 제28조가 적용된다고 본다. 근로관계를 명시하는 독일 민법시행법(제30조)과 로마협약(제6조)상으로는 이 점이 좀더 분명하다. 둘째, 국제사법 제28조 제2항은 "당사자가 準據法을 선택하지 아니한 경우에 근로계약은 제26조의 규정에 불구하고 근로자가 일상적으로 노무를 제공하는 국가의 법에 의하며, 근로자가 일상적으로 어느 한 국가 안에서 노무를 제공하지 아니하는 경우에는 사용자가 근로자를 고용한 영업소가 있는 국가의 법에 의한다"고 규정하는데, 대상판결도 인정한 것처럼 원고들은 한국 또는 어느 특정 국가에서 일상적인 노무를 제공한다고 볼 수 없고, 그렇다면 사용자가 근로자를 고용한 영업소가 있는 국가의 법이 準據法이 되어야 할 것이나, 그에 앞서 가장 밀접한 관련을 가지는 법은 한국법이라고 본다. 석광현(註 13), 258면 참조. 만일 사용자가 근로자를 고용한 장소에 착안한다면 그를 고용한 사용자는 파견사업주이므로 아일랜드법이나 불가리아법이 準據法이 될 여지가 있다. Schüren/Feuerborn(註 10), Einleitung Rn. 628은 정상적인 근로자파견계약의 경우 이런 견해를 취하는 것으로 보인다.

효성이 계약의 準據法에 의해 규율된다는 것은 논리적으로 가능하지 않다는 취지로 판시한 바 있다. 그러나 대상판결은 근로계약(관계)의 성립에 대하여 當事者自治가 가능함을 명확히 하였다.[19]

나. 實質法上의 爭點—근로계약관계의 성립 여부

實質法上의 爭點은 피고(즉 사용사업주)와 원고들(즉 파견근로자들)간에 근로계약관계가 성립하는가의 여부였다. 대상판결은 과거의 판결[20]을 인용하면서, 원고들은 파크항공사 또는 BBA에 고용된 조종사들로서 위 회사들의 지시에 의하여 피고에게 노무를 제공하고 위 회사들로부터 급료를 수령하여 왔으며, 피고는 원고들로부터 노무제공을 받은 자로서 업무와 관련하여 지시·명령을 한 것 이외에 사용자로서의 일반적인 노무지휘권에 기하여 원고들에 대한 인사권이나 징계권 등을 행사한 사정이 전혀 없고, 파크항공사 또는 BBA가 독립성을 결여하여 피고의 노무대행기관으로 평가할 정도로 존재가 명목적이거나 형식적이라고 볼 만한 사정은 전혀 없다는 이유로 묵시적인 근로계약관계의 성립을 부정하였다.

여기에서는 實質法상의 쟁점은 간단히 소개하는 데 그친다. 근로계약관계의 성립에 관하여 종래 계약설과 편입설이 있는데, 계약설은 근로계약의 체결에 의한다고 보는 데 반하여, 편입설은 근로자의 사업장에의 편입이라는 사실적 요소에 중점을 둔다. 이 사건에서는 원고들과 피고간에는 명시적인 근로계약을 체결한 바 없으므로, 편입설 그 중에서도 사용종속관계라는 외형적·객관적 사실관계가 존재하면 근로계약관계가 성립한다는 견해를 따를 경우[21] 근로계약관계의 성립을 인정하기가 상대적으로 쉬울 것이나, 대상판결은 사용종속관계의 존재를 부정하고, 나아가 근로계약관계의 성립을 부정하였다. 종래 우리 판례는 묵시적 계약설을 따르고 있고 대상판결도 同旨라고

---

19) 국제사법(제29조, 제25조 제5항)은 계약의 성립 및 유효성뿐만 아니라 準據法指定契約의 성립과 유효성도 계약 또는 準據法指定契約이 유효하다면 국제사법에 따라 적용되어야 하는 準據法에 따라 판단한다는 취지를 명시한다. 석광현(註 13), 206-207면 참조.

20) 대법원 1999. 11. 12. 선고 97누19946 판결.

21) 편입설의 경우 편입이라는 사실적 요소가 필요하다는 데는 이론이 없지만 논자에 따라 다소 차이가 있다. 즉 '근로계약' 이외에 편입이 필요하다고 하는 견해(김형배(註 8), 105면), 사용자와 근로자간에 반드시 법률행위적일 필요는 없는 의사의 합치가 필요하다는 견해(Günther Schaub, ArbeitsrechtsHanduch 9. Auflage (2000), §29 Rn.9)와 전통적 계약이론과 달리 당사자의 합의가 없어도 사용종속관계라는 외형적·객관적 사실관계가 존재하면 근로계약관계가 성립한다는 견해(유성재(註 4), 23면) 등이 있다.

한다.[22)]

3. 대상판결에 대한 평가

國際私法的 爭點에 논의를 한정하면 대상판결에 대한 평가는 다음과 같다. 첫째, 대상판결이 근로자공급계약의 準據法을 문제삼지 않고, 직업안정법이 國際的 强行法規라는 점에 대하여 명시적으로 논의하지 않은 것은 미흡하지만, 직업안정법이 國際的 强行法規임을 당연한 전제로 한 결론은 타당하다. 둘째, 대상판결이 근로계약관계의 성립에 관하여 涉外私法의 해석론으로서 假定的 當事者意思를 도입한 것의 타당성은 의문이다. 涉外私法하에서 假定的 當事者意思의 개념을 도입하는 견해[23)]가 있었으나, 그에 대하여는 해석론의 범위를 넘는다는 비판이 있었다.[24)] 물론 이는 당사자의 準據法指定이 없는 경우 행위지법에 의하도록 하는 涉外私法의 기계적 연결원칙의 폐단을 시정하기 위한 노력으로서 평가할 수 있지만,[25)] 구체적인 사안에서 대상판결과 같이 당사자들이 합의하였더라면 가졌을 것으로 생각되는 의사(즉 주관설에 따른 假定的 當事者意思)[26)]를 추정하기는 사실상 불가능하고, 더욱이 涉外私法의 해석론으로서도 행위지법을 적용하는 것이 부당한 때에는 가장 밀접한 관련이 있는 법을 적용한다는 대원칙을 따라야 한다는 견해를 취한 저자로서는 이를 지지하기 어렵다.[27)]

---

22) 유성재(註 4), 23면.

23) 이호정, 國際私法(1983), 284면. 독일은 1986. 9. 1. 발효된 "국제사법의 새로운 규율을 위한 법률"(Gesetz zur Neuregelung des Internationalen Privatrechts)로써 민법시행법(EGBGB)을 개정하였는데, 개정 전 민법시행법은 계약의 準據法에 관한 규정을 두지 않았으나 학설·판례는 當事者自治의 원칙을 인정하였고, 準據法 지정이 없는 경우 假定的 當事者意思에 의하여 準據法을 정하는 견해가 유력하였다.

24) 김용담, "國際契約의 準據法과 강행법규," 섭외사건의 제문제(上) 재판자료 제33집(1986), 10-11면.

25) 다만 대법원이 涉外私法의 개정 후에 비로소 假定的 當事者意思의 법리를 도입한 것은 아쉽다.

26) 과거 독일에는 假定的 當事者意思를 탐구하는 데 있어 대상판결처럼 만일 당사자들이 합의하였더라면 가졌을 것으로 생각되는 의사, 즉 주관적 의사에 착안하는 견해와, 계약관계의 重點이 객관적으로 어느 법질서에 있는지에 착안하는 객관설이 있었다. 후자에 따르면 개관적인 기초에 근거한 이익형량이 문제된다. Reithmann/Martiny/Martiny(註 14), Rz. 112.

27) 석광현(註 17), 15면.

Ⅳ. 해상우선특권의 準據法인 파나마법의 해석·적용—대법원 2004. 7. 9. 선고 2003다23168 판결[28)]

[사안의 개요]

원고(Contigroup Companies, Inc.)는 곡물 등의 무역업에 종사하는 미국 회사인데 1999. 7. 22. SK Gas Corporation(SK)과 사이에 선하증권 발행일 현재 사우디 아람코의 고시가격으로 프로판가스 등을 구매하는 계약을 체결하고, 아랍에서 극동까지 가스를 운송하기 위하여 같은 해 8. 14. 파나마 선적의 월드레인보우호("이 사건 선박")의 소유자와 용선계약을 체결하였다. 그런데 프로판가스 등의 선적이 지연되어 선하증권 발행일 현재 사우디 아람코의 고시가격이 인상되었고 극동지역의 판매가격이 하락됨으로써 원고는 SK에게 추가대금을 지급하는 손해를 입었으며, 이를 이유로 위 선박소유자를 상대로 용선계약이 정한 바에 따라 중재신청을 하여 피신청인은 원고에게 일정한 금원을 지급하라는 중재판정을 받았다.

한편, 피고(Den Norske Bank ASA)는 1997. 12. 29. 위 선박소유자에게 미화 500만 달러를 대출하면서 이 사건 선박에 관하여 파나마국법에 따른 저당권을 취득하였는데, 위 선박소유자가 대출금 채무를 이행하지 않자 1999. 12. 2. 광주지방법원 순천지원에 선박임의경매를 신청하였다.

경매절차에서 이 사건 선박은 최고가입찰가격을 기재한 소외 회사(Gaz Trade Inc.)에게 낙찰되었고, 원고는, 선박의 하자 또는 선적지연으로 인하여 손해를 입었으므로 채무불이행 및 불법행위에 기한 손해배상채권을 가지는데 이는 선적국법인 파나마국 상법 제1507조 제5호('과실 또는 부주의에 의한 손해에 대한 배상금')의 선박우선특권이 있으므로, 동조 제7호에 따라 선박우선특권을 가지는 피고의 저당권부채권보다 우선한다고 주장하면서 배당요구를 하였다. 그럼에도 불구하고 경매법원이 피고에게 배당할 금액을 전부 배당하자 원고는 이 사건 배당이의의 소를 제기하였다.

그런데 파나마국의 최고법원인 Corte Suprema de Justicia("파나마 대

---

28) 미공간. 이에 대하여는 김현, "파나마법상 선박우선특권," 법률신문 제3297호(2004. 9. 9.), 15면에 간단한 평석이 있다.

법원")는 1994. 5. 25. '*Panama Air Safety Marine Supply Inc.(PAMAR) v. MV Haiti Express*' 사건("*Haiti* 사건")에서, 해사법원이 위 제5호의 '과실 또는 부주의에 의한 손해에 대한 배상금'은 '계약 외'의 과실로 인한 우선채권만을 가리키는 것이고 선박가압류 신청자의 채권은 '용선계약'에 기한 것이라는 이유로 가압류를 해제하는 결정을 한 데 대하여 가압류 신청인이 상소하자, 제5호의 해상우선특권은 '계약상의 책임 및 계약 외 책임'으로부터 발생하는 것이고, 선박에 대한 해상우선특권의 한 유형은 '용선계약'으로부터 파생되는 것이며, 용선계약의 '전부 또는 일부 불이행'에 기인할 수 있다는 취지로 판시하며 위 해사법원의 결정을 취소하는 결정을 한 바 있다.

[판결요지]

涉外私法(제44조 제4호)에 의하면 이 사건 선박에 대한 해상우선특권에 의하여 담보되는 채권의 종류와 선박에 대한 우선특권의 순위는 선적국인 파나마국의 법률에 따르는데, 원심은 ① 파나마는 성문법국가인 점, ② *Haiti* 사건에서의 파나마 대법원의 결정은, 판사들이 유사한 사안에 적용하게 되는 파나마 법원법상의 '유망한 원칙'이 아닌 점, ③ Haiti 사건은 본안판결이 아니라 선박가압류의 정당성을 형식적으로 심사하는 파나마 해상사건절차법 소정의 '*Apremio*' 절차에서 내린 해사법원의 결정에 대한 항고심으로서 한 결정에 불과한 점, ④ 당시까지 파나마 해상사건의 최종심을 담당하던 항소법원이 1985. 8. 6. *Augusto Eneas Jimenez Torres v. M/V American Trader* 사건에서 제5호 소정의 부주의 또는 과실에 대한 배상의무는 오직 '비계약적' 민사책임에 대하여서만 발생한다는 판결을 한 점 등을 이유로, *Haiti* 사건 판례에도 불구하고 용선계약 위반으로 인한 손해배상채권은 제5호에서 정한 해상우선특권의 피담보채권에 해당하지 아니한다는 취지로 판단하였다.

대상판결은 準據法인 외국법규의 내용을 확정하고 그 의미를 해석함에 있어서는 그 외국법이 그 본국에서 현실로 해석·적용되고 있는 의미·내용대로 해석·적용되어야 하고(대법원 1996. 2. 9. 선고 94다30041 판결 및 1991. 2. 22. 선고 90다카19470 판결 등 인용), 그 본국에서 최고법원의 법해석에 관한 판단은 특별한 사정이 없는 한 존중되어야 할 것인데, *Haiti* 사건 판결은 파나마 법원공보에 출간되었고, 해상법 관련 주석서에도 인용되어 소개되고 있고, *Haiti* 사건 판결 후 그에 배치되는 판단을 한 사례는 찾아보기 어려우므로, 원심이 파나마 대법원의 *Haiti* 사건 판시와 다르게 해석한 것은 잘못이라고 하였다.

하지만, 대상판결은 *Haiti* 사건의 판시만으로는 용선자의 손해배상채권이 제1507조 제5호 소정의 해상우선특권이 인정되는지 여부가 명확하지 아니하고 그에 관한 판례나 해석기준에 관한 자료가 충분히 제출되지 아니하여 그 내용의 확인이 불가능하므로, 일반적인 법해석 기준에 따라 법의 의미·내용을 확정할 수밖에 없다고 판시하고(대법원 1996. 2. 9. 선고 94다30041 판결 및 1991. 2. 22. 선고 90다카19470 판결 등 인용), 다음과 같은 근거로 제1507조의 해석상 화물의 인도불능이나 손상으로 인한 손해배상채권에 대하여는 별론으로 하고, 운송지연으로 인한 손해배상채권에 대하여는, 그것이 계약위반을 원인으로 하든 불법행위를 원인으로 하든 간에 해상우선특권이 인정되지 아니한다고 판시하여 결국 원심판결을 인용하였다.

첫째, 제1507조의 개정취지는 해상우선특권으로서 가장 낮은 순위에 있던 선박저당권을 보다 선순위로 끌어올림으로써 선주와 선박금융회사들의 요구에 부응하려던 것이라는 점, 둘째, 제5호의 '과실 또는 부주의에 의한 손해에 대한 배상금'에 대한 선박우선특권이 모든 계약상 원인에 기해 발생한다면 범위가 지나치게 넓게 되어 입법취지에 반하므로 선박우선특권의 대상인 해사채권은 계약책임 또는 불법행위책임에 기인하는 것이든 간에 제한적으로 해석하여야 하는 점, 셋째, 국제조약과 주요 해운국의 입법례와 판례는 화물에 관한 손해에 대하여는 선박우선특권을 아예 인정하지 않거나, 인정하더라도 화물의 인도불능 및 손상으로 인한 손해배상채권에 대하여만 인정하고, 운송지연으로 인한 손해배상채권에 대하여는 선박저당권에 우선하는 선박우선특권을 인정하지 않는 것이 대체적인 경향이고, 제1507조도 제11호에서 12종류의 선박우선특권 중 11 순위로 '화물의 인도불능 또는 화물에 발생한 손해'에 대해 별도의 선박우선특권을 인정하므로 화물에 관한 세 가지 유형의 손해 중 인도불능 및 손상에 관하여만 선박우선특권을 부여하되 선박저당권은 물론 여타 선박우선특권에 대해 아주 낮은 순위를 부여하는 점과, 넷째, 만일 제5호에 과실 또는 부주의에 기한 운송지연으로 인한 손해배상청구권이 포함된다면, 화물의 인도불능이나 손상으로 인한 손해배상채권에 대하여는 최후의 항해 동안 발생한 부분에 한하여, 그것도 매우 낮은 순위의 해상우선특권이 부여되는 데 반하여, 운송지연의 경우에만 선박저당권에 우선하는 해상우선특권을 부여하는 결과가 되어 부당하고, 이는 불법행위의 경우에도 마찬가지라는 점이 그것이다.

[평 석]

대상판결이 準據法인 외국법규의 내용을 확정하고 그 의미를 해석함에 있어서는 그 외국법이 그 본국에서 현실로 해석·적용되고 있는 의미·내용대로 해석·적용되어야 하고, 그 본국에서 최고법원의 법해석에 관한 판단은 특별한 사정이 없는 한 존중되어야 한다고 판시한 것은 타당하고, 나아가 *Haiti* 사건 판결은 파나마 법원공보에 출간되었고, 해상법 관련 주석서에도 인용되어 소개되고 있고, *Haiti* 사건 판결 후 그에 배치되는 판단을 한 사례는 찾아보기 어려우므로, 원심이 파나마 대법원의 *Haiti* 사건 판시와 다르게 해석한 것은 잘못이라고 지적한 것도 타당하다.

문제는 대상판결이 파나마 상법을 합리적으로 해석함으로써 *Haiti* 사건 판결의 취지를 제한적으로 이해하고, 스스로 합리적이라고 판단하는 결론을 도출한 것이 정당한가이다. 이 사건의 쟁점은 운송지연으로 인한 원고의 이 사건 선박소유자에 대한 손해배상채권이 피고의 저당권부채권보다 선순위인 파나마 상법 제1507조 제5호의 선박우선특권에 해당하는지 여부인데, 대상판결은 원심이 파나마 대법원의 *Haiti* 사건 판시와 다르게 해석한 것은 잘못이라고 하면서도, *Haiti* 사건 판결은 과실 또는 부주의에 기한 운송지연으로 인한 손해배상청구권을 포함하는 취지는 아니라고 판단하였다. 그러니 대상판결에 따르면 결국 제1507조 제5호가 실제로 어떤 의미를 가지는지는 분명하지 않다. 즉 대상판결에 따르면, 일반적으로 화물과 관련한 손해배상책임은 화물의 인도불능, 손상과 운송지연의 세 가지 유형으로 구분할 수 있는데, 그 중 화물의 인도불능과 손상으로 인한 손해배상채권에 대하여는 제11호가 낮은 순위의 해상우선특권을 인정하고, 운송지연으로 인한 손해배상청구권에 대하여는 해상우선특권이 전혀 인정되지 않는다는 것인데 —대상판결이 인정하듯이 이는 불법행위의 경우에도 마찬가지이므로— 그렇다면 제11호 외에 별도로 제5를 둔 이유가 무엇인지 알 수 없기 때문이다. 제5호의 선박우선특권의 대상인 해사채권을 제한적으로 해석하여야 한다는 대상판결로서는 제5호의 구체적인 적용범위를 제시했어야 하지 않을까 생각된다.

어쨌든 파나마법의 해상우선특권에 정통하지 않는 저자로서는 實質法의 쟁점에 대해 의미 있는 분석을 할 수는 없다.[29] 다만 분명한 것은, 대상판결이 지적한 바와 같이 準據法 소속국의 최고법원의 법해석에 관한 판단은 특별한 사정이 없는 한 존중되어야 한다는 점인데, 가사 최고법원의 판결이 파나마의 소수설을 따른 것이고, 우리 대법원의 판단으로는 다수설이 타당하더라도 우리 대법원은 파나마 최고법원의 판결을 따라야 한다[30]는 점이다. 따라서 만일 *Haiti* 사건 판결이 제5호의 해석, 그 중에서도 이 사건에서 다투어진 쟁점에 관한 것이라면—물론 이 점이 논란이 되고 있지만—, 파나마 상법과 그에 관한 파나마 최고법원의 해석이 비록 정책적으로 타당하지 않더라도 대법원은 *Haiti* 사건 판결을 존중했어야 한다는 점은 분명하다.[31]

파나마는 세계 최대의 선적보유국으로서 우리 國際私法(제60조)은 선박우선특권과 저당권 등 선박에 관한 물권을 포함한 해상법의 여러 가지 쟁점에 대하여 船籍國法을 準據法으로 지정하고 있으므로 파나마의 해상법은 우리 나라에서 제기되는 해상법에 관한 소송에서 실무상 중요한 의미를 가진다. 그러나 이 사건에서처럼 파나마법을 적용하면서 우리 법원이 겪는 커다란 어려움을 생각하면 과연 海事國際私法상의 다양한 쟁점의 連結點으로 船籍을 선택한 것이 과연 올바른 결정인지에 대해서는 재고할 여지가 있다.[32]

---

29) 이 사건에서 1심부터 3심까지 피고 소송대리인이었던 김현 변호사는 영국법상으로도 용선자는 선박우선특권을 가지지 않고, 국제조약도 선박우선특권이 매우 강력한 권리이면서도 공시되지 않는 점 등을 감안하여 점차 축소하는 경향을 보이며, 용선자의 채무불이행에 기한 손해배상채권이 저당권자의 선박우선특권보다 후순위라는 결론은 선박건조, 구입에 필요한 선박금융을 보호하는 정신에도 부합하는 점을 근거로 대상판결에 찬성한다. 그러나 그러한 결론이 합리적인가와, 그것이 파나마 대법원의 해석에 부합하는가는 별개의 문제이다.

30) MünchKomm/Spellenberg, Band [10] 3. Aufl. (1998), Einleitung Rn. 456.

31) 이 문제는 국제사법이론상 '외국법의 해석'과 '법형성'(Rechtsfortbildung)(물론 허용되는 범위 내의)의 경계에 놓인 문제일 수도 있다.

32) 이 사건에서 각 당사자의 소송대리인은 각자 자기에게 유리한 파나마 변호사의 의견서들을 제출하였던 것으로 알고 있다.

V. 상표권의 屬地主義와 상표권침해의 準據法—대법원 2004. 7. 22. 선고 2003다62910 판결[33]

[사안의 개요]

일본법에 따라 설립된 회사인 원고(주식회사 Biz International)는 한국에서 티셔츠 등의 의류를 지정상품으로 하여 2000. 4. 14. "X-Girl" 상표의 상표등록을 하였고, 일본에서도 같은 해 7. 21. 피혁 등을 지정상품으로 하여 위 상표에 관하여 상표등록을 하였다. 자연인인 피고(박OO)는 서울 광희시장 매장에서 의류판매업에 종사하고 있는데, 2001. 8.경부터 같은 해 11. 20.까지 정당한 상표의 사용권한 없이 위조된 위 상표가 부착된 티셔츠 등을 일본 보따리상들에게 판매하였으며, 그들은 이를 정상가격보다 저렴한 가격으로 일본 내에서 판매하였다. 원고는 일본 내에서는 위 상표를 사용한 제품을 생산, 판매하는 등 활발한 영업활동을 하고 있으나, 피고가 위 판매행위를 한 기간에는 한국 내에서는 위 상표를 사용하여 제품을 생산하거나, 판매를 하는 등의 영업활동을 하지 않았다.

원고는 피고를 상대로 한국 상표권 및 일본 상표권의 침해로 인하여 손해를 입었음을 주장하면서 영업상 손해배상 또는 부당이득의 반환[34]을 청구하는 소를 제기하였다.

[판결요지]

대상판결은 원심판결과 마찬가지로 한국 상표권의 침해와 일본 상표권의 침해를 구분하여 논의하였다. 즉 대상판결은 한국 상표권의 침해에 관하여는, 손해에 관한 피해자의 주장·입증책임을 경감하는 상표법의 관련조항(제67조)[35]은 불법행위에 기한 손해배상청구에 있어서 손해에 관한 피해자의 주

---

33) 미공간. 이 판결에 대하여는 강영수, "國際 知的財産權侵害訴訟에 있어서 國際私法的 問題에 관한 研究—屬地主義 原則의 限界 및 그 修正을 中心으로—," 서울대학교 대학원 박사학위논문(2005. 2.), 38면 이하에 평석이 있다.

34) 부당이득의 반환에 대해서는 별로 논의가 없었던 것으로 보인다.

35) 조문은 다음과 같다(상표권자에 관한 부분만을 발췌·요약한 것임).
제67조(손해액의 추정 등)
① 상표권자는 자기의 상표권을 … 침해한 자에 대하여 … 손해배상을 청구하는 경우 침해한

장·입증책임을 경감하는 취지이고, 손해의 발생이 없는 것이 분명한 경우까지 침해자에게 손해배상의무를 인정하는 취지는 아니라는 이유로, 이 사건에서 피고가 원고의 한국 상표권을 침해하였지만 상표권자에게 영업상 손해가 발생하지 않았으므로 손해배상청구가 인정되지 않는다고 본 원심판결을 정당하다고 판시하였다.

한편, 대상판결은 일본 상표권의 침해에 관하여는, 國際私法 제24조에 따라 침해지법인 일본 상표법(제37조 등)이 準據法이 되는데, 위조한 상표를 부착한 의류를 일본 보따리상들에게 대량으로 판매함으로써 일본에서의 일본 상표권 침해행위를 용이하게 하여 준 피고의 행위가 위 침해행위에 대한 방조가 될 수 있더라도, 속지주의 원칙을 채용하고 있는 일본 상표법하에서는 상표권이 등록된 나라의 영역 외에서 당해 상표권의 등록국에서의 침해행위를 유도하는 등 이에 관여하는 행위는 불법행위를 구성하지 않는다는 이유로 피고의 공동불법행위책임의 성립을 부정하였다.

[평 석]

1. 대상판결의 의의

대상판결은 국제적인 상표권침해의 準據法에 관하여 판단한 최초의 대법

자가 침해행위를 하게 한 상품을 양도한 때에는 그 상품의 양도수량에 상표권자가 그 침해행위가 없었다면 판매할 수 있었던 상품의 단위수량당 이익액을 곱한 금액을 상표권자의 손해액으로 할 수 있다. 이 경우 손해액은 상표권자가 생산할 수 있었던 상품의 수량에서 실제 판매한 상품의 수량을 뺀 수량에 단위수량당 이익액을 곱한 금액을 한도로 한다. …

② 상표권자가 … 자기의 상표권을 침해한 자에 대하여 … 손해배상을 청구하는 경우 권리를 침해한 자가 침해행위에 의하여 이익을 받은 때에는 그 이익의 액을 상표권자가 받은 손해의 액으로 추정한다.

③ 상표권자가 … 자기의 상표권을 침해한 자에 대하여 … 손해배상을 청구하는 경우 그 등록상표의 사용에 대하여 통상 받을 수 있는 금액에 상당하는 액을 상표권자가 받은 손해의 액으로 하여 그 손해배상을 청구할 수 있다.

④ 제3항의 규정에 불구하고 손해의 액이 동항에 규정하는 금액을 초과하는 경우에는 그 초과액에 대하여도 손해배상을 청구할 수 있다. …

⑤ 법원은 상표권의 침해행위에 관한 소송에 있어서 손해발생은 인정되나 그 손해액을 입증하기 위하여 필요한 사실을 입증하는 것이 해당 사실의 성질상 극히 곤란한 경우에는 제1항 내지 제4항의 규정에 불구하고 변론전체의 취지와 증거조사의 결과에 기초하여 상당한 손해액을 인정할 수 있다.

원판결이라는 점에서 의의가 있는데, 특히 2001년 개정시 신설된 國際私法(제24조)을 적용한 판결로서 앞으로 동 조의 해석에 대한 지침을 제공하는 판결로서 의의가 크다. 지적재산권의 침해의 準據法에 관하여 國際私法 제24조는 이른바 保護國法(*lex loci protectionis*)主義를 채택한 것으로 물권에 관한 규정들과 함께 제4장에 규정되어 있으나, 이는 당초 독립되어 있던 장을 편의상 제4장에 통합한 것으로서 기술적인 의미를 가질 뿐이다. 따라서 제4장에 포함되어 있다고 하여 지적재산권 관련 쟁점의 성질결정에 영향을 미치는 것은 아니고, 지적재산권의 침해에 관한 한 제24조는 불법행위에 대한 조항들(제32조)에 대한 특칙으로서의 의미도 가지며 마치 별개의 장에 지정된 것처럼 읽고 해석해야 한다.

또한 대상판결은 상표권의 屬地主義의 논리적인 귀결을 명확히 보여 준 판결이다. 屬地主義는 다의적인 개념이나, 종래 우리 나라에서는 지적재산권의 屬地主義는 "지적재산권의 성립·소멸과 그 내용은 그 지적재산권을 부여한 국가의 법률에 의하여서만 결정되고 그 효력도 부여국(예컨대 특허권의 등록국)의 영토주권이 미치는 범위 내에서만 인정된다는 원칙"이라고 설명한다. 이에 의하면 지적재산권자의 권리는 '복수의 국내법에 따른 지적재산권들의 집합'이 되는데 이것이 이른바 Kegel의 '다발이론'(Bündeltheorie)이다.[36] 이 사건에서 원고는 국제적으로 통용되는 하나의 상표권을 가지는 것이 아니라, 한국에서는 한국법에 따른 상표권을, 일본에서는 일본법에 따른 상표권을 가지는 것이다. 屬地主義의 결과 지적재산권에 관한 國際裁判管轄規則, 準據法과 實質法은 서로 밀접한 관련을 가지며, 관련 국제조약이 달리 정하지 않는 한 지적재산권은 부여국과 실제로 보호를 부여하는 국가에서만 침해될 수 있고 따라서 불법행위를 구성하는 行動地와 結果發生地가 원칙적으로 일치한다.

하지만 대상판결이 屬地主義의 불가피한 결과라는 생각이 들지 않는 것은 아니지만, 대상판결의 결론을 선뜻 수긍하기에는 거부감이 있는 것도 사실이다. 한국 상표권의 침해와 일본 상표권의 침해를 나누어 본다.

---

36) 상세는 석광현, "한국에 있어서 知的財産權紛爭의 國際裁判管轄," 변호사 제35집 —회원연구논문집—, 서울지방변호사회(2005), 417면 이하; 이 책 제8장 [14] 참조.

2. 한국 상표권의 침해에 관하여

가. 實質法上의 爭點

實質法인 상표법의 해석론으로서, 원고는 피고가 이 사건 상표를 위조하여 티셔츠 등에 부착한 후 판매함으로써 원고의 상표권을 침해하였으므로 피고는 원고에게 상표법 제67조에 따라 손해배상을 해야 한다고 주장한 데 대하여, 대상판결은 "위 조항들은 불법행위에 기한 손해배상청구에 있어서 손해에 관한 피해자의 주장·입증책임을 경감하는 취지의 규정이고, 손해의 발생이 없는 것이 분명한 경우까지 침해자에게 손해배상의무를 인정하는 취지는 아니므로 상표권의 침해행위에도 불구하고 상표권자에게 손해의 발생이 없다는 점이 밝혀지면 침해자는 손해배상책임을 면할 수 있고(대법원 2002. 10. 11. 선고 2002다33175 판결, 대법원 1997. 9. 12. 선고 96다43119 판결 등 인용), 상표권자에게 손해의 발생이 인정되지 아니하는 경우에는 민법 제750조에 기한 손해배상청구권 역시 인정될 수 없다"는 취지로 판시하였다.

그러나 이에 대하여는 "이 사건에 있어서 한국에 있어 상표권 침해행위가 있는 이상 그 손해가 한국에서 발생하였다고 보는 것이 상식에 부합하고 또 손해가 일본에서 발생하였다 하더라도 한국법상 상표권 침해행위를 구성한다면 그로 인한 손해는 배상되어야 마땅할 것이므로 위 판결은 지나치게 속지주의에 경도되었다는 비난을 면할 수 없다"는 취지의 비판이 있다.[37] 반면에 이 사건에서는 원고가 한국에서 영업을 하지 않았기 때문에 한국 상표권 침해로 인한 손해가 없다고 하여 손해배상책임이 부정된 것일 뿐이므로, 만일 원고가 한국 내에서 현실적인 영업을 하고 있었다면 손해배상을 받을 길은 열려 있고, 일본 보따리상들은 직접 침해자로서 손해배상책임이 있으므로 그 한도 내에서는 원고의 구제가 가능하다는 반론도 있다.[38]

생각건대, 屬地主義의 결과 이 사안의 사실관계를 국가별로 분해하여 법률효과를 판단할 수밖에 없다면 대상판결은 매우 논리적이라고 할 것이다. 그러나 위 비판설의 지적처럼 두 가지 점을 검토할 필요가 있다. 첫째 한국

---

37) 손경한, "知的財産紛爭의 準據法," 저스티스 제78호(2004. 4.), 193면. 이는 대상판결의 원심판결에 대한 비판이다.

38) 강영수(註 33), 48-49면 참조.

에서 과연 손해가 없다고 보는 것이 타당한가라는 점이고,[39] 둘째 일본에서 발생한 손해가 한국 상표권의 침해의 결과라고 인정하는 것이 우리 불법행위법상 불가능한지, 나아가 屬地主義에 반하는지가 그것이다. 첫째는 상표법의 해석문제인데, 대상판결의 타당성은 의문이나 여기에서는 논의를 생략하고 후자만을 살펴본다.

피고가 원고의 상표를 위조하여 이를 의류에 부착하고, 나아가 일본에서 판매할 것이라는 점을 알면서 이를 일본의 보따리상에게 판매하였으므로, 침해행위와, 법익의 침해라는 결과발생은 한국에서 있었는데, 문제는 그로 인한 손해, 즉 한국 상표권 침해의 경제적 효과는 피고가 영업을 하는 일본에서 발생했다고 볼 수 없는지, 또한 그렇게 보는 것이 과연 屬地主義에 반하는지를 검토할 필요가 있다.[40] 예컨대 어떤 사람이 독일에서 변질된 통조림을 사서, 벨기에에서 이를 먹었고 파리에서 병원에 입원하였다면, 결과발생지는 벨기에지만 손해발생지는 파리라는 데서 보는 바와 같이[41] 손해발생지(Schadensort)는 법익이 침해된 장소가 아니라 손해가 발생한 장소를 말하기 때문이다. 어쨌든 지적재산권 침해의 경우 결과발생지의 개념과 그 장소결정(localisation)은 좀더 검토할 필요가 있다.[42]

나. 國際私法上의 爭點

한편 대상판결은 일본 상표권의 침해에 관하여는 國際私法(제24조)을 적용하였지만, 한국 상표권의 침해에 관하여는 이를 적용하지 않고 곧바로 우리 상표법을 적용하였다. 이는 이 경우 아예 외국적 요소가 없거나, 있더라도 그 관계에 막연히 한국법을 적용함은 부당하고 國際私法을 적용하는 것이 합리적이고 타당하다고 할 정도에 이르지 못하는 사인이라고 본 때문으로 짐작된다. 하지만 원고인 상표권자가 일본법에 따라 설립되고 일본에 주된

---

39) 손해가 있다면 적어도 변론전체의 취지와 증거조사의 결과에 기초하여 상당한 손해액을 인정할 수 있을 것이다(상표법 제67조 제5항).

40) 손경한 변호사의 비판의 둘째 점도 이를 지적하는 것으로 보인다.

41) 이호정(註 23), 303면.

42) 통상적으로 손해발생지는 準據法 결정시 무시된다. 그러나 독일에서는 신체 또는 물건이 손상된 경우와 달리 순전히 재산적 손해만이 있는 경우에는 손해발생지를 결과발생지로 보는 견해가 유력한데, 지적재산권의 경우도 이에 해당한다는 견해도 있다. 석광현(註 36), 426면 참조. 물론 散在不法行爲(Streudelikt)의 準據法을 결정함에 있어 이른바 모자이크방식을 취하는 견해를 고려하면 본문의 결론을 선뜻 수긍하는 것은 쉽지 않다.

사무소를 두고 있는 회사이며 또한 피고의 한국 내 행위만을 독립적으로 볼지 아니면 피고가 일본 보따리상들을 통하여 일본에서 행위한 것으로 볼 수 있는지도 문제되는 사안이므로 그렇게 단정할 수는 없으며, 그렇게 할 경우 자칫 막연하고 恣意的인 基準에 의하여 國際私法의 적용이 배제될 우려가 있다. 외국적 요소가 있는지를 판단함에 있어서는 비교적 넓게 이를 인정하여 國際私法을 적용하되, 國際私法의 각 조문에 규정된 連結原則의 적용대상인가를 판단함에 있어서는 당해 조문의 해석의 문제로서 문제된 외국적 요소가 의미 있는가(relevant한가)를 판단해야 한다.[43] 결론에는 차이는 없지만 이 경우에도 國際私法 제24조를 적용하여 準據法을 결정하는 것이 옳았을 것이다.

3. 일본 상표권의 침해에 관하여

가. 實質法上의 爭點

이 사건에서 일본 상표권의 침해는 위조상표를 부착한 의류를 일본 내에서 판매한 일본 보따리상들의 판매에 의하여 직접 행해졌는데, 일본 상표법은 屬地主義를 취하므로 만일 피고의 행위만을 독립적으로 본다면 그의 행위는 일본 상표권을 침해하는 행동이 되지 않고, 한국에서는 일본 상표권의 침해라는 결과가 발생하지도 않는다.[44]

그런데, 문제는 이 사건에서 피고가 일본 보따리상들의 행위를 방조하거나 유도한 것으로 평가할 수 있는가, 만일 그렇다면 피고가 일본에서 행위한 것으로 볼 수 있는지의 여부이다.[45] 방조의 경우 방조자 자신이라고 할 수 있는 피고의 행동을 기준으로 행동지를 결정한다면 행동지는 한국이 되므로 일본 상표권을 침해할 수 없으나, 직접 침해행위를 한 일본 보따리상들을 중

---

43) 외국적 요소에 관하여는 석광현, "涉外不法行爲의 準據法決定에 관한 小考," 국제사법과 국제소송 제1권(2001), 202면 이하 참조. 더욱이 저자가 지지하는 것은 아니지만 지적재산권침해의 경우 권리자의 주소지(또는 주된 사무소지)를 결과발생지로 보는 견해도 있다.

44) 상표법에 관한 것은 아니지만 아래에 언급하는 2002. 9. 26. FM信號複調裝置事件 판결에서 최고재판소는 일본 특허법상 특허권의 효력을 일본의 영역 외에서의 적극적인 유도행위에 미치는 것을 가능하게 하는 규정이 없음을 확인한 바 있다.

45) 이에 대하여 이 사건에서는 그러한 책임을 인정하기 어렵지만, 사실관계에 따라서는 피고도 공동불법행위자 또는 방조자로서 책임을 지는 경우도 있으므로 그 한도 내에서는 구제가 가능하다는 견해도 있다. 강영수(註 33), 49면 참조.

심으로 직접 행위자와 방조자의 행위를 통일적으로 평가하여 일본을 행동지라고 본다면 피고가 보따리상들을 통하여 일본 상표권을 침해하였다고 볼 여지도 있다.[46] 더 나아가 피고는 단순한 방조자가 아니라 '공동의' 불법행위를 한 자(민법 제760조 제1항)에 해당한다고 볼 여지는 없는지[47]를 검토할 필요가 있다.

나. 國際私法上의 爭點

대상판결이 상표권에 적용되는 국제조약인 "산업재산권 보호를 위한 파리협약"("파리협약")이 아니라 國際私法 제24조를 적용한 것에 대하여는 논란이 있을 수 있다. 파리협약은 상표권 자체의 準據法에 관하여 직접적인 규정을 두지는 않고, 상표권의 최소한의 보호와 내국민대우의 원칙을 정하고 있는데(제6조), 이는 엄밀하게는 외인법상의 규정이지만 유력한 견해는 이를 외인법상의 규정일 뿐만 아니라 보호국법주의를 정한 국제조약상의 저촉규범이라고 본다.[48] 사견으로는 제24조는 지적재산권에 관한 국제조약이 없거나 적용되지 않는 경우의 저촉규범으로서 의미를 가지므로[49] 이 사건에서도 파리협약의 적용 여부를 먼저 검토할 필요가 있었다고 본다. 논란이 있기는 하지만, 파리협약도 결국 보호국법주의를 취하고 있다거나 그로부터 보호국법주의를 도출할 수 있다는 것이 다수설이므로 결론에는 차이가 없다.

만일 일본의 상표법이 미국의 상표법처럼 역외적용을 규정하고 있었다면 우리 법원은 일본 상표법을 적용하여야 하는지, 아니면 일본 상표법의 역외적용은 우리의 공서에 반하는 것이라는 이유로 國際私法(제10조)에 따라 일

46) 석광현(註 36), 421면 참조. 위 최고재판소의 판결에서 반대의견을 택한 藤井재판관은 후자의 견해를 따랐다.

47) 물론 이 경우 각 가해행위가 독립적으로 불법행위의 성립요건을 충족해야 하는데, 屬地主義를 관철하면 피고의 행위만을 독립적으로 볼 경우 불법행위가 되지 않을 것이다.

48) 상세는 석광현, "國際的인 知的財産權 紛爭 해결의 문제점—國際私法的 論點에 관한 試論—," 국제사법과 국제소송 제2권(2001), 571면 참조. 다만 그 이론구성에 관하여는 다양한 견해가 있다. 파리협약의 해석에 관한 학설은 金彦叔, 知的財産權と國際私法(2006), 47면 이하 참조.

49) 국제사법이 신법으로서 파리협약에 우선하여 적용된다는 견해도 가능하지만(국제사법 제24조와 파리협약 중 어느 것이 특별법인가, 그리고 신법우선의 원칙과 특별법우선의 원칙이 충돌하는 경우의 처리에 관하여는 논란의 여지가 있다), 입법자의 의도는 파리협약의 원칙에 반하는 국제사법원칙을 도입하려는 것이 아니라 동 협약이 적용되는 체약국과의 관계에서는 그에 의하고, 동 협약이 적용되지 않는 비체약국과의 관계에서는 국제사법을 적용하려는 것으로 이해해야 할 것이다.

본 상표법의 적용을 부정해야 할지가 문제되었을 것이다. 참고로 일본 최고재판소의 2002. 9. 26. 'FM信號複調裝置事件 판결'[50]은, 금지·폐기청구는 특허권 자체의 효력의 문제로 보아 등록국인 미국 특허법이 準據法이 될 것이나 미국 특허법이 정한 역외적 효력[51]은 屬地主義를 취하는 일본 특허법 질서의 기본이념에 위배되어 일본의 공서에 반한다는 이유로 적용을 배제하였다.[52]

이 사건에서는 원고가 손해배상청구만을 하였으므로 문제되지 않았지만, 보호국법원칙을 명시하는 우리 國際私法상으로는 침해금지 또는 폐기·제거청구도 동일한 침해지법, 즉 보호국법에 의할 사항이다.[53] 일본에서는 금지청구는 예컨대 특허권이 물권적 권리에 준하는 성질의 권리이기 때문에 인정되는 구제수단이라는 점에서 침해금지 또는 폐기청구의 準據法은 특허권의 準據法이고, 손해배상의 準據法은 불법행위지법에 의한다고 하여 양자를 구별하는 경향이 있고 위에 언급한 최고재판소 판결도 그런 견해를 취하였다.

---

50) 民集 56卷 7호, 1551면.

51) 제271조 (b)항에 따르면 특허권 침해를 적극적으로 유인한(induce) 자는 침해자로서 책임을 지고, 제283조에 따르면 특허권이 침해된 경우 금지를 명할 수 있다. 전자는 Darius Keyhani, "미국 특허법과 역외적용," 국제사법연구 제9호(2003), 367면 이하 참조.

52) 최고재판소 판결의 소개는 우선 木棚照一, "日本에 있어서 國際知的財産權紛爭의 國際裁判管轄權과 準據法," 국제사법연구 제9호(2003), 285면, 307면. 木棚照一, 308면은 외국법의 적용결과를 고려하지 않은 것이라는 이유로 위 결론에 반대한다. 상세한 평석은 石黑一憲, 國境を越える 知的財産(2005), 127-419면을 참조. 金彦叔(註 48), 151면은 이를 공서에 의하여 해결할 것이 아니라, 법정지의 絕對的 强行法規로서의 지적재산권의 실질법상의 속지주의의 원칙과의 관계를 고려하여 일본에서는 적용되지 않는다고 판단할 것이라고 한다. 김언숙씨는 현재 石黑一憲 교수의 지도하에 동경대학의 박사과정에서 국제사법을 전공하고 있다.

53) 국제재판관할의 맥락에서도 침해금지 또는 폐기·제거청구도 불법행위에 관한 국제재판관할규칙에 따르도록 함이 바람직하다. 이 경우 불법행위지는 대체로 보호국과 일치할 것이나 반드시 그런 것은 아니다. 석광현(註 36), 419면 참조.

Ⅵ. 사기에 의한 외국판결의 승인 및 집행과 상호보증의 개념—대법원 2004. 10. 28. 선고 2002다74213 판결[54)]

[사안의 개요]

피고들은 한국에 사는 부부이고, 원고들은 한국인 부부로 1991년경 미국 자치령인 북마리아나제도(The Commonwealth of Northern Mariana Islands. "CNMI"로 약칭됨)의 최대 섬인 사이판으로 이민을 가서 관광회사를 운영하였다. 1987년경부터 친하게 지내던 원고들과 피고들은 1993년 7월유람선 1척을 50%씩 두자하여 구입한 다음 운용수익을 50%씩 나누기로 하는 내용의 동업약정을 체결하였다. 그런데 피고들은, 원고들이 관광선을 운영하면서도 이익금을 피고들에게 교부하지 않아 동업계약을 해지하였다며 1994. 8. 30. 원고들을 상대로 투자금반환소송을 제기하였고, 북마리아나제도의 제1심인 Superior Court에서 피고들 승소판결이 선고되었다. 이에 대하여 원고들은 제2심 법원(Supreme Court)에 상소하였고, 상소심은 반대로 1999. 4. 12. 원·피고들 사이의 관광선 매매계약서(Bill of Sale)에 근거하여 제1심 판결을 파기하고 매매대금 10만 달러 중 잔대금 32,900달러를 지급하라는 원고들 승소판결을 선고하였다.[55)] 제2심 판결은 최종심이어서 그대로 확정되었다.[56)]

원고들은 이 사건 외국판결에 대한 집행판결을 구하는 소를 제기하였다.

[판결요지]

[1] 민사집행법 제27조 제2항 제2호, 민사소송법 제217조 제3호에 의하면 외국법원의 확정판결의 효력을 인정하는 것이 한국의 공서에 어긋나지 않는다는 점이 외국판결의 승인 및 집행의 요건인바, 외국판결의 내용 자체뿐

---

54) [공2004. 12. 1.(215), 1937] 대상판결에 대하여는 장상균 판사가 2004. 12. 4. 개최된 법원 내의 국제거래법연구회 제8회 세미나에서 "외국판결에 대한 집행에 관한 몇 가지 문제—대법원 2004. 10. 28. 선고 2002다74213 판결[공2004. 12. 1.(215), 1937]을 중심으로—"라는 제목으로 발표하였고 이는 대법원판례해설 51호(2004 하반기), 502면 이하에 게재되었다. 저자는 위 판결에 대하여 별도의 평석을 민사판례연구에 발표하였고, 이는 이 책 제2장 [7]에 수록되어 있다.

55) 아마도 원고들은 매매잔대금의 지급을 구하는 반소를 제기한 것으로 보인다.

56) 원심은 피고들이 권한 있는 상소법원에 상소를 제기하지 않아 위 판결이 확정되었다고 판단하였다.

만 아니라 외국판결의 성립절차에 있어서 공서에 어긋나는 경우도 승인 및 집행의 거부사유에 포함될 것이나, 민사집행법 제27조 제1항이 "집행판결은 재판의 옳고 그름을 조사하지 아니하고 하여야 한다"고 규정할 뿐만 아니라 사기적인 방법으로 편취한 판결인지 여부를 심리한다는 명목으로 실질적으로 외국판결의 옳고 그름을 전면적으로 재심사하는 것은 외국판결에 대하여 별도의 집행판결제도를 둔 취지에도 반하므로, 위조·변조 내지는 폐기된 서류를 사용하였다거나 위증을 이용하는 것과 같은 사기적인 방법으로 외국판결을 얻었다는 사유는 원칙적으로 승인 및 집행의 거부사유가 될 수 없고, 다만 재심사유에 관한 민사소송법 제451조 제1항 제6호, 제7호, 제2항의 내용에 비추어 볼 때 피고가 판결국 법정에서 위와 같은 사기적인 사유를 주장할 수 없었고 또한 처벌받을 사기적인 행위에 대하여 유죄의 판결과 같은 고도의 증명이 있는 경우에 한하여 승인 또는 집행을 구하는 외국판결을 무효화하는 별도의 절차를 당해 판결국에서 거치지 아니하였다 할지라도 바로 우리 나라에서 승인 내지 집행을 거부할 수는 있다.

[2] 우리 나라와 외국 사이에 동종 판결의 승인요건이 현저히 균형을 상실하지 아니하고 외국에서 정한 요건이 우리 나라에서 정한 그것보다 전체로서 과중하지 아니하며 중요한 점에서 실질적으로 거의 차이가 없는 정도라면 민사소송법 제217조 제4호에서 정하는 상호보증의 요건을 구비하였다고 봄이 상당하고, 또한 상호보증은 외국의 법령, 판례 및 관례 등에 의하여 승인요건을 비교하여 인정되면 충분하고 반드시 당사국과의 조약이 체결되어 있을 필요는 없으며, 당해 외국에서 구체적으로 우리 나라의 동종 판결을 승인한 사례가 없더라도 실제로 승인할 것이라고 기대할 수 있는 상태이면 충분하고, 상호보증이 있다는 사실은 법원이 직권으로 조사할 사항이다.

[평 석]

1. 대상판결의 의의

대상판결은 외국판결의 승인 및 집행에 관하여 중요한 판단을 담고 있다. 이 사건에서의 쟁점은 첫째, 사기적인 방법에 의하여 얻은 것이라고 주장된 이 사건 외국판결의 승인 및 집행이 우리의 공서에 위반되는지와, 둘째, 우리에게 널리 알려진 사이판섬이 속하는 북마리아나제도와 한국간에 외국판결의 승인 및 집행의 요건인 상호보증이 존재하는지의 여부였다. 후자의 점에 관하여 대상판결은 한국과 북마리아나제도 사이에 상호보증이 존재하는지 여부에 대한 심리미진을 이유로 원심판결을 파기하였다.

2. 사기에 의한 외국판결과 공서위반

외국판결 승인의 거부사유인 '사기'(fruad)는 영미법계에서 인정되는 개념으로 영미에서는 사기를 공서위반의 문제로 취급하는 대신 독립적인 승인 내지는 집행의 거부사유로 보나,[57] 우리 법상으로는 절차적 공서위반으로 이해된다. 이와 관련하여 저자는 사기적인 방법(예컨대 허위의 증거제출 또는 진술에 의하여 또는 중요한 증거를 고의적으로 억압하는 방법)에 의해 획득된 외국판결의 경우, 외국재판 후에 비로소 알게 된 사기가 있는 경우에 한하여, 우리의 절차적 공서에 반하는 것이므로 승인 및 집행을 거부할 수 있지만, 반면에 피고가 외국의 재판과정에서 이미 알고 있었고 이를 주장하였으나 받아들여지지 않았던 사기가 있는 경우에는 實質再審査(*révision au fond*) 금지의 원칙에 비추어 공서위반을 인정할 수 없다는 견해를 피력한 바 있다.[58]

대상판결은 외국판결의 옳고 그름을 재심사할 수 없으므로 사기적인 방법으로 외국판결을 얻었다는 사유는 원칙적으로 승인 및 집행을 거부할 사유가 될 수 없으나, 다만 ① 피고가 판결국 법정에서 사기적인 사유를 주장할 수 없었고, 또한 ② 처벌받을 사기적인 행위에 대하여 유죄의 판결과 같은 고도의 증명이 있는 경우에 한하여 예외적으로 승인 및 집행을 거부할 수 있으며 그 경우 외국에서 먼저 외국판결의 무효화절차를 밟을 필요는 없다고

57) Restatement of the Law (Third): The Foreign Relations Law of the United States (1987)("리스테이트먼트") §482 Comment e. 영국은 Cheshire and North's Private International Law, Thirteenth Edition (1999), p. 441 *et seq.*

58) 저자는 석광현, "民事 및 商事事件에서의 外國裁判의 承認 및 執行," 국제사법과 국제소송 제1권(2001), 315면에서 Peter Nygh and Faust Pocar, Report of the Special Commission, Preliminary Document No. 11 of August 2000, p. 107을 인용하여 전자를 '外在的 詐欺'(extraneous fraud), 후자를 '內在的 詐欺'(intrinsic fraud)라고 소개하였다. 이 분류는 리스테이트먼트와는 차이가 있다.

판시하였다.[59] 전자는 사기가 승인 및 집행거부사유가 되는지의 문제이고, 후자는 입증의 정도의 문제이다.

우선 ①을 보면, 실질재심사금지의 원칙에 비추어 외국의 법정에서 이미 주장하였으나 배척된 사기는 거부사유가 되지 않는다는 점에서는 저자의 견해와 유사하다.[60] 한편 ②를 보면, 다음과 같은 의문이 제기된다. 첫째, 공서 이외의 다른 승인 및 집행의 요건의 결여는 물론이고, 또한 공서위반 중에서도 유독 사기의 경우에만 고도의 증명을 요할 근거가 있는지 의문이다. 둘째, 대상판결은 고도의 증명을 요하는 근거로 재심사유에 관한 민사소송법 제451조 제1항 제6호·제7호, 제2항을 참고한 것으로 보이나, 외국판결의 승인 및 집행의 거부를 확정판결의 재심과 동일시할 것은 아니다. 외국판결의 승인 및 집행의 경우 우리 법원은 외국판결의 실질을 재심사하지 않으면서 단지 민사소송법(제217조)의 승인요건의 구비 여부만을 심리하여 요건이 미비되면 외국판결의 효력확장을 거부함에 그치는 데 반하여, 재심의 경우 재심사유인 중대한 하자가 있으면 법원은 우리 나라의 확정판결을 취소하고 이미 종결된 사건을 재심사하는 것이므로, 승인 거부사유와 비교할 때 재심사유의 인정이 상대적으로 좀더 고도의 증명을 요할 것으로 생각된다.

3. 상호보증의 의의

상호보증의 의의에 관하여 과거 대법원 1971. 10. 22. 선고 71다1393 판

---

59) 이에 관하여 대륙법계 국가에서 사기에 의해 얻은 판결은 재심절차 등에 의해 취소되지 않는 한 승인의 대상이 되지만, 영미법계 국가에서 사기에 의해 얻은 판결은 이른바 부수공격(collateral attack)에 의해 무효를 주장할 수 있으므로 승인의 대상이 될 수 없다고 보아 이를 공서가 아니라 승인대상의 문제로 해결하려는 견해가 있다. 김주상, "外國判決의 承認과 執行," 사법논집 제6집(1975), 483. 또한, 이공현, "外國判決의 承認과 執行," 재판자료 34집 섭외사건의 제문제 (下)(1986), 620면은 위를 인용하고 더 나아가 영미법계 국가에서 기망에 의해 취득한 판결에 대해서는 집행판결절차에서 판결국 법률이 정한 요건에 따라 기망을 이유로 효력을 배제시킬 수 있다고 한다. 저자는 전자에 대하여는 영미법계 국가에서 사기에 의해 얻은 판결이 당연무효가 되는 것이 아닌 한 그렇게 해석할 근거는 없고, 후자에 대하여는 이는 실질재심사 금지의 원칙에 반하며, 집행국 법원이 외국판결을 취소할 권한은 없다고 비판하였다. 석광현(註 58), 315면 주 192. 대상판결은 위 두 견해가 타당하지 않음을 확인한 것이라고 할 수 있다.

60) 배제되는 사기의 범위에 외국에서 주장할 수 있었지만 주장하지 않은 사기도 포함되는지와, 사기의 분류에 관하여는 좀더 검토할 필요가 있다. 리스테이트먼트는 이를 외재적 사기와 내재적 사기로 구분하는데, 그 내용은 Nygh/Pocar의 보고서(註 58)와 다르고, 영국에서의 분류와도 차이가 있는 것으로 보인다.

결이 "상호보증이라 함은 당해 외국이 조약에 의하여 또는 국내법에 의하여 대한민국 판결의 당부를 조사함이 없이 구 민사소송법 제203조에 규정한 내용과 같든가 또는 관대한 조건 아래에서 대한민국 판결의 효력을 인정하고 있는 경우를 말한다"고 판시한 이래 공식적으로는 이런 태도가 유지되어 왔다. 다만 피고의 성폭행 등을 이유로 50만불의 손해배상의 지급을 명한 미국 미네소타주 법원 판결의 승인 및 집행과 관련하여 서울지방법원동부지원 1995. 2. 10. 선고 93가합19069 판결은 상호보증의 개념에 관하여 대상판결의 그것과 유사한 기준을 제시하였는데 동 판결이 대법원 1997. 9. 9. 선고 96다47517 판결에 의해 확정되었으므로 대법원은 이미 묵시적으로 판례를 변경한 것으로 평가되었다.[61] 이제 대상판결은 좀더 분명하게 종전 판례를 변경한 것이라고 할 수 있다.

상호보증의 요건에 대한 입법론적 비판에 비추어 상호주의를 완화하여 해석해야 하고, 각국의 상이한 법제에 비추어 위 1971년 판결의 태도는 외국판결의 승인을 매우 어렵게 하거나 사실상 불가능하게 한다는 점에서 부당하므로[62] 대상판결의 태도는 정당하다. 대법원 판결이 제시한 요건은 "우리 나라와 외국 사이에 동종 판결의 승인요건이 현저히 균형을 상실하지 아니하고 외국에서 정한 요건이 우리 나라에서 정한 그것보다 전체로서 과중하지 아니하며 중요한 점에서 실질적으로 거의 차이가 없"을 것인데, 다소 중언하는 감은 있지만 이러한 설시는 타당하다. 대상판결의 결과 상호보증의 존재를 보다 쉽게 인정할 수 있게 되었지만, 구체적인 사건에서 특정 외국과의 간에 과연 그러한 요건이 구비되는지의 여부를 판단하는 것은 가치판단을 요구하는 문제이다. 어쨌든 대상판결의 결과, 종래 국제거래에서 중요한 지위를 가지는 영국(England)과 우리 나라간에서도 상호보증이 존재한다고 인정될 가능성이 상대적으로 커졌다고 할 수 있다.

다만 대법원이 그렇게 하지 않은 이유는 불분명하지만, 저자의 생각으로는 상호보증의 개념 내지는 요건에 관한 대법원의 견해를 변경하는 것이므로 전원합의체 판결의 형식을 취하는 것이 옳지 않았을까 생각된다.

이 사건에서 문제된 북마리아나제도와 한국간에 과연 상호보증이 존재하는지에 관한 논의는 다른 기회로 미룬다.[63]

---

61) 석광현(註 58), 323면 이하 참조.

62) 상세는 석광현(註 58), 322면 이하 참조.

63) 원심판결과 대상판결의 취지를 간단히 소개한다. 원고들의 청구를 인용한 원심은 상호보

이와 관련하여 중요한 것은, 대상판결은 상호보증의 개념을 설시하면서 "… 동종판결의 승인요건이 …"라고 하고, "… 금전지급판결에 관한 한 … 상호보증이 있다"라고 판시하였는데, 이는 '부분적 상호보증'(partielle Verbürgung der Gegenseitigkeit)의 개념을 받아들인 것이라는 점이다. 따라서 가령 재산법상의 금전판결의 승인 및 집행과 관련하여 상호보증이 존재하더라도 가사사건의 판결에 대하여 상호보증이 당연히 존재하는 것은 아니다. 문제는 동종판결의 범위를 어떻게 정할 것인가라는 점인데, 예컨대 미국 법원의 금전판결이더라도 統一外國金錢判決承認法(Uniform Foreign Money-Judgments Recognition Act)이 적용되는 금전판결과, 동법이 적용되지 않는 양육비지급판결은 구별해야 하고, 특히 부양료청구에 관하여는 統一扶養相互執行法(Uniform Reciprocal Enforcement of Support Act)이 있고, 아동보호에 관하여는 統一兒童保護管轄權法(Uniform Child Custody Jurisdiction Act)이 있으므로 그 분야의 판결에 관하여는 당해 법상의 요건을 검토하여 상호보증의 유무를 판단해야 한다. 즉 상호보증의 유무는 한국과 외국(또는 그 주)간에 모든 판결에 대하여 일률적으로 판단할 것이 아니라, 당해 국가(또는 주)의 승인 및 집행요건을 고려하여 각 국가(또는 주)별로 동일한 종류의 판결의 범위를 정하고 개별적으로 판단하여야 한다.[64] 더 나아가 독일에서는 판결의 종류뿐만 아니라 개별적인 승인의 요건 및 효력 등을 세분하여 상호보증의 유무의 판단을 개별화하고 있는데, 우리도 앞으로 이를 좀더 검토할 필요가 있을 것이다.

증이 존재한다고 보았다. 그 근거는 이 사건 외국판결에 대하여 미국의 관할 연방항소법원에 상소할 수 있는데, 그 연방항소법원의 소재지인 캘리포니아 주에서 통일외국금전판결승인법을 채택하였고 그 승인요건이 우리 나라의 그것과 대체로 동일하다는 것이었다. 그러나 대상판결은 연방항소법원에 상소할 수 있는 것은 연방문제(federal question)의 경우에 한하는 것이고 이 사건의 경우는 그렇지 않으므로 원심판결은 잘못이고, 다만 북마리아나제도의 민사소송법 조항 및 관련 리스테이트먼트{Restatement (third) of the Law, The Foreign Relations Law of the United States, §481 및 §482}의 내용에 따라서는 상호보증의 존재를 긍정할 여지도 없지 않으므로 이를 좀더 심리하라는 취지로 원심판결을 파기하고 사건을 환송하였다.

64) 석광현(註 58), 325면. 저자는 상호보증의 유무에 관한 국가별 검토를 한 바 있는데 이는 가장 전형적인 금전지급판결의 경우에 타당하고, 국가별로 판결의 종류에 따라 좀더 세분화할 필요가 있음은 물론이다.

Ⅶ. 맺 음 말

위에서 본 바와 같이 광의의 國際私法 분야에서 주목할 만한 대법원판결이 속속 나오고 있고, 관련분야도 國際裁判管轄, 外國判決의 承認 및 執行과 같은 민사절차법 분야만이 아니라 지적재산권, 해상법과 노동법 분야로 점차 다양해지고 있다. 일부는 아직 涉外私法이 적용되는 사건들이라는 점에서 아쉬움이 있지만, 그러한 판결들도 國際私法의 해석론을 위하여 도움이 되며, 앞으로는 國際私法이 적용되는 사건들이 점차 증가할 것이다. 이는 우리 사회·경제의 국제화의 진전에 수반되는 당연한 현상이다. 그럼에도 불구하고 정부의 短見으로 인하여 國際私法이 사법시험의 선택과목으로서 의미를 상실하게 된 1997년 이래 법과대학과 사법연수원에서의 國際私法教育이 빈사상태에 빠져 있음은 개탄할 일이다. 국제화는 빠른 속도로 진행되고 있는데 정작 그에 대처하기 위하여 필수적인 國際私法과 國際民事節次法의 교육은 퇴보하고 있다. 이 분야의 교육을 담당하고 있는 저자도 책임의 일단을 통감하지만, 가장 큰 책임은 법무부에 있음을 지적해 두고자 한다. 이 글이 '國際去來의 基本法'인 國際私法이 단순히 공허한 이론에 그치는 것이 아니라 실천적으로 매우 중요한 의미를 가지는 법이라는 점을 이해하는 데 도움이 되기를 희망한다.

[後 記]

위(Ⅴ.)에서 언급한 X-Girl 사건에 대하여 강영수 부장판사는 2005. 3. 25. 한국국제사법학회에서 "知的財産權의 屬地主義 原則과 國際私法"이라는 제목의 발표를 하였고, 발표문은 국제사법연구 제11호(2005), 231면 이하에 게재되었다. 발표 당시 저자는 발표자에게 국제사법연구 제10호(2004)에 간행된 저자의 글에서 위의 논점들을 제기하였음을 환기시키고 그에 대해 발표자의 의견을 물은 뒤 국제사법연구에 게재할 논문에서는 그 논점들에 대한 발표자의 의견을 반영해 줄 것을 부탁하였다. 그러나 유감스럽게도 강영수 부장판사는 발표문을 전재하는 데 그쳤다.

부 록

[16] Convention on the Law Applicable to Certain Rights in Respect of Securities Held with an Intermediary
[17] Convention on the Law Applicable to Trusts and on their Recognition

[16] Convention on the Law Applicable to Certain Rights in Respect of Securities Held with an Intermediary (Concluded 5 July 2006)

The States signatory to the present Convention,

Aware of the urgent practical need in a large and growing global financial market to provide legal certainty and predictability as to the law applicable to securities that are now commonly held through clearing and settlement systems or other intermediaries,

Conscious of the importance of reducing legal risk, systemic risk and associated costs in relation to cross-border transactions involving securities held with an intermediary so as to facilitate the international flow of capital and access to capital markets,

Desiring to establish common provisions on the law applicable to securities held with an intermediary beneficial to States at all levels of economic development,

Recognising that the Place of the Relevant Intermediary Approach (or PRIMA) as determined by account agreements with intermediaries provides the necessary legal certainty and predictability,

Have resolved to conclude a Convention to this effect, and have agreed upon the following provisions —

CHAPTER I DEFINITIONS AND SCOPE OF APPLICATION

Article 1 Definitions and interpretation

1. In this Convention —

a) "securities" means any shares, bonds or other financial instruments or financial assets (other than cash), or any interest therein;

b) "securities account" means an account maintained by an intermediary to which securities may be credited or debited;

c) "intermediary" means a person that in the course of a business or other regular activity maintains securities accounts for others or both for others and for its own account and is acting in that capacity;

d) "account holder" means a person in whose name an intermediary maintains a securities account;
e) "account agreement" means, in relation to a securities account, the agreement with the relevant intermediary governing that securities account;
f) "securities" held with an intermediary means the rights of an account holder resulting from a credit of securities to a securities account;
g) "relevant intermediary" means the intermediary that maintains the securities account for the account holder;
h) "disposition" means any transfer of title whether outright or by way of security and any grant of a security interest, whether possessory or non-possessory;
i) "perfection" means completion of any steps necessary to render a disposition effective against persons who are not parties to that disposition;
j) "office" means, in relation to an intermediary, a place of business at which any of the activities of the intermediary are carried on, excluding a place of business which is intended to be merely temporary and a place of business of any person other than the intermediary;
k) "insolvency proceeding" means a collective judicial or administrative proceeding, including an interim proceeding, in which the assets and affairs of the debtor are subject to control or supervision by a court or other competent authority for the purpose of reorganisation or liquidation;
l) "insolvency administrator" means a person authorised to administer a reorganisation or liquidation, including one authorised on an interim basis, and includes a debtor in possession if permitted by the applicable insolvency law;
m) "Multi-unit State" means a State within which two or more territorial units of that State, or both the State and one or more of its territorial units, have their own rules of law in respect of any of the issues specified in Article 2(1);
n) "writing" and "written" mean a record of information (including information communicated by teletransmission) which is in tangible or other form and is capable of being reproduced in tangible form on a subsequent occasion.

2. References in this Convention to a disposition of securities held with an intermediary include —
a) a disposition of a securities account;
b) a disposition in favour of the account holders intermediary;

c) a lien by operation of law in favour of the account holders intermediary in respect of any claim arising in connection with the maintenance and operation of a securities account.

3. A person shall not be considered an intermediary for the purposes of this Convention merely because —
   a) it acts as registrar or transfer agent for an issuer of securities; or
   b) it records in its own books details of securities credited to securities accounts maintained by an intermediary in the names of other persons for whom it acts as manager or agent or otherwise in a purely administrative capacity.
4. Subject to paragraph (5), a person shall be regarded as an intermediary for the purposes of this Convention in relation to securities which are credited to securities accounts which it maintains in the capacity of a central securities depository or which are otherwise transferable by book entry across securities accounts which it maintains.
5. In relation to securities which are credited to securities accounts maintained by a person in the capacity of operator of a system for the holding and transfer of such securities on records of the issuer or other records which constitute the primary record of entitlement to them as against the issuer, the Contracting State under whose law those securities are constituted may, at any time, make a declaration that the person which operates that system shall not be an intermediary for the purposes of this Convention.

Article 2 Scope of the Convention and of the applicable law

1. This Convention determines the law applicable to the following issues in respect of securities held with an intermediary —
   a) the legal nature and effects against the intermediary and third parties of the rights resulting from a credit of securities to a securities account;
   b) the legal nature and effects against the intermediary and third parties of a disposition of securities held with an intermediary;
   c) the requirements, if any, for perfection of a disposition of securities held with an intermediary;
   d) whether a person's interest in securities held with an intermediary extinguishes or has priority over another person's interest;
   e) the duties, if any, of an intermediary to a person other than the account holder who asserts in competition with the account holder or another person an interest in securities held with that intermediary;
   f) the requirements, if any, for the realisation of an interest in securities held

with an intermediary;

g) whether a disposition of securities held with an intermediary extends to entitlements to dividends, income, or other distributions, or to redemption, sale or other proceeds.

2. This Convention determines the law applicable to the issues specified in paragraph (1) in relation to a disposition of or an interest in securities held with an intermediary even if the rights resulting from the credit of those securities to a securities account are determined in accordance with paragraph (1)(a) to be contractual in nature.

3. Subject to paragraph (2), this Convention does not determine the law applicable to —

a) the rights and duties arising from the credit of securities to a securities account to the extent that such rights or duties are purely contractual or otherwise purely personal;

b) the contractual or other personal rights and duties of parties to a disposition of securities held with an intermediary; or

c) the rights and duties of an issuer of securities or of an issuer's registrar or transfer agent, whether in relation to the holder of the securities or any other person.

Article 3 Internationality

This Convention applies in all cases involving a choice between the laws of different States.

CHAPTER II APPLICABLE LAW

Article 4 Primary rule

1. The law applicable to all the issues specified in Article 2(1) is the law in force in the State expressly agreed in the account agreement as the State whose law governs the account agreement or, if the account agreement expressly provides that another law is applicable to all such issues, that other law. The law designated in accordance with this provision applies only if the relevant intermediary has, at the time of the agreement, an office in that State, which —

a) alone or together with other offices of the relevant intermediary or with other persons acting for the relevant intermediary in that or another State —

i) effects or monitors entries to securities accounts;

ii) administers payments or corporate actions relating to securities held with the intermediary; or

iii) is otherwise engaged in a business or other regular activity of maintaining securities accounts; or

b) is identified by an account number, bank code, or other specific means of identification as maintaining securities accounts in that State.

2. For the purposes of paragraph (1)(a), an office is not engaged in a business or other regular activity of maintaining securities accounts —

a) merely because it is a place where the technology supporting the bookkeeping or data processing for securities accounts is located;

b) merely because it is a place where call centres for communication with account holders are located or operated;

c) merely because it is a place where the mailing relating to securities accounts is organised or files or archives are located; or

d) if it engages solely in representational functions or administrative functions, other than those related to the opening or maintenance of securities accounts, and does not have authority to make any binding decision to enter into any account agreement.

3. In relation to a disposition by an account holder of securities held with a particular intermediary in favour of that intermediary, whether or not that intermediary maintains a securities account on its own records for which it is the account holder, for the purposes of this Convention —

a) that intermediary is the relevant intermediary;

b) the account agreement between the account holder and that intermediary is the relevant account agreement;

c) the securities account for the purposes of Article 5(2) and (3) is the securities account to which the securities are credited immediately before the disposition.

Article 5 Fall-back rules

1. If the applicable law is not determined under Article 4, but it is expressly and unambiguously stated in a written account agreement that the relevant intermediary entered into the account agreement through a particular office, the law applicable to all the issues specified in Article 2(1) is the law in force in the State, or the territorial unit of a Multi-unit State, in which that office was then located, provided that such office then satisfied the condition specified in the second sentence of Article 4(1). In determining whether an account agreement expressly and unambiguously states that the relevant intermediary entered into the account agreement through a particular office,

none of the following shall be considered —

a) a provision that notices or other documents shall or may be served on the relevant intermediary at that office;

b) a provision that legal proceedings shall or may be instituted against the relevant intermediary in a particular State or in a particular territorial unit of a Multi-unit State;

c) a provision that any statement or other document shall or may be provided by the relevant intermediary from that office;

d) a provision that any service shall or may be provided by the relevant intermediary from that office;

e) a provision that any operation or function shall or may be carried on or performed by the relevant intermediary at that office.

2. If the applicable law is not determined under paragraph (1), that law is the law in force in the State, or the territorial unit of a Multi-unit State, under whose law the relevant intermediary is incorporated or otherwise organised at the time the written account agreement is entered into or, if there is no such agreement, at the time the securities account was opened; if, however, the relevant intermediary is incorporated or otherwise organised under the law of a Multi-unit State and not that of one of its territorial units, the applicable law is the law in force in the territorial unit of that Multi-unit State in which the relevant intermediary has its place of business, or, if the relevant intermediary has more than one place of business, its principal place of business, at the time the written account agreement is entered into or, if there is no such agreement, at the time the securities account was opened.

3. If the applicable law is not determined under either paragraph (1) or paragraph (2), that law is the law in force in the State, or the territorial unit of a Multi-unit State, in which the relevant intermediary has its place of business, or, if the relevant intermediary has more than one place of business, its principal place of business, at the time the written account agreement is entered into or, if there is no such agreement, at the time the securities account was opened.

Article 6 Factors to be disregarded

In determining the applicable law in accordance with this Convention, no account shall be taken of the following factors —

a) the place where the issuer of the securities is incorporated or otherwise organised or has its statutory seat or registered office, central administration or place or principal place of business;

b) the places where certificates representing or evidencing securities are located;
c) the place where a register of holders of securities maintained by or on behalf of the issuer of the securities is located; or
d) the place where any intermediary other than the relevant intermediary is located.

Article 7 Protection of rights on change of the applicable law

1. This Article applies if an account agreement is amended so as to change the applicable law under this Convention.
2. In this Article —
   a) "the new law" means the law applicable under this Convention after the change;
   b) "the old law" means the law applicable under this Convention before the change.
3. Subject to paragraph (4), the new law governs all the issues specified in Article 2(1).
4. Except with respect to a person who has consented to a change of law, the old law continues to govern —
   a) the existence of an interest in securities held with an intermediary arising before the change of law and the perfection of a disposition of those securities made before the change of law;
   b) with respect to an interest in securities held with an intermediary arising before the change of law —
      i) the legal nature and effects of such an interest against the relevant intermediary and any party to a disposition of those securities made before the change of law;
      ii) the legal nature and effects of such an interest against a person who after the change of law attaches the securities;
      iii) the determination of all the issues specified in Article 2(1) with respect to an insolvency administrator in an insolvency proceeding opened after the change of law;
   c) priority as between parties whose interests arose before the change of law.
5. Paragraph (4)(c) does not preclude the application of the new law to the priority of an interest that arose under the old law but is perfected under the new law.

Article 8 Insolvency

1. Notwithstanding the opening of an insolvency proceeding, the law applicable

under this Convention governs all the issues specified in Article 2(1) with respect to any event that has occurred before the opening of that insolvency proceeding.

2. Nothing in this Convention affects the application of any substantive or procedural insolvency rules, including any rules relating to —
   a) the ranking of categories of claim or the avoidance of a disposition as a preference or a transfer in fraud of creditors; or
   b) the enforcement of rights after the opening of an insolvency proceeding.

CHAPTER III GENERAL PROVISIONS

Article 9 General applicability of the Convention

This Convention applies whether or not the applicable law is that of a Contracting State.

Article 10 Exclusion of choice of law rules (renvoi)

In this Convention, the term "law" means the law in force in a State other than its choice of law rules.

Article 11 Public policy and internationally mandatory rules

1. The application of the law determined under this Convention may be refused only if the effects of its application would be manifestly contrary to the public policy of the forum.
2. This Convention does not prevent the application of those provisions of the law of the forum which, irrespective of rules of conflict of laws, must be applied even to international situations.
3. This Article does not permit the application of provisions of the law of the forum imposing requirements with respect to perfection or relating to priorities between competing interests, unless the law of the forum is the applicable law under this Convention.

Article 12 Determination of the applicable law for Multi-unit States

1. If the account holder and the relevant intermediary have agreed on the law of a specified territorial unit of a Multi-unit State —
   a) the references to "State" in the first sentence of Article 4(1) are to that territorial unit;
   b) the references to "that State" in the second sentence of Article 4(1) are to the Multi-unit State itself.
2. In applying this Convention —
   a) the law in force in a territorial unit of a Multi-unit State includes both the law of that unit and, to the extent applicable in that unit, the law of

the Multi-unit State itself;

b) if the law in force in a territorial unit of a Multi-unit State designates the law of another territorial unit of that State to govern perfection by public filing, recording or registration, the law of that other territorial unit governs that issue.

3. A Multi-unit State may, at the time of signature, ratification, acceptance, approval or accession, make a declaration that if, under Article 5, the applicable law is that of the Multi-unit State or one of its territorial units, the internal choice of law rules in force in that Multi-unit State shall determine whether the substantive rules of law of that Multi-unit State or of a particular territorial unit of that Multi-unit State shall apply. A Multi-unit State that makes such a declaration shall communicate information concerning the content of those internal choice of law rules to the Permanent Bureau of the Hague Conference on Private International Law.
4. A Multi-unit State may, at any time, make a declaration that if, under Article 4, the applicable law is that of one of its territorial units, the law of that territorial unit applies only if the relevant intermediary has an office within that territorial unit which satisfies the condition specified in the second sentence of Article 4(1). Such a declaration shall have no effect on dispositions made before that declaration becomes effective.

Article 13 Uniform interpretation

In the interpretation of this Convention, regard shall be had to its international character and to the need to promote uniformity in its application.

Article 14 Review of practical operation of the Convention

The Secretary General of the Hague Conference on Private International Law shall at regular intervals convene a Special Commission to review the practical operation of this Convention and to consider whether any amendments to this Convention are desirable.

CHAPTER IV TRANSITION PROVISIONS

Article 15 Priority between pre-Convention and post-Convention interests

In a Contracting State, the law applicable under this Convention determines whether a person's interest in securities held with an intermediary acquired after this Convention entered into force for that State extinguishes or has priority over another person's interest acquired before this Convention entered into force for that State.

Article 16 Pre-Convention account agreements and securities accounts

1. References in this Convention to an account agreement include an account agreement entered into before this Convention entered into force in accordance with Article 19(1). References in this Convention to a securities account include a securities account opened before this Convention entered into force in accordance with Article 19(1).
2. Unless an account agreement contains an express reference to this Convention, the courts of a Contracting State shall apply paragraphs (3) and (4) in applying Article 4(1) with respect to account agreements entered into before the entry into force of this Convention for that State in accordance with Article 19. A Contracting State may, at the time of signature, ratification, acceptance, approval or accession, make a declaration that its courts shall not apply those paragraphs with respect to account agreements entered into after the entry into force of this Convention in accordance with Article 19(1) but before the entry into force of this Convention for that State in accordance with Article 19(2). If the Contracting State is a Multi-unit State, it may make such a declaration with respect to any of its territorial units.
3. Any express terms of an account agreement which would have the effect, under the rules of the State whose law governs that agreement, that the law in force in a particular State, or a territorial unit of a particular Multi-unit State, applies to any of the issues specified in Article 2(1), shall have the effect that such law governs all the issues specified in Article 2(1), provided that the relevant intermediary had, at the time the agreement was entered into, an office in that State which satisfied the condition specified in the second sentence of Article 4(1). A Contracting State may, at the time of signature, ratification, acceptance, approval or accession, make a declaration that its courts shall not apply this paragraph with respect to an account agreement described in this paragraph in which the parties have expressly agreed that the securities account is maintained in a different State. If the Contracting State is a Multi-unit State, it may make such a declaration with respect to any of its territorial units.
4. If the parties to an account agreement, other than an agreement to which paragraph (3) applies, have agreed that the securities account is maintained in a particular State, or a territorial unit of a particular Multi-unit State, the law in force in that State or territorial unit is the law applicable to all the issues specified in Article 2(1), provided that the relevant intermediary had, at the time the agreement was entered into, an office in that State which

satisfied the condition specified in the second sentence of Article 4(1). Such an agreement may be express or implied from the terms of the contract considered as a whole or from the surrounding circumstances.

CHAPTER V FINAL CLAUSES

Article 17 Signature, ratification, acceptance, approval or accession

1. This Convention shall be open for signature by all States.
2. This Convention is subject to ratification, acceptance or approval by the signatory States.
3. Any State which does not sign this Convention may accede to it at any time.
4. The instruments of ratification, acceptance, approval or accession shall be deposited with the Ministry of Foreign Affairs of the Kingdom of the Netherlands, Depositary of this Convention.

Article 18 Regional Economic Integration Organisations

1. A Regional Economic Integration Organisation which is constituted by sovereign States and has competence over certain matters governed by this Convention may similarly sign, accept, approve or accede to this Convention. The Regional Economic Integration Organisation shall in that case have the rights and obligations of a Contracting State, to the extent that that Organisation has competence over matters governed by this Convention. Where the number of Contracting States is relevant in this Convention, the Regional Economic Integration Organisation shall not count as a Contracting State in addition to its Member States which are Contracting States.
2. The Regional Economic Integration Organisation shall, at the time of signature, acceptance, approval or accession, notify the Depositary in writing specifying the matters governed by this Convention in respect of which competence has been transferred to that Organisation by its Member States. The Regional Economic Integration Organisation shall promptly notify the Depositary in writing of any changes to the distribution of competence specified in the notice in accordance with this paragraph and any new transfer of competence.
3. Any reference to a "State" or "Contracting States" in this Convention applies equally to a Regional Economic Integration Organisation where the context so requires.

Article 19 Entry into force

1. This Convention shall enter into force on the first day of the month

following the expiration of three months after the deposit of the third instrument of ratification, acceptance, approval or accession referred to in Article 17.

2. Thereafter this Convention shall enter into force
   a) for each State or Regional Economic Integration Organisation referred to in Article 18 subsequently ratifying, accepting, approving or acceding to it, on the first day of the month following the expiration of three months after the deposit of its instrument of ratification, acceptance, approval or accession;
   b) for a territorial unit to which this Convention has been extended in accordance with Article 20(1), on the first day of the month following the expiration of three months after the notification of the declaration referred to in that Article.

Article 20 Multi-unit States

1. A Multi-unit State may, at the time of signature, ratification, acceptance, approval or accession, make a declaration that this Convention shall extend to all its territorial units or only to one or more of them.
2. Any such declaration shall state expressly the territorial units to which this Convention applies.
3. If a State makes no declaration under paragraph (1), this Convention extends to all territorial units of that State.

Article 21 Reservations

No reservation to this Convention shall be permitted.

Article 22 Declarations

For the purposes of Articles 1(5), 12(3) and (4), 16(2) and (3) and 20 —
   a) any declaration shall be notified in writing to the Depositary;
   b) any Contracting State may modify a declaration by submitting a new declaration at any time;
   c) any Contracting State may withdraw a declaration at any time;
   d) any declaration made at the time of signature, ratification, acceptance, approval or accession shall take effect simultaneously with the entry into force of this Convention for the State concerned; any declaration made at a subsequent time and any new declaration shall take effect on the first day of the month following the expiration of three months after the date on which the Depositary made the notification in accordance with Article 24;
   e) a withdrawal of a declaration shall take effect on the first day of the

month following the expiration of six months after the date on which the Depositary made the notification in accordance with Article 24.

Article 23 Denunciation

1. A Contracting State may denounce this Convention by a notification in writing to the Depositary. The denunciation may be limited to certain territorial units of a Multi-unit State to which this Convention applies.
2. The denunciation shall take effect on the first day of the month following the expiration of twelve months after the date on which the notification is received by the Depositary. Where a longer period for the denunciation to take effect is specified in the notification, the denunciation shall take effect upon the expiration of such longer period after the date on which the notification is received by the Depositary.

Article 24 Notifications by the Depositary

The Depositary shall notify the Members of the Hague Conference on Private International Law, and other States and Regional Economic Integration Organisations which have signed, ratified, accepted, approved or acceded in accordance with Articles 17 and 18, of the following —

a) the signatures and ratifications, acceptances, approvals and accessions referred to in Articles 17 and 18;
b) the date on which this Convention enters into force in accordance with Article 19;
c) the declarations and withdrawals of declarations referred to in Article 22;
d) the notifications referred to in Article 18(2);
e) the denunciations referred to in Article 23.

In witness whereof the undersigned, being duly authorised thereto, have signed this Convention.

Done at The Hague, on the ······ day of ··········· 20···, in the English and French languages, both texts being equally authentic, in a single copy which shall be deposited in the archives of the Government of the Kingdom of the Netherlands, and of which a certified copy shall be sent, through diplomatic channels, to each of the Member States of the Hague Conference on Private International Law as of the date of its Nineteenth Session and to each State which participated in that Session.

[영문 발췌]

[17] Convention on the Law Applicable to Trusts and on their Recognition

(Concluded 1 July 1985)

(Entered into force 1 January 1992)

...

CHAPTER I SCOPE

Article 1

This Convention specifies the law applicable to trusts and governs their recognition.

Article 2

For the purposes of this Convention, the term "trust" refers to the legal relationships created —*inter vivos* or on death— by a person, the settlor, when assets have been placed under the control of a trustee for the benefit of a beneficiary or for a specified purpose.

A trust has the following characteristics -

a) the assets constitute a separate fund and are not a part of the trustee's own estate;

b) title to the trust assets stands in the name of the trustee or in the name of another person on behalf of the trustee;

c) the trustee has the power and the duty, in respect of which he is accountable, to manage, employ or dispose of the assets in accordance with the terms of the trust and the special duties imposed upon him by law.

The reservation by the settlor of certain rights and powers, and the fact that the trustee may himself have rights as a beneficiary, are not necessarily inconsistent with the existence of a trust.

Article 3

The Convention applies only to trusts created voluntarily and evidenced in writing.

Article 4

The Convention does not apply to preliminary issues relating to the validity of wills or of other acts by virtue of which assets are transferred to the trustee.

Article 5

The Convention does not apply to the extent that the law specified by Chapter II does not provide for trusts or the category of trusts involved.

CHAPTER II APPLICABLE LAW

Article 6

A trust shall be governed by the law chosen by the settlor. The choice must be express or be implied in the terms of the instrument creating or the writing evidencing the trust, interpreted, if necessary, in the light of the circumstances of the case.

Where the law chosen under the previous paragraph does not provide for trusts or the category of trust involved, the choice shall not be effective and the law specified in Article 7 shall apply.

Article 7

Where no applicable law has been chosen, a trust shall be governed by the law with which it is most closely connected.

In ascertaining the law with which a trust is most closely connected reference shall be made in particular to -

a) the place of administration of the trust designated by the settlor;
b) the situs of the assets of the trust;
c) the place of residence or business of the trustee;
d) the objects of the trust and the places where they are to be fulfilled.

Article 8

The law specified by Article 6 or 7 shall govern the validity of the trust, its construction, its effects, and the administration of the trust.

In particular that law shall govern -

a) the appointment, resignation and removal of trustees, the capacity to act as a trustee, and the devolution of the office of trustee;
b) the rights and duties of trustees among themselves;
c) the right of trustees to delegate in whole or in part the discharge of their duties or the exercise of their powers;
d) the power of trustees to administer or to dispose of trust assets, to create security interests in the trust assets, or to acquire new assets;
e) the powers of investment of trustees;

f) restrictions upon the duration of the trust, and upon the power to accumulate the income of the trust;
g) the relationships between the trustees and the beneficiaries including the personal liability of the trustees to the beneficiaries;
h) the variation or termination of the trust;
i) the distribution of the trust assets;
j) the duty of trustees to account for their administration.

Article 9

In applying this Chapter a severable aspect of the trust, particularly matters of administration, may be governed by a different law.

Article 10

The law applicable to the validity of the trust shall determine whether that law or the law governing a severable aspect of the trust may be replaced by another law.

CHAPTER III RECOGNITION

Article 11

A trust created in accordance with the law specified by the preceding Chapter shall be recognized as a trust.

Such recognition shall imply, as a minimum, that the trust property constitutes a separate fund, that the trustee may sue and be sued in his capacity as trustee, and that he may appear or act in this capacity before a notary or any person acting in an official capacity.

In so far as the law applicable to the trust requires or provides, such recognition shall imply, in particular -

a) that personal creditors of the trustee shall have no recourse against the trust assets;
b) that the trust assets shall not form part of the trustee's estate upon his insolvency or bankruptcy;
c) that the trust assets shall not form part of the matrimonial property of the trustee or his spouse nor part of the trustee's estate upon his death;
d) that the trust assets may be recovered when the trustee, in breach of trust, has mingled trust assets with his own property or has alienated trust assets. However, the rights and obligations of any third party holder of the assets shall remain subject to the law determined by the choice of law rules of the forum.

Article 12

Where the trustee desires to register assets, movable or immovable, or documents of title to them, he shall be entitled, in so far as this is not prohibited by or inconsistent with the law of the State where registration is sought, to do so in his capacity as trustee or in such other way that the existence of the trust is disclosed.

Article 13

No State shall be bound to recognize a trust the significant elements of which, except for the choice of the applicable law, the place of administration and the habitual residence of the trustee, are more closely connected with States which do not have the institution of the trust or the category of trust involved.

Article 14

The Convention shall not prevent the application of rules of law more favourable to the recognition of trusts.

CHAPTER IV GENERAL CLAUSES

Article 15

The Convention does not prevent the application of provisions of the law designated by the conflicts rules of the forum, in so far as those provisions cannot be derogated from by voluntary act, relating in particular to the following matters -

a) the protection of minors and incapable parties;
b) the personal and proprietary effects of marriage;
c) succession rights, testate and intestate, especially the indefeasible shares of spouses and relatives;
d) the transfer of title to property and security interests in property;
e) the protection of creditors in matters of insolvency;
f) the protection, in other respects, of third parties acting in good faith.

If recognition of a trust is prevented by application of the preceding paragraph, the court shall try to give effect to the objects of the trust by other means.

Article 16

The Convention does not prevent the application of those provisions of the law of the forum which must be applied even to international situations, irrespective of rules of conflict of laws.

If another State has a sufficiently close connection with a case then, in exceptional circumstances, effect may also be given to rules of that State which have the same character as mentioned in the preceding paragraph.

Any Contracting State may, by way of reservation, declare that it will not apply the second paragraph of this Article.

Article 17

In the Convention the word "law" means the rules of law in force in a State other than its rules of conflict of laws.

Article 18

The provisions of the Convention may be disregarded when their application would be manifestly incompatible with public policy (ordre public).

Article 19

Nothing in the Convention shall prejudice the powers of States in fiscal matters.

Article 20

Any Contracting State may, at any time, declare that the provisions of the Convention will be extended to trusts declared by judicial decisions.

This declaration shall be notified to the Ministry of Foreign Affairs of the Kingdom of the Netherlands and will come into effect on the day when this notification is received.

Article 31 is applicable to the withdrawal of this declaration in the same way as it applies to a denunciation of the Convention.

Article 21

Any Contracting State may reserve the right to apply the provisions of Chapter III only to trusts the validity of which is governed by the law of a Contracting State.

(이하 생략)

[참고자료]

「國際私法과 國際訴訟」 제1권에 수록된 논문의 목록

제1장 國際契約法

[1] 國際契約의 準據法에 관한 몇 가지 논점 —涉外私法의 解釋論을 중심으로: 改正된 國際私法의 소개를 포함하여—

[2] 外換許可를 받지 아니한 國際保證과 관련한 國際私法上의 問題點 —서울고등법원 1994. 3. 4. 선고 92나61623 판결에 대한 평석을 겸하여—

제2장 國際契約의 準據法에 관한 國際條約

[3] 契約上 債務의 準據法에 관한 유럽共同體 協約(로마協約)

제3장 國際信用狀去來

[4] 信用狀 開設銀行인 외국은행을 상대로 한 소송과 國際裁判管轄 —대법원 2000. 6. 9. 선고 98다35037 판결과 관련하여—

[5] 貨換信用狀去來에 따른 法律關係의 準據法

제4장 國際不法行爲法

[6] 涉外不法行爲의 準據法決定에 관한 小考 —共通의 屬人法에 관한 대법원판결을 계기로 본 涉外私法의 적용범위와 관련하여—

[7] 國際的인 製造物責任과 관련한 國際私法上의 問題點

제5장 外國裁判의 承認 및 執行

[8] 民事 및 商事事件에서의 外國裁判의 承認 및 執行

[9] 外國判決 承認要件으로서의 送達 —대법원 1992. 7. 14. 선고 92다2585 판결에 대한 평석을 겸하여—

[10] 損害賠償을 명한 미국 미네소타주법원 判決의 承認 및 執行에 관한 문제점 특히 相互保證과 公序의 문제를 중심으로 —서울지방법원동부지원 1995. 2. 10. 선고 93가합19069 판결에 대한 평석—

[11] 外國判決의 承認 및 執行에 관한 立法論 —民事訴訟法 改正案(제217조)과 民事執行法 草案(제25조, 제26조)에 대한 管見—

제6장 國際倒産法

[12] 國際倒産法의 몇 가지 問題點

제7장 外國 國際私法

[13] 스위스 國際私法(IPRG)

제8장 國際金融去來法

[14] 國內企業의 海外借入의 實務와 法的인 問題點 —國際契約法的 論點을 중심으로—

[15] 國內企業의 海外社債 發行의 實務와 法的인 問題點 —유로債(Eurobond) 발행시 우리 法의 適用範圍에 관한 問題를 中心으로—

부록

「國際私法과 國際訴訟」 제2권에 수록된 논문의 목록

「國際私法과 國際訴訟」 제3권에 수록된 논문의 목록

제1장 國際去來와 國際私法

[1] 國際去來를 취급하는 법률가들을 위한 改正 國際私法의 소개

제2장 國際貿易去來

[2] 수입화물의 소유권이전에 관한 연구

[3] 國際貿易去來에서 발행되는 환어음에 관한 몇 가지 문제점

제3장 國際物品賣買協約(CISG)

[4] 국제연합 國際物品賣買協約(CISG)에의 가입과 관련한 몇 가지 문제점

제4장 國際去來와 약관

[5] 國際去來와 약관규제에관한법률의 적용

제5장 국제보험·해상법

[6] 해상적하보험증권상의 영국법 준거약관에 따라 영국법이 규율하는 사항의 범위 —대법원 1998. 7. 14. 선고 96다39707 판결

[7] 船荷證券에 의한 國際裁判管轄合意의 문제점—대법원 1997. 9. 9. 선고 96다20093 판결

제6장 國際倒産法

[8] 國際倒産法에 관한 연구—立法論을 중심으로—

補論—2002년 統合倒産法試案 중 國際倒産法에 대한 의견

제7장 유럽연합의 國際私法

[9] 유럽연합의 國際倒産法制

[10] 民事 및 商事事件의 裁判管轄과 裁判의 執行에 관한 유럽연합규정(브뤼셀규정) —브뤼셀협약과의 차이를 중심으로—

제8장 헤이그국제사법회의 협약

[11] 헤이그국제사법회의의 民事 및 商事事件의 國際裁判管轄과 外國裁判에 관한 협약 2001년 초안

[12] 헤이그국제사법회의의 외국공문서의 인증요건 폐지에 관한 협약

제9장 국제금융거래법

[13] 국제적인 신디케이티드 론 거래와 어느 대주은행의 파산

[14] 우리 기업의 海外證券 발행과 관련한 법적인 미비점과 개선방안

[15] UNCITRAL의 國際債權讓渡協約—협약의 소개와 民法 및 資産流動化에 관한 法律에의 시사점—

부록

[16] UNCITRAL의 국제도산에 관한 모델법

[17] 유럽연합倒産規定

[18] 民事 및 商事事件의 裁判管轄과 裁判의 執行에 관한 유럽연합규정(브뤼셀규정)

「國際私法과 國際訴訟」 제1권—제4권에 수록되지 않은 논문의 목록

1. 石光現·曺榮均, "國際航空機리스에 관한 법적인 문제점," 대한변호사협회지(인권과 정의) 1992. 11.(제195호), 55-67면. 다만, 이 글의 일부는 「國際私法과 國際訴訟」 제2권 [14] 移動設備에 대한 國際的 擔保權에 관한 UNIDROIT 協約에 포함시켰다.
2. 貨換信用狀去來의 法律關係와 準據法, 무역상무연구 제IX권 1996. 2., 153-186면. 이 글은 아래 3.과 함께 「國際私法과 國際訴訟」 제1권 [5] "貨換信用狀去來에 따른 法律關係의 準據法"으로 통합하였다.
3. 貨換信用狀去來와 관련한 國際私法上의 몇 가지 문제점, 대한변호사협회지(인권과 정의) 1994. 10.(제218호), 111-126면. 이 글은 위 2.와 함께 「國際私法과 國際訴訟」 제1권 [5] "貨換信用狀去來에 따른 法律關係의 準據法"으로 통합하였다.
4. 國際商事仲裁에 있어서 實體에 적용할 準據法의 결정, 東泉 金仁燮 辯護士 華甲紀念論文集(1996), 522-535면. 다만, 이 글의 일부는 「國際私法과 國際訴訟」 제2권 [12] "改正仲裁法의 몇 가지 문제점—國際商事仲裁를 중심으로—"에 포함시켰다.
5. 民事 및 商事事件의 國際裁判管轄과 外國裁判의 承認 및 執行에 관한 헤이그協約—1997년 6월 개최된 特別委員會 회의 참가보고를 겸하여—, 국제사법연구 제2호(1997), 115-152면.
6. 國際裁判管轄의 몇 가지 문제점—종래의 論議에 대한 批判的 考察—, 대한변호사협회지(인권과 정의) 1998. 6.(제262호), 32-44면.
7. 民事 및 商事事件의 國際裁判管轄과 外國裁判의 承認 및 執行에 관한 헤이그協約—1998년 3월 개최된 特別委員會 제2차 회의 참가보고서—, 저스티스 1998. 12.(통권 제50호), 141-160면
8. 間接的 國際裁判管轄(또는 承認管轄), 국제사법연구 제4호(1999), 509-535면.
9. 國際訴訟, 경희대학교 국제법무대학원(편), 國際法務學概論(2000), 723-768면.
10. 스왑去來의 法的 問題點, 民事判例硏究[XXIII](2001), 647면-701면. 다만, 이 글의 일부는 「國際私法과 國際訴訟」 제2권 [13] "派生金融商品去來에 있어서의 一括淸算의 문제점과 倒産法의 개정"에 포함시켰다.
11. 信用狀去來上의 銀行의 法的地位—貨換信用狀去來의 法律關係—, 南孝淳·金載亨(共編), 金融去來法講義 II(2001), 135-177면.
12. 改正 國際私法의 總論的 問題, 法曹 2001. 5.(통권 제536호), 5-39면.
13. New Conflict of Laws Act of the Republic of Korea, Journal of Korean Law, Volume 1, Number 2, 2001, pp. 197-223.
14. 國際勤勞契約과 勤勞者保護—改正 國際私法을 중심으로—, 노동법학(한국노동법학회지) 2001. 12.(제13호), 1-37면.

15. 國際去來에서의 消費者保護—改正 國際私法을 중심으로—, 心堂宋相現先生 華甲紀念論文集, 이십일세기 한국상사법학의 과제와 전망(2002), 701-734면.
16. 國際的 保證의 諸問題, 한국무역상무학회, 무역상무연구 제17권(2002), 7-31면.
17. 國際的인 證券擔保去來의 準據法—PRIMA와 관련하여—, 증권법연구 제3권 제1호(2002), 97-137면, 조문은 339-365면.
18. 국제물품매매협약 가입과 한국법에의 수용, 상사법연구 제21권 제2호(2002), 41-134면.
19. 인터넷과 國際裁判管轄, 인터넷법연구 제2호(2003), 429-467면.
20. 연지급신용장의 만기전 매입 또는 지급, 判例研究 제17집(하)(서울지방변호사회, 2004), 86-112면.
21. 신용장의 비서류적 조건의 유효성, 한국무역상무학회, 무역상무연구 제22권(2004), 137-171면.
22. 항공기에 대한 국제적 담보거래—케이프타운협약과 항공기의정서를 중심으로—, 국제거래법학회지 제12집(2004), 163-200면.
23. 2005 헤이그법원선택합의협약, 국제사법연구 제11호(2005), 192-227면
24. 國際商事仲裁에서 紛爭의 實體에 적용할 準據法—仲裁法의 해석론을 중심으로, 한양대 법학논총 제23집 제1호(2006), 315-360면.
25. 국제항공기금융에 관한 법적 문제점, BFL 제18호(2006), 62-75면(조영균 변호사와 공동집필).
26. 外國仲裁判定에 기초한 執行判決과 청구이의사유의 주장, 서울지방변호사회, 판례연구 제20집(1)(2006), 385-430면.
27. 국제물품매매계약에 관한 국제연합협약(CISG)상의 본질적 계약위반, 한양대 법학논총 제23집 제2호(2006), 437-479면.

「國際私法과 國際訴訟」 제1권—제4권에 수록되지 않은 짧은 글의 목록

1. 국제재판관할합의의 유효요건으로서의 합리적인 관련성, 법률신문 2002. 12. 9.(제3129호), 14면.
2. 통합도산법시안 중 국제도산에 관한 검토의견, 법률신문 2003. 2. 20.(제3148호), 15면.
3. 연지급신용장의 만기전 매입 또는 지급, 법률신문 2003. 12. 29.(제3230호), 14-15면.
4. UN국제물품매매협약(CISG)에의 가입을 환영하며, 법률신문 2004. 2. 23.(제3245호), 15면.
5. 2003 분야별 중요판례 분석(국제거래법 분야), 법률신문 2004. 7. 8.(제3281호), 8-9면.
6. 상법(해상편) 개정안과 國際私法的 思考의 빈곤, 법률신문 2005. 12. 1.(제3415호), 22면.

判例索引

[한 국]

[일 본]

[독 일]

[미 국]

[영 국]

[룩셈부르그]

[유럽법원]

우리말索引

[ㅈ]

外國語索引

P

Q

R

S

著者紹介

略　　歷

서울대학교 법과대학 졸업
사법연수원 수료(11기)
독일 프라이부르그 법과대학 LL.M.
서울대학교 대학원 졸업(법학박사)
金・張 法律事務所 변호사(1984. 9.-1999. 2.)
영국 Linklaters & Paines 법률사무소 연수
현재 한양대학교 법과대학 교수: 國際去來法・國際私法 담당

著　　書

「國際裁判管轄에 관한 硏究」(서울대학교 출판부)
「國際私法과 國際訴訟」 제 1 권, 제 2 권, 제 3 권(博英社)
「2001년 개정 國際私法 해설」 제 1 판, 제 2 판(도서출판 지산)

論　　文

스왑거래의 법적 문제점
국제물품매매협약 가입과 한국법에의 수용
연지급신용장의 만기전 매입 또는 지급
신용장의 비서류적 조건의 유효성
항공기에 대한 국제적 담보거래 —케이프타운협약과 항공기의정서를 중심으로—
國際商事仲裁에서 紛爭의 實體에 적용할 準據法 —仲裁法의 해석론을 중심으로
外國仲裁判定에 기초한 執行判決과 청구이의사유의 주장
국제물품매매계약에 관한 국제연합협약(CISG)상의 본질적 계약위반
외 다수

國際私法과 國際訴訟 제4권

2007年　1月　15日　初版印刷
2007年　1月　20日　初版發行

著　者　石　光　現
發行人　安　鍾　萬
發行處　博　英　社
서울特別市 鍾路區 平洞 13-31番地
電話 (733) 6771　FAX (736) 4818
登錄 1952. 11. 18. 제1-171호(倫)

著者와 협의하여 印紙 첩부를 생략함

www.pakyoungsa.co.kr　e-mail: pys@pakyoungsa.co.kr

破本은 바꿔 드립니다. 本書의 無斷複製行爲를 禁합니다.

定　價　45,000원　　ISBN 89-10-51410-8
89-10-50918-X(세트)